DER WEG IN DEN KRIEG

Studien
zur Geschichte
der Vorkriegsjahre
(1935/36 bis 1939)

DER WEG IN DEN KRIEG

Herausgegeben
von
DIETRICH EICHHOLTZ
und
KURT PÄTZOLD

Pahl-Rugenstein

CIP-Titelaufnahme der Deutschen Bibliothek

Eichholtz, Dietrich:
Der Weg in den Krieg : Studien zur Geschichte der
Vorkriegsjahre (1935/36 bis 1939) / Dietrich Eichholtz ; Kurt
Pätzold. — Köln : Pahl-Rugenstein, 1989
  ISBN 3-7609-1309-1
NE: Pätzold, Kurt:

Pahl-Rugenstein Verlag GmbH, Köln 1989
Vom Akademie-Verlag genehmigte Lizenzausgabe
© by Akademie-Verlag, Berlin/DDR
Printed in German Democratic Republic

Inhalt

Abkürzungsverzeichnis

AA	Auswärtiges Amt
AAN	Archiwum Akt Nowych, Warschau
ADAP	Akten zur Deutschen Auswärtigen Politik, Baden-Baden/Frankfurt a. M. 1950 ff.
AEG	Allgemeine Elektricitäts-Gesellschaft, Berlin
AFMZV	Archiv des Föderalen Ministeriums für auswärtige Angelegenheiten, Prag
BA	Bundesarchiv
BzG	Beiträge zur Geschichte der Arbeiterbewegung, Berlin
CA	Centralne Archiwum przy KC PZPR, Warschau
CAW	Centralne Archiwum Wojskowe, Warschau
DAI	Deutsches Auslandsinstitut, Stuttgart
DBFP	Documents on British Foreign Policy 1919—1939
Deko-Gruppe	Gruppe Deutscher Kolonialwirtschaftlicher Unternehmungen
Diaries	The Diaries of Sir Alexander Cadogan 1938—1945, London 1971
DGFP	Documents on German Foreign Policy 1918—1945, London 1954f.
DNB	Deutsches Nachrichtenbüro
DNSAP	Deutsche Nationalsozialistische Arbeiterpartei in der Tschechoslowakei
DOAG	Deutsch-Ostafrikanische Gesellschaft, Berlin
DSAP	Deutsche Sozialdemokratische Arbeiterpartei in der Tschechoslowakei
DVP SSSR	Dokumenty vnešnej politiki SSSR, Moskau 1970 ff.
DzW	Deutschland im zweiten Weltkrieg. Hrsg. von einem Autorenkollektiv unter Leitung von Wolfgang Schumann, 6 Bände, Berlin 1974 ff.
FS	Freiwilliger deutscher Schutzdienst der SdP
FRUS	Foreign Relations of the United States, diplomatic papers, Washington 1939 ff.
GdA	Geschichte der deutschen Arbeiterbewegung in 8 Bänden. Hrsg. von einem Autorenkollektiv unter Leitung von Walter Ulbricht, Berlin 1966
Gestapo	Geheime Staatspolizei
IfZ	Institut für Zeitgeschichte, München
II	Internationale Information für Pressezwecke. Hrsg. vom Sekretariat der SAI, bis 1935 Zürich, dann Brüssel
IISSG	Internationaal Instituut voor Sociale Geschiedenis, Amsterdam
IMG	Der Prozeß gegen die Hauptkriegsverbrecher vor dem Internationalen Militärgerichtshof, Nürnberg, 14. 11. 1945—1. 10. 1946, 42 Bände, 1947—1949
IML/ZPA	Institut für Marxismus-Leninismus beim Zentralkomitee der SED, Zentrales Parteiarchiv
ITH	Internationale Tagung der Historiker der Arbeiterbewegung
JfG	Jahrbuch für Geschichte, Berlin
JfWG	Jahrbuch für Wirtschaftsgeschichte, Berlin
KdF	Kraft durch Freude
K-Gruppen	Kommando-Gruppen
KPA	Kolonialpolitisches Amt der NSDAP

Kwh	Königswusterhausen (Rundfunksender)
KZ	Konzentrationslager
LPA	Labour Party Archives, London
MA	Militärarchiv
MA	Miesbacher Anzeiger
MNN	Münchner Neueste Nachrichten
Mob.	Mobilisierung (s-)
MWT	Mitteleuropäischer Wirtschaftstag
NSDAP	Nationalsozialistische Deutsche Arbeiterpartei
NSKK	Nationalsozialistisches Kraftfahrer-Korps
NSV	Nationalsozialistische Volkswohlfahrt
OKH	Oberkommando des Heeres
OKW	Oberkommando der Wehrmacht
Otavi	Otavi Minen- und Eisenbahn-Gesellschaft, Berlin
PA Bonn	Politisches Archiv des Auswärtigen Amtes, Bonn
PRO	Public Record Office, London
RAD	Reichsarbeitsdienst
RFSS	Reichsführer SS
RGBl.	Reichsgesetzblatt
RGI	Reichsgruppe Industrie
RMdI	Reichsministerium des Innern
RPK	Reichspressekonferenz des Ministeriums für Volksaufklärung und Propaganda
RSHA	Reichssicherheitshauptamt
Rundschau	Rundschau über Politik, Wirtschaft und Arbeiterbewegung, Basel
RWiM	Reichswirtschaftsministerium
SA	Sturmabteilung (der NSDAP)
SAI	Sozialistische Arbeiter-Internationale
SD	Sicherheitsdienst
SdP	Sudetendeutsche Partei
SFK	Sudetendeutsches Freikorps
Sopade	Deutschland-Berichte der Sozialdemokratischen Partei Deutschlands, Paris 1934—1940
SOS	Straz Obranu Statu
SS	Schutzstaffel (der NSDAP)
SSR v bor'be	SSR v bor'be za mir nakanune vtoroj mirovoj vojny (Sentjabr' 1938 g.—avgust 1939 g.). Dokumenty i materialy. Hrsg. Ministerstvo inostrannych del' SSSR, Moskau 1971
StA	Staatsarchiv
SÚA	Státni Ústředni Archiv, Prag
VAW	Vereinigte Aluminium-Werke A.-G.
VB	Völkischer Beobachter
VfZ	Vierteljahrshefte für Zeitgeschichte, Stuttgart
VHA	Vojenský Historický Archiv, Prag
Vomi	Volksdeutsche Mittelstelle
WKK	Wehrkreiskommando
WZ	Wissenschaftliche Zeitschrift
ZfG	Zeitschrift für Geschichtswissenschaft, Berlin
ZfM	Zeitschrift für Militärgeschichte, Berlin
ZStA	Zentrales Staatsarchiv der DDR

Vorwort

Ein halbes Jahrhundert ist vergangen, seit der zweite Weltkrieg begann. Insgesamt belief sich die Zahl seiner Opfer auf 50 Millionen Tote, 55 Millionen Versehrte und Vermißte. Das Erleben und die bitteren Erfahrungen dieser weltgeschichtlichen Auseinandersetzung prägten und prägen Generationen.

Für den Historiker stellt die Untersuchung der Vorgeschichte des Krieges eine erstrangige politische und intellektuelle Herausforderung dar. Forscht er nach den Ursachen des Geschehens, so kann er sein Tun nicht ablösen von der heutigen Existenzfrage der Menschheit, die in der Verhinderung eines neuen Weltkrieges besteht. Seiner wissenschaftlichen und moralischen Verpflichtung kommt er nur nach, wenn er die Kräfte und Mechanismen enthüllt und klar kennzeichnet, die auf den Krieg hinarbeiteten, ihn planten und entfesselten; wenn er ebenso jene Kräfte sichtbar macht, die den Frieden bewahren wollten, wie tauglich oder begrenzt ihre Anstrengungen und Mittel auch immer gewesen sein mögen.

Gründlichere Untersuchungen über die Jahre von 1933 bis 1939, besonders über die unmittelbare Vorkriegszeit, liegen in der DDR — anders als über die Kriegsjahre — nur vereinzelt und zu speziellen Themen vor. Die Aktualität der damaligen Ereignisse und Probleme und ebenso die Anforderungen, die unsere Gesellschaft, besonders die jüngeren Generationen, an die weitere Aufhellung der Geschichte der faschistischen Diktatur stellen, verlangen die Änderung dieses Zustands.

Die Arbeit an vorliegendem Band hat das Spektrum unserer Forschungen erheblich verbreitert. Er behandelt das bezeichnete Themengebiet in großer Breite und wirft viele neue, bisher nicht behandelte Fragestellungen auf, die anregend auf Diskussion und Auseinandersetzung wirken können. Autoren und Herausgebern lag vor allem an der genaueren Analyse der herrschenden imperialistischen Kreise in Deutschland und an der schärfer differenzierten Sicht auf ihre Haltung und Politik; besonders betrifft das führende Kreise des Finanzkapitals, der Wehrmacht und der faschistischen Partei. Untersucht werden die Herausbildung von strategischen und taktischen Varianten von Expansions- und Kriegsplänen, ihre schrittweise Realisierung in den Vorkriegsannexionen und die innen- und außenpolitische Vorbereitung des Krieges. In diesem Zusammenhang danken die Herausgeber besonders ihrem tschechischen Kollegen Miroslav Kárný, dessen Beitrag einem von der DDR-Historiographie wenig bearbeiteten Thema gilt.

In mehreren Beiträgen werden Ergebnisse und Möglichkeiten des Kampfes um den Frieden untersucht; die Breite und Differenziertheit der Antikriegskräfte werden behandelt, zugleich auch die Begrenztheit ihres Einflusses und ihre Zersplitterung. Diskutiert werden Probleme, die die Ausnutzung von Differenzen innerhalb der herrschenden Klasse und

ferner das Fortschreiten von Oppositionellen zu aktiver Antikriegs- und Widerstands-
arbeit betreffen. Schließlich arbeiten mehrere Autoren die Friedenspolitik der UdSSR und
die mit dem deutsch-sowjetischen Nichtangriffsvertrag zusammenhängenden Fragen heraus
und bemühen sich um eine schärfere Charakterisierung der Politik der vom deutschen
Faschismus unmittelbar bedrohten Mächte, insbesondere der „Appeasement"politik.

Die Auswahl der Aufsätze läßt notwendigerweise auch Forschungsdesiderata erkennen,
was künftiger Arbeitsorientierung dienlich sein kann. Es handelt sich vor allem um sozial-
und „alltags"geschichtliche Themen, um wirtschaftshistorische Spezial- und Regionalunter-
suchungen zur Aufrüstung, um Untersuchungen des Inhalts und des Mechanismus der
faschistischen Ideologisierung und Massenbeeinflussung, aber auch um außen- und militärpolitische Themen wie das Zusammenspiel der „Achsen"- bzw. der „Antikomintern"staaten
bei den Aggressionen gegen Äthiopien und Spanien, gegen China und die Mongolische
Volksrepublik.

Um die Klärung der geschichtlichen Sachverhalte und um die daraus zu ziehenden aktuellen Lehren wird der Streit anläßlich der 50. Wiederkehr des Datums des Kriegsbeginns
besonders heftig entbrennen. Diese Auseinandersetzung warf ihre Schatten schon voraus,
als unlängst extrem reaktionäre Historiker und Publizisten der BRD versuchten, die Ursachen für Herrschaft und Verbrechen des deutschen Faschismus gen Osten zu „exportie-
ren" — und das in einer Zeit, da auch dortzulande mit dem notwendigen Abbau stereo-
typer antikommunistischer und namentlich antisowjetischer Feindbilder begonnen wurde.
Anliegen des vorliegenden Bandes ist es, in der Auseinandersetzung marxistische Positionen zu markieren und die historische Wahrheit gegen die Neubelebung alter und das
Aufkommen neuer Geschichtslegenden zu verteidigen, von denen nach geschichtlicher Erfahrung viel Unheil ausgehen kann.

Die Forschungen, über die hier Bilanz gezogen wird, befinden sich nichtsdestoweniger
im Fluß. Verschiedene Herangehensweisen, unterschiedliche Wertungen sind erkennbar,
etwa in bezug auf die Gruppierungen innerhalb der herrschenden Klasse, auf Umfang und
Abgrenzung des antifaschistischen Widerstands, auf die Rolle von Persönlichkeiten auf
faschistischer und antifaschistischer Seite. Das dient dem Fortschritt in der wissenschaftlichen Erkenntnis, dessen Qualität und Tempo in besonderem Maße auch davon abhängen,
daß kontroverse Ansichten klar fixiert und für den Meinungsstreit und für weitere Forschungen fruchtbar gemacht werden.

Die Herausgeber

DIETRICH EICHHOLTZ

Das Expansionsprogramm des deutschen Finanzkapitals am Vorabend des zweiten Weltkrieges

1. Begriffliches und Methodisches

„Weltherrschaft — das heißt die Ausbeutung der Welt": so charakterisierte V. I. Lenin, Karl Kautsky zitierend, Inhalt und Beweggrund des imperialistischen Krieges.[1] Die Majorität und die dominierenden Kräfte des deutschen Finanzkapitals, d. h. des hochmonopolisierten und miteinander verwachsenen Industrie- und Bankkapitals, setzten schon vor 1933 auf einen erneuten Anlauf zur Neuaufteilung der Welt und zur Weltherrschaft — ein Vorhaben, das, wie für jeden Beteiligten voraussehbar, auf einen neuen Krieg hinauslief. Im Januar 1933 übertrugen sie derjenigen Partei die Staatsmacht, welche die seit mehreren Jahrzehnten von ihnen entwickelten Expansions- und Kriegsziele mit äußerster Rigorosität und Brutalität durchzusetzen versprach.

Die Begriffe Expansion, Expansionsziele und Expansionsprogramm werden im folgenden als historische Funktionen jener allgemeinen, objektiven, fundamentalen Gesetzmäßigkeit der kapitalistisch-imperialistischen Ordnung verstanden, der zufolge die Jagd nach Profit die Monopole (Industriekonzerne, Großbanken usw.) über den ganzen Erdball treibt. Dem Drang nach Expansion entspricht der Drang nach politisch-militärischer, staatlicher Gewalt, welche die Profitquellen (Rohstoffvorkommen und andere Ressourcen, Absatzmärkte und Märkte für Kapitalexport, billige Arbeitskräfte) zu erobern bzw. das Eroberte zu sichern hat. Expansionsziele haben die Qualität von Kriegszielen, wenn der Krieg als Mittel ihrer Verwirklichung einkalkuliert und vorbereitet wird.

Die Analyse der expansiven Zielvorstellungen des Finanzkapitals ist ein Forschungsdesiderat ersten Ranges: Nicht nur deswegen, weil für die Vorkriegsjahre — im Unterschied zu den Kriegsjahren — wenig darüber bekannt und ihr Einfluß auf die unheilvollen politischen und militärischen Entscheidungen im einzelnen wenig untersucht ist; sondern vor allem deswegen, weil ohne ihre Kenntnis die Ursachen und Triebkräfte der Entstehung zweier Weltkriege ganz unklar bleiben und die historische Kontinuität der friedensgefährdenden Politik extrem reaktionärer und aggressiver Kreise des Finanzkapitals nicht zu erkennen ist.

Die aggressive Politik des deutschen Imperialismus, zwei von ihm entfesselte Weltkriege und die faschistische Terrorherrschaft in Deutschland hingen wesentlich, ursächlich mit dem Expansionsprogramm des deutschen Finanzkapitals zusammen. Dieses Programm — verstanden als Komplex der verschiedenen, mehr oder minder eng zusammenhängenden und insgesamt auf Weltmachtstellung und Weltvorherrschaft hinauslaufenden Expansionsziele — veränderte sich mit den Existenzbedingungen des Deutschen Reiches. In vielem

---

1 *W. I. Lenin*, Werke, Bd. 23, Berlin 1957, S. 26, Über eine Karikatur auf den Marxismus und über den „imperialistischen Ökonomismus" (1916).

von kontinuierlichem Bestand, war es doch nach dem ersten Weltkrieg nicht mehr dasselbe wie in der Zeit davor; und sein Umfang und seine Struktur änderten sich auch während der zwölf Jahre der faschistischen Diktatur. Seine Grundlinien jedoch hatten ihre Wurzeln in der Geschichte des deutschen Kapitalismus und Imperialismus und deckten sich weitgehend mit den jahrzehntealten Hauptexpansionsrichtungen des deutschen Finanzkapitals.[2]

Nachdem die faschistische Diktatur installiert worden war, vertraten die erwähnten reaktionärsten Kreise der herrschenden Klasse einschließlich der Naziführung und der faschisierten Militärs einmütig als gewissermaßen auf den größten gemeinsamen Nenner gebrachte Expansionsziele:

— die Wiedererlangung alles nach dem ersten Weltkrieg Verlorengegangenen, darunter die Kolonien,

— einen antisowjetischen Kreuz- und Beutezug,

— mehr oder weniger große Teile des Kriegszielprogramms aus dem ersten Weltkrieg, darunter zuvörderst die Schaffung eines „mitteleuropäischen" Großraums unter deutscher Führung, dessen Kern und erste Verwirklichungsstufe bald „Großdeutschland" genannt wurde.

Es handelte sich selbstverständlich nicht um einen fertigen „Fahrplan", über den gar ein gemeinsamer Beschluß des Finanzkapitals vorgelegen hätte, sondern um differenzierte oder unterschiedlich akzentuierte, oft widersprüchliche Vorstellungen und Ziele, über deren Realisierungschancen zu verschiedenen Zeiten in den herrschenden Kreisen durchaus verschiedene Meinungen existierten. Sie wurden übrigens öffentlich mehr oder weniger unverhüllt propagiert und demagogisch begründet und waren, wie differenziert und verworren auch immer, in der ganzen Gesellschaft verbreitet — ausgenommen die revolutionäre Arbeiterbewegung und andere progressive Kräfte.

Zur untersuchten Zeit, in den Jahren vor dem Kriege, stand die große Mehrheit der Exponenten und repräsentativen Organisationen des deutschen Finanzkapitals hinter dem faschistischen Regime, identifizierte sich mit Hochrüstung, militärischer Kraftmeierei und Kriegsdrohung und gab begeistert den Aggressionen und Annexionen von 1938/39 ihre Zustimmung. Sie bereitete sehenden Auges einen neuen europäischen Krieg, ja einen Weltkrieg, vor, ohne den eine Neuaufteilung der imperialistischen Herrschafts- und Einflußsphären und eine deutsche Vorherrschaft in Europa oder gar über die Welt undenkbar schienen. Für sie war das imperialistische Expansionsprogramm von vornherein — 1938/39 dann auch ausdrücklich — ein Kriegszielprogramm.

Die Perspektive des Krieges warf entscheidende, immer drängendere Fragen auf: nach seiner Ausdehnung und den vermutlichen Gegnern, nach seiner ausreichenden Vorbereitung, nach seinen Gewinnchancen und Risiken — Fragen, die sich alle Repräsentanten der herrschenden Klasse, auch die Vertreter aller Gruppen und Fraktionen des Finanzkapitals, stellten und sie mit unterschiedlich abgestuftem Realitätsverständnis beantworteten.

---

2 Im zweiten Weltkrieg fanden diese Hauptexpansionsrichtungen umfassenden, konkreten Ausdruck in den Kriegszieldenkschriften und -programmen der mächtigsten Monopole, der Reichsgruppe Industrie usw. (siehe die ausführliche Behandlung bsd. in *DzW*); *Dietrich Eichholtz*, Geschichte der deutschen Kriegswirtschaft 1939—1945 (im folgenden: Kriegswirtschaft), Bd. I und II, Berlin 1969 (3. Aufl. 1984) und 1985; *Anatomie des Krieges*. Neue Dokumente über die Rolle des deutschen Monopolkapitals bei der Vorbereitung und Durchführung des zweiten Weltkrieges. Hrsg. und eingel. von Dietrich Eichholtz und Wolfgang Schumann (im folgenden: *Anatomie*), Berlin 1969.

Je weiter die Entwicklung zur militärischen Großmacht, ermöglicht durch die Usurpation von Wehrpflicht und Rüstungsfreiheit, voranschritt, desto akuter stellte sich die Frage, wozu diese Militärmacht zu gebrauchen sei, und desto deutlicher hoben sich zwei Gruppen extrem aggressiver finanzkapitalistischer Kräfte voneinander ab, die verschiedene Lösungen dieses Problems befürworteten. Beide, im weiteren noch näher zu untersuchenden Gruppen gingen von dem eingangs erwähnten Mindestkatalog von Expansionsforderungen bzw. Kriegszielen aus.[3] Während aber die eine Gruppe, bestärkt durch die außenpolitischen Erfolge des Regimes und die Fortschritte in der Rüstung, in ihrem Großmachtchauvinismus immer wahnsinnigere Expansionspläne schmiedete und einen Weltkrieg auf eigene Faust und auf eigene Rechnung ins Auge faßte, lehnte die andere Gruppe — bis 1935/36 noch die stärkere und einflußreichere, danach aber Zug um Zug aus ihren staatsmonopolistischen Positionen verdrängt — einen Krieg gegen die Siegermächte von 1918, womöglich einen Zweifrontenkrieg, als von vornherein verloren, als selbstmörderisch ab; sie forderte stattdessen jene Mächte zu „friedlichen" territorialen und wirtschaftlichen Zugeständnissen an Deutschland und zum Zusammenschluß der imperialistischen Länder im „Kampf gegen den Bolschewismus" auf.

Die erste Gruppe war es, die 1935/36 zugleich mit der militärischen Hochrüstung die wirtschaftliche Unabhängigkeit vom Ausland, d. h. von den auf dem Weltmarkt dominierenden Mächten, und damit die Blockadefestmachung auf ihr Banner schrieb, da sie ohne diese Unabhängigkeit ihren Expansions- und Kriegsplänen notwendigerweise enge Fesseln hätte anlegen müssen. Die zweite Gruppe betrachtete Schritte in dieser Richtung höchstens als Druckmittel gegenüber den westlichen Mächten, um politische und territoriale Zugeständnisse zu erpressen, und grenzte sich, je intensiver und umfassender die „Autarkie"-politik betrieben wurde und je eindeutiger sie sich gegen die Westmächte richtete, desto entschiedener von ihr ab.

Im Jahre 1938 liegt eine weitere wichtige Zäsur für unser Thema. Durch Forcierung und Konzentration der „Vierjahres"planungen wurden die Weichen auf möglichst baldige Kriegsbereitschaft gegen jeden möglichen Gegner gestellt. Die erstgenannte Gruppe schob sich hierbei endgültig in die entscheidenden staatsmonopolistischen Kommandopositionen. Der Krieg rückte in unmittelbare Nähe. Damit nahm die Differenzierung zwischen dieser Gruppe und vorsichtiger kalkulierenden Monopolkreisen zu.

Der Tendenz zu wachsender Differenzierung wirkten allerdings der Sog der wirtschaftlichen Aufrüstung und der überwältigende Profitsegen entgegen, dessen das Finanzkapital als Ganzes, insbesondere aber alle in die Rüstung einbezogenen Großunternehmen teilhaftig wurden. Die Korruption durch die außenpolitischen Erfolge des Regimes und die maßgebliche Beteiligung an Raub und Plünderung seit 1938 führten der genannten Gruppe weitere Kräfte zu.

---

3 Die hier vorgenommene Gruppierung ist nicht schematisch aufzufassen. Bei genauerer Untersuchung stellen sich sowohl graduelle Abstufungen und fließende Grenzen als auch, je nach Verlauf der Ereignisse und nach den Veränderungen des äußeren und inneren Kräfteverhältnisses, Verschiebungen zwischen den Gruppen heraus, die, auf eine Kurzformel gebracht, mit Schachtgruppe (nach dem führenden Vertreter) und Vierjahresplangruppe bezeichnet werden können. Dennoch handelte es sich für den behandelten Zeitraum um eine in der Realität vorhandene, wesentliche Gruppierung von größter politischer Relevanz. (Ansätze zu einer derartigen Gruppierung bei *Eichholtz*, Kriegswirtschaft, Bd. I, S. 48 ff.). Was hier nicht untersucht werden kann, ist die Frage, welche Kreise der Großbourgeoisie friedenswillig, d. h. bereit zur Verständigung mit Ost und West waren und in Opposition zum Krieg bzw. zu militärischen Abenteuern standen.

Seit dieser Zeit verknüpfte die Gruppe ihre Expansionsforderungen und Erörterungen über „Großräume" immer enger mit der Herausbildung und Durchsetzung von akuten, konkreten wirtschaftlichen Forderungen für den Kriegsfall, die Expansionsstrategie also mit einem rüstungs- und kriegswirtschaftlichen Programm. Solche planmäßig betriebenen kriegsvorbereitenden Arbeiten, unternommen von führenden Repräsentanten der Gruppe vor allem innerhalb der Vierjahresplanorganisation, bildeten ein wesentliches, unverzichtbares Fundament für die Entschlüsse und Entscheidungen der politischen und militärischen Führung während der letzten anderthalb Jahre vor Kriegsbeginn.

Das Verhältnis zwischen der Hitlerclique und den führenden finanzkapitalistischen Kreisen in Deutschland, so wie es von der marxistischen Faschismusforschung und Geschichtsschreibung verstanden wird, ist massiven Mißdeutungen ausgesetzt und wird so oft verfälscht und — beispielsweise als „Agententheorie"[4] — denunziert, daß im Zusammenhang mit unserem Thema einige grundsätzliche Bemerkungen am Platze sind.

Urteilt man nach der Masse der nichtmarxistischen Veröffentlichungen und nach dem dazu publizierten dokumentarischen Material, so entsteht der oberflächliche, irreführende Eindruck, daß ausschließlich Hitler und eine Handvoll seiner Paladine — voran Göring, Himmler, Goebbels und die Spitzen der Wehrmacht — die Urheber eines weltweiten Expansions- und Aggressionsprogramms, der Kriegsvorbereitung und des Krieges gewesen seien. Die tiefsten Ursachen und Triebkräfte des Krieges bleiben im dunkeln. Quellen, in denen führende Monopolkreise und bekannte Wortführer des Finanzkapitals ihre Vorstellungen von den Zielen der künftigen Expansion und von dem Charakter des bevorstehenden militärischen Kräftemessens artikulierten, sind demgegenüber weit weniger bekannt, jedenfalls für die Zeit vor dem Krieg. Für die Jahre seit 1935 finden sie sich häufiger als für die vorangehende Phase, in der sich das Regime politisch konsolidierte und die ersten Schritte aus der Krise tat. Fließen sie aber von da an auch reichlicher, so harren sie doch noch weitgehend der Analyse und Interpretation, obwohl sie für die Erforschung der Geschichte des deutschen Imperialismus und der Vorbereitung des zweiten Weltkrieges sowie überhaupt für die Imperialismus- und Faschismusforschung wahrhaftig keine geringere Bedeutung haben als beispielsweise die hunderterlei von der bürgerlichen Geschichtsschreibung bis zum Überdruß ausgeschlachteten und geradezu mit philologischer Besessenheit ausgedeuteten Äußerungen Hitlers zu unserem Thema.

Hitlers Kriegszielvorstellungen, eindeutig auf die Weltherrschaft des deutschen Imperialismus — mit dem Kernstück der „Vernichtung des Bolschewismus" und der Herrschaft über den „Ostraum" — gerichtet, gewannen unter den Bedingungen der faschistischen Diktatur eine große Tragweite. Doch es ist verhältnismäßig leicht festzustellen, daß der „Führer" vielfältiges, seit langem vorhandenes extrem reaktionäres Gedankengut der Alldeutschen, der Ostlandreiter jeder Couleur, der Rassentheoretiker, der Geopolitiker usw. in besonders radikale Formeln gegossen, in eine konzentrierte Form und in eine neue Struktur gebracht hatte, und man erkennt im Ganzen wie in den einzelnen Stufen seiner Planungen („Großdeutschland"; kontinentaler „Großraum"; koloniales Großreich; meerüberschreitende Auseinandersetzungen mit anderen „Großräumen") unschwer eine Chiffre für das erstrebte Weltmonopol der IG Farben, für die Weltvorherrschaft der Montankonzerne, der

---

4 Etwa bei *Wolfgang Schieder*, Artikel „Faschismus", in: *Sowjetsystem und demokratische Gesellschaft. Eine vergleichende Enzyklopädie*, Bd. II, Freiburg/Basel/Wien 1968, Sp. 459; *Wolfgang Wippermann*, Faschismustheorien. Zum Stand der gegenwärtigen Diskussion, 2. Aufl., Darmstadt 1975, S. 16; *Hans-Ulrich Thamer*, Verführung und Gewalt. Deutschland 1933—1945, Berlin (West) 1986, S. 207f.

Kalikonzerne, der Elektrokonzerne, des Zeiss-Konzerns, für ein Welterdölimperium (Deutsche Bank), kurz, für jahrzehntealte Ziele und Träume des deutschen Finanzkapitals. Hitlers außenpolitisches Programm war also das politisch aufbereitete und ideologisch ausgeformte Abbild dieser imperialistischen Zielsetzungen; die wesentliche Funktion der Hitlerdiktatur war ihre Umsetzung in die Realität.

Hitler als „Führer" des faschistischen Regimes hatte im Bunde mit seinen engsten Paladinen die höchste Entscheidungsbefugnis in politischen und militärischen Fragen und entschied tatsächlich in eigener Verantwortung über wesentliche innen- und außenpolitische Maßnahmen, über die jeweiligen Expansionsschritte und schließlich über die Entfesselung des Krieges. Zum Diktator war er von Anfang an aufgebaut worden: eben um alle „Kräfte der Nation" der Rüstung und Kriegsvorbereitung dienstbar zu machen und um jede Gegenkraft, voran die revolutionäre Arbeiterbewegung, blutig niederzuwerfen und auszuschalten. Als es im letzten Drittel der dreißiger Jahre schließlich um die irreversible Entscheidung für den Krieg ging, erleichterten seine diktatorische Vollmacht und der Führerkult diese Entscheidung. Innerhalb der herrschenden Klasse gab es die vielfältigsten und weitreichendsten Expansionsinteressen und vielfach differierende Ansichten über die Möglichkeiten ihrer Realisierung — von der „friedlichen" wirtschaftlichen Durchdringung über die Politik à la Münchener Abkommen bis zu militärischer Gewalt und Krieg. Hitler und seine Clique setzten, stets im Einklang mit den Zielsetzungen der aggressivsten, am meisten chauvinistischen und imperialistischen Elemente des Finanzkapitals, mit größter Konsequenz auf den Krieg als einzig durchschlagende Methode. Wer aber zum Krieg entschlossen war, der wählte nicht nur das höchste Risiko, sondern sein Entscheidungsspielraum verengte sich auch auf sehr wenige Kriegsvarianten. Die brachialen politischen und militärischen Entschlüsse, die da erforderlich waren, ließen sich am leichtesten mit diktatorischer Machtvollkommenheit — eben vom „Führer" — fassen und durchsetzen.

Ungeachtet aller dem „Führer" und den übrigen Leitzentralen der faschistischen Partei übertragenen und selbstangemaßten Machtfülle blieb aber die übliche Arbeitsteilung innerhalb der herrschenden Klasse aufrechterhalten, dergestalt, daß die Beherrscher der Wirtschaft, die Generalität und die Staatsbürokratie überhaupt erst die materiellen, personellen und organisatorischen Voraussetzungen für die Realisierung von „Hitlers Politik" und „Hitlers Zielen" schufen.

Das hauptsächliche Argument, das gegen die These von der Kontinuität imperialistischer deutscher Expansions- und Kriegsziele — eine auch von einer Reihe nichtmarxistischer Historiker anerkannte These[5] — vorgetragen wird, ist die „neue Qualität", die der Rassismus, besonders der Antisemitismus, in Hitlers Ideologie und Kriegszielprogrammatik gegenüber den traditionellen Expansionsinteressen der bürgerlichen „Eliten" habe. In der Tat, im Hinblick auf die Barbarei des Holocausts in Deutschland und in den im Krieg okkupierten Gebieten Europas und des „Generalplans Ost" in Osteuropa verdient dieser Einwand eine ernste, allerdings kritische Prüfung.[6] In den Vorkriegsjahren waren der Sozial-

---

5 Herausragend *Fritz Fischer*, Zum Problem der Kontinuität in der deutschen Geschichte von Bismarck zu Hitler, in: *derselbe*, Der Erste Weltkrieg und das deutsche Geschichtsbild. Beiträge zur Bewältigung eines historischen Tabus. Aufsätze und Vorträge aus drei Jahrzehnten, Düsseldorf 1977, S. 350ff.; ferner Radkau (*George W. F. Hallgarten/Joachim Radkau*, Deutsche Industrie und Politik von Bismarck bis heute, Frankfurt a. M./Köln 1974, S. 225ff.).

6 Hierzu an neuerer marxistischer Literatur *Kurt Pätzold*, Von der Vertreibung zum Genozid, in: *Faschismusforschung*. Positionen, Probleme, Polemik. Hrsg. von Dietrich Eichholtz und Kurt Gossweiler, Berlin 1980, S. 181ff.; *derselbe*, Verfolgung, Vertreibung, Vernichtung, Dokumente des faschistischen

darwinismus, der Antisemitismus und sonstiger Rassismus Ausdruck der Geisteshaltung zahlloser Vertreter der herrschenden Klasse, voran „arisierende" Großindustrielle und Bankiers sowie hohe Militärs, und wurden von diesen Kreisen als Instrument der innenpolitischen Integration und ideologischen Manipulation hochgeschätzt. Wie schon in früheren Jahrzehnten, ging die Infizierung und Infiltration großer Teile der Bevölkerung mit dieser Gedankenpest von der herrschenden Klasse aus.

Neu waren die Erhebung des Rassismus zur Staatsräson und gesellschaftlichen Leitidee, insbesondere aber der umfassende, offizielle Charakter und die maßlose Brutalisierung der rassistischen Verfolgung, die bereits Elemente des Genozids enthielt. In ihren manipulativen Funktionen — Verdrängung des Klassenkampfgedankens durch die Rassenkampflüge, Brutalisierung der Anhängermassen für den Krieg, Versuch einer plausiblen Begründung der Notwendigkeit eines (Welt-)Krieges und der Unterjochung und Dezimierung anderer Völker — stellten sie einen integralen Teil der politischen und ideologischen Kriegsvorbereitung dar. Sie dienten ebenso zur Selbstrechtfertigung und Selbstbestätigung des Regimes, seiner Politik und seiner Ziele; und es gehörte zum sozialen und politischen Selbstbewußtsein der herrschenden Kreise, zur „höchsten Rasse" und zum „Herrenvolk" bzw. zu den „höchststehenden Menschen", zum „besten Menschentum" zu gehören.[7]

Der Antisemitismus — Kern der deutsch-faschistischen Rassenideologie — hatte bis zum Krieg in allererster Linie eine innenpolitische Funktion. Später, im Kriege, erwies er sich als Ausgangsstufe zu ungleich umfassenderen Formen des Rassismus in der barbarischen Praxis des Genozids; damit gewann der Rassismus die neue Dimension einer Ausrottungspraxis, die die führenden Kreise des Regimes zur „Sicherung" der zu erobernden Weltherrschaft gegen den Widerstand der unterjochten Völker, besonders zur dauerhaften Beherrschung des Ostens durch Unterdrückung und Ausrottung, für notwendig hielten.

In der folgenden Untersuchung wird nicht das gesamte weltweite Spektrum der deutschen imperialistischen Expansionsinteressen behandelt. Ihr Gegenstand sind vielmehr vor allem diejenigen Expansionslinien und -ziele, die in der zweiten Hälfte der 30er Jahre in den Kalkulationen des deutschen Finanzkapitals eine vorrangige Rolle spielten und deren Realisierung das sichere Ergebnis der unmittelbar bevorstehenden Auseinandersetzung mit den großen Mächten in Ost und West sein sollte. Diese erste große Auseinandersetzung war nach den Vorstellungen der herrschenden Kreise des Regimes die risikovollste, zugleich diejenige, von der am meisten abhing und die dem deutschen Imperialismus die Vorherrschaft in Europa, zumindest auf dem Kontinent, sichern sollte. Weitere Auseinandersetzungen mit den imperialistischen Hauptmächten Großbritannien und USA um die weltweite Vorherrschaft waren später zu verwirklichende, weniger fest umrissene Bestandteile ihres Gesamtplans einer Neuaufteilung der Welt.

Es bleiben also wichtige Gebiete des deutschen Kapitalinteresses und des innerimperialistischen Konkurrenzkampfes wie Lateinamerika und der Ferne Osten (China) unberücksichtigt, wenngleich sich dort die imperialistischen Gegensätze infolge des aggressiven Auftretens der deutschen Monopole und ihrer politischen Repräsentanten gerade im

---

Antisemitismus 1933 bis 1942, Leipzig 1983 (Einleitung); *Reinhard Opitz*, Faschismus und Neofaschismus, Berlin 1984, S. 192 ff.; *Eichholtz*, Kriegswirtschaft, Bd. II, S. 430 ff. (Generalplan Ost).

7 Sammlung entsprechender Hitler-Zitate bei *Joachim Thies*, Hitlers „Endziele": Zielloser Aktionismus, Kontinentalimperium oder Weltherrschaft?, in: *Karl Dietrich Bracher/Manfred Funke/Hans-Adolf Jacobsen*, Nationalsozialistische Diktatur. Eine Bilanz, Bonn 1983, S. 393 ff.

untersuchten Zeitraum erheblich verschärften. Auch die unmittelbaren Kriegsziele in West-europa (Elsaß-Lothringen, Luxemburg, Minetterevier) und die Vorstellungen von einer Neu-aufteilung des Weltmarkts, besonders zwischen Deutschland und Großbritannien, durch unter Druck auszuhandelnde neue internationale Monopolvereinbarungen werden nicht behandelt. Weitgehend bleibt auch der Nahe Osten außer Betracht.[8]

2. „Lebensraum" im Osten

Das Expansionsprogramm des faschistischen deutschen Imperialismus hatte einen Dreh- und Angelpunkt, der zugleich sein späteres Scheitern implizierte: nämlich die Vernichtung des Sowjetstaates und der sozialistischen Gesellschaftsordnung in der UdSSR. „Alle Varian-ten von Kriegsprojekten, die faschistische Politiker, Militärs und Monopolisten erwogen und durcharbeiteten, schlossen als Hauptziel die Vernichtung der Sowjetunion und damit die vollständige Wiederherstellung der imperialistischen Herrschaft auf dem ganzen Erdball ein."[9]

Dieses Ziel war keineswegs neu. Die deutschen Imperialisten hatten sich seit 1917 nie end-gültig mit der Existenz des Sozialismus in diesem Land abgefunden und in ihrer großen Mehrheit stets eine Änderung dieser Ordnung erwartet und betrieben.[10] Nicht nur, daß der „Drang nach Osten" in jenen Kreisen stets virulent blieb: Nach dem Sieg der Sowjetmacht über Weißgardisten und Interventen nahm ihre Expansions- und Vernichtungswut gegen-über „Rußland" ganz neue Dimensionen an. Hierin dachten und handelten sie als Voraus-abteilung der reaktionärsten, aggressivsten Kräfte des Weltimperialismus, die es gern ge-sehen hätten, wenn die Deutschen ihnen die Kastanien aus dem Feuer geholt hätten.

Was die wirtschaftliche Expansionsstrategie der deutschen Monopole betraf, so nahmen die Ressourcen der UdSSR darin einen zentralen Platz ein.[11] Die zum Äußersten ent-schlossenen Elemente der herrschenden Klasse gingen dabei, wie Rolf-Dieter Müller zu-treffend hervorhebt, von der „grundlegenden Erkenntnis" aus, „daß Deutschland in einem kontinentalen und globalen Konflikt mit den Siegermächten des Ersten Weltkrieges sein kriegswirtschaftliches Potential in jedem Falle durch die Ausnutzung der russischen Wirt-schaftskräfte ergänzen mußte".[12]

Die Nazipolitiker, voran Hitler, setzten ausdrücklich und öffentlich auf den Weg der Ge-walt, auf Krieg; im Hitlerstaat wurden der Antikommunismus zur Staatsdoktrin und äußerste Aggressivität gegenüber der Sowjetunion zur Maxime der Außenpolitik.

8 Unter den hier weiterführenden Titeln der DDR-Historiographie siehe *Karl Drechsler*, Deutschland—China—Japan 1933—1939, Berlin 1964; *Der deutsche Faschismus in Lateinamerika 1933—1943*, Berlin 1966; *Johannes Glasneck/Inge Kircheisen*, Türkei und Afghanistan — Brennpunkte der Orientpolitik im zweiten Weltkrieg, Berlin 1968; *Christel Nehrig*, Die imperialistischen Gegensätze zwischen dem deutschen und britischen Imperialismus am Vorabend des zweiten Weltkrieges, Diss. A, Berlin 1976.

9 *Grundriß der deutschen Geschichte*. Von den Anfängen der Geschichte des deutschen Volkes bis zur Ge-staltung der entwickelten sozialistischen Gesellschaft in der Deutschen Demokratischen Republik. Klassen-kampf, Tradition, Sozialismus. Hrsg. vom Zentralinstitut für Geschichte der Akademie der Wissen-schaften der DDR, Berlin 1979, S. 451.

10 Siehe *Günter Rosenfeld*, Sowjetunion und Deutschland 1922—1933, Berlin 1984.

11 Siehe *Eichholtz*, Kriegswirtschaft, Bd. I, S. 154f.

12 *Rolf-Dieter Müller*, Das Tor zur Weltmacht. Die Bedeutung der Sowjetunion für die deutsche Wirt-schafts- und Rüstungspolitik zwischen den Weltkriegen, Boppard 1984, S. 330.

Hinter dem Kriegsplan gegen die UdSSR verbarg sich zugleich das Eingeständnis der Erfolglosigkeit aller konterrevolutionären Anschläge und Aktionen der Weltreaktion gegen dieses Land seit 1917. Hitler entpuppte sich von Anbeginn an nirgends so deutlich wie hier als der Exponent der rabiatesten konterrevolutionären Kräfte des internationalen Finanzkapitals.

In den wüsten antisowjetischen Kampagnen der Hitlerfaschisten, die bald nach der „Wiederwehrhaftmachung" einsetzten und auf den Parteitagen der NSDAP im Herbst 1935 und 1936 Höhepunkte erreichten, wurde die UdSSR zum „Weltfeind" (Goebbels), zum Urheber und Hort alles Bösen erklärt und die deutsche „Weltmission" im Kampf gegen den Bolschewismus apostrophiert.[13] Sie waren die Begleitmusik der fieberhaften Aufrüstung und eröffneten zugleich eine Periode interner Selbstverständigung der herrschenden Kreise über einen Kreuzzug gegen die Sowjetunion als reale Zielsetzung der nun forcierten Kriegsvorbereitung.

Von dieser Zeit an war der Krieg gegen die UdSSR vorgezeichnet. Die Strategie des Vierjahresplanes vom Sommer/Herbst 1936, etwa seit Jahresfrist in Diskussion und Entwicklung begriffen, wurde von einer zunächst weniger zahlenmäßig als ökonomisch starken Gruppe des deutschen Finanzkapitals verfochten und von einer Art wirtschaftlichen Generalstabs (Rohstoff- und Devisenstab unter Göring) ausgearbeitet, in dessen wichtigsten Positionen Fachleute des IG-Farben-Konzerns saßen. Die Herausbildung der Vierjahresplangruppierung innerhalb des Finanzkapitals — ungeachtet einer ganzen Reihe von aufschlußreichen Arbeiten über Vierjahresplanpolitik und -organisation[14] noch ungenügend erforscht — stellte ohne jeden Zweifel eines der einschneidendsten wirtschaftlichen und politischen Ereignisse auf dem Weg zum Krieg dar. Diese Gruppe ging von der „Unvermeidlichkeit" des „Entscheidungskampfes zwischen Bolschewismus und Nationalsozialismus" (Hermann Röchling)[15], „von dem Grundgedanken aus, daß die Auseinandersetzung mit Rußland unvermeidbar ist" (Göring).[16] Hitler apostrophierte in seiner von den erwähnten IG-Farben-Fachleuten unter Vorstandsmitglied Carl Krauch inspirierten Denkschrift ebendiese „geschichtliche Auseinandersetzung" und stellte den Vierjahresplan der Kriegsvorbereitung ausdrücklich dem — bekanntermaßen friedlichen — „Riesenplan" des Sowjetstaates entgegen.[17]

Mit dem Vierjahresplan war schon die Entscheidung verknüpft, den Krieg im Osten um die „Erweiterung des Lebensraumes bzw. der Rohstoff- und Ernährungsbasis unseres Volkes"[18] auch für den Fall vorzubereiten und zu führen, daß es nicht gelänge, die Westmächte, besonders Großbritannien, zu neutralisieren, ihr wohlwollendes Gewährenlassen oder gar ein Bündnis mit ihnen zu erlangen. Eben einen Zweifrontenkrieg sollte der Vierjahresplan ermöglichen; gerade er, eine Art Wirtschaftskriegführung schon im Frieden,

---

13 Siehe *Das Deutsche Reich und der Zweite Weltkrieg*, Bd. 1: Ursachen und Voraussetzungen der deutschen Kriegspolitik, Stuttgart 1979, S. 117 (Wolfram Wette); *Jutta Sywottek*, Mobilmachung für den totalen Krieg. Die propagandistische Vorbereitung der deutschen Bevölkerung auf den Zweiten Weltkrieg, Opladen 1976, S. 104ff.

14 Besonders *Dieter Petzina*, Autarkiepolitik im Dritten Reich. Der nationalsozialistische Vierjahresplan, Stuttgart 1968; *Eichholtz*, Kriegswirtschaft, Bd. I, Kap. 1; *Lotte Zumpe*, Wirtschaft und Staat in Deutschland 1933 bis 1945, Berlin 1980, Kap. 8 und 9.

15 *Anatomie*, S. 143, Dok. 47, Denkschrift Röchlings für Hitler vom 17. August 1936.

16 *IMG*, Bd. 36, S. 490, Dok. EC-416, Protokoll der Ministerratssitzung vom 4. 9. 1936.

17 *Anatomie*, S. 114ff. (S. 148), Dok. 48, Denkschrift Hitlers vom 26. August 1936.

18 Ebenda, S. 145f.

vergrößerte zugleich die Wahrscheinlichkeit eines solchen Krieges und mußte darüber hinaus bedeutende soziale und innenpolitische Probleme heraufbeschwören. Hieraus ergaben sich erhebliche Differenzen und Auseinandersetzungen innerhalb der herrschenden finanz-kapitalistischen Kreise.

Die Vierjahresplangruppe war — im Vertrauen sowohl auf die eigene Kriegsstärke als auch auf die Schwäche, Uneinigkeit und innere Zerrissenheit der bürgerlich-parlamentari-schen Demokratien des Westens — bedingungslos zum gesamteuropäischen, ja zum Welt-krieg bereit und achtete das Risiko auch eines Mehrfrontenkrieges gering. Bezeichnend für ihre abenteuerliche politische Position waren die hybriden Vorstellungen von der deutschen „überragenden Überlegenheit" in einem Krieg mit chemischen Waffen[19], die im Sommer 1938 in den berüchtigten Giftgasdenkschriften der Reichsstelle für Wirtschaftsausbau fixiert wurden. Diese Waffen „für eine entscheidungssuchende Kriegführung" stelle, so hieß es dort, die chemische Industrie der deutschen Wehrmacht „in praktisch unbe-grenzten Mengen" zur Verfügung. Außerordentlich aufschlußreich im Hinblick auf die Aggressionsabsichten gegen die UdSSR waren folgende Passagen: „Gegen geistig nicht hochstehende, technisch weniger geschulte Armeen wird dieser Geländekampfstoff (ge-meint war vor allem Gelbkreuz (Lost) — D. E.) . . . nach kurzer Zeit der gefürchtetste Gegner durch seine heimtückischen, schwer erkennbaren und unentrinnbaren Wirkungen sein. . . . Im Kampf im Hinterland — auch gegen die Zivilbevölkerung — ist der Gelände-kampfstoff berufen, *die kriegsentscheidende Waffe* zu sein."[20]

Die Vierjahresplangruppe war es, die, mit den Rüstungs- und außenpolitischen Erfolgen des Regimes schnell anwachsend und 1938/39 die maßgebliche Fraktion des deutschen Finanzkapitals bildend, Göring und Hitler, wie noch ausführlicher zu zeigen sein wird, unverzichtbare Entscheidungsfundamente für ihre Außen- und Aggressionspolitik lieferte.

Eine Reihe großbourgeoiser Repräsentanten, die zur Vierjahresplangruppe gehörten oder ihr nahestanden, sprach sich anfangs noch mehr oder weniger deutlich dafür aus zu ver-suchen, die Westmächte, besonders Großbritannien, wenigstens zu neutralisieren. Aller-dings schätzten sie die Chancen hierfür, je länger, desto schlechter ein. Röchling meinte im August 1936, „die Möglichkeit, daß England sich auf die andere Seite schlägt, ist unter heutigen Aussichten immer noch auf 50 zu 50 zu beurteilen . . . Kurzum, wir können im besten Falle erreichen, daß England im Entscheidungskampf um unsere Existenz Neutralität wahrt"[21]; ein halbes Jahr später apostrophierte er die Westmächte bereits pauschal als „un-sere Gegner" und entwickelte seine Antiblockadestrategie in der Eisenerzversorgung für den „Notfall", „wenn es um den letzten Einsatz geht."[22] Arnold Rechberg aus der bekannten Familie von Kalimagnaten, seit den 20er Jahren ein Verfechter der antisowjetischen Zu-sammenarbeit zwischen dem deutschen und französischen Imperialismus[23], war zwar eben-

---

19 Zit. nach ebenda, S. 186, Dok. 73, Denkschrift der Reichsstelle für Wirtschaftsausbau: „Vorschläge zur Nutzbarmachung der deutschen Chemie für die Landesverteidigung" vom 21. Juli 1938; siehe auch *Olaf Groehler*, Der lautlose Tod, Berlin 1978, S. 158 ff.

20 ZStA, Potsdam, FS, Film 3594, Denkschrift vom 25. 7. 1938: „Bemerkungen über den grundsätzlichen Wert der chemischen Waffe".

21 Wie Anm. 15.

22 *Anatomie*, S. 155, Dok. 52, Röchling an Göring vom 27. März 1937.

23 Zu Arnold Rechberg siehe (mit apologetischem Einschlag) *Eberhard v. Vietsch*, Arnold Rechberg und das Problem der politischen West-Orientierung Deutschlands nach dem 1. Weltkrieg, Koblenz 1958. Marxi-stische Analysen bei *Albert Norden*, Kali für Brot oder Tod, Berlin 1956; *Gerhart Hass*, Arnold Rech-

falls bereit, den „deutschen Expansionskrieg gegen Osten", der „mindestens das russische Gebiet bis einschließlich des Ural mit seinen gewaltigen Erzvorkommen umfassen" müsse, auch „gegen den Widerstand der Westmächte" zu führen; doch er empfahl noch Ende 1938 „zu überlegen, welche Großmächte beim deutschen Expansionskrieg gegen Osten, von dessen Ausgang der Bestand und die Zukunft Deutschlands abhängen wird, die voraussichtlichen Gegner und welche dem Reich verbündet sein würden", und den alten Versuch der Weltreaktion zu wiederholen, „eine Front der europäischen Großmächte gegen das bolschewistische Rußland aufzubauen".[24]

Auseinandersetzungen über diese wesentliche strategische Frage hat es anscheinend auch innerhalb der verhältnismäßig breiten Führungsschicht des IG-Farben-Konzerns gegeben. Carl Krauch (Vorstandsmitglied; seit 1940 Aufsichtsratsvorsitzender), Hermann Schmitz (Vorstandsvorsitzender), Max Ilgner, Fritz ter Meer und andere vertraten die abenteuerlichste, nach allen Seiten expansionistische Linie; andere schwenkten erst im Kriege voll darauf ein, etwa Georg v. Schnitzler. Die Position des Aufsichtsratsvorsitzers Carl Bosch in dieser Frage, der dem Regime nicht ohne Vorbehalte gegenüberstand, dessen „alter ego"[25] aber wiederum Krauch war, ist noch nicht untersucht (Bosch starb im April 1940).

Den schroffen Kurs auf einen Krieg gegen die UdSSR als den „Feind Deutschlands und ganz Europas" (Fritz Thyssen)[26] unterstützte auch jene andere, nicht unbedeutende Gruppe des deutschen Finanzkapitals, die das Risiko einer militärischen Konfrontation mit den Westmächten ablehnte und die Rückendeckung durch den britischen und den USA-Imperialismus anstrebte. Ihren Kern bildeten Vertreter der sogenannten amerikanischen Fraktion der deutschen Großbourgeoisie. Diese Gruppe ist für die frühen dreißiger Jahre näher untersucht worden[27]; ihre Wandlung, ihr Positionsverlust und allmählicher Zerfall in den späteren Jahren sind augenfällig, bedürfen aber noch der genaueren Analyse.

Von einer festen Gruppe kann jedenfalls 1938/39 nicht mehr gesprochen werden. Hjalmar Schacht, der noch 1935, nach Meinung eines ausländischen Kenners der Verhältnisse wie William Dodd, „die absolute Macht" hatte[28], wurde in den folgenden Jahren aus seiner Schlüsselposition im militärisch-industriellen Komplex hinausgedrängt. Thyssen als Hauptaktionär der Vereinigten Stahlwerke scheint nach der Gründung der Hermann-Göring-Werke im Sommer 1937 die Führung des Konzerns, der erst verhältnismäßig spät — und

bergs Vorschläge von 1938 für einen Expansionskrieg großen Maßstabes, in: *JfG*, 1976, Bd. 14, S. 397ff.; *Ulrike Hörster-Philipps*, Konservative Politik in der Endphase der Weimarer Republik. Die Regierung Franz v. Papen, Köln 1982, Kap. 2, Kap. 8 und passim; *Opitz*, S. 75f., S. 428ff.

24 *Anatomie*, S. 194, Dok. 80, Denkschrift Rechbergs für Lammers vom 18. November 1938.

25 *Joseph Borkin*, Die unheilige Allianz der I.G. Farben. Eine Interessengemeinschaft im Dritten Reich, Frankfurt a. M./New York 1986, S. 67; siehe auch S. 72. Zu inneren Auseinandersetzungen im IG-Farben-Konzern siehe *Hallgarten/Radkau*, S. 260ff.; zu Schnitzler vgl. *Eichholtz*, Kriegswirtschaft, Bd. I, S. 211.

26 *Fritz Thyssen*, I Paid Hitler, London/New York 1941, S. 72.

27 Ausführliche Analyse in *Kurt Gossweiler*, Die Röhm-Affäre. Hintergründe — Zusammenhänge — Auswirkungen, Köln 1983 (= Diss. 1963), S. 96ff. und passim; *Eichholtz*, Kriegswirtschaft, Bd. I, S. 38ff. — Diskussionswürdige Bemerkungen über „Gruppierungen und Umgruppierungen innerhalb der Großindustrie" siehe auch in: *Hallgarten/Radkau*, S. 281ff.

28 *(William E. Dodd)*, Diplomat auf heißem Boden. Tagebuch des USA-Botschafters William E. Dodd in Berlin 1933—1938, Berlin (1962), S. 263 (5. 4. 1935).

dann nicht in führender Position — auf die Linie des Vierjahresplanes einschwenkte[29], vollständig Albert Vögler und Ernst Poensgen überlassen zu haben. Thyssen war es vor allem, auf den die denunzierende Kritik Röchlings an den „Spielereien" gemünzt war, „die nichts nützen, wenn es um den letzten Einsatz geht" — nämlich an der Verzettelung der wirtschaftlichen Kräfte „in fremden, fernliegenden Ländern wie Brasilien", wo Thyssen große Eisenerzvorkommen aufschließen wollte.[30]

Die führenden Vertreter dieser Fraktion, zu denen auch Hermann Bücher, Vorstandsvorsitzender der AEG, zu rechnen ist, hatten zudem ein sehr breites Spektrum in vieler Hinsicht differierender Interessen, darunter auch unterschiedlicher Expansionsinteressen. Für Bücher und mehr noch für Thyssen spielten sicher Interessen ihrer Konzerne eine orientierende Rolle, die bei aller weltweiten Expansion ein bestimmtes Maß an Kooperation mit den konkurrierenden Kapitalgruppen der westlichen imperialistischen Mächte, besonders mit denen der USA, erforderten. Nach wie vor existierten zudem intensive Kapitalverflechtungen und -abhängigkeiten zwischen ihren Konzernen und diesen Gruppen.

Schacht, als Reichswirtschaftsminister (bis November 1937) und Reichsbankpräsident (bis Januar 1939) einer der exponiertesten Repräsentanten des Regimes, dazu intim bekannt mit maßgeblichen Kreisen der anglo-amerikanischen Hochfinanz, verkörperte in der Naziregierung „in besonderem Maße die Sphäre der Privatwirtschaft".[31] Er vertrat gewissermaßen ex officio das gesamte Spektrum der Expansionsinteressen des deutschen Finanzkapitals, buchstäblich von Südosteuropa bis Neuguinea.[32] Er vertrat sie — anders als andere Repräsentanten des Finanzkapitals und der Naziführung — jahrelang und bei jeder sich bietenden Gelegenheit vor einem vergleichsweise breiten, oft auch internationalen Publikum.

Schacht verstand sich auf die verschiedensten Methoden der imperialistischen Expansion und war ein Meister der „friedlichen" Infiltration, Durchdringung und Erpressung der Wirtschaft anderer Länder. Er versuchte sich auch darin, politischen Druck und Bluff gegen die imperialistischen Konkurrenten Deutschlands anzuwenden. Krieg als Mittel der Expansion schloß er nicht etwa aus, sondern tat alles, das Regime für einen solchen Fall zu rüsten. „So sehr Schacht die Diktatur Hitlers verabscheut", notierte Botschafter Dodd am 21. Dezember 1937 nach einem Essen bei dem gerade abgelösten Minister, „so wünscht er doch, wie die meisten anderen namhaften Deutschen, Annexionen — wenn möglich, ohne Krieg; aber auch mittels Krieg, falls die Vereinigten Staaten neutral bleiben."[33]

Also nicht das Ziel, sondern das Mittel war es, worüber Schacht mit Hitler, Göring und der vom IG-Farben-Konzern dominierten Monopolgruppierung um den Vierjahresplan in Auseinandersetzung geriet. Er beurteilte die Risiken eines großen Krieges für Deutschland realistischer als seine Kontrahenten. Vor allem erschien es ihm, ähnlich wie Thyssen, Bücher, Carl Goerdeler und vielen anderen, angesichts des realen Kräfteverhältnisses als ein undenkbares, auf unabsehbare Zeit aussichtsloses Abenteuer, das Kriegsglück ein zweites Mal gegen die Siegermächte von 1918 zu versuchen, besonders gegen die USA als erste imperialistische Weltmacht, deren Wirtschaftspotential sich seitdem noch vervielfacht hatte.

Mehr noch, dem politisch erfahrenen Schacht entging es nicht, daß Kriege zwischen imperialistischen Staaten seit 1917, seit dem Sieg der proletarischen Revolution in Rußland,

29 Siehe *Eichholtz*, Kriegswirtschaft, Bd. I, S. 50f.; Bd. II, S. 540f.; vgl. auch *Zumpe*, S. 192ff. (S. 199ff.).
30 Wie Anm. 22.
31 *Hallgarten/Radkau*, S. 323.
32 *Dodd*, S. 422 (Neuguinea), 29. 12. 1936.
33 Ebenda, S. 493, 21. 12. 1937 (Eintr. vollständig (englisch) in *IMG*, Bd. 36, S. 541f., Dok. EC-461).

gewissermaßen unzeitgemäß, weil äußerst risikovoll für das imperialistische System als Ganzes waren und das gemeinsame Grundinteresse der Machterhaltung und des Kampfes gegen den Sozialismus gefährlich verletzten.

Um den Nachweis dieser Gefahr bemühte sich besonders Carl Goerdeler immer wieder in seinen Vorkriegsdenkschriften. Zunächst begründete er es mit Argumenten „namhafter Militärs", „daß die Zeit der Großkriege in Europa, *zumindest westlich der Weichsel*, vorüber" sei, weil sie sich mangels großer Räume festlaufen müßten. Das Wesentliche aber war Goerdelers politische Argumentation: „Der Versuch jeder Bewegung kommt überall sofort zur Erstarrung, damit aber wird jeder Krieg in Europa *westlich der Weichsel* zu einem totalen, d. h. zu einem in jeder Beziehung die ganze Bevölkerung umfassenden; damit wieder wird für den Politiker die Erkenntnis bestimmend, daß selbst der gewonnene Krieg zu teuer erkauft sein würde".[34]

Deutlicher noch verband sich bei Schacht finsterer Antibolschewismus mit der Warnung vor einem Krieg gegen die Westmächte und mit einem förmlichen Liebeswerben um ihr Stillhalten und ihre Unterstützung bei der deutschen Ost- und Kolonialexpansion. Nach dem zu urteilen, was seit 1935 in der westeuropäischen Presse aus seinen regelmäßigen Verhandlungen als Reichsbankpräsident im Gremium der Bank für internationalen Zahlungsausgleich (BIZ) in Basel durchsickerte, beschwor er dort seine einflußreichen westeuropäischen Kollegen ständig, „Hitler freie Hand im Osten zu geben".[35] Im Oktober 1935 erklärte er, sich auf eine „Ermächtigung des Führers" berufend: „Früher oder später werden wir uns mit Polen die Ukraine teilen."[36] Im April 1936 drohte er mit der „verzweifelten Wirtschaftslage" Deutschlands, die gerade durch die Ernennung Görings zum Rohstoff- und Devisenkommissar evident geworden war. Die „Dynamik der deutschen Außenpolitik" — im März war die entmilitarisierte Rheinlandzone von deutschen Truppen besetzt worden — rühre von ihr her; „weitere außenpolitische Explosionen (seien) nicht zu vermeiden."[37] „Die Gefahr sei unabwendbar, daß nach einem Sturz des Hitlerregimes (durch Intervention von außen — D. E.) der Bolschewismus sich im Herzen Europas festsetze. Der einzige Weg, um dieser Gefahr zu begegnen, sei der, Hitler freie Hand im Osten zu geben. Schacht beschwor die Vertreter der ausländischen Notenbanken, bei ihren Regierungen im Sinne einer Unterstützung der Hitlerschen Forderung eines Zusammenschlusses der europäischen Mächte gegen die Sowjetunion zu wirken. Er wiederholte dabei die von Hugenberg auf der Londoner Wirtschaftskonferenz 1933 aufgestellten Thesen."[38]

Typisch war in dieser Beziehung Schachts Rede am 17. September 1936 auf dem Internationalen Gießereikongreß in Düsseldorf. Die Geschichte habe gelehrt, so erklärte er dort salbungsvoll, „daß Krieg einerlei, ob er mit Sieg oder Niederlage verbunden ist, keine Lösung für das Glück und den Frieden der Völker bringen kann. Bedrohlicher als jemals vor dem Weltkrieg hebt die ordnungszerstörende und lebensvernichtende bolschewistische Unterwelt ihr Haupt. Frieden und Ordnung, Leben und Glück der Völker sind auf die Dauer nur zu gewinnen durch eine friedliche politische Verständigung."[39] Im Klartext

---

34 *Anatomie*, S. 199, Dok. 84, Reisebericht Goerdelers (für Hitler bestimmt), November/Dezember 1938. — (Hervorh. — D. E.).

35 ZStA, Potsdam, Reichsbank, Nr. 3736, Bl. 249f., Berichte von Schweizer Zeitungen über die BIZ-Sitzung in Basel, 20. und 21. 4. 1936.

36 Ebenda, Nr. 3735, Bl. 76, Meldung DNB-France, 3. 11. 1935.

37 Wie Anm. 35.

38 Wie Anm. 35.

39 Ebenda, Nr. 3738, Bl. 16.

hieß das: Friedliche politische Verständigung mit den Westmächten — gemeinsamer Kreuzzug gegen die „bolschewistische Unterwelt", d. h. vor allem gegen die UdSSR.

Wenig später drohte er mit der deutschen Rüstung als, wie er verlogen behauptete, „rein
defensive(r) Antwort auf die Bedrohung Deutschlands — und aller anderen Kultur-
staaten der Welt — durch den Bolschewismus", den man nicht „mit wirtschaftlichen Mitteln allein wirksam bekämpfen" könne, da er „leider auch eine militärische Gefahr allererster Ordnung" geworden sei.[40]

Schachts Haßtiraden gegen die UdSSR ertönten gleichzeitig und im Einklang mit solchen,
in denen Hitler sich im geheimen (Vierjahresplandenkschrift) und öffentlich (etwa auf den
NSDAP-Parteitagen) erging; jedoch mit dem Unterschied, daß Schacht einen Krieg
gegen die Westmächte — für ihn gleichbedeutend mit „Weltkrieg" — nicht nur ablehnte
und energisch davor warnte, sondern statt dessen zu einem gemeinsamen Kreuzzug gegen den
„Bolschewismus" aufrief.

Den amerikanischen Gerichtspsychologen im Nürnberger Prozeß, der im Gespräch
bemerkte, „Hitlers Hauptfehler sei der Angriff auf Rußland gewesen", verbesserte Schacht
sogleich: „Nein, der Hauptfehler war in erster Linie der Angriff auf Polen". Und er fuhr fort:
„Wenn wir schon über Hauptfehler sprechen, . . . die Kriegserklärung an Amerika war die
katastrophalste Verrücktheit, die ein Staatsmann nur begehen konnte."[41]

So absurd es auch ist, Schacht zum Friedensapostel und Widerstandshelden zu erklären,
so nehmen konservative bürgerliche Historiker es doch nach wie vor für bare Münze,
daß Schacht, wie er in Nürnberg vor Gericht erklärte, Hitler von dem „Wahnsinn, nach
dem Osten irgendetwas zu unternehmen", gewarnt habe und immer gegen seine „verrückte
Idee der Ausweitung nach Osten" aufgetreten sei[42], und zitieren als Beweis gern seine
skeptischen Äußerungen aus dem Jahre 1935 gegenüber den auf Genozid hinauslaufenden,
auf alten alldeutschen Postulaten fußenden „Siedlungs"plänen für den Osten.[43]

Diese Haltung war damals zunächst ganz pragmatisch von Schachts Absicht bestimmt, mit
der UdSSR ein großes Geschäft abzuschließen, um aus der Rohstoff- und Devisenkrise der
Aufrüstung herauszukommen[44]; ein solches Geschäft zu realisieren, erschien angesichts
der rasenden Antisowjethetze offiziellerseits, beispielsweise auf dem NSDAP-Parteitag, aussichtslos. Außerdem wollte er, gemeinsam mit dem Kolonialchauvinisten und führenden
Faschisten Franz v. Epp[45], Hitler von einer zu einseitigen und zu frühzeitigen Festlegung
auf die Ostexpansion abbringen und dagegen das gemeinsame notorische Interesse an Kolo-

---

40 Ebenda, Nr. 6994, Bl. 164f., Rede vor der Wirtschaftskammer Koblenz, 27. 1. 1937.

41 *G. M. Gilbert*, Nürnberger Tagebuch, Frankfurt a. M. 1962, S. 190.

42 *IMG*, Bd. 13, S. 17; Bd. 12, S. 470, Verhöre Schachts am 3. 5. und 30. 4. 1946.

43 „Die Idee von dem zu erwerbenden Ostraum", schrieb Schacht am 19. 3. 1935 in einem Memorandum
   für Franz Ritter v. Epp und für Hitler, „stiftet leider viel Unheil an. Unbeschadet der auch von mir
   immer betonten Notwendigkeit einer Korrektur unserer östlichen Grenzen muß man sich doch einmal
   darüber klar werden, . . . daß man auf der ganzen Ostlinie für deutsche Siedlung nur Platz machen
   könnte durch eine glatte Entvölkerung der betreffenden Gebiete, die in heutiger Zeit auch bei noch
   so entscheidendem Siege kein vernünftiger Mensch mehr für möglich halten wird." (*ADAP*, Serie C, Bd.
   III, 2, S. 1004, Dok. 544). Zur Konzeption Schachts und seiner Anhänger in der Reichsbankführung
   siehe auch die vortreffliche Skizze von *Wolfgang Ruge*, Zu den Auseinandersetzungen in der herrschenden
   Klasse des faschistischen Deutschlands 1936, in: *JfG*, 1974, Bd. 14, S. 541ff.

44 *Müller*, Das Tor zur Weltmacht, S. 282ff.

45 Schachts Memorandum vom 19. 3. 1935 hatte die Form eines Schreibens an v. Epp, dessen Abschrift
   Schacht direkt an Hitler schickte.

nialzielen in den Vordergrund rücken — womit er, wie wir sehen werden, zeitweise auch Erfolg hatte. Schließlich wollte er wohl auch davor warnen, daß eine nicht mit den Westmächten ausgehandelte Aggression gegen Polen oder andere Staaten des von diesen Mächten geschaffenen sogenannten Cordon sanitaire, soweit nicht überhaupt vorläufig ohne Erfolgsaussicht, jedenfalls einen Krieg auch gegen Westen heraufbeschwören könnte.

Schachts Credo schloß aber letzten Endes einen großen Krieg nicht aus, so selten und so vage er eine solche Möglichkeit auch formulierte. Doch bedürfe es, um „diesem letzten Eventualfall klar und ruhig in die Augen zu sehen", noch „einer intensiven und zielbewußten Friedensarbeit". Friedliche Wirtschaftspolitik sei jetzt notwendig, so betonte er Ende 1935 in einer Rede vor der Wehrmachtsakademie, als „die beste Kriegsvorbereitung". Man müsse erkennen: „. . . im Krieg der Zukunft entscheidet sich das Schicksal von Generationen, vielleicht das Schicksal unseres Volkes überhaupt"; würde es doch „ein ‚absoluter Krieg' in des Wortes furchtbarster Bedeutung" sein.[46]

3. Südosteuropa

Die Verschärfung der imperialistischen Gegensätze in Südosteuropa ist ein Schlüssel zum Verständnis der internationalen Lage in den letzten Vorkriegsjahren. In Richtung Südosten unternahm der deutsche Faschismus die ersten Annexionen — die noch nicht Krieg, aber doch schon reale politische, militärische und wirtschaftliche Expansion großen Stils bedeuteten: Annexionen, die in verhängnisvollem Maße jener Gruppe des Finanzkapitals den Rücken stärkten, welche in abenteuerlicher Selbstüberschätzung das Risiko eines großen Krieges einzugehen bereit war.

Seit den 80er Jahren des 19. Jahrhunderts waren „Balkan und Vorderer Orient zur Hauptstoßrichtung des deutschen Imperialismus"[47] geworden; die deutsch-britisch-französisch-russischen Auseinandersetzungen in diesem Raum waren von konstitutiver Bedeutung für jenes Knäuel imperialistischer Gegensätze, das zum Ausbruch des ersten Weltkrieges führte.

Nach 1918 veränderte sich die politische Landkarte Südosteuropas wie auch des Nahen Ostens radikal. In Südosteuropa herrschte bald britisches und französisches Kapital in bedeutenden Teilen der Wirtschaft vor, besonders in Industrie und Bankwesen; im Nahen Osten hatten die britischen Erdölkonzerne die weithin beherrschende, wenn auch schon unter Druck von US-Gesellschaften stehende wirtschaftliche Position.[48]

Der europäische Südosten blieb jedoch eine der wichtigsten Expansionsrichtungen des wieder erstarkenden deutschen Imperialismus, und auch der Nahe Osten, dem seine Erdölvorkommen inzwischen ein immer größeres wirtschaftliches und weltpolitisches Gewicht verschafften, geriet nicht aus dem Gesichtsfeld expansiver Kreise des deutschen Finanz-

---

46 ZStA, Potsdam, Reichsbank, Nr. 6993, Bl. 20f., Redeentwurf, 8. 11. 1935 („Grundbedingungen und Entwicklungsrichtung der deutschen Wirtschaftspolitik"), Hervorh. im Orig.

47 *Deutschland im ersten Weltkrieg.* Von einem Autorenkollektiv unter Leitung von Fritz Klein, Bd. 1, Berlin 1968, S. 85.

48 Vgl. *Helmut Mejcher*, Die Politik und das Öl im Nahen Osten. I.: Der Kampf der Mächte und Konzerne vor dem Zweiten Weltkrieg, Stuttgart 1980; *Wallace Morgan*, Die Ölpolitik der USA in Mesopotamien nach dem ersten Weltkrieg, in: *JfG*, 1981, Bd. 24, S. 73 ff.

kapitals.[49] Während aber im Nahen Osten die vom Reichswirtschaftsministerium und von der Reichsgruppe Industrie unterstützte Interessengruppe (Großbanken, IG Farben, Ferrostaal-Gutehoffnungshütte, Krupp, Mannesmann, Vereinigte Stahlwerke, Otto Wolff) bei ihren Versuchen (1932—1936), in das Reich der Iraq Petroleum Company und der Anglo-Persian Oil Company einzudringen, im Jahre 1936 kläglich scheiterten[50], blieb Südosteuropa als verhältnismäßig leicht zu erreichender, ökonomisch zu penetrierender und politisch, evtl. auch militärisch zu sichernder großraumwirtschaftlicher „Teilraum" nächster Zielpunkt deutscher Expansionsgelüste. Mannigfache wirtschaftliche, politische und strategische Interessen trafen hier wie in einem Brennpunkt zusammen: Belebung des deutschen Außenhandels, Erhalt und Ausbau des seit Ende des ersten Weltkrieges abrupt zurückgegangenen Kapitaleinflusses, Sicherung von Agrar- und Rohstoffressourcen für die Aufrüstung, Vorbereitung eines blockadesicheren kriegswirtschaftlichen Hinterlandes, Brückenschlag zum Nahen Osten und nach Afrika und schließlich — nicht zuletzt — Gewinnung eines Aufmarschraumes an der Flanke der UdSSR.

Schon die „bescheidenste" der genannten Zielsetzungen mußte zu tiefgreifenden Gegensätzen und Auseinandersetzungen mit dem französischen und britischen Imperialismus und zur unmittelbaren Bedrohung der UdSSR führen — ganz abgesehen davon, daß die Staaten und Völker Südosteuropas, die, wie der Vorstand des Mitteleuropäischen Wirtschaftstages (MWT) es 1938 selbst einschätzte, „eine gewisse Furcht vor dem übermächtigen Deutschland" hegten[51], sich gegen die beabsichtigte Domination und politische Majorisierung zur Wehr setzten.

Innerhalb der „von einflußreichen Gruppen des Finanzkapitals getragenen Mitteleuropawelle, die ab 1925/26 einsetzte", hatte der Langnamverein („Verein zur Wahrung der gemeinsamen wirtschaftlichen Interessen in Rheinland und Westfalen") „die aggressivste, sich immer stärker gegen Frankreich richtende und zugleich umfassendste Mitteleuropakonzeption" vertreten.[52] Er drängte auf Expansion, besonders auf den „Anschluß" Österreichs und auf Änderung der Handelspolitik gegenüber den südosteuropäischen Ländern (Zollunionen, Präferenzierung usw.). Auf dieser radikalen Linie verschmolzen Ende der 20er Jahre mehr und mehr die unterschiedlichen Konzepte von „Mitteleuropa", das schon im ersten Weltkrieg erklärtes Kriegsziel einer bedeutenden Gruppierung der herrschenden Klasse gewesen war. Im Winter 1930/31, als sich, wie es im Rundschreiben Nr. 1 des MWT hieß, „die deutsche Großindustrie unter Führung des Langnamvereins Düsseldorf

---

49 Vgl. *Antoine Fleury*, La pénétration allemande au Moyen Orient 1919—1939: Le cas de la Turquie, de l'Iran et de l'Afghanistan, Genf 1977; siehe auch den Hinweis von Sohn-Rethel auf die Gründung des „Deutschen Orient-Vereins" im Jahre 1934, „der in engster Gemeinschaft mit dem Mitteleuropäischen Wirtschaftstag erarbeitete und gleichsam dessen Verlängerung nach dem Nahen Osten darstellte". (*Alfred Sohn-Rethel*, Ökonomie und Klassenstruktur des deutschen Faschismus. Aufzeichnungen und Analysen. Hrsg. und eingel. von Johannes Agnoli u. a., Frankfurt a. M. 1973, S. 88).

50 *Mejcher*, S. 144f., S. 208ff. und passim.

51 ZStA, Potsdam, Deutsche Bank, Nr. 21834, Bl. 272, Geschäftsbericht v. Wilmowskys auf der Mitgliederversammlung des MWT („Entstehung, Entwicklung u. Arbeit des Mitteleuropäischen Wirtschaftstages"), 22. 11. 1938.

52 *Martin Seckendorf*, Südosteuropakonzeptionen des deutschen Imperialismus in der Zeit von 1918—1933/34 unter besonderer Berücksichtigung der nach dem Scheitern der deutsch-österreichischen Zollunion von 1931 entwickelten Konzeption, phil. Diss. Berlin 1981, S. 42; S. 78. Über den Langnamverein siehe *Lexikon zur Parteigeschichte. Die bürgerlichen und kleinbürgerlichen Parteien und Verbände in Deutschland (1789—1945)*. Hrsg. von Dieter Fricke u. a., Bd. 4, Leipzig 1986, S. 379ff.

zu einer aktiven Unterstützung unserer Bestrebungen entschloß"[53], fand eine radikale Umbildung der Deutschen Gruppe des seit 1926 bestehenden MWT (bis 1928 noch: Mittel-
europäische Wirtschaftstagung) in eine maßgebliche Interessenvertretung des deutschen
Finanzkapitals mit dem Ziel der „Schaffung eines möglichst einheitlichen mitteleuropäischen Wirtschaftsraumes"[54] statt.

In Präsidium und Vorstand des MWT/Deutsche Gruppe (insgesamt 19 Mitglieder) saßen
nach seiner Reorganisation Anfang 1931 führende Repräsentanten folgender Konzerne
und Monopolverbände:

Langnamverein (Max Schlenker; Max Hahn)
Krupp (Tilo v. Wilmowsky)
Vereinigte Stahlwerke (Hellmuth Poensgen)
Hoesch (Fritz Springorum)
IG Farben (Carl Duisberg; Wilhelm R. Mann; Wilhelm v. Flügge)
Siemens (Ludwig v. Winterfeld; Richard Fellinger)
Flick und Ballestrem (Rudolf Brennecke/Oberhütten)
Röhrenverband (Berthold Nothmann)
Deutsche Bank (Robert Bürgers/A. Schaaffhausen'scher Bankverein).

Im Jahre 1936 hatte die finanzkapitalistische Basis des MWT sich noch verbreitert.
Eine ganze Reihe weiterer Konzerne und Verbände aus Industrie, Bankwelt und Versiche-
rungsgeschäft waren in Präsidium und Vorstand (jetzt über 30 Personen) vertreten, so be-
sonders AEG, Gutehoffnungshütte, Allianz, Deutsches Kalisyndikat, Bergbau-Verein,
Verein Deutscher Stahl- und Eisenindustrieller, Reichs-Kredit-Gesellschaft, Deutsche Bau-
und Bodenbank. Repräsentanten des Auswärtigen Amtes, des Reichswirtschafts- und
Reichswehrministeriums sowie des Werberats der Deutschen Wirtschaft waren in die
Leitungsgremien unmittelbar einbezogen; der Verbindungsmann Schachts bzw. später
Görings war Ministerialdirektor z. b. V. Helmuth Wohlthat.[55]

Die hauptsächliche geographische Zielrichtung der MWT-Politik war erklärtermaßen
Südosteuropa, bis 1938 einschließlich Österreichs, dessen zum MWT gehörende Anschluß-
politiker und prodeutschen Wirtschaftskreise jetzt nur noch eine Dépendance der Deutschen
Gruppe des MWT darstellten. Doch die Vorstellungen der führenden Repräsentanten des
MWT von „Mitteleuropa" griffen viel weiter aus und spiegelten das über halb Europa,
besonders Osteuropa, sich erstreckende Expansionskonzept der Carl Duisberg und Max

53 ZStA, Potsdam, Deutsche Bank, Nr. 21838, Bl. 1, Rs. Nr. 1 des MWT, 31. 3. 1931.
54 *Europastrategien des deutschen Kapitals 1900—1945.* Hrsg. von Reinhard Opitz, Köln 1977, Dok. 80,
   Auszug aus der Niederschrift über die Mitgliederversammlung der Deutschen Gruppe des MWT am
   7. 12. 1936 (Ausführungen Max Hahns). Außer der deutschen gab es eine österreichische (bis 1938) und
   eine ungarische, später auch eine rumänische und eine bulgarische Gruppe des MWT. — Auf der
   Wiener Tagung des MWT am 2. 9. 1940 faßte v. Wilmowsky den Kreis der damaligen (1930/31) Grün-
   dungsgruppe weit: „die Ruhr-, die chemische, die Elektro-, die Maschinenindustrie und Großbanken"
   (ZStA, Potsdam, Deutsche Bank, Nr. 21830, Bl. 393 u. R., Vortrag v. Wilmowskys über „Aufgaben
   und Ziele" des MWT). Neben der Arbeit von *Seckendorf* vgl. zur Reorganisation des MWT *Roswitha
   Berndt*, Wirtschaftliche Mitteleuropapläne des deutschen Imperialismus (1928—1931), in: *WZ der
   Universität Halle*, Ges. und sprachwiss. Reihe, H. 4/1965, S. 231ff.; *Tilo Frhr. v. Wilmowsky*, Rückblickend möchte ich sagen ... An der Schwelle des 150jährigen Krupp-Jubiläums, Oldenburg/Hamburg
   1961, S. 188f.
55 Nach: ZStA, Potsdam, Deutsche Bank, Nr. 21838, Bl. 1ff. (wie Anm. 53; für 1931); ebenda, IG-Farben,
   Nr. A 20, Bl. 330f., AN v. 16. 3. 1936 über „Ziele und Aufgaben des MWT" (für 1936).

Ilgner (IG Farben), Paul Reusch, Schlenker und Hahn (Langnamverein), Hermann Röchling, Martin Blank (Gutehoffnungshütte) und anderer wider. Mitteleuropa „als Ziel deutscher Politik", so stellte Hahn, geschäftsführendes Vorstandsmitglied des MWT, in einer grundsätzlichen Rede vom Oktober 1931 fest, sei „nicht etwa mit Südosteuropa gleichzusetzen ..., sondern (muß) als Wirtschaftsbegriff den gesamten Raum zwischen Ostsee und Schwarzem Meer umfassen". Dieses Ziel sei aber jetzt (nach dem Scheitern der deutsch-österreichischen Zollunionspläne) nicht zu verwirklichen: „Wir müssen Zeit gewinnen", um „in zäher Aufbauarbeit unsere Wirtschaft und unseren Staat wieder hochzubringen".[56] Systematisch beschrieb Max Ilgner Anfang 1938 die auf Südosteuropa aufbauende Expansionsstrategie: „Das für Deutschland hinsichtlich der wirtschaftlichen Entwicklungsmöglichkeiten an erster Stelle zu nennende Gebiet scheint mir der osteuropäische und vorderasiatische Raum zu sein. Hier handelt es sich in erster Linie um den für Deutschland aus vielen Gründen wichtigsten Wirtschaftsraum Südosteuropa, an den sich die übrigen Gebiete organisch anschließen."[57] Hermann Gross, Südosteuropaspezialist in Diensten des IG-Farben-Konzerns, bezeichnete „Rumänien, die Ukraine und den Kaukasus" als entscheidenden Teil „unserer wichtigsten südosteuropäischen Rohstoffreservegebiete".[58]

Die Nazidiktatur war jener erstrebte, im Innern und nach außen „starke Staat", der die „Wiederwehrhaftmachung" und Expansion unter dem Zeichen des räuberischen deutschen Großmachtchauvinismus verwirklichte. Seine aggressive Wirtschaftspolitik — unter Leitung von Hjalmar Schacht — brachte die südosteuropäischen Länder zunächst in überraschendem Tempo in Außenhandelsabhängigkeit von Deutschland, die 1937 um 30 Prozent und 1938 um 40 Prozent lag. Der deutsche Außenhandel dagegen setzte 1937/38 mit den Südostländern nur 10 bis 12 Prozent seines Gesamtvolumens um und blieb mit 50 Prozent abhängig vom britischen Weltreich, von Lateinamerika, den USA und Skandinavien. „Die Verlagerung des deutschen Außenhandels auf Länder, die im bevorstehenden Weltkrieg als relativ sicheres Hinterland Deutschlands gelten konnten, war in den Vorkriegsjahren nur zum kleinen Teil gelungen."[59] Nach wie vor war der deutsche Anteil an dem in den Südostländern angelegten ausländischen Kapital verschwindend gering.

56 ZStA, Potsdam, Deutsche Bank, Nr. 21838, Bl. 50ff., Vortrag Hahns vor dem Präsidium des MWT am 23. 10. 1931 (Sonderdruck aus „Volk und Reich", Nr. 10—11/1931); *Seckendorf*, S. 147; siehe auch *Weltherrschaft im Visier*, S. 228, Dok. 84.

57 *Max Ilgner*, Exportsteigerung durch Einschaltung in die Industrialisierung der Welt, in: *Kieler Vorträge*, H. 53, Jena 1938, S. 13.

58 ZStA, Potsdam, IG Farben. Nr. A 918, Bl. 325f., Gross an Reithinger, 25. 5. 1939. Anlaß für Gross' Schreiben war das am 12. 5. 1939 abgeschlossene britisch-türkische Beistandsabkommen; dieses sei, so Gross, „m. E. für uns eine der größten außenpolitischen Schlappen der letzten Jahre. Bedeutet doch das Abkommen, daß im Ernstfall England und unsere Gegner die Möglichkeit haben, den größten Teil unserer wichtigsten südosteuropäischen Rohstoffreservegebiete, nämlich Rumänien, die Ukraine und den Kaukasus, zu besetzen und uns wirtschaftlich bei einem längeren Krieg schwer zu treffen."

59 *Berthold Puchert*, Einige Probleme des deutschen Außenhandels 1933 bis 1939, in: JfWG, 1989, T. 1 (im Druck), siehe ferner *Zumpe*, S. 171ff. Von den zahlreichen Arbeiten der BRD-Historiographie sei hier nur genannt *Hans-Jürgen Schröder*, Südosteuropa als „Informal Empire" Deutschlands 1933—1939. Das Beispiel Jugoslawien, in: *Jahrbücher für Geschichte Osteuropas*, 23 (1975), S. 70ff.; im Rahmen einer breiteren Thematik *Bernd Jürgen Wendt*, Economic Appeasement. Handel und Finanz in der britischen Deutschland-Politik 1933—1939, Düsseldorf 1971, S. 403ff. und passim; die Kontroverse zwischen *Alan S. Milward* und *Wendt* in: *Der „Führerstaat": Mythos und Realität*. Studien zur Struktur und Politik des Dritten Reiches. Hrsg. von Gerhard Hirschfeld und Lothar Kettenacker mit einer Einl. von Wolfgang J. Mommsen, Stuttgart 1981, S. 377ff., 414ff.

Damit war man dem Hauptziel der Südostexpansion — so wie es die Gruppe um die Vierjahresplanorganisation sah — nicht wesentlich näher gekommen: einen für die bevorstehende Kriegführung für unerläßlich gehaltenen, von der erwarteten Feindblockade, besonders von einer Seeblockade, nicht tangierten „Wirtschaftsblock" oder „Großwirtschaftsraum" zu schaffen, geschweige denn ihn politisch zu führen und zu beherrschen.

Mit der Annexion Österreichs im März 1938 begann im Zusammenspiel von politischer Erpressung und militärischer Gewalt der Umsturz der bestehenden Staatenordnung in Südosteuropa. Nach dem Münchener Abkommen strich es Wilmowsky am 22. November 1938 in seinem Bericht vor der Mitgliederversammlung des MWT gewissermaßen als historisches Verdienst des Vereins heraus, daß „der vor acht Jahren nur von wenigen als zukunftsreich erkannte, von vielen Seiten dagegen anfänglich schwer befehdete Gang nach Südosteuropa inzwischen endlich als fast selbstverständliche Forderung der Nation anerkannt worden" sei.[60] Wie vor acht Jahren Duisberg, so formulierten jetzt führende Faschisten, etwa der österreichische Nazipolitiker und jetzige Reichsstatthalter in Österreich, Arthur Seyß-Inquart, stellenweise in geradezu wörtlicher Übereinstimmung, doch mit verstärktem Akzent auf dem „Ostraum", die Quintessenz der deutschen Südosteuropapolitik: „Die Erweiterung des Reiches nach dem Südosten bedeutet, politisch gesehen, die Schaffung Großdeutschlands. Sie bedeutet aber zugleich die breite Öffnung des Tores nach dem Südosten, und wenn wir für unser deutsches Volk die Einflußmöglichkeit nach dem Osten suchen, so ist das Tor jetzt geöffnet. Die Verhältnisse im Donauraum liegen so, daß das Zusammenspiel der politischen Kräfte und Initiativen mit den dahinterstehenden Machtmitteln geradezu die Sicherheit ergibt, von diesem Raum aus die ganzen Ostfragen aufzurollen ...; denn das deutsche Volk ... übernimmt die Ordnung des Ostraumes."[61]

Die Annexionen des Jahres 1938 und die nun unmittelbar heraufziehende Kriegsgefahr bedeuteten in bezug auf die Differenzierung innerhalb der herrschenden Klasse einen tiefen Einschnitt. Die um die Vierjahresplanorganisation gruppierten Kreise des deutschen Finanzkapitals, jetzt durch Zustrom von bisher weniger engagierten oder anders orientierten Kräften rasch vergrößert, traten massiv als Förderer des faschistischen Kriegskurses hervor. Sie stürzten sich als erste auf die sich neu eröffnenden Expansions- und Profitmöglichkeiten[62], festigten aber zu gleicher Zeit ihre Positionen im militärisch-industriellen Komplex und konzentrierten dessen Aktivitäten darauf, die deutsche Wirtschaft für die in kürzester Frist zu erwartenden großen kriegerischen Auseinandersetzungen vorzubereiten.[63]

Am schnellsten reagierten und strategisch am weitesten planten führende Kreise der IG Farben und der Großbanken, die die Annexion der tschechischen Gebiete nach München als „die Durchbrechung des bisherigen tschechoslowakischen Riegels"[64] nach Südosten

---

60 ZStA, Potsdam, Deutsche Bank, Nr. 21834, Bl. 256.
61 *Weltherrschaft im Visier*, S. 252, Dok. 99, Vortrag Seyß-Inquarts im Reichskriegsministerium, 23. 1. 1939. — Duisberg hatte 1931 in bezug auf das Zollunionsprojekt „zwischen Deutschland, Österreich und den südosteuropäischen Staaten" erklärt: „Durch diese regionale Wirtschaftskombination kann das europäische Problem von der Südostecke aus aufgerollt werden." (Ebenda, S. 220, Dok. 81, Rede Duisbergs vom 24. 3. 1931).
62 Es sei hier nur auf die entsprechende Dokumentation in *Anatomie* verwiesen.
63 Siehe *Eichholtz*, Kriegswirtschaft, Bd. I, S. 44ff.
64 ZStA, Potsdam, Deutsche Bank, Nr. 21074, Bl. 58, Ausarbeitung der Volkswirtschaftlichen Abteilung der Deutschen Bank (E. W. Schmidt) für Vorstandsmitglied Johannes Kiehl, 31. 10. 1938 („Deutschland und der südosteuropäische Raum").

und Osten enthusiastisch begrüßten. Es ist bei ihnen und vielen anderen Großkonzernen — nennen wir nur Flick, Reichswerke „Hermann Göring", Krupp, Mannesmann, Preußag, Viag — von nun an nicht mehr klar zu unterscheiden, was noch Expansionsprogramm und was schon Kriegsziele und „Neuordnung", was Beutemachen und Kapitalexpansion und was wirtschaftliche Vorbereitung auf den Krieg waren.

Nach der Annexion Österreichs und der Zerschlagung der ČSR fielen dem faschistischen Deutschland die Außenhandelsanteile und Kapitalanlagen dieser beiden Länder zu. Die „großdeutschen" Kapitalanlagen in *Jugoslawien* betrugen nun statt 800 Millionen 1200 Millionen Dinar und damit 18 Prozent des ausländischen Kapitals. Das bedeutete den ersten Platz unter den ausländischen Kapitaleignern vor Frankreich (17 Prozent) und Großbritannien (14 Prozent). In *Ungarn* gerieten 13 bis 14 Prozent des gesamten industriellen Kapitals (einschließlich Bergbau) und damit über 50 Prozent allen ausländischen Kapitals in deutsche Hand. In *Bulgarien* stieg dieser Prozentsatz von fünf Prozent (1935) auf 16 Prozent; damit lag deutsches Kapital an dritter Stelle hinter belgischem und Schweizer Kapital. Nur in *Rumänien* blieben das britische und französische Kapital vorläufig stärker als das deutsche; aber der deutsche Kapitalbesitz wuchs auch hier, besonders in der Metallurgie, und der lange verhandelte, schließlich unter dem unmittelbaren Eindruck des bewaffneten deutschen Einmarschs in Prag abgeschlossene deutsch-rumänische Wirtschaftsvertrag vom 23. März 1939 legte den Grundstein für die nahezu vollständige Kontrolle des deutschen Imperialismus über die rumänische Wirtschaft. Damit errang das deutsche Finanzkapital nicht nur seine früheren, nach dem ersten Weltkrieg verlorenen Positionen wieder, „sondern erlangte einen viel größeren Einfluß in Südosteuropa als jemals vorher in der neueren Geschichte".[65]

Untersuchenswert bleibt die Frage, ob der MWT seit 1938 in seiner Doppeleigenschaft als finanzkapitalistische Regierungslobby und als außenwirtschaftlicher Arbeitsausschuß (nach Art der englischen „developing company"[66]) nicht an Bedeutung verloren hat. Die politische und in gewisser Weise auch die wirtschaftliche „Mission" des MWT, abgesehen vielleicht vom Agrarsektor, waren beendet oder wurden überflüssig. Das eigenmächtige Vorgehen der Monopole im Südosten, vielfach in erbitterter Konkurrenz untereinander, machte eine wirtschaftspolitische Koordinierung durch den MWT mehr und mehr unmöglich und schwächte allgemein seine Position. Die Konzerne bildeten eigene Gremien für die Behandlung der südosteuropäischen Angelegenheiten, die IG Farben am 21. Oktober 1938 sogar einen eigenen Südosteuropa-Ausschuß[67]; IG-Aktionen liefen nun nicht mehr, wie häufig in den Vorjahren, getarnt „unter der Flagge des Mitteleuropäischen Wirtschaftstages"[68], etwa deswegen, „um nicht durch Nennung eines weltbekannten Firmennamens eine unerwünschte Beunruhigung auf dem Konzessions- und Erzmarkt hervorzurufen".[69]

Die staatsmonopolistische Regulierung der Wirtschaftsbeziehungen zu den südosteuropäischen Ländern übernahm die Organisation des Vierjahresplanes (Krauch; Wohlthat) unter Hilfestellung des Auswärtigen Amtes. Das Reichswirtschaftsministerium wurde zum An-

---

65 *György Ránki*, Economy and Foreign Policy. The Struggle of the Great Powers for Hegemony in the Danube Valley, 1919—1939, Boulder/Columbia Univ. Press, New York 1983, S. 190ff.

66 So *Tilo v. Wilmowsky* (wie Anm. 54).

67 Siehe *Hans Radandt*, Die IG Farbenindustrie AG und Südosteuropa 1938 bis zum Ende des zweiten Weltkrieges, in: *JfWG*, 1967, T. I, S. 77ff.

68 ZStA, Potsdam, IG Farben, Nr. A 20, AN für Max Ilgner, 23. 6. 1936 (betr. IG-Tätigkeit in Jugoslawien).

69 *Hans Radandt*, Die IG Farbenindustrie AG und Südosteuropa bis 1938, in: *JfWG*, 1966, T. 3, S. 170f. (betr. IG-Tätigkeit in Griechenland).

hängsel dieser Politik degradiert. Eine Mitarbeit oder Konsultation des MWT fand offensichtlich nicht mehr statt. Formulierung und Vertretung der Expansionsinteressen und Kriegsziele der Gesamtindustrie wurden mehr und mehr zur Sache der im Herbst 1938 unter Wilhelm Zangen (Mannesmann) reorganisierten Reichsgruppe Industrie (RGI). Die RGI spielte später (1941) die 1940 gegründete Südosteuropagesellschaft gegen den MWT aus[70] und bildete einen eigenen Südosteuropa-Ausschuß unter Leitung von Max Ilgner (IG Farben) mit sieben Länderausschüssen. Sie majorisierte den MWT, der „das Primat der Reichsgruppe Industrie auf dem Gebiet der Industrie der Südoststaaten und der gesamten Industrieplanung" anerkennen und der RGI bzw. ihrem Südosteuropa-Ausschuß „seinen Industrieausschuß, d. h. dessen Apparatur, überhaupt die gesamten Erfahrungen des MWT auf diesem Gebiet der Industrie im Südostraum zur Verfügung" stellen mußte.[71]

Zeichen zunehmender Macht- und Hilflosigkeit war bereits das große Gutachten des MWT von August/Dezember 1939, betitelt „Südosteuropa als wirtschaftlicher Ergänzungsraum für Deutschland".[72] Hier wurde ein Stillstand der deutschen Importe aus Südosteuropa, „sogar eine schrumpfende Tendenz ... seit etwa Mitte 1938" festgestellt, so daß „seit dem Jahre 1938 die gegenwärtigen deutschen Versorgungsmöglichkeiten aus dem Südosten im großen und ganzen als ausgeschöpft zu betrachten sind." Die Gutachter kamen zu dem Schluß, daß keine weiteren Fortschritte möglich seien, ohne „zusätzlich einen zunächst einseitigen Kapitalexport zur weiteren Belebung, Förderung und Steigerung der Produktivkräfte des Südostens durchzuführen". Einer Selbstaufgabe kam es gleich, wenn als Fazit die „Notwendigkeit" apostrophiert wurde, „eine Persönlichkeit zu finden, die kraft entsprechender Vollmachten autoritativ ... über die richtige Lenkung des neuen deutschen Kapitaleinschusses entscheidet" — in einer Zeit, da der Raubzug der Monopole auf fremdes Eigentum in Südosteuropa seit Jahr und Tag im Gange war und die faschistische Wehrmacht bereits antrat, um den Kampf um die imperialistische Herrschaft über Europa — auch über Südosteuropa — mittels „Blitzkriegs" zu entscheiden!

Nicht ohne Interesse ist in diesem Zusammenhang, daß die Gewalttaten und die abenteuerliche Kriegspolitik des Regimes seit 1938 auf wachsende Opposition bei einigen, auch profilierten Vertretern des MWT stießen, vor allem bei Vorstandsmitglied Botschafter a. D. Ulrich v. Hassell und, in ungleich geringerem Maße, beim Präsidenten Wilmowsky.[73]

70 *Anatomie der Aggression.* Neue Dokumente zu den Kriegszielen des faschistischen deutschen Imperialismus im zweiten Weltkrieg. Hrsg. und eingel. von Gerhart Hass und Wolfgang Schumann, Berlin 1972, S. 130ff., Dok. 27, Vorschlag der RGI und des MWT(?) für das Reichswirtschaftsministerium vom 14. 7. 1941. — Zur Südosteuropagesellschaft siehe *Griff nach Südosteuropa,* S. 54ff.; *Erich Siebert,* Die Rolle der Kultur- und Wissenschaftspolitik bei der Expansion des deutschen Imperialismus nach Bulgarien, Jugoslawien, Rumänien und Ungarn in den Jahren 1938—1944, Phil. Diss. Berlin 1971, S. 223ff., S. 362ff.

71 *Griff nach Südosteuropa,* S. 136, Dok. 45, Zangen an v. Wilmowsky, 7. 8. 1941 (tatsächliches Datum: 17. 7. 1941); siehe auch *Anatomie der Aggression,* S. 152ff., Dok. 32, Niederschr. über die Sitzung des Außenhandelsausschusses der RGI am 8. 11. 1941. — Der Bedeutungsverlust des MWT wird insgesamt wohl zu spät angesetzt, in: *Lexikon zur Parteigeschichte,* Bd. 3, Leipzig 1985, S. 371.

72 ZStA, Potsdam, Filmsammlung, Film 2308, Gutachten des MWT über „Südosteuropa als wirtschaftlicher Ergänzungsraum für Deutschland", streng vertraulich (Datierungen: Einleitung vom 12. 8. 1939, unterzeichnet von v. Wilmowsky und Hauptgeschäftsführer Dr. Jacob; „Schlußgutachten" beend. im Dezember 1939). Hiernach auch das Folgende.

73 *Ulrich v. Hassell,* Vom andern Deutschland. Aus den nachgelassenen Tagebüchern 1938—1944, Zürich/Freiburg i. Br. 1946, passim; *v. Wilmowsky,* S. 225f. und passim.

Die Tatsache, daß der MWT in der folgenden Zeit weiter und weiter von den Macht- und Entscheidungszentren der Diktatur abdriftete, schürte offensichtlich oppositionelle Unzufriedenheit, bot aber zugleich auch Regime- und Kriegsgegnern zeitweise günstige Unterschlupf- und Wirkungsmöglichkeiten.

4. Kolonialziele

Koloniale Eroberung und Betätigung — die früheste und gewissermaßen klassische Form imperialistischer Expansionspolitik — erschienen dem deutschen Finanzkapital als selbstverständliches Recht einer Großmacht. Weit offener, als es bei anderen Expansionszielen der Fall war, forderten Repräsentanten aller Schichten und Gruppen der Großbourgeoisie unter der Parole der „Gleichberechtigung" die Rückgabe der früheren Kolonialgebiete bzw. entsprechende koloniale Äquivalente.

In der Zeit der faschistischen Diktatur, besonders seit 1935/36, lassen sich einige wichtige Besonderheiten und neue Züge in der Kolonialprogrammatik der herrschenden Klasse beobachten:

— Ein- und Unterordnung der Kolonialforderungen innerhalb des Gesamtexpansions- und -kriegszielprogramms;
— ihre Verwendung als außenpolitisches Droh- und Erpressungsmittel sowie als Ablenkmanöver;
— „Gleichschaltung", staatsmonopolistische Umgestaltung und Zentralisierung der kolonialpolitischen Organisationen und Institutionen;
— Anlaufen von — nicht einmal besonders geheimen — Vorbereitungen für die Verwaltung und Ausbeutung eines kolonialen Großreiches;
— Kolonialpropaganda als Mittel unmittelbarer ideologischer Kriegsvorbereitung.

Traditionell führend in der Planung und Propaganda kolonialer Expansion waren und blieben breite Kreise des deutschen Finanzkapitals, in vorderster Linie die Deutsche Bank, IG Farben, AEG, Metall- und Kalikonzerne, bedeutende Konzerne der Montanindustrie, die Überseereedereien und Überseehandelsgesellschaften und speziell die — überwiegend mit der Deutschen Bank verbundenen — Kolonialgesellschaften, beispielsweise die Deutsch-Ostafrikanische Gesellschaft (DOAG) und die Otavi Minen- und Eisenbahn-Gesellschaft.[74]

Schlaglichter auf das koloniale Expansionsprogramm jener Kreise wirft die kolonialistische Tätigkeit von Hjalmar Schacht und Kurt Weigelt (Deutsche Bank), ihren beiden Spitzenrepräsentanten. Sie soll im folgenden im Mittelpunkt der Untersuchung stehen.

Nach Vorgeplänkeln seit Frühjahr 1935 setzte im Jahre 1936 eine regelrechte kolonial-chauvinistische Offensive ein. Sie wurde auf verschiedenen Ebenen vorgetragen. Die Flut der öffentlichen Kolonialpropaganda kann hier außer Betracht bleiben. Sie diente „gleichzeitig der sozialen Demagogie, der Ablenkung vom Klassenkampf und der psychologischen Kriegsvorbereitung"[75] und sollte gerade auch von den binnenwirtschaftlichen und sozialen Komplikationen des Aufrüstungskurses und der Vierjahresplanpolitik ablenken.

---

74 Wesentliche Hinweise hierzu bei *Richard Lakowski*, Die Kriegsziele des faschistischen Deutschland im transsaharischen Afrika, Phil. Diss. Berlin 1971, S. 5ff. und passim.
75 *Drang nach Afrika.* Die koloniale Expansionspolitik und Herrschaft des deutschen Imperialismus in Afrika von den Anfängen bis zum Ende des zweiten Weltkrieges. Hrsg. von Helmut Stoecker, Berlin 1977, S. 293 (Jolanda Ballhaus); siehe auch *Horst Kühne*, Faschistische Kolonialideologie und zweiter Weltkrieg, Berlin 1962.

In der faschistischen Außenpolitik eröffnete Hitler selber den Angriff auf den gegenwärtigen kolonialen Besitzstatus.[76] Schon damals — März 1935 — assistierte und soufflierte ihm dabei Hjalmar Schacht[77], der sich in der Folgezeit zum international meistbeachteten Protagonisten der deutschen Kolonialforderungen profilierte. Zur selben Zeit reorganisierte das Regime unter wesentlicher Beteiligung führender finanzkapitalistischer Kreise seinen kolonialpolitischen Apparat; innerhalb dieses Apparats begann die konkrete Planung und Vorbereitung einer Kolonialexpansion großen Stils.

Zwischen den genannten Ebenen gab es spätestens seit 1936 deutliche Grenzlinien; es herrschte eine ziemlich strikte, wenn auch keineswegs absolute funktionelle und personelle Arbeitsteilung. Untersuchenswert und von Bedeutung für unser Thema sind die Dominanz Schachts bis 1937 auf außenpolitischem Parkett und diejenige Weigelts seit 1936/37 innerhalb des kolonialpolitischen Apparats und auf dem Gebiet der „kolonialen Planung". Beide operierten weitgehend unabhängig voneinander, mit unterschiedlicher Stoßrichtung und mit verschieden akzentuierter Interessenmotivation.[78] Hierauf wird zurückzukommen sein.

Schacht knüpfte seit Frühjahr 1935 wieder an seine kolonialistischen Aktivitäten aus den Jahren vor 1933 an. Sein Auftreten auf der Leipziger Frühjahrsmesse 1935, wo er erklärte, daß für Deutschland als Industriestaat „der Besitz kolonialer Rohstoffgebiete als Ergänzung seiner heimischen Wirtschaft unerläßlich ist"[79], wurde in der internationalen Öffentlichkeit wie ein Paukenschlag empfunden, der eine neue, nun von der offenen Drohung mit der deutschen Militärmacht und fortgesetzter Aufrüstung massiv begleitete Offensive der deutschen Kolonialisten einleitete. Sein Hervortreten mit Kolonialforderungen, durch die deutsche Presse verbreitet und von der ausländischen Öffentlichkeit mit größter Aufmerksamkeit verfolgt und kommentiert, verstärkte sich zusehends im Laufe der nächsten zwei bis drei Jahre und erreichte seine Höhepunkte 1936/37 (siehe Tabelle 1).

Nach späterer Aussage Schachts war es Hitler, der ihm „den Auftrag gab, diese kolonialen Fragen aufzunehmen"[80] — einen Auftrag allerdings, so korrigierte sich Schacht selber, „den ich ihm nahegelegt hatte".[81] Das kolonialistische Zusammenspiel zwischen Schacht und Hitler gerade 1935/36 zeigt übrigens, wie fragwürdig die These Hildebrands ist, eine „tiefe Kluft" hätte Hitler damals von den „Konservativen" in der Kolonialbewegung getrennt.[82]

Tenor von Schachts Reden und Schriften waren die Forderung an die Westmächte, Deutschland kolonialen „Lebensraum" zu gewähren, und die schon erwähnten eingestreuten, eindeutigen Hinweise auf die gemeinsame Aufgabe des Kampfes gegen den „Bolschewismus". Er richtete derartige Verlautbarungen ganz überwiegend an das internationale

---

76 Über die Unterredung Hitlers mit dem britischen Außenminister John Simon und Lordsiegelbewahrer Anthony Eden am 25. März 1935 siehe *Klaus Hildebrand*, Vom Reich zum Weltreich. Hitler, NSDAP und koloniale Frage 1919—1945, München 1969, S. 261ff., S. 465ff.

77 Siehe Schachts Rede auf der Leipziger Frühjahrsmesse am 4. 3. 1935 (ZStA, Potsdam, Reichsbank, Nr. 6991, Bl. 1ff., gedr. Expl.) und sein Schreiben an Hitler vom 19. 3. 1935 (*ADAP*, Serie C, Bd. III/2, S. 1004f., Dok. 544); siehe auch Anm. 43 und 45.

78 Noch 1934 und 1935 war anscheinend enge Zusammenarbeit zwischen Schacht und Weigelt häufig (siehe *Drang nach Afrika*, S. 299 (Ballhaus); *Hildebrand*, S. 209).

79 ZStA, Potsdam, Reichsbank, Nr. 6991, Bl. 10.

80 *IMG*, Bd. 13, S. 18, Verhör Schachts, 3. 5. 1946.

81 *IMG*, Bd. 12, S. 471, Verhör Schachts, 30. 4. 1946.

82 *Hildebrand*, S. 465.

Tabelle 1
Höhepunkte des kolonialistischen Auftretens von Hjalmar Schacht 1936/37

23. Juli 1936	Interview für „Paris Soir" (vorbereitend für die Verhandlungen Schachts Ende August mit Léon Blum)
17. Sept. 1936	Rede auf dem Internationalen Gießereikongreß in Düsseldorf
9. Dez. 1936	Rede auf der Festveranstaltung anläßlich der Jahrhundertfeier des Vereins für Geographie und Statistik in Frankfurt a. M.
18. Dez. 1936	„Deutschlands Kolonialproblem": Artikel für die Zeitschrift „Foreign Affairs" (USA) — erschienen in der Januarnummer 1937
26./27. Mai 1937	Reden in Paris zur Eröffnung des Deutschen Hauses auf der Internationalen Ausstellung (Exposition des Arts et Techniques) und vor der Deutschen Handelskammer
28. Juni 1937	Eröffnungsrede auf dem 9. Kongreß der Internationalen Handelskammer in Berlin
November 1937	Artikel für das „Deutsche Kolonialjahrbuch" (1938)

Quelle: ZStA, Potsdam, Reichsbank, Nr. 3737-3741.

Publikum, vor allem an die führenden Wirtschafts- und politischen Kreise der USA, Großbritanniens und Frankreichs. Er nutzte seine Position als anerkannter Wirtschafts- und Finanzfachmann und zugleich als „der mächtigste Vertreter der deutschen Wirtschafts- und Finanzwelt" in der faschistischen Regierung[83] dazu, die deutsche Kolonialexpansion gewissermaßen vorprellend und ausnehmend hartnäckig in einer Zeit zu propagieren, in der das Regime den Kolonialchauvinismus auf verhältnismäßig kleiner Flamme hielt und ihn den jeweiligen taktischen Erfordernissen seines Gesamtexpansionsprogramms unterordnete. Dadurch hielt man die ungelöste „Kolonialfrage" ständig der eigenen und der internationalen Öffentlichkeit vor und benutzte sie je nach Bedarf als außenpolitisches Erpressungs-, Stör- und Ablenkungsmanöver.

Bei Schachts öffentlich abgegebenen kolonialen Expansionsforderungen ist ein gewisser Akzentwechsel allerdings nicht zu verkennen. Zunächst die Position der erreichten deutschen Stärke betonend, verwies er auf die „Unmöglichkeit", einem Industriestaat ersten Ranges wie Deutschland das politische und moralische „Recht auf eigene koloniale Betätigung" und insbesondere „die eigene Verwaltung des ihm gehörenden Kolonialbesitzes auf die Dauer vorzuenthalten" (Mitte 1935).[84] Die Aufrüstung und gesteigerte Aggressivität Hitlerdeutschlands sei gegen den „Bolschewismus" gerichtet, den man gemeinsam bekämpfen müsse. Damals trat Schacht als maßgeblicher Exponent und kolonialistischer Sprecher des gesamten Finanzkapitals und des Regimes als Ganzem auf.

Im Laufe des Jahres 1936, als seine Konzeption der Aufrüstung als unzureichend für einen möglichen weltweiten Krieg verworfen und durch das Vierjahresplankonzept forcierter Vorbereitung von „Blitzkriegen" ersetzt wurde, brachte Schacht mit der verstärkten Beschwörung des Friedens zwischen den imperialistischen Mächten zunehmend eine neue Not in seine Kolonialkampagne. Nur wenn die westliche Welt Deutschland kolonialen „Lebensraum", d. h. Rohstoffe, Nahrungsmittel, einen devisenfreien Außenmarkt

83 Ebenda, S. 208.
84 ZStA, Potsdam, Reichsbank, Nr. 3734, Bl. 138, Vorwort Schachts f. eine Broschüre des Reichskolonialbundes (Kolonialwirtschaftliches Komitee), zit. nach *Rheinisch-Westfälische Zeitung*, 4. 8. 1935.

3*

usw., zugestehe, könne das ihm zufolge wirtschaftlich schädliche und politisch riskante Autarkiekonzept — von Schacht auch mit „wirtschaftlichem Nationalismus" umschrieben — aufgegeben und die „Ideologie" des Regimes wieder der westlichen angenähert werden.[85] „Wer billige Kautschukwälder besitzt, wird keine teure Bunafabrik bauen!", rief er in anklagender Attitüde vor der Internationalen Handelskammer aus (Juni 1937).[86]

Ausführlich beklagte er sich in der US-Zeitschrift „Foreign Affairs" über „die Absperrung großer Nationen von den Naturschätzen der Erde", als deren Opfer nach den jüngsten Kolonialeroberungen Japans (Mandschurei) und Italiens (Abessinien) — die er auf diese Weise schamlos rechtfertigte — „allein Deutschland übriggeblieben" sei.[87] Solange ein Volk aber „von seinen notwendigsten Lebensbedürfnissen abgeschnitten ist, (muß es) ein Unruhefaktor für die Welt sein". Schachts „Bedingungen" lauteten: „Erstens muß Deutschland seine Rohstoffe auf einem Territorium erzeugen können, das unter seinem eigenen Management steht, und zweitens muß in diesem kolonialen Territorium die deutsche Währung umlaufen." Auf diese Weise sei gesichert, daß auch der Kapitalexport in deutscher Hand sei. Die „Zukunft des europäischen Friedens" hänge ab von diesem „Problem der wirtschaftlichen Existenz". „Es wird keine Ruhe in Europa sein", so gab er seinen „amerikanischen Freunden" halb beschwörend, halb provokativ zu verstehen, „ohne Lösung dieses Problems" (Dezember 1936).

Schachts Kolonialforderungen wurden in Westeuropa und in den USA von breiten Kreisen mit Recht als Provokation und chauvinistische Anmaßung empfunden und zurückgewiesen. Doch teilten die reaktionärsten Kräfte, die besonders in Großbritannien wesentlichen politischen Einfluß hatten, seinen aggressiven Antibolschewismus und benutzten die vage Möglichkeit, den Besitzstatus der europäischen Kolonialmächte zugunsten Deutschlands zu ändern, als Faustpfand ihrer Appeasement-Politik.

Schachts offizielle kolonialistische Aktivität endete mit seiner Entlassung als Reichswirtschaftsminister im November 1937. Zum selben Zeitpunkt war dagegen ein schneller Aufschwung in der Tätigkeit der von Kurt Weigelt repräsentierten und geführten Gruppe von Kolonialinteressenten des deutschen Finanzkapitals zu beobachten. Dieser geradezu gegenläufige Prozeß ist bisher nicht genauer untersucht worden. Er spiegelte exemplarisch den Übergang von der ersten zur zweiten, durch dramatisch erhöhtes Tempo und Risiko charakterisierten Phase der Kriegsvorbereitung wider. Dieser Übergang war zugleich gekennzeichnet durch die Verdrängung der Schacht-Gruppe aus den staatsmonopolistischen Kommandopositionen zugunsten der Vierjahresplangruppe. Exponenten dieser letztgenannten Gruppe waren im Vorstand der Deutschen Bank augenscheinlich vor allem Weigelt, Johannes Kiehl und Karl Kimmich, seit Anfang 1938 auch Hermann Josef Abs.

Hinter Weigelt stand die reale Wirtschaftsmacht der Deutschen Bank und einer großen Zahl führender Konzerne, darunter IG Farben, Metallgesellschaft, Degussa, Mansfeld,

---

85 Ebenda, Nr. 6995, Bl. 38, Rede Schachts b. Empfang d. US-Delegation d. Internationalen Handelskammer, 26. 6. 1937 (in englisch).

86 Ebenda, Nr. 3740, Bl. 195, Rede Schachts auf dem 9. Kongreß der Internationalen Handelskammer in Berlin, 28. 6. 1937.

87 Ebenda, Nr. 3738, gedr. dt. Text vom 18. 12. 1936 (erschien in der Januar-Nr. 1937 von *Foreign Affairs*). Hiernach auch das Folgende. — Vor dem Nürnberger Gericht beteuerte Schacht in diesem Zusammenhang, daß er „überhaupt ständig gerade bei den Vertretern der Amerikanischen Regierung immer und immer wieder versucht habe, Hilfe und Verständnis zu erzielen . . ." (*IMG*, Bd. 12, S. 471, Verhör Schachts, 30. 4. 1946).

Krupp und die meisten anderen Ruhrmontankonzerne, Otto Wolff, Siemens, AEG, VAW, Lufthansa, Daimler-Benz, Auto-Union, ferner die Überseereedereien und -großhandelsfirmen, die aktiven Kolonialgesellschaften wie Otavi und DOAG. Hinter ihm stand die staatsmonopolistische Regulierungsgewalt der Vierjahresplanorganisation unter Göring und des Reichswirtschaftsministeriums unter Göring bzw. Walther Funk. Hinter ihm stand schließlich — last not least — das politische Gewicht der Kolonialorganisation der faschistischen Partei, deren bald dominierende Position in Kolonialfragen wiederum ohne die enge Verflechtung mit der von der Deutschen Bank geführten Monopolgruppe nicht denkbar war.

Seit Mitte 1936 lag die Leitung sowohl des Kolonialpolitischen Amtes der NSDAP (KPA) als auch des gerade umgebildeten, nun völlig „gleichgeschalteten" Reichskolonialbundes in einer Hand, nämlich in der des neuadligen ehemaligen Schutztruppenoffiziers, Freikorpsführers, Reichswehrgenerals a. D. und Reichsstatthalters in Bayern, Franz Xaver Ritter v. Epp.[88] Als Galionsfigur des deutsch-faschistischen Kolonialchauvinismus war Epp, in eingeweihten Kreisen ironisch Baron Depp genannt, in allen wichtigen Fragen, besonders in wirtschaftlichen, vollständig von den Kolonialexperten innerhalb und außerhalb seines Apparates abhängig.

Sämtliche Fäden der wirtschaftlichen und „Großraum"planung für die zu erwerbenden Kolonien liefen bei Weigelt, seit 1913 Mitarbeiter, bald Direktor und seit 1927 Vorstandsmitglied der Deutschen Bank und ihr unbestrittener Kolonialfachmann und „Außenminister", zusammen, der als Leiter der Abteilung Wirtschaft[89] des KPA seit der Gründung (1934) dessen Graue Eminenz war.[90] Weigelt saß in den Vorständen der wichtigsten kolonialpolitischen Organisationen und Vereine und in den Aufsichtsräten der renommierten deutschen Kolonialgesellschaften. Er unterhielt engste Beziehungen zu den Leitern der Handelspolitischen Abteilung und des Afrika-Referats des Auswärtigen Amtes und stand in langjähriger Verbindung mit den wissenschaftlichen Institutionen und Experten, die sich mit Kolonialfragen befaßten.

Er leitete vor allem auch die am 28. Juli 1936 auf seine Initiative hin unter der Dienstaufsicht des Reichswirtschaftsministeriums gegründete „Gruppe Deutscher Kolonialwirtschaftlicher Unternehmungen" (Deko-Gruppe), ein Mittelding zwischen Reichs- und Wirtschaftsgruppe[91] und als „Mitglied", wie die Reichsgruppen, unmittelbar der Reichswirtschaftskammer angeschlossen, in deren Räumen sie zuerst auch ihr Büro hatte. Die Deko-Gruppe, die als „alleinige Vertretung ihres Wirtschaftszweiges"[92] alle Unternehmen mit Kolonialinteressen zusammenfaßte, stellte damit sozusagen die koloniale Hausmacht der Deutschen Bank dar, kraft deren diese Bank als zentrale Vertretung der Ko-

---

88 *Neue Deutsche Biographie*, Bd. 4, S. 547f.; *Hildebrand*, S. 113ff. — Zum Reichskolonialbund siehe *Lexikon zur Parteiengeschichte*, Bd. 3, S. 268ff.

89 Verschiedentlich auch: Referat Wirtschaft.

90 Zu Weigelt *Lakowski*, S. 7f.; *Hildebrand*, S. 189ff.; vgl. auch *Dietrich Eichholtz*, Die Kriegszieldenkschrift des Kolonialpolitischen Amtes der NSDAP von 1940, in: *ZfG*, 3/1974, S. 308ff.

91 Nach außen hin nur als „Gruppe" firmierend, galt die Deko-Gruppe intern als „Reichsgruppe Deutsche Kolonialwirtschaftliche Unternehmungen" (siehe z. B. den Schriftwechsel Weigelts 1936—1939 in: ZStA, Potsdam, Deutsche Bank, Nr. 21914).

92 Ebenda, Bl. 43, nicht veröff. Satzung der Deko-Gruppe (Paragraph 1) sowie Bl. 50, AO d. RWiM dazu, 28. 7. 1936. Zur Deko-Gruppe ausführlicher *Lakowski*, S. 17f., 52ff.

lonialinteressen des deutschen Finanzkapitals im faschistischen Deutschland entscheidenden Einfluß auf die gesamte Kolonial- und damit auch auf die Außenpolitik hatte.[93]

Die bedeutende wirtschaftliche und politische Regulierungsgewalt, über die Weigelt bald verfügte, wuchs ihm gerade durch die komplizierte Verflechtung der Deko-Gruppe mit der Organisation des Vierjahresplanes und dem Reichswirtschaftsministerium einerseits, dem KPA andererseits zu. Bald nach der Bildung der Deko-Gruppe, im Herbst 1936, nahm Weigelt enge Fühlung mit dem eben erst geschaffenen Amt für deutsche Roh- und Werkstoffe,[94] der Kernbehörde des Vierjahresplanes, und ordnete das Programm der Gruppe ausdrücklich dessen Zielen · unter. „Im Rahmen des Vierjahresplanes", so stellte er fest, „sind diesen Unternehmungen (der Deko-Gruppe — D. E.) besondere Aufgaben zugewiesen worden."[95] Diese „Projekte, die sich insbesondere auf die stärkere Versorgung Deutschlands mit kolonialen Rohstoffen aus Westafrika beziehen", so schrieb er Mitte 1937, „umfassen im einzelnen eine planmäßige Vorbereitung der Holzbeschaffung, der Minenausbeute, der Erhöhung der Fettversorgung u. a.".[96]

Im August 1937 hieß es im Arbeitsplan der Gruppe: „Abgesehen von den regelmäßigen Aufgaben einer Wirtschaftsgruppe . . . hat die Gruppe Deutscher Kolonialwirtschaftlicher Unternehmungen die praktische Vorarbeit für den Fall der Rückgewinnung deutschen Kolonialbesitzes in jedweder Form zu leisten."[97] Sie bereitete ein kolonialwirtschaftliches „Höchstleistungsprogramm" vor und begann mit der praktischen Arbeit an Ort und Stelle — gestützt auf deutsche Plantagengesellschaften und Farmen in den ehemaligen deutschen Kolonien, auf Überseereedereien und -handelsfirmen sowie auf die deutsche „Kolonialwissenschaft". Weigelt gründete ein „Übersee-Holz-Syndikat", das sich die Aufgabe der Gewinnung von Zellulose aus tropischen Hölzern stellte, und nahm die Bildung eines „Übersee-Minen-Syndikats" in Angriff, an dem etwa ein Dutzend führender deutscher Konzerne, ferner auch französische Firmen beteiligt werden sollten[98]; die letztgenannten sollten dem Syndikat die französischen Kolonien öffnen helfen.

Ende 1937 verhandelte Weigelt mit Göring und schlug ihm offensichtlich eine noch engere, effektivere Zusammenarbeit vor. Göring versprach: „Sie kommen in den Generalrat (des Vierjahresplanes — D. E.), dann sprechen Sie in meinem Namen."[99] Dazu kam es freilich trotz Erinnerung[100] nicht. Aber die Aktivität Weigelts in allen seinen Ämtern

93 Hier lag das Fundament für eine Entwicklung, die Weigelt vier Jahre später namens der Deutschen Bank mit vollem Recht auf den Nenner brachte: „Wir sind in Kolonialfragen absolut führend . . ." (ZStA, Potsdam, Deutsche Bank, Nr. 11088, Bl. 175, Weigelt an DB-Filiale München, 24. 5. 1940).
94 *Drang nach Afrika*, S. 195f. (Ballhaus): betr. Sept./Okt. 1936.
95 ZStA, Potsdam, Deutsche Bank, Nr. 21914, Bl. 123, Weigelt an Reichsbahndirektorium, 6. 3. 1937.
96 Ebenda, Bl. 147f., Weigelt an den Präsidenten des Werberats der deutschen Wirtschaft (Entwurf v. Juli 1937; hier stand ursprünglich statt „u. a.": „und der Versorgung mit Textilfasern aus diesen Gebieten").
97 Ebenda, Bl. 180, „Aufzeichnung über Aufgaben, die sich die Gruppe gestellt hat", f. d. Reichswirtschaftskammer, 9. 8. 1937; siehe auch *Drang nach Afrika*, S. 295 (Ballhaus).
98 ZStA, Potsdam, Deutsche Bank, Nr. 21914, Bl. 188f., AN Weigelt f. Kimmich, 4. 9. 1937; *Drang nach Afrika*, S. 296f. (Ballhaus).
99 ZStA, Potsdam, Deutsche Bank, Nr. 21914, Bl. 211, AN Weigelt, 13. 12. 1937. — Weigelt beabsichtigte, als Vierjahresplan-„Sachverständiger für kolonialwirtschaftliche Planung" (ebenda) in den Generalrat des Vierjahresplanes zu gelangen, der unter Görings und Paul Körners Leitung die einschlägigen Staatssekretäre und die Amtschefs, General- und Sonderbevollmächtigten der Vierjahresplanorganisation umfaßte.
100 Ebenda, Bl. 230, Weigelt an Körner, 26. 1. 1938.

nahm fortan rapide zu — in einer Zeit wohlgemerkt, als Hitler die Kolonialfrage ausdrücklich als nicht aktuell bezeichnete[101] und sie nur taktierend in seinen politischen Manövern vor allem gegenüber Großbritannien benutzte.[102]

Anfang 1938 war bereits von einem „zukünftigen Siebenjahresplan einer kolonialen Entwicklung unter eigener Flagge" die Rede, „wie ihn das Kolonialpolitische Amt aufgestellt hat".[103] Außerdem existierte ein „Sofortprogramm" für „Neuanlagen nationalwirtschaftlich wertvoller Kulturen in Kamerun", finanziert vom Amt für deutsche Roh- und Werkstoffe und vom Reichswirtschaftsministerium, dessen Kern die Anlage von Ölpalmen- und Kautschukpflanzungen am Kamerunberg darstellte. Mit der Verwirklichung dieses Programms, auch „Deko-Programm" genannt, begann man tatsächlich noch 1938; sie wurde durch den Krieg unterbrochen.[104]

Im Herbst 1938 legte Weigelt ein Gesamtprogramm der künftigen kolonialen Aktivitäten in acht Punkten vor, in dem er, inspiriert von den außenpolitischen Erfolgen des Regimes und offensichtlich in absehbarer Zeit mit der Inbesitznahme von Kolonien rechnend, die wichtigsten Aufgaben seines breitgefächerten Tätigkeitsgebiets zusammenfaßte.[105] An erster Stelle stand jetzt die Bildung einer „Montangruppe": „Einzuladen nach Vorschlag der betreffenden Fachgruppe sämtliche deutschen im Ausland interessierten Unternehmungen, z. B. Metallgesellschaft, Otto Wolff, Gutehoffnungshütte, Krupp, Otavi, Deutsche Gold- und Silber-Scheideanstalt, unter Vorsitz eines Fachmannes, unter Beiziehung der geologischen Institutionen (Geologische Landesanstalt etc.). Wiederaufnahme der alten bereits vorbereiteten Expeditionen, *Ausrichtung für den Zeitraum der Inbesitznahme*, Auswahl der jüngeren Mitarbeiter. Beitritt auch des Kalisyndikats. Vorläufige Möglichkeit, durch die Expedition, die die Metallgesellschaft mit der Mirabeau-Gesellschaft nach Majo-Darlé gesandt hat, Einzelheiten in diesem Gebiet feststellen zu lassen."

„Wichtigste und vordringlichste aller Aufgaben" war für Weigelt die „Landesaufnahme", d. h. die kartographische Erfassung und Analyse der Kolonialgebiete; hier sollten Flugzeuge (Fieseler „Storch") eingesetzt werden und eine „Unkostenverteilung auf mehrere Jahre" erfolgen. Außer speziellen Erkundungs- und Produktionsvorhaben auf einzelnen Gebieten (Holz, Baumwolle) und in bestimmten Kolonien (Kamerun; ehem. Deutsch-Ostafrika) war ferner eine „Fühlungnahme mit Dr. Todt wegen Straßenbau und Bereitstellung von Straßenbaumaschinen" vorgesehen.

---

101 Siehe zur programmatischen Rede Hitlers am 5. November 1937 („Hoßbach-Protokoll" in: *IMG*, Bd. 30, S. 402ff., Dok. PS-386) in unserem Zusammenhang insbsd. *Hildebrand*, S. 523ff. Im OKW notierte man ein Jahr später, Hitler habe Kolonien „zur Zeit nicht zur akuten Forderung gemacht, da andere außenpolitische Ziele im Vordergrund stehen". (ZStA, Potsdam, FS, Film 2331, „Besprechungsnotiz über den Stand der Bearbeitung von Kolonialfragen bei der Wehrmacht und im Reich" (WiStab/Wi Ausland II), 6. 12. 1938). — Nach Hildebrands mit geradezu lächerlicher Konsequenz verfolgter fixer Idee, Hitlers jeweilige Einstellung zum Maß aller kolonialpolitischen und kolonialwirtschaftlichen Planungen und Geschehnisse zu machen, müssen natürlich, wie früher Schachts, so jetzt (1938) Weigelts Aktivitäten und die „Wünsche" der Deko-Gruppe mit Hitlers Politik „kollidiert" haben (*Hildebrand*, S. 566ff.).

102 Vgl. *Lakowski*, S. 44f.

103 ZStA, Potsdam, Deutsche Bank, Nr. 11114, Bl. 1, Ansprache Weigelts an eine nach Kamerun ausreisende wiss. Kommission, 17. 1. 1938.

104 Siehe ebenda, Nr. 21919, div. Stücke.

105 Ebenda, Nr. 21914, Bl. 258f., AN o. V. (Weigelt) „z(ur) R(ücksprache) m(it) H(errn) Bethke, RWM, am 28. 10. 1938". Hiernach auch das Folgende. — (Hervorh. — D. E.).

Die geographische Ausdehnung der Kolonialziele, die diesen Plänen zugrunde lag, kann aus Dokumenten der Zeit unmittelbar nach Kriegsausbruch rekonstruiert werden. Weigelt berief sich im Oktober 1939 auf ein Buch des Kolonialwissenschaftlers Paul Vageler über afrikanische Bodenkunde (in zweiter Auflage 1939 erschienen), dessen Bodenkarte „auf das Gebiet (einging), welches durch die von mir im Auftrag von Ritter v. Epp zu verfassende Denkschrift über die im Friedensvertrag zu verlangenden Kolonialgebiete sich ergibt."[106] Dieses Territorium, das Vageler künftig für das KPA gründlich untersuchen sollte, umfaßte — in der Reihenfolge der Dringlichkeit für Weigelt — das Gebiet „a) des Französischen und Belgischen Congos (von Vageler am gleichen Tag noch präzisiert und erweitert zu „Kongo-Ubanga-Tschari-Gebiet, evtl. bis zur Grenze von Tripolis"[107] — D. E.), b) von Nigerien, c) von Kamerun, d) Goldküste, Togo, Dahomey."

Damit war das west- und mittelafrikanische Kerngebiet jenes Kolonialimperiums umschrieben, das später, im Jahre 1940, in Weigelts „Großem Programm", der Kriegszieldenkschrift des KPA, als Grundlage der Kolonialexpansion des deutschen Imperialismus fixiert wurde.[108]

Bei Kriegsausbruch muß dieses Programm also in den Grundzügen schon vorhanden gewesen sein, wenn auch noch nicht in einer ausdrücklichen, als „Kriegsziel"programm schriftlich fixierten Form. Daran war — mit Weigelts Worten zu reden — „die etwas ungeklärte Lage" des Sommers 1939 schuld, „die aus wirtschaftlichen und politischen Gründen teils aktivstes Handeln, teils Geduld verlangt."[109]

Ein wichtiges Problem war allerdings mit Hitlers bekanntem Auftrag an Epp vom 9. März 1939 geklärt worden, dem zufolge das KPA „die vorbereitenden Arbeiten für die künftige Kolonialverwaltung mit Nachdruck zu fördern und die notwendigen Vorbereitungen für die Errichtung eines Reichskolonialamtes zu treffen" hatte[110]; bezeichnenderweise nur wenig über zwei Wochen, nachdem Weigelt sich mit der Bitte um eine persönliche Aussprache an Göring gewandt und sich darüber beschwert hatte, welche „unendliche Schwierigkeiten zu überwinden sind mangels völliger Einheitlichkeit in der Leitung der kolonialen Dinge."[111]

Es ist also festzustellen, daß die Vierjahresplangruppe bei Kriegsausbruch über eine weit fortgeschrittene, auf Abruf bereitgehaltene Planung und Organisation für ein exorbitantes kolonialistisches Programm verfügte, hinter dem unter Führung der Deutschen Bank gewaltige potente Kräfte des deutschen Finanzkapitals und der imperialistischen Kolonialwissenschaft standen. Hatte die abgehalfterte Schachtgruppe eine wie immer geartete politische Verständigung mit den Westmächten, besonders mit Großbritannien, über wiederzuzurrichtenden deutschen Kolonialbesitz als vorrangig und als Voraussetzung und Stimulans für den Aufbau einer gemeinsamen antisowjetischen Front erstrebt, so traf die Vierjahres-

---

106 Ebenda, Nr. 21917, Bl. 209f., Weigelt an Bethke (RWiM), 21. 10. 1939 mit Anlage, Bl. 211ff.: „Aufgaben für Herrn Prof. Vageler" (hiernach das Folgende).

107 Ebenda, Bl. 216f., Vageler an Weigelt, 21. 10. 1939.

108 Siehe *Eichholtz* (Anm. 90).

109 ZStA, Potsdam, Deutsche Bank, Nr. 21914, Bl. 298, Weigelt an Leo v. Boxberger, 14. 7. 1939.

110 Ebenda, RMdI, Nr. 27190, Bl. 121, Lammers an v. Epp, 9. 3. 1939 (gedr. bei *Hildebrand*, S. 904f., Dok. 58a).

111 Ebenda, Deutsche Bank, Nr. 21914, Bl. 283f., Weigelt an Göring, 23. 2. 1939. — Ein Blick auf die uferlose zeitgenössische Kolonialliteratur und -propaganda erklärt im übrigen Weigelts wiederholte Stoßseufzer über allzu „viele Skribenten, journalistische Schmocks und Salonkolonisatoren" (ebenda, Nr. 21919, Bl. 379, Weigelt an Ernst Fickendey, 7. 11. 1939).

plangruppe alle Vorkehrungen für Kolonialeroberungen großen Stils, die eindeutig einen Krieg auch gegen die Westmächte voraussetzten; dieser wiederum sollte mit einem ausgedehnten, politisch beherrschten bzw. militärisch „gesicherten" Hinterland in Ost- und Südosteuropa geführt werden.

5. ... und morgen die ganze Welt

Wollen wir die reaktionärsten und aggressivsten Elemente des Finanzkapitals, die um des Profits und der Expansion willen skrupellos zum letzten Risiko entschlossen waren, für jene Zeit genauer bestimmen, so stoßen wir unweigerlich auf die Spitzengremien der Reichsgruppe Industrie. Im Herbst 1938 wurde die RGI reorganisiert. Das geschah unmittelbar nach dem Münchener Abkommen, war aber zweifellos seit längerem vorbereitet und stand im Zusammenhang mit den Veränderungen innerhalb des Reichswirtschaftsministeriums und der Vierjahresplanorganisation.[112] Das Revirement im staatsmonopolistischen Mechanismus der Wirtschaft während des Jahres 1938 korrespondierte mit ähnlichen Vorgängen im militärischen und außenpolitischen Bereich und war wie diese ein wesentliches Moment des Übergangs zur kurzfristigen, rücksichtslosen Kriegsvorbereitung.

Als im Oktober/November 1938 die Leitung der RGI neu besetzt und ihr Beirat gründlich reorganisiert wurden, geschah das unter der Ägide Görings und Funks. Wir können als sicher annehmen, daß die leitenden Repräsentanten der den beiden besonders nahestehenden Monopole und Monopolgruppen — in erster Linie also IG Farben, Flick, Deutsche Bank — hierbei ein maßgebliches Wort mitzureden hatten. Leider sind die Hintergründe und näheren Umstände der RGI-Reorganisation gänzlich unerforscht.

Neuer Leiter der RGI wurde am 20. Oktober 1938 Wilhelm Zangen, „der kaltschnäuzige, egoistische Zangen"[113]. Als Chef des schon immer besonders räuberischen und kriegslüsternen Mannesmann-Konzerns kam er aus dem engsten Kreis der Ruhrmonopole. Er war Mitglied des Aufsichtsrats der Deutschen Bank und stand der Vierjahresplangruppe seit langem nahe. Unter seiner Leitung bildete sich der Beirat der RGI vollständig um. Bisher 29 Personen stark, wurde er neu gegliedert in einen „Engeren Beirat" (15 Personen)[114] und einen „Großen Beirat" (etwa 70 bis 75 Personen).[115] Nur der Engere Beirat war ein echtes Führungs- und Beratungsgremium für die RGI-Leitung. Von seinen 15 Mitgliedern (einschließlich Zangens) waren vier schon im alten Beirat vertreten; elf wurden neu berufen. Waren vorher nur sieben bis acht Beiratsmitglieder Leiter bekannter Groß- und Rüstungskonzerne (ca. 25 Prozent), so waren es jetzt zehn (66,6 Prozent).[116]

112 Über diese ausführlicher *Dietrich Eichholtz*, Die „Großraumwehrwirtschaft" für den großen Krieg, in: *Bulletin des Arbeitskreises „Zweiter Weltkrieg"*, 1—4/1986, S. 70ff.; *derselbe*, Kriegswirtschaft, Bd. I, S. 44ff. Zur RGI siehe *Lexikon der Parteiengeschichte*, Bd. 3, S. 670ff.; *Zumpe*, S. 231f.

113 *v. Hassell*, S. 294, Eintr. v. 6. 3. 1943. — In den BRD-Ausgaben des Hassell-Tagebuches ist der Name Zangen durch Punkte ersetzt.

114 Ursprünglich wollte Zangen den Engeren Beirat wohl auf nur neun bis zehn Mitglieder beschränken (siehe *Anatomie*, S. 195, Dok. 81, Flick an Zangen, 21. 11. 1938).

115 Insofern hat Eckert für diese Phase unrecht, wenn er pauschal von einer „relativ großen personellen Stabilität" der RGI-Gremien spricht (*Rainer Eckert*, Die Leiter und Geschäftsführer der Reichsgruppe Industrie, ihrer Haupt- und Wirtschaftsgruppen (I), in: *JfWG*, 1979, T. 4, S. 261).

116 Genaue Angaben hierzu bei *Zumpe*, S. 467ff.

Tabelle 2
Beirat der Reichsgruppe Industrie („Engerer Beirat"), Juni 1939

Name + = neu im Beirat	Hauptsächliche Konzern-zugehörigkeit	Bankzugehörigkeit	Direkte Bindung zur Vierjahresplangruppierung	Sonstige Funktionen
+ Wilhelm Zangen	VV Mannesmannröhren-Werke AG	MA Deutsche Bank	kraft Amtes	Leiter der RGI
Hans Berckemeyer	VA Schering AG	Berliner Handelsgesellschaft (stellv. VA)		Zahlreiche Aufsichtsratssitze in Montan- und Chemieindustrie
+ Rudolf Bingel	VV Siemens-Schuckertwerke AG			Mitglied des „Freundeskreises Himmler"
+ Ernst Buskühl	VV Harpener Bergbau AG (Flick-Konzern)	VB Rheinisch-Westfälischer Beirat der Deutschen Bank	enger Mitarbeiter Flicks	
+ Eduard Max Hofweber	MV und „Betriebsführer" Heinrich Lanz AG			„Treuhänder der Arbeit" für Südwestdeutschland
Erwin Junghans	MV (GD) Gebr. Junghans AG	MB Württembergischer Beirat der Deutschen Bank		
+ Josef Kaiser		MB Landesausschuß für Westfalen der Dresdner Bank (1940)		Unternehmer der Elektroindustrie
+ Heinrich Koppenberg	VV Junkers Flugzeug- und Motorenwerke AG		enger Mitarbeiter Görings	Mehrere Aufsichtsratssitze im Flick-Konzern (früherer Mitarbeiter Flicks)
+ Paul Kümpers				Unternehmer der westfälischen Textilindustrie
Ernst Poensgen	VV Vereinigte Stahlwerke AG			Leiter der Wirtschaftsgruppe Eisen schaffende Industrie
+ Philipp F. Reemtsma	Reemtsma-Konzern (Mitinhaber)	MA Deutsche Bank	Freund und Förderer Görings	

+ Hellmuth Roehnert	MV Rheinmetall-Borsig AG (1940: VV)	MA Dresdner Bank	führender Repräsentant des Göring-Konzerns (Reichswerke „Hermann Göring")	Zahlreiche Aufsichtsratsposten im Reichswerks-Konzern; Junkers-Konzern usw. Mitglied des „Freundeskreises Himmler"
+ Hermann Schmitz	VV IG Farbenindustrie AG	MA Deutsche Bank	beherrschende Position des Konzerns in der Vierjahresplangruppe	
+ Rudolf Stahl	VV Salzdetfurth AG	MA Deutsche Bank		Stellv. Leiter der RGI
Eugen Vögler	VV Hochtief AG			Leiter der Wirtschaftsgruppe Bauindustrie

Quelle: Lotte Zumpe, Wirtschaft und Staat in Deutschland 1933 bis 1945, Berlin 1980, S. 457ff. (VV; MV = Vorsitzender bzw. Mitglied des Vorstands; VA; MA = Vorsitzender bzw. Mitglied des Aufsichtsrates; VB; MB = Vorsitzender bzw. Mitglied eines Beirats bzw. Landesausschusses einer Großbank; GD = Generaldirektor)

An dieser beispiellosen — auch nicht mehr übertroffenen — Konzentration von ökonomischer Macht und politischem Einfluß läßt sich ermessen, welches Gewicht die RGI innerhalb des militärisch-industriellen Komplexes in der Zusammenarbeit mit den Vierjahresplanbehörden, dem Reichswirtschaftsministerium, den Wehrmachtsstellen usw. einzusetzen hatte. Wie die in der Spitze des RGI konzentrierte Ansammlung von Rüstungsprofiteuren, Stützen der faschistischen Diktatur und rücksichtslosen Kriegstreibern ihre imperialistischen Interessen und speziell ihre Expansionsziele artikulierte und durchsetzte, ist für die Kriegszeit näher erforscht[117], bleibt aber Forschungsdesiderat für die Vorkriegsjahre.

Daß der IG-Farben-Konzern zum Kern des militärisch-industriellen Komplexes im faschistischen Deutschland gehörte, spätestens seit Ende 1935/Anfang 1936 auf eine Konzentration der Rüstungsanstrengungen und der Vorbereitung auf den Krieg drängte, seit Frühjahr 1936 in der Führungsgruppe der Vierjahresplanorganisation entscheidende Positionen bezog und diese Organisation seit Frühjahr/Sommer 1938 weitgehend beherrschte, ist, seit dem IG-Farben-Prozeß in Nürnberg aktenkundig, von der marxistischen Forschung recht ausführlich untersucht[118] und auch von nichtmarxistischen Historikern[119] belegt worden. Dokumentarisch nachzuweisen sind auch wesentliche Expansionsziele dieses Konzerns in der Vorkriegszeit.[120] Untauglich sind allerdings neuere Versuche, ihn als alleinverantwortlich für den verschärften Rüstungs- und abenteuerlichen Kriegskurs hinzustellen — soweit eine Beteiligung der „Wirtschaft" an diesem Kurs überhaupt zugestanden wird.[121]

Im folgenden wird schwerpunktmäßig die Expansions- und Kriegsplanung des IG-Farben-Konzerns in den letzten Vorkriegsmonaten untersucht. Dieser Konzern stand 1938/39 an der Spitze der kriegsbewußten und kriegsbereiten Kräfte des deutschen Imperialismus, im Entscheidungszentrum des militärisch-industriellen Komplexes. Von den von ihm besetzten staatlichen Kommandohöhen aus (Reichsstelle für Wirtschaftsausbau — seit Februar 1938; GB Chemie — seit August 1938) lieferte er den politischen und militärischen Führungskreisen des Regimes nicht nur generalstabsmäßige Unterlagen für die wirtschaftliche Vorbereitung und Führung des Krieges, sondern war maßgeblich an der Ausarbeitung der strategischen Kriegskonzeption beteiligt. Seine wirtschaftliche „Blitzkriegs"strategie hing eng mit seinem weltweiten Expansionsprogramm zusammen und baute auf seiner Vorstellung von — diesem Programm entsprechenden — militärischen Auseinandersetzungen der Zukunft auf. Auf der Basis eines Maximalprogramms imperialistischer

---

117 Siehe z. B. die Dokumentation in: *Anatomie*; siehe auch die zusammenfassende Darstellung in: *DzW*, Bd. 1, S. 391 ff.; ferner *Konzept für die „Neuordnung" der Welt*; *Eichholtz*, Kriegswirtschaft, Bd. I, S. 164 ff., S. 351 ff.

118 Beispielsweise *Jürgen Kuczynski*, Studien zur Geschichte des staatsmonopolistischen Kapitalismus in Deutschland 1918 bis 1945 (*Kuczynski*, Lage der Arbeiter, Bd. 16), Berlin 1963; *Fall 6*, Ausgewählte Dokumente und Urteil des IG-Farben-Prozesses. Hrsg. und eingel. von Hans Radandt, Berlin 1970; *Eichholtz* (siehe Anm. 112).

119 Besonders *Richard Sasuly*, IG Farben, Berlin 1952; *Arthur Schweitzer*, Big Business in the Third Reich, Bloomington 1964; *Petzina*; *Borkin*; *Peter Hayes*, Industry and Ideology. IG Farben in the Nazi Era, Cambridge u. a. 1987.

120 Dokumentiert besonders in *Anatomie*; siehe auch *Dietrich Eichholtz*, Zum Anteil des IG-Farben-Konzerns an der Vorbereitung des zweiten Weltkrieges, in: *JfWG*, 1969, T. 2, S. 83 ff. (im folgenden: *Anteil*).

121 So etwa *John Gillingham*, Industry and Politics in the Third Reich. Ruhr Coal, Hitler and Europe, Stuttgart 1985, S. 50 f., S. 163 und passim.

Expansion, eines Programms der Weltherrschaft, wuchsen so zentrale Organe der Partei, des Staatsapparats und der Wehrmacht mit dem Konzern förmlich zusammen.

Die Beteiligung des IG-Farben-Konzerns an Kriegsvorbereitung und Expansionsplanung reichte bis 1933 zurück und hat viele untersuchenswerte Aspekte, die hier außer acht bleiben müssen: etwa die Frage nach differierenden politischen Orientierungen und Richtungen innerhalb der oberen Leitungsebenen dieses nach Produktion, Technik, Forschung, Binnen- und Außenmarktinteressen so heterogenen und diversifizierten Riesenkonzerns, oder diejenige nach der Profilierung der chauvinistischsten, aggressivsten Kräfte, voran Krauch und Schmitz, innerhalb seiner Führungsgremien (Vorstand; Zentralausschuß).

Der Krieg erschien den führenden Konzernrepräsentanten der IG ebenso wie der faschistischen Führerclique von Anfang an notwendig, d. h. zur Erreichung der weitgesteckten Ziele unvermeidlich. Signifikant und bisher von der Forschung nahezu unbeachtet ist die gegenseitige Beeinflussung, ja Aufschaukelung von wirtschaftlicher und politischer Expansions- und Kriegsplanung, die bei allen Beteiligten höchst gravierend auf ihre Beurteilung der Risiken eines großen Krieges wirkte: Die Risikofreudigkeit nahm zu, die Hemmschwelle sank. Diese wechselseitige Beeinflussung ist seit 1933 nachweisbar, als der Konzern dem Reichsluftfahrtministerium in Gestalt eines „Vierjahresplanes" — konzerneigene Wortschöpfung! — eine „Abhandlung" mit „grundlegende(n) Unterlagen für eine Ausweitung der deutschen Treibstoffwirtschaft" übersandte und mit Heereswaffenamt und Luftwaffenführung die Versorgung mit synthetischem Treibstoff und Kautschuk, eine Grundfrage der Vorbereitung auf Krieg und Blockade, durchsprach.[122]

Seit dem offenen Bruch des Versailler Vertrages 1935 ließ es sich der Konzern angelegen sein, gemeinsam mit dem Reichswehrministerium die „Zusammenfassung aller wirtschaftlichen Kräfte der Nation im Kriegsfalle"[123] organisatorisch vorzubereiten. Zur selben Zeit begannen Bosch und Krauch gemeinsam mit Göring und Erhard Milch, jene Fäden zu knüpfen, die sich bald zu dem Netz der Vierjahresplanpolitik verdichteten. In ihren Memoranden und Plänen vom Sommer 1936 machte Krauchs Abteilung in Görings Rohstoff- und Devisenstab „konkrete Vorschläge" für die Sicherung des Kriegsbedarfs an den wichtigsten Rohstoffen und behauptete, nach ihren Planungen sei „in ca. zwei Jahren, spätestens bis Ende 1938 . . . eine weitgehende Mob.-Versorgung" in Mineralöl und etwa im Jahre 1940 eine „100prozentige Deckung des Mob.-Bedarfes an Kautschuk" gesichert.[124] Hieran orientierte sich Hitler, als er noch im Monat August seine berüchtigte Vierjahresplandenkschrift abfaßte.

Nach dem Revirement in der Vierjahresplanorganisation im Februar und im Sommer 1938[125] waren die beiden wichtigsten, mächtigsten ihrer restlichen Institutionen — die Reichsstelle für Wirtschaftsausbau (RWA) und der GB Chemie — unter Krauchs faktischer Führung vereint. In keinem anderen Teilkomplex des staatsmonopolistischen Mechanismus der deutschen Rüstungswirtschaft lag in einer Hand eine solche konzentrierte Regulierungs-

122 *Eichholtz*, Kriegswirtschaft, Bd. I, S. 39f.
123 Archiv des VEB Elektrochemisches Kombinat Bitterfeld, Nr. 1087, 3. Entwurf von Vorschlägen des IG-Farben-Konzerns (Büro Berlin NW 7) für das Reichskriegsministerium betr. Militarisierung der Wirtschaft („Gedanken zum Aufbau der deutschen Wehrwirtschaft") v. 23. 3. 1935. Vgl. auch *Klaus Drobisch*, Dokumente über Vorgeschichte und Charakter des faschistischen Wehrwirtschaftsführer-Korps, in: *ZfM*, 3/1966, S. 323ff.
124 *Anatomie*, S. 139ff., Dok. 46, Bericht der Abteilung „Forschung und Entwicklung" v. Juli/August 1936.
125 Siehe Anm. 112. Hiernach auch das Folgende.

gewalt und zugleich eine solche fachliche Autorität, Forschungs- und Produktionskapazität wie hier.

Wieder stellte das IG-Farben-Team unter Krauch „Mob.-Versorgungs"pläne auf, die diesmal im allgemeinen auf den Zeitraum bis 1942/43 angelegt waren; aber in einem besonderen „Schnellplan" versicherte man, bei äußerster Beschleunigung die Wehrmacht bis zum Herbst 1939 bzw. bis Ende 1939 für einen großen Krieg mit Pulver, Sprengstoff, Giftgas und allen dazugehörigen Vorprodukten versorgen zu können. Dieses ausdrücklich genannte Datum war als Grundlage für Görings und Hitlers politische und militärische Entscheidungen gedacht und wurde tatsächlich historisch relevant. Wieder lieferte so der IG-Farben-Konzern in chauvinistischer Überheblichkeit und abenteuerlicher Kraftmeierei in Gestalt von scheinbar unangreifbaren „wissenschaftlichen" Analysen den Hitler und Göring Entscheidungshilfen für ihre verbrecherischen politischen und militärischen Entschlüsse.

Im Frühjahr/Sommer 1939, unter dem Zeichen des unmittelbar bevorstehenden Krieges, zogen Vierjahresplanbehörden und Wehrmacht in einer ganzen Reihe von Analysen und Berichten Bilanz über die kriegswirtschaftliche Situation. Hatte man schon in den Plänen von 1938 — besonders im „Wehrwirtschaftlichen neuen Erzeugungsplan", im Schnellplan und in den Giftgasdenkschriften — unmißverständlich auf den großen Krieg, d. h. den Krieg auch gegen die Westmächte, orientiert, so zogen dieselben Autoren jetzt, da sich die zukünftigen Kriegsfronten endgültig geklärt zu haben schienen, ganz ausdrücklich wirtschaftspolitische und militärstrategische Folgerungen für einen Weltkrieg. Betrachtet man die wichtigsten dieser Denkschriften und Ausarbeitungen im Zusammenhang, so lassen sich daraus vor allem auch wesentliche Schlüsse auf das Expansionsprogramm der Vierjahresplangruppe, besonders dasjenige des IG-Farben-Konzerns, ziehen.

Als erstes interessiert uns der bekannte, fast 100 Seiten (MS) lange „Arbeitsbericht des Generalbevollmächtigten des Ministerpräsidenten Generalfeldmarschall Göring für Sonderfragen der chemischen Erzeugung Dr. C. Krauch" vom 20./21. April 1939.[126] Dieser Bericht entstand in einer unerhört kritischen Situation, als die Welt nach der faschistischen Annexion Böhmens und Mährens und des Memelgebiets bereits an der Schwelle des Krieges stand. Die außenpolitischen Reaktionen der Westmächte beantwortete Hitler mit haßerfüllten Reden in Wilhelmshaven (1. April) und vor dem Reichstag (28. April), in denen er von einer „Einkreisung" Deutschlands sprach, aggressive Drohungen ausstieß und seine Kriegsbereitschaft demonstrierte.[127] Zugleich ergingen Weisungen an die Wehrmacht für einen Krieg gegen Polen.

Krauch hatte also darüber Gewißheit, daß eintreten würde, was sein Stab seit 1936 immer wieder als Möglichkeit durchgerechnet hatte: Die faschistische Koalition würde in dem zu erwartenden Krieg „den Anstrengungen fast der ganzen übrigen Welt gewachsen" sein müssen.[128] Dies veranlaßte ihn, eine umfassende Planbilanz aufzumachen, erhebliche Planrückstände, besonders eine „Verlangsamung des Schnellplanes", festzustellen und höhere Planziffern — allein bei Sprengstoff das Dreifache des „Schnellplans" — zu fordern. Bei Mineralöl, Kautschuk, Leichtmetall usw. sei eine „wehrwirtschaftliche Autarkie der

---

126 Teilabdr. in *Eichholtz*, Anteil, S. 96ff.; desgl. *Anatomie*, S. 210ff., Dok. 93 (ungenaue Datierungen).
127 Auf Hitlers Wilhelmshavener Rede berief sich Krauch ausdrücklich in seinem Bericht. Siehe *Max Domarus*, Hitler. Reden und Proklamationen 1932—1945, Bd. II, 1. Halbbd. 1939—1940, München 1965, S. 1119ff. und 1148ff.
128 *Eichholtz*, Anteil, S. 96ff., hiernach auch das Folgende.

Antikomintern-Koalition" nur zu erreichen durch die „Schaffung eines einheitlichen Groß-
wirtschaftsblocks der vier europäischen Antikomintern-Partner" (Deutschland, Italien,
Ungarn, Spanien), „zu denen bald Jugoslawien und Bulgarien hinzutreten müssen" — eines
der „Großraumplanung" unter deutscher Führung unterworfenen Blockes, der „seinen
Einfluß ausdehnen (müsse) auf Rumänien, Türkei und Iran".

Wie ferner die auf längere Sicht geplante Ostexpansion zu bewerkstelligen sei, ließ er
offen, ohne irgendeinen Zweifel an ihrer Notwendigkeit aufkommen zu lassen: „Die
hohe Bedeutung der Erweiterung der Handelsbeziehungen mit Rußland wird durch die
allmähliche Verlagerung des deutschen Wirtschafts- und Ausfuhrschwerpunktes nach dem
Osten und durch die zwingende Notwendigkeit, im Kriegsfalle die Ukraine wehrwirtschaft-
lich auszunutzen (Eisen), unterstrichen." Eine finstere, doppelzünglerische Taktik, die die
spätere faschistische Politik ziemlich genau vorzeichnete.

Wenig später faßte Krauch für Staatssekretär Paul Körner und für Göring seine
Expansionsforderungen als Gedächtnisstütze zusammen: „*Südosteuropa* bietet: Mineralöl,
Bauxit, dazu Chrom, Blei, Kupfer, Zinn, Quecksilber, Antimon, Bor. *Spanien* bietet:
Quecksilber, Schwefelkies, dazu Blei, Kupfer, Zink, Eisenerze. *Ukraine* bietet: Eisenerze,
Manganerze, sowie Erdöl."[129]

Es komme also, so Krauch in seinem „Arbeitsbericht", neben dem Aufholen der Planrückstände darauf an, die künftige „entscheidungssuchende Kriegführung" — „eine rasche
Kriegsentscheidung durch Vernichtungsschläge gleich zu Beginn der Feindseligkeiten" —
unverzüglich vorzubereiten „durch neue, große und gemeinsame Anstrengungen aller Verbündeten ... und durch eine der Rohstoffbasis der Koalition entsprechende verbesserte, zunächst friedliche Ausweitung des Großwirtschaftsraumes auf den Balkan und
Spanien."

Als *Expansionsrichtungen*, die hier vorgezeichnet waren, sind eindeutig Südosteuropa und
der Nahe Osten auszumachen, die Iberische Halbinsel und der Mittelmeerraum und
schließlich Osteuropa. Die *strategische Planung*, die in dieser „Geheimen Reichssache" den
politischen und militärischen Spitzen des Regimes dringend vorgeschlagen, ja gefordert
wurde, war ebenfalls klar: Den unvermeidlichen großen Krieg gegen die Westmächte möglichst noch etwas hinausschieben; Südosteuropa fest in deutsche Hand bringen und erfor-
derlichenfalls „wehrmachtsmäßig" sichern; nach Möglichkeit an die Hilfsquellen des
Nahen Ostens herankommen; „bei Aufrechterhaltung des Friedens" im Mittelmeer die
„günstige, noch nicht voll erschlossene Rohstoffbasis" Spaniens für Deutschland
nutzen; im Osten vorerst den Handel mit der Sowjetunion intensivieren und „im
Kriegsfalle" (sc. gegen die Westmächte) die Ukraine an sich reißen. Das zentrale Problem
bestand demnach darin, wie man aus der Sackgasse des drohenden Zweifrontenkrieges
herauskäme, in die man sich selbst hineinmanövriert hatte — und das, ohne auch nur die
geringsten Abstriche von den maximalen Expansionszielen zu machen.

Der „Arbeitsbericht" gelangte im Endzustand offensichtlich in der zweiten Maihälfte
1939 über Körner an Göring und über Göring mit erheblicher Wahrscheinlichkeit an
Hitler.[130] Seine Auswertung durch Hitler ist nicht direkt nachzuweisen; aber die reale
Politik der anschließenden Monate, besonders Hitlers endgültiger Entschluß vom Juli/

---

129 *Eichholtz*, Die „Großraumwehrwirtschaft" für den großen Krieg, S. 84, Dok. 1, RWA-„Notizen für die
   Besprechung mit Herrn Staatssekretär", 16. 5. 1939.
130 Siehe ebenda, S. 73f.

August 1939, in Paktverhandlungen mit der UdSSR einzutreten[131], sprechen überzeugend dafür. Ein Indiz für die orientierende Funktion der von Krauch vorgezeichneten Linie sind auch die Aktivitäten von Görings Sonderbeauftragtem Helmuth Wohlthat und der Handelspolitischen Abteilung des Auswärtigen Amtes im Laufe des Frühjahrs und Sommers 1939.[132]

Müller hat darauf hingewiesen, daß die zahlreichen „wirtschaftlichen Kriegspläne" des OKW aus der ersten Jahreshälfte 1939 „in Absprache mit der Privatwirtschaft" entstanden und zugleich „Hitlers politisch-ideologischen Positionen weitgehend entsprachen".[133] Das gilt besonders für die mitsamt Anlagen über 60 Seiten umfassende und für die oberste Führung bestimmte Denkschrift des Wehrwirtschaftsstabes über „Die Mineralölversorgung Deutschlands im Kriege" vom April 1939, die auf „eine(r) Reihe von Unterlagen über das Erdöl-Problem"[134] aus dem IG-Farben-Konzern bzw. aus der RWA fußte. Auch aus Machart und Stil des Dokuments sowie aus dem benutzten statistischen Material geht dies eindeutig hervor.[135]

Bei der Abfassung des Memorandums wurde „die Feindschaft der Weststaaten und Sowjetrußlands und feindlich eingestellte Neutralität Belgiens, Hollands, Dänemarks, Norwegens und Polens angenommen. Die Haltung Rumäniens soll als indifferent gelten". Die Blockade der Übersee-Einfuhr sei unabänderlich. Wieder verflochten sich wirtschaftsstrategische und Kriegszielplanung[136] mit der politischen und militärischen Planung. „Vordringlichstes Kriegsziel muß deshalb unbedingt die Beherrschung der Deutschland nächstgelegenen und feindlichen Einwirkungen tunlichst entrückten Erdölgebiete sein." Im Mittelpunkt stand die Forderung nach der „Beherrschung der rumänischen Ölfelder und somit des gesamten Donauraumes als Vorbedingung für eine ausreichende Mineralölversorgung Deutschlands in einem Krieg von längerer Dauer." Die deutsch-rumänischen Wirtschaftsverhandlungen und der daraus resultierende Wirtschaftsvertrag[137] hätten, obwohl positiv zu bewerten, „ein deutsches Erdölmonopol in Rumänien nicht erbracht"; auch seien Voraussetzungen für ein politisches Bündnis nicht gegeben. „Den dominierenden Faktor der deutschen Erdölpolitik bildet demnach das militärische Mittel." Was für Rumänien gelte, sei ähnlich auf Estland (Ölschiefer) und vor allem auf Polen (galizisches Erdöl) anzuwenden. „Das militärische Mittel ist auch das einzige, das die von der deutschen Wirtschafts- und Außenpolitik bisher unberührten ehemaligen ostgalizischen Erdölreviere des heutigen Polens gegebenenfalls heranzuziehen vermöchte. Schließlich ist es auch das einzige Mittel, das größte und lohnendste Ziel ins Auge zu fassen: Die Beherrschung des gewaltigsten Erdölgebietes Europas, *Kaukasien*."

---

131 Siehe *V. J. Sipols*, Die Vorgeschichte des deutsch-sowjetischen Nichtangriffsvertrags, Moskau 1981, S. 298 ff. Eine verhältnismäßig objektive Darstellung der verfügbaren Fakten über die „politische Umorientierung in Berlin" seit Mitte Juli von nichtmarxistischer Seite in: *Reinhold W. Weber*, Die Entstehungsgeschichte des Hitler-Stalin-Paktes 1939, Frankfurt a. M./Bern/Cirencester 1980, S. 233 ff.

132 Siehe *Eichholtz*, Kriegswirtschaft, Bd. I, S. 60 f.; *derselbe*, Anteil, S. 92.

133 *Müller*, Das Tor zur Weltmacht, S. 315 f.

134 Ebenda, S. 316.

135 ZStA, Potsdam, FS, Film 2329; hiernach auch das Folgende (Hervorh. im Original).

136 Der Terminus „Kriegsziele" war in dieser Denkschrift bereits ganz gebräuchlich. Gerechnet wurde darin auch mit der Arbeit von Kriegsgefangenen im deutschen Kohlenbergbau (als Basis der Kohlehydrierung).

137 Unter der neueren Literatur auch *Philippe Marguerat*, Le IIIe Reich et le pétrole roumain 1938–1940, Genf 1977, S. 130 ff.; *Das Deutsche Reich und der Zweite Weltkrieg*, Bd. 1, S. 344 f. (H.-E. Volkmann).

Mit „Kaukasien", dem auch noch an anderer Stelle genannten, ausdrücklich am Ende der Analyse erwähnten „Ziel", lüfteten die Autoren ein wesentliches, allerdings nicht übermäßig streng gehütetes Geheimnis ihrer Kriegszielplanung.

Der schon erwähnte Arbeitsbericht des GB Chemie war Ausgangspunkt für jene umfassenden Recherchen, die die RWA, zweifellos auf Bestellung von Göring, seit Mai/Juni unternahm und deren Ergebnis sie im August in Form einer 70-seitigen Ausarbeitung über die „Möglichkeiten einer Großraumwehrwirtschaft unter deutscher Führung" vorlegte[138] — eine „Untersuchung der Rohstoffabhängigkeit und Lösungsmöglichkeiten im Großwirtschaftsraum".[139]

Ungeachtet dieser verharmlosenden Formulierung sprachen aus dem Dokument abenteuerlicher Expansionismus, Weltmachtambitionen und brutale Kriegsabsicht. Zwecks „Blockadesicherheit" im „Kriegsfall", d. h. im Falle eines Weltkrieges, der für 1942 programmiert wurde, mußte gemäß den „Schlußfolgerungen" des Memorandums folgendes „politische und wirtschaftliche Friedens- und Kriegsziel" erreicht werden: Der „Großwirtschaftsraum", der, unter deutscher Führung, „Großdeutschland einschl. Slowakei" (!), Italien, Spanien, Ungarn und den Balkan umfaßte, wurde als unzureichend befunden. Unentbehrlich sei erstens der „Anschluß des Nordraums" (gemeint waren Schweden, Norwegen, Finnland und die baltischen Staaten). Zweitens müsse man über die „Rohstoffe Rußlands" verfügen. Diese beiden Forderungen wurden als unabdingbar für eine „restlose" Rohstoffsicherung bezeichnet. Als sicher verfügbar waren ferner die Ressourcen Polens, als wünschenswert diejenigen der Türkei, Griechenlands, Portugals und Französisch-Nordafrikas in die Untersuchung einbezogen. Mit Hilfe der verbündeten Regimes in Italien und Spanien sollten die Wirtschaftskräfte dieses Riesenraumes mittels eines „dritten Vierjahresplanes" in eine „einheitliche Großraumwehrwirtschaft" verwandelt werden.

Geradezu friedfertig muteten die vorgeschlagenen Methoden an, mit denen dieses „Friedens- und Kriegsziel" erreicht werden sollte: „Soweit irgend möglich, friedliche Durchdringung und Verflechtung der Volkswirtschaften des Großwirtschaftsraumes im Sinne des höchsten Nutzeffekts für den Lebensstandard im Frieden und für die Blockadesicherheit im Krieg. Eine Bündnispolitik, die Südosteuropa und den Nordraum der Koalition dienstbar macht sowie ein tragbares Verhältnis zu Rußland ermöglicht."

Hinter diesen Auslassungen brauchen wir keine besondere Heuchelei oder absichtliche Boshaftigkeit zu vermuten. Es handelte sich um das dürre Kalkül von Kriegsentschlossenen, von Kriegstreibern, die das Risiko des großen Krieges möglichst ausreichend gerüstet eingehen und dasjenige Potential dafür nutzen wollten, das sie unter Umständen rechtzeitig und billig, d. h. ohne militärischen Großeinsatz — beispielsweise durch wirtschaftlichen und diplomatischen Druck, durch fortgesetzten Völker- und Länderschacher à la München oder durch „friedliche" Besetzung à la Prag — in ihre Verfügungsgewalt bringen konnten. Hier artikulierten sich gewisse Einsichten in die hochgradigen wirtschaftlichen Schwierigkeiten Deutschlands in einem Krieg der Großmächte, in bestimmte militärische Probleme eines solchen Krieges (beispielsweise die „Sicherung" des „Nordraumes" oder Spaniens, oder der Blockadekrieg) und schließlich auch in die starke politische Isolierung der Achsenmächte.

---

138 Vollständig gedr. in *Eichholtz*, Die „Großraumwehrwirtschaft" für den großen Krieg, S. 86ff. (Dok. 2).
139 So angekündigt in Krauchs Vortragsnotizen vom 16. 5. 1939 (ebenda, Dok. 1).

Was die Autoren der Denkschrift in gewohnter Forschheit als Ausweg vorsahen, war abenteuerlich genug. Es beinhaltete bereits höchstes wirtschaftliches und militärisches Risiko in Gestalt einer verbrecherischen Aggressionsplanung, deren Kernbestandteile die „Ausnutzung von Polen und Ukraine" und die — wieder einmal! — gepriesene chemische Kriegführung „als das billigste und unbegrenzt zur Verfügung stehende Kriegsmittel" waren.

Als ein zentraler Punkt der erstrebten „Großraumwehrwirtschaft" schälte sich ein „enger wirtschaftlicher Zusammenschluß mit Rußland" heraus; erst hierdurch sei die „restlose Sicherung" des Rohstoffbedarfs und damit eine „völlige Blockadesicherheit des Großwirtschaftsraumes" gewährleistet. Untersucht man die ganze Denkschrift daraufhin, wie die Autoren sich über das Verhältnis des deutschen Imperialismus zur Sowjetunion äußerten, so finden sich durchaus widersprüchliche Aussagen. An verschiedenen Stellen, besonders in dem spätestens im Juni/Juli 1939 — gerade während der Moskauer Verhandlungen über ein sowjetisch-britisch-französisches Sicherheits- und Militärabkommen — verfaßten Anlagenteil, verwiesen die Autoren auf die Aufgaben der „gegebenenfalls" in die Ukraine „einmarschierenden Truppen" und der ihnen beizugebenden „Ingenieure und Techniker" (betr. Sicherung der Eisenerz- und Manganvorkommen und der Produktionsanlagen „gegen Zerstörungsmaßnahmen"); also auf eine „militärische Auseinandersetzung mit Rußland", an die im „Mobfall" auch im Zusammenhang mit den „bedeutenden Erdöllagerstätten" in der Ukraine und auf der Krim zu denken sei. In der zusammenfassenden Einschätzung hingegen, die später entstand, erschien den Autoren eine „friedliche Durchdringung und Verflechtung" auf „freundschaftlichem" Wege wünschenswert und möglich.

Die tonangebenden Kreise in Nazideutschland — in der Wirtschaft also die Vierjahresplanorganisation und die RGI und die um beide gruppierten Rüstungskonzerne und Großbanken — schätzten zwar das internationale Kräfteverhältnis nicht mehr realistisch ein und waren mit besonderer Blindheit geschlagen, was den Charakter der sozialistischen Ökonomie und Politik der UdSSR, ihre Stärke bzw. Erpreßbarkeit betraf. Dennoch verstanden sie sehr gut, daß die seit Mitte Juli akuten politischen Bemühungen um ein „tragbares Verhältnis zu Rußland" — soweit erfolgreich — die unmittelbare Gefahr eines Zweifrontenkrieges bannen konnten und darüber hinaus die sofortige Aussicht auf bestimmte Rohstofflieferungen boten.

Wenn Krauch das in seinem „Arbeitsbericht" vom April 1939 schon angedeutet hatte, so sprach es die RWA-Denkschrift vom Juli/August deutlich aus — und jetzt in Übereinstimmung mit Hitlers außenpolitischer Wendung und mit jenen deutsch-sowjetischen Verhandlungen, deren Ergebnis am 23. August 1939 der Nichtangriffsvertrag war.

Genau wird, wie schon erwähnt, nicht zu klären sein, inwieweit sich Hitler in dieser Zeit von den wirtschaftspolitischen und wirtschaftsstrategischen Überlegungen und Vorlagen Krauchs bzw. Görings und des OKW leiten ließ. Die prinzipielle Übereinstimmung zwischen ihm und der Vierjahresplangruppe war jedoch schlagend. Jedenfalls traf zu, daß Hitlers allmähliche Umorientierung auf eine wirtschaftliche und politische Übereinkunft mit der UdSSR im Juni/Juli 1939 unter dem Druck maßgeblicher politischer, militärischer und Wirtschaftskreise geschah. Mit dem Abschluß des Nichtangriffsvertrages hatten diese sogenannten „Realpolitiker" ihr, wie sie glaubten, einzig erfolgversprechendes Rezept durchgesetzt: „Entweder die Westmächte lenkten unter diesen Umständen ein und akzeptierten die deutsche Hegemonie in Europa, was neue ‚Möglichkeiten' im Osten eröffnen würde, oder sie wurden durch einen ‚Blitzkrieg' dazu gezwungen ... Nur auf diese Weise, d. h. durch die Vermeidung eines Zweifrontenkrieges, schien Deutschland eine Chance zu haben, den Griff nach der Weltmacht, der im Ersten Weltkrieg fehlgeschlagen war, zu wiederholen."[140]

Die hinter der Vierjahresplanorganisation stehende Mehrheit des deutschen Finanzkapitals, voran IG Farben, hatte an diesem Konzept und ganz sicher auch an seiner Durchsetzung einen hervorragenden Anteil.

Unhaltbar und nicht frei von Apologie ist die pauschale These Wendts von der „übereinstimmend von der Industrie, dem AA und der Wehrmacht schon aus ökonomischen Gründen als unabdingbar angesehene(n) langfristige(n) freundschaftliche(n) Kooperation mit der Sowjetunion auf der alten Rapallo-Linie."[141] Die untersuchten Dokumente und Denkschriften sprechen Bände über die betrügerisch-verbrecherischen Beweggründe der Vierjahresplangruppe für die deutsch-sowjetische „Annäherung". Die Gegner des „großen Krieges" wiederum — etwa Schacht und Thyssen — waren wütende Gegner einer solchen „Annäherung", weil sie, als Anhänger eines gemeinsamen Kreuzzuges der imperialistischen Mächte gegen die UdSSR, die Gefahr des Krieges gegen die Westmächte sich jetzt eher vergrößern als verringern sahen.

Zusammenfassend kann gesagt werden: Die politischen und militärischen Entschlüsse, die zum Kriege führten, sind nicht denkbar ohne die beschriebene „Grundlagenforschung" für diesen Krieg, d. h. ohne die wirtschaftsstrategischen Überlegungen und Planungen der eng um Hitler, Göring und das OKW gruppierten Monopole bzw. der von ihnen dominierten staatsmonopolistischen Institutionen. Diese Planungen waren natürlich keine Auftragsarbeit bezahlter oder gar unter Druck gesetzter Wirtschaftsfachleute für eine ihnen fremde Sache. Vielmehr verknüpften darin jene Kreise systematisch ihr Expansionsprogramm, die faschistische Politik in vielem dirigierend und auch korrigierend, mit den außenpolitischen und militärstrategischen Gegebenheiten.

Gemessen an dem, was die RWA in ihren Denkschriften von 1939 als für die „Erreichung einer wehrwirtschaftlichen Großmachtstellung"[142] notwendig vorzeichnete, hatte das Regime zwei Jahre darauf, im Spätsommer 1941, rein geographisch gesehen so gut wie alles erreicht: Südosteuropa war in der Hand der „Achse", Spanien zu Lande und zu Wasser zugänglich; Nordeuropa stand unter deutscher Besetzung oder Kontrolle; Polen und fast die ganze Ukraine waren okkupiert. Der Kaukasus stellte eines der nächsten militärischen Ziele dar. Dazu war das westeuropäische Festland weitgehend deutsch kontrolliert; die Ressourcen der Türkei und Französisch-Nordafrikas waren nicht unerreichbar. Und doch ging die Rechnung nicht auf. Der Widerstand der Roten Armee vor Smolensk und vor Moskau durchkreuzte sie. Die „Großraum"planer hatten nicht mit dem Widerstand und der Freiheitsliebe der Völker gerechnet.

140 *Rolf-Dieter Müller*, Die deutsche Ostpolitik 1938/39 zwischen Realismus und Weltmachtillusionen, in: *Franz Knipping/Klaus-Jürgen Müller*, Machtbewußtsein in Deutschland am Vorabend des Zweiten Weltkrieges, Paderborn 1984, S. 130.

141 *Bernd-Jürgen Wendt*, Nationalsozialistische Großraumwirtschaft zwischen Utopie und Wirklichkeit — Zum Scheitern einer Konzeption 1938/39, in: ebenda, S. 230. Die gleiche These vertritt *Hans-Jürgen Perrey*, Der Rußlandausschuß der Deutschen Wirtschaft. Die deutsch-sowjetischen Wirtschaftsbeziehungen der Zwischenkriegszeit, München 1985, S. 301.

142 Wie Anm. 129 (S. 83).

4*

KLAUS DROBISCH

„Kriegsschauplatz Innerdeutschland"
Sicherheitspolizeiliche Vorbereitungen und Einübungen seit 1935/36

Im Januar 1937 sprach der Reichsführer SS Heinrich Himmler vor Wehrmachtoffizieren über „Wesen und Aufgabe der SS und der Polizei". Im Kreis von in die Kriegsvorbereitungen Eingeweihten und an ihnen Beteiligten formulierte er offen den Grundsatz: „Wir werden in einem künftigen Kriege nicht nur die Front der Armee auf dem Lande, die Front der Marine zu Wasser, die Front der Luftwaffe in der Luftglocke über Deutschland haben, wie ich es nennen möchte, sondern wir werden einen vierten Kriegsschauplatz haben: Innerdeutschland! Das ist die Basis, die wir gesund erhalten müssen, auf Biegen oder Brechen gesund, weil sonst die drei anderen, die kämpfenden Teile Deutschlands wieder den Dolchstoß bekämen. Wir müssen uns darüber klar sein, daß der Gegner in einem Kriege nicht nur im militärischen Sinne Gegner ist, sondern auch weltanschaulicher Gegner. Wenn ich hier vom Gegner spreche, so meine ich selbstverständlich damit unseren natürlichen Gegner, den internationalen jüdisch-freimaurerisch geführten Bolschewismus." Hinter diesen Äußerungen stand die Furcht vor Massenwiderstand und Revolution, wie sie 1917/18, am Ende des ersten Weltkrieges, die herrschende Klasse in Schrecken versetzten.

Auf Verhaftungen politischer Gegner und ihr Einsperren in Konzentrationslager eingehend, erklärte Himmler: „Wir werden die Zahl (der Verhafteten – K. D.) gerade im Hinblick auf jede außenpolitische Gefahr so weit steigern, daß wir wirklich garantieren können, daß das Aufmachen einer neuen illegalen Organisation aus Mangel an Funktionären und Führern nicht möglich ist." Und weiter: „Diese Dinge sind notwendig, denn sonst würde man diese Verbrecher niemals im Zaum halten können. Für den Fall eines Krieges müssen wir uns klar darüber sein, daß wir eine recht erhebliche Anzahl unsicherer Kantonisten hier hereinnehmen müssen, wenn wir nicht den Nährboden für höchst unangenehme Entwicklungen im Falle eines Krieges schaffen wollen." Daneben verwies er darauf, daß die Polizei in viel größerem Umfang als zuvor weitere Personen aus nichtpolitischen Gründen festsetze, die nicht mehr losgelassen würden.

Die weit ausgreifende Konzeption für die vorbeugende Haft stellte seit dieser Zeit zunehmend ebenso Grundprinzip des faschistischen Terrors dar wie der Vorrang der Polizeigewalt im System der faschistischen Unterdrückungspolitik. Vor allem deswegen forderte der Reichsführer SS, endlich „eine tatsächliche Reichspolizei (zu) schaffen, denn die Reichspolizei ist eine der stärksten Klammern, die ein Staat haben kann". ·

Himmler faßte abschließend zusammen: „Dieses Verständnis für die völlig neue Art einer Organisation muß überall durchdringen, ebenso das Verständnis für diesen Kriegsschauplatz im Inneren, der das Sein und Nichtsein unseres deutschen Volkes bedeuten wird, wenn wir je eine Belastungsprobe zu bestehen hätten. Diese Frage der Sicherheit im Inneren positiv zu lösen, ist die Aufgabe der Schutzstaffel und der Polizei."[1]

Am 12. November 1935 hatte Himmler anläßlich des sogenannten Reichsbauerntages in Goslar öffentlich die „Schutzstaffel als antibolschewistische Kampforganisation" charakterisiert. Schon dieser Titel seiner Ansprache — ihr Text erschien bis 1941 als Broschüre in sieben Auflagen mit 125 000 Exemplaren — bezeichnete den Hauptgegner des faschistischen Regimes eben sowie diejenige Institution, die ihn hauptsächlich niederhalten und vernichten sollte. Am Schluß seiner Goslarer Rede ging der Reichsführer SS auf die Kernpunkte ein. Er hob hervor, Bolschewismus sei „keine Tageserscheinung, die leichthin aus der Welt herausdebattiert oder unseren Wünschen gemäß weggedacht werden könne". Deshalb gebe es die Schutzstaffel (SS), den Sicherheitsdienst (SD) und die Geheime Staatspolizei (Gestapo). Sie würden „unablässig unsere Aufgabe, die Garanten der Sicherheit Deutschlands im Inneren zu sein, erfüllen, ebenso wie die deutsche Wehrmacht die Sicherung der Ehre und Größe und des Friedens des Reiches nach außen garantiert. Wir werden dafür sorgen, daß niemals mehr in Deutschland, dem Herzen Europas, von innen oder durch Emissäre von außen her die jüdisch-bolschewistische Revolution des Untermenschen entfacht werden kann. Unbarmherzig werden wir für alle diese Kräfte, deren Existenz und Treiben wir kennen, am Tage auch nur des geringsten Versuches, sei er heute, sei er in Jahrzehnten oder in Jahrhunderten, ein gnadenloses Richtschwert sein."[2]

Stellte Himmler in Goslar 1935 die vorrangige Stoßrichtung des faschistischen Terrors und als dessen Instrument die SS wie die von ihr dominierte Politische Polizei heraus, so benannte er vor den Wehrmachtoffizieren Anfang 1937 als Hauptaufgabe die allgemeine Sicherheit des Regimes im Inneren während der Kriegsvorbereitungen und dann im Krieg selbst und als deren erstrangige Bürgen SS und Polizei. Der Unterschied resultierte nicht allein aus den Adressaten und der öffentlichen bzw. internen Natur beider Reden. Er ergab sich vor allem daraus, daß in der Zwischenzeit die Kriegsvorbereitungen des deutschen Faschismus forciert worden waren.

Hatte der Terror schon der Übergabe der Regierungsgewalt an die Nazis und ihrer Konsolidierung gedient, sich vor allem gegen die Arbeiterbewegung gerichtet und war er von entfesselter allmählich zu perfektionierter Form übergegangen, so gehörte er von 1936 an als ein unverzichtbarer Bestandteil zu den allseitigen Kriegsvorbereitungen, griff über die Hauptgegner von faschistischer Gewaltherrschaft und imperialistischer Aggression hinaus gegen alle, die politisch oder ökonomisch den Schritten auf die Expansion Abbruch tun könnten, und sollte stärker institutionalisiert und systematischer gehandhabt werden. Die absolute Sicherheit auf dem künftigen „Kriegsschauplatz Innerdeutschland" in Vorbereitung und während des Waffenganges zählte zu den Axiomen der Machthaber Nazideutschlands, insbesondere seiner Exekutivkräfte in Armee, Polizei und SS. In erster Linie drängten sie nach dem offenen Bruch der militärischen Einschränkungen des Versailler Vertrages 1935 darauf und betrieben sie intensiv ab Mitte 1936. Es ging um die Zentralisation der Polizeigewalt und ihre Verschmelzung mit der SS, um die Ausweitung und normative Ungebundenheit der polizeilichen Repressivorgane, um die Einbeziehung weiterer Kräfte in das Terrorsystem, um die Anlage großflächiger und erweiterungs-

---

1 *IMG*, Bd. 29, S. 228, 219f., 222, 227 u. 233, Dok. 1992 (A)-PS. — Die Rede erschien zusammen mit anderen Vortragstexten als interne Publikation der Wehrmacht. Darauf basierte die Veröffentlichung im sozialdemokratischen *Neuen Vorwärts*, 26. September 1937.

2 *Heinrich Himmler*, Die Schutzstaffel als antibolschewistische Kampforganisation, München 1941, S. 29f.

fähiger polizeilicher Haftstätten, um Druck auf die Arbeiter in den Betrieben, karteimäßige Erfassung tatsächlicher oder vermeintlicher Gegner, bald der ganzen Bevölkerung und darum, den Bütteln und anderen ihnen zur Hand gehenden Schergen die zu Verfolgenden als „Untermenschen" hinzustellen, damit sie im Inneren wie danach außen gegen sie ohne Hemmungen brutal vorgingen.

1. Publizierte Rechtfertigung des unbeschränkten Polizeizugriffs

Am 18. Oktober 1935, noch vor Himmlers Goslarer Rede, hatte der Generalleutnant der preußischen Landespolizei und SS-Gruppenführer Kurt Daluege auf einem Lehrgang des Kameradschaftsbundes Deutscher Polizeibeamten in Neubabelsberg über „Stellung und Aufgaben der Polizei im Dritten Reich" gesprochen. Rückblickend auf das Jahr 1933 äußerte er, die faschistische Diktatur hätte die Polizei von den Fesseln der Weimarer Republik befreit, ihr Machtbefugnisse zurückgegeben, sie innerlich und äußerlich zu einer unbedingt zuverlässigen und schlagkräftigen Waffe der Staatsführung gemacht und Maßnahmen repressiver und präventiver Art erlaubt. Der Prozeß der Umgestaltung sei aber noch nicht abgeschlossen. Künftig werde es keine preußischen, sächsischen oder bayerischen Polizisten mehr geben, sondern nur noch deutsche. Vordringlich werde die „Verreichlichung" der politischen Polizei angestrebt. Bei der Vereinheitlichung der Kriminalpolizei schäle sich die Umstellung des preußischen Landeskriminalamtes in Berlin auf „den vergrößerten Aufgabenkreis eines Reichskriminalamtes" heraus. Noch sei der „Umbildungs- und Erneuerungsprozeß" nicht abgeschlossen; aber die Richtung, in der er sich bewegt, liegt fest".[3]

Obwohl Dalueges Rede dann gedruckt erschien, blieb sie doch in erster Linie auf Polizeioffiziere beschränkt. Weiter dürften Äußerungen in allgemein zugänglichen Periodika gewirkt haben. In ihnen fanden sich mehr oder weniger detaillierte Angaben über die „Bekämpfung der Staatsfeinde"[4] und Vorstellungen über die künftige Zentralisierung und Struktur der Polizeiorgane.

Eingehend befaßte sich die maßgebliche juristische Zeitschrift des Nazistaates, „Deutsches Recht", mit Polizeifragen, denen sie die Hälfte ihrer Doppelnummer vom 15. April 1936 zugestand. Der führende Artikel stammte vom Leiter des preußischen Geheimen Staatspolizeiamtes (Gestapa) und Chef des SD, SS-Gruppenführer Reinhard Heydrich. Er setzte darin Staats- und Volksfeinde gleich. Das seien „der Kommunist" („besonders gefährlich"), „das Judentum" und „die Freimaurerlogen". Ihre Staats- und Volksfeindlichkeit sei weithin bekannt, deshalb werde ihre „Behandlung ... mit allen Konsequenzen gebilligt". Einen „weiteren Volks- und Staatsfeind" sehe er in dem politisierenden Kirchenbeamten. Doch stoße man dabei „häufig noch auf erhebliches Unverständnis". Nach dieser Ausweitung des Begriffs des politischen Gegners, dem bald entsprechende Repressalien folgten[5], erläuterte Heydrich, die Gestapo arbeite gegen ihn in engster Fühlung mit dem

---

3 ZStA, Potsdam, FS, Film 14356.
4 Beispielsweise: *Bedeutung und Aufgaben der Geheimen Staatspolizei*, in: *VB*, 22. Januar 1936.
5 Dazu gehörten die Verurteilung von Kaplan Dr. Joseph Rossaint und weiteren sechs katholischen Jugendfunktionären durch den Volksgerichtshof im April 1937 wegen Verbindung mit jungen Kommunisten und wegen ihres Auftretens gegen den Krieg oder im Juni desselben Jahres die Verhaftung von Mitgliedern des Reichsbruderrates der Bekennenden Kirche, darunter ihres führenden Vertreters, Martin Niemöller, dessen Prozeß im März 1938 und seine anschließende Verschleppung in das KZ Sachsenhausen. Während-

SD, dem als „Zweig der Gesamt-SS von der Reichsleitung der NSDAP die nachrichten-
mäßige Erforschung und Überwachung der ideenmäßigen Gegner des Nationalsozialismus
übertragen ist". Die enge Zusammenarbeit sei dadurch gesichert, „daß der Reichsführer SS
als solcher oberster Chef des Sicherheitsdienstes und gleichzeitig der stellvertretende Chef
der Geheimen Staatspolizei ist und daß der Leiter des Geheimen Staatspolizeiamtes unter
ihm gleichzeitig der Chef des Sicherheitshauptamtes ist".[6]

Am deutlichsten faßte in der Zeitschrift SS-Oberführer Werner Best, Regierungsdirektor
und Leiter der Abteilung Verwaltung und Recht im Gestapa zusammen, was Polizeigewalt
bedeute und wie sie auszubauen sei: „Der politische Totalitätsgrundsatz des Nationalsozialismus . . . duldet keine politische Willensbildung in seinem Bereiche, die sich nicht
der Gesamtwillensbildung einfügt. Jeder Versuch, eine andere politische Auffassung durchzusetzen oder auch nur aufrechtzuerhalten, wird als Krankheitserscheinung, die die gesunde
Einheit des unteilbaren Volksorganismus bedroht, ohne Rücksicht auf das subjektive Wollen
seiner Träger ausgemerzt." Dieser unverhüllte „Totalitäts"anspruch entsprach den Anforderungen der Herrschaftssicherung des deutschen Imperialismus schlechthin, insbesondere
unter den Bedingungen eines Krieges mit grenzenlosen Zielen. Dieses Bemühen um
Herrschaftssicherung, eine wesentliche Folgerung aus dem ersten Weltkrieg für die Unterdrückung jeglicher zuwiderlaufenden Regungen, bildete den roten Faden für die Vorstellungen und Praktiken der Terrorpolitik im Innern wie später in den besetzten Gebieten.
Das Hauptinstrument sah Best zu dieser Zeit in der Gestapo, der „staatliche(n) Einrichtung, die aus politischen Beweggründen entstandene oder mit politischen Folgen begleitete Angriffe gegen Staat und Volk mit den Mitteln der unmittelbaren Exekutive ab-
wehrt und sich zur Vorbereitung dieser Abwehr die erforderlichen Informations- und
Überwachungsmöglichkeiten schafft". In kriminalpolizeilicher und präventivpolizeilicher
Art habe sie Staatsfeinde aufzuspüren, zu beobachten und unschädlich zu machen. „Wichtiger aber als die Ahndung bereits begangener Delikte ist ihre vorbeugende Verhinderung."
Dazu sei „eine gesonderte organisatorische Zusammenfassung der politischen Polizei
erforderlich". Vor allem müsse sie „in der Lage sein, unabhängig von jeder Bindung jedes
zur Erreichung des notwendigen Zweckes geeignete Mittel anzuwenden. Denn nach richtiger
Auffassung haben im nationalsozialistischen Führerstaat die zum Schutz des Staates und
des Volkes und zur Durchsetzung des Staatswillens berufenen Einrichtungen grundsätzlich
jede zur Erfüllung ihrer Aufgabe erforderliche Befugnis, die sich allein aus der neuen
Staatsauffassung ableitet, ohne daß es einer besonderen gesetzlichen Legitimation bedarf."
Und dann nochmals, damit diese Vorstellung von rechtlicher Ungebundenheit sich ein-
prägte: „Allein die Wehrmacht im Kampf gegen den äußeren Feind und die Geheime
Staatspolizei im Kampf gegen den inneren Feind müssen von solchen Bindungen (feste
und gleichbleibende rechtliche Normen — K. D.) frei bleiben, um ihre Aufgaben erfüllen
zu können."[7] Eine solche Loslösung vom Recht hieß in den Augen des Juristen Best
und seinesgleichen vor allem freie Hand für die unmittelbaren, brutalen Verfolger und
Rechtlosigkeit ihrer Opfer.

---

dessen beschworen seit Sommer 1936 katholische Ordinarien und zahlreiche Amtsträger der evangelischen
Kirche die antibolschewistische Gemeinsamkeit, die Wehrhaftigkeit und Pflicht, die jeder im Krieg zu
erfüllen habe.

6 *Reinhard Heydrich*, Die Bekämpfung der Staatsfeinde, in: *Deutsches Recht*, 7/8/1936, S. 121 f.
7 *Werner Best*, Die Geheime Staatspolizei, in: Ebenda, S. 125 ff.

Den stellvertretenden Gestapo-Chef unterstützte in dieser Hinsicht der Leiter der Zentral-abteilung Lebensgebiete im SD Inland, SS-Sturmbannführer Reinhard Höhn. Er meinte, „daß gerade auf dem Polizeigebiet das Machtverhältnis des Staates gegenüber früher viel weitgehender" sei. Denn „das Polizeirecht in der bisherigen Form … mit der Aufgabe, die staatliche Polizeigewalt von der individuellen Freiheitssphäre abzugrenzen, entfällt". Es ergebe sich nicht mehr „aus dem Verhältnis Polizei — Einzelner, sondern es regelt die Einsatzmöglichkeiten und die Aufgaben des Polizeiapparates".[8]

In der Artikelserie in „Deutsches Recht" sah weiter ein Dresdner Regierungsrat namens Rudolf Sievers die künftige Reichspolizei aus der preußischen Polizeiverwaltung erwachsen. Doch da diese 1931 liberalisiert worden wäre, verwies er auf Sachsen, das demgegenüber als „reaktionärer Polizeistaat" gegolten hätte, und den „Vorzug des ungeschriebenen Poli-zeirechts Sachsens".[9] An ihn anschließend verlangte der Oberregierungsrat Albrecht Böhme aus Chemnitz für die reichseinheitliche Verfassung der Kriminalpolizei, sie „so zuzuschnei-den, daß die Idee der Vorbeugung zu ihrem Mittelpunkt wird". Das bedeute „planmäßige Überwachung des Berufsverbrechertums", „vorbeugende Polizeihaft" und „Ausscheidung der Unerziehbaren".[10]

Staatsanwaltschafts- und Regierungsrat Hans Tesmer, Leiter des Schutzhaftreferates im Gestapa im Range eines SS-Oberscharführers, äußerte sich schließlich in der Zeitschrift über die sogenannte Schutzhaft.[11] Er ging davon aus, daß Gestapo und Gerichte „in vor-bildlicher Art Hand in Hand (arbeiten), um gefährlichen Staatsfeinden durch eine, wenn auch zeitweilige Freilassung nicht die Gelegenheit zu geben, ihr staatsfeindliches Treiben zum Schaden der Allgemeinheit fortzusetzen". Doch könne sich die Gestapo niemals damit begnügen, KPD-Funktionäre durch Gerichte verurteilen und in den Strafvollzug werfen zu lassen. „Wenn auch Schutzhaft an sich nichts mit Strafe zu tun hat, so ist doch in der Praxis der Geheimen Staatspolizei immer wieder die Erfahrung gemacht worden, daß illegale kommunistische oder sonstige staatsfeindliche Bestrebungen nicht mit strafrechtlichen Bestimmungen allein bekämpft werden können." Aufgabe der Gestapo sei es, gegen Staats-feinde „die schärfsten Mittel, die ihr zur Verfügung stehen, anzuwenden". Die „schärfste Waffe gegen den Staatsfeind" sei die Schutzhaft, „eine politisch-polizeiliche Präventivmaß-

---

8 *Reinhard Höhn*, Polizeirecht im Umbruch, in: Ebenda, S. 129 u. 132. — Siehe den Überblick dieser Problematik bei *Helmut D. Fangmann*, Faschistische Polizeirechtslehren, in: *Strafjustiz und Polizei im Dritten Reich*. Hrsg. von Udo Reifner/Bernd-Rüdiger Sonnen, Frankfurt a. M./New York 1984, S. 178 ff.

9 *Rudolf Sievers*, Aufgaben der Länder im Polizeiwesen, in: *Deutsches Recht*, 7/8/1936, S. 138 f.

10 *Albrecht Böhme*, Die Vorbeugungsaufgaben der Polizei, in: Ebenda, S. 143 u. 145.

11 Tesmers Artikel schloß sich eine nur mit *-er* gezeichnete Seite an, die unterschiedliche politische Gerichtsurteile verglich. Sie verlangte aufgrund von Gestapo-Erfahrungen, Kommunisten nicht allein wegen propagandistischer Tätigkeit, sondern ausschließlich wegen der Vorbereitung zum Hochverrat anzuklagen und zu verurteilen. (Uneinheitliche Rechtssprechung auf dem Gebiete der strafrechtlichen Bekämpfung der Staatsfeinde, insbesondere der kommunistischen Propagandatätigkeit, in: Ebenda, S. 146). — Offenbar war diese Forderung dem Reichsjustizministerium schon vor Veröffentlichung bekannt-geworden. Jedenfalls verfügte es am 31. 1. 1936, daß Mundpropaganda als Vorbereitung zum Hochverrat zu beurteilen sei, wenn sie mit dem Vorsatz oder bedingten Vorsatz erfolgt wäre, andere dazu aufzu-fordern. In Baden beispielsweise stieg deswegen die Zahl der Hochverratsverfahren sprunghaft an (*Verfol-gung und Widerstand unter dem Nationalsozialismus in Baden. Die Lageberichte der Gestapo und des Generalstaatsanwalts Karlsruhe 1933—1940*. Bearb. von Jörg Schadt. Hrsg. vom Stadtarchiv Mannheim, Stuttgart/Berlin (West)/Köln/Mainz 1976, S. 232 f., Dok. 56, Bericht des Generalstaatsanwalts v. 18. 6. 1936).

nahme, die nur aus staatspolitischen Gründen anzuwenden ist". Darauf könne auch in Zukunft nicht verzichtet werden. Kommunisten, die ihre Justizstrafe verbüßt hätten, müßten auf das schärfste beobachtet, nötigenfalls erneut ergriffen und „möglichst lange in Schutzhaft gehalten werden." Des weiteren sei Schutzhaft „gegen alle Elemente, die in staats- oder volksschädigender Weise die Wiederaufbauarbeit des Deutschen Volkes durch ihr Verhalten gefährden", auszusprechen, habe doch Göring aufgrund der Verordnung vom 28. Februar 1933 die „Überführung von bestimmten gefährlichen Gewohnheits- und Berufsverbrechern in die sogenannte vorbeugende Polizeihaft angeordnet". Wie die anderen Autoren ließ auch Tesmer die Unrechtsnatur dieses Vorgehens erkennen, wenn er einräumte, daß „diejenigen, die der vergangenen liberalistischen Zeit nachträumen, die Ergreifung von Schutzhaftmaßnahmen als zu hart und sogar ungesetzlich finden" würden.[12]

Die Artikelreihe im „Deutschen Recht" legte so in massiver Form und autoritärer Weise klar, welche Vorstellungen und Absichten maßgebliche Kräfte des Naziregimes mit einem in Hinblick auf den Krieg ausgebauten Polizeiwesen verbanden: Vorherrschen im Exekutivsystem unter straffer Zentralisierung, uneingeschränkter Griff nach jedem tatsächlichen oder vermeintlichen Gegner und nach jeglichem Mißliebigen, um jedwede dem Regime und seinem Krieg abträgliche Regung zu unterbinden.

2. Zentralisierung der Polizeimacht

In der Ausgabe vom 15. November 1936 der Zeitschrift „Deutsches Recht" hieß es rückblickend, Schritte zur Ausgestaltung und Vereinheitlichung der Polizei wären 1933 die personellen Veränderungen und der Aufbau der politischen Polizei, 1934 die Einrichtung einer Polizeiabteilung im Reichsministerium des Inneren gewesen.[13]

Um denselben Hauptaspekt der Machterhaltung und -sicherung ging es nach Bruch des Versailler Vertrages bei der Zentralisierung der Polizei. Darauf bezog sich am 1. Juli 1935 das Schreiben des Reichskriegsministers Werner v. Blomberg an Hitler. „Der Ausbau der Wehrmacht zwingt zu einem Ausbau aller Einrichtungen, die mittelbar den Zwecken der Wehrmacht dienen", hieß es darin. Das gelte insbesondere für die Abwehr von Spionage, Sabotage und Zersetzung. Da weise die Abwehrpolizei in Stärke, organisatorischer Zusammenfassung und Vereinheitlichung noch beträchtliche Mängel auf. Zwar vereinige Himmler befehlsmäßig die Politische Polizei der Länder, doch fehlten einheitliche Organisation, Ausbildung, Finanzmittel usw. Ein Vertreter der preußischen Gestapo werde zu den Sitzungen des Reichsverteidigungsrates hinzugezogen, jedoch nicht der einer politischen Reichspolizei, weil sie nicht existiere. „Erforderlich ist die Schaffung einer einheitlichen Organisation und Leitung der Politischen Polizei im Reiche und einer Reichsinstanz, mit der die Wehrmacht verhandeln und arbeiten kann", verlangte deshalb Blomberg und betonte, „daß diese Politische Reichspolizei eine in sich geschlossene und keiner anderen Verwaltung eingegliederte oder unterstellte Organisation" erhalten müsse. Denn nur durch ihre Selbständigkeit könne die von der Wehrmacht zu fordernde Personalauswahl,

---

12 *Hans Tesmer*, Die Schutzhaft und ihre rechtliche Grundlage, in: Ebenda, S. 136f.
13 *Heinrich Malz*, Der Weg der Deutschen Polizei, in: Ebenda, H. 21/22, S. 462f. — Siehe dazu für
  1933/34: *Klaus Drobisch*, Über den Terror und seine Institutionen in Nazideutschland, in: *Faschismusforschung*, S. 157ff.

Geheimhaltung und Schlagkraft gewährleistet werden. Hitler solle Weisung erteilen, das in die Wege zu leiten.[14]

Am 21. September 1935 wandte sich Reichsinnenminister Wilhelm Frick wegen der Stärke und Aufgaben der Polizei an seine Kollegen in den anderen Ressorts. Einleitend erklärte er: Durch die Überführung der Landespolizei in die Armee, die Aufstellung der Gestapo und die Abgabe von Kräften durch Errichtung von Konzentrationslagern wäre die Polizei außerordentlich geschwächt worden, so daß „die großen neuen Aufgaben der Polizei" nicht zu bewältigen seien, insbesondere die bei der „Wehrhaftmachung des deutschen Volkes", wie Luftschutz, Musterungen, Überwachung der Truppenübungs- und Flugplätze, Spionageabwehr bei Manövern, Bewachung von Munitionslagern, Aufstellung der Feldgendarmerie, Grenzsicherung und dergleichen mehr. Beispielsweise erwähnte Frick als Aufgaben des „Ortsschutzes": „die Sicherung aller für die Kriegsführung und für die Erhaltung des Lebens der Nation wichtigen Einrichtungen im eigenen Lande gegen Sabotage und Spionage, also aller rüstungs-, kriegs- und lebenswichtigen Betriebe und Anlagen, sowie der Schutz aller Kunstbauten, Brücken, Straßen und Wasserstraßen". Dafür seien schätzungsweise einige zehntausend Mann notwendig, die von der Polizei ausgebildet werden müßten, um im Kriege als Hilfspolizei zur Verfügung zu stehen. Frick forderte deshalb eine erhebliche Erhöhung der Polizeistärke, vom Reich organisierten Aufbau und die Einfügung der politischen Polizei in die übrige Polizei.[15]

Zur Unterstützung übersandte Frick zwei Monate später der Reichskanzlei eine 22seitige Denkschrift Daluges, des Leiters der Polizeiabteilung seines Ministeriums. Als Stärke der Polizei gab sie an: 155500 Mann am 30. Januar 1933, 158573 am 1. Februar 1935 vor Übernahme der Landespolizei in die Wehrmacht, dadurch 56000 Mann weniger am 1. Oktober, dazu 6120 Angehörige der Politischen Polizei. Per 1. April kommenden Jahres sei mit 123193 Polizisten, darunter 10620 bei der Politischen und 8300 bei der Kriminalpolizei, zu rechnen. Für die Kriminalpolizei verlangte Daluege Reichseinheitlichkeit, vor allem Übernahme der polizeilichen Vorbeugungshaft. Denn der „asoziale Berufsverbrecher" sei eine zu große Gefahr für die Volksgemeinschaft und die staatliche Autorität, als daß „der Nationalsozialismus noch länger damit warten kann, ihn überall im Reiche in geschlossener Front und mit gleichmäßiger Schärfe zu Leibe zu gehen". Daluege wiederholte Fricks Hinweise auf die „neue(n) Aufgaben auf wehrpolitischem Gebiet" und bezifferte den Bedarf an Hilfspolizisten beim Ortsschutz auf 60000 Personen. Der Kostenaufwand für die Politische Polizei in Preußen betrage am 1. Oktober 1935 knapp 30 Millionen und müsse sich im kommenden Jahr auf fast 52 Millionen RM erhöhen. Darin deutete sich gleichfalls der Vorrang der Politischen Polizei an. Denn Daluege rechnete für 1936 mit einem

14 ZStA, Potsdam, FS, Film 19607. — Schon am 17. 1. 1935 hatten Militärs, Funktionäre der Gestapo und des SD engste Zusammenarbeit vereinbart und ihre Aufgaben gegen Spionage in Armee und Rüstungsbetrieben, bei der Überwachung der Einstellung in die Wehrmacht, der Bekämpfung von Staatsfeinden, der Grenzkontrolle, Post- und Telefonüberwachung u. a. fixiert. Der Politische Polizeikommandeur der Länder teilte das bezeichnenderweise am 2. 4. 1936 allen Staatspolizeistellen mit (Ebenda, Film 5215).

15 Ebenda, Film 19607. — Über entsprechende Ausarbeitungen, besonders zur Zentralisierung von politischer und Kriminalpolizei, im Reichs- und im preußischen Ministerium des Inneren 1933 und ihre Ablehnung aus außenpolitischen Gründen durch Hitler im Herbst dieses Jahres siehe *Christoph Graf*, Politische Polizei zwischen Demokratie und Diktatur. Die Entwicklung der preußischen Politischen Polizei vom Staatsschutzorgan der Weimarer Republik zum Geheimen Staatspolizeiamt des Dritten Reiches, Berlin (West) 1983, S. 155ff.

Reichszuschuß von 80 Millionen RM für die gesamte Polizei, einschließlich der politischen Repressivorgane.

Die personelle Auffüllung, so fuhr er fort, dürfte nur aus der SS erfolgen. Sie allein verfüge über die notwendigen Voraussetzungen, in erster Linie „die zu fordernde, durch nichts zu erschütternde weltanschauliche Schulung". Dadurch werde die „für erforderlich gehaltene Verbindung zwischen Partei und Polizei gewährleistet und für alle Zukunft stabilisiert".

Danach plädierte Daluege mit pekuniären und organisatorischen Argumenten für die Zusammenfassung der Politischen und der allgemeinen Polizei in einer einheitlichen Reichspolizei und ihre Verbindung mit der SS. Dazu müsse angeordnet werden, „daß ein einheitlicher Reichsetat und eine einheitliche Organisation zum 1. April 1936 aufzubauen sind". Mindestforderung sei die Zusammenfügung der Politischen mit der allgemeinen Polizei in der Mittelinstanz und die engste Zusammenarbeit der Polizei mit der SS aus, wie Daluege im letzten Satz unterstrich, „staatspolitischen Erwägungen".[16]

Die Führer an der Spitze der SS vermerkten sicher wohlgefällig die angestrebte Zentralisierung der Polizeimacht, ihre Verstärkung aus den Reihen der SS und das weitere Verschmelzen mit ihr. Doch wie Blomberg, der sich für die „Sonderpolizei" einsetzte, und wie wahrscheinlich auch Göring, der die Gestapo als seine Schöpfung und Domäne betrachtete, beharrten Himmler, Heydrich und Best auf einer Eigenständigkeit des Repressivorgans gegen politische Gegner innerhalb des Terrorsystems, erschien ein solches Organ als zur Sicherung der Macht, gerade in der Vorbereitung des Aggressionskrieges und während des Waffenganges, unabdingbar.

Sie nahmen unzweifelhaft maßgeblichen Einfluß auf das Gesetz über die Geheime Staatspolizei, das am 10. Februar 1936 das preußische Staatsministerium annahm und Frick und Göring unterschrieben. Es bestimmte im Paragraph 1, die Aufgabe der Gestapo sei es, „alle staatsgefährlichen Bestrebungen im gesamten Staatsgebiet zu erforschen und zu bekämpfen". Die folgenden Paragraphen faßten fast analog die Bestimmungen vom 30. November 1933 und 8. März 1934[17] zusammen: Gestapo-Chef blieb der preußische Ministerpräsident, für die Dienstgeschäfte sein Stellvertreter (Himmler), Zentrale das Gestapa (Leiter: Heydrich). Nach wie vor unterlagen Anordnungen und Praktiken der Gestapo keiner Nachprüfung durch Verwaltungsgerichte. Neu war, daß die 35 Gestapo-Stellen in den preußischen Provinzen gleichzeitig den Regierungspräsidenten unterstanden, deren Weisungen entsprechen und sie in Angelegenheiten der Politischen Polizei unterrichten sollten.[18]

Die Verordnung vom selben Tag, ebenfalls durch Frick und Göring unterzeichnet, gab dem Gestapa das Recht, Weisungen an die Ober- und Regierungspräsidenten zu erteilen, die sie befolgen mußten. Weiter hieß es, daß die Gestapo-Stellen alle Polizeibehörden in ihrem Bereich um Mitarbeit ersuchen konnten. Die Konzentrationslager, so bestimmte die Verordnung weiter, verwaltete das Gestapa.[19]

Wie eine Dienstanweisung Görings vom 29. Februar 1936 erkennen ließ, berücksichtigten die Autoren des Gesetzes und der Verordnung offenbar die kommende „Verreichlichung"; Göring hatte bereits verlangt: das Gestapa habe den Reichskanzler und die Reichs-

---

16 ZStA, Potsdam, FS, Film 19607.
17 *Preußische Gesetzsammlung*, 1933, Nr. 74, S. 413f., u. 1934, Nr. 13, S. 143f.
18 Ebenda, 1936, Nr. 5, S. 21f.
19 Ebenda, S. 22ff.; ZStA, Potsdam, FS, Film 19608, Vermerk der Reichskanzlei v. 15. 2. 1936.

minister über die politische Lage und wichtige Ereignisse zu unterrichten.[20] Best hob zudem in seinem Kommentar am 15. April deutlich hervor, daß „die Ordnung der Preußischen Geheimen Staatspolizei" die einer „kommenden Geheimen Reichspolizei" sein werde, stände ja fest, „daß die Grundgedanken, aus denen die neue Politische Polizei des Dritten Reiches erwachsen ist, keinesfalls verlassen werden dürfen, ohne daß die Erfüllung ihrer Aufgaben entscheidenden Schaden erleidet". Und das bedeutete zuerst und vor allem die „als notwendig erkannte Trennung der nach besonderen Grundsätzen und Notwendigkeiten handelnden Geheimen Staatspolizei von der nach allgemeinen und gleichmäßigen rechtlichen Ordnungen arbeitenden Verwaltung".[21] Mit anderen Worten: Selbständigkeit und keine normative Bindungen bei der Bekämpfung der inneren Gegner bildeten, wie bisher, so auch künftig, das Grundprinzip der Politischen Polizei des deutschen Faschismus.

Der entscheidende Schritt zur Vereinheitlichung und Zentralisierung der Polizei und zu ihrem schnelleren Verschmelzen mit der SS — so ein zeitgenössischer Terminus — erfolgte am 17. Juni 1936. Dabei spielten nicht in erster Linie Machtgelüste und Eitelkeiten Himmlers und Heydrichs eine Rolle, wie Historiker und Publizisten in der BRD unterstellen[22]. Vielmehr erforderte der Übergang zu den verstärkten Kriegsvorbereitungen in der Sicht der herrschenden Klasse jene erhöhte polizeiliche Schlagkraft, auf die sich Blomberg, Frick und Daluege bezogen hatten. Außerdem erhärtete das Gesetz vom 17. Juni 1936 de jure faktische Entwicklungen vor allem bei der Politischen Polizei.

Wahrscheinlich im Mai 1936 hatten Beamte des Reichsinnenministeriums und Heydrich den Gesetzentwurf vorbesprochen. Die Ministerialbürokratie legte drei Ausarbeitungen über die „Zusammenfassung der Polizeigewalt im Reich" im Innenministerium vor und bezeichnete Himmler zunächst als Inspekteur der Polizei, als seinen ständigen Vertreter Daluege, den bisherigen Leiter der Polizeiabteilung im Ministerium. Am 6. Juni übergab Himmler Hitler „Gesichtspunkte für die Übernahme der Leitung der deutschen Polizei", wobei er als seine künftige Dienstbezeichnung Chef der Deutschen Polizei — anstelle von Befehlshaber — und zwei ihm unterstellte Abteilungen vorschlug: die Abteilung III (Polizei) des Ministeriums unter Daluege und als neue die Abteilung Gestapo unter Heydrich, ergänzt durch das Referat III P (Politische Polizei) des Ministeriums.

Drei Tage darauf erklärte Heydrich gegenüber dem Ministerium, Hitler wünsche für Himmler die Bezeichnung Reichsführer SS und Chef der Deutschen Polizei, der den militärischen Befehlshabern gleichgestellt sei, den Rang eines Ministers — dem Innenminister persönlich unterstellt — erhalte und an den Kabinettsitzungen teilnehme. Frick legte daraufhin mit Hitler fest, den neuen Polizeichef wie einen Staatssekretär zu Kabinettsbesprechungen heranzuziehen, die seinen Geschäftsbereich beträfen. Das und die Zusicherung, Daluege werde Himmler bei dessen Abwesenheit vertreten, akzeptierte Heydrich am 11. Juni ebenso wie die Ergänzung der Dienstbezeichnung Himmlers . . ." im Reichsministerium des Inneren", jedoch nicht die von Frick vorgesehene Streichung des Titels „Reichsführer SS".[23]

---

20 StA, Magdeburg, Rep. C 20 Ib, Nr. 1824, Bl. 85ff.

21 *Best*, Die Geheime Staatspolizei, S. 127f. — Über die KZ-Verwaltung schrieb er, sie erfolgte durch den dem Gestapa „angegliederten Inspekteur der Konzentrationslager".

22 Beispielsweise *Hans-Joachim Neufeldt/Jürgen Huck/Georg Tessin*, Zur Geschichte der Ordnungspolizei 1936—1945, Koblenz 1957, S. 14ff.; ihnen folgend *Heinz Höhne*, Der Orden unter dem Totenkopf. Die Geschichte der SS, Gütersloh 1967, S. 181f.

23 ZStA, Potsdam, FS, Film 14356, Vorlage mit handschriftlicher Datierung und Signierung Himmlers.

Das durch Hitler und Frick unterschriebene Gesetz besagte dann: „Zur einheitlichen Zusammenfassung der polizeilichen Aufgaben im Reich wird ein Chef der Deutschen Polizei im Reichsministerium des Inneren eingesetzt, dem zugleich die Leitung und Bearbeitung aller Polizeiangelegenheiten im Geschäftsbereich des Reichs- und Preußischen Ministeriums des Inneren übertragen wird." Dazu sei Himmler ernannt worden, der Frick „persönlich und unmittelbar" unterstehe und ihn bei Abwesenheit vertrete. Das Gesetz bestimmte, wie besprochen, die Dienstbezeichnung Himmlers als Reichsführer SS und Chef der Deutschen Polizei im Reichsministerium des Inneren und seine Teilnahme an Kabinettsitzungen.[24]

Am Tage nach seiner Ernennung erklärte Himmler im „Völkischen Beobachter": „Wir haben damit zu rechnen, daß der Kampf gegen den alles zerstörenden Bolschewismus ein Kampf von Menschenaltern sein wird. Darauf ein ganzes Volk einzustellen und, wie die Wehrmacht zum Schutz nach außen bestimmt ist, die Polizei, zusammengeschweißt mit dem Orden der Schutzstaffeln, zum Schutze des Volkes nach innen aufzubauen, darin sehe ich meine Aufgabe." Den Vergleich mit der Wehrmacht nahm Best in dem Kommentar des Gesetzes auf und bezeichnete die Polizei „als die Exekutive nach innen — als die ‚innere Wehrmacht'". Daher fand er, erneut die Absicht klar aussprechend, ihre Verklammerung mit der SS notwendig, mehr noch deren Dominanz in der außergerichtlichen Exekutive: „Denn wenn irgendwo, so ist auf dem Gebiet der Gefahrenabwehr von Volk und Staat die nationalsozialistische Bewegung — und in ihr wiederum die Schutzstaffel — zuständig für die Bekämpfung der Gegner." In diesem Sinne sei die Polizei ein „Schnittpunkt der Bewegung und des Staates", habe das Gesetz nicht allein „Bedeutung für die weitere Entwicklung des Reichsneubaus", sondern vor allem „für die Sicherung der Zukunft unseres Volkes" bei „Gefahren, denen wir entgegengehen".[25]

3. Neugliederung zur Sicherheitspolizei

Am 26. Juni 1936 setzte Himmler Daluege, nunmehr SS-Obergruppenführer und General der Polizei, als Chef der Ordnungspolizei und Heydrich als Chef der Sicherheitspolizei ein. Dem einen unterstanden die Schutzpolizei, die Gendarmerie und die Gemeindepolizei, dem anderen die Politische und die Kriminalpolizei. Vom selben Tag stammte Himmlers weitere Verfügung, beide Bereiche in die Hauptämter Ordnungspolizei und Sicherheitspolizei — beides neugewählte Bezeichnungen — zu gliedern und ihm bis 1. September einen Entwurf über deren Struktur vorzulegen.[26]

Bei der Politischen Polizei scheint das für den regionalen Aufbau schnell erfolgt zu sein. Jedenfalls ordnete Himmler am 28. August an, sie ab 1. Oktober einheitlich als Geheime Staatspolizei zu bezeichnen. Ihre Zentrale wurde das bisherige preußische Gestapa (Leiter weiterhin Heydrich, unter ihm SS-Sturmbannführer Heinrich Müller für die innere Politische Polizei und Best für die Abwehrpolizei) mit den Untergliederungen: Staatspolizeileitstellen in den Hauptstädten der größeren außerpreußischen Länder Baden, Bayern, Sachsen und Württemberg und Staatspolizeistellen in den preußischen Regierungsbezirken (mit Saar-

24 *RGBl.*, T. I, 1936, Nr. 55, S. 487f.

25 *Werner Best*, Der Reichsführer SS und Chef der Deutschen Polizei, in: *Deutsches Recht*, 13/14/1936, S. 257f.

26 *Reichsministerialblatt für die innere Verwaltung*, 1936, S. 940ff.

brücken nunmehr 36), den kleineren nichtpreußischen Ländern Anhalt, Braunschweig, Bremen, Hamburg, Hessen, Lübeck, Mecklenburg, Oldenburg und Thüringen und in Bayern (Augsburg, Neustadt — ab Januar 1937 —, Nürnberg, Regensburg und Würzburg) und Sachsen (Chemnitz, Leipzig, Plauen und Zwickau).[27] Hinzu traten 1938 nach der Annexion Österreichs und von Teilen der Tschechoslowakei Staatspolizeileitstellen in Wien und Reichenberg (Liberec) und Staatspolizeistellen in Eisenstadt, Graz, Innsbruck, Klagenfurt, Linz und Salzburg, in Karlsbad (Karlovy Vary) und Troppau (Opava).[28]

Am 20. September 1936 erging Fricks Weisung zur Neugliederung der Kriminalpolizei: an der Spitze das preußische Landeskriminalpolizeiamt — ab Juli 1937 folgerichtig Reichskriminalpolizeiamt — (Leiter: SS-Sturmbannführer Arthur Nebe) mit 15 Zentralstellen, dem 13 Kriminalpolizeileitstellen mit 50 Kriminalpolizeistellen unterstanden.[29] Ebenfalls mit Wirkung ab 1. Oktober setzte Frick am selben Tag in den preußischen Provinzen, in Baden, Bayern, Sachsen und Württemberg Inspekteure der Sicherheitspolizei ein, um „engstes und verständnisvolles Zusammenarbeiten mit den Zentralstellen der allgemeinen und inneren Verwaltung der Provinzen und Länder sowie mit den Gauleitern der NSDAP und den Dienststellen der Wehrmacht" zu pflegen, d. h. die Sicherheitsaufgaben und -tätigkeit im politischen Bereich zu koordinieren.[30] Die Funktion der Inspekteure übernahmen meist die Leiter der jeweiligen Leitstellen der das ganze Reich überziehenden Gestapo.

Ein Schema der Struktur der Sicherheitspolizei, angefertigt im Gestapa am 29. September 1936, stellte dar: als Reichsinstanz unter dem Reichsführer SS und Chef der Deutschen Polizei im Reichsministerium des Inneren das Hauptamt Sicherheitspolizei mit seinen Ämtern Verwaltung und Recht, Politische Polizei und Kriminalpolizei und als Zentralbehörden das Geheime Staatspolizeiamt und das Preußische Landeskriminalamt. Dem Gestapa unterstanden als Landes- bzw. preußische Provinzialinstanzen die Staatspolizeileitstellen (ihre Leiter waren „meist zugleich Inspekteur(e) der Sicherheitspolizei" und dazu politische Referenten des Oberpräsidenten), darunter als Bezirksinstanzen die Staatspolizeistellen (ihre Leiter zugleich politische Referenten des Regierungspräsidenten). Dem Preußischen Landeskriminalpolizeiamt unterstanden auf den entsprechenden Ebenen die Kriminalpolizeileitstellen und Kriminalstellen. Staats- und Kriminalpolizeistellen zusammen verfügten als Kreis- und Ortsinstanzen über die Kreis- und Ortspolizeibehörden.[31]

Wegen des Etats hatte schon am 3. Juni 1935 der preußische Finanzminister Johannes Popitz seinen Kollegen in der Reichsregierung, Lutz Graf Schwerin v. Krosigk, darauf aufmerksam gemacht, daß zu Beginn des kommenden Rechnungsjahres, d. h. ab 1. April 1936, die gesamte Polizei vereinheitlicht werde und im Reichshaushalt berücksichtigt sein müsse.[32] Doch zunächst konnte zu diesem Termin der Reichsetat lediglich die Kosten der KZ-Wachmannschaften übernehmen.[33] Nach Erlaß des Gesetzes über Finanzmaßnahmen

---

27 Ebenda, S. 1344f. — Später erfolgten einige Veränderungen wie in Sachsen oder Oldenburg (Ebenda, 1937, S. 624, 1938, S. 285).
28 Ebenda, 1938, S. 472 u. 1737.
29 Ebenda, 1936, S. 1339ff.
30 Ebenda, S. 1343.
31 StA, Magdeburg, Rep. C20 Ib, Nr. 1824, Bl. 166.
32 Geheimes Staatsarchiv Berlin (West)—Dahlem, Rep. 151, Nr. 410a, unfol.
33 Ebenda, Nr. 424, unfol., Schlußbesprechung der Oberrechnungskammer über Prüfung der Jahresrechnungen des Gestapa am 27. 2. 1937. — Die Kosten für die Lager und die Häftlinge blieben zunächst noch bei den Ländern.

auf dem Gebiet der Polizei vom 19. März 1937 kam dann ab 1. April der Reichshaushalt für die Personal- und Sachkosten der staatlichen Polizei auf. Entsprechend der Durchführungsverordnung vom 30. März 1937 gehörten dazu: der Reichsführer SS und Chef der Deutschen Polizei, die Sicherheitspolizei, die Schutzpolizei und die Gendarmerie.[34] Als Etat für das Rechnungsjahr 1937/38 standen dem Reichsministerium des Inneren 1077,9 Millionen RM zur Verfügung, davon für die Gestapo über 53 Millionen, für Konzentrationslager und Totenkopfverbände 15 Millionen. Die Ansätze wie die Ausgaben stiegen in den folgenden Zeiträumen beträchtlich an, z. B. 1938/39 für die Konzentrationslager auf 25,4 Millionen, für die Totenkopfeinheiten auf 43,5 Millionen RM.[35]

Damit war die Zentralisierung, Vereinheitlichung und Umstrukturierung der Polizei abgeschlossen. Ihr Verschmelzen mit der SS zeigte sich in der fortschreitenden Aufnahme von Polizisten in die SS-Organisation und die von SS-Leuten in die Polizei ab 1937 und in der 1938 beginnenden Dienstgradangleichung an den Polizeirang bei SS-Angehörigen in der Sicherheitspolizei.[36]

Gewichtiger wirkte sich jedoch der Erlaß des Reichsinnenministers vom 13. November aus, der Höhere SS- und Polizeiführer einsetzte: „Es ist notwendig, für den Mob(ilmachungs)-Fall alle dem Reichsführer SS und Chef der Deutschen Polizei unterstehenden Kräfte innerhalb der Wehrkreise unter einen gemeinsamen Führer zu stellen. Im Einvernehmen mit dem Herrn Reichskriegsminister und Oberbefehlshaber der Wehrmacht ordne ich daher für den Mob.-Fall die Einsetzung eines ‚Höheren SS- und Polizeiführers‘ in jedem Wehrkreis an. Die ‚Höheren SS- und Polizeiführer‘ werden durch den Reichsführer SS und Chef der Deutschen Polizei bestimmt, der auch über ihre Beteiligung an den Mob.-Vorarbeiten im Frieden Anordnungen trifft.‘‘[37]

Die Führer der SS-Oberabschnitte, die sich mit den Wehrkreisen deckten, übernahmen diese Funktion. Analog wurden die Leiter der SD-Oberabschnitte Inspekteure der Sicherheitspolizei und des SD.[38] Während die Höheren SS- und Polizeiführer auf der mittleren Ebene die Aufgaben Himmlers hinsichtlich SS, Sicherheits- und Ordnungspolizei wahrnahmen, um bei einer Mobilmachung für den Einsatz nach innen und ihre Rekrutierung für den Kriegsdienst zu sorgen, unterstanden den Inspekteuren Sicherheitspolizei und SD in den Wehrkreisen.

Derart systematisiert und durchstrukturiert stand der Unterdrückungsapparat 1938 parat, als das Naziregime die ersten Schritte über seine Grenzen unternahm.

4. Ausweitung der politischen Repressivgewalt

Die personelle Stärke der SS-Wachverbände bei den Konzentrationslagern (ab März 1936 SS-Totenkopfverbände) stieg von 1987 Mann im Januar 1935 auf 3565 im Dezember 1936 und 4833 Ende 1937 auf 8484 zum Jahresende 1938. Im Mai 1935 gehörten zum SD 1419, im Januar 1938 5050 und ein Jahr darauf 7230 Mann.[39]

34 RGBl., T. I, 1937, Nr. 37, S. 326, u. Nr. 40, S. 429.

35 IfZ, München, NG-4209; BA, Koblenz, NS 3/479, Bl. 138 u. 168.

36 Hans Buchheim, Die SS — das Herrschaftsinstrument, in: Hans Buchheim/Martin Broszat u. a., Anatomie des SS-Staates, Olten/Freiburg i. Br. 1965, Bd. 1, S. 121ff.

37 Zit. nach Ebenda, S. 133f., Erlaß vom 13. 11. 1937.

38 ZStA, Potsdam, FS, Film 626, Ausarbeitung Schellenbergs v. 24. 2. 1939.

39 Statistisches Jahrbuch der Schutzstaffel der NSDAP, Berlin 1937, S. 51, dasselbe, Berlin 1938, S. 17 u. 39; ZStA, Potsdam, FS, Film 14451, SS-Statistik vom Mai 1935. — Nach einer anderen internen Angabe

Um das Netz zu verdichten, zogen die politischen Repressivorgane weitere Institutionen heran. Sie intensivierten die Zusammenarbeit mit Einrichtungen der Nazipartei. Schon im September 1935 hatte der Leiter der Deutschen Arbeitsfront (DAF), Robert Ley, festgelegt, das Amt Information im Zentralbüro der DAF sei für Angelegenheiten zuständig, die eine Mitwirkung der Gestapa und anderer Polizeistellen erforderten. Die Betriebsgemeinschaftsleiter und Gauwalter der DAF sollten schnellstens entsprechende Beobachtungen, Meldungen oder Anträge aus ihrem Bereich dem Amt Information zuleiten, das dann weiteres veranlasse. Auch wenn sofortiger polizeilicher Zugriff, wie bei Fluchtverdacht, Sabotage und ähnlichem, erforderlich sei, müsse das Amt Information über die eingeleiteten Schritte unterrichtet werden.[40]

Im Mai 1936 vereinbarten das Amt für Jugendverbände der Reichsjugendführung und der Leiter des Reichsverbandes für Deutsche Jugendherbergen, daß der Streifendienst der Hitlerjugend (HJ) die jugendlichen Benutzer der Unterkünfte kontrollierte, offenbar die Bestätigung der üblichen Praxis. Sie richtete sich gegen Jugendgruppen, die nicht der HJ angehörten. „Als Überwachungs-Organisation der gegnerischen Jugendverbände", hieß es in einer Ausarbeitung vom Oktober 1937, arbeitete der HJ-Streifendienst „mit dem Sicherheitsdienst des Reichsführers SS im engsten Einvernehmen", was schon auf eine Verfügung des Reichsjugendführers vom November 1935 zurückging. Weiter stand in dem Aufgabenkatalog, daß sich bei Namensfeststellungen die Zusammenarbeit mit der Schutzpolizei bewährt habe und die Staatspolizei Unterstützung bei Kontrolle des Fahrtenbetriebes leiste. Dazu kamen im Juni 1938 weitere Richtlinien für den HJ-Streifendienst heraus, die alle Gruppen, die nicht zur Hitler-Jugend zählten, mit ihren Merkmalen aufführten und die gegen sie zu ergreifenden Maßnahmen bestimmten. Dazu gehörten die Verständigung der Polizei sowie verschiedene Strafmaßnahmen.[41]

In seiner Eigenschaft als Reichsorganisationsleiter der NSDAP bestimmte Ley in einer Direktive vom 1. Mai 1936: „Die Verbreiter schädigender Gerüchte hat er (der Blockwalter der Nazipartei — K. D.) feststellen zu lassen und sie an die Ortsgruppe bzw. den Stützpunkt zu melden, damit die zuständige staatliche Dienststelle benachrichtigt werden kann."[42]

Des weiteren wurde der gewerbliche Wachdienst in das System der Sicherheitspolizei einbezogen. In einer Verordnung vom 14. Dezember 1937 bestimmte Frick, daß der Reichsführer SS und Chef der Deutschen Polizei über die Wach- und Schließgesellschaften und den Werkschutz der Unternehmen die Aufsicht ausübe, ihre Angehörigen überprüfe, ausbilde und ausrüste und ihre Tätigkeit beaufsichtige. Der Wachdienst habe die Anordnungen der Sicherheitspolizei zu befolgen. Himmlers Durchführungsverordnung vom 31.

zählte 1936 das SS-Sicherheitshauptamt 6 816 Mitarbeiter (BA, Koblenz, NS 3/466, unfol.). Über politische und Kriminalpolizei liegen mir außer den oben für 1936 genannten Angaben Dalueges für folgende Zeitspanne keine Zahlen vor.

40 ZStA, Potsdam, FS, Film 14 249. — Solche Meldungen z. B. im ZStA, Potsdam, DAF, Nr. 30, 31 u. 76. — Mitte 1938 wurde das Amt Information vom SD übernommen (ebenda, Film 1125, Protokoll einer Besprechung am 20. 7. 1938). In dieser Besprechung ging es übrigens um Plätze für Gestapo- und SD-Leute zur Überwachung der Urlauber auf Schiffen der NS-Organisation „Kraft durch Freude".

41 *Matthias Hellfeld/Arno Klönne*, Die betrogene Generation. Jugend in Deutschland unter dem Faschismus. Quellen und Dokumente, Köln 1985, S. 299ff., Dok. 120—122.

42 ZStA, Potsdam, FS, Film 10 937; *Die Pflicht*, Weimar 1936, Nr. 25, S. 217. — Dieselbe Stelle bei *Eberhard Kadatz*, Block und Zelle in der NSDAP. Nach Richtlinien des Reichsorganisationsleiters Dr. Ley, Dresden 1937, S. 15.

März 1939 unterstellte den Wachdienst, d. h. im wesentlichen den Werkschutz der Großbetriebe, der Kontrolle der Gestapo.[43] Werkschutz und Gestapo ging es dabei unmittelbar um Maßnahmen gegen diejenigen Betriebsarbeiter, die die Kriegsvorbereitungen
politisch und ökonomisch behinderten. Auch in diesem Bereich des Terrors schalteten
sich militärische Stellen nachdrücklich ein. Der Werkschutz spielte mit einem eigenen Heft
in ihren Mobilmachungsplänen eine erhebliche Rolle, wie schon Anfang 1938 ein Vortrag
vor der Wehrmachtakademie — höchstwahrscheinlich vom Chef des Wehrwirtschaftsstabes,
Generalmajor Georg Thomas — betonte.[44]

Bezeichnenderweise erteilte die Wehrwirtschaftsinspektion im Wehrkreis IV (Sachsen)
im Sommer 1939 den Rüstungsunternehmen auf deren Klagen über nachlassende Arbeits-
intensität die Weisung, „daß Fälle mangelhafter Disziplin in geeigneter Form der Gestapo
übergeben werden sollen".[45]

Außerdem wurde die Kooperation und Koordination mit staatlichen Stellen ausgebaut.
Beispielsweise vereinbarten der Reichsminister der Finanzen und Heydrich am Jahresende
1935 die Mitwirkung der Reichszollverwaltung in Gestapo-Angelegenheiten. Danach sollten die Zollaufsichtstellen bei entsprechenden Wahrnehmungen die Gestapo-Leute in den
Grenzdienststellen benachrichtigen. Anordnungen erteilte die Gestapo über die Zollämter,
bei Gefahr im Verzuge sofort und direkt. Weiter besagte die Abmachung, die Zoll-
beamten würden von Gestapo-Angehörigen beaufsichtigt: die Schulung der Lehrkräfte
des Zolls übernehme das Gestapa.[46]

Da aus Frankreich und Belgien zunehmend antifaschistische Schriften auftauchten,
wandte sich das Gestapa im Juni 1936 an die Generaldirektion der Deutschen Reichsbahn
und erwirkte eine Anweisung an deren Bedienstete, die Personenzüge genauestens zu kontrollieren und entdeckte Drucksachen sofort an die Gestapo weiterzuleiten. Auf dasselbe
Ersuchen hin ordnete der Reichsverkehrsminister für die Wasserstraßenbevollmächtigten
im Grenzgebiet an, die Gestapo nachdrücklich zu unterstützen. Außerdem wurde das Auswärtige Amt bei der belgischen Regierung vorstellig, um eine verstärkte Überwachung der
Personenzüge zu erreichen. Vier belgische Kriminalbeamte begleiteten grenzüberschreiten-
de Züge nun bis Aachen und durchsuchten sie, woran sich deutsche Polizisten beteiligen
sollten. Die Güterzüge hingegen kontrollierte lediglich die Bahnpolizei, die eventuell ge-
fundene Schriften bei der Reichsbahndirektion Köln ablieferte. Deswegen teilte das Gestapa der Bahn mit, wie schon mit dem Zoll vereinbart, würden seine Stellen an der
Grenze den Bahnbehörden entsprechende Richtlinien übermitteln, Überwachungspläne
aufstellen, Kontrollmaßnahmen und Meldewege festlegen. Auf ein entsprechendes Schreiben an den stellvertretenden Generaldirektor der Reichsbahn, SA-Brigadeführer Wilhelm
Kleinmann, vom 24. Juli antwortete dieser dem Gestapa fünf Tage später prompt, er habe
die Bahndirektionen an der Westgrenze in diesem Sinne angewiesen. Im übrigen wäre der
Bahn wegen ihrer Kontrolltätigkeit schon wiederholt mündlich und schriftlich die An-

---

43 *Klaus Drobisch*, Der Werkschutz — betriebliches Terrororgan im faschistischen Deutschland, in:
   JfWG, IV/1965, S. 220f.
44 Ebenda, S. 221; MA der DDR, WF-01/15998, Bl. 339f., Vortrag von 27. 1. 1938.
45 MA der DDR, WF-01/15992, Bl. 55, Bericht der Wehrwirtschaftsinspektion IV an den Wehrwirtschaftsstab v. 17. 8. 1939.
46 *Reichszollblatt*, Ausgabe A, 1936, Nr. 2 v. 4. 1. 1936. — Durch Best am 5. 2. 1936 allen Gestapo-Stellen
   übermittelt (IML/ZPA, PSt 3/178).

erkennung des Gestapa und der Abwehrstelle des Reichskriegsministeriums ausgesprochen worden.[47]

Ebenso verstärkte sich die Zusammenarbeit innerhalb des politischen Terrorapparates. Am 21. Dezember 1936 vereinbarten die Chefs der militärischen Abwehr, Kapitän zur See Wilhelm Canaris, und der Abteilung III im Gestapa (Abwehrpolizei), Best, daß sich Canaris' Leute mit der Spionage im Ausland und dem Feststellen ausländischer Spionage, die Beamten unter Best mit der Fahndung nach Landesverrätern befaßten. Dazu zog die Abwehr die Gestapo zur Festnahme heran.[48]

Die Grenzpolizei unterstand in Bayern und Preußen schon seit langem der Politischen Polizei. Ein Erlaß des Reichsministeriums des Inneren vom Mai 1937 legte diese Zuständigkeit endgültig für das gesamte Reichsgebiet fest. Als Außenstellen gehörten die Grenzpolizeikommissariate und -posten zu den in der Nähe gelegenen Gestapo-Einrichtungen. Grenzinspekteure koordinierten ihre Tätigkeit. Die Zentralstelle der Grenzpolizei war die Abteilung III des Gestapa.[49]

Den SD führte seit Januar 1935 als Zentrale das Sicherheitshauptamt der SS. Es gliederte sich in die Ämter I Verwaltung und Recht, II Inland und III Abwehr (d. h. Auslandsspionage). Für die Zusammenarbeit mit der Gestapo ordnete Heydrich am 1. Juli 1937 an, daß zur gegenseitigen Ergänzung von der Gestapo alle staatspolizeilichen Vollzugsmaßnahmen, vom SD alle allgemeinen und grundsätzlichen Fragen behandelt würden. Dazu gehörten beim SD die Bereiche „Volkstum", Partei und Staat, Verfassung und Verwaltung, Wissenschaft und Kunst sowie Ausland, bei der Gestapo Marxismus, Landesverrat und Emigraten. Kirchen, Pazifismus, Judentum, „Rechtsbewegung", oppositionelle Gruppen, Wirtschaft und Presse wurden nach dem genannten Grundprinzip zwischen beiden aufgeteilt.[50] Ein Erlaß des Reichsinnenministers vom 11. November 1938 über die Zusammenarbeit der allgemeinen und inneren Verwaltung mit dem SD — wahrscheinlich die Praxis festschreibend — besagte, der SD sei „im staatlichen Auftrag tätig" und erfülle „als Nachrichtenorganisation für Partei und Staat — insbesondere zur Unterstützung der

---

47 IML/ZPA, PSt 3/178. — Kleinmann erinnerte in seiner Antwort daran, daß die Reichsbahn schon im März 1933 vom späteren Gestapo-Chef Rudolf Diels und von Daluege dringend gebeten worden sei, die politische Kontrolle der Züge und der Reisenden zu übernehmen. An sich sei es nicht Aufgabe der Bahn, „eine solche Tätigkeit, die sonst der allgemeinen bzw. der Geheimen Staatspolizei obliegt, auszuüben". Doch da „die Polizei nicht so viele Kräfte für die Begleitung und Überwachung der Züge und der Reisenden zur Verfügung stellen konnte, außerdem Kenntnisse und Erfahrungen im Eisenbahnverkehr zur wirksamen Durchführung notwendig sind und schließlich eine Verärgerung des reisenden Publikums vermieden werden mußte, hat sich die Reichsbahn bereit erklärt, ihren Bahnpolizei-(Streifen-)dienst für diese Zwecke einzusetzen". Bei zahlreichen Besprechungen mit Vertretern des Gestapa und des Reichsinnenministeriums sei die Tätigkeit der Bahnüberwacher und ihre Zusammenarbeit mit der Politischen Polizei erörtert worden. Die Gestapo habe die von ihr ausgesuchten Bahnbeamten, sämtlich den „nationalen Verbänden" angehörend, geschult. Die Kosten für die Überwachung trage anstelle des Innenministeriums die Reichsbahn. Sie beliefen sich 1933 auf rund 700 000, 1934 auf ungefähr zwei Millionen RM.

48 *Höhne*, S. 213 f.

49 *Buchheim*, S. 172 ff.

50 *Alwin Ramme*, Der Sicherheitsdienst der SS. Zu seiner Funktion im faschistischen Machtapparat und im Besatzungsregime des sogenannten Generalgouvernement Polen, Berlin 1970, S. 53 f. u. Schema 1; *Meldungen aus dem Reich 1938—1945*. Die geheimen Lageberichte des Sicherheitsdienstes der SS. Hrsg. u. eingel. von Heinz Boberach, Herrsching 1984, Bd. 1, S. 14. — Entsprechend gliederten sich die Überblicksberichte des SD (ebenda, Bd. 1, S. 20, Bd. 2, S. 7 ff.)

5*

Sicherheitspol(izei) — wichtige Aufgaben". Die Behörden müßten ihm Auskünfte wie anderen staatlichen Dienststellen erteilen. Die Zusammenarbeit erfolge an der Spitze zwischen Sicherheitshauptamt und Ministerium, auf der mittleren Ebene zwischen SD-Oberabschnitten und Regierungs- und Oberpräsidenten bzw. gleichgeordneten Behörden.[51] Damit war letztendlich auch der SD mit seinen unzähligen Agenten und Spitzeln völlig in das einheitliche Repressivsystem einbezogen.

Dazutrat die Geheime Feldpolizei in der Wehrmacht. Wie schon Frick im September 1935 erwähnt hatte, rekrutierte sie sich vorwiegend aus der Polizei[52], vor allem aus der Sicherheitspolizei.[53] An der Spitze stand Wilhelm Krichbaum, ein vormaliger Grenzinspektor der Gestapo. Die Geheime Feldpolizei gehörte zur militärischen Abwehr (Canaris), die auch bei deren Einsatz mit dem Gestapa-Amt III kooperierte. Beide regelten beispielsweise den Einsatz der ersten Feldpolizeigruppen von Sommer 1936 an in Spanien, 1938 und 1939 in Österreich und in der ČSR. Als ihre Hauptaufgabe galt hier: „a) alle volks- und staatsfeindlichen Bestrebungen, insbesondere Spionage, Landesverrat, Sabotage, feindliche Propaganda und Zersetzung im Operationsgebiet zu erforschen und zu bekämpfen; b) das Ergebnis der Erhebungen zu sammeln und auszuwerten".[54] Diesen Auftrag übernahm wörtlich die durch den Chef des Oberkommandos der Wehrmacht, Generaloberst Wilhelm Keitel, genehmigte Dienstvorschrift für die Geheime Feldpolizei vom 29. Juli 1939. Sie betonte, die Geheime Feldpolizei führe „die polizeilichen Ermittlungen in Hoch- und Landesverratssachen, in Sachen der Spionage, Sabotage, Wehrmittelbeschädigung, der Zersetzung sowie bei sonstigen strafbaren Angriffen gegen den Staat und die Wehrmacht. Liegt das Operationsgebiet ganz oder teilweise im Reichsgebiet, so führt die GFP die Ermittlungen ... mit den örtlich vorhandenen Staatspolizeistellen." Maßnahmen der Geheimen Feldpolizei durften, wie die der Gestapo, Verwaltungsgerichte nicht nachprüfen.[55]

Die SS-Totenkopfverbände — tätig in den Konzentrationslagern — dienten nach innen gemäß dem Erlaß Hitlers vom 17. August 1938 „zur Lösung von Sonderaufgaben polizeilicher Natur" und als Ergänzung der SS-Verfügungstruppe im Mobilmachungsfall. Bei deren Auffüllung aus den Totenkopfeinheiten seien zur KZ-Bewachung Angehörige der Allgemeinen SS heranzuziehen und auszubilden. Diese sogenannte Polizeiverstärkung sollte nach Plänen des Oberkommandos der Wehrmacht vom September rund 5000 umfassen.[56] Vor Einmarsch in die ČSR berief Himmler 4000 Mitglieder der Allgemeinen SS zur KZ-

---

51 *Ramme*, S. 275, Dok. 3. — Laut Schreiben v. 12. 10. 1938 begannen Vorarbeiten zur Übernahme des SD auf den Staatshaushalt (ZStA, Potsdam, FS, Film 626).

52 ZStA, Potsdam, FS, Film 19607, Schreiben Fricks an alle Mitarbeiter vom 21. 9. 1935.

53 Ebenda, Film 14354, ungez. Vermerk v. 2. 7. 1940.

54 *Klaus Geßner*, Geheime Feldpolizei. Zur Funktion und Organisation des geheimpolizeilichen Exekutivvorgangs der faschistischen Wehrmacht, Berlin 1986, S. 20ff., besondere Anordnungen für den Einsatz der Geheimen Feldpolizei v. 3. 10. 1938.

55 Ebenda, S. 111, Dok. 1.

56 *IMG*, Bd. 26, S. 190ff., Dok. 647-PS, Erlaß Hitlers; *Miroslav Kárný*, Waffen-SS und Konzentrationslager, in: *JfG*, Bd. 33, Berlin 1986, S. 239f. (auch für das Folgende); *Bernd Wagner*, Hitlers politische Soldaten. Die Waffen-SS 1933—1945. Eine Studie zu Leitbild, Struktur und Funktion einer nationalsozialistischen Elite, Paderborn 1982, S. 115.

Bewachung und 11 000 zur Ausbildung als Polizeiverstärkung ein, erneut dann Mitte Januar 1939.[57]

Wohl nicht zufällig war im Jahr der ersten faschistischen Aggressionen und Annexionen das Unterdrückungsinstrument in allen seinen Teilen und mit seinen Hilfskräften zu einem „einheitlich ausgerichteten Staatsschutzkorps" zusammengefügt, wie Himmler es am 23. Juni 1938 bezeichnete.[58] Eine undatierte Ausarbeitung über Organisation und Aufgaben der Gestapo sprach von „ineinander verflochtene(n) Aufgabenzweige(n) der Sicherheitspolizei und des SD". Die Inspekteure der Sicherheitspolizei und des SD und die Inspekteure der Ordnungspolizei gewährleisteten während der letzten Kriegsvorbereitungen die Geschlossenheit des polizeilichen Apparates, die Höheren SS- und Polizeiführer die Einheitlichkeit mit der Gesamt-SS.[59]

5. Ausübung des Terrors

Am 3. Juni 1936 betonte der Inspekteur der Konzentrationslager, SS-Gruppenführer Theodor Eicke, in einem Schreiben an den Gauleiter der NSDAP und Reichsstatthalter in Thüringen, Fritz Sauckel, „daß ein K.-lager Thüringen nicht nur im A-Falle, sondern aus Gründen der Staatssicherheit unumgänglich" sei.[60] 15 Tage später teilte er auf Gestapo-Briefbogen dem Forstamt Sachsenhausen mit: „Die Militärbehörde ist mit dem Ersuchen an mich herangetreten, im A-Falle einige hundert staatsgefährliche Elemente in der Nähe Berlins unterzubringen."[61] Am 8. Februar 1937 bestätigte Himmler gegenüber dem Reichsjustizministerium, daß „die Wehrmacht wiederholt ein starkes Interesse an der Errichtung eines großen Lagers in der nächsten Umgebung von Groß-Berlin mit umfassenden Erweiterungsmöglichkeiten zum Ausdruck gebracht hatte". Das verlange, „ein vollkommen neues, jederzeit erweiterungsfähiges, modernes und neuzeitliches Konzentrationslager" zu errichten, das „sowohl in Friedenszeit sowie für den Mob.-Fall die Sicherung des Reiches gegen Staatsfeinde und Staatsschädlinge im vollen Umfange jederzeit gewährleistet".[62]

Unter diesen Gesichtspunkten entstanden die Barackenlager Sachsenhausen ab Juli 1936 und Buchenwald ab Juli 1937, wurde Dachau seit Juni 1937 entsprechend um- und ausgebaut. Für Frauen richtete das Naziregime im Schloß Lichtenburg im Dezember 1937 ein neues größeres Konzentrationslager ein, dem im Mai 1939 das Barackenlager Ravensbrück folgte. Wohl mit den Aggressionsplänen gegen die ČSR zusammenhängend, wurden im Mai 1938 das KZ Flossenbürg, im August dieses Jahres auf österreichischem Boden das KZ Mauthausen angelegt.

Der Sachsenhausener Häftlingsbereich umfaßte 15,4 ha mit Baracken für 9200 Gefangene, für Kommandantur und Wachtruppe 34,6 und für das Klinkerwerk 60 ha. Dieser

---

57 BA, Koblenz, R 2/12164, Bl. 2, SS-Verwaltungschef Pohl an Reichsfinanzministerium v. 8. 10. 1938; *Charles W. Syndor jr.*, Soldiers of Destruction. The Death's Head Division 1933—1945, Princeton 1977, S. 34; ZStA, Potsdam, FS, Film 4159, Befehle v. 12. und 19. 1. 1939.

58 *Reichsministerialblatt für die innere Verwaltung*, 1938, S. 1089, Runderlaß über die Aufnahme von Angehörigen der Sicherheitspolizei in die SS.

59 ZStA, Potsdam, FS, Film 1174.

60 *Buchenwald*. Mahnung und Verpflichtung. Dokumente und Berichte. Hrsg. von der Nationalen Mahnund Gedenkstätte Buchenwald, Berlin 1983, S. 56.

61 StA, Potsdam, Rep. 2A, Regierung Potsdam, III Forsten, Nr. 20939, Bl. 49, Schreiben v. 19. 6. 1936.

62 *Erich Kosthorst/Bernd Walter*, Konzentrations- und Strafgefangenenlager im Emsland 1933—1945. Zum Verhältnis von NS-Regime und Justiz. Darstellung und Dokumentation, Düsseldorf 1985, S. 172f., Dok. C II 12.

Komplex war Maßstab für die folgenden Lager; Sachsenhausen stellte außerdem für Buchenwald und Ravensbrück (im Krieg dann für Groß-Rosen und Auschwitz) die ersten Kommandos.[63] Buchenwald plante Eicke für 8000 Häftlinge und 13000 SS-Leute; bei dieser ungewöhnlichen Relation wurden die beabsichtigte Erhöhung der Gefangenenzahl und der vorgesehene Einsatz von SS-Einheiten im Krieg berücksichtigt. Das Areal auf dem Ettersberg bei Weimar betrug 40 ha für das Häftlingslager und 150 ha für den SS-Bereich.[64] Für Ravensbrück sah der SS-Verwaltungschef, SS-Gruppenführer Oswald Pohl, dann schon Platz für 10000 weibliche Insassen vor.[65]

Die großen Konzentrationslager, die „jederzeit erweiterungsfähig" waren, spielten die Hauptrolle bei der Unterdrückung und Terrorisierung der politischen Gegner des Regimes. Zuerst gegen die Kräfte angewandt, die die faschistische Herrschaft und ihre Kriegsabsichten im Inneren gefährdeten, sollten sie sich schließlich auch gegen alle äußeren Gegner der Pläne und Politik des deutschen Faschismus in seinem Machtbereich in Europa richten.

Während der Vorbereitungen auf den Krieg setzte neben der politischen Repression mittels der Konzentrationslager die Ausnutzung ihres Arbeitskräftepotentials für Produktionszwecke ein. Bald nach Errichtung der neuen weiträumigen Lagerkomplexe ließ die SS in Berlstedt und Neuengamme die ersten Nebenlager von Buchenwald und Sachsenhausen aufbauen, um, wie in den Hauptlagern, mit Häftlingen neugeschaffene SS-Unternehmen zu betreiben. Die Verknüpfung von Regimesicherung mit beginnender industrieller Ausbeutung der Häftlinge in den großen Konzentrationslagern gehörte zu den Charakteristika der neuen Etappe im Terrorsystem.[66]

Währenddessen suchte das erweiterte politische Überwachungsnetz intensiver Gegner des Faschismus und des Krieges ausfindig zu machen. Es fahndete unter anderem nach Hörern des Moskauer Rundfunks[67] oder ließ feststellen, ob Verdächtige in den ersten zwei Novemberdekaden des Jahrestages der Großen Sozialistischen Oktoberrevolution gedachten. Dazu setzte es auch spezielle Streifen in Gaststätten ein und fragte deswegen in Betrieben an.[68]

Der Erlaß des Reichsinnenministeriums über die Schutzhaft vom 25. Januar 1938 erweiterte diese Terrormaßnahme auf alle, „die durch ihr Verhalten den Bestand und die Sicherheit des Volkes und Staates gefährden".[69] Best kommentierte den wahrscheinlich von ihm inspirierten, zumindest aber beeinflußten Erlaß in der Zeitschrift „Kriminalistik" mit den bezeichnenden Worten: „Damit ist nach Beseitigung aller bestehenden rechtlichen Schranken als selbstverständlich vorausgesetzt, daß die zuständigen staatlichen Einrichtungen — vor allem die Polizei — in unmittelbarer normenfreier Anwendung der Staatsgewalt die erforderlichen Maßnahmen zu treffen haben."[70]

---

63 StA, Potsdam, Rep. 2A, Regierung Potsdam, III Forsten, Nr. 20939, Bl. 1ff.; *Sachsenhausen-Hefte*, Ausgabe 3, S. 16ff. (Ms-Druck).

64 *Buchenwald*, S. 60; *Robert Leibbrand*, Buchenwald. Lieber sterben als verraten, Basel 1945, S. 9.

65 Archiwum Pánstwowego Muzeum w Oświęcimiu, Aufzeichnungen von Höß, Bd. 4, Bl. 369, Erinnerungen an Eicke.

66 Ausführlich bei *Klaus Drobisch/Günther Wieland*, Konzentrationslager 1933 bis 1939 (in Druck).

67 ZStA, Potsdam, FS, Film 2428, Anweisung des Gestapa v. 6. 4. 1938.

68 Wojewódzkie Archiwum Pánstwowe w Poznaniu, Rejencja w Pile, Nr. 69, Bl. 1, Anweisung der Gestapo-Stelle Frankfurt/O. v. 1. 11. 1938.

69 *Allgemeine Erlaßsammlung* des RSHA, o. O., o. J., 2 F VIII a, S. 2f.

70 Zit. nach *Günther Wieland*, Die normativen Grundlagen der Schutzhaft in Hitlerdeutschland, in: *JfG*, Bd. 26, Berlin 1982, S. 101.

Dem Zusammenspiel der Repressivorgane fielen 1936 wegen kommunistischer oder sozialdemokratischer Betätigung 11687 bzw. 1374, im Jahre 1937 dann 8068 und 733, 1938 weitere 3864 und 721 Deutsche zum Opfer.[71] Gleich nach der Annexion Österreichs wurden laut „Frankfurter Zeitung" vom 26. März 1938 rund 1600 Landesbewohner verhaftet. Für Ende des Jahres teilte die Gestapo aus Wien mit, von den 20973 Eingesperrten befänden sich 1486 in Schutzhaft; 19487 wären inzwischen entlassen oder in Konzentrationslager gebracht worden[72], wobei letzteres offenbar auf die Mehrheit zutraf. Für die im März 1939 besetzten tschechischen Gebiete meldete die deutsche Botschaft in Prag am 20. März rund 2000 Verhaftete[73], woran die Geheime Feldpolizei beträchtlichen Anteil hatte.[74]

Die Verhaftetenzahl stieg bis Mitte Mai auf 4376. Darunter befanden sich 747 deutsche Staatsbürger, die meisten wohl Exilanten. Bis zum selben Zeitpunkt waren Dreiviertel aller Eingesperrten wieder entlassen worden.[75] Unmittelbar vor Entfesselung des Krieges ordnete die Gestapo an, gegenüber in Deutschland arbeitenden Tschechen bei staatsfeindlicher Einstellung, Arbeitsverweigerung, frechem Benehmen, Verdacht asozialen oder kriminellen Verhaltens „sofort rücksichtslos durchzugreifen" und sie in Konzentrationslager überzuführen.[76]

Nach Vorbestraften und angeblichen Asozialen griff die Sicherheitspolizei im erhöhten Maße schon seit Anfang 1937. Im Januar ließ das preußische Landeskriminalamt von den Kriminalpolizeistellen Listen von Gewohnheits-, Berufs- und Sittlichkeitsverbrechern aufstellen. Im Februar wies es an, am 9. März etwa 2000 von ihnen festzunehmen und in Konzentrationslager zu werfen.[77] Anfang 1938 verlangte das Gestapa von den Arbeitsämtern, arbeitsfähige Männer, die zweimal angebotene Arbeitsplätze abgelehnt oder sie wieder verlassen hatten, zu melden. Ihre Verhaftung und KZ-Einweisung erfolgte in der letzten Aprildekade.[78] Anfang des Monats hatte das Reichskriminalpolizeiamt Richtlinien verschickt, die jeden als asozial einstuften, der „durch gemeinschaftswidriges, wenn auch nicht verbrecherisches Verhalten zeigt, daß er sich nicht in die Gemeinschaft einfügen will". Darunter fielen Personen, „die durch geringfügige, aber sich immer wiederholende Gesetzesübertretungen sich der in einem nationalsozialistischen Staat selbstverständlichen Ordnung nicht einfügen wollen", und Leute ohne Vorstrafen, „die sich der Pflicht zur Arbeit entziehen und die Sorge für ihren Unterhalt der Allgemeinheit überlassen". Von

71 IML/ZPA, St 3/54, 65 u. 140.

72 ZStA, Potsdam, FS, Film 5556, Tagesrapport v. 8./9. 12. 1938. — Vollmacht und Vorgehensweise ließ am 18. 3. 1938 die zum Gesetz über die Wiedervereinigung Österreichs mit dem Reich erlassene 2. Verordnung Fricks erkennen: Der RFSS und Chef der Deutschen Polizei könne „zur Aufrechterhaltung der Sicherheit und Ordnung notwendige Maßnahmen auch außerhalb der sonst hierfür bestimmten gesetzlichen Grenzen treffen". Fast wörtlich übernommen in die 3. Durchführungsverordnung Fricks v. 22. 10. 1938 zum Erlaß Hitlers über die Verwaltung der sudetendeutschen Gebiete (*RGBl.* T. I, 1938, S. 262 u. 1453).

73 ZStA, Potsdam, FS, Film 16415.

74 *Geßner*, S. 30.

75 *Anatomie okupační politiky hitlerovského Německa v „Protektorátu Čechy a Morava"*. Dokumenty z období říského protektora Konstantina von Neuratha, ed. Miroslav Kárný/Jaroslava Milotová/Dagmar Moravcová, in: *Sborník k problematice dějin imperialismu*, 21/1987, S. 84, Dok. 28.

76 ZStA, Potsdam, FS, Film 1632, Anweisung der Gestapo-Stelle München v. 14. 8. 1939.

77 *Vorbeugende Verbrechensbekämpfung* (Erlaßsammlung des Reichskriminalpolizeiamtes), Berlin 1941, unpag.

78 Ebenda, *Hans Buchheim*, Die Aktion „Arbeitsscheu Reich", in: *Gutachten des IfZ*, Stuttgart 1966, Bd. 2, S. 189ff.

ihnen seien, so wies das Amt darauf im Juni an, durch jede Kriminalpolizeistelle mindestens 200 in Vorbeugehaft zu nehmen und nach Buchenwald zu schicken. Neben ökonomischen Erwägungen ließ die Erwähnung der „Gemeinschaftsordnung" auch Sicherheitsmotive des Regimes erkennen.[79]

Ökonomische Gründe traten bei der Einkerkerung von Insassen von Arbeitshäusern hervor, die laut einem undatierten Fernschreiben Himmlers an Best an die Konzentrationslager abzugeben seien.[80] Darauf bezogen, erläuterte SS-Oberführer Ulrich Greifelt, Chef der Dienststelle Vierjahresplan beim Stab des Reichsführers SS, in einem Vortrag über seine Aufgaben am 23. Januar 1939: „Bei der angespannten Lage am Arbeitsmarkt war es ein Gebot der nationalen Arbeitsdisziplin, alle Personen, die sich dem Arbeitsleben der Nation nicht einpassen wollten und als Arbeitsscheue und Asoziale dahinvegitierten . . ., auf dem Zwangswege zu erfassen und zur Arbeit anzuhalten." Es handelte sich um über 10000 Personen, setzte Greifelt zynisch hinzu, die „eine Erziehungskur zur Arbeit in den hierzu hervorragend geeigneten Konzentrationslagern" durchmachen müßten.[81]

Das politische Prinzip dominierte hingegen bei dem Versuch, Justizhäftlinge in die Konzentrationslager zu bringen. Am 8. August 1938 verlangte Himmler von Reichsjustizminister Franz Gürtner, „den Strafvollzug bei Hoch- und Landesverrätern nicht mehr in den Strafanstalten der Justizverwaltung, sondern in den staatlichen Konzentrationslagern durchzuführen". Dabei verwies er auf illegale politische Betätigung kommunistischer Häftlinge in Zuchthäusern. Am 20. Dezember wehrte Gürtner den Vorwurf als übertrieben ab und ging nicht weiter auf Himmlers Forderung ein.[82]

Wie die politische Schutzhaft widersprachen auch die polizeiliche Vorbeugehaft und ihre Bedingungen den bis 1933 geltenden bürgerlichen Ansichten und Normativen. Das Naziregime machte die durch sie Betroffenen ebenso rechtlos wie seine politischen Gegner. Das zeigt sich insbesondere in der Weisung des Reichskriminalpolizeiamtes vom 1. Juni 1938, wonach Juden mit einer Vorstrafe von mehr als einem Monat in polizeiliche Vorbeugehaft zu nehmen und in Buchenwald einzusperren seien[83]. Während des Novemberpogroms wurden nach vorgegebenen Zahlen über 26000 Männer und Jugendliche jüdischer Herkunft in die KZ Buchenwald, Dachau und Sachsenhausen verschleppt.[84] Dort mußten sie Unvorstellbares erdulden; nicht wenige gingen zugrunde. Zudem trat die Raubgier von SS-Leuten hervor, die ihren Opfern Geld und Wertsachen wegnahmen und ihnen Autos und Grundstücke abpreßten. Charakteristisch für das Vorgehen des Regimes beim großen Pogrom am 9./10. November 1938 war die Mobilisierung gewalttätiger Trupps durch die NSDAP-Stellen — wie seinerzeit im April 1933 und im Sommer 1935. Dabei funktionierte auch das Zusammenspiel von Naziparteistellen und -mitgliedern mit der Gestapo und die Berichterstattung über seine Ergebnisse durch Heydrich.[85]

---

79 *Vorbeugende Verbrechensbekämpfung*, unpag. — Im Dezember 1938 wurden auch Unterhaltsverweigerer asozial genannt (ebenda).

80 ZStA, Potsdam, FS, Film 3603.

81 Zit. nach *Buchheim*, Die Aktion . . ., S. 193.

82 IML/ZPA, St 3/177. — Hingegen übernahm auf Anregung von Best die Justizverwaltung im Juli 1938 österreichische Schutzhäftlinge in Strafanstalten (BA, Koblenz, R 22/1333, Bl. 41 u. 59).

83 *Vorbeugende Verbrechensbekämpfung*, unpag.

84 *Klaus Drobisch*, Widerstand in Buchenwald, Berlin 1987, S. 32; *Barbara Distel*, Die „Reichskristallnacht" und das KZ Dachau (Ms); *Sachsenhausen-Hefte*, Ausgabe 5, S. 174.

85 *Kennzeichen J*. Bilder, Dokumente, Berichte zur Geschichte der Verbrechen des Hitlerfaschismus an den deutschen Juden 1933—1945. Hrsg. von Helmut Eschwege, Berlin 1981, S. 114ff. u. 119, Dok. XI, 6—8 u. 10.

Hinsichtlich der Zigeuner (Sinti und Roma) ordnete die Sicherheitspolizei im Dezember 1938 ihre Erfassung und Meldung an die Reichszentrale für die Bekämpfung des Zigeunerunwesens beim Reichskriminalpolizeiamt an. Nach den Ausführungsbestimmungen vom März 1939 konnte über sie polizeiliche Vorbeugehaft verhängt werden. Aufgrund der Order des Reichskriminalpolizeiamtes vom Juni 1939 sollten als erste 2000 Männer und 1000 Frauen aus dem österreichischen Burgenland nach Buchenwald bzw. Ravensbrück verschleppt werden.[86]

Die Zahl der KZ-Häftlinge stieg rasch von mehr als 5500 im Sommer/Herbst 1936, über 7300 Ende 1937 und rund 24000 Mitte 1938 auf ungefähr 60000 im Herbst dieses Jahres. Durch Entlassungen ging sie bis April 1939 auf etwa 22000 zurück.[87]

Neben dem Großteil der jüdischen Häftlinge, die allerdings Auswanderungspapiere vorweisen mußten, ließ das Regime anläßlich des 50. Geburtstages Hitlers „gnaden- und probeweise" eine weitere Anzahl KZ-Insassen frei, politische Gegner allerdings nur im geringen Maße.[88]

6. Indoktrination inhumaner Ideologie

Die Folgen des faschistischen Ungeistes zeigten sich in der Reichspogromnacht mit ihren Plünderungen, Demolierungen, Brandstiftungen, Mißhandlungen, Vergewaltigungen und Morden. Nicht zuletzt sollte sie die fanatischen Anhänger des Regimes auf Brandschatzungen, Verfolgungen, Massenmord und Genozid bei der künftigen Expansion vorbereiten.

Zuerst wirkte sich diese Indoktrination bei den Repressivkräften aus. Angehörige der Gestapo mißhandelten Verhaftete bis aufs Blut und schlugen sie dabei nicht selten tot. Nicht anders dürften Kriminalpolizisten mit den in ihre Hände Geratenen umgesprungen sein. Ähnlich, wenn möglich noch schlimmer, sah es bei den KZ-Wachmannschaften aus. Ein ehemaliger Häftling des KZ Lichtenburg beschrieb ihr Verhalten im „Neuen Vorwärts" vom 7. und 17. Februar 1937. Neben „geistige(r) Minderwertigkeit und Stumpfheit" und Streben nach persönlicher Bereicherung auf Kosten der Gefangenen empfand er als charakteristisch für das Wesen von SS-Leuten "Sadismus, Brutalität", kurz: „Lust am Quälen".

Rudolf Höß, von 1936 bis 1938 SS-Offizier in Dachau, dann in Sachsenhausen und schließlich zwischen 1940 und 1944 Kommandant von Auschwitz, führte den geistigen Zustand dieser Mannschaften auf den Einfluß des Inspekteurs der Konzentrationslager, Eicke, zurück, der seine Untergebenen auf die Häftlinge hetzte: „Eickes Absicht war, seine SS-Männer durch seine dauernden Belehrungen und entsprechende Befehle über die verbrecherische Gefährlichkeit der Häftlinge von Grund auf gegen die Häftlinge einzustellen, sie auf die Häftlinge ‚scharf zu machen', jegliche Mitleidsregung von vornherein zu unterdrücken. Er erzeugte damit, durch seine Dauereinwirkung in dieser Richtung, gerade bei den primitivsten Naturen, einen Haß, eine Antipathie gegen die Häftlinge, die für Außenstehende

---

86 *Hans-Joachim Döring*, Die Zigeuner im nationalsozialistischen Staat, Hamburg 1964, S. 56ff. u. 197ff.; *Vorbeugende Verbrechensbekämpfung*, unpag.

87 *Drobisch/Wieland*, (in Druck).

88 Ebenda, siehe *Kurt Pätzold* im vorliegenden Band.

unvorstellbar ist. Diese Einstellung hat sich in alle KL (Konzentrationslager — K. D.), auf alle dort diensttuenden SS-Männer und -Führer weiterverbreitet, weitervererbt."[89]

Eicke, Höß und andere solche Typen stellten Halbgötter für die jungen Leute dar, die aufgrund der faschistischen Beeinflussung zur SS gingen. Sehr schnell merkten sie, daß es nicht nur erwünscht war, sondern sie sich geradezu verpflichtet sahen, hemmungslos gegen die Häftlinge vorzugehen, denen das Regime jedes Recht, bis hin zum elementarsten, dem Recht auf Leben, absprach. Eicke habe, so schrieb Höß weiter, ihnen eingebleut, „er könne nur harte entschlossene Männer gebrauchen, die jedem Befehl rücksichtslos gehorchten. Nicht umsonst trügen sie den Totenkopf und die stets scharf geladene Waffe! Sie stünden als einzige Soldaten auch in Friedenszeiten Tag und Nacht am Feind, am Feind hinter dem Draht!"[90]

Als Eicke am 13. Mai 1938 der SS-Wachmannschaft in Buchenwald einschärfte, bei „Fluchtversuch" ohne Warnung sofort die Waffe zu benutzen, fielen am selben Tag zwei, in den nächsten Tagen drei weitere Häftlinge den Mördern zum Opfer, insgesamt im Juni in den drei großen Lagern 21, im Juli 17. Allein in den 16 Tagen zwischen 23. Juni und 8. Juli beteiligten sich an 25 solcher Morde vier SS-Leute im Alter von 16 Jahren, sechs 17-, acht 18-, fünf 19- und acht 20jährige.[91]

Neben diesem direkten Einwirken Eickes beeinflußte die in Wort und Schrift verbreitete SS-Ideologie die Angehörigen der SS-Totenkopfverbände und alle Repressivkräfte. Sie umfaßte das gesamte Spektrum der faschistischen Doktrinen, die das gesamte reaktionäre Gedankengut in sich versammelten und jede humanistische, demokratische, friedliebende und progressive Idee auszutilgen suchten.

In ihrem Mittelpunkt standen Antikommunismus, Antisowjetismus und Rassismus. Sie dienten dazu, alle zu verteufeln, die sich für den gesellschaftlichen Fortschritt und die Erhaltung des Friedens einsetzten, gegen das faschistische Regime und seine Politik auftraten und die Ausbeuterordnung bekämpften. Nach SS-Ansicht gehörten solche Deutschen ebenso zu den sogenannten Untermenschen wie Bürger israelitischen Glaubens oder jüdischer Herkunft und Angehörige slawischer Völker. Als Widerpart der „Untermenschen" bezeichnete die SS-Ideologie den überlegenen, sie unterwerfenden und vernichtenden „Herrenmenschen", den auch nach ihrem Äußeren ausgesuchte SS-Leute verkörpern sollten.

Einen weiteren Bestandteil der SS-Doktrin bildeten Siedlungsvorstellungen und Expansionsdrang, die sich, wie in vergangenen Zeiten, gegen Osten richteten. Unter dem Schlagwort vom „politischen Soldaten" förderte die SS-Ideologie Kadavergehorsam und Eroberungssucht und stellte den Krieg als hehre Mission des „Herrenmenschen" und ständiges Prüffeld seiner Qualitäten hin. Das den SS-Leuten eingedrillte „Elite"- und „Ordens"-Bewußtsein sollte sie mit blindem Gehorsam alle, auch die verbrecherischsten Befehle ihrer Führer ohne Rücksicht auf sich selbst und schon gar nicht auf ihnen als Feinde Bezeichnete ausführen lassen. Derart indoktriniert, fanden sie sich leicht bereit, „Staats- und Volksfeinde" im Innern zu verfolgen und zu vernichten und bald auch jenseits der Grenzen mit Terror und Völkermord zu hausen.

89 *Rudolf Höß*, Kommandant in Auschwitz. Autobiographische Aufzeichnungen. Hrsg. von Martin Broszat, München 1963, S. 67.
90 Ebenda, S. 58.
91 ZStA, Potsdam, FS, Film 3603, Briefwechsel Eicke-Himmler u. Gürtner-Himmler v. Mai/Juni 1938, Nr. 56338, Vermerke im Diensttagebuch des Reichsjustizministeriums v. Juni/Juli 1938.

7. Sicherheitspolizeiliche Vorbereitungen auf den Krieg

Schon vor der Errichtung der großen Konzentrationslager, am 12. Dezember 1935, hatte Heydrich die Gestapo ersucht, „umgehend getrennte Verzeichnisse von Kommunisten anzulegen, die gegebenenfalls auf hiesige Anweisung sofort in Schutzhaft zu nehmen sind". Man müsse „jederzeit in der Lage sein, einen empfindlichen Schlag gegen linksradikale staatsfeindliche Elemente führen zu können". Am 5. Februar 1936 erweiterte der Gestapo-Chef seine Weisung auf „alle Staatsfeinde", die „im Falle außerordentlicher Ereignisse (Kriegsfall)" auf einen Schlag zu verhaften seien. Dafür solle eine A-Kartei angelegt werden.

Anhand detaillierter Richtlinien verfeinerten die Bearbeiter diese Kartei bis Mitte 1938 und legten die Konzentrationslager fest, in welche die zu Verhaftenden zu bringen seien. Ende 1938 und im August 1939 wurde die Kartei auf Exaktheit und Vollständigkeit geprüft. Ab Frühjahr 1939 jagten sich die Anweisungen über vorläufige Unterbringung und Transport der künftigen Häftlinge und ähnliche Festlegungen.[92] Die Festnahmen entsprechend der A-Kartei standen auch in den Mobilmachungsbüchern der Zivilverwaltung von März 1937 bis März 1939 vermerkt, ebenfalls die Vorbereitungen auf die Errichtung künftiger, weiterer Konzentrationslager.[93]

Im Juni 1939 lag bei Heydrich außerdem die „Erfassung führender Männer der Systemzeit" vor, ein Katalog von 553 Personen mit biographischen Angaben und Aufenthaltsort. Er erhielt die Namen von 100 Kommunisten und Sozialdemokraten, von denen sich 17 schon in Haft befanden, 63 Pazifisten und Liberalen, 63 Funktionären konfessioneller Parteien, 70 Rechtsoppositionellen und sogenannten Reaktionären und 49 Schriftstellern und Journalisten.[94] Zweifellos sollten die bislang nicht Eingesperrten in einer für das Regime kritischen Situation ebenfalls verhaftet werden.

Eine Anordnung vom 7. Juli 1939 sah für alle wehrunwürdig Erklärten und für nicht seßhafte Zigeuner das gleiche Schicksal bei der Mobilmachung vor.[95]

Die Verordnung Fricks vom 6. Januar 1938 über das Meldewesen[96] ließ sich ebenso für ökonomische und militärische wie für sicherheitspolitische Zwecke nutzen.

Am 18. November 1938 erwähnte Göring im Reichsverteidigungsrat eine „Volkskartei". Der Reichsverteidigungsausschuß legte daraufhin am 15. Dezember 1938 fest, daß die Anlage einer solchen Kartei in die Kompetenz des Generalbevollmächtigten für die Reichsverwaltung, also Fricks, falle. Die Kartei sollte alle Personen zwischen fünf und 70 Jahren erfassen. Ihre Anfertigung begann Anfang 1939.[97] Möglicherweise war sie identisch

---

92 Ebenda, Film 15775 u. 1628. — Siehe auch *Drobisch*, Terror, S. 166.

93 ZStA, Potsdam, FS, Film 10732.

94 Ebenda, Film 4952.

95 *Vorbeugende Verbrechensbekämpfung*, unpag.

96 *RGBl.*, T. I, 1938, S. 13, basierend auf dem Gesetz über das Paß- und Meldewesen, Ausweise usw. v. 11. 5. 1937 (ebenda, 1937, S. 589).

97 *Timothy Mason*, Arbeiterklasse und Volksgemeinschaft. Dokumente und Materialien zur deutschen Arbeiterpolitik 1936—1939, Opladen 1975, S. 919 u. 995, Dok. 152 u. 153. — Entsprechend den Runderlassen des Innenministeriums v. 18. 1. u. 15. 2. 1939 Erfassung der Jahrgänge 1869 bis 1925 zum „Arbeits- und Wehrdienst" zuerst in den Schulen, dann allgemein zwischen 13. u. 19. 8. 1939 durchgeführt, weil die Volkskartei „unter allen Umständen noch vor Kriegsausbruch erstellt" sein mußte. Die Karteikarten enthielten neben den Personalien und Wohnorten u. a. Angaben über Beruf und Tätigkeit, Sprach- und spezielle Kenntnisse, darunter der Führerschein. Ihnen lagen Paßfotos, Fingerabdrücke und Schriftproben bei, was „auch für die Kriminalpolizei von Bedeutung" war. Juden kennzeichneten schwarze Reiter

mit der Reichskartei, für die die Gestapo, die ohnehin schon im Januar 1938 über mehr als 1 225 000, ein Jahr später über fast zwei Millionen Karteikarten über Personen verfügte, in undatierten „Gedanken zur Neugliederung" eintrat.[98]

Diese Gestapo-Ausarbeitung — etwa vom Sommer 1939 — gehörte zu den Überlegungen, die die Verantwortlichen im außergerichtlichen Terrorapparat zu dessen noch strafferer Zusammenfassung und damit für seine größere Schlagkraft im bevorstehenden Krieg anstellten. Besonders aktiv war dabei die Stabskanzlei des SD-Hauptamtes unter SS-Obersturmbannführer Walther Schellenberg, der von Heydrich schon im Sommer 1938 mit entsprechenden Ausarbeitungen beauftragt worden war.[99] Sie sollten zu einer weiteren Etappe in der Zentralisierung der sicherheitspolizeilichen Repressivorgane führen.

Am 24. Februar 1939 stellte Schellenberg auf 29 Seiten die „Reorganisation des Sicherheitsdienstes des Reichsführers SS im Hinblick auf eine organisatorische und personelle Angleichung mit der Sicherheitspolizei" dar. Zur „Garantierung der inneren Sicherheit" gingen die Vorstellungen von dem Befehl Heydrichs aus, „durch sinnvolle Zusammenlegungen der gemeinsamen Reichszentralstellen die ersten Grundlagen eines Reichssicherheitsdienstes zu errichten". Ziel sei es, aus der „Doppelentwicklung Staatsschutzkorps (Verschmelzung SS und Polizei) und Reichssicherheitsdienst (Verschmelzung SD und Sicherheitspolizei)" zu einem „alle Sparten der Sicherheitspolizei und des SD umfassenden Reichssicherheitshauptamt" zu kommen. Es solle sich gliedern in die Ämter I Verwaltung und Recht (aus den betreffenden Ämtern von SD und Sicherheitspolizei), II Forschungsamt, III Nachrichtendienst Inland, IV Nachrichtendienst Ausland (d. h. aus den drei vorhandenen SD-Ämtern), V Abwehr und politische Exekutive (also der Gestapo) und VI Verbrechensbekämpfung (Kriminalpolizei).

Auf der mittleren Ebene müsse die Personalunion zwischen Inspekteuren der Sicherheitspolizei und Oberabschnittsführern des SD als Reichssicherheitsdienstinspekteuren bestehen bleiben. Bei der unteren Instanz, den künftigen Reichssicherheitsdienstabschnitten, seien die Teile SD, Gestapo und Kriminalpolizei getrennt zu führen. Das Nachrichtennetz müsse „auf viel breiterer Basis, wie der Vereinbarung mit Ley, daß sämtliche DAF-Angehörige Vertrauensmänner des SD sein können", und natürlich der SS und der Polizei ausgebaut werden. Als Termin, bis zu dem dahin führende Richtlinien und Verwaltungsfragen vorliegen müßten, sah Schellenberg den 1. Juni, für den Abschluß der Neuorganisation den 1. Oktober 1939 vor. Dann sei, hieß es in dem Schellenberg bzw. dem SD eigenen Deutsch, „ein weiterer Meilenstein in der Festlegung der politischen Entwicklungslinie der Verschmelzung SS und Polizei schlechthin, insbesondere aber der Schaffung des Reichssicherheitsdienstes (Verschmelzung SD — Sipo), geschaffen".[100]

Während einer Erörterung dieser Vorlage verwarf laut Schellenbergs Aufzeichnung vom 4. April Heydrich unter Berufung auf Himmler die vorgeschlagene Bezeichnung Reichs-

---

am Kartenrand auf Nummer 14. Die Kartei stand in den Landratsämtern, ein Doppel bei den Bürgermeistereien. (*Klaus Heinecken*, Die Volkskartei, in: *Allgemeines Statistisches Archiv*, 1942/43, Bd. 31, S. 39 ff., siehe auch *Erich Liebermann von Sonnenberg/Artur Kääb*, Die Volkskartei. Ein Handbuch, München 1939 [erweiterte Ausgaben mit Geleitwort Daluges 1940 und 1942]).

98 ZStA, Potsdam, FS, Film 14355, Mitteilung über die Hauptkartei, u. Film 1174 „Grundsätzliche Gedanken zur Neugliederung", o. V., o. D.

99 Ebenda, Film 626, Vermerk Schellenbergs v. 4. 4. 1939.

100 Ebenda, „Reorganisation des Sicherheitsdienstes des Reichsführers SS im Hinblick auf eine organisatorische und personelle Angleichung mit der Sicherheitspolizei" v. 24. 3. 1939.

sicherheitsdienst, weil sie schon das „Führerschutzkommando" trage. Heydrich dachte nun an „SD-RF SS und Chef der Deutschen Polizei". Im übrigen bestätigte er Schellenbergs Überlegungen und präzisierte sie in einigen Details, etwa den Übergang einzelner Abteilungen von einem Amt zum anderen. Als Amtschefs nominierte Heydrich für Amt I SS-Oberführer Best, für II SS-Standartenführer Franz-Alfred Six, für III SS-Obersturmbannführer Erich Ehrlinger, für IV SS-Oberführer Heinz Jost, für V SS-Standartenführer Müller und für Amt VI SS-Standartenführer Nebe.[101]

Vom Gestapa kam zur vorgesehenen Neugliederung die Anregung, sie „erst dann vorzunehmen, wenn die in Aussicht genommenen größeren Aufgaben gelöst sind", da Störungen im Dienstbetrieb zu befürchten seien. Weiter solle überlegt werden, ob die Trennung zwischen den Abteilungen II und III (Gegnerbekämpfung und Abwehrpolizei) fallen könne. Vorbild für die Gliederung sei das Sicherheitshauptamt. Beachtet werden müsse in jedem Fall, so wurde in der Ausarbeitung betont, „die unverkennbare Neigung der militärischen Stellen, unter Zugrundelegung der Theorie des totalen Krieges auch die Beobachtung der politischen Entwicklung im In- und Ausland wenigstens in der Spitze total zu beherrschen".[102]

Am 31. August 1939 setzte der Chef der Sicherheitspolizei als Schwerpunkte die Bereiche Kommunismus/Marxismus, Schutzhaft und Abwehr, Wirtschaft, Auskünfte, NSDAP und Presse fest, dafür als Entlastung eine eingeschränkte Beobachtung der Kirchen und der sogenannten Reaktion.[103] Am Abend dieses Tages unternahmen, von SD-Funktionären geplant und geführt, Trupps ausgesuchter SS-Leute, die in Bernau zusammengezogen, trainiert und mit von der militärischen Abwehr besorgten polnischen Uniformen ausgerüstet worden waren, provokatorische Anschläge auf den Sender Gleiwitz und deutsche Zollämter an der polnischen Grenze. Dabei ließen sie von dem Gestapa aus dem KZ Sachsenhausen herangeschleppte Häftlinge ermordet zurück.[104] In der Nacht ordnete Heydrich durch Fernschreiben an, die in der A-Kartei als besonders bedeutend und gefährlich bezeichneten Staatsfeinde festzunehmen.[105]

Am 22. September 1939 befahl Himmler, wie vorgesehen das Reichssicherheitshauptamt am 1. Oktober zu schaffen[106] — genau drei Jahre nach Zentralisierung und Vereinheitlichung des sicherheitspolizeilichen Apparates.

Damit fand ein Prozeß seinen Abschluß, der mit der intensiven Kriegsvorbereitung begann. Er ging nicht in erster Linie auf einen „Führerwillen" zurück, wie Hans Buchheim meint[107], sondern entsprach den tieferen Ursachen der Aggressions- und Hegemoniebestrebungen der herrschenden Klasse. Ebensowenig zeichnete sich die Entwicklung durch Planlosigkeit, Zufälle und Automatismen aus, wie Heinz Höhne behauptet[108], sondern sie wurde in Abhängigkeit von den allgemeinen Überlegungen und Entscheidungen über Kriegsvorbereitung und Kriegsbeginn sukzessive vorangetrieben. Deshalb fielen die Ein-

---

101 Ebenda, Vermerk Schellenbergs v. 4. 4. 1939.
102 Ebenda, Film 1174, „Grundsätzliche Gedanken zur Neugliederung", o. V., o. D.
103 Ebenda, Film 2426. — Siehe auch die Anweisung des Chefs des SD-Hauptamtes v. 1. 9. 1939 über kurzfristige Lösungen bei der Gliederung der SD-Ämter u. einen undat. Befehlsentwurf zu Veränderungen in einzelnen Ämtern (ebenda, Film 1174).
104 *Alfred Spieß/Heiner Lichtenstein*, Unternehmen Tannenberg. Der Anlaß zum Zweiten Weltkrieg, Rastatt 1982, passim.
105 ZStA, Potsdam, Film 1628. — Für die weitere Entwicklung siehe *Drobisch*, Terror, S. 168ff.
106 *IMG*, Bd. 38, S. 102ff., Dok. 361-L.
107 *Buchheim*, SS, S. 27ff.   108 *Höhne*, S. 18.

schnitte in der Herausbildung eines straffen sicherheitspolizeilichen Regimes mit diesen Entscheidungen zusammen. Das sich in dem geschilderten Prozeß abzeichnende und noch bedeutend zunehmende Übergewicht der polizeilichen Exekutive im faschistischen Repressivsystem und das Handeln ohne rechtliche Normen — im ganzen ein Charakteristikum der faschistischen Diktatur — sollten verhindern, daß innere Gegner die Kriegsvorbereitung störten oder andere „Gemeinschaftsfremde" sie beeinträchtigten. Im Krieg sollte der sicherheitspolizeiliche Apparat innen jede der Kriegführung abträgliche Regung unterbinden und den überfallenen europäischen Völkern Verderben und Tod bringen.

MANFRED WEISSBECKER/GERT NOACK

„Die Partei als Rückgrat der inneren Front"
Mobilmachungspläne der NSDAP für den Krieg (1937 bis 1939)

Mitten in der Mai-Krise 1938, die durch den provokatorischen Druck des faschistischen Deutschland auf die Tschechoslowakei hervorgerufen war und Europa an den Rand eines Krieges trieb, fiel in der Führung der NSDAP eine wichtige Entscheidung über die weitere Vorbereitung des riesigen faschistischen Organisationsgefüges auf den Krieg und über dessen Rolle im Kriegsverlauf. Am 16. Mai 1938 fixierte die „Abteilung Mobilmachung", die bereits ein Jahr zuvor im Stab des Stellvertreters des Führers gebildet worden war, die streng vertraulichen „Arbeitspläne der Reichsleitung der NSDAP für den Einsatz der Partei und der angeschlossenen Verbände im A-Falle". Diese Pläne und das auf ihrer Grundlage forciert erstellte umfangreiche Bündel von Weisungen, Richtlinien und Ablaufplänen für die M-Beauftragten der Gau- und Kreisleitungen, für die Ortsgruppenleiter sowie für die Gliederungen und angeschlossenen Verbände der Nazipartei bestimmten klar und detailliert den konkreten Platz und die wichtigsten Aufgaben des faschistischen Organisationsgefüges im Gesamtprozeß der Vorbereitung des Aggressionskriegs. Sie legten ferner fest, welche Rolle den einzelnen faschistischen Organisationen im Kriege zufallen sollte.

Zunächst erfuhr nur ein ganz kleiner Kreis von Personen, die sich unmittelbar an der Kriegsplanung zu beteiligen hatten, von der Existenz dieser Papiere. Erst am 23. September 1939, nach der Entfesselung des zweiten Weltkrieges und dem militärischen Erfolg über Polen, erschien im „Völkischen Beobachter" ein Artikel unter der bezeichnenden Überschrift „Die Partei als Rückgrat der inneren Front". Sein Autor, Reichsorganisationsleiter der Nazipartei und Leiter der Deutschen Arbeitsfront Robert Ley, gab bekannt, daß die NSDAP zwei Jahre zuvor mit ihren „Vorbereitungen für den Ernstfall" begonnen und sich „im Stab des Stellvertreters des Führers eine besondere Abteilung" geschaffen hatte, die „als Kopf" einer in „allen Gliederungen und Verbänden, Gauen, Kreisen und Ortsgruppen verankerte(n) Mob-Organisation" vorstand.[1] Zu den kriegsvorbereitenden Mobilisierungsaktionen der faschistischen Organisationen, insbesondere der SS, gehörte auch das, was Reinhard Heydrich zur gleichen Zeit schrieb. Offen forderte der Chef des neu eingerichteten Reichssicherheitshauptamtes, „die bereits durchgeführte totale Mobilmachung des deutschen Volkes zu ergänzen durch die Mobilisierung der Aufmerksamkeit der Volksgenossen

---

[1] *VB*, 23. September 1939, S. 6. Ein ähnlicher Artikel von *R. Ley* erschien unter dem Titel „Die innere Front tut ihre Pflicht" auch in: *Der Schulungsbrief*. Hrsg. Der Reichsorganisationsleiter, 9. Folge, 1939, S. 330ff. Er wurde in vollem Wortlaut aufgenommen in die Dokumentation von *Laurenz Demps*, Dokumente zur Funktion der faschistischen Partei (NSDAP) bei der Vorbereitung des zweiten Weltkrieges (1937—1939), in: *Bulletin des Arbeitskreises „Zweiter Weltkrieg"*, 3/4/1977, S. 52ff.

zum Schutze des Reiches"[2], womit vor allem zu verstärkter Denunziation und extremer Spitzelei aufgerufen wurde. Beide, Ley und Heydrich, strapazierten den Vergleich mit dem Ende des ersten Weltkrieges und hoben in schwülstigen Phrasen hervor, es müsse „heute und immerdar dem gesamten deutschen Volke wiederholt werden: ebenso wichtig wie der Kampf an der Front ist der Kampf in der Heimat, jener Kampf, der dem Aufbau und der Ausrichtung der inneren Front Deutschlands zu dienen hat." Die „innere Front", also die Front gegen Kriegsgegner und Kriegsunwillige, sei mit „der gleichen Präzision wie die militärische Front mobilisiert" und durch eine „Unsumme von Kleinarbeit" vorbereitet worden.[3]

Die Mobilmachung der Nazipartei, ihrer Gliederungen und angeschlossenen Verbände für den Krieg war mithin Bestandteil der Mobilmachung des deutschen Imperialismus. Sie erweiterte die militärische, wirtschaftliche, politische und ideologische Kriegsvorbereitung. Mit ihr fanden die bis dahin üblichen Formen und Wege der Mobilmachung — diese sehr allgemein als „Umstellung des Landes auf die Erfordernisse des Krieges" mit dem „Übergang der Streitkräfte von der Friedens- auf die Kriegsstärke" als Kernstück verstanden[4] — eine wesentliche und den faschistischen Terrorismus stützende Ergänzung. Die vorliegende Studie soll sich sowohl mit den verbrecherischen Zielen als auch mit den politisch-ideologischen Inhalten der NSDAP-Mobilisierungspläne beschäftigen, deren Erarbeitung und schrittweise Vervollständigung in den Jahren 1937 bis 1939 erhellen und so dazu beitragen, die Rolle der Nazipartei, ihrer Gliederungen und angeschlossenen Verbände im faschistischen Machtmechanismus konkret zu erfassen.

1. Die Mobilmachungspläne der NSDAP als Gegenstand der Faschismusforschung

Die Geschichtswissenschaft der DDR widmete dieser Problematik bisher in einigen Monographien und kleineren Beiträgen eine mehr oder weniger große Aufmerksamkeit. Von der Tatsache ausgehend, daß sich die faschistische Blitzkriegsstrategie und die Mobilmachungsplanungen in der Geschichte des deutschen Imperialismus gegenseitig bedingten und beeinflußten, legten zunächst Militärhistoriker aufschlußreiche Analysen zur Mobilmachung der imperialistischen deutschen Armeen vor. Ein besonderes Verdienst gebührt dabei Hermann Rahne, der die militärischen Mobilmachungspläne und -techniken in einer Längsschnittanalyse von der Mitte des 19. Jahrhunderts bis zur Entfesselung des zweiten Weltkrieges untersuchte. Er gelangt zu wesentlichen, mitunter auch nur punktuellen Erkenntnissen über Funktion und Tätigkeit politischer Institutionen des staatsmonopolistischen Machtapparates bei der Mobilmachung für den zweiten Weltkrieg.[5] Die Publikationen zum preußisch-deutschen Generalstab und zur inneren Funktion der faschistischen Wehrmacht[6] lieferten unter den spezifischen Gesichtspunkten der militärstrategischen Planung bzw. der

---

2 *Reinhard Heydrich*, Der Volksmeldedienst. Die Mobilmachung gegen Verrat und Denunziation, in: *Der Schulungsbrief*. 9. Folge, 1939, S. 338 f.

3 *Ley*, Die innere Front, S. 330.

4 *Wörterbuch zur deutschen Militärgeschichte, Bd. 2*, Berlin 1985, S. 644.

5 *Hermann Rahne*, Mobilmachung. Militärische Mobilmachungsplanung und -technik in Preußen und im Deutschen Reich von Mitte des 19. Jahrhunderts bis zum zweiten Weltkrieg, Berlin 1983.

6 *Gerhard Förster/Heinz Helmert u. a.*, Der preußisch-deutsche Gerneralstab 1640—1965. Zu seiner politischen Rolle in der Geschichte, Berlin 1966; *Wolfgang Kern*, Die innere Funktion der Wehrmacht 1933 bis 1939, Berlin 1979.

Herrschaftssicherung wichtige Aufschlüsse zur Mobilmachungsplanung und -durchführung. Die Konzentration auf die militärische Mobilmachung ist für die Zeit bis zum ersten Weltkrieg und zum Teil auch noch für die der Weimarer Republik gerechtfertigt. Eine Analyse der faschistischen Mobilmachungsvorbereitungen erfordert eine Erweiterung des Blickfeldes, erfaßten sie doch alle Bereiche der Gesellschaft. Indessen: die Funktionen der Nazipartei und des gesamten faschistischen Organisationsgefüges bei der langfristigen kriegsvorbereitenden Mobilmachung, die vollständige Militarisierung der Gesellschaft und die Rolle des gesamten Herrschaftssystems des faschistischen deutschen Imperialismus auf dem Weg in den Krieg bilden noch immer eine ungelöste Forschungsaufgabe.

Eine allgemeine, mehr das Grundsätzliche betonende Einschätzung der Mobilmachungspläne der NSDAP ist in der Darstellung zur Geschichte der NSDAP von Kurt Pätzold und Manfred Weißbecker gegeben worden.[7] Laurenz Demps[8] hat erstmals wichtige Quellen zur Rolle der NSDAP in der unmittelbaren Kriegsvorbereitung veröffentlicht und mit einer fundierten Einleitung versehen.[9] Demgegenüber sagen die Autoren des einschlägigen Bandes von „Deutschland im zweiten Weltkrieg" zu dieser Problematik nur wenig aus.[10] Die Forschungsprobleme resultieren vor allem aus der komplizierten Quellenlage. Die überlieferten Quellen erlauben zwar eine weitgehende Rekonstruktion der Pläne, die es innerhalb der NSDAP für den „A-Fall"[11] gab, schweigen aber nahezu ganz über den Prozeß der Einbeziehung der NSDAP in die direkte Kriegsvorbereitung auf militärischem und wirtschaftlichem Gebiet. Ferner erlauben sie nur wenige Aussagen über die Realisierung der Mobilmachungspläne nach Kriegsbeginn.

In zahlreichen Publikationen der bürgerlichen Geschichtsschreibung werden die Mobilmachungspläne aus anderen Gründen ignoriert oder als unwichtig abgetan. In ihnen verschwindet die NSDAP mehr oder weniger vollständig hinter dem „Führer" und dessen Intentionen oder der Faschismus wird undifferenziert als „Massenbewegung" interpretiert. In dieser Sicht erscheint eine Behandlung der letztlich gegen das deutsche Volk gerichteten Mobilisierungspläne der NSDAP als überflüssig. Für Hans-Ulrich Thamer, von dem die jüngste zusammenfassende Darstellung der Jahre 1933 bis 1945 stammt, stellt sich der

7 *Kurt Pätzold/Manfred Weißbecker*, Hakenkreuz und Totenkopf. Die Partei des Verbrechens, Berlin 1981, S. 289ff.

8 Siehe *Demps*, Dokumente.

9 Demps veröffentlicht folgende Dokumente: 1. Aus dem Rundschreiben des Reichsverteidigungsausschusses vom 14. 4. 1937 mit der Weisung über die Einsetzung eines Referenten der NSDAP im Rahmen der Vorbereitung des Krieges (ZStA, Potsdam, Film 1757). 2. Aus dem Artikel von Robert Ley, Reichsorganisationsleiter der NSDAP, „Die innere Front tut ihre Pflicht" (*Der Schulungsbrief*, 9. Folge, 1939, S. 330ff.), 3. Auszug aus der Zuarbeit der faschistischen Partei für das Mob-Buch der Zivilverwaltungen; Kennziffernverzeichnis vom 16. 5. 1938 (ZStA, Potsdam, Film 5581). 4. Anordnung 170/39 vom 15. 9. 1939. Hrsg. vom Stab des Stellvertreters des Führers, betr.: „Zusammenfassung aller Kräfte der Partei" (*Verfügungen, Anordnungen und Bekanntgaben der Parteikanzlei*, o. O., o. J. (München 1944), Bd. I, S. 32f.). 5. Aus der Anordnung 173/39 der faschistischen Partei vom 18. 9. 1939 betr.: „Einsatz der NSDAP" (ZStA, Potsdam, Film 1668).

10 *DzW*, Bd. 1: Vorbereitung, Entfesselung und Verlauf des Krieges bis zum 22. Juni 1941, Leitung Gerhart Hass, Berlin 1974.

11 Am ergiebigsten ist in dieser Hinsicht der Bestand Partei-Kanzlei der NSDAP (NS 6) im BA, Koblenz. Das von Josef Henke erarbeitete und mit einer umfangreichen Einleitung versehene Findbuch zu diesem Bestand geht inhaltlich allerdings nicht auf die Mobilisierungspläne der NSDAP ein. Ähnlich auch *Akten der Partei-Kanzlei der NSDAP*. Rekonstruktion eines verlorengegangenen Bestandes. Regesten, München u. a. 1983.

Weg in den Krieg lediglich als ein Problem der Militär- und Außenpolitik Hitlers dar. Ihm genügen wenige Sätze über deren Wechselwirkung zur Innenpolitik, die er zudem fast ausschließlich als Ausdruck polykratischer Bestrebungen einzelner faschistischer Führer begreift. Eine relativ kurze Erwähnung finden die Mobilisierungsaktionen der NSDAP bei Dietrich Orlow, der sie jedoch zu eng in die machtpolitischen Bemühungen von Rudolf Heß in seinem Amt als Stellvertreter des Führers einordnet, allerdings richtig auf die innere Widersprüchlichkeit der Nazipartei als politische Führungskraft und als „popular ombudsman" verweist. Auch Wolfram Wette, der sich mit „Ideologien, Propaganda und Innenpolitik als Voraussetzungen der Kriegspolitik des Dritten Reiches" befaßt, geht nur kurz auf die Mobilisierungspläne der NSDAP ein.[12]

2. Der neue Krieg im totalen Kalkül der herrschenden Klasse

Obwohl die deutschen Faschisten erst 1943 offiziell erklärten, einen „totalen" Krieg führen zu wollen, weil angeblich nur so ein „totaler" Sieg möglich sei, stand bereits ihre Kriegsvorbereitung im Zeichen ihres Totalitätskonzepts. Charakter und Inhalt dieses Konzepts entsprangen nicht dem Machtwillen einzelner faschistischer Führer, sondern wurzelten im Wesen des Faschismus und seinem Ziel, die Vorherrschaft über Europa und die Welt zu erringen. Im Mittelpunkt der Strategie des deutschen Imperialismus stand der Vernichtungsfeldzug gegen den ersten sozialistischen Staat sowie die Liquidierung der kommunistischen Weltbewegung. Der Krieg gegen die Sowjetunion wurde „zur letzten und entscheidenden Aufgabe der deutschen Politik erklärt".[13]

Eine derart weitgreifende, extrem abenteuerliche Zielsetzung bedingte auch einen komplexeren Charakter und Inhalt der Kriegsvorbereitung, den Einsatz von neuen — faschistischen — Mitteln und Methoden. Die Totalität im faschistischen Kurs auf den Krieg entwickelte sich seit dem 30. Januar in einem Prozeß von ständig steigender Intensität und mit qualitativen Einschnitten. Dieser Prozeß verband sich mit Wandlungen sowohl im Wirtschaftssystem als auch bei den einzelnen institutionellen Trägern der Kriegsvorbereitung. Das widerspiegelten auch die Mobilmachungsplanungen im militärischen wie im zivilen Bereich sowie die dort festgeschriebenen jeweiligen Funktionen der NSDAP, ihrer Gliederungen und angeschlossenen Verbände.

Die geschichtlich beispiellose Einbeziehung einer bürgerlichen Partei in den direkten Kriegskurs geschah vor dem Hintergrund eines veränderten imperialistischen Kriegsdenkens seit 1918. Hatten die Mobilmachungsplanungen im Vorfeld des ersten Weltkrieges fast ausschließlich die Armee betroffen, so entwickelten führende Militärs und Politiker nach Kriegsniederlage und Novemberrevolution auch neue Vorstellungen über Ausmaß, Inhalt und Funktion der Mobilmachung. Das grundlegende Postulat der deutschen Monopolbourgeoisie — „keine Wiederholung des 9. November 1918" — und das daraus abgelei-

---

12 *Hans-Ulrich Thamer*, Verführung und Gewalt. Deutschland 1933—1945 (= Die Deutschen und ihre Nation), Berlin (West) 1986, S. 676f.; *Dietrich Orlow*, The History of the Nazi Party 1933—1945, Pittsburgh 1973, S. 260f.; *Das Deutsche Reich und der Zweite Weltkrieg*. Hrsg. Militärgeschichtliches Forschungsamt. Bd. I: Ursachen und Voraussetzungen der deutschen Regierungspolitik. Von Wilhelm Deist, Manfred Messerschmidt u. a., Stuttgart 1979, S. 125.

13 Zit. nach *Konzept für die Neuordnung der Welt*. Die Kriegsziele des faschistischen deutschen Imperialismus im zweiten Weltkrieg. Von einem Autorenkollektiv unter Leitung von Wolfgang Schumann, Berlin 1977, S. 24.

tete Konzept dauerhafter Herrschaftsstabilisierung für die Vorbereitung eines neuen Krieges[14] durchzogen von nun an alle Mobilmachungspläne.

Alle reaktionären Militärs, die über den zukünftigen Krieg nachdachten, maßen ihm komplexen und jeden Bereich von Staat und Gesellschaft durchdringenden Charakter bei. Alle Vorbereitungen sollten so getroffen werden, daß eine revolutionäre Erhebung der Unterdrückten gegen den Krieg ausgeschlossen war. Dieser Geist sprach auch aus einer Rede, die Oberstleutnant Joachim v. Stülpnagel im Jahre 1924 vor Offizieren des Reichswehrministeriums hielt: „Der zukünftige Krieg bedingt von vornherein den Einsatz der ganzen Volkskraft, sei es im Kampf mit der Waffe, sei es in der Kriegsindustrie oder Lebensmittelversorgung, sei es im Stellungs-, Wege- und Rampenbau. Diktatorische Gesetze, strengste Zucht, höchste Ansprüche an die Führer jeden Grades sind selbstverständlich. Opfer müssen von jedem Volksgenossen gebracht werden."[15]

Ein solch volksfeindlicher Mobilisierungs- und Kriegskurs ließ sich unter den innen- und außenpolitischen Bedingungen der Weimarer Republik allerdings nur planen. Realisiert wurde er nach der Errichtung der faschistischen Diktatur, und dies um so rascher, je weiter die Vorarbeiten der Reichswehrführung und der Präsidialkabinette gediehen waren. Schon 1930 war ein Referentenausschuß für die Reichsverteidigung gegründet worden, dem höhere Beamte kriegswichtiger Ministerien angehörten und dessen Ziel die einheitliche Ausrichtung des gesamten zivilen Staatsapparates auf den angestrebten Revanchekrieg unter Führung der Reichswehr war.[16] Den Vorsitz führte Oberst Wilhelm Keitel, zugleich „Chef der für alle Mobilmachungsfragen kompetenten Organisationsabteilung des Truppenamtes"[17]; unter seiner Leitung wurden noch vor 1933 die ersten Arbeitspläne einzelner Ministerien für den Kriegsfall aufgestellt.

Die mit der Machtübernahme durch die Faschisten erfolgende Wende zum Krieg war untrennbar mit dem neuen nazifaschistischen Organisationssystem verbunden, an dessen Spitze die NSDAP stand. Die Tatsache, daß die NSDAP bis 1937 in einigen Koordinierungsorganen für die Mobilmachungsplanung nicht direkt vertreten war[18] und daß sie auch im Reichsverteidigungsgesetz vom 21. Mai 1935 unerwähnt blieb, bedeutete nicht, daß die Nazipartei bei der Kriegsvorbereitung untätig war. Seit dem Erlaß des Gesetzes über die „Einheit von Partei und Staat" vom 1. Dezember 1933 war ihre Führung an der Gesetzgebung, also auch an der Ausarbeitung des sogenannten Reichsverteidigungsgesetzes, beteiligt. Rudolf Heß gehörte dem Reichsverteidigungsrat als Mitglied an.

Die große Rolle, die die NSDAP in der Kriegsvorbereitung zu spielen vermochte, leitete sich aus ihrem Platz im faschistischen Herrschaftssystem ab.[19] Robert Ley plauderte offenherzig aus, daß Hitler die Nazipartei aus der „Erkenntnis" heraus geschaffen habe, ein

---

14 Siehe *Christa Olschewski/Laurenz Demps/Kurt Pätzold*, Die Novemberrevolution als Trauma der faschistischen Kriegsplanung, in: *WZ der Humboldt-Universität zu Berlin. Gesellschafts- und Sprachwissenschaftliche Reihe*, Jg. 29, 1980, H. 3/4, S. 317.

15 *Das Krisenjahr 1923. Militär und Innenpolitik 1922—1924*. Bearb. von Heinz Hürten, Düsseldorf 1980, S. 271.

16 *Rahne*, S. 178.

17 Ebenda, S. 179.

18 Vgl. *Demps*, Dokumente, S. 61.

19 Siehe dazu auch *Manfred Weißbecker*, Faschistische Organisationen in Deutschland und ihre Bedeutung für das Herrschaftssystem, in: *Der deutsche Faschismus-Ergebnisse und Probleme seiner Erforschung*. Protokoll eines Kolloquiums von Historikern der DDR und der USA, Berlin 26.—28. November 1987.

moderner Krieg könne keineswegs „nur eine Angelegenheit der Soldaten" sein.[20] Mit dem Blick auf den Krieg entwickelte sich die NSDAP nach 1933 aus der anfänglichen Regierungspartei zur faschistischen Staatspartei. Sie stellte eine Art von gesellschaftlicher und staatsmonopolistischer Dachorganisation dar und war zugleich zu einem Verbindungsglied zwischen den verschiedenen Bestandteilen des Herrschaftssystems geworden. Ohne die NSDAP war dieses System als Ganzes nicht funktionstüchtig.

Nach 1933 gewannen die Machthaber durch die „Gleichschaltung", die weitgehende Zentralisierung des bürgerlichen Organisationswesens sowie die vollständige Durchsetzung des antidemokratischen Führer-Gefolgschaft-Prinzips bis dahin unbekannte Möglichkeiten der Massenmanipulation, wobei sie sich auf Terror, reaktionärste Ideologie und soziale Korruption stützten. Damit erhöhten sich die innen- und außenpolitischen Potenzen des deutschen Imperialismus.[21] Dies bot dem Hitlerregime einen großen Spielraum und taktische Manövrierfähigkeit bei der Realisierung seiner Ziele, was allerdings auch mit neuen Widersprüchen und offenen Ungereimtheiten[22] verbunden war. Parallel zur Machterweiterung des Regimes beeinträchtigten unklare Strukturen seine Wirksamkeit, erhöhte sich die relative Eigenständigkeit im Wirken der einzelnen faschistischen Organisationen gegenüber anderen Bestandteilen des faschistischen Herrschaftssystems, veränderte sich auch das machtpolitische Gewicht einzelner Organisationen.

All das spiegelte sich auch in der Planung und Vorbereitung der Mobilmachung der NSDAP für den Krieg in den Jahren 1937 bis 1939 wider. Dabei traten die in der marxistischen Faschismusforschung bisher herausgearbeiteten wesentlichen Merkmale der nationalsozialistischen Organisationen deutlich hervor:

a) Die nationalsozialistischen Organisationen waren durch den hohen Grad ihrer Orientierung und Konzentration auf die Realisierung der allgemeinen Funktionen des Faschismus, seiner Machtsicherung und Machtexpansion gekennzeichnet. Jede Organisation fungierte in erster Linie als eine Bespitzelungs- und Verfolgungsinstanz, als ein politisch-soziales Kontrollorgan. Ihre Bedeutung für das Herrschaftssystem und für die Kriegsvorbereitung erlangten sie vor allem dadurch, daß sie die traditionellen gesetzlichen und moralischen Schranken der bürgerlichen Macht aufbrachen und durch sich bürokratisch perfektionierende Willkür ersetzten, womit sie Allgewalt und Alltäglichkeit des Regimes in den Lebensbedingungen der Menschen prägten.

b) Innerhalb des faschistischen Herrschaftssystems stellten die Organisationen der NSDAP ein stets einsatzbereites und rasch wandlungsfähiges Instrument dar, das zeitweilig die grundsätzliche Diskrepanz zwischen den weitgespannten annexionistischen Zielen des Hitlerregimes und deren unzureichenden Realisierungschancen überdecken konnte.

c) Angesichts der wachsenden Anforderungen des Herrschaftssystems (Machtsicherung, Kriegsvorbereitung, Kriegführung, Okkupationsapparat u. a. m.) erweiterten und radi-

---

20 *Ley*, S. 330.
21 Siehe *Manfred Weißbecker*, Thesen zu Rolle und Funktion der NSDAP im staatsmonopolistischen Herrschaftssystem des faschistischen deutschen Imperialismus, in: *Jenaer Beiträge zur Parteiengeschichte*, *Nr. 37/38* (Mai 1976), S. 13f.
22 Tatsächlich war das Bild verwirrend, das die Vielfalt der nationalsozialistischen Institutionen und Organisationen dem zeitgenössischen Beobachter bot. Selbst ein so logischer Denker wie Carl Schmitt vermochte sich nur formelhaft über die Rolle der NSDAP im faschistischen Herrschaftssystem zu äußern: „Partei und Staat sind unterschieden, aber nicht getrennt, verbunden, aber nicht verschmolzen." (*Carl Schmitt*, Staat, Bewegung, Volk, Berlin 1934, S. 21)

kalisierten sich die Kompetenzen zahlreicher nationalsozialistischer Organisationen.[23] Diese Tatsache stärkte und schwächte zugleich das faschistische Herrschaftssystem. Sie vertiefte den generell in der bürgerlichen Gesellschaft existierenden Dualismus von Parteien und Staat.

d) Das faschistische Organisationssystem widerspiegelte die mit der Errichtung der Hitlerdiktatur keineswegs beseitigte innere Widersprüchlichkeit der bürgerlichen Gesellschaft und der herrschenden Klasse. Dies führte auch zu Organisationspartikularismus und schuf Möglichkeiten, selbst einzelne Organisationen für Machtrivalitäten und persönliches Machtstreben zu nutzen.

e) Die 1935 fixierte Struktur des faschistischen Organisationssystems entstand als Ergebnis des Konsolidierungsprozesses der Diktatur und insbesondere im Verlauf der Auseinandersetzungen, die um den Platz des größten faschistischen Verbandes, der Deutschen Arbeitsfront, entstanden waren. Sie regelte insonderheit die rechtlichen und finanziellen Unterstellungsverhältnisse der einzelnen Organisationen. Die Zuordnung von sieben Organisationen zur NSDAP als deren Gliederungen, von acht weiteren Organisationen — sechs von ihnen waren und blieben nach dem Bürgerlichen Gesetzbuch eingetragene Vereine — als „angeschlossene Verbände" der NSDAP sowie die später erfolgte Rubrizierung „betreute Organisationen"[24] war widersprüchlich und situationsgebunden[25]; obendrein förderte sie die häufig überbewerteten Kompetenzrangeleien.

Bei der Mobilisierung für den Krieg kamen den Mitgliedern der nationalsozialistischen Organisationen unabhängig von deren jeweiligen Spezifika im wesentlichen gleiche Funktionen zu. Sie hatten vor allem als „Herrenmenschen" die Kontrolle über das willfährige, gehorsame und eigenem verantwortungsbewußten Denken entfremdete Verhalten der „Volksgenossen" auszuüben, Nazigegner und Menschen nichtkonformer Gesinnung zu denunzieren sowie vielerlei über das normale Maß hinausgehende „Leistungen" zu vollbringen. Darüber hinaus sollten sie durch ihr alltägliches demonstratives Auftreten den Eindruck von Dynamik, Aktivität und Erfolg ihres Einsatzes erwecken, die Mehrheit der Bevölkerung auf diese Weise beeindrucken und auch einschüchtern sowie über die rasch erstarrten neuen Strukturen und die grundlegenden Schwächen des faschistischen Herrschaftssystems hinwegtäuschen. Sie hatten in gleicher Weise mobilisierender Vermittler und „vorbildlicher" Repräsentant der nationalsozialistischen Idee zu sein; insbesondere standen sie für plebiszitär angelegte Akklamationsakte zur Verfügung. Schließlich wollte das Regime mit ihrer Hilfe die wachsenden personellen Anforderungen des faschistischen Repressiv- und Verwaltungsapparates, im Krieg auch diejenigen in den okkupierten Ländern, erfüllen.

23 Siehe dazu u. a. *Reinhard Giersch*, Zu Rolle und Funktion der Deutschen Arbeitsfront (DAF) im staatsmonopolistischen System der faschistischen Diktatur in Deutschland, in: *Jenaer Beiträge zur Parteiengeschichte,* Nr. 37/38 (Mai 1976), S. 40 ff.; *Hans-Otto Fleischer*, Einige Bemerkungen zur besonderen Rolle der SS innerhalb des Systems der faschistischen Organisationen (1933—1945), in: Ebenda, S. 74 ff.

24 Siehe *Oskar Redelberger*, Von der NSDAP betreute Organisationen — ein neues Rechtsgebilde, in: *Deutsche Verwaltung 1939.*

25 Darauf lief auch die zeitgenössische Einschätzung hinaus. Siehe u. B. *Gottfried Neeße*, Partei und Staat, Hamburg 1936, S. 41.

3. Die unmittelbare Einbindung der NSDAP in den Apparat der Kriegsvorbereitung und -entfesselung

Leistete die Nazipartei in den ersten Jahren der faschistischen Diktatur ihren Beitrag zur Vorbereitung des Aggressionskrieges, ohne unmittelbar in den Planungs- und Koordinierungsinstanzen für die Mobilmachung vertreten zu sein, so änderte sich dies im Jahre 1937.[26] Das erste Dokument, welches Aufschluß über die angestrebte engere Einbindung der NSDAP in den Kriegskurs gibt, stammt vom 14. April 1937. In diesem von Wilhelm Keitel unterzeichneten Rundschreiben des Reichsverteidigungsausschusses, eines interministeriellen Koordinierungsorgans, dessen Ausfertigung einen Tag nach der 14. Sitzung dieses Gremiums erfolgte[27], wurde die Einsetzung des SS-Oberführers Burghardt als eines Referenten der NSDAP für die Reichsverteidigung im Stabe des Stellvertreters des Führers mitgeteilt. Aller Schriftverkehr der NSDAP und ihrer Gliederungen zu Fragen der Reichsverteidigung sollte über Burghardt geführt werden, wobei bezeichnenderweise der „Bereich des Reichsführers SS und Chefs der Deutschen Polizei" von vornherein ausgenommen wurde.[28]

Zugleich erfolgte eine genauere Bestimmung der Aufgaben der faschistischen Partei, die diese „in ständiger Zusammenarbeit der Organe von Staat und Partei im Rahmen des Reichsverteidigungsausschusses" zu leisten hatte. Dazu zählten — als „Elemente der totalen Kriegführung" bezeichnet — „die Betreuung des Volkes unter den Einwirkungen von Luftkrieg, Räumung und der allgemeinen Kriegslasten, seine Erziehung zu unbedingter Gefolgschaft und Opferbereitschaft, die Sorge um eine geschlossene Haltung und Stimmung des Volkes, die Volkswohlfahrt und die Sicherung einer gesunden sozialen Basis"[29]. Zugleich wurde die Aufstellung eines „Arbeitsplanes (R. V.)" für die NSDAP veranlaßt, offensichtlich als Zuarbeit zum Mobilmachungsbuch für die Zivilverwaltungen. Schon einen Tag später, am 15. April 1937, wurde die Mobilmachungsverfügung 1/37 für die NSDAP von einer Spezialabteilung im Stab des Stellvertreters des Führers erlassen. Das verdeutlicht Intensität und Tempo, mit denen die Nazipartei die von den Wehrmachtsdienststellen geforderte detaillierte Mobilmachungsplanung in Angriff nahm.

Die ersten Arbeiten gingen offensichtlich noch von der Konzeption aus, der NSDAP vor allem propagandistische Funktionen zuzuweisen. In einem Schreiben des Referenten für die Landesverteidigung im Reichsministerium für Volksaufklärung und Propaganda vom 7. Mai 1937 an Jodl — damals Chef der Abteilung Landesverteidigung im Wehrmachtsamt — hieß es: „Die NSDAP bereitet ihre Mobilmachung nunmehr selbst vor. Der im Schreiben 103/35 gRs vom 17. 10. 1935 unter Abteilung II aufgeführte Apparat der Landesstellen wird von der Partei mobilgemacht ... In Bezug auf Freistellung und Reklamation der Parteigenossen werden diese Parteistellen (Stab des Stellvertreters des Führers; Gauleitungen — die Vf.) jetzt direkt mit den Einsatzbehörden (der Wehrmacht — die Vf.) und Landesarbeitsämtern verkehren."[30] Auch in der erwähnten Verfügung 1/37 wurde festgestellt, daß „bereits Vorarbeiten für die personelle Mobilmachung" innerhalb

---

26 Siehe *Weißbecker*, Thesen ..., S. 28 f.
27 Das Datum der 14. Sitzung des Reichsverteidigungsausschusses ist durch eine Tagebucheintragung Jodls bekannt, in: *IMG*, Bd. 28, S. 354.
28 Auch das Folgende nach *Demps*, Dokumente, S. 92.
29 Zit. nach Ebenda, S. 91.
30 BA, Koblenz, NS 6/355, Bl. 1.

des Propagandaapparates[31] und zum Teil auch innerhalb der Partei geleistet worden seien.[32] In diesem Zusammenhang scheint außerdem bedeutsam zu sein, daß die sogenannten Landesstellen des Goebbels-Ministeriums bei den zivilen Luftschutzvorbereitungen — ein Gebiet, welchem die NSDAP ab 1938 einen Großteil ihrer Weisungen widmete — schon seit 1935 propagandistisch tätig waren.[33]

Bei genauerer Betrachtung überrascht es keineswegs, daß das Propagandaministerium eine Vorreiterrolle gespielt und bereits einen zivilen Mobilmachungsapparat aufgebaut hatte, den die NSDAP nun in der Phase der unmittelbaren Vorbereitung des Krieges zu nutzen begann und entscheidend erweiterte. Bei der Ausgestaltung des faschistischen Herrschaftssystems gab es in den ersten Jahren nach 1933 tatsächlich auch Überlegungen, die Nazipartei wie eine traditionelle Regierungspartei fungieren zu lassen, sie nicht als Staatspartei auszubauen und als eine hauptsächlich der Propaganda dienende Organisation dem Goebbels-Ministerium zu unterstellen. Dieser Plan wurde nicht realisiert; dennoch übernahm das Reichsministerium für Volksaufklärung und Propaganda faktisch seit 1935 jene Aufgaben, die später der NSDAP übertragen wurden.[34] Das bezeugt den großen Stellenwert, den die faschistische Führung der Propaganda bei ihrer Herrschaftsausübung und Kriegsvorbereitung beimaß. Es erschien nur als logisch, daß 1935 das Reichsministerium für Volksaufklärung und Propaganda in den Reichsverteidigungsausschuß aufgenommen wurde[35] und eigene Mobilmachungspläne vorbereitete. Als die NSDAP dann ihrerseits Mobilmachungspläne aufstellte, sollte sich zwischen beiden Organisationen eine effektive, wenn auch nicht konfliktfreie Arbeitsteilung entwickeln.[36]

Die Führung der Partei baute seit dem April 1937 einen eigenen vielgegliederten Mobilmachungsapparat auf. Beim Stab des Stellvertreters des Führers etablierte sich die „Abteilung M" als zentrales Koordinierungsorgan der NSDAP. Sie war faktisch den anderen Abteilungen des Stabes gleichgestellt, d. h. vor allem der von Helmut Friedrichs geleiteten Abteilung II „Innere Parteiangelegenheiten" sowie der von Walther Sommer, ab 1941 von Gerhard Klopfer geleiteten Abteilung III „Staatsrechtliche Fragen". Mitunter wurde sie auch als Abteilung „II M" ausgewiesen.[37]

Die Leitung der „Abteilung M" übernahm SS-Oberführer Kurt Knoblauch, der offensichtlich als Folge seiner Zugehörigkeit zur Reichswehr relativ spät Mitglied der NSDAP (Mitgliedsnummer 2.750.158) und der SS (Mitgliedsnummer 266.653) geworden war. Knoblauch hatte eine steile SS-Karriere hinter sich. Am 12. April 1935 war er sofort zum Sturmbannführer und am 15. September des gleichen Jahres zum Obersturmbannführer ernannt worden. 1936 beförderte man ihn zum Standartenführer, 1937 zum Oberführer, 1939 zum Brigadeführer.[38]

Die Abteilung M leitete Knoblauch bis zum Mai 1941. Dann setzte er sein verbrecherisches Wirken beim Aufbau des „Kommandostabes Reichsführer SS" fort, der einer verstärkten

---

31 Ebenda, Bl. 59.   32 Ebenda.

33 *IMG*, Bd. 36, S. 476, Dok. El-406.

34 Siehe *Demps*, Dokumente, S. 62 und das in Anm. 30 erwähnte Schreiben v. 7. 5. 1937.

35 Siehe *IMG*, Bd. 36, Dok. EC-405, S. 410 ff.

36 Siehe „*Arbeitspläne der Reichsleitung der NSDAP für den Einsatz der Partei und der angeschlossenen Verbände im A-Falle.*" Hrsg. Abteilung M des Stabes des Stellvertreters des Führers. München, den 16. Mai 1938, in: BA, Koblenz, NS 6/379, Bl. 14 (Kennziffer 74).

37 Siehe *Henke*, S. XXVI.

38 *Dienstaltersliste der Schutzstaffel der NSDAP*, Stand vom 1. Dezember 1938, Berlin 1938, S. 20.

Tabelle 1
Mobilmachungsbeauftragte der NSDAP in den Gauleitungen, Hauptämtern der NSDAP-Reichsleitung sowie in den angeschlossenen Verbänden

1. Baden	— Stellv. Gauleiter	Röhn
2. Bayrische Ostmark	— Stellv. Gauleiter	Ruckdeschel
3. Berlin	— Gauamtsleiter	Petzold
4. Düsseldorf	— Stellv. Gauleiter	Overhues
5. Essen	— Stellv. Gauleiter	Schlessmann
6. Franken	— Stellv. Gauleiter	Holz
7. Halle-Merseburg	— Stellv. Gauleiter	Tesche
8. Hamburg	— Stellv. Gauleiter	Henningsen
9. Hessen-Nassau	— Stellv. Gauleiter	Linder
10. Kärnten	— Stellv. Gauleiter	Kutschera
11. Koblenz-Trier	— Stellv. Gauleiter	Neumann
12. Köln-Aachen	— Gauamtsleiter	Dr. Evertz
13. Kurhessen	— Stellv. Gauleiter	Solbrig
14. Magdeburg-Anhalt	— Stellv. Gauleiter	Trautmann
15. Mainfranken	— Stellv. Gauleiter	Kühnreich
16. Brandenburg	— Stellv. Gauleiter	Wegener
17. Mecklenburg	— Gauamtsleiter	Fitzner
18. München-Oberbayern	— Gauamtsleiter	Förtsch
19. Niederdonau	— Stellv. Gauleiter	Gerland
20. Oberdonau	— Stellv. Gauleiter	Eisenkolb
21. Ost-Hannover	— Stellv. Gauleiter	Peper
22. Ostpreußen	— Stellv. Gauleiter	Grossherr
23. Pommern	— Geschäftsführer	Eckhardt
24. Saarpfalz	— Stellv. Gauleiter	Leyser
25. Sachsen	— ?	Kasprick
26. Salzburg	— Stellv. Gauleiter	Wintersteiger
27. Schlesien	— Gauorganisationsleiter	Bruno Müller
28. Schleswig-Holstein	— Stellv. Gauleiter	Sieh
29. Schwaben	— Stellv. Gauleiter	Traeg
30. Steiermark	— Stellv. Gauleiter	Dr. Portschy
31. Sudetenland	— Stellv. Gauleiter	?
32. Süd-Hannover-Braunschweig	— Gauamtsleiter	Nebelung
33. Thüringen	— Stellv. Gauleiter	Siekmeier
34. Tirol-Vorarlberg	— Gauorganisationsleiter	Braunsdorff
35. Weser-Ems	— Stellv. Gauleiter	Joel
36. Westfalen-Nord	— Stellv. Gauleiter	Stangier
37. Westfalen-Süd	— Stellv. Gauleiter	Vetter
38. Wien	— ?	Erwin Richter
39. Württemberg-Hohenzollern	— Gaugeschäftsleiter	Baumert

1. Deutsche Arbeitsfront: Hauptamtsleiter Melchert
2. Hauptamt für Volkswohlfahrt: Reichsamtsleiter Wulff
3. NS.-Frauenschaft: Abteilungsleiterin Frl. Kohnle
4. Reichsschatzmeister: Hauptdienstleiter Saupert
5. Reichsorganisationsleitung: Hauptamtsleiter Mehnert
6. NS.-Kriegsopferversorgung: Reichshauptstellenleiter Neumann
7. Reichsleiter für die Presse: Hauptamtsleiter Dr. Rienhardt

8. Reichspressechef der NSDAP.: Reichsamtsleiter Sündermann
9. Parteiamtliche Prüfungskommission zum Schutze des NS-Schrifttums: Hauptamtsleiter Hederich
10. Auslandsorganisation der NSDAP.: SS-Standartenführer Cohrs
11. Oberstes Parteigericht: Parteirichter Koch-Schweißfurth
12. Kommission für Wirtschaftspolitik: Reichsamtsleiter Köhler
13. Beauftragter des Führers für die Überwachung der gesamten geistigen und weltanschaulichen Erziehung der NSDAP.: Hauptamtsleiter Urban
14. Beauftragter für außenpolitische Fragen: Oberregierungsrat Böttger
15. Hauptamt für Volksgesundheit: Obergruppenführer Dr. Brauneck
16. Agrarpolitisches Amt der NSDAP.: Hauptamtsleiter Backe
17. Außenpolitisches Amt der NSDAP: Reichshauptstellenleiter Malletke
18. Kanzlei des Führers der NSDAP.: Reichsamtsleiter Jaensch
19. Hauptamt für Erzieher: Reichshauptstellenleiter Eybel
20. Hauptamt für Beamte: Reichshauptstellenleiter Wehling

Organisierung und Koordinierung des Kampfes gegen die Partisanen in den okkupierten Gebieten dienen sollte.[39]

Die Quellen schweigen über das genaue Gründungsdatum der Abteilung M, aber sie arbeitete nachweislich seit April 1937 aktiv an der Vorbereitung der NSDAP auf den Krieg. Sie schuf einen Apparat, der die gleichen hierarchischen Strukturen wie die Nazipartei aufwies. Ihre Stützen waren die sogenannten Mob.-Beauftragten der Gauleitungen, Gliederungen und Verbände (siehe Tabelle 1), die ihrerseits wieder funktionierende bürokratische Apparate aufbauten, welche dann den Kreisleitungen bzw. den regionalen und lokalen Führungen der Gliederungen in Fragen der Mobilmachung zu befehlen hatten. In jedem Falle war die „M-Stelle ... personell so stark zu besetzen, daß die Arbeiten nicht durch Personalmangel verzögert"[40] wurden.

Schon zu Beginn der forcierten Kriegsvorbereitung ging also die direkte Einbeziehung der faschistischen Partei weit über das hinaus, was ursprünglich vom Reichsverteidigungsausschuß geplant worden war. Die Beziehungen zur Wehrmachtführung wurden seit 1937 wesentlich verstärkt und institutionalisiert. Der Geschäftsverteilungsplan der Abteilung Inland der Wehrmacht[41] weist für das Jahr 1937 mehrere Verbindungen zur NSDAP auf. Hauptmann G. Thomey — Leiter der Gruppe innerpolitische und allgemeine Angelegenheiten — wurde Verbindungsoffizier zu Heß. Ihm unterstellte Mitarbeiter vertraten die Gebiete „Verhältnis zur NSDAP, ihren Gliederungen und Verbänden" und „Richtlinien für die Zusammenarbeit mit K. d. F."[42]

Es ist zu fragen, warum die Führung der Nazipartei gerade 1937 solche Anstrengungen für die Durchsetzung des Kriegskurses unternahm, welche Ursachen sie hatten und welche strategischen Zielsetzungen mit ihnen verbunden waren. Dabei scheint es nützlich zu sein, den von Willibald Gutsche und Fritz Klein mit Blick auf das Vorfeld des ersten Weltkrieges entwickelten Begriff des Übergangs zu einer unmittelbaren Kriegsdisposition

---

39 Siehe *Demps*, Dokumente, S. 88.
40 „*Arbeitspläne* ...", Bl. 5.
41 Veröffentlicht bei *Kern*, S. 236 ff.
42 Zit. nach Ebenda, S. 237, siehe auch S. 106.

auch auf die Jahre 1937 bis 1939 anzuwenden. Beide Autoren charakterisieren damit eine spezielle Phase bzw. Stufe in der geschichtswirksamen Umsetzung der dem Imperialismus wesenseigenen Aggressivität. Zugleich ist damit der konkrete Prozeß gemeint, in dessen Verlauf sich eine unmittelbare Bereitschaft zur Entfesselung von Kriegen herausbildet.[43] Mit der Errichtung der faschistischen Diktatur war der deutsche Imperialismus zwar einen wesentlichen Schritt in diese Richtung gegangen, seine Bereitschaft und Fähigkeit zu einem neuen Aggressionskrieg entstanden erst seit Mitte der dreißiger Jahre.

Zahlreiche Ereignisse verdeutlichten gerade 1937 den Übergang des faschistischen deutschen Imperialismus in eine unmittelbare Kriegsdisposition. Dies zeigte sich nicht nur in forcierter Aufrüstung — erinnert sei an den Vierjahresplan und an die bis 1939 größte Heereserhöhung von 596000 auf 760000 Mann[44] —, sondern auch in einer neuen Qualität der militärischen Mobilmachungspläne. Am 12. März 1937 wurde der neue „Mob.-Plan für das Heer" erlassen[45], der bis zur Entfesselung des Krieges gültig blieb. Bereits einen Monat später fanden die schon genannten Sitzungen statt und ergingen die erwähnten Erlasse und Verfügungen des Reichsverteidigungsausschusses und der NSDAP.

Die NSDAP bot sich keinesfalls nur als „*zusätzlicher* Faktor bei der Stabilisierung der innenpolitischen Verhältnisse im Hinterland"[46] an. Vielmehr wird man feststellen können, daß ohne sie und ihr Organisationsgefüge das faschistische Herrschaftssystem in seiner Gesamtheit nicht funktionierte, es dem deutschen Imperialismus nicht möglich gewesen wäre, einen „totalen" Krieg zu führen. Der ganze Komplex von Terror, sozialer Demagogie, Korruption und faschistischer Ideologie, den die Machthaber aufboten, um einen neuen 9. November zu verhindern, war nur mit Hilfe der NSDAP, in erheblichem Grade auch nur durch sie selbst zu realisieren. Insofern vollzog sich weniger eine „Aufwertung der faschistischen Partei",[47] sondern vielmehr eine Veränderung ihrer Funktionen und Tätigkeitsbereiche unter den sich verändernden Bedingungen der unmittelbaren Kriegsvorbereitung.

Als „Aufgaben der Partei im Kriegsfalle" wurden am 16. Mai 1938 im Rahmen der sogenannten Kennziffern 1 bis 14 bestimmt:

„1 Haltung und Hebung der seelischen Widerstandsfähigkeit des Volkes im Kriege.

2 Seelische, sittliche und soziale Betreuung aller werktätigen deutschen Volksgenossen unter Mithilfe DAF., NSV., und NS-Frauenschaft.

3 Sicherung des sozialen Friedens in den Betrieben.

4 Politische und seelische Betreuung des Volkes bei Luftangriffen.

5 Abwendung der wirtschaftlichen, gesundheitlichen und seelischen Notstände unter Einsatz der bestehenden Hilfswerke und durch Mithilfe der Gliederungen und angeschlossenen Verbände.

6 Führung der Reichsdeutschen im Ausland in engster Zusammenarbeit mit dem Auswärtigen Amt.

7 Durchführung eines Kriegshilfswerkes für das deutsche Volk.

8 Unterstützung der Wehrmacht in der Verwundeten- und Krankenpflege durch NSV und NS-Frauenschaft.

---

43 *Willibald Gutsche*, Zur Herausbildung der unmittelbaren Kriegsdisposition des deutschen Imperialismus im Sommer 1914, in: *Militärgeschichte*, *2/1984*, S. 107ff.
44 Siehe *Rahne*, S. 197.
45 Ebenda, S. 200.
46 *Demps*, Dokumente, S. 63.   47 Ebenda, S. 65.

9 Unterstützung der Wehrmacht bei dringlichen Maßnahmen durch Zurverfügungstellung
  von parteieigenen Einrichtungen und Stellung nicht wehrdienstpflichtiger Parteigenossen, Angehöriger der Gliederungen und angeschlossenen Verbände.
10 Mithilfe bei der Räumung feindbedrohter Gebiete.
11 Durchführung der Parteiräumung.
12 Betreuung der aus dem Räumungsgebiet zurückgezogenen Bevölkerung.
13 Betreuung der Bevölkerung im feindbesetzten Heimatgebiet.
14 Betreuung und politische Führung der Bevölkerung im besetzten Feindgebiet."[48]

Trotz der demagogischen Sprachregelungen geben diese Formulierungen wesentliche
Aufschlüsse. Die Verantwortlichen rechneten offensichtlich zu diesem Zeitpunkt vor allem
mit einem Krieg, der sich auf deutschem Boden abspielt. Dies mag der generell üblichen
Friedensdemagogie der Naziführung geschuldet sein, es zeugt aber wohl eher von einer
Überschätzung der Bereitschaft Großbritanniens und Frankreichs zur Abwehr der faschistischen Annexionspolitik. Veränderungen in einzelnen Verfügungen und Richtlinien, die
vor allem im Jahre 1939 vorgenommen wurden, scheinen diese Annahme zu bestätigen.[49]

Die Aufgaben des faschistischen Organisationssystems sollten weit über kriegslasten-
mindernde und repressive Aspekte hinausgehen. Die einzelnen Organisationen hatten in
ideologischer, personeller und materieller Hinsicht mobilisierend für den Krieg zu wirken.
Generell waren die Mobilmachungspläne der NSDAP von vier strategischen Zielsetzungen
durchzogen: *Erstens* vom Ziel einer totalen Militarisierung und Mobilisierung der
Gesellschaft für den Krieg, *zweitens* von der Absicht zur Verhinderung jeden Widerstandes
gegen die faschistische Kriegspolitik schon im Ansatz, *drittens* vom Bemühen, die Kriegslasten für größere Teile der deutschen Bevölkerung möglichst gering zu halten, und
schließlich *viertens* — als unmittelbare Voraussetzung dafür — von dem von vielen Nazis
auch persönlich erstrebten Ziel, die Arbeitsfähigkeit des Parteiapparates unter den Kriegs-
bedingungen und fern von den militärischen Fronten zu sichern.

Die Naziführung wandte damit für die Realisierung dieser Strategie neue Mittel und
Methoden an. Die faschistische Partei erwies sich auch deshalb als eine „bürgerliche Partei
neuen Typs"[50], weil sie erstmals in der Geschichte der bürgerlichen Parteien eine vollständige Militarisierung der Gesellschaft einschließlich ihrer eigenen Organisationen anstrebte und ihren gesamten Apparat auf die Bedürfnisse eines Aggressionskrieges aus-
richtete. Die ersten Weisungen und Anordnungen der „Abteilung M" galten diesen
Zielen, sie erhielten höchste Geheimhaltungsstufen, um unter allen Umständen eine
„Kriegspsychose" zu vermeiden.[51]

Hand in Hand mit der Ausarbeitung der Mobilmachungspläne für die NSDAP erfolgten weitere Sicherungsmaßnahmen, die ein bezeichnendes Licht auf die Absichten und
auf die Situation der Nazipartei vor dem zweiten Weltkrieg werfen. Am 1. Juli 1938
erging ein von der „Abteilung M" ausgearbeitetes und von Rudolf Heß unterzeichnetes

---

48 *„Arbeitspläne . . .",* Bl. 9 f.
49 BA, Koblenz, NS 6/335, Bl. 158—170. Aufschlußreich sind in dieser Hinsicht besonders die von
   Knoblauch am 2. 6. 1939 verschickten „Änderungen und Zusätze für die Merkblätter, Anordnungen und
   Richtlinien für den Einsatz der Partei im Kriegsfalle". Die früher verwendete Formulierung „Verhalten
   bei plötzlichem feindlichem Einfall" fiel beispielsweise ersatzlos weg.
50 Zu diesem Begriff siehe *Palmiro Togliatti,* Lektionen über den Faschismus, Frankfurt a. M. 1973, S.
   125 ff.
51 BA, Koblenz, NS 6/355, Bl. 75, Schreiben Knoblauchs an alle M.-Beauftragten vom 25. 6. 1938.
   Ergänzend hieß es: „Die weiblichen Personen sind besonders streng zu ermahnen."

„Geheimes Material betr. Abwehrmaßnahmen der NSDAP, ihrer Gliederungen und angeschlossenen Verbände", das die „Zuverlässigkeit auch der kleinsten Parteidienststelle"
forderte. Gleichzeitig wurde mitgeteilt, daß der „Reichsverteidigungsreferent der NSDAP
und Leiter der Mob.-Abteilung" im Stab des Stellvertreters des Führers zugleich die Funktion eines Abwehrbeauftragten der Partei übernommen habe.[52] Dem folgten am 1. März
1939 „Richtlinien für die abwehrmäßige Überprüfung von Arbeitskräften bei Behörden und
Dienststellen außerhalb der Wehrmacht."[53]

Im Sommer 1938 arbeitete der Heß-Stab mit Nachdruck an einer präzisierten Fassung
der „Disziplinarstrafordnung für die Politischen Leiter der NSDAP". In diesem Zusammenhang äußerte sich der Reichsamtsleiter Albert Hoffmann über die Notwendigkeit,
durch die Nazipartei auch Freiheitsstrafen verhängen zu können. Im Kriegsfalle komme
man um eine derartige Maßnahme nicht herum. Seine aufschlußreiche Begründung lautete:
„Die Ausstoßung disziplinloser Parteigenossen aus der Gemeinschaft der Partei wird in
unruhigen Zeiten ungenügend sein, da diese Geister dann froh sind, wenn sie der Kontrolle
der Partei nicht mehr unterstehen und freiweg meckern können. Eine Inhaftierung von
Parteigenossen in staatlichen Strafanstalten kann natürlich in keinem Fall in Frage
kommen, es können nur Arrestlokale verwandt werden, die in parteieigenem Besitz sind
(z. B. in der SS-Verfügungstruppe)".[54] Gleichzeitig wurde überlegt, im Interesse der faschistischen „Menschenführung" den Reichsnährstand und die Reichskulturkammer „in die
Partei zu übernehmen" und zu entsprechenden Organisationen umzugestalten.[55]

Die „Abteilung M" übernahm schließlich im Rahmen der Sicherungsmaßnahmen für
die Mobilmachung der NSDAP auch die Aufgabe, für deren „Selbstschutz" Sorge zu
tragen. Knoblauch versandte am 29. Juli 1939 eine tags zuvor fixierte detaillierte „Anweisung für den Aufbau und die Durchführung des erweiterten Selbstschutzes und Selbstschutzes in den Dienststellen der NSDAP, ihrer Gliederungen und angeschlossenen Verbände". Als sogenannte Selbstschutzreferenten bei den Gau- und Kreisleitungen der NSDAP
waren hauptamtliche SA-Führer vorgesehen, die in enger Zusammenarbeit mit den Dienststellen des Reichsluftschutzbundes wirken sollten.[56]

4. Die „Arbeitspläne" der NSDAP für den A-Fall

Neben den hier nicht näher zu behandelnden Plänen für die materielle Mobilmachung
der faschistischen Organisationen, bei denen es sich vor allem um die Sicherung der
Verkehrs- und Nachrichtenmittel, der Grundstücke und Anlagen sowie der Ausrüstung der
Nazipartei handelte[57], stand die personelle Handlungsfähigkeit des Parteiapparates im Vordergrund. Von den Vorstellungen eines totalen Krieges und also von besonders großen
„Anforderungen an die Bevölkerung in der Heimat" ausgehend, leiteten die Nazioberen
ab, daß die Partei „erst recht nicht in einem Kriege auf das bisher als selbstverständlich
beanspruchte Recht der politischen Führung verzichten" dürfe. Um dies aber realisieren
zu können, müsse sie „darauf bestehen, daß ihr diejenigen Männer, die zur Menschenfüh-

---

52 Ebenda, Bd. 454, Bl. 22ff.
53 Ebenda, Bl. 26f.
54 BA, Koblenz, NS 6/380, Bl. 66 und 139.
55 Ebenda, Bl. 141.
56 BA, Koblenz, NS 6/453, Bl. 7ff.
57 Siehe dazu BA, Koblenz, NS 6/357 und 455.

rung in der Heimat und zur Betreuung der Volksgenossen nicht entbehrt werden können, vom Waffendienst für die Zeit ihres politischen Kriegsdienstes freigestellt werden."[58]

Seit der ersten Mobilmachungsverfügung vom 15. April 1937 gehörte es zur Praxis aller Formationen und Institutionen der NSDAP, bei der „Abteilung M" sogenannte Unabkömmlichkeitsanträge einzureichen. Der erste Termin war der 1. Juni 1937, wobei Knoblauch anwies, daß die personelle Mobilmachung der Partei „stufenweise wie folgt vorgenommen wird: 1.) Gau- und Kreisleitung, 2.) Ortsgruppen und Stützpunkte, 3.) Gliederungen, angeschlossene Verbände usw."[59] Es war vorgesehen, die Funktionäre vom Kreisleiter an aufwärts keinen Wehrdienst mehr ausüben zu lassen.

Eine Anordnung, die sich mit der „Sicherstellung" der Ortsgruppen im Kriegsfalle befaßte, wurde erst am 1. Dezember 1937 erlassen.[60] Den Ortsgruppenleitern, „als denjenigen Politischen Leitern, die in engster Verbindung mit allen Volksgenossen stehen und im Kriege ein erhöhtes Maß an Verantwortung zu tragen haben",[61] kam in den faschistischen Plänen eine besondere Bedeutung zu. (Siehe Anhang, a.) Es war der faschistischen Führungsspitze sehr wohl bewußt, daß die Wirkungen und Schrecken des Krieges den Alltag jeder einzelnen Familie betreffen würden. Das konnte gerade auf lokaler Ebene zu sozialen Protesten führen. Daher sollte ein arbeitsfähiger Parteiapparat vor Ort jeden Widerstandsversuch sofort erkennen und in Zusammenarbeit mit allen Terrororganen im Keim ersticken. Darüber hinaus war es gerade in den Ortsgruppen möglich, ein gewisses Gefühl der „Sorge" der Partei für ihre Mitglieder und Anhänger zu suggerieren.[62]

Aber schon in dieser Weisung wird die große Diskrepanz zwischen dem Streben nach der stärksten „inneren Front" und der Aufbietung eines Massenheeres sichtbar. Da Freistellungen in der Regel nur für die nicht von der Wehrmacht erfaßten, d. h. für ältere NSDAP-Mitglieder beantragt werden durften, mußte zusätzlich eine verstärkte ehrenamtliche Tätigkeit von Nazifunktionären verlangt werden. Insgesamt mußte 1937 die Vorbereitung der Mobilmachung der Ortsgruppen „wegen der großen Zahl" der Befreiungsanträge vom Militärdienst noch zurückgestellt werden.[63]

Einen Ausweg aus dem Dilemma, das sich später als unüberwindbar herausstellte, sollte die nahezu minutiöse Planung des Einsatzes der NSDAP im Krieg bieten. Dem entsprachen die „Arbeitspläne der Reichsleitung der NSDAP für den Einsatz der Partei und der angeschlossenen Verbände im A-Falle"[64] vom 16. Mai 1938. Sie umfaßten 41 Seiten und ergänzten in abgestimmter Weise das „Mobilmachungsbuch für die Zivilverwaltungen", welches unter Leitung des OKW seit 1935 erstellt worden war.[65]

---

58 Zit. nach *Demps*, Dokumente, S. 75.

59 BA, Koblenz, NS 6/355, Bl. 2, Schreiben Knoblauchs an die Mob.-Beauftragten der Gauleitungen vom 18. 5. 1937.

60 Ebenda, Bl. 60f., Richtlinien über die personelle Mobilmachung der Partei: Verfügung Nr. 2/37, vom 1. 12. 1937.

61 Ebenda.

62 Mit dieser Frage beschäftigte sich besonders die Anordnung Nr. 3/37 vom 6. 12. 1937, die sich mit der personellen Sicherstellung der NSV befaßte. In ihr hieß es: „Im Kriege werden der NSV im Rahmen der Gesamtaufgabe der Partei an Bedeutung und Tiefenwirkung wesentliche Arbeitsgebiete zufallen. Der personelle Bedarf ist daher sicherzustellen." (Ebenda, Bl. 62f.).

63 Ebenda, Bl. 60f. und 91.

64 Siehe Anm. 34.

65 Siehe *Demps*, Dokumente, S. 81.

Dieses Dokument, das als Ergebnis und Ausdruck der totalen Kriegsvorbereitung durch den faschistischen deutschen Imperialismus betrachtet werden kann, vereinte die Mobilmachungspapiere von 20 verschiedenen kriegswichtigen Institutionen des faschistischen Staates außerhalb der Wehrmacht. Es war als eine Art Rahmenprogramm gedacht, welches „die einheitliche Grundlage für die Durchführung der Mobilmachung" bildete.[66] Mit seiner Hilfe sollten die „Umstellung der Staatsführung und des Volkslebens auf die Notwendigkeiten der Kriegführung in politischer, sozialer und staatsrechtlicher Hinsicht und die Bereitstellung aller personellen und materiellen Kräfte des Volkes für die Kriegführung"[67] realisiert werden. Ein vollständiges Exemplar liegt der Forschung bis jetzt nicht vor. So ist nicht zu entscheiden, ob es jemals die beabsichtigte Fassung und Dreiteilung in „Arbeitspläne", „Mob.-Buch" und „Mob.-Kalender"[68] gegeben hat. Seine Bedeutung lag wohl auch weniger darin, daß alle mit insgesamt 9500 Kennziffern bezeichneten Maßnahmen[69] durchgeführt werden sollten bzw. konnten. Wie Jodl vor den Nürnberger Richtern erklärte, sei es um eine Koordinierung der Mobilmachungsplanungen insbesondere mit dem militärischen Bereich unter Leitung des OKW gegangen.[70]

Die „Arbeitspläne" der NSDAP wurden zu einem nicht genau bekannten Zeitpunkt[71] in das „Mob.-Buch" unter den Kennziffern 9000 bis 9500 aufgenommen. Sie sollten „die einheitliche Grundlage für alle Mob.-Anordnungen" der NSDAP bilden und „der Parteiführung die Übersicht über Art und Umfang der Mobilmachungsmaßnahmen"[72] schaffen. Sie gliederten sich in „Vorzubereitende Maßnahmen", „Aufgaben im Kriegsfall" und „Mitwirkung bei Maßnahmen anderer", wobei sie neben der Bestimmung allgemeiner Aufgaben der NSDAP im Krieg und neben dem Arbeitsplan der Abteilung M auch die DAF, NSV, NSF, NSKOV sowie fast alle Hauptämter der Reichsleitung umfaßten.[73] Das Dokument widerspiegelt direkt die schon skizzierte Strategie für den Einsatz der NSDAP bei der Vorbereitung und Führung des Aggressionskrieges, drückte mittelbar aber auch die Befürchtungen der NSDAP-Führung über die Wirkungen des Krieges auf die deutsche Bevölkerung und die daraus erwachsenden Gefahren für die eigene Herrschaft aus (Siehe Anhang, b).

Aus den „Arbeitsplänen" geht hervor, daß es für die Nazipartei als erstrangig galt, ihre faschistisch-militärische Ideologie in kriegsmobilisierender Weise zu verbreiten. Dabei sollte die Abt. M — deren federführende Rolle in allen Mobilmachungsplanungen mehrmals und ausdrücklich betont wurde — „Richtlinien über die Zusammenarbeit der Partei mit dem RPM (d. i. das Goebbels-Ministerium — die Vf.) insbesondere über die wehrpolitische Erziehung des Volkes aufstellen" und einen Aufruf „zum Einsatz der Partei im Kriegsfalle" entwerfen.[74] Außerdem hieß es, alle Dienststellen der NSDAP hätten ihre Vorbereitungsarbeiten „in engstem Einvernehmen mit der Abteilung M durchzuführen" und

---

66 *IMG*, Bd. 36, S. 462, Dok. EC-406.
67 *IMG*, Bd. 27, S. 392, Dok. PS-1639.
68 Ebenda, Bd. 36, S. 462, Dok. EC-406.
69 Ebenda, Bd. 27, S. 401, Dok. PS-1639.
70 Ebenda, Bd. 15, S. 382.
71 Zwischen Mai 1938 und März 1939.
72 BA, Koblenz, NS 6/379, Bl. 4.
73 Ebenda, Bl. 3. Der Frage, welche der unzähligen faschistischen Organisationen von den Mobilmachungsplänen nicht erfaßt worden sind, müßte noch einmal gesondert nachgegangen werden.
74 Ebenda, Bl. 13f.

dieser „auf Wunsch zu jeder Zeit Einblick in den Stand der Vorbereitungsarbeiten zu geben."[75]

Als weiterer Aufgabenbereich wurde die „Betreuung" der Bevölkerung fixiert. Die faschistische Führungsspitze plante die verheerenden Wirkungen des Krieges auf die Zivilbevölkerung ein und suchte ihnen mit einem sozialdemagogischen Konzept zu begegnen. Es sollte dazu beitragen, die Kriegslasten, die die Bevölkerung zu tragen hatte, in gewissem Umfang zu mindern, um so der Gefahr einer Herrschaftsdestabilisierung zu entgehen. Die „politische und seelische Betreuung des Volkes bei Luftangriffen", „Durchführung eines Kriegshilfswerkes für das deutsche Volk", der „Einsatz von KdF"[76] und weitere ähnliche Maßnahmen schlossen sich an Lehren an, die aus Erfahrungen mit dem Massenelend während des ersten Weltkrieges gewonnen worden waren.

Die „Arbeitspläne" richteten sich ferner darauf, eine höchst effektive Rüstungsproduktion zu gewährleisten. Aus der Kennziffer 102 („Sicherung des sozialen Friedens in den Betrieben")[77] entwickelte sich nach 1938 ein ganzes Bündel von Aufgabenstellungen, mit denen der Deutschen Arbeitsfront ihr Platz im Krieg zugewiesen wurde. Am 25. Juni 1938 erging für sie eine spezielle Weisung.[78]

Die „Arbeitspläne" — deren Inhalt jegliche Friedensbeteuerungen faschistischer Politiker in jenen Jahren ad absurdum führen — bedeuten einen wichtigen Schritt bei der Vorbereitung der NSDAP auf den Krieg. Aber sie stellten noch keine konkreten Befehle an das Korps der Politischen Leiter dar. Diese wurden unmittelbar danach in einem umfangreichen Bündel von Richtlinien, Befehlen und Merkblättern formuliert. Darin flossen bereits die Mobilmachungserfahrungen bei der Annexion Österreichs und bei der Zerschlagung der Tschechoslowakei[79] ein, ebenso die weitere Ausformung der Kriegsstrategie.

Als Göring am 10. September 1939 ausrief, es gebe „nicht mehr nur einen Mobilmachungsbefehl für den Soldaten zwischen dem und dem Jahrgang, sondern einen Mobilmachungsbefehl für jeden Deutschen, sobald er 16 Jahre alt geworden ist, Mädchen wie Junge"[80], war dies zwar prahlerisch übertrieben — hatten es die Faschisten doch nicht einmal gewagt, die Frauenarbeitspflicht einzuführen —; doch für die NSDAP und für ihre Gliederungen und angeschlossenen Verbände traf es weitgehend zu.

Im Sommer 1939 hatte die NSDAP ihre Aktionen zur Freistellung von haupt- und nebenamtlichen Nazifunktionären vom Militärdienst abgeschlossen. Sie konnte unter anderem darauf verweisen, daß 18 630 Männer (9010 hauptamtlich und 9620 ehrenamtlich tätig) und 10 985 hauptamtlich tätige Frauen von der „Abteilung M" erfaßt worden seien. Das war ein verhältnismäßig hoher Anteil, der in Wirklichkeit sogar noch größer war, da die faschistische Wehrmacht zunächst nicht alle zum Militärdienst einberief, die auf ihren Listen für die Mobilmachung standen. Zum Stichtag 1. Januar 1940 waren von

75 Ebenda, Bl. 3.
76 Ebenda, Bl. 9 und 15.
77 Ebenda, Bl. 15.
78 BA, Koblenz, NS 6355, Bl. 65 f.
79 BA, Koblenz, NS 6/356, Bl. 1. Siehe Brief von Knoblauch an SS-Brigadeführer Petri vom 29. 11. 1938. Darin wird von „gewisse(n) Vorkommnisse(n), die bei der Teilmobilmachung im Falle Tschecho-Slowakei zutage getreten sind . . ." gesprochen. Offensichtlich ging es dabei um das Verhältnis zwischen den Mobilmachungsplänen der NSDAP und der SS.
80 Zit. nach *Günter Kaufmann*, Das kommende Deutschland. Die Erziehung der Jugend im Reich Adolf Hitler, Berlin 1943, S. 56.

den 1231104 haupt- und nebenamtlichen Politischen Leitern lediglich 243471, d. h. 19,8 Prozent, von den 21185 hauptamtlichen Politischen Leitern 7283, d. h. 34,4 Prozent zur Wehrmacht eingezogen.[81]

In der Phase der Blitzkriege und leicht errungener Siege blieb der Apparat der Nazipartei weitgehend funktionstüchtig. Doch stellte sich alsbald heraus, daß die Freistellung von vielen politischen Leitern der NSDAP und anderen Nazifunktionären einem zweischneidigen Schwert glich. Gerade diejenigen Führer, welche die Stimmung der Zivilbevölkerung hochhalten und die Grundlagen für äußerste Kriegsmobilisierung schaffen sollten, gerieten in den Geruch, sich vor dem Kampf an der Front zu drücken. Solche Beurteilungen mußten die faschistische Führungsgruppe politisch um so ärger treffen, als gerade sie es gewesen war, die seit den Jahren der Weimarer Republik das „Frontkämpfertum" verherrlicht und den Schützengraben als den einzigen Platz charakterisiert hatte, an den ein wehrdiensttauglicher Mann im Kriege gehörte. Deshalb kam es der NSDAP-Führung durchaus recht, daß nach Kriegsausbruch auch höhergestellte Leiter in die Wehrmacht drängten und sich militärische Orden und Kriegsruhm erwerben wollten. Daher nahmen auch die Mitteilungen über den „Heldentod" von haupt- und nebenamtlichen Leitern von Nazi-Organisationen in der faschistischen Presse einen augenfälligen Platz ein. Mit den militärischen Dienstgraden und Meriten der Kriegstoten wurden stets die Stellungen genannt, die sie im Organisationsgefüge der NSDAP bekleidet hatten.

Mit dem Ende der Blitzkriege, in einer Situation, da die Nazi-Organisationen erst in vollem Ausmaß die vorgedachte Rolle einnehmen und über die kritische Lage hinweghelfen sollten, klafften die Vorkriegsmobilmachungspläne und die Kriegswirklichkeit dann immer mehr auseinander.

5. Anhang

a. Anordnungen und Richtlinien der „Abteilung M" im Stab des Stellvertreters des Führers für den „Einsatz des Ortsgruppenleiters im Kriege" — undatiert (BA, Koblenz, NS 6/146, Bl. 16f.; mit Auslassungen)

1. Stellung und Rechte des Hoheitsträgers

Der Hoheitsträger (Gauleiter, Kreisleiter, Ortsgruppenleiter) ist für die *politische Führung* und *Betreuung der Bevölkerung seines Hoheitsgebietes* verantwortlich. Zur Durchführung dieser Aufgabe ist er berechtigt, den im Kriegsdienst der NSDAP stehenden nachgeordneten Politischen Leitern, Führern und Angehörigen der Gliederungen sowie Hilfskräften seines Hoheitsgebietes Anordnungen, Weisungen und Aufträge zu erteilen. Diese sind verpflichtet, den Anordnungen und Weisungen Folge zu leisten und die Aufträge zu erfüllen. Die Nichtbefolgung wird nach den Kriegsgesetzen bestraft, sofern nicht die Anwendung besonderer Schutzmaßnahmen notwendig wird.

81 BA, Koblenz, NS 6/317, Bl. 4f., Zusammenstellung über den Mob-Personalbestand der NSDAP und ihrer angeschlossenen Verbände vom 16. 5. 1939. Aus dieser Quelle geht auch hervor, daß mit der Zahl von 29615 durch die „Abteilung M" Erfaßten nicht alle Nazifunktionäre gemeint sein konnten, die für die unmittelbaren Zwecke der NSDAP im Kriege mobilisiert worden sind. So ist u. a. von ca. 4000 Betriebsobmännern, Hauptbetriebszellenobmännern und Frauenwalterinnen ausgesagt, daß ihre Freistellung vom Militärdienst über die „Arbeitsämter und Betriebe" erfolgte. Außerdem hieß es: „Nicht eingeschlossen sind hierbei etwa 18000 Fachkräfte der NSV und rund 2000 Fachkräfte der NS-Frauenschaft, die ‚blockiert' d. h. ohne besondere Sicherstellung nur für Zwecke im Mob-Fall zur Verfügung stehen." BA, Koblenz, NS 6/317, Bl. 22.

2. Einsatz der Kräfte und Sachmittel
Die der Partei im Kriege zufallenden Aufgaben machen den *einheitlichen Einsatz und die straffe Zusammenstellung aller der Partei zur Verfügung stehenden Kräfte und Sachmittel* notwendig. Die Führung dieses Gesamteinsatzes kann nur von einer Stelle aus verantwortlich geleitet werden. Diese verantwortliche Stelle führt im Gau der M-Beauftragte der Gauleitung als Sachbearbeiter des Gauleiters, im Kreis der Kreisleiter und in der Ortsgruppe der Ortsgruppenleiter der NSDAP.

Bei der Anforderung, Verteilung und Zuweisung der *weiblichen* Kräfte soll die Ortsfrauenschaftsleiterin weitgehend verantwortlich beteiligt werden. Staatliche und militärische Stellen sind bei Anforderung von Kräften und Sachmitteln an den Kreisleiter zu verweisen.

3. Aufgaben des Ortsgruppenleiters
Die Aufgabe des Ortsgruppenleiters ist im Kriege wie im Frieden die *politische Führung und Betreuung der Bevölkerung* seines Hoheitsgebietes. Er ist für die Durchführung der in dem Merkblatt „Aufgaben und Pflichten des Hoheitsträgers und Politischen Leiters im Kriegsfalle" aufgezeigten Aufgaben verantwortlich und hat dafür zu sorgen, daß diese Aufgaben und Pflichten zum geistigen Eigentum jedes einzelnen Politischen Leiters werden. Der Ortsgruppenleiter soll immer wieder zur Vorsicht und Verschwiegenheit auch über scheinbar unwichtige Dinge mahnen.

Er soll seine Mitarbeiter unermüdlich zur Erfüllung ihrer Aufgaben anspornen. Zur restlosen Erfüllung seiner Führungsaufgabe soll der Ortsgruppenleiter sich von allen Aufgaben freihalten, die auch ein anderer an seiner Stelle übernehmen kann.
Der Ortsgruppenleiter soll insbesondere um die *Abstellung der festgestellten Mängel und Mißstände* unter Einsatz der eigenen Dienststellen bzw. in Zusammenarbeit mit den staatlichen und militärischen Dienststellen bemüht sein. Ist die Abstellung nicht möglich, so hat er seinem Kreisleiter umgehend Meldung zu erstatten.

Der Ortsgruppenleiter hat innerhalb seiner Ortsgruppe für die *reibungslose Zusammenarbeit aller Kräfte* zu sorgen. Er hat bei der Durchführung von Maßnahmen die allgemeinen Richtlinien zu beachten.

4. Beratung und Hilfeleistung
Im Kriegsfalle soll die Dienststelle des Hoheitsträgers die Zentrale sein, in der alle Volksgenossen Rat und Hilfe finden. Nach Möglichkeit müssen daher die Beratungsstellen des Hoheitsträgers, der NSV. und der NS.-Frauenschaft so zusammengelegt werden, daß den Hilfesuchenden schnell und ohne große Umstände geholfen werden kann.

5. Ausrichtung und Führerschaft der Ortsgruppe
Der Ortsgruppenleiter soll so oft es notwendig ist oder von der vorgesetzten Dienststelle gefordert wird, die führenden Männer und wichtigen Persönlichkeiten der Ortsgruppe zusammenrufen, um ihnen immer wieder eine *einheitliche politische Ausrichtung* und ein *einheitliches politisches Ziel* zu geben. Es handelt sich in der Ortsgruppe im allgemeinen um folgende Persönlichkeiten:
Bürgermeister, Ortsgruppenamtsleiter, Ortsbauernführer, Schulleiter, Betriebsführer.
Der Kreis dieser Personen soll im allgemeinen nicht stärker als 20 Mann sein. Der Ortsgruppenleiter soll bei dieser Ausrichtung außer den ihm gegebenen Richtlinien und Anweisungen die örtlichen Verhältnisse berücksichtigen und besonders auf jene örtlichen Vorkommnisse Bezug nehmen, die sich zum Schaden der allgemeinen Stimmung ausgewirkt haben.

6. Sofortmaßnahmen des Ortsgruppenleiters
2. Mobilmachungstag bzw. auf Anordnung des Kreisleiters: Sofortappell der Ortsgruppen. Unterrichtung der Politischen Leiter über ihre Aufgaben und Pflichten. Einleitung der Ersatzgestellung.
5. Mobilmachung bzw. auf Anordnung des Kreisleiters: Generalappell der Ortsgruppen. Durchführung der Ersatzgestellung.

7 Krieg

7. Überwachung der Maßnahmen der Gliederungen und angeschlossenen Verbände

3. Mobilmachungstag bzw. auf Anordnung des Kreisleiters: Meldung des HJ-Einheitsführers der Ortsgruppe über die Zahl derjenigen HJ-Angehörigen, die neben ihrer Berufstätigkeit zu Kriegsaufgaben der Partei herangezogen werden können.

4. Mobilmachungstag bzw. auf Anordnung des Kreisleiters: Meldung der BDM.-Einheitsführerin der Ortsgruppe an die Ortsfrauenschaftsleiterin. Namentliche Aufstellung derjenigen BDM.-Mädel mit Angabe der Eignung, die zu Kriegsaufgaben der Partei herangezogen werden können.

10. Mobilmachungstag bzw. auf Anordnung des Kreisleiters: Meldung der örtlichen Einheitsführer der SA. und des NSKK. über die Zahl der der Partei zum Einsatz zur Verfügung stehenden Kräfte an den Ortsgruppenleiter.

8. Verhalten während der Mobilmachung

Für den erfolgreichen Beginn des Krieges ist der reibungslose Ablauf der Mobilmachung von ausschlaggebender Bedeutung. Voraussetzung hierfür ist die verständnisvolle Zusammenarbeit aller Teile.

Der Ortsgruppenleiter soll durch seine politische Unterstützung an dem reibungslosen Ablauf der Mobilmachung innerhalb der Ortsgruppe mitwirken.

Bei einer Mobilmachung sind Härten unvermeidlich. Aufgabe des Ortsgruppenleiters ist es daher, das Verständnis der Bevölkerung für jene Maßnahmen zu wecken, deren Zweck und Notwendigkeit der Öffentlichkeit nicht ohne weiteres einleuchtend sind. Dennoch muß versucht werden, alle Maßnahmen zu vermeiden, die zu einer Gefährdung der Stimmung führen könnten.

Wo der Ortsgruppenleiter sich gezwungen sieht, vermittelnd und ausgleichend einzugreifen, hat dies mit Takt und Geschick zu erfolgen. Erscheint dem Ortsgruppenleiter die Abstellung unbilliger und gerechtfertigter Härten notwendig, und ist er zur Abstellung dieser Mängel selbst nicht in der Lage, so ist der Kreisleiter umgehend zu verständigen.

9. Verhalten bei Fliegeralarm

In Orten, in denen das Hoheitsgebiet der Ortsgruppe im wesentlichen mit den Grenzen des LS-Ortes übereinstimmt, hat der Ortsgruppenleiter bei Fliegeralarm sofort seine Arbeitsstätte zu verlassen und die *Befehlsstelle des örtlichen LS-Leiters* aufzusuchen oder einen Vertreter dorthin zu entsenden. (In Orten, in denen sich keine Befehlsstelle des örtlichen Luftschutzleiters befindet, hat der Ortsgruppenleiter sich sofort in seine Dienststelle zu begeben.) Er hat die Verbindung von der Ortsgruppenleitung zur Kreisleitung durch einen Kurier zu sichern.

Die *Ortsfrauenschaftsleiterin, der Ortswalter NSV., der Ortsobmann DAF.* sowie der *Ortspropagandaleiter* haben bei Fliegeralarm sofort die Dienststelle des Ortsgruppenleiters aufzusuchen, wo sie diesem zur Verfügung stehen.

Den im Luftschutz der NSDAP tätigen Politischen Leitern und Mitarbeitern sind die grünen Armbinden mit dem Aufdruck „Luftschutz — NSDAP." auszuhändigen.

Aufgabe des Ortsgruppenleiters während des Luftangriffs und nach dem Luftangriff ist die politische Führung und Betreuung der Bevölkerung seiner Ortsgruppe. Der Ortsgruppenleiter soll die Volksgenossen anhalten, den Weisungen der örtlichen Luftschutzleitung zu folgen.

Der Ortsgruppenleiter trifft im Rahmen der vom örtlichen Luftschutzleiter gegebenen Anordnungen alle Maßnahmen, die zur Behebung der entstandenen oder zu befürchtenden Notstände erforderlich sind. Er ordnet insbesondere den Einsatz der der Partei im Hoheitsgebiet zur Verfügung stehenden Kräfte und Sachmittel an. Der Kreisleiter ist von wesentlichen Maßnahmen zu unterrichten.

10. Verhalten bei der Durchführung von Räumungsmaßnahmen

Mit der Mobilmachung werden in einigen Gebieten Deutschlands Räumungsmaßnahmen durchgeführt. Sie dienen der Sicherstellung gewisser wichtiger Stoffe, Gegenstände und Einrichtungen; es werden ferner die in diesen Gebieten wohnenden wehrdienstpflichtigen männlichen Personen in das Innere des Landes zurückgeführt.

Bei dieser Räumung handelt es sich lediglich um Vorsichtsmaßnahmen, die durch die Nähe der feindlichen Grenze gefordert werden.

Aufgabe des Ortsgruppenleiters ist es, die Bevölkerung von der Notwendigkeit der Räumungsmaßnahmen zu überzeugen, sie zur Ruhe und Besinnung zu ermahnen und jede Flüchtlingsbewegung verhindern zu helfen.

Der Ortsgruppenleiter hat im Räumungsgebiet alle Maßnahmen, die aus militärischen Rücksichten oder zum Schutze der Bevölkerung getroffen werden müssen, mit allen zur Verfügung stehenden Kräften und Sachmitteln zu unterstützen.

Der Ortsgruppenleiter hat ferner auf Anordnung des Kreisleiters evtl. Räumungsmaßnahmen innerhalb der Parteidienststellen nach den gegebenen Weisungen durchzuführen.

11. Verhalten bei plötzlichem feindlichen Einfall

Bei plötzlichem feindlichen Einfall verhalten sich die in der politischen Führung tätigen Politischen Leiter und Parteigenossen wie die Angehörigen der Wehrbezirkskommandos und der Wehrmeldeämter; die in der Fürsorge eingesetzten Walter (NSV., NS.-Frauenschaft) wie die Angehörigen der Dienststellen des Staates. Bei Unklarheit ist sofortige Rückfrage beim Kreisleiter zu halten.

Alle wichtigen Akten sind sofort zu vernichten. Wichtige Akten sind Schriftstücke und Drucksachen, die den Stempel „Geheime Reichssache", „Geheim", „Streng vertraulich", „Vertraulich" und „Nur zum Dienstgebrauch" tragen, ferner alle Personalausweise, Personalienbogen und Karteikarten.

12. Partei und Wehrmacht

Immer, wo sich Gelegenheit bietet, soll der Hoheitsträger die enge Verbundenheit zwischen innerer und äußerer Front, zwischen Wehrmacht und Partei zeigen:

beim Ausrücken der Truppen an die Front, bei der Ankunft von Verwundetentransporten, bei der Durchführung gemeinsamer Veranstaltungen usw.

Der Ortsgruppenleiter soll sich ferner um die seelische Betreuung der Verwundeten und Kranken in den heimatlichen Lazaretten bemühen. Er soll ihnen das Gefühl der engen Verbundenheit mit der Heimat vermitteln und ihnen zeigen, daß die Heimat ihnen ihren Einsatz dankt. Der Ortsgruppenleiter soll versuchen, die Wünsche der Verwundeten und Kranken zu erfüllen und sich bemühen, ihnen durch den Einsatz der ihm geeignet erscheinenden Mittel neue Kräfte und neuen Mut zu geben.

13. Aufgaben und Einsatz der Gliederungen und angeschlossenen Verbände
SA., NSKK., HJ.

Die Gliederungen (außer der SS) stellen ihre Angehörigen, soweit diese nicht bereits für andere Kriegszwecke erfaßt oder verpflichtet sind, zur Durchführung des Einsatzes der Partei zur Verfügung. Jungvolk und Jungmädel sind nach ihrer Eignung für den Einsatz heranzuziehen.

Die *Gliederungen* bleiben für die Organisation, Ausrichtung und Disziplin ihrer Angehörigen verantwortlich.

Die *Anforderung der Kräfte* hat bei dem zuständigen Einheitsführer der Gliederung zu erfolgen, die Anforderung der BDM.-Angehörigen durch die Frauenschaftsleiterin bei der zuständigen BDM.-Einheitsführerin.

Die Angehörigen der Gliederungen sind vornehmlich zur Durchführung propagandistischer Aktionen, zur Ersetzung ausfallender Kräfte sowie zur Durchführung von Spezialaufgaben, für die ihre Angehörigen eine besondere Eignung besitzen und Ausbildung genossen haben, einzusetzen.

NSV.

Der NSV. werden *im Rahmen des Einsatzes der Partei im Kriege* folgende Aufgabengebiete übertragen:

1. Betreuung der Bevölkerung im Sinne der bisherigen NSV.-Arbeit,

2. Betreuung der Obdachlosgewordenen,

3. Betreuung der Flüchtlinge,

4. Betreuung der durch Luftangriffe betroffenen Volksgenossen.

*Aufgabe der NSV.-Walter ist es, sich im besonderen um jene Familien zu bekümmern, deren Ernährer einge*zogen wurden oder deren Führung durch andere Umstände des Krieges gefährdet ist. Die NSV.-Walter sollen in Fühlungnahme mit dem Hoheitsträger die notwendigen Maßnahmen zur Betreuung dieser Familien einleiten.

NS.-Frauenschaft
Aufgabe der NS.-Frauenschaft ist es, die deutschen Frauen zur höchsten seelischen Leistungsfähigkeit und Einsatzbereitschaft zu erziehen. Darüber hinaus soll die NS.-Frauenschaft und das Deutsche Frauenwerk die NSV. bei der Durchführung ihrer Aufgaben mit allen Kräften durch den Einsatz ihrer Angehörigen und Einrichtungen unterstützen.

Die *Betreuung der Familien* hat im engsten Einvernehmen mit den Waltern der NSV. zu erfolgen. Die NS.-Frauenschaft hat sich vor allem der seelischen Seite der Betreuung zu widmen. Der Hoheitsträger ist über die Maßnahmen zu unterrichten, die zur Unterstützung von Familien und sonstigen Personen durchgeführt werden.

NSKOV.
Die Angehörigen der NSKOV. sind vornehmlich bei der *Betreuung der Verwundeten und Kranken in den Lazaretten* zu beteiligen. Einzelne Angehörige der NSKOV. werden zur seelischen Betreuung der Kriegshinterbliebenen sowie zur Beratung und Unterstützung von Angehörigen Verwundeter, Vermißter und Gefallener besonders geeignet sein. Der Ortsgruppenleiter soll sich von dem zuständigen Ortsobmann bzw. Kameradschaftsführer der NSKOV. geeignete Kräfte namhaft machen lassen und sie nach Bedarf einsetzen.

b. Anordnungen und Richtlinien der „Abteilung M" im Stab des Stellvertreters des Führers für den „Einsatz des M-Beauftragten im Kriege" — undatiert (BA, Koblenz, NS 6/146, Bl. 12)

1. Durchführung des einheitlichen Einsatzes der Partei
Die der Partei im Kriege zufallenden Aufgaben machen den *einheitlichen Einsatz* und die *straffe Zusammenfassung* aller der Partei zur Verfügung stehenden Kräfte und Sachmittel notwendig. Die Führung dieses Gesamteinsatzes kann nur von einer Stelle aus verantwortlich geleitet werden. Diese verantwortliche Stelle führt im Gau der M-Beauftragte der Gauleitung als Sachbearbeiter des Gauleiters, im Kreis der Kreisleiter und in der Ortsgruppe der Ortsgruppenleiter der NSDAP.

2. Stellung und Aufgaben des M-Beauftragten
Der M-Beauftragte der Gauleitung ist der Sachbearbeiter des Gauleiters für den Einsatz der Partei im Kriege. Zur Durchführung seiner Aufgabe ist er berechtigt, den im Kriegsdienst der NSDAP. stehenden nachgeordneten Politischen Leitern, Führern und Angehörigen der Gliederungen sowie Hilfskräften innerhalb des Gaugebietes Anordnungen, Weisungen und Aufträge zu erteilen. Diese sind verpflichtet, den Anordnungen und Weisungen Folge zu leisten sowie die Aufträge zu erfüllen. Die Nichtbefolgung wird nach den Kriegsgesetzen bestraft, sofern nicht die Anwendung besonderer Schutzmaßnahmen notwendig wird.

Der M-Beauftragte der Gauleitung hat insbesondere für die Einhaltung und Durchführung der Richtlinien sowie das reibungslose Ineinandergreifen und Zusammenarbeiten aller Kräfte der Partei innerhalb des Gaues zu sorgen.

Der M-Beauftragte hat darauf zu achten, daß alle Maßnahmen, die geheim durchgeführt werden müssen, auch geheim durchgeführt werden. Hierbei soll er immer wieder zur Vorsicht und Verschwiegenheit auch über scheinbar unwichtige Dinge mahnen. Zuverlässige Kuriere sind die sichersten Befehls- und Nachrichtenübermittler. Telephon und Telegraph können abgehört, Briefe auf der Post gestohlen werden.

Der M-Beauftragte hat im Kriege die Freistellung der Kräfte und Sachmittel zu erwirken, die zur Durchführung der der Partei übertragenen Aufgaben erforderlich sind. Er hat den *Ausgleich der Kräfte und Sachmittel* innerhalb seines Gaugebietes durchzuführen.

Der M-Beauftragte hat sich ferner um den *Austausch* und die *Ablösung der freigestellten Kräfte* gegen nichtwehrdienstpflichtige oder wehrdienstuntaugliche Personen zu bemühen.

In Fragen der *personellen Freistellung* und *materiellen Sicherstellung* führt der M-Beauftragte die Verhandlungen mit den entsprechenden staatlichen und militärischen Stellen des Gaues.

3. Sofortmaßnahmen

Im Falle der Anordnung der allgemeinen Mobilmachung, auf besondere Weisung der Abt. M im Stab des Stellvertreters des Führers oder bei Durchgabe der Kennziffern *P 9096* hat der M-Beauftragte der Gauleitung folgende Maßnahmen sofort durchzuführen:

1. *Anordnung der Kriegsstellenbesetzung* innerhalb der eigenen Dienststelle.
2. *Anordnung der Urlaubssperre* für die hauptamtlichen zur Verfügung stehenden Kräfte der Gauleitung.
3. *Zurückberufung der beurlaubten hauptamtlichen zur Verfügung stehenden Kräfte* der Gauleitung. (Die Gauamtsleiter/NSV., DAF./ und die Gaufrauenschaftsleiterin rufen ihre Kräfte selbst zurück.)
4. *Einführung des Bereitschaftsdienstes*, sofern dieser nicht bereits angeordnet wurde. (Siehe besondere Richtlinien).
5. *Einführung des Kurierdienstes*, sofern dieser nicht bereits angeordnet wurde. (Siehe besondere Richtlinien).
6. Abbrechen laufender Schulungslehrgänge der NSDAP.
7. Aushändigung der Anordnungen und Richtlinien über den Einsatz im Kriegsfalle an die Gauamtsleiter und an die Gaufrauenschaftsleiterinnen, sofern dies nicht bereits erfolgt ist. *Die von der Abteilung M zur Weitergabe an die Kreisleiter ausgelösten Kennziffern (P 9096, P 9097) sind nach Empfang sofort fernmündlich, telegraphisch oder durch den Kurierdienst an die Kreisleiter weiterzugeben.*

4. Verhalten bei der Mobilmachung

Für den erfolgreichen Beginn des Krieges ist der reibungslose Ablauf der Mobilmachung von ausschlaggebender Bedeutung. Voraussetzung hierfür ist die verständnisvolle Zusammenarbeit aller Teile.

Der M-Beauftragte der Gauleitung soll durch seine politische Unterstützung an dem reibungslosen Verlauf der Mobilmachung innerhalb des Gaues mitwirken.

Hierbei ist es seine besondere Aufgabe, bei den zuständigen Dienststellen auf die Abstellung der von den Kreisleitern gemeldeten Mängel und Mißstände zu dringen. Gelingt dies nicht, so ist die Abt. M im Stab des Stellvertreters des Führers umgehend zu benachrichtigen.

5. Verhalten bei Fliegeralarm

Der M-Beauftragte der Gauleitung ist von einem Luftangriff sofort durch den Kreisleiter zu unterrichten.

Der M-Beauftragte hat die Meldung umgehend an den Gauleiter weiterzugeben und den Gaupropagandaleiter zu verständigen.

Irgendwelchen im Gaugebiet auftretenden falschen Gerüchten über den Luftangriff ist sofort nachdrücklich entgegenzutreten.

Aufgabe des M-Beauftragten der Gauleitung ist es weiter, nach den Weisungen des Gauleiters alle Maßnahmen zu treffen, die zur *Unterstützung der durch den Luftangriff betroffenen Kreise* erforderlich sind.

In Frage kommt insbesondere die Zurverfügungstellung von Kräften und Sachmitteln, die den nicht betroffenen Gebieten entzogen werden können.

Der M-Beauftragte der Gauleitung hat den ihn vom Kreisleiter einzureichenden Erfahrungsbericht über den Luftangriff sofort mit seiner Stellungnahme versehen möglichst durch Kurier, sonst als „Geheime Reichssache" an die Abteilung M im Stab des Stellvertreters des Führers weiterzugeben.

Der M-Beauftragte der Gauleitung hat schnellstens für die Abstellung der sich bei den Luftangriffen gezeigten personellen und materiellen Mängel innerhalb des Parteiapparates zu sorgen. Hierbei ist nur der kleinste Kreis der notwendigsten Sachbearbeiter über die Gründe sachlicher und personeller Änderungen zu verständigen.

6. Verhalten bei Räumungsmaßnahmen

Bei der Durchführung von Räumungsmaßnahmen hat der M-Beauftragte im Einvernehmen mit dem verantwortlichen Räumungsbeauftragten des Generalkommandos zu handeln. Er hat inbesondere alle Anordnungen zu treffen, die zur Durchführung oder Einleitung der Räumung von Parteidienststellen, -Gebäuden usw. notwendig sind. Der M-Beauftragte kann diese Aufgabe einem besonderen Sachbearbeiter (Räumungsbeauftragten der Gauleitung) übertragen. Diese Regelung gilt bis zum Erlaß besonderer Räumungsanweisungen.

7. Inkrafttreten der Anordnungen und Richtlinien

Die Anordnungen und Richtlinien treten nur mit der Bekanntgabe der allgemeinen Mobilmachung, auf besondere Weisung der vorgesetzten Dienststelle oder bei Durchgabe der angeführten Kennziffern (P 9096, P 9097) in Kraft. *Es wird ausdrücklich darauf hingewiesen, daß bei einer Teilmobilmachung (Mobilmachung der Wehrmacht), d. h. bei Durchgabe der Kennziffer P 111 durch die Abt. M im Stab des Stellvertreters des Führers nur die unter dieser Kennziffer angeführten Vorausmaßnahmen durchgeführt werden dürfen.*

Richard Lakowski

Die Wehrmacht 1938 — Aggressionsinstrument des faschistischen deutschen Imperialismus

Anfang 1938 begann eine neue Etappe der Vorgeschichte des zweiten Weltkrieges. Seit diesem Zeitpunkt zielte die Politik der Hitlerregierung direkt auf die Entfesselung eines Krieges.[1] Die Ausführungen Hitlers auf der bekannten Besprechung vom 5. November 1937 machen deutlich, welche Absichten hinter den darauffolgenden inneren Maßnahmen des Regimes 1937/38, besonders dem Wechsel an der Spitze des Reichswirtschaftsministeriums und des Auswärtigen Amtes, standen. Das Revirement in der Führung der Streitkräfte vom 4. Februar 1938 schloß die Hinwendung zur „Politik auf den Krieg" im militärischen Bereich ab.[2] Von nun an bildete die Wehrmacht das wichtigste Mittel der faschistischen Außenpolitik.

In den Jahren nach 1933 hatte sich ein Wandlungsprozeß innerhalb der deutschen Streitkräfte und in ihrer Stellung im faschistischen Staat vollzogen. Die Ereignisse des Jahres 1938 zeigen, daß zu diesem Zeitpunkt eine neue Phase dieses Prozesses erreicht war.

Jeder der von Hitler in der Novemberbesprechung 1937 angekündigten Schritte zur „Lösung der Raumnot" war nicht zuletzt ein Prüfstein dafür, wozu Heer, Luftwaffe und Kriegsmarine bereit und in der Lage waren. Daher sind die Annexion Österreichs und die Vorbereitung des Krieges gegen die Tschechoslowakei bzw. der Raub ihrer Grenzgebiete wesentliche Merkmale für die Entwicklung der Streitkräfte im faschistischen Reich und kennzeichnen die Zäsur des Jahres 1938 in ihrer Geschichte.[3]

Erstmals kam die Wehrmacht als Instrument der aggressiven faschistischen Außenpolitik in Mitteleuropa zum Einsatz. Der Risikofaktor bei Aktionen in diesem Raum war, bei aller außenpolitischer Absicherung, hoch. Die Aggressionshandlungen des Jahres 1938 stellten für die Führung der Wehrmacht besonders neuralgische Zeitspannen dar, waren sie doch die ersten militärischen Einsätze der Gesamtwehrmacht nach der Weltkriegsniederlage 1918 außerhalb der Landesgrenzen. Ungeachtet aller langfristigen Vorbereitungen und der

---

1 Siehe DzW, Bd. 1: Vorbereitung, Entfesselung und Verlauf des Krieges bis zum 22. Juni 1941. Leitung Gerhart Hass, Berlin 1974, S. 104ff.

2 Zit. nach *Manfred Messerschmidt*, Außenpolitik und Kriegsvorbereitung, in: *Das Deutsche Reich und der Zweite Weltkrieg*. Hrsg. vom Militärgeschichtlichen Forschungsamt, Bd. 1: Ursachen und Voraussetzungen der Deutschen Kriegspolitik, Stuttgart 1979, S. 626.

3 In der marxistischen Literatur wurde die Frage nach dem Wandel des Charakters der Wehrmacht bisher nicht direkt behandelt. Zum Jahr 1938 und der veränderten Rolle der Streitkräfte in Deutschland in der nichtmarxistischen Literatur siehe u. a. *Das Deutsche Reich und der Zweite Weltkrieg*, Bd. 1; *Manfred Messerschmidt*, Die Wehrmacht im NS-Staat, Hamburg 1969; *Klaus-Jürgen Müller*, Armee, Politik und Gesellschaft in Deutschland 1933—1945, Paderborn 1979.

forcierten Rüstung seit 1933 blieb, im Gegensatz zu den Verlautbarungen der faschistischen Propaganda, ein gewisses Maß an Unsicherheit über die Funktionsfähigkeit des Aggressionsinstrumentes „Wehrmacht" bei der militärischen und politischen Führung des Hitlerreiches bestehen.

Schon die erste Aktion, die Okkupation Österreichs im März 1938, besitzt daher eine nicht zu unterschätzende Bedeutung für die Beurteilung der deutschen Streitkräfte. Sie läßt wesentliche Rückschlüsse über ihre Kriegsbereitschaft, ihre Fähigkeit, Krieg zu führen und damit über ihren Charakter zu. Zieht man die außenpolitische Situation und die militärpolitischen Gegebenheiten in Betracht, so versprach dieses Unternehmen bei geringstem Risiko den größten Effekt. Angesichts der außenpolitischen Isolierung Österreichs und der innenpolitischen Zersetzung des Landes genügte eine Teilmobilmachung der Naziwehrmacht. Den 100 000 Mann des Bundesheeres mit seiner wenig modernen Bewaffnung wurde die 8. Armee des faschistischen Heeres mit über 105 000 Mann gegenübergestellt. Sie bestand aus dem VII. Armeekorps, dem Korpskommando XIII, dem 2. Panzerkorps, der Heeresdienststelle 10 zur Besetzung Tirols und der 97. Landwehrdivision. Dazukamen Kräfte der Luftwaffe, darunter 3 Heeresfliegerstaffeln, 3 Bombengeschwader und die Jagdgruppe Aiblingen sowie Flakkräfte.[4] Alles in allem ein Aufgebot, das in der Lage war, das Bundesheer, hätte es wider Erwarten Widerstand geleistet, in kürzester Zeit zu zerschlagen.

Und doch waren die Kräfte der Wehrmacht so begrenzt, daß sie für die übrigen europäischen Mächte, selbst einer Großmacht gegenüber, keine nachhaltige Gefährdung bedeutet hätten. Aber weder der Oberbefehlshaber der 8. Armee, General der Infanterie Fedor v. Bock, noch die politische bzw. militärische Führung der Nazidiktatur rechneten mit ernsthaftem Widerstand. Dafür hatten nicht zuletzt die österreichischen Faschisten gesorgt. Mit der Ablösung des österreichischen Generalstabschefs, Feldmarschalleutnant Alfred Jansa, der mit einer ihm nahestehenden Gruppe von Offizieren die Verteidigung gegenüber eindringenden deutschen Kräften vorbereitet hatte, gelang es der „Fünften Kolonne", entscheidende Voraussetzungen für eine kampflose Besetzung des Landes zu schaffen.[5] So konnte Bock in seinen Planungen davon ausgehen, daß ein „einheitlich geführter Widerstand des österreichischen Heeres wenig wahrscheinlich" sei, dagegen rechnete er mit „aktivem und passivem Widerstand der verhetzten Arbeiterschaft in den Industriegebieten".[6]

Die Okkupation konnte schließlich in Form einer widerstandslosen Besetzung der Alpenrepublik durchgeführt werden. Dennoch trug sie bereits Züge späterer Blitzkriegsunternehmen.

Aus Furcht vor Aktionen der Arbeiter Österreichs, aber auch voller Mißtrauen gegenüber der Haltung des eigenen Proletariats, ergriffen Wehrmacht- und Repressivorgane des faschistischen Staates bei der Okkupation Österreichs erstmalig eine Reihe von Maßnahmen,

---

4 MA der DDR, WF-03/16719, Bl. 247 ff. Vom Oberbefehlshaber der 8. Armee vorgelegter Bericht über den Einsatz in Österreich vom 18. Juli 1938.

5 *Peter Broucek*, Die militärische Situation Österreichs und die Entstehung der Pläne zur Landesverteidigung, in: *Anschluß 1938*. Veröffentlichungen der Wissenschaftlichen Kommission des Theodor-Körner-Stiftungsfonds und des Leopold-Kunschak-Preises zur Erforschung der österreichischen Geschichte der Jahre 1918 bis 1938, Bd. 7, Wien 1981, S. 159. Zur Okkupation Österreichs siehe *Norbert Schausberger*, Der Griff nach Österreich. Der Anschluß, Wien/München 1978, S. 534 ff.

6 MA der DDR, WF-03/16719, Bl. 252.

die für die Kriegführung der faschistischen deutschen Streitkräfte kennzeichnend wurden. Die mit den Heeresverbänden einfallenden Polizeieinheiten und Gestapobeamten sicherten, gestützt auf das Material der österreichischen Staatspolizei und die ortsansässigen Faschisten, die notwendige „Ruhe und Ordnung" sowie den ungestörten Verlauf der Paraden und anderer Kundgebungen anläßlich der Besetzung. Damit wurde nicht allein die „Sicherheit" während der Besatzungsaktion hergestellt, sondern in dem okkupierten Land auch Verhältnisse geschaffen, die es ermöglichten, sein ökonomisches Potential in kürzester Zeit für die Expansionspolitik nutzbar zu machen. Die Zahl von 75 000 verhafteten Personen bis zum 10. April 1938 spricht für sich.[7]

Die erfolgreiche Operation trug zur Hebung des Selbstbewußtseins der faschistischen Streitkräfte und ihrer Kampfmoral bei. Trotz Mängeln, die bei der Teilmobilisierung und in der Gliederung der Verbände auftraten, hatte das Heer seine Aufgabe erfüllt. Es waren wertvolle Lehren gewonnen worden, die Marschorganisation und -leistung motorisierter Verbände betrafen. Zugleich erfolgte mit der Eingliederung des gesamten Bundesheeres eine sofortige Verstärkung der faschistischen Wehrmacht. Die österreichische Armee bestand zu dieser Zeit immerhin aus sieben Infanteriedivisionen, einer schnellen Division und einer Brigade. Die Luftstreitkräfte umfaßten zwei Fliegerregimenter und eine Flakabteilung.[8]

Schon am 14. März 1938 wurde das gesamte Bundesheer auf Hitler vereidigt. Am gleichen Tage unterzeichnete der Chef des Oberkommandos der Wehrmacht, General der Artillerie Wilhelm Keitel, einen Befehl, der — einer Entscheidung Hitlers entsprechend — sicherstellen sollte, daß die ehemals österreichischen Verbände völlig in der Wehrmacht aufgingen. Dahinter verbarg sich die Absicht, durch eine schnelle Verschmelzung dieser Verbände mit der Wehrmacht deren Kampfkraft zu erhöhen und keinerlei Sonderentwicklung innerhalb der Streitkräfte des deutschen Faschismus zuzulassen, deren Führung in Berlin, nicht in Wien, zu sein hätte. Die ehemals österreichischen Divisionen und Truppenteile bekamen sofort Wehrmachtuniformen. Es wurde die Ausbildung nach deutschen Vorschriften und die Übernahme der Militärseelsorge nach deutschem Vorbild befohlen. Das gesamte österreichische Offizierskorps mußte sich einer „scharfen" Überprüfung unterziehen, die „im Benehmen mit der Partei (Gauleiter Bürckel)" durchgeführt wurde.[9] In einer Notiz der Abteilung Landesverteidigung vom 15. März wurde der erwähnte Zweck dieser Maßnahmen, „kein Sonderdasein des österreichischen Kontingentes" zu dulden, besonders hervorgehoben.[10]

Den unmittelbaren Gewinn brachte der faschistischen Wehrmacht der personelle Faktor. Auf dem Territorium der Republik Österreich wurden zwei Wehrkreise errichtet, ein Gruppenkommando, zwei Generalkommandos und ein Generalkommando der Panzertruppen gebildet, vier Infanterie-, eine Panzer- und eine leichte Division aufgestellt.[11] Dabei bildeten, entsprechend dem Auffüllungsprinzip der Wehrmacht, den Mannschaftsersatz dieser Verbände ehemalige österreichische Staatsbürger, während die Unteroffiziere und vor allem die Offiziere aus dem „Reichsgebiet" kamen.

---

7 Siehe *DzW*, Bd. 1, S. 112.
8 MA der DDR, WF-10/1733, Bl. 490 ff. Generalstab des Heeres, 3. Abt., Kurze Zusammenstellung über das bisherige österreichische Bundesheer vom 14. März 1938.
9 Ebenda, Bl. 418.
10 Ebenda, Bl. 486.
11 Ebenda, Bl. 418.

Nach der von Keitel befohlenen „scharfen Prüfung" der 3100 österreichischen Offiziere blieben nur 1600 in der Wehrmacht.[12] Die ausscheidenden Dienstgrade wurden mit verhältnismäßig hohen Pensionen in den Ruhestand versetzt. Überhaupt spielten die materiellen Verbesserungen der Berufssoldaten, aber auch der Wehrpflichtigen eine nicht zu unterschätzende Rolle bei der nahezu reibungslosen Integration in die faschistische deutsche Wehrmacht.[13] Also auch hier bediente sich der Faschismus der Kombination von materieller Korrumpierung und Terror — wie gegenüber der eigenen Bevölkerung und, wenn auch in gewissen Abstufungen, derjenigen in später okkupierten Ländern.

Für die nächstfolgende Aggression erwies sich die Okkupation Österreichs unter militärgeographischen Gesichtspunkten als bedeutsam. Wenn Hitler am 5. November 1937 Österreich und die ČSR als erste Aggressionsopfer nannte, so war das unter diesem Aspekt keine Überraschung. Der erste Schritt erleichterte den zweiten. Für das tschechoslowakische Heer hatte sich die strategische Situation nach dem März 1938 grundlegend geändert. Ihr Verteidigungskonzept, das sich auf die Befestigungen an den Grenzen zum faschistischen Deutschen Reich stützte, wurde aus den Angeln gehoben. Im gleichen Maße vergrößerten sich die Möglichkeiten der Wehrmacht, die jetzt in der Lage war, die tschechoslowakischen Befestigungen zu umgehen.

Wieweit noch im Verlaufe einer sich gerade vollziehenden Aggression bereits die folgenden Schritte Berücksichtigung fanden, wird an einem weiteren Aspekt der Okkupation Österreichs deutlich. Während der Oberbefehlshaber der 8. Armee davon ausging, daß beim Vordringen in Österreich „von Jugoslawien und Ungarn keinerlei Schwierigkeiten zu erwarten und die Neutralität Italiens zu erhoffen" seien, bat er noch am Abend des 10. März das OKH zu klären, ob man auf österreichischem Territorium auftretende tschechoslowakische Soldaten und Flugzeuge als „Feind" behandeln sollte. Im Hinblick auf die zunächst noch ungewisse Haltung der anderen Staaten, vor allem der ČSR-Regierung, sollte die Okkupation möglichst schnell abgeschlossen werden; insbesondere die Hauptstadt Wien war so bald als möglich zu besetzen. Die Divisionen der zweiten Welle und die Masse der Armeetruppen, die später als die Hauptkräfte der 8. Armee die Grenze überschritten, beabsichtigte Bock daher so nachzuführen, daß ein „schnelles Frontmachen starker Kräfte gegen die Tschechei" möglich würde. Noch in der Nacht vom 11. zum 12. März bekam die 8. Armee vom Oberbefehlshaber des Heeres die Antwort auf die Frage nach der Haltung gegenüber tschechoslowakischen Truppen. Daraufhin befahl Bock seinen kommandierenden Generalen: „. . . tschechoslowakische Truppen auf österreichischem Boden sind als Feind zu behandeln". Zugleich wies er an, jede Provokation Italiens zu vermeiden.[14]

Ab Frühjahr 1938 traten die Vorbereitungen der Wehrmacht für den Überfall auf die Tschechoslowakei in ihr akutes Stadium. Obwohl vom 24. März an die Masse der 8. Armee in die Heimatstandorte zurückgeführt und die mobilisierten Teile entlassen wurden, ging die Okkupation Österreichs fast nahtlos in den Aufmarsch gegen die ČSR über. Gegenüber der ČSR befand sich die faschistische Wehrmacht in einer wesentlich anderen Situation als im Falle Österreichs. Der bürgerliche tschechoslowakische Staat war mit Frankreich verbündet, gehörte zu den Staaten der Kleinen Entente und hatte nicht zuletzt einen Bei-

12 Siehe *Wilhelm Deist*, Heeresrüstung und Aggression 1936—1939, München 1981, S. 147.

13 *Peter Gschaider*, Das österreichische Bundesheer und seine Überführung in die Deutsche Wehrmacht, phil. Diss., Wien 1967.

14 MA der DDR, WF-03/16719, Bl. 252ff.

standsvertrag mit der UdSSR abgeschlossen. Militärisch konnte sich die ČSR-Regierung auch auf ein beträchtliches eigenes Potential stützen.[15] Nach Erkenntnissen der faschistischen Aufklärung verfügte die ČSR am 1. September 1938 über Landstreitkräfte in einer Stärke von 750 000 Mann (davon 350 000 aktive Soldaten), über 1360 kriegsbrauchbare Flugzeuge verschiedener Typen und 450 moderne Panzer.[16] Insgesamt schätzte die Abteilung „Fremde Heere" ein, „die tschechische Armee (wird) dank ihrer guten Bewaffnung und in Anbetracht der Grenzbefestigungen in der Verteidigung ein beachtlicher Gegner sein".[17]

Die Gefahr erkennend, die dem Lande von seinem deutschen Nachbarn drohte, hatte die tschechoslowakische Führung systematisch und mit hohem finanziellen Aufwand seit Mitte der 30er Jahre die Verteidigungsfähigkeit des Staates erhöht.[18] Dabei stützte sie sich, französischem Vorbild folgend, auf ein Befestigungssystem an der Grenze zu Deutschland. Ende 1938 gab es an der Grenze der ČSR 250 Objekte unter Beton. Zwischen 1936 und 1938 waren zudem 8040 leichte Befestigungen errichtet worden. In dem weniger gefährdeten slowakischen Teil der Republik befanden sich 1938 elf schwere und 1942 leichte Befestigungsanlagen.[19]

Die Planungen der Wehrmacht für den Überfall auf die ČSR reichten bis in das Jahr 1935 zurück. Am 2. Mai dieses Jahres erteilte der Reichskriegsminister die Weisung zur Vorbereitung des Unternehmens „Schulung", eines schlagartigen Überfalls auf den tschechoslowakischen Nachbarn bei gleichzeitiger Verteidigung gegenüber Frankreich.[20] Von da an blieben vorbereitende Planungen für den Krieg gegen die ČSR fester Bestandteil der Arbeit der faschistischen deutschen Streitkräfteführung.

Nach der Besprechung vom 5. November 1937 zog der Oberbefehlshaber des Heeres, Generaloberst Werner v. Fritsch, sofort konkrete Schlußfolgerungen. Am 7. Dezember erließ er den „1. Nachtrag zur Weisung vom 24. Juni 1937" und legte fest, daß der „Schwerpunkt aller Mob.- und Aufmarschvorbereitungen auf den Fall ‚Grün'" zu legen sei. Schon am 11. März 1938 erging Hitlers Weisung, den Fall „Grün" der neuen Lage entsprechend zu überarbeiten. Die geänderte Fassung des Planes bestätigte Hitler am 30. Mai, nachdem bereits zwei Tage zuvor der Angriffstermin auf den 2. Oktober festgelegt worden war.[21] Die Weisung vom 30. Mai, welche die Grundlage für die Detailplanungen der Teilstreitkräfte bildete, stellte die erstmalige umfassende Umsetzung der faschistischen deutschen Militärdoktrin in einen Operationsplan dar. Sie enthielt die Grundgedanken der faschistischen Blitzkriegsvorstellungen und enthielt alle wesentlichen typisch faschistischen Elemente dieses Systems strategischer und operativer Auffassungen. Sie wurde durch Abenteuerlichkeit und Gefährlichkeit charakterisiert, die sich in äußerster Risikobereitschaft bei gleichzeitiger Anwendung modernster militärtheoretischer Erkenntnisse niederschlugen.

---

15 *Marian Zgórniak*, Sytuacja militarna Europy w okresie kryzysu politycznego 1948, Warschau 1979, S. 138 ff.

16 VHA, Prag, Fond HAZ Sg. III./42.

17 Ebenda.

18 Siehe *Zgórniak*.

19 VHA, Prag, ROP, 1946. In der tschechoslowakischen Literatur werden 9482 leichte und mittlere Befestigungen und 267 schwere genannt. Siehe *Frantisek Nesvadba*, Cesta cs. burzoazi armady k Mnichovu, in: *Historia a vojenstvi*, 1/1984, S. 61.

20 Siehe *DzW*, Bd. 1, S. 99.

21 *IMG*, Bd. 25, Dok. 388-PS, S. 433 ff.

In Anbetracht des hohen politischen und militärischen Risikos war der Chef des Generalstabes des Heeres, General der Artillerie Ludwig Beck, gegen den geplanten Krieg mit der ČSR, der, wie er befürchtete, zur Auseinandersetzung mit Frankreich führen müsse. Beck, unter dessen Leitung die Pläne für den Überfall ausgearbeitet wurden, hielt den Zeitpunkt für die Kriegsauslösung für verfrüht und die wahrscheinliche Gegnerschaft der Westmächte für so bedrohlich, daß er sich gegen die Durchführung des Falles „Grün" aussprach. Becks Überlegungen entsprachen der strategischen Konzeption einer nicht unbedeutenden Fraktion des deutschen Konzernkapitals[22], die ihre Ziele mit Rückendeckung der herrschenden Kreise der USA und nach Möglichkeit auch jener Großbritanniens zu erreichen hofften. Doch hatte diese Gruppe — einer ihrer führenden Vertreter war der bisherige Reichswirtschaftsminister Hjalmar Schacht — seit 1936 an Einfluß verloren. Vom Jahre 1938 an bestimmten die Interessen der Monopole um Göring und die IG Farben die Entwicklung. Sie beschritten den Weg forcierter Rüstung und steuerten auf den baldigen Beginn der militärischen Auseinandersetzung zu. Becks Rücktritt im August 1938 blieb im Offizierskorps der Wehrmacht ohne Echo; inzwischen bestimmten die Politik und die Ziele der aggressivsten Teile des deutschen Monopolkapitals Charakter und Handeln der Streitkräfte in Deutschland, die zum festen Bestandteil des hitlerfaschistischen Staates geworden waren.

Nach den Vorstellungen der deutschen politischen Führung und der Generalität sollte die Zerschlagung der ČSR, wenn nötig, in einem kurzen, örtlich begrenzten Krieg erfolgen. Die Vorbereitung des Aufmarsches sollte so erfolgen, daß, bevor noch der Gegner die Bedrohung erkannt haben würde, angegriffen werden konnte. Dem gedeckten Aufmarsch dienten Herbstmanöver als Tarnung. Die Ausnutzung des Überraschungsmoments sollte den tschechoslowakischen Verteidigungsplan durchkreuzen, zur Zerschlagung der Streitkräfte in kürzester Zeit und zur Besetzung des Landes führen. Um die Kriegsentscheidung schon in den ersten Tagen zu garantieren, war geplant, die Masse der Kräfte gegen die ČSR einzusetzen. Beabsichtigt war ein Zangenangriff, der Staat und Streitkräfte aufspalten sollte. Am 27. September erhielten die Divisionen des faschistischen Heeres den Befehl, ihre Ausgangsstellungen einzunehmen.

Der Krieg, den Hitler und die Mehrheit der Wehrmachtgenerale in Kauf zu nehmen bereit waren, fand jedoch nicht statt. Im Vertrag von München lieferten Großbritannien und Frankreich, sekundiert von Italien, die Grenzgebiete der Tschechoslowakei dem faschistischen Deutschland aus. Kampflos, in mehreren Etappen, besetzten die Wehrmachtverbände einen erheblichen Teil der ČSR.

Die Okkupation der Tschechoslowakei 1938/39 bildete entsprechend den blitzkriegskonzeptionellen Vorstellungen der faschistischen deutschen Militärs einen Musterfall. Ihr erfolgreicher Abschluß im März 1939 brachte der Wehrmacht — in erster Linie dem Heer und der Luftwaffe — wesentliche Vorteile. Gegenüber Polen errang man günstigere strategische Ausgangspositionen. Es wurde ein außerordentlicher Zuwachs an kriegswirtschaftlichem Potential sowie ein Gewinn an sofort einsatzfähiger Bewaffnung und Ausrüstung des tschechoslowakischen Heeres erreicht. Waffen und Geräte für 15 Infanteriedivisionen konnten gelagert werden, drei Panzerdivisionen wurden mit tschechoslowakischen Panzern ausgerüstet.[23]

22 Siehe *Eichholtz*, im vorliegenden Band.
23 Siehe *DzW*, Bd. 1, S. 123; *Das Deutsche Reich und der Zweite Weltkrieg*, Bd. 1, S. 444; MA der DDR, WF-04/35479, o. Bl.; MA der DDR, WF-01/1882, Bl. 954.

Insgesamt hatte die Wehrmacht des faschistischen Reiches jetzt einen Entwicklungsstand erreicht, der es dem OKW und dem OKH möglich zu machen schien, die Annexion Memels und die von Hitler im März 1939 geforderte Vorbereitung des Überfalls auf Polen ohne Rücksicht auf einen möglichen Krieg mit Großbritannien und Frankreich ins Auge zu fassen. Stimmen, die das Feldheer im Sommer 1939 als nicht kriegsfähig beurteilten[24], deuten auf noch vorhandene Zweifel in der Führung der Streitkräfte hin. Sie blieben ungehört.

Für die in wenigen Jahren aufgebauten Streitkräfte des faschistischen Deutschland bildeten die Aggressionen des Jahres 1938 Meilensteine auf dem Weg in den zweiten Weltkrieg. Sie markieren zugleich die wesentlichste Veränderung im Charakter der Wehrmacht und den Abschluß einer komplizierten Entwicklung, die vor 1933 begonnen hatte und mit der Einführung der allgemeinen Wehrpflicht am 16. März 1935 fortgesetzt worden war.

Der Charakter von Streitkräften, des wichtigsten Instrumentes zur Durchsetzung von Klasseninteressen, wird von der Wesensart des Staates bestimmt, dem sie dienen. Zugleich ergibt sich aus der relativ selbständigen Rolle von Streitkräften die Möglichkeit ihres Einflusses auf die Entwicklung des jeweiligen Staates, wie umgekehrt dieser prägend auf die Armee wirkt.

Faschistische Tendenzen ideologischer und politischer Natur konnten in der Reichswehr bereits in den 20er Jahren angetroffen werden. Die Affinität von Militärkreisen zum Faschismus resultiert nicht zuletzt aus deren militärtheoretischen Erwägungen.[25] Bei der Auswertung des ersten Weltkrieges setzte sich unter den Militärs immer stärker die Auffassung durch, daß die Verfolgung der weitgesteckten Expansionsziele der deutschen Monopolbourgeoisie auch vom militärischen Standpunkt her gesehen die Errichtung einer Diktatur erforderten. Ihre Installierung in Form des faschistischen Regimes galt daher höchsten Militärs als entscheidender Schritt zum anvisierten langfristigen Ziel. In dem 1933 einsetzenden Prozeß der Umformung des Staates und aller seiner Institutionen wurden die Streitkräfte Objekt und Subjekt zugleich. Einerseits wirkten sie als wichtiger Faktor der Durchsetzung und Stabilisierung des faschistischen Regimes; andererseits wandelten sie sich entsprechend den militärdoktrinären Auffassungen des neuen Staates, an der Entwicklung sie selbst bestimmend mitwirkten. Diese Entwicklung verlief nicht reibungslos. Sie führte zu teilweise heftigen Auseinandersetzungen, die die Reichswehr bzw. Wehrmacht nicht unberührt ließen und in deren Ergebnis sich der Charakter der Streitkräfte veränderte. Einen der Höhepunkte in dieser Hinsicht bildete die Röhm-Affäre.[26]

Die Faktoren, die sich auf den Wandel des Charakters der Streitkräfte auswirkten, waren innenpolitischer wie ideologischer, außenpolitischer wie im engeren Sinne militärischer

24 Siehe *Das Deutsche Reich und der Zweite Weltkrieg*, Bd. 1, S. 954.

25 Siehe *Gerhard Förster*, Totaler Krieg und Blitzkrieg. Die Theorie des totalen Krieges und des Blitzkrieges in der Militärdoktrin des faschistischen Deutschlands am Vorabend des zweiten Weltkrieges, Berlin 1967; aus zeitgenössischer Sicht *Hermann Foertsch*, Kriegskunst heute und morgen, Berlin 1939, S. 119ff.

26 Zur Röhm-Affäre und der Rolle der Reichswehr siehe *Kurt Gossweiler*, Die Röhm-Affäre. Zusammenhänge — Hintergründe — Auswirkungen, Köln 1983; *Kurt Pätzold/Manfred Weißbecker*, Hakenkreuz und Totenkopf. Die Partei des Verbrechens, Berlin 1981, S. 239ff.

Natur (etwa der Einmarsch in das entmilitarisierte Rheinland).[27] Charakteristisch für diesen Wandel waren die Herausbildung der militärischen Fähigkeit zur Aggression und die Anerziehung der Bereitschaft bei den Streitkräfteangehörigen, die Ziele der Naziregierung mit militärisch-terroristischer Gewalt nach innen und insbesondere nach außen durchzusetzen. Dazu gehörte in erster Linie die Identifikation des Offizierskorps, vor allem der hohen und höchsten Dienstgrade, mit den innen- und außenpolitischen Zielen der am meisten chauvinistischen, reaktionärsten Teile der deutschen Monopolbourgeoisie.

Zwei Ereignisse markieren den Beginn der kulminativen Phase der Wandlung zur *faschistischen* Wehrmacht. Es waren dies die bereits erwähnte Besprechung Anfang November 1937 bei Hitler in der Reichskanzlei, an der die Führungsspitzen der Streitkräfte und der Außenminister teilnahmen[28], und das Revirement vom Februar 1938. Die Phase endete im März 1939 mit der Okkupation der restlichen tschechischen Gebiete.

Am augenscheinlichsten waren die quantitativen Veränderungen, die die Wehrmacht bis 1938 erfuhr. Die Neuartigkeit und Modernität ihrer Kampftechnik, die erstmalig bei den Landstreitkräften eingeführten Strukturen und anderes bildeten die entscheidenden Voraussetzungen für die Inangriffnahme der Expansionsziele der Hitlerregierung. Auch andere Armeen machten in diesen Jahren mehr oder weniger ähnliche Entwicklungen durch. Doch erst durch den Zusammenhang der militärorganisatorischen bzw. -technischen Veränderungen mit den politischen Verhältnissen in Deutschland und der faschistischen Militärdoktrin erhielten die Veränderungen in der Wehrmacht ihr unverwechselbares Gepräge.

Das Jahr 1938 als Zeitpunkt der Veränderung des Charakters der Streitkräfte in Deutschland trifft, bei Berücksichtigung gewisser Besonderheiten der Luftwaffe und Kriegsmarine, für die Wehrmacht als Ganzes zu. Infolge der überragenden Rolle des Heeres und seiner Führungsorgane im faschistischen Deutschland wirkten sich dort die verlaufenden Prozesse letztlich auf alle Teilstreitkräfte aus. Dennoch bleibt festzustellen, daß Untersuchungen zur Entwicklung der Luftwaffe und Kriegsmarine von marxistischer Seite ausstehen.[29] An dieser Stelle soll nur festgehalten werden, daß die Luftwaffe, aufgrund der Besonderheiten ihres Aufbaus in Struktur, Aufgabenstellung und in der sie beherrschenden Ideologie von vornherein stärker faschistische Merkmale annahm als das Heer. Dennoch galten für sie, obwohl selbständige Teilstreitkraft, alle allgemeinen Befehle und Weisungen über Ergänzung, Erziehung und Ausbildung sowie die Einsatzgrundsätze. Letzteres trifft ebenfalls für die Kriegsmarine zu. Sie war ungeachtet der starken Betonung der eigenen Traditionen sowie einer geradezu ängstlich gehüteten Eigenständigkeit ihrer Führung in die grundlegende Wandlung der Wehrmacht zur faschistischen Aggressionsstreitmacht vollständig einbezogen. Wenn auch aufgrund der Schwerpunktbildung auf Heer und Luftwaffe sich das Wachstum der Marine in Grenzen hielt, so stiegen der Personal-

---

27 Neuere Untersuchungen über die Folgen der Einführung der allgemeinen Wehrpflicht, die über den Aspekt der Heeresvermehrung hinausgehen, fehlen. Sie wären sowohl für die Wehrmachtentwicklung als auch für die Geschichte des deutschen Volkes, seiner Klassen und Schichten, von Bedeutung.

28 *IMG*, Bd. 25, S. 403 ff., Hoßbachprotokoll vom 5. 11. 1937; Zum Revirement siehe *Groehler* im vorliegenden Band.

29 Von nichtmarxistischer Seite siehe u. a. *Horst Boog*, Die deutsche Luftwaffenführung 1935—1945. Führungsprobleme, Spitzengliederung, Generalstabsausbildung, Stuttgart 1982; *Jost Dülffer*, Weimar, Hitler und die Marine. Reichspolitik und Flottenbau 1920—1930, Düsseldorf 1973; *Michael Salewski*, Die deutsche Seekriegsleitung 1935—1945, Bd. 1, Frankfurt a. M. 1970.

und Schiffsbestand doch beträchtlich.[30] Die Stellung des Marineoffizierskorps zum Hitler-faschismus wurde wesentlich von der Tatsache geprägt, daß die Festigung der faschistischen Diktatur und der rasche Ausbau der eigenen Teilstreitkraft auf materiellem und personellem Gebiet zusammenfielen. Insgesamt scheint es unter der gegebenen Fragestellung berechtigt, sich auf die Veränderungen im Heer zu konzentrieren, wobei stets berücksichtigt werden muß, daß alle grundlegenden Entwicklungen auch Luftwaffe und Marine engstens berührten.

Besonders schnell entwickelte sich das Heer, war es doch die für die Realisierung der zunächst kontinentalen Expansionsziele wichtigste Teilstreitkraft. Verfügte die Wehrmacht im Mobilmachungsabschnitt 1936/37 über 66 Divisionen, darunter 36 Infanterie- und drei Panzerverbände, so waren es 1937/38 bereits 71 Divisionen. 1939/40 stieg die Zahl der Divisionen dann auf 103.[31] Nach dieser rasanten Entwicklung stand das deutsche Heer mit an der Spitze der Landstreitkräfte in den vergleichbaren europäischen Armeen. Frankreich, das über die an Zahl stärksten Streitkräfte der kapitalistischen Staaten Europas verfügte, besaß Ende August 1939 108 Divisionen, während Großbritannien entsprechend der überseeischen und maritimen Schwerpunkte seiner Politik bei Kriegsbeginn 20 Infanteriedivisionen und 19 Brigaden (Infanterie, Kavallerie und Panzer) in die Waagschale werfen konnte.[32]

Über diese quantitativen Verhältnisse hinaus bestanden zwischen den Armeen der kapitalistischen Mächte Europas qualitative Differenzen; erst aus ihrem Vergleich wird die tatsächliche Bedeutung und Kraft des Heeres im faschistischen Deutschland deutlich. In einer Untersuchung der II. Abteilung des Generalstabes der Polnischen Armee (Aufklärung) vom November 1936 über den Ausbau der Panzertruppen in Frankreich, Deutschland, der Sowjetunion und Polen wurde festgestellt: Die Sowjetunion verfüge zwar über die am stärksten ausgebaute Panzerwaffe; überall würden aber leichte Panzer dominieren, die meisten mittleren Panzer habe Deutschland. Dort sei die Vereinheitlichung der Panzertypen am weitesten fortgeschritten, ihre Ausrüstung — ebenso wie die sowjetische — modern. In Frankreich, wo die größte Typenvielfalt bestehe, werde beabsichtigt, Panzer beim Angriff mit der Infanterie einzusetzen, während man sich in Deutschland hauptsächlich auf deren selbständigen operativen Einsatz einstelle. Hierbei würden die Deutschen auf das Zusammenwirken mit der Fliegertruppe besonderen Wert legen. Die Sowjetunion verfolge einen zwischen dem französischen und dem deutschen Vorgehen liegenden Mittelweg. Treffend schließt die Untersuchung mit der Feststellung, die deutsche Konzeption des Panzereinsatzes verdiene besondere Aufmerksamkeit.[33]

30 1938 dienten in der Kriegsmarine 56 000 Mann, davon 3876 Offiziere; MA der DDR, WF-04/33608, o. Bl., Vortrag Fregattenkapitän Netzbandt vom Marinepersonalamt an der Seekriegsakademie o. O. Bei Kriegsbeginn bestand die Flotte in ihrem Kern aus 2 Schlachtschiffen, 3 Panzerschiffen, 1 Schweren Kreuzer, 6 Leichten Kreuzern, 22 Zerstörern, 20 Torpedobooten und 57 U-Booten. Siehe *DzW*, Bd. 1, S. 148.

31 MA der DDR, WF-01/13672, Bl. 316 ff., Bl. 344 ff; Generalstab des Heeres, 2. Abt., Zahlenangaben des Mob. Heeres 1937/38; Siehe auch *Hermann Rahne*, Mobilmachung. Militärische Mobilmachungsplanung und -technik in Preußen und im Deutschen Reich von Mitte des 19. Jahrhunderts bis zum zweiten Weltkrieg, Berlin 1983, S. 239.

32 Siehe *Geschichte des Zweiten Weltkrieges 1939—1945* in zwölf Bänden, 2. Bd., Am Vorabend des Krieges, Berlin 1975, S. 487 ff.; aus zeitgenössischer Sicht: *Die europäischen Heere und Kampfverfahren*, Berlin 1938.

33 CAW, Szef St. Gl., 597.

In den qualitativen Merkmalen der Streitkräfte in den imperialistischen Staaten widerspiegelten sich die außenpolitischen Ziele und die Interessenlage der herrschenden Klassen. Zugleich waren sie bis zu einem gewissen Grade aus den verarbeiteten Erfahrungen des ersten Weltkrieges und aus der Entwicklung von Wissenschaft und Technik hervorgegangen. Insgesamt hatte der 1918 geschlagene deutsche Imperialismus vor seinen britischen und französischen Gegenspielern einen wesentlichen Vorlauf auf militärischem Gebiet erreicht. Von dem Bestreben geleitet, die im ersten Weltkrieg verfehlten expansiven Ziele der deutschen Großbourgeoisie in einem zweiten Anlauf zu erreichen, werteten die deutschen Militärs ihre Niederlage besonders gründlich aus. Die Lehre vom totalen Krieg und die Blitzkriegskonzeption bildeten die Quintessenz ihrer Erkenntnisse und die leitenden Ideen für den Aufbau der Wehrmacht und ihre Einsatzplanung.[34] Die Zielsetzung, die Hitler in der Besprechung am 5. November 1937 der Wehrmacht stellte, im kommenden Jahr „die Tschechei und gleichzeitig Österreich" niederzuwerfen[35], bildete, wie erwähnt, bereits einen Teil der Blitzkriegsplanungen.

Vor der Okkupation Österreichs hatte das Heer im Herbst 1937 in einem großen Wehrmachtsmanöver Elemente der neuen Kriegführung erprobt. Seine Anlage und sein Verlauf ließen die operativen Vorstellungen erkennen, denen die Wehrmacht künftig folgen wollte. Die beteiligten Truppen hatten Aufgaben zu lösen, „wie sie der Bewegungskrieg bei Eröffnung von Feindseligkeiten in einem nicht durch Befestigungen geschützten Grenzgebiet bringen kann".[36] Die Bedeutung dieses Manövers wird an seinem Ausgang deutlich. Allein beim Heer waren etwa 160 000 Mann, über 20 000 Kraftfahrzeuge und 830 Panzer beteiligt. Die unter operativen Aspekten erfolgten Veränderungen im Heer zeigten sich in der Existenz der „Schnellen Truppen", d. h. der Panzerdivision sowie der motorisierten Infanteriedivision. Als ihre Kennzeichen betrachtete man im OKW hochgradige Beweglichkeit und die damit gewonnene Möglichkeit schnellen Handelns und überraschenden Auftretens, des weiteren ihren Aktionsradius, der den Einsatz auf große Entfernung und großräumige Verschiebungen ermöglichte. Die schnellen Verbände sollten dazu beitragen, „die Materialschlacht zu überwinden und wieder zu freiem Bewegungskrieg und freier Operation zurückzukehren".[37] Über die eigene Entwicklung hieß es in dem Material: „Durch Zusammenfassung in ein Panzerkorps zu drei Divisionen ist im Kriege die Bildung eines starken Schwerpunktes zur Lösung der Aufgaben schneller Verbände besonders in den Vordergrund gerückt". Weiter schätzte man ein, „daß Frankreich über diese Elemente zur Bildung eines solchen Verbandes verfügt, und daß nach den neuesten Nachrichten die Engländer Kavalleriedivisionen in einem Sinne umzustellen beginnen, der auf eine Entwicklung zum selbständigen Panzerverband hindeutet."[38]

Die Blitzkriegskonzeption war Ausdruck aggressiver politischer Ziele, und ihre Durchsetzung wurde von offensivem Denken bestimmt; doch schloß ihre Anwendung in einem gewissen Umfange auch die Defensive nicht aus. Das ergab sich aus der Absicht, im Blitzkrieg potentiell überlegene Gegner zu schlagen. Daraus folgte eine eindeutige Schwerpunktbildung des Angriffs und zugleich eine wirkungsvolle Verteidigung in Nebenrichtungen. Von der Erwartung ausgehend, man werde auch gegen motorisierte Feindkräfte

34 Siehe *Förster*.
35 *IMG*, Bd. 25, S. 409.
36 MA der DDR, WF-10/3178, o. Bl., Bericht über das Wehrmachtmanöver 1937, vom 17. Mai 1938.
37 MA der DDR, WF-10/18099, o. Bl., Denkschrift unbekannter Herkunft. Wie aus dem Text zu entnehmen ist, vermutlich aus dem Jahre 1938.
38 Ebenda.

zeitlich begrenzte Abwehraufgaben zu erfüllen haben, wurde erwogen, sogenannte „Sperrverbände" einzuführen. Sie sollten im wesentlichen aus Pionieren, Maschinengewehrbataillonen und Panzerabwehrtruppen zusammengesetzt sein und im Kriege von Armeen, Korps oder Divisionen „von Fall zu Fall" selbst gebildet werden.[39] Auf operativ-strategischer Ebene entsprach diesen Überlegungen der Ausbau der Landesbefestigungen, die im Osten zwischen Oder und Wartha seit 1934 und an der Grenze zu Frankreich seit 1937 errichtet wurden.[40]

Etwa parallel zum Aufbau der „Schnellen Truppen" begann daher die mit hohem Kosten- und Materialaufwand betriebene Produktion vorgefertigter Befestigungswerke unterschiedlicher Zweckbestimmung. Das Ausmaß der Rüstungsanstrengungen auf diesem Gebiet läßt die Schlußfolgerung zu, daß die Befestigungen im Osten und die seit 1938 als Westwall bezeichneten Befestigungen an der Grenze zu Frankreich und Belgien fest integrierte Teile der Kriegsvorbereitungen des faschistischen Deutschlands bildeten.

Schon 1935 informierte das Heereswaffenamt die Firma Krupp über die Existenz eines sogenannten P-Programms, das den verstärkten Bau von Befestigungen vorsah. Um den Vorstellungen des Amtes nachkommen zu können, sah sich Krupp gezwungen, seine Konzernwerke unverzüglich mit einem Kostenaufwand von über 2 Millionen RM zu reorganisieren.[41]

Hitler beschäftigte sich persönlich mit dem Bau der Befestigungen im Westen, ein Interesse, daß sicherlich auf ihren Stellenwert in seinen politisch-militärischen Plänen zurückging. Er griff mit einer umfangreichen Denkschrift vom 1. Juli 1938 selbst in den Bau der Befestigungen ein.[42] Das hatte Veränderungen von Einzelheiten der Bauausführung zur Folge und führte zur Übertragung der Verantwortung für den Westwall-Bau an die „Organisation Todt".[43]

Im November 1938, nach der Okkupation der tschechoslowakischen Grenzgebiete, befahl der Oberbefehlshaber des Heeres, die „Landesgrenzen im Westen und Osten . . . so schnell wie möglich durch ständige Befestigungen abzuschließen." Der Ausbau sollte so erfolgen, daß einem angreifenden Gegner möglichst wenig Reichsgebiet überlassen werden müsse, „ die zu erwartenden Angriffsmittel des Feindes" mit möglichst geringen Kräften abgewehrt werden könnten. Ausgehend von den politischen Expansionsplänen und den dementsprechenden militärischen Überlegungen — Einfall in Polen bei gleichzeitiger Verteidigung gegen Frankreich — wurde der Abschluß der Arbeiten an den Befestigungen im Westen zur wichtigsten Aufgabe erklärt.[44]

Wenn auch gründliche Untersuchungen zu dem Problem noch fehlen, so kann mit großer Sicherheit davon ausgegangen werden, daß der Ausbau des „Westwalls" sowie der übrigen Befestigungen an den Grenzen des faschistischen Deutschlands strategische Offensiven ermöglichen sollte. Es sollte damit eine Voraussetzung dafür geschaffen werden, die Gefah-

---

39 Ebenda.

40 *Otto Wilhelm Förster*, Das Befestigungswesen. Rückblick und Ausschau, Neckargemünd 1960; *M. Gross*, Der Westwall zwischen Niederrhein und Schnee-Eifel, Köln 1982; *Franz W. Seidler*, Fritz Todt, Baumeister des Dritten Reiches, München/Berlin (West) 1986.

41 *Maria Koleva*, Die Beteiligung des Krupp-Konzerns an der Aufrüstung des faschistischen Deutschlands 1933—1939, phil. Diss. Leipzig 1986 (Ms), S. 69ff.

42 MA der DDR, WF-03/23066, Bl. 29ff.

43 *Handbuch zur deutschen Militärgeschichte 1648—1939*, 8. Lieferung, VII. Wehrmacht und Nationalsozialismus, München 1978, S. 393f.

44 MA der DDR, WF-03/23066, Bl. 35f.

ren eines möglichen Zweifrontenkrieges abzuwenden. Während die faschistische Propaganda den Bau der Befestigungen als Ausdruck von „Friedensliebe" pries, gehörte er in Wahr-heit zur Vorbereitung der Aggression. Bei allen wichtigen, seit 1937 bearbeiteten wahr-scheinlichen Kriegsfällen — „Aufmarsch Rot", „Aufmarsch Grün" und „Sonderfall, Erweiterung Rot/Grün" — rechnete die Wehrmachtführung mit einem Zweifrontenkrieg und legte jeweils unterschiedliche Schwerpunkte fest.[45] Sie stand stets vor der Notwendig-keit, in einer Richtung eine stabile Verteidigung vorzusehen, die am wirksamsten und am stabilsten sein würde, wenn sie sich auf vorbereitete befestigte Räume stützen konnte.

Der Bau der Befestigungsanlagen des faschistischen Deutschland im Osten und Westen war im Gegensatz zu ähnlichen Maßnahmen Frankreichs, Polens und der ČSR in poli-tischer und militärischer Hinsicht eine strategisch-offensive Maßnahme. Auch in diesem Teil der Kriegsvorbereitung drückte sich ein kaum noch zu kalkulierendes Risiko aus, ein Zug zur Abenteuerlichkeit beim Einsatz der militärischen Macht. Er wurde seit 1938 für die Streitkräfte des deutschen Imperialismus kennzeichnend.

Anfang 1938 hatte die faschistische Wehrmacht bei Heer und Luftwaffe in quantitativer, vor allem aber in qualitativer Hinsicht einen Vorsprung gegenüber dem potentiellen imperia-listischen Gegner erreicht, der es nach Auffassung der aggressivsten Vertreter in Politik, Wirtschaft und Generalität erlaubte und sogar unerläßlich machte, mit der angestrebten Expansionspolitik zu beginnen. Sie vertraten die Auffassung, daß Warten nur die potentiel-len Gegner stärken würde. „Ein erheblicher wehrtechnischer Vorsprung kann eine ent-schlossene Staatsführung dazu bringen, einen an sich unvermeidlichen Kampf frühzeitig unter wehrtechnisch möglichst günstigen Bedingungen zu beginnen, statt zu warten, bis der Gegner den Vorsprung eingeholt hat", wurde bereits 1934 formuliert.[46]

Auch die wirtschaftlichen Probleme der Aufrüstung drängten auf eine Lösung.[47] Von ihrem Standpunkt aus bedurfte es erster „Erfolge" mittels des erreichten Vorsprungs, um diesen entsprechend den Vorstellungen der Blitzkriegskonzeption zu halten und mit Hilfe des zu erwartenden Zuwachses an Potential für weitere Aggressionen zu vergrößern.

Mit dem Revirement vom Februar 1938 gelangten Militärs an die Spitze des faschistischen deutschen Heeres, die überzeugt waren, daß der Zeitpunkt zum Handeln gekommen sei, und die bereit waren, die Expansionsziele des deutschen Imperialismus mit Waffengewalt durchzusetzen. Die personellen Umbesetzungen — der von Hitler am 4. Februar unter-zeichnete Befehl weist fast fünfzig Namen aus[48] — bildeten eine weitere Voraussetzung für den Schritt zur faschistischen Wehrmacht.

Diese Veränderung stärkte in der Wehrmacht die Kräfte, die die traditionelle Risiko-bereitschaft der preußisch-deutschen Militärs bis zur extremen Abenteuerlichkeit voran-trieben. Rationale Überlegungen paarten sich nunmehr zunehmend mit Glaubensbekennt-nissen und Vertrauenserklärungen an die Naziregierung. In einer Denkschrift der Kriegs-marine über „Grundlagen und Probleme des Seekrieges" vom 20. Januar 1939 hieß es: „Die Kriegsgeschichte aller Zeiten beweist, daß, abgesehen von gewissen materiellen Grund-lagen, die *Voraussetzung* für *große Erfolge* nicht so sehr in den menschlichen Verstandes-

45 Siehe *DzW*, Bd. 1, S. 104.

46 *Karl Becker*, Persönlichkeit und Wehrtechnik, in: *Zeitschrift des Vereins deutscher Ingenieure*, Februar 1934, H. 8, S. 249.

47 Siehe *Dietrich Eichholtz*, Geschichte der deutschen Kriegswirtschaft, 1939—1945, Bd. 1, Berlin 1984, S. 26f.

48 MA der DDR, WF-01/2042, Bl. 501ff. Siehe *Groehler*, im vorliegenden Band.

kräften als vielmehr in dem *festen Glauben*, der eigenen *Charakterstärke*, also den *moralischen Qualitäten* liegt.“[49] Die Unterlegenheit gegenüber dem „liberalistisch-marxistischen
Lager“, wie es dort im Nazijargon hieß, war dabei zu dieser Zeit gerade auf See
so groß, daß sie „größtes strategisches Risiko“ mit sich bringe. Daher beschworen die
Autoren der Denkschrift den „Glauben“. „Das Zutrauen zur Führung des Staates ist so groß,
daß kein Zweifel aufkommen kann, daß . . . zur geeigneten Zeit die bestehenden ungeheuren
Schwierigkeiten politischer Art überwunden werden, um die deutsche Flotte auch zahlenmäßig in die Lage zu versetzen, den ihr zufallenden Aufgaben gerecht werden zu können.“
In diesen Überlegungen wird eine Haltung deutlich, die weit über das hinausgeht, was die
seit 1919 in ihren Vorstellungen stets sehr kühne Marineführung bisher geplant hatte. Zugleich zeigen derartige Gedankengänge, wie weit politische Führung und Wehrmachtführung im Denken und Handeln inzwischen übereinstimmten. Es gehörte zu den Schlußfolgerungen der deutschen Militärs aus dem ersten Weltkrieg, daß sie im neuen Krieg in der
Wahl der Methoden der Kriegführung von vornherein nicht wählerisch sein wollten. Nach
der Errichtung der faschistischen Diktatur bekam die Formel „Not kennt kein Gebot!“
Relevanz für die militärstrategische Planung. Bei der Durchführung der Aggressionen des
Jahres 1938 hatte die Wehrmachtführung bereits keine Skrupel, entsprechend zu handeln.

Erstmals bereitete die Wehrmachtführung gemeinsam mit dem Chef der Sicherheitspolizei und des SD die Aufstellung von Einsatzkommandos zur Sicherung des besetzten Gebietes vor, deren Aufgabe es war, die antifaschistischen Kräfte in der ČSR,
insbesondere die Kommunisten, zu verfolgen.[50] Sie arbeiteten eng mit der Geheimen Feldpolizei (GFP), der Gestapo, der Wehrmacht zusammen. Letztere wurde bereits bei der
Okkupation Österreichs eingesetzt, kam jedoch während des Einsatzes gegen die ČSR stärker zur Aktion. Jedes Generalkommando verfügte über eine GFP-Gruppe, jedes Armee-
oberkommando über einen GFP-Trupp, die jedoch dem IC/AO der Heeresgruppenkom-
mandos unterstanden. In der Tschechoslowakei bestand die Aufgabe der GFP neben der
Verfolgung der antifaschistischen Kräfte in der geheimpolizeilichen Überwachung der eingesetzten deutschen Truppen. Hierfür besaßen sie weitgehende Befugnisse, die denen der
Gestapo entsprachen.

Verbrecherische Methoden der Kriegführung durch die Wehrmacht wurden schon in
Spanien durch die „Legion Condor“ erprobt. Hier, wo faschistische Truppen, wenn auch in
begrenztem Umfange, erstmals im „scharfen Schuß“ eingesetzt wurden, offenbarte sich die
Bereitschaft zu gnadenloser Kriegführung auch gegen die Zivilbevölkerung: Guernica war
der bekannteste Fall. Weniger bekannt ist das Vorgehen der Geheimen Feldpolizei
in Spanien.[51] Den Vorsatz, verbrecherische Methoden der Kriegführung anzuwenden, macht
ein Bericht über Tieffliegerangriffe deutlich. Danach wurden Einsätze hinter der Front
auf Züge und Bahnhöfe, auf den Straßenverkehr sowie auf Städte als besonders „erfolgreich“ bezeichnet.[52]

---

49 MA der DDR, WF-04/35471, o. Bl. Hiernach auch das Folgende. Hervorh. im Orig.

50 *Klaus Geßner*, Geheime Feldpolizei. Zur Funktion und Organisation des geheimpolizeilichen Exekutiv-
organs der faschistischen Wehrmacht, Berlin 1986, S. 28f.

51 Ebenda. Siehe auch *Horst Kühne*, Spanien 1936—1939. Proletarischer Internationalismus im national-
revolutionären Krieg des spanischen Volkes, Berlin 1978.

52 MA der DDR, WF-10/22629, Bl. 566, Generalstab des Heeres, Erfahrungsbericht über Tieffliegerangriffe in Spanien vom 30. April 1938.

Die Kriegsmarine ging im Januar 1939 davon aus, daß ein künftiger Zusammenstoß zwischen den Großmächten „in jeder Hinsicht ein totaler Krieg" sein würde. Das Ziel auch im Seekrieg werde die „Einwirkung auf das feindliche Volk" sein.[53]

Bestandteil der faschistischen Kriegführung war das Bestreben, das Aggressionsopfer bei sich bietender Gelegenheit ohne Kriegserklärung überraschend zu überfallen. Das mit diesem Ziel ausgearbeitete System der ständigen Kriegsbereitschaft der Streitkräfte trug entsprechende typische, ihren faschistischen Charakter kennzeichnende Züge.[54] Eine wichtige Voraussetzung für die Anwendung des Überraschungsmoments bildeten verfeinerte Methoden der Mobilmachung. Im Kern bestand das Problem darin, die Masse der eigenen Kräfte so schnell wie möglich einsatzbereit zu machen und mit ihnen den noch nicht kampfbereiten Gegner in rasch aufeinanderfolgenden Schlägen zu vernichten. Zu diesem Zweck mußte eine möglichst große Zahl aktiver Verbände in einem permanenten Mobilmachungszustand gehalten werden. Mit der Weisung des Oberbefehlshabers der Wehrmacht vom 24. Juni 1937 sollte die Grundlage für eine „stete Kriegsbereitschaft" gelegt werden. Die Weisung bezog sich „auf die einheitliche Vorbereitung zu einem Kriege und auf die allgemeinen strategischen Gesichtspunkte, die für eine Kriegseröffnung zu gelten haben".[55] Auf sie gestützt, wurde ein Komplex von Maßnahmen ergriffen, der sicherte, daß bei Beginn eines Krieges bzw. einer militärischen Aktion möglichst viele aktive Verbände verfügbar waren. Dazu gehörte das System der Mobilisierung: Sie konnte im X-Fall ohne öffentliche Ankündigung erfolgen.[56] Die faschistischen Militärs schufen sich so die Möglichkeit, stärker als je zuvor noch im Frieden und gedeckt, Menschen und Material zu mobilisieren und unter den verschiedensten Tarnungen, unter anderem als „Übung", für einen geplanten Überfall bereitzustellen.

Die Annexion Österreichs gab der Faschisierung der Wehrmacht einen Schub. Obwohl die politischen und ideologischen Auswirkungen des „Anschlusses" auf die Streitkräfte bisher konkret noch nicht untersucht worden sind, läßt sich aus der hohen Kriegsbereitschaft der Wehrmacht in den folgenden Monaten schlußfolgern, daß diese Aggression und ihr Erfolg beträchtlich dazu beitrugen, die Bindung der Soldaten an ihre Offiziere und beider an das faschistische System zu festigen. Die befriedigten Wünsche des großdeutschnationalistisch denkenden Bürgertums beider Länder und von Angehörigen der werktätigen Klassen bildeten die allgemeine Grundlage dieses profaschistischen Stimmungshochs.

An die Verfolgung von Kommunisten, Sozialdemokraten, anderer fortschrittlich gesinnter Kräfte und nicht zuletzt der Bürger jüdischen Glaubens hatten sich Generale und Offiziere der Wehrmacht offenbar bereits gewöhnt. Die zu diesem Zeitpunkt eingeführte Arbeitsteilung zwischen Wehrmacht und den speziellen Terrororganen der Nazidiktatur mochte obendrein Selbsttäuschungen begünstigen.

Die Sicherung des Einsatzes der Armee durch die Abwehr und die Terrororgane des faschistischen Staates gehörte zum Übungsprogramm der Wehrmacht. So wurde vor dem großen Wehrmachtmanöver 1937 in Mecklenburg das Übungsgebiet von den Abwehrstellen des Generalkommandos II und des X. Armeekorps, dem Marinestationskommando Kiel, der Abwehrstelle Swinemünde in engster und offensichtlich guter Zusammenarbeit mit den

53 MA der DDR, WF-04/35471, o. Bl. (s. Anm. 49).
54 *Rahne*, S. 228 ff.
55 Siehe *Gerhard Förster/Olaf Groehler*, Der zweite Weltkrieg. Dokumente, Berlin 1974, S. 25 ff.
56 *Rahne*, S. 230.

Leitstellen der Gestapo in Stettin und Schwerin sorgfältig sondiert. Für die Manöverzeit vom 25. August bis 30. September wurden die Gestapo-Außenstellen in 17 Städten Mecklenburgs und Pommerns neu errichtet. Alle beteiligten Dienststellen unterstanden der Führung durch eine Abteilung Spionage- und Sabotageabwehr beim Manöverleitungsstab Heer in Neubrandenburg. Allein die Zahl der Gestapobeamten im Übungsgebiet belief sich auf 150.

Sehr genau wurde die Situation im Manövergebiet analysiert. Die Sicherheitskräfte registrierten alle Ausländer und verfolgten vor allem Aktivitäten der „früheren Linksbewegung". Im Mittelpunkt der Observation standen die Arbeiterparteien. Während von der SPD festgestellt wurde, sie habe sich seit Januar 1933 „nie wieder besonders bemerkbar gemacht", hieß es über die KPD, sie sei „durch mehrere von Zeit zu Zeit getroffene durchgreifende Maßnahmen ... fast vernichtet" worden. Vorsichtig stellte der Bericht jedoch fest, daß „im letzten halben Jahr keine organisatorischen Feststellungen gemacht" worden seien[57].

Damit im Zusammenhang stand die Ausarbeitung eines Systems von Maßnahmen zur Sicherung des Hinterlandes; hatte der erste Weltkrieg doch die wichtige politische und wirtschaftliche Rolle der zivilen Bevölkerung im eigenen Land wie in den okkupierten Gebieten gezeigt.[58] Daher sollte sie, mit welchen Mitteln auch immer, konsequent der imperialistischen Kriegführung dienstbar gemacht, ihr Widerstand völlig ausgeschaltet werden. Da den okkupierten Territorien entsprechend den Blitzkriegsvorstellungen entscheidende Bedeutung für die Fortsetzung des Krieges zukam, sollten sie durch Terror und Demagogie so „befriedet" werden, daß ihre Ressourcen der weiteren faschistischen Kriegführung schnell und höchst effektiv nutzbar gemacht werden konnten.

Als sich die Generalität für die Hitlerdiktatur entschied, war im politisch-strategischen Sinne auch die Entscheidung darüber gefallen, auf welchen prinzipiellen Grundlagen die Sicherung des deutschen Hinterlandes erfolgen würde. Das schlug sich später bei den unmittelbaren Kriegsvorbereitungen konkret nieder. Die Mobilmachung der Zivilbehörden für 1939 sah die vorbereitende Einrichtung weiterer Konzentrationslager sowie die Bereitstellung vermehrter Bewachungskräfte vor. Zugleich wurde die „Inschutzhaftnahme" aller „spionage- und hochverratsverdächtigen" Personen und die schärfere Überwachung aller „politisch unzuverlässigen Elemente" vorbereitet.[59] Der Kriegsbeginn sollte von einer Offensive gegen die Friedenskräfte des eigenen Volkes begleitet werden.

1938 hatten Wehrmacht und Nazipartei sowie der faschistische Staatsapparat nunmehr fünfjährige Erfahrungen mit der offen terroristischen Unterdrückung des eigenen Volkes, insbesondere der revolutionären Arbeiterbewegung gesammelt. Das System der Hinterlandsicherung wurde ständig auf dem letzten Stand gehalten, der Terrorapparat in die Mobilmachungspläne einbezogen, de facto bei der Vorbereitung der Aggressionen des Jahres 1938 mobilisiert und während der Okkupation Österreichs und vor allem der ČSR erprobt.

Das Ziel aller dieser Maßnahmen bestand darin, die Wehrmacht möglichst nicht durch innere Einsätze zu belasten, sondern die Unterdrückung der Bevölkerung speziellen Organen

---

57 MA der DDR, RF-01/1750, Bl. 433, Bericht über die Abwehrlage im Übungsbereich Wehrmachtmanöver 1937 vom 7. September 1937.

58 In Vorbereitung des neuen Krieges wurde Material über die Befehlsbefugnisse der Okkupationsbehörden im ersten Weltkrieg zusammengetragen. Siehe MA der DDR, WF-10/13736, o. Bl.

59 MA der DDR, WF-10/13742, o. Bl., Mob.Buch für die Zivilverwaltung, Neudruck 1939.

und Gliederungen des faschistischen Staates und der Nazipartei zuzuweisen.[60] Diese Rolle war vor allem der SS zugedacht. Gemäß Erlaß Hitlers vom 17. August 1938 sollten die SS-Verfügungstruppe, die Junkerschulen der SS, die SS-Totenkopfverbände und die Verstärkung der SS-Totenkopfverbände „für besondere innenpolitische Aufgaben . . . oder für die mobile Verwendung im Rahmen des Feldheeres . . ." zur Verfügung stehen. Die Verfügungstruppe, Kristallisationskern der späteren Waffen-SS, war für den Einsatz im Rahmen des Feldheeres, aber zugleich im „Bedarfsfall" im Innern bestimmt.[61] Ein Befehl Becks vom gleichen Monat über die „Verwendung der SS-Verfügungstruppe" regelte die enge Zusammenarbeit zwischen SS und Heer.[62] Ein weiterer Erlaß vom Mai 1939 sowie der entsprechende Befehl des Oberbefehlshabers des Heeres vom Juni des Jahres[63] legten Einzelheiten über den Aufbau von SS-Divisionen fest. Hierfür dürften die Erfahrungen der Aggressionsakte 1938/39, insbesondere der Einsatz gegen die ČSR, den Anstoß gegeben haben.

Eine besonders eng in die Kriegsvorbereitung der Wehrmacht eingebundene Zwangs- und Drillorganisation des faschistischen Staates war der Reichsarbeitsdienst (RAD). Es war für den Mob.-Fall vorgesehen, daß „der gesamte RAD unter Befehl des Oberbefehlshabers der Wehrmacht (tritt)". Diese Unterstellung erfolgte sogar schon im „Spannungsfall". Vorgesehen war die Aufstellung von zwei Wellen von Bautruppen, die den zuständigen Generalkommandos beigegeben werden sollten.[64] Alle Einzelheiten des Einsatzes des RAD im Mob.-Fall legte die Besondere Anlage 7 zum Mobilmachungsplan Heer vom Januar 1937 fest. Die Angehörigen des der Wehrmacht unterstellten RAD sollten dann „in das militärische Dienstverhältnis" übertreten.[65] In dieser Regelung drückte sich das Problem der geringen Reserven der Wehrmacht aus. Doch zeigte sich darin zugleich das Bestreben, das Feldheer auf seinen militärischen Auftrag zu konzentrieren und alle darüber hinausgehenden Handlungen von speziellen Verbänden verrichten zu lassen.

Unter diesem Aspekt ist ebenfalls die Planung des Einsatzes der Sturmabteilungen (SA), des Nationalsozialistischen Kraftfahrer-Korps (NSKK), des Nationalsozialistischen Flieger-Korps (NSFK) und der Hitlerjugend (HJ) zu sehen. Ihre Aufgabe bei der vor- und nachmilitärischen Ausbildung, d. h. der Sicherung eines hohen Ausbildungsstandes der Rekruten und Reservisten, erschien der Wehrmachtführung so wichtig, daß sie im Januar 1939 den Wehrkreisen die „hierfür notwendigen militärischen Maßnahmen" übertrug.[66] Außer dem praktischen Gewinn, der sich aus derartiger Arbeitsteilung ergab, bot sie Vorteile für die politisch-ideologische Ausrichtung der Betroffenen im Sinne des Regimes.[67]

---

60 Das beeinträchtigte die letztlich entscheidende Rolle der Streitkräfte nicht. Siehe *Wolfgang Kern*, Die innere Funktion der Wehrmacht 1933—1939, Berlin 1979, S. 90ff.

61 MA der DDR, WF-10/22623, Bl. 401ff.

62 MA der DDR, WF-10/13719, o. Bl.

63 Ebenda.

64 MA der DDR, WF-10/13235, Bl. 92ff., Schreiben des Reichsarbeitsführers über die Verwendung des RAD im Mob.Fall vom 15. Januar 1936.

65 Ebenda, Bl. 133.

66 MA der DDR, WF-10/13719, o. Bl., Durchführungsbestimmung des Oberbefehlshabers des Heeres vom 1. Februar 1939 zum Erlaß Hitlers über die Zusammenarbeit des Heeres mit SA und NSKK vom 26. Januar 1939.

67 Über die geistige Haltung der Jugend 1938 siehe u. a. *Hans-Joachim Schröder*, Kasernenzeit. Arbeiter erzählen von der Militärausbildung im Dritten Reich, Frankfurt a. M./New York 1985; *Mein Tagebuch. Geschichten vom Überleben 1939—1947*, Köln 1984.

Eine ganz wesentliche Seite der neuen Merkmale der Wehrmacht, die sich in ihren Aktionen 1938 zeigte, bildete das Verhältnis zur Propaganda. Wiederum hatte der erste Weltkrieg die Militärs gelehrt, welche Bedeutung die Beeinflussung der eigenen Bevölkerung und besonders der Armeeangehörigen sowie des Gegners schon bei der Kriegsvorbereitung, noch mehr im Kriegsverlauf besaß. Schon beim Aufbau der Wehrmacht waren daraus Konsequenzen gezogen worden. Dennoch erwies sich die propagandistische Kriegsvorbereitung der Bevölkerung, wie sich 1938 zeigte, als unbefriedigend. Im Bericht der Wirtschaftsinspektion XIII vom September 1938 hieß es beispielsweise: „Die Stimmung ist angesichts der außenpolitischen Lage und meist ungehemmt erörterten Kriegsaussichten allgemein als gedrückt, ernst und sorgenvoll zu bezeichnen. In dem deutsch-tschechischen Grenzgebiet ist gelegentlich eine ausgesprochene Kriegspsychose feststellbar. Die Truppendienst-Einberufungen werden im allgemeinen mit Resignation hingenommen, wo nicht offenbare Härten (insbesondere in Klein- und Mittellandwirtschaft) oder bisweilen angenommene Ungerechtigkeiten offene Kritik und Ablehnung auslösen".[68] Diese Stimmung nahm auch die Naziführung wahr, als am 27. September auf Befehl Hitlers eine Division des Heeres vor ihrem Transport nach Sachsen durch Berlin marschierte und vorwiegend motorisierte Teile der Heeresschulen Wünsdorf, Jüterbog und Döberitz durch die Berliner Innenstadt rollten. Die polnische Armeeführung schätzte dieses und andere Anzeichen zutreffend ein: „Ablehnung des Krieges und Kriegsangst haben sich unter den breiten Massen der deutschen Bevölkerung verstärkt, und zwar entgegen den Propagandaanstrengungen".[69] Um diese Situation zu verändern, wandte sich die Nazipropaganda gegenüber der eigenen Bevölkerung zunehmend von der Friedensdemagogie ab und verstärkte die Kriegshetze.[70]

Die Grundlagen der Wehrmachtpropaganda waren seit 1933 geschaffen worden. Bei der Okkupation Österreichs und der tschechoslowakischen Grenzgebiete wurde sie erstmals praktisch erprobt. Grundsätzlich waren sich Wehrmacht- und Naziführung darin einig, daß sich die „Kriegspropaganda" aus der „Propaganda im Frieden" entwickeln sollte. Als ihr Gesamtziel galt: „Einstellung des deutschen Volkes auf das Kriegsziel, moralische Zerstörung des Gegners, moralische Zerrüttung, Abspaltung der Neutralen vom Gegner."[71]

Die Wehrmachtführung strebte auch auf dem Gebiet der Propaganda eine enge Zusammenarbeit mit den anderen Organen des faschistischen Staates und der Nazipartei an. Ihr erstrangiger Partner war das wie die übrigen Obersten Reichsbehörden in die Mob.-Planung einbezogene Reichsministerium für Volksaufklärung und Propaganda. Den gemeinsamen Absprachen zufolge richtete sich die Tätigkeit des Goebbelsministeriums auf die Zivilbevölkerung, während sich das OKW die politisch-ideologische Beeinflussung der Soldaten vorbehielt. Im Rahmen ihrer Zusammenarbeit betrachtete sich die Streitkräfteführung als die bestimmende Instanz, sollte doch das OKW durch „Richtlinien und laufende Unterweisungen" die Übereinstimmung des „Propagandakrieges mit dem Waffenkrieg" gewährleisten. Das Propagandaministerium hatte dann die gemeinsamen Grundlinien in seinem Zuständigkeitsbereich durchzusetzen. Um diese Arbeitsteilung zu gewährleisten, erließ die Wehrmachtführung eigene Weisungen an das Propagandaministerium,

68 MA der DDR, WF-01/429, o. Bl., Wirtschaftsbericht vom 8. September 1938.

69 CAW, Geheimes Material der II. Abteilung des Generalstabes der polnischen Armee; Kommunique Nr. 20 über das IV. Quartal 1938.

70 Siehe *Kurt Pätzold*, „Faustisches Volk" oder Räuberhorde? Faschistische Politik und Propaganda 1933—1940, in: Reinhard Kühnl/Karen Schönwälder (Hrsg.), *Sie reden vom Frieden und rüsten zum Krieg. Friedensdemagogie und Kriegsvorbereitung in Geschichte und Gegenwart*, Köln 1986, S. 187.

71 MA der DDR, WF-04/33608, o. Bl., Vortrag an der Seekriegsakademie, o. O.

bediente es mit militärischen und militärpolitischen Nachrichten und organisierte die enge Zusammenarbeit der Pressegruppe im OKW und Reichsluftfahrtministerium mit den Beamten des zivilen Ministeriums in Berlin sowie der Presseoffiziere der Teilstreitkräfte, bei den Generalkommandos, Luftgau- und Stationskommandos mit den Propagandaämtern im Reichsgebiet.[72]

Vor dem Überfall auf die ČSR schuf die Wehrmacht sich im September 1938 ein neues Instrument, die Propagandakompanien. Die aus Kompanie-Trupp, drei Kriegsberichterzügen, einem Lautsprecherzug, einer Arbeitsstaffel und Troß bestehenden Einheiten stellten Wehrmacht und Propagandaministerium im engen „Einvernehmen" auf. Die Propagandakompanien gehörten zu den Armeetruppen, waren den Chefs der Stäbe unterstellt und sollten mit den Presseoffizieren beim IC/AO zusammenarbeiten. Die Aufgaben dieser Kompanien bestanden in der Lieferung von Material für die militärische Propaganda nach innen und in der Beeinflussung der eigenen und der gegnerischen Soldaten sowie der Bevölkerung in den überfallenen Staaten. Nach ihrem Debüt im Herbst 1938 erhielt das Oberkommando des Heeres im wesentlichen nur „positive" Berichte; die Einheiten hätten sich bei der psychologischen Kriegführung bewährt.[73]

Als weiteres Element der Wehrmachtspropaganda galt die „in der feindlichen Wehrmacht oder Arbeiterschaft zu betreibende Aufwiegelung".[74] Zum Zwecke dieser Diversion sollten alle dem faschistischen Geheimdienst zu Gebote stehenden Mittel verwendet werden. So hoffte man den Widerstandswillen in den okkupierten Ländern zu lähmen. Dem diente auch die Verwendung von „Fünften Kolonnen".

In der ČSR nutzte die Wehrmacht die faschistischen Kräfte in der deutschen Minderheit und insbesondere den militärischen Arm der „Sudetendeutschen Partei", das „Freikorps Henlein". Im September 1938 bestand es aus 31 270 Mann und zwei Reservebataillonen. Eine Bewaffnung erfolgte durch Zurverfügungstellung von Waffen des ehemaligen österreichischen Heeres unter Führung des OKH. Ab 30. September wurde schließlich das „Freikorps" dem Reichsführer SS unterstellt.[75] Seit dem Überfall auf die ČSR gehörte der Einsatz von Kollaborateuren und die Ausnutzung tatsächlicher und künstlich geschürter Widersprüche, die in den überfallenen Staaten in der Bevölkerung existierten, zu einer wirkungsvoll angewandten Methode der Kriegführung des faschistischen Regimes.

Von nicht zu unterschätzender Bedeutung für die Faschisierung der Streitkräfte war die geistige Ausrichtung des Offizierskorps auf „Grundwerte" der Naziideologie — ein Prozeß, dessen Ergebnisse auch 1938 erstmals anhand praktischer Erfahrungen geprüft werden konnten. Sie war von der Wehrmachtführung zielgerichtet seit längerem organisiert und betrieben worden.[76] In einer Serie von Vorträgen verschiedener Vertreter der Wehrmacht kam auch der Chef der Amtsgruppe Ausland/Abwehr, Konteradmiral Wilhelm Canaris, zu

---

72 MA der DDR, WF-01/16961, Bl. 481 ff., Vortrag unbekannter Herkunft über Grundlagen der Vorbereitung der Zusammenarbeit von Wehrmacht und Propaganda im Krieg. Siehe *Klaus Scheel*, Der Aufbau der faschistischen PK-Einheiten vor dem zweiten Weltkrieg, in: *ZfM*, 4/1965.

73 MA der DDR, WF-10/13753, Bl. 118 ff., Erfahrungsberichte der Propagandakompanien vom Oktober/November 1938; vgl. auch *Helmut Francke*, Entwicklung und Tätigkeit der Abteilung Wehrmachtpropaganda im OKW in der faschistischen psychologischen Kriegführung (1939—1940), Diss. A, Humboldt-Universität zu Berlin 1987, Teil I.

74 MA der DDR, WF-10/16961, Bl. 484.

75 MA der DDR, WF-10/13752, o. Bl., Schreiben des Chef OKW vom 1. Oktober 1938.

76 Siehe *Messerschmidt*, S. 58 ff.

Wort.[77] Canaris sprach Anfang März 1938, also wenige Wochen nach dem Revirement und im Zusammenhang mit diesem, vor den ihm neu unterstellten IC-Offizieren der Wehrkreiskommandos. Die Grundforderung, die sich wie ein roter Faden durch seine Ausführungen zog, lautete: „Ich verlange von Ihnen, daß Sie ohne Einschränkung auf diesem Boden des nationalsozialistischen Staates stehen und in diesem Sinne handeln." Die Ansprache gipfelte in der Feststellung, „daß wir Frontsoldaten des nationalsozialistischen Staates zu den besten, uneigennützigsten und selbstlosesten Nationalsozialisten gehören." Die praktischen Ratschläge, die Canaris den IC-Offizieren für ihre Tätigkeit gab, liefen darauf hinaus, bei Wahrung der spezifischen Wehrmachtinteressen, mit der NSDAP und den Nazis verständnisvoll auf allen Ebenen zusammenzuwirken und selbst die besten Faschisten zu sein. Mißhelligkeiten, die in der Zusammenarbeit mit einzelnen „Persönlichkeiten" auftreten könnten, deutete er als Nebenerscheinungen und Folge von Unerfahrenheit der neuen Machthaber. Dagegen würde notfalls „von höchster Stelle" vorgegangen werden. Unter „Mißgriffen" verstand er offensichtlich gegen die Stellung der Streitkräfte in der Nazidiktatur gerichtete Äußerungen oder Taten. Auf jeden Fall sollten sie, einmal geklärt, vergeben oder vergessen sein. In diesem Sinne verbot Canaris jede Diskussion und die Verbreitung intimer Einzelheiten um die Ereignisse vom 4. Februar 1938.

Den Grad des geistigen Wandels im Offizierskorps der Wehrmacht läßt der Erlaß des Oberbefehlshabers des Heeres, Generaloberst Walther v. Brauchitsch, vom 18. Dezember 1938 erkennen.[78] Nach großen Worten über die Rolle des „genialen Führers" variierte Brauchitsch das Thema Nazismus und Wehrmacht mit den Worten: „Wehrmacht und Nationalsozialismus sind desselben geistigen Stammes." Mit Bezug auf den direkten Kriegskurs deklarierte er: „Die Lebensaufgabe des Offiziers erhält ihre Krönung erst vor dem Feind." Nie dürfe der Offizier „Vertreter einer schwächlichen Politik sein", formulierte Brauchitsch, der Clausewitz' bekannte Worte ein wenig, aber charakteristisch abänderte. Sie lauteten nun: „Der Krieg ist nur die Fortsetzung der Politik mit anderen Mitteln."

Der erwähnte Erlaß über die Erziehung des Offizierskorps gehört in eine Reihe schriftlicher und mündlicher Auslassungen ranghoher Kommandeure der Wehrmacht, die zum Verhältnis der Streitkräfte zum Faschismus Stellung nahmen. Sie waren, wie die zitierten, allesamt darauf gerichtet, über das Offizierskorps die Einordnung der ganzen Armee in die Hitlerdiktatur zu fördern. Der Brauchitsch-Erlaß bildete nur ein besonders typisches Beispiel, das deutlich zeigte, was den Offizieren der Wehrmacht bereits damals zugemutet werden konnte.

Die grundsätzliche Affinität des Offizierskorps zu reaktionärstem Gedankengut, vor allem zum Antikommunismus, gab einen günstigen Boden für die Übernahme der Naziideologie ab. Das gilt auch für die wichtige Frage des Rassismus. Schon 1934 hatte sich die Reichswehrführung die rassistischen Vorstellungen des Hitlerfaschismus zu eigen gemacht.[79] Bis 1938 wurden der Antisowjetismus und der Rassismus in den Streitkräften Deutschlands ein „normaler" Faktor alltäglicher Ausbildung und Erziehung und ein Prinzip der Kaderauswahl. Die Bestimmungen für die Schaffung eines Reserve-Offizierskorps vom April

77 MA der DDR, WF-01/20555, Bl. 874ff.
78 MA der DDR, WF-01/456, Bl. 550f.; Vgl. u. a. *Messerschmidt*, S. 223; *Heinz Helmert/Helmut Schnitter*, Eine geheime Verordnung des Oberkommandos des Heeres über die „Erziehung von Offizierskorps", in: *ZfM*, 4/1965.
79 Siehe u. a. *Kern*, S. 41; *Das Wehrgesetz vom 21. Mai 1935 und seine Ausführung im Krieg und Frieden*, Leipzig 1943.

1934 verlangten, daß die Anwärter „für sich und gegebenenfalls für ihre Ehefrau den Nachweis arischer Abstammung" zu erbringen hätten.[80] Diese Forderung wurde vom Reichskriegsminister Werner v. Blomberg am 8. Juni 1934 bestätigt.[81]

Die Festlegung derartiger Bestimmungen bildete keinen bloßen Abwehrschirm gegenüber Forderungen der Nazipartei, sie wurden konsequent durchgesetzt, was gewisse „Überprüfungen" in Einzelfällen nicht ausschloß. So versicherte das Heerespersonalamt im Oktober 1936 auf Anfrage des Chefs des Sicherheitshauptamtes, der Nachfahre Mendelssohns, Robert v. Mendelssohn, wäre zwar zur Übungsableistung eingezogen worden; ihn zum Reserve-Offizier zu machen, sei aber nicht beabsichtigt.[82] In einem anders gelagerten Falle rassischer Überprüfung im Februar 1938 entschied man zugunsten des Betroffenen. Es handelte sich um einen Leutnant der Reserve, dessen Ehefrau die Tochter eines Deutschen und einer Japanerin war. Hierbei gab freilich die Überlegung den Ausschlag, „daß Entscheidungen rassenpolitischer Art, durch die die Beziehungen zu auswärtigen Staaten gefährdet werden können, zu vermeiden sind".[83]

Grundsätzlich wurde nach dem nicht veröffentlichten Erlaß Hitlers vom 13. Mai 1936 verfahren, wonach die Streitkräfte „ihre Berufssoldaten und damit ihre Führer und Unterführer über die gesetzlichen Vorschriften hinaus nach schärfsten rassischen Gesichtspunkten auswählen" sollten.[84] Dementsprechend verlangten die von Blomberg am gleichen Tag unterzeichneten Ausführungsbestimmungen den Nachweis „deutschen und artverwandten Blutes" von Berufssoldaten und ihren Ehefrauen.[85] Mit der Übernahme der Rassengesetzgebung durch die Streitkräfte, wozu das Einverständnis zur Hintenansetzung, Drangsalierung und Verfolgung der jüdischen Frontsoldaten des ersten Weltkrieges gehörte, wurde ein entscheidender ideologischer Schritt zur Faschisierung der Wehrmacht getan.

Das angestrebte Ziel derartiger Bemühungen war der effektivste Einsatz aller Kräfte und Mittel des faschistischen Staates zur Vorbereitung auf den Krieg. Ausgangspunkt dieser Bestrebungen waren die Erfahrungen des ersten Weltkrieges. Grundlage für die Gemeinsamkeiten zwischen Nazipartei und Streitkräften bildeten die faschistischen Elemente in den militärtheoretischen Vorstellungen auf der einen und die militaristischen Inhalte auf der anderen Seite. Das schloß Konflikte unterschiedlichen Ausmaßes zwischen den Organen des faschistischen Staates und den verschiedenen Dienststellen und Organisationen der Nazipartei nicht aus.

Nach dem März 1939 hatte sich die strategische Lage für die Wehrmacht nicht nur erneut bedeutend verbessert, sondern auch die kriegswirtschaftlichen Auswirkungen der Okkupation der tschechischen Gebiete stärkten die faschistischen Streitkräfte bedeutend. Bei der Ausplünderung des vergewaltigten Landes sprach der Wehrwirtschaftsstab des OKW ein gewichtiges Wort mit. Die wehrwirtschaftliche Vorbereitung des Überfalls, die nach Auffassung der Wehrwirtschaftsoffiziere grundsätzlich bereits im Frieden vorgenommen werden mußte, hatte die Versorgung des Feldheeres und die Unterstützung der je-

80 MA der DDR, WF-01/10576, Bl. 541.
81 Ebenda, Bl. 553.
82 MA der DDR, WF-01/1735, Bl. 503 ff., Schreiben des Chefs des Sicherheitshauptamtes Heydrich an den Abteilungsleiter Inland im Kriegsministerium vom 3. Juli 1936.
83 Ebenda, Bl. 830.
84 Ebenda, Bl. 541.
85 Ebenda, Bl. 542 f.

weiligen Rüstungsanstrengungen zum Ziel. In beiden Fällen mußte der Wehrwirtschaftsstab aktiv werden.[86]

Im März 1939 fiel die Wehrmacht mit einem voll aufgestellten Ausplünderungsapparat in die restlichen tschechischen Gebiete ein. Dazu gehörten bei jeder der zwei Heeresgruppen ein Chef der Zivilverwaltung mit 62 Personen sowie Vertreter der Reichsministerien, Verwaltungschefs mit Unterpersonal, sowie Oberlandräte.[87] Nach der Errichtung des sogenannten Protektorates wurde laut Befehl Hitlers vom 22. März 1939 beim Reichsprotektor die Stelle eines Wehrmachtbevollmächtigten geschaffen.[88] Wie aus einem hundert Seiten starken Bericht über die Tätigkeit dieser Dienststelle vom April 1941 hervorgeht[89], stellte der Wehrmachtbevollmächtigte die entscheidende territoriale Wehrmachtinstitution in den okkupierten tschechischen Gebieten dar. Er unterstand dem OKW unmittelbar und fungierte in allen Wehrmachtfragen als beratendes Organ des „Reichsprotektors". Großspurig wird in dem Bericht formuliert: „Durch die Rolle der Rüstungsbetriebe ist W. B. der größte Industriekonzern, durch die Truppenübungsplätze mit ca. 400 000 Morgen mit der größte land- und forstwirtschaftliche Betrieb des Landes, mit ca. 115 000 Mann Wehrmacht der größte Konsument." Die ökonomische Schlüsselstellung der Wehrmacht im Okkupationsregime untermauerte der Bericht durch eine Reihe von Zahlen. So gibt er den Zuwachs zur Rüstungsindustrie des Reiches durch das okkupierte tschechische Gebiet mit zehn Prozent an und den Wert aller direkten und indirekten Rüstungsaufträge der Wehrmacht im „Protektorat" bis zum 1. Oktober 1940 mit 593 893 553,—RM. Der Bericht widerspiegelte deutlich die gesamte Breite und Intensität der Angelegenheiten, mit denen sich die Wehrmacht als Okkupationsbehörde bereits vor Kriegsausbruch in der Tschechoslowakei beschäftigte.

Die Erfolge des Naziregimes im Jahr 1938 und im ersten Halbjahr 1939 machten die Lage der nach Zahl und Rang geringfügigen oppositionellen Kräfte in der nunmehr durchgängig faschistischen Wehrmacht äußerst schwierig. Ihre gegensätzlichen Auffassungen erstreckten sich gleichwohl meist nur auf einzelne militärische und politische Vorgehens- und Verfahrensweisen des Regimes. Einer dieser Streitpunkte war die vom Chef des Wehrwirtschaftsstabes des OKW, Generalmajor Georg Thomas, bereits vor dem Kriege aufgeworfene Frage nach der Breiten- und Tiefenrüstung.[90] Sie hing engstens mit dem Urteil darüber zusammen, ob das faschistische Heer 1939 ausreichend gerüstet war oder nicht. Zieht man die Situation und die konkreten Ziele des deutschen Imperialismus in Betracht, so hatten die Breite der Rüstung und der Stand des Heeresausbaues 1939 anscheinend eine Stufe erreicht, die die Führung von Blitzkriegen erlaubte. Das ungelöste Problem der Tiefenrüstung und der Ausgleich der potentiellen Überlegenheit der Streitkräfte der künftigen Gegner bzw. Opfer der deutschen Aggressoren, d. h. die „Lösung des — in Wirklichkeit unauflösbaren — Widerspruchs zwischen Zielen und Möglichkeiten"[91], sollte ja gerade durch die Verwirklichung der Blitzkriegsstrategie erfolgen. Die „Blitzkriegsarmee" benötigte aber

86 MA der DDR, WF-10/441, Bl. 557ff.; Bl. 568, Vortragsmanuskript Oberstleutnant Nagel vom Wehrwirtschafts- und Rüstungsamt, o. D.
87 MA der DDR, WF-10/441, Bl. 576.
88 SÚA, URP, Fond PP, I-1 4484, 1939—1941, Abschrift eines Hitler-Befehls vom 22. März 1939 über die Errichtung einer Stelle des Wehrmachtbevollmächtigten beim Reichsprotektor für Böhmen und Mähren.
89 VHA, Fond WBM-BM, Zusammenstellung über die Aufgaben und Arbeiten der Dienststelle des Wehrmachtbevollmächtigten während des zweijährigen Bestehens vom 2. April 1941.
90 Siehe *Eichholtz*, Geschichte der Kriegswirtschaft, Bd. 1, S. 7ff.; Bd. 2, S. 46f.
91 Ebenda, Bd. 1, S. 21.

operative Pausen, um von einer Aggression zur nächsten zu gelangen. Sie erforderte mithin eine flexible Rüstungswirtschaft. Die Bevorzugung der Breitenrüstung stellte also einen Bestandteil der Blitzkriegskonzeption dar. Sie sollte sich so lange als anwendbar erweisen, wie Blitzkriege geführt werden konnten.

Die in der militärischen Führung vorhandenen Zweifel an der Stärke der Armee waren in sich widersprüchlich; denn sie ordneten sich im Kern selbst dem Bestreben unter, den Erfolg der Streitkräfte bei der Verfolgung letztlich abenteuerlicher, ja anachronistischer Ziele zu garantieren. Daher widerlegte später jeder Kriegserfolg die ,,Zweifler" und erschütterte ihre Positionen. War die Idee der Überrevanche einmal akzeptiert, so war der Marsch der Wehrmacht in den Krieg und die Niederlage — so oder so — programmiert.

Die Wehrmacht hatte sich, wie an den Ereignissen des Jahres 1938 offenbar wurde, zu einem Gewaltinstrument hitlerfaschistischer Prägung entwickelt. Die Wurzeln dieses Prozesses, nämlich die weitgehende Identität der innen- und außenpolitischen Ziele der führenden Militärs und der Nazibewegung, die gemeinsamen Klassengrundlagen und -interessen, die ideologischen Gemeinsamkeiten, der gemeinsame Hauptgegner — die revolutionäre Arbeiterbewegung — sowie weitere Faktoren reichen bis in die Jahre vor 1933 zurück. Doch erst die Etablierung und Stabilisierung der Nazidiktatur, eines auf den Weltkrieg zusteuernden Systems, veränderten rasch auch den Charakter der Streitkräfte in Deutschland. Ihr Wandel erfolgte in erster Linie von innen heraus und nicht durch äußeren Druck von seiten der faschistischen Partei. Die Wehrmacht brachte in den faschistischen Staat die in ihr vorherrschenden aggressiven militärtheoretischen Auffassungen ein. Ihre erfahrenen Berufsmilitärs setzten in Heer, Luftwaffe und Kriegsmarine modernste Erkenntnisse der Militärwissenschaft durch. Der quantitative und qualitative Ausbau der Wehrmacht sowie ihre Faschisierung bildeten die Voraussetzung dafür, daß dem reaktionärsten Teil der deutschen Monopolbourgeoisie überhaupt ein Instrument zur Verfügung stand, mit dem sich der Griff nach der Weltmacht unternehmen ließ.

Olaf Groehler

Das Revirement in der Wehrmachtsführung 1937/38

Der „Völkische Beobachter" veröffentlichte am 5. Februar 1938 unter der Balkenschlagzeile „Stärkste Konzentration aller Kräfte in der Hand des Obersten Führers" die am selben Tag vom Reichskabinett bestätigten Umbesetzungen in verschiedenen Ministerien, innerhalb des Heeres und der Luftwaffe. Die Spalten des „Völkischen Beobachters" waren gefüllt mit Namen über Namen, von Verabschiedeten und Neuernannten, wobei die einen wie anderen ihre Berufung oder ihre Absetzung erstmals den Spätnachrichten des Rundfunks am 4. Februar oder der Morgenpresse des 5. Februars entnehmen konnten. Nie zuvor hatte es eine derartige Fülle von Personenwechsel im Staats- und Militärapparat des faschistischen Deutschlands gegeben wie in diesen ersten Februartagen.

Abgelöst wurde der bisherige Reichsaußenminister Konstantin v. Neurath, an dessen Stelle Joachim v. Ribbentrop trat, abberufen wurde der deutsche Botschafter in Wien, Franz v. Papen, in Rom, Ulrich v. Hassell, und in Tokio, Herbert v. Dirksen. Erneut bekanntgegeben wurde die Einsetzung Walther Funks zum Reichswirtschaftsminister, die Ernennung Hans-Heinrich Lammers' zum Chef der Reichskanzlei, die Beförderung von Otto Dietrich zum Staatssekretär im Reichspropagandaministerium sowie eine völlige Reorganisation des Reichswirtschaftsministeriums in fünf Hauptabteilungen, von denen drei durch hohe Offiziere geleitet wurden.

Mehrere Spalten machte die Bekanntmachung der Umbesetzungen in Heer und Luftwaffe aus. Mitgeteilt wurde eine Neugliederung des Reichsluftfahrtministeriums, die die Stellung des Generalstabes der Luftwaffe anhob, die Straffung der Kommandostruktur durch die Umwandlung der sieben Luftkreiskommandos in drei Luftwaffengruppen- und zwei Luftwaffenkommandos, die Ernennung Hermann Görings zum Generalfeldmarschall, die Verabschiedung von sechs zumeist im 60. Lebensjahr stehenden Luftwaffengeneralen sowie 15 weitere Personalveränderungen in der Luftwaffe und 39 Umbesetzungen bzw. Entlassungen innerhalb der Generalität des Heeres. Verabschiedet wurden der bisherige Reichskriegsminister Werner v. Blomberg, der Oberbefehlshaber des Heeres, Freiherr Werner v. Fritsch, der Befehlshaber des Gruppenkommandos 2 in Kassel, Wilhelm Ritter v. Leeb, die Kommandierenden Generale im Wehrkreis VIII (Breslau), Ewald v. Kleist, und im Wehrkreis XII (Wiesbaden), Franz Freiherr Kreß v. Kressenstein, der Kommandeur der 18. Infanteriedivision, Hermann Hoth, der Kommandierende General der Panzertruppen, Oswald Lutz, der Chef des Heereswaffenamtes, Kurt Liese, der Inspekteur der Kriegsschulen Günther v. Niebelschütz und der Inspekteur der Kavallerie Konrad v. Goßler.

Zum neuen Oberbefehlshaber des Heeres wurde Walther v. Brauchitsch befördert, neue Gruppenkommandeure in Kassel und in Leipzig wurden Wilhelm List und Walther

v. Reichenau, die Panzertruppen übernahm Heinz Guderian, das Heereswaffenamt Prof. Dr. Karl Becker.

Insgesamt wurden zwei der vier Gruppenbefehlshaber ausgewechselt, fünf von 14 Wehrkreisbefehlshabern und neun von 43 Divisionskommandeuren. Wesentliche Personalveränderungen gab es auch in der Struktur des Heerespersonalamtes: Viktor v. Schwedler gab sein Amt an Bodewin Keitel ab, zugleich wurden die beiden Abteilungsleiter Adolf Kuntzen und Bohlendorff abgelöst. An die Stelle von Erich v. Manstein als Oberquartiermeister I im Generalstab des Heeres trat Franz Halder, neuer Chefadjutant der Wehrmacht bei Hitler wurde an Stelle von Friedrich Hoßbach Rudolf Schmundt.

In einem gleichzeitig veröffentlichten Erlaß über die Führung der Wehrmacht, datiert auf den 4. Februar 1938, wurde bekanntgegeben, daß Hitler von nun an die Befehlsgewalt über die gesamte Wehrmacht persönlich ausübe, das bisherige Wehramt im Reichskriegsministerium als Oberkommando der Wehrmacht seinen persönlichen Stab bilde und es überdies alle Geschäfte des bisherigen Reichskriegsministeriums übernehme. Zum Chef des Oberkommandos der Wehrmacht wurde der bisherige Amtschef Wilhelm Keitel ernannt. Mitteilung erfolgte über die Schaffung eines Geheimen Kabinettsrates, der Hitler in allen außenpolitischen Fragen beraten sollte. Ihm gehörten Ribbentrop, Hermann Göring, Rudolf Heß, Joseph Goebbels, Walther v. Brauchitsch, Wilhelm Keitel und Erich Raeder an, seine Leitung übertrug Hitler Neurath. Er sollte allerdings niemals auch nur zu einer Beratung zusammentreten.

Das Revirement in Deutschland bildete in den folgenden Tagen die Sensation im In- und Ausland. Die internationalen Beurteilungen waren zwar beileibe nicht einheitlich, eingefärbt von politischer Haltung und Überzeugung, von staatlichen Interessen und außenpolitischen Rücksichten, aber auch Bindungen, jedoch in Grundzügen durchaus Ähnlichkeiten und Identitäten aufweisend, die von derart prägender Gestaltungskraft waren, daß sie vielfach bis in die Gegenwart hinein das Bild von den Vorgängen um den 4. Februar bestimmen.[1]

---

1 Über den 4. Februar 1938 existiert eine umfangreiche Literatur in der BRD. Die erste umfassende Darstellung gab *Johann Adolf Graf v. Kielmannsegg*, Der Fritschprozess 1938. Ablauf und Hintergründe, Hamburg 1949. Exemplarische Bedeutung für die BRD-Geschichtsschreibung erlangte die Darstellung von *Hermann Foertsch*, Schuld und Verhängnis. Die Fritschkrise im Frühjahr 1938 als Wendepunkt in der Geschichte der nationalsozialistischen Zeit, Stuttgart 1951. Foertsch, 1937/1938 einer der Hauptverfechter der sogenannten Zwei-Säulen-Theorie, erarbeitete diese Darstellung im Auftrag des späteren Instituts für Zeitgeschichte in München und führte eine rege Korrespondenz mit Augenzeugen und Teilnehmern der damaligen Ereignisse. Seiner Darstellung kommt Stammvaterschaft für die Legendisierung des 4. Februar 1938 als Art Widerstandssymbol der Wehrmacht zu. Sorgfältige Recherchen — obwohl die Gesamtkonzeption noch im Banne von Foertsch steht — leistete *Harold C. Deutsch*, Das Komplott oder die Entmachtung der Generale. Blomberg- und Fritschkrise. Hitlers Weg zum Krieg, Eichstätt 1974, auch heute noch unverzichtbares Kompendium für viele Details der Vorgänge um den 4. Februar 1938. Der neueste Forschungsstand in der BRD spiegelt sich wider in *Franz Knipping/Klaus Jürgen Müller (Hrsg.)*, Machtbewußtsein in Deutschland am Vorabend des zweiten Weltkrieges, Paderborn 1984, u. a. in den Beiträgen von *Manfred Messerschmidt*, Das strategische Lagebild des OKW (Hitler) im Jahre 1938, S. 145ff., *Klaus-Jürgen Müller*, Die militärpolitische Konzeption des deutschen Generalstabes 1938, S. 159ff., *Gerhard Schreiber*, Das strategische Lagebild von Luftwaffe und Kriegsmarine im Jahr 1938, S. 175ff. und *Bernd Martin*, Das deutsche Militär und die Wendung der deutschen Fernostpolitik von China auf Japan, S. 191ff. sowie *Klaus-Jürgen Müller*, Armee und Drittes Reich 1933—1939. Darstellung und Dokumentation, Paderborn 1987, S. 11ff. In der marxistischen Geschichtsschreibung der DDR haben die Vorgänge vom 4. Februar 1938 bislang meist nur kursorische Darstellung gefunden, so in *DzW*, B. 1, S. 106; *Kurzer Abriß der Militärgeschichte von den Anfängen der Geschichte des deutschen Volkes bis 1945*. Hrsg. von

Vor allem dokumentierte sich im internationalen Echo die jeweilige Haltung zur Politik und zum faschistischen Regime in Deutschland. Die lautstärksten Sympathiebekundungen empfing Hitlerdeutschland aus Italien. Eine totalitär ausgerichtete italienische Presse begrüßte den neuen „Capo" der Wehrmacht, Adolf Hitler[2], und Mussolini telegrafierte Hitler: „Ich betrachte dies Ereignis als geeignet, die Kameradschaft zwischen unseren Streitkräften und unseren Regimen zu verstärken."[3] Glückwünsche kamen auch aus dem faschistischen Spanien. Franco erklärte, daß „Euer Exzellenz damit weiter zur Festigung der herzlichen Beziehungen beigetragen haben, die Spanien und Ihr großes Land verbinden."[4] Keine Glückwünsche, aber unverhohlene Genugtuung verrieten japanische Stellungnahmen, die betonten, daß nunmehr „jeder mögliche Dualismus in der deutschen Außenpolitik beseitigt worden sei und daß die Freundschaft zwischen Deutschland, Japan und Mandschukuo dadurch bedeutend gefördert werde."[5] Die „Tokio Asahi Shimbun" erblickte im 4. Februar und der Ernennung Ribbentrops eine „Stärkung des Antikominternpaktes" und Nationalsozialismus auch nicht erfreut habe, so habe Japan doch allen Grund, diese Machtkonzentration in Deutschland zu begrüßen."[6]
erklärte, „wenn Sowjetrußland oder Frankreich die weitere Ausrichtung des Reiches auf den Aus einer Reihe europäischer Staaten, die 1938 zum Teil enge Beziehungen zum faschistischen Deutschland unterhielten, wie Ungarn, Polen oder Jugoslawien, kamen vorsichtige, gelegentlich mehrdeutige Stellungnahmen zum 4. Februar. Der „Dziennik Narodowy", Hauptorgan der herrschenden polnischen Nationaldemokraten, schrieb am 6. Februar: „Derjenige, für den in bezug auf Deutschland die wichtigste Frage sei, daß dort die Macht Hitlers sinke, werde natürlich über den ‚Sieg der Partei' über das Militär wehklagen; wer jedoch Deutschland und nicht Hitler vor Augen habe, der werde anerkennen, daß das Übergewicht der Zivilgewalt über die militärischen Kreise nicht nur mit den Begriffen der staatlichen Ordnung im Einklang stehe, sondern auch den polnischen Interessen auf dem Gebiet der Außenpolitik entspreche."[7] Noch deutlicher artikulierte sich der dem polnischen Außenministerium nahestehende „Kurjer Cerwory" vom 7. Februar. Am 4. Februar seien vor allem die Junker aus der Reichswehr entfernt worden, jene traditionellen Feinde Polens und Anhänger eines Bündnisses mit der Sowjetunion. Wenn es — so fuhr der „Kurjer" fort —

Gerhard Förster, Berlin 1974, S. 389f.; *Erich Paterna/Werner Fischer* u. a., Deutschland von 1933 bis 1939, Berlin 1969, S. 256ff., am ausführlichsten noch bei *L. A. Besymenski*, Generale ohne Maske, Berlin 1963, S. 105ff. und bei *Wolfgang Kern*, Die innere Funktion der Wehrmacht 1933—1939, Berlin 1979, S. 158ff.

2 *Il Messaggero*, *La Sera* und *Stampa* meldeten die Ereignisse in Deutschland am 5. Februar 1938 alle unter der Überschrift „Hitler assume il commando di tutti le Forze Armata"; *Il Resto del Carlino* vom 5. Februar 1938 machte seine Schlagzeile mit den Worten „Hitler a capo delle Forze Armate" auf.

3 Zit. nach *Informazione Diplomatice*, 5. 2. 1938, in: ZStA, Potsdam, Auswärtiges Amt, Nr. 58654, Bl. 20.

4 Zit. nach *Kreuz-Zeitung*, 8. Februar 1938.

5 Zit. nach Yomiuri Shimbun u. Kokumin Shimbun, in: ZStA, Potsdam, Auswärtiges Amt, Nr. 58653, Bl. 38.

6 ZStA, Potsdam, Auswärtiges Amt, Nr. 58655, Ostasiendienst des DNB, Tokio Asahi Shimbun, Bl. 36.

7 Zit. nach ZStA, Potsdam, Auswärtiges Amt, Nr. 58656, Bl. 42. Die Stellungnahmen, wie sie sich in der Presse dokumentierten, werden durch vertrauliche Gespräche der britischen Botschafter mit Diplomaten in allen europäischen Hauptstädten sowie in Washington über die jeweilige Landesreaktion unterstrichen, siehe Bericht von Geoffrey G. Knox am 7. Februar 1938 aus Budapest, von Ronald H. Campbell vom 9. Februar 1938 aus Belgrad und von Howard W. Kennard am 8. Februar 1938 aus Warschau. Die polnischen Diplomaten formulierten ganz offenherzig: „Anything which eliminates junkers is good for Poland" (Siehe *PRO*, London, Foreign Office, Nr. 21 660).

1934 zu einer Neuordnung der deutsch-polnischen Beziehungen gekommen sei, so deshalb, weil Männer zur Macht gelangt seien, die nichts mit dem traditionellen preußischen Junkertum zu tun hätten. „Deshalb hat Polen keinen Grund, den Herren mit Monokel eine Träne nachzuweinen."

Die ausführlichste Analyse erfuhren die Vorgänge in Deutschland in Frankreich und in Großbritannien.[8] Der vorherrschende Tenor der französischen Presse war eine erhebliche Besorgnis, die auf die Fragestellung hinauslief, ob die Konzentration der Macht in der Hand eines Mannes nicht die Welt beunruhigen müsse. Zwar kommentierte die französische Presse die Vorgänge in Deutschland unter dem Blickwinkel, daß sie kurzfristig die militärische Potenz des Reiches beeinträchtigt haben, sie aber langfristig in enormem Tempo zunehmen werde.

Einige französische Blätter neigten zu der Ansicht, der 4. Februar habe einen Sieg der Armee über die Partei gebracht. Ein Artikel der „Temps" vom 7. Februar ging ausführlich auf sachliche Gegensätze zwischen Blomberg und Fritsch ein und stellte die Entlassung Blombergs als Werk der alten Armeeführung hin. Er erregte nicht nur internationales Aufsehen, sondern auch die kalte Wut des faschistischen Propagandaministers, der in seinem Tagebuch von einem hundsgemeinen, erlogenen Artikel über die Blombergkrise schrieb: „Alles aus den Fingern gesogen. Ich lasse ein scharfes Dementi herausgehen und den ‚Temps' verbieten."[9] Die Sprache des „Temps" konnte Goebbels kaum in Rage gebracht haben, eher die Vermutungen, die in dem Artikel angestellt wurden, und die offenbar so gänzlich abseits der Wahrheit nicht lagen. Der „Temps" berichtete nämlich von dem Streit über die Einheitlichkeit im deutschen Oberkommando, namentlich über die Spitzengliederung sowie über Auseinandersetzungen über die Bündnispolitik Hitlerdeutschlands.

Die englische Presse schied sich in der Beurteilung des 4. Februar sehr eindeutig in verschiedene politische Lager. In der konservativen Presse überwog die Tendenz, die Ereignisse in Deutschland im Sinne der Appeasementpolitik herunterzuspielen, sie als rein innerdeutsche Angelegenheit auszugeben, nichts auf den 4. Februar zu geben, sondern auf die künftige Politik Deutschlands, wobei einige Blätter die Ernennung von Ribbentrop zum Außenminister sogar begrüßten, kenne er doch britische Politik durch seine Botschaftertätigkeit am besten. Der „Daily Telegraph and Morning Post" vom 7. Februar bagatellisierte die Vorgänge in Deutschland mit dem Hinweis darauf, es handele sich um eine ganz normale Verjüngung des Offizierskorps, wie erst jüngst in Großbritannien geschehen, und verglich den deutschen Kabinettsrat mit einschlägigen britischen Institutionen des Jahres 1937, wobei der einzige Unterschied darin bestünde, daß der deutsche Kabinettsrat neun, der britische dagegen elf zähle! In ähnlicher Weise kommentierte die „Times" vom 7. Februar 1938 die Ereignisse in Berlin.

Weitaus kritischer reagierte die liberale Presse, die „News Chronicle", namentlich auch der „Manchester Guardian", der am 7. Februar 1938 unter dem Titel „Hitler und die Generale" allerdings einer zählebigen Legende Vorschub leisten sollte, indem er die Akteure in Berlin in „gemäßigte" Militärs und „extreme" Naziführer teilte: „Es besteht in Deutsch-

---

8 Vgl. dazu *Documents on British Foreign Policy 1919—1939*, Second Series, Volume XIX, London 1982, S. 864ff. und *Documents Diplomatique Français 1932—1939*, 2ᵉ Série (1936—1939), Tome VIII (17 Janvier— 20 Mars 1938), Paris 1973, S. 211ff. Umfangreiches Material darüber auch in: PRO, London, Foreign Office, Nr. 21 660 und 21 661.

9 *Die Tagebücher von Joseph Goebbels*. Sämtliche Fragmente. Hrsg. von Elke Fröhlich im Auftrag des IfZ und in Verbindung mit dem BA, Koblenz, Teil I, Aufzeichnungen 1924—1941, Band III, 1. 1. 1937—31. 12. 1939, München/New York/London/Paris 1987, S. 435.

land nur eine Alternative: entweder ein Extremist oder gar nichts zu sein. Ein Dutzend Generale hat gezeigt, daß sie keine Extremisten sind — und das ist der Grund, weshalb sie heute gar nichts mehr sind."

Die „Neue Zürcher Zeitung" hütete sich zwar vor derartigen Werturteilen, stellte jedoch am 7. Februar fest: „Der 4. Februar 1938 wird zu den wichtigsten Daten in der Geschichte des nationalsozialistischen Regimes zählen. Es ist der Tag, der die politische Niederlage der Militärs gegenüber der Partei besiegelte und eine ‚Säuberung' von noch nicht dagewesenem Umfang an den höchsten Spitzen des Offizierskorps brachte. Den Augenblick, in dem der Generalität aufs Haupt geschlagen wurde, nutzte Hitler aus, um ihr Mitspracherecht in der Außenpolitik einzuschränken oder zu entwerten, indem er den Baron von Neurath durch Ribbentrop ersetzte. Die bisher gut funktionierende Querverbindung von der Armee zum Auswärtigen Amt ist damit zerstört, die Generale stehen vor der Tür, und im Geheimen Kabinettsrat, zu dem sie zugelassen sind, wird in Zukunft das gegessen werden, was in der Wilhelmstraße 74 nach Ribbentrops nationalsozialistischen Rezepten gekocht wird."

Die antifaschistische Presse in Europa betonte in ihren Kommentaren zum 4. Februar 1938 vor allem seine Auswirkungen auf die Befindlichkeit des schon lange bedenklich labilen Friedenszustandes auf dem Kontinent. Der belgische sozialistische „Peuple" schrieb: „Die ganze Welt fühle es, daß der entscheidende Augenblick, in dem über Krieg und Frieden entschieden werde, immer schneller heranrücke, und düstere Kämpfe um große, für den Weltfrieden entscheidende Fragen spielen sich in Berlin ab. Die großen Beschlüsse würden nicht vom Volk gefaßt, sondern hingen ausschließlich von finsteren Palastintrigen, Polizeiaktionen und Dolchstößen im Schatten der Vorzimmer ab."[10] Die „Pariser Tageszeitung" vom 6./7. Februar 1938 versuchte unter der Schlagzeile „Achtung! Parole Abenteuer!" die Vorgänge in Hitlerdeutschland in einen größeren Zusammenhang zu stellen. Der Abgang Schachts sei „Signal und Fanfare" gewesen. „Die Vierjahresplandiktatur, ausgeübt von Göring, mußte verstärkt werden, ohne bisher die gewünschten Ergebnisse zu zeitigen. Gleiche Widerstände in der Außenpolitik. Spanienkurs, italienisches Bündnis, Stellungnahme zum Konflikt im Fernen Osten — jede dieser drei Fragen fand in der Hitlerregierung keine einheitliche Beantwortung." Die „Pariser Tageszeitung" sah in den Verabschiedeten diejenigen, die „wahrhaftig keine prinzipielle antinationalsozialistische Opposition bildeten, sondern lediglich gegen eine Politik des hemmungslosen Leichtsinns opponierten, von der sie nicht Rettung aus der schweren Krise erwarteten, sondern einfach den Untergang befürchteten." Den historischen Stellenwert sah die Zeitung in der damit vollzogenen endgültigen Liquidierung des vor fünf Jahren geschaffenen Koalitionskabinetts. „Erst verschwand Hugenberg, dann wurde Papen eine Hintergrundfigur, um nunmehr endgültig abzutreten. Es folgte vergangenes Jahr Dr. Schacht. Es schließen den Reigen Freiherr von Neurath und Blomberg . . . Was wir erleben, ist der umgekehrte 30. Juni 1934 . . . Die Parole lautet: Abenteuer! Achtung, Europa! Achtung vor Überraschungen!"

Die sowjetische Presse, namentlich die „Pravda" vom 7. Februar und die „Izvestija" vom 8. Februar 1938 werteten das Revirement vor allem im Hinblick auf die von ihm ausgehenden Bedrohungen für den Weltfrieden. Die „Pravda" führte die politische Krise auf den 30. Juni 1934 zurück und auf die Besorgnisse der Generalität über den Kurs der Wirtschaftspolitik und der auswärtigen Politik. Fritsch wurde als Gegner eines beschleunigten Ausbaus der Wehrmacht angesprochen. Die oppositionelle Stimmung in der Armee habe sich

---

10 ZStA, Potsdam, Auswärtiges Amt, Nr. 58 655, Bl. 57.

derart ausgeweitet, daß die Belassung Fritschs und der ihn unterstützenden Generale von Hitler als gefährlich betrachtet wurde. Ribbentrops Ernennung zum Außenminister wurde als Vollendung der „Hitlerisierung" des Auswärtigen Amtes angesehen, der Rücktritt „Gemäßigter" wie Schacht, Neurath und nüchterner denkender Generale als Beweis für den beschleunigten Kriegskurs des faschistischen Regimes genommen. „Der Sieg der faschistischen Spitzen über Fritsch und die ungehorsamen Generäle zeigt nur, bis zu welchem Grade die Basis des deutschen Faschismus zusammengeschrumpft ist."[11] Die „Izvestija" vom 8. Februar 1938 hob hervor, daß Reichswehr und Hitlerclique weniger das Ziel, als vielmehr die Methoden trenne. „Die Reichswehr ist keinesfalls gegen einen Krieg als Mittel zur Durchsetzung imperialistischer Ziele des Naziregimes, sie ist aber völlig gegen einen Krieg, der unzureichend vorbereitet ist."[12] Die sowjetische Presse sah im Antisemitismus, in der Verfolgung der Kirchen, in der Autarkiepolitik sowie in der Außenpolitik die Hauptfelder der Auseinandersetzung zwischen der Generalität und den Spitzen des Naziregimes.

Die in der Illegalität kämpfende Kommunistische Partei Deutschlands veröffentlichte am 13. Februar 1938 in der „Deutschen Volkszeitung" eine von Wilhelm Pieck und Walter Ulbricht unterzeichnete „Kundgebung des Zentralkomitees der KPD zum 4. Februar". In ihr hieß es: „Die Ereignisse des 4. Februar sind für das deutsche Volk äußerst alarmierend. Die Entfernung von dutzenden Generälen und hunderten Offizieren aus dem Reichsheer ist keine ‚nationale Konzentration', wie es die Naziführer darstellen. Sie bedeutet in Wahrheit die Verschärfung der Hitlerdiktatur über das deutsche Volk zur unmittelbaren Vorbereitung neuer Kriegsprovokationen ... Die faschistische Kriegspartei sucht alle im Staatsapparat noch vorhandenen Hemmungen gegen ihre abenteuerliche Kriegspolitik zu beseitigen. Hitler und Göring übernehmen selbst die Führung der Kriegsmaschine. Der neu gebildete ‚Geheime Rat' ist der Rat der Organisierung der Kriegsoperationen. Wenn führende Männer des Reichsheeres nach fünf Jahren Hitlerdiktatur diese Warnungen gegen den abenteuerlichen Kurs Hitlers richten und deshalb brüsk beseitigt wurden, dann müssen schwerwiegende Gründe vorliegen."[13] In der Erklärung wurden als Hauptgründe des 4. Februar die Zerrüttung der Wirtschaft durch die Kriegsrüstungen, die Unzufriedenheit im deutschen Volk, die Kriegsabenteuer in Abessinien, Spanien und China genannt und auf die nunmehr wachsenden Gefahren für Österreich und die ČSR aufmerksam gemacht. „Auch aus militärischen Kreisen kam in den letzten Monaten die Warnung, daß es ein Wahnsinn sei, Deutschland an der Seite solcher wirtschaftlich schwachen Länder wie Japan und Italien in den Krieg gegen die gewaltige Übermacht der demokratischen Staaten und der Sowjetunion in eine Niederlage zu führen."[14]

Gabriel Péri wertete in der „Rundschau", dem internationalen Organ der Komintern, am 10. Februar 1938 das Revirement vom 4. Februar 1938 als einen Vorgang, der zur „hundertprozentigen Nazifizierung des militärischen, des wirtschaftlichen und des politischen Apparates des Dritten Reiches"[15] geführt habe. Eugen Varga beurteilte drei Monate

11 Zit. nach *Rundschau*, 10. Februar 1938, Nr. 6/7. Jahrgang, S. 171.

12 Über die sowjetische Reaktion auf den 4. Februar 1938 vgl. auch den Bericht des deutschen Botschafters in Moskau, Werner Graf von Schulenburg, vom 7. Februar 1938, in: *ADAP*, Serie D, Bd. I, S. 738f. und den Bericht des britischen Botschafters aus Moskau vom 8. Februar 1938 in: PRO, London, Foreign Office, Nr. 21661.

13 Zit. nach *Rundschau*, 10. Februar 1938, S. 179.

14 Ebenda.

15 *Gabriel Péri*, Zum 4. Februar. Hitlers neue Kriegsmaßnahmen und ihre internationalen Auswirkungen, in: *Rundschau*, 10. Februar 1938, S. 169.

später ebenfalls in der „Rundschau" das Revirement noch einmal. Zu seinem Ergebnis stellte er fest, daß es schließlich in einen Kompromiß zwischen faschistischer Parteibürokratie und Generalität gemündet hätte, der zwar den Nazieinfluß auf die Armee erhöht hätte. „Aber die Generalität hat sich noch keineswegs untergeordnet, und die Rivalität zwischen ihr und der Parteispitze besteht weiter."[16]

Die zeitgenössischen Urteile vermitteln insgesamt ein vielfältiges Deutungsraster des 4. Februar 1938. In ihnen wurde vieles richtig erahnt und erstaunlich zutreffend erspürt und gedeutet, zugleich jedoch auch fabuliert und spekuliert, was indes angesichts der auch bis zur Gegenwart nicht restlos aufzuklärenden Komplexität der Vorgänge, deren Durchleuchtung manchmal mehr dem Kriminalisten als dem Historiker anstünde, nicht wundernehmen darf. Die seinerzeit gefällten Wertungen fanden nachträglich noch vor allem durch zwei Ereignisse Bestätigungen: einerseits durch die am 12. März 1938 vollzogene Annexion Österreichs, die allen jenen Stimmen Recht gab, die den 4. Februar 1938 als Beginn des Übergangs zu einer neuen Phase der Aggressionspolitik deuteten, und zweitens durch die nach dem zweiten Weltkrieg enthüllte Kenntnis von der geheimen Kriegsberatung Hitlers mit Hermann Göring, Blomberg, Fritsch, Erich Raeder und Neurath am 5. November 1937 in der Reichskanzlei, die durch den Wehrmachtsadjutanten bei Hitler, Oberst Hoßbach, protokolliert worden war.[17]

In der Tat: von den sieben Teilnehmern jener Konferenz verblieben drei Monate später — als mit der Vernichtung der österreichischen Souveränität der Kriegskurs der Berliner Machthaber in eine neue Etappe trat — nur drei in ihren Ämtern. Das mußte geradezu die These nähren, daß am 4. Februar 1938 alle jene ausgeschaltet wurden, die der neuen faschistischen Aktionsperiode Hemmnisse in den Weg legten, bestärkte die Annahme eines Kampfes zwischen „Gemäßigten" und „Extremisten", der durch den 4. Februar 1938 entschieden wurde.

Um einige der Zusammenhänge aufzuhellen, erweist es sich deshalb als notwendig, die zum 4. Februar 1938 führenden Ereignisse unter folgender Fragestellung zu analysieren:
1. War der 4. Februar 1938 ein geplanter Gewaltstreich faschistischer „Extremisten" zur Durchsetzung ihrer Aggressionsstrategie?
2. Trifft die Unterscheidung zwischen „gemäßigten" Militärs und „extremistischer" Staats- und Parteibürokratie das Wesen der Auseinandersetzungen, die im Februar 1938 kulminierten?
3. Worin bestand der politische Kern der Auseinandersetzungen innerhalb der herrschenden Klasse Deutschlands?

Wer die in Frage stehenden Wochen zwischen dem 5. November 1937 und dem 4. Februar 1938 durchmustert, kommt zu dem Ergebnis, daß es *keinen* direkten Kausalzusammenhang zwischen der Entlassungswelle höherer Militärs und der Darlegung der Kriegspläne Hitlers am 5. November 1937 gegeben hat. Was Hitler am 5. November 1937 den Militärs entwickelte, nämlich in erster Linie seine Entschlossenheit, in absehbarer Zeit Lebensraum durch Gewalt, durch Brechen von Widerstand, durch Krieg also, zu erringen, bedeutete nicht den Übergang von einer bisher grundsätzlich defensiv gehaltenen militärischen Konzeption zu einer offensiven Eroberungskonzeption, als der diese Konferenz vielfach mißdeutet worden ist. Das Hauptmerkmal der Konferenz bestand darin, daß erstmals Termine genannt

---

16 *Rundschau*, Sondernummer, Nummer 27/7. Jahrgang, 18. Mai 1938, S. 800.
17 *IMG*, Bd. 25, S. 403 ff.

wurden, zu denen die langfristigen militärischen, operativen und rüstungswirtschaftlichen Vorbereitungen realisiert werden sollten. Als Hauptziele wurden dabei die Eroberung der Tschechoslowakei und Österreichs genannt. Ins Auge gefaßt wurde spätestens der Zeitraum zwischen 1943 und 1945, jedoch auf zwei Möglichkeiten hingewiesen, bei denen dieses Aggressionskonzept frühzeitiger verwirklicht werden könnte: bei einer Zuspitzung der inneren sozialen Spannungen bis zum Bürgerkrieg in Frankreich, die das französische Heer paralysierten, und bei einer militärischen Bindung Frankreichs durch Krieg mit Italien im Mittelmeerraum. Insbesondere letztere Möglichkeit wurde als unmittelbar bevorstehend angesehen, und auf sie konzentrierte sich die Diskussion zwischen Hitler, Blomberg und Fritsch.[18] Die Militärs machten dabei geltend, daß selbst bei einem vorwiegend in Nordafrika ausgetragenen französisch-italienischen Kolonialkrieg — mit möglicher englischer Beteiligung — noch ausreichend französische Divisionen verbleiben würden, die an den Westgrenzen Deutschlands operieren könnten. Zudem machten Blomberg und Fritsch auf den geringen Wert der deutschen Befestigungen im Westen und auf die Stärke der tschechischen Befestigungsanlagen aufmerksam.

Ungeachtet dieser Einwände stellten sich Blomberg, Fritsch und der Generalstab des Heeres völlig auf den Boden der Konsequenzen der Kriegsberatung vom 5. November 1937. In den Nachträgen zur Wehrmachtsweisung für die einheitliche Kriegsvorbereitung vom 7. und 21. Dezember 1937 wurde ausschließlich der „Fall 3" ins Visier genommen, der aufgrund der politischen Lagebeurteilung an der Jahreswende 1937/1938 die größten Aussichten auf eine Realisierung besaß: „Tritt aber eine Lage ein, die durch Englands Abneigung gegen einen allgemeinen europäischen Krieg, durch seine Uninteressiertheit an dem mitteleuropäischen Problem und durch einen zwischen Italien und Frankreich im Mittelmeer ausbrechenden Konflikt die Wahrscheinlichkeit schafft, daß Deutschland außer Rußland keinen weiteren Gegner an der Seite der Tschechoslowakei findet, so wird der Fall ‚Grün' auch vor der erreichten vollen Kriegsbereitschaft Deutschlands eintreten."[19]

Die seit November 1937 im Generalstab des Heeres angestellten operativen Überlegungen über italienische Kriegsaussichten im Mittelmeerraum wurden unmittelbar vom Oberbefehlshaber des Heeres angeregt, der vom 16. November bis 25. Dezember 1937 Ägypten besuchte. Vor seiner Abfahrt aus Genua wies er den deutschen Militärattaché in Rom, Enno v. Rintelen, an, sich „recht bald in Libyen persönlich umzusehen. Das Problem Libyen ist ja noch höchst aktuell."[20] Am 30. November 1937 teilte Kurt v. Tippelskirch, Oberquartier-

18 Die von Friedrich Hoßbach aufgestellte Behauptung, daß die Diskussion zeitweilig sehr scharfe Formen annahm, vor allem zwischen Blomberg/Fritsch und Göring, wodurch er die Meinung suggeriert, sie hätte Hitler in der Auffassung bestärkt, daß sein Kriegsplan auf keine ungeteilte Zustimmung traf, verfälscht den Zusammenhang insofern, als der zweite Teil der Diskussion am 5. November 1937 sich mit Fragen der Rüstung und des jeweiligen Anteils der Wehrmachtteile am Rüstungsprodukt beschäftigte (Siehe *Friedrich Hoßbach*, Zwischen Wehrmacht und Hitler 1934—1938, Wolfenbüttel/Hannover 1949, S. 219). Vgl. dazu *Jost Dülffer*, Weimar, Hitler und die Marine. Reichspolitik und Flottenbau 1920—1939, Düsseldorf 1973, S. 447f. Teilnehmer dieser Rüstungsbesprechung waren u. a. Kurt Liese, Georg Thomas, Hermann v. Hanneken, Ernst Udet, Karl Bodenschatz, Karl Witzell, Karl-Josko v. Puttkamer. Hanneken faßte das Ergebnis der Sitzung, bei dem es um die Verteilung der Stahlmengen ging, in die Worte: „Die Marine hat gesiegt" (BA/MA, Freiburg, RM 7/v 2709, Bl. 124).

19 *IMG*, Bd. 34, S. 745f. Dieser Haltung entsprach auch die Stellungnahme von Generalstabschef Beck zum Hoßbach-Protokoll. Siehe *Klaus-Jürgen Müller*, General Ludwig Beck, Boppard am Rhein 1980, S. 254f. und 498ff., Stellungnahme Becks zur Hoßbach—Niederschrift vom 12. November 1937.

20 BA/MA, Freiburg, RH 2/v 2936, Bl. 48.

meister IV im Oberkommando des Heeres, Rintelen mit: „Wir sind augenblicklich dabei, die Möglichkeiten der Italiener im östlichen Mittelmeer nach unseren bzw. den Luft- und den Marine-Unterlagen zu prüfen."[21] Am 24. Dezember 1937 lag eine dementsprechende Studie des Generalstabs vor.[22]

In Großbritannien hatte das War Office bereits am 20. Oktober 1937 beim Foreign Office angefragt, ob Bedenken gegen eine Reise Fritschs nach Ägypten bestünden. Zwar zeigte das Foreign Office keine übermäßige Begeisterung, weil sich derartige deutsche Besuche in Ägypten in den letzten Jahren gehäuft hätten, aber daraus nicht abgeleitet werden könne, den Besuch eines deutschen Generals in ein „befreundetes Land" zu unterbinden.[23]

Der britische Botschafter in Berlin, Nevile Henderson, übermittelte Staatssekretär Robert Vansittart am 3. November eine eingehende Charakterisierung Fritschs und der Motive seiner Ägyptenreise, die er als Kombination von Vergnügen und Geschäft deutete. Henderson schrieb, das deutsche Interesse an Ägypten erkläre sich aus der Tatsache, daß Fritsch diesen Raum als künftigen Kriegsschauplatz zwischen Italien und Großbritannien ansehe. Er riet den englischen Diplomaten, die Fritsch-Reise zu benutzen, um ihn in britischem Interesse zu beeinflussen, denn er gehöre in der Tat nicht zu den Anhängern eines Bündnisses mit Italien. „Er ist ein undurchdringlicher kleiner Mann, mit dem sehr schwer Kontakt aufgenommen werden kann, vor allem auch deshalb, weil er nur deutsch spricht. Er ist unverheiratet und mit weiblicher Gesellschaft nicht verwöhnt. Aber er hat sich hingebungsvoll den Pferden verschrieben, Einladungen zu Pferderennen, Polospielen usw. sowie das Angebot, Pferde zu reiten, wird der beste Weg sein, sich ihm angenehm zu machen."[24]

Die britische Botschaft in Kairo faßte ihre Eindrücke von Fritschs Besuch in zwei Berichten am 18. November und am 18. Dezember 1937 dahingehend zusammen, daß die politischen Gespräche mit dem deutschen General zwei Themenkreise zum Inhalt hatten: „Das meiste davon war eine Verdammung des Bolschewismus durch ihn", und andererseits sein Wunsch nach einer Verbesserung der Beziehungen zu Großbritannien, wobei jedoch die Kolonialfrage gelöst werden müsse. Angesprochen auf Österreich und die Tschechoslowakei, hätte sich Fritsch „in ein Schneckenhaus" des Schweigens zurückgezogen.[25] Eden wurde auch dahingehend unterrichtet, daß der Besuch des deutschen Generals ganz eindeutig den Zweck verfolgt habe, den Zustand der Ausrüstung der ägyptischen Armee und die Stationierung der britischen Truppen im Lande zu untersuchen. Man vermutete, mit dieser Reise sei der Zweck verfolgt worden, sich von den Möglichkeiten der Italiener zu überzeugen, ob man auf das italienische Pferd im Krieg gegen Großbritannien setzen könne.

Als Fritsch am 2. Januar 1938 von seiner Ägyptenreise nach Berlin zurückkehrte, muß ihm in den ersten Januartagen die Nachricht von der bevorstehenden Heirat des sechzigjährigen Kriegsministers Blomberg mit der fünfundzwanzigjährigen Margreth Gruhn zu Ohren gekommen sein, denn Blomberg bat ihn und den Oberbefehlshaber der Marine, Raeder, Trauzeugen zu sein.[26] Fritsch und Raeder, die über das Vorleben der Gruhn informiert wurden, lehnten es am 10. oder 11. Januar 1938 ab, diese Rolle zu übernehmen,

21 Ebenda, Bl. 50.
22 *Gerhard Schreiber*, Revisionismus und Weltmachtstreben. Marineführung und deutsch-italienische Beziehungen 1919 bis 1944, Stuttgart 1978, S. 113.
23 PRO, London, Foreign Office, Nr. 20919.
24 Ebenda.
25 Ebenda.
26 *Deutsch*, S. 90.

schlugen statt dessen Hitler und Göring als Trauzeugen vor, ohne ihren Kriegsminister über die ihnen zur Kenntnis gekommenen Gerüchte auch nur andeutungsweise zu unterrichten. Was Fritsch und Raeder erfahren hatten, mußte sie angesichts des feudal eingefärbten puritanischen Ehrenkodexes des hohen deutschen Offizierskorps eigentlich sofort veranlassen, ihren Kriegsminister zu warnen und zu zwingen, von allen derartigen Heiratsplänen Abstand zu nehmen, weil damit nicht nur Gefahr für den Kriegsminister, sondern auch für die gesamte Wehrmacht erwachsen konnte. Daß sie es nicht taten, legt den Verdacht nahe, sie wollten Blomberg in eine Situation bringen, die den in ihren Augen politisch kompromittierten, die Interessen der Wehrmacht ihrer Ansicht nach nicht mit Nachdruck wahrnehmenden Blomberg auch moralisch derart disqualifizierte, daß sein Rücktritt unvermeidlich war.

Trotz vieler Übereinstimmungen innerhalb des militärischen Führungskorps zielte der Hauptvorwurf — namentlich des Oberkommandos des Heeres — darauf ab, daß Blomberg den politischen Führungs- und Mitverantwortungsanspruch des Heeres nicht mehr ausreichend wahrnahm und durchsetzte. Der Vorwurf richtete sich gleichermaßen gegen die Führungsansprüche und Zentralisierungsbestrebungen Blombergs im Rahmen des Kriegsministeriums wie gegen die von den Militärs 1937 empfundene Stagnation bei der Durchsetzung ihrer eigenen politischen Interessen im Rahmen der Wirtschafts-, Innen- und Außenpolitik, die in erster Linie dem zögernden Blomberg angelastet wurde. Innerhalb der militärischen Macht waren Anfang 1938 zwei Fragen ungeklärt, deren komplexe Verwobenheit zusätzlich dazu beitrug, Fronten, Auffassungen und Haltungen auf nahezu unentwirrbare Weise in einem Knäuel zu ballen, einerseits die Grundfrage nach der Stellung der Wehrmacht innerhalb der faschistischen Diktatur, zweitens jedoch die Frage, wer innerhalb der Wehrmacht den militärischen Führungsanspruch wahrnahm, das organisatorisch dazu berufene Reichskriegsministerium oder das in deutscher Wehrdoktrin traditionell überlegene, zugleich auch personell am stärksten besetzte Oberkommando des Heeres mit seinem Generalstab.

Eine Schlüsselstellung im Zuge der heranreifenden militärischen Führungskrise nahm offenbar eine drei Tage nach der Hochzeit Blombergs durchgeführte Konferenz zwischen Hitler und Fritsch am 15. Januar 1938 ein. Anlaß war der Wunsch Hitlers, den bisherigen Wehrmachtsadjutanten Hoßbach abzulösen. Hitler fing nach einer Niederschrift von Fritsch bei dieser Gelegenheit „in großer Erregung von seiner Sorge um das Umsichgreifen der anarchistischen Propaganda in der Armee an. Ich versuchte ihn vergeblich zu beruhigen und bat ihn mir konkrete Unterlagen zu geben, damit ich die Dinge nachgehen zu können. Der Führer sagte, er habe Material, könne es aber nicht mir, höchstens Blomberg geben. Also ein offenes Mißtrauensvotum gegen mich."[27]

Nicht ausgeschlossen erscheint es aber, daß Fritsch die Unterredung mit Hitler benutzte, um seine bereits am 12. Januar geäußerte Überzeugung, Blomberg müsse nach seiner Mesalliance als Kriegsminister zurücktreten[28], zum Anlaß zu nehmen, um grundsätzliche Fragen der Stellung des Heeres in der faschistischen Diktatur aufzuwerfen. Göring erklärte dem britischen Botschafter Nevile Henderson im Februar 1938: „Was hätte Ihr Premierminister getan, wenn der Chef des Generalstabes zu ihm gekommen wäre und nicht bloß den Rücktritt des Kriegsministers gefordert, sondern auch seine Unzufriedenheit über die Außenpolitik und andere Regierungsmaßnahmen ausgedrückt hätte? Er hätte wie Hitler ‚Danke schön'

---

27 BA/MA, Freiburg, Nachlaß Fritsch, N 33/3.
28 *David Irving*, Göring, München/Hamburg 1987, S. 292.

gesagt und ihn seines Postens enthoben."[29] Der französische Botschafter in Berlin, André François-Poncet, gab den Inhalt dieser Unterredung noch dramatischer wieder, datiert sie allerdings auf den 27. Januar 1938. In seinem Bericht vom 10. Februar hieß es: „Mehr ausgezeichneter Soldat als geschickter Politiker, ließ er (Fritsch — O. G.) sich dazu verleiten, eine richtige Anklagerede zu halten und in trockenem, schneidendem und herrischem Ton, der den Kanzler tief verletzt, verwirrt und beunruhigt hatte, Bedingungen zu formulieren. Der Oberkommandierende des Heeres soll sich bitter über das Eindringen der Politik in die Armee beklagt haben, er soll die Beendigung der nationalsozialistischen Schulung in den Kasernen gefordert haben, er soll die Berufung eines Militärs ohne politische Färbung an die Spitze der Wehrmacht verlangt haben, er soll sich lebhaft gegen die Kandidatur Himmlers, des Generals Göring und des Generals Reichenau ausgesprochen haben."[30] Ferner verlangte Fritsch — laut François-Poncet — Änderungen in der Wirtschaftspolitik, Einstellung des Kirchenkampfes, Revision der Rußland- und Italienpolitik sowie Einstellung des spanischen Abenteuers. Ganz im Sinne der Ausführungen von Fritsch kritisierte der Generalstabschef des Heeres, Ludwig Beck, am 18. Januar 1938 gegenüber dem britischen Militärattaché Noel Mason-MacFarlane bestimmte Züge der Nazipolitik, sprach offen von einer Auseinandersetzung zwischen Partei und Armee, rügte die Kirchenverfolgungen der Nazis, bemängelte die Wirtschaftspolitik des Regimes und wies auf die Gefahren des Fernostkonflikts hin.[31]

Ist dieser Blickwinkel auf die Ereignisse im Januar 1938 nach der Eheschließung Blombergs zutreffend, so ergibt sich eine völlig andere Optik auf die weiteren Vorgänge: Dann war der 4. Februar kein machiavellistisch herbeigeführter Schurkenstreich der Clique um Hitler, Himmler und Göring, sondern zunächst eine Offensive der traditionellen Heeresgeneralität, um angesichts der notwendig gewordenen Umbesetzung des Kriegsministers ihren Führungs- und Mitverantwortungsanspruch in der faschistischen Diktatur zu zementieren. Fest steht, daß die Heeresgeneralität Blomberg nicht warnte, wahrscheinlich ist die danach sofort von seiten der Heeresgeneralität aufgebrachte Forderung nach dem Rücktritt von Blomberg und naheliegend der dabei von ihnen aufgestellte Forderungskatalog. Er richtete sich bezeichnenderweise nicht gegen den seit dem 5. November 1937 verschärften Aggressionskurs, sondern zielte vielmehr in Kenntnis dieses Kurses nach einem erhöhten Mitspracherecht der sich als eigenständiges Kraftzentrum empfindenden Heeresgeneralität. In der Tat ist der Zusammenhang unübersehbar, der zwischen dem Kriegsrat vom 5. November 1937 und den Aktivierungsbestrebungen des Heeres besteht, die Vorarbeiten zur inneren Mobilmachung nunmehr endgültig im Sinne der Heeresführung zu verabschieden. Was bisher akademisch erörtert worden war, schien nunmehr in die unmittelbare Phase der Realisierung, des Krieges nämlich, zu treten.

Das Szenarium faschistischer Palastintrigen erhielt am 15. Januar 1938 insofern neues Kolorit, als nach dem Gespräch Hitler—Fritsch die Gestapo beauftragt wurde, die Jahre zurückliegende Akte über angebliche homosexuelle Verfehlungen des Generals von Fritsch zu rekonstruieren.[32] Auf die Mine der konservativen Heeresgenerale folgte die Gegenmine des SS-Apparates.

29 PRO, London, Foreign Office, Nr. 21655, Bericht Hendersons vom 18. Februar 1938.

30 *Documents Diplomatiques Français*, Bd. VIII, S. 281. Auch in seinen 1949 in deutsch erschienenen Memoiren hielt François-Poncet diese Version aufrecht (*André François-Poncet*, Als Botschafter in Berlin 1931— 1938, Mainz 1949, S. 292/293).

31 PRO, London, Foreign Office, Nr. 21600, Bericht von Henderson vom 26. 1. 1938.

32 *Deutsch*, S. 130 und 368.

Doch trotz schwirrender Gerüchte war bis zum 21. Januar 1938 vom Rücktritt Blombergs noch keineswegs die Rede. Erst an diesem Tag übermittelte der Berliner Polizeipräsident Wolf Graf v. Helldorf dem Chef des Wehrmachtsamtes, Wilhelm Keitel, die Polizeiakte Gruhn. Sie enthielt sechs pornographische Fotografien der Gruhn, die 1931 von ihr angefertigt und zum Preis von fünfzig Pfennig vertrieben worden waren, wofür sie im Januar 1932 gemeinsam mit dem Ingenieur Heinrich Löwinger und dem Fotografen Ernst Mikler verurteilt worden war.[33] Ferner lagen der Akte Fotos und Fingerabdrücke der Gruhn bei, die im Dezember 1934 wegen Verdachts auf Diebstahl gemacht worden waren. Margreth Gruhn war also nicht — wie weithin verbreitet und behauptet — eine gewerbsmäßige Prostituierte, sondern eine von Zehntausenden jungen Frauen aus dem Mittelstand, die, in der Weltwirtschaftskrise am Rande ihrer Existenz stehend, zeitweise kriminell wurden. Für den höchsten deutschen Militär bedeutete eine solche Ehe gleichwohl nicht nur Mesalliance, sondern zugleich auch moralisches Todesurteil.

Bislang blieb die Frage offen, weshalb sich ausgerechnet Graf Helldorf zum Aktenträger machte, dessen notorische Auseinandersetzungen um die polizeiliche Führung in Berlin mit Heinrich Himmler und Reinhard Heydrich stadtbekannt waren und der bereits zu diesem Zeitpunkt enge Kontakte zu Generalen des Heeres und Politikern pflegte, die kritische Akzente gegenüber der faschistischen Politik setzten. Auf alle Fälle war Helldorf 1938 bereits kein Mann des SS-Apparates mehr, sondern eher Mittelsmann der konservativen Heeresgeneralität. Erst die Polizeiakte, die von Keitel zu Göring wanderte, welcher Hitler am Abend des 24. Januar über ihren Inhalt in Kenntnis setzte, führte zum offenen Ausbruch der faschistischen Führungskrise. Selbst einem Hitler wurde nun bewußt, daß Blomberg als Kriegsminister nicht mehr zu halten war. Die Eröffnung dieses Skandals muß ihn überrumpelt haben. Goebbels notierte in seinem Tagebuch: „Helldorf bringt mir den Akt ‚Frau Generalfeldmarschall Blomberg'. Die Haare stehen einem zu Berge. Das ist ja entsetzlich. Das Unheil wächst drohend heran. Ich bin vollkommen erledigt. Da gibt es keinen Ausweg mehr. Da hilft nur noch die Pistole . . . Helldorf hat die Sache aufgefischt. Der Führer als Trauzeuge. Es ist unausdenkbar. Die schwerste Krise des Regimes seit der Röhmaffäre. Ich bin ganz zerschmettert. Der Führer sieht aus wie eine Leiche."[34]

Der nach der Militärhierarchie vorgegebene Nachfolger Blombergs wäre Fritsch gewesen. Doch ehe Hitler darüber einen Entschluß fassen konnte, unterbreitete ihm Göring am 25. Januar die von der Gestapo rekonstruierte Akte Fritsch, der zufolge der Oberbefehlshaber des Heeres von Oktober 1933 bis März 1936 homosexuelle Kontakte unterhalten hätte.[35]

Zwischen dem 25. Januar und dem 4. Februar glich die Reichskanzlei einem Ameisenhaufen, in der eine Besprechung die andere jagte. Im Namen der Heeresgeneralität forderte Beck von Keitel, den „Schuft" Blomberg aus den Offiziersrollen des deutschen Heeres zu streichen und aus dem Regiment auszustoßen, dessen Ehrenoberst er war.[36] Als der einstige Chef des Truppenamtes, Wilhelm Adam, im Berliner Tiergarten von Hans Frank höhnisch angesprochen wurde: „Na, euer Minister ist ja auf Hochzeitsreise in Capri",

---

33 Eine Abschrift der beim Kammergericht Berlin geführten Akte befindet sich im Archiv des IfZ, München, unter der Signatur F 98.

34 *Die Tagebücher von Joseph Goebbels*, Bd. III, S. 415f.

35 1965 veröffentlichte *Der Spiegel* das im März 1938 gefällte Kriegsgerichtsurteil gegen Fritsch, das dessen völlige Unschuld feststellte (Bayern-Seppl und der Herr im Pelz. Ein lang gesuchtes Geheimdokument: das Kriegsgerichtsurteil gegen Generaloberst Freiherr von Fritsch, in: *Der Spiegel*, 36/1965, S. 47ff.).

36 Zit. nach *IMG*, Bd. 28, S. 360, Tagebücher Alfred Jodls, Eintragung vom 28. Januar 1938.

distanzierte sich Adam mit den Worten: „Entschuldigen Sie, das ist nicht unser Minister, sondern euer Minister!"[37]

Fritsch indessen führte einen verzweifelten, aber einfallslosen Kampf um seine Rehabilitierung, in deren Verlauf er auf Argumente verfiel, die ihn in den Augen Hitlers und Görings noch verdächtiger machten und mit denen er sich nach Auffassung der Heeresgenerale unwürdig für einen Oberbefehlshaber des Heeres verhielt. Nicht nur, daß er sich außerhalb der Militärgerichtsbarkeit mehrmals von der Gestapo verhören ließ; Hitler selbst ersparte ihm nicht die Schande einer Gegenüberstellung mit dem Erpresser, dessen Aussage Hitler und Göring für glaubwürdiger hielten als das Ehrenwort des Generalobersten.

Die unaufdringlichen Appelle, die Fritsch an die Generale des Heeres zur Wiederherstellung seiner Ehre und damit seiner Position verbreitete, verhallten ungehört, denn auch sie erhofften Vorteile aus dem Personenkarussell, das die Fritsch-Blomberg-Krise in Gang gesetzt hatte. Beck verbiß sich völlig im Streben, den Rücktritt von Blomberg und Fritsch zu benutzen, um seinen Auffassungen über die Spitzengliederung erneut Geltung zu verschaffen.[38] Keitel und Rundstedt führten in der Reichskanzlei einen erbitterten Kampf, um die Ernennung des ihnen gefährlich erscheinenden und von der Mehrheit der Heeresgeneralität abgelehnten Walther v. Reichenau zum neuen Oberbefehlshaber des Heeres zu verhindern, den sie als einstigen engen Mitarbeiter Blombergs für zu politisiert und als nicht integren Charakter schilderten.[39]

Einer der Hauptakteure dieses Intrigenspiels, der Hitler sowohl das Belastungsmaterial gegen Blomberg als auch gegen Fritsch vorgelegt hatte, war Hermann Göring, in der faschistischen Clique nach Hitler durch seine Ämterhäufung der einflußreichste Politiker des Regimes. Über Keitel und den persönlichen Adjutanten Hitlers, Fritz Wiedemann, betrieb er seine Ernennung zum Oberbefehlshaber des Heeres. Motivation dafür war sicherlich nicht nur sein persönlicher Ehrgeiz, sondern offenbar auch das Verlangen, eine Position in der faschistischen Machthierarchie mit einer Machtfülle zu erobern, die ihn in die Lage versetzte, selbst mit Hitler konkurrieren zu können. Wiedemann vermutete sogar, daß Göring nach dem 5. November 1937 der Gedanke aufkam, „die Wehrmacht unter seinem Kdo. zu vereinigen, um gegebenenfalls gegen Hitler Stellung nehmen oder sogar den letzteren

---

37 Archiv des IfZ, München, ED-109, W. Adam, Erinnerungen, Bd. 2, S. 387.

38 Beck reagierte deshalb auch nicht auf die ihm von Fritsch zugestellte Niederschrift vom 1. Februar 1938, in der es u. a. hieß: „Ganz unabhängig davon, daß die Grundlage unseres heutigen Heeres nationalsozialistisch ist und sein muß, kann ein Eindringen parteipolitischer Einflüsse in das Heer nicht geduldet werden, da solche Einflüsse nur zersetzend und auflösend wirken können." (BA/MA, Freiburg, Nachlaß Beck, N 24/30). Halder wendete sich in einem Brief vom 21. August 1947 an Friedrich Hoßbach scharf gegen die Legendisierung Becks, weil er seinerzeit „die größte Bremse für eine rechtzeitige und damals noch aussichtsreiche militärische Gegenbewegung war" (BA/MA, Freiburg, Nachlaß Hoßbach, N 24/29). Von Becks Standpunkt aus war es allerdings logisch, daß er die ins Treiben geratene Situation innerhalb der obersten Führung für die Durchsetzung der seit Jahren angestrebten Prioritätsansprüche der Heeresgeneralität zu nutzen suchte (Vgl. dazu ausführlich *Klaus-Jürgen Müller*, Das Heer und Hitler. Armee und nationalsozialistisches Regime 1933—1940, Stuttgart 1969, S. 289 f.). Generell über die Spitzengliederungsdiskussionen im Winter 1938 *Jost Dülffer*, Überlegungen von Kriegsmarine und Heer zur Wehrmachtspitzengliederung und zur Führung der Wehrmacht im Krieg im Februar—März 1938, in: *Militärgeschichtliche Mitteilungen*, 9/1971, S. 145ff. und *Gerhard Förster*, Totaler Krieg und Blitzkrieg, Berlin 1967, S. 110ff.

39 *Generalfeldmarschall Keitel. Verbrecher oder Offizier. Erinnerungen, Briefe, Dokumente des Chefs OKW*. Hrsg. von Walter Görlitz, Göttingen/Berlin (West)/Frankfurt a. M. 1961, S. 108.

festsetzen zu können"[40]. In einem Gespräch mit dem britischen Außenminister Anthony Eden am 27. Januar 1938 äußerte der Völkerbundkommissar für Danzig, Carl Jacob Burckhardt, die Befürchtung, es könne ein Blutbad in Berlin geben, das sich gegen die Generalität richte, und empfahl der britischen Regierung nachdrücklich Göring, der ein Konservativer sei und „in vieler Hinsicht das am meisten realistische und sensibelste Mitglied der Regierung", nicht nur als entschiedenen Gegner des Kommunismus, sondern auch als Befürworter einer Verständigung mit Großbritannien.[41]

Hitler, im wachen Bewußtsein gefährdeter Macht, wehrte mit Entschiedenheit jedes Ansinnen Görings ab, an die militärische Spitze der Wehrmacht zu treten. Er qualifizierte ihn als absolut ungeeignet ab, da es ihm an Fleiß, Geduld und militärischer Erfahrung mangele. Hitler machte sich sehr bald die ihm noch von Blomberg, Keitel und Goebbels unterbreiteten Vorschläge zu eigen, selbst das Oberkommando über die Wehrmacht zu übernehmen.

Die Frage konzentrierte sich nunmehr immer mehr auf die Nachfolge von Fritsch, von dem die Gestapo allerdings seit dem 27. Januar 1938 definitiv wußte, daß die Anschuldigungen gegen ihn auf einer Personenverwechslung mit einem Rittmeister Achim v. Fritsch beruhten. Als Nachfolgekandidaten kamen Reichenau, Leeb, Rundstedt, Beck, Joachim v. Stülpnagel, Graf v. d. Schulenburg und Brauchitsch ins Gespräch. Hitlers Wunschkandidat war Reichenau, der Bewerber, auf den er sich mit der Heeresgeneralität einigen konnte: Brauchitsch. Seine Ernennung trug in der Tat echten Kompromißcharakter. Hitler beurteilte ihn gegenüber Goebbels mit den Worten: „Brauchitsch hat viel Krach mit Koch-Ostpreußen. Liegt politisch nicht gerade, sonst aber ein absoluter Fachmann."[42] Was in den Augen der Hitlerclique gegen ihn sprach, schien ihn in der Optik der Heeresgeneralität zu prädestinieren. Er schien am ehesten Gewähr für eine Fortsetzung des Kurses zu bieten, den Fritsch gesteuert hatte. Doch bevor Hitler die Ernennung vollzog, mußte Brauchitsch die Verpflichtung eingehen, „das Heer enger an den Staat u. sein Gedankengut heranzuführen, einen ebensolchen Chef d. Gen. Stabs, wenn nötig, zu nehmen u. die jetzige Spitzenorganisation anzuerkennen."[43] Mit Ausnahme der Spitzenorganisation, eines der Hauptinstrumente, mit der die traditionelle Heeresgeneralität ihren Machtanspruch wahren wollte, fügte sich Brauchitsch diesen Bedingungen, der nämlich zugleich die Hilfe Hitlers in Anspruch nehmen mußte, um finanziell eine Ehescheidung bewerkstelligen zu können. Abgenötigt wurde ihm auch die Zustimmung zur Entlassung einer Reihe von Generalen, insbesondere im Heerespersonalamt. Brauchitsch leistete allerdings hier hinhaltenden Widerstand. Alfred Jodl riet schließlich Keitel, „doch mit allen Personal-Änderungen äußerst vorsichtig zu sein, damit nicht aus mehr politischen Gründen unübersehbarer Schaden angerichtet wird. Wir können es uns nicht leisten, unsere besten obersten Führer, Armeen u. H(eeres)-Gruppen zu verlieren, da sie unersetzbar sind. Nur das unbedingt Nötige darf geändert werden."[44]

40 BA/MA, Freiburg, Nachlaß Hoßbach, N 24/30, Brief Wiedemanns an Hoßbach vom 27. Mai 1947.
41 PRO, London, Foreign Office, Nr. 21 660. Zu derartigen Illusionen über Göring trugen auch Nachrichten und Beurteilungen bei, die Albrecht Graf Bernstorff im Juni 1937 und Carl Goerdeler im Juli 1937 bei ihren Englandbesuchen britischen Regierungsvertretern übermittelt hatten. (Siehe PRO, London, Foreign Office, Nr. 20 733 mit den Berichten von Stevenson vom 16. Juni 1937 und von Barker vom 4. Juli 1937).
42 *Die Tagebücher von Joseph Goebbels*, Bd. III, S. 423.
43 *IMG*, Bd. 28, S. 360, Jodl-Tagebuch, Eintragung vom 28. Januar 1938.
44 *IMG*, Bd. 28, S. 363/364, Jodl-Tagebuch, Eintragung vom 2. Februar 1938.

Auch hier steuerten Hitlerclique und Heeresgeneralität schließlich einen Kompromiß an. Das Heer sollte nach Hitlers Auffassungen zwar stärker den Prinzipien der faschistischen Staatsordnung untergeordnet, sein Anspruch auf politische Führung und entscheidende Mitverantwortung beschnitten, doch zugleich vor der Weltöffentlichkeit der Eindruck vermieden werden, als befände sich die militärische Maschinerie des Dritten Reiches in einer Loyalitätskrise, die ihre Einsatzbereitschaft schwächte. Hitler versicherte Keitel und Jodl, die mit der geplanten Bildung des Oberkommandos der Wehrmacht zu seinen engsten militärischen Beratern aufrückten, er habe die Absicht, „die Scheinwerfer von der Wehrmacht abzulenken, Europa in Atem zu halten u. durch Neubesetzung verschiedener Stellen nicht den Eindruck eines Schwächemoments, sondern einer Kraftkonzentration zu erwecken."[45] Im selben Sinne orientierte er am selben Tag Goebbels: „Um die ganze Sache zu vernebeln, soll ein großes Revirement stattfinden . . . Keinesfalls darf die Sache als Triumph der Partei aufgemacht werden. Und die wahren Hintergründe müssen hinter einer Nebelwand verschwinden." „Ich hoffe", notierte der Propagandaminister, „in dem großen Personenschub gehen die eigentlichen Beweggründe vollkommen unter."[46] „Schußnig" — gemeint war der österreichische Bundeskanzler Kurt Schuschnigg — „soll nicht Mut fassen, sondern zittern", notierte Jodl.[47]

Diese Rechnung der faschistischen Machtclique ist am 5. Februar 1938 — als die Rundfunk- und Pressemitteilungen erschienen, Hitler der Generalität von Heer und Luftwaffe um 14.00 Uhr diese Veränderungen erläuterte und sie sich um 20.00 Uhr in der letzten Sitzung des Reichskabinetts von seinen Ministern bestätigen ließ — weitgehend aufgegangen. Im Mittelpunkt der internationalen Berichterstattung standen nicht die krisenhaften Erscheinungen des faschistischen Regimes und des Heeres, sondern der Bluff von der Stärke und von der Machtkonzentration. Hinter dem umfassenden Personenschub in Luftwaffe und Heer, im Wirtschaftsministerium und im Auswärtigen Amt sowie in der übrigen Staatsbürokratie wurde der entscheidende Umstand verborgen, daß es am Vorabend des Übergangs zur offenen Annexionspolitik des deutschen Imperialismus in Europa innerhalb der herrschenden Klasse Deutschlands schwerwiegende Meinungsunterschiede über den Anteil an der Macht gab, die primär nicht den Annexionskurs, sein Tempo oder sein Ausmaß, tangierten, wohl aber das Bild vom kommenden Kriege und des Anteils und der Methoden an der Herrschaftsausübung durch einzelne Fraktionen in einem solchen Konflikt. Insofern bedeutete der 4. Februar 1938 einen entscheidenden Rückschlag für alle jene Vertreter innerhalb der herrschenden Klasse, die auf ein konservativ-dogmatisch-militärisches Kriegsbild eingeschworen waren, insbesondere also für die oberste Heeresgeneralität. Ihr Konzept war nach dem 4. Februar 1938 nicht zerschlagen, aber stand nun in einem ungleich ungünstigeren Handlungsspielraum. Der 4. Februar 1938 spülte zwar in einer Reihe von Ministerien und Ämtern — vor allem im Auswärtigen Amt — Vertreter eines bedenkenlos abenteuerlichen Kriegskurses an die Spitze, indes galt diese Regel für Heer und Luftwaffe nur bedingt. Die Luftwaffe verabschiedete in der Tat nur einen Teil ihrer früher von anderen Teilstreitkräften ausgeliehenen Gründergeneration, innerhalb des Heeres trat zwar mit Guderian ein prononcierter Vertreter der Blitzkriegsstrategie in das Rampenlicht, doch auch aus den Reihen der am 4. Februar 1938 Verabschiedeten, bei Kriegsentfesselung jedoch wieder Reaktivierten, soll-

45 *IMG*, Bd. 28, S. 362, Jodl-Tagebuch, Eintragung vom 31. Januar 1938.
46 *Die Tagebücher von Joseph Goebbels*, Bd. III, S. 424.
47 *IMG*, Bd. 28, S. 362, Jodl-Tagebuch, Eintragung vom 31. Januar 1938.

ten etwa mit Hoth oder Kleist Prototypen dieser Strategie kommen. Bei der Mehrheit der Generale, die am 4. Februar vorläufig verabschiedet wurden, spielten ganz offenbar — mit Ausnahme des Heerespersonalamtes — eher altersmäßige denn politische Gründe die Hauptrolle. Die meisten von ihnen wurden bei Kriegsentfesselung reaktiviert. Am verwirrendsten für ausländische Beobachter war z. B. die am 14. Februar 1938 von Mason-MacFarlane konstatierte Feststellung, daß einer der bekanntesten Kritiker bestimmter Erscheinungen des Regimes und Verfechter eines selbständigen Heeresanspruches, der Generalstabschef Beck, auch nach dem 4. Februar auf seinem Posten verblieb.[48]

Mit der Abschaffung des Kriegsministeriums und der personellen Umbesetzung in zentralen Kommandobehörden war eine der militärischen Hauptinstitutionen beseitigt worden, die trotz aller inneren Gegensätzlichkeiten die funktionale Spitze politischer Eigengewichtigkeit der konservativen Militärfraktion dargestellt hatte. Das gemeinsame Dach war verlorengegangen, unter dem die mannigfachen Bestrebungen von Heer, Luftwaffe und Marine koordiniert und ausgeglichen werden konnten. Das neue Oberkommando der Wehrmacht stellte funktional in seinem Kern mehr einen persönlichen Führungsstab Hitlers dar, der dem seit 1934 bestehenden nominellen Oberbefehl nun das faktische Oberkommando hinzugefügt hatte.

Militärische Einflußnahme und Machtteilhabe vollzogen sich nunmehr noch stärker auf der Basis rivalisierender Teilstreitkräfte, die nicht nur gegenseitig konkurrierten, sondern die vor allem konzeptionell noch weiter auseinanderdrifteten. Das hierarchische Konzept der konservativen Militärfraktion war mit dem 4. Februar 1938 zwar nicht gebrochen worden, so daß es unzutreffend ist, die Vorgänge vom 4. Februar mit dem Begriff eines Epochencharakters zu versehen.[49] Allerdings war aber die Tatsache unübersehbar, daß die von der konservativen Militärfraktion unterstellte Einheitlichkeit der politischen und militärischen Meinungsbildung und darauf fußenden Grundprinzipien zumindest innerhalb des Heeres verlorengegangen war. Für Wilhelm Adam war es am Nachmittag des 5. Februar 1938 eine der bestürzendsten Erfahrungen, daß sich bei der Ansprache Hitlers vor der versammelten Generalität auch nicht ein Hauch von gemeinsamem Protest herstellte. „Es kamen dazu die etwas Gewordenen sowohl als auch die Abgesägten. Trotz der Schwere des Augenblicks sah man manch schmunzelnde Miene, z. B. List oder Becker. So sprach Leeb erbittert: ‚Stellenjäger sind es.'"[50]

Die Auflösung oder zumindest Lockerung des viel beschworenen Korpsgeistes innerhalb der militärischen Führungsschichten, wie er im Winter 1938 zutage trat, war das Ergebnis mannigfacher Faktoren, die einen Komplex von sozialen und politischen Faktoren zur Grundlage hatten. Für den Militär- und Staatsapparat des deutschen Imperialismus war vor dem ersten Weltkrieg eine starke Durchdringung mit junkerlich-militari-

---

48 PRO, London, Foreign Office, Nr. 21 661. Die Zentralabteilung des Foreign Office beurteilte Beck am 6. Januar 1938 mit den Worten: „Er steht dem gegenwärtigen Regime nicht mit Sympathie gegenüber und bedauert, daß die ‚Revolution' noch nicht vorbei ist ... Er ist sichtlich probritisch eingestellt." (PRO, London, Foreign Office, Nr. 21 671). Ähnliche Beurteilungen erfuhren neben Beck auch Blomberg und Fritsch.

49 Siehe *Müller*, Heer und Hitler, S. 298. Modifiziert schimmert diese Auffassung auch noch in *Müller*, Armee und Drittes Reich, S. 36f. durch.

50 Archiv des IfZ, München, ED-109; *Adam*, Erinnerungen, Bd. II, S. 742.

stischen Elementen charakteristisch, so daß V. I. Lenin in bezug auf Deutschland von einem „junkerlich-bürgerlichen Imperialismus"[51] oder sogar von einem „monarchistischen Imperialismus" sprach.[52] Die Entwicklung des modernen Militarismus in Deutschland war im Unterschied zum normalen modernen Militarismus, wie er für die meisten anderen imperialistischen Staaten typisch ist, durch den Ballast militaristischer Traditionen, einer bestimmten Ideologie sowie durch die dem Adel und Junkertum eingeräumten politischen und ökonomischen Machtpositionen geprägt. Das Junkertum als wesentlicher sozialer Exponent des monarchistischen Militarismus stellte im Kaiserreich das wichtigste Reservoir von Führungskräften der Regierung, der höheren Verwaltung, der Diplomatie und vor allem des Heeres dar. In ökonomischer Hinsicht wurzelte es in der Landwirtschaft, dort hatte es eine dominierende Rolle inne, die mit der Konservierung beträchtlicher Überreste des Feudalismus auf dem Lande verbunden war, drang aber auch immer stärker in Zweige der modernen kapitalistischen Großindustrie ein, insbesondere des Bergbaus und der klassischen Zweige der Schwerindustrie.

Die im Kaiserreich bestehende Doppelherrschaft von Junkertum und Bourgeoisie, bei der die Bourgeoisie ihre Positionen zwar schon vor 1918 stetig verbesserte, wurde in der Novemberrevolution beseitigt. Durch den Verlust seiner politischen Privilegien, durch die Erschütterung seiner ökonomischen Positionen in der Landwirtschaft und durch die rasche Entwicklung moderner Industrien — außerhalb der klassischen Zweige von Stahl und Kohle — büßte die Aristokratie ihre bisherige Stellung als einer der entscheidenden Träger politischer und ökonomischer Macht des deutschen Imperialismus ein.

Gleichsam als Fluchtburgen behauptete es jedoch im Militärapparat und in der Diplomatie — vor allem in den Führungspositionen — einen politischen Einfluß, der mit seinen ökonomischen Möglichkeiten und Potenzen immer weniger übereinstimmte. Namentlich die Reichswehr orientierte sich bei der Rekrutierung ihres Führungsnachwuchses stärker noch als im Kaiserreich oder gar im ersten Weltkrieg vor allem auf jene Schichten des Adels und denjenigen Teil des Bürgertums, der bereits seit Jahrzehnten Offiziere gestellt hatte. Bevorzugt wurden dabei bürgerliche Offiziere, die die Schwert-Ideologie der Aristokratie, ihre Wertvorstellungen und ihre Identität bewußtseinsmäßig übernommen hatten. Betrug der Anteil der Offizierssöhne 1913 28 Prozent des Nachwuchses, so stieg er 1926 auf 44 Prozent, 1930 sogar auf 55 Prozent.[53] Insgesamt wies die soziale Zusammensetzung der Reichswehr im Jahre 1930 aus, daß sie im Gegensatz zu den raschen industriellen Entwicklungsprozessen in Deutschland und den dementsprechenden demographischen Veränderungen sich noch ganz überwiegend — zu fast 54 Prozent — aus der Bevölkerung agrarischer Gebiete rekrutierte.[54] Dem entsprach, daß 1930 46,2 Prozent der Offiziersanwärter Ostelbier waren.[55] Von Herkunft und Gesinnung präsentierte sich die Reichswehr damit als eine gesellschaftliche Organisation von hoher Homogenität.

51 *W. I. Lenin*, Werke, Bd. 27, S. 332.

52 Ebenda, Bd. 17, S. 197.

53 *Detlev Bald*, Sozialgeschichte und Rekrutierung des deutschen Offizierskorps von der Reichsgründung bis zur Gegenwart, München 1977, S. 24ff. Über den Prozeß der Assimilation Adel—Bürgertum im hohen Offizierskorps siehe auch *Günther Martin*, Die bürgerlichen Exzellencen. Zur Sozialgeschichte der preußischen Generalität 1812—1918, Düsseldorf 1979, S. 36ff.

54 BA/MA, Freiburg, RH 12-1/38, Bl. 116.

55 *Heinz Hürten*, Das Offizierskorps des Reichsheeres, in: *Das deutsche Offizierskorps 1860—1960*. Hrsg. in Verbindung mit dem Militärgeschichtlichen Forschungsamt von Hans Hubert Hofmann, Boppard am Rhein 1980, S. 243.

Die Dominanz des adligen Offizierskorps realisierte sich vor allem in der Besetzung von Führungspositionen, wo es einen weit über seinen zahlenmäßigen Anteil reichenden Einfluß wahrnahm. Von den 28 führenden Generalen zwischen 1934 und 1938 kamen 54 Prozent aus dem Adel.[56] 1939 entfielen 64 Prozent der Oberbefehlshaber von Heeresgruppen und Armeen auf den Adel. Überrepräsentiert war sein Anteil auch am zentralen Machtapparat des Heeres, dem Generalstab, wo im Herbst 1938 von 419 Offizieren 91 aus dem Adel kamen (22 Prozent), während der adlige Gesamtanteil im gesamten Heer bei 13 Prozent lag.[57] Obgleich Herkunft nicht a priori eine entsprechende Gesinnung zeugt, ist unzweifelhaft, daß die politischen Anschauungen dieser traditionellen Führungsgruppe namentlich in den Landstreitkräften tonangebend waren, sie darüber hinaus von derart prägender Wirkung war, daß sie auch in erheblichem Maße die Haltung der Führungspositionen innehabenden bürgerlichen Generale beeinflußte.

Um Handlungsmuster und Verhaltensweisen dieser adligen bzw. von ihr beeinflußten Führungsgruppe in den sich seit 1937 zuspitzenden Auseinandersetzungen über den Anteil an der politischen Führung und daraus resultierenden Machtteilhabe zu begreifen, muß auch ihre soziale Motivation als einer der wesentlichen Faktoren begriffen werden.

Diese Motivation stellte auch die Basis für die politische Unterstützung der ganz überwiegenden Mehrheit des Junkertums und des hohen Offizierskorps für die Machtübertragung an den Faschismus dar, der ohne ihre Beihilfe undenkbar gewesen wäre. Vom faschistischen Regime erhofften sich diese junkerlich-militaristischen Kreise nicht nur eine Verbesserung ihrer in der Weltwirtschaftskrise ins Treiben geratenen ökonomischen Existenzbedingungen; ihre Haltung zur faschistischen Diktatur wurde darüber hinaus auch dadurch bestimmt, daß sie sich mit den zentralen innen- und außenpolitischen Programmpunkten der NSDAP vollauf identifizierten. Hitlerfaschisten und konservative Militaristen einte die Gleichartigkeit bevorzugter Herrschaftsmethode: die Gewalt und der autoritäre Staat. Innenpolitisch waren sie sich einig im Generalziel, das imperialistische System durch Zerschlagung der Arbeiterbewegung, durch Vernichtung der Kommunistischen Partei, durch Beseitigung des Parlamentarismus und durch die Monopolisierung der Politik bei einer imperialistischen Partei zu stabilisieren, um damit auch gleichzeitig ihre eigene gesellschaftliche Existenz zu zementieren und ihren Machtanspruch auszudehnen.

Ihre außenpolitischen Zielvorstellungen glichen sich ebenfalls: Beide Gruppen wollten den Versailler Vertrag gewaltsam abschaffen, allseitig und umfassend aufrüsten und dem imperialistischen Deutschland die verlorengegangene Großmachtposition wiedererobern, die absehbar nur durch einen Krieg erreichbar war. Geistig beruhte die Affinität konservativer Militaristen zur faschistischen Ideologie auf einem militanten Antikommunismus, einem entschiedenen Antidemokratismus, Elitedenken und sozialdarwinistischen Daseinsauffassungen.

Die konservative Militärfraktion sah in der Errichtung der faschistischen Diktatur die Möglichkeit, ihre aus den Erfahrungen des verlorengegangenen ersten Weltkrieges gezogenen Schlußfolgerungen für die Vorbereitung und Durchführung eines Krieges umfassend durchzusetzen. Entsprechend ihrem Selbstverständnis begriff sie den modernen Krieg, der alle Lebensbereiche eines Volkes für die Kriegführung heranziehen mußte, als eine Selbstbestätigung ihrer sozialen und politischen Funktion. Die durch den ersten Weltkrieg

---

56 *Hoßbach*, S. 162 ff.
57 *Rudolf Absolon*, Das Offizierskorps des deutschen Heeres 1935—1945, in: *Das deutsche Offizierskorps 1860—1960*, S. 262 f. und S. 255.

erstmals sichtbar gewordene Komplexität des modernen Krieges, der die bisherige traditionelle Arbeitsteilung des imperialistischen Staates zwischen militärischer und ziviler
Gewalt aufgehoben hatte, wurde für sie nicht nur zu einem der stärksten Impulse
ihrer Existenznotwendigkeit, sondern auch zu einem ausufernden Anspruch, alle Bereiche
des gesellschaftlichen und zivilen staatlichen Lebens — sofern sie von kriegswichtiger
Bedeutung waren — unter ihre Kontrolle oder Leitung zu nehmen. Die Diskussion um
den totalen Krieg reduzierte sich in den Augen der konservativen Militärfraktion auf den
totalen Zugriff auf alle gesellschaftlichen Bereiche und degradierte alle anderen politischen
und gesellschaftlichen Organisationen auf die Rolle von Hilfskräften und Zutreibern.
Ihr Kriegsbild — wie es sich namentlich zwischen Oktober 1933 und Herbst 1937 entwickelte — erweckt den Eindruck, als wollte sie die gesamte Gesellschaft und den
Staat in einen überdimensionalen Kasernenhof verwandeln, wo jeder einzelne Staatsbürger
dem Befehl eines allgewaltigen, patriarchalischen Feldwebels unbedingt Gehorsam zu
leisten hätte.

Eine „Ordnung" der Gesellschaft und des Staates, eine „Überwindung" der Klassen-
gegensätze schien ihr im wesentlichen nur durch eine perfektionierte Militarisierung
unter Hinzufügung einiger ideologischer, die Massenbasis festigender Attribute möglich
zu sein, für die die faschistische Partei Verantwortung tragen sollte. Letztlich sollte deren
Tätigkeit jedoch instrumental nur dazu dienen, den Führungsanspruch der konservativen Militärfraktion zu wahren und auszubauen. Sie, die Militärs, betrachteten sich nach
Errichtung der faschistischen Diktatur als in erster Linie berufen, befähigt und bereit,
Deutschland militärisch, ökonomisch, innen- und außenpolitisch in ein Kriegslager umzuwandeln. Die Dolchstoßlegende besaß in ihren Kreisen Überzeugungs- und Beweiskraft.
Eine Wiederholung des November 1918 zu verhindern, verlangte entsprechend ihrem
sozialen und politischen Erfahrungshorizont — der ganz wesentlich von der Tätigkeit der
3. OHL im Weltkrieg bestimmt war — u. a. von vornherein die zivile Gewalt der
militärischen nachzuordnen, die Gesellschaft mit drakonischen, militärisch-bürokratischen
Mitteln auf Kriegskurs zu treiben und an ihm unbeirrbar festzuhalten. Der faschistischen
Bewegung in Deutschland wurde in diesen Jahren angesichts ihres inneren Zustandes
von seiten der konservativen Militärs offenbar nicht die Fähigkeit, Kraft und Konsequenz
zugetraut, einen derartigen sozialreaktionären Kurs entschlossen einzuschlagen.

Am deutlichsten traten diese Absichten der konservativen Militärfraktion im Zusammenhang mit den seit dem 17. Oktober 1933 ausgelösten Diskussionen über die Spitzengliederung der Streitkräfte, die Tätigkeit der Generalität im Reichsverteidigungsrat
(im März 1933 gegründet) sowie im Reichsverteidigungsausschuß zutage. Die Frage
der Spitzengliederung war neben ihrer militärisch-fachlichen Dimension im Hinblick auf
die Machtteilhabe der einzelnen Teilstreitkräfte im Regime, im besonderen also für die
Heeresgeneralität, von entscheidender Bedeutung. Sehr rasch zeigten sich dabei auch
innerhalb des Militärapparates divergierende Auffassungen, nämlich ob die militärische
Macht im Reichskriegsministerium und den ihm nachgeordneten Ämtern konzentriert
werden oder ob — entsprechend seiner Rolle als Hauptstreitmacht in jedem Kriege — diese
bei den Landstreitkräften, seinem Oberbefehlshaber und vor allem bei seinem Generalstab
liegen sollte. Bei allen Divergenzen zwischen den Wehrmachtsteilen, wobei Marine und
die 1935 offiziell aufgebaute Luftwaffe überdies immer stärker eigene Wege gingen, waren
sich alle Kräfte des Militärapparates einig darüber, im Rahmen des Reichsverteidigungsrates und seines durchführenden Organs, des Reichsverteidigungsausschusses, die Dominanz
militärischen Führungsanspruchs über die ganze Gesellschaft und den zivilen Sektor des

Staatsapparates insoweit durchzusetzen, als es die Kriegsvorbereitung betraf. Allerdings mußte sich dabei schon sehr rasch die Frage stellen, welcher Sektor des gesellschaftlichen Lebens davon im faschistischen Deutschland nicht berührt war.

Generalstabschef Beck, der im Auftrag Blombergs den Vorsitz im Reichsverteidigungs-ausschuß innehatte, sah die 1934 geschaffene Situation als eine ideale Konstellation an, weil „die Grenzen und Aufgaben des obersten Strategen ... nicht weit genug gezogen werden können", und zwar sowohl auf dem Gebiet der Außenpolitik als auch dem der inneren Verwaltung, der Ernährung, der Wirtschaft wie der seelischen Haltung des Volkes.[58] Nach den Vorstellungen Becks sollte die Leitung dieses Arbeitsausschusses auf Dauer dem Truppenamt unterstellt werden, was den Generalstab zu einer komplexen Führungs-organisation fast aller gesellschaftlichen Bereiche Deutschlands und des Staates gemacht hätte. Allerdings gingen diese Vorstellungen durch Konkurrenz innerhalb des Militärappa-rates im Truppenamt selbst, aber auch durch die Rivalität der Führung des Reichskriegs-ministeriums unter Blomberg und Reichenau gegenüber Fritsch und Beck nicht auf. Im Zuge der rüstungswirtschaftlichen Kriegsvorbereitungen waren die konservativen Militärs immer weniger in der Lage, zwischen den konkurrierenden Rüstungsforderungen der drei Teil-streitkräfte sowie wirtschaftlichen Interessenverbänden und Großindustrie zu vermitteln und zu koordinieren, so daß bereits zu einem sehr frühen Zeitpunkt der rüstungswirt-schaftliche Führungsanspruch der Reichswehr mindestens in Frage gestellt wurde. Trotz-dem setzte sich im Reichsverteidigungsgesetz vom 21. Mai 1935 der Grundsatz durch, daß Hitler bei drohender Kriegsgefahr den Verteidigungszustand erklären konnte und die vollziehende Gewalt in seinem Auftrag durch den Reichskriegsminister wahrgenommen werden sollte.[59] Damit war der Grundsatz fixiert, daß neben dem äußeren Waffen-krieg die Wehrmacht auch die Verantwortung und Führung des Kriegsschauplatzes Inner-deutschland übernehmen würde.

Das Jahr 1936 stellte einen entscheidenden Einschnitt auf dem Weg in den zweiten Weltkrieg dar. Obgleich das rüstungswirtschaftliche Konzept der konservativen Militär-fraktion zunehmend durchlöchert wurde, mit den Vorläufern der von Göring geleiteten Vierjahresplanbehörde sich ein entscheidender Einbruch in die Rüstungsdomäne des Heeres abzeichnete, dem allerdings die Heeresleitung im Interesse der Rüstungssteigerung keinen Widerstand entgegensetzte, sondern den sie sogar nach Kräften förderte, um das hohe Rüstungstempo beibehalten zu können, wandelte sich die bisher nur zur Verteidigung fähige Wehrmacht, das sogenannte Risikoheer, in ein zur Aggression befähigtes Kriegsinstru-ment.

Zum anderen trat in der militärpolitischen Planung seit Sommer 1936 die Sowjetunion als absehbarer Hauptkriegsgegner eindeutig in den Vordergrund, demgegenüber die Pla-nungen gegen Frankreich und namentlich gegen die Tschechoslowakei gleichsam nur fortgeschrieben wurden. Der Übergang von der Phase allgemeiner Rüstung zur Planung von Aggressionsakten fand seinen Ausdruck in der im Sommer 1936 herausgegebenen ersten Weisung für die einheitliche Kriegsvorbereitung, die offenbar verlorengegangen ist.

---

58 *Müller*, Beck, S. 108. Das militärische Hochgefühl wird auch aus dem Protokoll einer Besprechung vom 12. Januar 1935 deutlich, in der Blomberg bzw. Fritsch den Offizieren der Kriegsakademie erklärten, „daß uns Soldaten ja durch den Willen des Führers in diesem Staat eine Stellung zugewiesen ist, wie wir sie seit vielen Jahrzehnten — auch vor dem Kriege — nicht gehabt haben." (Archiv des IfZ, Mün-chen, ED-1, Liebmann-Papiere, Aufzeichnungen, Bl. 299).

59 *Kern*, Die innere Funktion der Wehrmacht, S. 143 ff.; *Müller*, Beck, S. 238.

Ihr Inhalt läßt sich jedoch aus der Wehrmachtsstudie 1936/37 erschließen, deren Bedeutung bislang von der Forschung nicht ausreichend wahrgenommen worden ist. Die Bedeutung der Wehrmachtsstudie war, sowohl was den Umfang der durchgespielten Kriegshandlungen anbetrifft, als auch was die speziellen Methoden der Mobilisierung des Hinterlandes angeht, von prägender Funktion. Sie gebar den ersten uns bekanntgewordenen Planentwurf für einen europäischen Krieg, der sich gegen die Sowjetunion, Litauen und die ČSR richten und als Koalitionskrieg geführt werden sollte.

Die am 9. November 1936 von Generalstabschef Beck unterzeichnete Lagebeurteilung begann mit den Worten: „Nach der Lage ist mit baldigem Angriff der Russen zu rechnen. Der Führer und Reichskanzler hat angeordnet, daß für einen unmittelbar bevorstehenden Kampf alles vorzubereiten ist, was ohne Verkündung der Mobilmachung oder Anordnung des X-Falles möglich ist."[60] Dem Wehrkreiskommando III (Berlin) wurde vorgegeben: „Es ist damit zu rechnen, daß Rußland uns in ganz kurzer Zeit über die Tschechei und Litauen aus der Luft überfällt und auch auf der See sowie gegen Ostpreußen die Feindseligkeiten eröffnet. Die Tschechoslowakei und Litauen werden voraussichtlich auf Seiten Rußlands stehen. Eine aktive Unterstützung Rußlands durch andere Staaten ist bisher nicht vorauszusehen. Mit Neutralität Polens ist vorerst zu rechnen."[61]

Der Oberbefehlshaber der Luftwaffe wendete sich daraufhin an den Oberbefehlshaber der Wehrmacht mit der Bitte: „Schaffung der politischen Voraussetzungen und Genehmigung, den *ersten Schlag durch die deutsche Luftwaffe* erfolgen zu lassen und diesen nicht dem Gegner zu überlassen. Nur ein Angriff, der die feindliche Luftwaffe und die feindliche Armee noch in ihren Friedensstandorten trifft, verspricht eine sofortige durchschlagende Wirkung. Diese ist mit Rücksicht auf die heute noch geringe Angriffsstärke der deutschen Fliegertruppe gegen die vereinigte tschechisch-russische Luftwaffe eine Lebensnotwendigkeit. Nur wenn auf diese Weise vermieden wird, daß die deutsche Luftwaffe von vornherein mit einer Unterlegenheit gegen einen überlegenen Gegner in den Kampf tritt, kann der Krieg mit günstigen Erfolgsaussichten begonnen werden."[62]

Bis zur Erteilung dieser Genehmigung verlangte der Oberbefehlshaber der Luftwaffe die Luftüberwachung der Flugplätze in der ČSR, „um sofort nach einem feindlichen Start in einem zusammengefaßten Terrorgegenangriff wenigstens einigermaßen die Nachteile der 2. Hand auszugleichen."[63] Die allgemeine Operationsabsicht ging dahin, die Hauptkräfte — 22 Infanteriedivisionen und drei Panzerdivisionen — gegen die Tschechoslowakei zu konzentrieren, die im Zusammenwirken mit einer ungarischen, einer italienischen und einer österreichischen Armee konzentriert von vier Seiten angegriffen und blitzartig überrannt werden sollte.[64] Zugleich sollte mit dem Überfall auf die Tschechoslowakei die Kriegführung in der Ostsee aufgenommen werden und einem sowjetischen Angriff zu Lande durch Einmarsch in Litauen entgegengetreten werden.

Diesem Kriegsspiel kam Grundsatzcharakter zu, bei dem sich erstmals die Elementarbausteine der künftigen Blitzkriegsstrategie deutlich herausschälten, namentlich was den

60 BA/MA, Freiburg, RH 2/1054, Bl. 43.
61 Ebenda, Bl. 117.
62 Ebenda, Bl. 136/137.
63 Ebenda, Bl. 137.
64 Ebenda, Bl. 162ff. Siehe auch *Peter Broucek*, Die militärische Situation Österreichs und die Entstehung der Pläne zur Landesverteidigung. in: *Anschluß 1938*. Protokoll des Symposiums in Wien am 14. und 15. März 1978, München 1981, S. 146ff. und S. 365ff.

Einsatz der Luftwaffe und der Panzertruppe anbelangte, und Grundsätze der Koalitions-
kriegführung formuliert wurden. Neben der Problematik des Bündniskrieges an sich wurden
die spezifischen Methoden des absoluten deutschen Führungsanspruchs erläutert und zum
Gegenstand einer intensiven Auswertung gemacht. In ihr spielte neben operativ-strategischen
Fragen die Sicherung des Hinterlandes eine zentrale Rolle. Am 27. Januar 1937 erläuterte Blomberg in einem dreistündigen Vortrag im Reichskriegsministerium die Wehrmachtsstudie. Goebbels notierte: ,,Ein hochinteressanter Vortrag. Seit einem Jahr in der
Aufrüstung enorm weitgekommen. Und doch fehlt noch ungeheuer viel. Annahme: Deutschland mit faschistischen Bundesgenossen im Ernstfall gegen Rußland, Tschechei und
Litauen. Bis ins Kleinste ausgearbeitet. Mit starkem Einschluß von Propaganda. . . . Blomberg macht seine Sache gut. Er schildert X-Fall, Verteidigungszustand und Mobilmachung.
Ein Riesenwerk von Organisation. Aber es bedarf noch ungeheuerster Arbeit, um hier
ganz zu Rande zu kommen. Führer sehr zufrieden."[65] Weniger zufrieden zeigten sich allerdings die Luftwaffe, die sich unterbewertet fühlte, und besonders Fritsch, der sogar seinen
Rücktritt anbot, weil er bei der Entscheidung über den Wehrmachtsbefehlshaber für das
Heimatkriegsgebiet — zentraler Punkt der Einflußnahme der konservativen Generalität
auf die Innenpolitik — nicht befragt worden war.

Das Kriegsministerium hatte nämlich bei der Wehrmachtsstudie 1936/37 auch mit
aller Konsequenz die innere Mobilmachung durchgespielt. Danach wurde die vollziehende
Gewalt den jeweiligen Wehrkreisbefehlshabern übertragen, die mittels drakonischer Befehle
in alle Lebensbereiche der inneren Verwaltung, der Wirtschaft und auch der Polizei ein-
griffen. Das Wehrkreiskommando III stellte am 14. Dezember 1936 fest, daß das Kriegsspiel die Notwendigkeit des Totalanspruchs von Wehrmacht und Heer auf alle Bereiche
des gesellschaftlichen Lebens und des Staates vollauf unterstrichen habe. ,,Beim Wehrkreiskommando befinden sich im Frieden schon die W. In (Wirtschafts-Inspektion — O. G.) und
die Abwehrstelle, während lediglich die Polizei erst im Kriege eingegliedert zu werden
braucht . . . Der Befehlshaber im Wehrkreis verfügt somit schon im Frieden im großen
und ganzen über die Organisation, die er im Krieg zur Führung der Heimat benötigt."[66]
Der Generalstab des Heeres betonte in einer Stellungnahme vom 4. März 1937, daß der
Begriff ,,Befehlshaber Heimat" vielleicht noch nicht ausreichend die Intentionen wider-
spiegele, die das Reichskriegsministerium mit diesem Amt verfolge. Jede Verringerung
der Befugnisse sollte deshalb unbedingt vermieden werden.[67] In der 14. Sitzung des
Reichsverteidigungsausschusses am 21. April 1937 wertete Jodl die Erfahrungen mit
der Wehrmachtsstudie aus: ,,Um den vielfach noch vorhandenen Zweifeln über diese
Aufgaben des Reichskriegsministers zu begegnen, muß ich betonen, daß sich die
übergeordnete Stellung des Reichskriegsministers nicht auf die Wehrmachtsführung allein,
sondern auf seine Verantwortung für den einheitlichen Gang des gesamten Staats-
mechanismus im Dienste der Kriegführung stützt."[68] Unverhüllter konnte der Totalitätsanspruch der Militärs auf die gesamte Gesellschaft und den Staat kaum artikuliert
werden, und obgleich der Generalstab des Heeres diese Kompetenzen lieber in seinen

65 *Die Tagebücher von Joseph Goebbels*, Bd. III, S. 25/26.
66 BA/MA, Freiburg, RH 2/1054, Bl. 218.
67 Ebenda, RH 2/1052, Bl. 10. Durch Blomberg war bereits am 7. Januar 1937 ausdrücklich befohlen worden,
   diese Art der Spitzengliederung durch den Wehrmachtsbefehlshaber für verbindlich zu erklären. *IMG*,
   Bd. 28, S. 347, Jodl-Tagebuch, Eintragung vom 7. Januar 1937.
68 BA/MA, Freiburg, Wi/IF 5.560, Bd. 2, Bl. 126.

Händen gesehen hätte, erschien ihm die Lösung des Reichskriegsministeriums im Wehrmachtsinteresse noch am günstigsten.

Der kompakte politische Führungs- und Mitverantwortungsanspruch der Wehrmacht insgesamt, der konservativen Militärfraktion im besonderen, wurde in einem Beck und Fritsch zugestellten Schreiben vom Januar 1937 unterstrichen, in dem es u. a. hieß: „Die Armee muß sich darüber klar sein, daß ihre Stellung im Staat eine ganz andere ist als zur Zeit der Monarchie. Damals stand sie außerhalb aller politischen Strömungen und Erwägungen ... Die Stellung hat sich heute grundlegend geändert, die Armee trägt heute hundertprozentig die Verantwortung für alle etwaigen kriegerischen Verwicklungen. Der moderne Krieg ist ein totaler. Seine Mobilmachung umfaßt alle militärischen, wirtschaftlichen und seelischen Faktoren des Volkes ... Auf der Armee liegt ganz ausschließlich die Verantwortung für die kommenden Dinge. Vor dieser Feststellung gibt es kein Ausweichen. Inland und Ausland sind darin einer Meinung, und diese entspricht der Wahrheit."[69]

Das Jahr 1937 kann wohl als Scheitelpunkt jener Überlegungen innerhalb von Heer- und Wehrmachtsführung angesehen werden, daß im Sinne der faschistischen Zwei-Säulen-Theorie von Streitkräften und Nazipartei beide zwar als gleichberechtigt gelten sollten, aber der Primus inter pares das Heer sei, weil es den entscheidenden, unentbehrlichen Pfeiler dieses Regimes ausmache. Zugleich sollte die April-Sitzung des Reichsverteidigungsausschusses seine vorläufig letzte sein; die für den 8. Dezember 1937 angesetzte 15. Sitzung wurde vertagt und fand unter gänzlich andersgearteten Bedingungen erst am 15. Dezember 1938 statt.

Auf dem inneren Sektor der Kriegsvorbereitung erwuchs der Wehrmacht in der SS und Polizei seit 1936 ein in seinen Konturen schon erkennbarer Rivale, der durch straffe eigene Organisation den militärischen Führungsanspruch bei der Durchführung der vollziehenden Gewalt in Frage stellte. Im Sommer 1936 war Heinrich Himmler in seiner Eigenschaft als Reichsführer-SS und Chef der Deutschen Polizei den Befehlshabern des Heeres und der Marine gleichgestellt worden. Mit der am 13. November 1937 verfügten Einsetzung der Höheren SS- und Polizeiführer in jedem Wehrkreis für den Mob.-Fall, die im Einvernehmen mit Blomberg erfolgte,[70] war im Hinblick auf den Krieg das Gewaltmonopol des Heeres im Innern an einer entscheidenden Stelle durchlöchert worden.

Folgerichtig protestierte am 8. Dezember 1937 das Wehrkreiskommando III unter dem Kommando von Erwin v. Witzleben beim Generalstab des Heeres gegen diese Einrichtung. „Diese sich anbahnende Entwicklung gibt zu ernster Sorge um die weitere Entwicklung der Vorbereitung der Kriegführung Heimat Anlaß. ... Das Wehrkreiskommando III hält sich für verpflichtet, auf den Ernst der Lage und die Entwicklung der Dinge, die zu einer systematischen Schwächung der Stellung der Wehrmacht führen können, hinzuweisen."[71] Witzleben forderte: „1. Die Gesamtvorbereitung der Kriegführung Heimat liegt verantwortlich in den Händen der Wehrkreisbefehlshaber. 2. Die Höheren SS- oder Polizeiführer werden im Kriege dem Wehrkreisbefehlshaber als dessen vollziehendes Organ mit allen Gliederungen der Polizei und SS unterstellt. Sie sind an dessen Weisungen für

69 Ebenda, Nachlaß Beck, N 28/2, Bl. 105 und Bl. 107/108. Jetzt abgedruckt bei *Müller*, Armee und Drittes Reich, S. 298 ff., allerdings mit falscher Datierung auf den Januar 1936.

70 *Hans Buchheim*, Die SS — das Herrschaftsinstrument, Befehl und Gehorsam, in: *Anatomie des SS-Staates*, Bd. I, München 1967, S. 113/114.

71 BA/MA, Freiburg, RH 2/1263, Bl. 9.

alle den Krieg vorbereitenden Maßnahmen gebunden."[72] Beck machte sich diese Sorgen zu eigen und teilte dem Wehrmachtsamt im Reichskriegsministerium am 20. Dezember 1937 mit, daß er die Sorgen des Wehrkreises III über eine „systematische Schwächung der Stellung der Wehrmacht" teile und vom Reichskriegsminister erwarte, daß den Wehrkreisbefehlshabern „für alle den Krieg vorbereitenden Maßnahmen ein Weisungsrecht an die Polizei, die zivilen und Parteidienststellen zugestanden wird."[73] Ferner drängte Beck auf die rasche Verabschiedung der Kriegsgesetzgebung im Sinne der Aprilberatungen des Reichsverteidigungsausschusses.

Eine Antwort des Reichskriegsministeriums auf den Vorstoß von Beck erfolgte offenbar nicht. Erneut aufgegriffen und weiterentwickelt wurde diese Idee jedoch in einem Memorandum von Brauchitsch vom 7. März 1938 über die Spitzengliederung, das die Handschrift Becks trägt. Brauchitsch und Beck schlugen vor, einen Reichskriegssekretär beim Oberkommando der Wehrmacht einzusetzen, dem, „um die Zusammenfassung aller Kräfte und Mittel des Volkes sicherzustellen, zweckmäßig die vollziehende Gewalt zu übertragen sein (wird). Er wird sie durch ein ihm unterstelltes Reichssicherheitsamt oder auch unmittelbar über die Reichsverwaltung ausüben können. Der Reichskriegs-Sekretär wird damit zugleich Oberbefehlshaber des Heimatgebietes mit Unterstellung der Wehrkreiskommandos."[74]

Das Oberkommando der Wehrmacht, nach dem 4. Februar 1938 der persönliche Arbeitsstab Hitlers, geleitet von Keitel und Jodl, antwortete am 22. März 1938 im Ergebnis des Revirements unmißverständlich: „Die Aufstellung des Reichssicherheitsamtes unter dem Ob. d. W. ist unnötig. Für die Sicherheit im Innern ist — solange er es mit seinen Mitteln kann — der Reichsführer SS und Chef der Deutschen Polizei verantwortlich. Die vollziehende Gewalt übt der Führer und Reichskanzler aus. Er delegiert sie nach Bedarf."[75]

Mit dieser Weichenstellung war den ambitiösen Vorstellungen des konservativen Militärblocks ein Riegel vorgeschoben worden, der in der Umbildung des Reichsverteidigungsrates im Herbst 1938 und schließlich mit der Schaffung des Reichssicherheitshauptamtes am 1. Oktober 1939 als der bevollmächtigten Terrorzentrale des faschistischen Regimes seinen Abschluß fand.

Für das Jahr 1937 ist jedoch unübersehbar, daß die Kommandeure des Reichskriegsministeriums und der Heeresführung mit geblähten Segeln versuchten, ihren politischen Machtanspruch durchzusetzen, und dabei wohl auch zeitweilig die Unterstützung Hitlers fanden, der Blomberg noch am 15. Juli 1937 versicherte, die Einsetzung eines Wehr-

---

72 Ebenda.

73 Ebenda, Bl. 6/7. Damit steuerte der Generalstab des Heeres auch einen direkten Konfrontationskurs gegen die Interessen der Marine und Luftwaffe, die sich schon 1935 gegen die Übernahme der vollziehenden Gewalt ausschließlich durch Vertreter der Landstreitkräfte gewendet hatten (Siehe BA/MA, Freiburg, RH 2/956, Bl. 66, 80 ff. und Bl. 116).

74 *Dülffer*, Überlegungen von Kriegsmarine und Heer, S. 165.

75 BA/MA, Freiburg, RW 3/v 1, D75, Denkschrift des Oberkommandos der Wehrmacht vom 22. März 1938. Über die Zusammensetzung und Tätigkeit des am 18. November 1938 zu seiner ersten Sitzung zusammentretenden Reichsverteidigungsrates, der personell völlig umgebildet wurde und in dem Hitler bzw. Göring die Leitung übernahmen, siehe BA/MA, Freiburg, Wi/If 5.560, Bd. I, S. 113 ff. Allgemein: *W. T. Fomin*, Das geheime Reichskabinett und seine Rolle bei der Vorbereitung des Aggressions-Krieges durch das faschistische Deutschland (1933—1939) in: *Der deutsche Imperialismus und der zweite Weltkrieg*, Bd. 2, Berlin 1961, S. 317 ff.

machtsbefehlshabers sei im Kriege nötig, für den Frieden noch zu überlegen. Das höhere militärische Führungskorps glaubte sich bis Mitte 1937 der Person Hitlers als Reichskanzler und Oberster Befehlshaber der Wehrmacht in einer Weise bedienen zu können, die trotz vieler Unterschiede der Funktion der letzten Monarchen aus dem Hause Hohenzollern glich. Die wichtigsten politischen Entscheidungen sollten zwar stärker noch als im Kaiserreich bei Hitler konzentriert werden, was jedoch die Gegenforderung einschloß, keinen Entscheid ohne maßgebliche militärische Beratung zu fällen.

Selbst unter Berücksichtigung der verengten Optik des Reichspropagandaministers Joseph Goebbels, den stets ein gebrochenes Verhältnis zu den militärischen Sachwaltern des deutschen Imperialismus auszeichnete, machen seine Tagebucheintragungen aus dem Jahr 1937 — ganz im Gegensatz zu den Vorjahren — deutlich, wie sich der faschistische Staatsapparat und die Nazipartei seit Sommer 1937 subjektiv durch die Heeresvorstöße in die Defensive gedrängt fühlten und wie gereizt ihre Vertreter darauf reagierten. Am 22. Juni 1937 notierte Goebbels: „Die Wehrmacht mischt sich nun auch in Polizeidinge ein. Hoßbach bekommt Order vom Führer, das sofort abzustellen. Der Führer ist wütend. Die Offiziere wollen alles machen, auch das, wovon sie nun partout gar nichts verstehen."[76] 8. September 1937: „Er (Göring) hat überhaupt einen Piek auf die Wehrmacht. Die bildet einen Staat im Staate. Man muß scharf aufpassen, daß da kein Malheur passiert."[77] 9. September 1937: „Heß beklagt sich bitter über die Wehrmacht . . . Aber da werden wir aufpassen. Ich mache aus meiner Meinung keinen Hehl. Die Partei muß sich mehr zur Wehr setzen. Wir müssen zusammenhalten. Sonst buttert die Wehrmacht uns unter . . . Aber der Führer ist da stark an die Wehrmacht gebunden. Wohl auch mit Recht. Sie muß das Vaterland beschützen. Aber deshalb braucht sie nicht den Staat zu regieren."[78] 28. Oktober 1937: „Die Wehrmacht wird ein Staat im Staate. Das darf nicht sein. Die Generalität hat politisch nichts hinzugelernt und wird auch nie etwas hinzulernen."[79] 2. November 1937: „In der Wehrmacht sind immer noch monarchistische Tendenzen bemerkbar. Der Führer ist wütend darüber. Aber man soll einmal scharf dagegen vorgehen. Sie wollen ein Staat im Staate. Und sind schon weit damit gekommen."[80]

Die Differenzen betrafen aber beileibe nicht allein die beträchtlichen Ansprüche der Wehrmachts- und Heeresgeneralität bei der Ausrichtung der Innenpolitik. Die konservativen Militärs brachten auch wenig Verständnis für die spezifische sozialdemagogische Komponente faschistischer Aufrüstungs- und Wirtschaftspolitik auf. Schon am 20. Juni 1934 hatte Blomberg in einer Denkschrift an Wilhelm Keppler, die für Hitler bestimmt war, geklagt: „Warum wird das Volk nicht dazu angehalten, Entbehrungen und Einschränkungen auf sich zu nehmen, um die Wirtschaftsnot zu überwinden?"[81] Der Leiter des Wehrwirtschaftsstabes im Reichskriegsministerium, Georg Thomas, forderte im November 1936, daß man bei der wirtschaftlichen Kriegsvorbereitung dem Volk bereits im Frieden härteste Belastungen aufbürden müsse, „daß wehrwirtschaftliche Forderungen den Vorrang

---

76 *Die Tagebücher von Joseph Goebbels*, Bd. III, S. 181.
77 Ebenda, S. 257.
78 Ebenda, S. 259.
79 Ebenda, S. 316.
80 Ebenda, S. 322.
81 *Rolf Barthel*, Rüstungswirtschaftliche Forderungen der Reichswehrführung im Juni 1934, in: *ZfM*, 1/1970, 9. Jahrgang, S. 91.

haben und die sozialpolitischen für die Zeit aufgespart werden, wo wir sie durchführen können."[82]

Die Antwort auf derartige Auffassungen der konservativen Militärfraktion, die hierbei noch völlig im Bann obrigkeitsstaatlicher Ordnungsvorstellungen des Kaiserreiches stand, gab im Namen jener imperialistischen Kreise, die sehr wohl auf nackte, brutale Gewalt setzten, aber auch flexibel auf einem Instrumentarium der Volksverführung spielten, Robert Ley. Er erklärte: „Denn wenn man von einem Volk nur Opfer verlangt — das hat uns der Krieg mit unerhörter Deutlichkeit gezeigt: aushalten, durchhalten, durchhalten —, so ist das alles ganz schön; es gibt aber für jeden Menschen ein Ende der Belastungsprobe, und für ein Volk auch ... Da gibt es eine Grenze, und wenn diese Belastungsprobe erreicht ist, dann bricht das eben. Und die war bei uns eben da 1918 am 9. November. Wir mögen darüber traurig sein, betrübt, mögen schimpfen und wettern, Tatsache ist, daß die regierenden Männer vergaßen, dem Volk für die ungeheure Belastung dieser vier-einhalb Jahre auf der anderen Seite neue Kräfte einzugeben und immer wieder hineinzu-pumpen."[83]

Konflikte und Reibungen zwischen Heer und Nazibewegung ergaben sich zudem aus dem ideologischen Totalitätsanspruch der Nazipartei, der namentlich die Kirchenpolitik tan-gierte. Obgleich sich die Heeresführung hier strikt auf Positionen der zwar halbherzigen, doch immerhin wirksamen Verteidigung ihrer Militärseelsorge zurückzog, erreichte diese Auseinandersetzung 1937 mit der systematischen Verfolgung von Teilen der katholischen Kirche und der Bekennenden Kirche einen Höhepunkt, der vor allem höhere Offiziere angesichts ihrer traditionellen Bindungen zur Kirche stark bewegen mußte, die noch auf das monarchische Band von Thron und Altar zurückgingen.[84] Doch gerade auch auf diesem Sektor bröckelte schon frühzeitig die geschlossene Wehrmachtsfront auseinander, weil es vielfach von Einstellung, Gesinnung und Karrierismus der Kommandeure abhing, welchen Platz sie religiösen Motiven für die Aufrechterhaltung von Moral und Kampfkraft der Truppe beimaßen.[85] Die Zahl der Offiziere und Kommandeure wuchs, die sich der Militärseelsorge nur noch rein instrumental bediente.

---

82 ZStA, Potsdam, Reichswirtschaftsministerium, Bd. 10314, Bl. 383.

83 Ebenda, Bl. 387.

84 Siehe dazu vor allem *Manfred Messerschmidt*, Aspekte der Militärseelsorge in nationalsozialistischer Zeit, in: *Militärgeschichtliche Mitteilungen*, 3/1968; *derselbe*, Die Wehrmacht im NS-Staat. Zeit der Indoktrination, Hamburg 1969, S. 171ff.

85 Wie zwiespältig selbst die Haltung höchster Militärs zu dieser Frage war, beweist das Beispiel Fritsch's, der einerseits die Militärseelsorge in der Truppe abschirmte, auf der anderen Seite sein größtes Mißfallen über den Schritt des Reichsverkehrsministers Eltz v. Rübenach zum Ausdruck brachte, der am 30. Januar 1937 wegen der faschistischen Kirchenpolitik die Annahme des allen Ministern verliehenen goldenen Ehrenabzeichens der Nazipartei verweigerte. Er wurde deswegen am selben Tag zum Rücktritt gezwungen. (Siehe die *Tagebücher von Joseph Goebbels*, Bd. III, S. 29 f.) Auch in dem berüchtigten Brief Fritsch's vom 11. Dezember 1938 an Margot Baronin v. Schutzbar-Milchling, dessen Existenz und Wahrheitsgehalt jahrzehntelang angefochten wurde, erklärte Fritsch: „Bald nach dem Krieg kam ich zur Ansicht, daß 3 Schlachten siegreich zu schlagen seien, wenn Deutschland wieder mächtig werden sollte. 1. die Schlacht gegen die Arbeiterschaft, sie hat Hitler siegreich geschlagen. 2. gegen die katholische Kirche, besser gesagt gegen den Ultramontanismus u. 3. gegen die Juden. In diesen Kämpfen stehen wir noch mitten drin. Und der Kampf gegen die Juden ist der schwerste." (*Nicolas Reynolds*, Der Fritsch-Brief vom 11. Dezember 1938, in: *VfZ*, 3/1980, 28. Jahrgang, S. 370). Daß derartige Auffassungen des Oberbefehlshabers des Heeres nicht erst späte Frucht der faschistischen Diktatur waren, sondern Produkt eigener Weltanschauung, machen die wenigen erhalten gebliebenen Lagebeurteilungen Fritsch's aus dem Jahre 1920 deutlich, in

Zu einem der wichtigsten Felder der Auseinandersetzung zwischen einem Teil des höheren Offizierkorps und dem zivilen Verwaltungs- und Parteiapparat gehörten 1937 im Zuge der forcierten Kriegsvorbereitung auch die bündnispolitischen Überlegungen im Hinblick auf die Schaffung einer Militärkoalition.

Einig waren sich alle Gruppen der herrschenden Klasse des deutschen Imperialismus in der Frage der Hauptgegner: An ihrer Spitze rangierte aus politischen und ideologischen Gründen die Sowjetunion sowie der „Erbfeind" Frankreich, der durch seine Verträge mit der Tschechoslowakei und der UdSSR sowie durch das südosteuropäische Paktsystem der Kleinen Entente den Spielraum großdeutscher Expansionspolitik begrenzte. Zum ersten Opfer der Aggression war seit 1935, seit dem Plan „Schulung", die Tschechoslowakei ausersehen worden.

Es trat damit an die Stelle von Polen, das Anfang 1934 einen Nichtangriffsvertrag mit Deutschland geschlossen hatte und gegen das sich die militärische Planung der Reichswehrführung bis dahin fast ausschließlich gerichtet hatte. Die Neutralisierung Polens war der konservativen Militärfraktion im Hinblick auf eine außenpolitische Absicherung ihres Hochrüstungskurses zwar recht, doch in allen ihren militärischen Erwägungen blieb Polen auch künftig ein in ihren Augen unsicherer Kantonist, mit dem früher oder später eine militärische Abrechnung unvermeidlich sei. Mit Mißvergnügen wurden deshalb in der Reichswehrführung die in ihren Augen schon zu weitgehenden Absprachen Görings im Januar 1935 mit Vertretern der polnischen Regierung über ein eventuelles gemeinsames militärisches Vorgehen gegen die Sowjetunion und die baltischen Staaten oder daraus resultierende Pläne über eine Verlegung des polnischen Zugangs zur Ostsee nach Osten zur Kenntnis genommen.[86] Die Revision der Ostgrenzen schien namentlich der konservativen Militärfraktion eine unabdingbare Voraussetzung zur Gewinnung einer deutschen Großmachtstellung in Europa zu sein.

Die vielfach in britischen, französischen und auch polnischen Regierungskreisen gemutmaßten besonderen Beziehungen der Reichswehrgeneralität zur Sowjetunion, die aus der partiellen militärischen Zusammenarbeit mit der Roten Armee in der Weimarer Republik

denen er neben einer antikommunistischen Besessenheit ganz deutlich kräftige antisemitische Tendenzen verriet. (Siehe BA/MA, Freiburg, Nachlaß Fritsch, N 33/1, Lagebeurteilung vom 26. Juli 1920 und Fritsch-Notizen vom 28. März 1920). Insofern ist auch die vielfach geäußerte Auffassung kaum haltbar, daß es sich bei Fritsch um einen unpolitischen Soldaten gehandelt hätte, eine Auffassung, der Hoßbach aus intimer Kenntnis schon 1949 nach Durchsicht der Darstellung von Kielmansegg energisch widersprach (BA/MA, Freiburg, Nachlaß Hoßbach, N 24/28, Bemerkungen Hoßbach zu Kielmanseggs Buch, Fritsch-Prozeß).

86 Am 22. März 1935 meldete der deutsche Militärattaché in Warschau, Max Schindler, Beck das Ergebnis seiner Unterredung mit Blomberg über den Polen-Besuch Görings im Januar 1935. Es hieß darin u. a.: „Das schwierigste von den 4 Punkten des sog. ‚Gesprächs Göring' sei der vierte, wonach bei einem Krieg gegen Rußland für Polen freie Hand in der Ukraine bestehen soll, Deutschland soll dafür in diesem Fall Einfluß im Baltikum erhalten. Der Führer hat dem Herrn Rw. Minister gesagt, daß Min. Göring seine Instruktionen nicht überschritten habe. Das Gespräch sei von den Polen auf den vierten Punkt gebracht worden. Polnischer Vorschlag sei Ausgleich für Deutschland bei Erweiterung Polen nach Südosten und zwar: falls der Korridor aus seiner jetzigen Gegend verlegt werde durch Einfluß Deutschlands jenseits des ‚neuen' Korridors, falls der Korridor in seiner jetzigen Lage bleibe durch Erweiterung im Anschluß an Ostpreußen." (BA/MA, Freiburg, Nachlaß Beck, N 28/1). Fritsch hatte schon im Januar 1935 das Verhältnis zu Polen mit der Feststellung beurteilt: „Verhältnis zu Polen gut, vielleicht aber ernster Belastungsprobe nicht standhaltend." (Archiv des IfZ, München, ED-1 Liebmann-Papiere, Aufzeichnungen, Bl. 302.)

herrührten, bestanden längst nicht mehr. Im Gegenteil, die tonangebende militärische Führung, vertreten durch Blomberg, Reichenau, Fritsch, Beck und Raeder, gehörte zu den militantesten Verfechtern einer Auseinandersetzung mit Sowjetrußland. Wie prompt sie auf Hitlers antisowjetisches Vierjahresplan-Konzept reagierten, zeigte die Wehrmachtsstudie 1936/37, der erstmals ein direkter Kriegsplan gegen die UdSSR zugrunde lag.   .

Namentlich Blomberg versäumte keine Gelegenheit, um britischen Politikern und Militärs seine antikommunistische Haltung zu offenbaren. Im März 1935 erklärte er dem britischen Militärattaché Marshall-Cornwall: „Rußland ist eine große und reale Gefahr, die England offenbar nicht voll wahrnehme. Rußland ist in der Tat die größte Gefahr für das heutige Europa. Die kommunistische Regierung verfügt über eine Macht, die keine Zarenregierung je besaß . . . Die russische Dampfwalze existiert, aber sie ist längst nicht mehr die schwerfällige und langsame Walze von einst, sondern eine effiziente und gut-ausgerüstete Maschine. Er fürchtet, daß der nächsten russischen Sturmflut nichts widerstehen kann und sich die Zeiten von Dschingis Khan wiederholen. Rußland würde Polen und Deutschland überschwemmen. Es wäre eine Dummheit, fuhr er fort, anzunehmen, daß die Russen technisch unterlegen wären. Selbst wenn sie darin ein wenig unterlegen sind, machen sie es durch ihre Masse wett."[87]

Als der britische Militärattaché Blomberg am 13. Januar 1937 versicherte, daß auch in Großbritannien keinerlei Sympathie für den Bolschewismus bestehe, es aber für die Lösung dieses Problems, ähnlich wie in der Medizin, verschiedene Rezepte gebe, um die Krankheit auszumerzen, bekundete Blomberg zwar sein großes Interesse an britischen „Behandlungsmethoden", glaubte aber persönlich, „daß die drastische Verwendung des Messers die beste derartige Behandlung sei."[88] In ähnlichem Sinne diskutierte Blomberg am 13. Mai 1937 das Problem Sowjetrußland mit Eden in London, am 23. November 1937 mit Lord Halifax in Berlin und am 9. Dezember 1937 mit dem britischen Botschafter Henderson.[89]

Hinsichtlich Großbritanniens favorisierten die Militärs um Blomberg, Fritsch, Reichenau und Beck die Option einer Allianz mit diesem Land, zumindest eine wohlwollende Neutralität. Dieses Konzept — ursprünglich ein Grundnenner faschistischer Außenpolitik — geriet durch die seit Sommer 1937 eingetretenen bedeutsamen Veränderungen in der internationalen Lage ins Treiben.

87 PRO, London, Foreign Office, Nr. 18 829, Bericht von Eric C. E. Phipps vom 12. März 1935.
88 Ebenda, Nr. 21 095, Bericht des britischen Militärattachés vom 13. Januar 1937.
89 Ebenda, Nr. 20 751, 20 737 und 20 735. Mit antisowjetischen Bedrohungslegenden suchte die deutsche Heeresleitung auch die Führung des österreichischen Bundesheeres auf einen ihr genehmen Koalitionskurs zu bringen. Alfred Jansa berichtete am 16. Februar 1935 über ein Gespräch mit einem höheren deutschen Generalstabsoffizier im Reichswehrministerium, daß dieser erklärt habe, „ein Zusammenschluß mit Österreich sei doch nur als Folge großer politischer Ereignisse (etwa Rußland gegenüber) denkbar." (Archiv der Republik/NPA, Wien, Karton 165, Bl. 11) Dem österreichischen Militärattaché in Budapest, Oskar Regele, entwickelte der deutsche Militärattaché am 29. August 1936 „seine Ansichten über die bolschewistische Gefahr . . ., die darin gipfeln, daß derzeit alle anderen Fragen untergeordneter Natur sein müssen. Zweifellos komme eine Auseinandersetzung mit dem Bolschewismus und es wäre eine große Katastrophe, würden sich nicht viele Staaten zeitgerecht gegen die Gefahr zusammenschließen. Besonders müßten alle Staaten einsehen lernen, daß man selbstlos auf Wünsche kleinerer Natur angesichts der großen drohenden Gefahr verzichten müsse." (Archiv der Republik/KA, Wien, 1936, Na-Einzelakten, Zl 795/36)

Die konservativen Militärs setzten vor allem zwei Tendenzen offenen oder versteckten Widerstand entgegen: das war einerseits das Bestreben starker Kräfte im faschistischen Staat, die Beziehungen zu Italien in einem derartigen Ausmaß zu intensivieren und zu vertiefen, daß sie bündnisähnlichen Charakter annahmen. Der militärischen Führung des Heeres stand zwar nicht an, sich des italienischen Expansionsdranges instrumental zu bedienen, um vor allem Frankreich von der deutschen Grenze abzulenken und die Kleine Entente zu schwächen; sie war aber weit davon entfernt, ein militärisches Bündnis mit Italien eingehen zu wollen. Eine Delegation hoher deutscher Stabsoffiziere unter der Leitung von Wilhelm Adam, der u. a. Friedrich Paulus, Erich v. Manstein, Hans-Georg Reinhardt und Erich Fellgiebel angehörten, nahm im August 1936 an Manövern der italienischen Armee teil. Sie faßte ihr Urteil in die Worte: „Das taktische Verhalten der Truppe entsprach nicht modernen Grundsätzen. Die Bewaffnung war ziemlich dürftig. Was an Neuem gezeigt wurde, war nicht überwältigend . . . Das Offizierkorps war zweifellos sehr fleißig, aber da ein Unteroffizierkorps in unserem Sinne fehlte, oft mit den niedrigsten Diensten beschäftigt. So konnte sich kein erfolgreiches Führertum entwickeln."[90] Adam übermittelte Hitler sein ungünstiges Urteil über die italienische Armee mit den Worten, „daß das militärische Können u. das Kriegspotential Italiens für einen großen Krieg nicht ausreiche."[91]

Generalstabschef Beck wurde im selben Sinne durch einen jungen Offizier unterrichtet, der die italienische Kriegführung in Äthiopien beobachtete und ein überaus negatives Bild der italienischen Armee entwickelte, der er auf Dauer keine Befriedung des eroberten Landes zutraute.[92]

Zwiespältig blieb auch der Eindruck, den Blomberg bei seiner Italienreise im Juni 1937 von den italienischen Streitkräften gewann. Während ihn die Luft- und Seestreitkräfte beeindruckten, qualifizierte er einen Teil der Heeresvorführungen mit den Worten „billig, aber schlecht"[93] ab. Er bekräftigte gegenüber dem Generalstab, daß „ein militärisches Bündnis nicht in Frage käme".[94] Der englische Generalmajor A. C. Temperley gewann aus Gesprächen mit Blomberg und anderen deutschen Generalen im Oktober 1937 den Eindruck, daß diese „die Italiener zutiefst ablehnen und ihnen nicht vertrauen".[95] Daran änderte

---

90 Archiv des IfZ, München, ED-109; *Adam*, Erinnerungen, Bd. 2, S. 377/378.

91 Ebenda, S. 379.

92 BA/MA, Freiburg, RH 2/99 v, Bl. 220ff.

93 Ebenda, RH 3/v 2936, Bl. 29. In einem Nachkriegsverhör am 13. Mai 1945 bestätigte Blomberg diese Einschätzung und erklärte das italienische Heer für drittklassig: „on the whole I thought, it unwise to make a military alliance with Italy, and consequently advised Hitler against it." (Archiv des IfZ, München, MA 1300/1, Bl. 52).

94 BA/MA, Freiburg, RH 2/2936 v, Bl. 30.

95 PRO, London, Foreign Office, Nr. 20712, Brief von General-Major A. C. Temperley an Anthony Eden am 11. Oktober 1937. Die Einschätzung der italienischen Streitkräfte durch die Wehrmacht wird auch durch die Berichte der österreichischen Militärattachés in Berlin, Oberst Ing. Anton Pohl, und in Rom, Oberst Dr. Emil Liebitzky, bestätigt. Die Führung des österreichischen Bundesheeres verfolgte diese Beziehungen aus begreiflichem Interesse mit großer Aufmerksamkeit. Am 9. Juni 1936 berichtete Pohl aus Berlin: „Der Wert des italienischen Heeres wird in deutschen Militärkreisen nicht hoch eingeschätzt, wenn auch die Erfolge in Abessinien eine Korrektur dieser Ansichten herbeigeführt haben. Man kann behaupten, daß die deutsche Wehrmacht grundsätzlich antiitalienisch eingestellt ist." (Archiv der Republik, Kriegsarchiv, Wien, 1936, Sekt. III, NA 102924) Anläßlich des Blomberg-Besuches in Italien stellte Liebitzky am 8. Juni

auch der im November 1937 vollzogene Beitritt Italiens zum Antikominternpakt nichts. Am 11. November 1937 kommentierte Militärattaché Enno v. Rintelen diesen Vorgang mit den Worten: „Das bedeutet also eine Neuorientierung der deutschen Außenpolitik, ob dies eine sehr glückliche, scheint mir sehr zweifelhaft. Ich hege die Befürchtung, daß Italien, dessen militärische und wirtschaftliche Kraft doch nicht sehr groß ist, bei der Verfolgung seiner imperialistischen Mittelmeerpolitik neu bestärkt wird und wir dafür noch geradestehen müssen. Die bisherige Devise — mit Italien zusammen Annäherung an England — war beruhigender."[96]

Die Befürchtungen Rintelens teilten im Gegensatz zur Marine die meisten in Verantwortung stehenden Generale und Stabsoffiziere des Heeres. Der laute Jubel, den italienische Faschisten nach dem 4. Februar 1938 anstimmten, als ihres Erachtens die militärischen Hauptbremser einer noch engeren politischen und vor allem militärischen Zusammenarbeit zwischen Deutschland und Italien verabschiedet wurden, erscheint unter diesem Blickwinkel durchaus begründet.

Viele dieser deutschen Heeresgenerale bedauerten — im krassen Unterschied zur Kriegsmarine, aber auch zur Luftwaffe —, daß mit der politischen Option für Italien sich auch die Beziehungen zu Großbritannien verschlechtern mußten. Eine Situation, die zusätzlich noch dadurch verschärft wurde, daß starke Kräfte innerhalb des deutschen Imperialismus im Laufe des Jahres 1937 auch Kurs darauf nahmen, die seit dem 25. November 1936 im Rahmen des Antikominternpaktes mit Japan hergestellten Beziehungen mit der Absicht auszuweiten, dort ebenfalls ein militärisches Bündnis herzustellen. Die Option für Japan bedeutete nicht nur den Hauptkonkurrenten japanischen Machtanspruches im Fernen Osten, nämlich Großbritannien und auch den Vereinigten Staaten, eine Absage zu erteilen, sondern führte zugleich auch dazu, eines der ehrgeizigsten Projekte, dem sich die Heeresgeneralität seit 1927 verschrieben hatte, zu torpedieren, nämlich die enge militärische, wirtschaftliche und außenpolitische Zusammenarbeit mit China.[97] Durch Max Bauer, Georg Wetzell, Hans v. Seeckt und schließlich durch Alexander v. Falkenhausen hatte die konservative Militärfraktion wesentlichen Anteil an der Ausrüstung, Ausbildung, Organisierung der reaktionärsten Kräfte in der Guomindang gehabt. Obgleich die deutschen Militärberater nie einen Zweifel daran ließen, daß sie diese Aufgabe — abgesehen von ihrem wirtschaftlichen Hintergrund — in erster Linie wahrnahmen, um eine politische Entwicklung in der Republik China in entschieden antiimperialistischer Richtung zu unter-

1937 in einem Bericht an den Bundeskanzler fest, daß „in den Kreisen der Militärattachés behauptet (wird), der Besuch Blombergs sei ein einziges krampfhaftes Bemühen der Italiener, den Deutschen endlich auch einmal militärisch zu imponieren." Ein höherer italienischer Offizier versicherte Liebitzky sogar, man habe „dem Deutschen (Blomberg — O. G.), der die It. nie recht voll nehmen wolle, zeigen wollen, daß Italien ein begehrenswerter Freund, aber auch als militärischer Faktor zu fürchten sei." (Archiv der Republik/KA, Wien, Sekt. III, NA 102882) Der österreichische Generalkonsul in München hielt es am 7. Mai 1937 für berichtenswert, daß sich Reichenau gegenüber dem englichen Generalkonsul in stark abfälliger Weise über Italien und seine Streitkräfte geäußert und betont hatte, „er sei Gegner einer zu engen Kooperation mit Italien", hingegen eine „Engergestaltung" der Freundschaft mit Großbritannien anstrebe (Archiv der Republik/Neues Politisches Archiv, Wien, Karton 166, Bl. 496)

96 BA/MA, Freiburg RH 2/2936 v, Bl. 46.
97 Siehe dazu *Karl Drechsler*, Deutschland — China — Japan 1933—1939, Berlin 1964; *Karl Mehner*, Die Rolle deutscher Militärberater als Interessenvertreter des deutschen Militarismus und Imperialismus in China 1928—1936, phil. Diss., Karl-Marx-Universität Leipzig 1961 und *Die deutsche Beraterschaft in China 1927—1938*. Militär — Wirtschaft — Außenpolitik. Hrsg. von Bernd Martin, Düsseldorf 1981.

binden, wirkte sich ihre Tätigkeit spätestens mit Beginn des japanischen Aggressionskrieges gegen die nationale Unabhängigkeit Chinas im Jahre 1931 objektiv zugunsten der Lebensinteressen des gesamten chinesischen Volkes aus, da sie mithalfen, den Widerstand des Landes zu organisieren.

Die sich auf eine Passage der Erinnerungen Blombergs stützende Behauptung, daß die Reichswehrgeneralität mit ihrem China-Projekt die Idee einer großen eurasischen Blockbildung — unter Einschluß der Sowjetunion — gegen die Westmächte verfolgt habe,[98] wird durch die erhalten gebliebenen Akten in keiner Weise gestützt. Aus ihnen tritt vielmehr die Intention der konservativen Militärfraktion hervor, das größte, rohstoffreichste und bevölkerungsstärkste Land Ostasiens in ein antisowjetisches Bündnis zu bringen, wobei eine untergeordnete Zusammenarbeit mit Japan denkbar und erwünscht schien. Den Kern dieser Allianz allerdings sollte China abgeben. Im Mai 1936 entschied das Reichskriegsministerium — nach Begutachtung durch die drei Wehrmachtteile —, alle von Japan ausgehenden Bestrebungen nach einem Militärbündnis abzuwehren. „Auf keinen Fall erscheint es aber wahrscheinlich, daß ein russisch-japanischer Krieg entscheidende Rückwirkungen auf die machtpolitische Stellung der Sowjet-Union in Europa haben müßte, wohingegen er einen europäischen Bundesgenossen Japans in einen schweren Konflikt mit England und Amerika bringen würde."[99] Der deutsche Militärattaché in Tokio, Eugen Ott, versuchte deshalb im Auftrag des Generalstabs des Heeres, die japanischen Militärs davon abzuhalten, ihre Aggression in China fortzusetzen. Am 1. Dezember 1936 meldete er Tippelskirch: „Ich habe dem Generalstab in den letzten Tagen wiederholt erklärt, wir hätten die früheren Anzeichen des Verständigungswillens mit China und der Schwerpunktbildung gegen Rußland sehr begrüßt, die neueste Entwicklung, der Rückfall in den Kampf mit China, sei bedauerlich und wird nur zur Zersplitterung führen."[100] Der japanische Generalstab motivierte die Abtrennung Manzhouguos von China dagegen mit der Behauptung, entsprechend dem Kominternpakt sei „Japan zu einem zukünftigen Kampf mit Rußland gezwungen, um sich für seine Ausdehnung nach irgendeiner Richtung zunächst vom russischen Druck zu befreien. Er erklärt den Kampf für aussichtsreich, weil Rußland unter der Anstrengung eines Krieges leicht in Einzelstaaten zerfallen kann, das wäre für Japan die günstigste Entwicklung."[101] Die Situation spitzte sich im Sommer 1937 dramatisch zu, als die japanischen Aggressoren am 7. Juli auf breiter Front zur Offensive in China übergingen. Das faschistische Deutschland stand gleichzeitig in beiden Lagern, mit Japan politisch eng verbunden, mit China in vielfältigen engen wirtschaftlichen und militärischen Beziehungen. Der Vertreter des Generalstabes räumte ein, daß „hier immer noch 2 Seelen in einer Brust kämpfen."[102] Beck und Blomberg lehnten es trotz wachsenden Drucks, der von Hitler und auch von Göring auf sie ausgeübt wurde, kategorisch ab, die Militärberater abzuberufen, die Rüstungslieferungen einzustellen und die Wirtschaftsbeziehungen zu drosseln. Beck betonte, „daß

98 Siehe z. B. *Michael Geyer*, Motive und Bedingungen einer aktiven Fernostpolitik des deutschen Militärs (1928—1936) in: *Die deutsche Beraterschaft*, S. 71.
99 BA/MA, Freiburg, RW 5/ v 315; Noch am 23. Dezember 1937 warnte der deutsche Militärattaché in Paris, Erich Kühlenthal: „Unsere japanerfreundliche Politik wird von seiten der Amerikaner äußerst stark verurteilt. Es sind Worte gefallen wie: ‚Diese Politik Deutschlands bringt Amerika und England endgültig zusammen!" (BA/MA, Freiburg, RH 2/ v 2933, Bl. 14).
100 Ebenda, RH 2/ v 2939, Bl. 5.
101 Ebenda, Bl. 16.
102 Ebenda, Bl. 33.

ein Militärbündnis (mit Japan — O. G.) überhaupt nicht in Frage kommt" und ließ erklären, „daß man sich rein wirtschaftlich gesehen für längere Sicht von Geschäften mit China weit mehr verspricht, so daß man auf diese sich wirtschaftlich weiter sehr gut anlassenden Beziehungen nicht verzichten will".[103]

Militärattaché Ott schwenkte allerdings im Sommer 1937 immer stärker auf die Linie eines Befürworters enger deutsch-japanischer Beziehungen ein, weil „Japan der naturgegebene Gehilfe bei unserer Ostpolitik"[104] ist. Auch Admiral Wilhelm Canaris, Leiter der Abwehr, neigte derartigen Auffassungen zu.

Hitler beklagte sich gegenüber Goebbels am 29. Juni 1937 über die „philochinesische Politik des Wehrmachtsamtes. Er ist lieber auf der Seite der Unterdrücker als der Unterdrückten."[105] Namentlich die militärischen Anfangserfolge der japanischen Interventen trieben die Befürworter der Achse Berlin—Tokio an, rasch und radikal alle Brücken zu China abzubrechen. Falkenhausen allerdings stärkte Blomberg den Rücken, wenn er aus China telegrafierte: „Blomberg möge nicht etwa an einen sichern Sieg Japaner glauben. Geist chinesischer Armee ist gut, sie würde sich erbittert schlagen, und ein Krieg würde ein Ringen bis zum äußersten werden."[106] In einer Aussprache zwischen Blomberg, Neurath und Hitler am 16. August 1937 mußte sich Hitler bereit finden, trotz seines Bekenntnisses zu Japan an der Neutralitätspolitik festzuhalten und die Wehrmacht nur zu bitten, ihre Lieferungen nach China sorgfältig zu tarnen.[107] Blomberg konnte in diesem Gespräch von der Erklärung des chinesischen Finanzministers Kung Hsiang-hsi vom 14. August 1937 Gebrauch machen, der dargelegt hatte, „China wird auch stets bereit sein, mit Deutschland zusammenzugehen, wenn das kommunistische Rußland seine aggressiven Absichten gegenüber Deutschland durchführen sollte. China wird nicht nur mit Sympathie, sondern, gestützt auf seine geographische Lage, tatkräftig sich einsetzen, um Deutschland beizustehen. Ich nehme die volle Verantwortung für meine Regierung, daß dies geschehen wird."[108] In Vier-Augen-Gesprächen mit chinesischen Politikern und britischen Militärs machte Blomberg noch viel weniger ein Hehl aus seiner Überzeugung, daß die militärische Stärke Japans überschätzt, die Chinas dagegen unterschätzt würde. Er hielt Japan nicht für den geeigneten Partner in einem antisowjetischen Feldzug, weil seiner Ansicht nach die Stärke Sowjetrußlands die japanische weit übertreffe. Er vertrat diese Auffassung auch im Sommer 1937, als die Wehrmachtsführung insgesamt — verursacht durch Massenrepressalien gegen Führungskader der Roten Armee — dazu neigte, die aktiven militärischen Möglichkeiten Sowjetrußlands geringer zu veranschlagen.[109]

Im Gegensatz dazu waren Hitler, Ribbentrop, Goebbels sowie Kreise im Auswärtigen Amt, in der Marine und Luftwaffe davon überzeugt, daß Japan der wichtigste Bündnispartner des faschistischen Deutschlands werden könnte. Goebbels motivierte sein Votum für Japan mit der Begründung: „Denn erstens bekommen die Chinesen Dresche, und zweitens sind sie halbe Bolschewiken, während uns die Japaner einmal gegen Rußland

103 Ebenda, Bl. 50/51.
104 Ebenda, Bl. 37.
105 *Die Tagebücher von Joseph Goebbels*, Bd. III, S. 190.
106 *ADAP*, Serie D, Bd. I, S. 602.
107 BA/MA, Freiburg, RW 5/ v 315.
108 Ebenda.
109 Siehe hierzu die Berichterstellung des deutschen Militärattachés aus Moskau (ebenda, RH 2/ v 2932) sowie die Unterrichtung des deutschen Militärattachés in Washington durch den Generalstab des Heeres (ebenda, RH 2/ v 2942).

helfen können."[110] Als der japanische Militarismus mit der Eroberung von Nanking im Dezember 1937 wähnte, eine Kriegsentscheidung in China herbeigeführt zu haben, höhnte der Propagandaminister: „Das ist vermutlich das Ende. Wie wir erwartet hatten. Was sagen nun unsere klugen Generalstäbler? Wie im Abessinienkonflikt jämmerliche Versager. Sie haben wieder mal auf das falsche Pferd gesetzt. Weil sie von Politik nichts verstehen."[111]

Doch trotz zunehmend massiven Drucks widerstanden Ende 1937 die Militärs um Blomberg noch allen Liquidationsversuchen ihres Chinaprojektes. Hitler wies Blomberg am 8. November 1937 nur an, „daß das Reichskriegsministerium zusehen möge, daß es sich von dem Geruch chinafreundlicher Einstellung befreie."[112] Doch auch im Reichskriegsministerium bröckelte im Januar 1938 die Chinalobby ab. Keitel stellte die Militärberater schon am 12. Januar 1938 zur Disposition.[113] Die Marineleitung votierte in einer Denkschrift „Die militärpolitische und seestrategische Lage Deutschlands", die im Februar 1938 diskutiert wurde, nunmehr eindeutig zugunsten Japans. „Von den außereuropäischen Ländern kann in erster Linie Japan eine Entlastung von der russischen Bedrohung bringen."[114]

Vollzogen wurde der radikale Kurswechsel allerdings erst im Laufe des Sommers 1938, als nunmehr Ribbentrop, der neue Botschafter in Tokio, Ott, und Keitel bemüht waren, die militärische Erbschaft in China rigoros, undiplomatisch und restlos zu liquidieren.

Die Diskussionen um eine möglichst optimale faschistische Militärkoalition krankten vor allem daran, daß die Heeresgeneralität für Europa keine Alternative zu bieten hatte. Mochten ihre Zweifel an der Verläßlichkeit des italienischen Faschismus als militärischer Bündnispartner noch so begründet sein, für das geplante Kriegsabenteuer war er der einzige, der bereit zu sein schien, sich dem faschistischen Deutschland anzuschließen. Soweit die vorhandenen Unterlagen ein Urteil zulassen — vieles wäre hier noch forschungsmäßig aufzuarbeiten —, neigte die konservative Militärfraktion vorrangig stärker dazu, sich auf das eigene, 1937 kräftig gewachsene Kriegspotential zu verlassen. Beruhte die Weisung für die einheitliche Kriegsvorbereitung der Wehrmacht 1936/37 angesichts erheblich unfertiger Aufrüstung noch auf dem Prinzip des faschistischen Koalitionskrieges, so traten derartige Überlegungen in der Weisung vom 24. Juni 1937 für den Zeitraum 1937/38 eindeutig in den Hintergrund. Nunmehr sollte bei allen Überlegungen davon ausgegangen werden, „daß wir zunächst allein stehen."[115] Derartige Befunde waren offenbar Ausfluß der Auffassung, den vorerst geplanten, begrenzten Krieg in erster Linie mit eigenen Kräften bestreiten und an Stelle von Koalitionsabkommen Verbündete minderer Macht in ein Satellitenverhältnis bringen zu können.

Überblickt man die sich 1937 auftuenden Konfliktfelder zwischen der konservativen Militärfraktion einerseits, den zentralen Reichsinstanzen der zivilen Verwaltung, der Nazipartei, aber auch der Luftwaffe und der Marine, die sich dem militärischen Führungsanspruch des Heeres ebenfalls unterordnen sollten, andererseits, trugen sie alle Merkmale einer systemimmanenten Auseinandersetzung zwischen verschiedenen Machtgruppen

---

110 *Die Tagebücher von Joseph Goebbels*, Bd. III, S. 238.
111 Ebenda, S. 362.
112 *ADAP*, Serie D, Bd. I, S. 637.
113 *Die deutsche Beraterschaft*, S. 431.
114 BA/MA, Freiburg, RM 7/ v 2709, Bl. 30.
115 *IMG*, Bd. 34, S. 736.

des Regimes, die sich auf dem Boden realer Politik vollzog. Sie mit Begriffen des Widerstandes zu fassen würde ebensowenig zutreffen wie eine Terminologie, die zwischen „Gemäßigten" und „Radikalen" unterscheiden wollte. Das Konzept aller Gruppen der herrschenden Klasse im faschistischen Deutschland, die 1937/38 an der politischen Macht teilhatten, war auf den Eroberungskrieg ausgerichtet. Wie die innen- und außenpolitischen Auseinandersetzungen deutlich machten, stand 1937 nicht die Frage des Tempos oder des Schrittmaßes zur Erörterung, sondern im wesentlichen das Problem der Arbeitsteilung innerhalb der herrschenden Klasse, um die optimalen außen- und innenpolitischen Voraussetzungen zur Durchführung des Eroberungskrieges zu garantieren. Dabei wird man wohl davon ausgehen können, daß 1937 die konservative Militärfraktion, obwohl in ihrem Zusammenhalt, in den Methoden des Vorgehens schon vielfach gespalten und nicht mehr im Namen der gesamten Militärhierarchie aller drei Teilstreitkräfte sprechend, versuchte, den Ton anzugeben, das Tempo zu bestimmen und ihren weitreichenden politischen und militärischen Führungsanspruch in der Gesamtgesellschaft Deutschlands durchzusetzen.

Dabei kam es innerhalb dieser Fraktion zu sich verschärfenden Auseinandersetzungen um den Führungsanspruch, namentlich zwischen Reichskriegsministerium und Oberkommando des Heeres. Blomberg versuchte, die wehrmachtseigene Interessen- und Machtpolitik durch eine flexible Anpassung an bestimmte ideologische und politische Normen der faschistischen Diktatur zu erreichen, was ihm indessen, historisch nicht ganz zutreffend — vor allem in den Augen der konservativen Fraktion des Heeres — den Beinamen eines „Gummilöwen", eines Ausverkäufers genuiner Heeresinteressen einbrachte.[116] Das erklärt z. B. die Gnadenlosigkeit, mit der die Generalität in selten beobachteter Einmütigkeit Blomberg nach dem 4. Februar 1938 fallenließ, ihn moralisch verfolgte und ihn bis zu den Nürnberger Kriegsverbrecherprozessen wie einen Aussätzigen und Abtrünnigen

---

116 Wie läppisch viele dieser Vorwürfe waren, machte eine 1946 in England angefertigte Ausarbeitung Rundstedts deutlich, der erklärte: „Wir waren alle mit ganz wenigen Ausnahmen durch die zunehmende Nazifizierung, wie sie Blomberg betrieb, verärgert." Befragt, welche Erscheinungen er dabei im Auge habe, nannte Rundstedt Ärgernisse wie z. B. das Verbot der Anrede im Heer in der dritten Person, den Hakenkreuzadler auf der Uniform u. a. (Archiv des IfZ, München, Zeugenschrifttum, ZS 129). Zu Recht meinte Joachim v. Stülpnagel, daß derartige Maßnahmen, mit denen Blomberg Angriffe rabiater Nazis gegen die reaktionäre Wehrmacht abzufangen suchte, „allerlei Firlefanz" gewesen wären (BA/MA, Freiburg, Nachlaß Stülpnagel, N 5/27, Bl. 350). Warlimont beurteilte dagegen nach seiner Entlassung aus der Kriegsverbrecherhaft in einem Gespräch mit Helmuth Krausnick die üblich gewordene Unterschätzung Blombergs als ungerechtfertigt. „Auf dem militärischen Gebiet sei er selbständig gewesen und habe die Unabhängigkeit der Wehrmacht gewahrt." (Archiv des IfZ, München, Zeugenschrifttum, ZS 312/III). Vgl. auch *Norbert A. Huebsch jr.*, Field Marshall von Blomberg and the Politicitation of the Wehrmacht, phil. Diss., University of Cincinnati 1981. Allerdings gab es auch gewichtige Bedenken aus Militärkreisen gegen die Politik Blombergs. Neben der Durchlöcherung des heereseigenen Rüstungskonzepts beklagte sich Thomas am 29. November 1937 gegenüber Hoßbach über den ihm unverständlichen Entschluß Blombergs, „in der Frage der jetzt akut werdenden Besetzung der Stelle des Staatssekretärs beim Generalbevollmächtigten für die Kriegswirtschaft (G. B.) von sich aus nichts zu veranlassen" und damit die Chance zu versäumen, eine Wehrmachtspersönlichkeit in dieses Amt zu bringen, die die „rechte Hand" des Generalbevollmächtigten sein könnte. (BA/MA, Freiburg, RH 2/240, Bl. 113 und Bl. 117). Beck selbst verübelte Blomberg im Winter 1938 offenbar nicht nur dessen Prioritätsansprüche bei der Gesamtvertretung der Wehrmacht, sondern auch dessen zögernde Haltung bei der Durchsetzung der inneren Kriegsgesetzgebung unter Leitung des Heeres.

behandelte.[117] Doch der Fehlschlag des Versuchs der konservativen Militärfraktion, ihr gesellschaftliches und staatliches Kriegsmodell in die Praxis faschistischen Alltags umzusetzen, war nicht der Politik eines Blomberg oder Reichenau geschuldet, sondern auch ihrer eigenen Unfähigkeit, über die Zäune ihres sozialen Interessenhorizontes zu blicken: Er war ihrer einfallslosen Absicht geschuldet, mit weitgehend hierarchischen, militärisch-bürokratischen Techniken die soziale, wirtschaftliche, geistige sowie innen- und außenpolitische Realität der Mitte des 20. Jahrhunderts in Deutschland zu fassen, zu meistern und zu beherrschen. Ihr gesellschaftliches Kriegskonzept war unflexibel, sozialreaktionär, vielfach statisch und dogmatisch und kontrastierte deutlich zu dem hohen Niveau ihrer militärischen Professionalität, das jedoch nur bedingte politische Entsprechung fand.

Wer aus den Ereignissen vom 4. Februar 1938 nur herausliest, sie wären eine entscheidende Zäsur im Verhältnis von Politikern und Militärs im faschistischen Deutschland in der Hinsicht gewesen, daß nunmehr die Militärelite aufgehört hätte, „eine eigenständige und politisch bedeutsame Rolle zu spielen"[118], übersieht sowohl die nach wie vor fortwirkenden konservativen Einflüsse im Heer als vor allem auch die neue Qualität im Beziehungsgeflecht zwischen politischer und militärischer Führung im faschistischen Deutschland.

Im Januar/Februar 1938 wurde der Durchsetzung der weitreichenden innen- und außenpolitischen Führungs- und Ordnungsvorstellungen der konservativen Führungsgruppe, namentlich im Heer, Einhalt geboten und eine Phase eingeleitet, in der die faschistische Staatsmaschinerie — einschließlich der mit diesem Apparat verschmelzenden, typisch faschistischen Organisationen und Verbände — immer stärker die Gesamtvorbereitung des Krieges in wirtschaftlicher, moralischer, innen- und außenpolitischer Hinsicht fest in eigene Regie nahm. Die konservative Militärfraktion war davon nicht ausgeschaltet, sondern in hohem Maße beteiligt, sie dankte in keiner Weise ab und büßte nichts von ihrer gesellschaftlichen Verantwortung ein. Sie war in der Regel jedoch nicht mehr — wie zwischen 1934 und 1937 — federführend und kommandogebend tätig.[119] Ihre Kom-

---

117 Interessante Aufschlüsse darüber vermittelt u. a. das Tagebuch von Generalfeldmarschall Erhard Milch. Am 21. Oktober 1945 notierte dieser: „Blomberg sehr froh, daß alle Lw (Luftwaffen — O. G.)-Männer zu ihm halten, während viele vom Heer, darunter der alte Rundstedt, ihn schneiden. Und der hat es gerade nötig. Horizont wie ein Klosettdeckel und eine Einbildung mit Adelsstolz, die einer besseren Sache und Familie würdig wäre." Auf die Blomberg von alliierten Offizieren gestellte Frage, weshalb Rundstedt einen so großen Ruf in der Wehrmacht besitze, antwortete Blomberg: „Sie irren, den hat er bei Ihnen." (Tagebuch Milch, Eintragung vom 10. Januar 1946, in: *Imperial War Museum*, London, Nr. 4024/1 DJ 55).

118 *Müller*, Armee und Drittes Reich, S. 36.

119 Wie weit diese Geschlossenheit verlorengegangen war, beweist auch die Tatsache, daß sich Wehrmachts- und Heeresleitung 1938 auch nicht darum sehr bemühten, aus sich selbst heraus eine eigene, einheitliche Auffassung zu den politischen Grundfragen in den Streitkräften herzustellen, wie es bis 1937 für sie charakteristisch war. Das Vorgehen der Reichswehrgeneralität im Jahr 1936 z. B. war durch eine Generalbesprechung am 11. Januar 1936 in Potsdam abgestimmt worden, an der Blomberg, Fritsch, Beck, Keitel, Rundstedt, Leeb, Bock und die Kommandierenden Generale der zehn Armeekorps teilnahmen. Die Beschlüsse dieser Konferenz umfaßten vier Punkte: 1. Das Verhältnis zur NSDAP, das als „befriedigend" bewertet wurde, und daß „die Armee der Partei, die erst ihre Neuschaffung ermöglichte, zu Dank verpflichtet sei"; 2. das Aufrüstungstempo, zu dem die Generalität die Auffassung vertrat, „daß das Tempo kein zu schnelles sein dürfe, weil dies auf Kosten der Güte der Armee gehen würde"; 3. die Verwirklichung nächster politischer Ziele, wobei die Generalität zu der übereinstimmenden Auffassung kam, daß auf diplomatischem Wege die Aufhebung der entmilitarisierten Rheinlandzone in

petenz blieb dessenungeachtet unangetastet, ihr Mitspracherecht in allen wesentlichen politischen Entscheidungen unbestritten.

Entscheidend für das neue Verhältnis zwischen Politik und Militär war nunmehr, daß ihre Funktionsträger im Gefolge des Überfalls auf Österreich und die Tschechoslowakei immer rascher zu einem Machtblock verschmolzen. Dieser Prozeß war keineswegs nur davon bestimmt, daß etwa die Wehrmacht noch intensiver faschistische Ideologie übernahm oder sich faschistische Praktiken zu eigen machte. Er war in gleicher Weise davon geprägt, daß spezifisch militärische Denk- und Verhaltensnormen integrierender Bestandteil faschistischer Kriegsvorbereitung und -führung wurden.

Daraus erklärt sich auch der Umstand, weshalb es für die Mehrheit hoher militärischer Amtsinhaber nach dem 4. Februar 1938 weder zu einer Identitäts- noch zu einer Loyalitätskrise kam. Mit dem Übergang zur Politik der offenen und erfolgreichen Aggression verwirklichte die Politik ein Hauptziel der konservativen Militärfraktion, dem sie alle anderen Wünsche, Ziele und Überlegungen unterordnete und stets untergeordnet hatte. Mit der seit Ende 1938 zielstrebig vorangetriebenen umfassenden Mobilisierung des deutschen Volkes für den Krieg verwirklichte faschistische Politik in ungleich effizienterer Weise die Vorstellungen konservativer Militärs von der kriegsgedrillten und für Kriegszwecke total erfaßten Nation.

Wer die Lebensläufe vieler hoher Kommandeure des Heeres im Kriege verfolgt, die vor dem Februar 1938 ganz unzweifelhaft der konservativen Militärfraktion zugerechnet werden müssen oder mit ihren Zielen wesentlich übereinstimmten — erinnert sei beispielhaft hier nur an die späteren Generalfeldmarschälle Manstein, Leeb, Bock und Rundstedt —, kommt zu dem Ergebnis, daß sie sich im Laufe des Krieges, im Sog des Erfolges, im Banne verwirklichter Zielvorstellungen, in derartigem Maße mit Inhalt und Formen faschistischer Politik identifizierten, was letztlich Differenzierungsversuche zu einer nutzlosen Sisyphusarbeit degradiert.[120]

kürzester Zeit herbeigeführt werden solle und schließlich 4. die Vorbereitung künftiger Aggressionen, wobei die Generalität sich zum gegebenen Zeitpunkt gegen gewaltsame Lösungen schwebender kleiner politischer Probleme aussprach, aber für eine zielstrebige Veränderung des Kräfteverhältnisses, um unter günstigen Konditionen zum Raumgewinn überzugehen. Die Information über diese Konferenz, für die es in den einschlägigen deutschen Akten bislang keinen mir bekannten Hinweis gibt, deren Inhalt jedoch vollauf dem Verhalten der höheren Generalität zu diesem Zeitpunkt entsprach, beruht auf Berichten des österreichischen Botschafters in Berlin, Stephan Tauschitz, des österreichischen Militärattachés in Berlin, Pohl, des französischen Botschafters François-Poncet und des schwedischen Militärattachés in Berlin (Archiv der Republik/NPA, Wien, Karton 166, Bl. 181 ff., Bl. 187 f. und Bl. 207 sowie Archiv der Republik/KA, Wien, 1936, Sekt. III, Na 100 330).

120 Wie verheerend auch das Denken hoher Militärs im Zuge dieser Verschmelzung und Assimilierung pervertierte, davon zeugt u. a. der Fall Manstein, der als typischer Vertreter der konservativen Militärfraktion immerhin noch am 21. April 1934 die Courage aufbrachte, die Anwendung des „Arier-Paragraphen" auf die Reichswehr in einer Denkschrift an Generalstabschef Beck aus Gründen der Staatsraison und der Ehre des unantastbar exklusiven Offizierskorps in Frage zu stellen. Nach dem Überfall auf die Sowjetunion erwies er sich, als Oberbefehlshaber der auf der Krim eingesetzten 11. Armee, durch einen Tagesbefehl vom 20. November 1941 als militanter antikommunistischer Rassist und Antisemit, der seine Soldaten aufforderte, Verständnis zu haben „für die Notwendigkeit der harten Sühne am Judentum". Dieselbe Haltung bezeugten auch ein Rundstedt, der sich am 12. Oktober 1941 mit dem ersten derartigen Mordbefehl aus der Feder Reichenaus vom 10. Oktober 1941 ausdrücklich voll einverstanden erklärte, und der 1938 im Zuge des Revirements entlassene Hoth, der als Oberbefehlshaber

Dies war der Weg, den die Mehrheit der Generalität und des hohen Offizierkorps ging, deren ursprüngliche innenpolitische „Ordnungsvorstellungen", die de facto auf eine Art faschistisch versetzter Militärdiktatur hinausgelaufen wären, in der Praxis faschistischer Diktatur — in anderen Formen und mit anderen Methoden — in nahezu idealtaktischer Weise aufgegangen waren.[121]

Indes soll dabei nicht übersehen werden, daß die ursprünglich von der konservativen Militärfraktion entwickelten innenpolitischen Vorstellungen sich in ihrem Gehalt von der durch keinerlei Rücksichten angekränkelten, brutalen, gegenüber jeder anderen Ideologie bis zur Liquidierung intoleranten, auf Völkermord und Rassenvernichtung angelegten faschistischen Mordpolitik trotz allem unterschieden. Selbst das nach dem ersten Weltkrieg zunehmend von einem Vernichtungswillen dominierte Kriegsbild der konservativen Militärfraktion war vor 1938 noch weitaus stärker den Gewaltpraktiken verpflichtet, wie sie nach 1918 bei der brutalen Niederwerfung der deutschen Revolution zur Anwendung gekommen waren, als der neuen Eskalationsstufe faschistischen Terrorismus als eines gesamtgesellschaftlichen Phänomens.

Insofern bildete der 4. Februar 1938, der eine systemimmanente Auseinandersetzung innerhalb verschiedener Machtgruppen der herrschenden Klasse war, die auf faschistische Weise gelöst wurde, zugleich auch eine Art Wendepunkt. Er markierte einen weiteren Einschnitt in der Geschichte der herrschenden Klasse Deutschlands, differenzierte diese Klasse weiter aus und legte den Keim für eine bürgerliche Opposition, die sich über die Stufen verschärfender Auseinandersetzungen innerhalb der Klasse bis an die Grenzen ihrer Klasse begab und nach einem arg langen, verquälten und widerspruchsvollen Weg der Erkenntnis und politischen Einsicht schließlich trotz allen Ballastes ihrer eigenen Geschichte vorübergehend zu einem Teil deutschen Widerstandes gegen Faschismus und Krieg werden sollte.

der 17. Armee am 17. November 1941 den Massenmord an der jüdischen Bevölkerung in der UdSSR ausdrücklich mit den Worten rechtfertigte: „Ihre Ausrottung ist ein Gebot der Selbsterhaltung". (Siehe *Gerd R. Ueberschär/Wolfram Wette*, „Unternehmen Barbarossa". Der deutsche Überfall auf die Sowjetunion, Paderborn 1984, S. 340ff.).

121 Wie wenig die Differenzierung von „gemäßigten" Militärs und „radikalen" Nazis greift, enthüllt etwa das seit 1934 vorbereitete Instrumentarium der Kriegsjustiz. Eine der wichtigsten Lehren auch der konservativen Militärfraktion aus dem ersten Weltkrieg bestand darin, daß der Militärjustiz vorgeworfen wurde, sie habe mit 48 vollstreckten Todesurteilen zwischen 1914 und 1918 versagt und damit den „Dolchstoß" nicht verhindert. Mit wahrscheinlich 50000 im zweiten Weltkrieg gefällten Todesurteilen erwies sich die Militärjustiz als das barbarischste Instrument des gerichtlichen Terrors, der mit seiner Mordbilanz damit quantitativ noch weit über den Urteilen der berüchtigten faschistischen Sondergerichte und des Volksgerichtshofes lag! (Siehe zu diesem Komplex *Manfred Messerschmidt/Fritz Wüllner*, Die Wehrmachtsjustiz im Dienste des Nationalsozialismus. Zerstörung einer Legende, Baden-Baden 1987, S. 24).

GERHART HASS

Krieg in Ost oder West?
Zur Entscheidung über die Reihenfolge der faschistischen Aggressionen

Die Anfänge dieser Problematik reichen bis in die Tage zurück, als die faschistische Diktatur begann. Einige Wurzeln der Thematik sind sogar bis zum ersten Weltkrieg zurückverfolgbar. Aus dem Bereich der programmatischen und theoretischen Erörterung geriet die Grundfrage nach der Stellung des faschistischen Deutschen Reiches zur übrigen Welt in das Stadium der praktischen Kriegsvorbereitung.

In der zweiten Hälfte der dreißiger Jahre lagen schon markante Ergebnisse der Innen- und Außenpolitik vor.[1] Der Vierjahresplan war in Kraft gesetzt und die Rüstungsproduktion stieg merklich an.[2] Die allgemeine Wehrpflicht war wieder eingeführt, die Wehrmacht als Instrument für eine offensive Kriegführung auf dem Schlachtfeld war im schnellen Aufbau begriffen. Der Umbau des Leitungsmechanismus und das Anpassen der Organisationsstrukturen in Industrie, Staat und Militärwesen hatten einen gewissen Abschluß erreicht. Damit war ein bestimmter Grad des Verschmelzens von Monopolen, Staats-, Nazipartei- und Wehrmachtführung erreicht. Entscheidende Funktionen waren nunmehr mit Anhängern des Aggressionskurses besetzt; die personellen Veränderungen innerhalb der obersten Führungsspitze fanden am 4. Februar 1938 ein vorläufiges Ende. Innenpolitisch war es den Faschisten trotz des aufopferungsvollen Widerstandes von Antifaschisten, vor allem der Kommunisten, und Hitlergegnern aus den verschiedenen Klassen und Schichten des deutschen Volkes durch brutalen Terror gelungen, eine ernsthafte Bedrohung ihrer Kriegsvorbereitungen zu unterbinden.[3]

Der Zweck, zu dem die faschistische Diktatur eingesetzt worden war, schien erreicht: Die aggressivsten und reaktionärsten imperialistischen und militaristischen Klassenkräfte hatten sich durchgesetzt. In Aufrüstung und Krieg sahen sie das Mittel, um einerseits alle sozialen Probleme im Lande zu lösen und den Kampf gegen den ersten sozialistischen Staat der Welt sowie gegen die internationale kommunistische und Arbeiterbewegung zugunsten des Weltimperialismus zu entscheiden. Andererseits sollten die gleichen Mittel dem Zweck dienen, die imperialistischen Gegensätze zu den Siegermächten des ersten Weltkrieges — Frankreich, Großbritannien, die USA und die mit ihnen durch verschiedene Verträge verbundenen Staaten — zu lösen. Dabei ging es um die Beherrschung der Märkte, der Rohstoffquellen und des Arbeitskräftepotentials.

---

1 Ausführlich dargestellt in DzW, Bd. 1: Vorbereitung, Entfesselung und Verlauf des Krieges bis zum 22. Juni 1941, Leitung Gerhart Hass, Berlin 1975, S. 90ff.

2 Siehe *Dietrich Eichholtz*, Geschichte der deutschen Kriegswirtschaft 1939—1945, Bd. 1: 1939—1941, Berlin 1984, S. 13ff.

3 Siehe *Heinz Kühnrich*, Die KPD im Kampf gegen die faschistische Diktatur 1933 bis 1945, Berlin 1983, S. 83ff.; *Klaus Mammach*, Die antifaschistische Widerstandsbewegung 1933—1939, Berlin 1974, S. 131ff.

In diesem Zusammenhang sei an Hitlers rückschauende Äußerung vor einem größeren Kreis militärischer Oberbefehlshaber am 23. November 1939 erinnert: „Der Entschluß zum Schlagen war immer in mir."[4] Objektiv war es allerdings so, daß Hitler von den herrschenden Kreisen gerade deswegen an die Spitze der deutschen Regierung gestellt worden war, weil er, gestützt auf die von ihm geführte faschistische Massenbewegung, die beste Garantie bot, diesen Willen zum „Schlagen" durchzusetzen. Der „Entschluß zum Schlagen", zur Expansion, zur Aggression und zum Krieg war eben nicht nur dem „Dämon" Hitler, sondern er war den reaktionären Kreisen des deutschen Imperialismus und Militarismus eigen. Sebastian Haffner hat einmal zu der Frage, „ob eine deutsche Herrschaft oder Vorherrschaft in und über Europa" gewünscht wurde bzw. realisierbar gewesen wäre, folgendes bemerkt: Es sei festzuhalten, daß „zwei Generationen von Deutschen also, die Generation des Ersten und die des Zweiten Weltkrieges, in ihrer großen Mehrheit dieses Ziel vernünftig und erreichbar fanden, sich dafür begeisterten und nicht selten dafür starben."[5] Diese Feststellung ist so pauschal, ohne Differenzierung zwischen den Machtausübenden und den auf die verschiedenste Art Verführten, natürlich viel zu einseitig; aber Haffner gibt doch zu bedenken, daß es eben nicht nur die „Ziele Hitlers" waren, um derentwillen es bei der Vorbereitung des zweiten Weltkrieges ging.

Für die Absicht, einen Krieg anzuzetteln, waren also zielgerichtet politische, wirtschaftliche, militärische und personelle Grundlagen geschaffen worden. Um die Wende der Jahre 1937/38 bestanden Voraussetzungen, um zu entsprechenden Entschlüssen zu gelangen. Dieser Prozeß der Entscheidungsfindung wird häufig in der bürgerlichen Literatur auf das Ermessen des als Alleinherrscher dargestellten „Diktators" Hitler reduziert. In Wirklichkeit handelte es sich auch unter den Bedingungen der faschistischen Diktatur um ein kompliziertes Verfahren, an dem viele Instanzen und Personen mitwirkten. Die Machtfülle und Verantwortlichkeit Hitlers und einiger anderer höchster Nazipotentaten ist durchaus kein Widerspruch zu der Tatsache, daß kaum eine Entscheidung ohne Vorbereitung durch die Wirtschaft (Konzerne und Banken) und die Einbeziehung zuständiger Instanzen von Staat, Militär und Nazipartei getroffen wurde.[6] Unter den gegebenen Bedingungen waren Ende 1937 folgende Fragenkomplexe zur Entscheidung herangereift:
1. Wann sollte der Krieg zur Revision des Versailler Vertrages, zur Durchsetzung der imperialistischen Ziele in Mitteleuropa und schließlich zur Errichtung der deutschen Vorherrschaft in ganz Europa beginnen?
2. Gegen welche Feinde und mit welchen Bundesgenossen war dieser Krieg zu führen?
Bis zum tatsächlichen Losschlagen am 1. September 1939 verblieb ein Zeitraum von etwa zwei Jahren, in dem die entscheidenden Entschlüsse herbeigeführt und gefaßt wurden.

---

4 *Der Nürnberger Prozeß.* Aus den Protokollen, Dokumenten und Materialien des Prozesses gegen die Hauptkriegsverbrecher vor dem Internationalen Militärgerichtshof. Ausgewählt und eingeleitet von Peter Alfons Steiniger, Bd. 2, Berlin 1962, Dok. 789-PS, S. 97.

5 *Sebastian Haffner*, Anmerkungen zu Hitler, Hamburg 1981, S. 102.

6 Siehe *Gerhart Hass*, Kriegsziele und militärische Entschlußfassung im faschistischen Deutschland, in: *Revue Internationale d'Histoire Militaire, Nr. 43*, Potsdam 1979, S. 89ff.; *ders.*, Faschismus, Militarismus und Krieg, in: *Soziale Grundlagen und Herrschaftsmechanismen des deutschen Faschismus. Der antifaschistische Kampf. Teil 1.* Hrsg. von Werner Kowalski. Kongreß- und Tagungsberichte der Martin-Luther-Universität Halle-Wittenberg, Halle 1980, S. 28ff, *ders.*, Militärische Entscheidungsfindung und politische Führung im faschistischen Deutschland, in: *Militärgeschichte, 5/1976*, S. 584ff.

Dabei lassen sich mehrere Etappen feststellen, deren Zäsuren durch Vorkriegsaggressions-akte deutlich bestimmt waren:

— Die Aggressionsvorbereitungen bis zum „Anschluß" Österreichs (Herbst 1937 bis März 1838);

— Das politische und militärische Herbeiführen und Durchsetzen der Zerschlagung und Besetzung der Tschechoslowakei (März 1938 bis März 1939). Innerhalb dieser Etappe stellt das Komplott von München einen Markstein dar, von dem ab die Weichen-stellung, den Krieg so anzufangen, wie es am 1. September 1939 geschah, immer wahrscheinlicher wurde.

— Der Entschluß zum Kriegsbeginn gegen Polen mit dem einkalkulierten Risiko eines Kriegseintritts der Westmächte Frankreich und Großbritannien (März bis August 1939).

Bei der Darstellung der deutschen Politik in den letzten beiden Vorkriegsjahren muß allerdings davon ausgegangen werden, daß die deutschen Imperialisten nicht allein das Weltgeschehen bestimmten. Das internationale Kräfteverhältnis wurde wesentlich durch die faschistische Kriegstreiberei, aber auch durch zwei weitere Hauptfaktoren geprägt: nämlich die Politik der herrschenden Kreise in Paris und London, die weitestgehend von Washington gedeckt wurde und als Appeasement-Politik in die Geschichte einge-gangen ist; und die sowjetische Politik, die darauf abzielte, ein System der kollektiven Sicherheit gegen die faschistischen Aggressoren zu schaffen. Sie fand im Rahmen der damals gegebenen Möglichkeiten Unterstützung durch die kommunistische Weltbewegung sowie andere antifaschistische und Friedenskräfte.

Aus dem Aufeinanderwirken dieser Hauptfaktoren folgt die Notwendigkeit, diesen Prozeß zu untersuchen, um die Frage nach den Entscheidungen über das „Wann" und „Wie" des Krieges zu beantworten.

1. Definierte Gegner Hitlerdeutschlands

Wenn in den Dokumenten der Jahre 1936/37, die militärische Aggressionsakte vorsahen, konkret mehrere Staaten als Gegner genannt wurden und Termine für ein Vorgehen gegen sie auftauchten, so kamen diese Vorstellungen nicht aus heiterem Himmel. Erinnert sei nur daran, daß Hitler selbst schon am vierten Amtstag seiner Reichskanzlerschaft, am 3. Februar 1933, den Befehlshabern der Reichswehr den Krieg versprach, indem er aus-führte, es gehe um den Aufbau der Wehrmacht als der wichtigsten Voraussetzung für die innere und äußere Machtstellung. Das Ziel sei „die Erkämpfung neuer Exportmöglichkeiten, vielleicht — und wohl besser — Eroberung neuen Lebensraumes im Osten und dessen rück-sichtslose Germanisierung."[7] Damit waren die zwei Hauptrichtungen der Aggressionspoli-tik bestimmt:

Einerseits gegen die kapitalistischen Rivalen in Westeuropa. Dabei müssen auch die Kolonialforderungen in Afrika, die Konkurrenzkämpfe gegen die US-amerikanischen Mo-nopole, die deutschen Bemühungen um den lateinamerikanischen Wirtschaftsraum und letztlich auch das Interesse an den fernöstlichen Märkten mit in Betracht gezogen werden.

Andererseits gegen die Sowjetunion. Der sozialistische Staat war für die militantesten und aggressivsten Antikommunisten, die deutschen Faschisten, als welthistorische Alterna-

---

7 *Dokumente zur deutschen Geschichte 1933—1935*. Hrsg. von Wolfgang Ruge und Wolfgang Schumann. Bearbeitet von Kurt Pätzold unter Mitarbeit von Kristina Shabaviz, Berlin 1977, Dok. 4, S. 24.

tive zum Kapitalismus von Natur aus der Hauptgegner. Ihn wollten sie restlos vernichten, um damit die Ergebnisse der Oktoberrevolution rückgängig zu machen und die internationale kommunistische Bewegung auszutilgen. Zugleich versperrte die UdSSR dem deutschen Imperialismus den Weg zur Ostexpansion großen Stils.

Hitlers Aussagen über den „Lebensraum im Osten" werden, ebenso wie die anderer führender Nazis, von bürgerlichen Historikern und Publizisten, oft nur auf die unmittelbaren Nachbarstaaten bezogen — auf die Tschechoslowakei, Polen und den südöstlichen Balkanraum. Wie unzutreffend dies ist, läßt sich aus vielen frühen Nazischriften und -reden belegen. Angeführt sei nur eine Äußerung über die Sowjetunion vom Juni 1931: „Wenn der osteuropäische Raum, den einige Publizisten Zwischeneuropa nennen," erklärte Hitler, „unter deutscher militärischer Schirmherrschaft steht, wäre die Niederschlagung dieses Kolosses auf Holzbeinen eine Kleinigkeit."[8] Lassen wir die schon damals verfehlte Prognose über die Aussichten eines Krieges gegen die UdSSR einmal außer Betracht. Festzuhalten bleibt, daß die faschistische Zielsetzung gegenüber der Tschechoslowakei und Polen von Anfang darauf abzielte, diese — in welcher Form auch immer — zu Aufmarschgebieten und möglicherweise Teilhabern eines antisowjetischen Kreuzzuges zu machen. Das geht eindeutig aus weiteren Ausführungen im gleichen Gespräch hervor: „Italien, England, Frankreich, Belgien, Holland und die skandinavischen Länder haben alle Interesse, den Bolschewismus so weit wie möglich von ihren Grenzen zu halten." Daher müßte die Führung in Berlin dafür sorgen, „daß die Oststaaten, die zwischen Deutschland und Rußland liegen, unter unseren, nicht aber unter sowjetischen Einfluß geraten." Solche Äußerungen wiederholen sich in verschiedenen Varianten. So heißt es in einer Aufzeichnung über die Vorverhandlungen zum Antikominternpakt vom Sommer 1936, Hitler habe dem japanischen Militärattaché in Berlin, Hiroshi Oshima, erklärt, „Rußland müsse in seine ursprünglichen historischen Teile zerlegt werden, damit die Welt endlich zur Ruhe komme."[9]

Im Zusammenhang gesehen, machen alle Auslassungen der Naziführung über den zu eroberenden „Lebensraum" im Osten deutlich, daß sie immer zwei Etappen im Sinn hatte. Die erste, die Vorstufe, zielte darauf ab, die Tschechoslowakei, Polen und den Balkanraum politisch, militärisch und wirtschaftlich zu beherrschen. In der zweiten Etappe sollte der eigentliche „Lebensraum" im Osten erobert werden, sollte die Auseinandersetzung mit dem Sozialismus erfolgen. Diese politische Grundlinie hielt die faschistische Führung bis in den zweiten Weltkrieg hinein durch. In seinem Gespräch mit dem Schweizer Historiker und damaligen Hohen Kommissar des Völkerbundes für Danzig, Carl Jacob Burckhardt, vom 11. August 1939 machte Hitler dies nochmals klar. Er sagte: „Alles, was ich unternehme, ist gegen Rußland gerichtet; wenn der Westen zu dumm und zu blind ist, um dies zu begreifen, werde ich gezwungen sein, mich mit den Russen zu verständigen, den Westen zu schlagen, und dann nach seiner Niederlage mich mit meinen versammelten Kräften gegen die Sowjetunion wenden."[10]

Der große Krieg gegen die Sowjetunion hatte in der Zielsetzung aber immer mehrere untrennbare Komponenten: Er war Ausdruck der großen Auseinandersetzung zwischen

---

8 Zit. nach *Igor Maximytschew*, Der Anfang vom Ende. Deutsch-sowjetische Beziehungen 1933—1939, Moskau 1985, S. 111; siehe auch *Ohne Maske*. Hitler-Breiting Geheimgespräche 1931. Hrsg. von Edouard Calic, Frankfurt a. M. 1968, S. 77f.

9 *Theodor Sommer*, Deutschland und Japan zwischen den Mächten 1935—1940, Tübingen 1962, S. 31.

10 *Carl J. Burckhardt*, Meine Danziger Mission 1937—1939, München 1960, S. 348.

den beiden Gesellschaftssystemen; ein Kampf zwischen der imperialistisch-faschistischen Ideologie — verbrämt und brutalisiert durch die antislawischen und antisemitischen Bestandteile der faschistischen Rassenirrlehren — und dem Kommunismus. Das angestrebte Endziel sollte die Vernichtung der sozialistischen Gesellschaftsordnung, der kommunistischen Parteien und der kommunistischen Lehre sein. Gleichzeitig ging es um einen imperialistischen Eroberungsfeldzug zur Gewinnung von Land, Bodenschätzen und Arbeitssklaven, was alles zur Täuschung insbesondere des deutschen Volkes unter dem Schlagwort „Gewinnung von Lebensraum" subsumiert wurde. „Der Weg nach Osten, zur ‚Bodenpolitik der Zukunft'", schreibt der BRD-Historiker Bernd-Jürgen Wendt, überhaupt die „östliche Expansionsrichtung" sei den überkommenen herrschenden Kreisen, den „wilhelminischen Eliten" immer noch vertraut gewesen. Weiter heißt es bei Wendt: „In diese Richtung hatte schon die Kriegszielpolitik des kaiserlichen Deutschlands, zuletzt nach dem Zusammenbruch des Zarenreiches 1917, fast uferlose Ambitionen entwickelt, in denen sich die Hoffnung deutscher Kolonisten auf Siedlungsland mit dem Annexionismus schwerindustrieller Kreise, etwa in den Erzgebieten des Donez-Beckens verbanden."[11]

Überlegungen, ob zuerst die Auseinandersetzung gegen die westlichen Mächte um die Vorherrschaft auf dem kapitalistischen Weltmarkt zu führen oder erst der antisowjetische Ostlandritt zu unternehmen sei, hingen wesentlich davon ab, wie sich die Führungen in Paris und London, aber auch in Washington, verhielten. Das legte Hitler schon in dem erwähnten Gespräch im Juni 1931 dar. Damals sagte er, die Westmächte müßten Position beziehen, „denn an dem Tag, wo Rußland zu einem großen Industrieland geworden ist, wird es mit seinem Menschenreservoir und seiner geographischen Lage eine drohende Gefahr nicht nur für das Reich, sondern auch für England und Frankreich." Damit war eine wesentliche Linie der deutschen Außenpolitik zwischen 1933 und 1939 vorgezeichnet, nämlich das Bestreben, eine Front aller imperialistischer Mächte gegen die Sowjetunion zu schaffen. Die zitierten Äußerungen gegenüber Burckhardt acht Jahre später stellen insofern auch eine Bilanz des Scheiterns dieser Zielsetzung dar.

Einer antisowjetischen Einheitsfront aller kapitalistischen Mächte stand in den Jahren vor dem zweiten Weltkrieg als entscheidender Faktor entgegen, daß der deutsche Imperialismus in diesem Kreuzzug die Führung und den Löwenanteil an der Beute beanspruchte. Die westlichen Siegermächte des ersten Weltkrieges wollten sich zwar im Kriege gegen die Sowjetunion von der faschistischen Wehrmacht die Kastanien aus dem Feuer holen lassen, aber letztlich selbst den Hauptnutzen ziehen. Dies war eine Prämisse der britisch-französischen Appeasement-Politik. Die deutschen Imperialisten beanspruchten die Ergebnisse ihrer zukünftigen Eroberungen aber für sich allein; sie wollten sich auf jeden Fall alle Möglichkeiten sichern, über deren Verteilung zu bestimmen. Ihre Hegemonie über die Staaten Europas, insbesondere Ost- und Südosteuropas, sollte nicht durch das britische Weltreich und die USA beeinflußt werden oder gar ins Wanken geraten. Für sie ging es um die Vorherrschaft in Europa und in der Welt. „Deutschland wird entweder Weltmacht oder überhaupt nicht sein", hatte Hitler in „Mein Kampf" geschrieben.[12] Im November 1937 kam er auf diese Frage zurück: „Wir hatten Europa schon einmal", erklärte er bei der

11 *Bernd-Jürgen Wendt*, Großdeutschland. Außenpolitik und Kriegsvorbereitung des Hitler-Regimes, München 1987, S. 66.

12 *Adolf Hitler*, Mein Kampf, 64. Aufl., München 1933, S. 742.

Einweihung der „Ordensburg Sonthofen" und schlußfolgerte daraus, es sei an der Zeit, „mit Lebensansprüchen vor die Welt zu treten".[13]

Diesen Ansprüchen stand nicht nur die Sowjetunion, sondern auch die Gruppe untereinander uneiniger kapitalistischer Staaten im Wege. Daher kalkulierte die faschistische Strategie von Anfang an die Möglichkeiten von kriegerischen Auseinandersetzungen sowohl gegen die Westmächte als auch gegen die UdSSR ein. Das machte Hitler in einer Rede vor Generalen der Reichswehr sowie SA- und SS-Führern im Reichswehrministerium in Berlin am 28. Februar 1934 deutlich. Nach der Aufzeichnung des späteren Generalfeldmarschalls Maximilian Freiherr v. Weichs erklärte Hitler, die Armee „müsse nach fünf Jahren für jede Verteidigung, nach acht Jahren für jeden Angriffskrieg geeignet sein." Bei diesem Krieg würde es darum gehen, so führte er weiter aus, „daß man für den Bevölkerungsüberschuß neuen Lebensraum schaffe. Diesen würden aber die Westmächte uns nicht gönnen. Daher könnten kurze, entscheidende Schläge erst nach Westen, dann nach Osten notwendig werden."[14] Diese richtungweisenden Bemerkungen von 1934 über die zukünftigen Gegner fanden ihre erneute Bestätigung in der Besprechung in der Reichskanzlei am 5. November 1937. „Die deutsche Zukunft sei daher ausschließlich durch die Raumnot bedingt", sagte Hitler und fügte hinzu, die „beiden Haßgegner England und Frankreich" würden dem im Wege stehen, weil ihnen „ein deutscher Koloß inmitten Europas ein Dorn im Auge sei".[15]

So waren Ende 1937/Anfang 1938 die Gegner in Ost und West definiert. Die Ausarbeitung von Fallplanungen konnte beginnen. Um einschätzen zu können, wie real die seit Mitte 1937 in Angriff genommenen Weisungen „Otto" (Österreich), „Grün" (Tschechoslowakei), „Rot" (Frankreich) und „Weiß" (Polen) sowie einige Zusatzvarianten waren, und ob sich aus ihnen bereits eine Entscheidung über die Reihenfolge der beabsichtigten Aggressionsakte ablesen läßt, ist eine Bestandsaufnahme der Voraussetzungen für solche Kriegsfälle erforderlich.

2. Voraussetzungen und Möglichkeiten der faschistischen Aggressionen

In den Jahren bis Ende 1937 waren einige wesentliche Grundlagen für den Weg in den Krieg geschaffen worden. Die Revision der Bestimmungen des Versailler Vertrages war im Rahmen der Grenzen des Deutschen Reiches vollzogen. Das Saargebiet und die entmilitarisierte Rheinlandzone konnten voll eingegliedert werden. Die Wehrmacht erreichte im Sommer 1936 eine Stärke von 793 400 Mann.[16] Der Weltöffentlichkeit erklärte man allerdings, die Heeresstärke sei auf 550 000 Mann begrenzt. Am 12. Oktober 1936 hatte der Heeresoberbefehlshaber Generaloberst Werner v. Fritsch dem Reichskriegsminister Werner v. Blomberg einen Aufbauplan vorgelegt, der die Aufgabe, in möglichst kurzer Zeit „ein schlagkräftiges Heer" zu schaffen, bis zum 1. Oktober 1939 lösen sollte. Danach war bis zu diesem Zeitpunkt ein „Friedensheer" von 830 000 Mann beziehungsweise ein Feldheer von 2 421 000 Mann aufzustellen. Das gesamte Kriegsheer, einschließlich des

---

13 *Max Domarus*, Hitler. Reden und Proklamationen 1932—1945, Bd. 1: Triumph, 2. Halbband 1935—1938, München 1965, S. 261.

14 *IfZ*, München, Archiv, ZS 182, Bl. 9.

15 *ADAP*, Serie D, Bd. I, Dok. 386-PS, S. 25 ff.

16 *Hans-Adolf Jacobsen*, Nationalsozialistische Außenpolitik 1933—1938, Frankfurt a. M. 1968, S. 735.

Tabelle 1
Produktion ausgewählter Erzeugnisse 1932/1937

Jahr	1932	1937
Rohstahl (Mill. t)	5,75	19,77
Roheisen (Mill. t)	3,93	15,96
Steinkohle (Mill. t)	105,0	184,47
Braunkohle (Mill. t)	122,6	184,6
Zement (Mill. t)	3,2	12,4
Elektroenergie (Md. kWh)	23,5	50,0
Personenkraftwagen (Stück)	43 400	264 400
Lastkraftwagen (Stück)	8 100	78 200

Quelle: Statistisches Jahrbuch für das Deutsche Reich, 1933, 1938.

Ersatzheeres, könne, wie Fritsch errechnete, bis dahin auf 4 620 000 Mann anwachsen.[17] Durch das Flottenabkommen mit Großbritannien vom 18. Juni 1935 war die Marineaufrüstung legalisiert worden. Das Marinekonstruktionsamt führte am 31. Dezember 1937 in seiner Liste über 60 U-Boote, die bis Mitte 1939 fertiggestellt sein sollten, ebenso jeweils über 20 Zerstörer, Torpedo- und Schnellboote sowie andere Kriegsschiffe. Die Anzahl der Flugzeugstaffeln hatte sich von 20 am 1. März 1935 auf 214 am 31. Dezember 1937 (243 am 31. Dezember 1938) erhöht.[18]

Im Dezember 1937 wurde der 2000. Kilometer der Reichsautobahnen fertiggestellt, die von immenser strategischer Bedeutung waren.[19] Die Arbeiten an der Errichtung des Westwalls entlang der Grenze zu Frankreich waren im Gange. Die kriegswirtschaftlichen Maßnahmen, darunter auch die Bevorratung mit Kraftstoffen, Schmierölen, Manganerzen, Ferronickel usw. sicherten gegenüber jedem der in Aussicht genommenen Gegner einzeln einen relativen Rüstungsvorsprung. Am 1. März 1937 hatte das Werk Buna I in Schkopau die Produktion von synthetischem Kautschuk aufgenommen. Weitere Werke für die Ausweitung der Rüstungsproduktion waren im Bau. Aus der deutschen Statistik über den Produktionszuwachs geht hervor, über welche Kapazitäten der deutsche Imperialismus verfügte, als er sich entschied, gewaltsam vorzugehen (vgl. Tabelle 1).

Parallel zur Kriegsvorbereitung seitens der Wirtschaft und der militärischen Führung erfolgte die politisch-propagandistische Beeinflussung des deutschen Volkes. Die Unterdrückung von Antifaschisten und Kriegsgegnern, die Isolierung der aktivsten Widerstandskämpfer in Konzentrationslagern, Gefängnissen und Zuchthäusern war als ein wesentlicher Bestandteil der faschistischen Innenpolitik zugleich unerläßliche Komponente der Kriegsvorbereitung, ging es doch dabei um das einmal von Himmler als „Kriegsschauplatz Innerdeutschland" bezeichnete Terrain.

17 *Das Deutsche Reich und der Zweite Weltkrieg.* Bd. 1: Ursachen und Voraussetzungen der deutschen Kriegspolitik. Von Wilhelm Deist, Manfred Messerschmidt u. a. Stuttgart 1979, S. 436.
18 *Jacobsen,* Nationalsozialistische Außenpolitik, S. 734 ff.
19 Nach der Planung sollten vom 1. Mai 1933 innerhalb von sechs Jahren 6500 km Autobahn gebaut werden. Bis Ende 1939 wurden tatsächlich 3300 km in Dienst gestellt.

Zusammenfassend ist festzuhalten, daß die Kriegsvorbereitung um die Jahreswende 1937/38 einen Stand erreicht hatte, der kurze, gewaltsame außenpolitische Aktionen gegen einzelne Nachbarländer möglich machte, zumal auf dem Rüstungssektor — trotz bedeutender Engpässe — für 1938/39 eine weitere Steigerung abzusehen war. Dennoch löste die stark angewachsene Rüstung nicht das Grundproblem des deutschen Imperialismus, aus dem er schon im ersten Weltkrieg nicht herauszufinden vermocht hatte: Im Vergleich zu den voraussichtlichen Gegnern — Frankreich, Großbritannien, deren Verbündete in Europa und die USA sowie vor allem die UdSSR — waren die Rohstoff- und Industriebasis, die landwirtschaftliche Produktion und das Menschenpotential Deutschlands und seiner Verbündeten auf lange Sicht in einem länger dauernden Krieg jeder gegnerischen Großmacht allein, und erst recht einer Koalition dieser Staaten, unterlegen.

Diese objektiven Tatsachen geboten es vor 1914 und vor 1939, auf jede Aggressionspolitik zu verzichten. Indem sich die herrschenden Klassen über die Realitäten hinwegsetzten, beschritten sie einen abenteuerlichen Weg, der zum Verbrechen am deutschen Volk und an der gesamten Menschheit führte. Nur von dieser Grunderkenntnis kann ausgegangen werden, wenn man über die möglichen Chancen der kriegerischen Pläne der deutschen Führung 1937/39 urteilt. Manche bürgerlichen Historiker versuchen, subjektive Fehlentscheidungen in der Wirtschaft und in der Leitungstätigkeit des gesamten Staates in den Vordergrund zu rücken. Bernd-Jürgen Wendt meint zwar, die Kriegsplanungen 1937/39 seien eine „Risikopolitik des Diktators" gewesen, da „dramatische" Anzeichen einer Verschlechterung der Wirtschaftslage bestanden hätten und der Vierjahresplan zu dieser Zeit bereits gescheitert wäre.[20] Als entscheidende Ursachen dafür werden aber nicht die grundsätzlich unlösbaren Widersprüche zwischen den Zielen der deutschen Imperialisten und den Möglichkeiten ihrer Verwirklichung angesehen. Vielmehr wird subjektiven Faktoren eine übermäßige Bedeutung eingeräumt. Neben Hitler werden Göring, Blomberg und die gesamte Leitungsstruktur des Regimes als verantwortlich für die „katastrophalen Folgen" herausgestellt. „Göring gefährdete langsam durch seinen Ressortegoismus und sein isoliertes Vorpreschen nicht nur materiell die überaus schwierige Aufgabe, die beschränkten Rüstungsressourcen wie Rohstoffe, Devisen, Arbeitskräfte und Produktionskapazitäten nach übergeordneten und sorgfältig koordinierten militär- und rüstungspolitischen sowie strategischen Gesichtspunkten und Prioritäten den Teilstreitkräften zuzuweisen; er stellte auch institutionell die Einheit der Wehrmachtführung und ihre alleinige Zuständigkeit" in Frage, heißt es bei Wendt.[21] An anderer Stelle wird zur gleichen Problematik behauptet: „Dem Dritten Reich hat es von Beginn an bis zu seinem Ende an einer straffen und koordinierten Spitzengliederung für die Planung und Durchführung des Krieges gefehlt. Die zentralen Bereiche ‚Wehrwirtschaft‘ und Außenhandel, Außenpolitik, Militärpolitik und Strategie fielen auseinander, und selbst im engeren Sektor der Rüstungswirtschaft, bei Bedarfsplanung und Zuteilungswesen, sah es nicht besser aus. Materielle Rüstung, personeller Aufbau und Einsatzplanung waren nicht aufeinander abgestimmt."[22]

Diese Erscheinungen, die von Wendt und vielen anderen überbewertet werden, waren nicht Ursache für die Schwierigkeiten beim aussichtslosen Versuch, Realitäten und Weltherrschaftsziele in Einklang zu bringen. Vielmehr waren sie Folge des unlösbaren Grundwiderspruchs der Politik des deutschen Imperialismus. Sicherlich wurden viele Probleme

20 *Wendt*, Großdeutschland, S. 135.
21 Ebenda, S. 13.
22 Ebenda, S. 90.

durch subjektive Eigenschaften der handelnden Personen, Rivalitäten, Kompetenzüberschneidungen usw. kompliziert, aber selbst wenn es alle diese Mängel nicht gegeben hätte, wäre die faschistische Aggressionspolitik letztlich auch zum Scheitern verurteilt gewesen.

In diesem Zusammenhang stellt sich die Frage, ob es — neben der einzigen realistischen Alternative auf den Krieg zu verzichten, — für das imperialistische Deutschland in der zweiten Hälfte der dreißiger Jahre „Alternativen" zur Weltkriegskonzeption der faschistischen Führung gab?

Ansätze solcher „Lösungen" lassen sich in den verschiedenen Projekten des Monopolkapitals in den letzten Jahren der Weimarer Republik, aber auch in den ersten Jahren der faschistischen Diktatur erkennen. Dazu gehörten die Vorstellungen über einen Wirtschaftsblock von „Bordeaux bis Odessa", über die Errichtung „Vereinigter Staaten von Mitteleuropa", die von der Maas bis zu den Rokitnosümpfen (Polesje, belorussisch-ukrainisches Gebiet westlich von Minsk und Kiev) und von Hamburg bis Saloniki reichen sollten, und über die Wiedergewinnung von Kolonien in Übersee. Derartige von führenden Militärs und Außenpolitikern mitvertretene und von den Propagandaorganisationen des Monopolkapitals verbreitete Programme strebten, ebenso wie die Ziele der faschistischen Teile des deutschen Imperialismus, die Ausdehnung des deutschen Machteinflusses auf viele Staaten in Mittel-, Ost-, West- und Südosteuropa, aber auch in Afrika, Asien und Südamerika an. Angesichts fehlender Möglichkeiten militärischer Expansionen nach der Niederlage im ersten Weltkrieg stand bis zum Anfang der dreißiger Jahre die wirtschaftliche und kolonisatorische sowie politische, kulturelle und propagandistische Expansion im Vordergrund, ohne daß von den imperialistischen Kreisen der Gedanke an die Wiedergewinnung militärischer Machtmittel und damit an den Krieg jemals aufgegeben worden wäre.

Die Überlegungen, mittels der Durchdringung der Wirtschaften Mittel-, Südost- und Osteuropas den Boden für weiterreichende politische Regelungen vorzubereiten, waren häufig mit der Vorstellung gepaart, dies durch ein wirtschaftliches und politisches Zusammengehen mit Großbritannien und den USA zu erreichen. Derartige Konzeptionen, die am ausgeprägtesten für den Kolonialkomplex und den südosteuropäischen Raum entwickelt waren, reichten bis in die Jahre 1936/37 hinein. Sie fanden im „economic appeasement", das von einflußreichen Kreisen Großbritanniens und der USA verfochten wurde, ein gewichtiges internationales Pendant.

Mit dem Inkrafttreten des Vierjahresplans, also ab Ende 1936 und im Verlauf des Jahres 1937, traten jedoch die Repräsentanten aller dieser vorwiegend auf wirtschaftlicher Expansion basierenden Programme in den Hintergrund. Als „Alternativen" spielten sie keine Rolle mehr. Die faschistische Führung sah den Weg, durch ökonomische und politische Bündnisse mit den Siegermächten des ersten Weltkrieges eine wesentliche Erweiterung des deutschen Einflusses auf die Rohstoff- und Absatzmärkte in der Welt zu erreichen, als gescheitert an. Der militärischen „Lösung" wurde gegenüber allen anderen „Alternativen" der alleinige Vorrang gegeben.

Die Abberufung Schachts als Reichswirtschaftsminister am 26. November 1937 und die personellen Veränderungen vom 4. Februar 1938 sowie die Begrenzung der Tätigkeit der Kolonialorganisationen machten deutlich, daß die Führung in Berlin nur noch auf die militärische Karte setzte.

In diesem Zusammenhang stellten sich Außenpolitiker und Militärs die Frage nach politischen und militärischen Bündnismöglichkeiten im Falle eines kriegerischen Konflikts im Osten oder Westen Europas. Das Einbeziehen Italiens in die Frontstellung gegen Frankreich und Großbritannien wurde seit der italienischen Aggression gegen Äthiopien und der gemeinsamen deutsch-italienischen Intervention gegen die Republik Spanien eine Realität. Ähnliche Bemühungen um Franco-Spanien brachten allerdings nicht den gewünschten Erfolg. Das Bündnis mit Japan war sowohl als Variante für einen Krieg gegen die Westmächte als auch gegen die Sowjetunion konzipiert. Für ein Vorgehen gegen die Sowjetunion waren Möglichkeiten eines Zusammengehens mit Polen und auch mit Ungarn im Gespräch. Praktiziert wurde diese Variante im Oktober 1938 gegenüber der Tschechoslowakei. Schließlich wurden die Möglichkeiten, die die britisch-französische Appeasement-Politik für ein gemeinsames Vorgehen gegen die UdSSR bot, sorgfältig in Erwägung gezogen und bei der Annexion Österreichs und von bedeutenden Teilen der Tschechoslowakei 1938/39 auch ausgeschöpft. Die Absage an die Beschwichtigungspolitiker als Folge der Unüberwindbarkeit der zwischen den Westmächten und Hitlerdeutschland bestehenden imperialistischen Gegensätze führte zu der Situation, daß die Führung in Berlin für den kommenden Krieg nicht auf Bündniskonstellationen baute, sondern mittels der Blitzkriegsstrategie im wesentlichen allein ihre imperialistischen Ziele zu verwirklichen gedachte.

Aus der unterschiedlichen Bewertung des realen Kräfteverhältnisses in einem kommenden Kriege resultierten aber die entgegengesetzten militärstrategischen Konzeptionen Großbritanniens und Hitlerdeutschlands. Die britischen Militärs, und mit gewissen Unterschieden auch die französischen, hatten aus dem ersten Weltkrieg die Schlußfolgerung gezogen, daß im Falle eines neuen Krieges an der Seite der britischen Weltmacht wiederum eine große Koalition stehen würde, die in einem langen Krieg den Sieg davontragen müßte. Das Bestreben der britischen Politik der dreißiger Jahre, diesen Krieg innerhalb des imperialistischen Lagers überhaupt zu vermeiden, änderte nichts an der grundsätzlichen Einstellung in London: Falls der unerwünschte Krieg doch ausbrach, war von vornherein auf einen langen Koalitionskrieg gegen Deutschland hinzuwirken. Dabei erkannte man durchaus, daß die ersten Kriegsperioden, in denen die vollständig aufgerüstete deutsche Militärmaschinerie zum Einsatz kommen würde, die schwersten sein würden.

Die politische und militärische Führung Deutschlands zog im Unterschied zu den Westmächten aus dem begrenzten deutschen Kriegspotential die Schlußfolgerung, der Zeitpunkt zum Handeln sei gegeben, sobald eine momentane Überlegenheit bestehe. Eine „theoretische" Begründung für ein Vorgehen in der näheren Zukunft hatte Hitler in einer Rede vor Industriellen gegeben: „Wir müssen erst die ganzen Machtmittel in die Hand bekommen, wenn wir die andere Seite ganz zu Boden werfen wollen. Solange man an Kraft zunimmt, soll man den Kampf gegen den Gegner nicht aufnehmen. Erst wenn man weiß, daß man auf dem Höhepunkt der Macht angelangt ist, daß es keine weitere Aufwärtsentwicklung mehr gibt, soll man losschlagen."[23]

Über die innenpolitischen und rüstungsmäßigen Machtmittel glaubte die faschistische Führung Ende 1937 in einem zwar begrenzten, aber ausreichendem Maße zu verfügen. Eine weitere bedeutende „Aufwärtsentwicklung" der Kriegswirtschaft war ohne Eroberung und Raub jenseits der deutschen Grenzen nicht mehr zu erwarten. Nun kam es darauf an, für das Losschlagen nach außen über eine der Stärke dieser Machtmittel adäquate militärische Strategie zu verfügen. Die Lösung schien durch die seit langem von deutschen Militärtheoretikern entwickelten Vorstellungen von der zeitmäßigen Aufeinanderfolge einer Reihe kleinerer und größerer, jedoch immer kurzer Kriege, der „Blitzkriege", gegen einzelne

---

23 *IMG*, Bd. 35, Nürnberg 1949, Dok. 203-D, S. 46.

Gegner gegeben zu sein.[24] Die Blitzkriegsstrategie sollte einen längerwährenden Zwei- oder Mehrfrontenkrieg verhindern oder wenigstens seine Folgen auf ein Mindestmaß reduzieren. Das mit jedem Blitzfeldzug hinzugewonnene Potential, insbesondere auf kriegsökonomischem Gebiet, sollte das Gelingen des nächstfolgenden Schlages sichern helfen. Schritt für Schritt sollte das faschistische Reich befähigt werden, gegen die Großmächte Sowjetunion, Großbritannien und USA zum Kampf um die Weltherrschaft anzutreten.

Diesem Grundkonzept entsprachen völlig die Zielsetzungen, die in Hitlers auf Vorarbeiten des Konzerns IG-Farbenindustrie beruhender Denkschrift über den Vierjahresplan vom 26. August 1936 enthalten waren. Zur grundsätzlichen Aufgabenstellung für eine deutsche Expansion hieß es: „Wir sind übervölkert . . . Die endgültige Lösung liegt in einer Erweiterung des Lebensraumes bzw. der Rohstoff- und Ernährungsbasis unseres Volkes." Als Hauptgegner wurden der Bolschewismus, der Marxismus, der „durch seinen Sieg in Rußland eins der größten Reiche der Welt als Ausgangsbasis für seine weiteren Operationen geschaffen hat", genannt. Schließlich wurden auch die Mittel charakterisiert, um das Ziel zu erreichen und den Gegner zu schlagen: Aufrüsten, mobilmachen und die Wehrmacht „zur ersten Armee der Welt" entwickeln.[25] Die Denkschrift richtete sich sowohl gegen die imperialistischen Konkurrenten als auch gegen die Sowjetunion. Feste Vorstellungen darüber, wer zuerst anzugreifen sei, läßt das Dokument noch nicht erkennen, wenn auch verbal der Kampf gegen die Sowjetunion im Vordergrund stand. Auch über den Zeitpunkt einer Aggression hieß es lediglich, es sei nicht der Zweck der Denkschrift, „die Zeit zu prophezeihen, in der die unhaltbare Lage in Europa zur offenen Krise werden wird". Nur die abschließende Aufgabenstellung läßt Schlußfolgerungen über die Zeitvorstellungen in Berlin für den Krieg zu: „I. Die deutsche Armee muß in vier Jahren einsatzfähig sein. II. Die deutsche Wirtschaft muß in vier Jahren kriegsfähig sein." Allerdings schloß die Angabe „in vier Jahren" begrenzte Aggressionsakte vor dem Ablauf dieses Zeitraumes nicht aus.

Diese Denkschrift, die Göring am 4. September 1936 im Ministerrat vortrug, löste eine Vielzahl von Beratungen, Planungen und Aktivitäten aus, die den Schluß zulassen, daß die direkte Kriegsvorbereitung auf wirtschaftlichem Gebiet begonnen hatte. Der Denkschrift kommt für die Wirtschaft die gleiche Schlüsselfunktion zu wie den Darlegungen der Aggressionsziele durch Hitler am 5. November 1937 für den militärischen und außenpolitischen Bereich.

3. Die ersten Entscheidungen und die „Schlüsseldokumente"

Zur Analyse des Prozesses der Entscheidungsfindung über die Fragen „Wann?" und „Wo?", das heißt, gegen welchen Gegner und in welcher Reihenfolge der Krieg zu führen sei, muß eine Vielzahl von Quellen herangezogen werden.

Einen besonders wichtigen Platz nahm zweifelsohne die geheime Besprechung bei Hitler am 5. November 1937 ein. An ihr waren beteiligt: Reichskriegsminister Generalfeldmarschall Werner v. Blomberg, der Oberbefehlshaber des Heeres, Generaloberst Werner

---

24 Siehe dazu: *Gerhard Förster*, Totaler Krieg und Blitzkrieg. Zur Theorie des totalen Krieges und des Blitzkrieges in der Militärdoktrin des faschistischen Deutschlands am Vorabend des zweiten Weltkrieges, Berlin 1967, S. 83 ff.

25 *Anatomie*, Dok. 48, S. 144 ff.; *Lotte Zumpe*, Wirtschaft und Staat in Deutschland 1933 bis 1945, Berlin 1980, S. 215 ff.

Freiherr v. Fritsch, der Oberbefehlshaber der Kriegsmarine Generaladmiral Erich Raeder, der Oberbefehlshaber der Luftwaffe und zugleich Chef der obersten Kriegswirtschaftsbehörde, der Vierjahresplanorganisation, Generaloberst Hermann Göring, und der Reichsminister des Auswärtigen Konstantin Freiherr v. Neurath. Als Protokollführer fungierte der Wehrmachtsadjutant Hitlers, Oberst Friedrich Hoßbach.

In diesem Zeitraum erfolgten auch weitere Zusammenkünfte, die ihrem Wesen nach auf die gleiche Problematik ausgerichtet waren. Dazu gehörten das Auftreten Hitlers vor Propagandaleitern aus dem gesamten Reich in Berlin am 29. Oktober, vor Parteifunktionären in Augsburg am 21. November, sein Besuch bei den Messerschmitt Flugzeugwerken in Augsburg am 22. November und die Geheimrede vor Kreis- und Gauleitern der NSDAP bei der Einweihung der Ordensburg Sonthofen im Allgäu am 23. November.

Parallel zu diesen überwiegend geheimen Auftritten vor ausgewählten Naziführern, die der innenpolitisch-propagandistischen Absicherung des am klarsten am 5. November verkündeten Aggressionskurses dienten, gab es eine Reihe höchst bedeutsamer Unterredungen, die außenpolitischen Sondierungen über die Chancen der Gewinnung von Verbündeten für die Aggression den Weg bereiten sollten. Hitler legte seinen ausländischen Gesprächspartnern das expansive Gesamtprogramm zumeist in etwas verschwommenen Zügen dar. Die beabsichtigten nächsten Schritte wurden aber sehr konkret herausgestellt, offensichtlich mit der Absicht, daß seine Besucher diese Äußerungen den Regierenden in London, Paris und Rom schnellstens hinterbringen sollten. Hervorzuheben sind in diesem Zusammenhang die Unterredungen Hitlers mit dem einflußreichen indischen Politiker Aga Khan am 20. Oktober in Berchtesgaden; mit dem abgedankten britischen König, dem Herzog von Windsor, am 22. Oktober ebenfalls in Berchtesgaden; mit dem Mitglied der britischen Regierung, dem Lordpräsidenten des Staatsrats Edward Viscount Halifax, am 19. November ebendort; mit dem ungarischen Ministerpräsidenten Kalman Daranyi sowie dem Außenminister Kalman Kánya in Berlin am 25. November 1937.

In der Geschichtsliteratur wird von diesen Quellen zumeist nur die Hoßbach-Aufzeichnung über die Besprechung am 5. November als „Schlüsseldokument" gewertet. Aber auch bezüglich dieses Papiers ist bisher viel zuwenig untersucht, welche konkreten Weisungen, Aufträge und Befehle im Ergebnis dieser Besprechung von Göring in der Wirtschaft, von Neurath im Auswärtigen Amt und von den Oberbefehlshabern der Wehrmachtsteile auf dem militärischen Sektor veranlaßt wurden. Genannt wird zumeist nur die Neufassung der Weisung zum Überfall auf die Tschechoslowakei (Fall „Grün") vom 21. Dezember 1937, die als direktes Ergebnis der Besprechung vom 5. November 1937 richtig eingeordnet werden kann.[26] Die Vorgänge, die zur Abfassung der „Strategischen Planstudie der Luftwaffe für 1938",[27] zu den Luftkriegsvorbereitungen gegen Großbritannien seit Anfang 1938[28] und zum neuen Marinebauprogramm führten, das am 21. Dezember 1937 von Raeder genehmigt wurde,[29] sind im Hinblick auf die Entscheidungsbildung über Kriegsbeginn und Aggressionsreihenfolge bisher noch viel zuwenig untersucht worden. Das trifft überhaupt auf viele Dokumente zwischen Oktober 1937 und Februar 1938 zu. Die Protokolle, Aufzeichnungen und Schallplattenaufnahmen der Ausführungen Hitlers

26 *Gerhart Hass*, Münchner Diktat 1938 — Komplott zum Krieg, Berlin 1988, S. 66.
27 *ADAP*, Serie C, Bd. II, Dok. 235, S. 203 ff.
28 *Carl-Axel Gemzell*, Raeder, Hitler und Skandinavien. Der Kampf für einen maritimen Operationsplan, Lund 1965, S. 178.
29 *Das Deutsche Reich und der Zweite Weltkrieg*. Bd. 1, S. 461.

und anderer Naziführer in allen diesen Veranstaltungen und Treffen geben jedoch ein ziemlich genaues Bild von den Absichten der politischen Führung Deutschlands und dem Stand der Entscheidungsfindung.

Dabei zeichnen sich deutlich folgende Komplexe ab:

1. Ein starres Festhalten an der grundsätzlichen Feindschaft gegen die Sowjetunion und den Kommunismus und das damit verbundene Streben nach großen territorialen Eroberungen, dem Erwerb von „Lebensraum" im Osten Europas, das heißt auf Kosten der Sowjetunion und zwangsläufig auch Polens.

2. Die Absicht, in naher Zukunft, als Voraussetzung für die Inangriffnahme des Lebensraumziels, gegenüber Österreich, der Tschechoslowakei, Polen und Litauen territoriale Forderungen zu stellen. Diese sollten zum völligen oder teilweisen Einbeziehen dieser Staaten in den deutschen Herrschaftsbereich führen.

Gegenüber diesen beiden Komplexen traten die Aggressionsabsichten gegen kapitalistische Staaten in Westeuropa sowie die Kolonialforderungen in Afrika merklich in den Hintergrund, ohne diese als Druckmittel, vor allem gegenüber Großbritannien und Frankreich, ganz von der Tagesordnung zu streichen. Hinweise auf das Heranreifen einer Auseinandersetzung mit den Hauptrivalen innerhalb des imperialistischen Lagers tauchten in allen erwähnten Besprechungen auf, lassen konkrete Entscheidungen aber noch offen. So bezeichnete Hitler einerseits Großbritannien und Frankreich am 5. November als „Haßgegner", die „eine weitere deutsche Erstarkung" ablehnten. Andererseits verwies er auf Krisenerscheinungen in den kapitalistischen Staaten Westeuropas, die ein zeitweiliges Zusammengehen mit ihnen gegen die Sowjetunion begünstigen könnten. Das Empire sei „machtpolitisch auf die Dauer nicht mit 45 Millionen Engländern zu halten", meinte Hitler. Daraus und aus „innenpolitischen Schwierigkeiten" in Frankreich zog er den Schluß, die britische Regierung würde infolge der Probleme des Empires vor der „Aussicht, in einen lang währenden europäischen Krieg erneut verwickelt zu werden", zurückschrecken und auch Frankreich in diesem Sinne beeinflussen. „Ein Vorgehen Frankreichs ohne die englische Unterstützung", meinte er, „sei wenig wahrscheinlich".[30]

Von grundsätzlicher Bedeutung für die Entscheidungsfindung blieb das Verhältnis zur Sowjetunion. Während die Haßtiraden der Naziführer von 1933 an in erster Linie der Rechtfertigung des innenpolitischen Terrors gegen deutsche Kommunisten und Antifaschisten dienten und erst in zweiter Linie auf außenpolitische Zwecke, insbesondere das Mobilisieren des imperialistischen Klassenzusammengehörigkeitsgefühls, bedacht waren, rückte dieser Gesichtspunkt in der politischen Strategie der Faschisten in dem Maße in den Vordergrund, wie diese bis zum Sommer 1939 die Möglichkeit eines antisowjetischen Arrangements mit dem britischen Imperialismus nicht ausschlossen.

Es ist daher nicht richtig, wenn manche bürgerliche Historiker meinen, aus der politischen Strategie der Jahre 1937 bis 1939 das faschistische Ziel, gegen die Sowjetunion vorzugehen, ausklammern zu können. Max Domarus behauptet zum Beispiel bei der Kommentierung von Hitlers Ausführungen am 5. November 1937: „Bekanntlich hatte Hitler vor dem ‚Weltbolschewismus' keinerlei Befürchtungen. Bei seiner Ansprache vor den Generälen am Tage vorher (5. November — G. H.) hatte er mit keinem Wort von einer solchen Gefahr gesprochen und sich lediglich mit der ‚haßerfüllten' Haltung Englands und

---

30 *ADAP*, Serie D, Bd. I, Dok. 386-PS, S. 25ff.

Frankreichs beschäftigt. So war auch der ganze Antikominternpakt für Hitler nur ein Mittel, um England zur Nachgiebigkeit zu veranlassen."[31]

Tatsächlich enthält das Hoßbach-Protokoll jedoch die Feststellung: „Es handle sich nicht um die Gewinnung von Menschen, sondern von landwirtschaftlich nutzbarem Raum. Auch die Rohstoffgebiete seien zweckmäßiger im unmittelbaren Anschluß an das Reich in Europa und nicht in Übersee zu suchen."[32] Die Schlußfolgerungen von Gerhard L. Weinberg tragen diesen Ausführungen weitaus mehr Rechnung. Näher als die Zukunftsvision einer deutschen Weltherrschaft, so schreibt er, „lag aber der reiche Ackerboden Osteuropas, zum größten Teil auf dem Territorium der Sowjetunion."[33] Es kann tatsächlich keinen Zweifel geben, daß bei der Forderung nach einem größeren Lebensraum immer die Absicht, diesen auf dem Territorium der Sowjetunion zu erobern, an erster Stelle rangierte.

Diese Tatsache geht auch aus den Dokumenten von Ende 1937/Anfang 1938 hervor. Selbst Domarus schreibt, Hitlers Unterredung mit Aga Khan kommentierend, ein Blick auf die damaligen Grenzen des Deutschen Reiches zeigt, „daß für militärische Operationen zur Gewinnung neuen Lebensraumes in Osteuropa (Polen und Rußland) zweckmäßigerweise zunächst einmal Österreich und die Tschechoslowakei, wenn nicht dem Deutschen Reich einverleibt, so doch mindestens in die deutsche Militärgrenze einbezogen werden mußten, und zwar die ganze Tschechoslowakei."[34] Die Absicht des Landraubs im großen Maßstab klang deutlich in Hitlers Rede am 21. November in Augsburg durch, wo er sagte: „Heute stehen uns neue Aufgaben bevor. Denn der Lebensraum unseres Volkes ist zu eng." Und zwei Tage darauf erklärte er in Sonthofen: „Heute vollzieht sich eine neue Staatsgründung"; daran knüpfte er die Zukunftsvision für ein „Germanisches Reich Deutscher Nation".[35]

Beim Abwägen der Frage nach dem Zeitpunkt des Kriegsbeginns und dem Ort des ersten Schlages verband sich das Ziel des Raumerwerbs auf gewaltsamem Wege in den Vorstellungen der deutschen Führung immer mit antisowjetischen und antikommunistischen Prämissen. Ein typisches Beispiel dafür war das Gespräch zwischen Halifax und Hitler am 19. November. Hitler sagte, „es sei eine Tatsache, daß einige Völker nicht genügend Lebensraum hätten, . . . daß Amerika und Rußland große Territorien zur Verfügung hätten, daß England ein Viertel der Welt besäße, daß Frankreich ein Kolonialreich habe und Japan zumindest nicht daran gehindert werden könne, sich auszubreiten."

Während Hitler Interesse bekundete, sich mit Großbritannien und Frankreich zu einigen und auf die USA nicht weiter einging, machte er aus seiner antikommunistischen und antisowjetischen Haltung kein Hehl: „Die einzige Katastrophe sei der Bolschewismus", sagte Hitler und äußerte in diesem Zusammenhang seinen Unwillen darüber, daß „Rußland" durch das französisch-sowjetische Bündnis und „besonders auch infolge des Bündnisses mit der Tschechoslowakei, nach Europa hereingebracht worden" sei.[36] In völliger Umkehrung der Tatsachen hatte Hitler schon auf dem Parteitag der NSDAP in Nürnberg

31 *Domarus*, S. 757.

32 *ADAP*, Serie D. Bd. I, Dok. 386-PS, S. 25ff.

33 *Gerhard L. Weinberg*, Deutschlands Wille zum Krieg. Die internationalen Beziehungen 1937—1939, in: *Sommer 1939*. Die Großmächte und der europäische Krieg. Hrsg. von Wolfgang Benz und Hermann Graml, Stuttgart 1979, S. 16.

34 *Domarus*, S. 745.

35 Ebenda, S. 758ff.

36 *Dokumente und Materialien aus der Vorgeschichte des zweiten Weltkrieges*. Bd. 1: November 1937—1938. Hrsg. Ministerium für Auswärtige Angelegenheiten der UdSSR, Moskau 1948, Dok. 1, S. 27; 37; 44.

am 10. September 1937 vor den Politischen Leitern öffentlich erklärt, Deutschland sei „ein Garant des Friedens", dagegen werde von Moskau aus versucht, „die Welt in Brand zu stecken".[37]

In den öffentlichen und den geheimen Reden und Gesprächen dieser Zeit blieb das erklärte Hauptziel einer Aggression das Vorgehen im Osten gegen den sozialistischen Staat. Unzureichend differenziert und darum falsch ist deshalb die These, die Bernd-Jürgen Wendt aus der Besprechung in der Reichskanzlei am 5. November 1937 ableitet: „Eine neue Frontstellung kündigte sich an: nicht mehr der Osten war offenbar das vorrangige Ziel deutscher Kriegsvorbereitung, sondern die beiden Westmächte."[38]

Tatsächlich sind auf der Besprechung am 5. November die Hauptgegner im zukünftigen Krieg bestimmt worden, jedoch ist noch kein Entschluß über die Rang- und Reihenfolge des Vorgehens gegen sie gefaßt worden. Zur Terminplanung hieß es, spätestens 1943—1945 müsse gehandelt werden. Vorher gelte es aber, jede sich bietende Möglichkeit auszunutzen, um „die Tschechei und gleichzeitig Österreich" niederzuwerfen. Die Gespräche mit den britischen Besuchern in Deutschland und andere Informationen, insbesondere die Berichte der deutschen Botschaften in London und Paris, berechtigten Hitler zu der Voraussage, „England, voraussichtlich aber auch Frankreich, (hätten) die Tschechei bereits im Stillen abgeschrieben."[39]

So wurden am 5. November die „Vorstufen" für den großen Krieg, die Aggressionsakte gegen Österreich und die Tschechoslowakei, genauer benannt. Diese Feststellungen kamen für die Anwesenden nicht überraschend, enthielt doch die Weisung für die einheitliche Kriegsvorbereitung der Wehrmacht vom 24. Juni 1937 bereits den „Sonderfall Otto", das heißt die Intervention in Österreich, und den Fall „Grün", das heißt den Überfall auf die ČSR. Die Frage, ob der Fall „Rot", ein Krieg gegen Frankreich, das mit der Tschechoslowakei verbündet war, und gar gegen Großbritannien infolge einer Aggression gegen diese Nachbarländer eintreten würde, blieb offen. Generalstäbe, Wehrwirtschaft und Staatsapparat machten sich zunächst ans Werk, um alle Voraussetzungen für die Durchführung von „Otto" und „Grün" zu schaffen.

Über die Haltung der Westmächte sollte man in Berlin bald mehr Klarheit gewinnen. Mit dem Vorgehen gegen Österreich und die Tschechoslowakei wurde die Appeasement-Politik auf die Probe gestellt.

4. Die Appeasement-Politik und das Kalkül der deutschen Führung

In der weltpolitischen Situation zu Beginn des Jahres 1938 waren noch mehrere Wege offen, um einen Krieg zu vermeiden und die faschistische Aggressionspolitik im Keime zu ersticken. Das sicherste Vorgehen wäre ein gemeinsames Handeln der im Völkerbund vertretenen Staaten gegen die Angreifer gewesen, die in Äthiopien, Spanien und China bereits kriegerisch vorgingen oder sich — wie Hitlerdeutschland — auf militärische Abenteuer vorbereiteten. Der Volkskommissar für Auswärtige Angelegenheiten der UdSSR, M. M. Litvinov, präzisierte frühere Vorschläge der UdSSR, als er am 1. Juli 1936 auf der Tagung des Völkerbundes vorschlug, ein „Netz von Regionalpakten" zu schaffen. Europa sollte

---

37 *Ausgewählte Reden des Führers und seiner Mitarbeiter 1937.* München 1937, S. 70.
38 *Wendt*, Großdeutschland, S. 18.
39 *ADAP*, Serie D, Bd. I, Dok. 386-PS, S. 25ff.

mit einem System von Verträgen überzogen werden, „in denen sich einzelne Staaten-
gruppen verpflichteten, bestimmte Gebiete vor einem Aggressor zu verteidigen".[40] Mit den
Beistandsverträgen zwischen der UdSSR und Frankreich (2. Mai 1935) und mit der ČSR
(16. Mai 1935) hatte die sowjetische Außenpolitik praktikable Beispiele für eine derartige
Politik der Friedenssicherung gegeben. Es stand den übrigen Staaten Europas frei, sich
diesem Vertragssystem anzuschließen oder ähnliche regionale Vereinbarungen zu treffen.

Über die Wirksamkeit einer solchen Art der kollektiven Sicherheit entschied sehr wesentlich die britische Außenpolitik. Die herrschenden Kreise in Großbritannien suchten aber
nach einem anderen Ausweg. Dieser sollte sie auf keinen Fall in irgendwelche Bündnis-
beziehungen zur Sowjetunion bringen. Übrigens war infolge einer sehr ähnlichen Haltung
nicht unbedeutender Teile der französischen Bourgeoisie die Wirksamkeit des sowjetisch-
französischen Vertrages, demzufolge auch des sowjetisch-tschechoslowakischen, von Anfang
an eingeschränkt.

Die Regierenden in London wollten zwischen 1937 und 1939 lieber Abmachungen mit
den deutschen und italienischen Imperialisten als ein Vertragswerk, das sie an andere
europäische Staaten gegen die Aggressoren band, noch dazu unter Einbeziehung der UdSSR.
Das bedeutet allerdings nicht, daß die britische Führung die auch ihr nicht unbekannt gebliebenen Absichten Hitlerdeutschlands zur Aggression gegen seine Nachbarländer und zum
großen Ostlandzug bedingungslos billigte. Die herrschenden Kreise in London fürchteten
nicht grundlos, ein faschistischer Block, der im Besitz Mittel- und Osteuropas, möglicherweise bis zum Ural, und bedeutender Teile des Mittelmeerraumes sowie Ost- und Nord-
afrikas wäre, würde ein viel ernster zu nehmender Rivale um die Weltherrschaft sein,
als es das Wilhelminische Deutschland vor 1914 war. Es kam ihnen also darauf an, eine
außenpolitische Strategie zu entwickeln, die dem deutschen Imperialismus ein Ventil nach
dem anderen öffnete, um seinen Expansionsdrang zu verwirklichen, wobei jener sich
verausgaben sollte.

Diese Rechnung, die allerdings nicht aufging und sich so verhängnisvoll für Großbritannien und die gesamte Menschheit erweisen sollte, beruhte auf einer einfachen
Überlegung: Wenn die deutschen Imperialisten zum Krieg entschlossen waren, dann sollte
dieser so lange wie möglich von Großbritannien ferngehalten werden. Wenn die Berliner
Führung sich lautstark als „Bollwerk gegen den Bolschewismus" anpries, dann sollte sie
doch gegen diesen, von allen Reaktionären der Welt seit 1917 gehaßten Bolschewismus
antreten. Diese Grundüberlegung zog jedoch Konsequenzen nach sich. Gab man den
faschistischen Kriegsbrandstiftern „freie Hand im Osten", dann mußte man Österreich,
die Tschechoslowakei, Polen, die baltischen Staaten und einige Balkanländer als deutsche
„Interessensphäre" anerkennen.

Damit waren die politisch-strategischen Überlegungen in London jedoch noch nicht zu
Ende. Die herrschende Klasse Großbritanniens verfügte über eine dreihundertjährige Erfahrung im Besetzen fremder Länder, im Beherrschen und Unterdrücken anderer Völker
und von Kolonien. In den ersten Jahrzehnten des 20. Jahrhunderts, besonders seit 1917,
mußte sie aber erkennen, daß das Inbesitzhalten und Ausbeuten kolonialer Gebiete angesichts des Erwachens und Erstarkens der nationalen Befreiungs- und Unabhängigkeits-
bewegungen immer schwieriger wurde. Das britische Empire steckte bereits in einer
tiefen Krise. Wieviel schwerer würden es die deutschen Imperialisten haben, europäische

---

40 *Geschichte der sowjetischen Außenpolitik 1917 bis 1945*, 1. Teil, Redaktion B. N. Ponomarew,
   A. A. Gromyko, V. M. Chwostow, Berlin 1969, S. 367.

Staaten mit einem verhältnismäßig großen, bis weit in die Arbeiterklasse und Bauernschaft hineinreichenden Prozentsatz an gebildeter Bevölkerung zu beherrschen! Welche immense Kraft würde erforderlich sein, um gar ein Riesenland wie die Sowjetunion, dessen Bürger seit 20 Jahren unter großen Opfern am Aufbau der sozialistischen Gesellschaftsordnung wirkten, auf Dauer zu unterjochen. Die Vorstellung britischer Politiker, die deutschen Imperialisten würden sich übernehmen, sollten sie tatsächlich den „Lebensraum- und Rassenkrieg" antreten und dabei Erfolg haben, entbehrte aufgrund der Erfahrungen des britischen Weltreiches nicht der Wahrscheinlichkeit.

Ein solcher Verlauf des Geschehens konnte aber bedeuten, so schlußfolgerten maßgebliche britische Kreise, daß die Auseinandersetzung um die Weltherrschaft zwischen Deutschland und Großbritannien entweder nicht stattfinden würde und man sich arrangieren könnte. Oder schließlich dazu führen würde, daß ein ausgelaugtes, in ständige Partisanenkämpfe und Aufstände der Unterdrückten verwickeltes Nazireich sich in die Rolle eines Bollwerks gegen die Völker des Ostens fügen und die britische Vormachtstellung anerkennen würde.

Ehe derartige, weit in die Zukunft reichende strategische Vorstellungen zu verwirklichen waren, mußte die Führung in London aber erst einmal über die nächsten Jahre, ja die bevorstehenden Monate kommen. Es mußte ein Weg gefunden werden, sich jetzt zu arrangieren, damit das Gesetz des Handelns der Regierung in London nicht vollends entglitt.

Von der bürgerlichen Historiographie wird seit längerer Zeit über die Hintergründe des politischen Kurses Großbritanniens in den dreißiger Jahren eine kontroverse Diskussion geführt. Gottfried Niedhart schreibt über die Situation, aus der heraus die Regierung in London ihre Entschlüsse faßte: „Großbritannien gehörte in der Zwischenkriegszeit zu den Mitgliedern des internationalen Systems, die das System geschaffen hatten, zu seiner Bewahrung aber nicht in der Lage und darum auf den Frieden angewiesen waren." Schlußfolgernd stellt Niedhart fest: „Retrospektiv betrachtet, gab es für Großbritannien nach dem Ersten Weltkrieg keine Möglichkeit, die Abdankung als Weltmacht zu vermeiden. Appeasement war als Antwort auf die Krise Großbritanniens und des internationalen Systems der Versuch, den Machtverfall so langsam wie möglich verlaufen zu lassen, nach Möglichkeit aber die britische Weltmachtstellung in ihrer Substanz zu erhalten."[41] Andere Historiker, wie D. C. Watt, gaben der Diskussion noch eine andere Richtung. Appeasement war, so schreibt er, „eine Politik, die auf die Vermeidung von Krieg, aber nicht auf die Vermeidung einer Konfrontation ausgerichtet war, eine Politik, die sich in dem Modejargon von heute als eine Politik des ‚Containment', der ‚Koexistenz', der ‚Verhandlung aus einer Position der Stärke' ausdrücken läßt." Schließlich geht die Debatte dahin, wie Watt fordert, alles noch einmal zu untersuchen, „sei es nur aus dem Grund, die von den Sowjets ständig vorgebrachte These zu beweisen oder zu widerlegen, daß Englands Hauptziel darin bestanden habe, die Nazi-Aggression nach Osten zu lenken."[42] In

---

41 *Gottfried Niedhart*, Appeasement: Die britische Antwort auf die Krise des Weltreichs und des internationalen Systems vor dem Zweiten Weltkrieg, in: *Historische Zeitschrift*, Bd. 226, München 1978, S. 83 ff.

42 *Donald C. Watt*, Appeasement. Der Beginn einer revisionistischen Schule?, in: *Kriegsbeginn 1939*. Entfesselung oder Ausbruch des Zweiten Weltkrieges? Hrsg. von Gottfried Niedhart, Darmstadt 1976, S. 331 ff.

solchem Zusammenhang taucht sogar in einigen Büchern und Artikeln der Begriff „gescheiterte Friedenspolitik" für den Appeasement-Kurs auf.[43]

Tatsächlich ergaben sich aus der inneren wirtschaftlichen und militärischen Lage Großbritanniens und des gesamten Empire Impulse für das Bestreben, Zeit zu gewinnen, eine
Auseinandersetzung mit dem deutschen Imperialismus wenigstens zu vertagen oder sogar
ganz zu verhindern.[44] Die aus der Situation Großbritanniens erwachsenen Antriebskräfte
der Appeasement-Politik sind aber nur ein Faktor des Phänomens jenes Kurses. Allerdings
ist diese Problematik auch von den marxistisch-leninistischen Historikern noch kaum in
die Überlegungen einbezogen worden. Diese inneren Anstöße waren es jedoch nicht allein,
die das Wesen der Beschwichtigungspolitik ausmachten.

Mit dem Amtsantritt des Premierministers Neville Chamberlain am 28. Mai 1937 vollzog
sich ein qualitativer Sprung in Richtung auf ein aktives außenpolitisches Handeln zum
Zwecke eines weitreichenden Appeasements, im wörtlichen Sinne des Beruhigens, Streit-
milderns und -beilegens. Mit welcher Zielsetzung dies geschehen sollte, ist allerdings die
Frage. Chamberlain und andere führende Beschwichtigungspolitiker haben selbst darauf
mehrfach Antworten gegeben. Der ehemalige britische Luftfahrtminister Lord Charles
Londonderry schrieb, er könne nicht einsehen, „warum wir im Kampf gegen den Kommunismus mit Deutschland nicht in der einen oder anderen Form gemeinsame Sache
machen können."[45] Noch am 11. Juni 1938 hieß es in der Zeitung „Manchester Guardian":
„Die wirkliche Gefahr, die der Welt heute droht", komme aus Rußland. Chamberlain selbst
umriß seine Politik gegenüber Hitlerdeutschland in einem Gespräch mit dem sowjetischen
Botschafter in London, I. M. Majskij, im Juli 1937: „Wenn wir uns nur mit den Deutschen
an einen Tisch setzen und mit einem Bleistift in der Hand einmal alle ihre Forderungen durch-
gehen könnten, so würde das viel zur Lösung der Spannung beitragen."[46] Auf diese Art
wollten die Beschwichtigungspolitiker das „Schicksal" meistern, wie es der aktive Appeaser
und britische Botschafter in Berlin, Neville Henderson, am 22. Mai 1938 ausdrückte: Man
dürfe sich das Schicksal „nicht aus der Hand gleiten lassen", sagte er, „denn die einzigen
Profiteure wären dann die Kommunisten."[47]

So verfolgte die Appeasement-Politik gleichzeitig zwei Hauptziele: 1. Das Erstarken der
Sowjetunion und ein Erfolg der von ihr verfochtenen Politik der kollektiven Sicherheit
gegen die faschistischen Aggressoren sollte verhindert werden. 2. Für das britische Empire
Zeit gewinnen, um seine innere Position zu festigen, um aufzurüsten und sich nach
Bündnispartnern umzusehen. Als Preis war man bereit, den Nazis Zugeständnisse zu ma-

---

43 *Gerhart Hass*, Über Versuche der Umwertung der Beschwichtigungspolitik zum europäischen Friedens-
   konzept, in: *Bulletin des Arbeitskreises „Zweiter Weltkrieg"*, Nr. 1/2, Berlin 1979, S. 57 ff.
44 Den innenpolitischen Aspekt der Appeasement-Politik haben eingehender untersucht: *Josef Henke*, England in Hitlers politischem Kalkül 1935—1939. Schriften des Bundesarchivs Bd. 20, Boppard 1972; *David
   E. Kaiser*, Economic Diplomacy and the Origins of the Second World War, Princeton 1980; *Reinhard Meyers*, Britische Sicherheitspolitik 1934—1938. Studien zum außen- und sicherheitspolitischen
   Entscheidungsprozeß, Düsseldorf 1976; *Gustav Schmidt*, Das Zusammenspiel sicherheitspolitischer, wirtschaftlicher und ideologischer Faktoren in der englischen Weltpolitik und die Restrukturierung der
   internationalen Politik, in: *Die Westmächte und das Dritte Reich 1933—1939*, Paderborn 1982, S. 29 ff.;
   Bernd-Jürgen Wendt, Economic Appeasement. Handel und Finanz in der britischen Deutschland-Politik
   1933—1939, Düsseldorf 1971.
45 *Martin Gilbert/Richard Gott*, Der gescheiterte Frieden. Europa 1933—1939, Stuttgart 1964, S. 20.
46 Ebenda, S. 40.
47 *ADAP*, Serie D., Bd. II, Dok. 189, S. 252.

chen, die vor allem auf folgendes hinausliefen: 1. Die Expansionsabsichten des deutschen Imperialismus in Mittel-, Südost- und vor allem in Osteuropa in dem Maße zu tolerieren, wie dadurch die Gefahr einer kriegerischen Verwicklung von Großbritannien abgewendet werden konnte. 2. Zugeständnisse gegenüber den deutschen Forderungen nach Kolonien zu machen. 3. Das Bündnis zwischen Deutschland, Italien und Japan durch diplomatische Schritte aufzulockern, seine Zielrichtung durch ein antisowjetisches Paktsystem eindeutig festzulegen. Aus allen Dokumenten jener Zeit geht hervor, daß sich so auch in Berlin die Grundlinien der britischen Politik darstellten.

In der Debatte darüber, welche Schlußfolgerungen für das weitere Vorgehen daraus in Berlin gezogen wurden, gibt es seit längerem, besonders in der BRD, die These von den „grundverschiedenen außenpolitischen Konzeptionen Hitlers und Ribbentrops in den entscheidenden Vorkriegsjahren."[48] In seiner Ribbentrop-Biographie gelangte Wolfgang Michalka zu dem Schluß, „Ribbentrops Konzeption, die aus der Einsicht in die Unvereinbarkeit der deutschen und britischen Politik resultierte", sei eine „außenpolitische Alternative zu Hitlers ‚Programm'" gewesen.[49] Im Rahmen der vorliegenden Untersuchung kann nur ein Fragenkomplex dieser Auffassung behandelt werden: Gab es einen Gegensatz zwischen den Festlegungen der faschistischen Führung Ende 1937/Anfang 1938 und den Vorstellungen von Joachim v. Ribbentrop, deutscher Botschafter in London und seit dem 4. Februar 1938 Reichsaußenminister? Dabei gilt es zwei Aspekte auseinanderzuhalten: Das unmittelbar bevorstehende Vorgehen im Zeitraum 1938/39 und die Perspektive der deutsch-britischen Beziehungen in der weiteren Zukunft.

Bei den Nahzielen ging es um das Verhalten Großbritanniens zu den bevorstehenden Aggressionsakten gegen Österreich und die Tschechoslowakei. Ribbentrop legte dazu in seinem Hitler zugeleiteten Hauptbericht „London A 5522" vom 28. Dezember 1937 folgendes dar: Für die britische Führung um Chamberlain und Halifax sei es eine Hauptfrage, „ob es möglich sein wird, mit Deutschland doch noch zu einem Arrangement zu kommen." Britischerseits könnte dies auf folgender Basis geschehen: „Rückgabe einiger deutscher Kolonien und Offenlassung einer Lösung der österreichischen Frage, die einen friedlichen Anschluß vorbereiten könnte, sowie Besserung der Lage der Sudetendeutschen, eventuell bis zur Kulturautonomie." London wollte aber Gewißheit haben, daß Deutschland bereit sei, alle Probleme „nur auf dem Wege friedlicher Verhandlungen zu lösen." Auch sei es denkbar, mit den Briten zu weiteren Abmachungen über die Luftrüstung in wirtschaftlichen Fragen zu kommen. Schließlich hieß es, England „würde gern Deutschland einige Kolonien geben und hat zweifellos auch Verständnis für den deutschen Wunsch nach Raum im Osten, wenn dadurch das englische Volk nicht in den Krieg zu ziehen braucht."[50]

Diese Einschätzung Ribbentrops stand in keinem Widerspruch, sondern im Einklang mit der Linie der Führung in Berlin, Schritt für Schritt den Krieg vorzubereiten und zuerst gegen Österreich und die Tschechoslowakei vorzugehen. Auch gab es keinen wesentlichen Unterschied zu den Auffassungen Hitlers über die voraussichtliche Haltung der Appeasement-Politiker.

48 *Andreas Hillgruber*, Hitlers Strategie. Politik und Kriegführung 1940—1941, Frankfurt a. M. 1965, S. 396.
49 *Wolfgang Michalka*, Ribbentrop und die deutsche Weltpolitik 1933—1940. Außenpolitische Konzeptionen und Entscheidungsprozesse im Dritten Reich, München 1980, S. 297.
50 Der Bericht ist abgedruckt in: *Annelies von Ribbentrop*, Die Kriegsschuld des Widerstandes. Aus britischen Geheimdokumenten 1938/39, Leoni 1975, S. 63.

Betrachten wir einige Aspekte der Frage nach der zukünftigen großen Auseinandersetzung im Weltmaßstab. An Äußerungen Ribbentrops, des Hauptorganisators des Antikominternpakts, wonach der „Weltbolschewismus" und die Sowjetunion die Hauptfeinde seien, fehlt es weder aus seiner Botschaftertätigkeit in London noch aus seiner Amtszeit als Außenminister. Differenzen zwischen Hitler und Ribbentrop über den Antikommunismus und Antisowjetismus, auch über das Ziel, „Raum im Osten" zu erobern, bestanden ebenfalls nicht. Ribbentrop sah jedoch spätestens Ende 1937 klarer als andere Naziführer, möglicherweise auch als Hitler, daß der Periode der Beschwichtigungspolitik seitens des britischen Imperialismus eine harte Auseinandersetzung mit dem deutschen Imperialismus folgen könnte. Dies begründete er in den „Schlußfolgerungen zum Bericht A 5522". Darin hieß es, der mögliche zeitweilige Ausgleich „wird auf die Dauer jedoch an der Tatsache nichts ändern können, daß die Bildung zweier gegenüberliegender Fronten mit der Zeit zwangsläufig immer klarer zutage treten wird. Die Frage, ob ein deutsch-englischer Ausgleich dann überhaupt noch gefunden werden kann, ist meiner Auffassung nach wie folgt zu beantworten: Steht England mit seinen Bündnissen Deutschland und seinen Freunden gegenüber stärker da, wird es m. E. früher oder später immer schlagen. Gelingt es dagegen Deutschland, seine Bündnispolitik so zu gestalten, daß eine deutsche Konstellation einer englischen stärker oder vielleicht ebenbürtig gegenübersteht, wäre es möglich, daß England lieber doch noch einen Ausgleich versucht." Zusammenfassend schrieb Ribbentrop: „Heute glaube ich nicht mehr an die Verständigung. England will kein übermächtiges Deutschland in seiner Nähe, das eine ständige Bedrohung seiner Inseln wäre. Dafür wird es kämpfen."[51]

Auch mit diesen Schlußfolgerungen stand Ribbentrop nicht im Gegensatz zu den Vorstellungen, die in den Beratungen um die Jahreswende 1937/38 geäußert worden waren. Ständig wurden zwei Hauptgegner im Kampf um die Weltherrschaft anvisiert: Die Sowjetunion und ein Block westlicher kapitalistischer Staaten, in dem Großbritannien eine wichtige, wenn nicht sogar die führende Rolle spielen würde.

Was aber die beiden Ribbentrop-Berichte bei Hitler eventuell doch bewirkten, war die tiefere Erkenntnis, daß letztendlich der Kampf im Westen unausweichlich war. Um so wichtiger wurde es, sich darüber klar zu werden, ob zuerst England und Frankreich aufs Korn zu nehmen waren oder die Sowjetunion. Rückblickend sagte Hitler am 22. August 1939, er habe ursprünglich gedacht, „daß ich mich zunächst in einigen Jahren gegen den Westen wenden würde und dann erst gegen den Osten."[52] Drei Monate später, am 23. November 1939, sprach er, wiederum vor hohen Militärs, erneut zu dieser Frage und nannte er das Motiv, weshalb die Faschisten sich zuerst gegen den Westen — und damit war auch Polen gemeint, das politisch und seiner Gesellschaftsordnung nach zum französisch-britischen Bündnissystem gehörte — gewandt hätten: „Wir können Rußland nur entgegentreten, wenn wir im Westen frei sind."[53]

Inwieweit Ribbentrop nach Varianten suchte, um diesen Entscheidungskampf für Hitlerdeutschland in Ost und West erfolgreich zu gestalten, wäre das Thema einer eigenen Untersuchung. An der Entschlußfassung für das Vorgehen 1938/39 haben Ribbentrop und mit ihm das Auswärtige Amt seinen Anteil.

---

51 *ADAP*, Serie D, Bd. I, Dok. 93, S. 132 ff.
52 *IMG*, Bd. 26, Dok. 798-PS, S. 338 f.
53 *Steininger*, Der Nürnberger Prozeß, Bd. 2, Dok. 789-PS, S. 97.

5. Das Komplott von München und die Zerschlagung der Tschechoslowakei — Marksteine auf dem Weg zum Krieg

Die Appeasement-Politik wurde sehr bald geprüft. Am 22. November 1937 hatte Göring zum ungarischen Ministerpräsidenten Daranyi gesagt, er halte „Österreichs Vereinigung mit dem Mutterland für unumgänglich."[54] Schon am 12. Februar 1938 stellte Deutschland dem österreichischen Bundeskanzler Kurt v. Schuschnigg ein' Ultimatum mit sechs Forderungen, die, wie der österreichische Historiker Norbert Schausberger feststellt, „gravierende Beeinträchtigungen der österreichischen Souveränität" enthielten.[55]

Als die österreichische Regierung für den 13. März 1938 eine Volksbefragung über die Unabhängigkeit des Landes anberaumte, beschritt die Hitlerregierung den Weg der Gewalt. Am 10. März erhielt das deutsche OKW gegen 10 Uhr den Befehl, das „Unternehmen Otto" für den 12. März vorzubereiten. Um 16.30 Uhr gab Generaloberst Walter v. Brauchitsch, seit dem 4. Februar Oberbefehlshaber des Heeres, die Aufmarschanweisung heraus.[56]

Am 12./13. März vollzog Hitlerdeutschland den „Anschluß" Österreichs. Das war eine kriegsähnliche Aggression, die eindeutig gegen internationales Recht und mehrere Verträge verstieß. Der erste Schritt auf dem Weg in den Krieg war getan. Die Beschwichtigungspolitiker verhielten sich bei diesem Examen so, wie man es in Berlin erwartet hatte. Um 19 Uhr trafen am 12. März im Auswärtigen Amt Noten Großbritanniens und Frankreichs ein, in denen „gegen die Ausübung eines durch Gewaltanwendung unterstützten Zwanges gegen einen unabhängigen Staat, um eine mit seiner Unabhängigkeit unvereinbare Lage zu schaffen", protestiert wurde.[57] Und das war alles; London und Paris nahmen den Aggressionsakt hin.

Warnend erhob nur die UdSSR ihre Stimme. Am 17. März übergab sie in vielen Hauptstädten eine Note, die am 18. März veröffentlicht wurde. Alle Warnungen der UdSSR vor den faschistischen Aggressoren hätten eine neue Bestätigung erfahren „durch den militärischen Einfall in Österreich und dadurch, daß das österreichische Volk gewaltsam um seine politische, wirtschaftliche und kulturelle Unabhängigkeit gebracht wurde." Die Sowjetunion sagte in dieser Erklärung aber auch öffentlich, worauf es in der gegebenen neuen Situation ankam, und was zu tun sie selbst bereit war: „Die gegenwärtige internationale Lage stellt alle friedliebenden Staaten und insbesondere die Großmächte vor die 'Frage der Verantwortung für das weitere Schicksal der Völker Europas. Die Sowjetregierung erkennt die Verpflichtungen an, die für sie aus dem Völkerbundpakt erwachsen, aus dem Briand-Kellogg-Pakt und den Verträgen über gegenseitigen Beistand, die sie mit Frankreich und der Tschechoslowakei abgeschlossen hat." Weiter hieß es, die UdSSR sei „nach wie vor zur Teilnahme an kollektiven Aktionen bereit", welche zum Ziel haben würden, „der weiteren Verbreitung der Aggression Einhalt zu tun und die verstärkte Gefahr eines neuen Weltkrieges zu beseitigen."[58] Der Appell Litvinovs, unverzüglich ein

---

54 *Norbert Schausberger*, Der Anschluß, in: *Österreich 1918—1938*. Geschichte der Ersten Republik, Bd. 1, Hrsg. von Erika Weinzierl und Kurt Skalnin, Graz 1983, S. 523.
55 Ebenda, S. 527.
56 Ebenda, S. 534.
57 *ADAP*, Serie D, Bd. I, Dok. 356f., S. 472f.
58 *Neue Dokumente zur Geschichte des Münchener Abkommens.* Hrsg. vom Ministerium für Auswärtige Angelegenheiten der Tschechoslowakischen Republik/Ministerium für Auswärtige Angelegenheiten der Union der Sozialistischen Sowjetrepubliken, Prag 1959, Dok. 4, S. 23 ff.

kollektives Sicherheitssystem zu schaffen und mit Verhandlungen zu beginnen, fand bei den Regierungen in Paris und London nur taube Ohren.

Hitlerdeutschland schickte sich an, nach dem nächsten Opfer, der Tschechoslowakei, zu greifen. Für die Ausführung von Fall „Grün" wurde ein etwas längerer Zeitraum benötigt. Sofort nach dem „Anschluß" Österreichs begann seine politische, wirtschaftliche, militärische und diplomatische Vorbereitung. Am 28. Mai 1938 hatte Hitler wiederum die Spitzen von Staat und Militär in die Reichskanzlei gerufen. In einer dreistündigen Rede verkündete er ihnen die nächsten Schritte: Er habe sich entschlossen, die „Tschechei-Frage" endgültig und nunmehr radikal zu lösen. Wann dies geschehen solle, beantwortete eine neue Fassung des Teils II der Weisung für die einheitliche Kriegsvorbereitung vom 24. Juni 1937. Nunmehr hieß es am 30. Mai 1938: „Es ist mein unabänderlicher Entschluß, die Tschechoslowakei in absehbarer Zeit durch eine militärische Aktion zu zerschlagen . . . Ihre Ausführung muß spätestens ab 1. 10. 1938 sichergestellt sein."

Mit einem militärischen Eingreifen Frankreichs und Großbritanniens rechnete die deutsche militärische Führung nicht. Es hieß in der Weisung, „die für den Westen vorgesehene Rückendeckung muß zahlenmäßig und wertmäßig auf ein Maß beschränkt werden, das mit dem derzeitigen Stand der Befestigungen im Einklang steht."[59] Das läßt deutlich erkennen, daß die bevorstehende Aggression gegen die ČSR noch nicht das Signal zum großen Krieg sein sollte. Es ging den Berliner Machthabern im Gegenteil darum, das zeitweilige Arrangement, das die Beschwichtigungspolitik ihnen eröffnete, restlos zu nutzen.

Die Regierungen in London und Paris spielten tatsächlich mit, da dieses Vorgehen auch ihrer Strategie entsprach. Schrittweise machten sie Hitlerdeutschland immer neue kleine und große Zugeständnisse, untergruben das Bündnis Frankreichs mit der Tschechoslowakei, schalteten die UdSSR aus und verrieten das Volk der ČSR. Alle Wege führten, zwar verschlungen, aber doch folgerichtig zum Münchener Diktat vom 29. September 1938.[60] Das sogenannte Sudetengebiet fiel bis zum 10. Oktober an Hitlerdeutschland. Die Wehrmacht marschierte dort ein, aber der Krieg blieb noch aus.

Das Münchener Komplott war eine äußerst wichtige Zäsur der internationalen Politik. Das Appeasement war auf seine Belastbarkeit geprüft worden. Der Test hatte ergeben, daß die Westmächte zum Komplott mit dem deutschen Imperialismus und zum Verrat an den ihnen vertrauenden kleineren Nachbarstaaten Deutschlands bereit waren, solange sie annahmen, es entspräche ihrer Strategie und gehöre als Vorstufe zur zukünftigen deutschen Ostexpansion.

Nach den Abmachungen von München wurde es aber für die Chamberlain und Halifax schon schwieriger, für dieses Endziel ihrer Strategie noch erforderliche Zugeständnisse zu machen, nämlich die Nachmünchener Tschechoslowakei und Polen ebenfalls zu opfern. Allen Dokumenten und vor allem der lautstarken bürgerlichen Propaganda zufolge — in München sei der Friede gerettet worden — waren die Beschwichtigungspolitiker auch zu diesem Entgegenkommen noch bereit.

Andere Überlegungen herrschten in Berlin vor. Das Dokument von München hatte nicht den Fall „Grün" von der Tagesordnung abgesetzt. Es gab immer noch eine Tschechoslowakei. Die deutsche Führung war jedoch überzeugt, daß das strategische Ziel, die Eroberung des „Lebensraums" und die Vorherrschaft in der Welt, wie es Hitler am 23. Mai 1939 formu-

59 *IMG*, Bd. 25, Dok. 388-PS, S. 433ff.
60 Siehe *Hass*, Münchner Diktat 1938, S. 136ff.

lierte, „ohne Einbruch in fremde Staaten oder Angreifen fremden Eigentums" nicht mehr möglich war. „Weitere Erfolge", so meinte Hitler, könnten „ohne Blutvergießen nicht mehr errungen werden." So fiel die Entscheidung, nicht erst auf langsame Konzessionen aus Paris und London zu warten, sondern zu handeln. Am 21. Oktober 1938 erfolgte die Weisung zur „Erledigung der Rest-Tschechei".[61] Am gleichen Tage wurden Vorbereitungen zur „Inbesitznahme des Memellandes" angeordnet. Drei Tage später stellte Ribbentrop an Polen ultimative Forderungen.

Die Frage, auf die man in Berlin noch keine endgültige Antwort wußte, lautete: Würden London und Paris das alles mitmachen? Dafür sprach, daß die Appeasement-Politiker sich nach wie vor strikt gegen ein politisches und militärisches Zusammengehen mit der UdSSR wehrten. Nur ein Bündnis Frankreichs, Großbritanniens und der Sowjetunion, eindeutig so abgeschlossen, daß jeder neue Aggressionsakt auf eine kollektive Abwehrfront treffen mußte, konnte die Faschisten noch vom Weg in den Krieg abbringen.

Diese Auffassung legte die UdSSR damals in aller Öffentlichkeit dar. Am 4. Oktober 1938 veröffentlichte die Regierungszeitung „Izvestija" einen Artikel, in dem davon gesprochen wurde, daß sich die Westmächte in München „vor den Karren der faschistischen Aggressoren spannen ließen", jedoch in alle Welt hinausposaunten, sie hätten durch ihr Nachgeben gegenüber Hitler den Frieden gerettet. „Diese Illusionen werden jedoch vergehen", hieß es weiter, und der Fakt bestehenbleiben, „daß die Kapitulation der sogenannten demokratischen Mächte, die offensichtlich den Krieg nur aufgeschoben hat, diesen in Wirklichkeit näher bringt, und außerdem unter Bedingungen, die für Großbritannien und Frankreich unermeßlich schlechter sein werden." Abschließend wurde in dem Artikel versichert, daß die UdSSR treu zu allen von ihr eingegangenen Verträgen und Verpflichtungen steht. Es hieß: „Die Sowjetunion nimmt eine klare und bestimmte Haltung ein. Ihr ist die Politik der Beschwichtigung des Aggressors absolut fremd."[62]

Da es aber keine Anzeichen für das Entstehen eines kollektiven Sicherheitssystems unter Einschluß der UdSSR gab, verstärkte sich in Berlin der Hang zum schnellen Handeln: gegen die Tschechoslowakei, Polen und die Westmächte. In den Monaten zwischen dem Münchener Diktat und der Zerschlagung der Nachmünchener Tschechoslowakei zeichnete sich bereits deutlich die Entscheidung ab, die Variante West durch „Blitzfeldzüge" gegen Polen und Frankreich durchzusetzen.

Von manchen bürgerlichen Historikern, ausgeprägt von Wolfgang Michalka, wird allerdings die These vertreten, Ribbentrop habe zu dieser Zeit das Ziel verfolgt, den ersten Schlag gegen den Westen zu richten. Im Gegensatz zu Hitler, schreibt er, sah Ribbentrop „in Polen einen nützlichen Allianzpartner für eine kontinentale antibritische Bündniskonstellation". Weiter wird behauptet, Ribbentrop habe den Antikominternpakt „zu einem antibritischen Militärbündnis, dem recht viele andere Staaten — so eventuell auch Polen — angeschlossen werden sollten," erweitern wollen. Deshalb soll der deutsche Außenminister versucht haben, Hitler „von seinem Marsch nach Osten abzulenken", zumindest aber wollte er eine „vorläufige Zurückstellung expansiver Pläne im Osten Europas" erreichen. Hitlers Position nach dem Münchener Diktat charakterisiert Michalka völlig unzutreffend mit der Feststellung, dieser hätte „Polen vor allem als Juniorpartner gegen die Sowjetunion gewinnen" wollen.[63]

---

61 *IMG*, Bd. 34, Dok. 136-C, S. 480.
62 *SSSR v bor'be*, Dok. 14, S. 32ff.
63 *Michalka*, S. 276f.

Zur Klärung und Wertung der tatsächlichen Position der faschistischen Führung muß von den Fakten ausgegangen werden. Ribbentrop war es, der nach eingehender Absprache mit Hitler bei der Unterredung mit Botschafter Józef Lipski am 24. Oktober 1938 die weitreichenden Forderungen — vor allem der Anschluß von Danzig an das Deutsche Reich und der Bau deutscher exterritorialer Auto- und Eisenbahnlinien durch polnisches Gebiet — stellte.[64] Diese waren keineswegs geeignet, Polen als „Allianzpartner" zu gewinnen. In seinen Aufzeichnungen hat Lipski auch nur vermerkt, Ribbentrop habe im Hinblick auf eine „zukünftige Kooperation" über die „Emigration der Juden aus Polen und eine vereinte Politik gegenüber Rußland auf der Basis des Antikominternpakts" gesprochen.[65] Hinweise auf eine „gemeinsame" antibritische Politik sind Ribbentrops Äußerungen nicht zu entnehmen. Tatsache ist dagegen, daß am 24. November 1938 die militärische Weisung zur „Erledigung der Resttschechei" durch den Nachtrag ergänzt wurde, der die „handstreichartige Besetzung von Danzig" zum Inhalt hatte. Dieser Befehl, ebenso wie die Aufmarschanweisungen „Fall West" und „Fall Ost" vom 18. Januar 1939, sah zwar noch nicht ausdrücklich den Krieg gegen Polen vor, kalkulierte diesen aber ein.

Ribbentrop war sich dieser Tatsache bewußt, als er in seiner Geheimrede vor Generälen am 22. Januar 1939 einleitend sagte: „Nach der gelungenen Beendigung der militärisch-politischen Aktion gegen die Tschechoslowakei wurde von den richtungsgebenden führenden deutschen Militärkreisen verlangt, daß als künftiger Teil des deutschen Expansionsprogramms die polnische Frage gelöst würde. Durch führende Militärpersönlichkeiten wurde darauf hingewiesen, daß eine eventuelle militärische Aktion gegen Polen, geführt im Sommer 1939, die günstigsten Voraussetzungen hätte."[66]

Die Absicht zum baldigen Vorgehen gegen Polen geht auch aus einer Aufzeichnung des Staatssekretärs im Auswärtigen Amt, Ernst v. Weizsäcker, von Anfang 1939 hervor. Darin heißt es: „Der im Inland populärste, dem Ausland verständlichste nächste Akt der deutschen Außenpolitik wäre der Erwerb Memels und Danzigs, sowie einer breiten und festen Landbrücke nach Ostpreußen. Polen hätte dabei wenig Sympathien und kaum irgendwelche Hilfe dritter zu gewärtigen. In unserer Hand läge es, Polen auf das uns genehme Größenmaß als Puffer gegen Rußland zu reduzieren." Weizsäcker fügte die Randbemerkung hinzu, er habe diese Erwägung im Dezember 1938 Ribbentrop vorgetragen.[67] Michalka schlußfolgert: Im Gegensatz zu „Staatssekretär v. Weizsäcker, der Polen mit starken Ressentiments betrachtete und sich mit Nachdruck für eine Reduzierung dieses Staates einsetzte, nahm Ribbentrop seit 1936, mit Sicherheit jedoch seit 1938 eine abwägende und differenzierende Haltung dem deutsch-polnischen Verhältnis gegenüber ein."[68] Belegen soll diese These die schon erwähnte Rede Ribbentrops vom 22. Januar, in der es einige

---

64 *ADAP*, Serie D, Bd. V, Dok. 81, S. 88.

65 *Papers and Memoirs of Józef Lipski, Ambassador of Poland.* Diplomat in Berlin 1933—1939. Hrsg. von Wacław Jędrzejewicz, New York 1968, Dok. 124, S. 453 ff.

66 *Tschechoslowakische diplomatische Dokumente 1937—1939.* Das Abkommen von München 1938. Hrsg. von Václav Král, Prag 1968, Dok. 286, S. 333. Es handelt sich um eine in den Kabinettsakten in Prag aufgefundene, vom tschechoslowakischen Außenministerium angefertigte Aufzeichnung. Eine deutsche Quelle der Rede ist nicht bekannt. Auf diese Publikation berufen sich auch *Henke*, S. 222 ff. und *Michalka*, S. 276 f.

67 *Die Weizsäcker-Papiere 1933—1950.* Hrsg. von Leonidas E. Hill, Frankfurt a. M. 1974, S. 150.

68 *Michalka*, S. 275.

Erwägungen gibt, eine „deutsche Ostaktion" zurückzustellen, weil sie den italienischen und japanischen Intentionen zu jener Zeit widerlaufen könnte.

Ribbentrop stellte Überlegungen an, wonach im Falle eines offensiven Vorgehens gegen Frankreich „erhöhter Nachdruck auf die polnische Neutralität" gelegt werden sollte. Weiter heißt es jedoch, der „gesicherte freie Rücken gegenüber Polen ist eine Voraussetzung der militärischen Offensivaktion gegenüber Frankreich". Daraus den Schluß abzuleiten, der deutsche Außenminister sei dafür gewesen, zuerst im Westen gegen Frankreich und Großbritannien loszuschlagen und Polen zu eliminieren, ist jedoch nicht möglich, da schon der nächste Satz Ribbentrops folgendermaßen lautet: „Im Falle, daß es nötig wäre damit zu rechnen, daß Polen doch seine bisherige Bündnisverpflichtung gegen Frankreich erfüllt, müßte sich Deutschland im Westen nur auf die Defensive beschränken und alle Angriffseinheiten zuerst auf den Osten werfen, um einen möglichst tiefen Raum zu erreichen."[69] Diese Lage der Dinge wurde aber von der faschistischen Führung als gegeben angesehen, weshalb dieser Satz auch die entscheidende Schlußfolgerung Ribbentrops ist. Die gleichen Überlegungen hatten Hitler und seine militärischen Berater zu dem Schluß geführt, den Krieg gegen Polen zu beginnen.

Die polnische Führung suchte nach dem Münchener Komplott Rückhalt in Paris und London. Trotz der Erfahrung mit dem Verrat der Westmächte an der Tschechoslowakei in München sah man in Warschau in dieser Haltung den einzigen Ausweg, nicht das nächste Opfer der faschistischen Aggressionspolitik zu werden. Die polnische Regierung beharrte auf ihrem Standpunkt, Hitlerdeutschland keine Zugeständnisse zu machen und alle aggressiven Vorstellungen Berlins abzulehnen. Sie wollte dadurch bei den Westmächten als konsequenter, notfalls auch abwehrbereiter Bündnispartner gelten.

Am Verlauf der Ereignisse Ende 1938/Anfang 1939 änderten auch einige Versuche nichts, den Antisowjetismus, der den deutschen und polnischen herrschenden Kreisen gemeinsam war, ins Spiel zu bringen und einen Ausweg auf Kosten der UdSSR zu suchen. So tauchten in britischen, französischen, nordamerikanischen und Zeitungen anderer Länder Meldungen auf, wonach die deutsche Führung beabsichtigte, mit oder auch gegen Polen, nächstens zur Eroberung der Ukraine anzutreten. Der deutsche Militär- und Luftattaché in Moskau, Generalleutnant Ernst Köstring, vermerkte dazu am 29. Januar 1939 in einem Schreiben an den Oberquartiermeister IV im Generalstab des Heeres, Oberst i. G. Kurt v. Tippelskirch, es handle sich um ein „Spektakel der ausländischen Presse, daß wir nun bald die Ukraine mit stürmender Hand nehmen würden".[70]

Allerdings entbehrten diese Gerüchte nicht jeder Grundlage. So hatte Ribbentrop in der Geheimrede vom 22. Januar davon gesprochen, daß die „ukrainische Frage" im Zusammenhang mit den ungarischen Forderungen auf Übergabe der slowakischen Karpato-Ukraine auf die Tagesordnung gesetzt werden könnte. Dadurch würde es möglich, „Polen einen entscheidenden Schlag zu versetzen". Wenn sich die Gelegenheit ergäbe, „dieses ideale Ziel der deutschen Ostpolitik durchzuführen" — einen Staat „Großukraine" aus Teilen der Sowjetunion, Polens und der slowakischen Karpato-Ukraine zu schaffen — würde auch die UdSSR in eine schwierige Lage geraten. Ein „großukrainischer Staat" wäre allerdings, bemerkte Ribbentrop weiter, nur existenzfähig, „wenn er sich bedingungslos auf Deutschland stützt, wodurch er eigentlich ein deutscher Vasallenstaat werden müßte".[71]

69 *Tschechoslowakische diplomatische Dokumente*, S. 337.

70 *General Ernst Köstring.* Der militärische Mittler zwischen dem deutschen Reich und der Sowjetunion 1921—1941. Hrsg. von Hermann Teske, Frankfurt a. M. 1965, S. 220.

71 *Tschechoslowakische diplomatische Dokumente*, S. 334.

Auch auf polnischer Seite gab es einige Politiker, die, möglicherweise auch mit der Absicht, durch eine Zusammenarbeit mit Hitlerdeutschland auf antisowjetischer Basis die faschistische Bedrohung von Polen abzuwenden, Pläne bezüglich der Ukraine verfolgten. Der Leiter der Ostabteilung des polnischen Außenministeriums, Tadeusz Kobylański, erklärte nach einer Notiz des von den Faschisten im Dezember 1942 hingerichteten deutschen Gesandtschaftsrats Rudolf v. Scheliha vom 18. November 1938, für den Fall, daß die Karpato-Ukraine zu Ungarn käme, sei Polen einverstanden, „sich danach auf der Seite Deutschlands an einem Feldzug gegen die Sowjetukraine zu beteiligen".[72] Auch der polnische Gesandte in Teheran, J. Karczo-Sedlewski, sagte einer Notiz vom 28. Dezember zufolge, „die politische Perspektive für den europäischen Osten ist klar. In einigen Jahren wird Deutschland gegen die Sowjetunion kämpfen. Polen wird freiwillig oder gezwungenermaßen Deutschland in diesem Krieg unterstützen. Für Polen ist es besser, sich bis zu diesem Konflikt ganz bestimmt auf die Seite Deutschlands zu stellen, da die territorialen Interessen Polens im Westen und seine politischen Ziele im Osten, vor allem in der Ukraine, nur durch eine vorher zustandegekommene polnisch-deutsche Übereinkunft zu sichern sind."[73]

Bei seinem Besuch in Warschau vom 25. bis 27. Januar 1939 spielte Ribbentrop gegenüber dem polnischen Außenminister Józef Beck auf solche Gedankengänge an, als er fragte, ob „denn die Aspirationen des Marschalls Piłsudski in dieser Richtung, also auch nach der Ukraine aufgegeben" worden seien.[74] Die ausschlaggebenden Politiker und Militärs in Polen fürchteten jedoch zu Recht 1939, ein Eingehen auf derartige Vorstellungen würde Polen völlig von den Nazis abhängig machen und die weitreichenden Forderungen vom 24. Oktober auch nicht von der Tagesordnung absetzen. Polen intensivierte daher seine Beziehungen zu Frankreich und Großbritannien, nahm aber auch im November 1938 Gespräche mit der UdSSR auf, die auf eine Verbesserung des Verhältnisses zu seinem östlichen Nachbar abzielten.

In Berlin wurden die „großukrainischen" Pläne zu diesem Zeitpunkt nicht weiterverfolgt. Polen schien der faschistischen Führung, wie es Hitler am 23. Mai 1939 formulierte, „eine zweifelhafte Barriere gegen Rußland",[75] und kam, anders als es manchmal Mitte der dreißiger Jahre angenommen worden war, nicht als Partner im zukünftigen Kampf gegen die Sowjetunion in Frage. Ein militärisches Vorgehen gegen die UdSSR war zu diesem Zeitpunkt noch nicht beabsichtigt. Dem erwartungsgemäß schweren Krieg gegen den sozialistischen Staat sollten die Unterordnung Polens als Aufmarschgebiet gegen die UdSSR, die Zerschlagung Frankreichs und die weitestgehende Ausschaltung Großbritanniens vorausgehen.

Für diese Entscheidung waren auch Gesichtspunkte maßgeblich, die aus den Berichten führender deutscher Kenner der Sowjetunion über die Rote Armee hervorgingen. General Köstring ließ zum Beispiel keinen Zweifel daran, daß das operative Können der sowjetischen Armeeführung zwar durch die Ereignisse von 1937/38 gelitten hatte, jedoch stellte er ausdrücklich fest: „Es läßt sich aber durch nichts erkennen und belegen, daß die Schlagkraft der Masse so weit gesunken ist, daß die Armee nicht einen sehr beachtenswerten Faktor bei einer kriegerischen Auseinandersetzung darstellt." Im Hinblick auf

72 *SSSR v bor'be*, Dok. 45, S. 82.
73 Ebenda, Dok. 83, S. 142.
74 *ADAP*, Serie D, Bd. V, Dok. 120.
75 *Steiniger*, Der Nürnberger Prozeß, Bd. 2, Dok. 120-C, S. 164.

Spekulationen in der Presse der kapitalistischen Staaten fügte er hinzu: „Der Gedanke an eine Zerrüttung der Wirtschaft ist abwegig." Es müsse davon ausgegangen werden, „daß die Versorgung der Armee im Kriegsfalle, wenn auch knarrend, so doch ausreichend erfolgen wird."[76] Im gleichen Sinne äußerten sich zu dieser Zeit der im November 1944 von den Faschisten hingerichtete Botschafter Friedrich Werner Graf von der Schulenburg und Botschaftsrat Gustav Hilger.[77] Aus allen Einschätzungen ging ganz klar hervor, daß der Krieg gegen die Sowjetunion kein Spaziergang sein würde!

In Berlin gab es Anfang 1939 keine grundlegenden Meinungsverschiedenheiten über die nächsten Aggressionsakte. Das Vorgehen gegen die Nachmünchener Tschechoslowakei war bereits beschlossene Sache. Aber auch die militärische Planung für den Krieg gegen Polen, Frankreich, Großbritannien und andere Staaten Westeuropas gelangte aus dem Stadium strategischer Überlegungen und „Planspiele" in dasjenige konkreter militärischer Weisungen. Am 8. März 1939 legte Hitler vor führenden Vertretern aus Wirtschaft, Nazipartei und Generalität nochmals die nächsten Absichten dar. Nach der militärischen Aktion gegen die Tschechoslowakei beschrieb Hitler das weitere Vorgehen: „Polen wird folgen. Wir brauchen nicht auf einen starken Widerstand von dieser Seite zu rechnen. Deutsche Herrschaft über Polen ist notwendig, um polnische Lieferung landwirtschaftlicher Produkte und Kohle für Deutschland zu sichern." Nach einer Darstellung des Verhältnisses zu Ungarn, Rumänien und Jugoslawien hieß es: „Deutschland wird in 1940 und 1941 ein für allemal mit seinem Erbfeinde Frankreich abrechnen."[78] Die Waagschale neigte sich also endgültig zu der Entscheidung, den Krieg im Westen vor dem Kreuzzug gegen den sozialistischen Staat und für den großen Landraub im Osten stattfinden zu lassen. Verhindern konnte beide Kriegsvarianten auch zu dieser Zeit noch eine Antihitlerkoalition.

Von der Unterzeichnung des Münchener Diktats dauerte es nur 166 Tage, bis Hitlerdeutschland diesen Vertrag zerriß. Bis Mitte März 1939 waren deutscherseits alle Vorbereitungen getroffen, um gegen die Nachmünchener Tschechoslowakei vorzugehen. Die slowakischen Klerikalfaschisten waren auf die Abspaltung ihres Landesteils eingeschworen und die ungarischen Horthy-Faschisten lechzten nach den karpato-ukrainischen und slowakischen Gebieten. Am 15./16. März wurde die ČSR aufgespalten und teilweise besetzt, im okkupierten tschechischen Gebiet das „Protektorat Böhmen und Mähren" errichtet.[79]

Die Faschisten bereiteten sofort die nächsten Aggressionsakte vor. Am 23. März wurde Litauen gezwungen, das Memelgebiet an das Deutsche Reich abzutreten. Als die polnische Regierung am 26. März erneut alle Forderungen aus Berlin zurückwies, erfolgte am 3. April der Auftrag an das OKW, den Kriegsplan zum Überfall auf Polen fertigzustellen. Am 11. April 1939 unterzeichnete Hitler den „Fall Weiß". Darin hieß es: „Operationsziel im Osten ist die Vernichtung des polnischen Heeres."[80] Mit dieser Weisung hatte die faschistische Führung die grundsätzliche Entscheidung getroffen.

76 *General Ernst Köstring*, S. 202f.
77 *Gustav Hilger*, Wir und der Kreml. Deutsch-sowjetische Beziehungen 1918—1941, Frankfurt a. M. 1964, S. 280f.
78 *Anatomie*, Dok. 88, S. 204; siehe auch *Foreign Relations of the United States*, 1939, Bd. 1, Washington 1956, S. 672f.
79 Siehe den Beitrag von *Miroslav Kárný* in diesem Band; ferner *Gerhart Hass*, Bankrott der Münchener Politik. Die Zerschlagung der Tschechoslowakei 1939. illustriertes historisches heft, Nr. 50, Berlin 1988.
80 *Steiniger*, Der Nürnberger Prozeß, Bd. 2, Dok. 120-C, S. 160.

Vor hohen Offizieren sprach Hitler dies am 23. Mai 1939 auch deutlich aus. „Das Problem ‚Polen' ist von der Auseinandersetzung mit dem Westen nicht zu trennen." Es wäre zwar wünschenswert, räumte er ein, „wenn der Westen aus dem Spiel bleibt. Ist das nicht möglich, dann ist es besser, den Westen anzufallen und dabei Polen zugleich zu erledigen." Schließlich heißt es in der Niederschrift der Ausführungen Hitlers, die Oberstleutnant Rudolf Schmundt anfertigte: „Der Führer zweifelt an der Möglichkeit einer friedlichen Auseinandersetzung mit England. Es ist notwendig, sich auf die Auseinandersetzung vorzubereiten." Mit der Entscheidung, den Erstschlag gegen Polen zu führen, stand die Variante „West" auf der Tagesordnung.

Während dieser Ansprache vergaß Hitler aber nicht, den Anwesenden einzuschärfen, daß die Ost-Variante, der Krieg gegen die Sowjetunion, keinesfalls auf den Sankt-Nimmerleins-Tag verschoben war. Er sagte: „Danzig ist nicht das Objekt, um das es geht. Es handelt sich für uns um die Erweiterung des Lebensraumes im Osten und Sicherstellung der Ernährung sowie die Lösung des Baltikum-Problems. . . . Polens innere Festigkeit gegen den Bolschewismus ist zweifelhaft. . . . Einem Druck durch Rußland hält das polnische Regime nicht stand. . . . Es entfällt also die Frage, Polen zu schonen, und bleibt der Entschluß, bei erster passender Gelegenheit Polen anzugreifen."[81]

Offenblieb nur noch die Frage: Würden London und Paris diesem Willen zum Aggressionskrieg ein energisches „Halt!" gebieten und dazu mit dem wichtigsten, in jeder Hinsicht zum aktiven Widerstand gegen den Krieg bereiten und befähigten Staat, der Sowjetunion, zusammenarbeiten, oder würden sie an der Beschwichtigungspolitik festhalten?

6. Die endgültige Entscheidung der Faschisten für den Krieg gegen Polen und die Westmächte

Am 18. März 1939 bezog die UdSSR in einer Note an die deutsche Regierung, die am 20. März in der „Izvestija" veröffentlicht wurde, in scharfer Form gegen die Zerschlagung der Tschechoslowakei Stellung. Sie erklärte: „Die Besetzung der Tschechei durch deutsche Truppen und die nachfolgenden Aktionen der deutschen Regierung sind nicht anders als willkürlich, gewaltsam und als aggressiv zu bezeichnen. . . . Die sowjetische Regierung vermag die Einbeziehung der tschechischen Gebiete, und in dieser oder jener Form auch der Slowakei, in das Deutsche Reich nicht als rechtmäßig und den allgemein anerkannten Normen des internationalen Rechts und der Gerechtigkeit oder den Prinzipien der Selbstbestimmung der Völker entsprechend anzuerkennen. . . . Nach Auffassung der sowjetischen Regierung hat die Handlungsweise der deutschen Regierung nicht nur die Gefahren für den Weltfrieden gemildert, sondern im Gegenteil eine solche Gefahr geschaffen und verstärkt, hat sie die politische Stabilität in Mitteleuropa verletzt, die Elemente der schon vorher in Europa heraufbeschworenen Gefährdung vergrößert und dem Sicherheitsgefühl der Völker einen neuen Schlag versetzt."[82]

Die sowjetische Regierung ließ es nicht bei diesem Protest bewenden, sondern sie wandte sich am gleichen Tage an die britische Regierung mit dem Vorschlag, „unverzüglich eine Beratung von Vertretern der UdSSR, Englands, Frankreichs, Polens und Rumäniens"

---

81 Ebenda, S. 164ff.; *IMG*, Bd. 38, Dok. 79-L, S. 546f.
82 *SSSR v bor'be*, Dok. 157, S. 242f.

einzuberufen, um über die Gefahren, die von Hitlerdeutschland ausgingen, zu konferieren und Gegenmaßnahmen zu ergreifen.[83]

Die deutschen Imperialisten, dessen war sich die Regierung der UdSSR völlig gewiß, waren zum Kriege entschlossen. Sie waren die Verantwortlichen für die Kriegsgefahr. Ob es ihnen gelang, ihre Pläne zu verwirklichen, oder es glücken würde, die faschistische Aggression im letzten Moment zu stoppen, hing im entscheidenden Maße von den Entschlüssen in London und Paris ab.

Am 15. März 1939 tagte das Kabinett in London. Das Ergebnis der Sitzung faßte Chamberlain nach dem Protokoll in folgende Worte: „Er denke, daß es weise sei, eine baldige Gelegenheit zu ergreifen, um zu erklären, daß unter den entstandenen Umständen die britische Garantie (der Tschechoslowakei — G. H.) ein Ende gefunden habe. . . . Die deutsche Aktion ist in Gestalt eines Vertrages mit der Regierung der Tschechoslowakei unternommen worden. Die Deutschen sind deshalb in einer Position, plausible Antworten geben zu können.‘‘[84]

Die Regierung in London, ebenso auch die in Paris, war also gewillt, die Appeasement-Politik fortzusetzen. Das bekundete Chamberlain auch öffentlich, als er am 16. März im Parlament erklärte: „Es ist ganz natürlich, daß ich bitter bedaure, was jetzt vorgefallen ist. Aber wir sollten uns auf keinen Fall von unserem Kurs abbringen lassen. Erinnern wir uns daran, daß der Wunsch aller Völker der Welt und ihre Hoffnungen auf Frieden gerichtet bleiben.‘‘[85]

Die Reaktion der britischen Öffentlichkeit, insbesondere der Arbeiter- und Gewerkschaftsbewegung, aber auch solcher Politiker wie Winston Churchill und Anthony Eden, sowie die allgemeine Entrüstung in der Welt über den verbrecherischen Akt der Faschisten gegen die Tschechoslowakei zwang den britischen Premier, schließlich zu manövrieren. So erklärte er in einer Rede in Birmingham am 17. März 1939: „Ist dies der letzte Angriff auf ein kleines Land oder sollen ihm noch andere folgen? Oder ist dies gar ein Schritt zu dem Versuch, die Welt gewaltsam zu beherrschen? Wenn ich auch nicht bereit bin, für unser Land neue, nicht genau festgelegte Verpflichtungen einzugehen, die unter heute noch nicht vorauszusehenden Bedingungen einzuhalten wären, so gäbe es doch keinen größeren Irrtum als anzunehmen, unser Volk habe, weil es den Krieg für sinnlos und grausam hält, so sehr seinen Charakter eingebüßt, daß es nicht jeder solchen Herausforderung, wenn sie erfolgen sollte, äußersten Widerstand entgegensetzen würde.‘‘[86]

Am nächsten Tag, dem 18. März, tagte wieder das Kabinett in London. Die Besorgnis, Hitlerdeutschland könne, siegestrunken nach dem Einmarsch in Prag, schneller als von den Beschwichtigungspolitikern erwartet, neue Aggressionsakte unternehmen, führte zu kontroversen Auffassungen im Kabinett. Chamberlain selbst meinte, es sei an der Zeit, festzustellen, „welche Freunde wir haben, die mit uns gegen eine Aggression eintreten würden‘‘. Halifax erklärte, es sei „höchst wünschenswert, Frankreich, Polen, die Türkei und die UdSSR als Alliierte zu haben‘‘. Kriegsminister Leslie Hore-Belisha trat für eine „freie und offene Allianz mit Polen und Rußland‘‘ ein, und Gesundheitsminister Walter Elliot fügte hinzu, „es sei höchst bedeutsam mit Rußland Kontakt aufzunehmen‘‘. Auch wurde

---

83 Ebenda, Dok. 162, S. 246.
84 *Ian Colvin*, The Chamberlain Cabinet. How the Meetings in Downing Street, 1937-9 Led to the Second World War. Told for the First Time from the Cabinet Papers, London 1971, S. 186.
85 Ebenda.
86 *William L. Shirer*, Aufstieg und Fall des Dritten Reiches, Köln 1961, S. 422.

über die Notwendigkeit gesprochen, das Rüstungsprogramm zu intensivieren. Laut Protokoll einigte man sich darauf, daß es außerordentlich wichtig sei, Deutschland im Kriegsfalle „zu zwingen, an zwei Fronten zu kämpfen".[87]

Diese Ansätze für eine erfolgversprechende Politik kamen jedoch nicht zum Tragen. Am 19. März empfing Halifax den sowjetischen Botschafter I. M. Majskij, um zu dem sowjetischen Vorschlag für eine sofortige Konferenz vom Vortage Stellung zu nehmen. Eine solche Zusammenkunft hielte die britische Regierung für „verfrüht", aber man könne ja eine gemeinsame Deklaration veröffentlichen, wonach die Unabhängigkeit der Staaten Ost- und Mitteleuropas im Interesse Englands, der UdSSR und anderer europäischer Staaten läge. Das war der Beginn der doppelzüngigen westlichen Diplomatie in den letzten Vorkriegsmonaten. London und Paris wollten sich nicht durch klare Abmachungen mit der UdSSR binden. Aber man wollte die Tür nach Moskau offenhalten. So begannen die langwierigen, über viele Zwischenetappen gehenden Gespräche zwischen der UdSSR, Frankreich und Großbritannien.[88] Sie führten zu keinen Ergebnissen. Das gleiche Resultat wie die politischen Verhandlungen hatten die Besprechungen zwischen den Militärdelegationen, die im August 1939 in Moskau begannen.

In Berlin war man, wie aus allen Berichten der Botschaften, vor allem aus London, Paris, Moskau, Warschau und Bukarest, aber auch aus Geheimdienstquellen hervorging, genauestens informiert, in welchem ergebnislosen Zustand die britisch-französisch-sowjetischen Verhandlungen sich dahinzogen. Außerdem hörten die Geheimgespräche zwischen Berlin und London nicht auf. Dank der Haltung der Regierungen in London und Paris drohte den Faschisten nicht die Gefahr einer kollektiven Abwehr gegen ein aggressives Vorgehen.

In Deutschland gingen die Kriegsvorbereitungen weiter. Das OKW stellte am 22. Juni den Zeitplan für den Überfall auf Polen fertig. Am 26. Juni erließ das Marinegruppenkommando Ost die Weisung Nr. 1 für den Fall Weiß. Zwischen dem 26. Juni und dem 4. August wurden neun Infanteriedivisionen und bis zum 14. August weitere dreizehn Divisionen in die östlichen Grenzgebiete verlegt. Am 19. August begann die sogenannte „A"-Bewegung, das heißt die Beförderung der bereits mobilisierten Truppen, die nach der Aufmarschanweisung mindestens sechs Tage vor dem Angriff in den Bereitstellungsräumen sein sollten.[89]

Diese militärischen Aktivitäten seit Ende Juni 1939 beweisen, daß der Verlauf der britisch-französisch-sowjetischen Verhandlungen die deutsche Führung in ihrer Auffassung bestärkte, es werde zu keinen kollektiven Abwehrmaßnahmen dieser Staaten kommen. Damit entfiel das einzige Machtmittel, das die deutschen Imperialisten im Sommer 1939 noch vom Vorgehen gegen Polen und damit auch gegen die Westmächte hätte abhalten können.

Die Entscheidung, zuerst gegen Polen und die Westmächte vorzugehen, wurde noch erhärtet, als Großbritannien und Frankreich am 31. März bzw. 6. April 1939 Polen gegenüber Beistandsverpflichtungen eingingen. Die zwischen Mitte März und Mitte April getroffenen Festlegungen für die „Westvariante" blieben in Kraft. Die westliche Verhand-

---

87 *Colvin*, The Chamberlain Cabinet, S. 189.
88 *Siehe Geschichte des zweiten Weltkrieges 1939—1945 in zwölf Bänden*, Bd. 2: Am Vorabend des Krieges. Hrsg. von A. A. Gretschko u. a., Berlin 1975, S. 160ff.
89 *Das Deutsche Reich und der zweite Weltkrieg*, Bd. 2: Die Errichtung der Hegemonie auf dem europäischen Kontinent. Von Klaus A. Maier, Horst Rohde u. a., Stuttgart 1979, S. 101f.

lungsführung in Moskau, einschließlich des Verhaltens der damaligen Regierungen Polens und Rumäniens, bewirkten das Scheitern eines Antihitlerbündnisses. Daraus schlossen die faschistischen Politiker, Deutschland würde nach einem „Blitzkrieg" in Polen nur eine Front, nämlich die im Westen, haben. Dieser Schluß war freilich historisch nicht zwingend. Der sowjetische Historiker und Diplomat I. F. Maksimyčev schreibt in diesem Zusammenhang über die Politik der UdSSR: „Bis zum Ende strebte sie jedoch ein tatsächlich gleichberechtigtes und wirksames Bündnis gegen die Aggression an, das den Schlag des Aggressors abzuwehren vermochte, und das ungeachtet des Umstandes, daß der heraufziehende Krieg in seiner ersten Etappe sie unmittelbar nicht berührte."[90] Allein gelassen, konnte die UdSSR den Überfall auf Polen und den Beginn des zweiten Weltkrieges zwischen Hitlerdeutschland und den Westmächten nicht verhindern.

Die innenpolitische Entwicklung in der UdSSR, das Andauern von Repressalien gegen Kader der Roten Armee, der KPdSU(B) und des Sowjetstaates ermöglichten es allerdings den zahlreichen antisowjetischen Kräften, ihre Zweifel an der Effektivität einer sowjetischen Kriegsbeteiligung verstärkt zu verbreiten. Verunsichert wurden dadurch auch diejenigen Politiker und Militärs im Westen, die — wenn auch zögernd und inkonsequent — Verhandlungen mit der Sowjetunion zu einem positiven Abschluß bringen wollten. Die sowjetische Führung erkannte 1939 offensichtlich nicht, daß weder der deutsche Aggressor noch sein Bündnispartner Japan in der ersten Etappe des Krieges die UdSSR angreifen wollten. Der sowjetische Militärhistoriker O. F. Suvenirov bemerkt dazu, die Auswertung der deutschen und japanischen Dokumente widerlege die frühere Auffassung, wonach „der Sowjetunion im August 1939 die reale Gefahr eines Zweifrontenkrieges drohte. Möglicherweise nahmen Stalin, Molotow und Woroschilow das in der Vorkriegszeit an." Heute wissen wir jedoch, fährt Suvenirov fort, daß Japan damals nicht beabsichtigte, die UdSSR zu überfallen und „Hitlerdeutschland im Jahre 1939 über keinen konkreten Plan für eine Kriegführung gegen die UdSSR verfügte."[91] Diese Feststellung bestätigt, daß sich die faschistische Führung 1939 für die Variante „West" entschieden hatte.

Die Entscheidung, den Vorstoß im Kampf um die Vorherrschaft in Europa mit dem Überfall auf Polen und dem Krieg gegen die Westmächte zu beginnen, die sich seit dem Münchener Diktat abzeichnete, war unmittelbar nach der Zerschlagung der Nachmünchener Tschechoslowakei Mitte März 1939 gefallen. Die faschistischen deutschen Imperialisten wollten sich erst aller Ressourcen Europas vom Bug bis zum Atlantik und von Norwegen bis Sizilien versichern und eine zweite Front ausschließen, ehe sie zum großen Krieg gegen den sozialistischen Staat aufmarschierten. Einsicht in die Irrealität und Abenteuerlichkeit ihrer Vorhaben war ihnen nicht gegeben. Die Völker Europas und der Welt, darunter auch das deutsche Volk, mußten dafür bitter bezahlen.

---

90 *Maximytschew*, Der Anfang vom Ende, S. 313.
91 *O. F. Suvenirov*, „Klim, Koba skasal . . .", in: Voenno-istoričeskij žurnal, Nr. 12/88, S. 59f.

Ernst Gottschling

„Heim ins Reich!" oder die Annexion Österreichs

Österreich war der erste fremde Staat, der durch das faschistische Deutschland mitten im Frieden militärisch besetzt und annektiert wurde. Seine Einverleibung bildete den Auftakt für die gewaltsame Umsetzung eines imperialistischen Expansionsprogramms größten Ausmaßes, das eineinhalb Jahre später in den zweiten Weltkrieg einmündete. Nach den Worten des österreichischen Völkerrechtlers Stephan Verosta war diese völkerrechtswidrige Aktion „der erste und entscheidende Schritt auf dem Weg zum zweiten deutschen Hegemonialkrieg und zu den deutschen Eroberungen in Europa."[1]

Das Ende der Ersten Republik Österreich war durch das Zusammenwirken einer Vielzahl von Faktoren über einen langen Zeitraum hinweg vorbereitet worden. Es bedurfte mannigfaltiger Bedingungen, Aktivitäten — oder Inaktivitäten —, sowohl von deutscher Seite als auch in Österreich selbst und in der internationalen Arena, damit die staatliche Unabhängigkeit Österreichs schließlich innerhalb weniger Tage beseitigt werden konnte. Die Mehrdimensionalität des Prozesses bietet auch heute noch Anlaß zu wissenschaftlichem und politischem Streit, wenn es um die Bedeutungsschwere der einzelnen Momente geht, die je nach Standpunkt des Beurteilenden unterschiedlich gewichtet werden.

Dies zu betonen scheint nicht unwichtig, weil in der personalistischen Geschichtsauffassung mancher BRD-Historiker „das ‚Problem Hitler' an den Anfang" gerückt wird.[2] Die „Programmologen" oder „Intentionalisten" unter ihnen knüpfen eine starre Kausalkette zwischen Hitlers „Mein Kampf", 1925 erstmals erschienen, und den nach 1933 eingetretenen Abläufen, so als ob der „Wille des Führers" stets der ausschlaggebende Faktor für diese gewesen sei. Das träfe nicht zuletzt für die Außenpolitik zu, die laut Hildebrand durch die „relativ hohe Eigenständigkeit des Hitlerschen ‚Programms'" gekennzeichnet sei. Danach „blieben die sogenannten wirtschaftlichen Zwänge gegenüber Hitlers politisch autonomen Zielen sekundär". Mehr noch, sie „dienten ihnen"[3].

Immerhin hatte Hitler auf der ersten Seite seines Machwerks „Mein Kampf" geschrieben: „Deutschösterreich muß wieder zurück zum großen deutschen Mutterlande, und zwar nicht

---

1 *Stephan Verosta*, Politische und völkerrechtliche Aspekte der Besetzung Österreichs durch Deutschland, in: *Österreich 1927 bis 1938*. Veröffentlichungen der Wissenschaftlichen Kommission des Theodor-Körner-Stiftungsfonds und des Leopold-Kunschak-Preises zur Erforschung der österreichischen Geschichte der Jahre 1927 bis 1938, Bd. 1, München 1973, S. 226.

2 So maßgeblich bei *Andreas Hillgruber*, Endlich genug über Nationalsozialismus und Zweiten Weltkrieg? Düsseldorf 1982, S. 11.

3 *Klaus Hildebrand*, Monokratie oder Polykratie? Hitlers Herrschaft und das Dritte Reich, in: *Der „Führerstaat": Mythos und Realität*. Veröffentlichungen des Deutschen Historischen Instituts London Bd. 8, Stuttgart 1981, S. 80 f.

aus Gründen irgendwelcher wirtschaftlicher Erwägungen heraus ... Gleiches Blut gehört in ein gemeinsames Reich."[4] Das sieht geradezu wie ein Paradebeispiel für das Hildebrandsche programmologische Geschichtskonzept aus und muß es wohl sein bei einem Verfasser, der von der überragenden Rolle Hitlers ausgeht und obendrein die Prämisse setzt, „das Dritte Reich erst einmal an den ihm eigenen Maßstäben zu messen"[5], mögen diese Maßstäbe auch eine irrationalistische Blut- und Reichsmystik gewesen sein.

Tatsächlich aber existierten einschlägige deutsche Kapitalinteressen längst, bevor der Stern Hitlers aufgegangen war. Die deutschen Mitteleuropaplanungen schon vor 1918 spiegelten das wider.[6] In den zwanziger Jahren verstärkte das deutsche Kapital im Zuge der Konsolidierung seiner Machtpositionen auch die Ambitionen in Richtung Österreich und weiter ausgreifend nach Südosteuropa, hierin mit bestimmten österreichischen Wirtschaftskreisen großenteils konform gehend.[7]

Die Forderung nach Angliederung Österreichs an Deutschland war also nicht Hitlers Patent. Sie hatte zahlreiche Anhänger in den verschiedenen politischen Lagern bis hin zur Sozialdemokratie.[8] Bei alledem zwang das 1919 in Versailles und St. Germain ausgesprochene friedensvertragliche Verbot des Anschlusses von Österreich an Deutschland, die Haltung der anderen kapitalistischen Großmächte, insbesondere Italiens und Frankreichs, zu einer behutsamen Vorgehensweise. Eine Politik kleiner Schritte unter Berücksichtigung der internationalen Situation wurde betrieben, die notwendig auf die systematische langfristige Akkumulation von dauerhaften Vorteilen, Anlagen und Stützpunkten, auf allmähliche Veränderung des politischen Klimas, der Stimmungslage angelegt war, mit der Tendenz, eine solche Verflechtung auf möglichst vielen gesellschaftlichen Sektoren herbeizuführen, daß als Ergebnis schließlich der „Anschluß" Österreichs an das Deutsche Reich als Produkt „geschichtlicher Logik" unausweichlich werden würde.

Das Leitmotiv deutscher imperialistischer Planungen blieb nach 1933 unverändert. Zeitweilig gewann zwar die Brechstangenmethode die Oberhand. Sie kulminierte — gewiß nicht zufällig nach Niederschlagung der österreichischen Arbeiterbewegung durch den Austrofaschismus[9] im Februar 1934 — in dem Putschversuch der verbotenen österreichi-

---

4 *Adolf Hitler*, Mein Kampf, 902.—906. Aufl., München 1944, S. 1.

5 *Klaus Hildebrand*, Nationalsozialismus ohne Hitler? in: *Geschichte in Wissenschaft und Unterricht*, 5/1980, S. 291.

6 Vgl. *Franz Liszt*, Ein mitteleuropäischer Staatenverband als nächstes Ziel der deutschen auswärtigen Politik, Leipzig 1914; *Friedrich Naumann*, Mitteleuropa, Berlin 1915; *Willibald Gutsche*, Mitteleuropaplanungen in der Außenpolitik des deutschen Imperialismus vor 1918, in: *ZfG* 5/1972, S. 533f.

7 Entsprechend äußerte sich der Geschäftsbericht des Langnamvereins für das Jahr 1926/27: „Die besondere Stellung Österreichs im Rahmen des mitteleuropäischen Raumes veranlaßte uns, in Zusammenarbeit mit dem Reichsverband der Deutschen Industrie die Möglichkeiten engerer wirtschaftlicher Verbindungen mit Österreich näher zu erörtern und eine engere Fühlung mit den führenden Kreisen der österreichischen Wirtschaft aufzunehmen" (zit. nach *Josef Winschuh*, Der Verein mit dem langen Namen. Geschichte eines Wirtschaftsverbandes, Berlin 1932, S. 164).

8 Vgl. den Beitrag des deutschnationalen Mitglieds des Reichstagsausschusses für Handelsverträge *Hans Arthur v. Kemnitz*, Der Zusatzvertrag zum deutsch-österreichischen Wirtschaftsabkommen, in: *Österreich-Deutschland* („*Heim ins Reich*"), 2. Jg., 4/1925, S. 2, wo es u. a. heißt, daß die „wirtschaftlichen Faktoren ... die *materielle Grundlage des Anschlußgedankens* in Österreich" seien, um fast identisch mit Hitler von „unseren Volksgenossen in Österreich" zu sprechen, die „Blut von unserm Blut, ein Teil des großen deutschen Gesamtvolkes" seien, „das künstliche Grenzen nicht zerreißen können".

9 Der Streit darüber, welchem Oberbegriff — wenn überhaupt — das in Österreich während der Jahre 1934—1938 herrschende politische System unterzuordnen sei, kann hier nicht analysiert werden. Mit dem

schen Nazibewegung am 25. Juli 1934, bei dem Bundeskanzler Dollfuß ermordet wurde. Diese frühe Erprobung einer gewaltsamen „Gleichschaltung von innen" trug jedoch dilettantische Züge und scheiterte kläglich.

Das eingetretene Fiasko, „über den kurzen Weg" zum Ziel kommen zu wollen, führte zunächst zur vollen Wiederaufnahme des Wilhelminischen und weimarischen Ansatzes der deutschen Österreich-Politik auch hinsichtlich der angewandten Mittel und Methoden. Sichtbares Zeichen dieser Rückbesinnung war die sofortige Abberufung des bloßgestellten deutschen Gesandten in Wien, Rieth, und die Ernennung Franz v. Papens, des bisherigen Vizekanzlers (und Katholiken, was bei dem in Österreich vorherrschenden Katholizismus taktisch geschickt war), zum „außerordentlichen Gesandten und bevollmächtigten Minister des Deutschen Reiches in besonderer Mission".

Papen, Hitler direkt unterstellt, trachtete danach, die österreichische Frage unter Ausschaltung der anderen europäischen Mächte auf lange Sicht in ein ausschließlich bilaterales Problem zu verwandeln.[10] Sein „evolutionärer Weg" bestand darin, Österreich aus der internationalen Diskussion zu entfernen, es schrittweise zu isolieren und bei zunehmend verstärktem Druck von außen wie von innen für den „Anschluß" reif zu machen, und wurde trotz zeitweiliger Zuspitzung und Neigung der illegalen österreichischen Nazis zu Gewaltaktionen bis März 1938 beibehalten. Der erste große Erfolg trat mit dem Abschluß des Juliabkommens von 1936 ein.

In der zwischen der Reichsregierung und der österreichischen Bundesregierung getroffenen Vereinbarung vom 11. Juli 1936[11] und dem vertraulichen Zusatzabkommen („Gentlemen-Agreement")[12] wurde seitens der deutschen Regierung „die volle Souveränität des Bundesstaates Österreich" anerkannt. Doch dieses Illusionen fördernde Zugeständnis erwies sich nur zu bald als nichtssagend. Ihm gegenüber wogen die im Gentlemen-Agreement plazierten Zugeständnisse von österreichischer Seite ungleich schwerer. Hieß es im veröffentlichten Abkommen, die österreichische Bundesregierung werde generell ihre Politik „stets auf jener

Terminus „Ständestaat" seine Eigenheiten erfassen und vor allem seine Verwandtschaft mit faschistischer Regimen in Abrede stellen zu wollen, ist unzulänglich. Richtig ist, daß es sich um eine Variante des Faschismus an der Macht gehandelt hat, die in sich Merkmale sowohl des italienischen wie des ungarischen Haupttyps vereinigte und somit eine Zwischenstellung zwischen ihnen eingenommen hat, ungeachtet bestimmter nur ihm eigener Charakterzüge. „Mit dem ungarischen Prototyp hatte der Austrofaschismus . . . gemeinsam, daß er der Faschismus eines kleinen, abhängigen Landes war". (*Kurt Gossweiler*, Faschistische Bewegungen und faschistische Diktatur in Österreich — ein Versuch ihrer Einordnung in eine Typologie des Faschismus, in: *derselbe*, Aufsätze zum Faschismus, Berlin 1986, S. 676.) Vgl. auch *Emmerich Talos*, Das Herrschaftssystem 1934—1938: Erklärungen und begriffliche Bestimmungen. Ein Resümee, in: „*Austrofaschismus*". Beiträge über Politik, Ökonomie und Kultur 1934—1938. Hrsg. Emmerich Talos/Wolfgang Neugebauer, Wien 1984, S. 282, wo der Verfasser schreibt, daß „das österreichische Herrschaftssystem von 1934—1938 Charakteristika auf(weist), die selbst beim bisher erreichten Forschungsstand eine eindeutige Abgrenzung von den Herrschaftssystemen in Italien und Deutschland nicht zulassen, die analytische Einordnung in das Spektrum faschistischer Herrschaftssysteme als begründet erscheinen lassen. Dieser Sachverhalt — unter Einbeziehung der für Österreich spezifischen Ausprägungen — läßt sich trotz der forschungsbedingten Vorläufigkeit mit *Austrofaschismus* adäquat auf den Begriff bringen."

10 Vgl. Aussage Papens in: *IMG*, Bd. 16, S. 338; *Karl Obermann*, Über die Rolle der „besonderen Mission" Papens bei der Vorbereitung der Eroberung Österreichs (1934 bis 1938), in: *Der deutsche Imperialismus und der zweite Weltkrieg*, Bd. 2, Berlin 1961, S. 479ff.

11 *ADAP*, Serie D, Bd. I, S. 234.

12 Ebenda, S. 231ff.

grundsätzlichen Linie halten, die der Tatsache, daß Österreich sich als deutscher Staat bekennt, entspricht", so wurde das im Gentlemen-Agreement dahingehend konkretisiert, daß Österreich sich bereit erklärte, seine Außenpolitik „unter Bedachtnahme auf die friedlichen Bestrebungen der Außenpolitik der deutschen Reichsregierung zu führen".

Weitere Punkte betrafen die wirtschaftlichen Beziehungen und kulturelle Fragen. Besonders verhängnisvoll wirkte sich für Österreich innenpolitisch die Zustimmung zu einer „weitreichenden politischen Amnestie" für verurteilte Nazis aus, die auch noch nicht abgeurteilte Personen umfassen sollte. Darüber hinaus wurde die Verpflichtung übernommen, „Vertreter der bisherigen sogenannten ‚nationalen Opposition in Österreich' zur Mitwirkung an der politischen Verantwortung heranzuziehen".

1. Das Berchtesgadener Diktat

Das hervorstechende Merkmal des zwanzig Monate dauernden Todeskampfes[13] der Ersten Republik Österreich seit Abschluß des Juliabkommens von 1936 kann darin erblickt werden, daß Nazideutschland sich nach Art des trojanischen Pferdes mit freiwillig-unfreiwilliger Unterstützung durch die handelnden Personen des austrofaschistischen Regimes den Zugang zu den Schalthebeln der Macht verschaffen konnte, so daß es schließlich nur noch eines nicht einkalkulierten Anlasses bedurfte — „die historische Karte wurde von österreichischer Seite unbeabsichtigt Hitler zugespielt"[14] —, um Österreich gleichsam auf denkbar einfache Weise wie eine Kolonie in das Reich „heimzuholen".

Die faschistische Führungsclique in Deutschland konnte sich 1936/37 auch angesichts der für sie stark verbesserten internationalen Kräftekonstellation darin bestärkt fühlen, ihren auf militärische Gewalt gestützten Expansionskurs zu forcieren. Österreich rangierte bei ihren Aggressionsplanungen — neben der Tschechoslowakei — aus kriegswirtschaftlichen und militärstrategischen Gründen an vorderster Stelle. In der durch Reichskriegsminister Werner v. Blomberg am 24. Juni 1937 ausgegebenen „Weisung für die einheitliche Kriegsvorbereitung der Wehrmacht" war unter dem Stichwort „Sonderfall Otto" auch der Einfall nach Österreich vorgesehen.[15]

Das Aggressionsprogramm, das Hitler am 5. November 1937 vor den Oberbefehlshabern der drei Wehrmachtteile, dem Reichskriegsminister und dem Reichsaußenminister in der Reichskanzlei darlegte, enthielt nähere Ausführungen zu Österreich.[16] Zusammen mit der Tschechoslowakei müsse im Falle einer kriegerischen Verwicklung als erstes Österreich niedergeworfen werden. Die Einverleibung der beiden Staaten würde den Gewinn von Nahrungsmitteln für fünf bis sechs Millionen Menschen bedeuten, unter der Annahme, daß eine zwangsweise Emigration von zwei Millionen Menschen aus der Tschechoslowakei, von einer Million aus Österreich erreicht würde. Die Angliederung Österreichs und der Tschechoslowakei bedeutete militärpolitisch eine wesentliche Entlastung infolge einer kürzeren und besseren Grenzziehung, des Freiwerdens von Streitkräften für andere

---

13 So *Felix Kreissler*, Von der Revolution zur Annexion. Österreich 1918 bis 1938, Wien/Frankfurt a. M./ Zürich 1970, S. 265.

14 *Ludwig Jedlicka*, Die Außenpolitik der Ersten Republik, in: *Vom Justizpalast zum Heldenpalast*. Studien und Dokumentation 1927 bis 1938, Wien 1975, S. 113.

15 *IMG*, Bd. 34, S. 732ff.

16 Ebenda, Bd. 25, S. 402ff.

Zwecke sowie der Möglichkeit einer Neuaufstellung von rund zwölf Divisionen. Die These vom „gleichen Blut" der Deutschen und Österreicher wurde von Hitler mit keiner Silbe bemüht. Es waren allein militärische und ökonomische Überlegungen, die das weitere Vorgehen bestimmen sollten.

Bei einer Durchsuchungsaktion der Wiener Staatspolizei am 25. Januar 1938 wurden Dokumente gefunden, die nicht nur die illegale Leitung der österreichischen Nazis außerordentlich belasteten. Ein aufgefundenes „Aktionsprogramm 1938"[17], unterzeichnet mit den Initialen R. H., d. i. Rudolf Heß, Stellvertreter Hitlers in der NSDAP, gab authentisch Auskunft über geplante Vorhaben. Obwohl in diesem nach dem Wiener Gauleiter der Nazis als Tavs-Plan bezeichneten Fund schon von „Übergangsregierungen" die Rede war und den illegalen Nazis provokatorische Verhaltensanweisungen gegeben wurden, verzichtete die österreichische Regierung auf eine wirksame, die internationale Öffentlichkeit alarmierende propagandistische Verwertung. Das war ein untrügliches Indiz für die Position der Schwäche gegenüber Nazideutschland.

Als Ende Januar 1938 Botschafter Papen Bundeskanzler Schuschnigg eine Einladung Hitlers nach Berchtesgaden überbrachte, nahm dieser sie in der trügerischen Hoffnung an, durch vertretbare Konzessionen die im Juliabkommen von 1936 von Deutschland anerkannte Unabhängigkeit Österreichs retten zu können. Die zwischen dem Generalsekretär der VF, Zernatto, und Seyss-Inquart zu diesem Zweck vorbereitend ausgearbeiteten „Punktationen"[18] wurden Wilhelm Keppler, seit Juli 1937 Beauftragter für österreichische Angelegenheiten in der NSDAP und persönlicher Berater Görings[19], ohne Wissen Schuschniggs zugeleitet. Das erfolgte über die inzwischen gut funktionierenden Kanäle des Nachrichtendienstes der SS.[20] Deutscherseits konnte man deshalb bei den am 12. Februar 1938 (genau vier Jahre nach Niederschlagung der österreichischen Arbeiterbewegung durch den Austrofaschismus!) in Berchtesgaden stattfindenden Verhandlungen Schuschnigg mit geschickt dosierten Mehranforderungen in die Klemme bringen.

Auch die äußeren Umstände und der Ablauf der Verhandlungen waren darauf angelegt, den österreichischen Bundeskanzler unter schwersten Druck zu setzen.[21] Hitler hatte die Generale Keitel, Reichenau und Sperrle hinzuzitiert, um durch diese militärische Staffage zu demonstrieren, „daß sich das Reich mit seiner ganzen Größe, Macht und Einsatzfähigkeit zur Lösung der österreichischen Frage entschlossen hatte", wie ein zeit-

17 Österreichisches Staatsarchiv, Abt. Haus-, Hof- und Staatsarchiv, Neues Politisches Archiv, K 309/1968, abgedruckt bei *Norbert Schausberger*, Der Griff nach Österreich. Der Anschluß, Wien/München 1979, S. 508 ff.

18 Abgedruckt bei *Wolfgang Rosar*, Deutsche Gemeinschaft. Seyss-Inquart und der Anschluß, Wien/Frankfurt a. M./Zürich 1971, S. 201 ff.

19 Nähere Angaben zur Person Wilhelm Kepplers in: *Erich Paterna* u. a., Deutschland von 1933 bis 1939, Berlin 1969, S. 390, Anmerkung 47.

20 Ernst Kaltenbrunner, Führer der österreichischen SS von 1935 bis 1938 und späterer Chef des RSHA, belieferte über den von ihm aufgebauten Nachrichtendienst die Berliner Stellen mit besten Informationen. An Keppler schrieb er am 3. September 1937: „Die Organisation unseres Nachrichtendienstes habe ich in den letzten zwei Wochen namentlich in Wien gut ausgebaut. Unsere Nachrichten gehen täglich mindestens zweimal über Salzburg hinaus" (National Archives of the United States, Washington, D. C., Records of the German Foreign Office. T 120, r. 751, 344886, zit. bei *Radomir Luža*, Österreich und die großdeutsche Idee in der NS-Zeit, Wien/Köln/Graz 1977, S. 236, Anmerkung 21).

21 Vgl. die aufschlußreiche Darstellung, insbesondere der Unterredungen mit Hitler, bei *Kurt v. Schuschnigg*, Ein Requiem in Rot-Weiß-Rot, Zürich 1946, S. 37 ff.

genössischer Hofschreiber die Kulisse der mit ultimativen Drohungen geführten Verhandlungen abschilderte.[22]

In dem Berchtesgadener Abkommen vom 12. Februar 1938[23] verpflichtete sich Schuschnigg zu einer Kabinettsneubildung innerhalb von drei Tagen. Hervorstechendstes Merkmal der Neubildung war, daß Arthur Seyss-Inquart das Innen- und Sicherheitsministerium erhielt. Der österreichische Feldmarschalleutnant und Generalstabschef Jansa, den Nazis ein Dorn im Auge, wurde durch einen ihnen genehmeren Mann ersetzt. Ein Offiziersaustausch und Beratungen beider Generalstäbe wurden vereinbart. In der Außenpolitik und im Wirtschaftsverkehr lief das Abkommen auf eine stärkere Anpassung an die deutschen Bedürfnisse hinaus.

Jeder österreichische Nazi hatte jetzt die „Möglichkeit legaler Betätigung im Rahmen der Vaterländischen Front und aller übrigen österreichischen Einrichtungen". Diese Festlegung berücksichtigte die Tatsache, daß in Österreich keine Parteien zugelassen waren. Doch das schränkte nicht im geringsten die verheerenden Konsequenzen ein: „der Staat selbst öffnete seine Tore dem Nationalsozialismus".[24]

Seyss-Inquart wurde als alleinzuständig für die Durchführung dieser Übereinkunft von beiden Seiten anerkannt. Der bisherige Landesleiter der illegalen NSDAP in Österreich, Hauptmann Leopold, der Gewaltlösungen das Wort redete, wurde mit mehreren seiner Mitarbeiter ins Reichsgebiet zurückgezogen.

Die Führung in Deutschland beurteilte die Folgen der Berchtesgadener Abmachungen dahingehend, „daß bei voller Durchführung die Österreich-Frage automatisch gelöst werde".[25] Kepplers Adjutant und Mitarbeiter im Reichssicherheitshauptamt, Edmund Veesenmayer, berichtete kurz nach Vollzug der wichtigsten Punkte aus Wien über die dort herrschende „Chaosstimmung": „Der Zusammenbruch ist ein derartig totaler, daß unter der Voraussetzung, daß eine Beschleunigung der Entwicklung dem Führer in sein außenpolitisches Konzept paßt, durch bestimmten Nachdruck seitens des Reiches innerhalb der nächsten Wochen eine Reihe entscheidender Positionen erobert werden können."[26]

Trotz der verhüllenden Diplomatensprache der Abmachungen von Berchtesgaden konnte nichts darüber hinwegtäuschen, daß der Bundeskanzler, beeindruckbar wie er war[27], und sein Staatssekretär Schmidt einen Unterwerfungsvertrag unterzeichnet hatten, der dem Deutschen Reich in wesentlichen Punkten, z. B. bei der Regierungsbildung, ein faktisch unaufhebbares Mitsprache-, ja Forderungsrecht einräumte. Schuschnigg selbst sprach nach 1945 von „gebundenen Händen"[28], und sein Handeln in den letzten vier Wochen des Bestands der Ersten Republik Österreich trug Züge verzweifelten Bemühens, die von Tag zu Tag spürbarer werdenden Folgen einer selbstverschuldeten Fesselung abzuwenden.

---

22 *Wladimir v. Hartlieb*, Parole: Das Reich. Eine historische Darstellung der politischen Entwicklung in Österreich von März 1933 bis März 1938, Wien/Leipzig 1939, S. 475.

23 Veröffentlicht in *ADAP*, Serie D, Bd. I, S. 423f.

24 *Hartlieb*, S. 483.

25 Aufzeichnung von Keppler vom 28. Februar 1938, in: *ADAP*, Serie D, Bd. I, S. 450.

26 Lagebericht von Veesenmayer vom 19. 2. 1938, in: ebenda, S. 439f.

27 „. . . Schuschnigg fürchtete sich vor Hitler wie ein Schulbub vor dem gestrengen Oberlehrer", schrieb *Edmund Glaise v. Horstenau*, Ein General im Zwielicht. Die Erinnerungen Edmunds Glaises von Horstenau. Eingel. und hrsg. von Peter Broucek, Bd. 2, Minister im Ständestaat und General im OKW, Wien/Köln/Graz 1983, Veröffentlichungen der Kommission für Neuere Geschichte Österreichs, Bd. 70, S. 211.

28 *Schuschnigg*, Ein Requiem, S. 60.

Hitler betonte in seiner Reichstagsrede vom 20. Februar 1938 noch einmal den Anspruch einer „Weltmacht von Selbstbewußtsein" auf „Schutz jener deutschen Volksgenossen, die aus eigenem nicht in der Lage sind, sich an unseren Grenzen das Recht einer allgemeinen menschlichen, politischen und weltanschaulichen Freiheit zu sichern". Sein heuchlerischer Dank an Schuschnigg gründete sich auf das „Interesse . . . jenes gesamten deutschen Volkes, dessen Söhne wir alle sind, ganz gleich, wo die Wiege unserer Heimat stand".[29] Hitlers Rede, erstmals auch über den österreichischen Rundfunk übertragen, gab den nach wie vor bestehenden illegalen Naziformationen, besonders in der Steiermark (Graz), zusätzlichen Auftrieb, mit provokatorischen Demonstrationen aller Art die Lage zu verschärfen.

2. Fehlschlag der Volksbefragung

Nach dem Berchtesgadener Diktat erhob sich in der österreichischen Arbeiterschaft eindringlicher Protest. Es wurde unmittelbar danach, am 16. Februar 1938, eine Entschließung von „Vertrauensmännern" in den Betrieben[30] verfaßt. Sie bekundeten namens der Arbeiterschaft den Willen, „jederzeit den Kampf für die Erhaltung eines freien und unabhängigen Österreichs aufzunehmen, in dem sie selbst frei und unabhängig ist, und sich mit allen jenen zusammenzuschließen, die gleich ihr ehrlich auf diesem Boden stehen."[31] Innerhalb von 48 Stunden wurde diese in den Betrieben ausgelegte Entschließung von mehr als einer Million österreichischer Arbeiter und Angestellten unterzeichnet. Ein am 21. Februar von Betriebsvertrauensleuten formuliertes Mobilisierungsprogramm verband die Bereitschaft zur Verteidigung der österreichischen Unabhängigkeit mit Forderungen nach gleicher Bewegungsfreiheit wie die Nazis und nach freien Wahlen in den staatlich gleichgeschalteten Gewerkschaften. Bundeskanzler Schuschnigg sah sich schließlich am 3. März gezwungen, erstmals seit 1934 eine Delegation von 14 Betriebsvertrauensleuten zu empfangen, die ihm die genannten Forderungen überreichten. Doch er verhinderte durch sein zögerliches Verhalten die rasche Aktivierung der Arbeiterbewegung. Das Zögern und Schwanken der Regierung bzw. Schuschniggs war um so unverständlicher und verderblicher, als zur gleichen Zeit Wilhelm Keppler aus Berlin angereist war und in Unterredungen mit Außenminister Schmidt und Schuschnigg am 4. und 5. März neue, über das Berchtesgadener Diktat hinausgehende Forderungen präsentierte[32], und Schuschnigg „in den letzten Februartagen" den Entschluß zu einer Volksbefragung „in ernste Erwägungen gezogen und um den 4. März endgültig und unwiderruflich gefaßt" hatte.[33]

---

29 *Max Domarus*, Hitler. Reden und Proklamationen, Bd. I, 1932—1938, Würzburg 1962, S. 801 ff.

30 Die „Vertrauensmänner", als Ersatz für die früheren Betriebsräte im Rahmen der von der Regierung gesteuerten „Einheitsgewerkschaft" gewählt und zur Unterstützung der Unternehmensleitungen gedacht, wurden zu mehr als der Hälfte von ehemaligen Betriebsräten gestellt. „Sie konnten sich ein halblegales Auftreten leisten und fallweise die Regierung mit Forderungen der Arbeiterschaft unter Druck setzen" (*Die Kälte des Februar, Österreich 1933—1938*. Hrsg. Helene Maimann und Siegfried Mattl, Wien 1984, S. 130).

31 Zit. in *Rot-Weiß-Rot-Buch*. Gerechtigkeit für Österreich. Darstellungen, Dokumente und Nachweise zur Vorgeschichte und Geschichte der Okkupation Österreichs. I. Teil, Wien 1946, S. 62.

32 Vgl. *Schuschnigg*, Ein Requiem, S. 60.

33 *Kurt Schuschnigg*, Im Kampf gegen Hitler. Die Überwindung der Anschlußidee, Wien/München/Zürich 1969, S. 295. In seinem 1946 erschienenen Werk „Ein Requiem in Rot-Weiß-Rot", S. 61 heißt es: „Der Entschluß reifte in mir um den 3. März."

In dieser dramatischen Situation fand am 7. März 1938 in einem Saal des früheren
Floridsdorfer Arbeiterheims eine polizeilich geduldete Versammlung von fast 400 Vertretern der illegalen Gewerkschaften statt. Sie bekräftigten ihre zuvor erarbeiteten demokratischen Forderungen, die einer wirklichen Verteidigung Österreichs dienten. Doch
Schuschnigg hatte noch immer nicht die Absicht, diesen wahrhaft mehr als berechtigten
Forderungen entgegenzukommen. Später (1947) sagte der ehemalige Bundespräsident Miklas, in all den Jahren des Austrofaschismus mehr als Galionsfigur denn als wirksamer Politiker fungierend, als Zeuge im Guido-Schmidt-Prozeß aus: „Schuschnigg fürchtete, daß
sich eine Volksbewegung herauskristallisieren könnte, die für eine Verständigung mit
Deutschland höchst gefährlich werden könnte."[34]

Als daher der Kanzler am *9. März 1938* abends in einer Rede in Innsbruck die Abhaltung
einer Volksbefragung unter der Parole „Für ein freies und deutsches, unabhängiges und
soziales, für ein christliches und einiges Österreich! Für Friede und Arbeit und die
Gleichberechtigung aller, die sich zu Volk und Vaterland bekennen" kurzfristig für den
kommenden Sonntag, den 13. März 1938, ankündigte, war dies nicht als demokratischer
Aufbruch konzipiert. Hals über Kopf sollte nun eine gesamtstaatliche Akklamationsver-
anstaltung — denn um eine solche handelte es sich — vorbereitet und durchgeführt
werden. Nach Schuschniggs späteren eigenen Worten „war die Anberaumung der Volksbefragung ein Verzweiflungsakt unter äußerem Druck".[35] Der eingeschlagene „deutsche
Weg", der angestrebte „deutsche Friede" stand vor dem Scheitern. Jetzt auf einmal sollte
die innenpolitisch ausgeschaltete Arbeiterbewegung zu Hilfe kommen, die Scherben kitten
helfen, dem bankrotten Regime nach außen hin Legitimation verleihen.

Die unmißverständliche Stellungnahme der betrieblichen Arbeitervertreter, der Gewerkschaften und der beiden Linksparteien hätte bei der geplanten Volksbefragung dem
Schuschnigggregime dennoch eine antinazistische Mehrheit gesichert. Auch die Naziführer
in Österreich wie im Reich, die im ersten Augenblick von dem Coup des österreichischen
Bundeskanzlers überrascht worden waren, rechneten mit einem Votum, das ihre Annexions-
absichten durchkreuzt hätte. Einen Monat vorher hatte Hitler Schuschnigg in Berchtesgaden vorgeschlagen, eine freie Volksabstimmung in Österreich zuzulassen, bei der er,
Schuschnigg, gegen Hitler kandidiere.[36] Aber so war das nicht gemeint gewesen. Als mit
dem 6. März die Vorbereitungen für die Volksbefragung begannen, bekamen die Nazis
Wind von dem Vorhaben. Zum Zeitpunkt von Schuschniggs Innsbrucker Ankündigungs-
rede (9. März abends) wurden bei den Naziführungen in Österreich und in der Berliner
Reichskanzlei bereits verschiedene Varianten erwogen, um entweder eine Verschiebung
der Volksbefragung, ihre Modifizierung oder ihre Verhinderung durchzusetzen. Seyss-
Inquart, der am 8. März von Schuschnigg allgemein über die beabsichtigte Volksbefragung
informiert worden war, mit der ehrenwörtlichen Verpflichtung zum Stillschweigen, schrieb
taktisch geschickt zum Zweck des Zeitgewinns am 9. März einen Brief an den mit der
Durchführung betrauten Minister und Generalsekretär der VF, Zernatto, und am 10. März
einen weiteren Brief direkt an den Bundeskanzler, in denen er eine Reihe von Einwänden

34 Zit. bei *Hermann Mitteräcker*, Kampf und Opfer für Österreich. Ein Beitrag zur Geschichte des österreichischen Widerstandes 1933 bis 1945, Wien 1963, S. 12.
35 *Schuschnigg*, Im Kampf gegen Hitler, S. 300.
36 Vgl. *Ulrich Eichstädt*, Von Dollfuß zu Hitler. Geschichte des Anschlusses Österreichs 1933—1938,
Wiesbaden 1955, S. 294f.

grundsätzlicher Natur gegen die Abstimmung sowie gegen ihre Modalitäten vorbrachte.[37] Vom Brief Seyss-Inquarts an Zernatto wurde auf dem Kurierwege per Flugzeug durch Globocnik als Vertreter der alten illegalen Nazis noch am 9. März eine Kopie Hitler zugestellt.

Auf die Kampfansage von Schuschnigg mußte unverzüglich reagiert werden. Bei Hitler tauchte in der Nacht vom 9. zum 10. März frühzeitig der Gedanke auf, mit Hilfe der militärischen Macht notfalls eine Gewaltlösung zu erzwingen. Der österreichische Minister Glaise-Horstenau, der sich privat in Südwestdeutschland aufhielt und von dem damaligen Gauleiter der Pfalz, Josef Bürckel, eingeladen worden war, folgte der Aufforderung Hitlers, umgehend in die Reichskanzlei zu kommen. Er schilderte später in seinen Erinnerungen Einzelheiten seiner zweieinhalbstündigen Begegnung in diesen Nachtstunden. „Das, was Hitler wirklich tun wollte, verriet er nicht oder wußte er . . . selbst noch nicht genau. Eine gewaltsame Lösung lag aber schon stark im Bereich seiner Erwägungen . . . Wie vor 14 Tagen in München schwelgte Hitler auch diesmal in Zahlen und in Begeisterung über die treffliche Ausrüstung, die er — ja wirklich ein Wunder — in 3 Jahren seinem Heere gegeben hatte. Dabei fiel allerdings ein Wort, das mich erschauern machte: ‚Ist es denn nicht überhaupt sündhaft, eine solche Armee ungenützt stehen zu lassen!' "[38] Er erteilte Anweisungen, am 10. März vormittags den „Fall Otto" — die Invasion mit bewaffneten Streitkräften — vorzubereiten. Am selben Tag erging dann um 18.30 Uhr der Mobilmachungsbefehl für die achte Armee. Die Aufmarschvorbereitungen standen „nicht nur unter ungeheurem Zeitdruck, sondern auch unter dem Zeichen von Improvisationen", da die im „Sonderfall Otto" vorgesehene Intervention in Österreich „nicht über theoretische Erörterungen hinaus gediehen war".[39]

3. „Spottbilliger Sieg" des deutschen Faschismus

Die Orientierung der deutschen faschistischen Führung, durch militärisches Eingreifen die als Befreiungsschlag gedachte, stümperhaft inszenierte Volksbefragungsaktion des Austrofaschismus zu verhindern und durch die Schnelligkeit des Handelns den „Anschluß" Österreichs im gleichen Zuge zur vollendeten Tatsache zu machen, diese Orientierung auf die Durchsetzung des politischen Ziels der Annexion mittels überlegener Streitkräfte fungierte als Dominante im Handlungskonzept des deutschen Imperialismus. Für die kommende „Blitzkrieg"methode war das Österreichunternehmen wegen der Leichtigkeit des Gelingens trotz seiner nicht geringen Schwierigkeiten und Pannen ein fabelhaftes Lehrstück, das zur raschen Ausprägung der hasardhaften Züge nazifaschistischen Expansionsdrangs beitrug und dem imperialen Größenwahn ungeahnte Schubkraft verlieh.

Aber dieser erste Griff über die deutschen Staatsgrenzen hinaus, dazu in Friedenszeiten, bedurfte, um das Gesicht zu wahren, um nicht zu einem unkalkulierbaren Risiko zu werden, trotz des knappen Termins — der Einmarsch mußte spätestens am 12. März 1938 erfolgen,

---

37 Der Brief von Seyss-Inquart an Zernatto sowie der Antwortbrief von Schuschnigg an Seyss-Inquart sind abgedruckt bei *Rosar*, S. 248f., 254f.

38 *Glaise v. Horstenau*, S. 245.

39 *Friedrich Fritz*, Der deutsche Einmarsch in Österreich 1938, Militärhistorische Schriftenreihe, Wien, 8/1968, S. 10; Ebenda, S. 32ff. sind die wichtigsten Dokumente für den militärischen Einsatz deutscher Streitkräfte in Österreich abgedruckt.

einen Tag vor der angesetzten Volksbefragung — synchronisierter flankierender Maßnahmen verschiedenster Art. Dazu zählten die Zermürbung der austrofaschistischen Führung durch das „Medium" Seyss-Inquart, die Schlüsselfigur im österreichischen Kabinett und gleichzeitigen „Treuhänder" für die Erfüllung des Berchtesgadener Abkommens im Sinne der deutschen Interessen, die Mobilisierung der österreichischen Nazifaschisten zwecks Destabilisierung des austrofaschistischen Machtapparates und nicht zuletzt die diplomatische Absicherung des Anschlußaktes.

Alles mußte innerhalb von etwa 48 Stunden abrollen. Trotzdem wäre es ein falscher Rückschluß, aus dem schließlichen Erfolg des koordinierten Vorgehens einen perfekt geplanten Ablauf zu konstruieren. Dem Hitlerfaschismus kamen die so schwerwiegenden Fehleinschätzungen und Schwächen der sich für das Schicksal Österreichs verantwortlich fühlenden Mächte Italien, Großbritannien und Frankreich („Stresafront") und die nach den treffenden Worten Franz Werfels „entschlossenste Widerstandslosigkeit"[40] des Schuschniggregimes als Hauptfaktoren in ihrer Wirkungskombination entgegen, um jenem einen „spottbilligen Sieg"[41] zu bescheren.

Die Chronologie der Ereignisse belegt, daß die Entscheidungsprozesse in der Berliner Reichskanzlei nicht so glatt wie nach einem Eisenbahnfahrplan abgelaufen sind, sondern in ihrer konkreten Gestalt, teils beschleunigt, teils verzögert, bedingt waren durch die Reaktionen der in das Geschehen verwickelten Staaten und ihrer zuständigen Organe sowie durch das Verhalten einzelner Führungspersonen. Nicht vergessen werden darf bei alledem das Trauma des gescheiterten Juliputsches von 1934, das das Verhalten Hitlers nicht unerheblich beeinflußte. Er wollte kein zweites Mal eine Blamage erleben und hielt sich deshalb bei den Aktionen unmittelbar in Richtung Österreich im Hintergrund. An seiner Stelle trieb Göring am 11. März 1938 in mehreren Telefongesprächen von Berlin nach Wien die Sache voran. Aus den vom Forschungsamt des Reichsluftfahrtministeriums, einer verkappten Abhörstelle, aufgezeichneten Gesprächen[42] geht hervor, wie Göring in der Manier eines Pokerspielers Schuschniggs Kapitulation in Raten mit stets weitergehenden Forderungen bis zu der nach seinem Rücktritt beantwortete. Die mangelnde Standfestigkeit des österreichischen Bundeskanzlers war schließlich nicht absehbar gewesen.

Ferner war die internationale Konstellation, obwohl allgemein günstig für einen Überraschungscoup, noch bis zum späten Abend des 11. März 1938 nicht völlig risikolos. In Frankreich, das am ehesten zu einer mehr als symbolischen Gegenaktion bereit gewesen wäre, war just am 10. März eine Regierungskrise ausgebrochen. Das mußte sich lähmend auf die französische Aktionsfähigkeit auswirken. Außerdem hätte es ohne England sowieso keine ernsthaft abschreckenden Schritte unternommen. Aber aus England, wo gerade der neu ernannte deutsche Außenminister und frühere dortige Botschafter Deutschlands, Joachim v. Ribbentrop, seinen Abschiedsbesuch nachholte, kamen zunächst beruhigende Nachrichten für Berlin.[43] Die Chamberlainregierung würde untätig bleiben, sofern nur der Eindruck gewaltsamer Inbesitznahme Österreichs vermieden würde. Als in London dann aber in kurzer Folge drei Telegramme des britischen Gesandten aus Wien eintrafen, die über die ultimativen Drohungen von deutscher Seite berichteten, kamen Eng-

---

40 So *Franz Werfel* in seinem antifaschistischen Romanfragment Cella oder Die Überwinder, Berlin/Weimar 1970, S. 161.
41 Ebenda, S. 162.
42 Abgedruckt in *IMG*, Bd. 31, S. 354ff.
43 Vgl. *Eichstädt*, S. 383ff.

land und Frankreich überein, am Nachmittag des 11. März in zwei getrennten, fast identischen Noten in Berlin zu protestieren „gegen die Ausübung eines durch Gewaltanwendung unterstützten Zwanges gegen einen unabhängigen Staat, um eine mit seiner nationalen Unabhängigkeit unvereinbare Lage zu schaffen".[44]

Hitler geriet bei der Lektüre der Noten der beiden Westmächte vorübergehend in Zweifel, ob sein geplantes militärisches Vorgehen richtig sei.[45] England und auch Frankreich hatten jedoch nicht die Absicht, eine Militäraktion gegen Hitlerdeutschland zu starten. Ein klares Indiz dafür war die Londoner Antwort auf die Bitte Schuschniggs um Rat. Am Nachmittag des 11. März durch den britischen Gesandten in Wien übermittelt, lautete sie: „Die Regierung Seiner Majestät kann die Verantwortung nicht übernehmen, dem Kanzler zu raten, einen Kurs einzuschlagen, der sein Land Gefahren aussetzen könnte, für die die Regierung Seiner Majestät nicht in der Lage ist, Schutz garantieren zu können."[46]

Diese deutliche Absage war aber in Berlin nicht bekannt. Ebenso wußte man dort auch nicht, daß die Vorstöße erst des französischen und dann des britischen Botschafters in Rom wegen einer gemeinsamen Aktion der drei Mächte vom italienischen Außenminister barsch abgewiesen worden waren, weil Italien Österreich schon abgeschrieben hatte.

Die Beziehungen zwischen den beiden faschistischen Mächten in bezug auf Österreich waren immer noch delikat, trotz aller Achsenschwüre, trotz zugesagten deutschen Verzichts auf Südtirol. Deshalb schickte Hitler am 11. März nachmittags Prinz Philipp v. Hessen, den Schwiegersohn des italienischen Königs, per Flugzeug mit einem Brief zu Mussolini, in dem ihm die — weitgehend vorgeschobenen — Gründe für ein militärisches Eingreifen in Österreich der italienischen Führung plausibel gemacht werden sollten.[47] Die Anerkennung des Brenners als künftige deutsch-italienische Grenze war in dem Brief ausdrücklich zugestanden.

Prinz Philipp v. Hessen berichtete Hitler am späten 11. März in einem Telefongespräch[48] davon, daß Mussolini „die ganze Sache sehr, sehr freundlich aufgenommen" habe. Hitler erfuhr, daß Mussolini von österreichischer Seite über die beabsichtigte Volksbefragung informiert worden sei und sie als eine „vollkommene Unmöglichkeit" bezeichnet habe. Er erfuhr auch, daß der italienische Außenminister sich geweigert hatte, den französischen Botschafter Österreichs wegen zu empfangen. In der erregten und überschwenglichen Reaktion Hitlers fiel der aufschlußreiche Satz: „. . . ich fühle mich jetzt auch nicht mehr in der furchtbaren Lage, die wir doch eben militärisch hatten für den Fall, daß ich in den Konflikt gekommen wäre". Er besaß die endgültige Gewißheit, daß dem deutschen Einmarsch in Österreich kein anderer Staat in Europa mehr in die Quere kommen würde.

Aus dieser Konstellation den Schluß abzuleiten, „daß das Ende Österreichs nicht aus der Innen-, sondern aus der Außenpolitik kam",[49] ist eine der nach 1945 in Österreich verbreiteten Tendenzen, die Schuld der eigenen herrschenden Klasse und ihres politischen Systems an der Tragödie auf andere abzuwälzen. Ohne die Verantwortung der kapitalisti-

44 So die britische Note, in: *ADAP*, Serie D, Bd. I, S. 472.

45 Vgl. *Hanns Haas*, Österreich und das Ende der kollektiven Sicherheit, in: *Das Juliabkommen von 1936*, Wien 1977, S. 43.

46 Zit. bei *Dieter Wagner/Gerhard Tomkowitz*, Ein Volk, ein Reich, ein Führer. Der Anschluß Österreichs 1938, München (1968), S. 169.

47 Das Schreiben Hitlers an Mussolini ist abgedruckt in *ADAP*, Serie D, Bd. I, S. 468.

48 Wiedergegeben in *IMG*, Bd. 31, S. 368ff.

49 So *Hans Huebmer*, Österreich 1933—1938. Der Abwehrkampf eines Volkes, Wien 1949, S. 184.

schen Großmächte zu verkleinern, darf die Hauptsache nicht aus den Augen verloren werden. Es war die innere Widersprüchlichkeit des austrofaschistischen Regimes, die Schwäche seiner Führung, die Volksfeindlichkeit ihrer Politik, die dazu führten, daß das Regime wie ein Kartenhaus zusammenfiel. Unter dem Druck eines Konkurrenzfaschismus, dessen Anhänger in Österreich eine Minderheit waren, der aber dem österreichischen Kleinstaatfaschismus haushoch überlegen war, blieb von den Entschlossenheitsgebärden des 9. März nichts übrig. Die an Schuschnigg mündlich übermittelten Ultimaten Görings genügten, die Volksbefragung abzusagen; der Kanzler erklärte seinen Rücktritt kaum 48 Stunden nach dem Aufruf zur Volksbefragung. In seiner Rundfunkansprache am 11. März kurz vor 20 Uhr sagte der Bundeskanzler: „Der Herr Bundespräsident beauftragt mich, dem österreichischen Volk mitzuteilen, daß wir der Gewalt weichen. Wir haben, weil wir um keinen Preis, auch in ernster Stunde nicht, deutsches Blut zu vergießen gesonnen sind, unserer Wehrmacht den Auftrag gegeben, für den Fall, daß der Einmarsch durchgeführt wird, ohne Widerstand sich zurückzuziehen."[50]

Erst nach dieser Kapitulationserklärung, nämlich um 20.45 Uhr, gab Hitler den Einmarschbefehl. Erst jetzt erging vom Nazi-Landesleiter in Österreich, Hubert Klausner, der Befehl zur Machtübernahme in Wien und in den Bundesländern. Erst jetzt trafen die Nazis auf keine ernsthafte Gegenwehr mehr. Um 23 Uhr war die Macht fast überall in ihren Händen. Obwohl den österreichischen Nazis die Macht ohne Widerstand zufiel, dachte man in Berlin nicht daran, den Einmarschbefehl aufzuheben. Um sich international ein Alibi zu verschaffen, sollte Seyss-Inquart in einem Telegramm, von Göring an Keppler in Wien telefonisch diktiert, „die deutsche Regierung um baldmöglichste Entsendung deutscher Truppen" bitten, um „Blutvergießen zu verhindern".[51] Dieses Telegramm ist nie abgeschickt worden. Keppler erklärte eine Stunde später (21.54 Uhr) auf Drängen aus Berlin aus eigenem Ermessen, Seyss-Inquart sei einverstanden. Gegen Ende des 11. März akzeptierte Bundespräsident Miklas die neue Regierung unter Seyss-Inquart in ihrer weitgehend von Göring vorgeschlagenen Zusammensetzung. Ihre Existenz als Staatsregierung dauerte wenige Tage. Als sie am Vormittag des 12. März vereidigt wurde, hatten deutsche Truppen seit 5.30 Uhr längst die Grenze überschritten. Am Abend zogen ihre Vorausabteilungen in Wien ein.

Hitler, von zahlreichen Österreichern jubelnd begrüßt, änderte unter diesem Eindruck am gleichen Abend in Linz den ursprünglichen Plan, Deutschland und Österreich durch eine Personalunion mit ihm selbst als Staatsoberhaupt locker zu vereinigen. Staatssekretär Stuckart aus dem Reichsinnenministerium, der den Plan ausgearbeitet hatte, erhielt den Auftrag, ein neues Gesetz über die vollständige Beseitigung der staatlichen Eigenexistenz Österreichs auszuarbeiten. Das „Bundesverfassungsgesetz über die Wiedervereinigung Österreichs mit dem Deutschen Reich" wurde von Bundeskanzler Seyss-Inquart als von seiner Regierung am 13. März 1938 einstimmig angenommen erklärt. Der Gesetzestext wurde am selben Tage als deutsches Reichsgesetz verkündet und in Kraft gesetzt.[52] Österreich hörte mit diesem Datum formell zu bestehen auf.

Am 13. März war zuvor noch eine Umbildung der österreichischen Regierung erfolgt, durch die ein eindeutiges Übergewicht der nazistischen Kräfte eintrat. So erhielt der Chef der österreichischen SS, der Jurist Ernst Kaltenbrunner, das Sicherheitsressort. Bundes-

50 Die Rede Schuschniggs ist abgedruckt bei *Wagner/Tomkowitz*, S. 194.
51 Das gefälschte, nicht abgeschickte Telegramm ist in Faksimile abgedruckt in: ebenda, S. 366.
52 *RGBl.*, T. I, 1938, S. 237.

präsident Miklas trat zurück und Bundeskanzler Seyss-Inquart übernahm seine Funktion. Miklas hatte von den handelnden Personen der letzten Tage Österreichs vor dem „Anschluß" am hartnäckigsten die Entwicklung aufhalten wollen. Er fand bei den „Stützen" der Gesellschaft keine Unterstützung mehr. Als Staatsoberhaupt weigerte er sich, das Gesetz über die Liquidierung des eigenen Staates zu unterzeichnen. Deshalb hatte er „auf Ersuchen des Bundeskanzlers mit Schreiben vom 13. März seine Funktionen zurückgelegt".[53]

Nach der juristischen Tragikomödie mit dem „Wiedervereinigungsgesetz" beeilte sich Hitler in seiner Eigenschaft als Oberbefehlshaber der Wehrmacht, mit Befehl vom 13. März unverzüglich das österreichische Bundesheer in die deutsche Wehrmacht einzugliedern. Am 14. März erfolgte überall in Österreich dessen Vereidigung auf die Person Hitlers. Die bewaffnete Macht der Alpenrepublik sollte sofort fest in den Griff genommen werden, um jeder Eventualität von dieser Seite vorzubeugen, obwohl nach der politischen Kapitulation unvorhersehbare Gegenaktionen österreichischer militärischer Einheiten zum damaligen Zeitpunkt unwahrscheinlich geworden waren.

Anders hatte die Lage an den Vortagen ausgesehen. Nach 1945 wurde in Österreich die Frage diskutiert, ob ein militärischer Widerstand gegen eine Invasion von Nazideutschland sinnvoll gewesen wäre, anstatt sich einem überlegenen Gegner kampflos zu unterwerfen.[54]

In der „Geschichte der Kommunistischen Partei Österreichs" wird unter Bezug auf Schuschniggs spätere eigene Ausführungen geschrieben, „daß militärischer Widerstand durch das im wesentlichen verläßliche Bundesheer und die Gendarmerie zwei Tage lang möglich gewesen wäre. Hätte er vor dem deutschen Einmarsch die Arbeiterschaft entsprechend den Vorschlägen ihrer Vertrauensmänner bewaffnet, so wäre der Widerstand bei weitem aussichtsreicher gewesen. . . . Auf jeden Fall hätte ernsthafter Widerstand sich später ausgewirkt, falls die Annexion nicht zu verhindern gewesen wäre. Der Unabhängigkeitskampf hätte Tradition und Auftrieb erhalten, und es ist sehr fraglich, wie weit es Nazideutschland möglich gewesen wäre, alle wehrfähigen Männer Österreichs in seinem Dienst auf die Schlachtfelder des Zweiten Weltkriegs zu treiben, was ungleich mehr Opfer kostete (380 000 Tote) als bewaffneter Widerstand im März 1938."[55]

Jetzt war diese historische Chance verpaßt, und die Naziführer taten alles, um die ihnen zugefallene Herrschaft über Österreich zu konsolidieren. Durch Führererlasse vom 15. und 17. März wurde angeordnet, mehrere sogenannte Reichsgrundgesetze wie das Reichsflaggengesetz von 1935, das Gesetz gegen die Neubildung von Parteien von 1933, das Gesetz zur Sicherung der Einheit von Partei und Staat von 1933, das Reichsstatthaltergesetz von 1935 mit dem Tage der Verkündung der Erlasse „im Lande Österreich" sinngemäß anzuwenden.

Wegen der unterschiedlichen Rechtssysteme in Deutschland und Österreich war es nicht möglich, sogleich durchgängig deutsches Recht zu oktroyieren. Das hätte ein Chaos bewirkt.

---

53 Zit. bei *Helfried Pfeifer*, Die Ostmark. Eingliederung und Neugestaltung, Wien 1941, S. 19.
54 Vgl. *Schausberger*, Der Griff nach Österreich, S. 559ff.; ferner die beiden Beiträge, in: *Anschluß 1938*. Veröffentlichungen der Wissenschaftlichen Kommission des Theodor-Körner-Stiftungsfonds und des Leopold-Kunschak-Preises zur Erforschung der österreichischen Geschichte der Jahre 1918 bis 1938, Bd. 7, Wien 1981; *Erwin Steinböck*, Die bewaffnete Macht Österreichs im Jahre 1938, in: ebenda S. 109ff.; *Peter Broucek*, Die militärische Situation Österreichs und die Entstehung der Pläne zur Landesverteidigung, in: ebenda, S. 135ff.
55 *Geschichte der Kommunistischen Partei Österreichs*. 1918 bis 1955. Kurzer Abriß, Wien 1977, S. 190f.

Deshalb enthielt die deutsche Fassung des „Wiedervereinigungsgesetzes" eine zusätzliche Bestimmung, wonach das in Österreich geltende Recht bis auf weiteres in Kraft zu bleiben habe. Das betraf jedoch nur früheres Recht. Neu gesetztes Reichsrecht galt auch für das annektierte Österreich. Für mehr als ein Jahr gab es noch nach dem Muster der anderen zum Deutschen Reich gehörenden Länder, die ihren gliedstaatlichen Charakter fast gänzlich eingebüßt hatten, ein „Gesetzblatt für das Land Österreich". Es war Organ der „österreichischen Landesregierung".

Der bisherige Bundeskanzler Seyss-Inquart wurde am 15. März 1938 per Führererlaß zum „Reichsstatthalter in Österreich" ernannt. Als solcher war er eine „unmittelbare Reichsbehörde" und hatte seine Befugnisse „im Auftrag und Namen des Reiches" auszuüben. Er galt als „Träger der Reichsgewalt".[56]

Die österreichische Bundesregierung führte vom gleichen Tage an die Bezeichnung „Österreichische Landesregierung". Mit ihrer Führung wurde der neu ernannte Reichsstatthalter mit Sitz in Wien beauftragt. Über die Kompetenzen der Landesregierungen im Deutschen Reich allgemein und folglich auch für die österreichische Landesregierung konnte es keine Illusion geben: „Die Landesregierungen besitzen nur eine sehr beschränkte Selbständigkeit in den reinen Verwaltungsangelegenheiten des Landes, soweit sie die Reichspolitik nicht berühren".[57] Seyss-Inquart und die von ihm geleitete Landesregierung hatten darüber hinaus nur eine zeitlich begrenzte Aufgabe, die einer Konkursverwaltung ähnlich war.

4. Die volle Wucht des Terrors

Kaum hatte das austrofaschistische Regime sein eigenes Todesurteil ausgesprochen, trat auch schon die nazifaschistische Variante des Terrors voll hervor. Wenn wir den Faschismus an der Macht als unverhüllte terroristische Diktatur kennzeichnen, so vergessen wir keinen Augenblick, daß zwischen den faschistischen Staaten Unterschiede in den Organisations- und Tätigkeitsformen bestehen, die für eine exakte Beurteilung politischer Machtausübung durch die imperialistische Bourgeoisie äußerst belangreich sind.[58] Verglichen mit der bis März 1938 in Österreich herrschenden Faschismusvariante zeichnete sich der deutsche Faschismus durch einen vielfach höheren Grad an unterdrückender Gewalt und Verfolgung der Klassenorganisationen der Arbeiterbewegung, an gesetzloser Willkür gegenüber seinen politischen Gegnern oder „Fremdrassigen" aus. Als ein besonderes Moment kam im Falle Österreichs hinzu, daß auch zahlreiche Exponenten des abgedankten Regimes vom Naziterror erfaßt wurden.

Noch in der Nacht vom 11. auf den 12. März 1938, bevor deutsche Truppen ins Land gekommen waren, begannen vor allem in Wien Verhaftungsaktionen, die sich in den folgenden Tagen fortsetzten. Sie wurden von Nazis, aber auch von der Polizei durchgeführt. Obwohl die Polizei mit nur etwa fünf Prozent Nazis durchsetzt war, hat sie sich in ihrer großen Mehrheit sehr rasch auf die neuen Machtverhältnisse umgestellt. Betroffen von diesen Aktionen waren Kommunisten, Sozialdemokraten, Gewerkschaftler, Juden, führende Repräsentanten des Austrofaschismus. Erste Plünderungen von jüdischen Geschäften fan-

---

56 Vgl. *Ernst Rudolf Huber*, Verfassungsrecht des Großdeutschen Reiches, Hamburg 1939, S. 345.
57 Ebenda, S. 353f.
58 Vgl. *Ernst Gottschling*, Der faschistische Staat. Das deutsche Beispiel, in: *Faschismusforschung*. Positionen, Probleme, Polemik. Hrsg. von Dietrich Eichholtz und Kurt Gossweiler, Berlin 1980, S. 74.

den statt. Viele, besonders jüdische Bürger, die noch mit der Eisenbahn Österreich verlassen wollten, wurden daran gehindert, beraubt und nach Wien zurückgebracht.

Heinrich Himmler, Reichsführer der SS und Chef der Deutschen Polizei, landete am 12. März morgens um fünf Uhr auf dem Flugplatz Aspern und setzte eine systematische Verhaftungsmaschinerie in Gang, an der der gesamte nazifaschistische Terrorapparat beteiligt war, der z. T. schon vor 1938 aufgebaut worden war und jetzt nach reichsdeutschem Vorbild perfektioniert wurde.[59] Dazu gehörte, daß nach dem Muster der berüchtigten Reichstagsbrandverordnung („Verordnung des Reichspräsidenten zum Schutz von Volk und Staat") vom 28. Februar 1933 in einer „Zweiten Verordnung zum Gesetz über die Wiedervereinigung Österreichs mit dem Deutschen Reich" vom 18. März 1938 bestimmt wurde, daß der Reichsführer SS und Chef der Deutschen Polizei „die zur Aufrechterhaltung der Sicherheit und Ordnung notwendigen Maßnahmen auch außerhalb der sonst hierfür bestimmten Grenzen treffen" konnte.[60] Damit war ein scheinlegaler Freibrief für gesetzlosen Terror ausgestellt.

Spezialisten des österreichischen Unterdrückungsapparates zur Bekämpfung der Arbeiterbewegung fanden willkommene Aufnahme bei ihren neuen Brotherren. „Nach dem März 1938 wurden die sogenannten Marxisten vom Leiter des Marxistenreferates, Brunner, im Namen der Gestapo verhört, der sie kurz vorher im Namen der österreichischen Polizei verhört hatte. . . . Es waren die gleichen Leute, die vorher sehr gut der Regierung Dollfuß und Schuschnigg gedient hatten. . . . Die Karteien der politisch Unzuverlässigen von 1934—1938 sind komplett der Gestapo übergeben worden, und die Gestapo hat sofort gewußt, wer diese Leute sind, soweit sie es nicht bereits vorher wußte."[61]

Während der Monate März und April sind Tausende Österreicher verhaftet worden. Über die Zahl der in dieser Zeit Inhaftierten gibt es keine eindeutigen, nachprüfbaren Belege. Da in der Anfangsphase viele persönliche Rechnungen beglichen wurden, Rachegelüsten an Nazigegnern freier Lauf gelassen werden konnte, ohne daß solchem Vorgehen ein staatliches Siegel aufgedrückt war, ohne daß dies irgendwo offiziell registriert wurde, schwanken die Zahlenangaben zwischen 20 000 und 70 000 Verhafteten.[62]

Es war so, „daß jeder SA-Mann, HJ-Leiter, NSKK-Mann, SS-Mann auch Verhaftungen vorgenommen hat. Es haben auch hunderte Hausbesorger Leute verhaftet und sie in das nächste NS-Lokal geführt, und dort hat man die Leute einige Tage festgehalten. Einige davon länger. . . . Man ‚hat alle Leute, die aus irgendeinem Grunde unangenehm waren, damals verhaftet".[63] An Verhaftungen haben auch Richter mitgewirkt, „die vermutlich in der Mehrzahl keine Nationalsozialisten waren", wenn Verhaftungen von Funktionären der Vaterländischen Front oder der Sozialdemokratie „am 12. oder 13. März von Ortsgruppenleitern einfach per Telefon gewünscht oder verlangt" wurden.[64]

Überschaut man die Anfangsphase des nazifaschistischen Terrors beim „Anschluß" Österreichs, so ist man mit einer vielgestaltigen Problematik konfrontiert. Einerseits wurden Exponenten des Austrofaschismus verfolgt — der ehemalige Bundeskanzler Schuschnigg

---

59 Vgl. *Wolfgang Neugebauer*, Der Aufbau des NS-Terrorapparates im Jahre 1938, in: *Wien 1938*, Wien 1978, S. 126 ff.

60 *RGBl.*, T. I, 1938, S. 262.

61 *Herbert Steiner*, Diskussionsbeitrag, in: *Anschluß 1938*, S. 341 f.

62 Vgl. *Karl Stadler*, Österreich 1938—1945 im Spiegel der NS-Akten, Wien/München 1966, S. 27; vgl. *derselbe*, Austria, New York/Washington 1971, S. 157.

63 *Herbert Steiner*, Diskussionsbeitrag, in: *Anschluß 1938*, S. 340.

64 Vgl. *Anton Staudinger*, Diskussionsbeitrag, in: ebenda, S. 338.

wurde festgesetzt und später wie vor ihm viele andere ins KZ eingeliefert, der frühere Staatssekretär im Verteidigungsministerium, General Zehner, wurde durch SA-Leute ermordet. Andererseits wurde die überwiegende Mehrheit der österreichischen Staatsdiener aller Bereiche des Exekutiv- und Justizapparates ohne große Umstände vom deutschen Faschismus in Dienst genommen, mit Ausnahme jener, die antinazistisch tätig gewesen waren. So wurden in Linz der Polizeidirektor und weitere Polizeibeamte als Nazigegner ermordet.[65] „Das Gros der mittleren und unteren Bediensteten blieb ungeschoren. Nur so war auch der praktisch reibungslose Übergang von einem politischen System zum anderen zu leisten."[66] Auf Grund eines Führererlasses vom 15. März 1938 wurden die „öffentlichen Beamten des Landes Österreich" auf den „Führer des Deutschen Reiches und Volkes" vereidigt.

Bei den österreichischen Sozialdemokraten sah die Lage folgendermaßen aus: „Die Führungsgarnitur der 1934 untergegangenen Sozialdemokratie wurde — mit wenigen Ausnahmen — von den Nazis im März 1938 nicht verfolgt. Dies hatte seinen Grund nicht zuletzt darin, daß sich die Machthaber mit großer sozialer Demagogie um die Gewinnung der Arbeiterschaft ... bemühten".[67] Demgegenüber sind zahlreiche sozialdemokratische Funktionäre verhaftet und ins KZ gebracht worden, wo ein Teil von ihnen umgekommen ist, z. B. der ehemalige sozialdemokratische Kommandant des Republikanischen Schutzbundes, Major Alexander Eifler. „Nur wenige inhaftierte Sozialisten hatten wie Bruno Kreisky das Glück, der Gestapo lebend entkommen zu können."[68]

Zwei Personengruppen wurden ausnahmslos schärfstens verfolgt: die Kommunisten und die Juden. Von den Kommunisten hatten manche bis kurz vor dem deutschen Einmarsch im Gefängnis gesessen und waren erst durch eine Amnestie freigekommen. In den Märztagen tauchten alle sich in Österreich aufhaltenden ZK-Mitglieder der KPÖ in der Illegalität unter. Auf der Grundlage der Karteien des alten Regimes wurden viele Kommunisten von der Gestapo verhaftet und blieben, sofern sie überlebten, bis zum Ende der Naziherrschaft in den Konzentrationslagern.[69] Im weiteren Verlauf fielen bis zum Spätherbst einige hundert kommunistische Funktionäre und Mitglieder einschließlich der ersten zentralen Organisationsleitung, die begonnen hatten, den Widerstandskampf zu organisieren, der Gestapo in die Hände.[70]

Für die rund 200000 österreichischen Juden brach mit der Annexion eine Schreckenszeit an.[71] Nur einer kleinen Anzahl von ihnen gelang in der Anfangszeit des „Anschlusses" die Flucht ins Ausland. Pogromhafte Ausschreitungen des Nazipöbels, Ausplünderungen jüdischer Geschäfte, tausendfache Exmittierungen und Raubzüge in jüdische Wohnungen, Drangsalierungen und Verhaftungen, dann die Abtransporte ins KZ, „Arisierung" jüdischen Vermögens[72] waren Erscheinungsformen eines wütenden Antisemitismus. Die

---

65 Vgl. *Wagner/Tomkowitz*, S. 332.
66 *Ernst Hanisch*, Nationalsozialistische Herrschaft in der Provinz. Salzburg im Dritten Reich, Salzburg 1983, S. 44.
67 *Wolfgang Neugebauer/Herbert Steiner*, Widerstand und Verfolgung in Österreich (im Zeitraum vom 12. Februar 1938 bis zum 10. April 1938), in: *Anschluß 1938*, S. 98.
68 Ebenda, S. 99.
69 Vgl. *Hermann Mitteräcker*, Kampf und Opfer für Österreich, Wien 1963, S. 17ff.
70 Vgl. ebenda, S. 23.
71 Vgl. *Jonny Moser*, Das Schicksal der Wiener Juden in den März- und Apriltagen 1938, in: *Wien 1978*, S. 174ff.
72 Vgl. *Georg Weis*, Arisierungen in Wien, in: ebenda, S. 183ff.

Selbstmorde von Angehörigen jüdischen Glaubens stiegen sprunghaft an. Unter ihnen befand sich ein hoher Prozentsatz von Intellektuellen und Akademikern.[73] Selbstverständlich wurden auch die Nürnberger Rassegesetze von 1935 im Mai 1938 auf Österreich ausgedehnt, die alle in Deutschland bereits praktizierten Verfolgungsmaßnahmen auch für die „Ostmark" verbindlich machten.

Am 1. April 1938 ging der erste Transport mit 150 Österreichern ins KZ Dachau ab,[74] dem viele weitere folgten. Zu den Eingelieferten gehörten Vertreter des abgetretenen Regimes ebenso wie Sozialdemokraten, Kommunisten und Juden. Der Naziterror verlor die in den ersten Tagen vorhandenen Züge von Spontanität und nahm immer stärker systematischen Charakter an. Er brachte über die österreichische Bevölkerung unermeßliches Leid. Nach den Unterlagen des Dokumentationsarchivs des österreichischen Widerstandes wurden 2700 Österreicher als Widerstandskämpfer zum Tode verurteilt und hingerichtet; 16493 Österreicher sind in KZs umgekommen, 16107 wurden in Gefängnissen, vor allem in Gestapohaft ermordet, 65459 österreichische Juden kamen ums Leben, rund 100000 Österreicher waren aus politischen Gründen inhaftiert.[75]

5. Die Volksabstimmung am 10. April 1938

Im Wiedervereinigungsgesetz vom 13. März 1938 war für den 10. April 1938 eine „freie und geheime Volksabstimmung der über 20 Jahre alten deutschen Männer und Frauen Österreichs" über die vollzogene Annexion vorgesehen. Die deutsche Naziführung hatte seit ihrem ersten veranstalteten Plebiszit 1933 mehrfach von diesem Herrschaftsinstrument Gebrauch gemacht, und das jedesmal mit dem gewünschten Erfolg. Ein Verfassungsexperte des „Großdeutschen Reiches" hat den wahren Charakter solcher Volksabstimmungen offenherzig beschrieben: „Die Volksbefragung hat den Sinn, den Willen des Führers nach außen zu kräftigen und deutlich als Willen der völkischen Einheit in die Erscheinung treten zu lassen. Der eigentliche Willensträger des Volkes aber bleibt der Führer selbst. Auch wenn sich das abstimmende Volk gegen ihn wendet, ist er es, der die objektive Sendung des Volkes verkörpert. . . . Falls das Volk der beabsichtigten Maßnahme nicht zustimmt, kann sie doch durchgeführt werden".[76]

Dieser Fall ist nie eingetreten. Solange mit Volksabstimmungen als scheindemokratischen, propagandistisch wirksamen Mitteln der Massenakklamation und der Legitimation gegenüber dem Ausland operiert wurde, geschah es in einer Weise, daß keine Pannen eintreten konnten. So war es auch im Falle der Volksabstimmung über die „Wiedervereinigung" Österreichs mit dem Deutschen Reich, bei der nicht nur in Österreich, sondern auch im Reich abgestimmt werden sollte. Mit der Volksabstimmung wurde zugleich die Wahl eines neuen Reichstages verbunden.

Die Situation war insofern neu, als die deutschsprachigen Bewohner eines bisher fremden Staates zur Abstimmung gerufen wurden, von denen eine Mehrheit ursprünglich im Sinne

---

73 Vgl. *Moser*, in: ebenda, S. 176ff.

74 *Ludwig Soswinski*, Mit dem ersten Österreichertransport nach Dachau, in: *Finis Austriae*. Österreich, März 1938. Hrsg. von Franz Danimann, Wien/München/Zürich 1978, S. 203ff.

75 Die Zahlenangaben sind angeführt bei *Wolfgang Neugebauer*, Zwischen Kollaboration und Widerstand, in: ebenda, S. 198.

76 *Ernst Rudolf Huber*, Verfassungsrecht des Großdeutschen Reiches, Hamburg 1939, S. 202.

der Schuschniggparole gegen einen „Anschluß" gestimmt haben würde. Deshalb setzte die faschistische Führung ein ungeheures Arsenal an Propagandamitteln ein, um einen Mißerfolg des Unternehmens von vornherein auszuschließen. Mit seiner Leitung wurde Gauleiter Josef Bürckel (Saarpfalz) beauftragt, der bei der Saarabstimmung im Jahre 1935 einschlägige Erfahrungen hatte sammeln können. Innerhalb weniger Tage baute er ein durchgehendes System hierarchischer Leitungsorganisation bis zu den „Orts-, Block- bzw. Zellen-Wahlvertrauensmännern" hinab auf, in städtischen Mietshäusern gab es außerdem noch „Haus-Wahlvertrauensmänner(-frauen)". „Die Aufgabe dieses dichten Netzes war es, den ‚letzten Volksgenossen' zum Bekenntnis zu ‚Großdeutschland' zu gewinnen, durch Information über den Ablauf der Wahl, durch Hinweis auf bevorstehende Propagandaveranstaltungen und Rundfunksendungen, durch Beeinflußung im (wiederholten) persönlichen Gespräch, durch Kontrolle über die Stimmabgabe und durch einen Schleppdienst am ‚Abstimmungs'-Tag."[77]

Das Reichsfinanzministerium stellte mit 12 Millionen RM und die Reichsleitung der Nazipartei mit weiteren 5,1 Millionen RM reichliche Mittel zur Verfügung, um den gewaltigen Manipulationsapparat auf Touren zu bringen.[78]

Mit dem eingängigen Schlagwort „Ein Volk — ein Reich — ein Führer!" sollte den Österreichern, bisher Bewohner eines Kleinstaates, ein neues Selbstwertgefühl vermittelt werden, das Gefühl, wieder Bürger eines Großreiches mit 75 Mill. Einwohnern zu sein.[79]

Daneben zielte das Propagandaspektakel auf die ökonomischen Probleme, wobei „Versprechungen zur Beseitigung der Arbeitslosigkeit und zur Verbesserung der sozialen und wirtschaftlichen Zustände die wichtigsten Parolen" waren, die die größte Wirkung erwarten ließen.[80]

Von nicht zu unterschätzender Bedeutung war die „Propaganda der Tat": „das Feld kurzfristiger sozialpolitischer, aber psychologisch höchst wirksamer Maßnahmen, wie Sonderzahlungen von Löhnen und Gehältern, Preissenkungen bei einzelnen Waren, Abschaffung von unpopulären, aber wenig ertragreichen Steuern, öffentlicher Ausspeisungen durch die Wehrmacht und Verschickung von Kindern zur Erholung."[81]

Zwei Zielgruppen lagen den großdeutschen Meinungsmachern besonders am Herzen: das gesamte katholische Lager (90 Prozent der österreichischen Bevölkerung gehörten dieser Glaubensgemeinschaft an), darunter in erster Linie das Kleinbürgertum und die Bauernschaft, sowie die sozialdemokratisch eingestellte Arbeiterschaft. Diese Gruppen auf ihre Seite zu ziehen, schien am besten zu bewerkstelligen, wenn es gelang, prominente Persönlichkeiten des jeweiligen Lagers zu positiven Stellungnahmen zu bewegen. Der Wiener Erzbischof Kardinal Theodor Innitzer hatte bereits am 15. März 1938 Hitler seine Aufwartung gemacht, um für die katholische Kirche ihre bisherige Stellung bei gleichzeitiger Anerkennung des Naziregimes zu bewahren. Am 18. März beschloß die Österreichische Bischofskonferenz eine „Feierliche Erklärung", in der es hieß: „Am Tage der Volksabstimmung ist es für uns Bischöfe selbstverständliche nationale Pflicht, uns als Deutsche

77 *Gerhard Botz*, Schuschniggs geplante „Volksbefragung" und Hitlers „Volksabstimmung" in Österreich, in: *Anschluß 1938*, S. 227.
78 Vgl. ebenda, S. 226f.; *Luža*, S. 54f.
79 Vgl. *Bernhard Denscher*, Nationalsozialistische Propaganda zur „Volksabstimmung" am 10. April 1938, in: *Wien 1938*, S. 92.
80 Vgl. ebenda.
81 *Botz*, in: *Anschluß 1938*, S. 229f.

zum Deutschen Reich zu bekennen, und wir erwarten auch von allen gläubigen Christen, daß sie wissen, was sie ihrem Volke schuldig sind." Das Begleitschreiben unterschrieb Kardinal Innitzer mit „Heil Hitler!"[82]

Die Stellungnahme der Bischöfe, die faksimiliert allerorts plakatiert wurde, und das Schreiben von Innitzer waren von enormer Wirkung. Sie riefen teilweise Bestürzung und Beschämung hervor, hatte doch die katholische Kirchenführung kurz zuvor das Schuschnigg-regime voll unterstützt. Überwiegend aber wurde die am 27. März von allen Kanzeln verlesene Erklärung von den Gläubigen — aus Gründen des Glaubensgehorsams — aufgenommen.[83]

In noch stärkeren Worten ließen sich die Oberen der österreichischen evangelischen Kirche vernehmen. Eine Dankpredigt jener Tage zeugt von penetranter Servilität: „Wir danken dem Herrn im Himmel, als dem Lenker der Völkerschicksale, daß er unserem deutschen Volke in seiner tiefsten Not einen Mann geschenkt hat von solch geistiger Größe, wie einen ähnlichen kein anderes Volk der Erde je besessen hat."[84]

Karl Renner gehörte wie Otto Bauer zu den sozialdemokratischen Führern, die seit 1918 für den Anschluß Österreichs an Deutschland eingetreten waren und an dieser Konzeption auch nach 1933 festgehalten haben. Renner suchte in den Märztagen den neuen Nazibürger-meister von Wien, Hermann Neubacher, auf und erklärte unaufgefordert seine Bereit-schaft, sich mit einem Aufruf an die Sozialdemokraten zu wenden, damit sie bei der Volks-abstimmung mit „Ja" stimmten. Nach Rückfrage bei Rudolf Heß wurde beschlossen, es bei einem Interview mit Renner bewenden zu lassen. Dieses wurde am 3. April in der Zeitung abgedruckt: „Obschon nicht mit jenen Methoden, zu denen ich mich bekenne, er-rungen, ist der Anschluß nunmehr doch vollzogen, ist geschichtliche Tatsache, und diese betrachte ich als wahrhafte Genugtuung für die Demütigungen von 1918 und 1919, für St. Germain und Versailles ... Als Sozialdemokrat und somit als Verfechter des Selbst-bestimmungsrechtes der Nationen, als erster Kanzler der Republik Österreich und als ge-wesener Präsident ihrer Friedensdelegation zu St. Germain werde ich mit Ja stimmen."[85]

Die Äußerungen seitens der katholischen und der evangelischen Kirche sowie das Interview von Renner waren für die demagogische Absicherung der Volksabstimmung von unschätzbarem Wert. Ihr Ergebnis fiel entsprechend aus:

In Österreich — 4 453 772 Ja-Stimmen (99,73 Prozent); 11 929 Nein-Stimmen

Im Altreich — 44 362 667 Ja-Stimmen (99,02 Prozent); 440 429 Nein-Stimmen

Inwieweit Einschüchterung und Wahlfälschung ins Gewicht gefallen sind, ist nicht meßbar. Österreichische Historiker gehen davon aus, daß eine allgemeine Wahlfälschung größeren Ausmaßes von oben nicht nachzuweisen ist.[86]

---

82 Die Texte der „Feierlichen Erklärung" und des Begleitschreibens sind in Faksimile abgedruckt bei *Walter Göhring/Robert Machacek*, Start in den Abgrund. Österreichs Weg zum Jahr 1938, Wien o. J., S. 48f.

83 Vgl. *Erika Weinzierl*, Christen und Juden nach der NS-Machtergreifung in Österreich, in: *Anschluß 1938*, S. 192f.

84 *Dankpredigt gehalten anläßlich der nationalsozialistischen Machtübernahme am Sonntag Reminiscere*, 13. März 1938, in der evangelischen Kirche A. B. in Lutzmannsburg vom Ortspfarrer Senior Karl Fiedler, o. O., o. J., S. 3.

85 Zit. nach *Norbert Schausberger*, Der Anschluß, in: *Österreich 1918 bis 1938*, Bd. 1, Graz/Wien/Köln 1983, S. 547.

86 Vgl. *Botz*, in: *Anschluß 1938*, S. 239.

6. Der politisch-administrative „Anschluß": Österreich wird zur „Ostmark"

Im Gegensatz zu der im Überrumpelungsstil vollzogenen Inbesitznahme des Nachbarstaates schleppte sich dessen politisch-administrative Umgestaltung lange hin. Sie war zu Kriegsbeginn noch nicht abgeschlossen.

Den verwaltungsmäßigen Eingliederungsprozeß Österreichs kennzeichnet — ähnlich wie die faschistische Herrschaftsausübung in Deutschland — die vielfach anzutreffende Kompetenzrangelei konkurrierender Führungscliquen, meist auf bestimmte Institutionen gestützt, unzulässig verkürzt mit dem Schlagwort „Polykratie" umschrieben.[87] Hinter ihr verbargen sich keineswegs nur die Befriedigung von Ehrgeiz und Machtgier hochgekommener Nazigrößen und das Ausfechten persönlicher Rivalitäten. Handfeste wirtschaftliche Überlegungen von Kapitalgruppen, Besitzstandsansprüche sozialer Gruppen wie die des zum wesentlichen Teil übernommenen Exekutivapparates, Regional- und Lokalbedürfnisse im Widerstreit zur Wahrung gesamtösterreichischer Anliegen, die Aversion gegen den „Wasserkopf Wien", der etwa ein Drittel der Gesamtbevölkerung erfaßte, die Erhaltung einer gewissen österreichischen Eigenständigkeit entgegen einem alles nivellierenden „großdeutschen" Reichsinteresse, nicht zuletzt die Differenzen innerhalb der österreichischen Nazibewegung selbst, aber auch ihre Sorge, durch Parteigenossen aus dem „Altreich" von der einheimischen Futterkrippe verdrängt zu werden, ergaben ein Knäuel von Widersprüchen.

Die erstmalige Einverleibung eines anderen Staates, der vom eigenen Staat abweichende politisch-administrative Strukturen aufwies, warf für das deutsche Regime eine Fülle von Problemen auf. Die unterschiedlichen Interessen, die damit verknüpft waren, ließen sich nur schwer auf einen einfachen Nenner bringen, weshalb die schließlich durchgesetzten Lösungen oft den Stempel fehlender Endgültigkeit trugen. Trotz des konzeptionellen Durcheinanders, trotz der Kompromißhaftigkeit der Entscheidungen, die für die Realisierung der verwaltungsmäßigen Eingliederung Österreichs in das seit dem „Anschluß" so genannte „Großdeutsche Reich" notwendig waren, ist *ein* tragender Gedanke auszumachen, der letzten Endes zum Zuge kam. Er bestand in der Auslöschung eines eigenständigen Österreichbewußtseins, was wiederum nicht ohne Folgen für die administrativ-territoriale Gestaltung des bisherigen österreichischen Staatsgebietes bleiben konnte. Er ließ sich nur in die Tat umsetzen, indem der österreichische Staat faktisch aufgelöst, in einzelne Stücke zerschlagen wurde. Wieviel Varianten dabei ins Kalkül gezogen wurden, welche von ihnen am Ende den Zuschlag erhielt, das kann hier lediglich in großen Zügen skizziert werden. Als feststehend darf angenommen werden, daß die maßgeblichen deutschen Stellen ebenso wie die österreichischen Naziorganisationen unmittelbar nach der „Wiedervereinigung" noch keine detaillierten verbindlichen Pläne für die politisch-administrative Neuorganisation des österreichischen Gebietes besaßen.[88] Die handstreichartige Einnahme Österreichs ließ keine Zeit für vorausschauende, weiterreichende politisch-organisatorische Überlegungen.

Vor der Volksabstimmung am 10. April 1938 hielt sich die politische Führung mit ihren Vorstellungen über das künftige Schicksal des ehemaligen österreichischen Staates innerhalb des deutschen Reichsverbandes bewußt zurück. Man wollte keine unnötige Unruhe unter den neu hinzugewonnenen „Volksgenossen" aufkommen lassen. Es wurden nur die

---

87 Vgl. etwa bei *Gerhard Botz*, Die Eingliederung Österreichs in das Deutsche Reich, 2. Aufl., Wien 1976, den Abschnitt „Die Polykratie der Eingliederungsinstanzen" (S. 49ff.).

88 Vgl. ebenda, S. 20f.

allernotwendigsten organisatorischen Maßnahmen getroffen. Mit dem 16. März 1938 war der Reichsminister des Innern durch Verordnung die „Zentralstelle zur Durchführung der Wiedervereinigung Österreichs mit dem Deutschen Reich" geworden.[89] Er erhielt die Möglichkeit, seine Befugnisse auf einen in Wien sitzenden „Reichsbeauftragten für Österreich" zu übertragen. Als dieser wurde Staatssekretär Keppler bestellt. Doch die pauschale Zuständigkeitsregelung kollidierte von vornherein mit den Kompetenzen der anderen Reichsressorts, die für ihren Fachbereich federführend blieben. Der Reichsinnenminister konnte nur für eine möglichst einheitliche Behandlung der Probleme sorgen. Er mußte außerdem für die wirtschaftlichen Anschlußfragen angesichts der uneingeschränkten Zuständigkeit des „Beauftragten für den Vierjahresplan" das Einvernehmen mit Göring herstellen.

Damit nicht genug. Durch Führererlaß vom 23. April[90] wurde Gauleiter Bürckel, der die Volksabstimmung vom 10. April 1938 so famos organisiert hatte, nunmehr zum „Reichskommissar für die Wiedervereinigung Österreichs mit dem Deutschen Reich" bestellt. Ihm verlieh Artikel 2 eine faktische Allzuständigkeit, nämlich „für den politischen Aufbau und die Durchführung der staatlichen, wirtschaftlichen und kulturellen Wiedereingliederung Österreichs in das Deutsche Reich zu sorgen"; ausgenommen waren die Fragen der Wehrmacht. Seine Aufgabe sollte er bis zum 1. Mai 1939 erledigen (Artikel 3). Bürckel erhielt die Befugnis, den Dienststellen des Reiches in Österreich, denen des Landes Österreich und der ehemaligen österreichischen Bundesländer, den dortigen Dienststellen der Nazipartei sowie denen ihrer Gliederungen und der ihr angeschlossenen Verbände Weisungen zu erteilen (Artikel 4).

Der Reichsinnenminister als Zentralstelle mußte nach Artikel 5 mit dem Reichskommissar das Einvernehmen herstellen, der „Reichsbeauftragte für die Wiedervereinigung", Staatssekretär Keppler, wurde dem neu bestellten Reichskommissar „angegliedert" und beendete, auf solche Weise herabgestuft, seine Tätigkeit im Juni 1938.

Es konnte nicht ausbleiben, daß Bürckel als Reichskommissar bei der robusten Durchsetzung der Vorstellungen, die er von der Erfüllung seines Auftrages hatte, mit Überlegungen, Planungen und Aktivitäten anderer Partei- und Staatseinrichtungen kollidierte. Seine beiden Hauptkontrahenten waren von der Natur der Sache her, nämlich ihren juristisch fixierten Zuständigkeiten nach, Reichsinnenminister Frick als Zentralstelle für die Wiedervereinigung einerseits und Reichsstatthalter Seyss-Inquart als Chef der österreichischen Landesregierung andererseits.

Bürckel forderte, daß die Kommunikation zwischen den Reichsministerien und den Landesministerien in Österreich über ihn zu laufen habe und machte damit das Reichsinnenministerium als Zentralstelle für die Wiedervereinigung im Grunde überflüssig.

Frick war trotz seines ranghöheren Status, trotz seiner gesamtstaatlichen Kompetenz außerstande, sich gegenüber Bürckel zu behaupten. Seine frühzeitig gegenüber Hitler erhobenen Klagen über Bürckels Eigenmächtigkeiten fruchteten nichts.

Hitler blieb auch bei einer persönlichen Besprechung am 23. Mai 1938 bei seinem Standpunkt, daß Bürckel ihm „unmittelbar unterstellt" sei.

---

89 *RGBl.*, T. I, 1938, S. 249, (Erste) Verordnung zum Gesetz über die Wiedervereinigung Österreichs mit dem Deutschen Reich vom 16. März 1938.
90 *RGBl.*, T. I, 1938, S. 407, Erlaß des Führers und Reichskanzlers über die Bestellung des Reichskommissars für die Wiedervereinigung Österreichs mit dem Deutschen Reich vom 23. April 1938.

Eine noch größere Schärfe nahmen die Beziehungen Bürckels zu Seyss-Inquart an.[91] Bürckel saß am längeren Hebel und engte den Spielraum der österreichischen Landesregierung insgesamt wie auch den des Reichsstatthalters rasch ein. Er ließ keinen Zweifel darüber aufkommen, wer in der „Ostmark" das Kommando führte. Hitler hatte am gleichen Tage, an dem er Bürckel zum Reichskommissar bestellte, ein Schreiben an Seyss-Inquart gerichtet, in dem er diesen von Bürckels neuer Beauftragung informierte. Danach sollte Bürckel „als mein Verbindungsmann sowohl mir wie Ihnen die Aufgaben erleichtern, die die Wiedereingliederung Österreichs in das Reich ... mit sich bringt."[92] Gleichzeitig versprach er dem Reichsstatthalter, ihn nach dem für den 1. Mai 1939 vorgesehenen Abschluß der Gesamtaktion zum Reichsminister zu ernennen, was auch geschah.

Die österreichische Landesregierung wurde mit Wirkung vom 31. Mai 1938 radikal verkleinert, so daß statt der ehemals acht Ministerien bei neuer Geschäftsverteilung nur fünf übrigblieben. Die Leitung von jeweils zwei Ministerien übernahmen der Reichsstatthalter selbst und ein weiterer Minister (Fischböck).

In der Aufteilung Österreichs wollte man ein Modell für die verschobene Reichsreform schaffen, indem eine bestimmte Zahl von „Reichsgauen" gebildet werden sollte. Es war strittig, ob vier, fünf oder sechs Gaue zweckmäßig wären.[93] Durch eine Anordnung Bürckels vom 31. Mai 1938 fiel eine wichtige Vorentscheidung. Er legte die Gaueinteilung der Nazipartei neu fest. Angekündigt wurde das Ende der selbständigen Existenz zweier Bundesländer, nämlich Vorarlbergs und des Burgenlandes. Sieben Gaue wurden geschaffen: Oberdonau statt des bisherigen Landes Oberösterreich, Niederdonau statt des Landes Niederösterreich, Wien, Steiermark, Kärnten, Salzburg und Tirol. Das bisherige Land Vorarlberg wurde dem Gau Tirol zugeschlagen, das Burgenland auf die Gaue Niederdonau und Steiermark aufgeteilt. Außerdem wurden weitere Gebietsveränderungen vorgenommen, so dem Gau Wien, trotz Protests aus Niederösterreich, umliegende Bezirke angeschlossen, ferner Osttirol (Verwaltungsbezirk Linz) an Kärnten. Diese Neuregelungen wurden im wesentlichen durch das Gesetz über Gebietsveränderungen im Lande Österreich vom 1. Oktober 1938[94] bestätigt.

Von den in Konsequenz des Münchener Abkommens vom 29. September 1938 dem tschechoslowakischen Staat geraubten „sudetendeutschen" Gebieten wurden durch das „Gesetz über die Gliederung der sudetendeutschen Gebiete" vom 25. März 1939[95] die an die ehemals österreichischen Länder Niederösterreich und Oberösterreich angrenzenden Gebiete jenen angegliedert. Mit dem „Gesetz über den Aufbau der Verwaltung in der Ostmark (Ostmarkgesetz)" vom 14. April 1939, das am 1. Mai 1939 in Kraft trat, wurde der politisch-administrative Umgestaltungsprozeß auf dem Gebiet der ehemaligen Republik Österreich juristisch zum Abschluß gebracht. Seine praktische Umsetzung sollte bis zum 30. September 1939 beendet sein, zog sich aber, kompliziert wie er verlief, noch bis zum 1. April 1940 hin. Die jetzt als neue Einheit gebildeten sieben „Reichsgaue" stimmten mit den vorher geschaffenen Gauen der Nazipartei überein, die sich — mit den beschriebenen

---

91 Vgl. den bei *Rosar*, S. 343 ff. abgedruckten Briefwechsel zwischen Seyss-Inquart, Bürckel, Göring und Himmler.

92 Das Schreiben Hitlers ist abgedruckt bei *Helfried Pfeifer*, Die Ostmark. Eingliederung und Neugestaltung, Wien 1941, S. 83 f.

93 Vgl. *Luža*, S. 58.

94 Vgl. *RGBl.*, T. I, 1938, S. 1333.

Veränderungen — an die Struktur der früheren Bundesländer hielten (Vorarlberg wurde zwar von Tirol mitverwaltet, blieb aber eigener Verwaltungsbezirk).

Die neuen Verwaltungseinheiten entsprachen wegen dieser politisch-psychologisch wohlberechneten Überlegung in ihrer Größe keinesfalls dem Ziel der anvisierten Reichsreform, „an Stelle der früheren außerordentlichen Größenunterschiede der Länder eine gesunde Mittelgröße der neuen Reichsgaue zu schaffen".[96]

Der Reichsgau Salzburg als krassestes Beispiel besaß einen Umfang von 7153,27 km² und eine Einwohnerzahl von 245801. Die Länder des Altreichs und Provinzen Preußens hatten vielfach einen erheblich größeren Umfang und eine mehrfach höhere Einwohnerzahl (Bayern: 76089,20 km² und 7682447 Einwohner; Rheinprovinz: 24476,92 km² und 7690266 Einwohner). Wenn daher die immer wieder vertagte und nie mehr zustande gekommene Reichsreform durch das Ostmarkgesetz keinen tatsächlichen Lösungsansatz erhielt, so wurde das damit bemäntelt, daß „die jetzt geschaffene Gaugliederung der Ostmark ganz besonderen Bedingungen geographischer, stammesmäßiger und historischer Art entsprungen ist, die in dieser Weise für die Landschaften des Altreichs nicht gegeben sind."[97]

Die Funktion des Reichsstatthalters in Österreich erlosch am 1. Mai 1939, und Reichskommissar Bürckel nahm die Funktion der österreichischen Landesregierung bis 1. April 1940 wahr. Zu diesem Zeitpunkt übernahmen die Reichsstatthalter der neuen sieben Reichsgaue ihre Ämter, die sie in Peronalunion mit der Funktion des Gauleiters der Nazipartei ausübten. Die Funktionen der bisherigen österreichischen Landesregierung gingen teils auf die Obersten Reichsbehörden, teils auf die neuen Reichsgaue über.

Nach dem Ostmarkgesetz mußte offiziell die Bezeichnung „Österreich" durch „Ostmark" ersetzt werden. Im April 1940 wurde der Terminus „Ostmark" durch „Reichsgaue der Ostmark" abgelöst. Schließlich wurde auch das untersagt, und ab April 1942 mußte, falls eine Sammelbezeichnung nicht zu umgehen war, die Deklarierung „Alpen- und Donau-Reichsgaue" verwandt werden.[98] Von „Österreich" sollte nicht eine Spur übrigbleiben.

7. Die strategische und ökonomische Bedeutung der Annexion

Die auf Weltherrschaft gerichteten Expansionsbestrebungen des deutschen Imperialismus erhielten durch die kampflose Einnahme Österreichs einen Auftrieb sondergleichen. Mit einem Schlage rückte Deutschland durch seine territoriale Vergrößerung um fast 18 Prozent und durch die Zunahme seiner Einwohnerzahl um fast 10 Prozent an die erste Stelle in Europa, die UdSSR nicht gerechnet. Seine Weltmachtambitionen wurden durch den Zugewinn an Menschen und ökonomischem Potential untermauert.

Österreich verschaffte der faschistischen Großmacht im Herzen Europas als Brückenkopf den Zugang zum Rohstofflieferanten Balkan und schuf günstigere Bedingungen für den Vorstoß nach Südost- und Osteuropa. Die Tschechoslowakei geriet militärisch-strategisch hoffnungslos in die Zange. Mittelbar verschlechterten sich auch die Bedingungen für die Sowjetunion, besonders die strategischen. Im Verhältnis zum „Achsen"partner Italien, zu dem nun die direkte Landverbindung hergestellt war, war endgültig klargestellt, welche

---

95 Vgl. *RGBl.*, T. I, 1939, S. 745.
96 *Ernst Rudolf Huber*, Der Reichsgau, in: *Zeitschrift der Akademie für Deutsches Recht*, 11/1939, S. 364.
97 Ebenda.
98 Vgl. *Luža*, S. 253.

der beiden faschistischen Hauptmächte in Europa die erste Geige spielte. Die Einverleibung Österreichs hatte für die Ziel- und Zeitvorstellungen der faschistischen Führung in Deutschland Folgen von letztlich verhängnisvoller Tragweite. „Diese erste Veränderung der politischen Karte Europas durch eine deutsche Gewalttat . . . ist von ganz entscheidender Bedeutung für das Tempo der Entwicklung zum Krieg hin. . . . Sie festigt endgültig Hitlers Überzeugung, seine potentiellen Gegner seien Schwächlinge, mit denen er Schindluder treiben könne."[99] In dem Brief des ZK der KPD „Für Deutschlands Freiheit und Unabhängigkeit Österreichs" an das ZK der Kommunistischen Partei Österreichs vom März 1938 hieß es: „Die Annexion ist ein weiterer Schritt zur Zerreißung des Volkes, zur Entfesselung des Weltkrieges, der zur Katastrophe für das deutsche Volk werden muß."[100]

Weshalb sich das Tempo der hemmungslosen Aufrüstung, der Kriegsvorbereitungen, der aggressiv-abenteuerlichen Unternehmungen (in Richtung ČSR) so rasch beschleunigte, kann mit „Hitlers Überzeugung" allein nicht hinreichend erklärt werden, sosehr auch Selbstüberhebung als Mentalitätsfrage ins Gewicht gefallen ist. Mit Österreich hatte der deutsche Imperialismus einen „fetten Brocken" geschluckt. Die Eroberung der österreichischen Ressourcen blieb nicht ohne Rückwirkung auf die ökonomischen und militärisch-strategischen Orientierungen. Plötzlich war die wegen des wahnwitzigen Rüstungskurses um die Jahreswende 1937/38 eingetretene kritische Lage behoben. Die österreichischen Erwerbungen erlaubten es, wenn auch nur für kurze Zeit, aus dem vollen zu schöpfen.[101] Der Zusammenhang zwischen Annexion und Aufrüstung gab für den Programmablauf faschistischer Umgestaltung Europas einen ausschlaggebenden Impuls.

Die deutsche Wehrmacht gewann mit der Alpenrepublik zusätzliche acht bis zehn Divisionen. Die unter Arbeitskräftemangel leidende deutsche Industrie fand ein Arbeitslosenheer vor, aus dessen Reservoir sie zahlreiche Fachkräfte zu günstigen Bedingungen bekommen konnte. Die hohe anhaltende Arbeitslosenzahl war ein typisches Merkmal der österreichischen Wirtschaft seit der Weltwirtschaftskrise. Obwohl sie, verglichen mit ihrem Höhepunkt im Jahre 1933 (557 000 = 26,0 Prozent), bis zum Jahre 1937 kontinuierlich zurückgegangen war, lag sie mit 464 000 = 21,7 Prozent noch sehr hoch.[102] Der Bedarf der deutschen Unternehmen führte zu ihrem schnellen Abbau in den Jahren 1938 und 1939. „Tatsächlich wurden nach dem Anschluß rund 100 000 Arbeitskräfte (davon ca. 10 000 Ingenieure) nach Deutschland vermittelt; viele gingen freiwillig, durch die höheren Löhne angezogen, viele auf Grund von Zwangsmaßnahmen. . . . Unter dem Vorwand der Hilfeleistung (Beseitigung der Arbeitslosigkeit) wurde der österreichischen Wirtschaft hier ein effektiver Schaden zugefügt und der Eindruck von der halbkolonialen Stellung der Ostmark verstärkt."[103] Die Arbeitslosenrate sank im Jahre 1939 auf 3,2 Prozent.[104]

Besondere Begehrlichkeiten riefen bei der Naziführung die österreichischen Gold- und Devisenvorräte hervor. Die Massenarbeitslosigkeit unter dem Schuschniggregime war der Preis, den die Werktätigen zahlen mußten, um die Währungsstabilität aufrechtzuerhalten, um mit einer deflationistischen Politik aus dem österreichischen Schilling einen

99 *Erich Kuby*, Verrat auf deutsch. Wie das Dritte Reich Italien ruinierte, Hamburg 1982, S. 75.
100 Abgedr. in *GdA*, Bd. 5, Berlin 1966, S. 504.
101 Vgl. *Schausberger*, Der Anschluß, in: *Österreich 1918 bis 1938*, S. 521 f.
102 Vgl. die Statistik bei *Dieter Stiefel*, Arbeitslosigkeit. Soziale, politische und wirtschaftliche Auswirkungen — am Beispiel Österreichs 1918—1938, Berlin (West) 1979, S. 29.
103 *Norbert Schausberger*, Rüstung in Österreich 1938—1945, Wien 1970, S. 39.
104 Vgl. *Felix Butschek*, Die österreichische Wirtschaft 1938 bis 1945, Stuttgart 1978, S. 71.

„Alpendollar" zu machen. Während die Gold- und Devisenreserven Deutschlands erschöpft waren (ihr Bestand betrug Ende 1937 rund 90 Mill. RM), verfügte die Österreichische Nationalbank laut Ausweis vom 7. März 1938 über einen Gesamtbestand an Devisen, Gold und anderen Aktiva in Höhe von 422,9 Mill. Schilling.[105] Durch Verordnung vom 17. März 1938 wurde die Österreichische Nationalbank von der Deutschen Reichsbank übernommen.

Das Umrechnungsverhältnis von Reichsmark und Schilling wurde ebenfalls am 17. März 1938 im Verhältnis von 1:1,5 neu festgesetzt an Stelle des vorher bestehenden Kurses von 1:2,17, d. h., der Schilling wurde um 36 Prozent aufgewertet. Dabei muß berücksichtigt werden, daß „der neue Wert nicht der Kaufkraft des Schilling entsprach, der bei den meisten Verbraucherpreisen ein durchschnittliches Verhältnis von 1:1 ausmachte", wobei Preiserhöhungen und ohnehin wesentlich niedrigere Löhne als in Deutschland zu einem Wertverlust führten.[106] Doch das günstigere Austauschverhältnis von Schilling zu Reichsmark hatte — bei drohender Ablieferungspflicht — zur Folge, daß aus österreichischem Privatbesitz der Reichsbank schätzungsweise weitere 1,750 Mrd. Schilling zuflossen. Hinzu kamen andere Werte aus Clearing-Guthaben usw. Alles lieferte Österreich nach der ursprünglichen ungünstigeren Parität 2,736 Mrd. Goldschilling = 1,368 Mrd. RM, was dem 18fachen Betrag des damaligen deutschen Barschatzes entsprach.[107] Für die deutsche Rohstoff- und Energieversorgung hatte Österreich gleichfalls manches zu bieten.[108] Da waren die steiermärkischen Eisenerzvorräte, die die Einfuhrprobleme erheblich verringerten. Dem Blei- und Zinkbergbau kam große Bedeutung zu. Weiter spielten das Vorkommen an Chrom-, Mangan-, Wolfram- und Antimonerzen für die Kriegswirtschaft eine nicht unerhebliche Rolle. Mit seiner Magnesit- und Graphitproduktion lag das Alpenland an zweiter Stelle der Weltförderung. Interessant für die Zukunft war auch das ausbaufähige Erdölvorkommen. Der Holzreichtum Österreichs enthob die faschistische Wirtschaft weitgehend ihrer Einfuhrsorgen. Die sehr bedeutenden Wasserkräfte konnten für die Stromversorgung genutzt werden.

Die Annexion Österreichs verschaffte dem deutschen Finanzkapital wertvolle Industriekapazitäten und den entscheidenden Einfluß im österreichischen Bankwesen.[109]

Die Positionen des deutschen Großkapitals in der österreichischen Wirtschaft, besonders in der Industrie, waren schon vor dem 12. März 1938 stark. Genesis und Struktur dieses erheblichen Kapitaleinflusses wären noch näher zu untersuchen. Der Tatbestand als solcher mußte sich jedenfalls in der sozialen und politischen Struktur der österreichischen Bourgeoisie bemerkbar machen und trug gewiß zum Schwanken und zur Kraftlosigkeit der Regierungspolitik gegenüber dem Druck des faschistischen Deutschlands und gegenüber dem provokativen Auftreten der österreichischen NS-Bewegung bei. Bezeichnend und von großem politischem Gewicht war vor allem der überragende Einfluß der Vereinigten Stahlwerke (Düsseldorf) in der österreichischen Schwerindustrie. Nicht nur der bedeutendste, führende österreichische Industriekonzern Alpine Montan-Gesellschaft wurde von diesem größten deutschen Montankonzern majorisiert bzw. kontrolliert, sondern auch der Böhler-Konzern.

---

105 Vgl. ebenda, S. 54.
106 *Luža*, S. 127.
107 Vgl. *Schausberger*, Der Griff nach Österreich, S. 462f.
108 Vgl. ebenda, S. 453ff.
109 Vgl. die Übersicht bei *Eduard März*, Wirtschaftliche Aspekte der Annexion Österreichs durch das Dritte Reich, in: *Wien 1938*, S. 205.

Nach der Annexion drangen deutsche Unternehmen in Masse nach Österreich vor, voran IG Farben, Hermann-Göring-Werke, Krupp, Mannesmann, Gustloffwerke, Siemens, Deutsche Continental-Gas-Gesellschaft. Sie „arisierten" und kauften österreichische Betriebe auf, so daß die Struktur des Kapitaleigentums in den meisten, vor allem in den kriegswichtigen Zweigen der österreichischen Industrie zugunsten des deutschen Großkapitals wesentlich verändert wurde. In der „Umarmung" durch ihre deutschen „Brüder" verlor die österreichische Bourgeoisie nicht nur jegliche soziale und politische Eigenständigkeit, sondern einen großen Teil ihres Kapitalbesitzes und Vermögens; viele ihrer Repräsentanten, in erster Linie jüdische Unternehmer, verloren ihre Heimat und eine Reihe von ihnen ihr Leben. Ebenso häufig und vielleicht charakteristischer als das erwähnte brutale Vorgehen waren die verdeckten Methoden der getarnten Einflußnahme und kapitalmäßigen Majorisierung unter Mitarbeit von Kreisen der österreichischen Großbourgeoisie. Das entsprach den besonderen politischen Umständen der Annexion und der Tatsache, daß das faschistische Deutschland versuchte, sein außenpolitisches Prestige zu dieser Zeit noch einigermaßen aufrechtzuerhalten. Typisch für diese Art des Vorgehens war die Politik der beiden größten deutschen Banken, der Deutschen Bank und der Dresdner Bank.[110]

In der am 26. März 1938 in Wien gehaltenen Rede legte Göring ein „Aufbauprogramm für Österreich" vor.[111] Sein Hauptinteresse galt denjenigen Planungsvorhaben, die der unmittelbaren Kriegsvorbereitung dienten. „Bevorzugt wurden alle Produktionsbereiche, die für die Kriegsvorbereitung und später für den Krieg selbst von Bedeutung waren, also vor allem der Energiesektor, die Rohstoffgewinnung und die Schwerindustrie. Die mehr konsumorientierten Industrien, wie die Papier-, die Leder- und die Textil- und Bekleidungsindustrie sowie die Fremdenverkehrswirtschaft bekamen die Auftriebstendenzen weit weniger zu spüren."[112]

Die österreichische Wirtschaft, im Gefolge des verlorenen ersten Weltkrieges und der Weltwirtschaftskrise ohnehin von Disproportionen betroffen, erlitt durch die strikte Ausrichtung auf die Kriegsbedürfnisse des „Großdeutschen Reiches" noch tiefer greifende Deformationen ihrer Wirtschaftsstruktur. In dem Aufruf des ZK der Kommunistischen Partei Österreichs, beschlossen bereits in der Nacht vor der Annexion, wurden programmatisch erste Losungen zum Widerstand formuliert: „Volk von Österreich! Wehre Dich, leiste Widerstand den fremden Eindringlingen und ihren Agenten. Schließt Euch zusammen, Katholiken und Sozialisten, Arbeiter und Bauern! Schließt Euch zusammen, nun erst recht, zur Front aller Österreicher."[113] Es wurde hingewiesen, daß schon seit dem Berchtesgadener Diktat vom 12. Februar 1938 der antinazistische Widerstand zur Verteidigung der Heimat immer mehr Anhänger gefunden hatte.

Doch die Entwicklung, die nach dem 12. März eintrat, schuf eine völlig neue Lage. Auf der einen Seite herrschte Massenbegeisterung, getragen von offenen Nazianhängern und

---

110 Vgl. *Dietrich Eichholtz*, Der „Anschluß" Österreichs 1938 und die Südostexpansion der Deutschen Bank, in: JfWG, T. 4, 1988, S. 203ff.

111 Das „Aufbauprogramm für Österreich" ist abgedruckt bei *Schausberger*, Rüstung in Österreich 1938 bis 1945, S. 186f.

112 *Kurt W. Rothschild*, Wurzeln und Triebkräfte der Entwicklung der österreichischen Wirtschaftsstruktur, in: *Österreichs Wirtschaftsstruktur, gestern — heute → morgen*. Hrsg. Wilhelm Weber, Berlin (West) 1963, S. 101.

113 *Die Kommunisten im Kampf für die Unabhängigkeit Österreichs*, Wien 1955, S. 63.

Menschen, die auf eine Wende in ihrer sozialen Situation hofften. Auf der anderen Seite bewirkte zusammen mit dem rasch hereinbrechenden braunen Terror und der raffinierten Propaganda das Schockerlebnis einer schweren Niederlage bei den Nazigegnern das lähmende Gefühl, am Beginn eines verhängnisvollen neuen Abschnitts österreichischer Geschichte zu stehen, so daß in den Anfangsmonaten nach dem „Anschluß" nur vereinzelte Widerstandshandlungen zu verzeichnen waren. „Es ist mit Recht stets darauf hingewiesen worden, daß sich der österreichische Widerstand — wie der deutsche — unter besonders schwierigen Verhältnissen entwickeln mußte. In anderen später besetzten Ländern bestand ein klares Feindbild, und der Widerstand gegen die deutsche Besatzung wurde zur Sache aller nationalen Kräfte, während Kollaborateure isoliert und geächtet waren. In Österreich hingegen hatten die Widerstandskämpfer in einer zum Teil feindlichen, von Denunzianten und fanatischen Regimeanhängern durchsetzten Umwelt zu wirken, gegen einen perfekt organisierten Terrorapparat und eine gigantische Propagandamaschinerie."[114]

Daher bedurfte es erst bestimmter Veränderungen der Gesamtlage, damit die Bedingungen für vermehrte, organisierte und spontane Formen des Widerstandes heranreiften.[115] Eine gewisse Ernüchterung über das Mißverhältnis von Wohlstandsversprechungen und Alltagsrealität, die im Spätsommer 1938 auftretenden außenpolitischen krisenhaften Zuspitzungen, die zunehmenden Angriffe auf die katholische Kirche, das Dominanzstreben der „Reichsdeutschen", die Zurückdrängung der spezifisch österreichischen Lebensart — aus solchen Erscheinungen des gesellschaftlichen und politischen Lebens, der ideologischen Konflikte und sozialpsychologischen Widersprüche erwuchs allmählich, aus unterschiedlichen Motiven, in intensiverer Form seit Herbst 1938 zu registrieren[116], der Widerstandswille bei unterschiedlichen Bevölkerungsgruppen.

Die österreichische Arbeiterbewegung, seit 1934 im Kampf gegen den Austrofaschismus stehend, trug auch die Hauptlast des Widerstandes gegen den Nazifaschismus. Innerhalb der Arbeiterbewegung traten die Kommunisten führend hervor. Sie hatten seit Annexionsbeginn den aktiven Widerstand für ein freies und demokratisches Österreich zur Grundlinie ihrer Politik erklärt. Sie brachten die schwersten Opfer. In einem Bericht der Gestapo Wien wird die Zahl von Festnahmen kommunistischer Widerstandskämpfer für 1938 mit 742 und für 1939 mit 1132 angegeben.[117]

Der sich entwickelnde und mit Kriegsbeginn verstärkende antifaschistische Widerstand hat viel dazu beigetragen, daß heute die Existenz einer eigenständigen österreichischen Nation in einem souveränen demokratischen Staat sowohl für die Österreicher selbst wie für die internationale Staatengemeinschaft zu einer Selbstverständlichkeit geworden ist und „Heim ins Reich"-Parolen für immer der Vergangenheit angehören.

114 *Neugebauer*, Zwischen Kollaboration und Widerstand, S. 197.

115 Vgl. zu den Widerstandsformen *Hans Hautmann/Rudolf Kropf*, Die österreichische Arbeiterbewegung vom Vormärz bis 1945, Schriftenreihe des Ludwig-Boltzmann-Instituts für Geschichte der Arbeiterbewegung, Bd. 4, Linz 1974, S. 189.

116 Vgl. ebenda; *Gerhard Botz*, Wien vom „Anschluß" zum Krieg, Wien/München 1978, S. 482, 504; *Walter Göhring*, Widerstand gegen das NS-Regime 1938—1945, in: „*Um Freiheit und Brot*". Geschichte der burgenländischen Arbeiterbewegung von den Anfängen bis 1945, Eisenstadt 1984, S. 148.

117 *Wolfgang Neugebauer*, Die Arbeiterbewegung in Wien im Widerstand 1934—1945, in: *Bewegung und Klasse*. Studien zur österreichischen Arbeitergeschichte, Wien/München/Zürich 1978, S. 372.

WERNER RÖHR

September 1938.

Diversion und Demagogie bei der Erzeugung einer Kriegspsychose durch den Hitlerfaschismus und seine Fünfte Kolonne in der ČSR*

Die Vorbereitung der Annexionen Österreichs 1938, der ČSR 1938 und 1939 und des Überfalls auf Polen 1939 durch das gezielte Zusammenwirken der Diversionsorgane und der Massenmedien des faschistischen Deutschen Reiches einerseits mit faschistischen Organisationen und Gruppierungen in den betreffenden Ländern andererseits zeigt ein wesentlich gleichartiges Handlungsmuster der Faschisten.[1]

Dieses schließt einmal die als außen- und militärpolitische Instrumente benutzten Institutionen und beteiligten Organisationen ein und bezieht sich auf die durch sie verwirklichten Ziele bzw. verfolgten Handlungsstränge, zum anderen die von der faschistischen Führung gehandhabten Regulierungsmechanismen für die einzelnen Aktionen und die dabei erfüllten Funktionen der gesteuert Tätigen. Neben der grundlegenden Gleichartigkeit dieser Regulierung läßt sich eine durch Erfahrung, veränderte Zielsetzung und veränderte Bedingungen bestimmte Modifizierung erkennen. Der in den drei Kampagnen 1938 und 1939 entwickelte Regulierungsmechanismus von militärischer, politischer und Mediendiversion bricht mit der Entfesselung des zweiten Weltkrieges ab und wird in dieser spezifischen Weise bei der Vorbereitung der 1940 und 1941 erfolgten Aggressionen Nazideutschlands nicht mehr wiederholt. Einige dieser Praktiken wurden 1960/61 bei der Vorbereitung der geplanten Aggression gegen die DDR erneut aufgegriffen und modifiziert angewandt.

Im folgenden Beitrag soll der Verflechtungsmechanismus von Kriegspolitik, psychologischer Kriegführung durch Rundfunk und Presse und praktischer Diversion am Beispiel der Vorbereitung des Überfalls auf die ČSR (Fall Grün) erhellt und auf die Wochen vor der Annexion der sudetendeutschen Gebiete der ČSR nach dem völkerrechtswidrigen Münchener Abkommen eingegrenzt werden. Die Arbeit unterliegt also ihrem Gegenstand nach mehreren Beschränkungen:

— Sie erfaßt aus dem längerfristigen Prozeß der faschistischen Zerschlagung der ČSR mit aktiver Hilfe der Westmächte nur die kurze Phase zwischen dem 7. und dem 29. September 1938. Diese Zäsuren sind gesetzt durch die faschistische Provokation in Ostrava und das völkerrechtswidrige Abkommen von München.

---

* Für die Unterstützung bei der Bereitstellung des genutzten Quellenmaterials danke ich dem Zentralen Staatsarchiv der DDR, Potsdam, dem Státni Ústředni Archiv, Prag, und dem Vojenský Historický Archiv, Prag, für kritische Hinweise Miroslav Kárný, Prag, und Kurt Gossweiler, Berlin.
1 Eine vergleichende Analyse kann an dieser Stelle nicht gegeben werden, vgl. *Werner Röhr*, August 1939. Die pyschologische Kriegführung Hitlerdeutschlands zur Vorbereitung des Überfalls auf Polen (in Vorb.).

— Sie setzt den politischen Haupthandlungsstrang zwischen der Hitlerregierung und den Westmächten, wie er sich im Münchener Diktat manifestiert, als weitgehend bekannt voraus und rekapituliert nur wenige diesbezügliche Daten — vor allem deren Stellenwert in der Pressehetze.[2]

— Sie strebt eine vollständige Dokumentation weder der Diversionsakte noch der gelenkten Pressekampagne an, sondern greift aus beiden Ereignisreihen wichtige Beispiele heraus, um ihren Platz und ihr Zusammenwirken im Instrumentarium der Hitlerregierung zu beleuchten.[3]

— Sie verzichtet aus Platzgründen auf Vergleiche mit den Kampagnen zur Annexion Österreichs 1938[4] wie zur Vorbereitung des Überfalls auf Polen 1939.[5]

Die massenpolitische Kriegsvorbereitung soll in Form eines Szenariums verdeutlicht werden, das für jeden einzelnen Tag des ausgewählten Zeitraums die wichtigsten Ereignisse und relevanten Entscheidungen gruppiert und zueinander in Bezug setzt. Abschließend wird der Versuch unternommen, die verschiedenen Funktionen sowohl des Feldzuges der faschistischen deutschen Presse als auch der Diversion der sudetendeutschen Faschisten analytisch zu differenzieren.

Die betroffenen Orte im sudetendeutschen Grenzgebiet der ČSR werden in ihrer deutschen Bezeichnung wiedergegeben. Ihre tschechischen Namen sind im Anhang zusammengestellt.[6]

1. Die Planung für den „Fall Grün" und die politische Kampagne zur Zermürbung der Widerstandskraft der ČSR

a. Zur militärischen Vorbereitung des Überfalls auf die ČSR und zu ihren politischen Konsequenzen

Nach der Annexion Österreichs gewann die bereits am 5. November 1937 von Hitler bekundete Absicht, die Tschechoslowakei militärisch zu zerschlagen[7], an Aktualität. Der durch das Potential Österreichs gestärkte deutsche Imperialismus begegnete bei seinem Streben nach Vorherrschaft in Europa in seiner südöstlichen Expansionsrichtung mit der

---

2 Vgl. *ADAP*, Serie D, Bd. II; *Mnichov v dokumentech* (München in Dokumenten), 2 Bde., Prag 1958; *Helmuth K. G. Rönnefarth*, Die Sudetenkrise in der internationalen Politik, 2 Teile, Wiesbaden 1961; *Vaclav Král*, (Hrsg.), Das Abkommen von München 1938, Prag 1968; *derselbe*, Plan Zet (Plan Z), Prag 1973, *derselbe*, Dny které otřásly Československem (Tage, die die Tschechoslowakei erschütterten), Prag 1975; *Ota Holub*, Rovnice řešená zradou (Die Gleichung des Verrats ist gelöst), Prag 1979; *Karel Doudera*, Jak se rozhoupával zrady zvon (Wie die Glocke des Verrats ertönte), Prag 1983; *Berndt-Jürgen Wendt*, Großdeutschland. Außenpolitik und Kriegsvorbereitung des Hitler-Regimes, München 1987; *Gerhart Hass*, Münchner Diktat 1938 — Komplott zum Krieg, Berlin 1988, sowie die dort angegebene Literatur.

3 Vgl. *Engelbert Schwarzenbeck*, Nationalsozialistische Pressepolitik und die Sudetenkrise 1938, München 1979; *Martin Broszat*, Das Sudetendeutsche Freikorps, in *VfZ*, 1/1961.

4 Vgl. *Ralf Richard Körner*, So haben sie es damals gemacht ... Die Propagandavorbereitungen zum Österreichanschluß durch das Hitlerregime 1933—1938, Wien 1958.

5 Vgl. den Beitrag von *Johannes Kalisch* in vorliegendem Band.

6 Bei deutschen Ortsnamen ohne tschechische Entsprechung — z. B. Schwaderbach — wurde nach Möglichkeit der heutige Name angegeben. Vgl. *Ernst Pfohl*, Orientierungslexikon der Tschechoslowakischen Republik, 3. Auflage, Reichenberg 1930.

7 *IMG*, Bd. 25, Dok. PS-386, S. 412ff.

ČSR einem durchaus ernst zu nehmenden Hindernis. Als stärkstes Industrieland unter den kleineren Staaten Ost- und Südosteuropas sollte gerade die Tschechoslowakei entsprechend ihrer territorialen Lage ein Ausfalltor für die politische und wirtschaftliche Expansion nach Südosteuropa, aber auch für die künftige Aggression gegen die Sowjetunion bilden.

Die Tschechoslowakei verfügte über bedeutende Rohstoffvorkommen (Steinkohle, Braunkohle, Buntmetallerze), eine technisch hochentwickelte Industrie, insbesondere auch Rüstungsindustrie, beträchtliche Devisenvorräte und hochqualifizierte Arbeitskräfte. Ihre günstige strategische Lage, ihre gut gerüstete Armee und ihre modernen Befestigungsanlagen entlang der Grenze zu Deutschland legten es nahe, sie auch militärisch nicht zu unterschätzen[8]. Um so mehr mußte die ČSR nach ihrer Teilmobilisierung vom 21. Mai 1938 als ernst zu nehmender militärischer Gegner eingestuft werden, der einen „Anschluß" nach dem Muster Österreichs nicht zulassen würde. Sie war durch gegenseitige Beistandsverträge mit Frankreich und der UdSSR verbunden, was für Deutschland im Falle eines Angriffs die Gefahr eines Zweifrontenkrieges heraufbeschwor. Schließlich wirkte in der Tschechoslowakei eine starke revolutionäre Arbeiterbewegung.

Der militärischen Vorbereitung des Überfalls lief deshalb eine massive politische Kampagne der Faschisten gegen die ČSR parallel. Keitels „Entwurf für die neue Weisung ‚Grün' (Übergang)" vom 20. Mai 1938 formulierte die Aufgabe, „einerseits die Tschechei durch Drohungen einschüchtern und ihre Widerstandskraft zermürben, andererseits den nationalen Minderheiten Anweisungen zur Unterstützung des Waffenkriegs geben und die Neutralen in unserem Sinne beeinflussen."[9] Diese erstmals in eine militärische Weisung eingefügte Passage über die Ziele des „Propagandakrieges" wies die außenpolitischen Handlungen der Hitlerregierung, die psychologische Kriegführung in Presse und Rundfunk und die Tätigkeit der Sudetendeutschen Partei in dieser Kampagne als Funktion der militärischen Planung aus.

Die Naziführung versuchte angestrengt, alle inneren wie äußeren Schwierigkeiten der ČSR auszunutzen und zu vervielfachen, während sie deren Regierung und Bevölkerung gleichzeitig durch massive Drohungen einschüchterte. Außenpolitisch sollte die ČSR so isoliert werden, daß sie zum Zeitpunkt des Überfalls dem Aggressor allein gegenüberstand. Zu diesem Zweck unterstützte die Hitlerregierung einmal alle annexionistischen und revisionistischen Bestrebungen der Nachbarstaaten Polen und Ungarn, versuchte zum anderen die Bindungen der ČSR an Frankreich, Großbritannien und die Länder der Kleinen Entente sowie zur Sowjetunion zu schwächen und zu lösen. Innenpolitisch sollte die ČSR entscheidend geschwächt, zermürbt und weitgehend aufgelöst werden. Alle Nationalitätenkonflikte innerhalb des Landes sollten so geschürt werden, daß die irredentistischen, separatistischen oder Autonomieforderungen den Staatsverband der ČSR zerreißen würden.

Am 28. Mai 1938 billigte und am 30. Mai unterschrieb Hitler die neue Weisung „Grün".[10] Ihr erster Satz lautete nun: „Es ist mein unabänderlicher Entschluß, die Tschechoslowakei

---

8 Siehe dazu *Vojenské dějiny Československa* III. Dil, (1918—1939) (Militärgeschichte der Tschechoslowakei (1918—1939)), Prag 1987, S. 424ff.

9 *IMG*, Bd. 25, Dok. PS-388, S. 423f.

10 „Fall Grün" sah für die Operation gegen die ČSR fünf Armeen mit 39 Divisionen vor, davon 3 Panzer- und 3 mot. Divisionen. Die ČSR sollte mit einem Durchbruch quer durch Mähren in zwei Teile aufgespalten werden: Diesen Hauptstoß hatten die 2. Armee von Kosel auf Olomouc und die 14. Armee von Wien auf Brno zu führen. Hier sollten die Hauptkräfte der ČSR-Armee in wenigen Tagen vernichtet werden. Um den schwierigen Festungsgürtel zu umgehen, wurde am 9./10. September entschieden,

in absehbarer Zeit durch eine militärische Aktion zu zerschlagen."[11] Um dem geplanten Überfall einen Schein von Berechtigung zu geben, sollte zunächst ein Zwischenfall inszeniert werden, etwa die Ermordung des deutschen Gesandten in Prag oder ein Attentat auf den britischen „Vermittler" Lord Runciman. Doch solche Varianten erwiesen sich als überflüssig, weil die SdP höchst erfolgreich die Rolle des Trojanischen Pferdes spielte. Neben ihrer öffentlichen politischen Tätigkeit, insbesondere dem öffentlichen Terror gegen Antifaschisten, bereitete sie sich geheim auf einen militärischen Einsatz vor. Die Abwehr unterwies zahlreiche SdP-Terroristen im Gebrauch von Waffen und Sprengstoff.[12] Waffen wurden in die ČSR geschmuggelt, um für den Tag des kriegerischen Konflikts für Sabotageaktionen an kriegswichtigen Objekten und für Überfälle bereitzuliegen.

Am *18. Juni* wurde als *frühester Termin* des Überfalls der *1. Oktober 1938 genannt*. Die Arbeit an den militärischen Planungen wurde fortgesetzt, die *Mobilisierung erfolgte schrittweise* und wurde als Routinemanöver getarnt. *Ab 28. September* hatte die *Wehrmacht angriffsbereit* zu sein.

b. Die SdP als Diversionsinstrument des Hitlerfaschismus in der ČSR[13]

Zum Zeitpunkt der militärischen Planung „Grün" war die SdP bereits eine faschistische Massenpartei. Nach der Annexion Österreichs wuchsen Massenanhang und Masseneinfluß dieser Partei mit der Erwartung eines umgehenden Einmarsches der Wehrmacht sprunghaft an. Zählte die SdP Ende März 1938 rund 770 000 Mitglieder in 140 Bezirken, davon 75 000 Funktionäre und 40 Prozent Frauen, so vereinigte sie im Juli 1938 von den rund 3,2 Mill. Bürgern der ČSR mit deutscher Nationalität über 1,3 Mill. in ihren Reihen. Die traditionellen bürgerlichen deutschen Parteien schlossen sich ihr an[14], und die allermeisten deutschen Organisationen, Verbände und Vereine „schalteten sich gleich", d. h. unterstellten sich der Führung der SdP. Mit wachsender Zuspitzung der Situation, mit zunehmender Kriegsgefahr gelang es so der SdP, mit Ausnahme der organisierten Arbeiterbewegung und weniger demokratischer Deutscher die übergroße Mehrheit dieser Bevölkerungsgruppe auf eine faschistische Plattform zu verpflichten. Bei den in Erwartung einer unmittelbaren Aggression Hitlerdeutschlands im Mai und Juni 1938 abgehaltenen Gemeindewahlen erhielten die SdP-

---

den Schwerpunkt der Operation auf die 10. und 12. Armee zu verlegen, die von Süden und Westen in das Herz Böhmens eindringen sollten. An der Grenze der ČSR zu Österreich waren bis dahin kaum Befestigungen ausgebaut. Vgl. *IMG*, Bd. 25, Dok. PS-388, S. 467f.

11 *IMG*, Bd. 25, Dok. PS-388, S. 433ff., auch abgedr. in *ADAP*, Serie D, Bd. II, Dok. 221, S. 281ff.

12 Vgl. *Ota Holub*, Souboj s abwehrem (Duell mit der Abwehr), Prag 1975.

13 Vgl. *Josef Koutek*, Nacistická pátá kolona v ČSR (Die nazistische 5. Kolonne in der ČSR), Prag 1962; *Otto Novák*, Henleinovci proti Československu. Z historie sudetoněmeckého fašismu v letech 1933—1938 (Henlein-Faschisten gegen die Tschechoslowakei. Zur Geschichte des sudetendeutschen Faschismus in den Jahren 1933 bis 1938), Prag 1987; *derselbe*, Die Henleinfaschisten und München, in: *Historica XXVII*, Prag 1987.

14 Nach der Annexion Österreichs traten der „Deutsche Bund der Landwirte" am 22. März und die „Christlich-Soziale Volkspartei" am 24. März 1938 aus der Regierung der ČSR aus und schlossen sich der SdP an. Ebenso wie sich „gleichschaltenden" deutschen Vereine anerkannten sie den Ausschließlichkeitsanspruch der Faschisten, für die deutsche Bevölkerungsgruppe zu sprechen, an, den Henleins Aufruf „Die kleinen Splitterparteien haben keine Lebensberechtigung mehr" artikuliert hatte. (*Král*, Die Deutschen in der Tschechoslowakei, Dok. 93, S. 156). Die Regierung Hodža kam nach dem Austritt der bürgerlichen deutschen Minister der Forderung der SdP-Führung nach, keinen Vertreter der deutschen Sozialdemokratie mehr in die Regierung aufzunehmen.

Kandidaten 88 Prozent aller deutschen Stimmen. Die SdP beherrschte danach die meisten Gemeinde- und Stadtverwaltungen im sudetendeutschen Grenzgebiet.[15]

Dieser auf der Basis der nationalen und sozialen Probleme der deutschen Bevölkerungsgruppe und unter dem Druck des faschistischen Terrors der SdP, der Kriegspsychose und der mit den Kriegsdrohungen Deutschlands verbundenen Terrorankündigungen demonstrierte Masseneinfluß der Henleinfaschisten darf nicht darüber hinwegsehen lassen, daß die deutschen Antifaschisten in der ČSR dem Faschismus erbitterten Widerstand — auch bewaffneten — leisteten, auch und besonders dann und dort, wo die Handlungsfähigkeit der ČSR-Staatsorgane durch die Kapitulationspolitik der tschechischen Bourgeoisie und ihrer Politiker eingeschränkt oder gelähmt war.[16]

Diese faschistische Massenpartei fungierte mit ihren direkten Nebenorganisationen bzw. durch die von ihr gesteuerten als direktes politisches Instrument der Hitlerregierung. Seine Steuerung erfolgte teilweise über das Auswärtige Amt, entscheidend jedoch über die Volksdeutsche Mittelstelle und mit wachsender Zuspitzung der Situation sogar unmittelbar von Hitler zu Henlein und K. H. Frank. Die Rolle der SdP als Diversionsinstrument ist keineswegs allein im Sinne objektiver Funktion gemeint, sondern die Führung ordnete sich bewußt und bedingungslos Hitlers Kriegskurs unter. Der systematische Ausbau des Massenanhanges der SdP zur Fünften Kolonne und deren Wirken erfolgten in direktem Auftrag und bei unmittelbarer Abstimmung.[17]

Die Instrumentierung der SdP und ihrer Nebenorganisationen für die Aggression des deutschen Faschismus konnte natürlich weder die Grundlagen noch die Tätigkeit einer solchen Massenbewegung erklären. Ihre widersprüchliche Existenz kann aber an dieser Stelle nicht analysiert werden. Wenn daher hier allein ihre Funktion als Diversionsinstrument untersucht wird, so soll damit ihre soziale Basis in der deutschen Bevölkerungsgruppe nicht verschwiegen werden. Im vorliegenden Rahmen ist es nicht möglich, die Situation der deutschen Bevölkerung der ČSR darzustellen.[18] Um jedoch wenigstens anzudeuten, warum die SdP einen derartigen Masseneinfluß gewinnen konnte, warum ihr Massenanhang erfolgreich als „Sprengsatz" bei der Zerstörung der ČSR benutzt werden konnte, sei auf wenige Probleme verwiesen:

Von einer nationalen Unterdrückung der deutschen Bevölkerung in der Tschechoslowakei konnte weder 1938 noch vorher die Rede sein, hier ist der Feststellung der „Deutschland-Berichte" der Sopade vom März 1938 zuzustimmen, „daß keine nationale Minderheit in Europa weniger Grund zu Beschwerden hat als die deutsche in der Tschechoslowakei".[19] Ausführlich widerlegt Brügel auch alle traditionellen nationalistischen, faschistischen wie revanchistischen Nachkriegslügen zu diesem Thema.[20] Tatsache ist, daß die Lage der verschiedenen sozialen Klassen der deutschen Bevölkerung in der ČSR 1938 ein „Amalgam

15 Da keine Gesamtauszählung bekanntgegeben wurde, schwanken die Zahlenangaben zwischen 85 Prozent und 92 Prozent, vgl. *Novák*, Die Henleinfaschisten und München. S. 96 f.

16 Vgl. *Gerhard Fuchs*, Gegen Henlein und Hitler. Der solidarische Kampf tschechischer und deutscher Antifaschisten von 1933 bis 1938, Berlin 1961; *Johann Wolfgang Brügel*, Tschechen und Deutsche 1918—1938, München 1967.

17 Vgl. *Novák*, Henleinovci; *Koutek*.

18 Vgl. *Brügel*, S. 522 ff.

19 *Sopade*, 2/1938, S. 347.

20 *Brügel*, S. 522 ff.

aus sozialen und nationalen Problemen"[21] war, dessen entscheidende Momente — vor allem das jahrelange Massenelend der Arbeiter — wesentlich sozialökonomisch konstituiert waren, aber gleichzeitig als nationale Probleme in Erscheinung traten. Die Weltwirtschaftskrise traf die ČSR schwer und langwierig, und sie spitzte alle Probleme außerordentlich zu. Die deutsche Bourgeoisie hatte beim Übergang vom zerfallenden Österreich-Ungarn zur 1918 gebildeten Tschechoslowakei ihre ehemals politisch wie ökonomisch herrschende Stellung an die tschechische abtreten müssen.[22] Sie fand sich in ihrer Mehrheit aber aus den gleichen ökonomischen Gründen 1918/1919 sehr schnell mit dem neuen Staat ab, aus denen sie 1938 auf den Faschismus setzte: Ihre Industrie war technisch weitgehend veraltet, und sie war vor allem Konsumgüterindustrie. 90 Prozent der Textil-, Glas- und Porzellanindustrie der ČSR, die besonders schwer darniederlagen, waren in den Händen deutscher Unternehmer. Hatten sie nach 1918 den großen Markt Österreich-Ungarns verloren, so während der Weltwirtschaftskrise die Konkurrenz auf dem Weltmarkt. Die sudetendeutsche Bourgeoisie hatte ihre Profite nicht so sehr durch Rationalisierung und Innovation, als vor allem auf Kosten der billigen deutschen Arbeiter sichern können.[23] Die mit der Krise verbundene Massenarbeitslosigkeit führte in ihren Gebieten zu jahrelangem Massenelend unter den Arbeitern. Von den 846 000 Arbeitslosen der ČSR im Jahre 1936 waren 535 000 deutsche Arbeiter.[24]

Diese besondere Betroffenheit ergab sich nun aber nicht aus der von den Faschisten erlogenen nationalen Diskriminierung und bewußten wirtschaftlichen Untergrabung durch die Tschechen, sondern aus dem Charakter, der Situation und auch dem Standort der betroffenen Industrien. Selbstverständlich hatte sich die deutsche Bourgeoisie nicht mit dem Verlust ihrer Vorherrschaft abgefunden. Auch hatten aufgrund des Sprachengesetzes, der Verstaatlichung der Eisenbahnen und manch anderer Maßnahmen der „Entösterreicherung" viele deutsche ehemalige Staatsbeamte und -angestellte ihren Arbeitsplatz verloren.[25] Alle Versäumnisse und Schwächen der Nationalitätenpolitik der herrschenden Klassen der ČSR berechtigen nicht, von nationaler Unterdrückung zu sprechen. Die Behauptung, die ČSR wäre an der Unlösbarkeit ihrer Nationalitätenpolitik zugrunde gegangen kolportiert eine faschistische Legende. „Eine Tschechoslowakei mit einem musterhaft gelösten Nationalitätenproblem wäre ebenso ein Angriffsziel Hitlers gewesen wie ein Staat,

---

21 *Stephan Dolezel*, Tschechoslowakei — Nationalitätenprobleme im Kraftfeld der NS-Expansionspolitik, in: *Innen- und Außenpolitik unter nationalsozialistischer Bedrohung*. Hrsg. von Erhard Forndran et al., Opladen 1977, S. 260f.

22 Auf die politischen, sozialen, staats- und völkerrechtlichen Probleme bei der Konstituierung der ČSR 1918, ihres Verhältnisses zu Deutschösterreich und Deutschböhmen, die militärische Besetzung des Gebietes und die Regelungen der Friedensverträge von Versailles und St. Germain kann hier nicht eingegangen werden; siehe *Hass, Brügel, Král* (Die Deutschen in der Tschechoslowakei).

23 Vgl. *J. César/B. Černy*, Politika německých buržoazních stran v Československu v letech 1918—1938 (Die Politik der deutschen bürgerlichen Parteien in der Tschechoslowakei 1918—1938), Prag 1962; *Antonín Chyba*, Hospodářský vývoj a postavení pracujících v buržoazní ČSR (Die wirtschaftliche Entwicklung und die Stellung der Werktätigen in der ČSR), Prag 1973.

24 *Dolezel*, S. 261.

25 Auf die Probleme der „Entösterreicherung" als Teil des Konzeptes der tschechischen Bourgeoisie von einem „tschechoslowakischen Nationalstaat" und damit auf die Kollision des tatsächlichen Nationalitätenstaates mit dem Anspruch und den Fiktionen eines Nationalstaates kann hier nicht eingegangen werden. Vgl. *Hass, Brügel*.

der keinen einzigen deutschen Bürger gehabt hätte", bemerkt Brügel dazu.[26] Im Gegenteil, gerade die faschistisch verfälschte Artikulation wirklicher sozialer und nationaler Probleme der deutschen Bevölkerung durch die SdP führte in deren bedingungsloser Unterordnung unter die Kriegspolitik Hitlerdeutschlands zur völligen Preisgabe der Lebensinteressen der angeblich vertretenen Bevölkerungsgruppe. Die im Namen der „Selbstbestimmung" dieser Deutschen betriebene Politik zur Zerschlagung der ČSR setzte gerade die „Selbstbestimmung" aller Völker der ČSR einschließlich des deutschen bedenkenlos aufs Spiel.

Nach der Annexion Österreichs nahmen die offen provokatorischen Aktivitäten der SdP ebenso spürbar zu wie ihre zunächst noch verdeckten. „Freudenkundgebungen" der Sudetendeutschen über den „Anschluß" artikulierten verbreitete Erwartungen über ein gleiches Schicksal der sudetendeutschen Gebiete. Sie wuchsen in eine umfassende antitschechoslowakische Kampagne hinüber. Am 28. März 1938 erklärte Hitler den Führern der SdP, Konrad Henlein und Karl Hermann Frank: Er plane, in nicht allzulanger Zeit die tschechische Regierung unannehmbar sind". Hitler sicherte Henlein als „Führer des Sudetendeutschtums" jegliche Unterstützung zu.[27] Aber die Hitlerregierung dürfe nicht als Vertreter der sudetendeutschen Forderungen in Erscheinung treten, konkretisierte Ribbentrop am nächsten Tage.[28] Ohne daß der Befehlshaber sichtbar werden durfte, mußte die SdP nach außen selbständig handeln, um Hitler „Raum und Möglichkeiten für ein eventuelles Eingreifen zu verschaffen".[29] Durch den „Umfang und die schrittweise Präzisierung ihrer Forderungen" sollte sie *zunächst* einen *Eintritt in die Regierung vermeiden*[30] und Zeit gewinnen, um durch offene Konfrontationen eine politische Krise der ČSR zu provozieren und gleichzeitig die Bemühungen der Prager Regierung zur Lösung ihrer Minderheitenprobleme vor dem Ausland zu diskreditieren.

Entsprechend Hitlers Weisung stellte Henlein auf dem Parteitag der SdP in *Karlsbad am 24. April 1938* jene Forderungen auf, deren Realisierung nur die Zerstörung der ČSR bedeuten konnte:

— Völlige Gleichberechtigung der Deutschen mit den Tschechen
— Anerkennung der sudetendeutschen Volksgruppe als Rechtspersönlichkeit
— Unantastbarkeit des deutschen Gebietes in der ČSR
— Volle nationale Selbstverwaltung dieses Gebietes
— Schutz der außerhalb dieses Gebietes lebenden Deutschen
— „Beseitigung des dem Sudetendeutschtum seit 1918 zugefügten Unrechts und Wiedergutmachung der . . . Schäden"
— Deutsche Beamte im deutschen Gebiet
— „Volle Freiheit des Bekenntnisses zum deutschen Volkstum und zur deutschen Weltanschauung."

---

26 *Brügel*, S. 542.
27 *ADAP*, Serie D, Bd. II, Dok. 107, S. 158 ff.
28 Ebenda, Dok. 109, Anl. 1, S. 163.
29 *Rönnefarth*, Teil 1, S. 221.
30 Seit den Parlamentswahlen 1935 war die SdP die stärkste Partei in der ČSR überhaupt. *ADAP*, Serie D, Bd. II, Dok. 109, Anl. 1, S. 163.

Den Rahmen dieses sog. *Karlsbader Programms* steckte Henlein mit den *Forderungen nach Annullierung der Beistandsverträge der ČSR mit Frankreich und der UdSSR* und nach Orientierung ihrer Außenpolitik auf Hitlerdeutschland ab.[31]

Verbal sollten diese Forderungen im Rahmen der tschechoslowakischen Republik realisiert werden, doch praktisch hätte ihre Durchsetzung zwangsläufig die Auflösung der ČSR zur Folge gehabt. Die SdP behandelte dieses Programm in allen von Mai bis September 1938 mit der Prager Regierung geführten Verhandlungen als ein — sehr extensiv ausgelegtes — *Minimalprogramm*. Die Geschichte dieser Verhandlungen braucht hier nicht nachgezeichnet zu werden[32], denn die SdP führte ungeachtet immer weiterer Zugeständnisse der Regierung im Grunde nur noch Scheinverhandlungen, hinter deren Vorhang die Mobilisierung dieser Partei zur praktischen Destruktion des tschechoslowakischen Staates rasch voranschritt.[33]

Bereits im *März und April 1938* stieg die Zahl provokatorischer Aufmärsche und Kundgebungen, terroristischer Überfälle auf Antifaschisten und ständiger Herausforderungen der ČSR-Behörden sprunghaft an. Gleichzeitig formierte und schulte die SdP ihre Ordner militärisch. Im Mai gründete sie den „*Freiwilligen deutschen Schutzdienst*" *(FS)* — vergleichbar mit der SA —, der in den nächsten Monaten zum *Hauptträger des faschistischen Terrors* wurde. Auch die Abwehr rekrutierte ihre K-Gruppen aus sudetendeutschen Faschisten und formierte sie in militärischen Übungen.

Seit Mai erreichten die Zusammenstöße der SdP-Anhänger mit der Polizei ein neues Ausmaß und eine höhere Aggressivität. Nach dem *Befehlsempfang Henleins am 3. Juni* in der *Volksdeutschen Mittelstelle* begann die Mobilisierung dieser Partei, in deren Verlauf sie ihre Provokationen bis zum September so steigern sollte, daß die Spannungen zum gewünschten Zeitpunkt durch massive Zusammenstöße ihren Höhepunkt erreichen würden. Nachdem die *Verhaftung von 26* von der Abwehr ausgebildeten *Faschisten am 22. August wegen Waffenschmuggels* in der SdP eine ungeheure Erregung ausgelöst hatte, riefen die Funktionäre der SdP *Frank und Fritz Köllner am 26. August* alle Sudetendeutschen auf, ihr „*Recht auf Notwehr*" wahrzunehmen.[34]

---

31 *Král*, Die Deutschen in der Tschechoslowakei, Dok. 127, S. 199 f.; *Novák*, Die Henleinfaschisten und München, S. 98 ff.

32 Vgl. dazu *Novák*, Die Henleinfaschisten, sowie *Brügel*.

33 Daß die SdP-Führung nur Spiegelfechtereien um ein Nationalitätenstatut austrug, beweist kein Dokument besser als ihre zwischen Juni und August 1938 formulierte „Grundplanung O. A.". Wie bereits in Henleins Denkschrift für Hitler vom November 1937 wird darin ein Programm zur Unterjochung, Germanisierung und Dezimierung der Tschechen entworfen: nach der „restlosen Eingliederung" der böhmischen Länder dürfe das „Tschechentum nicht als eigenständiges Volkstum" angesehen werden. Seine Sprache müsse verschwinden, damit auch tschechisches Schulwesen, Presse und Buchdruck. Neben massiver Aussiedlung breiter Schichten der Tschechen und entsprechender Ansiedlung von Deutschen war vor allem die Übernahme der Privatindustrie geplant. Der SdP-Führer sah sich schon als „Reichsstatthalter für die böhmischen Länder" mit Sitz in Prag. *Král*, Die Deutschen in der Tschechoslowakei, Dok. 148, S. 221 ff.

34 *Dokumente der deutschen Politik*. Hrsg. von P. Meyer-Benneckenstein, Bd. 6, 1, Berlin 1939, S. 293. Rönnefarths Übernahme der antikommunistisch begründeten Stilisierung Köllners aus dem Jahre 1958 enthüllt schlagartig, zu welchen Verzeichnungen reaktionäre ideologische Blindheit einen akribischen Forscher führt. Vgl. *Rönnefarth*, Teil 2, S. 216, Fußnote 21.

c. Die Erpressung der ČSR-Regierung durch die Westmächte

Das „Karlsbader Programm" fand keineswegs nur die Unterstützung der deutschen Faschisten. Die britische und die französische Regierung drängten die Regierung Hodža, den Forderungen der SdP stets noch weiter entgegenzukommen, als diese schon selbst dazu bereit war. Sie wandten nicht allein immer massivere Formen der Einmischung und Erpressung an. Ihr Druck stand von vornherein unter dem Zeichen der potentiellen Preisgabe ihres Bündnispartners an die Hitlerregierung. Bereits am 24. März 1938 hatte der britische Premier vor dem Unterhaus erklärt, England könne der ČSR eine automatische Garantie ihrer Integrität nicht bieten und hatte damit „praktisch Hitler die Straße nach der Tschechoslowakei freigegeben".[35] Bei der ersten *englisch-französischen Ministerkonferenz am 28. und 29. Mai 1938* in London stimmte der französische Ministerpräsident Edouard Daladier seinem englischen Kollegen zu, daß die ČSR aufgrund des unzureichenden Rüstungsstandes der Westmächte und nach der durch die Annexion Österreichs veränderten strategischen Lage nicht zu halten sei, und daß darum die Prager Regierung gedrängt werden müsse, den sudetendeutschen Forderungen zuzustimmen. In einer Demarche drängten *beide Regierungen am 7. Mai 1938* die Prager Regierung, bis an die äußerste Grenze der Zugeständnisse zu gehen.

Dies war der Beginn jener Erpressungen und Eingriffe der Westmächte in innere Angelegenheiten der ČSR, deren makabre Höhepunkte die „*Londoner Empfehlungen*" und das *Münchener Diktat* bilden sollten.

Zu dieser Kette von Erpressungen zählt auch die der Prager Regierung aufgezwungene „*Vermittlungsmission*" *des Lord Walter Runciman*, der am *3. August 1938 in Prag* eintraf. Offiziell sollte diese „neutrale Sachverständigenkommission" zwischen der SdP und der Regierung Hodža vermitteln, um die Verhandlungen zum Abschluß zu bringen. Ihre wirkliche politische Funktion war die Potenzierung des erpresserischen Drucks. Ihr „Sachverstand" basierte nicht zuletzt auf den Erfahrungen ihres Leiters als britischer Kolonialpolitiker, der die ČSR weitgehend nach seinem diesbezüglichen Vorstellungsmuster behandelte. Die Mitglieder der Kommission bereisten die Grenzgebiete und konsultierten die Führer der SdP. Ihrer offiziellen Neutralität kraß zuwiderhandelnd, sprachen sich ihre Vertreter öffentlich für die Forderungen der Faschisten aus. Runciman setzte diesem Verhalten die Krone auf, indem er ausgerechnet Henlein als Botschafter zu Hitler entsandte, um diesen über den Gang der Verhandlungen zu informieren. Henlein nutzte diese Beauftragung, um sich am 2. September bei Hitler neue Befehle zu holen.[36]

Über Lord Runciman und über ihre diplomatischen Vertreter in Prag übten die britische und die französische Regierung Anfang September noch einmal Druck auf Präsident Beneš und die Regierung aus, um sie zur Kapitulation vor den Forderungen der sudetendeutschen Faschisten zu zwingen. Sie erpreßten jenen „*Vierten Plan*", der eine fast vollständige Annahme des „Karlsbader Programms" durch die ČSR-Regierung bedeutete und damit eine Situation eintreten ließ, in der sowohl der Führung Hitlerdeutschlands wie der SdP klar wurde, daß die Scheinverhandlungen zur Täuschung und zum Zeitgewinn nicht länger möglich waren. Als Ausweg organisierten sie die Provokation von Ostrava.

---

35 *Die Tat*, 14. 4. 1938, Nr. 55/56.
36 Vgl. *Roman Kvaček*, Osudná mise (Verhängnisvolle Mission), Prag 1958.

2. Von Ostrava bis München — Szenarium der politisch-psychologischen Kriegführung gegen die ČSR im September 1938

Die im folgenden ausgewählten Ereignisse sollen für jeden Tag ab 5. September 1938 gesondert auf sechs Ebenen bzw. Handlungssträngen dargestellt werden:

A : Politische Akte der Regierungen außerhalb Deutschlands und der ČSR (andere politische Kräfte eingeschlossen)

B : Maßnahmen und Entscheidungen der Hitlerregierung, der Wehrmacht und anderer Kräfte des faschistischen Deutschland

C : Aktionen des Präsidenten, der Regierung und anderer politischer Kräfte der ČSR

D : Handlungen der sudetendeutschen Faschisten

E : Anweisungen der täglichen Reichspressekonferenz des Propagandaministeriums (RPK) an die Zeitungen des faschistischen Deutschland

F : Ergebnisse der geschürten und gesteuerten Pressehysterie — Schlagzeilen der faschistischen Presse sowie Meldungen und Kommentare des deutschen Rundfunks.

Der Schwerpunkt des Szenariums liegt auf dem Zusammenhang von Diversion und Propagandakrieg. Da die außenpolitischen Schritte zur Vorbereitung des Münchener Abkommens häufig und ausführlich publiziert wurden, können sie an dieser Stelle auf jene beschränkt bleiben, auf die die Pressekampagne unmittelbar zielte oder reagierte. Auch bei der Auswahl der Diversionsakte in den Grenzgebieten der ČSR kam es wesentlich darauf an, solche Ereignisse zu benennen, die in der faschistischen Funk- und Pressehetze benutzt wurden. Die Ebene der RPK schließt neben der täglichen Pressekonferenz auch zusätzliche Sonderanweisungen ein. Diese Regulierungspraxis des faschistischen Pressefeldzuges gegen die ČSR ist bereits in der Literatur detailliert vorgestellt worden. Auf sie stützt sich der vorliegende Beitrag.[37] Aus Platzgründen wird für die letzte Ebene vor allem der „Völkische Beobachter", Berliner Ausgabe, herangezogen, so daß die Arbeitsteilung innerhalb der regulierten Presse nicht sichtbar gemacht werden kann.[38]

MONTAG, 5. SEPTEMBER 1938

A : — Frankreich beruft Reservisten und Urlauber ein.

B : — Beginn des Parteitages der NSDAP in Nürnberg.
— Die Reserveoffiziere der Wehrmacht rücken zu einer vierwöchigen Übung ein.

C : — Lord Runciman billigt in einem Gespräch mit Präsident Beneš dessen „Vierten Plan".
— Beratung der Prager Regierung mit Präsident Beneš. Unter dem starken Druck der englischen und der französischen Regierung stimmt das Kabinett dem von Beneš ausgearbeiteten „Vierten Plan" zu, der praktisch auf eine weitestgehende Erfüllung der Karlsbader Forderungen der SdP hinauslief, indem er vorsah:
  • Territoriale Autonomie von drei selbständigen sudetendeutschen Kantonen (Karlsbad, Böhm. Leipa, Schlesien) mit weitgehender nationaler Homogenität
  • Sofortige Gleichberechtigung der deutschen Sprache in Böhmen, Mähren und Schlesien

---

37 Vgl. *Jutta Sywottek*, Mobilmachung für den totalen Krieg. Die propagandistische Vorbereitung der deutschen Bevölkerung auf den zweiten Weltkrieg, Opladen 1976; *Schwarzenbeck*, ebenda.

38 Sie bestand wesentlich darin, daß die gleichgeschaltete großbürgerliche Presse — etwa die *Frankfurter Zeitung* — sich einer scheinbar sachlichen und zurückhaltenden Argumentation, die sich u. a. an die Westmächte richtete, zu befleißigen hatte, während die Blätter der NSDAP rüdeste Angriffe und Beschimpfungen vortragen sollten.

- Dezentralisierung der staatlichen Vollzugsgewalt durch Aufteilung zwischen dem Staat und den Selbstverwaltungsorganen
- Proporz der Beamtenschaft, der Angestellten der Staatsbetriebe und des Staatshaushaltes nach Nationalitäten
- Proporz der Abteilungen der staatlichen Zentralressorts nach Nationalitäten
- Budgetgesetz mit besonderem Schlüssel für das sudetendeutsche Gebiet
- Investitionsanleihe zur Behebung des wirtschaftlichen Niedergangs in Höhe von 1 Mrd. Kronen, davon 700 Mill. Kronen für die sudetendeutschen Kantone
- Änderung des Systems der bisherigen Staatspolizei und der Wirkungsbereiche der Gerichtsorgane

In einer Beilage wurde eine Amnestie für solche Beamte versprochen, die wegen staatsfeindlicher Tätigkeit ihrer Stelle enthoben worden waren.

DIENSTAG, 6. SEPTEMBER 1938

C: — Präsident Beneš empfängt nach einer Besprechung mit Lord Runciman die Mitglieder der SdP-Verhandlungsdelegation Kundt und Sebekowsky und informiert sie über den „Vierten Plan".

D: — Lord Runciman und sein Stellvertreter Ashton-Gwatkin bezeichnen in einem Gespräch mit den Mitgliedern der SdP-Verhandlungsdelegation Kundt und Rosche den „Vierten Plan" als Verwirklichung einer Autonomie.

MITTWOCH, 7. SEPTEMBER 1938

A: — Die britische Regierung stellt beim Völkerbund den Antrag, die Artikel 16 und 17 der Völkerbundsatzung zu streichen. Sie sehen vor, bei einem Angriff auf einen Bundesgenossen gemeinsam dem Aggressor entgegenzutreten. Der Antrag scheitert vor allem am Widerstand der UdSSR.

— Die Londoner „Times" fordert in einem Artikel die ČSR auf, die sudetendeutschen Grenzgebiete friedlich an Deutschland abzutreten, da ein gewaltsames deutsches Vorgehen zu einem europäischen Krieg führe.[39]

— England, Belgien und die Niederlande berufen Reservisten ein.

— Lord Runciman empfängt um 17 Uhr Frank, der ihn über den Abbruch der Verhandlungen informiert.

C: — Hodža übersendet Kundt offiziell den „Vierten Plan".

D: — Die SdP-Funktionäre May und Köllner organisieren im Auftrage von Frank vor dem Gerichtsgebäude in Moravska Ostrava, in dem 83 Faschisten wegen Waffenschmuggels einsitzen, eine provokatorische Demonstration. Bei den Zusammenstößen mit der Polizei werden mehrere Personen verletzt.

— Auf der Beratung der SdP-Verhandlungsdelegation am Nachmittag über den „Vierten Plan" ist diese unter Vorsitz Franks der „einhelligen Ansicht", daß „die Vorschläge insbesondere nach der ergänzenden Erklärung Hodžas nicht abgelehnt werden könnten, vielmehr (in der) herausgegebenen Form angenommen werden müßten."[40]

---

39 Der Protest der ČSR erzwang ein Dementi des Foreign Office, und der Artikel löste einen Entrüstungssturm der großbürgerlichen englischen Presse aus. Ungeachtet dessen entsprach er den Intentionen Chamberlains. *The Times* wiederholte diesen Vorschlag noch mehrfach an den folgenden Tagen. Vgl. *Brügel*, S. 464f.

40 ZStA, Potsdam, Film Nr. 15165, Hencke an AA, 7. 9. 1938.

— Frank erklärt gegenüber dem deutschen Geschäftsträger, der „Vierte Plan" bedeute zu etwa 90 Prozent die Annahme der Karlsbader Forderungen.[41]

— Die SdP-Verhandlungsdelegation teilt Ministerpräsident Hodža mit, sie unterbreche bis zur „Bereinigung" des Zwischenfalls in Ostrava vorläufig die Verhandlungen. Als Termin der nächsten Verhandlungen und der Übergabe der endgültigen

— Stellungnahme der SdP schlägt sie den 13. September, d. h. den Tag nach Hitlers, Nürnberger Rede, vor.

— Eine Pressekonferenz der SdP verkündet am Abend in Prag den vorläufigen Abbruch der Verhandlungen.

E: — Goebbels verbietet der deutschen Presse, über den Inhalt des „Vierten Plans" zu berichten.[42]

— Eine Sonderpressekonferenz am Abend weist an, den Plan als Scheinkonzession zur Verschleppung der Verhandlungen polemisch zu werten. An erster Stelle sollen die Zwischenfälle „groß aufgemacht" werden.

F: — VB, S. 8: „Prags neuer Plan wird aufgeputzt. Gewisses Entgegenkommen unter Wahrung der alten Linie."

— „Tschechenterror im Prager Stadtparlament".

— „Die tschechische Polizei und Soldateska demonstriert mit dem Gummiknüppel und Gewehrkolben den Sudetendeutschen gegenüber den Friedens- und Verständigungswillen, den die Prager Regierung mit ihren Plänen vor der demokratischen Welt zu bekunden sich bemüht."

— Sender Königs Wusterhausen, 20 Uhr: „Ein ungeheuerlicher Skandal wird aus Mähr. Ostrau gemeldet, der die tschechische Terrorherrschaft in den sudetendeutschen Gebieten in dem Augenblick grell beleuchtet, in dem die Prager Regierung der Weltöffentlichkeit sogenannte Verständigungsvorschläge übergibt."[43]

— Sender Leipzig, 22 Uhr — Deutscher Dienst: „Die empörenden Vorgänge in Mähr. Ostrau werfen ein neues Schlaglicht auf die Lage in der Tschechoslowakei, die ein Ordnungsstaat zu sein vorgibt, und sich bei Dutzenden von Gelegenheiten als ein Gebiet erwiesen hat, in dem sich die tollsten Wild-West-Szenen abspielen können. Am gleichen Tage, an dem in Prag Friedensvorschläge unterbreitet werden, die unter Anwendung einer geschickten Regie vor einer gutgläubigen Weltöffentlichkeit den Eindruck eines Ausgleichswillens erwecken, hantiert ein in die Uniform der tschechischen Staatspolizei gesteckter Jahrnagel mit Reitpeitsche gegen Angehörige einer Volksgruppe, der man innerhalb dieses Vielvölkerstaates die ihnen nach Recht und Gesetz zustehenden Lebensgrundlagen angeblich verschaffen will."

41 *ADAP*, Serie D, Bd. II, Dok. 438, S. 568, Hencke an AA, 7. 9. 1938.
42 Gewöhnlich wurde die tägliche Reichspressekonferenz bis Dezember 1938 vom Leiter der Abt. Deutsche Presse im Propagandaministerium, Ministerialrat Alfred Ingemar Berndt, geleitet. Goebbels oder Reichspressechef Dietrich instruierten die Pressevertreter — im Unterschied zu späteren Jahren — nur in außergewöhnlichen Fällen persönlich. Der Abt. Deutsche Presse unterstanden 2300 Tageszeitungen und 18000 Zeitschriften unmittelbar. Die täglichen Anweisungen an die Presse sollten vernichtet werden, doch einige Vertreter — z. B. der Frankfurter Zeitung, Sänger — bewahrten ihre Notizen illegal auf. Diese Sammlungen (Sänger, Brammer u. a.) liegen heute im BA, Koblenz. Vgl. *H. Odermann*, Die vertraulichen Presseanweisungen aus den Konferenzen des Nazi-Propagandaministeriums, in: *ZfG*, 8/1965, S. 1365ff.; *Fritz Sänger*, Politik der Täuschungen, Wien 1975.
43 Die Rundfunkmeldungen werden wiedergegeben nach: SÚA, Faksimilia, Relace německého rozhlasu o Československu 1.—30. září 1938 (Berichte des deutschen Rundfunks über die Tschechoslowakei), Prag 1978.

DONNERSTAG, 8. SEPTEMBER 1938

C: — Hodža empfängt Kundt und Rosche zu einem Gespräch über die Beilegung des Zwischenfalls von Ostrava.

D: — Demonstrationen der SdP in Krumau, vor der Polizeiwache in Weidenau sowie in anderen Orten führen zu Zusammenstößen mit der Polizei.

— In Prag berät die SdP-Delegation unter Frank mit Vertretern der Slowakischen Volkspartei und des polnischen Verständigungsausschusses über die Koordinierung ihrer Angriffe auf die Prager Regierung.

— In einer schriftlichen Stellungnahme der SdP-Verhandlungsdelegation zum „Vierten Plan" — die dem deutschen Gesandten zur Weiterleitung nach Berlin überreicht wurde — wird dieser „vom juristischen Standpunkt ... als theoretisch geeignete Grundlage für (eine) Rahmen- und Grundsatzvereinbarung angesehen ..., um (der) Verwirklichung (der) acht Karlsbader Forderungen und damit (der) Erreichung (des) Zieles im formalen Rahmen (des) Staates zu dienen" und für dessen Annahme einzutreten.[44]

E: — Die RPK instruiert die deutsche Presse, es bestehe kein Anlaß, die Verhandlungen bald wieder aufzunehmen. Alle Presseangriffe seien ausschließlich gegen die ČSR zu richten und andere Länder peinlichst zu meiden. Tenor der Kommentare habe zu sein, daß die ČSR ein ohnmächtiger Staat und seine Regierung ohne Einfluß auf die Exekutive sei, um so einen Keil zwischen Regierung und Armee/Polizei zu treiben. Durch die Zwischenfälle sei im Nationalitätenproblem eine ganz neue Lage entstanden, welche einzelne Punkte des Karlsbader Programms gegenstandslos werden lasse und eine sofortige totale Lösung erfordere.

F: — VB, S. 1: „Prag blufft mit Scheinreformen"; im Kommentar „Frivoles Spiel" warnt der VB vor dem „unzeitgemäßen Aberglauben, daß jedes politische Problem durch ein ‚Kompromiß' zu lösen sei".

— Die MNN fordern auf S. 3 die „Loslösung der sudetendeutschen Gebiete".

— Kurzwellensender DJC, 18.45 Uhr: „Nach einer Mitteilung der ‚Egerer Zeitung' beabsichtigt das tschechische Justizministerium, künftig nach der Art der sudetendeutschen Tracht die Strafgefangenen in der Tschechoslowakei zu bekleiden. Diese Tatsache bedeutet eine gehässige Verunglimpfung des Sudetendeutschtums durch den tschechischen Staat."

FREITAG, 9. SEPTEMBER 1938

A: — England mobilisiert die Minensuch- und -legboote der Kriegsmarine.

B: — Hitler weist die SdP-Führung an, Zwischenfälle zu organisieren, „bei denen es Tote geben müsse".[45]

---

44 *ADAP*, Serie D, Bd. II, Dok. 442, S. 575, Hencke an AA, 8. 9. 1938. Diese Stellungnahme war wesentlich vom Rechtsberater der SdP, Klier, formuliert worden, der in seinem Gutachten energisch für die Annahme der Vorschläge eintrat, weil dies ermöglichen werde, den Staat „von innen vollkommen auszuhöhlen". Wenn die SdP im Prinzip annehme, sodann über Einzelheiten weiterverhandle, komme die ČSR entweder auf kaltem Wege in die Machtsphäre des Deutschen Reiches, oder die SdP behaupte einfach, die Gegenseite habe ihr Wort nicht gehalten und halte sich alle Wege offen. *Král*, Die Deutschen in der Tschechoslowakei, Dok. 209, S. 297f.; vgl. auch *Brügel*, S. 463.

45 *Král*, Die Deutschen in der Tschechoslowakei, Dok. 211, S. 301, Hencke an AA, 10. 9. 1938.

— Auf einer Besprechung Hitlers am 9./10. mit v. Brauchitsch, Halder, Keitel u. a. wird der Operationsplan „Grün" modifiziert und entschieden, die ČSR spätestens am 1. Oktober militärisch anzugreifen.

C: — Auf einer Großkundgebung der KPTsch in Prag ruft Klement Gottwald die Völker der ČSR zum gemeinsamen Widerstand gegen die faschistische Bedrohung auf.

— Der Generalstabschef der Armee der ČSR, General Krejci, fordert in einem Memorandum Präsident Beneš auf, nicht weiter vor den Forderungen der SdP zurückzuweichen.

— Die parlamentarische Delegation der SdP wird von Hodža empfangen, das Gespräch bleibt ergebnislos, Frank verweigert seine Teilnahme.

— Hodža empfängt Kundt und Rosche und informiert sie über die Maßnahmen der Regierung zur Beilegung des Zwischenfalls von Ostrava.

D: — Die provokatorischen Demonstrationen und Kundgebungen der SdP in Gablonz, Bodenbach, Krumau und anderen Orten führen zu Zusammenstößen mit der Polizei.

— Auf einem Presseempfang des parlamentarischen Klubs der SdP in Prag beschuldigt deren Abgeordneter Neuwirth die ČSR-Polizei, „unschuldige sudetendeutsche Gefangene" in den Gefängnissen „systematisch mit GPU-Methoden zu mißhandeln".

E: — Die RPK verbietet der deutschen Presse, die würdigenden Abschnitte aus dem Kommuniqué der SdP-Verhandlungsdelegation zum „Vierten Plan" zu drucken. Sie warnt davor, der SdP durch die Presse eine Stellungnahme zum Plan vorzuschlagen.

F: — VB berichtet auf S. 1 über die Provokation von Ostrava: „Tschechenterror beunruhigt Europa", ebenda, S. 1: „Prag spielt mit dem Feuer."

— S. 10, Extraseite: „Prager Regierung nicht mehr Herr ihrer Polizei."

— Sender Leipzig, 19.45 Uhr: „Die Londoner ‚Times' behandelt heute zum dritten Male in einem Leitaufsatz die Möglichkeit einer dauerhaften Lösung des Volksgruppenproblems der Tschechoslowakei. Das Blatt schneidet dabei erneut die Frage einer Gebietsveränderung an, ohne von seinem Standpunkt abzuweichen."

Sonnabend, 10. September 1938

B: — In seiner Rede auf dem NSDAP-Parteitag in Nürnberg untermauert Göring seine militärische Drohung gegen die ČSR mit Angaben über die bisherigen Resultate der Aufrüstung. „Es ist unerträglich . . ., wie dieser kleine, kulturarme Volkssplitter da unten — kein Mensch weiß, wo sie hergekommen sind — ein Kulturvolk dauernd unterdrückt und belästigt." Es sei klar, daß die „lächerlichen Knirpse aus Prag" nicht aus eigenem Antrieb handeln: „Dahinter steht Moskau, dahinter steht die ewige jüdisch-bolschewistische Zerrfratze." Göring drohte: „Wir sind allezeit Schießer gewesen, niemals Scheißer."[46]

— In seiner Rede auf dem Parteitag der NSDAP „Die Tschechoslowakei — Oase der Demokratie" begründet Goebbels die scharfen Angriffe auf die ČSR: Prag ist der „Sitz der bolschewistischen Verschwörungsarbeit gegen Europa".[47]

---

46 *VB*, 12. September 1938, S. 5f.
47 Ebenda, S. 4.

C: — ČSR-Präsident Beneš informiert in einer Rundfunkansprache über 13 europäische Sender über den „Vierten Plan" sowie über faschistische Provokationen im Grenzgebiet zu Deutschland.

— Hodža empfängt Kundt und Rosche. Durch die Kapitulation der Regierung vor den Forderungen der SdP gilt der Zwischenfall formell als „liquidiert",[48] die Verhandlungen werden offiziell fortgesetzt und als nächster Termin der 13. September bestimmt. Hodža gibt den Protokollentwurf für die SdP öffentlich bekannt.

D: — In einem Geheimbefehl instruiert die SdP-Führung ihre Mitglieder: „Demonstrationen organisieren, diese planmäßig vorbereiten und durchführen."[49]

— Die Kreis- und Bezirksleitungen der SdP richten einen ständigen Bereitschaftsdienst ein.

— Auf Kundgebungen und Demonstrationen in Gablonz, Eger, Warnsdorf, Joachimsthal, Friedberg, Prachatitz, Krumau, Winterberg, Reichenberg, Trübau, Bodenbach, Freiwaldau und anderen Orten des Grenzgebietes provozieren die SdP-Faschisten zahlreiche Zusammenstöße mit Polizei und Gendarmerie. Durch äußerste Zurückhaltung der Polizei bleiben diese Zwischenfälle ohne schwerwiegende Folgen.

E: — Die Presseangriffe auf die ČSR behalten ihre unverminderte Heftigkeit, doch werden sie durch die Berichterstattung über den NSDAP-Parteitag vorübergehend auf die Innenseiten der Zeitungen verlegt.

F: — VB, S. 7: „Schwerste Mißhandlungen politischer Untersuchungsgefangener"; „Polizeiknüppel gegen deutsche Kundgebung".

— Sender DJC, 10.45 Uhr: „Aus der Tschechoslowakei werden wieder neue Überfälle von Tschechen und Marxisten gemeldet. So ging in Friedberg bei Krumau die tschechische Staatspolizei gegen sudetendeutsche Versammlungsteilnehmer in rigorosester Weise mit der Waffe vor. Zwei Sudetendeutsche wurden schwer verletzt."

SONNTAG, 11. SEPTEMBER 1938

A: — Die britische Regierung übermittelt Hitler eine offizielle Warnung vor übereilten Gewaltmaßnahmen, verbunden mit dem Hinweis auf die Möglichkeit des Eingreifens der Westmächte und der UdSSR zugunsten der ČSR.

— Lord Runciman empfängt auf Schloß Petersburg eine Abordnung der SdP unter deren Abgeordneten Wollner und grüßt die 5000 SdP-Demonstranten, welche fordern: „Lieber Lord, mach uns frei von der Tschechoslowakei!"

---

48 Das zwischen Hodža und Kundt/Rosche vereinbarte Kommuniqué vom 10. 9. 1938 sah u. a. vor:
— Jene Polizisten, die nachweisbar Gefangene geschlagen haben, werden beschleunigt gerichtlich bestraft.
— Der Polizist, welcher May mit der Reitpeitsche schlug, wurde suspendiert und bestraft.
— Gegen den Polizeidirektor von Ostrava wird eine Untersuchung eingeleitet, um festzustellen, ob er die Vorfälle mitzuverantworten hat.
— Beschleunigung der Untersuchung gegen die Häftlinge, schnellstmögliche Entlassung selbst bei Fortführung des Strafverfahrens.
ZStA, Potsdam, Film Nr. 4443, Hencke an AA, 10. 9. 1938.
49 Vgl. *Stanislav Biman/Roman Cilek*, Der Fall Grün und das Münchner Abkommen, Dokumentarbericht, Berlin 1980, S. 58.

D: — Zusammenrottungen sudetendeutscher Faschisten finden in Aussig, Teplitz-Schö-
nau, Joachimsthal, Rumburg, Konstantinsbad, Klostergrab, Winterberg, Hart-
manitz, Trübau, Müglitz, Benisch u. a. Orten statt. Von den zahlreichen Zusammenstößen der SdP-Demonstranten mit der Polizei trugen vor allem die in Reichenberg und Eger, bei denen es auf beiden Seiten Verletzte gibt, schweren Charakter.

F: — VB, S. 9: Da der „Vierte Plan" in Prag veröffentlicht ist, lauten die Schlagzeilen
nun: „Tschechenpresse verwirft Zugeständnisse", sowie: „Prags ungenügende Zugeständnisse".

— Hauptschlagzeilen S. 9: „Volkstrauer für das vierte Blutopfer", „Polizeiattacken
in Bodenbach", „Mit Gummiknüppeln zusammengeschlagen", „Demonstration in
Gablonz".

— Der faschistische deutsche Rundfunk leitet seine Sendungen von nun ab mit dem
„Egerländer Marsch" ein.

MONTAG, 12. SEPTEMBER 1938

B: — Hitler und Göring erteilen während des Nürnberger Parteitages Henlein und Frank
neue Weisungen für die SdP.

— In seiner Abschlußrede auf dem Parteitag der NSDAP in Nürnberg droht Hitler,
„das freie Recht der Selbstbestimmung für die Sudetendeutschen" durchzusetzen,
ohne konkrete Forderungen zu formulieren: „Unter der Mehrheit der Nationalitäten, die in diesem Staat unterdrückt werden, befinden sich auch 3 1/2 Millionen
Deutsche ... Der Allmächtige hat ... die sieben Millionen Tschechen nicht geschaffen, daß sie die 3 1/2 Millionen Menschen überwachen, bevormunden und
noch viel weniger vergewaltigen und quälen.

Die Zustände in diesem Staat sind, wie allgemein bekannt, unerträgliche. Politisch
werden hier 3 1/2 Millionen Menschen im Namen des Selbstbestimmungsrechtes
eines gewissen Herrn Wilson um ihr Selbstbestimmungsrecht beraubt. Wirtschaftlich
werden diese Menschen planmäßig ruiniert und dadurch einer langsamen Ausrottung
ausgeliefert. Dieses Elend der Sudetendeutschen ist ein namenloses. Man will sie
vernichten. Menschlich werden sie in unerträglicher Weise unterdrückt und ent-
würdigend behandelt ... wenn man sie wegen jeder nationalen Lebensäußerung
wie das hilflose Wild jagt und hetzt — dann mag dies den würdigen Vertretern unserer Demokratien vielleicht gleichgültig, möglicherweise sogar sympathisch sein ...
Ich kann nur sagen, daß ..., wenn die gequälten Kreaturen kein Recht und keine
Hilfe selbst finden können, sie beides von uns bekommen werden."[50]

C: — Für den Abend ordnet der Generalstabschef der Armee der ČSR, General Krejci,
Alarmbereitschaft an.

D: — Ausgelöst von der Hitlerrede, finden am Abend Massenkundgebungen der SdP in
Asch (8000 Teilnehmer), Aussig (15000), Elbogen, Pürstein, Winterberg, Ronsperg,
Oberplan, Mies, Plan, Weseritz, Leitmeritz, Kaaden (3000), Kaplitz, Graslitz,
Warnsdorf (6000), Rumburg, Sternberg (5000), Krumau, Lobositz, Karlsbad
(15000), Trübenwasser und weiteren Städten und Dörfern des Grenzgebietes

---

50 *VB*, Norddeutsche Ausgabe, Berlin, 14. September 1938, S. 3ff.

statt. Diese Demonstrationen stehen unter den Losungen „Ein Volk, ein Reich, ein Führer", „Wir wollen heim ins Reich", aber auch „Hängt Benesch", „Erschießt Benesch!"

— Bereits in dieser Nacht werden diese Demonstrationen von Sprengstoffanschlägen, Feuerüberfällen und anderen Terroranschlägen begleitet, so in Falkenau, Lichten, Trautenau, Weseritz, Schönpriesen, Eger und anderen Orten. Die Zusammenstöße der SdP-Demonstranten mit Polizei und Gendarmerie tragen an diesen Orten teilweise bewaffneten Charakter.

— SdP-Funktionäre versuchen in mehreren Orten, so in Karlsbad, Eger, Neudek, Perning, Rumburg oder Aussig, die Exekutivgewalt zu übernehmen, öffentliche Gebäude zu besetzen und Polizei bzw. andere bewaffnete Staatsorgane zu verhaften und zu entwaffnen, so daß die Demonstrationen hier den Charakter eines bewaffneten Aufstandes annehmen.

— In Eger versammeln sich 8000 SdP-Anhänger vor dem Gebäude, in dem sich der englische Beobachter Major Sutton Pratt aufhielt. Pratt hielt eine Ansprache, in der er u. a. erklärte, „er sei davon überzeugt worden, daß den Sudetendeutschen ihr Recht werden müsse".

E: — Die RPK weist an, herauszustellen, daß es schwer vorstellbar sei, daß es die Sudetendeutschen in einem solchen Land noch länger aushalten könnten. Im Vordergrund aller Berichte und Kommentare habe der „Gedanke der Selbstbestimmung" zu stehen.

— Sender Kwh, 7 Uhr: „Wie täglich kam es auch gestern in der Tschechoslowakei wieder zu zahlreichen, mehr oder weniger ernsten Zwischenfällen, die schlaglichtartig die unhaltbaren Zustände kennzeichnen, die insbesondere auf tschechisch-kommunistische Herausforderungen zurückführen."

DIENSTAG, 13. SEPTEMBER 1938

A: — In England und Frankreich finden Solidaritätskundgebungen für die ČSR statt.

C: — Die Prager Regierung verhängt am Vormittag das Standrecht über die Kreise Falkenau, Eger, Karlsbad, Elbogen, Neudek, Kaaden, Preßnitz und Böhmisch-Krumau. Es schließt ein Versammlungsverbot und eine Beschlagnahme der SdP-Zeitungen ein. Die Regierung entsendet Militär und Staatsschutzeinheiten in die Grenzgebiete, um wieder die Verwaltung in den Orten zu übernehmen, in denen sie von Henlein-Faschisten an sich gerissen worden war.

— Die ČSR-Regierung ruft 180 000 Reservisten zu den Waffen.

— Der Oberste Rat der ČSR für Staatsverteidigung wird einberufen.

— Die KPTsch erläßt einen Aufruf an die deutsche Bevölkerung der ČSR, in dem sie zur Wiederherstellung der Ordnung und zur Verständigung des tschechischen und des deutschen Volkes auffordert.

D: — Die Demonstrationen, Sabotageakte und bewaffneten Angriffe der Henlein-Faschisten im Grenzgebiet erreichen ihren Höhepunkt und tragen nun allgemein Aufstandscharakter. In über 70 Orten werden Postämter, Bahnhöfe, Gendarmeriestationen, Zollämter und andere öffentliche Gebäude besetzt. Der blutigste Überfall erfolgt in Habersbirk auf die dortige Gendarmeriestation. Insgesamt fordern die Überfälle dreizehn Tote und zahlreiche Verletzte.

— In Stadt und Bezirk Elbogen werden Fabriken, Schulen und Geschäfte geschlossen und der Generalstreik verkündet.

— Sudetendeutsche Faschisten schlagen in Karlsbad die Scheiben aller jüdischen und tschechischen Geschäfte ein.

— Um 18 Uhr richtet Frank in Henleins Namen telefonisch ein Ultimatum an Hodža und fordert darin die Aufhebung des Standrechts und Zurückziehung der Staatspolizei, die Rückkehr der Soldaten in die Kasernen und der Gendarmerie und der SOS-Einheiten zur normalen Tätigkeit, die Übergabe der Polizeigewalt an die (sudetendeutschen) Bürgermeister und Gemeindevorstände. Sollte die Regierung das Ultimatum nicht binnen sechs Stunden annehmen, lehne die SdP jede Verantwortung für die weiteren Ereignisse ab.
Ministerpräsident Hodža ist gewillt, mit der SdP über das Ultimatum zu verhandeln, aber nicht telefonisch.

— Standrecht und Einberufungen von Reservisten lösen eine wachsende Flucht von SdP-Funktionären und Wehrpflichtigen deutscher Nationalität über die Grenze nach Deutschland aus.

E: — Goebbels empfiehlt der Presse auf der mittäglichen RPK, die Idee einer Volksabstimmung als englisch-französische Initiative erscheinen zu lassen. Die angebliche Verfolgung der Sudetendeutschen soll noch größer gesetzt werden.

— Da die Weisungen der RPK durch die Verhängung des Standrechtes überholt sind, strahlen die Rundfunksender Deutschlands am Abend das Ultimatum Franks aus, gepaart mit der Drohung militärischer Gewalt, sofern es nicht erfüllt werde.

— Eine Sonderpressekonferenz weist um 22 Uhr an, die von der SdP verübten Überfälle als tschechischen Terror gegen die „Freudenkundgebungen" der Sudetendeutschen anläßlich der Hitlerrede auszugeben und mehr Tote auf sudetendeutscher als auf tschechischer Seite zu behaupten: Die Tschechen würden sicher versuchen, tote Deutsche nachträglich zu Tschechen zu stempeln. Tenor habe zu sein: Offenbar seien die toten Tschechen durch gegenseitige Schießerei ohne Anteil der Sudetendeutschen ums Leben gekommen. Der Presse sei die „sehr große und sehr wichtige Aufgabe" gestellt, „weiterzutreiben", was Hitler in seiner Rede gesagt habe. Die Verhängung des Standrechtes sei unter die Losung zu stellen: „Dies ist die Antwort von Benesch". Es sei nun erst recht zu unterstreichen, daß es schwer vorstellbar sei, daß die Sudetendeutschen es in einem solchen Lande noch länger aushalten könnten.

F: — Der VB füllt von diesem Tage an 90 Prozent seines politischen Teils mit Angriffen auf die ČSR, S. 1: „Vier weitere Blutzeugen für sudetendeutsches Selbstbestimmungsrecht. Prags Antwort auf die Führerrede. Standrecht anstelle von Lebensrecht. Landfremde Polizei und Militär mit Panzerwagen wüten gegen die deutsche Bevölkerung."

— S. 1, Kommentar: „Wie lange noch?"

— S. 2: „Volksbekenntnis zur Selbstbestimmung. Freudenkundgebungen nach der Führerrede in ganz Sudetenland".

— Der VB veröffentlicht Hitlers Nürnberger Rede an diesem Tage.

— MNN, S. 1: „Tschechischer Mordterror bis zur Anarchie. Deutsche verbluten unter tschechischen Schüssen".

— „Miesbacher Anzeiger", S. 1: „Tschechische Mordorgie im Sudetenlande. Feiger Überfall mit Dum-Dum-Geschossen."

— Sender Kwh, 7 Uhr: „Die gespannte Erwartung, die die ganze Welt der Rede des Führers auf dem Parteikongreß entgegenbrachte, war naturgemäß im Sudetendeutschtum besonders groß. Es gab wohl kaum einen Sudetendeutschen, der gestern abend nicht am Lautsprecher saß. Sogleich nach Beendigung der Rede zogen in allen sudetendeutschen Städten Tausende von Menschen auf die Straßen, um Freudenkundgebungen zu veranstalten. In Karlsbad und Aussig waren es je über 25 000 Menschen, die sich an Kundgebungen beteiligten, bei denen immer wieder das Deutschlandlied und das Horst-Wessel-Lied sowie Sprecherrufe nach Selbstbestimmung erklangen."

— Sender Kwh, 20 Uhr: „Während das Sudetendeutschtum seiner Freude und Befriedigung über die Worte des Führers in Kundgebungen Ausdruck gab, ereignete sich eine Reihe von neuen schweren und blutigen tschechischen Ausschreitungen. So wurden in Tachau nach einer ruhig verlaufenden Kundgebung auf dem Marktplatz drei Sudetendeutsche, die friedlich in ihre Wohnungen zurückkehrten, erschossen und eine erhebliche Zahl von Sudetendeutschen schwer verletzt. In Eger schossen mehrere Staatspolizisten ohne jede Veranlassung in eine Menschenmenge. Dabei wurde ein Sudetendeutscher getötet und sechs lebensgefährlich verletzt, darunter zwei Schulkinder."

MITTWOCH, 14. SEPTEMBER 1938

A: — Mitglieder der Runciman-Mission werden in Eger von Henlein empfangen, der ihnen erklärt, daß er jegliche Verhandlungen mit der Prager Regierung ablehne und die Abtrennung des sudetendeutschen Gebietes von der ČSR fordere. Damit ist die „Vermittlungsaufgabe" der Mission gegenstandslos geworden.
— Chamberlain kündigt seinen Besuch bei Hitler für den nächsten Tag an.
B: — Das OKW beruft den verstärkten Grenz-Aufsichtsdienst ein und unterstellt sich damit die Grenzkontrolle.
— OKW weist die WKK in Österreich, Bayern, Sachsen und Schlesien an, die militärisch ausgebildeten sudetendeutschen Flüchtlinge zwischen 20 und 35 Jahren in den Flüchtlingslagern zu mustern und überplanmäßig in Ergänzungseinheiten einzustellen.
— Hitler billigt Henleins endgültigen Abbruch der Verhandlungen mit der Prager Regierung.
C: — Die Prager Regierung dehnt das Standrecht auf die Kreise Graslitz, St. Joachimsthal und Bischofteinitz aus. Sie lehnt das Ultimatum Franks ab und fordert von der SdP den Verzicht auf weitere Gewalttaten. Für diesen Fall bietet sie die Entsendung eines SdP-Vertreters nach Prag an.
— Die Prager Regierung gibt bekannt, daß bis zum Abend 23 Todesopfer des bewaffneten Aufstandes der SdP zu verzeichnen seien, davon 13 Tschechen und 10 Sudetendeutsche. Von den 75 Verletzten seien 14 Sudetendeutsche.
D: — Die bisher schwerste militärische Auseinandersetzung zwischen Henlein-Faschisten und ČSR-Militär findet in Eger um das Hotel „Victoria" statt, das als Hauptquartier der SdP zum Stützpunkt und Waffenlager ausgebaut und von dem aus die Polizei beschossen worden war.

— Schwere Feuergefechte führen die FS-Terroristen in Schwaderbach, Graslitz, Wernstadt, Silberbach und Habersbirk mit den Polizei- und Militäreinheiten der ČSR. Demonstrationen der SdP in Rumburg, Schönlinde, Warnsdorf, Hennersdorf und anderen Orten führen zu weiteren Zusammenstößen mit der Polizei.

— Henlein erklärt den endgültigen Abbruch der Verhandlungen und löst die SdP-Delegation auf.

— Die SdP liquidiert ihre Prager Zentrale und ihre Zeitung „Die Zeit".

— Henlein, Frank und andere SdP-Funktionäre fliehen bei Asch über die Grenze nach Deutschland.

E: — Die RPK verbietet der Presse, über den Aufstandsversuch, über die Besetzung öffentlicher Gebäude und das Feuer auf tschechoslowakisches Militär zu berichten. Sie gibt die Direktive, Meldungen über neue Zwischenfälle und über militärische Maßnahmen der Prager Regierung vierspaltig und „schärfstens kommentiert" zu drucken. Der Berichterstattung über „Drangsalierungen" und „Terror der Tschechen" sei absolute Priorität vor allen anderen Themen einzuräumen. Tendenz der Kommentare habe zu sein, es sei nicht vorstellbar, daß ein friedliches Zusammenleben der Nationalitäten im gleichen Staat möglich ist. Die Meldung vom bevorstehenden Besuch Chamberlains sei zwar groß aufzumachen, aber dabei auf jeden Fall die Suggestion zu vermeiden, als wirke der Besuch entspannend auf die deutsch-tschechische Beziehung.

— Nach der Verhängung des Standrechts über die Grenzkreise sind dort weder Reporter noch Zeitungen des faschistischen Deutschland mehr zugelassen. Um den Verlust an Einflußnahme auszugleichen, läßt der deutsche Rundfunk seine täglichen Zeitfunksendungen ausfallen und bringt ausschließlich Sondermeldungen über die sudetendeutschen Grenzgebiete der ČSR.

— Nach dem Ausfall reichsdeutscher Korrespondenten stammen die meisten Meldungen über Zwischenfälle von SdP-Pressestellen oder Flüchtlingen. Sie sind nicht nachprüfbar und werden sehr häufig von der ausländischen Presse als Erfindungen entlarvt. Unbeschadet dessen wird ein wachsender Anteil der Meldungen über Zwischenfälle und Greueltaten der Tschechen vom Abteilungsleiter Berndt selbst frei erfunden und offiziell über DNB verbreitet.

F: — VB, S. 8: „Rücksichtslose Gummiknüppelattacke".

— MA, S. 6: „Wegelagernde Messerhelden und Revolverschützen".

— Sender Kwh, 7 Uhr: „Die Blutschuld der tschechischen Regierung steigt ins Unendliche. Die Verhängung des Standrechtes über eine Reihe sudetendeutscher Bezirke wird von der tschechischen Soldateska im Verein mit den Grenzlern und Kommunisten, ob mit oder ohne Billigung der Prager Regierung, aber jedenfalls mit ihrer Duldung, als ein Freibrief zu Mord und Totschlag ausgelegt. Eine noch unkontrollierbare Zahl weiterer Blutopfer unter den Sudetendeutschen sind die Folge. Bis jetzt sind 13 Tote und unzählige Schwerverletzte zu beklagen . . . Wahre Orgien des blinden Deutschenhasses feiert die schießwütige tschechische Soldateska im rein deutschen Egerland. Tschechische Panzerwagen durchrasen sinnlos um sich schießend die Straßen der friedlichen sudetendeutschen Städte und Dörfer. Militär, Gendarmen und Grenzler schießen und prügeln wehrlose Menschen, deren einziges Verbrechen es ist, in ruhigen, disziplinierten Kundgebungen ihre Treue zu ihrem angestammten Volkstum zu beweisen."

DONNERSTAG, 15. SEPTEMBER 1938

A: — Die sowjetische Regierung erklärt dem ČSR-Gesandten Fierlinger, daß die UdSSR bereit ist, der ČSR mit allen Mitteln Hilfe zu leisten und eine Beratung der Generalstäbe vorschlage. Sie warnt vor dem vorsätzlich falschen Spiel des französischen Außenministers Bonnet.

B: — Hitler empfängt den britischen Premier Chamberlain in Berchtesgaden. Chamberlain erwidert im ersten Gespräch auf Hitlers Forderung nach Abtretung der sudetendeutschen Gebiete an Deutschland: „Persönlich könne er erklären, daß er den Grundsatz der Loslösung der Sudetengebiete anerkenne."[51] Um seine Regierung zu unterrichten und ihre Billigung dieser persönlichen Stellungnahme einzuholen, wolle er zurückreisen und zu einem zweiten Treffen wiederkehren.
— Hitler ordnet an, in Deutschland so viele Tschechen zu verhaften, wie in der ČSR seit dem 12. 9. Sudetendeutsche festgenommen wurden. Er läßt der Prager Regierung über den deutschen Gesandten mitteilen, daß im Falle von Todesurteilen gegen die festgenommenen Aufrührer als Repressalie jeweils eine gleiche Anzahl Tschechen erschossen würde. Zum Zeitpunkt der Übermittlung waren etwa 150 ČSR-Bürger verhaftet.

C: — Die Prager Regierung dehnt das Standrecht auf die Kreise Warnsdorf und Schluckenau aus. Die Tätigkeit des Freiwilligen Schutzdienstes (FS) der SdP wird suspendiert.

D: — Letzte bewaffnete Kämpfe der Aufständischen mit Maschinengewehren und Handgranaten in Schwaderbach.
— Massendemonstrationen sudetendeutscher Faschisten in Warnsdorf, Niederehrenberg, Nixdorf, Georgswalde, Sebastiansberg, Schönlinde, Bensen, Komotau und anderen Orten wachsen in Überfälle auf Post, Gendarmerie, Gerichte, Bahnhöfe und andere öffentliche Gebäude hinüber oder führen zu einem Massengrenzdurchbruch. Brandanschläge, Feuerüberfälle und andere Terrorakte werden von den SOS-Einheiten zurückgeschlagen.
— Nach Zusammenstößen der sudetendeutschen Faschisten mit der Polizei wird in Reichenberg die Arbeit eingestellt und der Generalstreik ausgerufen.
— Vor den Terrorüberfällen der Faschisten fliehen deutsche und tschechische Antifaschisten aus den Grenzgebieten, an diesem Tag sind es allein in Prag 3000 Flüchtlinge.
— Henlein gibt in Deutschland folgende angeblich aus Asch stammende Erklärung ab: „Wehrlose Frauen und Kinder, Hunderte von Toten und Schwerverletzten klagen an. Unter dem Deckmantel humanitärer Phrasen wird gemordet und geplündert ... Das Sudetendeutschtum stellt ... fest, daß es bis zum letzten Augenblick um eine friedliche Lösung bemüht gewesen ist. Die tschechoslowakische Regierung lehnte jedoch alle Forderungen Konrad Henleins ab. Bei diesen Zuständen ... ist es selbstverständlich, daß jeder Sudetendeutsche sein Leben und das seiner Familie mit allen Mitteln vor den mordenden und plündernden Horden verteidigt."

51 *ADAP*, Serie D, Bd. II, Dok. 487, S. 634, Aufzeichnung von Schmidt, Büro RAM, 15. 9. 1938.

16*

— In einem Aufruf an die deutsche Bevölkerung der ČSR unterstellt Henlein dem tschechischen Volk einen „unversöhnlichen Vernichtungswillen" und schreibt ihm kollektiv die Schuld an allem Ungemach des Sudetendeutschtums zu. Da „ein Zusammenleben mit ihm in einem Staate endgültig unmöglich geworden" sei, fordert der
   Aufruf: „Wir wollen heim ins Reich!" Damit läßt die SdP ihre bisherige Maske,
   eine Regelung der Nationalitätenfrage im staatlichen Rahmen der ČSR anzustreben,
   fallen.
— Henlein schlägt Hitler für dessen Gespräch mit Chamberlain zwei Forderungen vor:
   1. Keine Volksabstimmung, sondern sofortige Abtretung der Gebiete mit mehr als
   50 Prozent deutscher Bevölkerung nach dem Schlüssel von 1918, 2. Besetzung innerhalb von 24 Stunden!

E: — Die RPK fordert eine stärkere Ausnutzung optischer Propagandamittel wie
   Karikaturen oder Fotografien. Die im VB veröffentlichten „Elendsbilder aus dem
   Sudetenland" werden als vorbildlich bezeichnet. Nochmals gelte: Absolute Priori-
   tät für Berichte über „antideutschen Terror". Terrormeldungen und Drohungen
   sind von jetzt ab überall mindestens vierspaltig zu bringen. Gleichzeitig soll der
   Tenor auf den Zerfall des tschechoslowakischen Staates gelegt werden.
   Die RPK kritisiert die teilweise sensationelle Aufmachung der Berichte über
   Chamberlains Besuch: Er dürfe nicht so kommentiert werden, als bahne sich eine
   Entspannung an. Chamberlains Schritt müsse als Ergebnis der konsequenten Politik Deutschlands dargestellt werden, die darum jetzt nicht aufgegeben werden dürfe.
   Die deutsche Presse solle weder Vorschußlorbeeren verteilen noch Chamberlain
   als Friedensengel feiern. Die Meldungen aus Berchtesgaden dürfen nicht diejenigen über Zwischenfälle und Terror im Sudetenland vom Spitzenplatz verdrängen.
— Das DNB gibt als offizielle Zahl der bisherigen Flüchtlinge aus dem Sudetenland
   5000 an.

F: — Unter vierspaltigen Überschriften nimmt die Hetze gegen die ČSR jeden Tag im VB
   nicht nur ausschließlich die erste gesamte Seite ein, sondern weitere drei bis vier,
   davon meist eine Extraseite und eine Extrabildseite. Sie füllt nicht nur den politi-
   schen Teil zu 90 Prozent, sondern sämtliche ständigen Ressorts wie Wirtschaft,
   Wissenschaft und Volkstum etc. Schlagzeilen des VB:
— S. 1: „Ausland erörtert Volksentscheid. Sudetendeutsche Frage im Mittelpunkt des
   Weltinteresses."
— S. 2: „Tschechischer Blutterror wütet weiter. Jetzt werdet ihr alle ausgerottet. 120
   Sudetendeutsche ins Reich geflüchtet."
— S. 3: „Die Wirtschaft klagt an: 50000 verlorene sudetendeutsche Arbeitsplätze."
— MNN, S. 1: „Zahlreiche Sudetendeutsche niedergemetzelt. Viehisches Wüten tsche-
   chischer Soldateska."
— Sender Leipzig, Sondermeldung 18 Uhr: „In den meisten Gebieten des sudeten-
   deutschen Gebietes wurde heute als Protest wegen des unerhörten Terrors mit dem
   Einsatz von Panzerwagen und Maschinengewehren gegen die friedliche Bevölkerung
   der Generalstreik proklamiert. In Reichenberg und zahlreichen anderen Orten haben
   die Betriebe die Pforten geschlossen und die Arbeiter die Fabriken verlassen. Auch die
   Zeitungen erscheinen nicht mehr ... Das Vertrauen in den Bestand der Tschecho-

slowakei und in die Sicherheit des Staates ist im Laufe der letzten 24 Stunden derart gesunken, daß die Abhebungen bei den Prager Großbanken und ihren Filialen . . . ungeahnte Ausmaße annehmen."

FREITAG, 16. SEPTEMBER 1938

A: — Abreise Chamberlains aus Berchtesgaden, nachdem er versprochen hat, Druck auf die ČSR-Regierung auszuüben, damit sie Hitlers Abtretungsforderung zustimme.

B: — Hitler empfängt in Gegenwart von SS-Obergruppenführer Lorenz den stellvertretenden Vorsitzenden der SdP, Frank, und billigt die vorgeschlagene Gründung eines Sudetendeutschen Freikorps (SFK). Zur Auslösung eines lokalisierten Krieges erteilt er die Weisung, die Spannungen noch zu verschärfen, um einen Interventionsgrund vorzuweisen.

— Hitler befiehlt, den Aufmarsch der Wehrmacht gegen die ČSR ab 28. September möglich zu machen.

C: — Die Prager Regierung dehnt das Standrecht auf die Bezirke Komotau, Reichenberg und Rumburg aus.

— Die Landesbehörden Böhmen und Mähren-Schlesien ordnen für 63 Bezirke Waffenablieferung an.

— Die Prager Regierung löst die SdP und alle ihre Nebenorganisationen auf. Sie erläßt einen Steckbrief gegen Henlein.

— Um der Hetz- und Verleumdungskampagne der deutschen Sender und Zeitungen besser entgegenzutreten, bildet die Prager Regierung ein Informationsministerium unter Vavrečka.

— Generalstabschef Krejci fordert die Einberufung zweier Jahrgänge.

— Der Prager Rundfunk strahlt um 12.30 Uhr einen Appell an die Sudetendeutschen aus mit der Aufforderung: Kein Bürgerkrieg! Kein Weltkrieg!

— Präsident Beneš empfängt Lord Runciman zur Abschiedsvisite. Abreise Runcimans aus Prag.

D: — Die offiziellen Meldungen des deutschen Rundfunks über Verfolgungen und Massenflucht deutscher Bewohner aus der ČSR bewirken gehäufte Grenzübertritte vor allem belasteter Faschisten. Viele Sudetendeutsche fliehen auch vor dem befürchteten Krieg.

E: — Die RPK weist an, an erster Stelle über Flüchtlingselend und die unerträglichen Zustände im „Verbrecherstaat" zu berichten. Die ČSR stehe vor dem Auseinanderbrechen. Anarchie und Chaos breiteten sich aus, die Währung verfalle, Lebensmittel würden knapp und Prag habe Liquiditätsschwierigkeiten. Verstärkt seien Bilder über das Elend der Flüchtlinge sowie über die unerträgliche Lage der Sudetendeutschen abzudrucken. Präsident Beneš sei persönlich als „Hochverräter" anzugreifen. Die RPK verbietet, über Inhalt und Ergebnisse der Gespräche Hitlers mit Chamberlain zu informieren. Kein Zusatz zum Kommuniqué dürfe gebracht werden.

— Das DNB gibt als offizielle Flüchtlingszahl 23 000 sowie als Tenor der Berichte vor: „Mit Kanonen auf die wehrlose Bevölkerung. Flüchtende erbarmungslos niedergeschossen. Hussitenhorden wüten im Sudetenland. Furchtbares Schreckensregiment des tschechischen Untermenschentums."[52]

---

52 DNB-Dienst Wien, 16. 9. 1938, Bl. 2 (5).

F: — VB bringt auf S. 1 Henleins Aufruf „Wir wollen heim ins Reich!" unter der Schlagzeile: „Staatsgemeinschaft mit den Tschechen nach den Erfahrungen 20jähriger Gewaltherrschaft unmöglich."; „Tschechenterror rast weiter", „Sturm auf Prager Banken".

— S. 2: „Sudetendeutsche Notwehr mit allen Mitteln", „Tschechisch-marxistischer Blutterror in Eger".

— Sender Kwh, 13.45 Uhr: „Die Auflösung in der Tschechoslowakei nimmt von Stunde zu Stunde zu und nimmt immer größere Ausmaße an. Die militärischen Maßnahmen, die in diesem Blinddarmstaat Europas von der Prager Regierung getroffen werden, erreichen das Gegenteil des . . . beabsichtigten Zweckes. Die Unruhe in der Bevölkerung wächst. Auch in der tschechischen Bevölkerung selbst nimmt die Unzufriedenheit mit Benesch, der die Tschechoslowakei in diese Lage gestürzt hat, dauernd zu. Die Bevölkerung, die des wirtschaftlichen Druckes und der militärischen Maßnahmen überdrüssig ist, wünscht den Frieden. Es mehren sich die Meldungen über Massendesertationen tschechoslowakischer Soldaten. . . . Die Bevölkerung flüchtet in Scharen. Der tschechische Wahnsinn und Terror überschlägt sich. Was Herr Benesch in 20 Jahren gesät hat, das erntet er jetzt."

— Sender Kwh, 20 Uhr: „Nach der Rechtlosmachung und Auslieferung der sudetendeutschen Bevölkerung an den randalierenden marxistischen Mob und eine blinde tschechische Soldateska sollen die Sudetendeutschen nun auch völlig wehrlos gemacht werden. Das jedenfalls bezweckt eine Verordnung der Landesbehörde in Prag, die . . . die unverzügliche Ablieferung von Waffen und Munition verlangt."

SONNABEND, 17. SEPTEMBER 1938

B: — Hitler empfängt den Verbindungsoffizier des OKW bei Henlein, Oberstleutnant Köchling, und instruiert ihn über die Aufgaben des SFK: „Schutz der Sudetendeutschen und Aufrechterhaltung weiterer Unruhen und Zusammenstöße."[53]

— Der deutsche Geschäftsträger in Prag berichtet an das Auswärtige Amt, daß der deutsche Rundfunk eine Angstpsychose unter den Sudetendeutschen hervorrufe.

C: — Bei der Zerschlagung eines K-Verbandes der Abwehr wird deren Waffenlager in Pratlsbrunn aufgedeckt (13 MG, 60 Handgranaten u. a.).

D: — Henlein fordert im deutschen Rundfunk auf, gegen die Prager Regierung zu den Waffen zu greifen und proklamiert die Bildung des Sudetendeutschen Freikorps.

E: — Die RPK schreibt für die Kommentierung vor: „Dieser Staat ist eine Schande für Europa, er muß endlich von der Bildfläche verschwinden; erst dann wird Frieden in Europa sein. Um des Friedens in Europa willen: Weg mit der Tschechoslowakei! Sie ist der letzte Rest von Versailles; er muß liquidiert werden, um wieder Ordnung und Frieden in Europa herzustellen."[54] Spaltenlang müsse die Presse über die seinerzeit von den Hussiten begangenen Greueltaten berichten und diese mit der heutigen tschechischen Soldateska vergleichen. Die situative Rolle der deutschen Presse bestimmt die RPK so: „Meine Herren, Sie sind die schwere Artillerie des Reiches. Sie müssen die Stellung sturmreif schießen. Mit allen Mitteln muß ein paar

---

53 *IMG*, Bd. 25, Dok. PS-388, S. 475.
54 Zit. nach *Sywottek*, S. 155.

Tage durchgehalten werden. Das Reich hat im Augenblick keine anderen Waffen als Sie."[55]

— Das DNB gibt der Presse die Zahl von 103 000 Flüchtlingen vor.

— DNB-Rundruf: „Die Meldung ‚Furchtbare Bluttat der tschechischen Horden. Mutter mit ihren fünf Kindern erschossen' soll vorläufig nicht abgedruckt werden, da noch Erkundungen über weitere Einzelheiten eingezogen werden."

F: — Von diesem Tage ab bringt der VB täglich eine Extrabildseite (meist S. 3) sowie auf der ersten oder zweiten Seite eine Zeichnung des Nazi-„Kampfzeichners" Mjölnir (Schweizer): einen vertierten Menschen in Uniform — durch die Schrift als Tscheche ausgewiesen — der gegen verängstigte Menschen wütet.

— VB, S. 1: „Zeugen des tschechischen Blutterrors — 15 000 Flüchtlinge".

— S. 2: „Das Echo von Berchtesgaden", „Wie Prag die kommunistische Unterwelt mobilisiert", „Frau fast zu Tode gesteinigt".

— S. 3, Extrabildseite: „Gehetzt von tschechischer Soldateska".

— S. 9: „Tschechische Soldateska verschleppt Geiseln".

— S. 10: „Deutsche als lebende Schilde".

— Deutschlandsender, 7 Uhr, meldet u. a.:

● Das Schreckensregime einer kommunistischen Soldateska erreichte in den letzten 24 Stunden einen neuen Höhepunkt des Terrors.

● In Karbitz wurden zwei FS-Männer mit Lederkoppeln zu Tode geprügelt.

● Die Hauptstelle der SdP ist getarnt in Eger tätig. Konrad Henlein stattete Eger einen Besuch ab. Karl Hermann Frank besuchte Falkenau und Chodau.

— Sender Kwh, 20 Uhr, bringt einen gefälschten Aufruf, in dem angeblich deutsche Sozialdemokraten Nordböhmens „unseren deutschen Volksgenossen über alle Klassenschranken und bisherigen Gegensätze hinweg die Hand reichen wollen und in der Stunde der Gefahr, der Stunde des Blutes . . . mit ihnen gemeinsam um die Freiheit unserer Heimat und unseres Selbstbestimmungsrechtes zu kämpfen".

„In der vergangenen Nacht kam es an der schlesisch-sudetendeutschen Grenze zu schweren Ausschreitungen tschechischer Marxisten und Roter Wehr. Erschütternd sind die Berichte der Augenzeugen, die mit knapper Not in die deutsche Heimat entkommen. Verfolgt von den Kugeln des tschechischen Mob entkamen in der vergangenen Nacht drei hochschwangere sudetendeutsche Frauen über die Grenze zwischen Goldenau und Hohenstein. Es sind Frauen aus Wiese, einem kleinen Ort vor Halbstadt . . . Diese tschechische Ortschaft ist reindeutsch, wird aber von einem kommunistischen Bürgermeister geleitet. Endlos ist die anklagende Liste der Peinigungen und Schikanen, mit denen diese Tscheka-Schergen ehrliche deutsche Männer und Frauen verfolgen."

SONNTAG, 18. SEPTEMBER 1938

A: — Auf der 2. Ministerkonferenz (18./19.) beraten die britische und die französische Regierung in London über Chamberlains Reise zu Hitler und beschließen, stärksten Druck auf die ČSR auszuüben, damit sie alle Grenzgebiete mit mehr als 50 Prozent deutschen Bewohnern sofort und ohne Volksabstimmung an Deutschland abtrete. Eine internationale Kommission solle die neuen Staatsgrenzen festlegen.

---

55 *Sywottek*, S. 149.

— In seinem Bericht an die britische Regierung behauptet Lord Runciman, die Beschwerden der Sudetendeutschen seien berechtigt, und empfiehlt die sofortige Abtretung des Grenzgebietes der ČSR an Deutschland. Die Modalitäten für eine friedliche Übergabe und für eine Sicherheitsgarantie der verbleibenden ČSR sollten durch eine direkte Vereinbarung beider Regierungen festgelegt werden.

C: — Ein „Nationalrat aller friedenswilligen Sudetendeutschen" erläßt aus Prag einen Aufruf zur Einstellung des Aufstandes.[56]

— Die Prager Regierung suspendiert für drei Monate die verfassungsmäßigen Freiheitsrechte der Person, des Hauses, der Post und der Presse.

D: — Aus den wehrfähigen Männern der sudetendeutschen Flüchtlingslager in Deutschland werden die ersten Kompanien und Bataillone des SFK aufgestellt. An die Spitze der Gruppenkommandos des SFK treten führende SdP-Faschisten. In der Nacht vom 18. zum 19. September verüben sie erste bewaffnete Überfälle über die Grenze hinweg, so auf die Finanzwache Neuhausen bei Asch, Brandanschläge auf deutsche Grundstücke in Rumburg u. a.[57]

E: — Zur Vereinheitlichung der Kommentierung der Ereignisse in der deutschen Presse gibt die NS-Partei-Korrespondenz eine 27seitige Sonderausgabe über den „tschechischen Vernichtungskrieg gegen das Sudetendeutschtum" heraus.

F: — VB, S. 1 (fünfspaltig): „Dieses Zerrbild eines Staates muß verschwinden! Vier ‚standrechtliche‘ Morde in Eger. Fortgesetzte beispiellose Greuel der tschechischen Mordbanditen."; „Unglaubliche Bestialitäten. Schon 28 000 Flüchtlinge der tschechischen Hölle entronnen. Gemeinste Racheakte: die Eltern Geflüchteter erschossen."

— S. 2: „Schwangere Frauen mit Vergewaltigung bedroht."

— S. 3, Extrabildseite: „Vor der tschechischen Mordwut gerettet."

— S. 9: „Mordlust und Haßpsychose überschlagen sich. Mit euren Schädeln werden wir die Straßen Prags pflastern."

— S. 10: „Was geht auf dem Friedhof von Eger vor? 24 Todesopfer heimlich verscharrt."

Montag, 19. September 1938

A: — Die britische und die französische Regierung übergeben der Prager Regierung ihre „Londoner Empfehlungen" zur Annahme. Das weitere Verbleiben der von Sudetendeutschen bewohnten Bezirke der ČSR in deren Staatsverband gefährde die Interessen der ČSR und den europäischen Frieden. Die Aufrechterhaltung des Friedens und der Sicherheit der Lebensinteressen der ČSR könne nur dann wirksam gesichert werden, wenn diese Gebiete jetzt und ohne Volksabstimmung an Deutschland abgetreten würden.

— Noch vor der offiziellen Übergabe dieser „Vorschläge" in Prag (14 Uhr) hatte die französische Agentur HAVAS sie veröffentlicht:

1. Abtretung der Grenzgebiete mit überwiegend deutscher Bevölkerung sofort und ohne Volksabstimmung.

---

56 Der im Aufruf vorgeschlagene Nationalrat trat nicht ins Leben. Den Aufruf hatten Wenzel Jaksch, Carl Kostka, Toni Köhler und Emanuel Reichenberger unterzeichnet. Vgl. *Brügel*, S. 476.

57 Alle Angaben über die Aktionen des SFK stützen sich auf dessen eigene Berichte, VHA, Fond SFK.

2. Garantie der Unabhängigkeit einer neutralen ČSR durch ihre Nachbarn sowie durch Großbritannien, Frankreich und Italien.

3. Aufhebung der Beistandsverträge mit Frankreich und der UdSSR durch die ČSR.

D: — Nachdem Hitler zahlreiche und intensive Kampfhandlungen gefordert hat, greifen Einheiten des SFK in der Nacht vom 19. zum 20. September die Zollämter bei Tschernhausen, Neusorge, Gnadlersdorf, Eisendorf, Oberkleinaupa an. In Ebersdorf bei Freiwaldau werden Zollamt, Post und Gemeinde überfallen, bei Znaim die Grenzwache. Feuergefechte führt das SFK bei Patschkau, Bad Charlottenbrunn, Habelschwerdt und anderen Orten, in Neubistritz und Gnadlersdorf werden Gendarmeriestationen, bei Dauba ein Posten angegriffen. Die (schlesische) Grenzbaude wird niedergebrannt. Mehrere Tschechen werden verwundet, drei als Geiseln über die Grenze verschleppt.

E: — Die RPK schreibt vor, alle DNB-Meldungen über Mordtaten und Mißhandlungen in knapper dramatischer Form zu bringen. Es müsse gezeigt werden, was für eine barbarische Nation die Tschechen seien und daß ihr Staat unmmöglich sei. Die RPK fordert auf: „Die Zeitungen, die bisher nur mit 7,5-cm-Geschützen geschossen haben, sollen sich erinnern, daß es auch 21-cm-Geschütze gibt."[58]

— Die Londoner Vorschläge verdienten in der deutschen Presse nur Hohn, weil die ungarischen und polnischen Forderungen nicht berücksichtigt sind. Es gebe mehrere Anzeichen, daß Moskau Prag helfe.

F: — VB, S. 1: „*Mussolini: Volksabstimmung*! Prag droht Europa mit Krieg. Sudetendeutsches Freikorps schon 40 000 Mann stark. Prager Diktatur setzt tschechische Verfassung außer Kraft. Flüchtlingsheer auf 85 000 angewachsen".

— S. 2: „In London und Paris wachsende Meinung: Volksabstimmung!"

— S. 3: „Der wirtschaftliche Vernichtungskrieg der Tschechen. Blühendes Wirtschaftsgebiet zum Friedhof gemacht".

— S. 4: „Keine Nation will mit den Tschechen in einem Staate zusammenleben. Auch Slowaken, Ungarn, Polen und Karpathen-Ukrainer fordern Recht auf Selbstbestimmung".

— S. 5: „Neue Berichte unserer Sonderberichterstatter über die *Hussitischen Greuel*. Von den tschechischen Bluthunden gehetzt".

— Sender Kwh, 7 Uhr: „Der tschechische Räuberstaat befindet sich nun vollkommen im Stadium der Auflösung. Nicht nur daß die Sudetendeutschen nicht gewillt sind, ihr Selbstbestimmungsrecht . . . endgültig und wenn es sein muß mit den Waffen zu erkämpfen. Auch die Slowaken, Ungarn, Polen und Karpathoukrainer sehen ihre Zeit nun gekommen, zwischen ihren von Prag terrorisierten Volksgruppen und dem tschechischen Banditenregime einen klaren Trennungsstrich zu ziehen. Der Frieden Europas kann nur gesichert werden, wenn diese Forderung aller nichttschechischen Volksgruppen auf das Selbstbestimmungsrecht erfüllt wird. Man kann keiner Nation zumuten, mit den Tschechen . . . weiterhin in einem Staat zu leben."

DIENSTAG, 20. SEPTEMBER 1938

A: — Die englischen Morgenzeitungen „Daily Express" und „Daily Mail" berichten, die Prager Regierung hätte die Londoner Vorschläge im Prinzip angenommen, mit der amtlichen Bestätigung sei in Stunden zu rechnen.

58 Zit. nach *Schwarzenbeck*, S. 369.

B: — Hitler weist an, ungarische und polnische Pressestimmen, welche das „Selbstbestimmungsrecht" für alle Minderheiten in der ČSR forderten, auf die erste Seite
der deutschen Zeitungen zu setzen und zu kommentieren.

— Hitler empfängt Premier Imrédy und Außenminister Kánya von Ungarn und erklärt,
die „einzig befriedigende Lösung sei ein militärisches Vorgehen". Er fordert sie auf,
ihrerseits sofort die Abstimmung für die von Ungarn gewünschten Territorien der
ČSR zu verlangen und auf keinerlei Garantien für etwaige neue Grenzen einzugehen.

— Hitler empfängt den polnischen Botschafter Lipski, der nachdrücklich Polens
Forderung auf das Teschener Gebiet betont und informiert, „daß wir in diesem
Punkt nicht vor Gewaltanwendung zurückschrecken würden, wenn unsere Interessen
nicht in Betracht gezogen werden sollten."[59]

— Hitler befiehlt Köchling, das SFK dürfe bis auf weiteres keine größeren Operationen
als mit höchstens zwölf Mann Stärke über die Grenze hinweg unternehmen. Jede
Aktion müsse vom zuständigen Wehrmachtkommando genehmigt werden.

C: — Die Prager Regierung verhängt das Standrecht über die Bezirke Friedland, Braunau
und Trautenau.

— Die Prager Regierung lehnt die Londoner Vorschläge ab.

— Präsident Beneš bittet den sowjetischen Gesandten Aleksandrovski um eine offizielle
Antwort der Regierung der UdSSR auf die Fragen:
1. Wird die UdSSR in Übereinstimmung mit dem Vertrag Hilfe leisten, wenn Frankreich die Treue bewahrt und ebenfalls Hilfe gewährt?
2. Wird die UdSSR ihre Verpflichtungen auf Grund der Artikel 16 und 17 des
Völkerbundsstatus erfüllen, falls die Tschechoslowakei den Völkerbund anruft?
Die Regierung der UdSSR teilte sowohl über Aleksandrovskij als auch über den Prager Gesandten Fierlinger mit, daß sie auf beide Fragen bejahend antwortet und ihre
Verpflichtungen in jedem Falle erfüllen wird und daß sie die erforderlichen militärischen Operationen technisch gewährleiste.
Eine Prager Anfrage über den bedingungslosen Beistand der UdSSR ohne Rücksicht auf das Verhalten Frankreichs und die Verfahrensweise des Völkerbundes erfolgte nicht.

— Aufruf der Deutschen Sozialdemokratischen Arbeiterpartei in der ČSR zur
„Schaffung eines sudetendeutschen Friedens- und Aufbaublocks".

D: — Entsprechend Henleins Weisung, jede Gruppe des SFK habe in der Nacht mindestens
zehn Aktionen durchzuführen, verüben die Stoßtrupps des SFK am 20. und in der
Nacht vom 20. zum 21. September Überfälle auf die Zollhäuser bei Petersdorf,
Neuhausen, Wies, Asch, Neudorf, Böhm.-Wiesenthal, Haugsdorf, Grenzbauden,
Masarykbaude, Markthausen, die Finanzwachen bei Weißwasser, Neudorf bei
Rokitnitz, auf Gendarmeriepatrouillen bei Heinzendorf, Lohnhäuser und anderen
Orten. Während einige Überfälle abgewehrt werden können, bei anderen Zollhäuser
zerstört und niedergebrannt werden (Neudorf), entwickelt sich aus dem Überfall
auf das Zollhaus Thröm ein schweres mehrstündiges Feuergefecht mit zahlreichen
Toten. Viele entwaffnete Beamte werden nach Deutschland verschleppt.

---

59 *Dokumente und Materialien aus der Vorgeschichte des Zweiten Weltkrieges*, Bd. I, Moskau 1948, Dok. 23,
S. 192, Lipski an Beck, 20. 9. 1938.

— Der Senator der SdP Ludwik Frank stellt im Bezirk Marienbad das SdP-Freikorps „Heimatland" auf, das innerhalb der ČSR verbleibt.[60]

E: — Zur Vorbereitung einer Fristenforderung Hitlers für das bevorstehende Treffen in Godesberg weist die RPK an, in den Kommentaren auf eine sofortige Lösung zu drängen: „. . . daß Deutschland nicht einen Tag länger warten kann, will und wird."[61]

F: — VB, S. 1: „Moskauer Mordkommandos mit Giftgas und Sprengstoff bereit zum Gemetzel".

— S. 2: „Grauenvoller Mordplan der Kommune aufgedeckt".

— S. 3, Extrabildseite: „Die tschechischen Bluthunde haben sie gejagt".

— S. 5: „Die leuchtenden Vorbilder. Unter dem Kommando Ziskas. Geschichtliche Zeugnisse der Deutschenverfolgung aus der Zeit der Hussiten".

— S. 7: „Unterredung des Führers mit Ward Price: ‚Wenn Henlein verhaftet wird, bin ich der Führer der Sudetendeutschen. Die Schaffung der Tschechoslowakei war Wahnsinn‘ ".

— S. 8, bebilderte Extraseite: „In den Lagern der deutschen Flüchtlinge aus dem Sudetenland".

— S. 11: „Die wirtschaftliche Ausbeutung der Sudetendeutschen".

— Sender Kwh, 7 Uhr: „Das, was sich heute noch Tschechoslowakei nennt, geht unweigerlich seinem Ende entgegen . . . Das Konto der unmenschlichen Greueltaten der Tschechen schwillt immer mehr an. Die Zahl der sudetendeutschen Flüchtlinge betrug bis gestern . . . insgesamt 102 000 . . . In Bolnelzthal haben die Vertreter der tschechischen Soldateska, die rote Wehrorganisation und Grenzler gemeinsam eine Menschenfalle angelegt. In einem großen Halbkreis liegen sie auf Fußweite auseinander und haben Einblick und freies Schußfeld auf eine Lichtung . . . Alle Flüchtlinge, die das schützende Unterholz verlassen, werden von diesen tschechischen Verbrechern rücksichtslos abgeknallt."

MITTWOCH, 21. SEPTEMBER 1938

A: — Um 2.00 Uhr überbringen der britische und der französische Gesandte Präsident Beneš ein Ultimatum ihrer Regierungen, die Ablehnungen der Londoner Vorschläge zu widerrufen, mit der Drohung, im Weigerungsfalle jegliche Unterstützung bei einem Überfall Deutschlands zu versagen.

— Die polnische Regierung fordert in Prag, London und Paris eine Grenzrevision ohne Volksabstimmung im Teschener Gebiet und eine paritätische Behandlung der polnischen Minderheit in der ČSR.

— Der sowjetische Delegierte im Völkerbund, Litvinov, bestätigt in Genf, daß die UdSSR ihren vertraglichen Verpflichtungen gegenüber der ČSR nachkommen werde.

— Lord Runciman richtet Schreiben an Chamberlain und Beneš mit der Aufforderung, die Gebiete der ČSR mit überwiegend deutscher Bevölkerung sofort abzutreten.

C: — Präsident und Regierung der ČSR kapitulieren vor dem britisch-französischen Ultimatum und nehmen die Londoner Vorschläge an. In einer abendlichen Rundfunkrede gibt die Regierung bekannt, sie müsse sich den Londoner Empfehlungen beugen.

---

60 VHA, SFK Kdo, Karton 1, Tagebuch der Kreisleitung VIII des SdP Freikorps „Heimatland", 12. 9. bis 10. 10. 1938.

61 Zit. nach *Schwarzenbeck*, S. 370.

— In Prag und anderen Orten der ČSR finden stürmische Demonstrationen gegen die Annahme des Ultimatums statt.

— In Prag wird die Effektenbörse vorläufig geschlossen.

D: — Nach Bekanntwerden der Annahme der „Londoner Empfehlungen" durch die Prager Regierung übernehmen SdP-Funktionäre alle öffentlichen Ämter in Franzensbad, Warnsdorf, Joachimsthal, Witkowitz, Pömmerle, Türmitz, Nestomitz, Karbitz, Kulm und anderen Orten, der FS übernimmt die öffentliche Gewalt in Asch. In Franzensbad, Eger und Asch setzen Faschisten die Polizei fest und entwaffnen sie. Zahlreiche tschechische Beamte sowie deutsche und tschechische Kommunisten und Sozialdemokraten werden nach Deutschland verschleppt.

— Der Bürgermeister von Reichenberg erklärt den Anschluß seines Gebietes an das „Großdeutsche Reich". Ein Versuch der SdP, in Falkenau die Macht zu übernehmen, mißlingt vorerst.

— Stoßtrupps des SFK überfallen am 21. sowie in der Nacht zum 22. September die Grenzzollämter bei Rokitnitz, Tachau, Pfraumberg, Znaim, Warnsdorf, Kronstadt, Putzendorf, Gnadlersdorf, Eisendorf, Waldheim und anderen Orten. Im Hengstgrund, in Böhm. Eisenstein werden Gendarmeriestützpunkte überfallen.

— Weitere Feuergefechte mit der Gendarmerie finden bei Klingenthal, Zeidler, Roßhaupt und anderen Orten statt, das SFK sprengt Grenz- und Wachanlagen an zahlreichen Punkten.

— Der FS besetzt Zollamt und Gendarmeriestation Roßbach und verschleppt 37 Gefangene.

E: — Die RPK verbietet jede Berichterstattung darüber, daß Angehörige des SFK bewaffnet die Grenze überschreiten. Erwünscht seien jedoch Meldungen, daß Sudetendeutsche jenseits der Grenze nach Abzug des tschechischen Militärs den Ordnungsdienst übernommen haben. Unter dem Motto „Völliges Chaos in Prag" seien Meldungen über Kapitalflucht, über den Streit der Parteien untereinander und mit der Regierung, über schwerwiegende Differenzen in der Regierung groß herauszustellen. Beneš sei stärker persönlich und vorzugsweise anzuklagen — und weniger als bisher das tschechische Volk —, um ihn zu isolieren und seine Position zu schwächen.

Die Presse dürfe keine Einzelheiten über die Erfüllung möglicher Gebietsansprüche bringen: „Polen und Ungarn würden erhalten, was ihnen gebührt. Diese Fragen würden zu ihrer Zeit geklärt werden, jedoch nicht jetzt durch die Presse."[62]

F: — VB, S. 1: „Offene Angriffe auf deutsche Grenzorte. Zahlreiche Schwer- und Leichtverletzte durch Tschechenkugeln. Moskau treibt Prag zu immer wahnwitzigeren Herausforderungen".

— S. 2: „Mindestens 50 bis 60 Tote in Eger", „102 000 Flüchtlinge".

— S. 3, illustrierte Sonderseite: „Gauleiter Hans Krebs:[63] ‚Benesch's Lügen in Versailles. Einige zeitgemäße Erinnerungen für die tschechischen Weltbetrüger'".

— S. 6: „Die kulturelle Entrechtung des Sudetendeutschtums".

---

62 Zit. nach ebenda.

63 Krebs war der Führer der 1933 aufgelösten „Deutschen Nationalsozialistischen Arbeiterpartei" in der ČSR. Er konkurrierte mit Henlein um die Anerkennung Hitlers, der ihn im Frühjahr 1938 zum Gauleiter ohne Geschäftsbereich ernannte. Nach der Annexion des Sudetenlandes wurde Krebs Regierungspräsident in Aussig.

— S. 7: „London erwarte Prags Antwort", „Von Berchtesgaden nach Godesberg".
— S. 8: „Die tschechische Diktatur der Minderwertigkeit".
— Sender Kwh, 7 Uhr: „Unter der Überschrift ‚Sowjets hinter Prag' beschäftigt sich heute der ‚Völkische Beobachter' mit der politischen Lage. Das Blatt schreibt: Die deutsche Nation erlebt jetzt, daß der unmittelbare Wille der Moskauer Brandstiftervereinigung zur Anrichtung eines Weltfeuers uns weit führt, ungeheuerlich weit. Während Deutschland in den letzten Wochen ein vielleicht in der ganzen europäischen Geschichte noch nicht erhaltenes Beispiel an Nervenruhe und politischer Selbstbeherrschung gegeben hat, haben jetzt die Tschechen, den irrsinnigen Moskauer Befehlen folgend, das Reich zum ersten Male mit uniformierten Abteilungen angegriffen ... in der Nacht vom Montag zum Dienstag sind die ersten deutschen Volksgenossen auf reichsdeutschem Gebiet in friedlichen deutschen Ortschaften von tschechischen Kugeln getroffen worden."

DONNERSTAG, 22. SEPTEMBER 1938

A: — Chamberlain fliegt zu einem zweiten Treffen mit Hitler. In Godesberg weist Hitler die von Chamberlain überbrachte Zustimmung zu den Forderungen von Berchtesgaden zurück und erklärt diese Lösung für inzwischen überholt und nicht mehr möglich. Neben der Berücksichtigung der ungarischen und polnischen Gebietsforderungen verlangt er eine Übergabe des Gesamtgebietes ohne vorherige Festlegung durch Volksabstimmung zwischen dem 26. und 28. September. Das militärisch zu besetzende Gebiet sei zuvor vom Militär, von Polizei und Staatsorganen der ČSR zu räumen. Die von Hitler vorgelegte Karte umfaßt erheblich größere Territorien der ČSR, als vorher in Berchtesgaden gefordert. Die Verhandlungen werden unterbrochen.
— Die UdSSR mobilisiert die westlichen drei Militärbezirke.
— Die Regierung der UdSSR erklärt der polnischen, im Falle einer Angriffsaktion Polens auf die ČSR betrachte sie den Nichtangriffsvertrag von 1932 als hinfällig.
— Die ungarische Regierung fordert in einer Note von Prag für die ungarische Minderheit in der ČSR dieselbe Regelung wie für die sudetendeutsche.

B: — Hitler befiehlt um 13 Uhr dem SFK ein Vorgehen auf ganzer Front: In allen vom ČSR-Militär geräumten Gebieten und Ortschaften soll das SFK die Macht und den Schutz der Bevölkerung übernehmen. Das SFK solle nunmehr auch mit reichsdeutschen Gewehren durch die Generalkommandos bewaffnet werden. Militärische Aktionen des SFK dürfen ohne Hitlers Genehmigung nicht erfolgen.
— Auf Anraten Keitels und der Vomi widerruft Hitler am Abend seinen Befehl über die Besetzung vom Militär entblößter Gebiete der ČSR, doch die bereits erfolgte Besetzung wird nicht zurückgenommen.
— Der Generalstab des Heeres befiehlt, die bereits ins Heer eingestellten sudetendeutschen Flüchtlinge nicht an das SFK abzugeben.

C: — In Prag dauern die Protestdemonstrationen gegen die Kapitulation an.
— Die Regierung Hodža tritt zurück und wird am Abend durch die Beamtenregierung unter General Syrový ersetzt.
— Der Versuch der Prager Regierung, die SdP-Abgeordneten Neuwirth, Kundt und Peters zu bewegen, die sudetendeutsche Bevölkerung zu beruhigen — in solchem Falle könnten die Parteidienststellen der SdP ihre Tätigkeit wieder aufnehmen —, scheitert.

- Präsident Beneš ruft am Abend im Rundfunk zur Unterstützung der Regierung Syrový und dazu auf, Ruhe, Entschlossenheit und Einheit zu bewahren.
D: — Der vom ČSR-Militär geräumte Zipfel von Asch wird vom SFK, vom FS und von SS-Männern besetzt. Von Vojtersreuth über Haslau nach Liebenstein entsteht eine beinahe durchgängige Frontlinie, die militärisch ausgebaut wird.
- Abteilungen des SFK und FS besetzen zahlreiche Orte im Grenzgebiet, so Gottesgab, Böhm.-Wiesenthal, Joachimsthal, Warnsdorf, Rumburg, Zettwing, Niklasdorf, Georgswalde, Schönlinde, Tyssa u. a. Dabei werden nicht nur zahlreiche Post- und Zollämter, Polizei- und Gendarmeriestationen besetzt und ihre Mannschaften entwaffnet und verschleppt, sondern auch Kampfoperationen gegen Staatsschutzeinheiten der ČSR geführt, so bei Falkenau, Graslitz, Liebenthal, Zantritz, Neudek, Liebau, Kromau und anderen Orten. Die Faschisten erobern die Stadt Weipert und führen — mit SS und SA an der Spitze — dort eine Demonstration durch. Deutsche Kommunisten und tschechische Beamte aus Weipert werden verschleppt. Die Überfälle und Gefechte kosten zahlreiche Menschenleben. Hunderte werden interniert oder nach Deutschland verschleppt.
- Im Bezirk Marienbad baut die SdP ihre Machtorgane aus.
- Am 22. und in der Nacht zum 23. September verüben Stoßtrupps des SFK bewaffnete Überfälle auf die Zollämter bei Rosenthal, Seidenberg, Rausen, Roßwald, Zuckmantel, Barsdorf, Patschkau, Merkelsdorf, Zuggers, Mitter-Retzbach, Sauersack, Grottau, Niedergrund, Seifhennersdorf, Waldheim, Roßhaupt, Eisendorf, Garschönthal u. a., auf Gendarmeriestationen und -stellungen bei Neustift, Raitmas, Roßberg, Hörschlag, Reiterschlag, Meinetschlag, Hinterhermsdorf, Oberkreibitz, Fleißen, Wildstein, Neubistritz u. a.
- SFK-Terroristen rauben in der Staatsbank Warnsdorf 18 Mill. Kronen, bei Eisenstein entführen sie einen Eisenbahnzug nach Deutschland.
- SFK und FS entfernen an zahlreichen Orten die Grenzpfähle.
- Die SdP-Führung fordert die SdP-Bürgermeister auf, Telegramme an Hitler nach Godesberg zu senden mit den Losungen: „Schluß mit den Verhandlungen!“, „Führer, wir erbitten Hilfe.“[64]
E: — Die RPK weist an, das SFK möglichst wenig zu erwähnen. Jeder Bericht über dessen Überfälle innerhalb der ČSR ist streng verboten. Auch der Nachdruck von Materialien der SdP-Pressestellen ist untersagt, nur *DNB-Meldungen* dürfen übernommen werden. Die RPK schreibt vor, alles zu vermeiden, was im Augenblick Engländer und Franzosen kränken könnte. Sie empfiehlt, *Chamberlain als verantwortungsbewußten Engländer* zu würdigen, der die Sünden der Vergangenheit wiedergutmachen wolle.
F: — VB, S. 1: „Fort mit dem Benesch-Staat!“
- S. 2: „Das ist Beneschs Mordstaat!“
- S. 3, Extrabildseite: „Vor weltgeschichtlichen Entscheidungen“.
- S. 7: „Die Tschechen zerstören ihre eigene Wirtschaft“.
- S. 9: „Die Entstehung der ,Verträge‘ von St. Germain und Trianon“.
- S. 10: „Völliger Wirrwarr in Prag“, „Organisierte Menschenjagd. Tschechischer Mordterror auf dem Höhepunkt“.

---

64 Die „spontanen Telegramme“ wurden vom SFK an die Bürgermeister im Grenzgebiet überbracht und — so erforderlich — mit dem nötigen Nachdruck versehen. VHA, SFK II, Karton 6.

FREITAG, 23. SEPTEMBER 1938

A: — England und Frankreich informieren die Prager Regierung über die Unterbrechung der Godesberger Gespräche und die unmittelbare Gefahr einer Aggression Hitlerdeutschlands. Sie ziehen ihre bisherige Empfehlung, keine Mobilmachung auszurufen, zurück.

— Die UdSSR verlegt 30 Divisionen an ihre Westgrenze.

— Vor dem Völkerbund in Genf fordert der sowjetische Außenminister *Litvinov eine kollektive Hilfe für die ČSR.*

B: — In Godesberg übergibt Hitler ein ultimatives „*Memorandum*" an Chamberlain, das dieser zwar ablehnt, aber der Prager Regierung zu übermitteln verspricht. Das „Memorandum" sieht vor:

● Die Zurückziehung der tschechischen Wehrmacht, Polizei, Gendarmerie, Zoll- und Grenzbeamten *aus dem auf einer Karte markierten Räumungsgebiet, das am 1. Oktober an Deutschland übergeben wird.*

● Das markierte Gebiet wird besetzt ohne Rücksicht darauf, ob sich bei einer Volksabstimmung in manchen Teilen eine tschechische Mehrheit herausstellen würde.

● Das geräumte Gebiet ist im derzeitigen Zustand zu übergeben. Das bezieht sich auf militärische, wirtschaftliche und Verkehrsanlagen, auf die Bodenorganisation des Flugwesens, alle Funkanlagen, auf das dort lagernde wirtschaftliche und Verkehrsmaterial, insbesondere der Eisenbahn, auf alle Versorgungsmittel (Gasanstalten, Kraftwerke etc.). *Jeglicher Abtransport von Lebensmitteln, Gütern, Vieh und Rohstoffen ist zu unterlassen.*

— Über ein *zweites markiertes Gebiet soll bis 25. November* eine *Volksabstimmung* unter Aufsicht einer internationalen Kommission entscheiden. Zuvor ist aus diesem Gebiet alles Militär zurückzuziehen. Abstimmungsberechtigt sollen alle bis zum 28. Oktober 1918 dort wohnhaften oder dort geborenen Personen sein. Die einfache Mehrheit entscheidet über die Zugehörigkeit.

● Zur Regelung weiterer Einzelheiten wird eine deutsch-tschechische gemeinsame Kommission vorgeschlagen.

● Die tschechische Regierung entläßt alle sudetendeutschen Wehrmacht- und Polizeiangehörigen sowie alle wegen politischer Vorgehen inhaftierten Deutschen.

— Die auf der übergebenen Karte markierten, sofort zu besetzenden Gebiete der ČSR entsprechen den tags zuvor von Hitler geforderten.[65]

— SS-Männer besetzen das Zollamt Georgswalde und verschleppen tschechische Beamte nach Deutschland.

— Die Vomi untersagt, einen Bericht des SFK über seine Tätigkeit zu verwerten, da diese Handlungen nicht öffentlich bekanntwerden dürften.

C: — Die Prager Regierung verkündet am späten Abend die allgemeine Mobilmachung. Sie beruft 18 Jahrgänge der ersten Reserve, die Ersatzreserve aller Waffengattungen sowie Spezialisten ein, insgesamt bis zum 28. September 1 250 000 Mann. Die Regierung Syrový entsendet Militär- sowie Staatsschutzeinheiten, die den ausgebauten Festungsgürtel besetzen sowie in den umkämpften Grenzgebieten schrittweise die Terrorherrschaft der Faschisten beseitigen.

— Die halboffizielle „Prager Presse" meldet ein „Abflauen der Banditenüberfälle".

---

65 *ADAP*, Serie D, Bd. II, Dok. 584, S. 724 ff.

— Die Regierung dehnt das Standrecht auf den Bezirk Kaplitz aus.

D: — Im Zipfel von Schluckenau hält das ČSR-Militär die Festungslinie bis zum Schober besetzt, SFK und FS kontrollieren das Territorium nördlich davon, darunter die Orte Ehrenberg, Zeidler, Nixdorf, Einsiedel, Schluckenau und Rumburg.

— Im Zipfel von Jauernig dringt das SFK bis Jauernig vor, in Hotzenplotz hält die SdP alle Ämter besetzt.

— Stoßtrupps des SFK überfallen am 23. und in der Nacht zum 24. September die Zollhäuser bei Wünschendorf, Wildenau, Schattau, Bromau, Niedereinsiedel, Pröhm, Linderfelderhof, Eisenstein u. a. Orten, neben zahlreichen Toten und Verletzten werden viele Gefangene nach Deutschland verschleppt.

— 200 Angehörige des SFK besetzen Böhm. Eisenstein, weitere Einheiten die Orte Weidenau und Weißwasser. Heftige Feuergefechte führt das SFK bei Joachimsthal, Zeidler, Graslitz, Falkenau, Braunau u. a. Orten.

E: — Die RPK gibt die Anweisung aus, die polnischen und ungarischen territorialen Forderungen an die ČSR stärker als bisher zu betonen.

F: — VB, S. 1: „Während der historischen Begegnung in Godesberg. Auflösung in Prag. Moskaus politische Leichenfledderer bei der Arbeit".

— S. 2: „7 hohe Moskau-Funktionäre in Prag eingetroffen", „Tschechen sprengen deutsches Zollhaus in die Luft", „Völliges Durcheinander in Prag".

— S. 3, Extrabildseite: „Die weltgeschichtliche Begegnung" sowie eine Karte der ČSR mit maßlos übertriebenen Siedlungsgebieten der nationalen Minderheiten.

— S. 4: „Sudetendeutsche Flüchtlinge kehren nach Graslitz zurück".

— S. 7: „Masaryk: Nicht fürchten und nicht stehlen. Ein Beitrag zur Kennzeichnung des tschechischen Volkscharakters" (Gauleiter Rudolf Jung).[66]

— S. 8: „Die tschechische Weltbedrohung" (Karl Viererbl).

— Sender Kwh, 7 Uhr: „Das Sudetendeutschtum hat eine Nacht durch Grauen verlebt, wie sie furchtbarer nicht gedacht werden kann und wie sie einmalig ist in der Geschichte der europäischen Völker überhaupt. Fast zur gleichen Zeit, als der englische Ministerpräsident Chamberlain in Godesberg an alle den Appell richtete, für die Aufrechterhaltung von Ruhe und Ordnung in den von der Krise bedrohten Gebieten Sorge zu tragen, hat die neugebildete Prager Regierung auf Anweisung Moskaus den Marschbefehl an die Armee zur Besetzung des gesamten sudetendeutschen Gebietes erlassen ... Die Zahl der Todesopfer dieser einzigen Nacht beträgt mehr als 50. Die Szenen ... sind so unerhört und zeigen in aller Deutlichkeit die Bestialität einer Menschenmasse, die nicht verdient als Volk bezeichnet zu werden."

— Sender Breslau, 18 Uhr: „Die Hintergründe der Blutnacht zum 23. September, in welcher der Blutrausch seinen Höhepunkt erreichte, sind erhellt. Die zahllosen Überfälle auf sudetendeutsche Bürger und Ordner, die den Sicherheitsdienst übernommen hatten, stellen einen zentral geleiteten Massenmord dar. Der Rücktritt Hodžas war eine Finte ... Es sollte der Eindruck erweckt werden, daß sich die Tschechen aus den sudetendeutschen Gebieten zurückzögen. Gestern abend aber erteilte die Regierung Syrový den Truppen den Befehl, die sudetendeutschen Städte und Dörfer wieder zu besetzen. Dabei wurden Männer, Frauen und Kinder in bisher unübersehbarer Zahl ermordet. Man wollte die Katastrophe herbeiführen, die Moskau befahl."

66 Ehemaliger Führer der DNSAP.

SONNABEND, 24. SEPTEMBER 1938

A: — Abreise Chamberlains aus Godesberg.
— Der britische Gesandte überreicht der Prager Regierung Hitlers „Memorandum".
— Teilmobilmachung in Frankreich.
B: — Mit dem Aufziehen der verstärkten Grenzwache übernimmt das Heer die alleinige Befehlsgewalt im Grenzgebiet zur ČSR.
— Im AA findet eine Ressortbesprechung über die wirtschaftspolitische Vorbereitung der Besetzung des Sudetengebietes statt.
C: — Die Prager Regierung verkündet den Zustand der Wehrbereitschaft des Staates.
— Generalstabschef General Krejci wird Oberbefehlshaber der Armee der ČSR.
— Die ČSR-Regierung verkündet in einer amtlichen Verlautbarung, es gebe „keine ernsten Zwischenfälle mehr" („Prager Presse").
D: — Mit der Besetzung des Festungsgürtels der ČSR und der schrittweisen Durchsetzung der verfassungsmäßigen Ordnung in den Grenzgebieten wird die Tätigkeit der Freikorpsgruppen auf dem Staatsgebiet der ČSR eingeschränkt, jede Terrorgruppe wird nach ihrem Grenzübertritt konsequent militärisch bekämpft. Der Schwerpunkt der Tätigkeit des SFK verlagert sich darauf, durch Feldwachen, Späh- und Stoßtrupps bewaffnete Aufklärung über die Stellungen und Bewegungen der ČSR-Einheiten zu erlangen.
— Im Zipfel von Jauernig besetzt das SFK die Linie Groß-Kassendorf, Rothwasser, Schwarzwasser, Schmiedeberg, Friedeberg. 63 Gefangene werden nach Deutschland verschleppt.
— Feuergefechte liefert das SFK den ČSR-Einheiten bei Schönlinde, Graslitz, Ebersdorf, an der Grenzbaude, bei Seidenberg und anderen Orten. Sie fordern allein bei Ebersdorf vier Todesopfer auf tschechischer Seite. In Kreibitz entwaffnet der FS 30 ČSR-Soldaten.
— Henlein ruft über den Rundfunk alle Wehrpflichtigen deutscher Nationalität in der ČSR auf, sich der Mobilisierung zu entziehen. Tausende wehrpflichtige Sudetendeutsche fliehen über die Grenze, viele treten dem SFK bei.
E: — Die RPK schreibt vor, die „Ruhe und Sicherheit der Staatsmänner in Godesberg" der Hektik und Auflösung in Prag gegenüberzustellen und dabei die Mobilmachung als „Friedenssabotage" anzuklagen. Vorgeschlagene Überschriften: „Prag gegen den Frieden", „Prag gegen Chamberlain".
F: — VB, S. 1: „Fortsetzung der Besprechungen in Godesberg. Das Blutbad auf Moskaus Befehl. Auch Ungarn und Polen fordern neue Grenzen". „Die erste Regierungshandlung des Bolschewisten-Trabanten Syrový: 50 Morde an Sudetendeutschen".
— S. 2: „50 Morde an Sudetendeutschen". Der Artikel „Der zweite Tag in Godesberg" formuliert den „deutschen Standpunkt": „daß das tschechische Mißgebilde radikal und unverzüglich umgeformt werden muß".
— S. 3, Extrabildseite: „Moskau schafft sich ein neues Vorfeld".
— S. 4: „Prag und das Judentum".
— S. 9: „Ohne Revision kein Friede. Deutliche Worte der ‚Times' gegen die innerpolitischen Kritiker Chamberlains".
— S. 10: „Rückkehr der Tschechen nach Graslitz" sowie in gerahmtem Kasten: „‚Standrechtliche' Morde. Zwölf Deutsche Opfer hussitischer Mordgier".

SONNTAG, 25. SEPTEMBER 1938

A: — Auf der 3. Ministerkonferenz der britischen und französischen Regierung in London (25./26.) berichtet Chamberlain über seine Verhandlungen mit Hitler in Godesberg und dessen „Memorandum". Die Beratungen enden ohne konkretes Ergebnis. Beide Regierungen erachten einen Krieg gegen Hitlerdeutschland zum gegebenen Zeitpunkt von vornherein für verloren und verneinen eine praktisch wirksame Möglichkeit, der ČSR Hilfe zu leisten.

— Mobilmachung in Frankreich.

— Chamberlain schlägt der Prager Regierung eine internationale Konferenz zur Realisierung des britisch-französischen Plans vor.

B: — Hitler empfängt Frank in Berlin, der ihm einen vom Stabschef des SFK Pfrogner verfaßten Bericht über die Tätigkeit des SFK überreicht. Frank bittet Hitler um stärkere politische Unterstützung und mehr Hilfe bei Ausrüstung und Bewaffnung und erhält sie zugesagt.

— Dem SFK werden zwei Bataillone SS als Verstärkung beigegeben.

— Das AA weist die deutsche Gesandtschaft in Prag an, daß alle Bürger des Großdeutschen Reiches die ČSR zu verlassen haben.

— Der Gebietszipfel von Jauernig wird vom SFK-Breslau und zwei SS-Totenkopfverbänden besetzt.

— Die faschistische Besatzung des Zipfels von Asch wird um zwei SS-Totenkopfsturmbanne verstärkt.

C: — Die Regierung der ČSR lehnt Hitlers ultimatives „Memorandum" ab.

— Die „Prager Presse" berichtet amtlich auf S. 3: „Das Grenzgebiet pazifiziert. Keine wesentlichen Ruhestörungen. Alle Banditeneinfälle liquidiert."

D: — Der Stabschef des SFK, Pfrogner, beklagt im Befehl Nr. 21 das Absinken der Intensität der Aktionen und fordert „zahlreiche Stoßtruppunternehmen".

— Das 3. Bataillon des SFK I marschiert in Hotzenplotz ein und übernimmt im dortigen Zipfel die öffentliche Gewalt.

— Am 25. und in der Nacht zum 26. September führen SFK-Einheiten Feuergefechte bei Lichtenhain, Eisenstein, in Schattau, Schönau u. a. Orten durch, der Überfall auf das Zollhaus Gerstenfelde bleibt erfolglos, das Zollhaus Zimmerle wird zerstört.

E: — Die RPK instruiert die deutsche Presse, zu betonen, daß Deutschland lediglich von Deutschen besiedeltes Territorium erstrebe. Der ČSR sei „Friedenssabotage" vorzuwerfen, weil sie die Durchführung bereits von ihr angenommener Vorschläge zur Abtretung des Sudetengebietes boykottiere. Hitlers Zurückweisung der ČSR-Zustimmung zur Berchtesgadener Lösung und die Erweiterung der territorialen Forderungen müssen verschwiegen werden. Als Schlagzeile empfiehlt die RPK: „Die Parole Deutschlands lautet: ‚Mit Chamberlain für den Frieden!', die Prags: ‚Mit Stalin für den Krieg!'".[67]

— Die deutsche Presse habe in Vorauskommentaren die für Montag angekündigte Hitlerrede als „nationale Kundgebung in der historischen Kampfstätte der Bewegung" folgendermaßen vorzustellen: „Immer in schicksalsschweren Stunden habe der Führer des Reiches zum deutschen Volk gesprochen. So auch jetzt. Es sei die Absicht der Staats- und Volksführung, in solchen Augenblicken Fühlung mit dem

---

67 Zit. nach *Sywottek*, S. 156.

Volke selbst zu nehmen. Das sei wahre Demokratie. Jede Geheimdiplomatie sei so ausgeschlossen. Das ganze deutsche Volk werde Zeuge dieser Rede sein, im Sinne der alten Parole: Führer befiehl, wir folgen!".[68]

— Nach dem DNB-Rundruf muß diese Rede auf der ersten Seite jeder Zeitung „in armdicken Buchstaben" angekündigt werden.

F: — VB, S. 1: „Der befristete Räumungsplan in Prag. Die Entscheidung liegt beim tschechischen Volk. Mit Godesberg in den Frieden oder mit Moskau in den Krieg. Mussolini macht die Prager Regierung für den Frieden verantwortlich".

— S. 2: „Wieder tschechische Mobilmachung mit lügnerischer Begründung".

— S. 3, Extrabildseite: „Wie sie morden und zerstören . . . und wie sie lügen".

— S. 4: „Panzerwagenangriff auf Jauernig", „127 000 Flüchtlinge".

— S. 9: „Moskaus Wühlarbeit in der Tschechoslowakei".

— S. 10: „Menschenjagd im Zeichen der Mobilmachung".

— Bunter VB-Bogen: „Allzeit deutsch. Stimmen des Sudetenlandes".

— Deutschlandsender, 14.50 Uhr: „Zwischen polnischem Freikorps und tschechischem Militär finden schwere Kämpfe zwischen dem Jablunkapaß und Oderberg statt."

MONTAG, 26. SEPTEMBER 1938

A: — Mobilmachung der britischen Flotte und des Küstenschutzes.

— Der britische Außenminister Lord Halifax warnt Hitlerdeutschland offiziell vor Gewaltmaßnahmen und verkündet, daß Frankreich, England und die UdSSR einer von Deutschland angegriffenen ČSR vertragsmäßig beistehen werden.

— Chamberlain entsendet seinen Berater Horace Wilson als Sonderbotschafter zu Hitler. Dieser informiert, daß die Prager Regierung Hitlers Godesberger „Memorandum" ablehnt und sich für Direktverhandlungen unter englischem Vorsitz ausspricht. Er erklärt, Großbritannien fühle sich für die Durchsetzung der von der ČSR am 21. September angenommenen Londoner Vorschläge verantwortlich. Hitler erklärt Wilson, er wolle einen Vertreter Prags nur empfangen, um das „Memorandum" uneingeschränkt annehmen zu lassen, nicht aber, um über Modifikationen zu diskutieren. Gleich ob durch Verhandlungen oder Gewalt, das sudetendeutsche Gebiet würde am 1. Oktober unter deutscher militärischer Besatzung stehen.

— Der ČSR-Gesandte in London übergibt Chamberlain eine Note der Prager Regierung, in der sie das Godesberger „Memorandum" absolut und bedingungslos für unannehmbar erklärt. Gleichzeitig überbringt *Masaryk* eine *zustimmende Antwort zum britischen Vorschlag einer internationalen Konferenz.*

— USA-Präsident Roosevelt appelliert an Hitler, die Verhandlungen nicht abzubrechen.

B: — Hitler ordnet eine „Aktivierung der Tätigkeit" des SFK an.

— In seiner „Sportpalastrede" — der „Höhepunkt der propagandistischen Mobilmachung"[69] in „Propagandaregie und Aggressivität" — lastet Hitler Präsident Beneš die alleinige Schuld an den Zuständen im sudetendeutschen Gebiet an. Er

68 Zit. nach ebenda, S. 157.
69 Ebenda.

17*

entscheide mit der Annahme oder Ablehnung der faschistischen Forderungen über Krieg oder Frieden. Die territorialen Forderungen seien sofort zu erfüllen. Danach habe Deutschland keinerlei territoriale Ansprüche in Europa mehr. „Er wird entweder dieses Angebot akzeptieren und den Deutschen jetzt endlich die Freiheit geben oder wir werden diese Freiheit uns selbst holen."[70]

C: — Die Prager Regierung dehnt das Standrecht auf den Bezirk Plan aus.

— In der ČSR wird ein Oberster Wirtschaftsrat konstituiert, den Vorsitz übernimmt vorläufig Premier Syrový.

— In Erwartung eines deutschen Luftangriffs verläßt Präsident Beneš auf Empfehlung der militärischen Führung Prag.

D: — SFK-Stoßtrupps besetzen Neuhof, Kleinaupa, Hartmannsdorf. SFK-Terroristen führen Feuergefechte bei Niesmersberg, Schönborn, Hammer, Furth i. W., Feuerüberfälle auf die Finanzwache in Zinnwald, die Zollhäuser bei Wies und Neualbenreuth durch.

E: — Goebbels und Dietrich geben auf der RPK Anweisungen, bestimmte Argumente der ČSR und der Weltöffentlichkeit zu parieren: Die Räumung müsse so kurzfristig vorgenommen werden, da das Sudetenland in Flammen stehe und die Gefahr eines zweiten Spanien bestehe. Dem Einwand, daß der größte Teil des Festungsgürtels der ČSR im abzutretenden Gebiet liege, sei zu antworten: Festungen sind Menschenwerk, Völker aber sind ewig. Deutschland werde auch die Tschechen nicht hindern, neue Festungen zu bauen. Dem Vorwurf, daß Deutschland sich im Gegensatz zu den Londoner Vorschlägen weigere, eine Grenzgarantie für die neuen Grenzen auszusprechen, sei zu entgegnen: Es bestehen keinerlei deutsche Angriffsabsichten, dennoch könnten die neuen Grenzen der ČSR nicht garantiert werden, da Deutschland keinen Konflikt mit Ungarn oder Polen wolle, falls diese eine friedliche Erfüllung ihrer Forderungen nicht erreichen könnten.

— Über Roosevelts Appell dürfe erst nach der Übertragung von Hitlers Rede und nur gemeinsam mit dessen Antwort berichtet werden.

F: — VB, S. 1: „Heute spricht der Führer. Nationale Kundgebung in der historischen Kampfstätte der Bewegung. Gemeinschaftsempfang im ganzen Reich".

— S. 2: „Die Anwartschaft Deutschlands".

— S. 3: „Tschechisches Militär überfällt sudetendeutsches Dorf", „Panikstimmung in der Tschechei", „Sie hausten wie die Wilden. Tschechisches Militär zog sich aus Warnsdorf zurück".

— Sender Leipzig, 13 Uhr: Wortlaut des Hitlerschen „Memorandums".

— Sender Kwh, 13.45 Uhr: „Der Terror gegen die Polen im Olsagebiet wird immer gefährlicher und brutaler, wie aus Warschau berichtet wird. Vor allem ist dies auch darauf zurückzuführen, daß die Kommunisten . . . auf die polnische Bevölkerung losgelassen werden. Die sogenannte tschechoslowakische Nationalgarde, die an ihren Mützen den Sowjetstern trägt, veranstaltet auf die Mitglieder der polnischen Volksgruppe ohne jeden Anlaß Hetzjagden und Überfälle und macht sich ein Vergnügen, auf wehrlose Personen, Greise, Frauen und Kinder wie auf Freiwild zu schießen."

---

70 *VB*, Norddeutsche Ausgabe, Berlin, 28. September 1938, S. 5.

DIENSTAG, 27. SEPTEMBER 1938

A: — In einer auf den Vortag datierten Erklärung Chamberlains zu Hitlers Sportpalastrede heißt es: „Ich kann diese Anstrengungen nicht aufgeben, weil es mir undenkbar erscheint, daß die Völker Europas, die keinen Krieg miteinander wünschen, in einen blutigen Kampf wegen einer Frage gestürzt werden sollen, über die
ein Übereinkommen bereits weitgehend erzielt worden ist ... Für die britische
Regierung erkläre ich, daß wir uns moralisch dafür verantwortlich halten, daß die
Zusagen fair und voll durchgeführt werden, und wir sind bereit, uns zu verpflichten, daß sie mit aller angemessenen Promptheit durchgeführt werden, vorausgesetzt, daß die deutsche Regierung einer Regelung der Bestimmungen und Voraussetzungen der Übergabe durch Erörterungen und nicht durch Gewalt zustimmt."[71]

— In einem Schreiben an Beneš drängt Chamberlain, Hitlers Memorandum bis zum
nächsten Tag anzunehmen, da sonst der Überfall zu erwarten sei. Er schlägt einen
modifizierten Zeitplan vor.

— In einem amtlichen Pressekommuniqué der britischen Regierung wird vor einem
deutschen Angriff auf die ČSR gewarnt: Es „muß die unmittelbare Folge sein,
daß Frankreich gezwungen sein wird, ihr zu Hilfe zu kommen, und Großbritannien
und Rußland werden gewiß bei Frankreich stehen."[72]

— In einer zweiten Unterredung mit Wilson droht Hitler mit Krieg, falls die Westmächte nicht die sofortige Abtretung des im Godesberger Memorandum markierten
Gebietes erzwingen. Wilson erklärt, daß in solchem Kriegsfall die Westmächte, wenn
auch ungern, gegen Deutschland kämpfen würden.

— In einer abendlichen Rundfunkansprache verkündet Chamberlain: „Wie schreck-
lich, phantastisch und unglaublich ist es, daß wir hier Schützengräben ausheben
und Gasmasken anpassen sollen, weil in einem weit entfernten Land Streit zwischen
Menschen ausgebrochen ist, von denen wir nichts wissen. Noch unmöglicher scheint
es, daß ein Streit, der grundsätzlich beigelegt ist, zum Gegenstand eines Krieges
werden sollte ... Wenn wir kämpfen müssen, so muß es um größere Fragen
gehen als diese."[73]

— Der sowjetische Außenminister Litvinov bekräftigt: „Die sowjetische Regierung,
die ihrerseits keinen Vorwand sucht, wie man sich der Erfüllung der Verpflichtungen
entziehen könnte, hat Prag mitgeteilt, daß in dem Fall, wo Frankreich Unterstützung
unter den Bedingungen gewährt, wie sie in der tschechoslowakischen Forderung
genannt sind, der tschechoslowakisch-sowjetische Vertrag Gültigkeit erlangt."[74]

B: — Auf einer Beratung Hitlers mit führenden Funktionären der NSDAP und des Nazistaates befürwortet die Mehrheit einen Angriff auf die ČSR.

— Hitler befiehlt das Einrücken der Kampfeinheiten (ca. sieben Divisionen) in die Ausgangsstellungen (13 Uhr).

---

71 *ADAP*, Serie D, Bd. II, Dok. 618, S. 755.
72 Zit. nach *Rönnefarth*, Teil 1, S. 617.
73 In der Literatur werden unterschiedliche Übersetzungen des englischen Textes verwandt, die vorliegende
ist in der DDR abgedruckt bei *Biman/Cilek*, S. 200. Sie entstammt der in den Monatsheften für
Auswärtige Politik, 1938, S. 993f. abgedruckten Übersetzung des in *The Times* veröffentlichten Wort-
lautes, die auch *Rönnefarth*, Teil 1, S. 628f. heranzieht.
74 Deutsche Übersetzung zit. nach ebenda, S. 200.

— Hitler unterstützt den Anspruch Himmlers, ihm als RFSS das SFK zu unterstellen und befiehlt Pfrogner die Mobilisierung des SFK.

— Hitler ordnet die Mobilmachung von fünf Divisionen und weiteren Truppenteilen an der Westgrenze an (18 Uhr).

— In zahlreichen Städten Deutschlands finden „Treue-Kundgebungen" zur Unterstützung von Hitlers Sportpalastrede statt, sie stehen unter der Losung „Schluß mit Benesch!"

— Bei einem Propagandamarsch einer motorisierten Division durch das Berliner Regierungsviertel reagiert die Bevölkerung mit „verstörtem und verängstigtem Schweigen". Die fehlende Kriegsbegeisterung läßt Hitler mit der Äußerung vom Balkon zurücktreten: „Mit diesem Volk kann ich noch keinen Krieg führen"[75]

C: — Präsident Beneš kehrt nach Prag zurück.

— Die Presse der ČSR veröffentlicht den Wortlaut von Hitlers „Memorandum".

D: — Das SFK Linz besetzt in der Nacht zum 28. September Ober- und Untermarketschlag und Mühle Multerberg, SFK II besetzt Brandau, das Zollhaus Kupferhammer-Grünthal, die Finanzwache Schweinitzmühle und führt ein nächtliches Feuergefecht bei Bärenstein.

— Der Stabschef des SFK, Pfrogner, schreibt im Befehl Nr. 27: „Durchführung zahlreicher Aktionen sehr wichtig. An der ganzen Front Verwirrung anrichten. Tschechen ständig beunruhigen. Diese Tätigkeit ist bis auf Widerruf in gesteigerter Weise fortzusetzen."

E: — Die RPK verbietet, über militärische Maßnahmen Deutschlands zu berichten, erlaubt aber Berichte über solche der Tschechen. Die erklärte Kriegsbereitschaft Englands und Frankreichs darf nicht erwähnt werden. Zur Hitlerrede ergeht folgende Kommentaranweisung: In phantasievoller Ausgestaltung des von Hitler gezeichneten Beneš-Bildes ist dieser als Negativ-Figur dem Propagandabild des aufopferungsvollen Führers gegenüberzustellen. Eingedenk der Taktik der englischen Weltkriegspropaganda, das Feuer nicht so sehr gegen Deutschland als gegen den Kaiser zu richten, müssen die Presseangriffe auf Beneš konzentriert werden. Er „müsse als letzter überlebender Vater von Versailles, als bürgerlich-liberaler Politiker aus einer Zeit apostrophiert werden, die auch von den Westmächten längst liquidiert sei ... Er könne auch als Vater der Sanktionen, als Erfinder des Blockadegedankens usw. hingestellt werden. Dann müsse gesagt werden, daß Benesch um seiner Eitelkeit und seiner persönlichen Machtsucht willen immer bereit war, die Welt in Brand zu stecken ... Es könne auch darauf hingewiesen werden, daß Benesch's Haßgefühle von einem großen Teil seines Volkes gar nicht geteilt werden, daß er also bereit sei, das tschechische Volk in das tiefste Unglück zu führen, nur um seiner persönlichen Eitelkeit willen".[76] Die RPK gibt die Zahl von 230 000 sudetendeutschen Flüchtlingen vor.

— Ein abendlicher DNB-Rundruf verbietet den deutschen Zeitungen, über den Propagandamarsch der Truppen durch Berlin zu berichten.

---

75 *Erich Kordt*, Wahn und Wirklichkeit, Stuttgart 1947, S. 122f.
76 Zit. nach *Sywottek*, S. 158f.

F: — VB, S. 1: „Der Wortlaut des Memorandums. Das sudentendeutsche Gebiet muß am 1. Oktober übergeben werden. Deutschlands letzte Warnung. Prag hat die Verantwortung für Krieg oder Frieden." (Karte nicht veröffentlicht!)
— S. 2: „Stalin wird kein Zögern kennen", „Greueltaten im Zeichen der Tschechen-Mobilisierung".
— S. 3, Extrabildseite: „Der Landhunger der Tschechen".
— S. 7: „Anhaltende Panikstimmung in Prag".
— S. 8: „Die Flüchtlingslager in der Kurmark", „Die Zahl der Flüchtlinge ist auf 194 300 gestiegen".
— S. 11: „Eine erschütternde Bilanz. Die wirtschaftliche Ausbeutung der Sudetendeutschen".
— Sender Leipzig, Sondermeldung 16 Uhr: „Ebenso wie das Ascher Ländchen ist nun auch der Schluckenau-Rumburger Bezirk völlig vom tschechischen und kommunistischen Druck gesäubert und in die Verwaltung der SdP übergegangen."[77]

MITTWOCH, 28. SEPTEMBER 1938

A: — Die französische Regierung fordert die ČSR, da sie ihre Grenzen gegenüber Deutschland sowieso schon aufgegeben habe, auf, einen „maximalen Versuch zur Rettung des Friedens durch sofortige Abtretung großer Gebiete im Westen und Süden Böhmens" zu unternehmen.[78]
— Auf *Anregung der USA, Großbritanniens u. a. schlägt Mussolini eine Konferenz der europäischen Großmächte unter Ausschluß der UdSSR vor*, um die Frage der Abtretung der ČSR-Grenzgebiete zu lösen.
— Die ungarische Regierung fordert von Prag die Abtretung der mehrheitlich von Ungarn besiedelten Gebiete sowie das Selbstbestimmungsrecht für alle Minderheiten in der ČSR.
B: — Hitler stimmt Mussolinis Vorschlag zu und lädt die Regierungschefs Italiens, Frankreichs und Großbritanniens für den nächsten Tag nach München ein.
— *Göring, Neurath und Weizsäcker arbeiten im AA einen neuen Vorschlag aus, als dessen Autor auf der Konferenz Mussolini auftreten soll.*
— „Millionenkundgebungen" als Zustimmung zu Hitlers Sportpalastrede sollen den nach München reisenden Regierungschefs Kriegsentschlossenheit demonstrieren und sie zu weiteren Zugeständnissen veranlassen. Auf der Kundgebung im Berliner Lustgarten droht Goebbels der ČSR: „Herr Benesch wird zur Einhaltung der von ihm übernommenen Verpflichtungen, den Sudetendeutschen das Selbstbestimmungsrecht zu gewähren, gezwungen werden, so oder so . . . Hinter den Forderungen unserer sudetendeutschen Brüder steht nicht nur eine Nation, sondern auch eine Wehrmacht in Waffen."[79]
— Das OKW weist an, alle an den Grenzen eingesetzten Einheiten strikt dem Heer bzw. den Grenzkommandos zu unterstellen. OKW-Chef Keitel erlaubt Aktionen des SFK nur mit Zustimmung der zuständigen Wehrmachtkommandos. Mit Beginn des Einmarsches soll das SFK dem OKH unterstehen.

77 Über die Aktionen des in diesem Zipfel operierenden SFK II (Dresden) veröffentlichte *Kurt Steiner* ein „Kriegstagebuch": Unter der Schober-Linie, Warnsdorf 1939.
78 *Jiri S. Hajek*, Signal auf Krieg — München 1938, Berlin 1960, S. 180.
79 *VB*, Norddeutsche Ausgabe, Berlin, 30. September 1938, S. 4.

D: — Das SFK Linz besetzt nach Feuergefechten Asang und Kaltenbrunn. Beim Zollhaus Litschau verübt das SFK IV einen schweren Grenzzwischenfall. Schwere Gefechte finden bei Eisenstein und Wallern statt. SFK III führt Feuergefechte in Wies
und beim Zollhaus Gugelwald.

E: — Die RPK schreibt vor, Hauptthema der Presse dürfe nicht die zur „Besprechung"
herabgestufte Münchener Konferenz sein, sondern ausschließlich und nach wie vor
der „Terror im Sudetengebiet". Vor einer Konferenzpsychose müsse gewarnt werden. Als Grundlage der „Besprechung" sei der unabdingbare Rechtsanspruch
Deutschlands auf Erfüllung des Selbstbestimmungsrechtes der Sudetendeutschen
und die schnellste Beseitigung des dort herrschenden blutigen Terrors zu benennen.
Dieser bringe Deutschland zur Raserei und kein Volk von Ehre, Charakter und
Ansehen nehme ihn tatenlos hin.

— Der DNB-Rundruf weist die Zeitungen an, die „Massenkundgebungen im ganzen
Reich" auf der ersten Seite ganz groß aufzumachen und als Manifestation der
„beispiellosen Geschlossenheit der deutschen Bevölkerung" und der „Zustimmung
zur Politik Hitlers" wie als „Proteststurm des deutschen Volkes gegen den Terror"
zu kommentieren.

F: — VB, S. 1: „Aufruf Adolf Hitlers an die Deutschen im Echo der Welt".

— S. 3—5: „Wir sind entschlossen. Herr Benesch mag jetzt wählen" (Hitlers Rede
vom 26. 9.).

— S. 7: „Aushungern — ein neues Mittel der Tschechen. Deutsches Land unter
tschechischer Knute. Mordterror ohne Ende — Deutschenverhaftungen — Spren-
gungen — Haussuchungen". „Konrad Henlein in Asch. Der Bezirk seit vier Tagen
in der Hand der Sudetendeutschen".

— Sender Kwh, 20 Uhr: „Die an die Grenze geworfenen mobilisierten tschechischen
Truppen und die ihnen beigegebenen bewaffneten roten Horden werden mit jedem
Tage frecher. Von allen Grenzstellen der bayrischen Ostmark werden Übergriffe
und schwerste Grenzverletzungen gemeldet. Durch die Lügenmeldungen des Prager
Senders, durch die von Beleidigungen des deutschen Volkes strotzende tschechische
Presse und durch Hetzflugblätter wird das rote Gesindel bis zur Siedehitze fanatisiert
und zu immer neuen Schandtaten und immer dreisteren Übergriffen ermuntert ...
In jeder Nacht versuchen sie, deutsche Grenz- und Zollstellen zu überfallen. Es ist
ein regelrechter Bandenkrieg unter Verwendung von Stoßtrupps mit Handgranaten
und Maschinengewehren ... teilweise sogar von Panzerwagen. Bei Hermannsreuth
haben in der vergangenen Nacht tschechische Soldaten in einer Stärke von etwa
50 Mann einen Vorstoß über die deutsche Grenze versucht."

DONNERSTAG, 29. SEPTEMBER 1938

A — Hitler versucht vormittags, unter Berufung auf die Gunst der Stunde, Mussolini
und für eine militärische Zerschlagung der ČSR zu gewinnen.

B: — Auf der Münchener Konferenz der Regierungschefs Deutschlands, Italiens, Großbritanniens und Frankreichs unterbreitet Mussolini den für ihn vorbereiteten
Vorschlag:

● Die Räumung der abzutretenden Gebiete beginnt am 1. Oktober, das mehrheitlich von Deutschen bewohnte Gebiet wird in Etappen von der Wehrmacht besetzt.

- England, Frankreich und Italien garantieren Deutschland, daß das gesamte vorgesehene Gebiet bis zum 10. Oktober von der ČSR geräumt wird, ohne daß bestehende Anlagen zerstört werden.
- In gemischtsprachigen Gebieten erfolgt nach dem Muster der Saarabstimmung ein Plebiszit.
- Einzelheiten der Räumung bestimmt eine internationale Kommission, der Vertreter der vier Regierungen und der ČSR angehören.
- Strittige Gebiete werden bis zum Plebiszit von internationalen Truppen besetzt. Die endgültigen Grenzen legt die internationale Kommission fest.[80]
— Ausgehend von diesem Vorschlag stimmen die vier Regierungschefs im Münchener Diktat folgenden Festlegungen zu:
- Die etappenweise Besetzung des Gebietes beginnt am 1. Oktober, das restliche Gebiet vorwiegend deutschen Charakters wird von einem internationalen Ausschuß festgelegt und bis 10. Oktober durch deutsche Truppen besetzt.
- Die Regierung der ČSR ist dafür verantwortlich, daß alle Einrichtungen unzerstört übergeben werden.
- Die Modalitäten der Räumung werden durch den internationalen Ausschuß festgelegt, dem Vertreter der vier Regierungen und der ČSR angehören.
- Der internationale Ausschuß wird die Gebiete bestimmen, in denen eine Volksabstimmung stattfinden soll, sowie Modalitäten und den Tag der Abstimmung — nicht später als Ende November.
- Der internationale Ausschuß wird die endgültige Festlegung der Grenzen vornehmen, er ist berechtigt, Abweichungen von der ethnographischen Bestimmung der ohne Abstimmung übertragenen Zonen zu empfehlen.
- Für den Übertritt in die abgetretenen bzw. den Austritt aus ihnen wird für ein halbes Jahr ein Optionsrecht vorgesehen. Einzelheiten wird ein deutsch-tschechoslowakischer Ausschluß bestimmen.
- Die Regierung der ČSR wird innerhalb von vier Wochen alle Sudetendeutschen, die dies wünschen, aus ihren militärischen und polizeilichen Verbänden entlassen sowie alle sudetendeutschen politischen Gefangenen.
- Die britische und die französische Regierung gewähren eine internationale Garantie der neuen Grenzen der ČSR gegen einen unprovozierten Angriff.
- Deutschland und Italien werden der ČSR ihrerseits eine Garantie geben, sobald die Frage der polnischen und ungarischen Minderheiten geregelt ist.
- In der Präambel erklären sich alle unterzeichneten Staaten einzeln verantwortlich für die zur Sicherung seiner Erfüllung notwendigen Schritte.[81]
C: — Die ČSR hat ihre Generalmobilmachung abgeschlossen.
— Das SFK wird in nunmehr sechs Gruppen neugegliedert: Wien (I), Linz (II), Bayreuth (III), Dresden (IV), Hirschberg (V) und Breslau (VI).
— SFK-Stoßtrupps besetzen Schönlind, Romau, Schwarzach und zeitweise die Goderbaude. Das vom SFK im Zipfel Asch gehaltene Gebiet wird nach Süden erweitert. Feuergefechte führen Stoßtrupps u. a. bei Schwaderbach, im Habengrund, sie überfallen die Zollämter Kronstadt (erfolglos) und bei Waidhofen.

---

80 *ADAP*, Serie D, Bd. II, Dok. 669, S. 802.
81 Ebenda, Dok. 675, S. 812ff.

E: — Auf der RPK hält Berndt eine Philippika gegen Zeitungen, die zur Münchener Konferenz Extrablätter herausgegeben hatten. München dürfe erst als zweites Thema gebracht werden, an erster Stelle haben Terrormeldungen zu stehen. Zeitungen, die „im Börsenbericht in Defaitismus" machten, würden beschlagnahmt.

F: — VB, S. 1: „Mussolini, Chamberlain, Daladier heute beim Führer in München". „Millionenaufmarsch der Nation. Treue-Kundgebungen in ganz Deutschland. Geschlossen hinter dem Führer für unser Recht".

    — S. 2: „Deutschlands konstruktiver Plan", „Beneschs Antwort — ein toller Schwindel. 9 Tschechenlügen — 9 Wahrheiten über das deutsche Memorandum".

    — S. 3, Extrabildseite: „Grauenvolle Not — Groß der Glaube!"

    — S. 4: „Telegrammwechsel Roosevelt — Adolf Hitler", „Wie Syrový 1920 die Polen verriet".

    — S. 7: „Verschwörung gegen den Frieden".

FREITAG, 30. SEPTEMBER 1938

A: — Nach der Unterzeichnung des Münchener Diktats werden die angereisten Vertreter der Prager Regierung um 1.30 Uhr von Chamberlain und Daladier über das Ergebnis informiert.

    — Chamberlain und Hitler unterzeichnen in München eine Erklärung, Streitfragen durch Konsultationen zu behandeln.

    — Ultimatum der polnischen an die ČSR-Regierung, innerhalb von 24 Stunden Militär und Polizei aus dem beanspruchten Olsa-Gebiet abzuziehen und es der polnischen Armee zu übergeben. Weitere Punkte des Ultimatums folgen dem Wortlaut des Münchener Diktats.[82]

    — In Berlin konstituiert sich am Nachmittag der „Internationale Ausschuß zur Regelung der Sudetenfrage"; ihm gehören die Botschafter Englands, Frankreichs, Italiens und der ČSR in Berlin unter Vorsitz des Staatssekretärs im AA, von Weizsäcker, an.[83]

---

82 Abgedruckt in *Międzynarodowe tle agresji Rzeszy Niemieckiej na Polskę w 1939 roku*. Wybór dokumentów (Der internationale Hintergrund der Aggression gegen Polen im Jahre 1939. Eine Auswahl von Dokumenten). Einführung und Auswahl: Ryszard Nazarewicz, Warschau 1986, Dok. 11, S. 56f. (Papée an Krofta, 30. 9. 1938). Die Prager Regierung nahm das Ultimatum am 1. Oktober an. Ab 2. Oktober 1938 besetzte die Polnische Armee das Olsa-Gebiet.

83 In seiner Tätigkeit bis zum 20. November stand der ČSR-Vertreter auf verlorenem Posten, denn die anderen Mitglieder beugten sich fast ausnahmslos allen faschistischen Forderungen. Der Ausschuß sanktionierte alle Grenzforderungen Deutschlands, die nicht ethnischen, sondern wirtschafts- oder militärstrategischen Gründen entsprangen. Die ČSR trat bis zum Grenzabkommen vom 21. 11. mit Deutschland 28 363 km² mit 3,6 Mill. Einwohnern, davon 2,8 Mill. Deutsche, ab. Als Stichjahr für die Mehrheitsentscheidung der Territorien galt 1910. Eine Volksabstimmung wurde gegenstandslos, alle Godesberger territorialen Forderungen Hitlers waren erfüllt. Die ČSR mußte einen Teil ihrer Gold- und Devisenvorräte an Deutschland übergeben. Deutschland erteilt nach der weiteren Zerstückelung der ČSR — Osla-Gebiet an Polen, Südslowakei und Karpato-Ukraine an Ungarn — keine Garantie ihrer Grenzen, richteten sich doch alle Anstrengungen darauf, die ČSR vollends zu beseitigen. Über die faschistische Politik gegenüber der ČSR zwischen München und dem 15. März 1939 siehe *Miroslav Kárný*, Logika Mnichova (Logik von München), in: *Československý časopis historický*, Prag, 2/3/1987.

B : — Der deutsche Geschäftsträger in Prag überreicht um 6 Uhr dem ČSR-Außenminister den Text des Münchener Diktats.

— Keitel befiehlt, das SFK Himmler zu unterstellen. Es nimmt am Einmarsch der Wehrmacht als Truppe nicht teil.

C : — Präsident Beneš ersucht die Sowjetregierung um ihre Stellungnahme zur Alternative weiterer Kampf oder Kapitulation. Zwei Stunden später annulliert er die Anfrage.

— Präsident und Regierung der ČSR beschließen, sich dem Münchener Diktat zu beugen. Aufforderungen der KPTsch und anderer patriotischer Kräfte, Widerstand zu leisten und das Hilfsangebot der UdSSR anzunehmen, bleiben unberücksichtigt.

— Die Prager Regierung verzichtet darauf, sich an den Völkerbund zu wenden.

D : — Henlein befiehlt dem SFK, ab 20 Uhr alle Kampfhandlungen einzustellen.

— Das SFK Wien erobert das Zollhaus Waldhofen, ein Angriff auf das Zollhaus bei Schaffa wird abgewehrt.

E : — Die RPK legt fest, das Münchener Abkommen als „Friedenswerk des Führers" zu feiern. Auch für Mussolini, Chamberlain und Daladier sollten „freundliche Worte" gefunden werden, aber im Mittelpunkt habe die Würdigung Hitlers zu stehen, der den Sudetendeutschen ihr Recht verschafft und Europa vor einer schweren Friedensbedrohung gerettet habe. Noch einmal besonders zu betonen sei die Einigkeit und geschlossene Unterstützung dieser Politik. Den Dank des deutschen Volkes für diese große Tat Adolf Hitlers sowie das *Gelöbnis, ihm blind zu folgen, wohin er auch führe*, müsse die Presse zum Ausdruck bringen. Sie solle die Sudetendeutschen mit herzlichen Worten begrüßen und ausdrücken, wie das deutsche Volk mit ihnen gefühlt und sich für seine Befreiung eingesetzt habe. „Die tschechischen Gewalttätigkeiten, die wir bisher aus begreiflichen Gründen sehr groß aufmachen mußten, wollen wir jetzt etwas in den Hintergrund treten lassen."[84]

F : — VB, S. 1: „Beneschs Begleitmusik zu München. Tschechen beseitigen Abstimmungsunterlagen".

— S. 2: „Die Ankunft der westeuropäischen Gäste".

— S. 3, Extrabildseite: „Beim Führer in München. So bemüht sich Benesch um den Frieden".

— S. 4, Extraseite: „Millionenkundgebungen im Reich. Die Nation will Freiheit für die Sudetendeutschen".

— S. 7: „Die Welt blickt auf München".

— S. 8: „Prag sabotiert die Abstimmung", „Hakenkreuzfahne über Jauernig". „Tschechische Wahnsinnspläne. Zerstörung der lebenswichtigen Einrichtungen des Sudetenlandes vorbereitet". „Mutlosigkeit und Zerrissenheit innerhalb der tschechischen Armee".

— S. 11: „Die wirtschaftliche Zukunft der Tschechei nach Rückgabe des Sudetenlandes".

— Sender Kwh, 22 Uhr: „Die schweren Kämpfe des polnischen Freikorps mit tschechischem Militär und der roten Wehr nehmen von Tag zu Tag größeren Umfang an. Alle Kämpfe waren für beide Seiten verlustreich. Heute vormittag besetzten die Polen die Ortschaft Lomna unweit Jablunka und vertrieben die tschechische Gendarmeriebesatzung. Als diese bald darauf mit Militär zurückkehrte, das schwere Waffen einsetzte, zog sich das polnische Freikorps zurück".

---

84 *Walter Hagemann*, Publizistik im Dritten Reich, Hamburg 1948, S. 374.

3. Terrorismus und Demagogie.
Zur Funktion von SdP und SFK als Diversionsinstrumente der Hitlerregierung

a. Der gescheiterte Aufstandsversuch der SdP

Vom *5. bis zum 12. September 1938* führte die NSDAP ihren jährlichen *Reichsparteitag in Nürnberg* durch. An ihm nahmen auch die führenden Vertreter der SdP teil. Zur Vorbereitung dieses Parteitages und insbesondere auf Hitlers Abschlußrede erfolgte im September nicht nur eine Steigerung der Presse- und Rundfunkhetze in Deutschland, sondern auch die Zahl der provokatorischen Aufmärsche, Kundgebungen, terroristischen Überfälle auf Antifaschisten und ständigen Herausforderungen der tschechoslowakischen Behörden stieg sprunghaft an. Sowohl die erweiterten und systematisch gesteigerten Presseangriffe als auch die provokative Tätigkeit der SdP zielten darauf ab, die Lage im Grenzgebiet der ČSR zu verschärfen und zuzuspitzen. Bereits am 26. August hatte Hitler Frank angewiesen, Zwischenfälle herbeizuführen. Insbesondere sollten die tschechoslowakischen Staatsorgane so provoziert werden, daß deren Polizei zu hartem Eingreifen gezwungen wäre. Am 2. September wiederholte Hitler gegenüber Henlein diese Anordnung mit dem Hinweis, „daß am Sonntag die von der SdP beabsichtigten Zwischenfälle in der ČSR durchgeführt werden sollen".[85]

In den Tagen des NSDAP-Parteitages waren die Kreis- und Ortssekretariate der SdP fieberhaft tätig: Ihr Bereitschaftsdienst lief Tag und Nacht. Auf vertraulichen Beratungen erklärten sie den SdP-Ortsgruppenleitern, daß sie um jeden Preis Polizei und Gendarmerie durch provozierende Demonstrationen und Kundgebungen zu Zusammenstößen zu bringen hätten. Im Falle eines Konfliktes hatten die Funktionäre der SdP auf jeden Fall auf ihrem Posten zu bleiben. Sie sollen mit der Zentrale Verbindung halten und einer Verhaftung möglichst ausweichen.

Waffenschmuggel und bewaffnete Grenzzwischenfälle, Unruhen und konspirative Aktivitäten der SdP kennzeichneten das Bild in fast allen Städten des Grenzgebietes. Nach dem Zwischenfall in Ostrava erhielt die Polizei der ČSR Anweisung zu noch größerer Zurückhaltung. So konnte die SdP ihr Zerstörungswerk nahezu ungehindert entfalten. Ihr Kreissekretariat in Reichenberg stellte nach den Weisungen der SdP-Zentrale bereits Listen „verläßlicher Männer" für den Fall „besonderer Ereignisse" auf, die Kreisamt, Polizeidirektion, Gendarmerie, Gericht, Steueramt und andere Verwaltungen übernehmen sollten.

Zur Vorbereitung einer „Kulisse" für Hitlers Parteitagsrede gab die SdP-Führung am 10. September aus Nürnberg an die Kreisleitungen der SdP den Aktionsbefehl heraus, die planmäßig vorbereiteten Demonstrationen nunmehr zu organisieren. War daher am 9. September die Zahl der provozierten Zusammenstöße noch begrenzt — der schwerste ereignete sich in Bodenbach —, so schwoll sie am 10. sprunghaft an, und Zusammenstöße mit der Polizei wurden bei ihnen zur Regel. Am 11. trugen diese Zusammenstöße örtlich bereits schweren Charakter mit Verletzten auf beiden Seiten.

---

85 Bezieht sich auf den 4. September, d. h. den Sonntag vor dem NSDAP-Parteitag. Siehe *Helmuth Groscurth*, Tagebücher eines Abwehroffiziers 1938—1940. Mit weiteren Dokumenten zur Militäropposition gegen Hitler. Hrsg. von Helmut Krausnick und Harold C. Deutsch, unter Mitarbeit von Hildegard v. Kotze, Stuttgart 1970, S. 111.

Die SdP-Führung hatte die zum Parteitag vorgesehenen Zwischenfälle bereits seit August 1938 intensiv vorbereitet. Die Methode, vorsätzlich Konflikte mit den Sicherheitskräften des tschechoslowakischen Staates zu provozieren, war seit Jahren von der SdP-Führung erprobt und als eines der erfolgreichen Mittel ihrer Politik bewertet. Mit ihr konnte jeweils jede Entspannung, jede Verhandlungslösung torpediert werden, aber auch — wie in Teplice 1937 — eine innere Krise dieser Partei überbrückt werden. Die SdP führte solche Konflikte zielstrebig herbei, um dann zu behaupten, die Sudetendeutschen würden unterdrückt, vor allem aber, um in solchen Momenten die eigenen Forderungen zu steigern. Die Vorbereitung der für die Tage des Parteitages geplanten Zwischenfälle wurde von Frank über die Kreis- und Bezirksleitungen der SdP zentral geleitet. Eng damit verbunden war die geheime Bewaffnung der Abteilungen des FS. Die erzwungene Toleranz und Zurückhaltung der im Grenzgebiet tätigen Sicherheitsorgane der ČSR erleichterten den Faschisten ihre Vorbereitungen außerordentlich.

Neben dem Bereitschaftsdienst der SdP-Büros, neben den vorbereiteten Demonstrationen der SdP-Anhänger und der Mobilisierung der FS-Terroristen sorgte die SdP dafür, daß möglichst viele Sudetendeutsche organisiert die Hitlerrede am Lautsprecher verfolgten. Im Grenzgebiet der ČSR konnte sie gut empfangen werden, war doch der starke Breslauer Sender extra für diese Hörer gebaut worden. Auf die aufgeputschten Zuhörer wirkten Hitlers Worte „Ich kann den Vertretern dieser Demokratien . . . nur sagen, daß — wenn diese gequälten Kreaturen kein Recht und keine Hilfe selbst finden können, sie beides von uns bekommen werden . . . Die Deutschen in der Tschechoslowakei sind weder wehrlos noch sind sie verlassen. Das möge man zur Kenntnis nehmen" — wie ein erwartetes Signal. Als Auslöser enthemmte es aufgestauten chauvinistischen Haß und entfesselte eine manipulierte, aggressive Gewalttätigkeit, die Hitlers Drohungen unmittelbar in die Tat umsetzten. Sofort nach der Rundfunkübertragung begannen überall in den Städten des Grenzgebietes Massenaufmärsche und -kundgebungen, die nicht mehr nur die Polizei provozierten, sondern vielerorts nun selbst die Exekutivgewalt zu übernehmen versuchten. SdP-Redner verkündeten: „Unser Tag ist gekommen", oder: „Der Führer ist auf unserer Seite". Die Massenaufmärsche — in Aussig z. B. 15 000 Menschen — standen unter Losungen und Sprechchören wie „Heil Hitler! Weg mit den Tschechen, weg mit der Polizei!", „Adolf Hitler, mach uns frei von der Tschechoslowakei!", „Ein Volk, ein Reich, ein Führer!" Darüber hinaus gab es bereits bewaffnete Zwischenfälle und Überfälle auf Polizeistationen und Staatsgebäude.

Gemäß den Instruktionen sollten die Unruhen am 13. September ihren Höhepunkt erreichen. Tatsächlich stieg die Zahl der Demonstrationen noch an, entscheidend veränderte sich jedoch ihr Charakter: Dominant wurden nun bewaffnete Angriffe und Sabotageakte. Vor allem Gendarmerie- und Zollstationen, aber auch staatliche Verwaltungsgebäude wurden überfallen und möglichst besetzt. Mit dem Charakter der Aktionen wandelten sich auch die eingesetzten Kampfmittel. Dominierten am 12. noch Geschrei, Fäuste und Steine, so traten an deren Stelle nun Pistolen, auch Maschinengewehre und an einigen Orten Granaten. Neben der Zerstörung von Geschäften, Wohnungen und Behörden richteten sich die bewaffneten Sabotageakte gegen Telefon- und Telegraphenverbindungen, Eisenbahn- und Straßenverkehr.

In den Vormittagsstunden des 13. September verhängte die Prager Regierung das Standrecht über die umkämpften Gebiete und dehnte es in den nächsten Tagen auf nahezu alle Kreise des Grenzgebiets aus. Sie entsandte Streitkräfte und Staatsschutzeinheiten, die die Widerstandsnester der SdP niederkämpften, die Staatsverwaltung wieder übernahmen sowie die Grenzbefestigungen besetzten. Wenn auch die schwersten Gefechte mit den Aufständischen der SdP erst in den nächsten Tagen stattfinden sollten — am 14. in Eger und am 15. in Schwaderbach —, so trugen diese für die SdP Rückzugscharakter. Mit der Durchsetzung des Standrechts hatte die Prager Regierung die Lage schlagartig verändert und der terroristischen Gewalttätigkeit ein Ende gemacht.

Daher stand die SdP-Führung, als sie am 13. September aus Nürnberg zurückkehrte — vorerst ohne Henlein —, vor der Situation eines gescheiterten Aufstandes, die vom deutschen Gesandten in Prag am 14. September folgendermaßen gekennzeichnet wurde: „Führerstab SdP sitzt als eine Art Revolutionskomitee ohne Revolution in Asch, ohne Verbindung mit übrigem sudetendeutschen Gebiet und ohne Verbindung mit Henlein, der sich in Höhe von Asch aufhalten soll. Allseitig Kopflosigkeit und Nervosität.“[86] Und am 17. telegrafierte der deutsche Militärattaché in Prag an das OKW: „Verbreitung der Nachricht, daß SdP-Führung geflohen, hat im volksdeutschen Gebiet niederschmetternd gewirkt. Tschechoslowakische Regierung ist gegenwärtig tatsächlich Herr der Lage.“[87]

Die täglichen Massendemonstrationen von SdP-Anhängern sollten vor allem die wesentlicheren Vorgänge — die bewaffneten Angriffe auf Polizei und Gendarmerie und die Übernahme vollziehender Gewalt — verschleiern und einen „Volksaufstand“ vortäuschen. An beiden Handlungen waren verhältnismäßig wenige Faschisten beteiligt, vor allem die Terroristen des FS. Zugleich diente der Masseneinsatz von Demonstranten dazu, die Sicherheitskräfte der ČSR zu blockieren und einzuschüchtern und so die FS-Terroristen zu schützen.

Der Schwerpunkt des Aufstandes lag in Westböhmen, in den meisten größeren Orten konnte die Staatsgewalt nicht überwältigt werden. Die Spezifik des rasch zusammengebrochenen Aufstandes wurde wesentlich durch folgende Sachverhalte mitbestimmt:

Zwar stellte die SdP nach den Gemeindewahlen 1938 in fast allen betroffenen Orten die Bürgermeister und die lokale Verwaltung, doch war sie weitgehend von jenen Staatsorganen ausgeschlossen, deren lokale Dienststellen unmittelbar von den Zentralstellen, vor allem von den Landesbehörden geleitet wurden, sowie von Polizei, Gendarmerie, Finanzwache und Armee, aber auch von Post und Eisenbahn. Die Angriffe verfolgten daher fast überall drei Ziele gleichzeitig: 1. die bewaffneten Kräfte zu entwaffnen, zu internieren oder abzuschieben, 2. sich diese Waffen selbst anzueignen. Daher standen auch Angriffe auf Gendarmerie, Polizei und Finanzwache im Vordergrund. 3. die staatlichen Behörden auszuschalten, sei es, sie abzusetzen, zu verhaften und zu deportieren, sei es, sie zu neutralisieren.

Die Übernahme exekutiver Funktionen durch SdP-Funktionäre und FS erfolgte einmal durch die Kompetenzanmaßung bisher bereits örtlich tätiger Selbstverwaltungen, in manchen Fällen aber auch durch die Bildung besonderer, eigener Machtorgane.

Die bereits am 13. September von der ČSR-Polizei und später auch von der Regierung ebenso wie von der ausländischen Presse als Aufstand charakterisierte, in der historischen Literatur als staatsfeindlicher Putschversuch eingeschätzte mißglückte „Machtübernahme“ der SdP im Sudetenland erfordert einige kennzeichnende Bemerkungen.

Die beiden entscheidenden, unmittelbar verbundenen Handlungsstränge bildeten einmal die bewaffneten Angriffe auf Staatsorgane der ČSR, deren Entwaffnung, Internierung oder auch einfach Blockierung ihrer staatlichen Tätigkeit, zum anderen die Einsetzung eigener Staatsorgane anstelle der gestürzten, die Übernahme staatlicher Funktionen durch SdP-

---

86 *ADAP*, Serie D, Bd. II, Dok. 481, S. 609, Eisenlohr an AA.
87 Ebenda, Dok. 515, S. 658, Toussaint/Hencke an AA und OKW.

Funktionäre oder von der SdP gestellte Selbstverwaltungsorgane sowie die Einsetzung und Ausübung der Polizeiexekutive durch den FS. Beide rechtfertigen vollauf die Charakterisierung als bewaffneten Aufstand.

Ein zweites spezifisches Moment dieses Aufstandes ist seine Zersplitterung, er bestand aus zahlreichen gleichzeitigen und gleichartigen Putschversuchen in vielen Orten. Nach der koordinierenden Vorbereitung gab es während des Aufstandes selbst über die Kreisebenen hinaus kein funktionsfähiges Zentrum.

Als die SdP-Führung aus Nürnberg nach Asch zurückkehrte, konnte sie eine solche Rolle auch nicht mehr erfüllen. Der Putschversuch setzte daher an die Stelle der angegriffenen, gestürzten oder einfach nicht mehr respektierten Staatsorgane keine alternativen zentralen Staatsorgane und auch keine einheitlich geführten bewaffneten Kräfte. Die nach Nürnberg abgereiste SdP-Spitze hatte im Gegenteil alles unternommen, um Korrekturen ihres provokatorischen Kurses unmöglich zu machen: Nach der Abreise Henleins und Franks führte Kundt faktisch die SdP. Er hatte von Frank alle Befugnisse erhalten, jedoch mit der bezeichnenden Ausnahme, den Organisationen der SdP Instruktionen zu erteilen.

Der mißglückte Putschversuch und die Verhängung des Standrechtes über die Grenzbezirke erfüllten genau jene Funktion, die Hitler den vorbereiteten Zwischenfällen zuerkannte: Sie spitzten die Lage in den Grenzgebieten außerordentlich zu, die ČSR-Sicherheitsorgane waren zum Waffengebrauch gezwungen, es gab zahlreiche Todesopfer. Für die Nazipropaganda „bewiesen" diese Ereignisse nicht nur die „Blutrünstigkeit" und „Mordlust" der „hussitisch-bolschewistischen Soldateska", sondern vor allem die Unmöglichkeit einer Lösung im Rahmen der ČSR, deren vorsätzliche Zerschlagung auf diese Weise begründet erschien. Weiterhin diente der Putschversuch Hitler dazu, der britischen Regierung die Initiative zuzuschieben. Tatsächlich entschied sich Chamberlain für seinen Plan Z als Alternative zur gescheiterten Runciman-Mission und reiste zu Hitler, um über den Kopf der ČSR hinweg die von Runciman vorgeschlagene „Lösung" in die Wege zu leiten.[88]

Wenn jedoch die sudetendeutschen Faschisten glaubten, die Wehrmacht werde ihren Aktionen nun unmittelbar zu Hilfe eilen, so sahen sie sich getäuscht. Hitler ging es nicht um eine „Selbstbefreiung" des Sudetenlandes, sondern um die militärische Zerschlagung der ČSR. Er wollte allein festlegen, wann der militärische Einmarsch erfolgen sollte und sich diese Entscheidung nicht von den Handlangern seiner Fünften Kolonne aufnötigen lassen. Diese hatten sich jedoch an ihre gewohnte Taktik der Provokation der Sicherungskräfte gehalten. Geleitet von der angeordneten Bereitschaft, verstanden sie die Rede Hitlers als Funken in das Pulverfaß. Getragen vom fanatisierten Nationalismus dieser faschistischen Massenbewegung, war die aggressive Gewalttätigkeit vieler selbständig handelnder Terrorformationen — die überdies oft von einzelnen faschistischen Dienststellen des Reiches außerhalb der Kontrolle der SdP gesteuert wurden — kaum überall zu kontrollieren. Hitler ging es um eine ständige Steigerung der Spannungen, des Chaos und der Zerstörung der staatlichen Ordnung der ČSR, doch mit der Durchsetzung des Standrechtes war diese Ordnung erst einmal gefestigt.

Der gescheiterte Aufstand der SdP, ihr erfolgloses Ultimatum an die Prager Regierung, ihr endgültiger Abbruch aller Verhandlungen mit der Prager Regierung und vor allem Henleins Aufrufe zur Gewaltanwendung gegen die staatliche Ordnung der ČSR und zur Auflösung der territorialen Einheit dieses Staates durch Anschluß des Sudetenlandes an

88 *Král*, Plan Z, S. 157 ff.

Deutschland machten der Prager Regierung weitere von ihr erwogene Zugeständnisse an die Faschisten unmöglich. Sie konnte weder das Standrecht aufheben noch seine Exekutoren zurückziehen, solange die SdP nicht auf die Gewalt gegen die Staatsmacht verzichtete. Henleins Aufruf, die staatliche Einheit der ČSR aufzulösen, zwang die Regierung, die SdP zu verbieten. Die Kämpfe vom 12. bis 17. September hatten 27 Todesopfer, davon elf deutsche, gefordert.

Die Niederlage des bewaffneten Aufstandes wurde so zu einer schweren politischen Niederlage der SdP, die nicht nur ihre Wirkungsbedingungen, sondern ihre politische Tätigkeit und Existenz überhaupt in Frage stellte. Nach der Selbstauflösung der Prager Zentrale der SdP, nach der Liquidierung ihres Zentralorgans „Die Zeit" und nach der Flucht der SdP-Führung aus Asch nach Selb in Bayern wurde die SdP innerhalb der ČSR als Partei weitgehend funktionsunfähig. Nicht nur das Abreißen der Nachrichtenverbindungen und die Bestimmungen des Standrechtes führten dazu, sondern auch die Massenflucht von Funktionären und Mitgliedern der SdP und ihres Freiwilligen Schutzdienstes mit Familienangehörigen. Nur in wenigen Bezirken blieb der Stamm der Funktionäre der SdP in der ČSR. Hinzu kam die Enttäuschung zahlreicher Sudetendeutscher über die nicht geheimzuhaltende Flucht Henleins und der SdP-Führung. Viele Mitglieder der SdP fühlten sich von ihrer Führung verlassen. Henleins Aufruf vom 15. September fand nicht im entferntesten dasselbe Echo wie Hitlers Rede drei Tage zuvor. Von einer Reihe SdP-Abgeordneter wurde er abgelehnt. Zu einer Aktivierung der SdP als Partei führte er nicht.

Wenn der deutsche Geschäftsträger in Prag am 17. September dem AA telegrafierte: „Nach Auffassung Tschechen ist Aufstandsversuch SdP durch Versagen Führung zusammengebrochen und ernste Spaltung in sudetendeutsche Bewegung hineingetragen",[89] so drückt sich in dieser partiellen Überbewertung der Krise der SdP doch auch die Besorgnis über den Verlust dieses gesteuerten Diversionsinstrumentes an Wirkungsfähigkeit innerhalb der ČSR aus.

b. Terrorakte des SFK

Um eine Handhabe für eine militärische Zerschlagung der ČSR zu gewinnen, war Hitler nach dem Berchtesgadener Treffen nicht an einer Beruhigung, sondern an steuerbaren Möglichkeiten zur Verschärfung der Situation im sudetendeutschen Grenzgebiet der ČSR interessiert. Dort jedoch hatten faschistischer Terror und Mord, hatten Überfälle und Sabotage ein Ende gefunden. Die verbliebenen SdP-Mitglieder wagten oder wollten keine Provokationen, die K-Gruppen der Abwehr verblieben in der Konspiration. Da die geforderten Zusammenstöße innerhalb der ČSR von der SdP nicht mehr zu organisieren waren, sollten sie nun von außen hineingetragen werden. Hitlers Absicht, durch eine paramilitärische Terrorgruppe ein steuerbares Druckmittel für weitere außenpolitische Verhandlungen bei der Hand zu haben, die die Spannung im Grenzgebiet aufrechterhalten und gewünschte Vorwände für ein militärisches Eingreifen zum Zeitpunkt seiner Wahl selbst schaffen würde, traf sich mit dem Wunsch der SdP-Führung, ihren Funktionsverlust als Diversionsinstrument auszugleichen und durch ein ihr unterstehendes Freikorps und dessen Aktionen über die Grenze hinweg die „Stimmung unter der deutschen Bevölkerung innerhalb der Tschechoslowakei zu heben."[90]

---

89 *ADAP*, Serie D, Bd. II, Dok. 518, S. 660, Hencke an AA.
90 Ebenda, Dok. 520, S. 661, Hencke an AA, 17. 9. 1938.

Am 17. September befahl Hitler die Einstellung der wehrtauglichen sudetendeutschen Flüchtlinge in gesonderte bewaffnete Einheiten, während Henlein im deutschen Rundfunk den zuvor von Hitler gebilligten Aufruf verlas: Beim „Kampf um die Befreiung der Heimat" sei das Bemühen der friedliebenden Sudetendeutschen „am unversöhnlichen Vernichtungswillen der tschechischen Machthaber gescheitert". Beneš sei mit seiner Politik am Ende, er „sieht seine letzte Hoffnung in einer europäischen Katastrophe". Beneš lasse „im vollen Bewußtsein der Folgen bolschewistisch-hussitische Horden in den Uniformen und in Gestalt der haßerfüllten tschechischen Soldateska auf das wehrlose Sudetendeutschtum los ... Der äußerste Notstand ist gegeben. Wir nehmen das zu allen Zeiten geübte Notrecht der Völker für uns in Anspruch, wenn wir zu den Waffen greifen und das Sudetendeutsche Freikorps errichten."[91]

Ab 18. September wurde aus den zahlreichen sudetendeutschen Flüchtlingen das SFK aufgestellt. Seine Kompanien und Bataillone erhielten Standorte entlang der mehr als 2000 km langen Grenze Deutschlands zur ČSR. Das SFK gliederte sich in vier Gruppen, deren Kommandos in Wien, Bayreuth, Dresden und Breslau saßen. Dem SFK strömten zahlreiche Freiwillige zu. Am 22. September belief sich seine Stärke auf 26 000 Mann, am 1. Oktober standen 40 000 Mann auf den Verpflegungslisten. Das Freikorps wurde nach dem Muster der SA aufgebaut, die auch die Ausbilder stellte und Ausrüstung, Verpflegung und finanzielle Unterstützung lieferte. Die Bewaffnung nahm das Heer aus österreichischen Beutebeständen vor, bei seiner Auflösung war das SFK zu etwa 50 bis 60 Prozent bewaffnet. Weitere Geldmittel kamen von der Abwehr. Der Stab des SFK ließ sich in Schloß Donndorf nieder.

Oberstleutnant Köchling wurde von Hitler zum Verbindungsoffizier des OKW beim Kommando des SFK bestimmt. Er notierte als von Hitler bestimmte Kampfaufgabe: „In den Untereinheiten des Freikorps sind Terrorgruppen zu bilden, die ständige Beunruhigung im sudetendeutschen Grenzgebiet hervorrufen. Größere Aktionen ordnet der Führer selbst über OKW an."[92] Offiziell sollte das SFK dem Schutz der Sudetendeutschen dienen, deshalb mußte seine wirkliche Aufgabe — „dauerndes Beunruhigen längs der gesamten Front ... Durchführung in Form von kleinen Unternehmungen gegen tschechische Postierungen, Wachhäuser usw."[93] — nach außen verschwiegen werden.

Nach vorherigen Einzelaktionen begannen in der Nacht vom 19. zum 20. September die 10 000 bis 15 000 Angehörigen des Freikorps mit Feuerüberfällen auf Zollämter und Grenzwachen, Posten und öffentliche Gebäude in der ČSR. Sie wurden in den folgenden Nächten entlang der gesamten deutsch-tschechoslowakischen Grenze fortgesetzt. Die SFK-Terroristen mordeten und brandschatzten, verschleppten Zoll- und Grenzbeamte wie sudetendeutsche Kommunisten als Geiseln über die Grenze.

Als Angehörige des SFK begingen die Reservisten der ČSR-Armee ebenso wie die einberufenen, aber geflohenen Wehrpflichtigen nicht nur Desertion und Landesverrat, sondern mit ihren bewaffneten Angriffen auf die Grenzen, die Staatsmacht, die Polizei und die Armee der ČSR Hochverrat — denn sie blieben auch im SFK Bürger der ČSR. Ohne formell den militärischen Kräften Deutschlands integriert zu werden — den SA-Ausbildern war der Grenzübertritt z. B. untersagt — operierte das SFK unter Kontrolle des Heeres und war offiziell dessen Generalkommandos unterstellt. Die Exilregierung der ČSR be-

91 *VB*, Norddeutsche Ausgabe, 19. September 1938, S. 1.
92 Zit. nach *Martin Broszat*, Das Sudetendeutsche Freikorps, in: *VfZ*, 1/1961, S. 38.
93 *IMG*, Bd. 36, Dok. 366-EC, S. 357.

trachtete daher später den 17. September 1938 als den Tag, an dem mit der Bildung des SFK der Kriegszustand zwischen Deutschland und der ČSR begonnen hat.

Der Grenzübertritt von jeweils Hunderten Freischärlern führte zu diplomatischen Verwicklungen und beeinträchtigte den außenpolitischen Handlungsspielraum Hitlers, wollte er doch, daß die Westmächte die ČSR zur Kapitulation zwängen. Er störte auch die militärischen Planungen und den Aufmarsch der Wehrmacht, denn die selbstherrlichen Kommandanten der Freikorpsgruppen waren wenig geneigt, sich den jeweiligen Generalkommandos unterzuordnen. Zunächst hatte Hitler eine intensive Kampftätigkeit im Grenzgebiet gefordert. Die Stoßtruppunternehmen auf Wachämter, Patrouillen und militärische Einrichtungen, die Gefangennahme tschechischer Soldaten wie Zivilisten, die Ausmaße des nächtlichen Grenzübertritts wie der Umfang der Gefechte und die Zahl der Toten stiegen so an, daß Hitler auf Druck der Heeresführung eine Reduzierung der Aktionen anordnete. Doch die wirkliche Einschränkung dieses Mord- und Plünderungsfeldzuges erfolgte aus einem anderen Grunde: Hatten die SFK-Terroristen zunächst nur mit den gering bewaffneten und zahlenmäßig schwachen Grenz- und Polizeikräften der ČSR zu rechnen, so führte der Einsatz des Freikorps zu Truppenverstärkungen und -verlegungen in der ČSR. Nach der Generalmobilmachung standen den Freikorpsgruppen militärische Gegner gegenüber, denen sie nicht mehr gewachsen waren.

In der letzten Septemberwoche trat das SFK in dem Maße in den Hintergrund, wie die Gefahr des militärischen Angriffs zunahm. Die Unfähigkeit des Stabes, die Aktionen der Kommandeure der SFK-Gruppen zu lenken, die Widersprüchlichkeit in der SdP-Führung selbst, aber auch die Unglaubwürdigkeit der Terrorbanden als „Schutzorganisation" der Sudetendeutschen führten in Verbindung mit den Zwistigkeiten des SFK mit dem Heer als ihm übergeordneter Instanz dazu, daß sich das zunehmend demoralisierte Freikorps tendenziell in selbstherrliche Gruppen auflöste. Seine Aktionen und seine Bedeutung gingen rapide zurück.[94]

Obwohl dem SFK von der faschistischen Führung als Diversionsinstrument eine erstrangige Rolle zugeordnet wurde, so daß es die vorbereiteten K-Gruppen der Abwehr in deren Funktion praktisch ablöste — sehr zum Bedauern der Abwehr, die ihr Diversionsinstrument nutzlos beiseite geschoben sah[95] —, blieb sein Versuch, eine eigenständige Rolle zu spielen und aus der des gesteuerten Instruments herauszutreten, eine folgenlose Episode: Als nach der Annahme der Londoner Vorschläge durch die Prager Regierung Gruppen des Freikorps gemeinsam mit SS, SA und anderen Kräften ab 21. September die von der ČSR-Armee geräumten Zipfel von Asch, Schluckenau und Jauernig besetzten und nach Eger vordrangen und tschechische Polizeikommandos gewaltsam entwaffneten, versuchte das SFK, wenigstens hier seinen Anspruch durchzusetzen — als eine Art Hausherr —, als Schutztruppe eigene Machtorgane auszubilden.[96] Dies führte in Jauernig sofort zu einem scharfen Konflikt mit der Abwehr, die dort durch ihre K-Organisation die Macht ergriffen hatte.[97]

---

94 Vgl. *Broszat*, S. 45; *Biman/Cilek*, S. 191 ff.

95 *Groscurth:* „Es wird . . . bewußt auf die K-Verbände verzichtet." S. 118.

96 Ein Versuch der Machtübernahme, wie er während des Aufstandes vom 12. bis 17. September stattgefunden hatte, wiederholte sich nach dem Bekanntwerden der Kapitulation der Prager Regierung vor den „Londoner Empfehlungen" am 21./22. September in zahlreichen Orten des Grenzgebietes. Angesichts der Verunsicherung zahlreicher Beamter der ČSR gegenüber dieser Entscheidung ihrer Regierung dominierten in der Taktik der SdP-Funktionäre bei der Übernahme der öffentlichen Gewalt nicht so sehr die Massendemonstration und der bewaffnete Überfall als die Verdrängung bzw. Abschiebung von

Mit dem unmittelbar bevorstehenden Einmarsch wurde das SFK als Diversions-instrument überflüssig. Es wurde Himmler unterstellt und durfte nicht am Einmarsch der Wehrmacht teilnehmen, sondern sollte „wie die übrigen Polizeikräfte" nachgezogen werden.[98] Noch bevor das SFK zum 10. Oktober von Henlein offiziell aufgelöst wurde, hatte es sich schon selbst weitgehend aufgelöst. Vom Heer nicht mehr versorgt, fiel es auseinander. Seine wichtigsten Kommandeure und ein größerer Teil der Mitglieder wurden von der SS übernommen.

Wie Köchling in seinem Abschlußbericht über die Tätigkeit des SFK zusammen-faßte, ermordeten die SFK-Terroristen bis zum 1. Oktober 110 Menschen, verwundeten 50 und verschleppten 2029 Bürger der ČSR als „Gefangene" nach Deutschland. Die in 38 Bataillonen erfaßten rund 34000 Freikorpsmänner führten 164 „gelungene Aktionen" sowie 75 erfolglose durch, bei denen 52 von ihnen fielen und 65 verwundet wurden. Die „große Menge an Beute" bestand vor allem aus Waffen und geraubten Fahrzeugen.[99]

c. Funktionen der SdP bei der Zerschlagung der ČSR

Unter den Waffen Hitlerdeutschlands, die in der forcierten antitschechoslowakischen Kam-pagne zur Vorbereitung der militärischen Zerschlagung der ČSR eingesetzt wurden — Sicherheitsdienst, Abwehr, Wehrmacht, Auswärtiges Amt, Presse/Rundfunk u. a. —, hatte die SdP eine einzigartige, eine Schlüsselstellung. Ihre Tätigkeit konnte sich in bezug auf die beeinflußten Kräfte, auf Wirksamkeit, Schlagkraft und politisches Gewicht zwar nicht mit anderen der genannten messen. Doch ihre Spezifik als legale Organisation einer nationalen Minderheit innerhalb der ČSR, die sozial verwurzelt war und Massen-einfluß erlangte, machte sie für die Ziele der Hitlerregierung einzigartig und unersetzlich. Und sie konnte ihre Funktion für die geplante Aggression nur wirkungsvoll erfüllen, wenn sie diese Spezifik bewahrte und entfaltete. Nur sie konnte das Vormachtstreben des deut-schen Imperialismus, die Absicht, seinen kleineren Nachbarn vollständig zu verschlingen, eine Zeitlang als inneren Konflikt dieses Nachbarn, als Kampf um die Durchsetzung natio-naler Lebensinteressen tarnen.

Die Tätigkeit der SdP als Funktion der Kriegspolitik soll versuchsweise unter vier Aspekten skizziert werden. Zunächst geht es um die Aufgaben, die sie in bezug auf die

Polizei/Gendarmerie aus dem Grenzgebiet und ihre Ersetzung durch den FS. Während sich in den vom SFK sukzessive besetzten und ausgebauten Zipfeln die SdP-Machtorgane mehr oder weniger bis zur Besetzung durch die Wehrmacht stabilisierten, stellte die Armee der ČSR nach der Generalmobil-machung in den anderen Orten die verfassungsmäßige Ordnung wieder her. Broszat unterstreicht die unmittelbare Funktion der Besetzungen vom 21./22. für Hitlers Taktik in Godesberg, *Broszat*, S. 43ff.

97 *Groscurth*, S. 126, Fußnote 132.

98 *IMG*, Bd. 25, Dok. PS-380, S. 490. Tatsächlich wurde nur ein geringer Teil der SFK-Angehörigen in die Ordnungspolizei übernommen und noch vor dem Einmarsch aus dem SFK ausgegliedert. Die meisten Bataillone marschierten auf Nebenstraßen — denn die Hauptstraßen waren der Wehrmacht vorbehalten — nach der Wehrmacht in ihre Abrüstungsstandorte im nunmehr annektierten Grenzgebiet und wurden dort aufgelöst.

99 *IMG*, Bd. 36, Dok. EC-366. Erheblich höhere Zahlen — 260 erfolgreiche Aktionen — trug Frank am 25. September Hitler vor, um der Bitte nach mehr Waffen und Ausrüstung Nachdruck zu verleihen. Noch höhere — nämlich 300 — ließ das Kommando des SFK am 26. September in allen Einheiten des SFK beim Appell bekanntgeben. VHA, SFK II, Karton 8.

Ziele der Hitlerregierung funktional erfüllte, sodann um die Aufgaben gegenüber drei wesentlichen Adressaten dieser Politik, die sich aus ihrer Funktion gegenüber ersteren ergaben.

Für das Ziel der Hitlerregierung, die ČSR militärisch zu zerschlagen, erfüllte die *Diversionstätigkeit* der SdP vor allem die *folgenden Aufgaben*:

— Sie hatte den *Konflikt* zwischen dem Aggressionsziel des deutschen Imperialismus und den Lebensinteressen der Tschechoslowakei *als einen rein innerstaatlichen Konflikt vorzustellen.* Sie mußte daher *formal eigenständig* handeln, eigene Forderungen vertreten, die *den Rahmen des ČSR-Staatsverbandes nicht sprengen durften.* Denn sie konnte diese Aufgabe nur dann und nur so lange erfüllen, wie weder das Ziel der Vernichtung dieses Staates noch der deutsche Faschismus als entscheidende Triebkraft offiziell in Erscheinung traten. Aber auch, als beides nach Hitlers Nürnberger Rede und Henleins Aufruf „Wir wollen heim ins Reich!" nicht mehr möglich war, erfüllten die Terrorbanden der SdP noch *immer die Funktion, die Zwischenfälle und Gewalttätigkeiten,* Überfälle und Mordtaten *als innere Auseinandersetzung erscheinen zu lassen.*

— Sie hatte die Zerstörung der ČSR auch unter dem Aspekt als inneren Konflikt zu organisieren, daß sie *mit den Vertretern anderer Minderheiten nicht nur kooperieren, sondern diese dabei möglichst zur Einordnung in die faschistische Stoßrichtung führen sollte.*

— Sie hatte *Verständnis* und *Unterstützung für ihre Politik* der Verfechtung nationaler Lebensinteressen *bei den Westmächten,* vor allem *bei Großbritannien* zu erwerben, einmal um den Anschein eigenständiger Politik zu verstärken, zweitens um die internationale Position der Prager Regierung zu schwächen und drittens um *den angeblich inneren Konflikt schließlich als europäischen darzustellen,* damit der faschistische Aggressor nicht als alleiniger und entscheidender Gegner der ČSR erscheine.

— Um der Hitlerregierung die erforderlichen Vorwände für ihre außenpolitischen Handlungen zu liefern, hatte die SdP zum gewünschten Zeitpunkt — sei es Nürnberger Parteitag, Berchtesgaden oder Godesberg — die *entsprechenden Tatsachen zu produzieren: Zwischenfälle, Terrorakte etc.* Den Konflikt mit den Staatsbehörden hatte sie *nach Maßgabe der Planung „Grün"* so zu verschärfen, daß Zuspitzung und Spannung zu vorgesehenen Terminen *Anlässe zum militärischen Eingreifen* lieferten.

— *Als Schlagzeilenlieferant* der demagogischen Parteinahme der Hitlerregierung und ihrer Presse für die angeblich unterdrückte, ebenso elende wie ausweglose Lage der Sudetendeutschen hatte die SdP zunächst *Polizeieingriffe zu provozieren* wie später eine *Fluchtbewegung* vor den selbst herbeigeführten Gewalttätigkeiten zu organisieren.

— Die Tätigkeit der SdP als *scheinbar selbständige,* innere politische Kraft der ČSR vereinte *stets zwei Momente* einer Erscheinung: Ihre Terroraktionen zielten auf *Schwächung, Zermürbung* und Zerstörung des Staates, im *Kriegsfall auf eigenen militärischen und Sabotageeinsatz. Gleichzeitig* täuschte sie die Rolle des *verfolgten Opfers* vor, dessen Interessen unterdrückt, ja vergewaltigt würden.

— Die Taktik der SdP war so gewählt, daß im *Wechselspiel von Scheinverhandlungen* und *Terrorakten* eine *wirkliche Lösung* der Nationalitätenprobleme durch die Regierung *unmöglich gemacht* würde, gleichzeitig aber die Regierung als Schuldiger für jede Zuspitzung bloßgestellt und innen- wie außenpolitisch isoliert würde.

Mit der öffentlichen wie geheimen Tätigkeit dieser Fünften Kolonne verbanden sich Risiken und Nachteile, die unmittelbar aus dem Vorteil der direkten Regulierung einer unmittelbar selbständigen Organisation — welche den Steuerungsmechanismus weitgehend verdeckt ließ — erwuchsen: einmal die *stets latente Orientierung an den eigenen*, unmittelbaren Interessen, zum anderen die *Verselbständigung eingeübter Taktiken zum nicht erwünschten Zeitpunkt*, besonders z. B. beim Aufstand nach der Hitlerrede.

Die Aufgaben der SdP als Diversionsinstrument *konkretisierten sich*

1. *gegenüber der Prager Regierung*:
— Hier hatte die SdP durch ihre offiziellen Forderungen die Handlungsfähigkeit der Regierung einzuschränken, die Überwindung der innenpolitischen Probleme zu verzögern und zu verhindern, indem sie einmal zugespitzt, gleichzeitig aber ihre Lösungsmöglichkeiten blockiert wurden, wobei die *Regierung durch Scheinverhandlungen zu binden war.*
— Durch Terroraktionen sollte der *Widerstand der Antifaschisten* gebrochen oder zermürbt, die Administration eingeschüchtert und gelähmt werden. Die aktive Zerstörung des tschechoslowakischen Staates reichte von der Mißachtung und Sabotage seiner Administration über die Entwaffnung der Polizei, den bewaffneten Angriff auf Machtorgane und deren Internierung *bis zur Schaffung eigener Machtorgane.*
— Die Regierung sollte durch koordinierten Druck zu Zugeständnissen gezwungen, gleichzeitig aber *jede Chance einer Lösung* durch Terroraktionen, die Gewalteinsatz provozieren sollten, *blockiert werden*. Zum Zweck des Verhandlungsabbruchs organisierte die SdP Gewaltaktionen, sobald der Eindruck einer Lösungsmöglichkeit oder der Kompromißbereitschaft der Prager Regierung entstehen könnte.

2. *gegenüber der deutschen Bevölkerung in der ČSR*:[100]
— Die nächste Aufgabe war die Entwicklung einer Massenbasis als Legitimation der eigenen Forderungen.
— Unter dieser Voraussetzung hatte die SdP die Aufgabe, möglichst die gesamte deutsche Minderheit auf der politischen Plattform des Faschismus zu vereinen und einen möglichst großen Teil auch *organisatorisch als Fünfte Kolonne* zu binden. Die Zustimmung zu den faschistischen Forderungen sollte als Massenaktivität organisiert und demonstriert werden, um zugleich jede Forderung und jede Aktivität der SdP mit dieser *Scheinlegitimität* zu versehen.
— Die Formierung *terroristischer Kampfgruppen* aus der deutschen Minderheit und ihr Einsatz gegen alle Antifaschisten und gegen zivile wie bewaffnete Organe des Staates, für Sabotageakte wie schließlich Grenzüberfälle wurde sogar nach dem Verlust legaler politischer Betätigungsmöglichkeiten zur *zeitweise dominierenden Diversionsform.*
— Dazu zählt auch die *Organisation und Sicherung einer Massenflucht*, indem Übergangspunkte bewaffnet kontrolliert wurden.
— Die SdP sollte nicht nur die deutsche Minderheit politisch und organisatorisch zur Speerspitze gegen die bürgerliche Demokratie der ČSR formieren, sondern dabei auch eine *Haßpsychose gegen die Tschechen und ihren Staat erzeugen*, die auf Vernichtung zielte, jede Gewalttätigkeit rechtfertigte und unmittelbar bei Einsätzen der Freikorps wie im Falle des Krieges in unversöhnliche, terroristische Gewalt umschlagen sollte.

---

100 Gegenüber der Bevölkerung in Deutschland selbst hatte die Diversionstätigkeit der SdP vor allem die Funktion, den imperialistischen Nationalismus als „gerechte Hilfeleistung" für die von Not und Verfolgung gepeinigten „Volksgenossen" erscheinen zu lassen. Diese „Veredlung" des militanten Imperialismus und seiner Raubgier sollte durch das Gefühl der Solidarität erfolgen, die gleichzeitig Ausdruck und Bestätigung „tätiger Volksgemeinschaft" sei.

3. gegenüber den Westmächten:

— Hier hatte die SdP mit ihren Forderungen vom Stand der deutschen Aggressionsvorbereitungen abzulenken und diese, solange es ging, dadurch zu verdecken, daß ihre Forderungen wie ihre Gewaltakte, ihre zum Konflikt eskalierenden Zuspitzungen wie ihre Propagandaangriffe so laut und schrill vorgetragen wurden, daß sie im Zentrum der Aufmerksamkeit der Regierungen wie der Presse standen. Jede Vermutung über Hitlerdeutschland als treibende und lenkende Kraft der sudetendeutschen Forderungen sollte ausgeblendet werden.

— Die Bemühungen der Prager Regierung um die Lösung der Nationalitätenprobleme sollten vor dem westlichen Ausland diskreditiert werden. Ihr sollte die alleinige Schuld am bisherigen Scheitern aller Verhandlungen zugeschoben werden, woran zweitens ihre Unfähigkeit wie ihr Unwillen zu solcher Lösung demonstriert wurde; drittens war die Unlösbarkeit dieser Probleme im Rahmen des Staatsverbandes der ČSR — und damit die Abtretung als einzige Konsequenz — zu suggerieren.

— Die Bloßstellung der Prager Regierung bei den Westmächten richtete sich darauf, massiv ihre Zuverlässigkeit und ihre Glaubwürdigkeit in Zweifel zu setzen, damit den Westmächten der Wert dieses Bündnispartners, der seine inneren Probleme nicht lösen könne und mit seinen ständigen Konflikten mit seinen Minderheiten lästig falle, so gering erscheine, daß es sich nicht verlohne, um seinetwegen militärische Verpflichtungen auf sich zu nehmen. Diese auf Isolierung zielende Bloßstellung der Prager Regierung erfolgte zudem auf der Basis des Antikommunismus, der die Westmächte von der ČSR als dem „Einfallstor des Bolschewismus nach Europa" abrücken lassen sollte.

4. Faschistische Mediendiversion im Instrumentarium psychologischer Kriegführung

a. Funktionen des „Propagandakrieges" der Hitlerfaschisten zur Zerschlagung der ČSR

Presse und Rundfunk des faschistischen Deutschland spielten eine höchst aktive und wichtige Rolle bei der Eskalation der Aggressivität der sudetendeutschen Faschisten, bei der Einschüchterung und Beeinflussung sowohl der ČSR als auch der Westmächte, bei der Schürung einer Haßpsychose bei der deutschen Bevölkerung auf beiden Seiten der Grenze sowie später einer Flucht- und Panikstimmung unter der sudetendeutschen Bevölkerung. Nun begann die Hetze der faschistischen deutschen Presse nicht erst im Jahre 1938, sondern sie hatte zu diesem Zeitpunkt bereits einige Kampagnen unterschiedlicher Dauer und Intensität hinter sich. So bildet die zentral regulierte Presse- und Rundfunkhetze von März bis September 1938 auch nur eine, wenn auch entscheidende Phase im jahrelangen Hetzfeldzug Hitlerdeutschlands gegen seinen demokratischen Nachbarn.

Presse und Rundfunk waren in dieser Zeitspanne strategisch wie tagespolitisch-taktisch streng den außen- und militärpolitischen Aggressionsplanungen untergeordnet, unbeschadet dessen, daß sich gerade die rabiatesten Naziblätter manchmal nicht so sehr an die vorgegebene Regelung hielten. Ihre Funktion wurde von den eigenen Vertretern dieser Presse klar gesehen: „Der publizistische Kampf um Österreich ist . . . von der Propagandaführung gleichsam als das Schulbeispiel zur Vorbereitung weiterer außenpolitischer Aktionen des Dritten Reiches betrachtet worden".[101]

---

101 *Körner*, S. 239.

Mindestens bis zum 27. September war Hitler zur militärischen Zerschlagung der ČSR entschlossen, auch, wie er am 13. September zu Henlein sagte, weil „er ... eine Bewährungsprobe für seine junge Wehrmacht" brauche.[102] Diesem Ziel war die propagandistische Kriegführung bis zum Tag der Münchener Konferenz konsequent untergeordnet. Seit Mitte September hatten Meldungen über die Unerträglichkeit, die Drangsalierung und das Elend der Sudetendeutschen, über den Terror und die „tschechische Mordwut" an jedem Tag den Spitzenplatz aller Berichte einzunehmen und mußten mit Balkenüberschriften herausgestellt werden.

An die Überfälle, Schießereien und andere Gewalttaten der sudetendeutschen Faschisten wurde dabei auf mehrfache Weise angeknüpft. Zunächst wurden tatsächliche Zwischenfälle riesengroß aufgebauscht und nach bestimmten Stereotypen interpretiert: Die Provokation ging stets von tschechoslowakischer Seite aus, vor allem von Kommunisten, Soldaten oder Polizisten. Die sudetendeutschen Demonstranten dagegen verhielten sich immer diszipliniert. Da weder über den Versuch staatlicher Machtübernahme noch über die grenzübergreifenden Angriffe des SFK berichtet werden durfte, wurden diese Aktionen generell den Tschechen untergeschoben. Sie hätten Angriffe auf Objekte innerhalb der deutschen Grenzen verübt.

Die mit unterschiedlicher Intensität seit März 1938 geführte Hetzkampagne wurde nach dem Nürnberger Parteitag explosionsartig gesteigert. Je nach ihren Adressaten erfüllte sie unterschiedliche Funktionen, die auch nach Situation wechseln konnten. Dabei gibt es eine weitgehende, aber nicht völlige Gleichartigkeit der Aufgaben von SdP einerseits und von Presse und Rundfunk Deutschlands andererseits.

Zunächst sollen *Funktionen der Presse* für die *Außenpolitik* der Hitlerregierung und *anschließend* ihre daraus folgenden *Aufgaben gegenüber konkreten Adressaten* skizziert werden. Bezogen auf die politische Kampagne zur Zerstörung der ČSR war der faschistischen deutschen Presse vor allem aufgetragen:

— Die Berichterstattung über die Zuspitzung des Konflikts der SdP mit der Prager Regierung hatte zunächst von der Position der engen Verbundenheit einer politisch nicht direkt betroffenen Beobachterin der inneren Auseinandersetzungen mit der deutschen Volksgruppe zu erfolgen. Daraus ergaben sich als Prioritäten: Programmatische Erörterungen von Lösungsvarianten waren zu meiden, einmal um nicht den Spielraum der Hitlerregierung einzuengen, zum anderen um keine Diskussionen über politische Lösungen in der Öffentlichkeit zuzulassen. Der Prager Regierung war die Verantwortung für jede Zuspitzung zuzuschreiben und die angebliche Disziplin der Sudetendeutschen zu betonen.

— Die Verhandlungen in der ČSR über ein Nationalitätenstatut wurden ebenso verschwiegen wie die Vorschläge der Prager Regierung. Die systematische Verfälschung der Prager Nationalitätenpolitik unterstellte ihr als Ziele:
1. planmäßige Tschechisierung der deutschen Gebiete
2. Unterdrückung der Sudetendeutschen durch tschechische Behörden
3. zielstrebiger wirtschaftlicher Ruin dieser Gebiete.
Die Presse hatte die Verfolgung dieser Ziele seit 1918 zu demonstrieren und zu folgern, daß aufgrund dieser Politik der Prager Regierung der Wille zur Verständigung fehlen müsse.

---

102 Zit. nach *Groscurth*, S. 117, Fußnote 89.

— Der von der Presse geschürte aggressive Antikommunismus wirkte als Druckmittel, die ČSR von ihrem Vertragspartner Sowjetunion zu lösen, gleichzeitig aber als Plattform eines gemeinsamen Diktats Deutschlands und der Westmächte. In der Presse wurden die antibolschewistischen Stereotype mit der einzigen Veränderung übernommen, daß es statt „bolschewistisch" nun „tschechisch" hieß.   •

— Die Presse hatte die Aufgabe, jede Entspannung der Situation und jede sich abzeichnende Verhandlungslösung zu torpedieren. Die Amalgamierung der Antitschechenhetze mit dem Naziantibolschewismus steigerte ihre Meldungen über angebliche tschechischen Terror immer dann, wenn durch Zugeständnisse der ČSR oder Verhandlungen mit Chamberlain der Kurs auf den Krieg durchkreuzt zu werden drohte. Insofern war die Pressehetze ebenso wie die terroristische Tätigkeit der SdP ein spezifisches Instrument des Kriegskurses Hitlers.

— Größe und Schärfe der Anklagen über Mißhandlungen und Unterdrückungen, über Unrecht und Elend richteten sich nie nach dem Ausmaß der Vorkommnisse, sondern hatten nur der politischen Taktik zu dienen. So hatten die übertriebenen Fluchtmeldungen und ihre verlogenen Begründungen eine Massenflucht zu stimulieren. Aber nicht diese Stimulation war ihre Hauptfunktion, sondern die durch die Flucht demonstrierte Unerträglichkeit der Lage der sudetendeutschen Bevölkerung.

— Ganz wesentlich hatte die Presse die Prager Regierung nicht nur anzugreifen, sondern, bezogen auf die beabsichtigte Zerschlagung der ČSR, einen Scheinkonsens darüber vorzustellen, wie dieser Staat des Versailler Systems zu bewerten sei: als von vornherein verfehlt, überflüssig und schädlich; seine bloße Existenz sei eine Gefahr für den europäischen Frieden und seine auf Selbsterhaltung gerichtete Politik unverantwortliche Kriegstreiberei.

— Die Pressehetze hatte nicht nur zur Boykottierung der Verhandlungen beizutragen, sondern unterschwellig zu suggerieren, daß eine Lösung der Probleme innerhalb der ČSR überhaupt nicht möglich sei, auch wenn dies bis zum 17. September nicht explizit ausgesprochen werden durfte. Auf diesen Punkt waren alle Belege für die Unerträglichkeit der Lage der Sudetendeutschen zuzuspitzen.

Diese Aufgaben der Kriegsvorbereitung durch die Presse stellten sich spezifisch dar,

1. gegenüber den Westmächten:

— Die faschistische Presse zielte vor allem auf jene Träger der öffentlichen Meinung in Westeuropa, die einem Engagement ihrer Regierungen für die ČSR bereits ablehnend gegenüberstanden. Die Prager Regierung sollte als intransigent und als alleiniger Schuldiger an den Problemen ihrer Minderheiten und an der von den Faschisten provozierten Zuspitzung erscheinen. Auf der Basis des genannten Scheinkonsenses sollte diese Bewertung der Prager Regierung und ihrer Politik den Westmächten mittels des gemeinsamen Antisowjetismus eine Argumentationsbrücke bauen helfen, um sie einmal von ihren Garantieverpflichtungen abrücken zu lassen und sie zweitens zu noch stärkerem Druck zu veranlassen.

— Um die ČSR auch durch die Presse außenpolitisch zu isolieren, sollte der Eindruck vermittelt werden, „daß die wirtschaftliche, soziale, kulturelle und politische Situation der Sudetendeutschen so katastrophal und die Unterdrückung durch die Tschechen so unerträglich geworden sei, daß die Forderungen der SdP nach einer grundsätzlichen und baldigen Lösung von der Prager Regierung erfüllt werden müßten".[103]

---

103 *Schwarzenbeck*, S. 289.

— In Vorbereitung auf die Godesberger Gespräche Hitlers mit Chamberlain hatte die faschistische Presse Hitlers spätere Ablehnung der in Berchtesgaden abgesprochenen Lösung — deren Annahme durch die ČSR inzwischen erpreßt worden war — vorzubereiten. Dazu wurden in der Presse alle später von Hitler in Godesberg erhobenen Forderungen lautstark vertreten. Die Berichte über blutige Zwischenfälle, über Mißhandlungen und Unterdrückung, über das Elend der Flüchtlinge, aber auch über Chaos und Anarchie sowie den wachsenden Einfluß Moskaus in Prag überschlugen sich. Die ungarischen und polnischen Territorialforderungen verstärkend, schrie die faschistische Presse nach der Zerschlagung der ČSR.

— Gleichzeitig hatte die deutsche Presse zeitweise die Aufgabe, Chamberlains Stellung gegenüber der englischen Opposition zu stützen.

2. gegenüber der ČSR:

— Die Pressehetze sollte dazu beitragen, das Vertrauen der Prager Regierung wie der Bevölkerung in die Bündnistreue der Westmächte zu untergraben und zu zerstören.

— Parallel sollte durch systematische Falschmeldungen über Chaos und Anarchie, über das bevorstehende Auseinanderbrechen der ČSR, über Kursverfall der Währung und Liquiditätsschwierigkeiten oder über Lebensmittelverknappung Mißtrauen in die eigene Regierung geweckt und geschürt und Demoralisierung hervorgerufen werden.

— Die publizistische Unterstützung aller nationalen wie politischen Zwiespälte und innere Auflösungstendenzen sollte einen Auflösungsprozeß der ČSR fördern. Massive Lügen über das Auseinanderbrechen und über wachsende Anarchie sollten solchen gewünschten Prozessen Vorschub leisten, während die durch Kriegsdrohungen erzeugte Kriegsfurcht sowohl auf praktische Lähmung wie auf Demoralisierung abzielte.

— Die führenden Vertreter der ČSR sollten durch die Pressehetze nicht nur persönlich eingeschüchtert oder zermürbt, sondern auch im eigenen Land wie im Ausland diskreditiert und isoliert werden, um auch dadurch ihre Widerstandskraft zu schwächen.

— Meldungen über die Ohnmacht des Staates und seinen schwindenden Einfluß auf die Exekutivorgane sowie über die geheime Diktatur des Generalstabes sollten einen Keil zwischen Regierung und Polizei/Militär treiben, der durch die Unzufriedenheit vieler Angehöriger der Exekutivorgane mit der kapitulantenhaften Politik der Regierung genährt würde.

— Die faschistische Presse erhob das Problem der sudetendeutschen Minderheit zu einem „Weltproblem", um die Souveränität und Handlungskompetenz der Prager Regierung schon im Ansatz zu bestreiten. Damit sollte eine Lösung ohne und gegen die Prager Regierung nahegelegt werden.

3. gegenüber der deutschen Bevölkerung:

— Sowohl bei der deutschen Bevölkerung im Grenzgebiet der ČSR als auch in Deutschland wurde ein blinder und aggressiver Haß auf die „Tschechen" geschürt und genährt, der dann bei der geplanten Zerschlagung der ČSR gute Dienste leisten sollte, lieferte er doch schon vorher den Terroristen des SFK die Rechtfertigung und das gute Gewissen für die eigenen Gewalttaten. Zu diesem Zweck wurde zunächst das ganze tschechische Volk — erst mit Hitlers Sportpalastrede änderte sich das etwas — mit Eigenschaften versehen, die die Naziideologie vom Aktivismus der eigenen Terroristen abzog und einfach auf das Konto des tschechischen Volkscharakters setzte: „Unglaubliche Bestialitäten", „Mordlust und Haßpsychose", „fortgesetzte beispiellose Greuel der tschechischen Mordbanditen" rührten ganz einfach aus der „Minderwertigkeit" des tschechischen Volkes her.

Gegenüber der „Kulturnation der Sudetendeutschen" waren die tschechischen „Kultur-
barbaren" vertiert, grausam, primitiv, verlogen und feige.

— Parallel zur Erzeugung eines blind-emotionalen Tschechenhasses hatte die Presse
Sympathie und Solidaritätsgefühle für die sudetendeutsche Bevölkerung als eine in
Deutschland tatsächlich relativ wenig bekannte und fremde Gruppe zu wecken. Die
Solidarisierung umfaßte zwei unterschiedliche und phasenverschobene Momente. Das
erste war eine Machtdemonstration. Sie sollte die provokative Haltung bestärken, immer
neue Forderungen stellen lassen und durch heftigeren Widerstand gegen die Staatsgewalt
und Sabotage den Zerstörungsprozeß der ČSR vorantreiben. Diese Macht- und Solidaritätsbekundungen der deutschen Presse schlossen auch die anderen Minderheiten der
ČSR ein und sie wurden von der Betonung der politischen und militärischen Potenz
Deutschlands begleitet. Die Presse suggerierte der deutschen Bevölkerung eine Stärke
der deutschen Wehrmacht, die einen militärischen Konflikt zu keinem Risiko machen
würde.

Das zweite Moment der Solidaritätsbekundungen der Presse sollte Mitleid mit diesen
Menschen nicht um ihrer selbst willen wecken, sondern als „Märtyrer für das deutsche
Volkstum". Hatte die Presse vor dem September indirekte Angriffe bevorzugt, indem sie
„Elendsbilder" und „Lebensfragen" aufgriff — ohne den scheinbaren Beobachter-
standpunkt zu verlassen, so gab es seit Mitte September dieses Hemmnis nicht mehr.
Die Lage der Sudetendeutschen wurde als unerträgliche „Hölle" geschildert, in der sie
mit „hussitischem Haß und bolschewistischer Blutgier" unterdrückt würden. Presse,
Rundfunk und Wochenschau Deutschlands waren voll von Bildern und Berichten über
„das sudetendeutsche Flüchtlingselend" — das an die Stelle der vorherigen „Elendsbilder
aus dem Sudetenland" trat —, nachdem die Faschisten eine Fluchtpsychose inszeniert
hatten: „Seelisch und körperlich erschöpfte Sudetendeutsche, die tagelang in den Kel-
lern ihrer Häuser gesessen haben, weil draußen auf den Straßen der tschechische Terror
herrschte."[104]

Diese Propaganda konnte in zwei Hinsichten gar nicht blutrünstig genug sein: Einmal
in der „Mordwut" der „Terrorhorden der Tschechen", zum zweiten im Märtyrertum,
der Opferbereitschaft und Disziplin der unschuldigen Sudetendeutschen: „Kranke,
hochschwangere Frauen, kleine Kinder" sollten als diejenige Personengruppe herausgestellt werden, über deren angebliche Verfolgung und Drangsalierung Mitleid erregt,
vor allem aber Haß gegenüber ihren vorgeblichen Peinigern erzeugt werden sollte:
„Sie sind verhärmt und elend und haben ihr ganzes Hab und Gut im Stich lassen
müssen, um ihr nacktes Leben vor den bolschewistischen Terrorhorden der Tschechen
zu retten."[105]

— Da die Lügen des deutschen Rundfunks und der deutschen Presse von der sudetendeutschen Bevölkerung am leichtesten überprüft und durchschaut werden konnten,
nahm die Presselenkung durch das Propagandaministerium deren Verunsicherung und
Vertrauenskrise bewußt in Kauf, um andere kurzfristige Funktionen zu erfüllen, vor allem
die Erzeugung einer Angstpsychose und die Initiierung einer Massenflucht. Die Berichte
über angebliche Drangsalierungen als Fluchtgründe, die übertriebenen Flüchtlings-
zahlen veranlaßten auch zahlreiche nicht durch faschistischen Terror belastete Sudetendeutsche zur Flucht. Die nicht überprüfbaren Meldungen drängten vielfach auch Menschen jener Gebiete, in denen es bisher nicht zu bewaffneten Zwischenfällen gekommen

---

104 *Illustrierter Beobachter*, Berlin, 22. September 1938, S. 1379.
105 Ebenda.

war, dazu, über die Grenze zu fliehen. Andererseits diente die inszenierte Massenflucht als tägliches Demonstrationsobjekt für die vorgebliche Unerträglichkeit der Lebensbedingungen der Sudetendeutschen in der ČSR. Damit wurden die aufgestachelten und manipulierten Affekte unmittelbar vor ihrem geplanten Umschlagspunkt in militärische Gewalt noch einmal vervielfacht.

— Um das Debakel von Godesberg zu verschleiern, wurde die ČSR-Mobilmachung als „Friedenssabotage" angegriffen. Die Ankündigung der Kriegsbereitschaft der Westmächte für den Fall faschistischer Aggression wurde der deutschen Bevölkerung ebenso verschwiegen wie die ausländischen Reaktionen auf die deutsche Pressehetze. Die Presse hatte für den deutschen Leser den möglichen militärischen Konflikt ausschließlich auf Deutschland und die ČSR zu beschränken, entsprechend Hitlers Wunschvorstellung, die Westmächte würden einem deutschen Überfall nicht wehren. Dazu hatte die Presse Chamberlain als Hauptkontrahenten gegenüber Prag darzustellen.

— Das Schwergewicht der Pressehetze lag auf der Linie affektiver Aufputschung. Die Presse zeichnete ein „Katastrophengemälde" der ČSR, deren staatliche Autorität so gut wie vernichtet sei, deren Presse eine leidenschaftlich geführte Deutschenhetze betreibe und deren deutsche Einwohner ein Recht auf Notwehr in Anspruch nehmen müßten. Gegenüber diesem „Verbrecherstaat" — dessen ersehnte Krise allerdings mehr Wunschbild war — orientierte die deutsche Presse auf unmittelbare, sofortige und gewaltsame Lösungen. Diese Presseaufputschung als Moment psychologischer Mobilmachung vermittelte die spezifisch faschistische Form terroristischen Handelns — zunächst in den Mordtaten des Freikorps —, den befohlenen „spontanen" Gewaltexzeß.

Sowenig die Handlungen der sudetendeutschen Faschisten nur dazu dienten, die Pressehetze Deutschlands mit Nachrichten zu versorgen, sowenig zielte diese Pressekampagne ausschließlich darauf ab, Handlungen sudetendeutscher Faschisten zu initiieren. Selbst im offensichtlichsten Fall, der Flüchtlingskampagne, sind beide Instrumente den taktischen Erfordernissen der Hitlerschen Kriegspolitik untergeordnet. Die Verflechtung beider ist darum nur über ihre gemeinsame Steuerung gegeben. Zweifellos bestimmen Phasen und Erfordernisse der Aggressionsvorbereitung und die außenpolitischen Schritte der Hitlerregierung auf diesem Wege entscheidend Methoden, Inhalt und Intensität der Presseangriffe. Wo Pressekrieg und politische Diversion unterschiedliche Funktionen zu erfüllen haben, gehen beide Stränge scheinbar auseinander und ihre arbeitsteilige Verwendung tritt erst bei neuen Situationen hervor. So hatte z. B. die deutsche Presseberichterstattung über die unerfüllten Forderungen der SdP und deren Ablehnung der Regierungsentwürfe niemals die Funktion, die Prager Regierung etwa konzessionsbereiter zu machen. Das besorgten ohnedies die Westmächte. Ihre Berichte hatten vielmehr die Aufgabe, die Unmöglichkeit einer Lösung im Rahmen der ČSR überhaupt zu suggerieren. Darum intensivierte sie die Angriffe nach jedem Zugeständnis der Prager Regierung.

Das Goebbelsministerium war gerade wegen des generalstabsmäßigen Einsatzes der Presse in der psychologischen Kriegführung daran interessiert, daß die Greuelmeldungen einer gewissen Grundlage nicht völlig entbehrten. Insofern waren die Terrorakte der sudetendeutschen Faschisten für sie unentbehrlich, obwohl sie sicher nur zum Teil aus diesem Grunde verübt wurden. Das Verschweigen wesentlicher Sachverhalte, Standpunkte und Entscheidungen und der Berg systematisch fabrizierter ungeheuerlicher Lügen konnten immer an den Punkten durch verzerrte, verfälschte und aufgebauschte Berichte über tatsächliche Ereignisse ersetzt werden, wo diese prompt von den SdP-Anhängern verübt oder provoziert wurden.

b. Einige Wirkungen der Presse- und Rundfunkhetze

Ungeachtet der Tatsache, daß die Regierungen der ČSR und der Westmächte sowie ihre Presse die Unwahrhaftigkeit der Berichte der Nazipresse nicht nur durchschauten, sondern in vielen Einzelfällen auch nachwiesen, wirkte deren Hetzkampagne in Verbindung mit den außenpolitischen Schritten der Hitlerregierung durchaus erfolgreich als außenpolitisches Instrument: Sie trug sowohl dazu bei, die ČSR international zu isolieren, als auch dazu, die Westmächte von ihren Bündnisverpflichtungen zu „entlasten". Sie hatte auch Anteil daran, die äußerst geringe Neigung der ČSR-Regierung, die angebotene Hilfe der Sowjetunion zu erwägen oder die verbündeten Westmächte zum Kampf zu drängen, vollends zu ersticken. Zweifelsohne war sie schließlich wesentlich am Erfolg der Taktik beteiligt, die ČSR durch die Hände der mit ihr verbündeten Westmächte erwürgen zu lassen.

In seiner Rede vor 400 Vertretern der faschistischen deutschen Presse am 10. November 1938 „würdigte" Hitler „die Bedeutung des ‚Einsatzes' der Presse" bei der Vorbereitung dieser Annexion: „Ich war der Überzeugung, daß ich durch diese monatelange Tätigkeit langsam aber sicher die Nerven dieser Herren in Prag zerstören werde. Und dazu mußte auch die Presse mithelfen ... In dem Augenblick der letzten und entscheidenden Belastung sind die Nerven der anderen zusammengebrochen, ohne daß es am Ende notwendig war, daß wir wirklich zur Waffe griffen. Das war mit eine der wesentlichsten Aufgaben unserer Pressekampagne ... Ich hab ja fast jeden Tag feststellen können, wie nun tatsächlich die Wirkung unserer Propaganda, besonders aber unserer Pressepropaganda ist. Der Erfolg, wie gesagt, aber ist entscheidend, und er ist, meine Herren, ein ungeheurer. Es ist ein traumhafter Erfolg ... Die Größe dieses Erfolges wurde mir selber in dem Augenblick am meisten bewußt, als ich zum ersten Mal inmitten der tschechischen Bunkerlinien stand. Da wurde mir bewußt, was es heißt, eine Front von fast 2000 Kilometern Befestigungen zu bekommen, ohne einen scharfen·Schuß abgefeuert zu haben."[106]

Die Wirkungen der Pressekampagne waren unterschiedlich, je nach Adressaten. Ihre kurzfristigen und ihre langfristigen Effekte waren nicht zwangsläufig identisch und konnten in sich widersprüchlich sein. An dieser Stelle interessiert in erster Linie die Wirkung dieser Kampagne auf die Bevölkerung Deutschlands und der ČSR. Die Wirkung auf die Regierungen in Prag, Paris und London wie auf die Presse jener Länder ist in der Literatur behandelt worden und braucht hier nicht analysiert zu werden.[107] Zweifellos zielte die Kampagne psychologischer Kriegführung auf direkte, sofort politisch verwertbare Wirkungen. Sie schürte durchaus effektiv sowohl Pogrom- als auch Panikstimmungen bei der sudetendeutschen Bevölkerung.[108] Sie initiierte einen Aufstandsversuch und eine Massenflucht. Doch ihr Hauptziel, bei der deutschen Bevölkerung Kriegsbegeisterung zu erzeugen, erreichte sie nicht. Statt dessen brachte sie eine allgemeine Kriegsfurcht, ja Kriegspsychose auf beiden Seiten der Grenze hervor. Ausdruck dieser Furcht waren Hamsterkäufe und ein Run auf

---

106 „*Es spricht der Führer*". 7 exemplarische Hitler-Reden. Hrsg. und erl. von Hildegard v. Kotze und Helmut Krausnick unter Mitarbeit von F. A. Krummacher, Gütersloh 1966, S. 274.

107 Zur Reaktion auf die Presseangriffe siehe *Schwarzenbeck*.

108 Die außerordentliche Wirkung auf die sudetendeutsche Bevölkerung wurde langfristig zielstrebig vermittelt durch Maßnahmen wie Arbeitsvermittlung für sudetendeutsche Arbeitslose in den deutschen Grenzgebieten, bessere Lebensmittelversorgung der deutschen Grenzgebiete, direkte und indirekte Fürsorgemaßnahmen u. a. Alle diese materiellen Vorteile vergab ausschließlich die SdP. Vgl. *Brügel*, S. 189ff., 267ff.

die Sparkassen, fluchtartige Umzüge aus den Grenzgebieten ins Landesinnere oder auch Lok-
kerungen der Arbeitsdisziplin. Da die Grenzbevölkerung in Deutschland zudem Augenzeuge
der militärischen Mobilisierungen wurde, rechnete sie fest mit einem Kriege.[109]

Die Kriegsfurcht führte zu einer Verstärkung des aktiven und passiven Widerstandes
in der deutschen Bevölkerung. Die Zahl der wegen „staatsfeindlicher Betätigung" Verhafteten stieg sprunghaft an.[110] Gleichzeitig aber brachte die Kriegsfurcht auch lähmende
Gleichgültigkeit und Resignation mit sich.[111]

Durchaus unzufrieden mit dieser Bilanz der Kampagne schätzt der geheime Lagebericht
des SD für das Jahr 1938 deren Wirkungen ein:

„Das Volk hat nahezu in seiner Gesamtheit die Natur und die Notwendigkeit des generalstabsmäßigen Einsatzes der Tagespresse (und des Rundfunks) als Mittel der Außenpolitik nicht begriffen. In den entscheidenden Stunden des September hat es angesichts
der Möglichkeit eines kriegerischen Konflikts fast in allen Schichten aus der Sorge um das
persönliche Geschick einen Heißhunger nach Informationen an den Tag gelegt, den die
publizistische Führung aus Gründen der Taktik der diplomatischen Verhandlungen zu stillen
sich weigerte ... In weiten Kreisen des Volkes rückte an die Stelle der rücksichtslosen Vertretung des Rechts und der Ehre der Nation der Wunsch nach Erhaltung des Friedens um
jeden Preis.

Die publizistischen Führungsstellen haben die Tatsache, daß Tagespresse und Rundfunk
in den kritischen Stunden nicht mehr wirksamer Faktor der innenpolitischen Meinungs-
und Stimmungsbildung waren, in vollem Umfang erkannt und in Kauf genommen. Es darf
als feststehend gelten, daß wider Erwarten selbst der außenpolitische Enderfolg Zeitung
und Rundfunk in den Augen des Volkes nicht völlig gerechtfertigt hat. ... Die Presse hat
sich als zuverlässig arbeitendes Instrument der Führung erwiesen."[112]

Die fehlende Kriegsbegeisterung des deutschen Volkes verhinderte aber keineswegs die
Übernahme der faschistischen Stereotype dieser Kampagne. Den Propagandalügen von der
Unterdrückung der Sudetendeutschen, von den chaotischen Zuständen und der „fortschreitenden Bolschewisierung" der ČSR schenkte ein sehr großer Teil der deutschen Bevölkerung Glauben, wobei mit zunehmender Entfernung von der Grenze — und damit
geringerer Überprüfbarkeit der lokal bestimmten Meldungen — die Zweifel am Wahrheitsgehalt abnahmen. Die anhaltende faschistische Greuelpropaganda verstärkte bei vielen
Menschen bereits vorhandene chauvinistische Vorurteile, weckte Haßgefühle sowie Mitleid
mit den Sudetendeutschen und Zustimmung zur angeblichen Berechtigung ihrer Forderungen.[113]

Die im September 1938 ihren Höhepunkt erreichenden, aber bereits zuvor in Intensität,
Diktion und Ausmaß gestaffelten Kampagnen der psychologischen Kriegführung übten eine
Langzeitwirkung vor allem im Hinblick auf die in allen Phasen wiederholten stereotypen
Grundmuster aus. Diese Langzeitwirkung spielte für die faschistische Zerschlagung der
ČSR durch deutsche und sudetendeutsche Faschisten eine wesentliche Rolle. Der suggerierte
Schrei nach Gewalt verpuffte selbst dort nicht wirkungslos, wo an die Stelle der Kriegs-

109 Vgl. *Sopade*, 5/1938, S. 914ff.

110 Vgl. *Klaus Scheel*, Krieg über Ätherwellen, Berlin 1970, S. 106.

111 Vgl. *Sopade*, Jahrgang 1938, besonders A 11, A 25, A 77 und 78.

112 *Heinz Boberach* (Hrsg.), Meldungen aus dem Reich. Die geheimen Lageberichte des Sicherheitsdienstes
    der SS 1938—1945, Bd. 2, Herrsching 1984, S. 151.

113 Vgl. *Ruth Andreas-Friedrich*, Der Schattenmann, Frankfurt a. M. 1947, S. 13f.; *Sopade*, 5/1938, S. 562ff.,
    576, 822ff.

begeisterung Kriegsfurcht trat, denn die Berechtigung militärischer und terroristischer Gewalt der Faschisten wurde auch von großen Teilen jener nicht angezweifelt, die keinen Krieg wollten.

Weniger erfolgreich als die außenpolitische Isolierung und die Unterordnung der Westmächte unter die faschistische Bewertung der Prager Politik verlief die Pressehetze gegenüber der tschechischen Bevölkerung der ČSR. Die Absicht, Mißtrauen und Zwietracht bis zum Irredentismus und Separatismus zu säen, glückte wohl bei den reaktionären Vertretern der nichttschechischen Bevölkerungsgruppen in unterschiedlichem Maße. Doch führte die Hetze zu einem Zwiespalt ganz anderer Art zwischen der Masse der tschechischen Bevölkerung und der Prager Regierung, als die Naziführung wünschte: Eine demokratische Massenbewegung zur Verteidigung der staatlichen Integrität dieser demokratischen Republik setzte der Kapitulationspolitik der eigenen Regierung starken Widerstand entgegen.[114]

Während des Propagandafeldzuges zur Vorbereitung des militärischen Überfalls erfolgte im September 1938 gleich ein zweifacher Bruch in der bisherigen Friedensdemagogie der Nazis. In seiner Nürnberger Rede verließ Hitler den zuvor vorgetäuschten Standpunkt der Nichtbeteiligung am Konflikt der ČSR mit den sudetendeutschen Faschisten und drohte offen mit Einmischung und Gewalt. Zugleich wurde in diesem September zum ersten Male jene Maxime des Propagandakrieges praktiziert, die Hitler am 10. November in der erwähnten Rede verkündete: „Es war nunmehr notwendig, das deutsche Volk allmählich umzustellen und ihm langsam klarzumachen, daß es Dinge gibt, die, wenn sie nicht mit friedlichen Mitteln durchgesetzt werden können, mit Mitteln der Gewalt durchgesetzt werden müssen. Dazu war es aber notwendig, ... dem deutschen Volk bestimmte außenpolitische Vorgänge so zu beleuchten, daß die innere Stimme des Volkes selbst langsam nach Gewalt zu schreien begann."[115]

So wie einem Witz aus den Jahren der Naziherrschaft zufolge das „gesunde Volksempfinden" durch den Gauleiter festgelegt wird,[116] so sprach sich selbstverständlich die von Hitler apostrophierte „innere Stimme des Volkes" zuerst im Kommentar des „Völkischen Beobachters" aus, der am 8. September vor dem „Aberglauben" warnte, jedes politische Problem sei durch ein „Kompromiß" zu lösen.

Die Verbindung des generalstabsmäßigen Einsatzes der faschistischen Presse mit der Diversionstätigkeit der sudetendeutschen Faschisten und den außenpolitischen Handlungen der Hitlerregierung führte dazu, daß selbst die skrupelloseste Lügenproduktion eine Wirkung dieser psychologischen Kriegführung nicht ausschloß; denn die politischen und militärischen Drohungen wie Machtmittel der Faschisten waren keineswegs Fiktionen oder Phantasieprodukte wie ihre meisten Meldungen. Die tatsächliche Wirkung dieser Dimension des Krieges auf die Führung der ČSR wie auf die Regierungen der Westmächte war daher wesentlich so, wie sie von der faschistischen Führung kalkuliert und von Hitler nachträglich am 10. November stilisiert worden war. Die Gefährlichkeit dieser psychologischen Kriegführung als unentbehrliches Moment und Vorstufe militärischer Aggression und als wirkungsvolles Kriegsmittel faschistischer Außenpolitik in der Phase ihrer unmittelbaren Vorbereitung erwies sich ebenso wie die hochgradige Selbstentwaffnung ihrer Opfer — solange sie sich auf der Ebene des Antisowjetismus mit den Zielen der Faschisten trafen — erneut ein knappes Jahr später bei der Isolierung des nächsten Opfers des Aggressors: Polens.

114 Vgl. *Fuchs*, ebenda.
115 *„Es spricht der Führer"*, S. 270.
116 Vgl. *Hans Jochen Gamm*, Der Flüsterwitz im Dritten Reich, München 1979, S. 13.

5. Anhang
Erwähnte Orte im Grenzgebiet der ČSR

Altehrenberg	St. Ehrenperk (heute: St. Krečany)	Gablonz	Jablonec
Arnau	Hostinné	Garschönthal	Úvaly
Asang	Teil des Dorfes Reiterschlag	Gartitz	Skorotice
		St. Georgenthal	Jiřetin
		Georgswalde	Jiřikov
Asch	Aš	Gerstenfeld	Ječeniště
Auscha	Uštěk	Gnadlersdorf	Hnanice
Aussig	Ústi nad Labem	Görkau	Jirkov
		Graslitz	Kraslice
Barnsdorf	Bernartice nad Odrou	Gratzen	Nové Hrady
Barzdorf	Bernartice u Javorníka	Grottau	Hradek nad Nisou
Benisch	Horní Benešov	Gurschdorf	Skorošice
Bensen	Benešov nad Ploučnicí		
Bergstadt	Horní Město	Habersbirk	heute: Habartov
Bischofteinitz	Horšovsky Týn	Hainspach	Hańšpach (heute: Lipová)
Bodenbach	Podmokly		
Böhmisch Krumau	Český Krumlov	Hammer	Hamr
Böhmisch Trübau	Česká Třebová	Hartmannsdorf	Hertvíkovice
Böhmisch Wiesenthal	Český Wiesenthal	Haugsdorf	
Brandau	Brandov	Haslau	Hazlov
Bratelsbrunn	Prátlsbrun	Heinzendorf	Hynčice
Braunau	Broumov	Hennersdorf	Jindřichov
Brüx	Most	Hermsdorf	Heřmankovice
		Herrnskretschen	Hřensko
Dauba	Dubá	Hohenelbe	Vrchlabi
Deutsch Gabel	Jablonné Něm.	Hohenfurth	Vyšší Brod
Dux	Duchcov	Hotzenplotz	Osoblaha
Ebersdorf	Habartice		
Eger	Cheb	Jägerndorf	Krnov
Ehrenberg	Loučka	Jamnitz	Jemnice
Einsiedel	Poustevna	Jauernig	Javornik
Eisenberg	Ruda	St. Joachimsthal	Jachymov
Eisenstadt	Železnice	Johannesthal	Janoušov
Eisenstein	Železna Ruda		
Elbogen	Loket	Kaaden	Kadaň
		Kaltenbrunn	Studánky
Falkenau	Falknov (heute: Sokolov)	Kaplitz	Kaplice
		Karbitz	Chabařovice
Fleissen	Plesná	Karlsbad	Karlovy Vary
Franzensbad	Františkovy Lázně	Katharinaberg	heute: Hora Sv. Kateřiny
Freiwaldau	Frývaldov (heute: Jeseník)		
		Klattau	Klatovy
Freiberg	Příbor	Kleinaupa	Malá Úpa
Friedberg	Frymburk	Klostergrab	Hrob
Friedeberg	Frýdberk (heute: Žulová)	Königswalde	Kralovstvi
		Königswart	heute: Lázně Kynžwart
Friedland	Frýdlant		

Königswerth	Kralovské Poříčí	Oberaltstadt	Hořejší Staré Město
Komotau	Chomotov	Oberkleinaupa	Horní Malá Úpa
Konstantinsbad	Konstantinovy Lázně	Oberkreibitz	Horní Chrastava
Kratzau	Chrastava	Oberleutensdorf	Horní Litvinov
Kreibitz	Chřibská	Oberlohma	Horní Lomany
Kromau	Moravský Krumlov	Obernitz	Obrnice
Kronstadt	Kunštát	Oberplan	Horní Planá
Kulm	Chlumec	Olbersdorf	Město Albrechtice
Leitmeritz	Litoměřice	Perning	Pernink
Lichten	Lichnov	Petersdorf	Petrovice
Lichtenhain	Ortsteil von	Petschau	Bečov nad Teplou
	Niedergrund	Pfraumberg	Přimda
Liebau	Libava	Philippsthal	Filipov
Liebenau	Hodkovice	Plan	Planá
Liebenstein	Libštejn	Podersam	Podbařany
	(heute: Libá)	Pohrlitz	Pohořelice
Liebenthal	Liptaň	Polaun	Polubný
Litschau	Ličov	Pömmerle	Povrly
Lobositz	Lobosice	Prachatitz	Prachatice
Lohhäuser	Žlutice	Pressnitz	Přísečnice
Luditz		Putzendorf	Pacov
Mährisch Ostrau	Moravská Ostrava	Pürstein	Perštejn
Mährisch Schönberg	Šumperk		
Mährisch Trübau	Moravská Třebová	Rausen	Rušin
Marienbad	Mariánské Lázně	Reichenberg	Liberec
Marketschlag	Teil von Reiterschlag	Rokitnitz	Rokytnice v Orl. h.
Marschendorf	Hor. Maršov	Romau	Romava
Meinetschlag	Malonty	Ronsperg	Ronšperk
Merkelsdorf	Zdoňov	Rossbach	Hranice
Mies	Stříbro	Rosshaupt	Rozvadov
Mildenau	Mildenava	Roßwald	
Misslitz	Miroslav	Rothwasser	Červená Voda
Müglitz	Mohelnice	Rumburg	Rumburk
Muttersdorf	Mutěnin		
		Sandau	Žandov
Nestomitz	Neštěmice	Schaffa	Šafov
Neubistritz	Nová Bystřice	Schluckenau	Šluknov
Neudek	Nejdek	Schmiedeberg	Šmideberk
Neudorf	Nová Ves	Schönau	Vel. Šenov
Neuern	Nýrsko	Schönau	Šonov
Neuhaus	Jindřichův Hradec	Schönberg	Krásná
Neuhof	Novy Dvůr	Schönlind	Krásná Lipá
Neusorge	Starostín	Schönlinde	Krásná Lipá
Neustift	Nové Sady	Schönpriesen	Krásné Březno
Niederehrenberg	Dolni Ehrenberk	Schwaderbach	heute: Bublava
	(heute: Krečany)	Schwarzach	Švarcava
Niedergrund	Dolni Podluzi	Schwarzwasser	Černá Voda
Niklasberg	Mikulov	Sebastiansberg	Bastianperk (heute:
Niklasdorf	Mikulovice		Hora Sv. Šebastiána)
Nikolsburg	Mikulov	Silberbach	Stříbrná
Nixdorf	Mikulašovice	Sternberg	Šternberk

Tauchau	Tachov	Weissbach	Bílý Potok
Taus	Domažlice	Weisswasser	Bílá Voda
Teichstätt	Rybništĕ	Wernstadt	Verneřice
Teplitz-Schönau	Teplice-Šanov	Weseritz	Bezdružice
Tetschen	Dĕčín	Wildschütz	Vlčice
Thröhm	Třebom	Wildstein	Vildštejn
Trautenau	Trutnov		(heute: Skalná)
Triebendorf	Třebařov	Winterberg	Vimperk
Troppau	Opava	Witkowitz	Vítkovice
Trübenwasser	Kalná Voda	Wolfsberg	Vlčí Hora
Türmitz	Trmice		
Tyssa	Tisá		
		Zeidler	heute: Brtniky
Voitersreuth	Vojtanov	Zettwing	Cetviny (heute: Tichá)
		Zinnwald	Cinovec
Waldheim	Nemrlov	Znaim	Znojmo
Wallern	Volary	Zuckmantel	Cukmantl
Warnsdorf	Varnsdorf	Zuggers	Krabonoš
Wassersuppen	Nemanice	Zwickau	Cvikov
Weidenau	Vidnava	Zwittau	Svitavy
Weipert	Vejperty	Zwodau	Svatava

Miroslav Kárný

Die Logik von München: Das Protektorat Böhmen und Mähren

Die Okkupation der tschechoslowakischen Grenzgebiete bedeutete nicht, wie Hitler vorgab, die Erfüllung der „letzten territorialen Forderung" des faschistischen Deutschlands in Europa; auch der Tschechoslowakei gegenüber blieb sie nicht die letzte. Das belegen viele Äußerungen Hitlers aus der Zeit unmittelbar nach München[1], seine Anfragen bei dem OKW, „wann Grün wieder startbereit werden kann"[2], seine Weisung vom 21. Oktober an die Wehrmacht, die Möglichkeit zu schaffen, „die Rest-Tschechei jederzeit zerschlagen zu können".[3]

Das entsprach der faschistischen Logik. München war die entscheidende Voraussetzung für die Umwandlung des tschechoslowakischen „Raumes" in eine Basis für weitere Aggressionen des deutschen Imperialismus, deren Ziele Hitler im ersten Winter nach München ganz prägnant ausdrückte, sogar vor einem breiten Kreis von Regimentskommandeuren: „a) Herrschaft in Europa, b) Weltvorherrschaft für Jahrhunderte."[4] Hitler wußte genau, daß es auf dem Wege zu diesen Zielen früher oder später zu einem militärischen Konflikt kommen müsse, daß er auf eine Grenze stieße, wo seine Kriegsdrohungen und seine Berufung auf die antisowjetische und antikommunistische „Sendung" des Dritten Reiches nicht mehr genügten und daher alle „friedlichen" Mittel erschöpft sein würden.[5] Ebendeshalb wollte Hitler ein Maximum an Eroberungen „auf friedlichem Wege" erreichen. Für Hitlerdeutschland bedeutete München nicht, daß es sich nur mit dem tschechoslowakischen Grenzgebiet anstelle der ganzen Tschechoslowakei begnügen mußte, sondern die Möglichkeit, die Tschechoslowakei mit Hilfe der westlichen Mächte auf „friedlichem" Wege er-

---

1 Dokumentation dazu u. a. in: *Helmuth Groscurth*, Tagebücher eines Abwehroffiziers 1938—1940, Stuttgart 1970, S. 133; *Andor Hencke*, Augenzeuge einer Tragödie, Diplomatenjahre in Prag 1936—1939, München 1979, S. 206f.; *Ulrich von Hassell*, Vom andern Deutschland. Aus den nachgelassenen Tagebüchern 1938—1942, Zürich 1946, S. 25. — Unter „München" wird auch im folgenden die im Münchener Abkommen v. 29. 9. 1938 von den vier Signatarmächten widerrechtlich festgelegte Abtretung der tschechoslowakischen Grenzgebiete an Hitlerdeutschland verstanden.

2 Vgl. Tagebuch von Keitels Adjutant Wolf Eberhard, zit. in *David Irving*, Hitlers Weg zum Krieg, München, Berlin (West) 1979, S. 292. Antworten des OKW vom 11. 10. 1938, in: *IMG*, Bd. 25, S. 521f., Dok. 388-PS.

3 *IMG*, Bd. 34, S. 477ff., Dok. C-136, Weisung vom 21. 10. 1938.

4 *Groscurth*, S. 166f. — Zur Analyse der deutschen strategischen Planung vgl. *Miroslav Kárný*, Kontinuita a diskontinuita ve vývoji německého imperialismu let 1933—1945 (Die Kontinuität und Diskontinuität in der Entwicklung des deutschen Imperialismus der Jahre 1933—1945), in: *Vznik a dějinná úloha německého imperialismu* (Entstehung und geschichtliche Rolle des deutschen Imperialismus), Prag 1987, S. 149ff.

5 Vgl. Hitlers Rede vom 10. 11. 1938, in: *VfZ* 1958, S. 182.

obern zu können.[6] Die Grenze, an der die nazistischen „friedlichen" Mittel erschöpft waren, wurde so in Zeit und Raum hinausgeschoben.

München bedeutete zwar eine Internationalisierung der „tschechoslowakischen Frage", aber das Resultat dieser Internationalisierung war die tatsächliche britisch-französische Anerkennung dessen, daß die Tschechoslowakei ausschließlich Hitlerdeutschlands Sphäre sei, so daß ihre Umgestaltung in ein Hitler-Protektorat in dieser oder jener Variante nur eine Frage der Zeit war.

Der britische Außenminister Edward Halifax sagte damals dem amerikanischen Botschafter Joseph Kennedy, daß Großbritannien „Hitler fortsetzen und machen lasse, was er in Mitteleuropa will".[7] Diese Haltung wurde bereits bei der Festsetzung der tschechoslowakisch-deutschen Grenzen demonstriert, die in München einem internationalen Ausschuß mit Vertretern der vier Münchener Mächte und der Tschechoslowakei anvertraut wurde. Unter britischer und französischer Mithilfe wurde die Tätigkeit dieses Ausschusses völlig formalisiert, und die tschechoslowakische Regierung sah sich gezwungen, sich auf die bilateralen Verhandlungen mit Deutschland zu verlassen. Sie waren entgegen den Bestimmungen des Münchener Abkommens dem Diktat des nazistischen Deutschlands preisgegeben.

Die neue Grenze stellte einen offenen Bruch des ethnographischen Prinzips dar. Ein durch Jahrhunderte geformtes, organisches wirtschaftliches Ganzes wurde zerrissen. Nur konkrete deutsche strategische Gründe waren für die Grenzfestsetzung bestimmend. Sogar nach Berechnung des Reichsaußenministeriums lebten im besetzten Grenzgebiet zur Zeit der letzten Volkszählung im Jahre 1930 mehr als 676 000 Personen tschechischer Nationalität. In Wirklichkeit waren es jedoch viel mehr.[8] Insbesondere der Verlust der Kohlenreviere und die Einbuße von 90 Elektrizitätswerken schafften drastische Disproportionen zwischen der tschechoslowakischen Industrie und ihrer Brennstoffbasis.[9] Die neue Grenze zerstörte programmgemäß das tschechoslowakische Verkehrsnetz. Die Eisenbahnstrecke von Prag nach Bratislava beispielsweise führte neunmal über deutsches Okkupationsgebiet, die Magistrale aus Böhmen zur tschechoslowakischen Ostgrenze viermal. Göring drohte dem Führer der mächtigsten Gruppe des tschechoslowakischen Finanzkapitals und Chef der Živnostenská banka, Jaroslav Preiss: „. . . falls ihr Dummheiten macht, sperren wir den Verkehr, die Durchfuhr ab, und ihr seid fertig." Er bemerkte dazu, „Böhmen liege in Deutschland".[10]

Die Frage der tschechoslowakischen Grenzen mit Polen und Ungarn sollte laut dem Münchener Abkommen einer neuen Konferenz der Münchener Signataren unterbreitet

---

6 Vgl. *M. Kárný*, Logika Mnichova. K politice hitlerovského Německa vůči Československu od Mnichova k „Protektorátu Čechy a Morava". (Die Logik von München. Zur Politik Hitlerdeutschlands gegenüber der Tschechoslowakei von München zum „Protektorat Böhmen und Mähren"), in: *Československý časopis historický*, Prag 2/1987, S. 189ff.; 3/1987, S. 371ff.

7 *Frus*, 1938, Bd. I, S. 85f., Joseph Kennedys Bericht v. 12. 10. 1938.

8 *ADAP*, Serie D, Bd. IV, Dok. 121, S. 135. Laut Analyse der tschechoslowakischen Statistiker lebten dort im Jahre 1930 820000—850000 Tschechen. Vgl. *Josef Bartoš*, Okupované pohraničí obyvatelstvo 1938—1945 (Das besetzte Grenzgebiet und die tschechische Bevölkerung), Prag 1986, S. 20f.

9 In den von Deutschland und Polen besetzten Gebieten verlor die Tschechoslowakei 97 Prozent der Braunkohlenförderung und 55 Prozent der Steinkohlenförderung.

10 Preiss referierte über diese Unterredung am 11.11. 1938 dem tschechoslowakischen Regierungsvorsitzenden Jan Syrový und dem Außenminister František Chvalkovský. Chvalkovský's handschriftliche Aufzeichnungen liegen im AFMZV, Nachlaß Chvalkovský.

werden, falls es binnen drei Monaten zwischen der Tschechoslowakei und ihren zwei Nach-barstaaten zu keinem Einverständnis käme. Mit raffinierten Manövern erreichte es die deutsche Politik, daß sich die tschechoslowakische und die ungarische Regierung hinsicht-lich der Arbitrage nicht an alle Münchener Signatarmächte wandten. Schiedsrichter des Konfliktes um die Grenzen wurden Deutschland und Italien. Ihr Wiener Schiedsspruch vom 2. November 1938 veranlaßte die Übergabe eines tschechoslowakischen Gebietes mit nahezu 900 000 Einwohnern, von denen annähernd ein Drittel slowakischer, ukrainischer oder tschechischer Nationalität waren, an Ungarn. Damit waren die ungarischen territoria-len Aspirationen jedoch noch nicht befriedigt.

Die deutsche Politik vereitelte die Errichtung einer gemeinsamen polnisch-ungarischen Grenze, die durch die ungarische Annektierung der gesamten Karpato-Ukraine verwirk-licht werden sollte. Die ungarischen Ambitionen benutzte auch Polen im Interesse der angestrebten Achse Warschau—Budapest—Rom und aus Furcht, daß schon die bloße Existenz einer Karpato-Ukraine als autonomer Teil der Tschechoslowakei die Unzufrieden-heit der ukrainischen Vielmillionenminderheit in den Südostgebieten des polnischen Staates schüren könnte. Unter Horthys Herrschaft würde es diese Gefahr nicht geben.

Vor den Wiener Verhandlungen mußten sich beide Regierungen verpflichten, den deutsch-italienischen Schiedsspruch als endgültig anzuerkennen. Trotzdem versuchte Un-garn — mit italienischer Unterstützung —, seine ursprünglichen Forderungen sogar durch bewaffnete Aktionen zu erreichen. Das verhinderte Hitler bis März 1939 sehr entschie-den. Die expansive Raubgier von Horthy-Ungarn wußte er jedoch zielbewußt dazu auszu-nutzen, das Land in einen deutschen Satelliten zu verwandeln. Die spätere Verwirklichung einer gemeinsamen Grenze mit Polen im März 1939 führte — wie paradox es auch klingt — zum definitiven Scheitern des sich formenden polnisch-ungarischen Blocks.[11]

Die neue tschechoslowakische Grenze entstand also durch eine eindeutige Verletzung des Münchener Abkommens, ob es sich nun um das ethnographische Prinzip selbst han-delte (1 250 000 Tschechen, Slowaken und Ukrainer lebten in den besetzten Gebieten) oder um die festgesetzte Prozedur (Ausschaltung des Internationalen Ausschusses und Ersatz der neuen Viermächte-Konferenz durch den deutsch-italienischen Schiedsspruch). Die poli-tische Logik des Münchener Paktes funktionierte jedoch weiter. Alle die Tschechoslowakei schwer treffenden, offenkundigen Verletzungen des Münchener Abkommens wurden von britischer und französischer Seite toleriert.

Das Problem sowohl der britischen als auch der französischen Politik war allerdings, daß sich beide Westmächte in München verpflichtet hatten, die neue tschechoslowakische Grenze zu garantieren. Die britische Regierung hob seinerzeit — bei der Verteidigung des Münchener Abkommens im Parlament — die Bedeutung der Garantien hoch hervor.[12] In ihrem Namen verkündete dort Minister Thomas Inskip, die Regierung halte die Garantie für bereits gültig, obwohl das formelle Garantieabkommen noch nicht unterzeichnet sei.[13]

---

11 Den ungarischen Staatsmännern gegenüber führte Hitler stereotyp das Argument an, daß an der Nichter-füllung ihrer Ansprüche ausschließlich die ungarische Regierung schuld sei, die während der September-krise seine Ratschläge nicht befolgt habe und dadurch ihm die „totale Lösung" verhinderte. Lockende Perspektiven für Ungarn gebe es nur, wenn es die Hitler-Politik bedingungslos befolge. Vgl. *ADAP*, Serie D, Bd. IV, Dok. 62, S. 68—71; Bd. V, Dok. 272, S. 302—306.

12 Minister Samuel Hoare versprach am 3. 10. 1938 im Parlament, daß diese Garantie die neue Republik so sicher mache, wie die Schweiz schon viele Generationen.

13 *DBFP*, Serie 3, Bd. III, S. 116.

Nachdem die neuen tschechoslowakischen Grenzen — einerseits aufgrund der deutschen und der polnischen Ultimaten[14], andererseits infolge der Wiener Arbitrage — festgesetzt worden waren, wandte sich die tschechoslowakische Regierung am 21. November an die Münchener Mächte mit einer Note, in der sie darauf hinwies, daß alle Grenzfragen im Sinne des Münchener Abkommens gelöst seien und der versprochenen Grenzgarantie nichts im Wege stehe.[15]

Während der britisch-französischen Unterredungen in Paris am 24. November beantwortete Chamberlain die tschechoslowakische Note mit einem perfiden Vorschlag. Die Münchener Mächte sollten für den Fall einer nicht provozierten Aggression eine gemeinsame Garantie („a joint guarantee") geben. Ob dieser Fall eingetreten sei, solle jeder Signatar selbst beurteilen. Die Garantie würde sich nur aufgrund der Entscheidung von drei der vier Signataren realisieren. Mit anderen Worten: Die gemeinsame Garantie würde erst dann gelten, wenn auch das faschistische Italien die Aggression als solche anerkannte und seinerseits auch noch bereit wäre, die Tschechoslowakei gegen das faschistische Deutschland zu verteidigen.

Halifax argumentierte mit der Existenz der praktischen „Gefahr", daß sich die tschechoslowakische Regierung in Zukunft an Frankreich und England um Unterstützung einer den deutschen Wünschen nicht entsprechenden Politik wenden könnte, „was ein gewisses Element der Provokation Deutschland gegenüber" schaffen würde. Schließlich ließ auch die französische Regierung die Taktik der „joint guarantee" als beste Lösung zur Befreiung von ihrer öffentlich deklarierten Verpflichtung gelten.[16] Die deutsche Regierung lehnte selbst diese Art von Garantie ab.[17]

Ähnlich entwickelte sich die Lage in bezug auf die wirtschaftliche und finanzielle Hilfe, die der Tschechoslowakei für ihre Rekonstruktion versprochen worden war, als die britische und französische Regierung zur Annahme von Hitlers Berchtesgadener Forderungen drängten.[18] Diese Hilfe hätte ein wichtiges, die Wirksamkeit des deutschen ökonomischen Drucks abschwächendes Instrument werden können. Von den ursprünglich versprochenen 30 Millionen Pfund Sterling (ca. 4,2 Milliarden Kronen) hätte die Tschechoslowakei aber bis zum 15. März 1939 nur 3,25 Millionen Pfund in Anspruch nehmen können[19],

14 Das deutsche Ultimatum wurde am 10. 11. 1938 vorgelegt und am 20. 11. durch die Unterzeichnung des Protokolls über die Festsetzung der tschechoslowakisch-deutschen Grenze akzeptiert.

15 Der Chargé d' affaires der deutschen Gesandtschaft Andor Hencke reagierte bereits bei der Übergabe der Note, „die Garantiefrage hätte mit Grenzregelung unmittelbar nichts zu tun". SÚA, AA, Bl. 18163f., Karton 3, Hencke, Telegramm Nr. 741, 22. 11. 1938.

16 DBFP, Serie 3, Bd. III, Dok. 325, S. 300—306, Telegramme des tschechoslowakischen Gesandten in Paris Štefan Osuský vom 8. u. 9. 3. 1939; AFMZV, eingetroffene Depeschen, Nr. 199 und 206/39.

17 Erst am 8. 2. 1939 forderten die britische und französische Regierung Berlin mit einer Note auf, einen Standpunkt in der Frage der Grenzgarantie im Sinne des Münchener Abkommens einzunehmen. Die deutsche Antwort kam erst am 3. 3. 1939 und lehnte die Gewähr der Garantie mit der Begründung ab, daß zunächst Polen und Ungarn bereit sein müßten, ihre Garantieverpflichtung zu übernehmen. DBFP, Serie 3, Bd. IV, Dok. 167, S. 169 und Dok. 171, S. 171f., Nevile Henderson 3. 3. 1939 an Edward Halifax.

18 Dokumentation in: SÚA-PMR, Kart. 4146, Protokoll der Regierungssitzung 10. 1. 1939 mit Beilagen; auch Kart. 594, Konvolut 1623/1938, Bd. 1. Britische Dokumente: DBFP, Serie 3, Bd. III, Appendix IV, S. 634—638.

19 DBFP, Serie 3, Bd. IV, Dok. 287, S. 277f.

also nur wenig mehr als ein Zehntel der ursprünglich zugesagten Summe.[20] Diese drastische Reduzierung war eine weitere Demonstration der Tatsache, daß die Westmächte die Tschechoslowakei abgeschrieben hatten.

Die Strategie der „friedlichen" Aggression setzte nicht nur die außenpolitische Isolation der Tschechoslowakei voraus, sondern zugleich die Mobilisierung der Instrumente Hitlerdeutschlands zur inneren Schwächung der Tschechoslowakei, die sich infolge des Münchener Schocks in einer tiefen Krise befand.

An der Schwelle der Zweiten Republik bot die Kommunistische Partei der Tschechoslowakei, die während der Münchener Tage zur Repräsentantin des nationalen Widerstandes gegen die Kapitulation geworden war, eine klare Alternative zur Kapitulation. Ihr Zentralkomitee forderte auf seiner Tagung am 4. Oktober zu einem geregelten Rückzug auf und zur Organisation der Verteidigung „an der zweiten Linie" innerhalb der neuen Grenzen. Als notwendige Voraussetzung hierfür bezeichnete das Zentralkomitee die Erhaltung und Vertiefung des demokratischen Charakters der Republik und die Bildung einer einmütig handelnden nationalen Front, bei deren Organisierung das einheitliche Vorgehen der Arbeiterklasse eine bedeutsame Rolle spielen sollte.[21]

Gegen diese Linie, die die tschechoslowakischen Kommunisten unter den Bedingungen der kurzen Legalität und der darauffolgenden langen Illegalität ins Leben umsetzten, vertraten die bürgerlichen Parteien eine andere, an die Münchener Kapitulation anknüpfende politische Konzeption. Die von Präsident Beneš und von der „Burg" repräsentierten bürgerlich-demokratischen Kräfte kapitulierten auch auf innenpolitischer Szene. Resigniert räumten sie das Feld für die politischen Rechtsparteien, in denen die faschistoiden Fraktionen die Führung übernahmen oder ihre dominierende Stellung festigten. Die reaktionären Kreise, die sich auf die mächtigsten Teile des Finanzkapitals, auf den Konzern der Živnostenská banka und auf den Machtkomplex des Agrarkapitals stützten, fanden durch München Gelegenheit zur machtpolitischen Umgruppierung, um die sie schon längst erfolglos gekämpft hatten. Ihre Zeit kam erst mit München, wenn auch unter Umständen, die sich von ihren früheren Vorstellungen unterschieden — nämlich in der von ihren westlichen Verbündeten zu untergeordneter Abhängigkeit von Hitlerdeutschland verurteilten „Rest-Tschechoslowakei".

Die Grundkonzeption dieser reaktionären Machtgruppierung war die, durch vollkommene Kollaboration die Führung des Dritten Reiches davon zu überzeugen, daß es in ihrem Interesse sei, sich den tschechoslowakischen Raum mit ihrer Hilfe unterzuordnen. Sie beabsichtigte, dadurch im Lande ihre politische und ökonomische Macht aufrechtzuerhalten, wenn auch im Rahmen einer beschränkten, bald fast nur noch fiktiven Staatssouveränität. Das sollte ihnen die Möglichkeit geben, an der deutschen Rüstungskonjunktur zu profitieren und die Absatzschwierigkeiten der tschechoslowakischen Landwirtschaft zu überwinden.

Die Regierungen der Zweiten Republik, die rekonstruierte Regierung von General Jan Syrový und — seit 1. Dezember — die Regierung des Vorsitzenden der Agrarpartei Rudolf Beran, begannen mit einem Kurs der Faschisierung. Die Kommunistische Partei

---

20 Die britische Regierung stellte der tschechoslowakischen Regierung nach München bei der Bank of England einen Geldvorschuß von 10 Millionen Pfund zur Verfügung, von welchen zuletzt 4 Millionen à fonds perdu zur Unterstützung der Emigranten aus der Tschechoslowakei bestimmt waren.

21 *Rudé Právo* vom 6. 10. 1938. *Klement Gottwald*, Spisy (Schriften), Prag, Bd. 8, S. 260—264, Schreiben des ZK der KPTsch an alle Parteimitglieder vom 8. 10. 1938.

wurde verboten, viele demokratische und Arbeiterorganisationen wurden aufgelöst. Das Ermächtigungsgesetz vom 15. Dezember 1938 liquidierte faktisch das parlamentarische System. Für das Amt des Präsidenten wurde eine konservative, politisch bedeutungslose Person, Emil Hácha, ausgesucht.

München verschärfte die Konflikte zwischen der tschechischen und der slowakischen Bourgeoisie, wobei es zu weitgehenden Verschiebungen in der Aufteilung der politischen Macht kam. Der extrem-nationalistischen Hlinka-Volkspartei gelang es, am 6. Oktober 1938 unter eigener Dominanz alle bürgerlichen politischen Parteien in der Slowakei um ihr Programm zu sammeln. Diese slowakische bürgerliche Repräsentation erzwang ultimativ die Übergabe der Regierungs- und Vollziehungsmacht in der Slowakei an die slowakische Regierung mit Josef Tiso an der Spitze und die Erlassung des Verfassungsgesetzes über die slowakische Autonomie. Der slowakische Landtag entstand aus den manipulierten Wahlen unter Aufsicht der terroristischen Hlinka-Garde. Die profaschistische Gruppierung radikaler Separatisten in der Hlinka-Partei, geführt von Ferdinand Ďurčanský, Vojtěch Tuka und Alexander Mach, forderte die sofortige Ausrufung eines selbständigen slowakischen Staates. Die „gemäßigte", von Tiso repräsentierte Fraktion bevorzugte die Alternative eines „evolutionären Weges", d. h., sie wollte stufenweise erst unerläßliche außenpolitische, innenpolitische und wirtschaftliche Bedingungen schaffen.

Bei Übereinstimmung der strategischen Ziele beider Fraktionen handelte es sich demnach um Unterschiede im taktischen Vorgehen. Für alle war es offenkundig, daß ein slowakischer Staat ohne deutschen Eingriff weder entstehen noch sich erhalten könnte.[22] Deshalb wollten sie Berlins Gunst erwerben und bewiesen eine größere Bereitwilligkeit zur Kollaboration und zu noch radikalerem Vorgehen bei der Faschisierung des slowakischen Teils der Republik, als es im tschechischen Teil der Fall war.

Die äußerst reaktionäre ukrainische Clique, die in der autonomen Karpato-Ukraine die Macht usurpierte, trat eindeutig in deutsche Dienste und stellte bereitwillig alle Ressourcen des Landes zur Verfügung. Die Karpato-Ukraine und ihre Hauptstadt Chust wurden zum Sammelpunkt antisowjetischer weißgardistischer Kreise, deren Häupter aus ganz Europa hier zusammenkamen, um von hier, aus dem „ukrainischen Piemont", die Bildung der „Groß-Ukraine" vorzubereiten.

Die Hitler-Politik nutzte die Konkurrenz zwischen der kollaborierenden tschechischen, slowakischen und karpato-ukrainischen Bourgeoisie ausgiebig. In Reserve hielt sie die deutsche Minderheit, deren Stärke künstlich erhalten wurde und die jederzeit zur Erfüllung ihrer „Reichssendung" aktiviert werden konnte, so wie es schon bei der Vorbereitung von München der Fall war.

Das schien ausreichend zu sein. Hitler lehnte deshalb Mitte Dezember die Entwürfe des „Freundschaftsvertrages" und der Ergänzungsabkommen ab, die das Auswärtige Amt mit anderen Reichsministerien und dem OKW vorbereitet hatte.[23]

Diese Entwürfe stellten eine Variante vor, wie man die Garantiefrage liquidieren, die tschechoslowakische Frage endgültig desinternationalisieren und die pseudolegale Aner-

---

22 Damit rechnete auch die deutsche Politik. Schon in der ersten Analyse zu diesem Thema nach München steht: „Eine selbständige Slowakei würde ein schwaches Staatsgebilde sein und daher dem deutschen Bedürfnis nach Vordringen und Siedlungsraum im Osten am ehesten Vorschub leisten. Punkt des geringsten Widerstandes im Osten." *ADAP*, Serie D, Bd. IV, Dok. 45, S. 45ff., Woermanns Notiz für den Führer, 7. 10. 1938.

23 SÚA, AA, Bl. 199197ff., 213658ff., 199186ff., Kart. 12. *Hencke*, Augenzeuge, S. 239ff.

kennung der Tschechoslowakei als Deutschlands Protektorat mit allen daraus hervorgehenden Folgen erreichen könne. Für die deutsche Ersatzgarantie, so überlegte man, sollte eine Rechnung präsentiert werden: die Tschechoslowakei mußte mit ihrer Unterschrift unter den „Freundschaftsvertrag" auf ihre Souveränität verzichten — außenpolitisch, militärisch und wirtschaftlich expressis verbis, auf allen übrigen Gebieten via facti. Diese Lösung könnte allerdings nur als Vorstufe der „endgültigen" Teilung der Tschechoslowakei betrachtet werden. Hitler entschied, daß dies dazu nicht mehr nötig sei.

Zwei Tage danach, am 17. Dezember, gab das OKW den Nachtrag zur Weisung vom 21. Oktober heraus.[24] Keitel informierte dort über Hitlers Befehl zur „Erledigung der Rest-Tschechei". Die Bearbeitung des „Falles" sollte unter der Voraussetzung erfolgen, daß kein nennenswerter Widerstand zu erwarten sei, also nach außen als eine Befriedungsaktion erscheine und nicht als eine kriegerische Unternehmung.

Die Weisung vom 21. Oktober und der Nachtrag vom 17. Dezember kennzeichnen die Wegstrecke, die das faschistische Deutschland mit Hilfe der kollaborierenden tschechischen, slowakischen und karpato-ukrainischen Bourgeoisie und der reaktionären Regierungen Polens und Ungarns, unter dem Schutz der anglo-französischen Appeasementpolitik, in der politischen, wirtschaftlichen und militärischen Wehrlosmachung der Tschechoslowakei zurückgelegt hatte.

Die eigentliche, durch die Weisung des OKW vom Oktober und Dezember vorgesehene Durchführung der Operation gegen die Tschechoslowakei setzte Hitler zum Frühjahr 1939 fest. Nach München hielt er militärische Aktionen in der Zeit vom Oktober bis März für unmöglich.[25]

Ab Mitte Januar traten die militärischen Vorbereitungen in ihr Endstadium. Den zum Einsatz bestimmten militärischen Formationen wurden die ersten operativen Befehle am 12. Januar ausgegeben, noch ohne genauen Termin für den Y-Tag.[26] Staatssekretär Weizsäcker bezeichnete sich allerdings in einer, Hitlers Rede in Friedrichsruh kommentierenden Notiz vom 13. Februar als denjenigen, „der weiss, dass in ca. 4 Wochen die Resttschechei den Todesstreich erhalten soll".[27] Am 8. März verkündete dann Hitler auf einer Versammlung der führenden Vertreter der Wirtschaft, der NSDAP und des Militärs den genauen Termin: „. . . nicht später als am 15. März."[28]

Am 10. März wurde ein genauer Zeitplan festgesetzt, und nachmittags zwischen 17.52 Uhr und 18.25 Uhr sandte der Generalstab des Heeres Marschbefehle an die Generalkommandos der Armeekorps, auch für die SS-Verbände, die bei den Operationen eingesetzt werden sollten. Der A-Tag wurde für den 12. März bestimmt, die Stunde des Abmarsches in die Aufmarschgebiete auf 12 Uhr, der Y-Tag auf den 15. März, allerdings mit der Anmerkung, daß Hitler sich die Entscheidung über die konkrete Stunde der Grenzüberschreitung vorbehalte.[29]

24 *IMG*, Bd. 34, S. 483f., Dok. 138-C.
25 *ADAP*, Serie D, Bd. V, Dok. 272, S. 302—306, Hitler zu István Csáky 16. 1. 1939. Da unmittelbar nach der Okkupation der Tschechoslowakei die „Lösung" der Memel-Frage folgen sollte, bestätigten den März-Termin Hitlers Weisungen, die er Mitte Dezember 1938 dem Führer der Memel-Nazis Ernst Neumann gegeben hatte. Er plante die Annexion des Memelgebietes Ende März—Mitte April. *ADAP*, Serie D, Bd. V, Dok. 381, S. 421.
26 ZStA, Potsdam, FS, Filme 43346 und 16325, Dokumentation zur militärischen Vorbereitung.
27 *Die Weizsäcker-Papiere*, Berlin (West) 1974, S. 150.
28 *Anatomie*, Dok. 88, S. 204f.
29 ZStA, Potsdam, Film 16325, Aufn. 6252056ff., Kriegstagebuch der 5. Abt. des Generalstabs des Heeres.

In der zweiten Februarhälfte arbeitete Weizsäcker ein Dokument aus, in dem er darlegte, wie man bei „einer territorialen Bereinigung des tschechoslowakischen Problems" eine „im In- und Ausland zugkräftige Parole" finden könne. „Militärisch müsste unser Vorgehen überraschend, politisch dagegen recht naheliegend und gewissermassen zwangsläufig erscheinen." So formulierte er das Grundprinzip und legte in elf Punkten einen Plan vor, wie das zu erreichen sei.[30]

Inwieweit Weizsäckers Vorschläge den Verlauf der deutschen Aggression wirklich beeinflußten, ist schwer zu beurteilen. Doch die politische und propagandistische Vorbereitung stimmte mit ihrem Ablauf überein.[31] Das widerspiegelte sich auch in den Anweisungen des Goebbels-Ministeriums an die deutsche Presse und den Rundfunk: „Es ist also das natürliche Ziel unserer Haltung, den Film als inneren Auflösungsprozess abrollen zu lassen, bei dem jede deutsche Aktion die zwangsläufige Folge eines innertschechoslowakischen Vorganges ist."[32]

Im Vordergrund stand nun die Aufgabe, „Hilferufe der Deutschen in der Tschechei" zu organisieren. Innerhalb der neuen tschechoslowakischen Grenzen blieben ungefähr 235000 Deutsche in Böhmen und Mähren, 143000 in der Slowakei und in der Karpato-Ukraine (inklusive über 28000 sich zur deutschen Nationalität meldender Personen jüdischer Religion).[33] Diese deutsche Minderheit reagierte auf die nach München entstandene Situation verschieden. Ihre militanten Elemente strebten nach der deutschen Annexion weiterer tschechoslowakischer Gebiete; ihre Aktivität äußerte sich auch in provokatorischen Versuchen, die die Reichsregierung zur Okkupation der „Rest-Tschechei" zwingen sollte. Das wurde vorläufig von Berlin aus gebremst, ebenso wie die Bestrebungen der in der ČSR ansässigen Deutschen, in das Reichsgebiet zu übersiedeln. Die „Flucht ins Reich" hätte die „Reichssendung" der deutschen Minorität gefährden können. Deshalb mußten auch die deutschen Hochschulen in Prag und Brünn bestehenbleiben und ihre Studenten in überwiegender Mehrheit aus dem Sudetengebiet rekrutiert werden.

Mit dem sich nähernden Frühjahr 1939 kam die Zeit, die falsche Karte der „persequierten" Deutschen in der Tschechoslowakei zu aktivieren. Mitte Februar gab Goebbels Weisungen, daß Nachrichten über die Verbesserung des deutsch-tschechoslowakischen Verhältnisses unerwünscht seien.[34] Der Führer der deutschen Volksgruppe, Ernst Kundt, wurde angewiesen, die eingeleiteten Verhandlungen mit der Regierung über die Errichtung eines Ministeriums für volksdeutsche Fragen zu unterbrechen.[35] Kundt selbst wurde nach Berlin abberufen und kehrte nach Prag erst mit der Okkupationsarmee zurück. Der Führer der deutschen faschistischen Studenten in Prag, der Hauptorganisator der je nach Bedarf hervorgerufenen Provokationen, Rudolf Meckel, mußte zur Volksdeutschen Mittelstelle nach Berlin fahren, um Instruktionen zu erhalten.[36] Nach seiner Rückkehr bekam er am 12. März,

---

30 *Weizsäcker-Papiere*, S. 150 ff.
31 Eingangs seiner Analyse bevorzugte Weizsäcker die Expansion gegen Polen mit der Begründung, daß das „der im Inland populärste, dem Ausland verständlichste nächste Akt der deutschen Außenpolitik" sein würde. Im Text fehlt jedoch jede Spur einer Ablehnung der Aggression gegen die Tschechoslowakei.
32 ZStA, Potsdam, Film 57195, Brammer-Material.
33 Nach einem Elaborat des Innenministeriums, das die Angaben der Volkszählung 1930 in die neuen Grenzen projizierte; SÚA, PMR, Kart. 4146, Beilage des Protokolls der Regierungssitzung 10. 1. 1939.
34 *Fritz Sänger*, Politik der Täuschungen, Wien 1975, S. 286f.
35 SÚA, AA, Bl. 19582, Kart. 3, Tel. Weizsäcker Nr. 48/24. 2. 1939 an Ges. Prag.
36 Ebenda, Bl. 19570, Günther Altenburg, Nr. 59/9. 3. 1939 an Ges. Prag.

am deutschen Heldengedenktag, das Signal: „Sofort Aktionen starten".[37] Die ausgehändigten Hakenkreuzfahnen und deutsche Demonstrationen sollten eine passende Gelegenheit geben, Zwischenfälle zu provozieren. Nach den Meldungen der Prager Gesandtschaft und auch des Brünner Konsulats war der Effekt aber gering.[38] Trotzdem sollte ein im Auswärtigen Amt vorbereitetes Telegramm an die Prager Regierung die deutsche Aggression mit den Hilferufen der „unmenschlicherweise" verfolgten Volksdeutschen rechtfertigen.[39] Presseanweisungen der deutschen Presse vom 13. März gaben den Auftrag zu deklarieren: „Durch die unmittelbaren Angriffe auf das Deutschtum in Böhmen und Mähren ist Deutschland unmittelbar betroffen."[40]

Falls der vorbereiteten Aggression wenigstens eine pseudolegale Tarnung gegeben werden sollte, so lag der Schlüssel dazu allerdings nicht bei den tschechoslowakischen Deutschen, sondern in der Slowakei. Mit Recht stellte Weizsäcker die „Selbständigkeitserklärung der Slowakei" an die erste Stelle seines „Drehbuchs" zum 15. März 1939.

Anfang Dezember 1938 analysierte der britische Gesandte in Prag, Basil Newton, die Frage, ob die Unabhängigkeit der Tschechoslowakei so weit verloren sei, daß man die sich daraus ergebende Situation als veränderte Grundlage für die am 4. Oktober von der britischen Regierung als gültig deklarierte Garantie für die Tschechoslowakei annehmen könne. Newton beantwortete diese Frage negativ. Erst die Abtrennung der Slowakei würde eine Situation schaffen, die die Verpflichtung der britischen Regierung hinfällig machen würde.[41]

Um solch eine Situation zu erreichen, vermittelte Hitler Mitte Februar der Slowakei durch Tuka eine nachdrückliche Drohung. Falls es mit der Tschechoslowakei „zu einer grossen Lösung" käme, sähe er schwarz auch für die Slowaken. „Mitgefangen, mitgehangen." Eine selbständige Slowakei aber könne er — zum Unterschied von der Tschechoslowakei — garantieren.[42]

Bei den Verhandlungen mit der Delegation der slowakischen Regierung am 28. Februar verlangte Göring für jedwede ökonomische Hilfe die Abtrennung der Slowakei. Darüber wurde die tschechoslowakische Regierung am 9. März vom slowakischen Minister Pavol Teplanský vertraulich informiert. Chvalkovský suchte noch im Laufe dieser Regierungssitzung den Chargé d'affaires der deutschen Gesandtschaft Andor Hencke auf und wollte wissen, ob es tatsächlich der Wunsch der Reichsregierung sei, die Slowakei von Prag loszutrennen.

Über Henckes Reaktion gibt es verschiedene Angaben.[43] Er bekam zwar später von Ribbentrop die Weisung, auf Chvalkovskýs Frage nicht einzugehen, aber offensichtlich erklärte er das tschechoslowakische Verhältnis als interne Angelegenheit der Tschechoslowakei, bzw. äußerte sich derart, daß die tschechoslowakische Regierung es für möglich hielt, in der Slowakei militärisch einzugreifen. Noch in der Nacht vom 9. zum 10. März setzte Hácha die slowakische Regierung unter Tiso ab. In die Slowakei wurden verstärkte Heeres- und Gendarmerieverbände gesandt, das Standrecht verkündet, öffentliche Gebäude mili-

---

37 Ebenda, Bl. 19555, Altenburg, Nr. 65/12. 3. 1939 an Ges. Prag.

38 ZStA, Potsdam 09.01, 61171, Bl. 78, Hencke Nr. 104/13. 3. 1939. Auch Bericht des Konsulats Brünn 12. 3. 1939 an Ges. Prag, SUA, AA, Bl. 19553, Kart. 3.

39 ZStA, Potsdam 09.01, 61171, Bl. 53—54.

40 ZStA, Potsdam, Film 57195, Brammer-Material, 13. 3. 1939.

41 *DBFP*, Serie 3, Bd. III, Dok. 414, S. 414ff.

42 *ADAP*, Serie D, Bd. IV, Dok. 168, S. 183ff.; Hitler — Tuka, 12. 2. 1939.

43 *Hencke*, Augenzeuge, S. 268f.; *ADAP*, Serie D, Bd. IV, Dok. 184, S. 200f.; *Karol Sidor*, Moje poznámky k historickým dňom (Meine Bemerkungen zu den historischen Tagen), Bratislava 23. 3. 1939.

tärisch besetzt und Verhaftungen von radikalen Separatisten vorgenommen. Diese Demonstration der Stärke durch die Zentralregierung diente Hitlerdeutschland — ob sie nun von Berlin aus provoziert wurde oder nicht — als Deckmantel für die Aggression, die „nicht später als am 15. März" erfolgen sollte und deren unmittelbare militärische Vorbereitung schon angelaufen war.

Die durch den militärischen Eingriff Prags in der Slowakei verursachten Geschehnisse dramatisierten die Situation. Der nach Wien geflüchtete profaschistische Minister der abgesetzten Tiso-Regierung Ďurčanský war zwar bereit, von dort aus den slowakischen Staat zu verkünden und von Hitler „Schutz" zu fordern, aber weder die Mehrheit der Hlinka-Parteileitung mit Tiso noch der neu ernannte Vorsitzende der slowakischen Regierung, Karol Sidor, konnten sich in der konkreten innen- und außenpolitischen Situation entschließen, den „evolutionären" Weg zu verlassen und die Loslösung der Slowakei von der Tschechoslowakei mit den Methoden und in dem Tempo zu verwirklichen, die die deutsche militärische Planung diktierte. Ohne Hitlerdeutschland konnte die herrschende slowakische politische Garnitur ihre Ziele nicht erreichen; aber bei der Verkündung der staatlichen Unabhängigkeit um Hitlers Hilfe zu bitten oder sogar die mittels verschiedenster Kontakte angebotenen deutschen militärischen Eingriffe anzunehmen, das mußte — wie übrigens die weitere Entwicklung bewies — den slowakischen Staat sofort in einen Vasallenstaat umwandeln. Deshalb blieben alle Druckaktionen erfolglos, ob sich nun Arthur Seyß-Inquart, Josef Bürckel oder Hitlers direkter Repräsentant Wilhelm Keppler in dieser Angelegenheit engagierten. Die Situation sei ziemlich „verkorkst", meldete Keppler am 12. März nach Berlin.[44]

Hitler reagierte unverzüglich mit der Aufforderung an Horthy-Ungarn, die Karpato-Ukraine zu besetzen. Für diese Operation setzte er einen äußerst kurzen Termin fest, um die Koordinierung mit dem deutschen Zeitplan zu erreichen. Italien wurde erst im letzten Augenblick von der radikalen Änderung in der deutschen Karpato-Ukraine-Politik informiert[45], die Regierung der Karpato-Ukraine vorher überhaupt nicht gewarnt. Diese und der karpato-ukrainische Landtag erklärten zwar am 14. März die Selbständigkeit der Karpato-Ukraine „unter dem Schutz Deutschlands", aber auf diese Mitteilung reagierte Ribbentrop mit der Weisung: „Nichts zu veranlassen."[46]

Hitler berief am 13. März die abgesetzten Tiso und Ďurčanský zu sich und machte ihnen scharfe Vorwürfe. Er habe den Anschluß der Slowakei an Ungarn verhindert und jetzt, nachdem er Keppler zu Sidor gesandt habe, lehne dieser die Verkündigung der Selbständigkeit ab. Es handele sich um Stunden, drohte Hitler. Wenn die Slowakei sich selbständig machen wolle, würde er ihren Bestand garantieren, sonst lasse er den Geschehnissen freien Verlauf. Ribbentrop fügte hinzu, daß Meldungen über ungarische Truppenbewegungen gekommen seien.[47] Tiso ließ darauf für den nächsten Tag den Landtag einberufen und brachte ihm Hitlers Ultimatum zur Kenntnis. Der Landtag verkündete daraufhin den Slowakischen Staat. Sein Territorium breitete sich auf 38 000 km² aus, worin 2,6 Millionen Einwohner lebten.

Nach der Okkupation von Prag ersuchte Tiso am 16. März um deutschen „Schutz", und zwei Tage später unterzeichnete er in Wien den Vertrag über das Schutzverhältnis zwischen dem Deutschen Reich und dem Slowakischen Staat, der dadurch bereits bei seiner

44 SÚA, AA, Bl. 489695, Kart. 32a, Aufzeichnungen Altenburgs 12. 3. 1939.

45 *Cianův deník* (Cianos Tagebuch), Prag 1948, S. 49, Eintragung 14. 3. 1939.

46 SÚA, AA, Bl. 19546 und 19533, Kart. 3.

47 *ADAP*, Serie D, Bd. IV, Dok. 202, S. 212ff.

Gründung der bedeutendsten Attribute seiner Souveränität entsagte.[48] Vor allem übernahm die deutsche Wehrmacht die Wehrhoheit in einer breiten Zone an der Grenze zwischen Slowakei und Protektorat bis zum Ostrand der Kleinen und der Weißen Karpaten und des Javornik-Gebirges.[49] In dieser Schutzzone hatte die deutsche Wehrmacht das Recht, jederzeit militärische Anlagen zu errichten und in der von ihr für notwendig gehaltenen Stärke besetzt zu halten. Im Laufe des Frühjahrs 1939 besetzte sie außerdem die Westslowakei bis zum Waagtal, entwaffnete die dortigen Besatzungen, bemächtigte sich militärischer Objekte, Lagerräume und Munitionsfabriken, transportierte militärisches und weiteres Material im Wert von ca. zwei Milliarden Kronen entschädigungslos ab.[50]

Durch den Schutzvertrag verpflichtete sich die Slowakei, ihre Außenpolitik „stets im engen Einvernehmen" mit Deutschland zu führen. Den Vertrag ergänzte ein vertrauliches Protokoll, das die Währungspolitik, den Außenhandel und die gesamte wirtschaftliche Entwicklung der Slowakei in deutsche Abhängigkeit brachte. Der Expansion der deutschen Monopole wurden Tür und Tor geöffnet.

Diese Art der Unterordnung der Slowakei war für die deutschen Machthaber vorteilhaft. Eine „Lösung" durch totale Okkupation hätte auch den letzten Rest der Pseudolegalität der Aggression gegen die Tschechoslowakei vernichtet. So jedoch wurde die aktive Zusammenarbeit der kollaborierenden slowakischen Bourgeoisie und deren politischer Repräsentanten mit Deutschland erzielt, die mit der Drohung der ungarischen Expansion in Schach gehalten werden konnten, denen aber gleichzeitig die lockende Hoffnung auf eine Revision der slowakischen Grenze mit Polen und in Zukunft vielleicht auch mit Ungarn in Aussicht gestellt wurde.

Die fortschreitende Kriegsvorbereitung kettete die regierende politische Garnitur der Slowakei noch mehr an das faschistische Deutschland. Es wurden Gerüchte verbreitet, daß der slowakische Staat ein „Geschäftsobjekt der deutschen Politik" werden solle. Der slowakische Gesandte in Berlin Matúš Černák ersuchte am 23. August 1939 das Auswärtige Amt, dies zu dementieren.[51] Anstelle des verlangten Dementis erging aus der Wilhelmstraße an die Gesandtschaft in Bratislava die Weisung, der slowakischen Regierung mitzuteilen, daß jederzeit mit polnischen Unternehmungen gegen die slowakische Grenze zu rechnen sei und daher die Verfügung der deutschen Wehrmacht über das slowakische Heer gegeben sein müsse. Diese Forderung wurde am 27. August derart erweitert, daß die Slowakei ihr Staatsgebiet freiwillig für den Aufmarsch deutscher Truppen zur Verfügung stellen sollte. Dafür verpflichtete sich Hitlerdeutschland, die Grenze gegenüber Ungarn zu garantieren und sich für die Rückgabe der im Jahre 1938 von Polen annektierten Grenzgebiete einzusetzen. Das slowakische Einverständnis war mit dem Wunsch verbunden, die Reichsregierung solle sich auch für die Rückgliederung der 1920 an Polen abgetretenen slowakischen Gebiete einsetzen. Der Gesandte Černák drängte

---

48 Text in *IMG*, Bd. 27, S. 218f., Dok. 1439-PS; Vgl. auch *Ladislav Hubenák*, Politika nemeckej ochrannej zóny na Slovensku roku 1939. (Die Politik der deutschen Schutzzone in der Slowakei im Jahre 1939), in: *Sborník archívních prací*, XVII, 1967, S. 318—409; *Hans Dress*, Slowakei und faschistische Neuordnung Europas, Berlin 1972, S. 58—66.

49 Schon am 25. 3. 1939 hatte Hitler Brauchitsch Weisungen gegeben für den Fall, daß die Slowakei aufgeteilt werden solle. In die Schutzzone sollten dann die ostwestliche Grenze (Neutrallinie) und Bratislava einbezogen werden (*IMG*, Bd. 38, Dok. 100-R, S. 274ff.).

50 Durch ein späteres Abkommen verzichtete die slowakische Regierung auf die Bezahlung. (Vgl. *Hubenák*, Dok. 75, S. 399).

51 *ADAP*, Serie D, Bd. VII, Dok. 222, S. 198.

Weizsäcker in dieser Sache noch am Vorabend des Überfalls auf Polen, am 31. August 1939.[52]

Die slowakische klerikalfaschistische Regierung verwickelte die Slowakei im Gegensatz zu den Interessen und zum Willen des slowakischen Volkes in den Krieg gegen Polen. Der Widerstandswille des Volkes zeigte sich z. B. bei der Mobilisierung, bei der mehr als ein Viertel der 160 000 Einberufenen (45 000 Mann) nicht antraten, wie auch bei antimilitärischen Demonstrationen, bei denen an mehreren Stellen die Soldaten den Abmarsch zur polnischen Front ablehnten, und schließlich beim Aufruhr der Garnison in Kremnica.[53]

Die tschechische politische Repräsentation hatte schon lange geprüft, ob das Intermezzo der Zweiten Republik zu Ende ging. Ein Signal war die Reise des Außenministers František Chvalkovský nach Berlin, wo ihn am 21. Januar 1939 Ribbentrop und Hitler mit Vorwürfen überschütteten, daß es Berans Regierung nicht gelungen sei, ein drastischeres Faschisierungstempo und einen höheren Kollaborationsgrad mit Deutschland durchzusetzen. Es war faktisch weniger ein Ultimatum an die tschechoslowakische Regierung, als an das tschechoslowakische Volk, das in überwältigender Mehrheit die Annahme der Folgen des Münchener Diktats als unabänderliche Sachlage ablehnte und danach auch handelte.[54] Chvalkovský ersuchte Hitler, die „Bewährungsfrist" für Berans Regierung und die von ihr repräsentierten politischen Kreise zu verlängern. Soweit es auf die Regierung ankam, realisierte sie alle von Hitler und Ribbentrop ausgesprochenen Forderungen eine nach der anderen, sogar die unausgesprochenen.

Die tschechoslowakische Armee wurde schneller reduziert und „genau nach den Wünschen von Berlin" reorganisiert. Zum früher unterzeichneten Abkommen über den Bau der exterritorialen Autobahn Breslau—Brünn—Wien kam ein Abkommen über deutsche militärische Eisenbahntransporte durch das tschechoslowakische Territorium. Die Bildung einer Außenorganisation der NSDAP und die Beflaggung mit der Hakenkreuzfahne wurden bewilligt. Es wurde akzeptiert, daß ein deutscher Repräsentant Mitglied der Regierung wurde. Als entsprechender Teil der Gold- und Devisendeckung der im besetzten Grenzgebiet eingezogenen Kronen wurden 481 Millionen Kronen, überwiegend in Gold, der Reichsbank übergeben; allerdings lehnte es die deutsche Seite ab, diese Frage in den Rahmen des völligen finanziellen Ausgleichs einzureihen und den entsprechenden Anteil der tschechoslowakischen Staatsschuld zu übernehmen. Weitere tschechische Zeitungen wurden verboten, weitere antijüdische Regierungsverordnungen schnellstens genehmigt und veröffentlicht. Die Franco-Regierung wurde de jure anerkannt.

Überdies sandte Berans Regierung den Kabinettschef des Außenministers, Hubert Masařík, nach Berlin mit einem Verzeichnis der nach dem 21. Januar erfüllten Forderungen und mit der Bitte um Übermittlung weiterer deutscher Wünsche. Masařík wurde im Auswärtigen Amt nur vom Referenten für tschechoslowakische Angelegenheiten, Günter Altenburg, empfangen, dessen Aufzeichnung mit der Randbemerkung „Führer desinteressiert" ad acta gelegt wurde.[55] Mit ähnlichem Mißerfolg antichambrierten in Berlin — mit Berans Wissen und Segen — die verschiedensten obskuren, ausgesprochen faschistischen

52 Ebenda, Dok. 214, 222, 237, 401, 468, 488, S. 192, 198, 211 f., 330, 381 f., 395.

53 *Dějiny Slovenska* (Geschichte der Slowakei), Bd. V, Bratislava 1985, S. 391.

54 *ADAP*, Serie D, Bd. IV, Dok. 158 u. 159, S. 167 ff. Die Prager Gesandtschaft charakterisierte in ihrer Berichterstattung für Berlin „die Stellung der Regierung dem Volk gegenüber" als „recht schwierig". Die Ursache dazu erläuterte Hencke mit der weitverbreiteten Anekdote, daß Chvalkovský zur Zeit „Stenografie lerne, um dem Diktat schneller nachkommen zu können". Ebenda, Dok. 161, S. 177 ff.

55 Ebenda, Dok. 177, S. 192—195, Altenburgs Aufzeichnungen dieser Unterredung 1. 3. 1939.

Elemente, z. B. aus der „Akne národní obrody", die sich als Alternative zur gegenwärtigen Regierung legitimieren wollten und darlegten, welche Vorteile die weitere formelle Erhaltung der tschechoslowakischen Staatsexistenz Deutschland bringen würde.

Um die Monatswende Februar/März bewarb sich Chvalkovský um einen neuen Empfang in Berlin, der für spätere Zeit versprochen wurde. Die Berichte über Tisos Reise zu Hitler und über die Konzentration von deutschem Militär an den tschechoslowakischen Grenzen, die Hetze der nazistischen Presse und des Rundfunks, die die Situation nach Goebbels' Weisungen hysterisierte, vertrauliche Informationen des Nachrichtendienstes über die bevorstehende deutsche Aggression, die Unmöglichkeit, die Vorhaben der deutschen Regierung bei Hencke in Prag oder beim Auswärtigen Amt in Berlin zu klären, führten schließlich dazu, daß sich Hácha am 13. März entschied, persönlich bei Hitler um Audienz nachzusuchen.[56]

Durch ein kompliziertes diplomatisches Spiel, das Telegramme und Telefongespräche zwischen der Prager Gesandtschaft und der Berliner Zentrale dokumentieren, erreichten es Hitler und Ribbentrop, daß Hácha und Chvalkovský erst in den Abendstunden des 14. März in Berlin ankamen, als die militärische Aggression bereits im Gange war.[57] Das erfuhren beide bei ihrer Ankunft, jedoch mußten sie noch vier, fünf Stunden warten, bevor sie zwischen ein und zwei Uhr nachts von Hitler empfangen wurden. Das war ungefähr acht Stunden, nachdem die deutsche Wehrmacht die tschechoslowakische Grenze im Ostrauer Gebiet überschritten und die Einsatztruppen der Sicherheitspolizei mit Verhaftungen begonnen hatten.

Hitler teilte Hácha mit, daß am nächsten Tag um 6 Uhr von allen Seiten her die deutsche Armee in die Tschechei einrücken und die deutsche Luftwaffe die Flughäfen besetzen würde. Auf jedes tschechische Bataillon käme eine deutsche Division. Als Alternative bezeichnete er: Vernichtender Kampf oder großzügige Autonomie.[58] Unter dem Druck dieser Drohungen gab Hácha nach Prag den telefonischen Befehl, die Armee solle sich nicht zur Wehr setzen. Nach weiterer Erpressung unterschrieb Hácha schließlich gemeinsam mit Chvalkovský eine deutsch-tschechische Erklärung, in der stand, daß er das Schicksal des tschechischen Volkes und Landes in die Hände des „Führers" lege und daß Hitler „das tschechische Volk unter den Schutz des Deutschen Reiches" nehmen und eine „autonome Entwicklung seines völkischen Lebens" gewährleisten werde.[59]

---

56 Vgl. ZStA, Potsdam, FS, Film 44321, Henckes Verhör in Nürnberg 17. 8. 1947; *Hencke*, Augenzeuge, S. 287—295; Henckes Depeschen Nr. 107, 111 u. 112/13. 3. 1939, 116/14. 3. 1939. SÚA, AA, Bl. 17610f., 17604f., 17598, Kart. 1; *ADAP*, Serie D, Bd. IV, Dok. 204, 216, S. 215, 222f.

57 Vgl. Tagebucheintragung des Generals Eduard Wagner 14. 3. 1939: „Heute Abend sind Mährisch-Ostrau und Friedeck kampflos besetzt worden und morgen früh 6 Uhr findet der Einmarsch in Böhmen und Mähren statt. . . . Ende der Tschechei!" *Der Generalquartiermeister*. Briefe und Tagebuchaufzeichnungen des Generalquartiermeisters des Heeres, General der Artillerie Eduard Wagner, München/Wien 1963, S. 81. In Wirklichkeit kam es abends am 14. 3. bei Friedeck/Misteck zu Zusammenstößen der Spitze der deutschen Truppen mit einem tschechischen Infanterieregiment. Vgl. Mitteilungen des OKW an das AA, SÚA, AA, Bl. 202341, Kart. 12.

58 Háchas Aufzeichnung v. 20. 3. 1939, in: *Dokumenty z historie československé politiky 1939—1943* (Dokumente aus der Geschichte der tschechoslowakischen Politik 1939—1943), Bd. II, Prag 1966, Dok. 344, S. 420ff.; Hewels Aufzeichnung: *ADAP*, Serie D, Bd. IV, Dok. 228, S. 229ff.; Vgl. auch *Adolf Hitler*. Monologe im Führer-Hauptquartier 1941—1944, München 1982, S. 197.

59 *Dokumenty*, Bd. II, Dok. 340, S. 417.

Am 16. März unterzeichnete Hitler auf der Prager Burg den Erlaß über die Errichtung des „Protektorats Böhmen und Mähren" als „Gebiet des Großdeutschen Reiches".[60] Im Rahmen dieses Gebiets sollte das Protektorat autonom sein und sich selbst verwalten, aber die Autonomie sollte „im Einklang mit den politischen, militärischen und wirtschaftlichen Belangen des Reiches" ausgeübt werden. Das Reich behielt sich vor, Rechtsvorschriften mit Gültigkeit für das Protektorat zu erlassen, Verwaltungszweige dort in eigene Verwaltung zu übernehmen und dafür die erforderlichen reichseigenen Behörden zu errichten. Der Reichsprotektor wurde zum Vertreter des Führers und Reichskanzlers und zum Beauftragten der deutschen Regierung bestimmt. Er hatte das Recht, die Mitglieder der Protektoratsregierung zu bestätigen und abzuberufen. Sein Einspruch gegen die Verkündigung von Gesetzen, Verordnungen und sonstigen Rechtsvorschriften sowie gegen den Vollzug von Verwaltungsmaßnahmen und rechtskräftigen gerichtlichen Urteilen war endgültig.

Die Okkupation schloß den Prozeß ab, in dem die tschechische Bourgeoisie ihre Herrschaft über die Nation verlor. Formell wurde der tschechischen Nation im Rahmen des Reiches die „Autonomie" belassen, eine Regierung, autonome Verwaltung, sogar ein Staatspräsident. Jede Entscheidung der Protektoratsinstitutionen, von den höchsten bis zu den niedersten, konnte jedoch mit Berufung auf die Reichsinteressen verboten oder, im Gegenteil, jede beliebige Maßnahme erzwungen werden. Die Proklamation der „Autonomie" sollte Hitlerdeutschland zur Tarnung der faktischen Machtlage und der faschistischen Endziele bei der „Lösung der tschechischen Frage" dienen, außenpolitisch und auch der tschechischen Nation gegenüber. Ebenso wurde die „Autonomie" — Konzeption der Okkupationspolitik als effektivste Methode zur Mobilisierung der materiellen und menschlichen Reserven des tschechischen „Raumes" für den Krieg anerkannt.

Bemerkenswert ist, daß Hitlers Erlaß über die Errichtung des Protektorats Böhmen und Mähren sich nicht auf Háchas Einverständnis berief. Das war kein Versehen. In Hitlers Bewußtsein spielte die Tatsache eine Rolle, daß kein Staatsoberhaupt auf der ganzen Welt das Recht hat, durch persönliche Entscheidung die staatliche Selbständigkeit seines Landes zu annullieren. Hitler begründete gegenüber Karl Hermann Frank seine Entscheidung: Die Errichtung des Protektorats solle auf keinem völkerrechtlichen Vertrag zwischen dem Reich und Böhmen-Mähren beruhen, sondern der „Hoheit des Reiches" entspringen. Damit sprenge Deutschland „die Ketten unserer zu engen Volkspolitik", und „dann machen wir europäische Politik"![61]

In der Edition der Dokumente der britischen Außenpolitik gibt es ein auf den 15. März bezogenes Kapitel mit dem Titel „The German violation of the Munich Agreement and the destruction of Czech independence". Dieser Titel trifft auf den 15. März tatsächlich zu; aber die Beschlüsse des Münchener Abkommens wurden schon von den ersten Oktobertagen 1938 an vom faschistischen Deutschland zielbewußt verletzt. Zum Verlust der tschechoslowakischen Unabhängigkeit kam es auch infolge der Münchener Politik der Westmächte, die die Tschechoslowakei Hitlerdeutschland opferten, um dessen Expansion gegen die Sowjetunion zu lenken. In diesem Sinne war der 15. März kein Rubikon, den

---

60 *RGBl.* 1939, I, S. 485ff. Laut Ribbentrop benutzte Hitler den Terminus „Protektorat" in der Beziehung Deutschlands zu der Tschechoslowakei zum ersten Mal im Jahre 1935 bei seiner Unterredung mit einem amerikanischen Journalisten. Ribbentrops Verhör 22. 7. 1945, SÚA-MS, Kart. 2104, Protokoll S. 7.
61 *Ernst Frank*, Karl Hermann Frank. Staatsminister im Protektorat, Heusenstamm 1971, S. 76f.

Hitler überschritt[62], sondern nur die Vollendung von München. Über das, was „verletzt" worden war, äußerte sich der französische Außenminister Georges Bonnet zu dem deutschen Botschafter in Paris: „Vor dem 15. März wären einer Regelung der Ostfragen diesseits wohl keine grossen Hindernisse in den Weg gelegt worden. Jeder Realpolitiker hätte nach München gewusst, dass man die Tschechoslowakei Deutschland ausgeliefert hätte. Wenn sich das damals Geschaffene als unhaltbar erwies, so hätte nach einer Konsultation mit dem Vertragspartner auch dieser Zustand geändert werden können, aber nicht nach wenigen Monaten durch einen Gewaltakt."[63] Deutschland verletzte die von Halifax am 19. November 1937 Hitler angebotene[64] und in München angewandte Prozedur. Nicht die „Revision" von München war entscheidend für die britische und französische Reaktion auf den 15. März, sondern die „Revision des *Verfahrens* von München", betont Martin Broszat.[65]

Das britische Außenministerium rechnete vor dem 15. März damit, daß die deutsche Wehrmacht in Prag einmarschieren und — wie F. K. Roberts Memorandum es euphemistisch ausdrückte[66] — dort „die deutsche Konzeption des Dominion-Statuts" einrichten würde. Die britischen Überlegungen, wie es eigentlich um die britische Garantie der tschechoslowakischen Grenzen stehe, gipfelten in dem Resümee: Unter keinen Umständen hätte die Regierung locus standi für jede Initiative. Bemerkbar machte sich diese Haltung in dem Tagebucheintrag des Unterstaatssekretärs im Foreign Office, Alexander Cadogan, der diese Erwägungen weiterentwickelte: „Die Frage ist, wie unser Gesicht zu wahren. Mit kleinstem Prestigeverlust wäre dies *nach* dem Geschehen ein Ausdruck der Missbilligung."[67]

Die britischen und französischen Beschwichtigungspolitiker mußten das unumgängliche Dekorum wahren und benötigten daher die Anerkennung dieses politischen Bedürfnisses von seiten der deutschen Regierung. Deshalb betonte Henderson in seinen Unterredungen mit Weizsäcker am 14. März „die äusserste Wichtigkeit der Form, wie Deutschland die Situation bewältigt"[68], und Weizsäcker versicherte ihm, daß die deutsche Regierung wünsche, die Sache „auf anständige Weise" zu erledigen.[69] Überdies sei sie in der tschechoslowakischen Angelegenheit „von altruistischen Erwägungen" geleitet.[70] Deswegen war Bonnet am Tag der Okkupation von Prag so entrüstet — wie vom britischen Botschafter in Paris gemeldet wurde[71] — über „*unnötige* (meine Hervorh. — M. K.) Brutalitäten und Gangstermethoden". Noch einen Tag vorher hatte Bonnet sein Bedauern darüber geäußert, daß Frankreich im vorigen Herbst beinahe für einen lebensunfähigen Staat in den Krieg gezogen wäre[72], aber jetzt war ihm die deutsche Regie der „inneren Zersetzung der Tschechoslowa-

62 So bezeichnete ihn der britische Botschafter in Berlin, N. Henderson, einer der verblendetsten Vorkämpfer der Beschwichtigungspolitik, in seinen Erinnerungen (*Failure of a mission*, London 1940, S. 214).

63 G. Bonnet — Johannes Welczeck, 19. 5. 1939. Deutsche Version: *ADAP*, Serie D, Bd. VI, Dok. 409, S. 448. Bonnets Aufzeichnung: *Documents diplomatiques français*, Serie 2, Bd. XVI, Dok. 232, S. 459f.

64 *ADAP*, Serie D, Bd. I, Dok. 31, S. 46—56, Halifax — Hitler, 19. 11. 1937.

65 *Martin Broszat*, Die Reaktion der Mächte auf den 15. März 1939, in: *Bohemia*, München, Bd. 8, 1967, S. 264.

66 *DBFP*, Serie 3, Bd. IV, Dok. 230, S. 238—251, F. K. Roberts Memorandum vom 13. 3. 1939.

67 *Diaries*, S. 156, Eintragung 14. 3. 1939.

68 *DBFP*, Serie 3, Bd. IV, Dok. 248, S. 250f.

69 Ebenda, Dok. 235, S. 244.

70 SÚA, AA, Bl. 484458f., Kart. 32a, Weizsäckers Aufzeichnung dieser Unterredung mit Henderson.

71 Ebenda, Dok. 270, S. 263, Eric Phipps 15. 3. 1939 an Halifax.

72 Ebenda, Dok. 234, S. 243, Phipps 14. 3. 1939 an Halifax.

kei" und der „Einwilligung" Háchas zu auffallend und schließlich von der totalen Okkupation der tschechischen Länder und eines Teils der Slowakei begleitet.

Sonst wurde der 15. März allerdings mit Erleichterungsgefühlen akzeptiert. Halifax sagte dem französischen Botschafter Charles Corbin offen, daß diese Geschehnisse einen kompensierenden Vorteil gebracht hätten, nämlich „ein natürliches Ende der einigermassen peinlichen Verbindung, in die wir gemeinsam mit den Franzosen verwickelt waren". Corbin stimmte zu.[73]

Bei der ersten Erörterung der deutschen Aggression in der Sitzung der britischen Regierung stellten sich Chamberlain und Halifax auf den Standpunkt, daß der Staat, dessen Grenzen England garantiert hatte, „zusammengebrochen" sei. Die britische Garantie sei doch nicht gegen etwas gegeben worden, was Halifax „moral pressure" nannte.[74]

In diesem Sinne trat Chamberlain am gleichen Tag im britischen Parlament auf. Der Versuch, die Tschechoslowakei durch die „Münchener Lösung" zu retten, sei nicht gelungen. Obwohl er eine milde Mißbilligung des deutschen Vorgehens äußerte, fügte er zum Text seiner vorbereiteten Rede hinzu, daß er die von ihm energisch verteidigte Münchener Politik fortsetzen werde.[75] Praktisch war die einzige britische Reaktion die Absage der Reise des Handelsministers Oliver Stanley nach Deutschland zum Abschluß der in Düsseldorf vor sich gehenden Verhandlungen zwischen den Vertretern der britischen und der deutschen Industrie. Trotzdem wurden diese Verhandlungen am 16. März planmäßig abgeschlossen und ein deutsch-englisches Abkommen über wirtschaftliche Zusammenarbeit unterzeichnet.

Chamberlains Haltung rief eine starke Welle von Protesten hervor, nicht nur von seiten der Labouropposition, sondern auch innerhalb der Konservativen im Parlament, in der britischen Presse, in der Öffentlichkeit. In Frankreich war die Empörung über die deutsche Aggression noch stärker, weil die Folgen für die Sicherheit des eigenen Landes unmittelbarer empfunden wurden.[76] Die französische Regierung drängte die britische Regierung, gemeinsam in Berlin zu protestieren, was aber in London auf Ablehnung stieß. Am 17. März teilte Paris schließlich mit, daß der französische Protest auch ohne entsprechenden britischen Schritt vorgetragen werde.[77] Inzwischen wurde durch die Aktivität des rumänischen Gesandten in London die dringliche Frage erhoben, wer als nächstes Opfer Hitlerdeutschlands an die Reihe komme.

Die Furcht vor der Isolation der britischen Regierung und vor dem Prestigeverlust in der Welt führten dazu, daß Chamberlain in seiner Rede am 17. März die faschistische Aggression eindeutig verurteilte, wobei er die rhetorische Frage stellte, ob der 15. März nur das Ende eines alten Abenteuers oder der Anfang eines neuen sei, oder tatsächlich ein Schritt

---

73 Ebenda, Dok. 280, S. 272f., Halifax 15. 3. 1939 an Phipps.

74 Vgl. *Keith Middlemas*, The Strategy of Appeasement. The British Government and Germany 1937—39, Chicago 1972, S. 439; *A. D. Čikvaidze*, Anglijskij kabinet nakanune vtoroj mirovoj vojny, Tbilissi 1976, S. 101—109.

75 Die Regierungserklärung bereitete Cadogan nach der Konsultation mit Chamberlain, Halifax und Horace Wilson vor. Cadogan hielt für das Wichtigste „saving our face" und ebendeshalb kommentierte er Chamberlains Improvisation in seinem Tagebuch: „Fatal!" Diaries S. 157, Eintragung 15. 3. 1939.

76 Vgl. *Karel Tichý*, Západoevropské velmoci a 15. březen 1939 (Die westeuropäischen Mächte und der 15. März 1939), in: *Sborník k problematice dějin imperialismu*, Bd. 11, 1981, S. 441—467.

77 Vgl. das Elaborat des tschechoslowakischen Exil-Außenministeriums über die Aktivität der tschechoslowakischen Gesandtschaft in Paris im März 1939. AFMZV, LA (Londoner Archiv), T 129.

zum Versuch, die Welt zu beherrschen.[78] Die britische Protestnote, die schließlich am 18. März nachmittags in Berlin übergeben wurde, unterschied sich von der französischen. Ihr fehlte die ausdrückliche Feststellung, daß die britische Regierung den neuentstandenen Status von Böhmen und Mähren nicht anerkennen könne.[79]

Die Sowjetunion war der einzige Verbündete, der schon im Herbst 1938 der Tschechoslowakei treu blieb und auch nachher bereit war, alle Bündnisverpflichtungen einzuhalten. Auch diesmal verurteilte die sowjetische Regierung sofort und eindeutig die Aggression gegen die Tschechoslowakei. Sie hob erneut die Notwendigkeit kollektiver Maßnahmen zur Verteidigung des Friedens und der Sicherheit in Europa hervor, die weiteren faschistischen Aggressionen einen Damm entgegensetzen würden. Über solche Maßnahmen sollte eine Konferenz unter Beteiligung der Sowjetunion, Großbritanniens, Frankreichs, Polens, Rumäniens und der Türkei verhandeln.[80] Die Vereitelung dieser Initiative und das weitere Vorgehen der britischen und der französischen Regierung bewiesen, daß ihre Münchener Politik den 15. März überlebt hatte. Dieser Tag bezeichnete nur den Anfang komplizierter Manöver, die das Ziel hatten, diese Politik in ihrer antisowjetischen Stoßrichtung fortzusetzen.

Die deutsche Wehrmacht besetzte am 15. März ein Gebiet von $48\,959$ km², in dem 7,5 Millionen Einwohner — davon nicht mehr als $250\,000$ Deutsche — lebten. Hitler übertrug die vollziehende Gewalt im „Protektorat Böhmen und Mähren" dem Oberbefehlshaber des Heeres Walther v. Brauchitsch, und dieser leitete sie weiter, für Böhmen an den Oberbefehlshaber der Heeresgruppe 3 Johannes v. Blaskowitz und für Mähren an den Oberbefehlshaber der Heeresgruppe 5 Wilhelm List. Als Chefs der Zivilverwaltung schlossen sich ihnen der Gauleiter von Reichenberg Konrad Henlein und der Reichskommissar für Österreich Josef Bürckel an, denen der längst vorbereitete zivile Okkupationsapparat unterstellt war. Die Struktur dieses Apparats stützte sich vor allem auf die von allen Reichsressorts delegierten Bevollmächtigten und Sachbearbeiter, die hauptsächlich auf der Ebene der Prager Regierung, der einzelnen Ministerien, der zentralen Institutionen und Landesbehörden eingesetzt wurden. Auf regionaler Ebene waren es die Oberlandräte und deren Stäbe.[81]

Dieser Apparat sollte die Zivilverwaltung nicht selbst ausüben, sondern in erster Reihe durch Befehle und Aufsicht die den Bedürfnissen der Okkupationsmacht entsprechende Tätigkeit der tschechischen Verwaltung sichern. Dazu war er nicht nur mit einer vom Auftrag des Oberbefehlshabers des Heeres eingeleiteten Kompetenz, sondern auch mit entsprechenden militärischen und polizeilichen Machtmitteln ausgestattet.

Eine besonders bedeutsame Rolle spielten die Formationen der Sicherheitspolizei und des Sicherheitsdienstes. Im Wirkungsbereich jeder Heeresgruppe war eine Einsatzgruppe gebildet, deren Einsatzkommandos sich in den regionalen Zentren niederließen.[82] Ihre erste Sorge war, in den Besitz der wichtigsten Akten des tschechoslowakischen Staatsapparates

78 *DBFP*, Serie 3, Bd. IV, S. 291, Dok. 308.

79 Ebenda, Dok. 308 u. 401, S. 291 u. 371.

80 *SSSR v bor'be*, S. 246f.

81 Dokumentation: *Stanislav Biman/Jaroslav Vrbata*, „Protektorát Čechy a Morava" v období vojenské správy („Protektorat Böhmen und Mähren" in der Zeit der Militärverwaltung), in: *Odboj a revoluce*, Prag, 2/1969, S. 156—241; 3/1969, S. 172—229.

82 Angaben über die Gliederung der Einsatzgruppen und der Einsatzkommandos, ihr Aufmarsch- und Tätigkeitsgebiet, über den Personalstand, Befehlshaber und Vertreter (SD-Führer) in: *Oldřich Sládek*, Zločinná role gestapa (Die verbrecherische Rolle der Gestapo), Prag 1986, S. 396—399.

zu kommen. Insbesondere interessierten sie die Unterlagen, die ihnen die Verfolgung aktiver Feinde des Faschismus und der Okkupation ermöglichen könnten.[83]

Der erste Schlag galt der Kommunistischen Partei, in deren konsequentem Antifaschismus und Kampfeswillen die Okkupanten die größte Gefahr für sich sahen. Auf Befehl des Chefs der Einsatzgruppe I Otto Emil Rasch vom 15. März kam es zu Massenverhaftungen von Kommunisten, die tschechische Polizei und Gendarmerie vornahmen. Alle irgendwie der kommunistischen Tätigkeit verdächtigen Personen sollten verhaftet werden. Später wurde die Fahndung auf alle marxistisch orientierten deutschen Emigranten aus den Sudeten, auf politisch tätige jüdische Emigranten, auf „Terroristen" und „Anarchisten" erweitert.[84] Diese Aktion „Gitter" wurde unter Ausnutzung der jahrelangen Erfahrungen der tschechischen Polizei durchgeführt, die ihre Kenntnisse über die kommunistische Bewegung der Gestapo und dem Sicherheitsdienst auslieferte. Insgesamt betraf die Aktion „Gitter" 5800 bis 6400 Menschen, von denen der Großteil zwar wieder entlassen, aber unter strenge polizeiliche Aufsicht gestellt wurde. Rund 1500 Personen wurden in Schutzhaft genommen und in Konzentrationslager überführt.[85]

Die Militärverwaltung endete in der Nacht vom 15. April 1939 mit dem Amtsantritt von Konstantin v. Neurath, den Hitler am 18. März zum Reichsprotektor ernannt hatte.[86] Mit dem Amt seines Staatssekretärs wurde der bisherige stellvertretende Gauleiter im Sudetengau, Karl Hermann Frank, betraut; mit dem Amt seines Unterstaatssekretärs Kurt Burgsdorff, ein erfahrener Verwaltungsfachmann, der sich bei der Annexion Österreichs als Vertreter des Reichsinnenministeriums bei Reichskommissar Bürckel bewährt hatte.

Welche grundlegenden Ziele und Methoden hatte die faschistische Besatzungspolitik im Protektorat Böhmen und Mähren? Ihre Endziele waren eindeutig: die „Endlösung der tschechischen Frage" in Gestalt der totalen Germanisierung der tschechischen Länder und die Vernichtung der tschechischen Nation als solche. Die konkrete Okkupationspolitik mußte natürlich die strategische Bedeutung des Protektoratsraumes respektieren. Dort konzentrierten sich annähernd 70 Prozent aller industriellen Produktion der Tschechoslowakei, vor allem die große Rüstungsindustrie. In höchstem Maße das tschechische Menschen- und Produktionspotential für die Kriegsmobilisierung auszunutzen, war nun die primäre Aufgabe der deutschen Okkupationspolitik, der die „Endlösung" untergeordnet wurde. Erst die Beherrschung Europas mittels eines siegreichen Krieges sollte die Voraussetzung für die „Endlösung" bilden. In der konkreten Okkupationspolitik sollten, unbeschadet der Festlegung dieser Priorität, Wege sowohl zu den nächstliegenden als auch zu den perspektivischen Zielen gefunden werden, um schon jetzt nach Möglichkeit auch den Endzielen näher zu kommen.

Über die Art und Weise sowie über die Fristen der einzelnen Etappen der „Endlösung" existierten verschiedene, in vielen Memoranden, Expertisen, Beratungsprotokollen, Korrespondenzen und anderen Dokumenten erhaltene Konzeptionen, deren Analyse den Rah-

83 Aufgrund der auf diese Weise erworbenen Kenntnisse gelang es z. B. insgesamt 1219 für den tschechoslowakischen Nachrichtendienst arbeitende Personen ausfindig zu machen. Himmlers Bericht v. 10. 8. 1939, in: *Walter Wagner*, Der Volksgerichtshof im nationalsozialistischen Staat, Stuttgart 1974, S. 485f.

84 SÚA-ÚŘ P-I-d-6310, Kart. 309, Bericht des Präsidiums der Landesbehörde in Prag.

85 Vgl. *Sládek*, S. 69.

86 Zur Geschichte seiner Ernennung: *M. Kárný*, K politické anatomii Konstantina von Neuratha (Zur politischen Anatomie von Konstantin von Neurath), in: *Sborník k problematice dějin imperialismu*, Bd. 18, Prag 1985, S. 241—293.

men dieses Beitrags überschreiten würde.[87] Natürlich widerspiegelten sie reale Interessen einzelner Machtgruppen. Keiner ihrer Autoren bezweifelte z. B. den vorübergehenden Charakter der Institution des Protektorats. Eine besondere Konzeption vertrat die Gauleitung Niederdonau, deren Streben darauf gerichtet war, den größten Teil Mährens in ihren Gau einzugliedern und Brünn zum Sitz der Gauleitung zu machen — und dies so bald wie möglich, noch vor Kriegsende. Anders waren die expansiven Vorstellungen der sudetendeutschen Bourgeoisie und ihrer im Sudetengau herrschenden politischen Repräsentanten, die die Abtrennung des Sudetenlandes von Böhmen und Mähren als „kampfgeborene Notlösung", welche „die zusammengehörigen Teile des böhmischen Raumes zerschnitt", abschaffen wollten[88]; anders wieder Neuraths und Franks Vorstellungen, die beweisen wollten, daß der Germanisierungsfeldzug gegen die tschechische Nation von einem Zentrum aus gesteuert und deshalb das Protektorat noch für längere Zeit erhalten werden müsse.

Aus den verschiedensten Anlässen verschärften sich später, im Krieg, diese Interessenkonflikte. So verlangte Neurath nach dem Polenfeldzug, bei der Aufteilung der Kriegsbeute, das im Herbst 1938 an Polen abgetretene tschechoslowakische Gebiet für das Protektorat.[89] Henlein dagegen unterbreitete alternative Lösungen, die im Zeichen einer weitgehenden territorialen Expansion des Sudetengaues standen und seine eigene Übersiedlung von Reichenberg nach Prag zum Ziel hatten.[90] Die mit dem Sieg im Westen verbundene Euphorie steigerte die Konflikte, besonders durch die aggressive Aktivität des Gauleiters von Niederdonau, Hugo Jury, bis Hitlers Eingriff dem im September 1940 ein Ende machte. Mit Berücksichtigung der bereits beginnenden Vorbereitungen des „Falls Barbarossa" verbot er jede weitere Erörterung über die territoriale Neuordnung des tschechischen „Raumes" und erinnerte nachdrücklich an die grundlegenden Prioritäten.[91]

Der Wehrmachtsbevollmächtigte beim Reichsprotektor, General Erich Friderici, ging in seiner Denkschrift vom 12. Juli 1939 zum „tschechischen Problem"[92] von den historischen Erfahrungen aus, daß die tschechische Nation durch Unterdrückung nicht zu vernichten sei. Da das „Radikalmittel einer physischen Ausrottung unter normalen Verhältnissen nicht möglich sei", blieben für Friderici nur zwei Methoden für das „Endziel": „Auswanderung und Abwanderung", kombiniert mit „Absorbierung im großdeutschen Raume". Alle Tschechen — als erstes die tschechische Führerschicht — sollten aus dem

87 Auswahl von Quellen: *Miroslav Kárný/Jaroslava Milotová*, Anatomie okupační politiky hitlerovského Německa v „Protektorátu Čechy a Morava". Dokumenty z období říšského protektora Konstantina von Neuratha (Anatomie der Okkupationspolitik Hitlerdeutschlands im „Protektorat Böhmen und Mähren". Dokumente aus der Ära des Reichsprotektors Konstantin von Neurath), in: *Sborník k problematice dějin imperialismu*, Bd. 21, Prag 1987. Einleitende Studie von M. Kárný. Vgl. auch *Václav Král*, Die Vergangenheit warnt, Prag 1960.

88 SÚA, Nachlaß Ziemke, Bericht des Vertreters des AA Kurt Ziemke vom 30. 8. 1940; *Kárný/Milotová*, Anatomie der Okkupationspolitik, Dok. 95/4, S. 252.

89 Vgl. SÚA-AA, Bl. 195887, Kart. 10, Woermanns Aufzeichnung vom 5. 10. 1939.

90 SÚA-109-4-84, Henleins Memorandum: Verflechtung des Gebietes Mährisch-Ostrau und Olsa (Teschen mit Auschwitz) mit dem Gau Sudetenland, 10. 10. 1939; *Kárný/Milotová*, Anatomie der Okkupationspolitik, Dok. 19, S. 64ff. (Auszug).

91 Vgl. SÚA-AA, Bl. 217412f., Kart. 16, Bericht Ziemke vom 5. 10. 1940; *Kárný/Milotová*, Anatomie der Okkupationspolitik, Dok. 96/7, S. 263f. — Hitlers Entscheidung wurde in vielen anderen Dokumenten erwähnt.

92 „Das tschechische Problem". Anlage zum Schreiben Friderici v. 12. 7. 1939, in: *Král*, Vergangenheit, Dok. 3, S. 44—48.

Protektorat auswandern oder aber sich als Einzelgänger im „großdeutschen Raum" zerstreuen, sich dort umstellen und sich schon in der nächsten Generation als Deutsche fühlen. An ihrer Stelle sollten in das Protektorat deutsche Elemente hineingebracht werden. Die Idee des Wehrmachtgenerals, die gesamte tschechische Einwohnerschaft, siebeneinhalb Millionen Menschen, durch importierte Deutsche zu ersetzen, war nicht nur verbrecherisch, sondern auch utopisch.

Im November 1937 plante Hitler — wie im Hoßbachprotokoll vermerkt[93] — „eine zwangsweise Emigration" von zwei Millionen Personen aus der Tschechoslowakei nach deren Okkupation, um eine spürbare Verbesserung der deutschen Ernährungslage zu erzielen. Im Jahre 1939 mußte er jedoch die Ansprüche der Kriegswirtschaft, die beschränkten deutschen Menschenreserven für die „Germanisierungs"ansiedlungen und die weiteren strategischen Pläne im Osten respektieren. Die Besiedlung des böhmischmährischen Raumes mit deutschen Volksangehörigen könne zur Zeit nicht durchgeführt werden, erklärte er bei seiner Unterredung mit Neurath am 9. Dezember 1939.[94] Vordringlich sei die Besiedlung der „Ostgaue", und schon dort reichten die zur Verfügung stehenden Deutschen nicht aus. „Mit dem tschechischen Volk müssen wir deshalb auf andere Weise fertig werden. Eine Evakuierung der tschechischen Bevölkerung komme unter den gegebenen Verhältnissen nicht in Frage", entschied Hitler.

Bei genauer Prüfung der Ansichten Hitlers über das tschechische Volk, als dessen Kenner er sich fühlte, finden wir später unter vielen herabwürdigenden Äußerungen auch Worte der Bewunderung oder auch Bedenken. „Jeder Tscheche ist der geborene Nationalist, der seinen Interessen alle anderen Verpflichtungen unterordnet. Man darf sich nicht täuschen, je mehr er sich beugt, um so gefährlicher wird er . . . Der Tscheche ist von allen Slawen der gefährlichste, weil er fleissig ist. Er hat Disziplin, hat Ordnung . . . Hinter einer gewissen Loyalität weiss er seine Pläne zu verbergen . . . Ich verachte sie nicht, es ist ein Schicksalskampf. Ein fremder Rassensplitter ist in unser Volkstum eingedrungen, einer muss weichen, er oder wir."[95] Daher meinte Hitler, daß bei der Liquidierung des tschechischen Volkes ein großer Teil eingedeutscht werden könne, natürlich mit der „Begründung", daß es sich dabei eigentlich um Regermanisierung handele.[96]

Aus Hitlers Konstruktion des „Schicksalskampfes" ergab sich auch seine Devise, daß jede Aktion der tschechischen Resistenz brutal unterdrückt und deren Träger vernichtet werden müßten.

Was den Weg zur „Endlösung" anbelangt, so wurde in der gesamten Planung Übereinstimmung über drei Methoden erreicht: individuelle Germanisierung, Aussiedlung und physische Vernichtung durch „Sonderbehandlung" — wobei man unterschiedlich abschätzte, wie große Bereiche jede einzelne Methode betreffen solle. Übereinstimmung in der Grundkonzeption, in den Zielen und Mitteln der Besatzungspolitik dokumentierten sowohl Neuraths und Franks Memoranden, die im Sommer 1940 Hitler vorgelegt wurden, als auch Neuraths Begleitschreiben. Neurath betonte, daß Frank seine Denkschrift unabhängig

93 *IMG*, Bd. 25, Dok. 386-PS, S. 410.
94 Neuraths Aufzeichnung vom 11. 12. 1939 für Frank und für Burgsdorff. SÚA-114-339-9/16 u. 18, Neurath
    11. 12. 1939 an Stuckart; *Kárný/Milotová*, Anatomie der Okkupationspolitik, Dok. 23, S. 74.
95 *Adolf Hitler*, Monologe im Führer-Hauptquartier 1941—1944, Aufzeichnung v. 25. 1. 1942, S. 227 f.
96 Ebenda, S. 243 f., Aufzeichnung 30. 1. 1942.

von ihm verfaßt habe und doch in seinen Gedankengängen zu demselben Ergebnis gekommen sei, so daß er sich dieser „voll anschließe".[97]

Manche Historiker interpretieren die Dynamik der Protektoratspolitik als permanenten Konflikt zwischen der „gemäßigten", von Neurath vertretenen Konzeption und ihrer „radikalen", von Frank repräsentierten Alternative.

Die Ernennung Neuraths am 18. März 1939 begründete Hitler in engem Kreise: „Er gilt in der angelsächsischen Welt als vornehmer Mann. International wird seine Ernennung beruhigend wirken, weil man darin meinen Willen erkennen wird, den Tschechen nicht ihr völkisches Leben zu nehmen."[98] Neuraths Persönlichkeit sollte auch eine schnellere „Pazifizierung" der tschechischen Länder beeinflussen, das tschechische Volk über die gegenwärtigen und künftigen Ziele der faschistischen Okkupationspolitik täuschen. Auch bei der tschechischen Bourgeoisie wollte man illusionäre Vorstellungen wecken, um sie leichter zur Kollaboration zu gewinnen. Die Tiraden über die Vorteile, die im Falle einer Assimilation auf das tschechische Volk im Reiche warten, klangen anders aus dem Munde Neuraths, des zum gemäßigten, konzilianten und weisen Staatsmann stilisierten „Edelmannes", als aus dem des militanten sudetendeutschen Tschechenhassers Frank. Neurath gehörte zu den anerkannt führenden europäischen Staatsmännern mit langjährigen diplomatischen Erfahrungen auf höchster Ebene. Frank war ein regionaler Politiker, der nur unter bestimmten Umständen als Vollzieher der Reichspolitik zur Macht gelangen konnte. Seine sudetendeutsche chauvinistische Beschränktheit brachte ihn um die Fähigkeit, politisch gewandt zu manövrieren.

Die Verwirklichung der Okkupationspolitik war selbstverständlich von konkreten Persönlichkeiten beeinflußt; die Spezifik der einzelnen Etappen kann jedoch nicht personifiziert werden. Im Grunde genommen gab es im Protektorat keineswegs zweierlei Politik, es gab nur zwei Seiten einer Politik, eine zweieinige Politik, die gleichzeitig von Neuraths und von Franks Saiten tönte. Später charakterisierte Heydrichs Nachfolger im Protektorat, Kurt Daluege, die von Hitler von Anfang an festgesetzte Grundlinie: „. . . einmal mit dem Holzhammer zugeschlagen und das andere Mal mit Zuckerbrot gelockt."[99] Die Charakteristik dieser Politik ist genau und ungenau zugleich. Von Anfang an wurde — in Dalueges Terminologie — gleichzeitig mit dem Holzhammer zugeschlagen und mit Zuckerbrot gelockt, wobei aber das Zuckerbrot nur unter der Drohung des Hammers locken konnte. Die politische „Sendung" Neuraths war nur in Verbindung mit jener Seite der faschistischen Okkupationspolitik denkbar, die Frank vorstellte, nicht nur als Höherer SS- und Polizeiführer, als Organisator des Terrors, sondern auch als Vollzieher der konkreten, alle Lebensbereiche des Landes betreffenden brutalen faschistischen Okkupationspolitik.

Obwohl Neurath auf Distanz zu den einzelnen repressiven Maßnahmen bedacht war, war er sich doch ihrer Notwendigkeit für die Okkupationspolitik bewußt, und dieses Bewußtsein limitierte die Grenzen seiner Konflikte mit Himmlers Apparat.

97 *K. H. Frank*, Denkschrift über die Behandlung des Tschechen-Problems und die zukünftige Gestaltung des böhmisch-mährischen Raumes, 28. 8. 1940. SÚA-109-4-85, Neurath, Aufzeichnung über die Frage der zukünftigen Gestaltung des böhmisch-mährischen Raumes. Beilage zu Neuraths Schreiben an Lammers vom 31. 8. 1940. Vgl..*Kárný/Milotová*, Anatomie der Okkupationspolitik, Dok. 101, 102, 103, S. 291—317. *IMG*, Bd. 33, Dok. 3859-PS, S. 252—259; *Král*, Vergangenheit, Dok. 6, S. 55—73.

98 *Albert Speer*, Erinnerungen, Berlin (West) 1970, S. 162.

99 Kurt Daluege 4. 7. 1943 an Wilhelm Stuckart, in: *Václav Král*, Otázky hospodářského a sociálního vývoje v českých zemích v letech 1938—1945 (Fragen der wirtschaftlichen und sozialen Entwicklung in den tschechischen Ländern in den Jahren 1938—1945), Bd. I, Prag 1957, S. 27.

Charakteristisch ist z. B. die Geschichte von Hitlers Erlaß, der seit dem 1. September 1939 die Position der deutschen Sicherheitspolizei im Protektorat regelte.[100] Neurath protestierte gegen den Entwurf im Juli bei Frick und Lammers mit dem Argument, daß dieser ohne sein Wissen vorbereitet worden und daß er, Neurath, auch sachgemäß mit der vorgeschlagenen Lösung nicht einverstanden sei.[101] Neuraths späteres Einverständnis wird in der historischen Literatur als durch den Druck des bevorstehenden Krieges erzwungen interpretiert. In Wirklichkeit — wie reichlich belegt[102] — gab Neurath bereits im Mai 1939 in einer persönlichen Verhandlung mit Heydrich sein Einverständnis zu der in Vorschlag gebrachten Regelung und bestätigte es mit seiner Unterschrift. Der im Juli entstandene Konflikt wurde offensichtlich nicht von Neurath, sondern von Burgsdorff hervorgerufen, dessen vorbereitete Einwendungen Neurath unterschrieb, ohne informiert worden zu sein, daß es sich um Einwendungen gegen den von ihm persönlich bereits genehmigten Text handelte.[103] Der Rückzug war danach natürlich unvermeidlich.

Einer der strittigen Artikel des Erlasses war, daß „zur Erhaltung der Sicherheit und Ordnung erforderliche Verwaltungsmaßnahmen auch ausserhalb der sonst hierfür bestimmten Grenzen" getroffen werden könnten. Die Bestimmung kam in analogen Verordnungen schon bei der Besetzung Österreichs und des Sudetengebietes zum Ausdruck. In beiden Fällen wurde ganz offen festgesetzt, daß Himmler diese Maßnahmen auch außerhalb der „gesetzlichen Grenzen" anwenden könne.[104] Für das Protektorat wurde eine unauffälligere Formulierung gewählt, das Wort „gesetzlich" ausgelassen, aber das Prinzip dieser grotesken Rechtsnorm, die das „Recht" zu gesetzwidrigem Vorgehen erteilte, blieb das gleiche. Dagegen hatte Neurath im Mai keine Einwände. Erst im Juli unterschrieb er Burgsdorffs Einwendungen, daß dieses Recht auf Unrecht nur dem Reichsprotektor vorbehalten bleiben bzw. daß Himmler es nicht im „Benehmen", sondern im „Einvernehmen" mit dem Reichsprotektor anwenden solle. Das Prinzip selbst wollte er keineswegs ablehnen.

Die Grenzen der Konflikte Neuraths mit Himmlers Apparat kann man im Zusammenhang mit der Aktion „Albrecht der Erste" verfolgen. Ende August 1939 ließ Neurath eine Warnung ergehen, die als Sabotageakte gegen die Interessen des Großdeutschen Reiches nicht nur faktische Widerstandstätigkeit bezeichnete, sondern auch jede Nichtbefolgung einer Weisung jeder beliebigen Reichsbehörde. Neurath drohte mit strengen Strafen nicht nur für einzelne Täter; er machte die gesamte tschechische Bevölkerung für solche „Straftaten" verantwortlich. Neuraths Warnung diente als ideologische Begründung der Massen-

---

100 *RGBl.*, T. I., S. 1681, Verordnung über den Aufbau der Verwaltung und die Deutsche Sicherheitspolizei im Protektorat Böhmen und Mähren.

101 SÚA-ÚŘP-II. d., Kart. 30, Neurath, 14. 7. 1939, an Frick und Lammers. Neurath, 18. 7. 1939, an Frick.

102 *Kárný/Milotová*, Anatomie der Okkupationspolitik, Dok. 25—26, S. 76ff., Dok. 29—35, S. 87ff.

103 „Unter Bezugnahme auf das heute vormittag geführte Ferngespräch" sandte Werner Best vom SS-Sicherheitshauptamt am 29. 7. 1939 an Burgsdorff Neuraths Schreiben an Frick v. 18. 7. 1939 im Original und Fotokopien aller strittigen Dokumente mit Neuraths Genehmigung (SÚA-ÚŘP-II. d., Kart. 30.). Als eine völlig falsche Interpretation der Dokumente ist Brandes' Schlußfolgerung zu bezeichnen: „. . . es stellte sich heraus, daß er (Neurath) zwar persönlich in Kenntnis gesetzt, aber nicht offiziell beteiligt worden war." (*Detlef Brandes*, Die Tschechen unter deutschem Protektorat, Teil I, München/Wien 1969, S. 36.) Auf den Dokumenten steht von Neurath eigenhändig geschrieben „einverstanden". Alle von Neurath eigenhändig durchgeführten Korrekturen wurden von Heydrich akzeptiert.

104 *Helmut Krausnick*, in: *Die Truppe des Weltanschauungskrieges*, Stuttgart 1981, S. 20 u. 26.

verhaftungen zu Kriegsbeginn. Rund 2000 Geiseln wurden in Konzentrationslager deportiert.[105]

Später, am 19. September, beschwerte sich Neurath bei Frank über das Vorgehen des Befehlshabers der Sicherheitspolizei, vornehmlich über die Festnahme von verschiedenen Geistlichen, unter Berufung auf mögliche außenpolitische Folgen. Himmler, von Frank informiert, antwortete dem Reichsprotektor, daß der Befehlshaber der Sicherheitspolizei am 8., 9., 13. und 14. September Neurath laufend unterrichtet und dieser sich in jedem Falle mit den zu treffenden und inzwischen auch getroffenen Maßnahmen einverstanden erklärt habe. Gleichzeitig war Himmler bereit, die Einzelfälle zu bereinigen, die laut Neurath einer nachträglichen Korrektur bedürften, aber er verwies auch darauf, daß ebendiese Massenverhaftungen zur Erhaltung der „bisherigen ruhigen Gesamtlage im Protektorat" verholfen hätten.[106] Neurath hatte gegen die Aktion selbst keine Einwände, Himmler wiederum war nicht dagegen, von Zeit zu Zeit einzelne Geiseln zu entlassen.[107] Die meisten blieben allerdings in Konzentrationslagern bis zur Befreiung — sofern sie noch am Leben waren.

Um die Einheitlichkeit der Okkupationspolitik zu sichern, wurde der Reichsprotektor als alleiniger Repräsentant des „Führers" und als Beauftragter der deutschen Regierung unmittelbar Hitler unterstellt. Eine direkte Weisungsbefugnis der obersten Reichsbehörden ihm gegenüber bestand nicht. Diesen wurde besonders der unmittelbare Verkehr mit der autonomen tschechischen Verwaltung untersagt, und sie wurden verpflichtet, bei allen das Protektorat betreffenden Maßnahmen das Einvernehmen der Zentralstelle für Böhmen und Mähren, d. h. des Reichsinnenministers bzw. dessen Staatssekretärs Wilhelm Stuckart und — über ihn — des Reichsprotektors herbeizuführen.[108]

Diese Regelung war ein Gegenstand dauernder Kompetenzstreitigkeiten, die nicht einmal der sogenannte Aufbauerlaß vom 1. September 1939 beseitigte. Bei der Vorbereitung dieses Erlasses wurde zwar entschieden, daß die dort festgesetzten allgemeinen Grundsätze erst durch ein Schreiben der Reichskanzlei an die obersten Reichsbehörden konkretisiert werden sollten, aber nach den sich hinziehenden, erfolglosen Verhandlungen ließ man davon ab. Bei der Verteidigung der Autorität des Amtes des Reichsprotektors bildeten Neurath und Frank meistens eine geschlossene Front.

Die Einheitlichkeit der Okkupationspolitik sollte auch durch die Regelung der Kompetenz der NSDAP auf andere als im Reich übliche Weise gesichert werden. Rudolf Heß verbot bereits am 16. März allen Dienststellen der NSDAP, ihren Gliederungen und angeschlossenen Verbänden jede Einmischung in die inneren Angelegenheiten des Protektorats.[109] Offensichtlich aus demselben Grund wurden die NSDAP-Organisationen im Protektoratsgebiet nicht in einer einzigen territorialen Einheit zusammengefaßt, sondern durch Hitlers Erlaß

105 Die zur allgemeinen Abschreckung dienenden und als Sühnemaßnahmen legitimierten Massenverhaftungen wurden schon früher in die Okkupationspraxis eingeführt. Z. B. als in der Nacht vor dem 8. Juni zwei Studenten in Kladno einen deutschen Polizisten erschossen und die Gestapo sie nicht aufspürte, wurden 111 Einwohner von Kladno verhaftet und nach Mauthausen geschickt.

106 SÚA-ÚŘP-I-1a 1803, Kart. 279, Himmler, 26. 9. 1939, an Neurath. *Kárný/Milotová*, Anatomie der Okkupationspolitik, Dok. 36, S. 99f.

107 SÚA-109-11-142, Himmlers Standpunkt: Schreiben vom 20. 12. 1940 an Neurath. *Kárný/Milotová*, Anatomie der Okkupationspolitik, Dok. 41, S. 107. Neuraths Antwort: Dok. 42, S. 108f.

108 Vgl. SÚA-AA, Bl. 484548, Kart. 32a, Rundschreiben von Frick u. Lammers betr. Stellung des Reichsprotektors in Böhmen und Mähren vom 1. 4. 1939 an die obersten Reichsbehörden. *Kárný/Milotová*, Anatomie der Okkupationspolitik, Dok. 3, S. 17ff.

109 SÚA-ÚŘP, Kart. 1. *Kárný/Milotová*, Anatomie der Okkupationspolitik, Dok. 43, S. 110f.

in die vier angrenzenden Gaue eingegliedert.[110] Der potentielle Einfluß der einheimischen Deutschen und ihrer spezifischen Interessen an der konkreten Gestaltung der Okkupationspolitik war dadurch wesentlich geschwächt.

Die Anfang Mai 1939 von Heß herausgegebenen Anordnungen bestätigten und ergänzten die festgesetzten Prinzipien.[111] Bezüglich der NSDAP-Dienststellen im Protektorat wurde betont, daß zur Wahrung der Belange des Reiches ausschließlich der Reichsprotektor und die ihm nachgestellten Dienststellen berufen seien. Auf das politische, wirtschaftliche und kulturelle Leben der tschechischen Bevölkerung sollten die NSDAP-Dienststellen keinerlei Einfluß ausüben. Etwaige Anregungen in grundsätzlichen Fragen an die deutschen Oberlandräte sollten auf dem Dienstwege dem zuständigen Gauleiter der NSDAP vorgetragen werden.

Die zumeist von eigenen Ambitionen der einzelnen Gaue und ihrer vier Gauleiter initiierten Eingriffe in die Protektoratsangelegenheiten machten sich für den Reichsprotektor und seinen Apparat jedoch bald als größeres Übel bemerkbar als eine denkbare einheitliche Protektoratsorganisation der NSDAP. Mitte September 1939 wandte sich Neurath deswegen an Heß mit dem Entwurf einer organisatorischen Lösung, die faktisch die Bildung einer eigenen Gauleitung für das Protektorat bedeutete. Die sich auf Hitlers ausdrückliche und wiederholte Ablehnung einer solchen Lösung stützenden vier Gauleiter waren einmütig dagegen. Zuletzt entschied Heß, „die Einheitlichkeit der Parteiführung im Protektorat" auf andere Art und Weise sicherzustellen. Beim Reichsprotektor wurde eine Parteiverbindungsstelle gegründet, mit deren Leitung der Gauleiter von Niederdonau Hugo Jury betraut wurde, also eben aus dem Gau, der am meisten an der baldigen Liquidierung des Protektorats interessiert war.[112]

Dieses Amt Jurys war eine Quelle von dauernden Konflikten mit Neurath und dessen Stab, die man allerdings nicht als Konflikt Neurath-NSDAP qualifizieren kann. In der Anti-Jury-Front waren Neurath und Frank unerschütterlich eines Sinnes, und nach Neuraths Abgang führte Frank diesen Kampf noch erbitterter weiter. Das beweisen viele seiner an Bormann gerichteten Beschwerden und Proteste.

Seit dem ersten Tag der Okkupation begann eine großangelegte Plünderung der tschechischen Länder. Die Skala der benutzten Mittel reichte von primitivem Raub bis zu erfinderischen, vom staatsmonopolistischen Apparat mit langfristiger Perspektive vorbereiteten Maßnahmen. Die Wehrmachtsorgane organisierten den Abtransport des erbeuteten Kriegsmaterials. Obwohl zunächst täglich 30 bis 35 Züge mit Beutegut nach Deutschland gefahren wurden, rechnete man für den Gesamttransport mit mindestens einem Vierteljahr.[113]

Im Protektorat wurde außer der Kronenwährung die Mark eingeführt und ihr Kurs zur Krone auf 1 : 10 festgesetzt, obwohl dem äquivalenten Tauschwert der Kurs 1 : 6 bzw. 1 : 7 entsprach. Das unterschiedliche Preis- und Lohnniveau in Deutschland und im Protektorat ermöglichte den billigen Ankauf von Waren- und Rohstoffvorräten und landwirtschaft-

110 ZStA, Potsdam, RMdI, Zk 2662—27085, Bl. 3f., Hitlers Erlaß vom 21. 3. 1939. *Kárný/Milotová*, Anatomie der Okkupationspolitik, Dok. 44, S. 111.

111 SÚA-ÚŘP, Kart. 38 u. 27, Anordnungen Nr. 98 u. 99/39 vom 4. 5. 1939; *Kárný/Milotová*, Anatomie der Okkupationspolitik, Dok. 45, S. 112ff.

112 SÚA-109-3-3, Bormann, 31. 1. 1940, an Neurath. *Kárný/Milotová*, Anatomie der Okkupationspolitik, Dok. 49, S. 123.

113 SÚA-AA, Bl. 202204, Kart. 12, Wiehls Aufzeichnung vom 4. 4. 1939. General Wagners Tagebucheintragung, 30. 3. 1939. *Der General-Quartiermeister*, S. 87.

lichen Produkten. Enorme, uneinbringliche Forderungen der Nationalbank an die Reichsbank entstanden beim Austausch der im Protektorat eingezogenen Markbeträge und bei verschiedenen finanziellen Machinationen. Aus der Goldreserve der Nationalbank (1,9 Milliarden Kronen) mußten 1,6 Milliarden Kronen an das Direktorium der Reichsbank überführt werden.[114]

Die Bedeutung der Protektoratswirtschaft und auch die Erfahrungen mit den bei der „Eingliederung" der österreichischen Wirtschaft entstandenen Schäden veranlaßten Göring, sich die Entscheidung in allen grundsätzlichen wirtschaftlichen Fragen vorzubehalten.[115] Der Raubzug sollte organisiert verwirklicht werden. Zu diesem Zweck sandte Reichswirtschaftsminister Walther Funk seinen bewährten „Generalreferenten" und Raubspezialisten Hans Kehrl nach Prag. Göring gab Kehrl die Vollmacht, die Aktienmehrheit der größten tschechoslowakischen Konzerne, der Waffenwerke Brünn, der Škoda-Werke, des Eisenwerkes Wittkowitz und ihrer Tochtergesellschaften für die Reichswerke „Hermann Göring" zu erwerben. Gemeinsam mit Kehrl war mit den nötigen Rechts- und Finanzoperationen auch der Direktor (Vorstandsmitglied) der Dresdner Bank, Karl Rasche, betraut.[116] Es begann eine neue Etappe der räuberischen Expansion des deutschen Finanzkapitals.

Eine konkrete Analyse der Methoden, mit denen diese Expansion verwirklicht wurde, wäre eine anschauliche Demonstration des Fungierens des staatsmonopolistischen Mechanismus, des vollkommenen Zusammenspiels politischer und wirtschaftlicher Machtmittel.[117]

Gleichzeitig mit den ersten deutschen Tanks in Prag erschien in der Böhmischen Escompte Bank der Direktor der Dresdner Bank, Reinhold v. Lüdinghausen, um die Leitung dieser Bank zu übernehmen. Die Deutsche Bank sandte in die Böhmische Union Bank Walter Pohle, der sich ihrer als in „jüdischem Besitz" befindlich bemächtigen sollte. Beide tschechischen Banken wurden bald zu bloßen Filialen dieser beiden Berliner Großbanken, die von Anfang an das Protektorat für ihre eigene Monopolsphäre hielten. Sie waren zwar bereit, der Kreditanstalt der Deutschen als Bankzentrum der sudetendeutschen Bourgeoisie einen kleinen Anteil zu überlassen, aber sonst verteidigten sie diesen Bereich gemeinsam gegen das Eindringen der übrigen deutschen Banken, obgleich zwischen beiden D-Banken ein harter Konkurrenzkampf um die Protektoratsbeute herrschte. Die Okkupationsbehörden unterstützten die Ambitionen der Dresdner und der Deutschen Bank, besonders in der Ära Neuraths, den man als „Reichsprotektor der Berliner Großbanken" bezeichnen könnte. Erst später, als Franks Macht wuchs, konnte sich die sudetendeutsche Konkurrenz nachdrücklicher durchsetzen.

Der Göring-Konzern beherrschte im Protektorat bald mehr als 80 Gesellschaften, in denen zu Kriegsbeginn ca. 150 000 Menschen arbeiteten.[118] Die D-Banken und der Göring-Konzern waren allerdings nicht die einzigen deutschen Monopole, die von den strategischen Positionen der tschechoslowakischen Wirtschaft Besitz ergriffen. In den tschechischen

---

114 Nationalbank. Bankratssitzung 24. 3. 1939, Protokoll, S. 31f. ASB-NBČ-IV.

115 SÚA, Film II. 434b, Görings Schnellbrief, 16. 3. 1939. *Kárný/Milotová*, Anatomie der Okkupationspolitik, Dok. 52, S. 124ff.

116 SÚA-ÚŘP-II. d., Kart. 25, Görings Vollmacht vom 20. 3. 1939. *Kárný/Milotová*, Anatomie der Okkupationspolitik, Dok. 53, S. 131f.

117 Diese Problematik wurde bisher am gründlichsten in den ersten zwei Bänden des Werkes von *Václav Král*, Otázky (siehe Anm. 99) bearbeitet.

118 Verzeichnis ebenda, Bd. II, S. 35f.

Ländern (ohne das Grenzgebiet) betrug im Jahre 1938 der deutsche Kapitalanteil 208 Millionen; zwei Jahre später waren es schon 876 Millionen Kronen.[119] Zur Kontrolle über eine Aktiengesellschaft genügte überdies unter dem Schutz der Okkupationsmacht oft nur ein äußerst geringer Kapitalanteil, verbunden mit direkt oder indirekt erzwungener Besetzung der Schlüsselstellen in den Verwaltungs- und Aufsichtsräten oder in den Direktionen durch Exponenten des deutschen Finanzkapitals. Die deutsche Wirtschaftsexpansion zog ihren Vorteil aus dem hohen Grad der Monopolisierung der tschechoslowakischen Industrie, der es ermöglichte, durch die Beherrschung der Konzernzentrale entscheidenden Einfluß auf große Teile der abhängigen Industriebetriebe zu gewinnen.

Eines der wichtigsten Instrumente der Expansion des deutschen Finanzkapitals war die faschistische Judenpolitik. Nach Hitlers Weisung sollten „die wirtschaftliche Seite der Judenausschaltung der Protektoratsregierung überlassen" und „von Reichs wegen" zunächst keine besonderen Maßnahmen getroffen werden. Die Protektoratsregierung beschloß sua sponte schon in ihrer ersten Sitzung einen Komplex antijüdischer Maßnahmen, die die „Arisierung" zum Nutzen der tschechischen Bourgeoisie sichern sollten. Hier schalteten sich aber die deutschen Monopole und der mit ihnen verbundene staatsmonopolistische Apparat ein. Die tschechische Arisierungsinitiative wurde durch Kehrls Veto vereitelt. Die von den Protektoratsbehörden eingesetzten Regierungskommissare und Zwangsverwalter wurden abberufen und durch deutsche Treuhänder ersetzt.

Das Amt des Reichsprotektors leitete mit Hilfe der deutschen Großbanken und der Geheimen Staatspolizei bzw. mit der im Juni 1939 errichteten „Zentralstelle für jüdische Auswanderung" die „Entjudung der Wirtschaft", so daß die Beute an jüdischem bzw. als jüdisch erklärtem Vermögen fast ausschließlich in deutsche Hände überführt wurde. Der Kampf um den Arisierungsprofit beschleunigte enorm die Judenverfolgung. Am 21. Juni 1939 erließ Neurath die berüchtigte Verordnung über das jüdische Vermögen, mit der die allgemeine Einführung der Nürnberger Gesetze verbunden war. Damit war der Kampf des tschechischen Kapitals um einen Anteil am Arisierungsprofit zu seinen Ungunsten entschieden. Der Begriff „Jüdischer Betrieb" wurde sehr frei konstruiert und Neuraths Verordnung so weitgehend interpretiert, daß sie auch gegen tschechisches, „arisches" Vermögen benutzt werden konnte.[120]

Einen bedeutenden Aussagewert hat der Konflikt, der in diesem Zusammenhang zwischen Neurath und dem Reichsinnenministerium entstand. Am 4. Juli 1939 beschloß die Protektoratsregierung den Entwurf einer Verordnung zur Rechtsstellung der Juden im öffentlichen Leben. Dieser Entwurf ging nach Meinung des Reichsinnenministeriums über Hitlers Weisung hinaus; die Realisierung mancher der vorgesehenen Maßnahmen könne die allgemeine wirtschaftliche Entwicklung ungünstig beeinflussen. Das Ministerium verwies auf die öster-

---

119 *Statistický obzor 1946*, S. 59.

120 Vgl. dazu Dokumente im Kapitel Okupační moc a expanze německého kapitálu, hospodářská politika jako nástroj germanizace českého prostoru (Okkupationsmacht und Expansion des deutschen Kapitals. Wirtschaftspolitik als Instrument zur Germanisierung des tschechischen Raumes) in: *Kárný/Milotová*, Anatomie der Okkupationspolitik, Dok. 52—76, S. 129—202. Vgl. auch *Miroslav Kárný*, Die „Judenfrage" in der Okkupationspolitik, in: *Historica*, Bd. XXI, Prag 1982, S. 137—192.

121 Vgl. dazu Dokumente im Kapitel Spor říšského protektora a říšského ministerstva vnitra o protižidovském nařízení protektorátní vlády (Der Streit des Reichsprotektors und des Reichsministeriums des Innern wegen der antijüdischen Verordnung der Protektoratsregierung), in: *Kárný/Milotová*, Anatomie der Okkupationspolitik, Dok. 77—93, S. 203—241.

122 *IMG*, Bd. 3, Dok. R-133, S. 193.

reichischen Erfahrungen und empfahl stufenweises Vorgehen. Neurath hingegen argumentierte, daß die Annahme der Konzeption des Ministeriums „ein Verlassen der einmal der Protektoratsregierung gegenüber bezogenen Linie" bedeuten würde, was „schon aus politischen Gründen nicht vertretbar wäre". Das Ergebnis dieses Konfliktes war ein Kompromiß. Die neu redigierte Regierungsverordnung konnte erst nach 10 Monaten — am 24. April 1940 — veröffentlicht werden.[121]

Die tschechischen Konzerne besaßen bedeutsame Positionen in der Slowakei, in den von Ungarn besetzten Gebieten und auch in den Balkanstaaten, insbesondere in Rumänien und Jugoslawien. Die Macht über die tschechischen Konzernzentralen ermöglichte es den deutschen Monopolen, auch auf diesem Wege mit ihrem Kapital in die gesamte südosteuropäische Sphäre einzudringen.

Von großer Bedeutung für den Kurs der Wirtschaftspolitik war die Konferenz am 25. Juli 1939 bei Göring, an der hohe Funktionäre des OKW, der Reichsministerien und des Amtes des Reichsprotektors teilnahmen. Göring verlangte, das Kriegspotential des Protektorats möglichst bald auf den Mobfall auszurichten. Er berief sich darauf, daß doch die Einbeziehung von Böhmen und Mähren in den deutschen Wirtschaftsraum auch deswegen erfolgt sei, um durch Ausnutzung der dort befindlichen Industrie das deutsche Kriegspotential zu steigern.[122] Göring äußerte sich polemisch gegen die Maßnahmen des Reichswirtschaftsministeriums, die „die Art und Umfang der Rüstungsmaßnahmen im Protektorat unter Umständen herabzusetzen vermöchten". Er erklärte sich damit gegen die auftauchenden Tendenzen, die Konkurrenz der Exportindustrie im Protektorat zu unterdrücken, dem Protektorat Rohstoffbezüge zu sperren, sei es direkt oder durch Abziehen der zum Rohstoffankauf nötigen Devisen usw.

Das Programm der Militarisierung der tschechischen Wirtschaft im Interesse der Kriegsvorbereitungen des deutschen Imperialismus gab dem tschechischen Finanzkapital die Chance, sich an der Kriegsproduktion, an den sich daraus ergebenden Supergewinnen bzw. an dem in den tschechischen Ländern entstandenen Mehrwert zu beteiligen. Die tschechische Monopololigarchie nutzte diese Chance aus, obwohl ihr nur eine untergeordnete Dienstrolle zugesprochen war und sie mit dieser Kollaboration an den Lebensinteressen ihrer eigenen Nation Verrat beging.

Die Zeitspanne zwischen dem 15. März und dem Kriegsbeginn war die Ära einer raschen Anpassung der Protektoratswirtschaft an das System der deutschen Kriegswirtschaft. Obwohl die grundlegenden legislativen Maßnahmen als Verordnungen der Protektoratsregierung erlassen wurden, waren sie in der Regel nur Nachahmungen der Reichsentwürfe, etwa die Verordnung über den „organischen Aufbau" der Wirtschaft vom 23. Juni 1939. Das Amt des Reichsprotektors, das jedes Wort einer solchen Regierungsverordnung genehmigen mußte, wies im Falle der Verordnung über die Organisation der Industrie im Protektorat den von der Protektoratsregierung gebilligten Text zurück und diktierte eine neue, nach den Wünschen der deutschen Industriellen konzipierte Protektoratsregierungsverordnung.[123] So wurde im August 1939 der Zentralverband der Industrie für Böhmen und Mähren als Zwangsorganisation der „gelenkten Wirtschaft" mit weitgehenden Befugnissen gegründet.

---

123 Dazu der Briefwechsel zwischen dem deutschen Generaldirektor der Ersten Brünner Maschinen-Fabrikgesellschaft Anton Hödl und Jaroslav Preiss in seiner Funktion als Vorsitzender des Zentralen Verbandes der Industriellen, vgl. auch ASB-ŽB-S VII/I-1-II/16, K. H. Franks Schreiben v. 11. 5. 1939 an das Präsidium des Ministerrates.

Der in der Wirtschaftssphäre gewählten Okkupationsstrategie entsprach das Vorgehen im politischen Bereich, das die Kollaboration der bereitwilligen tschechischen bürgerlichen politischen Repräsentation anstrebte. Aus begreiflichen Gründen lehnten die Dirigenten der Okkupationspolitik die eifrig angebotenen Dienste der sich offen zum Faschismus bekennenden tschechischen Parteien und Organisationen ab, die bisher zur politischen Peripherie gehörten und von demoralisierten und direkt kriminellen Elementen durchsetzt waren. Den Okkupanten dienten sie nur als Druckmittel und als Zuträger und Spitzel.

Für die Realisierung der „Autonomie" wählten die Nazis lieber eine solche politische Garnitur, die die ihr zugesprochene Rolle bei der „Pazifizierung" des Protektorates erfüllen konnte und dazu noch Autorität und Vertrauen bei einem Teil der tschechischen Öffentlichkeit genoß. Mit diesem Ziel wurde die Zusammensetzung der am 27. April 1939 reorganisierten Protektoratsregierung mit General Alois Eliáš als Vorsitzender bestimmt und die politische Organisation Národní souručenství (Nationale Gemeinschaft) unter Hácha mit einem von ihm ernannten, größtenteils aus rechtsbürgerlichen Politikern und hohen Repräsentanten der staatlichen Bürokratie zusammengesetzten Ausschuß gegründet. Ihre Kollaboration war in dieser Etappe für die Okkupanten wichtig, so daß ihnen ein bestimmter, wenn auch sehr beschränkter Manövrierraum gegeben wurde, damit ihre Aufforderungen zur Kollaboration authentischer wirkten. Wie hoch die Okkupationsmacht die Bedeutung der Kollaboration gerade dieser Garnitur einschätzte, kann man daraus erkennen, daß Hitler erst im September 1941 seine Zustimmung zur Verhaftung von General Eliáš gab, obwohl dessen Kontakte mit der Widerstandsbewegung schon nahezu zwei Jahre bekannt waren.[124]

Die Okkupationsmacht führte unter Mitwirkung der kollaborierenden Protektoratsregierung den faschistischen „Arbeitsfrieden" ein. Man konnte an den nach München, in der Zweiten Republik eingeleiteten Faschisierungsprozeß anknüpfen. Nach den politischen Organisationen der Arbeiterklasse wurden auch die Gewerkschaften angegriffen. Die neugebildete Národní odborová ústředna (Nationale Gewerkschaftszentrale der Angestellten), deren Entstehen als Vereinigung der Gewerkschaftsbewegung präsentiert wurde, sollte nun mehr ein Bewahrer des „Arbeitsfriedens" sein. Die Antwort der Arbeiterklasse machte sich durch einen starken Rückgang der Mitgliederzahl bemerkbar. Ende 1938 hatten alle Gewerkschaftsorganisationen im späteren Protektoratsgebiet rd. 1 385 000 Mitglieder, ein Jahr später waren es nur noch rd. 696 000.[125] Die Betriebsausschüsse wurden nicht mehr gewählt, sondern ernannt, die Kollektivverträge liquidiert.

Auf die Streikwelle im Mai 1939 hin wurde Streikverbot verhängt.[126] Trotzdem kam es noch im August zu einem Streik in der Automobilfabrik ASAP in Jung-Bunzlau, die zum Konzern der Škoda-Werke gehörte. Bis zum Jahresende wurden insgesamt 25 Streiks in 31 Betrieben amtlich registriert.[127] Fast in allen Fällen griffen nicht nur die Protektoratsbehörden, sondern auch die Gestapo ein, die viele Organisatoren der Streiks verhaftete. In den Betrieben wurde ein sogenannter Werkschutz aus als völlig verläßlich angesehenen Deutschen gebildet, dem die Aufgabe zufiel, gegen Sabotage zu kämpfen und die Erhöhung der Arbeitsleistungen zu erpressen.

---

124 SÚA-AA, Bl. 489807, Kart. 32a, Weizsäckers Aufzeichnung 27. 3. 1940.
125 *Statistická ročenka 1941*, S. 114.
126 Im Mai 1939 kam es zu elf Streiks, fünf davon im Bergbau, vier in der Stein- und Erdindustrie, zwei in der Glasindustrie. Vgl. *Úřední list* (Amtsblatt), Nr. 139, v. 20. 6. 1939, S. 1925.
127 *Statistische Nachrichten*, 1940, S. 108.

Im März 1939 gab es im Lande eine ziemlich große Anzahl von Arbeitslosen. Nach offiziellen Statistiken ging sie bis August von 92 900 auf nicht einmal ein Zehntel dieser Anzahl zurück. Diese Statistik berücksichtigt aber nicht die Tatsache, daß sich viele Arbeitslose aus Angst vor dem Zwangseinsatz in Deutschland nicht mehr bei den Arbeitsvermittlungsstellen meldeten. Der ökonomische Druck zur Arbeitswerbung in das Reich genügte den Okkupanten nur eine kurze Zeit. Schon im Sommer 1939 gingen sie zu Gewaltmethoden über. Zur „Durchführung besonders wichtiger Aufgaben" wurde für Männer im Alter von 16 bis 25 Jahren allgemeine Arbeitspflicht verkündet und zwar auf die Dauer eines Jahres, mit der Möglichkeit der Verlängerung dieser Frist bzw. des Einsatzes in Deutschland. Das war der erste Schritt zur Einführung des Zwangsarbeitersystems, das nach Kriegsanfang nach und nach unter organisatorischer Leitung neu gegründeter Arbeitsämter realisiert wurde.

Der 15. März und die Aktion „Gitter" versetzten der tschechischen Widerstandsbewegung einen schweren Schlag. Insbesondere war dadurch die Kommunistische Partei betroffen, gegen die auch die darauffolgenden Verhaftungen vorwiegend gerichtet waren. Trotzdem gelang es, bis zum Sommer 1939 ein Untergrundnetz aufzubauen, das an die 20 000 Kommunisten umfaßte und von der mit der Moskauer Parteiführung in Verbindung stehenden ersten illegalen Zentralen Leitung geführt wurde.[128]

Anfang August und von neuem nach der Entfesselung des Krieges wandte sich die Kommunistische Partei auf den Seiten des illegalen „Rudé Právo" an das tschechische Volk mit der Aufforderung zur Herstellung der nationalen Einheit im Kampf gegen den Ausrottungsfeldzug des deutschen Faschismus, gegen die wirtschaftliche Ausbeutung des Landes, gegen die gewaltsame Germanisierung. Sie entwickelte ein konkretes Programm des Kampfes um eine neue freie Tschechoslowakei im neuen freien Europa. Sie forderte zur passiven Resistenz auf, zu Streiks, zu Massenkundgebungen des nationalen Willens, zu Aktionen der Solidarität mit den Opfern von Terror und Verfolgung. Sie hob hervor, daß „unsere tschechische Front eine Weltfront sei", „dass sie in allen fortschrittlichen Kräften der Welt mit der Sowjetunion an der Spitze und auch unter den deutschen Antifaschisten Verbündete habe."[129]

Analog wuchs auch in einem breiten politischen und ideologischen Spektrum spontaner und organisierter Widerstand an, dessen Konzeption, Methoden und praktische Aktivität sehr differenziert waren. Zahlenmäßig am stärksten war die als Geheimarmee formierte Obrana národa (Abwehr der Nation) und die vom Peticní výbor Věrni zůstaneme (Petitionsausschuß Wir bleiben treu) gebildete Organisation. In der Národní hnutí pracující mládeže (Nationale Bewegung der arbeitenden Jugend) vereinigten sich junge Kommunisten, Sozialisten und weitere Widerstandskämpfer.

Die Entfesselung des Krieges brachte neue Hoffnungen und verstärkte die Sehnsucht, zur Niederlage Hitlerdeutschlands beizutragen. Trotz drastischer Präventivmaßnahmen der Okkupationsbehörden beantwortete das tschechische Volk den Krieg mit einem gewaltigen Aufschwung der Widerstandsbewegung. An den Demonstrationen am 28. Oktober 1939, am Jahrestag der Gründung der Tschechoslowakei, nahmen in Prag ungefähr 100 000 Menschen teil. Auch in Brünn, Ostrau und in vielen anderen Orten kam es zu starken Demonstrationen. Ein großes Ausmaß nahmen auch politische Streiks an, insbesondere die „Arbeit

---

128 *Za národní osvobození, za novou republiku* (Für die nationale Befreiung, für die neue Republik), Prag 1982, S. 89.

129 *Rudé Právo 1939—1945*, Prag 1971, S. 17—25.

mit verschränkten Armen". Zum erstenmal seit Okkupationsbeginn äußerte das tschechische Volk so ostentativ und eindeutig seinen Widerstand gegen die nazistischen Okkupanten sowie den festen Entschluß, für die Erneuerung der tschechoslowakischen Republik zu kämpfen.[130]

Die Antwort der Okkupationsmacht — die Schließung der tschechischen Hochschulen, Erschießung der führenden Studentenfunktionäre, Inhaftierung von 1200 Studenten im Konzentrationslager Sachsenhausen — war keineswegs nur die Reaktion auf die am 15. November anläßlich des Begräbnisses eines der Opfer der nazistischen Willkür durchgeführte Studentendemonstration.

Der Krieg und seine Folgen verengten den politischen, ideologischen und wirtschaftlichen Manövrierungsraum der Okkupationspolitik. Der Widerspruch zwischen der Kollaboration der führenden Protektoratsgarnitur und dem nationalen Widerstand wurde so kraß, daß die politische Kollaboration als Instrument der Okkupationsmacht immer weniger wirkte. Hierauf antworteten die faschistischen Okkupanten mit der weiteren Einengung des „autonomen" Tätigkeitsbereichs. Um „Ruhe und Ordnung" im Protektorat aufrechtzuerhalten, mußten sie sich immer mehr ihrer letzten Weisheit — des Terrors — bedienen. Sein spezifisches Gewicht wuchs so an, daß sich eine qualitativ neue Etappe der Okkupationspolitik anbahnte, die allerdings noch weiterhin ihre in Neurath und Frank personifizierte Zweieinigkeit behielt. Dieser Wandel entsprach der historischen Logik der faschistischen deutschen Herrschaft über das tschechische Volk.

---

130 *Za národní osvobození*, S. 120—125.

KURT PÄTZOLD

Hitlers fünfzigster Geburtstag am 20. April 1939

„. . . niemand ist der Beschäftigung
mit seiner trüben Figur überhoben . . ."
Thomas Mann im Jahre 1938

Im Frühjahr 1939 beging Adolf Hitler seinen 50. Geburtstag. Er war am 20. April 1889 in der oberösterreichischen Stadt Braunau als Bürger eines ca. 50 Millionen Bewohner zählenden Vielvölkerstaates geboren worden, zu deren herrschender Nation er gehörte.

Der „Geburtstag des Führers", wie das Ereignis seit Jahren von der faschistischen Propaganda genannt wurde, wäre auch in einer relativ ruhigeren Phase innen- und außenpolitischer Entwicklung des Regimes zu einem herausragenden Staatsakt und Volksschauspiel geraten. 1939 erhielt es seine Dimensionen aber dadurch, daß der faschistische deutsche Imperialismus auf jene Gerade gelangt war, die ihn direkt in den Krieg um die Hegemonie in Europa führen sollte und später in weitere Auseinandersetzungen um die absolute Weltmachtstellung. Der „Geburtstag des Führers" wurde zu einem Ereignis auf dem Weg in den Krieg. Die Zeitzeugen erinnerten sich dessen, wenn sie sich der Bilder von jener Wehrmachtsparade entsannen, die ihre Veranstalter ohne Übertreibung als die größte militärische Heerschau aller Zeiten bezeichnen konnten. Am Tage danach erschien in den Zeitungen des faschistischen Deutschland die fettgedruckte gefahrdrohende Überschrift: „Der Aufbau der Wehrmacht ist vollendet!"[1]

Im folgenden soll dargestellt werden, von welchen innen- und außenpolitischen Interessen und Zielen die Inszenierung des Tages bestimmt wurde. Daran wird sich die ausgefeilte Methodik erkennen lassen, mit der in erster Linie Millionen Deutsche von der Macht des Faschismus, seiner Unüberwindbarkeit und Sieghaftigkeit überzeugt werden sollten. Denn die den Tag beherrschende Idee bestand darin, die Volksmassen fester noch an die Führung und namentlich an den Führer zu binden und ihnen Mut für den Krieg zu machen. Im weiteren wird sich die Untersuchung den Fragen zuwenden, wie Adolf Hitler selbst die Tatsache aufnahm, daß er das fünfzigste Lebensjahr überschritten hatte, ob er sich in einer neuen Lebenssituation sah und daraus irgendwelche Schlußfolgerungen zog. Der Mann, der am 20. April 1939 sich als „der größte Deutsche aller Zeiten" feiern ließ und auch davon überzeugt war, daß ihm diese Charakteristik gebühre, war der deutsche Politiker geworden, der seine Vorgänger sämtlich an persönlicher Macht übertraf. Seit 1933 als Reichskanzler an der Spitze des Reichskabinetts stehend, seit 1934 auch zum Staatsoberhaupt erhoben, hatte er zudem Anfang 1938 den direkten Oberbefehl über die Wehrmacht an sich gezogen.

Bevor jedoch Wirkungen und Rückwirkungen des Tages erörtert werden können, dessen Ablauf unter der Oberregie des Reichspropagandaministeriums und seines Ministers Josef Goebbels aufs sorgfältigste geplant und organisiert wurde, soll die Entwicklungsstufe charakterisiert werden, bis zu der das Regime im Frühjahr 1939 fortgeschritten war.

---

1 *VB*, 21. April 1939.

1935, der „Führer" des Deutschen Reiches war bereits zu einer Person geworden, die jenseits aller öffentlichen Kritik stand, erschien in Amsterdam eine Hitler-Biographie. Es war die erste im Ausland publizierte.[2] Ihr Verfasser, Rudolf Olden, ehedem Mitherausgeber und politischer Redakteur des „Berliner Tageblattes", ging gegen Ende seiner Arbeit auf die Frage ein, „die heute auf Vieler Lippen brennt" und lautete: „Was ist von ihm zu erwarten?" Der antifaschistische Publizist antwortete: „Es hängt nicht von ihm, es hängt von den Umständen ab, und also von der Macht. Von ihm ist Alles zu gewärtigen."[3] Das war wie vieles andere, was deutsche Nazigegner im Exil schrieben, als eine Warnung vor allem an die Deutschen und deren Nachbarn gemeint. Sie war nur zu berechtigt.

Oldens Buch erschien am Ende des Jahres, in dem das faschistische Regime nach einer sehr kurzen Vorbereitungsphase zur forcierten Aufrüstung übergegangen war. Seitdem waren, bis Hitler seinen 50. Geburtstag beging, wenig mehr als drei Jahre vergangen. In ihrem Verlauf hatten sich die „Umstände", die Machtverhältnisse in Europa erheblich verändert — in der Summe durchweg zugunsten des deutschen Imperialismus. Thomas Mann schrieb 1938, in dem hilflosen Europa fließe „dank einer Verkettung phantastisch glücklicher — das heißt unglückseliger — Umstände" zufällig kein Wasser, das nicht Hitlers „Mühlen triebe".[4]

Die außenpolitischen Aktionen, die mit dem Wirken und dem Namen Hitlers verbunden waren, hielten den Kontinent mehr und mehr in Atem. Immer stärker verbreitete sich der Eindruck, Europa sei dabei, einen neuen Weltkrieg zu gebären. Sein Geburtshelfer war nach dem Urteil vieler ebendieser Hitler. Das Interesse, das er auf sich zog, nahm weithin zu, wie beispielsweise auch die Verkaufszahlen des Buches „Mein Kampf" in Großbritannien bewiesen.[5]

In den USA stellte das Magazin „Time" zu Jahresanfang 1939 Hitler als „Mann des Jahres 1938" vor. Die Absicht, die sich damit verband, machte das Titelblatt deutlich: es zeigte Hitler als Organisten, der in einer geschändeten Kirche seine Hymne des Hasses spielt. Über der Orgel dreht sich ein Feuerrad, an dem die Opfer des Nationalsozialismus hängen.[6] Die Zeitschrift vermerkte zustimmend, daß der Aufrüstung Nazideutschlands inzwischen durch andere Staaten mit eignen höheren Rüstungsanstrengungen begegnet werde. Doch waren die Autoren nicht sicher, ob militärische Abschreckung hinreichen werde, Hitlers außenpolitische Gelüste zu zähmen. Das Fazit der Betrachtung hieß: der Mann an der Spitze des Deutschen Reiches beabsichtige, das Jahr 1939 zu einem „denkwürdigen Jahr" zu machen.[7]

Damit war das Vorhaben Hitlers richtig beschrieben. Es hatte seine fundamentalen Voraussetzungen im Verlauf des Jahres 1938 erhalten. Das faschistische Deutschland war der ge-

---

2 1936 erschienen Übersetzungen ins Englische in London und New York. Neudruck: *Rudolf Olden*, Hitler. Vorwort von Werner Berthold, Frankfurt a. M. 1984.

3 Ebenda, S. 362.

4 *Thomas Mann*, Bruder Hitler, in: Zeit und Werk. Tagebücher, Reden und Schriften zum Zeitgeschehen, Berlin 1965, S. 772.

5 Von der 1933 erschienenen gekürzten englisch-sprachigen Fassung waren bis Ende 1937 35 547 Exemplare verkauft. Im Jahre 1938 hingegen fanden allein 89 285 Exemplare ihre Käufer. Die Verkaufsziffern in den USA lagen weit darunter und betrugen bis März 1939 insgesamt 21 305 Bücher einer ebenfalls gekürzten Fassung. *Gerhard Schreiber*, Hitler-Interpretationen 1923—1945. Ergebnisse, Methoden und Probleme der Forschung, Darmstadt 1984, S. 84ff.

6 Zit. nach ebenda, S. 85.

7 Ebenda, S. 87.

dachten Kriegsausgangsstellung entscheidende Schritte näher gekommen. Es hatte Österreich liquidiert und dadurch sein demographisches, wirtschaftliches und militärisches Potential beträchtlich vergrößert; seine militärgeographische Lage war durch die verlängerte, deren gesamten Westteil umklammernde Landgrenze zur Tschechoslowakei ebenso verbessert wie durch die direkten Verbindungen zu zwei verbündeten faschistischen Staaten, zu Mussolini-Italien und Horthy-Ungarn.

Unter dem Blickwinkel des geplanten europäischen Krieges war die gelungene Liquidierung der bürgerlich-parlamentarischen, mit Frankreich verbündeten Tschechoslowakei noch wichtiger. Was von diesem Staatswesen nach der Amputation der Sudetengebiete und seiner inneren Wandlung übriggeblieben war, ordnete sich den deutsch-faschistischen Plänen ein. Die Prager Regierung war bereit, den Platz eines nazideutschen Satelliten zu besetzen.[8]

Deutschland erhielt 1938 in der Sprache der Machthaber eine neue Bezeichnung: sie nannten es jetzt das „Großdeutsche Reich". Es war mit Hilfe militärischer Drohung und durch Annexion entstanden, aber ohne kriegerische Aktion. Seine Einwohnerzahl war um ca. 12 Millionen Menschen angewachsen. In seinen Grenzen wurde die Aufrüstung weitergetrieben und zusätzlich beschleunigt. Aufkeimende Bedenken, die sich auf die denkbaren Folgen der hochgradigen rüstungsbedingten Verformung der Volkswirtschaft richteten, wurden beiseite gewischt. Der siegreiche Krieg würde, so lautete das Argument, alle Probleme lösen, die seine Vorbereitung entstehen ließ. Dem Abenteurertum des Krieges ging das — noch unblutige — Abenteurertum der Hochrüstung voraus.

Zwanzig Jahre nach der Kapitulation des kaiserlich-imperialistischen Deutschland starrte das faschistische Deutschland von modernen Waffen. Es hatte die Fähigkeit neu gewonnen, Krieg zu führen. Unter seinen führenden Militärs waren, als die Probleme der militärischen Macht ihren akademischen Charakter verloren hatten, Meinungsverschiedenheiten darüber entstanden, welches Ausmaß der Krieg haben dürfte, damit er auch gewonnen werden könne. Doch war das eine bloße Episode geblieben. Die Zauderer verloren im Jahre 1938 ihre Positionen. Um Hitler formierten sich in der faschistischen Wirtschaft wie in der Naziwehrmacht die Kräfte, die geradewegs auf den Krieg zu steuerten. Das Fortschreiten dieses Prozesses war nicht weniger wichtig als der erreichte territoriale Gewinn und die daraus gezogenen Vorteile.

Auch außerhalb Deutschlands wurde gesehen, daß Deutschland inzwischen kriegsfähig gemacht worden war. Damit verband sich die Frage, ob es innerhalb des technisch und organisatorisch hochgerüsteten Staates Kräfte gäbe, die dem Kriegskurs im Wege stünden. Bertolt Brecht, sich auf Beobachtungen im Exil beziehend, notierte, kurz vor seiner Übersiedlung nach Schweden noch in Dänemark: „das pferdchen, auf das man liebsten setzt, der favorit, ist die ‚friedenssehnsucht des deutschen volkes'". Das kommentierte der Dichter so: „nun besteht tatsächlich eine furcht vor dem krieg in Deutschland, aber das ist für das regime doch nur eine psychische erscheinung oder fundierung, durch propaganda zu überwinden. es hat da gute gründe und trümpfe in der hand."[9] Brecht meinte, die Bedeutung dieser Furcht vor dem Kriege dürfe nicht überschätzt und es müsse an die geschichtlichen Beispiele gedacht werden, die dafür stünden, wie leicht sich eine Bevölkerungsmasse in einen Eroberungskrieg führen lasse.

8 Vgl. auch die Eintragung vom 7. Oktober 1938 in: *Bertolt Brecht*, Arbeitsjournal 1938—1945, Berlin 1977, S. 22: Durch die Niederlage von München wären in Prag „andere klassenkräfte ans ruder gekommen" und der Nach-München-Staat sei „eine völlig andere rechtsperson" geworden.

9 Ebenda, S. 25, Eintragung vom 19. Februar 1939.

Mit der Lösung ebendieses Problems waren die Machthaber intensiv befaßt. Seit sie 1938 praktisch auf die tiefe Abneigung gestoßen waren, die weite Teile des Volkes einem neuen Kriegsabenteuer entgegenbrachten, galt die Überwindung der Diskrepanz zwischen der materiell-technischen und der militärisch-organisatorischen Kriegsbereitschaft und der Kriegsunwilligkeit als eine Hauptaufgabe faschistischer Innenpolitik. Hitler formulierte sie in der Beratung mit ca. 400 Spezialisten der Meinungsmanipulation am 10. November 1938.[10]

Wie weit die Demagogen in den folgenden fünf bis sechs Monaten mit dem Vorsatz kamen, die Mehrheit der Deutschen in eine aggressive Kriegsstimmung zu versetzen, kann anhand der Quellen nur schwer beurteilt werden. Die Beziehungskrise, die zwischen dem Regime und Millionen seiner Gefolgsleute im September 1938 entstanden war, als befürchtet wurde, die antischechische Politik der faschistischen Führung werde in den Krieg münden, war kurzfristig, und sie wiederholte sich nicht. Daraus läßt sich jedoch nicht einfach auf gewachsene Risiko- und Kriegsbereitschaft im Volke schließen. Die aggressiven außenpolitischen Unternehmungen des Regimes im März 1939, die militärische Besetzung des tschechischen Teils der von der faschistischen Führung nun vollständig liquidierten Tschechoslowakei und die militärische Inbesitznahme des von der litauischen Regierung unter Drohung und Druck preisgegebenen Memelgebiets, vollzogen sich unter wesentlich anderen internationalen Umständen, als sie sich im September 1938 entwickelt hatten. Nach faschistischem Urteil gebührte der Nazipresse das Verdienst, daß es im März 1939 „in den entscheidungsvollen Tagen nicht zu jener nervösen und pazifistischen Stimmung gekommen" war, die im Herbst des Jahres 1938 festgestellt werden mußte. Doch wurde auch zugegeben, daß die deutsche Bevölkerung von der Zerschlagung der Tschechoslowakei überrascht worden sei, so daß „Unsicherheit und Ängstlichkeit" vor möglichen Folgen des außenpolitisch-militärischen Handstreichs diesmal gar nicht entstehen konnten.[11]

Der Griff nach Prag erschütterte indessen in einer nach ihrem Ausmaß nicht zu bestimmenden anderen Weise das Vertrauen mancher Gefolgsleute zu den faschistischen Machthabern. Viele dieser Getreuen hatten bis dahin geglaubt, das außenpolitische Generalziel des Regimes richte sich ausschließlich auf die Zusammenfassung aller Angehörigen deutscher Nationalität in einem Staatswesen. So war es ihnen in autoritativen Erklärungen wiederholt beteuert worden. Slawen, namentlich Tschechen, hatte es geheißen, „wolle" man nicht.

Nun erhob sich Kritik, wie die Beobachter gegnerischer und nonkonformer Stimmungen im Reich vermerkten, gegen „die völkische Unterdrückung der Tschechen".[12] Zur Verurteilung des Gewaltaktes durch „gegnerische Gruppen", eine Umschreibung für die politisch-organisierten Illegalen, die den Berichterstattern selbstverständlich anmutete, kam hinzu, daß nun auch in kirchlichen und liberalen bürgerlichen Kreisen „von imperialistischen Bestrebungen des Nationalsozialismus" gesprochen wurde.[13] Faschistische Zeitungen hatten zudem gewisse Schwierigkeiten — so hieß es umschreibend —, das „erfolgte Hinausgreifen der Staatsgrenzen über den Volkstumsbereich" demagogisch zu kaschieren. Kurz-

---

10 Den Wortlaut der Rede, die Hitler am Tage nach der Reichskristallnacht in München hielt, vgl. *VfZ*, 2/1958.

11 *Meldungen aus dem Reich 1938—1945*. Die geheimen Lageberichte des Sicherheitsdienstes der SS. Hrsg. und eingel. von Heinz Boberach, Herrsching 1984, Bd. 2, S. 246, 287f.

12 Ebenda, S. 239.

13 Ebenda, S. 215/216.

zeitig entstand, wie aus Königsberg gemeldet wurde, eine Unsicherheit im Umgang mit Begriffen wie „imperial" und „Imperialismus".[14]

Die Stimmen, die sich zur Zerschlagung der Resttschechoslowakei kritisch äußerten, sollen an Zahl nicht überschätzt werden. Doch gilt, daß die Haltung der deutschen Bevölkerung zum Ereignis himmelweit von der Hochstimmung entfernt war, die ein Jahr zuvor der „Anschluß" Österreichs ausgelöst hatte. Die Möglichkeiten, außenpolitische Vorkriegsakte national zu tarnen und sie dazu zu benutzen, zugunsten des Systems Begeisterung und Hysterie zu entfachen, waren ausgeschöpft. Der Übergang zu einer ideologischen und psychologischen Kriegsvorbereitung, die sich unverblümt imperialistischer Parolen bediente, versprach der deutschen Bevölkerung jedoch wenig Erfolg. Propaganda ohne Visier verbot sich zudem aus außenpolitischen Rücksichten.

Einige Quellen sprechen dafür, daß Hitler diese Situation wahrnahm. Mehrfach kam er intern auf die Frage zurück, ob sich die Stimmungslage der Deutschen vor Beginn der Schlachten zugunsten von Krieg und Eroberung noch entscheidend wandeln lasse, und beantwortete sie negativ. Zwar behauptete er in seiner Rede vor den Oberbefehlshabern im Frühjahr 1939 im Widerspruch zu den Tatsachen, das deutsche Volk befände sich „im Zustand (der) nationalen Begeisterung", und dies treffe auch auf die Italiener und Japaner zu.[15] Doch war ihm bewußt geworden, daß die Millionen Deutschen, die sich nach einem Urteil des Sicherheitshauptamtes 1938 mehr für außenpolitische Entwicklungen zu interessieren begonnen hatten als für innenpolitische Vorgänge, unter dem Eindruck einer ungewissen Zukunft lebten und Friedensgewißheit wünschten. Auch darauf bezog sich wohl Hitlers Feststellung, daß der „Spannungszustand auf die Dauer unerträglich" sei.[16] Das führte ihn freilich nicht zu dem Schluß, etwas für den Abbau der Spannungen zu tun. Umgekehrt wurde ihm die durch die provozierende Außenpolitik der deutschen Regierung hervorgerufene psychische Belastung zum zusätzlichen Argument für den baldigen Kriegsbeginn. Die Spannung der Ungewißheit sollte sich in die Anspannung im Kriege entladen.

Hitler hielt im Frühjahr 1939 und in den folgenden Vorkriegsmonaten einen Stimmungsverfall zuungunsten des Regimes für möglich, falls zwischen den Eroberungen ohne Schuß und der Auslösung des Krieges zuviel Zeit verginge. Propaganda allein vermochte dem nicht vorzubeugen. Das faschistische Regime konnte das Mittel fortgesetzter Erfolgsbestechung nicht entbehren, um Millionen Deutsche wieder und wieder an sich zu binden und zu seiner stabilen Basis zu formieren. Auch später, angesichts der Ungewißheit, die sich nach dem rasch und leicht errungenen Sieg im Polenfeldzug im Volke hinsichtlich der Weiterführung des Krieges auszubreiten und in vielfältigen Friedensspekulationen zu äußern begann, gelangte Hitler zu der Feststellung: „Hinter mir steht das deutsche Volk, dessen Moral nur schlechter werden kann."[17]

Die Befürchtung, daß rapider Verfall der politischen Moral der Bevölkerung den Kriegsplan gefährden oder dessen Verwirklichung zusätzlich komplizieren könnte, hatte sich offenbar anhand von Erfahrungen aus dem Jahresverlauf 1938 gebildet. Die Wirtschaft des faschistischen Staates war „schon vor Ausbruch des neuen Krieges in verschiedener Bezie-

---

14 Ebenda, S. 289.

15 *IMG*, Bd. 37, S. 548, Dok. 079-L, „Bericht über Besprechung am 23. 5. 1939" in der Neuen Reichskanzlei (sog. Kleiner Schmundt-Bericht).

16 Ebenda, S. 553.

17 *IMG*, Bd. 26, S. 336,ok. 789-PS, „Besprechung beim Führer" am 23. November 1939.

hung (in das) Stadium einer Kriegswirtschaft" manövriert worden.[18] Millionen Deutsche bekamen das auf die verschiedenste Weise zu spüren. Das forcierte Rüstungstempo und die anderen Maßnahmen der Kriegsvorbereitung hatten zwar noch nicht zu schwerwiegenden Abbrüchen an der Massenbasis des Regimes geführt, aber die Prozesse, die dahin münden konnten, waren in Gang gesetzt. Daß sie in ihrem Frühstadium nicht schärfere soziale Konflikte auslösten, hatte seine Ursache ebensosehr in der Funktionstüchtigkeit des Unterdrückungsapparates wie in der Ungleichmäßigkeit und Widersprüchlichkeit der Entwicklung der materiellen und sozialen Lage der werktätigen Klassen und Schichten. Im Alltag von Millionen existierten positiv und negativ bewertete Erfahrungen und Lebensumstände nebeneinander. Unter diesen Umständen konnten die immer stärker spürbaren nachteiligen Auswirkungen der Hochrüstung auf das Leben der Produzenten bis zu einem gewissen Grade kompensiert werden.

Vor allem profitierte das Regime stimmungsmäßig noch immer von der Tatsache, daß die Arbeitslosigkeit 1938 faktisch beseitigt war. An ihre Stelle war ein schier unerschöpflicher Arbeitskräftebedarf getreten, so daß Hunderttausende von Erwerbslosen im neugewonnenen Österreich und in den Sudetengebieten alsbald Verdienstmöglichkeiten erhielten. Im „Altreich" stiegen die Familieneinkommen weiter, weil sich die Zahl beschäftigter Familienangehöriger vergrößerte und der Arbeitstag über acht Stunden hinaus verlängert wurde. Diese positiv bewertete Tatsache der Verfügbarkeit von mehr Geld verlor offenbar dadurch nicht vollständig an Wirkung, daß eine spürbare Verknappung bei bestimmten Lebensmitteln und bei Industriewaren des zivilen Bedarfs eintrat.[19]

Auch die Masse der Angestellten konnte ihre Arbeitsplätze und Einkünfte als gesichert ansehen. Besonders die geringer bezahlten unteren Kategorien der Angestelltenschaft litten aber unter dem Preisanstieg für Konsumgüter, zumal sie — anders als Fach- und Spezialarbeiter — die zunehmende Konkurrenz um Arbeitskräfte selten zugunsten eigener Einkommenserhöhung auszunutzen vermochten.[20]

Die gewachsene kaufkräftige Nachfrage eröffnete Zehntausenden von Einzelhändlern die Möglichkeit, höhere Umsätze zu erzielen und dadurch ihren Verdienst zu erhöhen. Dieser Vorteil wurde offenbar dadurch nicht gänzlich wettgemacht, daß die faschistischen Behörden die Einzelhandelsspannen beträchtlich beschnitten. Manchem Händler kam auch die Liquidierung des jüdischen Einzelhandels und der Verbrauchergenossenschaften zugute, die Chancen der Umsatzsteigerung eröffneten.[21]

Mit der gestiegenen Zahlungsfähigkeit weiter Bevölkerungskreise hatten sich auch die Aufträge für die Handwerksbetriebe vermehrt. Dem stand freilich gegenüber, daß deren Zugriff zu den streng bewirtschafteten rüstungswichtigen Rohstoffen immer schwieriger wurde.[22]

Absatzprobleme kannten die deutschen Bauern 1938 nicht mehr. In ihren Kreisen, aus denen der Nazipartei so viele frühe Gefolgsleute zugelaufen waren, gab es indessen viel-

---

18 *Dietrich Eichholtz*, Geschichte der deutschen Kriegswirtschaft 1939—1945, Bd. I: 1939—1941, Berlin 1969, S. 13.

19 *Meldungen* aus dem Reich 1938—1945, Bd. 2, 1. Vierteljahreslagebericht 1939, S. 298 f. Es hieß, daß die Verknappung von Butter, Speisefett und Speiseöl „noch eine Verschärfung" erfahren habe; es fehle insbesondere an Wäschestoffen, Baumwollwaren und Berufsbekleidung.

20 Ebenda, S. 300. Dennoch mußten, um die Abwanderung von Angestellten in besser bezahlte Berufe und Tätigkeiten aufzuhalten, Zugeständnisse durch Gehaltserhöhungen gemacht werden.

21 Ebenda, Jahreslagebericht 1938, S. 166, 168 f., 172.

22 Ebenda, S. 174.

fältige Klagen über die faschistische Landwirtschaftspolitik. Die weiter um sich greifende Landflucht, verursacht durch den Anreiz der höheren Industrielöhne und den Wunsch, der Stupidität des Dorflebens zu entfliehen, wurde zum stärksten Hemmnis der Produktions- und damit der Einkommenssteigerung von Mittel- und Großbauern. Auch die Reglementierung von Anbau, Viehhaltung und Absatz bildete eine Quelle ständiger Unzufriedenheit, die sich vor allem gegen die Organisation des Reichsnährstandes richtete.[23] Politisch dürfte diese Mißstimmung den Machthabern wegen der Vereinzelung der bäuerlichen Existenzen indessen am wenigsten problematisch erschienen sein.

Die faschistische Führung mußte sich Ende 1938 folglich fragen, wie die Masse der Bevölkerung auf eine längerfristige und sich verschärfende Belastung durch die Rüstungswirtschaft reagieren würde. Sie hatte gleichzeitig zu veranschlagen, daß die kriegsorientierte Wirtschaftspolitik in der Volkswirtschaft immer mehr und viele unwägbare Probleme schuf. Faktisch war sie bereits hochgradig deformiert. In ihr hatte sich ein Bündel von Widersprüchen entwickelt, in dem diejenigen zwischen der angeheizten Rüstungsproduktion mit der Aufblähung der Abteilung I und der gedrosselten Zivilproduktion mit der zunehmenden Verkümmerung der Abteilung II, zwischen der Konzentration auf den durch Staatsaufträge enorm erweiterten Inlandmarkt und einer Abwendung von den Auslandsmärkten mit den entsprechenden devisenpolitischen Folgen, zwischen der Ausweitung der Produktion und dem katastrophendrohenden Zurückbleiben des Transportwesens die wichtigsten waren.[24]

Weder die sozialen Auswirkungen der Rüstungspolitik auf die Massen noch die aus ihr herrührenden Probleme für die künftige Entwicklung der deutschen Wirtschaft waren jedoch derart beschaffen, daß sie die Führung des Regimes vor die Wahl gestellt hätten, in den Krieg zu fliehen oder einer Revolution oder einer Art von Palastrevolte entgegenzutreiben. Vor der Revolution schützten die nachhaltigen Folgen der schweren Niederlage, die der Faschismus der Arbeiterklasse 1933 zugefügt hatte. Die revolutionären Kräfte der Arbeiterbewegung wirkten illegal im Untergrund, waren aber von der Bevölkerungsmehrheit weitgehend isoliert worden. Das hatte sich auch während der Septemberkrise 1938 gezeigt.[25]

Gegen eine Revolte opponierender Kräfte aus den ökonomischen und militärischen Eliten sicherte sich das Regime durch die — oben erwähnte — Ausschaltung der Gegner eines überstürzten Kriegsabenteuers. Mehr noch war es gegen diese Möglichkeit aber dadurch gewappnet, daß die einflußstärksten Kreise des Monopol- und Großkapitals, die den Faschismus etabliert hatten, mit diesem Regime zu den vorausberechneten Vorteilen gelangt waren. Hitler war nicht nur im Urteil „tumber Toren", sondern auch nach der nüchternen, auf Bilanzen gestützten Bemessung der Großbourgeoisie zu einem wahren Wundertäter geworden.

23 Schon der Jahresbericht für 1938 stellte fest, daß der „Höhepunkt der Erzeugungsschlacht" offenbar erreicht sei. Ebenda, S. 159. Im Bericht für das 1. Vierteljahr 1939 hieß es dann, die „Anzeichen eines Stillstands bzw. Rückgangs der Erzeugungsschlacht" würden zunehmen (S. 295).

24 Die schwerwiegendste Einschätzung der Wirtschaftsentwicklung für das 1. Quartal 1939 lautete, daß eine Überbeanspruchung der im „Gesamtreich vorhandenen bzw. durch das Gesamtreich mobilisierten Arbeitskräfte, Produktionsmittel, Rohstoffe und sonstige(r) für die Produktion bzw. (den) Bau von Anlagen notwendigen Halbfertigwaren und anderen Materialien" eingetreten sei. Ebenda, S. 292.

25 Referat Wilhelm Piecks auf der „Berner Konferenz" am 30. Januar 1939 und Diskussionsbeitrag Otto Niebergalls, in: *Die Berner Konferenz der KPD (30. Januar—1. Februar 1939)*. Hrsg. und eingel. von Klaus Mammach, Berlin 1974, S. 62f., 103.

Während die faschistische Propaganda weiter mit der Parole vom „nationalen Sozialismus" operierte, stellte eine interne Bilanz mit selbst in Geheimdokumenten seltener Offenheit fest: „Als Hauptnutznießer der größen- und kapitalmäßigen Ausdehnung der Entwicklung im Jahre 1938, die sich in Überbeschäftigung und in risikolosen hohen Gewinnen der Industriewirtschaft ausdrückte, erscheinen die Großbetriebe und Konzerne." Diese Tatsache wurde als zwangsläufige Folge der Rüstungspolitik gewertet, die sich auf die Großunternehmen habe stützen müssen. Daraus sei wiederum zu erklären, daß „seit der Machtübernahme" eine Verlagerung des Kräfteverhältnisses „zugunsten der Großbetriebe und Konzerne" eingetreten sei. Sie wäre nicht nur das dem Kapital quasi automatisch zugefallene Ergebnis der staatlichen Politik, sondern auch Resultat eigenen Machtstrebens dieser „wirtschaftlichen Gebilde".[26] Die unverblümten Feststellungen entsprangen, wie dem Text anzumerken ist, nicht offener Parteinahme für das Finanzkapital; dessen Nutznießerschaft wurde als Ausfluß des Kurses auf das „wehrwirtschaftliche Interesse" gewertet, nicht aber als Ausdruck des Wesens faschistischer Herrschaft.

War die Entwicklung im Vorkrieg also auch nicht zu einem Punkt gelangt, da aus ihr durch dramatische Wendungen herrschaftsbedrohende Situationen entspringen konnten, so legte eine unbeschönigte Analyse doch die Einsicht nahe, daß der eingeschlagene Kurs nicht ad infinitum fortgetrieben werden konnte. Dem Risiko weiterer Vorkriegsanstrengungen stand das freilich mindestens ebenso schwer kalkulierbare Risiko baldigen Kriegsbeginns gegenüber. Zwischen beiden Möglichkeiten mußte eine Entscheidung getroffen werden. Hitler hatte sich, gestützt auf die aggressivsten Kräfte der politischen, militärischen und wirtschaftlichen Eliten, zugunsten des kürzesten Wegs in den Krieg entschieden. Dieser Gedankenschritt, der am 20. April 1939 hinter ihm lag, spricht gegen die These, er sei ein „schwacher Diktator" gewesen.[27] In der für das System und die europäische Geschichte entscheidenden Frage, der Wahl zwischen Krieg und Frieden, spannte er sich vor alle jene imperialistischen Kräfte, die frühzeitig und „blitzartig" zuschlagen wollten, zog er andere mit, die noch nach stärkeren Siegesgarantien strebten.

Diese vorwärtsdrängende und extrem kriegstreiberische Rolle Hitlers gewann in den seinem 50. Geburtstag unmittelbar vorausgehenden Wochen erheblich an Bedeutung; denn die europäische Situation begann sich — freilich schleppend — zuungunsten des deutschen Imperialismus zu wandeln. Nicht mehr alle in Europa fließende Wasser, um Thomas Manns Sprachbild zu zitieren, trieben Hitlers Mühlen. Der sich anbahnende Wandel war durch die Vernichtung der Resttschechoslowakei ausgelöst und eingeleitet worden. Dieser provozierende Bruch des Münchener Abkommens dämpfte die Erwartungen derjenigen großbürgerlichen Kreise Großbritanniens und Frankreichs sehr, die auf eine Generalverständigung mit dem faschistischen Deutschland spekuliert und auf sie hingearbeitet hatten.

In der politischen Führerschaft Großbritanniens mußte man sich auf neue Entwicklungsmöglichkeiten einrichten und auch einen Krieg unter eigener Beteiligung in die Rechnung einbeziehen. Die Einführung der allgemeinen Wehrpflicht wurde gefordert; ohne sie war das Land nicht in der Lage, auf dem Kontinent wirkungsvoll in einen Krieg einzugreifen.[28]

---

26 *Meldungen*, Bd. 2, Jahreslagebericht 1938, S. 187f.

27 Im Urteil von Zeitgenossen fand sie sich schon, so beispielsweise apostrophierte Thomas Mann Hitler als den „großen Feigling und Erpressungspazifisten, dessen Rolle am ersten Tag eines wirklichen Krieges ausgespielt wäre". *Thomas Mann*, S. 778.

28 Die Einführung der allgemeinen Wehrpflicht erfolgte nach langwierigen parlamentarischen Auseinandersetzungen erst am 26. Mai 1939.

Unter innenpolitischen Druck geraten, schlug Chamberlain, nachdem die Hakenkreuzfahne über der Prager Burg wehte, öffentlich neue Töne an. In einer Rede in Birmingham warnte er am 18. März nun seinerseits Hitler — freilich ohne eine ausdrückliche Adressierung auszusprechen —, den Willen Großbritanniens zu unterschätzen, seine Interessen auch bewaffnet zu wahren.[29] Noch vollzog sich keine vollständige Abkehr Großbritanniens vom Kurs der Münchener Politik, aber seine Modifizierung setzte ein. Den Kräften der konservativen Opposition und deren Haupt Winston Churchill galt die Korrektur als zu geringfügig. Sie forderten, die Londoner Regierung möge auf die Initiative der Sowjetunion eingehen und gemeinsam mit Frankreich eine politisch-militärische Allianz schaffen, die den deutschen Imperialismus von einem Kriegsabenteuer abschrecken oder die Voraussetzungen schaffen könnte, ihm im Kriege eine frühzeitige Niederlage zu bereiten.[30]

In der Tat hatte die UdSSR die durch die Liquidierung der Resttschechoslowakei entstandene neue Lage zu dem Versuch genutzt, die in München geschaffene Front vollständig aufzusprengen und durch einen Zusammenschluß der nichtaggressiven Mächte für sich selbst mehr außenpolitische Sicherheit zu gewinnen. Sie war aber schon mit ihrem ersten diplomatischen Schritt, dem Vorschlag zu einer Konferenz europäischer Groß- und Kleinstaaten, bei keiner kapitalistischen Regierung auf ein positives Echo gestoßen.[31] Sie glaubten, so geringfügig ihre eigenen Kräfte und Mittel auch waren, alle noch, sich ohne — und besser ohne — die UdSSR behaupten zu können. So ging auch von Kleinstaaten wie Polen und Rumänien keinerlei Druck auf die beiden kapitalistischen Großmächte in Westeuropa aus, der den oppositionellen, die eigene Gefährdung erkennenden Kreisen hätte voranhelfen können.

Die hier nur in Umrissen skizzierte europäische Entwicklung nach dem 15. März 1939 lag auch für weniger informierte Beobachter zutage, als es die faschistischen Führer in Deutschland waren. Wenn auch noch unklar blieb, welche Tendenz sich letztlich durchsetzen würde, so deutete doch nichts auf jähe Wendungen hin. Ein antifaschistisches Staatenbündnis zeichnete sich nicht ab. Mehr noch: in Europa war der Faschismus weiter auf dem Vormarsch.

Nach dreijähriger Verteidigung fiel Madrid am 28. März in die Hände der Faschisten, und das Ende der letzten republikanischen Bastionen stand bevor. Die nichtfaschistischen Mächte nahmen es dadurch vorweg, daß sie die neuen Machthaber Spaniens, die einzig mit Hilfe der Achsenmächte Deutschland und Italien sich hatten durchsetzen können, sogleich diplomatisch anerkannten. General Francisco Franco steuerte den faschistischen Staat diplomatisch an die Seite der antikommunistischen Hauptmächte und erklärte am 7. April den Beitritt zum Antikominternpakt. Diesen Schritt war die Regierung des faschistischen Ungarn schon am 23. Februar 1939 gegangen, die am 11. April auch den Austritt aus dem Völkerbund erklärte, nachdem sie aus der Zerschlagung der Tschechoslowakei eigenen Landgewinn hatte ziehen können. Zu den Erfolgen, die bei der Konsolidierung und Machtausweitung des europäischen Faschismus erzielt wurden, gehörte schließlich der militärische Handstreich, mit dem sich Italien am 7. April Albanien einverleibte, wodurch es einen Brückenkopf auf dem Balkan gewann.

29 Vgl. auch *William L. Shirer*, Das Jahrzehnt des Unheils. Meine Erlebnisse und Erfahrungen in Deutschland und Europa 1930—1940, Bern 1986, S. 284f.

30 *W. G. Truchanowski*, Winston Churchill. Eine politische Biographie, Berlin 1972, S. 301.

31 *Geschichte des Zweiten Weltkrieges 1939—1945* in zwölf Bänden. Hrsg. von einer Hauptredaktionskommission unter dem Vorsitz von A. A. Gretschko, Berlin 1975, Bd. 2, S. 153.

Während also im März/April in Europa einerseits weithin ergebnislos diplomatische Kontakte angebahnt wurden, veränderten die faschistischen Mächte die Landkarte des Kontinents. Binnen eines Monats hatten drei von ihnen — Deutschland, Italien und Ungarn — ihr Gebiet vergrößert. Und mit Spanien und der Slowakei waren zwei neue faschistische Staaten entstanden. Wohin und wie weit sollte das führen? Nicht zu einer Zerstückelung Polens! So lautete die Antwort, welche die Regierung Großbritanniens in einem zunächst einseitigen außenpolitischen Akt erteilte. Chamberlain erklärte am 31. März 1939 vor dem Unterhaus, sein Land werde für die Unabhängigkeit Polens kämpfen, wenn dessen Regierung selbst einem Angriff bewaffneten Widerstand entgegensetzen würde.[32]

Diese Verlautbarung, der Frankreich beitrat, bedeutete für den Kriegsplan des deutschen Imperialismus und für Hitlers Versuch, Polen vor dessen Vernichtung politisch-militärisch zu isolieren, den Störfall schlechthin. Davon zeugte auch, daß sich Hitler keine Zeit ließ, auf die britische Garantie-Erklärung für Polen zu antworten. Er hatte sich nach dem 15. März mit der Inbesitznahme der neugewonnenen Gebiete persönlich nicht lange aufgehalten. Nach seinem Einzug auf der Prager Burg hatte er hastig das annektierte Brünn besucht und sich dann im eben militärisch besetzten Memel gezeigt, wohin er an Bord eines Schlachtschiffes gekommen war. Für die ersten Apriltage plante er eine kurze Seereise auf der Nordsee, die er auf dem Flaggschiff der KdF-Flotte unternehmen wollte. Zu diesem Zweck reiste er nach Wilhelmshaven, um sich dort einzuschiffen. Zuvor hielt er — am 1. April — auf dem Rathausplatz der Hafenstadt vor einer versammelten Menge eine Rede, in der er auf die Reaktionen des Auslands — und vor allem auf die Großbritanniens — antworten wollte, die durch die Zerschlagung der Resttschechoslowakei verursacht worden waren. Der geographische Ort bot sich dafür besonders an.

Vor dieser Rede ergingen einige von der Regel abweichende Anordnungen über deren Verbreitung. William L. Shirer berichtete, daß ihm eine direkte Übertragung der Ansprache in die USA unmöglich gemacht wurde.[33] Das könnte darauf hindeuten, daß Hitler den Gebrauch erst noch kontrollieren wollte, der sich von dieser Ad-hoc-Reaktion machen ließ. Sei dem, wie es sei: Hitler verzichtete auch diesmal nicht auf seine Verständigungs- und Friedensdemagogie, wobei sich die Wendung „Deutschland denkt nicht daran, andere Völker anzugreifen" nach dem Einfall in Böhmen und Mähren blasphemisch ausnahm. Dann attackierte er alle, die Deutschland angeblich einkreisen wollten. Schließlich ging er zur nackten Drohung über: „sollte sich jemand messen wollen", so wäre das faschistische Deutschland bereit.[34] Offensichtlich glaubte Hitler, er könne Polens Isolierung durch die Einschüchterung Großbritanniens erreichen, eine Einschüchterung durch Worte und durch — Kriegsschiffe. Denn bevor Hitler redete, hatte er mit der gesamten Admiralität am Stapellauf eines Schlachtschiffs teilgenommen. Es war auf den Namen Alfred v. Tirpitz getauft worden, des kaiserlichen Admirals und Ministers, der ein Einpeitscher des maritimen Wettrüstens gegen England gewesen war. Auch die Schiffsreise auf der Nordsee wurde genutzt, die gewachsene Seemacht zu demonstrieren. Zu diesem Zweck wurde auf offener See eine Begegnung mit Unterseebooten arrangiert, von deren Besitz sich die Nazi-Admiralität ein Gegengewicht gegen die Überlegenheit der britischen Überwasserstreitkräfte erhoffte, die durch kein noch so ehrgeiziges Rüstungsprogramm zu beseitigen war.

Kurzum: daß sich die deutsch-britischen und in ihrem Gefolge auch die deutsch-französischen Beziehungen zu verschlechtern begonnen hatten, konnte Ende März/Anfang April

---

32 *Shirer*, S. 285.
33 Ebenda, S. 286.
34 *VB*, 4. April 1939.

1939 niemandem verborgen bleiben, der dem Gegenstand auch nur geringe Aufmerksamkeit schenkte. Großbritannien und Frankreich hatten nach dem 15. März ihre diplomatischen Beziehungen zu Deutschland aufrechterhalten, ihre Botschafter jedoch demonstrativ aus Berlin zurückgerufen. Dahin waren sie noch nicht wieder zurückgekehrt. Das taten sie auch bis zu den Geburtstagsfeierlichkeiten nicht.

Bevor sie begannen, trat ein Ereignis ein, das eine moralische Bestärkung derjenigen europäischen Kräfte bedeutete, die an der Aufrechterhaltung des Status quo interessiert waren. Erstmals mischte sich Präsident Franklin D. Roosevelt demonstrativ in die kritische europäische Entwicklung ein. Das konnte nur als Ausdruck der — in den Vereinigten Staaten nicht unumstrittenen — Erkenntnis gewertet werden, daß die USA früher oder später in die Ereignisse hineingezogen werden würden und folglich vor der Alternative standen, den Prozessen ihren Lauf zu lassen oder — gemessen an der Situation, wird man sagen müssen: verspätet — zu versuchen, sie zu beeinflussen. In einem Telegramm, das unmittelbar durch die Liquidierung Albaniens veranlaßt worden war, wandte sich Roosevelt an Mussolini und an Hitler mit der Frage, ob sie bereit wären, namentlich genannten Staaten — insgesamt waren es 31, worunter sich faktisch alle europäischen Staatswesen und auch die UdSSR befanden — zuzusichern, deren Territorium weder anzugreifen, noch es als Durchmarschgebiet zu benutzen.[35]

Später wurde darüber gerichtet, ob der Telegrammtext ein Meisterstück der diplomatischen Auseinandersetzung mit den faschistischen Regimen darstellte. Wesentlicher war, daß das Hervortreten der USA jene ermuntern konnte, die in Großbritannien und Frankreich sich gegen ein weiteres Zurückweichen vor dem kriegerisch-erpresserischen Druck der Achsenmächte wandten. Roosevelt begünstigte eine noch nicht erreichte Wende in der Deutschlandpolitik der beiden Mächte. Diesem Schritt folgte in den nächsten Monaten allerdings kein weiterer, der den Prozeß kollektiver europäischer Sicherheitsbildung befördert hätte.[36]

Hitler hatte am 15. April aus Washington so etwas wie ein vorzeitiges Geburtstagsgeschenk erhalten, auf das er eine Erwiderung nicht sofort parat hatte, so daß er, anders als im Falle des britischen Schritts zugunsten Polens, zunächst schwieg. Inzwischen war bei einem Besuch des polnischen Außenministers Beck in London zwischen den beiden Mächten zudem ein Beistandspakt unterzeichnet worden, dessen militärischer Wert gering veranschlagt werden mochte, der aber ein weiteres Indiz dafür war, daß sich das faschistische Deutschland in außenpolitische Schwierigkeiten manövrierte. Nicht auf diese Komplikationen, sondern auf die Macht des Faschismus sollte die Volksaufmerksamkeit in den folgenden Tagen gelenkt werden. Daher ließ Hitler bekanntgeben, er werde Roosevelt erst am 28. April in einer Rede vor dem faschistischen Reichstag antworten.

Die Nachricht verlautete am 17. April. Sie war dem Reichspropagandaministerium eine Sonderpressekonferenz wert, auf der den Nazijournalisten die Vertagung bis nach dem „Geburtstag des Führers" mitgeteilt wurde. Inzwischen sollten sie Roosevelts Botschaft mit scharfen Kommentaren versehen, dabei jedoch den Eindruck vermeiden, es handle sich um offizielle Verlautbarungen.[37] Dieses Vorgehen beweist, daß die faschistische Führung, die diplomatisch in die Defensive geriet, nicht auch auf dem Felde der Inlands- und der Auslandspropaganda ins Hintertreffen kommen wollte. Doch ihr „Krieg" der

---

35 *N. N. Jakowlew*, Franklin D. Roosevelt. Eine politische Biographie, Berlin 1977, S. 353.

36 Ebenda, S. 358.

37 *Walter Hagemann*, Publizist im Dritten Reich, Hamburg 1948, S. 392.

Gegenerklärungen zeigte schon an, daß der deutsche Imperialismus an jenem Punkte angekommen war, an dem die Methode „friedlicher" Eroberungen hinter ihm lag. Die Zahl der „vereinzelten, hilflosen Opfer" hatte sich erschöpft. Hitler müßte, so meinte Heinrich Mann, „gegen eine Koalition von Großmächten seinen Krieg entfesseln und müßte ihn an mindestens zwei Fronten führen. Das ist seine Lage. Er fängt an, sie zu begreifen."[38] In welchem Grade er das vermochte, und welche Schlußfolgerungen er dann zog, das war aber das Ausschlaggebende.

Jenen Zweifrontenkrieg, den das kaiserlich-imperialistische Deutschland seit 1914 geführt hatte, meinte Hitler gerade vermeiden zu können. Davon überzeugte er sich offenbar auch während eines Gesprächs, zu dem er wenige Stunden vor dem Beginn seiner Geburtstagsfeierlichkeiten am 19. April den Außenminister Rumäniens empfing.[39] Gafencu, der vor seiner Reise nach Berlin in Warschau mit Außenminister Beck gesprochen hatte, versicherte Hitler das Desinteresse seiner wie der polnischen Regierung an einer Verständigung mit der Sowjetunion. Ohne die Mitwirkung dieser beiden Staaten, die sich wie ein Sperriegel zwischen Deutschland und die UdSSR legen ließen, mußten aber alle denkbaren Abmachungen über koordinierte militärische Maßnahmen der UdSSR, Frankreichs und Großbritanniens nur akademische Übungen bleiben.

Auch in einem anderen Punkte bedeutete das Gespräch eine weitere Ermutigung für Hitler. Er betraf die nach wie vor prekäre Rohstofflage Deutschlands. Rumänien werde sich, so beteuerte Gafencu, strikt an den zwischen beiden Staaten am 23. März geschlossenen umfassenden Handelsvertrag halten und Deutschland die unentbehrlichen Rohstoffe — vor allem Erdöl — liefern. Diese Erklärung war um so wichtiger, als sich in Rumänien der Faschismus zwar auf den Vormarsch befand, das Land aber außenpolitisch von Großbritannien heftig umworben wurde, das ihm — ebenso Griechenland — erst vier Tage vor dem Berlin-Besuch Gafencus eine Garantieerklärung gegeben hatte. London war auch die nächste Station der diplomatischen Reise des rumänischen Außenministers, und dorthin, gerichtet an Chamberlain und Gafencus kommenden Gesprächspartner Halifax, gab Hitler eine Nachricht mit. Sie war mit der in Wilhelmshaven ausgesprochenen identisch: „Wenn England Krieg wolle, so könne es ihn haben . . ."[40]

Buchstäblich bis in die letzten Stunden vor der ihm geltenden Gratulationscour, die bereits am Abend des 19. April begann, befaßte sich Hitler demnach mit der Vorbereitung des Krieges gegen Polen, mit der Isolierung des nächsten Opfers. Das spricht, worauf zurückzukommen sein wird, gegen das Klischee, das ihn als notorischen Faulpelz erscheinen läßt. Er befand sich in einer Phase äußerster nervlicher Anspannung. Nichts deutet darauf hin, daß ihn die außenpolitischen Entwicklungen nach dem 15. März in seinen Entschlüssen ernstlich irritiert hätten. Sein Stern schien ihm noch weit vom Zenit entfernt. Welcher andere Staatsmann hatte in wenig mehr als einem Jahr, gemessen seit seinem Einzug in Wien, Erfolge erreicht, die den seinen auch nur nahekamen?

Inzwischen steuerte das Reichspropagandaministerium nach dem Rezept, das im Vorjahr während der Kampagne gegen die Tschechoslowakei erprobt worden war, die antipolnische Vorkriegshetze. Wie 1938 mit den Meldungen von den aus dem Sudetenland flüchtenden Deutschen nationalchauvinistische Gefühle gegen die Tschechen mobilisiert worden waren,

38 *Heinrich Mann*, Die Geburtstagsrede, in: *Heinrich Mann*, Verteidigung der Kultur. Antifaschistische Streitschriften und Essays, Berlin 1973, S. 344.
39 *Grigore Gafencu*, Europas letzte Tage. Eine politische Reise im Jahre 1939, Zürich 1946, S. 92 ff.
40 *ADAP*, Serie D., Bd. VI, S. 241, 243.

so sollten Meldungen über die aus Polen in Danzig eintreffenden Flüchtlinge jetzt die Meinung verbreiten helfen, daß „etwas" geschehen müsse, weil es so nicht weitergehen könne. Dieses „Etwas" waren: Einmischung, Intervention, Aggression.

Mit der Ausarbeitung der Pläne für den „Geburtstag des Führers" wurde bereits Ende 1938 begonnen. Die Federführung lag herkömmlich beim Reichspropagandaministerium, also in den Händen von Josef Goebbels. In dem Ministerium existierte eine eigene und stets hochbeschäftigte Dienststelle für die nazistischen Großkundgebungen, die ein SA-Brigadeführer namens Fink leitete. Am 5. Januar 1939, nachdem Goebbels seine Zustimmung erteilt hatte, wurde das dort ausgearbeitete „Rohprogramm" für die Veranstaltungen des 20. April 1939 der Adjutantur des Führers übersandt, die Hitlers Einwilligung erwirken sollte.[41]

Das Interesse, das dieser erste Entwurf beanspruchen kann, ergibt sich vor allem aus den Abweichungen, die zwischen ihm und dem endgültigen Programm für den Festtag existieren. Sie entstanden in einem mehrstufigen Bearbeitungsprozeß, in dem der Geburtstag Hitlers erst ganz den Zwecken eingepaßt wurde, denen er zugeordnet werden sollte. Der ursprüngliche Entwurf bewegte sich gedanklich noch vollständig in den Ritualen, die alljährlich die Feierlichkeiten zu „Führers Geburtstag" geprägt hatten.[42] Damit wollte sich am wenigsten Hitler begnügen.

Allerdings machte das „Rohprogramm" vom Jahresanfang 1939 schon zwei Leitlinien kenntlich, die über alle Veränderungen hinweg festgehalten wurden. Wie bei ähnlichen Massenveranstaltungen sollte eine spektakuläre Selbstdarstellung des Regimes und seiner Macht erfolgen und damit verbunden der Kult um Adolf Hitler gesteigert werden. Während dieser sich aber bereits als Feldherr kommender Schlachten und Siege dachte, schlugen ihm die Bürokraten noch vor, sich am 20. April 1939 mehrfach als der „erste Baumeister der Nation" ins Blickfeld zu rücken. Hitler sollte, einer noch unausgereiften Idee Albert Speers, des Generalbauinspekteurs der Reichshauptstadt, folgend, an verschiedenen Orten Berlins Grundsteinlegungen vor- und also eine Pose einnehmen, in der er sich seit 1933 mit Vorliebe zur Schau gestellt hatte. Ein Verwaltungsgebäude der AEG oder der Allianz-Versicherung, das faschistische Ärztehaus oder ein Komplex im immer weiter zusammenschrumpfenden Wohnungsbauprogramm wurden in Erwägung gezogen, um Hitlers so gedachtem Auftritt Kulisse zu bieten. Alles das verschwand auf einer frühen Stufe aus den weiteren Planungen. Und man geht in der Annahme kaum fehl, daß dies geschah, weil Gesten der gedachten Art dem Tag ein unwillkommenes friedliches Gepräge gegeben haben würden. Als dürftiges Symbol faschistischer Sozial- und Gesundheitspolitik blieb einzig der Vollzug des ersten Spatenstichs für eine Sportanlage am Rande Berlins. Hitler nahm daran nicht teil. Der Berliner Stadtpräsident Julius Lippert, Reichssportführer Hans v. Tschammer und Osten und Speer, die die Naziprominenz vertraten,

---

41 BA, Koblenz, NS 10/46, Bl. 4, Schreiben des Reichsministers für Volksaufklärung und Propaganda an die Adjutantur des Führers vom 5. Januar 1939.

42 Dies wird hervorgehoben von *Peter Bucher*, Hitlers 50. Geburtstag. Zur Quellenvielfalt im Bundesarchiv. in: *Aus der Arbeit des Bundesarchivs*. Beiträge zum Archivwesen, zur Quellenkunde und Zeitgeschichte. Hrsg. von Heinz Boberach und Hans Booms, Boppard/Rhein 1977. Diese traditionelle Komponente verabsolutiert Bucher indessen und gelangt zu dem — wie zu zeigen sein wird — nicht stichhaltigen Gesamturteil, daß Hitlers Geburtstagsfeiern „unabhängig von den aktuellen politischen und militärischen Ereignissen" geplant und ausgeführt worden seien, „jedenfalls bis zum Ausbruch des zweiten Weltkrieges" (S. 445).

gaben bei dieser Gelegenheit das haltlose Versprechen, es handle sich um die erste von sechzig Einrichtungen der gleichen Art.

In das militaristische Generalkonzept für die Feierlichkeiten paßte schließlich nur einer der die faschistischen Bauten betreffenden Vorschläge des frühesten Entwurfs: der Staatsakt zur Eröffnung eines Straßenzuges im Zentrum Berlins. Die Faschisten nannten ihn „Ost-West-Achse" und gaben ihn als Beginn einer durchgreifenden modernen Neugestaltung der „Reichshauptstadt" aus. Diese Verkehrsader war von vornherein auch als Kulisse mächtiger Demonstrationen gedacht. Ihre erste Bestimmung bestand darin, der Wehrmachtsparade zu Hitlers Ehren Raum zu bieten. Diese Parade war schon im ersten Entwurf für die Festlichkeiten vorgesehen, hatten doch aus gleichem Anlaß in den Jahren zuvor militärische Aufmärsche stattgefunden. Das Ausmaß des diesmaligen war freilich nicht erkennbar und nicht im Propagandaministerium zu bestimmen. Es hatte lediglich den Wunsch angemerkt, daß 1939 auch Einheiten der Polizei am Defilé teilnehmen könnten.[43]

Bevor Wehrmachtsstiefel aber auf der Prachtstraße dröhnen und Panzerketten über sie hinwegfahren sollten, war an ihre höchst feierliche Einweihung gedacht. Sie sollte am Vorabend des Geburtstages mit abendlich-nächtlicher Illumination erfolgen und Hitler die Gelegenheit geben, sich den an die Straßenränder kommandierten oder freiwillig sich dort einfindenden Gefolgsleuten in grellem Licht zu zeigen. Das war eine Idee nach dem Geschmack Hitlers, die mit einer allerdings charakteristischen „kleinen" Änderung auch ausgeführt wurde.

In keiner Phase der Planung war daran gedacht worden, unter den — noch zu erwähnenden — Gruppen von Gratulanten auch eine Abordnung der nazistischen Deutschen Arbeitsfront vor Hitler erscheinen zu lassen. Das lief, da andere — wie die Faschisten vernebelnd formulierten — „Stände" dem Führer ihre Aufwartung machen konnten, auf eine gewisse Hintansetzung der Arbeiter hinaus. Es war entweder Goebbels selbst oder einer der aus seinem Holze geschnittenen Mitarbeiter des Propagandaministeriums, der auf die Idee kam, diesen Mangel im demagogischen Kalkül dadurch zu beseitigen, daß aus der Schar derer, die am Bau der „Ost-West-Achse" teilgenommen hatten, ein leibhaftiger Arbeiter für einen Moment vor Hitler treten sollte. Demnach würde sich, sobald dieser am Ausgangspunkt des Straßenzuges eingetroffen war, ein Maurerpolier mit kurzer Ansprache, eher einer Art militärischer Meldung, an ihn wenden. Überdies sollte danach, als eine weitere wohlberechnete Geste, eine Gruppe jener vielberufenen „Arbeiter der Faust", die beim Straßenbau beschäftigt gewesen waren, in einigen Omnibussen der Autokolonne folgen dürfen, die sich mit Hitler an der Spitze durch das Menschenspalier bewegen würde.

Beide Vorschläge wurden aus dem „Minutenprogramm" gestrichen; und Maurerpolier und Omnibusmitfahrer waren aus dem erneut überarbeiteten Programm bereits am 16. April verschwunden.[44] Hitler hatte fraglos selbst entschieden, daß ihm, bevor die Nobelkarossen vom Mercedes-Typ mit den auserwählten obersten Führern sich seinem Wagen zur Fahrt über die Prachtstraße anschlossen, lediglich Speer deren Fertigstellung meldete. Den Erbauern der Straße wurden im endgültigen Ablaufplan Schauplätze auf beiden Seiten der „Achse" zugewiesen.

---

43 BA, Koblenz, NS 10/127, Bl. 40—42, Rohentwurf.
44 Ebenda, Bl. 48 f.

Die Episode, so nebensächlich sie ist, charakterisiert auf eigene Weise doch das Regime und Hitler. Der gänzliche Verzicht auf seine direkte Begegnung mit einem einzigen ausgesuchten Arbeiter drückte aus, wie abgrundtief verlogen die Legende vom „Führer" als dem angeblichen einstigen Bauarbeiter war, der die Qual extremer körperlicher Arbeitsanstrengung am eigenen Leibe erfahren habe und deshalb mit den Schwerarbeitenden so besonders verbunden sei. Die Arbeiterklasse, der Hitler nicht einmal zeitweilig angehört hatte, und deren Gedanken- und Gefühlswelt er trotz aller gegenteiligen Beteuerungen weltenfern stand, interessierte ihn stets nur als Teil der Masse. Auf sie konnte er freilich, da er mit ihr, aber gegen sie Geschichte machen wollte, nicht verzichten. Wo es sich vermeiden ließ — das war nicht immer möglich, wie sich anläßlich der Einweihung des Gebäudes der Neuen Reichskanzlei gezeigt hatte —, sollten die kapitalistischen Lohnarbeiter als besondere soziale Gruppe nirgendwo mehr hervortreten. Konnte sie das Regime schon nicht abschaffen, so wollte es die Proletarier in der von ihm gestellten Öffentlichkeit, hinter dem „Volksgenossen" verschwinden lassen. Als solcher tauchten sie in den Sprachregelungen des Regimes auf, die die Wirklichkeit verdecken, aber sie nicht umstülpen konnten.

Die Masse wurde für den „Geburtstag des Führers" als Hauptteil der Machtkulisse gebraucht. In Spalieren ergriffener und jubelnder Menschen sollte sie sich an den Straßenrändern zur Eröffnung der „Achse" und tags darauf zu Wehrmachtsparade versammeln. Wieder und wieder sollte sie sich am Geburtstag zu hysterischen Treuekundgebungen auf dem Wilhelmsplatz vor der Neuen Reichskanzlei einfinden und Hitler ein um das andere Mal feiern. Auf diese Weise wollten die Organisatoren dem In- und Ausland einen Staatsmann präsentieren, der wie kein zweiter in aller Welt von der eigenen Bevölkerung gestützt und von ihr auch verehrt und geliebt wurde. Erst wenn das gelang, und daran bestand nach früheren ähnlichen Kundgebungen kein Zweifel, würde auch die Vorführung kriegerischer Gewalt vollständig eindrucksvoll sein.

Um nach Hunderttausenden zählende Menschenmengen auf die Straßen der Berliner Innenstadt zu bringen und sie dort ihre — ihnen zumeist nicht bewußte — Rolle spielen zu lassen, mußte der 20. April 1939 zu einem arbeitsfreien Tag erklärt werden. Ähnlich waren die Machthaber schon bei früheren Anlässen verfahren, so beispielsweise 1937 während des Staatsbesuchs Mussolinis, als die Werktätigen aber nur an den Orten zu einem außerordentlichen arbeitsfreien Tag kamen, an denen sich die beiden Diktatoren zur Schau stellten. Diesmal war eine gesetzliche Regelung zu treffen, die nach den Worten des Reichsinnenministers Wilhelm Frick den „Führer" der „Notwendigkeit" entheben sollte, „ein Gesetz zu unterzeichnen, das seinen eigenen Geburtstag zum Gegenstand hat".[45] Nachdem der Chef der Sicherheitspolizei, Reinhard Heydrich, der im Innenministerium für Feiertagsgesetze zuständig war, bei Hitler hatte anfragen lassen, ob dessen Geburtstag im ganzen Reich oder lediglich in Berlin arbeitsfrei sein solle,[46] ließ Frick über Reichsleiter Martin Bormann, den Stabschef im Amt Stellvertreter des Führers, klären, ob auch die dem Reich gewaltsam einverleibten Tschechen im „Protektorat Böhmen und Mähren" in eine entsprechende Regelung einzubeziehen seien. Erst nachdem auch das bejaht worden war, unterzeichnete der Reichsinnenminister, zuvor durch ein Gesetz mit einer General-

---

45 BA, Koblenz, R 43 II/1266, Bl. 43, Schreiben des Reichsinnenministers Frick an den Chef der Reichskanzlei, Minister Lammers, vom 8. April 1939.
46 Ebenda, Bl. 50, Schreiben des Chefs der Sicherheitspolizei Reinhard Heydrich an den Chef der Reichskanzlei, Minister Lammers, vom 6. April 1939.

ermächtigung für den Erlaß von Feiertagen ausgestattet, dessen erste Durchführungsverordnung, wonach der 20. April „in Großdeutschland nationaler Feiertag" war.[47]

Bereits Wochen vor dem 20. April arbeitete die faschistische Propaganda daran, die Bevölkerung auf den „Führer-Geburtstag" einzustellen und sie in nationalistische Festtagsstimmung zu versetzen. Zu diesem Zweck wurde vor allem der jüngste außenpolitische Erfolg des Regimes benutzt, sein Vordringen nach Prag. Über die Aufnahme des aggressiven Akts durch die deutsche Bevölkerung äußerten sich Berichterstatter des Sicherheitsdienstes aber äußerst zurückhaltend. Demnach war „die Größe des Geschehens" im Volke nicht sofort verstanden worden, doch habe sich „schließlich ein Gefühl des nationalen Stolzes" ausgewirkt, „das der Nationalsozialismus stimmungsmäßig auf sein Konto setzen konnte".[48]

Dies war beobachtet worden, obwohl Zeitungen die Liquidierung der Tschechoslowakei überschwänglich gefeiert hatten. Schon am Tage nach dem Einmarsch der Naziwehrmacht in Prag mußte in einer Pressekonferenz des Propagandaministeriums darauf hingewiesen werden, daß die von einem Tageblatt als Überschrift gewählte Wendung vom „großdeutschen Weltreich" verfrüht sei und für spätere Zeit aufgespart bleiben solle. Von Hitler, so erfuhr das gleiche Gremium vier Tage darauf, dürfe nicht als „Mehrer des Reiches" geschrieben werden. Die SS-Zeitschrift „Das Schwarze Korps" gab durch eine von ihr veröffentlichte Karte, auf der die „historischen Grenzen von 800", also zur Zeit Kaiser Karls des Großen, gezeigt wurden, zu der warnenden Anmerkung Anlaß, solche Karten wären „zwar sehr schön", doch könnten sie als Beweis imperialistischer Absichten interpretiert werden.[49]

Die Quellen lassen keine definitive Aussage darüber zu, wie groß der Teil der deutschen Bevölkerung war, den nach dem 15. März 1939 Unbehagen über die weitere Außenpolitik zu beschleichen begann. Während in den unterschiedlichen, zum Teil tief verfeindeten Lagern des deutschen politischen Exils weithin die Meinung herrschte, daß der Bruch des Münchener Bündnisses durch die Machthaber in Berlin eine neue oder zumindest veränderte Konstellation geschaffen habe,[50] arbeitete die Nazipropaganda daran, den Gewaltakt als Tat eines großen Politikers darzustellen und schwieg sich über deren — im einzelnen noch nicht erkennbare — internationale Folgen aus.

Einen gewissen Eindruck davon konnte ein aufmerksamer Beobachter gewinnen, wenn er die außenpolitisch-diplomatische Gästegruppe zu Hitlers Geburtstag durchmusterte. Am 13. März 1939 informierte eine Hausmitteilung die Abteilungsleiter des von Alfred Rosenberg geleiteten Außenpolitischen Amtes der NSDAP darüber, der Führer habe entschieden, „daß zu seinem 50. Geburtstag durch den Reichsminister des Auswärtigen etwa 200 Ausländer nach Berlin eingeladen werden". Es sollten vorwiegend Angehörige europäischer Staaten sein, jedoch wurden die Tschechoslowakei, deren Liquidierung zwei Tage später erfolgte, das von Italien alsbald annektierte Albanien, die Schweiz und die UdSSR ausgenommen. Auch an Personen aus Staaten außerhalb Europas war gedacht, Iran, Afghanistan, Saudi-Arabien, Ägypten, der Irak und das verbündete Japan wurden genannt. Das Auswärtige Amt schlug Hitler zudem die Einladung von Siamesen vor. Die dem Unternehmen zugrunde liegende Absicht wurde so beschrieben: „Mit der Einladung soll bezweckt werden, Ausländer mit politischem Einfluß durch die Kraft des nationalsozialistischen

47 *RGBl.*, T. I, 1939, S. 762, 764.
48 *Meldungen*, Bd. 2, 1. Vierteljahreslagebericht 1939, S. 228.
49 BA, Koblenz, Zsg. 102/15, Bl. 259, 277, 297.
50 *Meldungen*, Bd. 2, 1. Vierteljahreslagebericht 1939, S. 239 ff.

Deutschland besonders zu beeindrucken, wobei auf Soldaten nicht ausschlaggebender Wert gelegt werden soll, sondern vielmehr auf politisch einflußreiche Persönlichkeiten." Es war, so hieß es abschließend ohne Begründung, nicht an solche aus Regierungsstellen gedacht.[51]

Hinter dieser Einschränkung verbarg sich offenbar das Bewußtsein, daß diese bombastische Feier für einen Politiker aus dem Rahmen weit herausfiel, der für internationale Kontakte üblich war, — und sei es für solche reiner protokollarischer Höflichkeit. Im sozialdemokratischen Exil wurde daran erinnert, daß der 50. Geburtstag Friedrich Eberts, den er 1921 als Reichspräsident beging, „in der Öffentlichkeit so gut wie unbemerkt" blieb und keinerlei offizielle Feier stattgefunden habe. Die SPD-Zeitung „Vorwärts" hätte eine Zwanzig-Zeilen-Meldung gebracht und angemerkt, daß ihr dies „hoffentlich nicht als Byzantinismus" angerechnet werden würde.[52]

Die Öffentlichkeit erfuhr von den ergangenen Einladungen durch eine Pressemitteilung des Auswärtigen Amtes vom 17. April 1939. Die Nachricht lautete nun bezeichnenderweise, Minister Joachim v. Ribbentrop habe im Auftrage Hitlers „eine größere Anzahl namhafter Persönlichkeiten des Auslands" für den 20. April (nicht zu „Führers Geburtstag", sondern) zu einer Truppenparade eingeladen.[53]

Die Liste der offiziellen Gäste, die von ausländischen Staaten eigens nach Berlin gesandt wurden oder persönlichen Einladungen gefolgt waren, blieb trotz aller Anstrengungen der Machthaber kurz. Es fehlten alle kapitalistischen Großstaaten; Großbritannien und Frankreich schickten ihre Botschafter Nevile Henderson und Robert Coulondre demonstrativ erst am 23. bzw. 24. April nach Berlin zurück. Daß die Antikomintern-Mächte Italien, Spanien und Ungarn mit Delegierten vertreten waren, verwunderte nicht. Ansonsten ließen europäische Klein- und Mittelstaaten ihre Aufwartung machen: Rumänien, Jugoslawien, Griechenland, die Türkei, alle baltischen und alle nordeuropäischen Staaten. Schweden hatte mit der Entsendung des Chefs des Generalstabs diplomatisch hochgegriffen.

Die höchstgestellten Staatsgäste kamen, die Geringfügigkeit der ausländischen Gratulanten sicher eher hervorhebend als sie verbergend, ausgerechnet aus dem „Protektorat Böhmen und Mähren" und der soeben von deutsch-faschistischen Gnaden geschaffenen Slowakei, beides Produkt der stufenweisen Zerschlagung der bürgerlich-parlamentarischen tschechoslowakischen Republik. Weder mit dem in Prag etablierten „Staatspräsidenten" Emil Hácha noch mit dem Klerikalfaschisten Josef Tiso ließ sich dem Festtag internationaler Glanz verleihen. Rumäniens Außenminister Gafencu berichtete, daß er dazu veranlaßt werden sollte, die Tribüne der Militärparade an exponiertem Platz zu besetzen, um so eine bedeutendere ausländische Präsenz vorzutäuschen zu helfen. In dramatischer und womöglich dramatisierter Darstellung erzählte er, wie er sich dem habe entziehen können.[54] Protokollgemäß erschien das diplomatische Corps zur Gratulationscour, angeführt von seinem Doyen, dem Apostolischen Nuntius Orsenigo.

Die offiziellen Veranstaltungen zu Hitlers 50. Geburtstag begannen am Vorabend des 20. April in der Neuen Reichskanzlei, wo sich die älteste Führerschaft der NSDAP und andere ausgesuchte Würdenträger einfanden. Die mit den Jahren faschistischen Aufstiegs und nazistischer Herrschaft immer prunkvoller gewordenen Uniformen der Politischen Leiter der NSDAP — die nur noch durch ihre Farbe an das vielberufene „schlichte"

51 BA, Koblenz, NS 43/5, Bl. 248.
52 *Sopade*, (6.) April 1939, S. 435.
53 *VB*, 17. April 1939.
54 *Gafencu*, S. 88.

Braunhemd erinnerten — prägten das Bild dieses Zusammentreffens, das den Charakter eines Treue-Appells besaß und damit in einer Traditionslinie stand. Über aller staatspolitischen und militärischen Aktivität, die seine Hauptzeit in Anspruch nahm, versäumte es Hitler nie, sich demonstrativ mit dem Führerkorps der Nazipartei zu verbinden, mit den ältesten seiner Parteigänger, deren blinder Gefolgschaft er nach den mörderischen Säuberungen vom Juni/Juli 1934 sicher war und denen er wiederholt das Gefühl geben wollte, sie seien die maßgebenden Kräfte des Regimes. Letzteres erschien um so wichtiger, als sie bei aller territorialen Machtfülle in Wirklichkeit auf die grundlegenden rüstungs- und militärpolitischen Entscheidungen des Systems keinerlei Einfluß besaßen und vor allem anderen dafür verantwortlich waren, in ihren jeweiligen Regionen die Stabilität des Regimes durch vollständige Indoktrination der Bevölkerung zu sichern. Deshalb waren sie dafür zuständig, Krisensituationen vorzubeugen, die sich zwischen der Macht und den Massen ergeben konnten. In dieser Hinsicht bildete diese oberste Führerschaft das politische Rückgrat des Herrschaftsapparats.

Bevor diese für ihre langjährige Zugehörigkeit zur nazifaschistischen Bewegung durchweg mit dem „Goldenen Parteiabzeichen der NSDAP" dekorierten Gäste in die nach Speers Plänen erbaute Neue Reichskanzlei in der Wilhelmstraße vorgelassen wurden, hielt ihnen Josef Goebbels in den Krollschen Festsälen eine Ansprache, in deren Zentrum wiederum die Aufgaben bei der Sicherung der Gefolgstreue der Massen standen. Goebbels erklärte, daß es „weder möglich noch notwendig sei, daß jeder Einzelne sein politisches Urteil aus der Erkenntnis" schöpfe. „Im Gegenteil, die Klarheit und Sicherheit der Partei sei viel besser gewährleistet, wenn das Gros der Bewegung sie aus dem Glauben schöpft. Der Glaube und die Gefolgschaft aber klammere sich niemals so sehr an ein Programm wie an die Kraft der Persönlichkeit."[55]

Sowenig dieser Grundsatz den Zuhörern neu sein konnte, enthielt er doch ein bezeichnendes Eingeständnis der aktuell veränderten Situation des Regimes. Es hatte sich in der Mitte der dreißiger Jahre auch der Methode bedient, die Ergebnisse der ersten Regierungsjahre als die Verwirklichung des 1920 verkündeten Programms der NSDAP hinzustellen, und geradezu dazu herausgefordert, das programmatische Wort von einst mit der faschistischen Wirklichkeit zu vergleichen. Nun waren die Leute an den Schalthebeln der Demagogie natürlich dessen gewahr geworden, daß im Volke das Auseinanderklaffen von einstigem Versprechen und aktueller Tat immer stärker vermerkt wurde. Im Gegenzug sollte die Gefolgschaft ganz auf den Führer und den Glauben an ihn fixiert werden.

In dieser Weise stimmte auch die Nazipresse die Bevölkerung auf das „hohe Fest der Nation" ein. Berlin sei in diesen Tagen die „glückliche Hauptstadt einer glücklichen Nation". Und vom ganzen Reichsgebiet hieß es, „ein Rausch von Freude und Glück beseeligt das deutsche Volk".[56] Besonders schamlos wurde die Unerfahrenheit der Kinder und Jugendlichen ausgenutzt. Darauf war Reichsjugendführer Baldur v. Schirach spezialisiert, der seinen Auftritt auch schon am Vorabend von Hitlers Geburtstag hatte, als — wie alljährlich — stellvertretend für Zehntausende von Zehnjährigen eine Gruppe von ihnen in einer abendlich-nächtlichen Veranstaltung im Remter der Marienburg in die faschistische Hitlerjugend aufgenommen wurde. Ahnungslos sangen die Kinder eine der HJ-Hymnen, in deren erster Strophe zwei Verse lauteten: „Wir fühlen nahen unsre Zeit, die Zeit der jungen Soldaten." Schirach erklärte ihnen, sie lebten im „Zeitalter Adolf Hitlers", in dem

---

55 BA Koblenz, Zsg. 116/213, Bl. 75; *DNB*, 19. April 1939.
56 Ebenda, 20. April 1939, Bl. 2; 19. April 1939, Bl. 26.

sie als „die glücklichste Jugend der Welt aufwachsen" und „das Volk der Zukunft" werden würden. Als Schirach um Mitternacht während einer sogenannten Ringsendung im Rundfunk (an ihr wirkten auch Angehörige der faschistischen Hitlerjugend im Ausland mit) noch einmal sprach, rief er aus: „Wir werden treu sein, wir werden gehorsam sein."[57] Diese Gelöbnisse waren in den folgenden Stunden aus dem Munde der obersten Führerschaft als Appelle wieder und wieder zu hören.

Hitler trat am Beginn der Feierlichkeiten das erste Mal selbst auf, als er — wie erwähnt — die „alten Kämpfer" empfing. Einziger Redner dieses abendlichen Treffens war der Stellvertreter des Führers (für die Parteiangelegenheiten), Reichsminister Rudolf Heß. Er schlug die politischen Töne an, die in Variationen alle faschistischen Verlautbarungen, Gratulationen und Kundgebungen charakterisierten: Hitler wurde als ein Wunder und als Wundertäter verherrlicht, die Erfolge des „neuen Deutschland" ausnahmslos seinen einzigartigen Fähigkeiten zugeschrieben. Hitlers Leben und Wirken erschien als wichtigste Voraussetzung für die Fortsetzung des faschistischen Weges. Mit den üblichen pseudoreligiösen Phrasen der Naziideologen richtete Heß daher die „Bitte an den Höchsten", er möge diesen Führer gesund erhalten und dessen Werk seinen Segen verleihen.

Die Rede des „Stellvertreters" klang mit ihrer wichtigsten und zugleich verräterischsten Wendung, nämlich der Versicherung der unbedingten Vasallentreue aus, selbst für den Fall, daß „die Hetzer in der Welt es zum Äußersten treiben" sollten.[58] Das war bereits der nicht mehr verhüllte Treueschwur an den Kriegsherrn Hitler. Den schon mit ihrem Auftakt auf Krieg und kriegerisches Denken zielenden Tenor der Geburtstagsfeierlichkeiten drückte auch das Geschenk der Politischen Leiter aus. Heß übergab eine Sammlung von 50 Originalbriefen aus der Feder des Mannes, dessen Name sich in deutscher Geschichte in besonderem Grade mit militärischem Abenteurertum und Eroberungslust verband; sie stammten aus der Feder Friedrichs II. von Preußen.[59] Wieweit die engste Umgebung Hitlers seine Fixierung auf diesen Preußenkönig kannte und förderte, zeigte auch das von Heinrich Himmler überreichte Präsent, ein Gemälde Friedrichs von der Hand Adolf v. Menzels.[60]

Während sich die oberste Führerschaft in Berlin zur Einweihung der Ost-West-Achse begab, verbreiteten alle Rundfunksender die Geburtstagsansprache von Josef Goebbels. Die in Deutschland vollzogenen Veränderungen als „revolutionären Umbruch" ausgebend, erhob er den Führer in den Rang eines Staatsmanns, der der Geschichte Europas eine neue Richtung gewiesen habe. Mitteleuropa habe seinen Frieden durch Hitler erhalten. Doch gab der Reichspropagandaminister dem Friedenszustand eine ominöse Interpretation: Es sei „ein Frieden praktischer Realität", der sich auf die Macht und — natürlich — auf die „instinktsichere" Politik Hitlers gründe. Eher nebenbei erwähnte Goebbels die „Neider in den demokratischen Weststaaten". Auch er wandte sich zugunsten Hitlers an den „allmächtigen Gott".[61]

Die faschistischen Zeitungen des 20. April waren angefüllt mit Elogen auf Hitler. Ganze Ausgaben füllende Bild-Text-Berichte erschienen in den Zeitschriften. Der von der

---

57 Ebenda, 19. April 1939, Bl. 44, 20. April 1939, Bl. 11.
58 *VB*, 20. April 1939.
59 *Konrad Barthel*, Friedrich der Große in Hitlers Geschichtsbild, Wiesbaden 1977, S. 13.
60 *Himmlers Geheimreden.* Hrsg. von Bradley F. Smith und Agnes F. Petersen, Frankfurt a. M. 1974, S. 128f.
61 VB, 20. April 1939.

Nazipartei amtlich herausgegebene „Illustrierte Beobachter" stellte auf den Seiten einer Sondernummer, die nur Hitler gewidmet war, seine Biographie unter die Schlagzeilen „Treuer Kamerad und Sucher", „Redner und Soldat", „Baumeister und Künstler", Bringer von „Arbeit und Brot", „Freund der Arbeiter, der Bauern, der Jugend, des Sports, Erzieher des Volkes und Erhalter der Rasse", „unermüdlicher Arbeiter", Bringer von „Freude und Erholung", „Staatsmann", „Befreier des Saarlandes, des Rheinlandes, der Ostmark, der Sudeten, der alten Reichslande (womit die Gebiete des sogenannten Protektorats Böhmen und Mähren gemeint waren), der Memel". Seitenweise erschien Hitler als der Geliebte und Umjubelte.[62]

Die gesamte Darstellung des „Führers" lief darauf hinaus, Hitler ins Überirdische zu erheben und ihn zu einem politischen Gott zu erklären, dem gegenüber sich jeder Deutsche aller Kritik zu enthalten, dem er sich stets nur gläubig zu nähern habe. Dieses Hitlerbild wurde nicht erst im Frühjahr 1939 kreiert. Es war seit Jahren systematisch ausgemalt und verbreitet worden.[63] Einer der bekanntesten Nazibarden, Heinrich Anacker, hatte schon 1931 ein Gedicht veröffentlicht, in dem er Hitler „unsere Zuversicht", „unseren letzten Halt" und den nahenden „Befreier" nannte. Damals erschien der Text in einer Zeitungsbeilage für die SA.[64] Inzwischen waren Anackers Gedichte in die offiziellen Schulbücher aufgenommen, und die Kinder hatten sie auswendig zu lernen. „Wenn ich nur zweifle, tret' ich vor Dein Bild . . .", hatte ein anderer faschistischer Lyriker, Herybert Menzel, Hitler angedichtet.[65] Die beiden Verse drückten am knappsten aus, daß die Führung ein einschränkungslos irrationales Verhältnis der Massen zu diesem Manne erstrebte, forderte und auch weithin erreichte.

„Credere, obedire, combattere" — diese Devise der italienischen Faschisten sollte auch für die Nazianhängerschaft gelten. „Glauben, gehorchen, kämpfen" hieß deshalb die Forderung, die von der Zeitschrift der SA-Führer anläßlich des „Führer-Geburtstages" obenangestellt wurde. Dort schrieb ein SA-Sturmhauptführer in einem Huldigungsartikel: „Wir glauben an unseren Führer und an die von ihm verkündete nationalsozialistische Idee, und wir glauben daran, daß sich Deutschland zu strahlender Größe und Herrlichkeit erheben wird, weil es einen Adolf Hitler zum Führer hat."[66] Das war im Stil des Apostolischen Glaubensbekenntnisses verfaßt, das die meisten Führer und Mannschaften der SA aus religiöser Unterweisung in Schule und Kirche kannten. Wichtiger noch war, daß das Gelöbnis — en passant — der Vorstellung entgegenwirkte, es könnte Hitlers Werk sich bereits vollendet haben. Das hatte voreilig und fälschlich die sächsische amtliche Nazizeitung verbreitet, als sie anläßlich des Einmarsches in die Sudetengebiete schrieb, nun sei des Führers „Lebenswerk durch die letztmögliche Ausgestaltung des Großdeutschen Reiches gekrönt" worden.[67]

---

62 *Illustrierter Beobachter*, Sondernummer, April 1939.

63 Siehe auch *Eva Pfeifer*, Das Hitlerbild im Spiegel einiger rechtsgerichteter Tageszeitungen in den Jahren 1929—1933, München 1968.

64 *VB*, 6. August 1931, zit. nach *Pfeifer*, S. 6.

65 Das Gedicht hieß „Vorm Bild des Führers" und wurde auch im *VB*, 20. April 1939 veröffentlicht. Als einen dem durchschnittlichen Menschenverstand ganz unzugänglichen „Führer" charakterisierte auch Gerhard Schumann Hitler in dem gleichnamigen Gedicht, in dem sich die Strophe findet: „Auch wenn wir dich einmal nicht fassen, werden wir mit dir gehn. Einst wirst du uns schauen lassen, was du vor uns gesehen."

66 *Der SA-Führer*, Zeitschrift der SA-Führer der NSDAP, 1939, Nr. 4 (April-Ausgabe).

67 *Der Freiheitskampf*, 30. September 1938.

Den offiziellen, an das deutsche Volk gerichteten Aufruf zeichnete Hermann Göring, womit dessen Stellung als die des designierten Nachfolgers Hitlers hervorgehoben wurde. Im Gleichklang mit Heß und Goebbels formulierte er, daß der Gefeierte „der größte Deutsche aller Zeiten" sei, ein Mann von genialer Geisteskraft und der Fähigkeit zu überragender Staatskunst, der ein Wunder vollbracht habe. Ihm werde das Volk folgen und bis in den Tod Treue bewahren, „wohin er uns auch führt". Wiewohl Göring die blühende Schaffenskraft Hitlers rühmte, schloß auch er pathetisch, im Stile des andachtsvollen Gebets: „Herrgott schütze den Führer, segne sein Werk."[68]

Die Menge des historischen Lorbeers, den seine engste Umgebung auf Hitler häufte, suchte Alfred Rosenberg, Herausgeber des „Völkischen Beobachters", in einem Beitrag mit der Überschrift „Unser Dank heißt Bereitschaft" noch zu übertreffen. Hitler sei der „Gründer des größten kontinentaleuropäischen Reiches". Mit ihm habe eine der größten Epochen deutscher Geschichte begonnen, konstatierte er, um dann in dunkel geschichtsphilosophischer Wendung zu verkünden: „Die große europäische Mission des alten Deutschen Reiches beginnt wieder".[69] Keine Frage: Die faschistische Führungsgruppe nutzte den Tag, um jeden Gedanken daran zu verdrängen, daß die außenpolitischen Unternehmungen des faschistischen Staates beendet seien und seine Entwicklung in einen innenpolitischen Ausbau münden könnte.

Die Wahrnehmung des Hitler-Kults, der am 50. Geburtstag des Führers exzessive Formen annahm, führte in der ausländischen Presse und insbesondere auch in Organen des deutschen Exils erneut zu Erörterungen über Hitlers Stellung, sein Ansehen im Volke und die Ursachen für seine sich bis zur Anbetung steigernde Verherrlichung in manchen Schichten der Bevölkerung, die nach ihrer Zahl keineswegs als geringfügig abzutun waren. Eine nach ihrer Fragestellung anspruchsvolle Analyse, die in den Deutschlandberichten der Sopade veröffentlicht wurde, ging von der angesichts der Rede- und anderer Texte verwunderlichen Behauptung aus, daß die Personen, „die sich auf der Stufenleiter der Parteihierarchie dem Führer am nächsten befinden, in ihren Äußerungen noch am meisten Zurückhaltung" gewahrt hätten. Daran wurde das Urteil geknüpft: „Die Hemmungslosigkeit der Anbetung wächst mit dem Maße der Entfernung." Die obersten Faschistenführer würden selber dem Heroenkult nicht „in übertriebenem Maße" huldigen.[70]

Die Ansicht, Hitlers engste Vertraute hätten ein richtiges Bild von seiner Person und würden deren kultische Erhöhung nur instrumental einsetzen, hielt auch späteren biographischen Forschungen nicht stand. Die Paladine des Führers, in subjektivistischen Vorstellungen vom Gang der Geschichte groß geworden und sich später ganz in sie hineinlebend, sahen auch ihre eigene Rolle maßlos überhöht. Erfahrungen schienen ihnen vor wie nach 1933 die Überlegenheit von Hitlers Denken und Entschlüssen vielfach zu bestätigen. Mit Überzeugtheit konnten sie folglich von Hitler so sprechen, wie sie es am 20. April 1939 taten. Der Glaube an ihren genialen obersten Führer stärkte zudem ihr Selbst- und Zukunftsbewußtsein und kam damit Bedürfnissen entgegen, die immer häufiger gestillt werden mußten, da der Weg an Hitlers Seite doch merklich abenteuerlicher wurde.

Ein anderes Fehlurteil in den zitierten zeitgenössischen Analysen des Führerkultes betraf die Ursachen für sein Aufkommen und seine Vorbereitung, die der seelischen Bedürftigkeit „eines nicht geringen Teils des deutschen Volkes" zugeschrieben wurden und als Zeugnis

---

68 *VB*, 20. April 1939.
69 Ebenda.
70 *Sopade*, (6.) April 1939, Abschnitt 5, Hitlers 50. Geburtstag, S. 443.

„der primitiven Denkweise gewisser Schichten des Volkes" angesehen wurde.[71] Das Volk habe nach 1918 einen Ersatzkaiser gebraucht und nach ihm mit den wachsenden Notzeiten um so stärker verlangt. Drei Faktoren wurden für die Ausbreitung der Hitlergläubigkeit verantwortlich gemacht: die angeblich einmalige Fähigkeit des obersten Faschistenführers, „Glaubensströme" zu wecken, das Wirken der „losgelassenen Dichter" und die sich gleichsam selbstmanipulierenden „kleinen Leute aus dem Volke".[72] Diese Betrachtung, wiewohl sie auf Vorleistungen aus den vorfaschistischen Jahren verwies, ging allzu leicht an der Tatsache vorbei, welche verheerende Macht das Meinungsmonopol der Nazis besaß und in welchem Umfang Wissenschaftler, Künstler, Kirchenobere, auch führende Personen aus der kapitalistischen Wirtschaft — also gerade die sogenannten gebildeten und „studierten" Schichten — bei der Stilisierung jenes Bildes von Hitler mitwirkten, das tragendes Element der von ihnen gestützten Herrschaft geworden war.

Die Verlautbarungen der Paladine Hitlers drückten durchweg aus, daß sich ihrer vor allem als Folge der gelungenen Expansion des faschistischen Staates ein Größenwahn ohne Beispiel zu bemächtigen begonnen hatte. Die Maßstäbe — wenn sie solche je besessen hatten — waren ihnen, begünstigt durch ordinäre geschichtliche und sonstige Unbildung, weitgehend verlorengegangen. Mit Hitler würden die Deutschen „den Völkern dieser Erde in ein neues Jahrtausend wegweisend vorausmarschieren", schrieb die schon zitierte Zeitschrift „Der SA-Führer". Das Schicksal der Welt werde in Berlin und Rom entschieden, war dort zu lesen, und auch, auf welche Weise das geschehen würde: „. . . wenn der Führer den Marschbefehl gibt, dann wird dieses Volk marschieren, und niemand auf der Welt wird diesen Marsch aufhalten können!"[73] Hitler wäre „einer der wenigen Großen der Weltgeschichte", dessen war sich das Blatt sicher. Doch erst die Nachwelt werde ermessen können, ob er „vielleicht der Größte" sei.[74]

Damit war die inhaltliche Spannweite der Lobpreisungen restlos ausgeschöpft. Ihre Wirkung wurde vielfach erst dadurch erreicht, daß an ihrer Verbreitung — wie früher schon — keineswegs nur Faschistenführer verschiedenster Ränge und Stufen beteiligt waren. Nazi-Dichter publizierten unter anderem eine Anthologie mit dem Titel „Dem Führer".[75] Würdenträger der Kirchen veröffentlichten Huldigungen, Dankgottesdienste fanden statt.[76] In Wort und Schrift wurde Hitler von Wissenschaftlern gerühmt. In manchen Verlautbarungen wurden die nächsten und fernen Pläne des deutschen Imperialismus ungleich unumwundener ausgesprochen, als es wegen außenpolitischer Rücksichten an der Reichsspitze geschehen konnte.

Auf einem Festakt in der Universität Innsbruck sprach Rektor Harold Steinacker, ein dort seit 1918 tätiger Hochschullehrer, in der Aula vor einem nach einem Gemälde von Hubert Lanzinger gestalteten Mosaik, das Hitler als mythische Figur zeigte, als

---

71 Ebenda, S. 438, 443.

72 Ebenda, S. 441, 443.

73 *Der SA-Führer*, 1939, Nr. 4 (April-Ausgabe), S. 4. Das Bild von den Deutschen als von einer marschierenden Kolonne, die Hitler anführe, tauchte in der nazistischen Propaganda immer wieder auf. Im Tagesbefehl, den der Führer des Nationalsozialistischen Kraftfahrer-Korps (NSKK), Adolf Hühnlein, anläßlich des 20. April 1939 erließ, war das Gelöbnis enthalten, die Männer des NSKK werden zu jeder Stunde Hitlers „Marschtritt — wohin er auch führen mag — stets dichtauf" folgen. BA, Koblenz, Zsg. 116/213; *DNB*, 19. April 1939, Bl. 29.

74 *Der SA-Führer*, S. 4f.

75 Erschienen in Stuttgart 1939.

76 *John Toland*, Adolf Hitler, Bergisch-Gladbach 1977, S. 687.

Bannerträger in stilisierter mittelalterlicher Ritterrüstung — einem unvergleichlich kitschigen Kunstprodukt, das eher den Gedanken an den Ritter Don Quichotte de la Mancha aufkommen ließ als den an einen Weltpolitiker. Steinacker rühmte Hitler als einen Mann von „eiserner Ruhe" und „unerhört geballter Willenskraft", von „dämonischer Leidenschaft", „wunderbarer Einfachheit" und „schlichter Größe",[77] der es dahin gebracht habe, daß Deutschland „wieder der mächtigste Staat in Europa"[78] geworden sei. Dann kam er, ganz im Sinne der bereits entfachten antipolnischen Propaganda, auf die „offene Wunde des Korridors" zu sprechen, verlangte, das Dasein der „vorgelagerten Volksgruppen" zu sichern, und vergaß nicht, den Anspruch auf „Kolonien" zu erheben.[79] Zu all dem hatten Faschisten an der Alpen-Nordkette am Stadtrand von Innsbruck Hitlers Namen in einer Flammenschrift aufleuchten lassen. Auf den Bergen ringsum brannten Feuer.

Am Morgen des 20. April wurde vor der Parade nur eine kleine Auswahl von Gästen zu Hitler vorgelassen. Vollständig war darauf verzichtet worden, Hitler in Bild und Geste als Volkskanzler zu präsentieren. Für Gratulanten aus den das Volk bildenden Klassen und Schichten standen Nebengebäude der Neuen Reichskanzlei offen. Dort konnten sie Glückwünsche und Geschenke hinterlegen. Doch machte die Presse in den folgenden Tagen darum nicht viel Wesens; es wurde erwähnt, daß zu der Geschenkmasse auch von Hitler-Verehrerinnen gestrickte Wollsocken für Wehrmacht und Reichsarbeitsdienst gehörten.

Alle Geburtstagsgäste, die vor Hitler traten, waren absichtsvoll ausgewählt. Zu ihnen gehörte der NSDAP-Gauleiter Albert Forster aus Danzig sowie dessen faschistische Regierung. Sie durften Hitler die Urkunde eines Ehrenbürgers der Stadt überreichen und auf diese Weise provokatorisch verdeutlichen, daß ihnen das Staatsoberhaupt des „Großdeutschen Reiches" als oberste Autorität galt. Die Bedeutung des Auftritts der Danziger Faschisten wurde durch die Kürze der Gratulantenreihe noch unterstrichen. Wiewohl Hitler sich nicht als Grundsteinleger von friedlichen Zwecken dienenden Bauten hatte zeigen wollen, verzichtete er doch nicht auf die Hervorhebung seiner Rollen als Förderer der Technik und Mäzen der Künste, denen er sich — vorgeblich wegen seiner politischen Mission — nicht habe vollends zuwenden können. Er empfing den Reichsleiter und Führer der Deutschen Arbeitsfront Robert Ley in Begleitung von Ferdinand Porsche, einem dem Regime treu ergebenen und von ihm hoch profitierenden Kapitalisten und Techniker. Diese Begegnung diente der Propaganda für den sogenannten Volkswagen und für einen „Volkspflug", der im Modell existierte und dessen Produktion nie aufgenommen wurde. Unter den handverlesenen Gratulanten befand sich dann eine von Albert Speer angeführte Delegation, der unter anderem Josef Thorak, Hermann Giesler, Arno Breker und der Maler Adolf Ziegler angehörten. Goebbels schenkte namens des von ihm geleiteten Nazigaus Berlin in Kassetten eine Dokumentation über die 700-jährige Baugeschichte der Stadt. Das bekräftigte Hitlers Anspruch, Berlins architektonisch-städtebauliche Zukunft selbstherrlich festzulegen.

Mit der Errichtung der Ost-West-Achse, zu der er sich danach begab, hatte Hitler damit bereits begonnen. Er nahm vor dem Gebäude der Technischen Hochschule seinen herausgehobenen Platz ein, auf dem er, wie hundertfach geübt, mit zum Heilgruß erhobenem Arm stand und vier Stunden lang die Einheiten des Heeres sowie die der Luftwaffe

---

77 *Harold Steinacker*, 1889—1919—1939. Rede am 50. Geburtstag des Führers, Innsbruck 1939, S. 7f.
78 Ebenda, S. 16.
79 Ebenda, S. 17.

zugeordneten Abteilungen der Fliegerabwehr (Flak) an sich vorbeiziehen ließ. Auch Militärflugzeuge dröhnten in Staffeln über die Prachtstraße.

Die faschistischen Militärs führten der Öffentlichkeit alles vor, was sie zum Zwecke der Aggression angehäuft hatten. Beeindruckend waren Technisierung und Motorisierung der Landtruppen. Absichtsvoll wurden Verbände der Luftabwehr zur Schau gestellt, um den Berlinern den Eindruck zu machen, es stehe ein Instrument zur Verfügung, mit dem der Luftkrieg von ihnen wie überhaupt von der deutschen Zivilbevölkerung ferngehalten werden könne. Neuartig waren die defilierenden Truppen der sogenannten Fallschirmjäger, dazu bestimmt, aus Flugzeugen weit im Hinterland des Kriegsgegners abgesetzt zu werden. Das faschistische Deutschland präsentierte sich waffenstarrend. John Toland untertreibt die Bedeutung dieses Aufmarsches weit, wenn er schreibt, man beging den Geburtstag „wie üblich mit einer riesigen Militärparade".[80] Dergleichen hatte es in den Jahren zuvor weder bei diesem noch bei einem anderen Anlaß gegeben.

Hitler mag durch den Umfang und die Präzision des Zurschaugestellten auch selbst beeindruckt worden sein. Fremd war ihm diese moderne Armee nicht mehr. Sein direkter Kontakt zur Wehrmacht und ihren Befehlshabern war kontinuierlich. Ins neugewonnene Memel hatte er sich von Swinemünde aus auf dem Panzerschiff „Deutschland" mit großem Kriegsschiffgeleit begeben. Nur Tage später war er mit der Admiralität bei dem schon erwähnten Stapellauf in Wilhelmshaven zusammengetroffen, wobei er das Schlachtschiff „Scharnhorst" besuchte. Während der Kurzreise auf der Nordsee an Bord des KdF-Schiffes „Robert Ley" begleiteten ihn Militärs; mit dem Chef des Oberkommandos der Wehrmacht Wilhelm Keitel und dem Wehrmachtsadjutanten Oberst Rudolf Schmundt hatte er dabei Angriffspläne gegen Polen beraten.[81] Noch vier Tage vor seinem Geburtstag war er gemeinsam mit dem Oberbefehlshaber des Heeres Walther v. Brauchitsch in St. Pölten in der „Ostmark" gewesen, um Einheiten verschiedener Waffengattungen des Landheeres zu besichtigen.

Zu diesem Programm eines einzigen Monats gehörte auch, daß Hitler mehrfach höchstgestellte Militärs geehrt und befördert hatte. Keitel und Brauchitsch wurden für ihre Verdienste bei der Okkupation der Tschechoslowakei, da geeignete Militärorden noch nicht gestiftet waren, mit dem „Goldenen Parteiabzeichen" der NSDAP dekoriert. Erich Raeder war zum Großadmiral befördert worden, wiewohl die von ihm kommandierten Seestreitkräfte das kaum rechtfertigten. Wilhelm List, einer der militärischen Führer des Handstreichs gegen die Tschechoslowakei, wurde Generaloberst. Welches andere Staatsoberhaupt in Europa hätte zu dieser Zeit einen vergleichbaren Teil seiner Zeit und Kraft auf das Militär und die Militärtechnik verwandt? An einem Itinerar Hitlers für jene Wochen konnte aufs einfachste abgelesen werden, was den Mann vor allem anderen beschäftigte.

Seine Weise, den Regierungsgeschäften nachzugehen — und das eben hieß: den Krieg vorbereiten —, setzte sich nach dem Geburtstag bruchlos fort. Zwei Tage darauf, am 22. April, war Hitler bereits auf der Infanterieschule in Döberitz und besuchte den Fliegerhorst Elsgrund. Im Mai begab er sich auf eine ausgedehnte Inspektionsreise entlang des Westwalls, die ihn von Aachen bis nach Kehl und Lörrach führte. Unmittelbar danach erschien er bei den militärischen Verbänden der SS in deren Ausbildungsstätte Münsterlager in der Lüneburger Heide. Kurzum: Es gab zu jener Zeit keinen anderen Bereich des faschistischen Staates, mit dem Hitler so eng in Verbindung stand wie mit der Wehr-

---

80 *Toland*, S. 687.
81 *Below*, S. 159.

macht, es gab keine zweite Personengruppe, die er so oft sah, wie deren Generale und Offiziere. Hitlers Lebensstil, ohne daß er den grauen Rock schon angezogen hatte, war der des Vorkriegs, und die Parade am 20. April war ein Teil davon. Ihre Hauptbestimmung bestand darin, die Opfer kommender Überfälle zu schrecken und ihre denkbaren Verbündeten abzuschrecken.

Ein Beobachter des martialischen Schauspiels, William L. Shirer, Europa-Korrespondent für Rundfunkstationen der USA und am 20. April 1939 eigens nach Berlin geflogen „für den Fall, daß Hitler zur Feier seines 50. Geburtstages eine Überraschung bereithielt", erinnerte sich seiner Eindrücke von der Parade: „Auf mich jedenfalls, das muß ich gestehen, verfehlte sie ihren Eindruck nicht — dergleichen hatte ich noch nie gesehen. Schwärme von Bombern, Kampfflugzeugen und den neuen Stukas (Sturzkampfflugzeuge — K. P.) dröhnten über uns hinweg, endlose Kolonnen schwerer Panzer, großer Panzerabwehr- und Flugzeugabwehrkanonen zogen vorbei. Beim Anblick eines motorisierten Artilleriegeschützes, das fünf Schlepper zogen, stockte den deutschen Zuschauern der Atem, dann applaudierten sie begeistert. Wie konnte man nur unbelebten Dingen, wie Kanonen und Panzern, Beifall zollen?" Es sei „ein glücklicher und zugleich gebieterischer Hitler" gewesen, der diesem Vorbeimarsch salutierte.[82] Hätten diejenigen, die zur Verwunderung des amerikanischen Reporters Militärmaschinen Beifall spendeten, das auch getan, wenn sie gewußt hätten, daß der 1. September als Tag X in den Kalendarien der Generalität bereits markiert war? Sie hatten die Wahl, ihren Augen zu trauen oder ihren Ohren. „Deutschland denkt nicht daran, andere Völker anzugreifen", hatte Hitler zweieinhalb Wochen vor seinem Geburtstag wieder feierlich versprochen und zugleich angekündigt, die NSDAP werde den alljährlich in Nürnberg stattfindenden sogenannten Parteitag diesmal vom 2. bis 11. September als „Parteitag des Friedens" begehen.[83]

Es ist nicht zu klären, wie viele der nach Hunderttausenden zählenden schaulustigen Berliner am Straßenrand sich in diesem Moment jener Äußerungen Hitlers erinnerten, die seine Ansicht über die Funktion der nun geschaffenen Wehrmacht vorwegnehmend eingestanden: „Man kann keine Armee ausbilden und zu hohem Eigenwert bringen, wenn die Aufgabe ihres Daseins nicht die Vorbereitung zum Kampfe ist. Armeen zur Erhaltung des Friedens gibt es nicht, sondern nur zum sieghaften Durchfechten des Krieges."[84] So offen wurde die Absicht, die mit dem Aufbau der Streitkräfte von Anfang an verfolgt worden war, in den Berichten tags darauf nicht zugegeben. Sie waren nichtsdestoweniger klar. Der „Völkische Beobachter" schrieb, die Wehrmacht habe sich „in ganzer Vollendung dargestellt", und sie sei „ein Organismus von unvorstellbarer Kraft und technischer Vollendung".[85]

Eine Spezialeinheit der faschistischen Wehrmacht nahm mit keiner Abordnung an der Parade teil. Es war die einzige, die praktische Kriegserfahrungen gesammelt hatte. Die Legion Condor befand sich noch bei den Siegesfeiern der spanischen Faschisten, wobei Franco sie für ihre Verdienste im „Kreuzzug gegen den Kommunismus" dekorierte. Als die Legionäre im Mai über Hamburg nach Berlin zurücktransportiert wurden, enthüllte sich in Reden und Artikeln jener Geist noch klarer, der in der politischen und militärischen Führung des faschistischen Staates herrschte. Göring sagte in seiner Empfangsrede in der Hansestadt ganz im Stil der Gratulationsansprachen des 20. April: „Mag kommen, was kommen

82 *Shirer*, S. 293.
83 *VB*, 3. April 1939, Rede Hitlers auf dem Rathausplatz in Wilhelmshaven.
84 Zit. nach *Olden*, S. 362.
85 *VB*, 21. April 1939.

will. Ihr habt bewiesen, daß wir unbesiegbar sind und bleiben werden."[86] In einer Artikelserie, welche die Totengräberrolle der Legion an der spanischen Republik verherrlichte und
die UdSSR attackierte, schrieb das Parteiblatt: „Wir aber fühlen einen unbändigen Stolz,
Deutsche zu sein und als solche geachtet, geehrt und auch — gefürchtet zu werden."[87] Eben-
das war der Geist, den die Geburtstagsparade der deutschen Bevölkerung zu infiltrieren
suchte. Die nach wie vor vielfach zu beobachtende, von den faschistischen Lokalbehörden
gemeldete Kriegsfurcht im Volke sollte durch den Glauben an den Sieg gedämpft und abge-
tötet werden.[88]

Hitler stärkte an diesem 20. April 1939 auch in sich selbst den Gedanken, daß der Sieg
im Kriege nur dieser Wehrmacht und ihrem Oberbefehlshaber zufallen könne. Vieles trug
dazu bei, ihm diese Gewißheit einzugeben. Als Geschenk der Luftwaffe wurden ihm sämtliche damals bei diesem Wehrmachtsteil befindlichen Kriegsflugzeuge im Modell überreicht;
ein danach aufgenommenes Foto überliefert, wie fasziniert Hitler sie betrachtete. Am be-
ziehungsvollsten war ein Präsent Albert Speers, das Modell eines Triumphbogens für
Berlin, dessen Entwurf in lakaienhafter Bescheidenheit dem Beschenkten zugeschrieben
wurde.[89]

Gemessen an der Wehrmachtsparade war alles, was den Geburtstag danach noch aus-
füllte, von geringer Bedeutung, wenn auch nicht ohne demagogischen Akzent. Es gab kein
riesenhaftes Galadiner, keine kostspielige Festivität, wie sie Göring und andere neureiche
Bonzen zu veranstalten pflegten. Hitler lud seine Gäste zu einem Tee-Empfang. Danach
schickte er sie zu einer festlichen Theateraufführung mit einem nach seinem Geschmack
ausgewählten Programm. Die Geladenen durften „Die lustige Witwe" sehen, während er
seine unmittelbare Lakaienschaft um sich versammelte: Nazis aus seiner Ordonnanz, dem
Begleitkommando, Fahr- und Flug- und Hauspersonal. Namentlich ragten aus dieser Versammlung nur wenige heraus, der Kommandeur der Leibstandarte Sepp Dietrich, der Hof-
Fotograf Heinrich Hoffmann, der unvermeidliche Speer, ständiger Gast von Hitlers kultur-
loser Abendgesellschaft, die Reichsleiter Martin Bormann und Philipp Bouhler.

Von den verschiedensten Seiten war Hitler mit sehr kostspieligen Geschenken überhäuft
worden, wovon — um seinen Ruf als bedürfnisloser Führer zu wahren — wenig Aufhebens
gemacht wurde. Das galt insbesondere für die teuerste aller Gaben auf Staatskosten, deren
Idee auf Martin Bormann zurückgehen soll. Sie bestand in einem kostspieligen Ausbau
des Geländes am Obersalzberg bei Berchtesgaden, der eine Mischung von Privat- und zwei-
tem Regierungssitz faschistischer Führer und insbesondere Hitlers geworden war. Auf dem
Kehlstein, einem mehr als 1800 m hohen Gipfel, wurde mit einem extremen Aufwand an
Arbeitskraft und Material ein Haus errichtet, zu dem waghalsig angelegte Zufahrtstraßen
und schließlich ein in den Fels gebauter Aufzug führten. Die Kosten beliefen sich auf die
horrende Summe von 30 Millionen Reichsmark; zu den Gesamt„kosten" gehörten auch die

---

86 *VB*, 2. Juni 1939.

87 *VB*, 4. Juni 1939.

88 Ian Kershaw zitiert aus den Berichten faschistischer Führer in Bayern über die Stimmung der
Bevölkerung u. a. das Urteil des Landrats von Ebermannstadt in Oberfranken, der Ende Juni 1939
berichtete: „Mit einer Begeisterung, wie sie 1914 war, könnte heute nicht gerechnet werden." Der
Kreisleiter von Aichach klagte am 31. März 1939 über die zeitlich eng begrenzte Wirkung außenpolitischer
Erfolge des Regimes: „Die Nöte und Sorgen des Alltags sind aber so groß, daß bald wieder die
Stimmung getrübt wird." *Ian Kershaw*, Volksmeinung und Propaganda im Dritten Reich, Stuttgart 1980,
S. 124f.

89 *Below*, S. 100.

bei dem Vorhaben zu Tode gekommenen Arbeiter. Eigens waren im alpinen Straßen- und Tunnelbau erfahrene italienische Proletarier angeheuert worden. Hatte Hitler den Erbauern der exklusiven und protzigen Neuen Reichskanzlei in Berlin bei deren Einweihung versichert, all dieser Aufwand sei nicht für ihn, sondern aus Gründen staatlicher Repräsentanz getrieben worden, so wurde dieser Kehlstein-Komplex kaum zu einem anderen Zwecke genutzt als zur Verlustierung der parasitären Umgebung Hitlers und der Eva Braun.[90]

Während der gesamten Feierlichkeiten im Verlauf des 19./20. April 1939 hatte Hitler geschwiegen. Keine Äußerung gegenüber einem der Gratulanten wurde gedruckt, kein Satzfetzen auf irgendeinem Tonträger festgehalten. Hätte die Ehrung einem Toten gegolten, die Überlieferung wäre in diesem Punkte identisch. Der Mann war zu einer weltgeschichtlichen Gestalt von unvergleichlicher Größe erklärt worden und ließ es sich ohne ein einschränkendes oder gar abwehrendes Wort gefallen. Über ihn wurde geschrieben, daß „die Persönlichkeit des Führers in ihrer Totalität" von niemandem erfaßt werden könne, und er hielt es für überflüssig, auch nur einen halben Einspruch zu erheben. Von ihm wurde behauptet, es ginge „ein geheimnisvolles Fluidum auf uns über, das gleiche Schwingungen in unserm Seelenraum erweckt", und auch diese mystischen Anhimmlungen waren ihm nicht zuwider.[91]

Es erscheint müßig, darüber zu spekulieren, welche Erwägungen den Jubilar bestimmten, weder im Rückblick auf seinen eigenen Weg, noch vorausschauend zu Künftigem sich zu äußern. Nichts hätte die Sprache der Militärparade verstärken können. Zudem hatte sich Hitler, wie erwähnt, auf den Auftritt am 28. April 1939 vor dem Reichstag festgelegt, um Roosevelt zu antworten. Dieses Schweigen eines Mannes, der sonst anscheinend jede Gelegenheit nutzte, sich in endlosen Reden zu ergehen, war für manchen Zeitgenossen mit dem eigenen Hitlerbild schwer vereinbar. So erging es offenbar Heinrich Mann, der die acht Tage später gehaltene Rede in einem Beitrag kommentierte, den er „Die Geburtstagsrede"[92] überschrieb.

Hitler zeigte sich an diesem Tage vor den „Männern des Deutschen Reichstags" hochgestimmt. Einer der ausländischen Zuhörer notierte in sein Tagebuch, daß der Redner „mit Bezug auf Beredsamkeit, List, Ironie, Sarkasmus und Heuchelei einen neuen Höhepunkt erreicht" habe.[93] Die Antwortrede an Roosevelt offenbarte allerdings, nach der heuchlerischen Wendung, er — Hitler — sei verglichen mit dem Präsidenten der USA „in einen viel bescheideneren und kleineren Rahmen gestellt", was sich dieser Führer als Verdienst vor aller Öffentlichkeit zuschrieb. Was seit 1933 sich im Innern und in der äußeren Stellung Deutschlands verändert hatte, galt Hitler ohne jede Einschränkung als sein ureigenes Verdienst. „Ich habe . . .", und „Es ist mir gelungen . . .", so leitete er die auch nicht von dem geringsten Anflug von Bescheidenheit gemilderte Aufzählung seiner Verdienste ein: der Überwinder des Chaos, der Hersteller der Ordnung, der Retter der nationalen Wirtschaft, der Beseitiger der Erwerbslosigkeit, der Einiger des Volkes, der Zertrümmerer des Versailler Vertrages, der Schöpfer der Aufrüstung usw. Wenn auch in anderer Diktion, so feierte Hitler

90 *Der Obersalzberg im Dritten Reich*, Berchtesgaden 1982, S. 68 ff.

91 Zit. nach *Sopade*, (6.) April 1939, S. 444 f. Die Äußerungen waren der Geburtstagsausgabe der SS-Zeitschrift „Das Schwarze Korps" entnommen.

92 *Heinrich Mann*, Verteidigung der Kultur. Antifaschistische Streitschriften und Essays, Berlin 1973, S. 343 ff.

93 *Shirer*, S. 295.

sich auf ebendiese Weise, in der ihn seine faschistischen Gratulanten eine Woche vorher gefeiert hatten.[94]

Der Platz, den der 20. April 1939 auf dem Weg in den Krieg einnahm, kann nicht vollständig bestimmt werden, ohne daß der Versuch unternommen wird, die schon mehrfach berührte Frage genauer zu beantworten, welche Wirkung der Tag auf Hitler selbst ausübte und welche Bedeutung dieser dem Umstand beimaß, daß er eine von ihm selbst als ominös angesehene Altersmarke überschritten hatte. Dabei war es selbstredend zufällig, daß Hitlers 50. Geburtstag mit einer sich anbahnenden Wendung in der europäischen Szene zusammenfiel, deren Ausmaß, Richtung und Tempo sich schwer übersehen ließ. In den Tagen und Wochen nach dem Einmarsch der faschistischen Truppen in Prag suchten Nazigegner aufmerksam nach Zeugnissen, die womöglich dafür sprachen, daß Hitler von diesen Veränderungen selbst etwas aufnahm. Besonders diejenigen, die die Reaktionen des Auslands auf die totale Liquidierung der Tschechoslowakei überschätzten, und wie Leopold Schwarzschild von einem „Drehpunkt der Zeitgeschichte" und einer „Wandlung der Welthaltung" schrieben, wollten ergründen, ob Hitler zum Krieg noch eine Alternative besaß, die nicht Verfall und Untergang des Naziregimes bedeuten würde. Der Herausgeber des „Neuen Tage-Buchs" gelangte zu dem Schluß, daß allenfalls ein Aufschub des Kriegsentschlusses gedacht werden könne; denn eine wirkliche Alternative zum Krieg sei „nicht in die Person Hitlers hineinzudenken".[95]

Diese Sicht auf den Mann an der Spitze des Regimes war richtig, aber in ihrer personalistischen Zuspitzung einseitig und unvollständig. So gewiß Hitler sich auf Krieg festgelegt hatte, was er nach dem Sieg über Polen der Generalität mit den Worten eingestand, daß die Absicht „zu schlagen" immer in ihm gewesen sei, so wenig steuerte er in jenem Frühjahr doch auf einen Krieg zu, der allein „sein" Krieg war. Er sann, entschied und handelte in einer ausdrücklich vereinbarten oder stillschweigenden Übereinkunft mit den einflußstärksten Kreisen des deutschen Finanzkapitals, den großen Landeigentümern und den höchstgestellten Militärs. Die weitgehende Deckungsgleichheit — Kongruenz im Wesentlichen, nicht im einzelnen — von Wünschen und Wollen aller dieser die Expansion erstrebenden Gruppen und Personen war in einem längeren bis in die Jahre vor 1933 zurückreichenden Prozeß hergestellt oder festgestellt worden. Die Chance eines Mannes wie Hitler unter den Bedingungen der deformierten Weimarer Republik Reichskanzler zu werden, hatte sich überhaupt erst ergeben, weil er samt seiner Führungsgruppe für fähig gehalten wurde, auf einem politischen Weg voranzugehen, auf dem die europäische und Weltstellung des deutschen Imperialismus in der Weise und in dem Maße vergrößert werden sollte, wie es den Geschlagenen seit ihrer Kriegsniederlage, mit deren Resultaten sie sich gedanklich nicht einen Moment abgefunden hatten, vor Augen stand.

Das ungestillte Expansionsinteresse, das sich unter bürgerlich-parlamentarischen Bedingungen nach innen wie nach außen nur begrenzt durchsetzen ließ, war vor 1933 Chance Hitlers und der Politiker um ihn gewesen (deren Angebot bei Fehlen einer entsprechenden Nachfrage bedeutungslos geblieben wäre), und es bedingte nach 1933 weitgehend deren Machtstellung. Denn die militärische Auseinandersetzung mit einer Übermacht von Gegnern konnte nur dann Erfolgsaussicht besitzen, wenn die äußerste Kräftekonzentration im Innern erreicht wurde, was die Minimierung aller sozialen und politischen Reibungsflächen einschloß. Nicht nur die Disziplinierung der Volksmassen durch Terror, psychischen

---

94 *VB*, 29. April 1939.
95 *Leopold Schwarzschild*, Die Frist, in: *Das Neue Tage-Buch*, 1939, S. 442.

Druck und Betrug jeglicher Art folgten aus dem Kriegsplan. Auch in den wirtschaftlich mächtigsten und militärisch kommandohöchsten Schichten und Kasten war eine Selbstdisziplinierung erforderlich, um die gewollte Hauptlinie des außenpolitischen, d. h. von einem bestimmten Punkt an: kriegerischen Vorgehens verfolgen zu können.

Das Risiko, das vor 1933 existierte, als es keine restlose Garantie dafür gab, daß die Machtübertragung an die nazifaschistische Führungsclique wirklich die von ihren Initiatoren und Wegbereitern gedachten Resultate nach sich ziehen werde, war 1938/39 auf neue, variierte und vermehrte Weise reproduziert. Diesmal konnte es keine absolute Siegesgarantie für die militärische Auseinandersetzung geben, deren rüstungswirtschaftliche Vorbereitung unter aktivster Mitwirkung der Bankherren und Konzernführer erfolgte. Ebensowenig wie 1914 vermochten diese über die Umsetzung der Expansionsinteressen in Kriegspolitik zu befinden. Die Politiker und Militärs an der Regimespitze waren diejenigen, die über die Reihenfolge der Kriegszüge, über den Moment des Angriffs und damit zusammenhängende militärische und außenpolitische Fragen entscheiden mußten. In diesem Prozeß besaß Hitler eine übermächtige Stellung, wie an jenem 20. April 1939 und da besonders deutlich spürbar geworden war. Doch hatte Hitler diese Stellung nicht durch Usurpation erworben, nicht dadurch, daß er sich über Kapitalinteressen hinweggesetzt, sondern — im Gegenteil — dadurch, daß er ihnen Rechnung getragen und sie ins Militärisch-Kriegerische übersetzt hatte.

Nahezu überflüssig erscheint es, dem hinzuzufügen, daß er das selbstredend nicht allein und nicht gegen die Militärs tat. Erst der auf hohen Touren reibungsarm arbeitende Apparat an der Wehrmachtspitze ermöglichte es, in derart kurzen Fristen die allgemeine Kriegsidee und deren Varianten in konkrete Angriffs- und Feldzugspläne und sich darauf gründende Befehle zu fassen. In Deutschland agierte im politischen, ökonomischen und militärischen Bereich eine arbeitsteilig operierende Verschwörung gegen den Frieden mit ihren jeweiligen Aufgaben und Kompetenzen.

Kontrafaktischen Überlegungen wohnt keine Beweiskraft inne, doch können sie durch die gedankliche Vergegenwärtigung des Nichtgeschehenen das Geschehene schärfer sehen helfen. Hitler brauchte in den Monaten, in denen die entscheidenden Entschlüsse über den Krieg fielen, keine Zeit darauf zu verwenden, sie — wie er es vor 1933 auf dem Weg in die Macht wiederholt getan hatte — mit den Finanzkapitalisten zu beraten oder ihnen auch nur in Umrissen die nun bevorstehenden Schritte zu entwickeln. Die Kontakte zwischen den einschlägigen obersten Reichsbehörden und den Wirtschaftsführern waren bereits ganz auf das Praktische der Kriegsvorbereitung gerichtet. Hätte es sich so auch verhalten können, wenn als Folge der Abenteuer von 1938 in Führungskreisen des Kapitals nachdrücklich Bedenken laut geworden wären?

Statt dessen hatten sich die Mächtigen der Wirtschaft in jedes eroberte Gebiet mit Vehemenz gestürzt und sich auch um die Beute untereinander zu raufen begonnen.

„Wer kommt gleich hinter dem ersten Tank? Das ist Direktor Rasche von der Dresdner Bank!" lautete eine zeitgenössische Redewendung, die treffend die Aufeinanderfolge von militärischer und ökonomischer Expansion ausdrückte. Dabei waren die Rasches nichts weniger als Gelegenheitsdiebe. Die Monopolherren, je stärker und folglich einflußreicher, um so mehr, hatten — wie von der marxistischen Geschichtsschreibung der DDR vielfach nachgewiesen — die Expansionsstrategie aktiv mit beeinflußt und gemeinsam und auch getrennt Vorstellungen und Vorgehensweisen fixiert, nach denen sie die militärisch erst noch zu erzwingenden Veränderungen zu ihrem Nutzen verwerten wollten.

Kann also auch keine Rede davon sein, daß in jenem Frühjahr 1939 „Hitlers Krieg" angesteuert wurde, so war das faschistische Regime in jenen Jahren seiner Existenz doch erst

wirklich zu *Hitler*deutschland geworden, und dies in einem doppelten Sinne. Die herrschenden Schichten, begeistert von den bereits erreichten außenpolitischen Erfolgen, mit deren
Transformation in Wirtschaftsmacht sie befaßt waren, hatten sich stärker noch als im
Januar 1933 auf diesen Mann als den verläßlichen Vollstrecker ihrer Interessen fixiert, und
breite Teile des Volkes, was ihnen wirklich nützte, ebenso verkennend wie die Pläne der
Führung, verhielten sich zum „Führer" kritiklos-vertrauensselig. So gewann Hitlers geistige
und psychische Verfassung tatsächlich einen außerordentlichen geschichtsmächtigen Stellenwert. Dieser Mann aber war besessen von der Idee, in den Krieg zu kommen, und verfolgt
von dem Gedanken, er könne den günstigsten Zeitpunkt für seinen Beginn verpassen. Mit
jenen Soldaten und Offizieren, die am 20. April an ihm vorbeizogen, wollte er noch 1939
losschlagen.

Zu diesem Zweck hatte er am 3. April die Weisung für den „Fall Weiß" unterzeichnet,
die der Wehrmacht am 11. April zugestellt worden war.[96] Polen sollte vor Jahresende überfallen und ausgelöscht werden. Auf seinen Trümmern sollte sich „Großdeutschland" weiter
nach dem Osten Europas ausdehnen als das Kaiserreich der Hohenzollern. Nach dem Vorbild des Vorgehens gegen die Tschechoslowakei war an dem faschistischen Staat direkt einverleibte und ihm als Kolonie vorgelagerte Gebiete gedacht. Das alles sollte bei „passender
Gelegenheit" erledigt werden. Angriffsabsicht und Expansionsziel wurden den höchstgestellten Personen in der Militärclique unumwunden mitgeteilt.

Die Verschwörung der Eroberer schloß sich im April/Mai ohne irgendwelche herausragenden Ereignisse oder gar dramatische Zwischenfälle endgültig zusammen. Es geschah,
als sei alles längst abgemacht. Das war es auch. Bemerkenswert war jedoch, daß Hitler den
Kriegsbeginn gegenüber früher ins Auge gefaßten Terminen weit vorverlegt hatte. 1937
hatte er noch von der Zeitspanne zwischen den Jahren 1943 bis 1945 gesprochen.[97] Anfang
April, als die „Weisung für die einheitliche Kriegsvorbereitung der Wehrmacht für 1939/40"
in neuer Fassung angekündigt und vorab die veränderte Version von „Fall Weiß" herausgegeben wurde, war die Forderung erhoben, alle Vorbereitungen für den Überfall auf Polen
so zu treffen, daß er „ab 1. 9. 1939 jederzeit möglich ist".[98] Ohne weitere Beratung mit den
Befehlshabern der drei Wehrmachtsteile hatte Hitler den Termin für die Kriegseröffnung
um drei bis sechs Jahre vorverlegt. Sein Vorgehen charakterisiert die Beziehung, die sich
zwischen ihm, Brauchitsch, Erich Raeder, dem OKW-Chef Wilhelm Keitel und den höchstgestellten Generalstäblern nach dem Revirement vom 4. Februar 1938 herausgebildet hatte.

Alle verfügbaren Dokumente belegen, daß Hitler zum Zeitpunkt seines 50. Geburtstages
nicht mehr mit der Frage beschäftigt war, *ob* oder *wann* er die Aggression beginnen solle.
Ihn beherrschte — man möchte sagen: nur noch — die Überlegung, zu welcher außenpolitisch-militärischen Konstellation der Überfall auf Polen führen werde und wie auf sie zu
antworten sei. Keine seiner Äußerungen deutet darauf hin, daß ihn eine der denkbaren
Wandlungen der europäischen Situation von dem gefaßten Entschluß hätte abbringen können, den Krieg zu beginnen. Dies besagt nicht, daß die Möglichkeiten der Gegenkräfte des
deutschen Faschismus bereits erschöpft oder versäumt waren. Hitler war zu einer Modifizierung seines Entschlusses noch zu zwingen. Indessen hätte ihn nur eine einschneidende
Veränderung des europäischen Kräfteverhältnisses zu einem Neuansatz für den Kriegsplan
bewegen können.

---

96 *IMG*, Bd. 34, S. 380ff., Dok. 120 — C.
97 *IMG*, Bd. 25, S. 408f., Dok. 386 — PS, Niederschrift über die Besprechung in der Reichskanzlei
   am 5. 11. 1937 (sog. Hoßbach-Protokoll).
98 *IMG*, Bd. 34, S. 380, Dok. 120 — C, Betr. Weisung für die Wehrmacht 1939/40.

Hitler erörterte im Frühjahr 1939 vor einem ausgesuchten Kreis von Militärs drei Entwicklungen, die auf den Einfall in Polen folgen könnten. Die erste, ihm unter allen willkommenste, war der separate Ablauf der Aggression, der es dem faschistischen Staat erlaubte, Polen zu okkupieren und dadurch einen offenen Zugang zu den reaktionären Regimen im Baltikum — Litauen, Lettland und Estland — zu gewinnen. Das eroberte Terrain Polens und die drei Kleinstaaten waren als sichere Hilfsquellen gedacht, auf die sich Deutschland im anschließenden Kampf gegen die Westmächte würde stützen können. Alle Überlegungen Hitlers für diesen Fall stehen dafür, daß auf den gedachten Sieg über Polen nach einer nur kurzen Kriegspause der Schlag gegen Frankreich 1940 folgen sollte.

Er sah es als die außenpolitisch-diplomatische Hauptaufgabe des Jahres 1939 an, Polen zu isolieren. Doch konnte er am 20. April nicht mehr sicher sein, daß sie noch lösbar war. Nach Großbritanniens Garantieerklärung für Polen mußte er mit der Möglichkeit rechnen, daß die Hauptrivalen den deutschen Imperialismus in Osteuropa nicht weiter nach Belieben gewähren lassen würden. Dies zwang Hitler — mochte er vor den Militärs auch noch die Hoffnung nähren, England werde „aus dem Spiele" bleiben[99] — doch mehr und mehr dazu, jene Situation zu durchdenken, da Großbritannien und Frankreich auf den Einfall in Polen mit Kriegserklärungen antworteten.

Hitler kalkulierte diese Folge jedenfalls ein und nahm sie von Anfang an in Kauf. Er hatte den Entschluß gefaßt, es auch auf den *großen* Krieg ankommen zu lassen und den zweiten Weltkrieg in Europa zu beginnen. Er hielt, obwohl die von ihm in der Vierjahresplan-Denkschrift abgelaufene Zeitspanne von vier Jahren noch nicht verstrichen war, das faschistische Deutschland schon für fähig, im Westen einen mehrjährigen Krieg gegen die beiden stärksten kapitalistischen Konkurrenten in Europa zu führen und zu gewinnen[100]; denn er rechnete, trotz seines Vertrauens auf die Übermacht der eigenen Armee, keineswegs mit einem so raschen Feldzug und Sieg, wie er sich im Mai/Juni 1940 auf französischem Boden tatsächlich ereignete.

Die dritte Entwicklungsmöglichkeit, die nach einem Überfall auf Polen eintreten könnte, das gemeinsame Auf-den-Plan-Treten der beiden kapitalistischen Großmächte im Westen und der UdSSR im Osten, hielt Hitler für wenig wahrscheinlich. Er konnte darauf setzen, daß das reaktionäre polnische Regime, das dem jungen Sowjetstaat 1921 erhebliche Teile seines Territoriums abgepreßt hatte, kein Bündnis mit der UdSSR suchen würde. Zu diesem Urteil mag — neben direkten Informationen wie der erwähnten aus dem Munde Gafencus — die Erfahrung beigetragen haben, daß sich nicht einmal die bürgerlich-parlamentarische Tschechoslowakei 1938 auf jenen Vertrag stützte, den sie drei Jahre zuvor mit der Sowjetunion abgeschlossen hatte. Zwischen Polen und der UdSSR aber bestand keinerlei Beistandsverpflichtung.

Die Frage, die sich unvermeidlich stellt, lautet: Was machte den ersten Mann im faschistischen Staat so sicher, daß er einen Krieg gegen drei europäische Staaten — Polen, Frankreich und Großbritannien — gleichzeitig austragen könne? Welche Siegesrechnungen stellte er an, da er doch die Erfahrung der Niederlage des deutschen Imperialismus 1918 im Gedächtnis hatte?

Hitlers Geistesverfassung wurde durch eine Mischung seiner Fähigkeiten bestimmt, Tatsachen wahrzunehmen, zu verdrängen oder auch glatt zu ignorieren. Immer stärker hatte sich seine Neigung ausgeprägt, diejenigen Fakten unberücksichtigt zu lassen, die gegen seine

99 *IMG*, Bd. 37, S. 550, Dok. 079 — L.
100 *IMG*, Bd. 26, S. 523f. Dok. 1014 — PS, Zweite Ansprache des Führers am 22. 8. 1939.

Pläne und Entschlüsse sprachen. Beispielsweise nahm er wahr, daß gegenüber anderen Staaten ein Rüstungsvorsprung erreicht worden war. Gleichzeitig übersah er nicht, daß die künftigen Kriegsgegner Deutschlands fähig waren, diesen Vorsprung durch eigene Anstrengungen wettzumachen. Das ließ ihn — von anderen zu dem gleichen Schluß führenden Überlegungen wird noch zu handeln sein — zu dem Resultat gelangen, die Wehrmacht müsse dem zuvorkommen und so zeitig wie möglich angreifen. Aber der naheliegenden Frage, ob die Gegner Frankreich und Großbritannien in einem auch von ihm selbst erwarteten längerwährenden Krieg nicht in der Lage sein könnten, im Kriegsverlauf rasch aufzuholen, was sie vordem versäumt hatten, stellte er sich nicht. Hitler dachte in die Kriegszukunft so weit, wie seine Rechnungen aufgingen. Das ließe sich mannigfach beweisen. So verdrängte er auch die — im Sommer 1940 dann praktisch auftauchende — Frage, wie Großbritannien nach einer Niederlage Frankreichs zur Kapitulation gezwungen werden könnte. Er entwickelte vor hohen Militärs die unrealistische Idee, durch Luftwaffe und Kriegsmarine einen für Schiffe undurchdringlichen Minengürtel um das Inselreich zu legen.[101]

Hitlers Denken war um die Zeit seines 50. Geburtstages auf die nüchterne Abwägung objektiver Faktoren gerichtet und durch das Jonglieren mit dem willkürlich bestimmten Gewicht subjektiver Faktoren charakterisiert. Unter letzteren sah er sich selbst als den wichtigsten an. Das führt uns zu der Frage zurück, wie er seine eigene Rolle im Krieg beurteilte, und zu der damit verbundenen, welche Bedeutung er der Tatsache beimaß, daß er, damaliger Lebenserwartung zufolge, mit 50 Jahren rund gerechnet noch etwa eine Lebensfrist von anderthalb Jahrzehnten besaß — was also ihm noch zu tun blieb. Jedoch: Das war nicht die Art, wie er die Frage stellte. Was er zu seinen Lebzeiten noch tun *müsse*, weil nur er es zu erreichen vermochte — das war die Weise, in der er über sich und die Welt nachdachte. Hitlers „Gefühl politischer und intellektueller Überlegenheit" über alle seine Paladine und alle denkbaren Konkurrenten hatte sich in einem längeren Prozeß herausgebildet, der bis in die Jahre vor 1933 zurückreichte.[102] Längst vor seinem 50. Geburtstag war er zu dem Urteil gelangt, daß er eine ganz außergewöhnliche Persönlichkeit sei, ein Übermensch. Folgerichtig sah er sich als die entscheidende Größe im Kriegsplan und in der Siegesrechnung. Der 20. April 1939 mochte dieses Selbstverständnis weiter gestärkt haben, wenn das überhaupt noch möglich war. Denn Hitlers Geistes- und Gefühlszustand hatte schon im Verlauf seines 50. Lebensjahres eine neue Dimension erhalten.

Die Erfolge seiner Außenpolitik und die Zugeständnisse, die britischer- und französischerseits dem faschistischen Staat gemacht worden waren, verbuchte er als Beweise seiner überlegenen Strategie und Taktik, als Ausdruck eigener Genialität und — umgekehrt — als Zeugnis der Beschränktheit seiner Kontrahenten. Das Treffen mit den Ministerpräsidenten der beiden kapitalistischen Mächte Europas, die er zunächst als die Haupthindernisse für die Erreichung der expansionistischen Ziele ansah, hatte ihn davon überzeugt, daß er mit ihnen fertig werden würde — als handele es sich im Kriegsfall darum, welcher Exponent einer Macht größere Intelligenz oder mehr Schläue besäße. Zu den Faktoren, aus denen sich 1939 die Gunst der geschichtlichen Stunde bilde, rechnete Hitler ausdrücklich, daß die „maßgebenden Persönlichkeiten" auf der Gegenseite „ein negatives Bild" ergäben. Großbritannien wie Frankreich besäßen „keine Persönlichkeit von Format". Diesen Gedanken konnte er in einer einzigen Rede dreimal variieren. „Unsere Gegner haben Führer, die unter dem Durchschnitt stehen. Keine Persönlichkeiten. Keine Herren, keine Tatmenschen." Und

---

101 *IMG*, Bd. 26, S. 327ff., Dok. 789 — PS, Besprechung beim Führer (23. November 1939).
102 *Sebastian Haffner*, Anmerkungen zu Hitler, München 1978, S. 24.

schließlich: „Unsere Gegner sind kleine Würmchen. Ich sah sie in München".[103] Die Steigerung der Aussage ist interessant: Zuerst wurde den Führern der Westmächte noch in nahezu akademischer Formulierung das „Format" abgesprochen, dann wurden sie statistisch unter den „Durchschnitt" gesetzt, am Ende waren sie „Würmchen", Wesen, die sich leichthändig zerquetschen ließen.

Verglichen mit Chamberlain und Daladier sah Hitler sich als einen Riesen, als den „Tatmenschen" seiner Zeit. Schon in der Schule der k. u. k.-Monarchie in der Vorstellung ausgebildet, die Geschichte sei Produkt des Handelns überragender Persönlichkeiten, stellte er sich längst in deren Reihe und war absolut unfähig, sich die äußeren Bedingungen der seit 1935 erreichten Erfolge des deutschen Imperialismus klarzumachen. Alles Erreichte, wie die zitierte Reichstagsrede vom 28. April bewies, schrieb er im Grunde sich selbst zu, insonderheit auch seiner Risikobereitschaft.

Selbst wenn die Absicht in Rechnung gestellt wird, die Hitler 1939 wieder und wieder zu Erörterungen über das „Risiko" führte — nämlich die inneren Hemmnisse von Politikern und Militärs gegen ein allzu gewagtes Vorgehen zu bekämpfen —, so äußerte sich bei diesen Gelegenheiten doch seine Überzeugung, daß das Risiko geradezu eine notwendige Begleiterscheinung des Erfolgs, mehr noch: dessen unerläßliche Voraussetzung sei. Bismarck und vor allem Friedrich II. von Preußen galten ihm als Vorbilder äußerster Risikobereitschaft schlechthin.[104] Auch in dieser Hinsicht sah er sich in ihrer Erbfolge, und rückblickend übertrieb er das jeweils vorhandene Risiko seiner außenpolitischen Aktionen noch, zu eigenem höheren Ruhme und um zu erneuter Waghalsigkeit anzustacheln.

Hitlers Selbstbeweihräucherung und Selbstüberschätzung erreichten auf dem Weg in den Krieg und nach Kriegsbeginn einen neuen Gipfel. Den Entschluß, den Krieg 1939 und nicht später zu beginnen, stützte er am 22. August 1939 in seiner Rede vor den Wehrmachtsoberbefehlshabern in erster Linie auf „meine eigene Persönlichkeit und die Mussolinis". Erschien ihm ein möglicher Tod des Duce aber nur als Gefährdung der Bündnistreue Italiens, so sagte Hitler über sich: „Wesentlich hängt es von mir ab, von meinem Dasein, wegen meiner politischen Fähigkeiten." In der Zukunft werde es wohl niemanden geben, der wie er „das Vertrauen des ganzen Volkes" besitze und eine höhere Autorität habe. Damit hatte Hitler nicht mehr und nicht weniger behauptet, als daß er selbst eine auch in der künftigen deutschen Geschichte unübertreffbare Erscheinung darstelle. Der Mann, der sich als Gründer des vielberufenen Tausendjährigen Reiches verstand, fällte en passant ein Urteil über das Format aller seiner Nachfolger.

„Mein Dasein ist also ein großer Wert-Faktor", erläuterte er den Generalen. Der müsse, so die Schlußfolgerung, jetzt eingesetzt werden, zumal er, wie er mehrfach wiederholte, durch ein Attentat irgendeines „Verbrechers" oder „Idioten" beseitigt werden könne.[105] Daß Hitler seiner Zuhörerschaft den Gedanken eines gegen ihn gerichteten Attentats als Grund für raschesten Kriegsbeginn offerieren konnte, wirft nebenbei auch ein Licht auf deren Anspruchsniveau; denn es war doch von da nur ein Denkschritt zu der Frage, was geschehen würde, wenn diesen „Wert-Faktor" am zweiten Kriegstag ein Geschoß oder eine Bombe niederstreckte.

Schon wenige Wochen später setzte Hitler den Oberbefehlshabern, jetzt um ihre Bedenken gegen einen baldigen Frankreichfeldzug zu beseitigen, „als letzten Faktor" wiederum „in

103 *IMG*, Bd. 26, S. 339f., Dok. 798-PS, Ansprache des Führers vor den Oberbefehlshabern 22. 8. 1939.

104 *IMG*, Bd. 26, S. 523, Dok. 1014 — PS, Zweite Ansprache des Führers am 22. 8. 1939.

105 *IMG*, Bd. 26, S. 339, Dok. 798 — PS, Ansprache des Führers vor den Oberbefehlshabern am 22. 8. 1939.

aller Bescheidenheit" seine eigene Person als Argument für einen sofortigen Angriff vor. Er sei weder durch „eine militärische noch eine zivile Persönlichkeit" zu ersetzen. Dem fügte er hinzu: „Ich bin überzeugt von der Kraft meines Gehirns und von meiner Entschlußkraft." Wieder operierte Hitler mit dem Beispiel Friedrichs II.; er dozierte, Preußen verdanke seinen „Aufstieg dem Heroismus eines Mannes".[106] Was gewöhnlich nur in den theatralischen Auftritten des „Führers" vor Massenansammlungen zu hören war, das bot Hitler im Kreis der Oberbefehlshaber im November 1939 an, um die Möglichkeit des Sieges über Frankreich zu beweisen: seinen Bund mit der „Vorsehung". Die Niederschrift verzeichnete: „Nur wer mit dem Schicksal kämpft, kann eine günstige Vorsehung haben. In den letzten Jahren habe ich viele Beispiele der Vorsehung erlebt. Auch in der jetzigen Entwicklung sehe ich die Vorsehung."[107] Das sollte wohl besagen, daß, wer das größte Risiko eingeht und sich grenzlosem Abenteurertum hingibt, obendrein als eine Art Bonus die Unterstützung überirdischer Mächte erhält.

Für den Mann, der sich als Übermensch sah, wie es auf Jahrhunderte hin keinen zweiten mehr geben werde, der zugleich aber die Endlichkeit seines Lebens nicht leugnen konnte, mußte sein 50. Geburtstag logischerweise zu einem Argument werden, sich vor dem nahenden Abfall seiner physischen, geistigen und psychischen Kräfte auf den imperialistischen Kriegspfad zu machen. Auch diese Art, in der Hitler selbst den 20. April 1939 innerlich verarbeitete, war eine akute Gefahr- und Katastrophendrohung. Sie wurde es freilich nicht per se, sondern erst durch die Stellung, die er in der Gesellschaft einnahm, weil sie ihm ermöglicht und zugebilligt wurde. Denn wann vorher hätte ein Oberbefehlshaber vor der Generalität in einem Stil sprechen können, der sich passagenweise von einer Geisterstunde mit einem Hellseher nicht unterscheiden ließ? Der kriegskündende Verlauf des 50. Geburtstages Hitlers mahnte die deutschen Nazigegner im faschistischen Staat wie im Exil, wie wenig Zeit ihnen blieb, das Unheil von ihrem eigenen Lande und von Europa abzuwenden. Einer von ihnen, Heinrich Mann, schrieb seinem Bruder Thomas über diesen letzten Beweggrund seines Handelns: „Mein Ziel ist bei allem das Deine: die deutsche Erhebung muß dem Krieg zuvorkommen."[108]

Die Chancen, dieses Ziel noch zu erreichen, verschlechterten sich 1938/39 vor allem durch das Tempo, in dem der deutsche Imperialismus auf den Krieg lossteuerte. Dennoch verfochten die standhaftesten unter den deutschen Antifaschisten es weiter. Sie wollten sich nicht vorzeitig mit dem Gedanken abfinden, daß das Regime erst nach einem Krieg und als Folge seiner militärischen Niederlage beseitigt werden könnte. Zudem ahnten sie den Preis, den dieser Weg zur Vernichtung des Faschismus den Völkern abverlangen würde. Heinrich Mann, unermüdlich in dem Bestreben, in das faschistische Reich hineinzuwirken und seine Landsleute gegen Hitler zu mobilisieren, warnte mit dem schon erwähnten Text „Die Geburtstagsrede" die Deutschen eindringlich vor der Fortsetzung des eingeschlagenen Kurses. Er werde nicht einfach in einen Krieg münden, sondern sie selbst in den Untergang, in „die furchtbarste Niederlage" und an „das Ende Deutschlands" führen.[109]

Da Hitler durch das Spektakel des 20. April in den Mittelpunkt des Interesses gestellt war, umriß der Romancier und Essayist sein Bild von dem Manne und charakterisierte dessen Rolle in Europa. Von „wütendem Wahnsinn" geleitet, sei er dabei, sich ganz auf „Welt-

106 *IMG*, Bd. 26, S. 327 ff. Dok. 789 — PS, Besprechung beim Führer (23. November 1939).
107 Ebenda, S. 336.
108 Zit. nach *Heinrich Mann*, S. 512, Brief vom 25. Mai 1939.
109 Ebenda, S. 346.

eroberungen" zu konzentrieren, wobei ihn das Schicksal der Deutschen, ihre wie aller anderen Völker Ängste vor dem Krieg und dessen Folgen gänzlich gleichgültig ließen. Heinrich Manns Fazit und sein Appell bestanden aus jeweils drei Worten. Sie lauteten: „Er muß fort!", und „Kämpft ihn nieder!"[110] Im gleichen Sinne und aus gleichermaßen verstandener Verantwortung für den Frieden hatte wenige Monate zuvor die Berner Parteikonferenz der KPD den „Kampf gegen den Krieg, für den Sturz des Kriegstreibers Hitler" als die „höchste nationale Aufgabe aller Deutschen" bezeichnet.[111]

An jenem 20. April 1939 wurde diese Warnung aber von der Mehrheit der Deutschen nicht verstanden. Und die Minderheit der Nazigegner war von der Möglichkeit, aus ihren Landsleuten eine Volksfront gegen das Regime zu formieren, weiter entfernt als dieses Regime vom Beginn des Krieges. In den wenigen Monaten bis Ende August erwies es sich als unmöglich, die Schere zwischen der Entwicklung der sich rasch verschärfenden Vorkriegskrise und dem dahinter weit zurückbleibenden Prozeß des nationalen und internationalen Zusammenschlusses der Friedenskräfte zu schließen. Zwar zauderte auch Hitler, so wie fünfundzwanzig Jahre vorher führende Politiker des kaiserlichen deutschen Imperialismus vor der letzten, unwiderruflichen Entscheidung für den Kriegsbeginn gezögert hatten, im August 1939 einen Moment. Doch die Gegenkräfte, die er wahrnahm und wahrhaben wollte, schreckten ihn nicht ab. Die Wehrmacht, deren Einheiten am 20. April 1939 in Glanz und Wichs paradierten, fiel am 1. September sengend, verwüstend, plündernd und todbringend in Polen ein. Dazwischen hatten noch 133 Tage gelegen. Ein Jahr später, am 20. April 1940, als Hitlers Geburtstag im achten Kriegsmonat begangen wurde, war die Aufmerksamkeit der deutschen Bevölkerung vor allem durch das erste direkte militärische Aufeinandertreffen von deutsch-faschistischen und britischen Truppen in Norwegen beansprucht. Wie sehr der Fortgang des Krieges und seine künftigen Konstellationen viele Deutsche beschäftigte, davon zeugt eine Passage im Bericht des Sicherheitsdienstes: „Dabei machte man sich vielfach Gedanken über das Fehlen der Glückwünsche des Kaisers von Japan, des Königs von Schweden, der Schweiz und vor allem Stalins. Gerade die Tatsache, daß Stalin und Molotow dem Führer nicht gratulierten, obwohl der Führer erst vor kurzem Stalin seine Glückwünsche übersandt hatte, gab Anlaß zu neuen Kombinationen."[112]

---

110 Ebenda, S. 345 f.
111 Resolution der Konferenz: Der Weg zum Sturz Hitlers und der Kampf um die neue demokratische Republik, in: *Die Berner Konferenz*, S. 119.
112 *Meldungen aus dem Reich*, Bd. 4, Herrsching 1984, Nr. 81, S. 1045, 24. April 1940.

GÜNTER ROSENFELD

Die Sowjetunion und das faschistische Deutschland am Vorabend des zweiten Weltkrieges

Seit der Errichtung der faschistischen Diktatur in Deutschland hatte die Hitlerregierung gegenüber der Sowjetunion einen extrem feindlichen und aggressiven Kurs verfolgt. Wie M. M. Litvinov Ende Dezember 1933 in einer Analyse der außenpolitischen Situation darlegte, war es innerhalb weniger Monate deutlich geworden, daß die Beziehungen zwischen Deutschland und der Sowjetunion, die seit dem Abschluß des Rapallo-Vertrages im Jahre 1922 in vieler Hinsicht beispielhaft für friedliche Koexistenz und konstruktive Zusammenarbeit zwischen Staaten unterschiedlicher Gesellschaftsordnung gewesen waren, infolge des antisowjetischen Kurses der faschistischen Führung eine grundlegende Wandlung erfahren hatten.[1] Bereits am 7. Februar 1933 hatte Ernst Thälmann in seiner letzten Rede vor den Mitgliedern des Zentralkomitees der KPD hervorgehoben: „Mit Hitler ist der Mann Reichskanzler geworden, der die Kriegserklärung an die Sowjetunion zur Richtschnur seiner Außenpolitik gemacht hat."[2] Mit Worten und Taten bewiesen die faschistischen Machthaber, daß sie alles daran setzten, aus Deutschland den Stoßkeil des Weltimperialismus in einem neuen Krieg gegen die Sowjetunion zu machen.

Dennoch begann der zweite Weltkrieg nicht als Krieg Hitlerdeutschlands oder gar einer Koalition der imperialistischen Großmächte gegen die Sowjetunion, sondern zunächst als Krieg unter den imperialistischen Mächten selbst. Daß es der Sowjetunion gelang, sich durch den Abschluß des Nichtangriffsvertrages mit Hitlerdeutschland aus dem Krieg herauszuhalten und sich zunächst, wenn auch, wie die weitere Geschichte zeigte, nur für zwei Jahre, vor dem früher oder später zu erwartenden Angriff Hitlerdeutschlands eine Atempause zu verschaffen, war für die Sicherung der Errungenschaften der Oktoberrevolution und des sozialistischen Aufbaus in dem ersten sozialistischen Lande der Welt von weitreichender Bedeutung und ein großer Erfolg der sowjetischen Diplomatie.

Es ist daher nicht zufällig, daß sowohl marxistische als auch nichtmarxistische Historiker den deutsch-sowjetischen Beziehungen am Vorabend des zweiten Weltkrieges große Aufmerksamkeit schenkten. Die von den marxistischen Historikern vorgelegten Arbeiten bestätigten die Tatsache, daß die UdSSR konsequent bis zu den letzten Tagen vor Kriegsausbruch bemüht war, in kollektiver Zusammenarbeit mit Großbritannien und Frankreich sowie mit den westlichen Nachbarn der UdSSR, die durch die Aggressionsbestrebungen Hitlerdeutschlands als erste bedroht waren, die Kriegsgefahr zu bannen. Dabei wurden allerdings die Beziehungen der UdSSR zu Hitlerdeutschland, mit dem die Sowjetregierung

---

1 Vgl. *Günter Rosenfeld*, Sowjetunion und Deutschland 1922—1933, Berlin 1984, S. 482.
2 *GdA*, Bd. 5, Berlin 1966, S. 446.

nach dem Scheitern ihrer Verhandlungen mit den Westmächten schließlich den Nichtangriffsvertrag unterzeichnen mußte, bisher weniger untersucht.[3]

Was die nichtmarxistische Historiographie zu dieser Thematik anbetrifft, so ist in den
letzten Jahren einerseits das Bestreben zu spüren, die sowjetische Außenpolitik bis zu einem
gewissen Grade realistischer zu beurteilen, wobei diese vielfach als „defensive Außenpolitik" charakterisiert wird. Allerdings wird dabei das Interesse der Sowjetunion an der
Erhaltung des Friedens keineswegs aus ihren gesellschaftlichen Grundlagen, sondern aus
verschiedenen anderen Motiven und taktischen Erwägungen abgeleitet.[4] Andererseits trat
stärker jene betont antikommunistische Richtung in der nichtmarxistischen Historiographie hervor, deren Vertreter im Rahmen der von ihnen propagierten Totalitarismus-
Doktrin nach Parallelen zwischen dem faschistischen Deutschland und der Sowjetunion
suchen und unter Entstellung des Charakters des sowjetisch-deutschen Nichtangriffsvertrages die Sowjetunion für den Ausbruch des zweiten Weltkrieges mitverantwortlich machen.[5]

3 Als neueste Darstellung vgl. hierzu das letzte Kapitel des Buches von *I. F. Maksimyčev*, Der Anfang vom
Ende. Deutsch-sowjetische Beziehungen 1933—1939, Köln 1985, S. 202f.; vgl. ferner *V. J. Sipols*, Die
Vorgeschichte des deutsch-sowjetischen Nichtangriffsvertrages, Köln 1981; *derselbe*, Für kollektive Ab-
wehr der faschistischen Aggression im Jahre 1939, in: *Sowjetische Friedenspolitik in Europa 1917 bis Ende
der siebziger Jahre*, Berlin 1982; *Istorija vnešnej politiki SSSR*, t. pervyj: 1917—1945gg., Moskau 1986,
S. 329f.; *K. I. Osipov*, Bor'ba SSSR za sochranenie mira v uslovijach narastanija voennoj opasnosti
(1939g.), in: *SSSR v bor'be za mir i bezopasnost' narodov. Istoričeskij opyt*, Moskau 1984; *A. A.
Ševjakov*, Sovetsko-anglo-franzuzskie peregovoroy 1939g. i strany vostočnoj evropy, in: *SSSR v bor'be
protiv fašistkoj agressii 1933—1945*, Moskau 1976; *DzW*, Bd. 1, Berlin 1974, S. 140f.; *Geschichte des
Zweiten Weltkrieges 1939—1945 in zwölf Bänden*, Bd. 2, Berlin 1975, S. 331f.; *S. L. Tichvinskij*, Bor'ba
SSSR za mir nakanune vtoroj mirovoj vojny, in: *Voprosy istorii*, 1980, Nr. 3; *N. N. Jakovlev*, God 1939 —
j.: Vgljad 40 let sputstja, in: *Voprosy istorii*, 1979, Nr. 8. Eine sehr differenzierte und materialreiche Darstellung der Geschichte der sowjetischen Außenpolitik in dieser Periode neuerdings bei *Ingeborg Platten-
berg*, Die Sowjetunion im Völkerbund 1934 bis 1939, Köln 1987, S. 437f.

4 So schreibt B. Pietrow von der „Synthese von defensivem Sicherheitsdenken und dem Interesse an einem
offensiven Ausbau des sowjetischen Gesellschaftssystems". *B. Pietrow*, Stalinismus — Sicherheit — Offensive. Das „Dritte Reich" in der Konzeption der sowjetischen Außenpolitik 1933 bis 1941 (Kasseler Forschungen zur Zeitgeschichte, Bd. 2), Melsungen 1983, S. 130; bis zu einem gewissen Grade auch eine solche
Charakteristik der sowjetischen Außenpolitik in: *Der Westen und die Sowjetunion*. Hrsg. von G. Niedhart,
Paderborn 1983; vgl. auch *Gerd Voigt*, Die Historiographie der BRD zu Grundfragen der sowjetischen Außenpolitik. Methodische Aspekte aus bürgerlichen Schriften der siebziger Jahre, in: *Sowjetische Friedenspolitik in Europa 1917 bis Ende der siebziger Jahre*, Berlin 1982.

5 Charakteristisch für die Vertreter dieser Richtung ist auch die von ihnen geprägte These der „Komplizenschaft" zwischen Hitler und Stalin, die u. a. K. Hildebrand auf dem XVI. Internationalen Kongreß der
Geschichtswissenschaften in Stuttgart 1985 vertrat. Vgl. auch *Andreas Hillgruber/K. Hildebrand*, Kalkül
zwischen Macht und Ideologie. Der Hitler-Stalin-Pakt: Parallelen bis heute? Zürich 1980, S. 44; auch
R. W. Weber, der von nichtmarxistischer Seite die bisher materialreichste Arbeit über die deutsch-sowjetischen Beziehungen 1939 vorlegte, verwendet den Begriff der „Komplizenschaft". Vgl. *R. Weber*, Die
Entstehungsgeschichte des Hitler-Stalin-Paktes 1939, Frankfurt a. M. 1980, S. 286. Eine Zuspitzung erfuhr
inzwischen diese Konstruktion der „Komplizenschaft" Hitlers und Stalins im Rahmen der Anwendung
der „Totalitarismus"-Doktrin auf die damaligen deutsch-sowjetischen Beziehungen durch Ernst Nolte.
Nachdem N. bereits mit einem entsprechenden Artikel in der „Frankfurter Allgemeinen Zeitung" vom 6.
6. 1986 den „Historikerstreit" in der Bundesrepublik Deutschland ausgelöst hatte (vgl. *H.-U. Wehler*,
Entsorgung der deutschen Vergangenheit? Ein polemischer Essay zum „Historikerstreit", München 1988,
S. 37f.), formulierte er in seinem ein Jahr darauf veröffentlichten Buch über „Nationalsozialismus und Bol-
schewismus" ausführlicher seine Thesen von der angeblichen Parallelität dieser beiden Parteien, beziehungs-

Dazu gehört auch die von den Vertretern dieser Richtung zunehmend propagierte These, daß die Sowjetunion direkt auf die Auslösung des Krieges unter den imperialistischen Mächten hingearbeitet und hierzu bewußt den Abschluß des Nichtangriffsvertrages mit Hitlerdeutschland genutzt habe.[6]

Eine solche vom Geist des Antisowjetismus beherrschte Historiographie negiert die entscheidende Tatsache, daß am Vorabend des zweiten Weltkrieges in den internationalen Beziehungen zwei Grundtendenzen, zwei prinzipiell verschiedene politische Linien gegeneinanderstanden: die eine Linie war die von der Sowjetunion verfolgte Politik der kollektiven Sicherheit zur Abwehr der von Hitlerdeutschland und dessen Verbündeten, dem faschistischen Italien und dem militaristischen Japan, ausgehenden Kriegs- und Aggressionsgefahr, eine Politik, die nicht nur von der internationalen revolutionären Arbeiterbewegung, sondern auch von nicht wenigen pazifistisch und realistisch denkenden bürgerlichen Politikern unterstützt wurde. Die zweite Linie bestand in den wiederholten Versuchen, eine einheitliche Front der imperialistischen Mächte gegen die Sowjetunion herzustellen, die schon die Locarno-Politik bestimmte und die in der Politik von München für die Sowjetunion die Gefahr einer bedrohlichen diplomatischen Isolierung heraufbeschworen hatte. Allerdings zeigte es sich, daß auch jetzt wiederum die dem imperialistischen Lager objektiv innewohnenden Widersprüche der Bildung einer solchen antisowjetischen Front entgegenstanden. Das aber gab der sowjetischen Diplomatie wichtige Ansatzpunkte, um für die Verteidigung des ersten sozialistischen Staates der Welt wirksam werden zu können.

Um die Bedingungen und Entwicklungen zu erfassen, die zu den ersten Sondierungen zwischen der UdSSR und Hitlerdeutschland über eine mögliche Verbesserung der gegenseitigen Beziehungen und schließlich zum Abschluß des Nichtangriffsvertrages führten, ist es notwendig, sich die nach dem Abkommen von München entstandene Situation zu vergegenwärtigen. Sie bestand vor allem darin, daß sich die Konfrontation zwischen den Kräften des Friedens und der Demokratie einerseits und denjenigen des Faschismus und des Krieges andererseits gefährlich zugespitzt hatte.[7] Die Lage für die UdSSR, die Hauptkraft im Kampf für die Erhaltung des Friedens, wurde äußerst bedrohlich. Das Abkommen von München, mit dem die herrschenden Kreise der Westmächte die Tschechoslowakei dem Zugriff der faschistischen Aggressoren ausgeliefert und diese zu weiteren aggressiven Handlungen ermuntert hatten, wirkte auf alle Friedenskräfte alarmierend. Die Führung der Sowjetunion mußte sich jetzt darüber klar werden, daß das am 19. Dezember 1933 vom Politbüro des ZK der KPdSU(B) beschlossene Friedensprogramm, dessen Kernstück die Herstellung eines Systems der kollektiven Sicherheit auf der Grundlage der Zusammenarbeit mit den Westmächten und der Nutzung des Völkerbundes darstellte, in der angestrebten Weise kaum mehr zu verwirklichen war. Vielmehr wuchs demgegenüber für die Sowjetunion die Gefahr der diplomatischen Isolierung, die auf die Formierung einer antisowjetischen imperialistischen Front mit dem faschistischen Deutschland an der Spitze hinauslief.

Studiert man die veröffentlichte Korrespondenz zwischen dem Volkskommissar für Auswärtige Angelegenheiten, M. M. Litvinov, und den diplomatischen Vertretern der UdSSR

weise Ideologien und kennzeichnete den sowjetisch-deutschen Nichtangriffsvertrag als „Kriegs-, Teilungs- und Vernichtungspakt". Vgl. *E. Nolte,* Der europäische Bürgerkrieg 1917—1945. Nationalsozialismus und Bolschewismus, Frankfurt a. M./Berlin (West) 1987, S. 311.

6 Vgl. *Andreas Hillgruber,* Der Hitler-Stalin-Pakt und die Entfesselung des zweiten Weltkrieges — Situationsanalyse und Machtkalkül der beiden Pakt-Partner, in: *Historische Zeitschrift,* 1980 (230), S. 351.

7 Vgl. auch *Geschichte des zweiten Weltkrieges 1939—1945* in zwölf Bänden. Hrsg. von einer Hauptredaktionskommission unter dem Vorsitz von A. A. Gretschko, Bd. 2, Berlin 1975, S. 140f.

in den imperialistischen Hauptländern, so ersieht man daraus die tiefe Besorgnis, die die Führung der UdSSR in den Herbstmonaten des Jahres 1938 angesichts der entstandenen internationalen Situation erfüllte. „Der Völkerbund und die kollektive Sicherheit sind tot." So kommentierte I. M. Majskij, der damalige sowjetische Botschafter[8] in London, diese Situation in einem Bericht vom 2. Oktober 1938. „In den internationalen Beziehungen beginnt eine Epoche grausamster Zügellosigkeit, der brutalen Gewalt und der Politik der bewaffneten Faust. In England herrscht tiefe Reaktion, und an der Macht sind die am meisten konservativen Kreise der Bourgeoisie, die vor allem den Kommunismus fürchten ... Als einziger Lichtblick bleibt auf diesem Hintergrund nur die UdSSR, auf die sich jetzt mehr noch als zuvor die Blicke aller progressiven und demokratischen Kreise der Menschheit richten."[9]

Die Berichte, die damals vom sowjetischen Botschafter aus London in Moskau eingingen, waren von besonderer Bedeutung. Hing doch gerade von der Politik Großbritanniens, der damals stärksten kapitalistischen Macht Europas, in hohem Maße ab, ob das von der UdSSR vorgeschlagene und angestrebte kollektive Sicherheitssystem zur Bannung der faschistischen Aggression verwirklicht werden konnte. Doch waren in der britischen Außenpolitik, nachdem Neville Chamberlain im Mai 1937 Premierminister geworden war, die antisowjetischen Tendenzen stärker hervorgetreten. Gleichzeitig war die Regierung Chamberlains bemüht, mit Hitlerdeutschland zu einem Ausgleich der imperialistischen Machtinteressen zu gelangen und ihm bei der Verwirklichung seiner Aggressionsziele in Osteuropa weitgehende Zugeständnisse zu machen. Auch die Tatsache, daß der Posten des britischen Außenministers anstelle von Anthony Eden im Februar 1938 von Lord Halifax besetzt wurde, war ein Ausdruck dieses auf eine antisowjetische Blockbildung gerichteten Kurses der britischen Außenpolitik. Majskij beschreibt in diesem Zusammenhang in seinen Memoiren die Atmosphäre des Salons der einflußreichen Lady Astor auf ihrem Landsitz in Cliveden bei London, wo sich reaktionäre, vom Antisowjetismus beseelte britische Politiker und Ideologen trafen und sich an den Aussichten einer gegenseitigen sowjetisch-deutschen Ausrottung ergötzten.[10] „Der europäische Horizont war mit düsteren Wolken überzogen." So charakterisiert Majskij weiter die Situation um die Jahreswende 1938/1939. „Ein zweiter Weltkrieg war nur durch einträchtige, vereinte Bemühungen der UdSSR, Englands, Frankreichs und der USA zu verhüten. Praktisch war die Zusammenarbeit Londons mit Moskau besonders wichtig. In einer öffentlichen Veranstaltung im Winter 1938/39 erklärte ich ohne Umschweife, daß die Frage Krieg und Frieden letzten Endes von den Beziehungen zwischen England und der UdSSR abhänge. Doch all das, was ich in den sechs Jahren meiner Londoner Tätigkeit gesehen und was sich 1938 in Europa abgespielt hatte, machte eine enge Zusammenarbeit der Mächte, die an der Entfachung eines Krieges nicht interessiert waren, ziemlich unwahrscheinlich. Am allerwenigsten war damit zu rechnen, daß sich Chamberlain zu einer solchen Zusammenarbeit bereit finden würde"[11].

Die außenpolitische Lage, in der sich die UdSSR um die Jahreswende 1938/39 befand, wurde überdies im Fernen Osten durch die zunehmenden Aggressionshandlungen Japans noch mehr verschärft. In den Jahren 1936 bis 1938 hatten die japanischen Militaristen an der

8 Wir gebrauchen hier verschiedentlich diesen Terminus, obgleich die offizielle Bezeichnung damals „Bevollmächtigter Vertreter der UdSSR" lautete.
9 *DVP SSSR*, Bd. XXI, Moskau 1977, S. 557.
10 *I. M. Maiski*, Memoiren eines sowjetischen Botschafters, Berlin 1984, S. 404.
11 Ebenda, S. 425.

Grenze zwischen der von Japan eroberten Mandschurei und der UdSSR 231 Grenzverletzungen, darunter 35 schwere militärische Zusammenstöße, verursacht.[12] Besonders heftig war der von Japan Ende Juli 1938 entfesselte schwere militärische Konflikt im Gebiet des Chassan-Sees, in dem die japanischen Militaristen jedoch eine empfindliche Niederlage erlitten. Nichtsdestoweniger setzten sie ihre Grenzprovokationen auch in den ersten Monaten des Jahres 1939 fort. Sie gipfelten in der militärischen Auseinandersetzung am Fluß Chalchyn gol Anfang Juli 1939, wo die japanischen Kräfte unter schweren Verlusten eine erneute Niederlage erlitten. Dennoch mußte die sowjetische Führung im Hochsommer 1939 weitere Aggressionshandlungen Japans in Rechnung stellen, was zusammen mit der in Europa vorhandenen Lage zu großen Besorgnissen Anlaß gab. Dies um so mehr, als Hitlerdeutschland die japanische Führung dazu drängte, aus dem Antikominternpakt ein Militär- und Beistandsbündnis zu machen.[13] Allerdings stieß sie damit in Tokio auf Zurückhaltung. Denn die japanische Regierung war zwar bereit, die gegen die Sowjetunion gerichtete Spitze des Antikominternpaktes weiter zu stärken, wollte jedoch nicht durch Beistandsverpflichtungen in einen europäischen Krieg, vor allem nicht gegen Großbritannien, hineingezogen werden.[14] Der am 22. Mai 1939 mit großem propagandistischem Aufwand unterzeichnete „Stahlpakt" zwischen Deutschland und Italien stärkte zwar die Achse Berlin—Rom, doch war die von Hitler erhoffte globale Einkreisung der UdSSR nicht erreicht.[15]

Die Tatsache, daß das Bündnis der Achsenmächte mit Japan nicht in dem von der deutschen Führung gewünschten Sinne zustande kam, war im Hinblick auf die von ihr vollzogene taktische Schwenkung auf eine Annäherung an die Sowjetunion nicht unwichtig. Hitler wurde sich darüber klar, daß die von ihm angestrebte Niederwerfung der Sowjetunion mit der ursprünglich angestrebten Kräftekonstellation zunächst nicht zu erreichen war. Vollends wurde dies im März 1939 deutlich, als die versuchte Einbeziehung Polens in diesen antisowjetischen Aufmarsch mißlang. Das alles aber gab wiederum der sowjetischen Führung den wesentlichen Ansatzpunkt, um der drohenden Gefahr einer gegen die UdSSR gerichteten imperialistischen Aggressionsfront zu begegnen.

In den Wintermonaten 1938/39 schien die Gefahr einer breiten Front gegen die UdSSR eher größer als geringer geworden zu sein, was hier nur in Kürze angedeutet werden kann. Manches sprach dafür, daß sich ein antisowjetischer Block des deutschen Imperialismus und der osteuropäischen „Randstaaten", vor allem Polens, unterstützt von den Westmächten, formierte. In den Monaten November und Dezember 1938 mehrten sich die in Moskau von den sowjetischen Vertretungen in Berlin, London und Paris eingehenden Berichte, daß sich Hitler nunmehr gegen die Sowjetunion wenden werde und dabei vor allem die Eroberung der Ukraine beabsichtige.[16]

---

12 Vgl. *Geschichte des Zweiten Weltkrieges*, Bd. 2, S. 257.

13 Über die drohenden Gefahren eines solchen Bündnisses und die Bereitschaft der militaristischen Kreise Japans, sich an einem Krieg Hitlerdeutschlands gegen die Sowjetunion zu beteiligen, berichtete damals wiederholt Richard Sorge aus Tokio nach Moskau. Vgl. besonders den Bericht vom 24. 6. 1939, in: *SSSR v bor'be*, S. 463.

14 Vgl. *Theo Sommer*, Deutschland und Japan zwischen den Mächten 1935—1940, Tübingen 1962, S. 181f.

15 Vgl. *W. Michalka*, Vom Antikominternpakt zum euro-asiatischen Kontinentalblock, in: *Nationalsozialistische Außenpolitik*. Hrsg. von W. Michalka, Darmstadt 1978, S. 481.

16 Zur Frage der Ukraine in den Aggressionsplänen der deutschen faschistischen Führung Ende 1938/Anfang 1939 vgl. *M. N. Švaguljak*, Ukraina v ėkspansionistskich planach germanskogo fašizma (1933—1939gg.), Kiev 1983, S. 159f.

Auch unter den herrschenden Kreisen Frankreichs war damals „die Version, Deutschland freie Hand im Osten zu lassen, sehr populär", wie Ja. Z. Suric am 11. November 1938 aus Paris nach Moskau meldete.[17] Bemerkenswert war der Bericht des deutschen Botschafters in London, Herbert v. Dirksen, vom 4. Januar 1939 über „Die englische Einstellung zu osteuropäischen Fragen", in dem er ausführte: „Es ist anzunehmen, daß man sich, entsprechend der Grundtendenz der Chamberlainschen Politik, mit einer Expansionspolitik Deutschlands in Osteuropa abfinden wird. Die polnische Frage tritt in diesem Zusammenhang gegenüber der ukrainischen in den Hintergrund. Man rechnet damit, daß der erste Anstoß einer Neuordnung Osteuropas von der ukrainischen Frage ausgehen wird, die von Deutschland aufgenommen und einer Lösung zugeführt werden würde."[18] Charakteristisch für die entstandene Situation war die von den Außenministern Hitlerdeutschlands und Frankreichs am 6. Dezember 1938 in Paris unterzeichnete gemeinsame Erklärung. Sie bedeutete ein noch weiteres Abrücken der herrschenden Kreise Frankreichs von dem 1935 mit der UdSSR abgeschlossenen Beistandsvertrag.[19]

An dieser Stelle ist darauf hinzuweisen, daß die Führung Hitlerdeutschlands im Winter 1938/39 die Frage, in welcher Richtung der erste Schritt zur Verwirklichung des Kriegs- und Expansionsprogramms erfolgen sollte, noch nicht entschieden hatte.[20] Einflußreiche Kreise drängten darauf, mit dem Schlag gegen die Sowjetunion zu beginnen. Von Interesse sind in diesem Zusammenhang zwei an den Chef der Reichskanzlei Heinrich Lammers gerichtete Denkschriften Arnold Rechbergs, eines Bruders des Kali-Großindustriellen Fritz Rechberg, der sich schon in den zwanziger Jahren durch extreme Feindseligkeit gegenüber der Sowjetunion hervorgetan hatte. In den Denkschriften vom 18. und 22. November 1938 schlug er vor, die Eroberung der Sowjetunion als „wesentliches Expansionsobjekt" in Angriff zu nehmen und im Sinne der Pläne des Generals Max Hoffmann, der ihm diese gleichsam vermacht hätte, „eine Front der europäischen Großmächte gegen das bolschewistische Rußland aufzubauen."[21] In einer weiteren, vom 8. Mai 1939 datierten, ebenfalls an Lammers übersandten Denkschrift, wiederholte Rechberg die Forderung, zusammen mit den Westmächten gegen die Sowjetunion vorzugehen.[22]

Auf die Versuche Hitlers, Polen in die gegen die Sowjetunion gerichtete Aggressionsfront einzugliedern, sei hier nur knapp hingewiesen.[23] Sie führten nicht zum gewünschten Erfolg, weil die herrschenden Kreise Polens um die staatliche Selbständigkeit Polens

17 *SSSR v bor'be*, S. 72.

18 *ADAP*, Serie D, Bd. IV, S. 317.

19 Vgl. darüber die eingehende Untersuchung von *H. Bartel*, Frankreich und die Sowjetunion 1938—1940, Stuttgart 1986, S. 46f.

20 Noch am 16. Dezember 1938 notierte Ulrich v. Hassell in seinem Tagebuch über ein Gespräch mit Ernst v. Weizsäcker: „Er machte eine ziemlich bedenkliche Beschreibung von der Ribbentropschen oder Hitlerschen Außenpolitik, die offensichtlich auf den Krieg loswolle; man schwanke nur, ob gleich gegen England, indem man sich dafür Polens Neutralität erhalte, oder zuerst im Osten zur Liquidation der deutsch-polnischen und der ukrainischen Frage, sowie natürlich der Memelsache." *Ulrich v. Hassell*, Vom anderen Deutschland. Aus den nachgelassenen Tagebüchern 1938—1944, Zürich/Freiburg 1948, S. 37.

21 Vgl. *Gerhart Hass*, Arnold Rechbergs Vorschläge von 1938 für einen Expansionskrieg großen Maßstabs. In: *JfG*, Bd. 14, Berlin 1976, S. 397f. Der Text der Denkschriften wurde dort zusammen mit weiteren damaligen Expansionsforderungen Rechbergs veröffentlicht.

22 PA, Bonn, Polit. Abt. V, po 2, Bd. 2, Bl. 211488.

23 Vgl. auch *V. J. Sipols*, Diplomatičeskaja bor'ba nakanune vtoroj mirovoj vojny, Moskau 1979, S. 210f.

fürchten mußten, wenn sie Polen zu einem Satelliten Hitlerdeutschlands machten.[24] Daher konnte die Hitlerregierung trotz des diplomatischen Drucks, den sie auf Polen ausübte, in Warschau selbst dann nichts erreichen, als sie mit der Perspektive einer „freien" Groß-Ukraine drohte, zu der die bisher im polnischen Staat lebenden Ukrainer gehören würden. Die „Globallösung" der deutsch-polnischen Beziehungen kam nicht zustande.[25] Wenngleich Hitler noch bis Ende März die Absicht, Polen in seine antisowjetischen Kombinationen einzubeziehen, mindestens erwog,[26] so hatte schon der Besuch Ribbentrops in Warschau am 27. und 28. Januar 1939 gezeigt, daß der ihm vom „Führer" erteilte Auftrag, „die grundsätzliche Zusammenarbeit zwischen Deutschland und Polen gegen die Sowjetunion" zu erreichen,[27] nicht zu verwirklichen war.[28]

Die herrschenden Kreise Polens hätten jedoch in einem Augenblick, da Polen zum nächsten Opfer Hitlerdeutschlands bereits bestimmt war, Rückhalt bei der Sowjetunion finden können. Tatsächlich war nach München in Warschau eine bestimmte Neigung zu spüren, die Beziehungen zur Sowjetunion zu verbessern. Aufschlußreich in dieser Hinsicht ist das Gespräch, das der polnische Botschafter in Moskau, Wacław Grzybowski, mit dem Stellvertretenden Volkskommissar für Auswärtige Angelegenheiten, V. P. Potemkin, am 31. Oktober 1938 führte.[29] Grzybowski begann mit dem Hinweis, daß sich die internationale Lage nach München grundsätzlich verändert und besonders Frankreich seine bisherige außenpolitische Linie abrupt aufgegeben habe. Er fragte, ob unter solchen Umständen Polen und die UdSSR ihre Beziehungen nicht verbessern sollten. Potemkin erwiderte, daß die Sowjetregierung nach wie vor den 1920 von Lenin vertretenen Grundsatz verfolge, mit dem polnischen Volk in freundschaftlichen Beziehungen zu stehen, meldete aber zugleich seinen Zweifel an, ob es die polnische Regierung mit dem Wunsch nach einem verbesserten Verhältnis wirklich ernst meine.

Die weitere Entwicklung bestätigte den von Potemkin im Nachtrag zu seiner Aufzeichnung über das Gespräch gemachten Vermerk, daß es sich bei der Anfrage des polnischen Botschafters offensichtlich doch nur um eine bloße Sondierung der sowjetischen Außenpolitik handelte.[30] Die herrschenden Kreise Polens hielten im Frühjahr und Sommer 1939, als für Hitlerdeutschland nach der Besetzung der restlichen tschechischen Gebiete der Krieg gegen Polen bereits eine beschlossene Sache war, an ihren antisowjetischen Positionen fest. Damit manövrierten sie den polnischen Staat in eine hilflose Lage.

Der Entschluß der faschistischen Führung, den Krieg gegen die Sowjetunion aufzuschieben, um zunächst die „kleine Ostlösung" anzustreben,[31] ergab sich nicht nur aus der Tatsache, daß sie die Einbeziehung Polens in die antisowjetische Front nicht erreichte. Not-

24 Vgl. hierzu auch *A. Skrzypek*, Strategia pokoju. Radziecka polityka zbiorowego bezpieczenstwa w Europie 1932—1939, Warschau 1979, S. 368f.

25 Vgl. auch *H. Booms*, Der Ursprung des zweiten Weltkrieges — Revision oder Expansion?, in: *Kriegsbeginn 1939*. Hrsg. von G. Niedhart, Darmstadt 1976, S. 80.

26 „Der Führer habe immer auf einen Ausgleich und auf eine Befriedung mit Polen hingearbeitet. Auch jetzt verfolge der Führer noch dieses Ziel." Aufzeichnung Ribbentrops über die Unterredung mit Lipski am 21. 3. 1939. *ADAP*, Serie D, Bd. VI, S. 58.

27 So Ribbentrop nach der Wiedergabe durch P. Kleist. Vgl. *Peter Kleist*, Zwischen Hitler und Stalin 1939—1945. Aufzeichnungen, Bonn 1950, S. 20.

28 Vgl. auch *DzW*, Bd. 1, S. 147.

29 *DVP SSSR*, Bd. XXI, S. 598f., Aufzeichnung Potemkins vom 31. 10. 1938.

30 Vgl. ebenda, S. 600.

31 Vgl. *DzW*, Bd. 1, S. 146.

wendiger noch erschien der Hitlerführung, sich als Voraussetzung für den Krieg gegen die Sowjetunion „freie Hand im Westen"[32] und die materiellen Ressourcen West-, Nord- und Südosteuropas zu sichern. Diese Entscheidung ermöglichte es der Sowjetunion, der Gefahr der diplomatischen und militärischen Einkreisung zu entgehen und Zeit für die weitere Stärkung ihrer Verteidigungskraft zu gewinnen.

Die Umstellung der Außenpolitik Deutschlands gegenüber der Sowjetunion, die zum Abschluß des Nichtangriffsvertrages führte, wurde offensichtlich seit Anfang 1939 allmählich vorgenommen.[33] Die vorliegenden Quellen lassen darauf schließen, daß Hitler wie auch Ribbentrop zwischen Ende Januar und Ende März 1939 erstmalig erwogen, den Kurs ihrer Außenpolitik gegenüber der Sowjetunion zu wechseln.[34] Der Übergang vollzog sich in Abhängigkeit vom Grad der faschistischen Kriegsbereitschaft und von der herrschenden Furcht, daß die noch darzustellenden Verhandlungen zwischen der Sowjetunion und den Westmächten erfolgreich sein könnten. Ab Ende Juli 1939 drängte Hitler auf den Vertragsabschluß. Er war aus seiner Sicht Bestandteil des Kriegsplans, der sich zuerst gegen Polen und die Westmächte richtete. Der Kurswechsel sollte aber, dem Generalziel der faschistischen Führung entsprechend, ein deutsches Kolonialimperium im Osten Europas zu schaffen, vorübergehend sein und nur so lange gelten, als die strategisch-militärischen Bedingungen für den Krieg gegen die Sowjetunion noch nicht vorhanden waren. Am 13. März 1939 äußerte Peter Kleist, Hauptreferent in der „Dienststelle Ribbentrop", gegenüber einem Journalisten: „Im Verlaufe der weiteren Verwirklichung der deutschen Pläne bleibt der Krieg gegen die Sowjetunion die letzte und entscheidende Aufgabe der deutschen Politik."[35] Bekannt wurde durch die Mitteilung von Fritz Thyssen der Inhalt einer Sitzung des Zentralausschusses der Reichsbank im Mai 1939, in der Wilhelm Keppler, langjähriger erster Wirtschaftsberater Hitlers und Staatssekretär im Auswärtigen Amt, den anwesenden Spitzen der Finanzoligarchie die außenpolitische Situation erläuterte und bei der Darlegung der Aggressionsziele die Eroberung der Sowjetunion „bis zum Ural" verlangte.[36] Und Hitler äußerte sich am 11. August, nur vier Tage, bevor er der Sowjetregierung den Vorschlag zum Empfang Ribbentrops in Moskau übermitteln ließ, gegenüber Carl J. Burckhardt, dem Hohen Kommissar des Völkerbundes für Danzig, während dessen Besuches in Berchtesgaden: „Alles, was ich unternehme, ist gegen Rußland gerichtet; wenn der Westen zu dumm und zu blind ist, um dies zu begreifen, werde ich gezwungen sein, mich mit den Russen zu verständigen, den Westen zu schlagen und dann nach seiner

---

32 Vgl. ebenda.

33 „Ich habe die Umstellung Rußland gegenüber allmählich durchgeführt. Im Zusammenhang mit dem Handelsvertrag sind wir ins politische Gespräch gekommen." Hitler vor den Oberbefehlshabern der Wehrmacht auf dem Obersalzberg am 22. 8. 1939, *ADAP*, Serie D, Bd. VII, S. 170.

34 In seinen Memoiren schrieb Ribbentrop, daß er „schon nach dem Mißerfolg der Warschauer Reise dem Führer geraten (habe), Verhandlungen mit Rußland anzubahnen, um die endgültige Einkreisung Deutschlands zu verhindern." *Joachim v. Ribbentrop*, Zwischen London und Moskau, Leoni 1954, S. 170; *Erich Kordt*, Wahn und Wirklichkeit, Stuttgart 1947, S. 155, führt, allerdings ohne Quellenbeleg, eine Äußerung Hitlers gegenüber Brauchitsch aus der Zeit „kurz nach der Besetzung Prags" an, in der Hitler die Kursänderung in der Politik gegenüber der Sowjetunion in Aussicht stellte.

35 *SSSR v bor'be*, S. 234.

36 Vgl. *Dietrich Eichholtz*, Geschichte der deutschen Kriegswirtschaft 1939—1941, Bd. 1, Berlin 1984, S. 199f. E. zitiert *Fritz Thyssen*, I Paid Hitler, London/New York 1941, und verweist darüber hinaus auf die Tatsache, daß das von Keppler behandelte Thema damals allgemeiner Gesprächsstoff in internen Kreisen des deutschen Monopolkapitals war.

Niederlage mich mit meinen versammelten Kräften gegen die Sowjetunion zu wenden. Ich brauche die Ukraine, damit man uns nicht wieder wie im letzten Krieg aushungern kann."[37] Ungeachtet dessen, daß Hitlers Äußerung einen Versuch darstellte, über Burckhardt die Regierung in London zum Stillhalten beim Überfall auf Polen zu bewegen,[38] drückte sie durchaus die tiefsten und eigentlichsten Zielsetzungen Hitlers und der hinter ihm stehenden eroberungsdurstigen Gruppen des deutschen Monopol- und Finanzkapitals aus.

Der von der faschistischen Regierung in Berlin gegenüber der Sowjetunion eingeschlagene Kurswechsel, wie sehr er auch immer taktisch bedingt war, ergab für die sowjetische Außenpolitik eine neue Situation. Praktisch konnte sie erstmals seit 1933 zwei Möglichkeiten ihres Vorgehens ins Auge fassen. Die UdSSR war in der Lage, ihr Maximalprogramm, die Politik der kollektiven Sicherheit, zu verfolgen und sich auf jene europäischen Staaten zu orientieren, die am Krieg desinteressiert waren. Die Aussichten, diese Linie zum Erfolg zu führen, waren im Herbst 1938 mit dem Münchener Abkommen auf einem Tiefpunkt angekommen, verbesserten sich jedoch in einem schwer zu beurteilenden Grade, nachdem die faschistische Führung Mitte März 1939 dieses Abkommen gebrochen und die Rest-Tschechoslowakei liquidiert hatte. Die zweite Optionsmöglichkeit richtete sich auf ein Minimalprogramm, das — erzwungenermaßen — die sowjetische Politik von den europäischen Auseinandersetzungen weitgehend abkoppelte, der UdSSR allein den Frieden zu sichern suchte und womöglich dazu führte, sie ganz aus dem Krieg der kapitalistischen Staaten herauszuhalten.

Welcher Weg eingeschlagen werden sollte, war schwer zu entscheiden. Daß die kapitalistischen Westmächte wenig verläßliche Partner waren, hatten sie 1938 in einer Weise bewiesen, die auch vielen bürgerlichen Beobachtern als der Gipfel des Verrats an einem Verbündeten erschien. Daß die deutschen Faschistenführer zu jedem Wort- und Vertragsbruch fähig sein würden, stand außer Frage. Die sowjetische Außenpolitik mußte von der objektiven Interessensituation der kapitalistischen Mächte ausgehen und gleichzeitig versuchen, jene Imponderabilien in Ansatz zu bringen, die sich aus subjektiven — gemessen an diesen Interessen — Fehlentscheidungen bürgerlicher Politiker in Berlin, London oder Paris ergeben konnten. Hinzu kam, daß die politische Szenerie rasch wechselte und sich die Ereignisse seit dem Frühjahr 1939 geradezu zu überschlagen begannen.

Angesichts dieser Situation war es selbstverständlich, daß es auch in Moskau unterschiedliche Erwägungen gab, deren Hergehen sich erst auf einer breiteren Aktenbasis entschlüsseln lassen wird. Zweifelsfrei aber ist, daß die sowjetische Außenpolitik geradezu fahrlässig gehandelt haben würde, hätte sie sich im Frühjahr und Frühsommer 1939 einseitig auf eine der beiden prinzipiellen Möglichkeiten festgelegt. Die Regierung in Moskau hielt sich nicht nur beide Optionen offen, sondern sie suchte durch ihr eigenes aktives Vorgehen die jeweiligen Chancen zu entfalten, um für alle Fälle gewappnet zu sein. Dabei lag das Hauptinteresse der sowjetischen Politik auf der Suche nach Wegen zur Wiederbelebung jener Linie, die die Verwirklichung ihres Maximalprogramms ermöglichte. Es bot auch im

---

37 *Carl J. Burckhardt*, Meine Danziger Mission 1937—1939, München 1960, S. 348.

38 Einer der vertraulichen Informationsberichte, die auf Grund der im Reichspropagandaministerium veranstalteten internen Pressekonferenzen verfaßt wurden, bestätigt dieses mit dem Besuch Burckhardts verfolgte Ziel Hitlers: „Dieser Kontaktversuch (mit London — G. R.) ist in der Mission Burckhardts durchgeführt worden. Zweifellos hat Burckhardt aus eigener Initiative gehandelt ... Er hat vom Führer den deutschen Standpunkt vernommen und ihn in London zur Kenntnis gebracht ..." BA, Koblenz, Sammlung Brammer, Nr. 34, Bl. 417, Informationsbericht Nr. 85 vom 16. 8. 1939.

Frühjahr 1939 noch die Aussicht, in Europa entweder den Frieden vollständig zu bewahren, wenn wirklich rasche und durchgreifende politische und militärische Maßnahmen der Abschreckung des faschistischen Aggressors ergriffen worden wären, oder den deutschen Imperialismus allenfalls einen Krieg mit schlechtester Perspektive, d. h. gegen eine mächtige Koalition, beginnen zu lassen. Demgegenüber besaß die Linie des Minimalprogramms den offenkundigen Nachteil, daß ein einmal eröffneter Krieg zwischen den kapitalistischen Staaten, den die UdSSR nicht wollte, den sie aber ebensowenig verhindern konnte, die Tendenz haben mußte, sich zu einem Krieg gegen den Arbeiter-und-Bauern-Staat auszuweiten, wenn der faschistische Angreifer gegen seine ersten Kriegsgegner erfolgreich sein würde.

Praktisch operierte die UdSSR in der komplizierten Lage auf zweierlei Weise. Sie suchte zu ergründen, ob Großbritannien und Frankreich sich gänzlich vom Münchener Kurs loszusagen bereit waren, was offensichtlich nicht nur Erkenntnisprozesse bei den Regierenden voraussetzte, sondern eher noch eine Veränderung des innenpolitischen Kräfteverhältnisses verlangte. Gleichzeitig blieb die UdSSR daran interessiert, das aufs äußerste gespannte Verhältnis zu Deutschland zu entschärfen. So oder so mußte die sowjetische Außenpolitik zu verhindern trachten, daß das eigene Land in eine isolierte Lage kam und sich einer militärischen Einkreisung durch eine imperialistische Antisowjetfront gegenübersah.

Im Unterschied zu ihren bisherigen Erfahrungen konnte die sowjetische Diplomatie mit Beginn des Jahres 1939 beobachten, daß auf seiten der Regierung in Berlin ihre Bemühungen um verbesserte Beziehungen beider Staaten nicht auf schroffe Ablehnung stießen. Das sowjetische Interesse an einer Entschärfung des bilateralen Verhältnisses wurde auch durch die Belebung der sowjetisch-deutschen Wirtschaftsbeziehungen im Herbst 1938 begünstigt.[39] Eine wichtige Rolle spielte dabei die Tatsache, daß das deutscherseits schon zuvor vorhandene große Interesse am Bezug von Rohstoffen aus der Sowjetunion noch zugenommen hatte.[40] Nachdem der Leiter des Osteuropa-Referats in der Wirtschaftspolitischen Abteilung des Auswärtigen Amtes, Karl Schnurre, sich im Verlaufe des Jahres 1938 mit der Vorbereitung eines neuen Wirtschaftsabkommens zwischen den beiden Ländern beschäftigt hatte,[41] ergriff der deutsche Botschafter in Moskau, Graf v. d. Schulenburg, im Oktober 1938 die Initiative, um parallel mit den Wirtschaftsgesprächen auch das politisch-diplomatische Klima zu verbessern. An letzterem Ziel hatte Schulenburg, dessen Denken der Tradition der deutschen Rapallo-Politik verhaftet war, allerdings infolge der antisowjetischen Politik der faschistischen Machthaber bisher erfolglos gearbeitet.[42] Wie er begrüßten und unterstützten damals auch andere Vertreter der herrschenden Klasse Deutsch-

---

39 Über die deutsch-sowjetischen Wirtschaftsbeziehungen 1938—1939 vgl. besonders *H.-J. Perrey*, Der Rußlandausschuß der Deutschen Wirtschaft. Die deutsch-sowjetischen Wirtschaftsbeziehungen der Zwischenkriegszeit. Ein Beitrag zur Geschichte des Ostwesthandels, München 1985, S. 288 f.; *Rolf-Dieter Müller*, Das Tor zur Weltmacht, Boppard a. R. 1984, S. 319 f.

40 „Die deutsche Rohstofflage ist jedoch so, daß von Seiten der Dienststellen des Generalfeldmarschalls Göring und der übrigen beteiligten Ressorts mit Nachdruck die Forderung erhoben wird, wenigstens noch einmal den Versuch zu machen, das Rußlandgeschäft, insbesondere soweit die Einfuhr russischer Rohstoffe in Frage steht, wieder zu beleben." *ADAP*, Serie D, Bd. IV, S. 534, Aufzeichnung des Leiters der Wirtschaftspolitischen Abteilung des AA, E. Wiehl, 4. 11. 1938.

41 Darauf verwies Tippelskirch in einem Brief an Schliep vom 10. 10. 1938. Ebenda, S. 530.

42 Vgl. auch *Sigrid Wegner-Korfes*, Graf von Schulenburg — Mitverschwörer des 20. Juli 1944. Zur außenpolitischen Konzeption des Botschafters des faschistischen Deutschlands in Moskau, in: *ZfG*, 8/1984, S. 681 f.

lands, nicht zuletzt auch aus dem Offizierskorps der Wehrmacht, indem sie an das Bismarcksche Gedankengut anknüpften, eine Verständigung mit „Rußland", zumal sie einen Krieg gegen dieses große Land für eine Katastrophe hielten.[43]

Wie Schulenburg am 26. Oktober 1938 vermerkte, wollte er sich „in nächster Zeit" an den Vorsitzenden des Rats der Volkskommissare, V. M. Molotov, wenden, „um zu versuchen, zu einer Regelung der die deutsch-sowjetischen Beziehungen erschwerenden Fragen zu gelangen." Als günstige Gelegenheit hierfür sollte, so notierte der Botschafter, der Beginn der von beiden Regierungen beschlossenen und bevorstehenden Verhandlungen über eine deutsch-sowjetische Vereinbarung zum Handels- und Zahlungsverkehr sowie über die Gewährung eines größeren Warenkredits an die Sowjetunion dienen.[44] Das Abkommen über den Handels- und Zahlungsverkehr für das Jahr 1939 kam am 19. Dezember 1938 und diesmal sehr viel rascher als die Abkommen für die vorausgegangenen Jahre zustande. Was die Frage eines Kreditabkommens anbetrifft, so wurde deutscherseits ein Kredit in Höhe von 200 Millionen Reichsmark vorgeschlagen. Seitens des Reichswirtschaftsministeriums wurde dabei gefordert, die Verhandlungen mit der Sowjetunion beschleunigt fortzusetzen, „um die sich ergebenden Möglichkeiten, zusätzliche Rohstoffe zu erhalten, auszunutzen."[45]

In einer Besprechung im Auswärtigen Amt, die am 22. Dezember 1938 unter Vorsitz Schnurres stattfand, wurde dem Stellvertretenden Leiter der sowjetischen Handelsvertretung, Leonid Skosyrev, vorgeschlagen, im Zusammenhang mit der Gewährung eines Warenkredits die schon Anfang 1938 begonnenen, jedoch danach wieder abgebrochenen Besprechungen „im Interesse der Erweiterung des deutsch-sowjetischen Warenverkehrs wiederaufzunehmen."[46] Skosyrev begrüßte den Vorschlag und erklärte sich bereit, ihn nach Moskau weiterzuleiten. Das Einverständnis der Sowjetregierung zur Aufnahme der Verhandlungen über das deutsche Kreditangebot erfolgte am 10. Januar 1939.

Die Tatsache, daß der sowjetische Botschafter, A. F. Merekalov, persönlich dem Leiter der Wirtschaftspolitischen Abteilung des Auswärtigen Amtes, Emil Wiehl, die Zustimmung der Sowjetregierung übermittelte, sollte, wie Merekalov ausführte, als Ausdruck des Wunsches der Sowjetregierung betrachtet werden, „damit eine neue Ära in den deutsch-sowjetischen Wirtschaftsbeziehungen zu beginnen."[47] Auch mit ihrem Vorschlag, die Verhandlungen in Moskau zu führen, wollte die Sowjetregierung die Bedeutung, die sie denselben beimaß, unterstreichen.

Die Verhandlungen erlitten nun zwar einen Rückschlag, als Karl Schnurre, der sich schon auf dem Weg nach Moskau befand, plötzlich nach Berlin zurückbeordert wurde. Denn Ribbentrop — er hatte während seines Besuches in Warschau wegen einer französischen Pressemeldung über die Reise Schnurres dessen Rückberufung angeordnet[48] — war es

43 Eine umfassende Untersuchung und Darstellung dieser Kräfte, deren Einstellung und Wirken sodann weitestgehend zur Bewegung des 20. Juli 1944 führte, steht trotz verschiedener Studien zu einzelnen Personen und Vorgängen noch aus.

44 *ADAP*, Serie D, Bd. IV, S. 533.

45 In einer unter Beteiligung des AA, des Reichsfinanzministeriums und der Reichsbank durchgeführten Sitzung im RWiM am 12. 12. 1938. PA, Bonn, Handakten Schnurre betr. Rußland, Bl. 452584.

46 *ADAP*, Serie D, Bd. IV, S. 540.

47 *ADAP*, Serie D, B. IV, S. 542, Aufzeichnung Wiehls vom 11. 1. 1939.

48 Vgl. auch *Kleist*, S. 20; Schulenburg äußerte den begründeten Verdacht, daß die französische Pressemeldung von polnischer Seite lanciert worden war. Vgl. *ADAP*, Serie D, Bd. IV, S. 546, Schulenburg an Weizsäcker, 6. 2. 1939.

sichtlich unangenehm, daß über die angebahnten deutsch-sowjetischen Verhandlungen etwas in die Öffentlichkeit drang, während er die polnische Regierung für ein antisowjetisches Bündnis zu gewinnen suchte. Doch ein Abbruch des begonnenen Gesprächs zwischen Moskau und Berlin erfolgte nicht, obgleich die Sowjetregierung Grund gehabt hätte, die Rückberufung Schnurres als eine diplomatische Brüskierung zu werten. Statt dessen druckte die sowjetische Presse[49] einen Artikel aus der Zeitung „News Chronicle" kommentarlos ab, in dem ausgeführt wurde, daß „die gegenwärtig vorhandenen Meinungsverschiedenheiten zwischen Moskau und Berlin nicht unbedingt ein unabänderlicher Faktor der internationalen Politik bleiben müßten". So ließ die Sowjetregierung ihre Bereitschaft zur Weiterführung des mit der Hitlerregierung begonnenen Gespräches erkennen. Auch der Umstand, daß Anfang Februar 1939 der Volkskommissar für Außenhandel, A. I. Mikojan, die Kreditverhandlungen selbst in die Hand nahm, betonte den Wunsch der Sowjetregierung, den Gesprächsfaden mit Berlin nicht abreißen zu lassen. Wie Schulenburg am 1. März berichtete, hatte Mikojan inzwischen die Bereitschaft der Sowjetregierung erklärt, Rohstoffe im Werte von 200 Millionen Mark zu liefern, wobei über die sowjetischen Gegenforderungen allerdings noch zu verhandeln war.[50]

Doch stellten sich jetzt auf deutscher Seite in den Monaten Februar und März Hindernisse entgegen. In einer Sitzung des Handelspolitischen Ausschusses vom 11. März 1939 erhob der Vertreter des Reichswirtschaftsministeriums gegen die Fortsetzung der Verhandlungen Einspruch, weil infolge einer angespannten Produktionslage weder Sachlieferungen noch Bardevisen zur Bezahlung der sowjetischen Rohstoffe zur Verfügung stünden. Die Verhandlungen mit der Sowjetunion, so endete die Sitzung, sollten nicht völlig abgebrochen, jedoch dilatorisch weitergeführt werden.[51]

Nun hatte allerdings Wiehl in einer Weizsäcker und Ribbentrop vorzulegenden Aufzeichnung vom 6. Februar 1939 Bedenken sowohl gegen die Einstellung der Kreditverhandlungen, die „auf Weisung des Generalfeldmarschalls Göring und mit Zustimmung des Herrn Reichsaußenministers" mit der Sowjetunion geführt würden, als auch „gegen den Abbruch der Beziehungen zur Sowjetunion" geltend gemacht.[52] Diejenigen, die darauf drängten, den deutsch-sowjetischen Warenaustausch „im Interesse unserer Rohstoffversorgung mit allen Mitteln auszuweiten", waren, wie Wiehl ausführte, „die deutsche Industrie und die mit der Rohstoffversorgung Deutschlands betrauten Stellen, insbesondere der Beauftragte für den Vierjahresplan, der Reichswirtschaftsminister und der Reichsernährungsminister".

Daß Wiehl in dieser Aufzeichnung vor dem „Abbruch der Beziehungen" warnte, deutet darauf hin, daß unter den herrschenden Kreisen des faschistischen Deutschlands über die gegenüber der Sowjetunion einzuschlagende Politik erhebliche Auseinandersetzungen geführt wurden. Die bereits obengenannten politisch-taktischen Erwägungen sowie die ökonomischen Beweggründe, die beide in einem engen Wechselverhältnis standen, wobei sodann im weiteren Verlauf die ersteren sichtlich die entscheidenden wurden, wirkten jedoch weiter zugunsten des Kurswechsels Hitlerdeutschlands gegenüber der Sowjetunion.

In dieser Situation stellte der Einmarsch der faschistischen deutschen Truppen in Prag am 15. März 1939 eine wichtige Zäsur dar. Mit der Zerschlagung der Rest-Tschechoslo-

49 *Pravda*, 31. Januar 1939; *Izvestija*, 1. Februar 1939.
50 *ADAP*, Serie D, Bd. IV, S. 550.
51 Ebenda, S. 553, Aufzeichnung Wiehls vom 11. 3. 1939.
52 *ADAP*, Serie D, Bd. IV, S. 547, Aufzeichnung über die wirtschaftlichen Folgen eines Abbruchs der Beziehungen zur Sowjetunion, 6. Februar 1939.

wakei hatte das faschistische Deutschland sein aggressives Vorkriegsprogramm erschöpft, sie leitete unmittelbar zur Auslösung des zweiten Weltkrieges über.

Fünf Tage vor diesem Bruch des Münchener Abkommens durch Hitlerdeutschland, der in den internationalen Beziehungen wie ein Schock wirkte,[53], hatte der XVIII. Parteitag der KPdSU(B) eine umfassende Analyse der internationalen Lage vorgenommen und die Aufgaben der sowjetischen Außenpolitik abgesteckt.[54] In dem von ihm erstatteten Rechenschaftsbericht des ZK der KPdSU(B) stellte Stalin fest, daß „die drei aggressiven Staaten", Deutschland, Italien und Japan, bereits das „gesamte Friedensregime der Nachkriegszeit über den Haufen geworfen" und daß sich England und Frankreich von der Politik der kollektiven Sicherheit losgesagt hatten. Er warnte die Westmächte davor, daß das von ihnen betriebene „große und gefährliche Spiel", das durch die Politik der „Nichteinmischung" die Aggressoren unterstütze, für sie selbst „mit einem ernsten Fiasko" enden könnte. Stalin stellte der sowjetischen Außenpolitik die Aufgabe, „auch in Zukunft eine Politik des Friedens und der Festigung sachlicher Beziehungen mit allen Ländern zu betreiben". Deutlich war auch der Wink an die imperialistischen Mächte, niemandem „die Möglichkeit zu geben, unser Land in Konflikte hineinzuziehen."[55]

Sofort nach dem 15. März 1939 ergriff die Sowjetregierung eine neue Initiative, um die Westmächte für die kollektive Abwehr der Aggressionshandlungen Hitlerdeutschlands zu gewinnen.

Die Verhandlungen, die die Sowjetunion mit diesem Ziel mit den Regierungen in London und Paris von Mitte April bis in die zweite Hälfte August 1939 hinein führte, sind inzwischen ausführlich untersucht und dargestellt worden.[56] Es würde den Rahmen dieser Studie sprengen, wollten wir hier diese Verhandlungen im einzelnen nachzeichnen. Auf sie muß insoweit eingegangen werden, als sie in einer bestimmten Wechselwirkung mit den diplomatischen Kontakten zwischen Hitlerdeutschland und der Sowjetunion standen. Während die faschistische Führung um so größere Nervosität und Ungeduld in ihren diplomatischen Gesprächen mit der Sowjetregierung zeigte, je mehr sie eine Verständigung in den Verhandlungen zwischen der Sowjetunion und den Westmächten befürchtete, sah sich die Sowjetregierung vor der komplizierten Aufgabe, einerseits die Verhandlungen mit den Westmächten, solange sie nur Aussicht auf Erfolg besaßen, weiterzuführen, andererseits aber auch die mit Hitlerdeutschland begonnenen Gespräche über den Wirtschaftsverkehr sowie über die Entschärfung der politisch-diplomatischen Beziehungen nicht abreißen zu lassen.

Die vorliegenden Quellen und Untersuchungen bestätigen, daß der Erfolg der sowjetischen Anstrengungen, endlich eine kollektive Abwehrfront gegen den faschistischen Aggressor zustande zu bringen, wiederum entscheidend von der britischen Regierung abhing. Die neuen, den Widerstand gegen weitere Aggressionen Deutschlands versprechenden Töne in der Rede Neville Chamberlains in Birmingham am 17. März bemäntelten

---

53 Vgl. dazu *DzW*, Bd. 1, S. 140f.; *Geschichte des Zweiten Weltkrieges in zwölf Bänden*, Bd. 2, S. 151f.

54 Vgl. *Istorija vnešnej politiki SSSR*, Bd. 1, S. 351.

55 *J. W. Stalin*, Fragen des Leninismus, Berlin 1951, S. 680—692.

56 Vgl. *V. Sipols*, Für die kollektive Abwehr der faschistischen Aggression im Jahre 1939, in: *Sowjetische Friedenspolitik in Europa 1917 bis Ende der siebziger Jahre*. Hrsg. von V. Sipols, G. Voigt, L. Kölm, Berlin 1982, S. 115ff.; *Geschichte des Zweiten Weltkrieges in zwölf Bänden*, Bd. 2, S. 153f.; von nichtmarxistischer Seite am ausführlichsten jetzt: *Bartel*, S. 117f.; vgl. auch *G. Niedhart*, Großbritannien und die Sowjetunion 1934—1939, München 1972, S. 390f.

jedoch lediglich seine Absicht, selbst unter größten Zugeständnissen ein erneutes Einvernehmen mit dem Münchener Partner zu erreichen. Diese Absicht entsprang seiner unverändert gebliebenen fatalen Auffassung von der Schwäche der Sowjetunion und vor allem seinem unverhohlenen Antisowjetismus.[57]

Die Sowjetregierung nahm Anfragen der Kabinette in London und Paris, die sich auf beunruhigende Meldungen über einen möglichen Vorstoß Hitlerdeutschlands gegen Rumänien bezogen,[58] zum Anlaß, um den Westmächten am 18. März eine internationale Konferenz unter Teilnahme der UdSSR, Großbritanniens, Frankreichs, Polens, Rumäniens und der Türkei in Bukarest zur Beratung über die entstandene Situation vorzuschlagen.[59] Gleichen Tages übermittelte die Sowjetregierung dem deutschen Botschafter in Moskau eine Note, in der sie „die Okkupation der Tschechei durch deutsche Truppen und die nachfolgenden Handlungen der deutschen Regierung als Akte der Willkür, der Gewalt und der Aggression" brandmarkte.[60]

Schon am 19. März entschied das „Innere Kabinett" unter Vorsitz Chamberlains, den sowjetischen Vorschlag abzulehnen; ohne das Gesamtkabinett einberufen zu haben, beauftragte Chamberlain seinen Außenminister, den sowjetischen Botschafter in diesem Sinne zu informieren.[61] Litvinov charakterisierte denn auch am selben Tage in einem Brief an Majskij die Politik der Regierungen in London und Paris als weiter auf der Linie von München verharrend — trotz der Bestürzung, die der Gewaltakt gegen die Tschechoslowakei in Großbritannien und Frankreich ausgelöst habe. Chamberlain und Daladier, so vermerkte Litvinov, hielten weiterhin an der „ihnen angenehmen Konzeption der Bewegung Deutschlands nach Osten" fest.[62] Wenn auch Paris eine größere Bereitschaft zur Zusammenarbeit mit der Sowjetunion erkennen ließ als London, so verblieb die französische Außenpolitik doch im britischen Fahrwasser, und ihre Reaktion auf die sowjetischen Vorschläge war von Halbheiten und Inkonsequenzen geprägt.[63]

Die nächstfolgenden Tage und Wochen brachten eine rasche Eskalation der Aggressionsakte und Kriegsvorbereitungen der faschistischen Mächte. Am 23. März annektierte Hitlerdeutschland das Memelland, am 7. April besetzten italienische Truppen Albanien. Gleichzeitig begann die faschistische Führung auf der Basis des Plans „Fall Weiß" im April die Kriegsoperationen gegen Polen vorzubereiten.[64] Am 28. April kündigte Hitler in einer Reichstagsrede den deutsch-polnischen Nichtangriffsvertrag von 1934 sowie das deutsch-

---

57 In einem Brief vom 26. 3. 1939 schrieb Chamberlain: „Ich muß bekennen, daß ich Rußland mit tiefstem Mißtrauen gegenüberstehe. Ich halte nicht das geringste von seiner Fähigkeit, eine wirksame Offensive durchzuführen, selbst wenn es den Willen dazu hätte. Und ich mißtraue seinen Absichten, die mir nichts mit unserer Auffassung von Freiheit gemeinsam zu haben und nur darauf hinzuzielen scheinen, alle anderen untereinader zu entzweien." Zit. nach *Winston S. Churchill*, Der zweite Weltkrieg. Erster Band: Der Sturm zieht auf, Hamburg 1949, S. 425.

58 Am 17. März 1939 hatte der rumänische Gesandte in London V. V. Tilea von der ultimativen Forderung Hitlerdeutschlands zum Abschluß eines deutsch-rumänischen Wirtschaftsabkommens berichtet. Ein solches Abkommen, das Rumänien weitestgehend ökonomisch und politisch Hitlerdeutschland unterwarf, wurde sodann am 23. März 1939 unterzeichnet.

59 Vgl. *SSSR v bor'be*, S. 246.

60 Ebenda, S. 243.

61 Vgl. *Sipols*, Für kollektive Abwehr, S. 119; *Bartel*, S. 137.

62 *SSSR v bor'be*, S. 249, Litvinov an Majskij, 19. 3. 1939.

63 Vgl. *Bartel*, S. 143f.

64 Vgl. *DzW*, Bd. 1, S. 151.

britische Flottenabkommen von 1935 auf und wandte sich scharf und höhnisch gegen den am 14. April von Roosevelt an Deutschland und Italien gerichteten Appell, Frieden zu wahren und keine weiteren Aggressionsakte zu unternehmen.

Diese Entwicklung sowie der Druck von mit der Appeasement-Politik unzufriedenen Kräften, zu denen auch ein bedeutender Teil der englischen Großbourgeoisie gehörte,[65] veranlaßten die Regierung Chamberlain, mit der Sowjetregierung im Gespräch zu bleiben und am 31. März gegenüber Polen, danach auch gegenüber Rumänien, Griechenland und der Türkei zusammen mit Frankreich Garantieerklärungen abzugeben. Diese Garantieerklärungen verbanden sich jedoch nicht mit Maßnahmen zur Organisierung des Widerstands gegen den faschistischen Aggressor. Die Erklärungen waren vorwiegend zur Beruhigung der öffentlichen Meinung bestimmt,[66] ließen sie es doch völlig offen, wie diesen Ländern ernstlich Hilfe geleistet werden sollte. Zudem war wirksame Hilfe ohne die UdSSR überhaupt unmöglich. Aber gerade sowjetische Hilfe lehnten die herrschenden Kreise Polens und Rumäniens, durch ihren Antisowjetismus verblendet, strikt ab.

Die hier nur knapp umrissene Entwicklung während der Aprilwochen mußte naturgemäß in Moskau erhöhte Besorgnis auslösen. Es war erklärlich, daß sich die Sowjetregierung zu dem britischen Vorschlag, auch sie solle einseitige Garantieerklärungen zugunsten der Sicherheit Polens und Rumäniens abgeben, kritisch verhielt, war es doch nur durch umfassende Zusammenarbeit der Westmächte mit der Sowjetunion möglich, weiteren Aggressionen Einhalt zu gebieten. Auch Churchill urteilte am 4. Mai: „Es besteht keine Möglichkeit, ohne die aktive Hilfe Rußlands eine Ostfront gegen die nationalsozialistische Aggression aufrechtzuerhalten. Rußland hat das größte Interesse daran, Hitlers Absichten in Osteuropa zu vereiteln."[67] Und umgekehrt konnte die UdSSR, selbst wenn die Regierungen in Polen und Rumänien ihre Obstruktion gegen gemeinsame Sicherheitsmaßnahmen aufgaben, mit den osteuropäischen Kleinstaaten allein keine „Ostfront" errichten. Wie die Kräfte verteilt waren, würden diese Staaten von der Naziwehrmacht binnen kurzem überrannt sein und sich die Sowjetunion dem Angriff der mächtigsten kapitalistischen Landstreitmacht gegenübersehen. In dieser Situation mußte die Regierung in Moskau darauf drängen, daß die Westmächte offen Partei ergriffen und bindende militärische Verpflichtungen übernahmen, aus denen sie sich nicht wortbrüchig fortstehlen konnten, wie dies Frankreich im Falle der Tschechoslowakei getan hatte. Für die UdSSR komplizierte sich die Situation dadurch noch mehr, als es vorläufig keinerlei Grund gab, den Regierungen Chamberlain und Daladier irgendeinen Vertrauensbonus zu gewähren.

Jedoch zeigte es sich alsbald, daß das von der Sowjetregierung am 17. April Großbritannien und Frankreich unterbreitete umfassende Aktionsprogramm zur Friedenssicherung[68] auch diesmal von der britischen Regierung, die erst am 8. Mai mit einem wiederum die Sowjetunion zu einseitigen Garantien verpflichtenden Gegenvorschlag antwortete, mißachtet wurde. Angesichts dieses Manövrierens der Westmächte ergab sich auf der Regierungsberatung in Moskau Ende April, an der sowohl Majskij als auch der

---

65 „In höchstem Maße wuchs die Sorge um die Zukunft, und es verstärkte sich das Bewußtsein, daß es notwendig ist, dem Aggressor eine kollektive Abfuhr zu erteilen. Daher gibt es eine heftige Zuwendung zur UdSSR. Wir sind hier jetzt in großer Mode, was in den verschiedensten Formen und zu den verschiedensten Anlässen deutlich wird." *SSSR v bor'be*, S. 258, Majskij an Litvinov, 20. 3. 1939.

66 Vgl. auch *Maiski*, S. 437.

67 *Churchill*, Der zweite Weltkrieg. Erster Band. S. 433.

68 Das Programm umfaßte acht Punkte und hatte als Kernstück den Abschluß eines Beistandspaktes zwischen der UdSSR, Großbritannien und Frankreich zum Inhalt. Vgl. *SSSR v bor'be*, S. 336.

sowjetische Botschafter in Berlin, A. F. Merekalov,[69] teilnahmen, wie Majskij mitteilt — er schreibt von einer „denkwürdigen Beratung im Kreml" — „im Endeffekt ein wenig tröstliches Bild."[70] Der Bericht, den Majskij nach seiner Rückkehr von der Moskauer Beratung am 10. Mai aus London sandte, verwies zudem auf „eine gewisse Belebung im Lager der Anhänger der Münchener Politik". Die negative Reaktion Londons auf das sowjetische Sicherheitsprogramm vom 17. April bestätigte die auf der Moskauer Regierungsberatung gehegten Befürchtungen.

Nichtsdestoweniger unternahm die Sowjetunion auch in den folgenden Wochen und Monaten weitere Anstrengungen, um die Westmächte für die Abwehr des Aggressors zu gewinnen. Ein umfangreicher Leitartikel der „Izvestija" vom 11. Mai wies darauf hin, daß sich die Aggressionsvorbereitungen Deutschlands und Italiens[71] in erster Linie gegen Großbritannien und Frankreich richteten. „Die UdSSR ist nach wie vor der Auffassung", hieß es, „daß, sofern Frankreich und England wirklich eine Schranke gegen die Aggression in Europa errichten wollen, eine solche nur durch eine einheitliche Front gegenseitiger Hilfe vor allem zwischen vier Mächten in Europa, und zwar zwischen England, Frankreich, der UdSSR und Polen — oder wenigstens zwischen drei Mächten — zwischen England, Frankreich und der UdSSR — gegeben ist. Denn diese drei Mächte, wenn sie untereinander durch einen Pakt gegenseitigen Beistands verbunden sind, werden dann andere Staaten in Ost- und Mitteleuropa, über denen die Aggressionsgefahr schwebt, garantieren können."[72]

Da die UdSSR trotz aller diplomatischen Vorschläge und Signale auf dem ohnehin problemgeladenen Kurs einer Verständigung mit London und Paris nicht einen praktischen Schritt vorankam, wurde für sie die Entschärfung der deutsch-sowjetischen Beziehungen noch wichtiger. Entsprechende diplomatische Sondierungen erfolgten von sowjetischer Seite im Monat April zweimal. Die erste unternahm der Geschäftsträger der sowjetischen Botschaft in Berlin, Botschaftsrat G. A. Astachov, als er den Mitarbeiter Ribbentrops, Peter Kleist, zu einer Tee-Unterhaltung einlud. Dieser Einladung war übrigens die Aufforderung Ribbentrops an Kleist vorausgegangen, seine Kontakte zur sowjetischen Botschaft zu verbessern und ihn zu benachrichtigen, falls er „etwas Bemerkenswertes" zu melden habe.[73] Astachov setzte seinem Gast in dem Gespräch auseinander, daß ideologische Gegensätze durchaus kein Grund dafür sein müßten, nicht doch politisch zusammenzuarbeiten.[74] In ähnlicher Weise suchte der sowjetische Botschafter, A. F. Merekalov, in einem Gespräch mit Weizsäcker am 17. April, vor seiner Abreise zu der obenerwähnten Beratung in Moskau, den Standpunkt der deutschen Regierung zu erkunden. Der Botschafter ging in diesem Gespräch von der Frage aus, ob die Sowjetregierung auch jetzt, nach der veränderten Lage in der Tschechoslowakei, auf die von ihr bestellten Lieferungen der Škoda-Werke rechnen könne, und ließ sodann den sowjetischen Wunsch

---

69 Vgl. *Bartel*, S. 168. Offensichtlich nahm auch der sowjetische Botschafter in Paris, Ja. S. Suric, an der Beratung teil. Merekalov kehrte nach dieser Beratung nicht mehr auf seinen Botschafterposten in Berlin zurück.

70 *Maiski*, S. 442.

71 Am 6. und 7. Mai 1939 hatten Ribbentrop und Ciano in Mailand den Abschluß eines Bündnispaktes vereinbart, der sodann am 22. Mai („Stahlpakt") in Berlin unterzeichnet wurde.

72 Zit. nach *SSSR v bor'be*, S. 390f.

73 Vgl. *P. Kleist*, Zwischen Hitler und Stalin 1939—1945. Aufzeichnungen, Bonn 1950, S. 28f.

74 Ebenda.

erkennen, mit Deutschland „auf normalem Fuße" zu leben und die Beziehungen weiter zu verbessern.[75]

Die faschistische Außenpolitik begegnete diesen sowjetischen Sondierungen zurückhaltend, was im wesentlichen auch für die Monate Mai und Juni noch zutraf. Dies hing zum einen damit zusammen, daß in der faschistischen Führungsspitze, und namentlich bei Hitler selbst, das Bild vom künftigen Kriege und vom eigenen Vorgehen noch nicht endgültig fixiert war. Als günstigster Fall galt eine isolierte Auseinandersetzung mit Polen, die als ein sehr kurzer Krieg gedacht war, bei dem die eigenen Ressourcen nicht stärker beansprucht werden würden und nach dem sich die Möglichkeit ergab, neue Entscheidungen über Richtung und Zeitpunkt weiteren kriegerischen Vorgehens zu fällen. Ließ sich die totale Isolierung Polens durchsetzen, so brauchte die faschistische Regierung keine besondere Verständigung mit der UdSSR herbeizuführen. Je wahrscheinlicher die faschistischen Politiker aber damit rechnen mußten, diesmal auf eine andere Reaktion Großbritanniens und damit auch Frankreichs zu stoßen, um so mehr verstärkte sich ihr Interesse, die eigene Diplomatie gegenüber der Sowjetunion zu aktivieren. Damit wird auch der kritischste Punkt für die Entscheidungsfindung der sowjetischen Seite sichtbar. An der sowjetischen Westgrenze angekommen, konnten die faschistischen Machthaber sich unter Umständen dafür entscheiden, den Krieg gegen die UdSSR auszuweiten. Tatsächlich spielten die faschistischen Politiker ihrerseits noch immer verschiedene Möglichkeiten durch. Von wesentlicher Bedeutung war auch die Tatsache, daß die Verhandlungen der Hitlerregierung mit Japan über ein Militärbündnis mit den „Achsenmächten" noch geführt wurden und sich erst beim Zusammentreffen Ribbentrops mit dem japanischen Botschafter Oshima am 15. Juni herausstellte, daß die gewünschte Übereinkunft mit Japan vorerst nicht zu erreichen war.[76] Schon am darauffolgenden Tage äußerte Ribbentrop gegenüber dem japanischen Botschafter in Rom, Shiratori, der an der Unterredung mit Oshima teilgenommen hatte, Deutschland sei angesichts der japanischen Haltung nunmehr gezwungen, einen Nichtangriffspakt mit der Sowjetunion abzuschließen.[77] Wir lassen dahingestellt, inwieweit hinter dieser Äußerung Ribbentrops lediglich die Absicht stand, den japanischen Botschafter zu schockieren. Denn noch am 12. Juli schrieb Tippelskirch aus Berlin an Schulenburg, daß die Meinungen — in der Hitlerführung — noch „schwankend und unentschieden" seien, und „eine politische Willensbildung" sich noch nicht durchgesetzt habe.[78] Schließlich ist zu bemerken, daß man später in Tokio von der Unterzeichnung des deutsch-sowjetischen Nichtangriffsvertrages völlig überrascht wurde. Jedoch waren die Rückwirkungen der japanischen Haltung auf die Politik Hitlers gegenüber der Sowjetunion zweifelsfrei vorhanden.

Wenn sich die Führung Hitlerdeutschlands gegenüber den sowjetischen Sondierungen auch zunächst abwartend verhielt, so wurde für sie doch die Bestimmung der kurz- und mittelfristig einzunehmenden Haltung gegenüber der UdSSR zunehmend Diskussions-

75 *ADAP*, Serie D, Bd. VI, S. 221, Aufzeichnungen Weizsäckers vom 17. 4. 1939; vgl. auch *Maksimyčev*, S. 294; *Weber*, S. 140.

76 Vgl. *Sommer*, Deutschland und Japan . . ., S. 240; *E. I. Presseisen*, Germany and Japan. A study in totalitarian Diplomacy 1933—1941, Den Haag 1958, S. 204.

77 *ADAP*, Serie D, Bd. VI, S. 608, Anmerkung 2. Am 20. April 1939 hatte Ribbentrop gegenüber Oshima und Shiratori schon einmal eine solche Warnung ausgesprochen. Vgl. ebenda, Nr. 270, Ribbentrop an Ott, 26. 4. 1939.

78 *ADAP*, Serie D, Bd. VI, S. 764, Tippelskirch an Schulenburg, Berlin, 12. 7. 1939.

gegenstand. Ein Zeichen dafür, daß man in den Führungskreisen in Berlin einen Kurswechsel mehr und mehr in Erwägung zog, war die Tatsache, daß sich bereits in den
Monaten März und April die faschistische Presse in ihrer Berichterstattung über die
Sowjetunion Zurückhaltung auferlegte. Anfang Mai wies dann das Propagandaministerium
die Presse an, ab sofort „die Polemik gegen die Sowjetunion und den Bolschewismus"
einzustellen.[79]

Während Ribbentrop sich anfänglich sehr vorsichtig verhielt und sich seine Anstrengungen auf das Zustandekommen des Militärbündnisses mit Japan richteten,[80] trat offensichtlich
Göring, dem in dieser Frage Vertreter der Wehrmachtsführung und des Auswärtigen Amtes beipflichteten, stärker für eine Änderung der Politik gegenüber der Sowjetunion ein.
Damit verbanden sie die Hoffnung, Polen unter Druck setzen und die Bereitschaft der
britischen Regierung zu einem Ausgleich mit Hitlerdeutschland fördern zu können.[81] Von
Interesse ist in diesem Zusammenhang das Gespräch, das Göring während seines Besuches
in Rom am 16. April mit Mussolini und Ciano führte und in dem er unter Bezugnahme
auf die Rede Stalins auf dem XVIII. Parteitag der KPdSU(B) ausführte, „er wolle den Führer fragen, ob man nicht durch gewisse Mittelsmänner vorsichtig bei Rußland mit dem
Ziel einer Annäherung vorfühlen könne, um Polen dann auch mit Rußland zu beunruhigen."[82] Göring und Mussolini faßten diesen Punkt ihres Gespräches dahin zusammen, daß
Deutschland und Italien versuchen sollten, mit der Sowjetunion „das sogenannte ‚petit jeu'
zu spielen. Möglichkeiten zu einer Annäherung seien vorhanden."[83]

Es wurde oft die Frage gestellt, inwieweit sich die Ablösung M. M. Litvinovs am 3. Mai
1939 und die Übernahme des Volkskommissariats für Auswärtige Angelegenheiten durch
V. M. Molotov, deren Motivation hier nicht erörtert werden kann,[84] auf den Fortgang der
Annäherung zwischen der Sowjetunion und Hitlerdeutschland auswirkte. Dieser Wechsel
in der Leitung des Volkskommissariats „war damals eine große Sensation in ganz Europa
und wurde als außenpolitischer Kurswechsel der UdSSR gedeutet", schreibt I. M. Majskij.[85] Auf eine Anfrage des britischen Außenministers Halifax antwortete jedoch Majskij,
daß der außenpolitische Kurs der Sowjetunion unverändert bliebe und die im April von der
Sowjetregierung unterbreiteten Vorschläge zum Abschluß eines Beistandspaktes mit Großbritannien und Frankreich nach wie vor Gültigkeit besitzen würden.[86] Ähnlich antwortete
Astachov auf eine entsprechende Frage, als er am 9. Mai dem Gesandten Gustav Braun

---

79 *Weber*, S. 142.

80 In seinen im Nürnberger Gefängnis verfaßten Memoiren suchte sich Ribbentrop allerdings selbst als den
Initiator der Annäherung an die Sowjetunion hinzustellen. „Einen Ausgleich mit Rußland zu suchen,
war meine ureigenste Idee." *Ribbentrop*, S. 171.

81 Vgl. *D. C. Watt*, Die Verhandlungsinitiativen zum Deutsch-sowjetischen Nichtangriffspakt vom
24. August 1939: Ein historisches Problem, in: *Nationalsozialistische Außenpolitik*. Hrsg. von W. Michalka,
Darmstadt 1978, S. 432.

82 *ADAP*, Serie D, Bd. VI, S. 215.

83 Ebenda, S. 219.

84 Die noch für 1988 (Politizdat Moskau) angekündigte Litvinov-Biographie von Z. Šejnis konnte für
diese Studie nicht mehr herangezogen werden. Daß Litvinov von Stalin und Berija mit der ungerechtfertig-
ten Anschuldigung, er habe im Volkskommissariat für Auswärtige Angelegenheiten nicht die Linie der
Partei vertreten, abgelöst wurde, bestätigt *A. Roščin*, V Narkomindele nakanune Vojny, in: *Meždunarod-
naja Žizn'*, 4/1988, S. 120f.

85 *Maiski*, S. 445; vgl. auch *Maksimyčev*, S. 296.

86 Vgl. auch den Bericht Litvinovs an Molotov vom 10. 5. 1939. *SSSR v bor'be*, S. 386f.

v. Stumm aus der Nachrichten- und Presseabteilung des Auswärtigen Amtes den neuen TASS-Korrespondenten Filippov vorstellte.[87] Wie die weitere Entwicklung zeigte, bedeutete der personelle Wechsel an der Spitze des sowjetischen Außenministeriums noch keine endgültige Entscheidung für oder gegen das, was die Maximal- bzw. Minimalvariante der Europa-Politik der UdSSR genannt wurde.[88] Die Sowjetregierung setzte auch nach dem 3. Mai ihre Anstrengungen fort, um die Westmächte für die kollektive Abwehr des faschistischen Aggressors zu gewinnen.[89]

Was die sowjetisch-deutschen Beziehungen anbetrifft, so konnte es für die Sowjetregierung natürlich nicht unwichtig sein, wie die Hitlerregierung auf die Ablösung Litvinovs durch Molotov reagierte. Astachov suchte denn auch bei seinem Zusammentreffen mit Schnurre am 5. Mai, bei dem dieser dem sowjetischen Geschäftsträger, wie schon erwähnt, die deutsche Zustimmung zur weiteren Realisierung der sowjetischen Lieferverträge mit den Škoda-Werken mitteilte, zu erfahren, inwieweit der Wechsel in der Leitung des Volkskommissariats die deutsche Regierung „zu einer veränderten Einstellung der Sowjetunion gegenüber bringen würde."[90] Eine Antwort Schnurres enthält die betreffende Aufzeichnung nicht. Doch teilte Schnurre mit, daß die deutsche Seite noch immer nicht bereit war, die im Februar unterbrochenen Wirtschaftsverhandlungen wiederaufzunehmen, was Astachov einen bestimmten Aufschluß über den Stand der deutschen Verhandlungsbereitschaft gab.

Nach den Memoiren Gustav Hilgers[91] war es erst die Ablösung Litvinovs, die Hitler und den engeren Führungskreis veranlaßten, sich intensiver mit der Gestaltung des deutsch-sowjetischen Verhältnisses zu beschäftigen. Bedenkt man jedoch die diplomatischen Kontakte und Sondierungen, die bis dahin schon stattgefunden hatten, so werden die Mitteilungen Hilgers relativiert,[92] was bis zu einem gewissen Grade auch für Aussagen Köstrings, des Militärattachés an der deutschen Botschaft in Moskau, zutrifft.[93] Beide, Hilger und Köstring, wurden im Mai, nach der Ablösung Litvinovs, von Hitler nacheinander auf dem Obersalzberg zum Besuch empfangen. Am Gespräch Hitlers mit Hilger, der den in Teheran befindlichen Schulenburg vertrat, nahmen auch Karl Schnurre und Walter Hewel, der Verbindungsmann Ribbentrops bei Hitler, teil. Hilger suchte Hitler sowohl von der Stärke der Sowjetunion als auch von der Notwendigkeit zu überzeugen, daß man mit ihr, ungeachtet, daß „der Bolschewismus zwar eine große Gefahr für die Welt darstelle", wie Hilger sich ausdrückte, „vernünftige wirtschaftliche und politische Ab-

87 „Befragt über die Bedeutung des Wechsels der außenpolitischen Leitung in Moskau, erklärte Herr Astachov, es habe sich ja auch bisher nicht um eine persönliche Politik Litvinovs gehandelt, sondern um die Befolgung der allgemein gegebenen Richtlinien." *ADAP*, Serie D, Bd. VI, S. 381, Aufzeichnung Braun v. Stumms, 9. 5. 1939.

88 Diese Feststellung schließt nicht aus, daß die Beurteilung der Erfolgschancen bei den beteiligten Personen unterschiedlich war und dementsprechend auch ihre Ansichten über die Verteilung des Kräfteeinsatzes in die eine oder andere Richtung voneinander abwichen. Ein abschließendes Urteil darüber ist jedoch beim gegenwärtigen Forschungsstand nicht möglich.

89 Man kann daher Weber nicht zustimmen, wenn er in diesem Zusammenhang schreibt: „Die kollektive Sicherheit war zu Ende und die Sowjetunion nahm eine für beide Seiten neutrale Verhandlungsposition ein" (*Weber*, S. 118). Vgl. zu dieser Problematik auch *Maksimyčev*, S. 296.

90 *ADAP*, Serie D, Bd. VI, S. 355, Aufzeichnung Schnurres vom 5. 5. 1939.

91 Vgl. *Gustav Hilger*, Wir und der Kreml, Berlin 1956, S. 277f.

92 Vgl. auch *Watt*, S. 430f.

93 Vgl. *General Ernst Köstring*. Der militärische Mittler zwischen dem Deutschen Reich und der Sowjetunion 1921—1941. Bearbeitet von H. Teske, Frankfurt a. M. (1966), S. 135.

machungen" treffen sollte.[94] Nach der Mitteilung Hilgers ließ Hitler „seine eigene Ansicht über eine Verständigung mit der Sowjetunion nicht erkennen."[95] Doch führten sowohl die Ausführungen Hilgers über die Stärke der Sowjetunion als auch diejenigen Köstrings über die Kampfkraft der Roten Armee zu weiteren Überlegungen, nicht jedoch zu Entscheidungen.[96]

Die Führung Hitlerdeutschlands blieb bis in den Juli hinein hinsichtlich des gegenüber der Sowjetunion einzuschlagenden Kurses unentschlossen. In seinen Ausführungen vor den Befehlshabern der Wehrmacht am 23. Mai 1939, in denen Hitler über die Zerschlagung Polens und die nicht auszuschließende militärische Auseinandersetzung mit England und Frankreich sprach, zog er sowohl die Verbesserung der Beziehungen zur Sowjetunion als auch das Zusammengehen mit Japan gegen die Sowjetunion in Betracht.[97]

Diese noch abwartende Haltung der faschistischen Politik gegenüber der Sowjetunion sowie die Möglichkeit der Entwicklung wirtschaftlicher Beziehungen, die Hitler in der genannten Rede vor den Wehrmachtsführern einräumte,[98] fanden ihren Niederschlag in Instruktionen Ribbentrops an Schulenburg für dessen Gespräche mit Molotov und Potemkin am 20. Mai.[99] Die Sowjetregierung konnte zwar diese Gespräche generell als eine Bereitschaft deuten, die sowjetischen Sondierungen in einem bestimmten Maße zu erwidern. Das Angebot Schulenburgs, die im Februar unterbrochenen Wirtschaftsverhandlungen wiederaufzunehmen, hielt Molotov jedoch, dem Bericht Schulenburgs zufolge, für „inopportun", solange dafür nicht eine „politische Basis" gefunden sei. Darüber, wie man sie schaffen könnte, so antwortete Molotov auf eine entsprechende Frage Schulenburgs, sollten beide Regierungen nachdenken.[100] Damit war von sowjetischer Seite bekundet, daß sie sich nicht einfach zum Adressaten einmal verstärkter, dann wieder gedrosselter diplomatischer Initiativen der Regierung in Berlin machen ließ, und zugleich verdeutlicht, daß die UdSSR die Gespräche thematisch über das Feld des Außenhandels hinaus auszudehnen wünschte.

Am darauffolgenden Tage wies Weizsäcker Schulenburg in Beantwortung seines Berichtes über die Fühlungnahme mit Molotov an, „unsererseits nunmehr ganz stillzuhalten und abzuwarten, ob Sowjetrußland mit der Sprache herauskommt."[101] Dann aber trafen in den nächsten Tagen in Berlin beunruhigende Nachrichten ein, die darauf hindeuteten, daß die Dreierverhandlungen zwischen Moskau, London und Paris erfolgreich vorankamen. Wenn auch eine vom 26. Mai datierte Instruktion Ribbentrops an Schulenburg, die von

---

94 *Hilger*, S. 280.

95 Ebenda.

96 Die Schlußfolgerung, mit der Sowjetunion dauerhaft in Frieden zu leben, zog Hitler daraus allerdings nicht. Hilger schreibt, daß sich Hitler daraufhin folgendermaßen zu Ribbentrop geäußert habe: „,,Es ist durchaus möglich', sagte er, ,daß Hilger ein Opfer der sowjetischen Propaganda geworden ist. Wenn dies der Fall ist, dann ist seine Darstellung der Verhältnisse in Rußland wertlos für mich. Hat er aber recht, dann habe ich keine Zeit zu verlieren, um einer weiteren Konsolidierung der Sowjetmacht vorzubeugen.'" Ebenda, S. 281.

97 *ADAP*, Serie D, Bd. VI, S. 477f., Dok. 433.

98 „Zu Rußland sind wirtschaftliche Beziehungen nur möglich, wenn politische Beziehungen sich gebessert haben . . ." Ebenda.

99 Vgl. *Weber*, S. 149.

100 PA Bonn, Büro des Staatssekretärs, Akten betr. Rußland (1939), Bd. 1, Bl. 111327, Schulenburg an AA, 20. 5. 1939; *ADAP*, Serie D, Bd. VI, S. 463, Schulenburg an AA, 22. 5. 1939.

101 Ebenda, S. 455, Weizsäcker an Schulenburg, 21. 5. 1939.

einem möglicherweise positiven Ergebnis der sowjetisch-englischen Verhandlungen ausging und empfahl, „in der Fortführung der Unterhaltung mit den Russen stärker aus der Reserve herauszutreten",[102] wegen des Einspruchs Hitlers nicht abgesandt wurde,[103] so nahm die Nervosität in der Wilhelmstraße angesichts der aus London eingehenden Meldungen doch merklich zu.

Umgekehrt hatten Nachrichten über die Intensivierung der sowjetisch-deutschen Gespräche auch das Foreign Office erreicht.[104] Dies, verbunden mit der Meldung über den Abschluß des deutsch-italienischen „Stahlpaktes" vom 22. Mai und dem Drängen der französischen Regierung, den sowjetischen Vertragswünschen entgegenzukommen, veranlaßte die britische Regierung am 24. Mai, dem sowjetischen Vorschlag zum Abschluß eines Dreierbündnisses zuzustimmen.[105] Bald sollte die britische Regierung dem Vertragsabschluß jedoch neue Hindernisse in den Weg legen.

Uns interessiert hier vor allem die Rückwirkung der Dreierverhandlungen auf die in Berlin angestellten Erwägungen. Am 29. Mai beriet sich Ribbentrop mit Weizsäcker, Gaus und dem italienischen Botschafter Attolico auf seinem Gut Sonnenburg, allerdings mit dürftigem Ergebnis. Dem Bericht Attolicos zufolge zeigte sich Ribbentrop unentschlossen und hilflos, er hatte Hitler bis dahin noch keine konkreten Ideen unterbreitet.[106] So wurde lediglich beschlossen, Weizsäcker solle in einer Unterredung mit Astachov die sowjetischen Absichten sondieren.

Diese Unterredung fand schon am darauffolgenden Tage, dem 30. Mai, statt. Weizsäcker, der in den nächsten zweieinhalb Monaten, als sich die Gespräche und Verhandlungen mit der Sowjetregierung verdichteten, an diesen nur mittelbar beteiligt war, führte nach seinen eigenen Worten diese Unterredung gern.[107] Abgesehen davon, daß Weizsäcker bereits zuvor, durchaus vom Standpunkt einer imperialistischen deutschen Außenpolitik aus, den von der faschistischen deutschen Führung gegenüber der Sowjetunion befolgten Konfrontationskurs für unrealistisch und gefährlich gehalten hatte,[108] kam es ihm im Augenblick darauf an, der in Berlin gefürchteten Übereinkunft der Westmächte mit der Sowjetunion entgegenzuwirken.[109] Damit war sein Bemühen verbunden, den diplomatischen Faden mit London, vor allem im Hinblick auf die erwünschte territoriale Amputation Polens, weiterzuspinnen.[110]

Als Anlaß zur Unterredung mit Astachov diente Weizsäcker die Bitte der Sowjetregierung, die sowjetische Handelsvertretung in Prag beizubehalten.[111] Er eröffnete das Gespräch mit der Mitteilung, daß „der Führer sich tatsächlich mit der Angelegenheit beschäftigt hat",

---

102 Vgl. Ebenda, S. 490f., Dok. 441.
103 Vgl. Ebenda, S. 497f., Dok. 446, Weizsäcker an Schulenburg, 27. 5. 1939.
104 Vgl. *ADAP*, Serie D, Bd. VI, S. 512, Bericht Dirksens aus London vom 31. 5. 1939.
105 Vgl. *Sipols*, Für kollektive Abwehr, S. 127; *Bartel*, S. 193.
106 Vgl. *Weber*, S. 153; vgl. auch *R. A. Blasius*, Für Großdeutschland — gegen den großen Krieg. Staatssekretär Ernst Frhr. von Weizsäcker in den Krisen um die Tschechoslowakei und Polen 1938/39, Köln/Wien 1981, S. 96.
107 Vgl. *M. Thielenhaus*, Zwischen Anpassung und Widerstand. Deutsche Diplomaten 1938—1941. Die politischen Aktivitäten der Beamtengruppe um Ernst von Weizsäcker im Auswärtigen Amt, Paderborn 1984, S. 115.
108 Vgl. ebenda.
109 Vgl. ebenda, S. 116.
110 Vgl. auch *Blasius*, S. 149f.
111 Vgl. *ADAP*, Serie D, Bd. VI, S. 502f., Aufzeichnung Weizsäckers.

und wollte offensichtlich insgesamt den Eindruck erwecken, daß man in Berlin an höchster Stelle an der Verbesserung der Beziehungen zur Sowjetunion interessiert war. Die Frage nach dem Schicksal der sowjetischen Handelsvertretung in Prag suchte Weizsäcker aus taktischen Gründen hinhaltend zu beantworten. Unter Anspielung auf die Unterredung zwischen Molotov und Schulenburg vom 20. Mai hob Weizsäcker hervor, daß man Wirtschaft und Politik nicht voneinander trennen könne, und suchte bei Astachov zu ergründen, ,,was eigentlich der Außenkommissar Molotov dem Grafen Schulenburg hat sagen wollen." Astachov, der seinerseits auf frühere sowjetische Bemühungen hinwies, die gegenseitigen Beziehungen ungeachtet vorhandener ideologischer Gegensätze zu verbessern, konnte jedenfalls aus den Ausführungen Weizsäckers entnehmen, daß die Hitlerregierung das Gespräch mit der Sowjetregierung fortsetzen wolle.

In der Wilhelmstraße zog man aus der Unterredung Weizsäckers mit Astachov den Schluß, daß die Sowjetregierung an der Verbesserung der Beziehungen und der Fortsetzung der Gespräche interessiert sei. Noch am Abend des 30. Mai instruierte deshalb Weizsäcker den Grafen Schulenburg, daß man sich entschlossen habe, ,,entgegen bisher geplanter Taktik . . ., jetzt doch gewisse Fühlung mit Sowjetunion aufzunehmen."[112] In einem weiteren Telegramm vom selben Abend wurde Hilger angewiesen, ,,von sich aus und ohne sich auf einen Auftrag zu berufen", Verbindung mit A. I. Mikojan aufzunehmen, um die Gespräche über die Wirtschaftsbeziehungen weiterzuführen.[113]

Der Sowjetregierung war es zunächst nicht möglich zu erkennen, ob die Reaktion der deutschen Außenpolitik nicht lediglich die Funktion eines Störfeuers gegen die Verhandlungen Moskaus mit London und Paris besaßen. Sie verhielt sich deshalb zurückhaltend und vorsichtig und vermied alles, was den Fortgang der Dreiergespräche auch nur atmosphärisch hätte behindern können, so wenig befriedigend und ermutigend sie auch weiterhin verliefen.[114]

Eine ausführliche Analyse der entstandenen Situation unternahm V. M. Molotov in seiner Rede vor dem Obersten Sowjet am 31. Mai.[115] Man habe es jetzt ,,mit gewissen Resultaten der Politik der aggressiven Staaten einerseits und der Politik der Nichteinmischung seitens der demokratischen Länder andererseits" zu tun. Molotov verurteilte scharf die nachgiebige ,,Nichteinmischungs"-Politik der Westmächte, die es Deutschland und Italien ermöglicht hatten, ihren Aggressionskurs fortzusetzen. Er verwies auf die erhöhte Gefahr, die von den Aggressionshandlungen der faschistischen Staaten für den Frieden und insbesondere auch für die Sicherheit der ,,demokratischen Hauptländer Europas" ausging, und hob hervor, daß die Sowjetunion nach wie vor alles daransetze, ,,eine zuverlässige und effektive Abwehrfront der nichtaggressiven Mächte" herzustellen. Nachdem Molotov sodann eine Einschätzung des Standes der Verhandlungen mit den Westmächten gegeben hatte, indem er darlegte, daß sich die Sowjetunion keineswegs auf einseitige Garantien der Sicherheit zugunsten der osteuropäischen Staaten einlassen konnte, gab er zu verstehen, daß sich die Sowjetunion jedenfalls nicht in eine diplomatische Isolierung drängen lassen würde: ,,Indem wir Verhandlungen mit England und Frankreich führen, halten wir es durchaus für notwendig, sachliche Beziehungen auch mit solchen Ländern wie

---

112 Ebenda, S. 505, Weizsäcker an die Botschaft in Moskau, 30. 5. 1939.

113 Ebenda, S. 507f.

114 Vgl. auch *V. J. Sipols*, Die Vorgeschichte des deutsch-sowjetischen Nichtangriffsvertrages, Köln 1981, S. 300.

115 Vgl. *SSSR v bor'be*, S. 423 f.

Deutschland und Italien zu unterhalten."[116] Nicht unwichtig war in diesem Zusammenhang, daß Molotov an die Ausführungen Stalins auf dem XVIII. Parteitag erinnerte, indem er dessen Worte zitierte, daß die Sowjetunion ihre eigenen Interessen zu wahren wisse und sich nicht dazu hergeben werde, für andere die Kastanien aus dem Feuer zu holen.

Molotov ging sodann auf die Bemühungen der Sowjetregierung zur Verbesserung der Beziehungen zu Deutschland und Italien ein, betonte das sowjetische Interesse an der Sicherheit im baltischen und skandinavischen Raum, beschäftigte sich weiter mit den Gefahren, die für den Frieden in Ostasien durch die japanischen Aggressionshandlungen erwuchsen, und schloß mit dem Hinweis darauf, daß die Sowjetunion in den vergangenen Jahren zunehmend erstarkt und ein mächtiger Faktor des Friedens geworden war.

Die Rede Molotovs war eine weitere und dringliche Aufforderung an die Westmächte, nun endlich ernsthaft eine kollektive Abwehrfront gegen die Aggressoren zustande zu bringen.[117] In den Verhandlungen, die die Sowjetregierung auf der Grundlage ihres Gegenentwurfes zur Vorlage der Westmächte vom 27. Mai führte, legte sie Zielstrebigkeit und Beharrlichkeit an den Tag,[118] so daß selbst Chamberlain am 19. Juni zugab, „die Russen seien in jeder Weise darum bemüht, zu einer Übereinkunft zu gelangen".[119] Diese Einschätzung deckte sich übrigens mit der in Schulenburgs Bericht über die Rede Molotovs vom 31. Mai.[120]

Wenn die britische Regierung in den folgenden Wochen die Verhandlungen mit Moskau fortsetzte — die angesichts der Kriegsvorbereitungen Deutschlands mehr und mehr in Alarmstimmung gesetzten herrschenden Kreise Frankreichs[121] in ihrem Fahrwasser —, so geschah dies lediglich mit der Absicht, die diplomatischen Kontakte zwischen Moskau und Berlin zu blockieren und bei den Geheimverhandlungen, die seit Juni und dann bis August zwischen London und Berlin über einen Ausgleich der imperialistischen Macht- und Expansionsinteressen geführt wurden,[122] ein Druckmittel zu besitzen. Deshalb stimmte die Regierung Chamberlain schließlich am 25. Juli auch dem sowjetischen Vorschlag zu, Verhandlungen von Militärmissionen der drei Länder aufzunehmen, ohne daß diese Zustimmung mit energischen Initiativen verbunden gewesen wäre.

In einem „Pravda"-Artikel vom 29. Juni 1939 unterzog A. A. Ždanov, Mitglied des Politbüros des ZK der KPdSU(B), die hinhaltende Verhandlungstaktik der Westmächte scharfer Kritik: „Es hat den Anschein, daß es den Engländern und Franzosen nicht auf einen wirklichen, für die UdSSR annehmbaren Vertrag ankommt, sondern lediglich auf das *Gerede* über einen Vertrag, um vor der öffentlichen Meinung ihrer Länder die angebliche Unnachgiebigkeit der UdSSR ins Feld zu führen und sich dadurch eine Abmachung mit den Aggressoren zu erleichtern."[123]

116 Ebenda, S. 428.

117 Wenn *Weber*, S. 160, schreibt, daß die Rede Molotovs „endgültig die Ära der ‚kollektiven Sicherheit' beschlossen" habe, trifft eine solche Einschätzung jedenfalls nicht die sowjetische Entschlossenheit, ihre Verhandlungen mit den Westmächten fortzusetzen.

118 Vgl. dazu *Sipols*, Für kollektive Abwehr, S. 127f.; *Bartel*, S. 199f.

119 Zit. nach *Sipols*, Für kollektive Abwehr, S. 128.

120 „Rede Molotovs läßt erkennen, daß Sowjetunion auch weiterhin trotz starken Mißtrauens bereit ist, Vertrag mit England und Frankreich abzuschließen ...". *ADAP*, Serie D, Bd. VI, S. 519, Schulenburg an AA, 1. 6. 1939.

121 Über das diesbezügliche Drängen der französischen Regierung, den sowjetischen Vorschlägen entgegenzukommen, vgl. *Bartel*, S. 226f.

122 Vgl. *DzW*, Bd. 1, S. 154.

123 Text in: *SSSR v bor'be*, S. 472f.

Über die obengenannten, in London geführten deutsch-britischen Geheimverhandlungen war die Sowjetregierung im einzelnen natürlich nicht informiert. Jedoch, so schreibt Majskij, „das, was im Juli 1939 in die Presse und in die politischen Kreise durchsickerte, gab genug Anlaß zu ernsthafter Besorgnis."[124] Wie aus den Aufzeichnungen Helmuth Wohlthats, Ministerialdirektor in Görings Amt für den „Vierjahresplan", über seine Verhandlungen mit dem britischen Minister für den Überseehandel, Robert Hudson, und dem Berater Chamberlains, Horace Wilson, in London hervorgeht, waren die britischen Angebote sehr weitreichend und stellten sogar für den Fall einer britisch-deutschen Einigung „über alle wichtigen Fragen" einschließlich eines Nichtangriffsvertrages die Annullierung der britischen Verpflichtungen gegenüber Polen in Aussicht.[125]

Als am 12. August in Moskau die Militärverhandlungen der Sowjetunion mit den Westmächten begannen,[126] hatte jedenfalls die Sowjetregierung wenig Grund, optimistisch zu sein. Nachdem die Westmächte die vorausgegangenen Paktverhandlungen lediglich von ihren Botschaftern hatten führen lassen, während ihnen als Verhandlungspartner V. M. Molotov gegenüberstand, hatte man auch zu den Militärverhandlungen mit Admiral Reginald Drax und General Joseph Doumenc Militärs entsandt, in denen Volkskommissar K. E. Vorošilov, der die sowjetische Delegation leitete, kaum gleichwertige Verhandlungspartner sehen konnte. Beide — Drax und Doumenc — mußten überdies in der ersten Sitzung erklären, daß sie nicht über hinreichende Verhandlungsvollmachten verfügten. Hinzu kam, daß sie nur verschwommene und allgemeine Vorschläge unterbreiteten, während die Sowjetregierung mit konkreten Zahlen und Projekten über das einzusetzende militärische Potential aufwartete. Schließlich erwies es sich von schwerwiegender Bedeutung, daß weder London noch Paris auf die Regierungen in Warschau und Bukarest ernsthaft einwirkten, um diese zu einer Zusammenarbeit mit der Sowjetunion zu bewegen. Dies betraf vor allem das Durchmarschrecht sowjetischer Truppen im Falle eines deutschen Angriffs, eine „Kardinalfrage", wie sie Vorošilov in der Sitzung am 14. August nannte.[127]

Die Tatsache, daß die herrschenden Kreise Polens und Rumäniens auch jetzt noch, da die Angriffsarmeen des faschistischen Deutschlands bereits die Aufmarschräume bezogen, ihre vom Antisowjetismus beherrschten Positionen beibehielten,[128] wirkte sich verhängnisvoll aus. Eine Illusion aber war es, wenn man in Warschau glaubte, einem Angriff der faschistischen Wehrmacht allein standhalten zu können. Nicht wenige Politiker und Journalisten hoben damals realistisch hervor, daß sich Polen wirkungsvoll gegen einen Angriff Hitlerdeutschlands nur im Bündnis mit der Sowjetunion verteidigen konnte.[129]

---

124 *Maiski*, S. 474.

125 Vgl. *Dokumente und Materialien aus der Vorgeschichte des zweiten Weltkrieges*, Bd. II; Das Archiv Dirksens, Moskau 1949, S. 69, Aufzeichnung Dirksens vom 21. 7. 1939.

126 Zum Verlauf der Verhandlungen vgl. die veröffentlichten Sitzungsprotokolle in: *SSSR v bor'be*, S. 543f.; vgl. ferner *Istorija vnešnej politiki SSSR*. Bd. I, S. 365f.; *Sipols*, Für kollektive Abwehr, S. 132f.; *Bartel*, S. 242; *Horst Schützler*, Die politischen Verhandlungen der Sowjetunion mit Großbritannien und Frankreich im Frühjahr und Sommer 1939, in: ZfG, 8/1959, S. 1716f., *M. Wüthrich*, Die Verhandlungen der Westmächte mit der Sowjetunion im Sommer 1939, phil. Diss. Zürich, Dissertationsdruck, München 1967, S. 65f.

127 Nach dem Sitzungsprotokoll in: *SSSR v bor'be*, S. 567.

128 Vgl. *Istorija vnešnej politiki SSSR*, Bd. 1, S. 375.

129 Vgl. in diesem Zusammenhang auch die Memoiren des amerikanischen Journalisten *W. L. Shirer*, Das Jahrzehnt des Unheils. Meine Erlebnisse und Erfahrungen in Deutschland und Europa 1930—1940, Berlin (West)/München/Wien 1986, S. 310. Shirer berichtet dort über seine Gespräche, die er in der

Auch wenn die Quellen noch nicht zur Verfügung stehen, die darüber Aufschluß geben, welche Überlegungen die sowjetische Führung im einzelnen angesichts des Verlaufs der Verhandlungen mit den Westmächten und des unmittelbar bevorstehenden Krieges anstellte, so läßt sich die Situation, in der sich die Sowjetregierung letztlich zum Abschluß des Nichtangriffsvertrages mit Deutschland gedrängt sah, hinreichend rekonstruieren. Den letzten Ausschlag gab das Scheitern der Militärverhandlungen. Obwohl die sowjetische Militärdelegation schon nach den ersten drei Sitzungstagen kaum Hoffnung auf ein positives Verhandlungsergebnis haben konnte, wartete sie nach einer am 17. August beschlossenen Verhandlungspause dennoch bis zur siebenten Sitzung am 21. August, in der die Delegationen der Westmächte entsprechende Vollmachten aus London und Paris beibringen wollten, um die von Vorošilov angesprochene „Kardinalfrage" zu lösen.[130] Derartige Vollmachten und Bekundungen aus London und Paris lagen jedoch am 21. August nicht vor. Die Militärverhandlungen endeten ergebnislos, und damit besaßen auch die politischen Verhandlungen, aus denen sie hervorgegangen waren, keinen Gegenstand mehr. Am Scheitern der von der UdSSR verfochtenen Politik der kollektiven Sicherheit — und diesmal war es ihr endgültiges Scheitern, das dem Sturz der kapitalistischen Staaten in den Krieg unmittelbar vorausging — waren in erster Linie die regierenden Kreise in London und in Paris schuld. Doch hatten auch die Mittel- und Kleinstaaten Osteuropas, namentlich aber Polen die Chance vertan, durch Druck auf die kapitalistischen Westmächte oder durch direkte bilaterale Kontakte mit der Sowjetregierung einen Beitrag zu leisten, um dieses Ende zu verhindern, das doch vor allem für sie selbst bedrohlich und sogar tödlich sein konnte. Tatsächlich kennt die Geschichte wenige Beispiele, in denen Regierungen derart die Geschicke der eigenen Nation in eine Katastrophe steuerten.

Das Nichtzustandekommen eines Militärbündnisses, worüber am 21. August Gewißheit bestand, das jedoch schon vordem als wahrscheinlich angesehen werden mußte, warf vor der sowjetischen Außenpolitik die Frage auf, in welche Stellung die UdSSR durch die Obstruktion der Westmächte geraten würde. Angesichts der immer mehr zur Gewißheit werdenden Entschlossenheit der faschistischen Machthaber, Polen mit Krieg zu überziehen, waren drei Entwicklungen denkbar. Es konnte — erstens — wie schon im September 1938 im letzten Moment zu einer Verständigung Deutschlands und der Westmächte kommen, zu einem „zweiten München", bei dem Polen nach schon erprobtem Vorbild geopfert wurde und ein polnischer Reststaat nicht anders zum Objekt faschistischer Politik werden würde, wie es die Rest-Tschechoslowakei zwischen Oktober 1938 und März 1939 gewesen war. Wie im einzelnen auch immer, die faschistische Wehrmacht würde von Ostpreußen bis Galizien direkt an der sowjetischen Grenze stehen, verbündet mit der klerikal-faschistischen Slowakei und dem faschistischen ungarischen Horthy-Regime. Es konnte — zweitens — diese Übereinkunft mißlingen, das faschistische Deutschland den Krieg gegen Polen beginnen, wobei die Westmächte ihre Garantieerklärungen wiederum wie einen Fetzen Papier behandeln könnten. Dann wäre das Resultat aus sowjetischer Sicht dasselbe gewesen wie im ersten Fall. Die faschistische Militärmacht würde vor der eigenen Grenze stehen.

zweiten Augustwoche 1939 in Warschau mit vielen Vertretern des politisch-gesellschaftlichen Lebens führte und in denen er sie auf die Notwendigkeit eines solchen Bündnisses mit der Sowjetunion hinwies: „War es nicht die einzige Möglichkeit, fuhr ich mit Hinweis auf Churchill und Lloyd George fort, eine Ostfront zu bilden, die den Deutschen standhalten konnte, während Frankreich und Großbritannien im Westen angriffen? Aber die Polen lehnten das rundheraus ab; mit Moskau wollten sie in keiner Weise etwas zu tun haben." Vgl. dazu auch *L. Noël*, Der deutsche Angriff auf Polen, Berlin 1948, S. 393.

130 Vgl. besonders *Bartel*, S. 254f.; *Istorija vnešnej politiki SSSR*, Bd. 1, S. 373.

Schließlich konnte — drittens — das faschistische Deutschland Polen überfallen und daraufhin die Kriegserklärungen Großbritanniens und Frankreichs erhalten (der Fall also, der am 1./3. September 1939 eintrat). Dann würde angesichts der defensiven Militärdoktrin Frankreichs Polen dennoch in kurzer Zeit überrannt sein und sich die Situation für die UdSSR zwar modifiziert, aber keinesfalls befriedigend darstellen. Welche Konstellation Wirklichkeit werden würde, war offen und unentscheidbar. Untätig zu bleiben, wäre von allen Möglichkeiten die am wenigsten zu verantwortende gewesen. Die sowjetische Diplomatie mußte zu ergründen suchen, welche der historisch-logischen Möglichkeiten mit größter Wahrscheinlichkeit eintreten würde. Und sie hatte vor allem weiter zu sorgen, daß Aggression und Krieg möglichst weit vor ihren Grenzen gestoppt wurden.

Mit anderen Worten: nachdem das Maximalziel der von der UdSSR seit 1933 verfolgten Europa-Politik, Frieden durch kollektive Sicherheit mittels stärkster Abschreckung der Aggressoren zu gewinnen, verfehlt war, mußte die Minimalvariante erstrebt werden. Denn der Handlungsraum der sowjetischen Politik war eingeengt, er war viel kleiner, als er nach dem 15. März 1939 zu werden schien. Faktisch besaß die Außenpolitik der UdSSR unter den europäischen kapitalistischen Großmächten nun nur noch einen Partner. Es war ausgerechnet der Staat, der nach seiner gesamten Ausprägung, nach der in ihm herrschenden Ideologie und den Plänen seiner Führung am schärfsten antisowjetisch war, und der sich obendrein anschickte, den Krieg auszulösen. Gerade dieser Staat bot der UdSSR aus seinen fraglos ebenso schmutzigen wie unehrlichen Motiven die Erweiterung der wirtschaftlichen Beziehungen und die gegenseitige vertragliche Zusicherung des Friedens an. Dieses Angebot wäre offensichtlich sinnlos gewesen und nicht erfolgt, hätten die faschistischen Politiker sogleich den Plan verwirklichen wollen, über das zu besiegende Polen weiter ostwärts in die UdSSR einzudringen. Die Offerte war mithin ernst gemeint, ebenso unzweifelhaft aber nur für eine begrenzte Zeit. In dieser nicht von ihr gewollten Situation blieb der Sowjetregierung nur die Wahl, entweder das Ansinnen der deutschen Regierung auszuschlagen und so ihre durch die Politik der Westmächte bereits weit vorangeschrittene politisch-diplomatische Isolierung zu vollenden oder die deutschen Vorschläge anzunehmen, einen militärischen Zusammenstoß mit dem faschistischen Deutschland jedenfalls für den Augenblick zu vermeiden, möglicherweise sogar weit hinauszuschieben oder überhaupt auf Dauer den Frieden zu gewinnen.

Es fehlt hier der Platz, um in allen Einzelheiten die politisch-diplomatischen Gespräche, wie sie seit Anfang Juni 1939 zwischen Berlin und Moskau weitergeführt wurden, zu rekonstruieren. Während die Sowjetregierung, wie dargelegt, noch bis Mitte August Zurückhaltung und Vorsicht gegenüber allen aus Berlin unternommenen Sondierungen und Vorschlägen aufbot, um nach wie vor ihre Anstrengungen auf die Dreierverhandlungen richten zu können, wurde die Politik der faschistischen Machthaber gegenüber der Sowjetunion nach langer Unentschlossenheit von zunehmender Ungeduld gekennzeichnet.[131] Letztere ergab sich aus den in vollem Gang befindlichen, gegen Polen gerichteten Vorbereitungen auf den Krieg, der zwar lokalisiert werden sollte, doch aber das Risiko des Krieges gegen die Westmächte mit einschloß.[132] Nachdem die Hitlerregierung zunächst die Kontakte mit der

---

131 Weizsäcker notierte am 6. 8. 1939 in seinem Tagebuch: „Wir werden in Moskau dringlicher ... Moskau verhandelt nun mit zwei Seiten und behält sich das letzte Wort sicher noch einige Zeit vor, jedenfalls länger als es unseren Terminen und unserer Ungeduld paßt." *Die Weizsäcker-Papiere*, Bd. 2, Wien 1974, S. 157.
132 Vgl. Ebenda, S. 155, Weizsäckers Tagebucheintragung vom 21. 7. 1939.

Sowjetregierung vornehmlich dazu genutzt hatte, um — wie Weizsäcker sich ausdrückte — „Sand in das Getriebe der englisch-französisch-sowjetischen Verhandlungen" zu streuen,[133] traf sie offenbar Mitte Juli die Entscheidung, nunmehr möglichst schnell eine Übereinkunft mit der Sowjetunion zu erreichen.[134]

Ähnlich wie im Spätherbst 1938, als die ersten Schritte der gegenseitigen Annäherung gemacht wurden, spielten auch diesmal die Verhandlungen über die Wirtschaftsbeziehungen, die nach den im Juni und Anfang Juli stattgefundenen Gesprächen zwischen Hilger und Mikojan am 18. Juli in Berlin nach mehrmonatiger Unterbrechung wiederaufgenommen wurden,[135] eine bestimmte stimulierende Rolle. Beide Seiten nutzten die Wirtschaftsverhandlungen zu politischen Sondierungen,[136] wobei die Sowjetregierung die anfängliche deutsche Forderung, als Verhandlungsort Moskau zu wählen, aus begreiflichen Gründen zurückwies und als solchen Berlin durchsetzte.[137] Auf deutscher Seite war wiederum Karl Schnurre, auf sowjetischer Seite der geschäftsführende Handelsvertreter der UdSSR, Evgenij Babarin, mit der Verhandlungsführung beauftragt. Nichtsdestoweniger besaßen die Wirtschaftsbeziehungen aber auch ein nicht geringes Eigengewicht. Das deutsche Interesse an Rohstofflieferungen aus der UdSSR hatte mit dem konkretisierten Kriegsplan noch zugenommen, während die UdSSR nach wie vor an der Lieferung hochwertiger technischer Ausrüstungen und Produktionsanlagen interessiert war.[138]

Die Wirtschaftsverhandlungen führten zu dem von Schnurre und Babarin am 19. August 1939 unterzeichneten Handels- und Kreditabkommen.[139] Die Sowjetunion verpflichtete sich zu zusätzlichen Bestellungen im Werte von 200 Millionen Mark, die von der Deutschen Golddiskontbank zu einem jährlichen Zinssatz von 5 Prozent kreditiert wurden. Das Abkommen bildete die Grundlage für den bis zum faschistischen Überfall am 22. Juni 1941 sich entwickelnden deutsch-sowjetischen Wirtschaftsverkehr und wurde auch von vielen deutschen Wirtschaftlern, die in der Rapallo-Tradition dachten, begrüßt.

Die Unterzeichnung des Wirtschaftsabkommens fand zu einem Zeitpunkt statt, da die Sowjetregierung auch über die künftigen politischen Beziehungen mit Hitlerdeutschland eine Entscheidung treffen mußte. Seit dem 26. Juli war der Meinungsaustausch zwischen Berlin und Moskau in ein neues Stadium getreten. An diesem Tage hatte Schnurre auf

---

133 *ADAP*, Serie D, Bd. VI, Dok. 460, Weizsäcker an Mackensen, 31. 5. 1939.

134 *Weber*, S. 227, wertete infolge der unzureichenden deutschen Quellen entsprechende italienische Dokumente aus, insbesondere Berichte Attolicos, die diese Entscheidung belegen.

135 Dieses Datum bezieht sich auf den Besuch Babarins bei Schnurre am 18. Juli, der praktisch die Verhandlungen einleitete. Über ihren Beginn berichtete die sowjetische Presse am 22. Juli 1939.

136 „Vom politischen Gesichtspunkt lag der Wert der von uns betriebenen Wirtschaftsverhandlungen in Moskau darin, auf einem anderen Gleise als über den Botschafter in engere Fühlung mit den Russen zu kommen." *ADAP*, Serie D, Bd. VI, S. 669, Aufzeichnung Schnurres vom 28. 6. 1939. Daß demgegenüber auch die Sowjetregierung in den Wirtschaftsverhandlungen die Möglichkeit sah, die Absichten der Hitlerregierung näher zu ergründen, und für die Verbesserung der politischen Beziehungen nutzte, geht insbesondere aus den Ausführungen Molotovs in dem Gespräch mit Schulenburg am 29. Juni 1939 hervor. Vgl. ebenda, S. 673f.

137 „Der mit den Verhandlungen in Moskau verbundene politische Effekt kommt in Fortfall, da die Verhandlungen in Berlin der breiteren Öffentlichkeit vermutlich nicht bekannt werden". *ADAP*, Serie D, Bd. VI, S. 787, Aufzeichnung Schnurres vom 18. 7. 1939.

138 Zu den wirtschaftlichen Aspekten vgl. *H. J. Perrey*, Der Rußlandausschuß der Deutschen Wirtschaft, München 1985, S. 296f.

139 Text in: *ADAP*, Serie D, Bd. VII, S. 118f.

Weisung Ribbentrops und nach dessen ausführlicher Instruktion Astachov und Babarin zu einem Abendessen eingeladen. Wie der Gastgeber vermerkte, stand er in jenen Tagen ständig mit Ribbentrop in Verbindung und war von ihm nach der von Hitler getroffenen Entscheidung, umgehend mit der Sowjetregierung zu einer Verständigung zu gelangen, dazu ausersehen, den notwendigen politischen Vorstoß zu unternehmen.[140] Schnurre schlug Astachov während des Zusammentreffens mit den sowjetischen Diplomaten vor, eine Zusammenarbeit beider Staaten über drei Etappen anzusteuern: die erste Etappe sollte zur Wiederherstellung der Zusammenarbeit auf wirtschaftlichem Gebiet führen, die zweite die „Normalisierung und Besserung der politischen Beziehungen" erreichen und die dritte durch „die Wiederherstellung guter politischer Beziehungen" gekennzeichnet sein.[141]

Daß Astachov dem forschen Angebot gegenüber eine bestimmte Zurückhaltung zeigte, macht die bereits geschilderte Situation der Sowjetunion begreiflich. Zwar betonten Astachov und Babarin, daß die beiderseitige Annäherung den „Lebensinteressen der beiden Länder entspräche", doch wies Astachov darauf hin, daß angesichts der bisher von Deutschland verfolgten Außenpolitik, durch die sich die Sowjetunion schwer bedroht fühlte, bei der gewünschten Annäherung „das Tempo wohl nur ein langsames und allmähliches sein könne". In der weiteren Unterhaltung warf Astachov die Frage nach der Stellung Deutschlands gegenüber den baltischen Staaten sowie zu Rumänien auf, eine Frage, die für die Sicherheit der Sowjetunion wesentlich war. „Ich hatte nach den Ausführungen der Russen den Eindruck, daß man in Moskau noch keine Entscheidung getroffen hat, was man letzten Endes tun will. Über Stand und Aussichten der englischen Paktverhandlungen schweigen sich die Russen aus." So kommentierte Schnurre abschließend seine Aufzeichnung über die Unterhaltung.

Immerhin aber konnte Astachov aus dem Zusammentreffen entnehmen, daß die Hitlerregierung unter Umständen bereit war, wesentliche sowjetische Sicherheitsinteressen zu respektieren. Denn indem Schnurre ausdrücklich „einen weitgehenden Ausgleich der beiderseitigen Interessen . . . unter Berücksichtigung der lebenswichtigen russischen Fragen" anbot, wobei er in diesem Zusammenhang erklärte, daß die Hitlerregierung die Integrität der baltischen Staaten und Finnlands respektieren würde, hatte er einen wichtigen Fragenkomplex genannt. Er besaß für die Absicherung der Sowjetunion vor den zu erwartenden Folgen der faschistischen Aggression große Bedeutung und reichte, wie es sich sodann zeigte, über einen Nichtangriffsvertrag hinaus.

Die Hitlerregierung war in den nächsten Tagen bemüht, das von Schnurre zunächst noch allgemein gehaltene Angebot der Respektierung sowjetischer Sicherheitsinteressen schrittweise zu konkretisieren und gleichzeitig eine sowjetische Antwort einzuholen. Das beweisen die Instruktion Weizsäckers an Schulenburg vom 29. Juli,[142] die Unterredung Ribbentrops mit Astachov vom 2. August[143] sowie schließlich auch das Gespräch

---

140 „Ich habe in den letzten zehn Tagen täglich mindestens eine mündliche oder telefonische Besprechung mit dem Herrn R. A. M. gehabt und weiß, daß er auch mit dem Führer in einem ständigen Meinungsaustausch hierüber steht." *ADAP*, Serie D, Bd. VI, S. 882, Schnurre an Schulenburg, 2. 8. 1939; vgl. auch *Weber*, S. 234.

141 Vgl. ebenda, S. 846f., Aufzeichnung Schnurres vom 27. 7. 1939.

142 Weizsäcker an Schulenburg, 29. 7. 1939. W. informierte den Botschafter über das Gespräch Schnurres mit Astachov und Babarin vom 26. Juli und hob hervor, daß man „lebenswichtige sowjetische Ostseeinteressen" respektieren wollte. Ebenda, S. 854.

143 Ebenda, S. 883f., Ribbentrop an Schulenburg, 3. 8. 1939.

Schulenburgs mit Molotov am Abend des 3. August.[144] Sowohl Ribbentrop als auch Schulenburg bedienten sich dabei der Formulierung, daß „von der Ostsee bis zum Schwarzen Meer" zwischen beiden Staaten keine Gegensätze bestünden. Doch die Antwort Astachovs gegenüber Ribbentrop zeigte ebenso wie diejenige Molotovs gegenüber Schulenburg, daß sich die sowjetische Führung zu diesem Zeitpunkt noch immer sehr zurückhaltend verhielt. „Aus gesamter Haltung Molotovs ergab sich", so resümierte Schulenburg, „daß bei Sowjetregierung zwar größere Bereitschaft zur Verbesserung deutsch-sowjetischer Beziehungen vorhanden, daß jedoch altes Mißtrauen gegen Deutschland weiterbesteht. Mein Gesamteindruck geht dahin, daß Sowjetregierung gegenwärtig entschlossen ist, mit England (und) Frankreich abzuschließen"[145].

Auch in den folgenden Tagen, als das Drängen auf deutscher Seite stärker wurde, änderte sich an dieser sowjetischen Haltung nichts.[146] In einem Gespräch mit Weizsäcker am 5. August erklärte Astachov lediglich, daß die Sowjetregierung bereit sei, mit Deutschland Gespräche über die Normalisierung der politischen Beziehungen sowie über den Abschluß des Wirtschaftsvertrages zu führen, enttäuschte jedoch den Staatssekretär, als dieser fragte, ob er nicht noch andere Ermächtigungen habe.[147]

Am 10. August unternahm Schnurre auf Weisung Ribbentrops in einer Unterredung mit Astachov einen neuen, weitgehenden Vorstoß. Schnurre knüpfte an das schon zuvor unterbreitete Angebot eines „Interessenausgleichs" über Polen an und versicherte Astachov, „daß auch im Falle einer kriegerischen Lösung die deutschen Interessen in Polen durchaus begrenzt sind. Sie brauchen in keiner Weise mit irgendwelchen sowjetischen Interessen zu kollidieren, wir müßten diese Interessen nur kennen."[148] Astachov antwortete auch diesmal zurückhaltend und ausweichend,[149] ebenso wie Schnurre auswich, als Astachov zu erfahren suchte, „ob in den nächsten Tagen mit deutschen Entscheidungen in der polnischen Frage zu rechnen sei."[150]

Das zunehmende Hindrängen der Hitlerregierung auf vertragliche politische Vereinbarungen mit der Sowjetunion, einschließlich ihres Angebotes eines territorialen „Interessenausgleichs", erfolgte auf dem Hintergrund ihres inzwischen gefaßten Entschlusses, Polen noch im August anzugreifen. Hitler erhoffte sich von einem Nichtangriffsvertrag mit der Sowjetunion Vorteile im Kriege und wollte auch damit die britische Regierung zur Aufgabe ihrer Garantieverpflichtungen gegenüber Polen zwingen.[151] Als der italienische Außenminister, Graf Ciano, am 11. August mit Ribbentrop in Salzburg und an den beiden darauffolgenden Tagen mit Hitler in Berchtesgaden zusammentraf, mußte er feststellen, daß für die faschistischen Machthaber der Krieg beschlossen war. In welch abenteuerlich-verbrecherischer Weise sie dem ihnen vom eroberungs- und profitdurstigen deutschen Finanz- und Monopolkapital erteilten Auftrag nachzukommen gedachten, ging sehr

---

144 Ebenda, S. 894.
145 Ebenda, S. 892f., Schulenburg an AA, 4. 8. 1939.
146 Vgl. auch *GzW*, Bd. 2, S. 342.
147 Vgl. auch *Weber*, S. 239.
148 *ADAP*, Serie D, Bd. VII, S. 15, Aufzeichnung Schnurres vom 10. 8. 1939.
149 Ebenda.
150 Ebenda, S. 16.
151 Weizsäcker notierte am 23. 8. 1939: „Der Sinn des Führers war darauf gerichtet, durch Brutalität die englische Regierung von ihren Garantiepflichten für Polen abzudrängen. Der Führer rechnet damit, daß am 24. VIII. unter dem Eindruck unseres coup in Moskau Chamberlain stürze und die Garantie-Idee falle." *Die Weizsäcker-Papiere*, Bd. 2, S. 159.

deutlich aus den beiden Ansprachen Hitlers vor höchsten faschistischen Führern und Befehlshabern der Wehrmacht auf dem Obersalzberg am 22. August hervor.[152] Danach sollte der Angriffsbeginn am 26. August erfolgen.

Angesichts dieser Situation wurde die Lage der Sowjetunion von Tag zu Tag schwieriger. Bemerkenswert ist in diesem Zusammenhang eine von Schulenburg am 11. August übermittelte Äußerung des britischen Militärattachés in Moskau, Oberstleutnant Firebrace: „Im kommenden Krieg werde Deutschland im Westen defensiv bleiben, Polen mit überlegenen Kräften angreifen und voraussichtlich im Verlauf von ein bis zwei Monaten überrennen. Deutsche Truppen würden dann kurz nach Kriegsausbruch an sowjetischer Grenze stehen. Es sei nicht ausgeschlossen, daß Deutschland Westmächten dann Sonderfrieden anbiete unter der Bedingung, daß es freie Hand zum Vorgehen im Osten erhalte. Wenn Sowjetregierung jetzt nicht Pakt mit England und Frankreich zum Schutz gegen deutschen Angriff abschliesse, werde sie (Sowjetregierung — G. R.) im Kriegsfalle Gefahr laufen, isoliert zu sein."[153] Welche politischen Absichten Firebrace mit dieser Äußerung auch immer verfolgte, so war doch seine Auffassung von der möglichen internationalen Entwicklung durchaus realistisch. „Mitte August", so charakterisiert Majskij die damalige Situation, „zweifelte niemand mehr daran, daß in wenigen Tagen die Geschütze sprechen, die Flugzeuge Bomben abwerfen würden. Man durfte nicht länger warten. Erst jetzt, Mitte August, sah sich die Sowjetregierung gezwungen, endgültig über ihr weiteres Vorgehen zu entscheiden. Aus einer schwierigen Wahl war die bittere Notwendigkeit eines Abkommens mit Deutschland geworden."[154]

Am 12. August ließ die UdSSR durch Astachov der Hitlerregierung ihre Bereitschaft mitteilen, die „bisher zur Sprache gekommenen Fragengruppen" zu erörtern.[155] Allerdings sollte diese Erörterung nach dem Wunsch der Sowjetregierung nur stufenweise erfolgen, wobei sie als Ort der Gespräche Moskau vorschlug. Die Hitlerregierung reagierte auf diese Mitteilung sehr rasch und mit weitreichenden Vorschlägen.[156] Schulenburg übermittelte sie in seiner Unterredung mit Molotov am 15. August.[157] Sie waren in sechs Punkte gefaßt und hoben den bereits früher von der Hitlerregierung geäußerten Gesichtspunkt hervor, daß „es zwischen Ostsee und Schwarzem Meer keine Frage gibt, die nicht zur vollen Zufriedenheit beider Länder geregelt werden könnte." Weiterhin ließ Ribbentrop mitteilen, daß er bereit sei, zu einem kurzen Besuch nach Moskau zu kommen, „um namens des Führers Herrn Stalin die Auffassung des Führers auseinanderzusetzen."

Obwohl Molotov die Antwort auf diese Vorschläge von der Entscheidung der Sowjetregierung abhängig machte, gab er in der Unterredung doch zu verstehen, „daß die Sowjetregierung die von deutscher Seite zum Ausdruck gebrachte Absicht, eine Verbesserung der Beziehungen zur Sowjetunion herbeizuführen, lebhaft begrüße." Was die von der deutschen Regierung vorgeschlagene Reise Ribbentrops nach Moskau anbetraf, so verwies Molotov auf den Umstand, daß eine solche Reise eine eingehende Vorbereitung erfordere. Schließlich aber konkretisierte Molotov die sowjetischen Vorstellungen, indem er einen Bericht des sowjetischen Geschäftsträgers in Rom, L. Gelfand, von Ende Juni des Jahres anführte, in dem

---

152 Vgl. *DzW*, Bd. 1, S. 159.
153 *ADAP*, Serie D, Bd. VII, S. 22. Nach Vermerk der Herausgeber stammte die Information vom italienischen Militärattaché, der sich ausführlich mit Firebrace unterhalten hatte.
154 *Maiski*, S. 501.
155 *ADAP*, Serie D, Bd. VII, S. 48, Schnurre an Schulenburg, 14. 8. 1939.
156 Ebenda, S. 51f., Ribbentrop an Schulenburg, 14. 8. 1939.
157 Ebenda, S. 72f., Aufzeichnung Schulenburgs vom 15. 8. 1939.

dieser den Inhalt einer Unterredung mit dem italienischen Außenminister, Graf Ciano, mitgeteilt hatte. Wir lassen es hier dahingestellt, inwieweit Ciano zu diesem Zeitpunkt aus eigenem Antrieb oder auf Wunsch der Hitlerregierung auf dem Wege über den sowjetischen Geschäftsträger eine diplomatische Sondierung der sowjetischen Absichten vornahm. Wahrscheinlicher ist die erste Variante, denn Schulenburg erwiderte auf die Frage Molotovs, er möchte gern wissen, was an den Ausführungen Cianos wahr sei, daß die Mitteilungen Cianos „offenbar auf einem Bericht des hiesigen italienischen Botschafters Rosso" beruhten.[158] Wesentlich war jedenfalls, daß Molotov mit diesem Rückgriff auf die Informationen aus Rom dem deutschen Botschafter zu verstehen gab, worauf es der Sowjetregierung ankam. Ciano habe, so führte Molotov aus, von einem deutschen Plan gesprochen, dessen drei Punkte bei der Sowjetregierung großes Interesse hervorgerufen hätten: die drei Punkte beinhalteten erstens die Möglichkeit, daß Deutschland hinsichtlich einer Verbesserung der japanisch-sowjetischen Beziehungen einen Druck ausübte, zweitens die Möglichkeit des Abschlusses eines deutsch-sowjetischen Nichtangriffspaktes mit einer gemeinsamen Garantie der baltischen Staaten und drittens die Bereitschaft Deutschlands, „ein Wirtschaftsabkommen mit der Sowjetunion auf breiter Basis" abzuschließen.

Die Unterredung zwischen Schulenburg und Molotov vom 15. August brachte somit in die deutsch-sowjetischen Gespräche, die sich bisher nur sehr allgemein mit der Verbesserung der gegenseitigen Beziehungen beschäftigt hatten, erstmalig eine bestimmte Konkretisierung, bei der der Gedanke des Abschlusses eines Nichtangriffspaktes der wichtigste war. Molotov wiederholte beim Abschluß der Unterredung das sowjetische Interesse an den genannten drei Punkten mit der Frage, ob die deutsche Seite diese Punkte konkretisieren könnte, und hob noch einmal ausdrücklich „die Idee des Abschlusses eines Nichtangriffspaktes" hervor.

Die Hitlerregierung bombardierte Schulenburg in den nächsten Tagen mit wachsender Ungeduld regelrecht mit Telegrammen, die darauf hinausliefen, daß Ribbentrop möglichst umgehend in Moskau zu Verhandlungen empfangen werde.[159] Fast stündlich wurde Schnurre von Ribbentrop bedrängt, damit er das Wirtschaftsabkommen möglichst schnell zum Abschluß bringe.[160] Am Nachmittag des 16. August teilte Ribbentrop dem deutschen Botschafter in Moskau mit, daß er mit den zwischen ihm und Molotov am 15. August erörterten drei Punkten einverstanden sei: Deutschland sei bereit, mit der Sowjetunion einen Nichtangriffspakt mit unkündbarer Dauer von 25 Jahren abzuschließen, ferner mit der Sowjetunion zusammen die baltischen Staaten zu garantieren und schließlich auch seinen Einfluß „über eine Besserung und Konsolidierung der russisch-japanischen Beziehungen" geltend zu machen. Wiederum drängte Ribbentrop in dieser Instruktion zur Eile: der „Führer" halte angesichts der „gegenwärtigen Lage und der Möglichkeit des jederzeitigen Eintretens ernster Ereignisse" die „grundsätzliche und schnelle Klärung des deutsch-russischen Verhältnisses" für notwendig. Er, Ribbentrop, sei ab Freitag, dem 18. August, bereit,

---

158 Einen Aufschluß über die mögliche Herkunft der von Ciano weitergegebenen Information geben die inzwischen veröffentlichten Memoiren H. v. Herwarths, des damaligen Referenten Schulenburgs. Er berichtet, daß er in den Sommerwochen 1939 fortlaufend den Mitarbeiter der italienischen Botschaft in Moskau, G. Relli, über den Verlauf der deutsch-sowjetischen Verhandlungen informierte. Vgl. *H. v. Herwarth*, Zwischen Hitler und Stalin, Frankfurt a. M. 1982, S. 166.

159 Weizsäcker vermerkte am 18. 8. 1939 über die deutschen Verhandlungsvorschläge gegenüber der UdSSR: „Unsere Verhandlungen mit den Russen gehen weiter . . . Wir machen dieses sehr dringlich, da in 8 Tagen der Schlag gegen Polen geführt werden soll." *Die Weizsäcker-Papiere*, Bd. 2, S. 159.

160 *Weber*, S. 256, führt eine ihm von Schnurre gegebene Mitteilung an.

jederzeit nach Moskau zu kommen und erbitte die umgehende Stellungnahme der Sowjetregierung.[161]

Molotov empfing den Botschafter schon am Abend des darauffolgenden Tages, des 17. August, um die obengenannte, in der Instruktion Ribbentrops an Schulenburg enthaltene Stellungnahme der deutschen Regierung zu den am 15. August erörterten Fragen entgegenzunehmen.[162] Wie Molotov dem Botschafter mitteilte, verfolge Stalin „die Besprechungen mit großem Interesse, sei über alle Einzelheiten unterrichtet und befinde sich in völliger Übereinstimmung mit Molotov." Weiter brachte Molotov dem Botschafter die Positionen der Sowjetregierung zu den in der Unterredung vom 15. August erörterten Fragen zur Kenntnis. Danach sollte als erster Schritt der Abschluß des Handels- und Kreditabkommens erfolgen. Sodann sollte als zweiter Schritt der Nichtangriffspakt unterzeichnet werden, an dessen Stelle aber auch eine Bestätigung des Neutralitätsvertrages vom Jahre 1926, verbunden mit einem speziellen Protokoll, „das die Interessen der vertragschließenden Teile an diesen oder jenen Fragen der auswärtigen Politik regelt und das einen integrierenden Bestandteil des Paktes bildet", vorgenommen werden könnte. Was den vorgeschlagenen Besuch Ribbentrops in Moskau anbetraf, so verhielt sich Molotov auch diesmal mit dem Hinweis auf die Notwendigkeit einer „gründlichen Vorbereitung" der Reise ausweichend, was nur zu verständlich ist, wenn man bedenkt, daß zu diesem Zeitpunkt die Militärverhandlungen mit den Westmächten noch im Gange waren. Abschließend schlug Molotov dem Botschafter vor, daß beide Seiten nunmehr unverzüglich an die Ausarbeitung der Entwürfe für den Nichtangriffspakt, beziehungsweise für die Auffrischung des Neutralitätsvertrages vom Jahre 1926, sowie für das Protokoll über die Interessensphären gehen sollten, und drückte die Hoffnung aus, möglichst bald die deutschen Entwürfe zu erhalten.

In Berlin zeigte man sich jedoch mit der auf Zeitgewinn bedachten Haltung Moskaus nicht zufrieden und drängte mit noch größerer Ungeduld darauf, daß man Ribbentrop in Moskau empfange. Indem letzterer am späten Abend des 18. August Schulenburg aufforderte, unverzüglich erneut ein Gespräch mit Molotov zu führen und diesem wiederum die Notwendigkeit seines sofortigen Besuches in Moskau darzulegen, mahnte er den Botschafter, „sich dabei die entscheidende Tatsache vor Augen zu halten, daß baldiger Ausbruch offenen deutsch-polnischen Konflikts wahrscheinlich ist."[163]

Das neue Gespräch Schulenburgs mit Molotov fand am Nachmittag des 19. August statt.[164] Molotov erkannte zwar die „positive Bedeutung" eines Besuches des deutschen Außenministers in Moskau an, zeigte sich jedoch hinsichtlich der deutscherseits gezeigten Eile unberührt. Doch änderte sich die sowjetische Haltung in der Frage des Besuches Ribbentrops in Moskau schon bald insofern, als Molotov bereits eine halbe Stunde nach der Unterredung den Botschafter noch einmal in den Kreml bitten ließ. Indem er Schulenburg einen Entwurf des Nichtangriffspaktes überreichte, teilte er ihm die Bereitschaft der Sowjetregierung mit, Ribbentrop etwa eine Woche nach der Unterzeichnung des Wirtschaftsabkommens, das hieß, am 26. oder am 27. August, in Moskau zu empfangen.[165]

Doch genügte auch dieses Entgegenkommen der Sowjetregierung der faschistischen Führung nicht. Hitler sandte am 20. August nachmittags über Schulenburg ein persönliches

161 *ADAP*, Serie D, Bd. VII, S. 70, Dok. 75, Ribbentrop an Schulenburg, 16. 8. 1939.
162 Ebenda, S. 95f., Dok. 105, Schulenburg an AA, 18. 8. 1939.
163 Ebenda, S. 100, Dok. 113, Ribbentrop an Schulenburg, 18. 8. 1939.
164 Ebenda, S. 124f., Dok. 132, Schulenburg an AA, 20. 8. 1939.
165 Ebenda.

Telegramm an Stalin, in dem er es „für dringend notwendig" hielt, die mit dem von Molotov übergebenen Entwurf des Nichtangriffspaktes zusammenhängenden Fragen auf schnellstem Wege zu klären, und vorschlug, Ribbentrop nicht später als am 23. August in Moskau zu empfangen.[166]

Die Sowjetregierung sah sich in dieser Situation, nachdem sie zunächst versucht hatte, die Reise Ribbentrops nach Moskau hinauszuzögern, offensichtlich dem Risiko gegenüber, daß bei einer ablehnenden Haltung möglicherweise die Verständigung mit Hitlerdeutschland überhaupt scheitern konnte. Nicht unwichtig war die im Telegramm Hitlers enthaltene Mitteilung, daß in den Beziehungen zwischen Deutschland und Polen „jeden Tag eine Krise ausbrechen kann". Der Sinn dieser Wendung war klar: der Oberste Befehlshaber der faschistischen Wehrmacht gab zu verstehen, daß die deutschen Truppen gegen Polen aufmarschierten und den Krieg an jedem Tag beginnen konnten.

Schulenburg übermittelte Molotov das Telegramm Hitlers an Stalin am 21. August um 15 Uhr. Bereits zwei Stunden später erhielt er die Zusage Stalins, den deutschen Außenminister am 23. August zu empfangen. Dabei drückte Stalin die Hoffnung aus, „daß der deutsch-sowjetische Nichtangriffspakt eine Wende zur ernsthaften Besserung der politischen Beziehungen zwischen unseren Ländern" schaffen werde.[167] Die Antwort erging an ebenjenem Tage und zu derselben Stunde, als die letzte Sitzung der Militärverhandlungen der Sowjetregierung mit den Westmächten stattfand und ohne Ergebnis endete.[168]

Nachdem die von Ribbentrop geleitete Delegation am Vormittag des 23. August in Moskau eingetroffen war, begannen noch am Nachmittag desselben Tages im Kreml die Verhandlungen. Die Tatsache, daß Stalin selbst an den Verhandlungen von Anfang an teilnahm, zeigte die große Bedeutung, die er ihnen beimaß. Die Verhandlungen endigten in der Nacht zum 24. August mit der Unterzeichnung von zwei Dokumenten durch Ribbentrop und Molotov, die beide das Datum des 23. August trugen.

Bei dem ersten Dokument handelte es sich um einen Nichtangriffsvertrag,[169] der, wie in der Einleitung des Vertragstextes vermerkt wurde, „von den grundlegenden Bestimmungen des Neutralitätsvertrages, der im April 1926 zwischen Deutschland und der UdSSR geschlossen wurde", ausging. Die beiden Vertragspartner verpflichteten sich (Artikel I), sich gegeneinander jeglichen Gewaltaktes oder Angriffes zu enthalten, und legten weiter (Artikel II) fest, daß, im Falle einer der Vertragspartner Gegenstand kriegerischer Verwicklungen seitens einer dritten Macht werden sollte, der andere Vertragspartner in keiner Form diese dritte Macht unterstützen werde. Beide Regierungen wollten sich (Artikel III) fortlaufend über Fragen gemeinsamen Interesses informieren und verpflichteten sich, sich nicht an einer Mächtegruppierung zu beteiligen, die sich gegen den anderen Vertragspartner richtete (Artikel IV). Auftretende Konflikte zwischen den Vertragspartnern sollten „auf dem Wege freundschaftlichen Meinungsaustausches oder nötigenfalls durch Einsetzung einer Schlichtungskommission" bereinigt werden (Artikel V). Der Vertrag sollte für die Dauer von 10 Jahren Gültigkeit besitzen (Artikel VI) und möglichst innerhalb kurzer Frist von beiden Seiten ratifiziert werden (Artikel VII).

---

166 Das Telegramm Hitlers an Stalin wurde von Ribbentrop am Nachmittag des 20. August Schulenburg übermittelt. Ebenda, S. 131, Dok. 142.

167 Ebenda, S. 140, Dok. 159.

168 Das vorliegende und gedruckte Protokoll vermerkt als Zeitpunkt der Beendigung der Sitzung 17 Uhr und 25 Minuten. Vgl. *SSSR v bor'be*, S. 624.

169 Vgl. den Text in: *ADAP*, Serie D, Bd. VII, S. 205f., Dok. 228.

Das zweite Dokument bestand in einem „Geheimen Zusatzprotokoll".[170] Es legte, wie zu Beginn des Protokolls vermerkt wurde, die „Abgrenzung der beiderseitigen Interessensphären in Osteuropa" fest. Diese wurde nachfolgend in drei Punkten fixiert: Erstens sollte „für den Fall einer territorial-politischen Umgestaltung in den zu den baltischen Staaten (Finnland, Estland, Lettland, Litauen) gehörenden Gebieten" die nördliche Grenze Litauens zugleich die Grenze der Interessensphären Deutschlands und der UdSSR bilden.[171] Zweitens wurden „für den Fall einer territorial-politischen Umgestaltung der zum polnischen Staate gehörenden Gebiete" die Interessensphären Deutschlands und der UdSSR „ungefähr durch die Linie der Flüsse Narew, Weichsel und San abgegrenzt". In einem dritten Punkt des Protokolls wurde hinsichtlich Südosteuropas das sowjetische Interesse an Bessarabien betont, während die deutsche Seite ihr Desinteresse an diesem Gebiet erklärte. Ein vierter, abschließender Punkt vermerkte, daß das Protokoll von beiden Seiten streng geheimgehalten werden sollte.

Über den Inhalt beider Dokumente war, wie wir sahen, seit dem 26. Juli, als mit dem Treffen zwischen Schnurre und Astachov der Meinungsaustausch über die Gestaltung der sowjetisch-deutschen Beziehungen in ein neues Stadium getreten war, parallel und in enger Verbindung verhandelt worden. Schulenburg hatte in diesem Zusammenhang in einem Telegramm vom 19. August an das Auswärtige Amt, in dem er den sowjetischen Entwurf des Nichtangriffspaktes übermittelte, als „Postskriptum" hinzugefügt: „Der gegenwärtige Pakt ist nur bei gleichzeitiger Unterzeichnung eines besonderen Protokolls über die Punkte, an denen die vertragschließenden Teile auf dem Gebiete der Außenpolitik interessiert sind, gültig. Das Protokoll bildet einen integrierenden Bestandteil des Paktes."[172]

Beide Dokumente entstanden in einer außergewöhnlichen Situation. Und ebendies charakterisiert die Besonderheiten sowohl des Nichtangriffsvertrages als auch des Geheimen Zusatzprotokolls. Zu diesen Besonderheiten gehörte vor allem, daß die faschistischen Machthaber Deutschlands eine bestimmte außenpolitische Absicherung im Falle ihres Angriffs auf Polen zu erreichen suchten. Vor allem hofften sie, daß die Westmächte nach Abschluß des Vertrages mit der Sowjetunion diesen Angriff ohne eigene militärische Intervention hinnehmen würden. Was die Sowjetregierung anbetrifft, so war sie sich darüber klar, daß der Krieg des faschistischen Deutschlands gegen Polen, den sie nicht mehr verhindern konnte, unmittelbar bevorstand. Auch dies kennzeichnete die außergewöhnliche Situation, in der das Vertragswerk unterzeichnet wurde. Insofern fehlte im Vertragstext im Unterschied zum Berliner Vertrag von 1926, der de jure noch immer gültig war, die Einschränkung „trotz friedlichen Verhaltens" bei der Übernahme der Neutralitätsverpflichtung für den Fall, daß der andere Vertragspartner in kriegerische Verwicklungen geriet. Eine

---

170 Vgl. den Text ebenda, S. 206f., Dok. 229. Jeder der beiden Vertragspartner erhielt sowohl vom Nichtangriffsvertrag als auch vom Geheimen Zusatzprotokoll ein deutschsprachiges und ein russischsprachiges Original, versehen mit den Unterschriften Molotovs und Ribbentrops. Die Veröffentlichung des Nichtangriffsvertrages wie auch des Geheimen Zusatzprotokolls in den *Akten zur Deutschen Auswärtigen Politik* erfolgte auf der Grundlage des im Politischen Archiv des Auswärtigen Amtes in Bonn befindlichen Mikrofilms, da nur er, nicht aber das Original der beiden Vertragsdokumente unter den nach dem Harz ausgelagerten Akten des Auswärtigen Amtes im Jahre 1945 von den westlichen Alliierten aufgefunden wurde.

171 In einem am 28. September 1939 unterzeichneten Abkommen wurde auch Litauen der sowjetischen Interessensphäre zuerkannt.

172 PA, Bonn, Deutsche Botschaft Moskau, Geheimakten, Pol. 2, Nr. 1, Bd. 1, Bl. 260332; vgl. auch ADAP, Serie D, Bd. VII, S. 125.

Besonderheit des Geheimen Zusatzprotokolls bestand darin, daß beide Vertragspartner in Artikel 2 die Frage erörterten, „ob die beiderseitigen Interessen die Erhaltung eines unabhängigen polnischen Staates erwünscht erscheinen" ließen, eine Frage, über die sie völkerrechtlich nicht zu befinden hatten, ganz abgesehen davon, daß die Stalinsche Führung hier eine Position bezog, die den Prinzipien der Leninschen Außenpolitik widersprach. Man muß an dieser Stelle noch einmal hervorheben, daß der Krieg verhindert und der Vertrag vom 23. August nicht abgeschlossen worden wäre, wenn nicht die Westmächte die vielfachen Anstrengungen der Sowjetunion, den europäischen Frieden mittels Maßnahmen der kollektiven Sicherheit zu erhalten, immer wieder sabotiert hätten. Mit ihrer maßgeblichen Mitwirkung war in München die Integrität der europäischen Nachkriegsordnung zu Grabe getragen worden. Was Polen anbetrifft, so hatte die Sowjetunion eine Zusammenarbeit immer wieder, wenn auch letztlich ergebnislos, angestrebt und schon in ihrem Ende 1933 aufgestellten Programm für einen kollektiven Sicherheitspakt die unbedingte Einbeziehung Frankreichs und Polens in diesen Pakt als notwendig erachtet.

Ebenso wie die Vertreter der antisowjetischen Geschichtsschreibung aus dem Abschluß des Nichtangriffsvertrages die Mitschuld der UdSSR am zweiten Weltkrieg ableiten, wird von ihnen auch das „Geheime Zusatzprotokoll" dazu benutzt, um eine „Komplizenschaft" Hitlers und Stalins zu konstruieren und die Sowjetunion des „Expansionsdrangs" zu bezichtigen.[173] Eine solche vom Geist des Antisowjetismus beseelte Interpretation der von der UdSSR und Hitlerdeutschland am 23. August unterzeichneten Dokumente negiert die folgenden Tatsachen und Gesichtspunkte:

Für die Führung des faschistischen Deutschlands war der Krieg gegen Polen eine beschlossene Sache.[174] Die Sowjetunion konnte den Krieg, wie schon oben ausgeführt, nicht verhindern, da alle Versuche, zusammen mit den Westmächten eine Barriere gegen die faschistische Aggression zu errichten, infolge der destruktiven Haltung der Westmächte ergebnislos geblieben waren. Ohne den Abschluß des Vertrages mit Hitlerdeutschland hätte sich die UdSSR nicht nur in einer zunehmenden politisch-diplomatischen Isolierung, sondern auch nach Beginn des faschistischen Überfalls auf Polen in einer Hitlerdeutschland gegenüber sehr gefährlichen Situation befunden.

Die in dem Protokoll getroffenen Vereinbarungen ermöglichten es der Sowjetunion, die militärischen Kräfte des faschistischen Aggressors von ihren Westgrenzen fernzuhalten, was vom militär-strategischen Gesichtspunkt aus sehr wesentlich war. Es ist bemerkenswert, wie Winston Churchill in diesem Zusammenhang urteilte: „Vom Standpunkt der Sowjetregierung aus muß gesagt werden, daß es für sie lebenswichtig war, das Aufmarschgebiet der deutschen Armeen so weit wie möglich im Westen zu halten ... Wenn ihre Politik kaltblütig war, so war sie jedenfalls damals auch in höchstem Maße realistisch."[175]

Es war weiter in diesem Zusammenhang von großer Bedeutung, daß die in dem Protokoll getroffenen Vereinbarungen es der Sowjetunion nach dem Überfall Hitlerdeutschlands auf Polen ermöglichten, und zwar zu einem Zeitpunkt, als der polnische Staat bereits militärisch zusammengebrochen war, die östlichen Gebiete Polens, in denen überdies vorwiegend Belorussen und Ukrainer lebten, dem Zugriff der faschistischen Aggressionen zu entziehen.

Schließlich entstand mit der Feststellung des Protokolls, daß die baltischen Staaten sowie Bessarabien der sowjetischen Interessensphäre zugeordnet wurden, für diese Territorien,

---

173 Vgl. Anmerkung 5.

174 *Bartel*, S. 255, urteilt in diesem Zusammenhang durchaus zutreffend: „Es gibt keinen Hinweis darauf, daß Hitler seine Planung von einer vorherigen Einigung mit Stalin abhängig machte."

175 *Churchill*, Der zweite Weltkrieg. Erster Band, S. 475.

auf denen zwei Jahrzehnte zuvor mit dem Sieg der Oktoberrevolution die Sowjetmacht errichtet, allerdings schon bald darauf im Ergebnis der imperialistischen Intervention blutig niedergeworfen worden war, eine neue außenpolitische Situation. Sie erleichterte es der Arbeiterklasse und ihren Verbündeten, in diesen Ländern im Jahre 1940 die Sowjetmacht wiederzuerrichten.

Der Abschluß des sowjetisch-deutschen Nichtangriffsvertrages veränderte die internationale Situation geradezu schlagartig. Die Front von München, die, ähnlich wie die Locarno-Front in den zwanziger Jahren, auf einen gegen die Sowjetunion gerichteten Block der imperialistischen Mächte abzielte, war zerfallen. Es verwundert daher nicht, wenn die unter den imperialistischen Kreisen der Westmächte befindlichen Initiatoren einer solchen Front sehr bald unter Bezugnahme auf den Nichtangriffsvertrag eine heftige antisowjetische Kampagne gegen die Sowjetunion entfachten. Vieles erinnerte an die Tage des Brester Friedens, als imperialistische Kreise der USA die berüchtigten „Sisson-Dokumente" in die Presse lancierten, um ein Komplott der Bolschewiki mit der kaiserlichen deutschen Regierung zu „beweisen".[176]

Nicht wenige Freunde der Sowjetunion, unter ihnen auch Vertreter der revolutionären Arbeiterbewegung, hatten damals Mühe, die Gründe, die die Sowjetunion zum Abschluß des Nichtangriffsvertrages mit dem verbrecherischen faschistischen Regime veranlaßt hatten, sogleich zu verstehen. Um so höher ist es zu würdigen, daß das Zentralkomitee der Kommunistischen Partei Deutschlands schon am 25. August 1939 eine Erklärung veröffentlichte, die den deutsch-sowjetischen Nichtangriffsvertrag als „einen Pakt zur Wahrung des Friedens zwischen Deutschland und der Sowjetunion" begrüßte. Zugleich forderte sie alle deutschen Antifaschisten zum „verstärkten Kampf gegen die Nazidiktatur" auf und warnte das deutsche Volk davor, sich hinsichtlich des wahren Verhaltens der Hitlerregierung zum Nichtangriffspakt Illusionen zu machen. „Hitler hat den Nichtangriffspakt mit der Sowjetunion nur in der Notlage einer schwierigen Situation abgeschlossen", so besagte die Erklärung weiter. Nur dann werde der Friede wirklich gesichert, „wenn das deutsche Volk selbst das Schicksal der deutschen Nation in seine Hände nimmt."[177] Franz Dahlem, damals Mitglied des Sekretariats des ZK der KPD und in der Emigration in Paris, schreibt von der Überraschung, die damals der Abschluß des Nichtangriffsvertrages auslöste. Diese habe jedoch nicht im mindesten bedeutet, „daß unser tiefverwurzeltes Vertrauen zur Kommunistischen Partei der Sowjetunion und zu ihrem Generalsekretär Stalin ins Schwanken geraten wäre. Wir waren fest davon überzeugt, daß auch diese politischen Schritte wohl erwogen und in der gegebenen Situation zum Wohle der kommunistischen Weltbewegung, der internationalen Arbeiterklasse und ihres Zentrums, der Sowjetunion, aber letztlich auch zur Verteidigung des Friedens für die Menschheit unerläßlich waren."[178]

Die Hitlerführung brach den Nichtangriffsvertrag schon weniger als zwei Jahre nach seinem Abschluß. Jedoch war auch diese kurze Zeitspanne für die Sowjetunion wesentlich: sie ermöglichte es, ihre Verteidigungskraft weiter zu stärken, die sodann im Kampf gegen die faschistischen Aggressoren welthistorische Bedeutung erlangte.

176 Vgl. *G. Rosenfeld*, Sowjetrußland und Deutschland 1917—1922, Berlin 1984, S. 25.
177 Zit. nach *GdA*, Bd. 5, Berlin 1966, S. 520f.
178 *F. Dahlem*, Am Vorabend des zweiten Weltkrieges. Erinnerungen, Bd. 2, Berlin 1977, S. 348.

JOHANNES KALISCH

Von der „Globallösung" zum „Fall Weiß".
Die deutsch-polnischen Beziehungen 1938/39

Die Wiedergewinnung der Unabhängigkeit durch Polen im November 1918, die Deutschland völkerrechtlich in Artikel 87 des Versailler Vertrages hatte anerkennen müssen, bedeutete für die deutschen Imperialisten eine besonders empfindliche Schmälerung ihres Machtbereichs im östlichen Europa, die sie so rasch wie möglich wieder rückgängig zu machen trachteten. Seit sie die Abtretung eines großen Teils der einst Polen geraubten Ostgebiete Preußen-Deutschlands nicht zu verhindern vermochten, arbeiteten sie systematisch darauf hin, den Status quo ante wiederherzustellen. So wollten sie möglichst günstige Ausgangspositionen für ihr unverrückbares Fernziel gewinnen: Weltherrschaft auf der Basis einer unbestrittenen Vormachtstellung in Europa.

Bei dieser von Revanchismus und Antisowjetismus bestimmten Politik wandten sie sich immer wieder mit besonderer Schärfe gegen Polen, das — in der strategischen Hauptrichtung ihres „Dranges nach dem Osten" gelegen — ein traditionelles Terrain ihres Expansionsstrebens war. Das Grundanliegen der deutschen Außenpolitik gegenüber dem neuen, bürgerlichen Polen bestand darin, die politische und wirtschaftliche Konsolidierung des polnischen Staates zu erschweren, ihn zur Auslieferung der Freien Stadt Danzig, des sogenannten polnischen „Korridors" und Ost-Oberschlesiens an Deutschland zu veranlassen und im weiteren entweder zu einem willfährigen Satelliten des Deutschen Reiches zu machen oder gänzlich zu vernichten.

Der Kampf gegen Polen, das auch abfällig als „Saisonstaat" bezeichnet wurde, setzte von Anfang an auf breiter Front ein. Zielstrebig förderten das deutsche Finanzkapital, und die Reichsregierungen ein breitgefächertes System revanchistischer Organisationen und Verbände, die 1922 zum „Deutschen Schutzbund" zusammengefaßt wurden.[1] Besonderer Unterstützung erfreute sich der „Verein für das Deutschtum im Ausland"

---

[1] Siehe *Dorothea Fensch*, Zur Vorgeschichte, Organisation und Tätigkeit des Deutschen Schutzbundes in der Weimarer Republik, phil. Diss. Rostock 1966; *dieselbe*, Deutscher Schutzbund (DSB) 1919—1936, in: *Lexikon zur Parteiengeschichte*. Die bürgerlichen und kleinbürgerlichen Parteien und Verbände in Deutschland (1789—1945). Hrsg. unter Leitung von *Dieter Fricke*, Bd. 2, Leipzig 1984, S. 290—310; *Felix-Heinrich Gentzen*, Zur Geschichte des deutschen Revanchismus in der Periode der Weimarer Republik, in: *Jb. f. Gesch. der UdSSR und der volksdemokratischen Länder Europas*, Bd. 4, Berlin 1960, S. 40—76; *Karol Fiedor*, Antypolskie Organizacje w Niemczech 1918—1933, Wrocław/Warschau/Kraków/Gdańsk 1973.

(VDA)[2], der neben solchen Einrichtungen wie der „Deutschen Stiftung"[3] und dem „Deutschen Auslandsinstitut Stuttgart" (DAI)[4] die zahlenmäßig und ökonomisch starke deutsche Minderheit in Polen[5] als „deutschen Vorposten" im Osten zu erhalten suchte, mit dessen Hilfe die Rückgewinnung verlorener Gebiete und Einflußsphären langfristig vorbereitet und schließlich durchgesetzt werden sollte.

In ideologischer Hinsicht wurde ein chauvinistischer, von Überlegenheitsdünkel und auch von Rassismus geprägter Polenhaß kultiviert, an dessen Ausformung und Verbreitung eine Plejade reaktionärer Publizisten, Schriftsteller und Politiker beteiligt waren. In den Dienst der revanchistischen Politik wurde ebenso die deutsche „Ostforschung" gestellt[6] und institutionell beträchtlich ausgebaut. Die intensiven Bestrebungen, die Erinnerungen an die deutschen „Kolonisationsleistungen im Osten" wachzuhalten, den „Volkstums- und Grenzlandkampf" gleichsam als eine vorrangige nationale Aufgabe in Abwehr vermeintlicher „polnischer Gefahr" darzutun und das Schlagwort von der „blutenden, brennenden Grenze" zu Polen im Bewußtsein breiter Schichten des deutschen Volkes zu ver-

---

2 Siehe *Kurt Poßekel*, Studien zur Politik des Vereins für das Deutschtum im Ausland (VDA) in der Weimarer Republik, phil. Diss. Rostock 1966; *derselbe*, Verein für das Deutschtum im Ausland (VDA) 1881—1945, in: *Lexikon zur Parteiengeschichte*, Bd. 4, Leipzig 1986, S. 282—297.

3 Siehe *Karl Opitz*, Die „Deutsche Stiftung" und ihre Tätigkeit bei der Vorbereitung des 2. Weltkrieges, phil. Diss. Potsdam 1973; *Felix-Heinrich Gentzen*, „Deutsche Stiftung" — tajna instytucja rządu niemieckiego do organizowania „Piątej Kolumny", in: *Przegląd Zachodni*, 4/1961; *Stanisław Potocki*, Zur Rolle der „Deutschen Stiftung" in der Polenpolitik des deutschen Imperialismus zwischen den beiden Weltkriegen, in: *Der deutsche Imperialismus und Polen 1918 bis 1939* (Studien zur Geschichte der deutsch-polnischen Beziehungen, H. 2), Rostock 1978, S. 98—112.

4 Über die Tätigkeit des DAI siehe *Ernst Ritter*, Das Auslandsinstitut in Stuttgart 1917—1945. Ein Beispiel deutscher Volkstumsarbeit zwischen den Weltkriegen, Wiesbaden 1976 — Die im BA, Koblenz, R 57, Deutsches Auslandsinstitut Stuttgart deponierten Protokolle der Jahrestagungen sowie die sehr ausgedehnte Korrespondenz mit staatlichen Dienststellen und Organisationen im In- und Ausland, mit Politikern und Repräsentanten des deutschen Finanzkapitals sowie die Fülle von Berichten von V-Männern des DAI sind nur unzureichend erschlossen.

5 Siehe *Otto Heike*, Das Deutschtum in Polen 1918—1938, Bonn 1955; *Theodor Bierschenk*, Die deutsche Volksgruppe in Polen 1934—1939, Kitzingen/Main 1954; *Stanisław Potocki*, Położenie mniejszości niemieckiej w Polsce 1918—1938, Gdańsk 1968; *Przemysław Hauser*, Die deutsche Minderheit in Polen 1918—1939, in: *Die deutsch-polnischen Beziehungen 1919—1932*. Schriftenreihe des Georg-Eckert-Instituts für internationale Schulbuchforschung, Bd. 22, Braunschweig 1986, S. 67—87. — Über den Stellenwert der Minderheitenfrage für die imperialistische deutsche Außenpolitik siehe *Norbert-Friedrich Krekeler*, Zur Deutschtumspolitik des Auswärtigen Amtes in den durch den Versailler Vertrag abgetrennten Gebieten 1918—1933, phil. Diss. Bonn 1972; *Maria Rothbarth*, Der Europäische Minderheitenkongreß als Instrument imperialistischer deutscher „Revisionsstrategie". Grenzrevision und Minderheitenpolitik des deutschen Imperialismus (1919—1932), Diss. Rostock 1983 und den Sammelband Rola mniejszości niemieckiej w rozwoju stosunków politycznych w Europie 1918—1945. Hrsg. von Antoni Czubiński, Poznań 1984.

6 Siehe dazu u. a. *Felix-Heinrich Gentzen/Johannes Kalisch* u. a., Die „Ostforschung" — ein Stoßtrupp des deutschen Imperialismus, in: *ZfG*, 6/1958, S. 1181—1220; *Gerd Voigt*, Aufgaben und Funktion der Osteuropa-Studien in der Weimarer Republik, in: Studien über die deutsche Geschichtswissenschaft. Hrsg. von Joachim Streisand, Bd. 2, Berlin 1965, S. 369—399. — Aufschluß über das politische Anliegen der damaligen deutschen Osteuropa-Wissenschaft liefert das repräsentative Sammelwerk: Deutsche Ostforschung — Ergebnisse und Aufgaben seit dem ersten Weltkrieg. Hrsg. von Hermann Aubin, Otto Brunner u. a., 2 Bde, Leipzig 1942.

ankern, hinterließen leider nachhaltige Wirkungen. Diese geistige Manipulierung kam einer psychologischen Kriegführung gleich, wiewohl die Weimarer Republik nicht in der Lage war, sich auf militärische Abenteuer gegen Polen einzulassen.

Zum Barometer der deutsch-polnischen Beziehungen wurde vor allem die Freie Stadt Danzig, in der Polen besondere wirtschaftliche und politische Rechte geltend machen konnte, die es aber durch den Senat der Freien Stadt, der stets im Einvernehmen mit der Reichsregierung handelte, in Permanenz beschnitten sah.[7] Das komplizierte Statut der Freien Stadt Danzig und deren Verfassung unterlagen der Garantie des Völkerbundes, der dort durch einen Hohen Kommissar vertreten war. Wenn es diesem nicht gelang, die Danzig-polnischen Kontroversen zu schlichten, mußte der Völkerbundsrat vermittelnd in Aktion treten, was sehr häufig notwendig wurde. Zur Sicherung seines Zugangs zur Ostsee baute Polen in Gdynia einen eigenen Hafen.[8] Obwohl der steigende polnische überseeische Warenverkehr in beträchtlichem Maße auch weiterhin über Danzig geleitet wurde, empfand man dort Gdynia als eine das eigene Wirtschaftsinteresse schwer beeinträchtigende Konkurrenz, wodurch die Danzig-polnischen Beziehungen zusätzlich belastet wurden.

Vielfältige Gegensätze und Konflikte bestimmten demnach das Verhältnis zwischen Deutschland und Polen, das darauf bedacht war, den territorialen Besitzstand des bürgerlichen polnischen Staates zu wahren, wie er sich zwischen 1918/19 und 1921 herausgebildet hatte. Seine 5529 km langen Grenzen waren im Ergebnis von Festlegungen im Versailler Vertrag, von bewaffneten Erhebungen in Großpolen[9] und Oberschlesien[10] zur Durchsetzung von berechtigten Ansprüchen auf polnische Gebiete im Westen, aber auch 1919/20 durch gewaltsame Expansion auf Kosten Litauens (Okkupation des Gebiets um Vilnius) und durch den Aggressionskrieg gegen Sowjetrußland von 1920 entstanden. Im Frieden von Riga annektierte Polen im März 1921 beträchtliche belorussische und ukrainische Territorien.[11]

Schon 1918/19 führten Forderungen auf das Olsa-Gebiet auch zu Spannungen mit der Tschechoslowakei, die ungeachtet gemeinsamer Gefährdung durch das imperialistische Deutschland in der Folgezeit nicht wesentlich abgebaut, sondern sogar — wie sich vor allem

7 Siehe *Johannes Kalisch*, Die Bildung der Freien Stadt Danzig und ihr Statut, in: *WZ Rostock*, Gesellschafts- u. Sprachwiss. Reihe, 9/1976, S. 693—714; *derselbe*, Die Pariser Konvention zwischen Polen und der Freien Stadt Danzig vom November 1920, in: ebenda, 2/1977, S. 171—177; *derselbe*, Die Freie Stadt Danzig (Gdańsk) 1919/20—1939 im Spiegel wissenschaftlicher Literatur und politischer Publizistik, in: *ZfG*, 1/1977, S. 57—74; *Ludwig Denne*, Das Danzig-Problem in der deutschen Außenpolitik 1934—1939, Bonn 1959; *Stanisław Mikos*, Wolne Miasto Gdańsk a Liga Narodów 1920—1939, Gdańsk 1979.

8 Siehe *Zbigniew Machaliński*, Gospodarcza myśl morska II Rzeczypospolitej 1919—1939, Wrocław/ Warschau/Kraków/Gdańsk 1975; *Bogdan Dopierała*, Wokół polityki morskiej Drugiej Rzeczypospolitej, Poznań 1978 und *Johannes Kalisch*, „Full use" — Der Kampf der Freien Stadt Danzig gegen Gdynia 1930—1932, in: *WZ Rostock*, Gesellschafts- und Sprachwissenschaftliche Reihe 2/1981, S. 57—63.

9 Siehe *Antoni Czubiński*, Powstanie Wielkopolskie 1918/19, Poznań 1988.

10 Siehe *Jan Ludyga-Laskowski*, Zarys historii trzech powstań śląskich 1919—1920—1921, Warschau/ Wrocław 1973; *Ralph Schattkowsky*, Powstania śląskie w opinii niemieckiej, in: *Studia Śląskiego Instytutu Naukowego*, Katowice 1986, Bd. 29, S. 395ff.

11 Siehe *Aleksy Deruga*, Polityka wschodnia Polski wobec ziem Litwy, Białorusi i Ukrainy (1918—1919), Warschau 1969; *Adolf Juzwenko*, Polska a „biała" Rosja (od listopada 1918 do kwietnia 1920), Wrocław 1973; *Piotr Łossowski*, Po tej i tamtej stronie Niemna. Strosunki polskolitewskie 1919—1939, Warschau 1985; Przyjaźnie i antagonizmy. Stosunki Polski z państwami sąsiedzkimi w latach 1918—1939. Hrsg. von Janusz Żarnowski, Wrocław 1977; *Gerhard Wagner*, Deutschland und der polnisch-sowjetische Krieg von 1920, Wiesbaden 1979.

1938 zeigen sollte — aufs äußerste zugespitzt wurden. Zu Rumänien, seinem südöstlichen Nachbarn, entwickelte Polen hauptsächlich auf der Basis weitgehend übereinstimmender antisowjetischer Frontstellung gute Beziehungen, die 1921 in einem Bündnisvertrag ihren Ausdruck fanden.[12]

Das nach Fläche und Einwohnerzahl auf der politischen Landkarte Europas alles andere als unbedeutende Polen war nur in der Einbildung verblendeter polnischer Nationalisten eine „Großmacht". Es stand hinsichtlich seiner Wirtschaftskraft als Agrarland mit relativ entwickeltem Industriepotential in solchen Regionen wie Oberschlesien, dem Dąbrowa-Becken, Łódź und Warschau fast auf einer Stufe mit Ungarn, Rumänien, Spanien und Portugal. 1938 wies die polnische Sozialstatistik etwa folgende Struktur der Bevölkerung aus: Mehr als 50 Prozent waren Bauern (aller Kategorien), 30 Prozent Arbeiter und 11,8 Prozent kleinbürgerliche Gewerbetreibende und Händler, 5,7 Prozent gehörten zur Intelligenz und Beamtenschaft, 1,1 Prozent zu sozialen Randgruppen, und 1,2 Prozent waren Großgrundbesitzer und Kapitalisten.[13] Vielfältige Krisenerscheinungen hemmten die wirtschaftliche Entwicklung des Landes, seine Abhängigkeit von Auslandskapital und seine Verschuldung nahmen beständig zu.[14] All dies mußte sich auf die Verteidigungsfähigkeit Polens negativ auswirken. Die übermäßig hohen Ausgaben für das Militär erwiesen sich als schwere Belastung des Staatshaushalts, wurden aber von den Machthabern in Warschau — namentlich von Józef Piłsudski und seinen Anhängern — als Conditio sine qua non der Staatsexistenz betrachtet.

Über die Gestaltung der Außenpolitik gab es bei den tonangebenden politischen Strömungen und Gruppierungen in Polen unterschiedliche Konzeptionen.[15] Die National-Demokraten (ND), die seit 1928 als Nationalpartei (SN) in Erscheinung traten, sahen den Hauptgegner Polens in Deutschland[16], maßen dem Völkerbund, besonders nachdem Deutschland in ihn aufgenommen worden war, wenig Nutzen bei und wünschten auf der Basis der 1921 geschlossenen französisch-polnischen Allianz[17] zwischen Berlin und Moskau eine Politik der Balance zu betreiben und zu diesem Zweck bilaterale Verträge mit beiden Nachbarmächten abzuschließen. Die Konservativen und zeitweilig auch die Anhänger Piłsudskis, bei denen antisowjetische Einstellungen dominierten, waren hingegen der Meinung, man müsse den Völkerbund nutzen, um mit seiner Hilfe die deutschen Ansprüche auf polnische Gebiete sowie auf andere, weitergehende Veränderungen der Bestimmungen des Versailler Vertrages abzuwehren. Ähnliche Auffassungen vertrat bis 1933, als in Deutschland die faschistische Diktatur errichtet wurde, auch die Polnische Sozialistische Partei, die jedoch von da an im Einklang mit der bürgerlich-liberalen Mitte und dem linken Flügel

---

12 Siehe *Jerzy Krasuski*, Między wojnami. Polityka zagraniczna II Rzeczypospolitej, Warschau 1985, S. 58ff.

13 Nach *Marian M. Drozdowski*, Gospodarka Drugiej Rzeczypospolitej, in: Polska Odrodzona 1918—1939. Państwo-społeczeństwo-kultura. Hrsg. von Jan Tomicki, Warschau 1982, S. 462.

14 Siehe *Zbigniew Landau/Jerzy Tomaszewski*, Wirtschaftsgeschichte Polens im 19. und 20. Jahrhundert. Hrsg. von Berthold Puchert, Berlin 1986, S. 106—194.

15 Darüber ausführlich *Janusz Faryś*, Koncepcje polskiej polityki zagranicznej 1918—1939, Warschau 1981.

16 Siehe *Roman Wapiński*, Narodowa Demokracja 1893—1939, Wrocław/Warschau/Kraków/Gdańsk 1980; *Marian Mroczko*, Polska myśl zachodnia 1918—1939, Poznań 1986.

17 Über ihr Zustandekommen und ihre Entwicklung siehe *Jan Ciałowicz*, Polsko-francuski sojusz wojskowy 1921—1939, Warschau 1970.

der Polnischen Bauernpartei ein aktives Eintreten Polens für ein System der kollektiven Sicherheit unter Einbeziehung der Sowjetunion verlangte. Für diese Politik setzten sich die polnischen Kommunisten am entschiedensten ein.

Welcher Kurs in der Praxis verwirklicht wurde, entschied nach Lage der Dinge die sog. Belwedere-Gruppe[18] mit Piłsudski an der Spitze, der am 2. November 1932 den bisherigen Außenminister August Zaleski, einen Verfechter der auf den Völkerbund und Frankreich orientierten Linie, durch Józef Beck ersetzte. Beck, dem Marschall blind ergeben, zeichnete sich durch Intelligenz, Redegewandtheit, Energie und vor allem durch die Fähigkeit aus, die Intentionen und Anordnungen seines Idols ideenreich und mit diplomatischem Geschick durchzusetzen.[19]

In Piłsudskis außenpolitischen Überlegungen spielte das Verhältnis zu Deutschland und der Sowjetunion, den beiden großen Nachbarmächten Polens, stets die zentrale Rolle. Von Antikommunismus tief durchdrungen, hielt er beide Staaten für gleichermaßen gefährliche Gegner. Diese Prämisse entbehrte schon deshalb jeder Grundlage, weil die sozialistische UdSSR im Gegensatz zum imperialistischen Deutschen Reich Existenz und Entwicklung eines unabhängigen polnischen Staates nicht in Frage stellte, geschweige denn bedrohte. Das bewiesen die vielfältigen Bemühungen der UdSSR, die polnisch-sowjetischen Beziehungen grundlegend zu verbessern. Erst unter dem Eindruck der sich zugunsten Deutschlands verändernden internationalen Lage und der lautstarken antipolnischen Revanchepropaganda in Deutschland griff Piłsudski den sowjetischen Vorschlag auf, einen Nichtangriffspakt zwischen der UdSSR und Polen abzuschließen, der am 12. November 1932 ratifiziert wurde.[20] Nichtsdestoweniger erteilte der Marschall seinem neuen Außenminister den Auftrag, zur Sowjetunion weiterhin „auf Distanz" zu bleiben und sich auf eine engere Zusammenarbeit nicht einzulassen.

Der Nichtangriffspakt mit der Sowjetunion erweiterte indessen den Handlungsspielraum Polens auch gegenüber Deutschland. Polnische Sondierungen, mit Berlin zu einem Modus vivendi zu gelangen, setzten schon Mitte 1932 ein, fanden aber zunächst nicht das erhoffte Echo.[21] Die ersten Monate nach der Errichtung der faschistischen Diktatur in Deutschland waren sogar von einer Zuspitzung der Beziehungen zu Polen begleitet, was dort nicht geringe Besorgnisse hervorrief. Mit der Regierungsübernahme durch Hitler hatte Piłsudski bereits seit Sommer 1932 gerechnet[22], glaubte aber, sich mit dem „Österreicher" leichter als mit den polonophoben „Preußen" arrangieren zu können, die bisher die Linie der deutschen Polenpolitik bestimmt hatten.

Für die militärische Aufrüstung und die „Wehrhaftmachung" des deutschen Volkes, die Hitler am 3. Februar 1933 vor den Reichswehrgeneralen[23] und am 7. Februar in der Kabinettssitzung[24] als unabdingbare Voraussetzung für die Durchsetzung der imperialistischen deutschen Expansionspläne bezeichnet hatte, galt es Zeit zu gewinnen und einst-

---

18 Näheres bei *Andrzej Garlicki*, U zródeł obozu belwederskiego, Warschau 1978.

19 Siehe *Olgierd Terlecki*, Pułkownik Beck, Kraków 1985.

20 Siehe hierzu *Marian Leczyk*, Polityka II Rzeczypospolitej wobec ZSRR w latach 1925—1934, Warschau 1976.

21 AAN, Ambasada Berlin (AB), Nr. 793; Berichte Wysockis vom 4. und 5. Januar 1933 über seine Gespräche mit Neurath und Paul Löbe.

22 AAN, AB, Nr. 201; Aufzeichnung Wysockis vom 25. Juni 1932 über sein Gespräch mit Piłsudski am 7. Juni 1932.

23 *Thilo Vogelsang*, Neue Dokumente zur Geschichte der Reichswehr 1930—1933, in: *VfZ*, 4/1954, S. 435 ff.

24 *DGFP*, Series C (1933—1937), Bd. 1, Dok. Nr. 16.

weilen Friedenswillen zu bekunden. Deshalb entschloß sich der Reichskanzler, die polnischen Bemühungen um eine Entspannung der Beziehungen zu Deutschland zu nutzen.[25]

Die am 26. Januar 1934 vom polnischen Gesandten in Berlin, Józef Lipski, und Reichsaußenminister Konstantin v. Neurath unterzeichnete deutsch-polnische Nichtangriffserklärung[26], die mindestens zehn Jahre gültig sein sollte, bekundete den Verzicht auf die Anwendung von Gewalt in den gegenseitigen Beziehungen. Sie brachte Polen aber keine Anerkennung des territorialen Status quo. Auch eine verbindliche Erklärung Deutschlands, sich nicht in die Angelegenheiten der deutschen Minderheit in Polen einzumischen, war vermieden[27]. Die Hauptprobleme, die zwischen den beiden Vertragspartnern existierten, blieben mithin offen. Die Deklaration vom 26. Januar 1934 schloß die Versicherung ein, künftig auch auf internationaler Arena zusammenarbeiten zu wollen.

Von seiten der deutschen Imperialisten war dieser Pakt lediglich als eine durch das augenblickliche Kräfteverhältnis bedingte „Vertagung" der deutschen Revancheforderungen gegenüber Polen gedacht. Sein Abschluß bot ihnen eine Reihe von Vorteilen. Vor allem gewann Deutschland die Gewähr, daß Polen sich nicht in ein Bündnis mit der UdSSR einlassen und auch nicht an einem kollektiven Sicherheitssystem unter Mitwirkung der Sowjetunion beteiligen würde, was die weitgesteckten Pläne zur „Neuordnung Europas" hätte durchkreuzen können.

Die herrschenden Kreise Polens beurteilten jedoch die Nichtangriffsdeklaration als einen bedeutsamen außenpolitischen Erfolg, weil sie in ihren Augen die akute Gefahr einer Revision der deutsch-polnischen Grenzen auf Kosten Polens bannte. Sie hofften auch für die Zukunft auf eine Aufrechterhaltung des Status quo im Verhältnis zu Deutschland.

Völlig sicher, ob seine Balance-Politik zwischen Berlin und Moskau aufgehen würde, war sich Piłsudski allerdings nicht. Zu General Kazimierz Fabrycy, dem Leiter seiner speziellen Dienststelle zur Beobachtung der Vorgänge in Deutschland und in der UdSSR, erklärte er im Mai 1934: „Wir haben zwei Pakte, sitzen auf zwei Stühlen ... Wir müssen wissen, von welchem wir zuerst und wann herunterfallen".[28] Als Fabrycy ihm wenige Monate später einen Bericht erstattete, in dem er Deutschland als den Hauptfeind Polens bezeichnete, wies er diese Ansicht als allzu voreilig zurück, denn er hielt nach wie vor die Sowjetunion für den vorrangig zu bekämpfenden Gegner.[29]

In der Öffentlichkeit waren die Regierungen in Warschau und Berlin aus innen- und außenpolitischen Gründen bestrebt, die Deklaration vom 26. Januar 1934 als einen historischen Wendepunkt in den deutsch-polnischen Beziehungen herauszustellen.[30] Tatsächlich wurden

---

25 Siehe *Johannes Kalisch*, Zur Genesis der deutsch-polnischen Nichtangriffserklärung vom 26. Januar 1934, in *WZ Rostock*, Gesellschafts- und Sprachwissenschaftliche Reihe, 2/1976, S. 171—180.

26 *RGBl*, T. II, 1934, Nr. 15.

27 Vor ihrer Unterzeichnung, am 25. Januar 1934, wurde Lipski von Hitler empfangen, der in einer langen Rede über die Bedeutung der guten deutsch-polnischen Beziehungen die Rolle Polens als „Bastion der Zivilisation im Osten" gegenüber der UdSSR hervorkehrte, um so den eigentlichen Sinn des deutsch-polnischen Vertrages zu akzentuieren. Siehe *DGFP*, Series C, Bd. II, Dok. Nr. 217.

28 *Łossowski*, Położenie, międzynarodowe i polityka zagraniczna, in: Polska odrodzona 1918—1939, S. 177.

29 *Kazimierz Fabrycy*, Komórka specjalna, in: *Niepodległość*, Bd. V, S. 217—218.

30 Über die Resonanz in Deutschland siehe *Günter Heidorn*, Die deutsche Presse und die Lipski-Neurath-Deklaration vom 26. 1. 1934. Ein Beitrag zur Außenpolitik des deutschen Faschismus, in: Actes IV (2), S. 1251ff. (CISH, XV Congrés International des Sciences Historiques, Bucarest, 10—17 août 1980). — Zur Aufnahme in Polen siehe *Johannes Kalisch*, Die deutsch-polnische Nichtangriffserklärung vom 26. Januar 1934 und ihr Widerhall in Polen, in: *WZ Rostock*, Gesellschafts- und Sprachwissen. Reihe, 2/1984, S. 1—5.

zunächst von beiden Partnern Maßnahmen eingeleitet, die die „Wende" unter Beweis stellen sollten. Deren Kernstück bildete der sogenannte Zollfriedenspakt vom 7. März 1934, der den seit 1925 geführten Wirtschaftskrieg Deutschlands gegen Polen beendete. Damit waren die Grundlagen für die am 4. November 1935 vereinbarten deutsch-polnischen Wirtschafts- und Zahlungsverträge gelegt, die am 26. Februar 1937 für zwei weitere Jahre verlängert wurden.[31]

Auch auf anderen Gebieten wurde diese „Linie des 26. Januar" sichtbar, die dem faschistischen Deutschland nicht zuletzt im Interesse seiner Rüstungswirtschaft gelegen kam. Hierzu gehörte die Unterzeichnung eines deutsch-polnischen Presseprotokolls am 24. Februar 1934, das der in den Massenmedien seit Jahren — besonders von deutscher Seite — betriebenen chauvinistischen Propaganda ein Ende bereiten und den „neuen Kurs" des Ausgleichs und der politischen Annäherung zwischen Deutschland und Polen untermauern helfen sollte.[32] Die verstärkte Zusammenarbeit auf kulturpolitischem Gebiet äußerte sich u. a. darin, daß Anfang 1935 an der Lessing-Hochschule in Berlin ein Deutsch-Polnisches Institut ins Leben gerufen wurde, während als polnische Gegenleistung im Juni 1937 in Warschau die Bildung einer Polnisch-Deutschen Gesellschaft unter dem Vorsitz des einflußreichen Magnaten Wojciech Gołóchowski erfolgte, woraufhin am 4. November 1938 in Berlin wiederum eine Deutsch-Polnische Gesellschaft unter Leitung des SA-Standartenführers Achim v. Arnim gegründet wurde. Das Streben, Kontakte zu den faschistischen Führungsspitzen in Deutschland auszubauen, führte 1936 auch zur Konstituierung eines deutsch-polnischen Juristenkomitees unter Leitung von Hans Frank und Justizminister Witold Grabowski, das bis zum Frühjahr 1939 eine lebhafte Tätigkeit entfaltete.[33] Umgekehrt suchten die Nazis vielfältige Verbindungen zu rechtskonservativen und besonders zu den von Oberst Wacław Koc geführten faschistischen Kräften der ONR (Obóz Narodowo-Radykalny) und insbesondere der ONR-Falanga in Polen anzuknüpfen, was den Austausch von Jugendgruppen einschloß.[34]

Trotz der zur Schau gestellten „gutnachbarlichen" Beziehungen, die sich für das faschistische Deutschland bis zum Herbst 1938 außenpolitisch als sehr vorteilhaft erwiesen, schwelten die Gegensätze und Konflikte dennoch weiter. Ansatzpunkte für ständige Spannungen bildeten neben dem Vorgehen der Nazis in der Freien Stadt Danzig, wo deren „Gleichschaltungspolitik" unter Gauleiter Albert Forster und dem Senatspräsidenten Artur Greiser das Statut der Freien Stadt und damit auch die Rechte Polens in ihrem Gebiet mehr und mehr aushöhlte[35], insbesondere Minderheitenfragen: die Aktivitäten der deutschen Verbände

31 Siehe *Berthold Puchert*, Die deutsch-polnische Nichtangriffserklärung von 1934 und die Außenwirtschaftspolitik des deutschen Imperialismus gegenüber Polen bis 1939, in: *Jb. für Gesch. der UdSSR und der volksdemokratischen Länder Europas*, Bd. 12, 1968, S. 68—90.

32 Siehe *Johannes Kalisch*, Wirksamkeit und Grenzen des deutsch-polnischen Presseprotokolls vom 24. Februar 1934, in: *ZfG*, 9/1976, S. 1006—1022.

33 Siehe *Johannes Kalisch*, Im Schatten der deutsch-polnischen Nichtangriffserklärung von 1934. Das deutsch-polnische Juristenkomitee 1936—1939, in: *WZ Rostock*, Gesellschafts- und Sprachwiss. Reihe, 2/1982, S. 41—46.

34 Siehe *Günther Kaufmann*, Das kommende Deutschland. Die Erziehung der Jugend im Reich Adolf Hitlers, Berlin 1943; ZStA, Potsdam, Film Nr. 13698, Veranstaltungsplan des Grenz- und Auslandsamtes der Reichsjugendführung 1938.

35 Siehe *Bogdan Dopierala*, Gdańska polityka Józefa Becka, Poznań 1967; *Józef Wojicicki*, Wolne Miasto Gdańsk 1920—1939, Warschau 1976 und *Carl Jacob Burckhardt*, Meine Danziger Mission 1937—1939, München 1962.

und Organisationen in Polen und die Behandlung der polnischen Minorität in Deutschland, deren Zahl nach der Volkszählung von 1925 etwa 300000 Personen betrug, bis 1933 aber auf 113000 zurückgegangen war, wenn man die sog. Zweisprachigen (etwa 400000) unberücksichtigt läßt.[36]

Die deutsche Minderheit in Polen genoß auf Grund des Kleinen Versailler Vertrages (Minderheitenschutzvertrag) von 1919 und der Genfer Konvention über Oberschlesien von 1922 sowie der polnischen Verfassungen von 1921 bzw. 1935 das Recht auf freie nationale, kulturelle und religiöse Betätigung, das sie — von Deutschland aus wirkungsvoll unterstützt — auch in vielfältiger Weise wahrnahm. Sie besaß ihre politischen Vertreter im Sejm und Senat und verfügte über zahlreiche Organisationen und Institutionen, von denen nach 1933 insbesondere die faschistische „Jungdeutsche Partei" an Einfluß und Stärke gewann.[37]

Am Vorabend des zweiten Weltkrieges waren etwa 200000 Deutsche in Polen in Vereinigungen mit mehr oder minder ausgeprägtem faschistischem Charakter zusammengeschlossen und unterstützten die Politik Hitlerdeutschlands. Demgegenüber war der Einfluß antifaschistischer Organisationen, der „Deutschen Sozialistischen Arbeiterpartei" und der „Deutschen Katholischen Volkspartei", unter der deutschen Minorität relativ gering.[38] Die faschistische Führung war bestrebt, ähnlich wie in der Tschechoslowakei auch in Polen, eine aktive deutsche „Fünfte Kolonne" zu formieren. Hierbei spielte seit 1937 vor allem die unter Leitung von SS-Obergruppenführer Werner Lorenz geschaffene „Volksdeutsche Mittelstelle"[39] eine gewichtige Rolle. Außerdem unterhielt die „Auslandsorganisation der NSDAP" mindestens seit 1934 eine illegale Mitgliedergruppe in Polen[40], die in breitem Umfang Spionage und Diversion betrieb.[41] Diesem Treiben sahen die polnischen Behörden bis zum Frühjahr 1939 fast tatenlos zu.

Demgegenüber war die polnische Minderheit in Deutschland einer ganz anderen Behandlung ausgesetzt, obwohl ihr in der Weimarer Verfassung (Art. 113) das Recht auf freie Entfaltung ihres kulturellen, wirtschaftlichen und religiösen Lebens verbrieft worden war.[42] Nach der Errichtung der faschistischen Diktatur in Deutschland hatte sie auch nach dem 26. Januar 1934 unter zunehmendem Druck zu leiden. Der von der Warschauer Regierung gesteuerte, 1922 gegründete „Bund der Polen in Deutschland" bemühte sich zwar, der mehr schlecht als recht getarnten, in vielen Bereichen offen betriebenen Germanisierungspolitik entgegenzuwirken, hatte aber damit — nicht zuletzt mangels ausreichender Unterstützung von Polen aus — kaum nennenswerten Erfolg.[43]

---

36 Siehe *Jerzy Jacimirski*, Liczebnošč i rozmieszczenie Polaków w Niemczech w latach 1920—1939, in: *Polacy w Republice Weimarskiej i w III Rzeszy*, Olsztyn 1965.

37 Siehe *Karol Grünberg*, Niemcy i ich organizacje polityczne w Polsce międzywojennej, Warschau 1970; *Martin Broszat*, Jungdeutsche Partei und Deutsche Vereinigung in Posen-Pommerellen, München 1958.

38 Siehe *Ludwik Meissner*, Niemieckie organizacje antyfaszystowskie w Polsce 1933—1939, Warschau 1973.

39 Siehe *Jacobsen*, Nationalsozialistische Außenpolitik, S. 234ff.

40 Ebenda, S. 590.

41 Siehe *Louis de Jong*, Die deutsche Fünfte Kolonne im zweiten Weltkrieg, Stuttgart 1959; *Irredenta niemiecka w Europie środkowej i południowo-wschodniej przed II wojną światową*. Hrsg. von Henryk Batowski, Katowice/Kraków 1971.

42 Siehe *Helmut Müller*, Die polnische Volksgruppe im Deutschen Reich. Ihre Stellung in Verfassung und Verwaltung, Warschau 1941.

43 Siehe *Wojciech Wrzesiński*, Polski ruch narodowy w Niemczech 1922—1939, Poznań 1970; *Anna Poniatowska*, Polacy w Berlinie 1918—1945, Poznań 1986.

Im Gegensatz zu früheren deutschen Regierungen wünschten die Hitlerfaschisten keine Internationalisierung der Minderheitenfragen, sondern strebten — nach der Devise „Auge um Auge, Zahn um Zahn" — bilaterale „Lösungen" an. Für die Aufkündigung des Minderheitenschutzvertrages von 1919 durch Polen im Jahre 1934[44] hatte Deutschland deshalb um so eher „Verständnis" gezeigt, als es ja bereits im Oktober 1933 den Völkerbund verlassen hatte. Geblieben war seitdem nur die Genfer Konvention von 1922 über Oberschlesien, die mit einer Laufzeit von 15 Jahren dem Deutschen Reich die Möglichkeit bot, als Schutzmacht der deutschen Bevölkerung Polnisch-Oberschlesiens (der Wojewodschaft Śląsk) aufzutreten.

Der Ablauf der Geltungsfrist dieser Konvention am 14. Juli 1937 veranlaßte die Reichsregierung, in Warschau Anfang 1937 den Abschluß eines bilateralen deutsch-polnischen Minderheitenschutzvertrages anzuregen.[45] Man einigte sich schließlich auf eine „Übereinstimmende Erklärung der deutschen und der polnischen Regierung über den Schutz der beiderseitigen Minderheiten", die am 5. November 1937 sowohl in Warschau als auch in Berlin abgegeben wurde. Zeitweilig lockerte sich der Druck auf die polnische Minderheit in Deutschland. Doch schon im Verlaufe des Jahres 1938 setzte eine Welle erneuter Verfolgungen von Funktionären des Polenbundes ein. Gleichzeitig begann eine großangelegte Aktion zur „Germanisierung" aller polnischen Orts- und Personennamen, wo der BDO besonderen Eifer an den Tag legte. Im Mai 1939 bekannten sich, wozu damals nicht wenig Mut gehörte, bei der Volkszählung nur noch knapp 14 000 als Polen in Deutschland.

Ungeachtet solcher Tatbestände hielt die polnische Regierung bis Ende 1938 an der „Linie vom 26. Januar" fest. Trotz mancher Nuancen in den Auffassungen über die Perspektiven und die Realisierung dieses Kurses, die selbst innerhalb der Sanacja nach dem Tode Piłsudskis am 12. Mai 1935 deutlich wurden, fand er in Polen auch bei der Mehrheit der Nationaldemokraten und der Konservativen Unterstützung. Allerdings setzten sich schon 1935 Staatspräsident Ignaz Mościcki und der rasch zum Waffengeneral und schließlich zum Marschall avancierte Rydz-Śmigły, der als Nachfolger Piłsudskis das Amt des Generalinspekteurs der Armee übernommen hatte und als „zweiter Mann" der II. Rzeczpospolita zunehmend Einfluß gewann, mit einigem Erfolg für eine Wiederbelebung der polnischfranzösischen Allianz ein. So sollte der Handlungsspielraum der polnischen Politik gegenüber Berlin erweitert werden. Die Reichsregierung befürchtete damals, daß dies angesichts des französisch-sowjetischen Vertrages vom Mai 1935 zu einem Einschwenken Polens in das Lager der Befürworter eines kollektiven Sicherheitssystems führen könnte. Die Leitung der polnischen Außenpolitik verblieb aber in den Händen Becks, der weiterhin die „Linie des 26. Januar" verfolgte, die in der Praxis auf eine Preisgabe der deklarierten „Balance-Politik" hinauslief und die internationalen Positionen Polens schwächte. Piłsudskis Devise, „Berlin niemals näher zu stehen als Moskau und umgekehrt", wurde von Beck immer weniger beachtet.

Anfang 1938 hielten die Sachwalter der aggressivsten Kreise des deutschen Finanzkapitals die Zeit für gekommen, ihre weitgespannten Pläne zur „Gewinnung von Lebensraum"

---

44 Siehe *Waldemar Michowicz*, Walka dyplomacji polskiej przeciwko traktatowi mniejszościowemu w Lidze Narodów w roku 1934, Łódź 1963.

45 Erstmalig berührte Reichsaußenminister Neurath am 20. Januar 1937 diese Frage in einer Unterredung mit Józef Beck in Berlin; siehe *Dokumente zur Vorgeschichte des Krieges*. Hrsg. vom Auswärtigen Amt, Berlin 1939, Nr. 81. — Dort findet sich auch eine Auswahl deutscher Dokumente zu den entsprechenden Verhandlungen mit Warschau.

und „Neuordnung Europas" zügig in Angriff zu nehmen. Skrupellos kalkulierten sie dabei die Anwendung militärischer Gewalt als Mittel ihrer Politik ein. Den Stufenplan zur Durchsetzung ihrer Ziele hatte Hitler am 5. November 1937 den Oberbefehlshabern des Heeres, der Flotte und der Luftwaffe — Fritsch, Raeder und Göring — sowie dem Reichskriegsminister, Generalfeldmarschall Blomberg, im Beisein des Reichsaußenministers Neurath entwickelt, der zunächst die Annexion Österreichs und die Zerstückelung der Tschechoslowakei vorsah.[46]

Auf den „Anschluß" Österreichs war Polen seit langem vorbereitet. Schon im Juli 1933 hatte Piłsudski dem damals neu ernannten polnischen Botschafter in Rom, Alfred Wysocki, die Instruktion auf den Weg gegeben: „Herr Mussolini ist an Österreich sehr interessiert und entschieden gegen einen Anschluß. Mischen Sie sich niemals in diese Fragen ein, interessieren Sie sich nicht für sie, denn wir sind bereit, diesen ganzen ‚Anschluß' zu verkaufen und müssen für ihn einen guten Preis erhalten."[47] Es ist darum kaum überraschend, daß am 13./14. Januar 1938 Beck während seines Aufenthalts in Berlin, wo er mit Neurath, Göring und Hitler Gespräche führte[48], dem Reichsaußenminister gegenüber erklärte, Polen besitze zu Österreich nur wirtschaftliche Verbindungen und habe dort „keine besonderen politischen Interessen".

Als die deutsche Wehrmacht am 12. März 1938 in Österreich einrückte, konferierten Rydź-Śmigły, Ministerpräsident Składkowski und Becks Stellvertreter Jan Szembek miteinander darüber, was Polen für seine neutrale Haltung in der österreichischen Frage von Deutschland verlangen könne. Rydź glaubte, ein deutsches Entgegenkommen beim Ausbau polnischer Rechte in Danzig erwarten zu können; er rechnete damit, daß sich die Hitlerfaschisten nach der vollzogenen Annexion Österreichs gegen die Tschechoslowakei wenden würden. Beck, der sich zu dieser Zeit in Italien aufhielt, meinte auch, daß sich für die wohlwollende Haltung gegenüber Berlin etwas einfordern ließe. Unabhängig voneinander waren Rydź-Śmigły und Beck zu dem Schluß gelangt, die Annexion Österreichs dazu auszunutzen zu können, für Polen irgendeinen außenpolitischen Erfolg zu erzielen. Ein Grenzzwischenfall lenkte ihre Aufmerksamkeit auf Litauen. Es unterhielt seit 1919 keine Beziehungen zu Polen, weil es sich mit der eingeleiteten polnischen Besetzung und 1922 erfolgten Inkorporation des Wilna-Gebietes nicht abfinden wollte. In ultimativer Form wurde Litauen am 16. März nun aufgefordert, sich binnen 24 Stunden bereit zu erklären, bis Ende März diplomatische Beziehungen mit Warschau herzustellen. Die Konzentration polnischer Truppen an der litauischen Grenze war eine deutliche Geste. Litauen wurde sowohl durch Berlin als auch durch die Sowjetunion die Annahme des polnischen Ultimatums empfohlen.

Im Falle eines polnisch-litauischen Krieges hatte Hitler beabsichtigt, das Memelgebiet sofort zu besetzen. Er hatte Keitel als Chef des Oberkommandos der Wehrmacht den Befehl erteilt, die erforderlichen Maßnahmen einzuleiten.[49] Ribbentrop, der einen solchen Schritt ebenfalls für notwendig hielt, rechnete mit einer polnischen Okkupation Litauens

46 *IMG*, Bd. 25, S. 404, Dok. 386—PS.

47 *Alfred Wysocki*, Wspomnienia, Bd. II, S. 345 (Ms.); *derselbe*, Tajemnice dyplomatycznego sejfu, Warschau 1979, S. 124.

48 *ADAP*, Serie D, Bd. V, Dok. 28 u. 29, Aufzeichnungen über die Gespräche zwischen Neurath und Beck vom 13. Januar 1938 und zwischen Hitler und Beck am 14. Januar 1938. — Den Gesprächsverlauf zwischen Beck und Göring kennen wir aus den Aufzeichnungen Lipskis (AAN, MSZ, 2-165-1).

49 Siehe *Hans Roos*, Polen und Europa 1931—1939, Tübingen 1957, S. 314.

und sorgte sich darum, daß es dann aber — worauf er Hitler am 17. März aufmerksam machte — „als Kompensationsobjekt für die Herausgabe des Korridors an Deutschland" wegfallen würde.[50] Ribbentrops Erwägungen waren nicht originell, denn derartige Austauschpläne waren von der deutschen Diplomatie schon seit Mitte der zwanziger Jahre geschmiedet worden. Beharrlich strebten die Hitlerfaschisten eine Veränderung der deutsch-polnischen Grenze an.

Über die deutscherseits geplanten Schritte gegen die Tschechoslowakei war Beck bei seinem Berliner Besuch Mitte Januar 1938 informiert worden. Anders als beim „Anschluß" standen hier für Polen bedeutsamere Interessen auf dem Spiel. Dabei handelte es sich nicht allein um das Olsa-Gebiet, das die Machthaber in Warschau an sich zu reißen wünschten. Seit 1937 wurde die polnische Politik sehr stark von der Idee beherrscht, von der Ostsee bis zum Balkan- und Donauraum unter Führung Polens und in Anlehnung an das faschistische Italien einen losen Staatenblock zu schaffen, ein „drittes Europa". Der Bündnisvertrag Polens mit Rumänien, seine guten Beziehungen zu Ungarn und ebenso zu Jugoslawien schienen solchen Ambitionen tragfähige Voraussetzungen zu geben. In Schweden und Finnland fand diese Idee jedoch keine positive Resonanz, bei Estland und Lettland stieß sie auf Skepsis und in Litauen auf Ablehnung; aber das schien Beck zunächst nicht so wichtig. Größere Bedeutung maß er der Herstellung einer gemeinsamen ungarisch-polnischen Grenze bei, weshalb er eine Angliederung der Karpaten-Ukraine und möglichst auch der Slowakei an Ungarn wünschte, was auf eine völlige Zerschlagung der Tschechoslowakei hinauslief. Insofern kamen ihm die deutschen Gebietsforderungen an Prag durchaus gelegen; sie sollten aber zwischen Berlin und Warschau abgestimmt sein.[51]

Zu ersten Absprachen über das Vorgehen gegen die Tschechoslowakei kam es am 23. Februar 1938 während eines Besuchs von Göring in Warschau in seinen Gesprächen mit Beck[52] und Rydź-Śmigły.[53] Göring lud letzteren sogar zu einer Reise nach Deutschland ein, die der polnische Marschall aber ablehnte. Polen versprach, seinen Bündnispartner Frankreich zur Zurückhaltung in der tschechischen Frage zu drängen, vor allem aber ein Eingreifen der Sowjetunion zugunsten der ČSR (auf der Grundlage des sowjetisch-tschechoslowakischen Vertrages vom 16. Mai 1935) zu behindern. Dafür werde Deutschland die polnischen Rechte in Danzig nicht antasten und polnischen Ansprüchen gegenüber der Tschechoslowakei Rechnung tragen.

Mit so allgemeinen, vagen Zusagen wollte sich Beck nicht begnügen. Daher beauftragte er Lipski, um zu verbindlicheren vertraglichen Absicherungen in den deutsch-polnischen Beziehungen zu gelangen, bei Ribbentrop eine Verlängerung der deutsch-polnischen Nichtangriffsdeklaration anzuregen. Dieses Ansinnen wies der Reichsaußenminister am 31. März 1938 mit der Bemerkung zurück, eine vorzeitige Verlängerung der Deklaration von 1934 würde ihren Wert in den Augen der Öffentlichkeit herabsetzen.[54] Hinter dieser ausweichen-

---

50 *ADAP*, Serie D, Bd. V, Dok. 329, Notiz Ribbentrops für Hitler vom 17. März 1938.

51 Siehe u. a. *Stefania Stanisławska*, Polska a Monachium, Warschau 1967; *dieselbe*, Wielka i mała polityka J. Becka, II—V 1938, Warschau 1962; *Henryk Batowski*, Europa zmierza ku przepaści, Poznań 1968; *derselbe*, Zdrada monachijska, Poznań 1973; *ders.*, Rok 1938 — dwie agresje hitlerowskie, Poznań 1986.

52 Siehe *Jan Chudek*, Rozmowy Beck-Göring z 23 lutego 1938, in: *Sprawy Międzynarodowe*, 4/1960.

53 *Diariusz i teki Jana Szembeka*, Bearb. von Titus Komarnicki, Bd. IV, hrsg. v. Jan Zarauski, London 1972, S. 41.

54 *ADAP*, Serie D, Bd. V, Dok. 34, Notiz Ribbentrops über sein Gespräch mit Lipski vom 31. März 1938.

den Antwort Ribbentrops, die mit der (erneuten) Aufforderung an Polen verbunden war, dem Antikominternpakt beizutreten[55], verbarg sich die klare Absicht, sich gegenüber Polen nicht die Hände zu binden.

Zwischen März und August 1938 verfolgten beide Seiten ihren gegen die Tschechoslowakei gerichteten Kurs[56], ohne präzise Abmachungen miteinander darüber zu treffen, welche polnischen Forderungen an die ČSR durch das faschistische Deutschland unterstützt werden würden. Nach den Vorstellungen Warschaus sollte Ungarn die Karpaten-Ukraine und die Slowakei erhalten. Polen wollte sich das Olsa-Gebiet einverleiben. Die restlichen tschechischen Gebiete sollten deutsche Einflußsphäre werden. Am 10. und 24. August trafen Lipski und Göring weitere Absprachen über die Koordinierung der antitschechischen Politik[57], wobei Göring versicherte, „nach der Lösung der tschechoslowakischen Frage" werde Deutschland „Polen ein großzügiges, umfassendes Angebot zur endgültigen Stabilisierung" des deutsch-polnischen Verhältnisses unterbreiten.[58]

Das Diktat von München nutzte Polen, um am 2. Oktober das Olsa-Gebiet zu annektieren.[59] Mit diesem aggressiven Schritt gegen ihren Nachbarn halfen die herrschenden Kreise Polens bei der Zerstückelung eines Staates, der ihnen ein Bündnispartner bei der Abwehr der imperialistischen Gelüste des deutschen Finanzkapitals, der Großagrarier und Militaristen hätte sein können und obendrein militärisch und ökonomisch über weit stärkere Kräfte verfügte, als Polen sie besaß. Es zeigte sich, daß die Verfechter einer Großmachtpolitik Polens bereit waren, gewissermaßen im Windschatten des faschistischen Deutschland auf eigene Expansion auszugehen. Das hatte sich während der Liquidierung Österreichs sowie beim Vorgehen gegen Litauen bereits angedeutet und offenbarte sich jetzt im Zusammenhang mit dem Diktat von München gänzlich. Die Machthaber in Warschau, die bei dieser Gelegenheit auch eine gemeinsame polnisch-ungarische Grenze erstrebten, ohne sie jedoch schon zu erhalten, kooperierten mit ihrem ärgsten Feind, und das bewies zugleich den Grad an Blindheit, mit dem sie der Lage gegenüberstanden, die der antitschechische Pakt der vier Großmächte schuf. Unfähigkeit zu nüchternem Urteil paarte sich mit nationalistischer Selbstüberhebung, wie dies bei Beck der Fall war, der sich darüber verärgert zeigte, daß das Münchener Abkommen ohne die Hinzuziehung Polens zustande gekommen war.

Am 24. Oktober 1938 unterbreitete Reichsaußenminister Joachim v. Ribbentrop im Grand Hotel zu Berchtesgaden Botschafter Lipski die deutschen Vorstellungen über eine „Globallösung" der deutsch-polnischen Beziehungen. Das Programm umfaßte 8 Punkte: 1. Die Freie Stadt Danzig kehrt zum Deutschen Reich zurück. 2. Durch den Korridor wird eine exterri-

55 Erstmalig hatte Göring am 16. Februar 1937 in einem Gespräch mit Rydź-Śmigły Polen den Beitritt zum Antikominternpakt vorgeschlagen, erhielt aber eine Absage (Diariusz i teki Jana Szembeka, Bd. III, S. 27ff.). Über frühere inoffizielle deutsche Sondierungen in dieser Richtung siehe *Kurt Mack*, Polen und der Antikominternpakt, in: *Österreichische Ost-Hefte*, 1/1960 und *Marian Wojciechowski*, Stosunki polsko-niemeckie 1933—1938, Poznań 1980, S. 310—323.

56 Siehe *Zbigniew Landau/Jerzy Tomaszewski*, Monachium 1938. Polskie dokumenty dyplomatyczne, Warschau 1985.

57 AAN, AB, 802, fol. 106—113, Bericht Lipskis über seine Unterredung mit Göring am 24. August 1938.

58 Ebenda, fol. 114—115, Ergänzung zum Bericht über die Unterredung Lipskis mit Göring über die deutschpolnischen Beziehungen und die Politik gegenüber der Tschechoslowakei vom 24. August 1938.

59 Siehe *Wojciechowski*, Stosunki, S. 407ff.; *Hanna i Tadeusz Jędruszak*, Ostatnie lata II Rzeczypospolitej 1935—1939, S. 267ff.

toriale, Deutschland gehörige Reichsautobahn und eine ebenso exterritoriale mehrgleisige Eisenbahn gelegt. 3. Polen erhält im Danziger Gebiet ebenfalls eine exterritoriale Straße oder Autobahn und Eisenbahn und einen Freihafen. 4. Polen erhält eine Absatzgarantie für seine Waren im Danziger Gebiet. 5. Die beiden Nationen anerkennen ihre gemeinsamen Grenzen (Garantie) oder die beiderseitigen Territorien. 6. Der deutsch-polnische Vertrag wird auf zehn bis fünfundzwanzig Jahre verlängert. 7. Polen tritt dem Antikominternvertrag bei. 8. Die beiden Länder fügen ihrem Vertrag eine Konsultationsklausel bei.[60]

Eine Annahme dieser Forderungen hätte Polen zu einem willfährigen Satelliten Hitlerdeutschlands gemacht, das sich anschickte, einen großen mitteleuropäischen Staatenblock unter seiner Vorherrschaft zusammenzuschmieden, um auf dieser Grundlage die Achse Berlin—Rom—Tokio zu einem schlagkräftigen Instrument des Kampfes um Weltherrschaft — nicht zuletzt zur Gewinnung von „Lebensraum im Osten" — auszugestalten.[61] Ob sich die deutsche Aggression zuerst nach Westen oder nach dem Osten wenden würde, war zwar noch nicht klar abzusehen[62]; in jedem Falle aber wäre der Spielraum des deutschen Imperialismus mit Polen als Hinterland bei einem bewaffneten Konflikt mit den Westmächten oder als Ausfalltor in einem Krieg gegen die UdSSR bedeutend größer geworden. Die vorgeschlagene „Globallösung", die äußerlich die Danzig-Frage in den Vordergrund rückte, hatte weitreichende Dimensionen und kam der Aufforderung gleich, auf Polens Souveränität und Unabhängigkeit zu verzichten.

Somit war die polnische Außenpolitik keinem ihrer seit 1933/34 mit so großem Eifer verfolgten Ziele näher gekommen. Gescheitert war der Versuch, das Reich zur Respektierung des Status quo im Verhältnis zu Polen zu bewegen. Ebenso waren alle Bemühungen, Polen einen festen Platz in dem sich 1936 abzeichnenden — dann aber doch nicht zustande gekommenen — Westpakt zu gewährleisten, erfolglos geblieben. Auch die Konzeption war nicht aufgegangen, in einem „dritten Europa" eine beherrschende „Großmacht"-Position zu erlangen.

Wie ernst die Lage Polens geworden war, wurde von den Machthabern in Warschau nicht hinlänglich erkannt. An Besorgnissen fehlte es freilich nicht, wie aus einer Unterredung des polnischen Botschafters in Moskau, Wacław Grzybowski, mit dem stellvertretenden Volkskommissar für Auswärtige Angelegenheiten, V. P. Potemkin, am 20. Oktober 1938 hervorgeht.[63] Die Anregung des polnischen Diplomaten, angesichts der seit München veränderten Situation über eine wesentliche Verbesserung der polnisch-sowjetischen Beziehungen nachzudenken, veranlaßte M. M. Litvinov tags darauf zu der Anfrage, ob dies auch die Meinung der polnischen Regierung sei, was Grzybowski bejahte. Von dem Bestreben geleitet, ein System kollektiver Sicherheit in Europa aufzubauen, schlug daher die Sowjetregierung am 4. November 1938 Warschau vor, ein gemeinsames Kommuniqué über den beiderseitigen Willen zur Gestaltung eines gutnachbarlichen Verhältnisses

---

60 *ADAP*, Serie D, Bd. V, Dok. 81, Aufzeichnung über die Unterredung zwischen Ribbentrop und Lipski am 24. Oktober 1938.

61 Siehe *Antoni Czubiński*, Polands place in Nazi plans for a New Order in Europe in the years 1934—1940, in: *Polish Western Affairs*, 1/1980, S. 19ff.

62 Siehe *Michał Pirko*, Agresja na Polskę czy wojna na Zachodzie jako dylemat w polityce III. Rzeszy po Monachium, in: *Polska-Niemcy-Europa*. Studia z dziejów myśli politycznej i stosunków międzynarodowych. Hrsg. von *Antoni Czubiński*, Poznań 1977, S. 555—564.

63 *SSSR v bor'be*, S. 55, Dok. 30 u. S. 59, Dok. 32.

zwischen beiden Ländern zu veröffentlichen, das in Berlin als ein Warnsignal gewertet werden müßte.[64] Als das Kommuniqué am 27. November 1938 erschien[65], erwies es sich jedoch, daß die Initiative keineswegs Ausdruck zunehmender realpolitischer Einsicht der Politiker Polens gewesen war: die Presseabteilung des polnischen Außenministeriums ließ am folgenden Tage deutschen Korrespondenten gegenüber verlauten, die polnisch-sowjetische Erklärung sei auf Anregung Moskaus zustande gekommen und ändere nichts an dem Standpunkt Polens, „daß die Teilnahme der Sowjetunion an der europäischen Politik überflüssig" sei.[66]

Beck ließ am 19. November 1938 die deutschen Vorschläge vom 24. Oktober in Anbetracht des festen Willens des polnischen Volkes, seine Lebensrechte zu verteidigen, durch Botschafter Lipski ablehnen[67]. Die Reichsregierung glaubte dennoch, daß die Machthaber Polens, falls sie durch „eine handstreichartige Besetzung von Danzig in Ausnutzung einer politisch günstigen Lage"[68] vor vollendete Tatsachen gestellt würden, nachgeben müßten. Am 24. November 1938 erließ Keitel auf Befehl Hitlers in Ergänzung der Weisung für die einheitliche Kriegsvorbereitung vom 21. Oktober 1938 die entsprechenden Anordnungen, die aber einen Krieg gegen Polen noch nicht beinhalteten.

Beck, der zunächst geglaubt hatte, die deutschen Vorschläge vom 24. Oktober 1938 seien eine Intrige Ribbentrops, konnte sich am 5. Januar 1939 bei seiner Unterredung mit Hitler in Berchtesgaden von seinem Irrtum überzeugen. Nachdem der Reichskanzler in langen Tiraden die „Übereinstimmung der Interessen Polens und Deutschlands" im Hinblick auf die UdSSR erläutert hatte, verlangte er kategorisch die Eingliederung Danzigs in das Deutsche Reich.[69] Während Hitler noch recht verbindlich blieb, verlief das Gespräch Becks mit Ribbentrop am 6. Januar in Berlin in anderer Atmosphäre. In aggressivem Ton bestand der Reichsaußenminister auf der Erfüllung der deutschen Forderungen.[70]

Am 8. Januar 1939 berieten Mościcki, Rydź-Śmigły, Ministerpräsident Składkowski, Vizepremier Kwiatkowski und Beck über die entstandene Lage. Hier wies Beck, der offenbar bis dahin weder den Präsidenten noch das Kabinett über die gefährliche Situation informiert hatte, erstmals auf beunruhigende Symptome hin, die zum Kriege führen könnten. Die Konferenzteilnehmer kamen zu folgendem Schluß: „Wenn Deutschland den Druck in so untergeordneten Fragen wie Danzig und der Autobahn beibehält, so kann kein Zweifel darüber bestehen, daß uns ein Konflikt großen Stils droht und diese Objekte nur ein Vorwand sind. Unter solchen Umständen würde eine wankelmütige Haltung von unserer Seite uns unvermeidlich auf eine schiefe Bahn führen, die mit dem Verlust der Unabhängigkeit enden und uns in die Rolle eines Vasallen Deutschlands bringen würde."[71] Als der Reichsaußenminister vom 25. bis 27. Januar 1939 in Warschau weilte und mit Beck und Rydź-Śmigły zusammentraf, wiederholte er die deutschen Ansprüche. Zwar verstünde er Polens seewirtschaftliche Interessen, aber schließlich gäbe

---

64 Ebenda, S. 69f., Dok. 39.

65 Ebenda, S. 96f., Dok. 54.

66 Ebenda, S. 97, Dok. 55.

67 *ADAP*, Serie D, Bd. V, Dok. 101, Aufzeichnung über die Unterredung zwischen Ribbentrop und Lipski vom 19. November 1938.

68 *IMG*, Bd. 34, S. 481—483, Dok. C-137.

69 *ADAP*, Serie D, Bd. V, Dok. 119, Aufzeichnung über die Unterredung Hitlers mit Beck am 5. Januar 1939.

70 Ebenda, Dok. 120, Aufzeichnung über die Unterredung Ribbentrops mit Beck am 6. Januar 1939.

71 Nach *Krasuski*, Między wojnami, S. 183.

es ja noch das Schwarze Meer, dem sich Polen ebenso wie der Ukraine zuwenden könne, weshalb es auch dem Antikominternpakt beitreten sollte. Vage Versprechungen, den polnischen Wünschen nach einer gemeinsamen Grenze mit Ungarn Rechnung tragen zu wollen, sollten die polnischen Gesprächspartner zu einer nachgiebigen Haltung veranlassen.[72] Sein Ziel erreichte Ribbentrop nicht. Vor der polnischen Öffentlichkeit wurde der Inhalt dieser Gespräche verborgen gehalten.

Bis Mitte März wandelte sich die Lage weiter zuungunsten Polens. Nach der Liquidierung der Tschechoslowakei — der Errichtung des Reichsprotektorats Böhmen und Mähren und des slowakischen Marionettenstaates (15. März) — und nach der Annexion des litauischen Memelgebiets (21. März) war Polen durch das Reich strategisch vollends in die Zange genommen. Nunmehr hielt dessen Regierung den Zeitpunkt für gekommen, Warschau die „Einleitung einer grundsätzlichen Besprechung" über die gegenseitigen Beziehungen vorzuschlagen und Beck hierzu nach Berlin einzuladen. Am 21. März 1939 wiederholte Ribbentrop in einer Unterredung mit Lipski nochmals die deutschen Forderungen vom Oktober 1938, deutete aber zugleich an, daß die zwischen Deutschland und Polen schwebenden Fragen von einer „höheren Warte" aus betrachtet werden müßten, d. h. unter gemeinsamem antisowjetischem Aspekt.[73] Lipski sah darin den Beweis, „daß die Deutschen beschlossen haben, ihr Ostprogramm rasch zu verwirklichen", und deshalb genau zu wissen wünschten, „welche Haltung Polen definitiv einnehmen werde".[74]

Aufschlußreich ist im Hinblick auf Polen die Niederschrift eines Gesprächs zwischen einem Journalisten und dem Mitarbeiter der Dienststelle Ribbentrop und Sekretär der Deutsch-Polnischen Gesellschaft in Berlin, Peter Kleist, vom 13. März 1939: „Im Verlaufe der weiteren Verwirklichung der deutschen Pläne bleibt der Krieg gegen die Sowjetunion die letzte und entscheidende Aufgabe der deutschen Politik. Während man früher hoffte, Polen als Bundesgenossen im Krieg gegen die Sowjetunion auf seine Seite ziehen zu können, ist man jetzt in Berlin überzeugt, daß Polen bei seinem gegenwärtigen politischen Zustand und territorialen Bestand nicht als Hilfskraft gegen die Sowjetunion ausgenutzt werden kann. Offensichtlich muß Polen zuerst territorial aufgeteilt (Abtrennung der Gebiete, die früher zu Deutschland gehörten, Bildung eines westukrainischen Staates unter deutschem Protektorat) und politisch organisiert werden (Ernennung von Führern des polnischen Staates, die vom deutschen Standpunkt zuverlässig sind), ehe es möglich sein wird, den Krieg gegen Rußland mit Hilfe und durch Polen zu beginnen".[75]

Auf die ihr deutscherseits angetragene „Juniorpartnerschaft" gegen die UdSSR konnte die Warschauer Regierung nicht eingehen: Einerseits war ein Zurückweichen vor den aggressiven deutschen Forderungen, die auf Anerkennung einer Art deutscher Oberhoheit über Polen hinausliefen, mit Rücksicht auf die Stimmung breitester Kreise in Polen unmöglich und hätte die innenpolitischen ohnehin labilen Positionen der Sanacja aufs äußerste gefährdet. Andererseits waren die Machthaber Polens auf Grund der allge-

---

72 *ADAP*, Serie D, Bd. V, Dok. 126, Aufzeichnung über die Unterredung Ribbentrops mit Beck am 26. Januar 1939.

73 *ADAP*, Serie D, Bd. VI, Dok. 61, Aufzeichnung über die Unterredung Ribbentrops mit Lipski am 21. März 1939.

74 *Weißbuch der Polnischen Regierung*. Die polnisch-deutschen und die polnisch-sowjetrussischen Beziehungen im Zeitraum von 1933 bis 1939. Dokumente und Urkunden zum Kriegsausbruch September 1939, Basel 1940, Dok. Nr. 61.

75 *SSSR v bor'be*, S. 234, Dok. 149.

meinen innen- und außenpolitischen Lage weder gewillt noch imstande, sich in ein Kriegsabenteuer gegen die UdSSR einzulassen. Unter diesen Umständen lehnte die polnische
Regierung am 26. März 1939 die Forderungen Hitlerdeutschlands ab[76].

Analog wie im Jahr zuvor, als die Aggression gegen die Tschechoslowakei vorbereitet
wurde, setzte nun eine lautstarke antipolnische Propaganda ein, die der ideologischen
und psychologischen Aufputschung der Deutschen diente. Im Einklang mit dem Bestreben, die wirklichen Ziele des imperialistischen Vorstoßes nach Osten zu verbergen,
stellten die Faschisten Danzig und die deutsche Minderheit in den Mittelpunkt der gegen
Polen gerichteten Kampagne. Dabei kam ihnen zugute, daß die gegen die Slawen und
namentlich gegen die Polen zielende Propaganda, wie dies die an die Berliner polnische
Botschaft gesandten und von dort nach Warschau geleiteten Berichte der Konsulate zeigten,
auch nach 1934 nie verstummt war. Sie hatte schon im Sommer 1938 wieder zugenommen,
so daß nun — als die Weichen auf Krieg gegen Polen gestellt wurden, eine bruchlose
Steigerung betrieben werden konnte. Vor allem in den grenznahen Gebieten fanden
öffentliche Feiern, Aufmärsche und Kundgebungen statt, auf denen des „Kampfes um den
deutschen Osten" während der Jahre 1919—21 gedacht wurde. Die Erfahrungen der antitschechischen Kampagne des Vorjahres ausnutzend, entfalteten Presse und Rundfunk eine
wüste chauvinistische Hetze gegen den östlichen Nachbarn.

Am 26. März bezeichnete Ribbentrop rein defensive polnische Truppenverschiebungen
wider besseres Wissen als Auftakt zu einem polnischen Gewaltstreich gegen Danzig und
drohte, daß ein solcher Fall den Krieg bedeuten würde. Zwei Tage später erklärte Beck, so
deutscherseits versucht werden sollte, daß Statut der Freien Stadt einseitig zu ändern, würde
Polen hierin den Casus belli sehen.

Auf einen Krieg gegen das hochgerüstete, militärisch weit überlegene faschistische
Deutschland war Polen keineswegs hinreichend vorbereitet. Erst Mitte der dreißiger Jahre
hatte der polnische Generalstab ernsthaftere Anstrengungen unternommen, Pläne für den
Fall eines deutschen Angriffs auszuarbeiten. Bis dahin hatte man sich mehr mit den östlichen Grenzen beschäftigt. Der Aufbau des sog. Zentralen Industriereviers im Dreieck
Radom—Lublin—Kielce steckte noch in den Anfängen, so daß die wichtigsten, meist im
Südwesten des Landes gelegenen Rüstungsbetriebe deutschem Zugriff leicht ausgesetzt
waren. Obwohl das Sanacja-Regime angebliche militärische Stärke zu demonstrieren suchte,
wuchs innerhalb der Regierung die Nervosität.

Angesichts der drohenden Kriegsgefahr kam es der polnischen Regierung bei ihrer
Suche nach einem Ausweg sehr gelegen, daß das britische Kabinett Ende März eine Kurs-
korrektur vollzog, die sich am 31. März 1939 in der britischen Garantie für Polen ausdrückte.[77]

Dieser Schritt Londons kam zwar überraschend, erfolgte aber keineswegs zufällig oder
gar uneigennützig. In der Literatur wird häufig darauf verwiesen, daß nach dem deutschen
Einmarsch in Prag die Front der Gegner der Befriedungspolitik in Großbritannien stark
anwuchs und die dortige Regierung dem Rechnung tragen mußte; deshalb habe sie eine

---

76 *ADAP*, Serie D, Bd. VI, Dok. 101 mit Anlage. Note der polnischen Regierung an die Reichsregierung vom
26. März 1939.

77 Siehe *Karol Lapter*, Angielskie gwarancje dla Polski w r. 1939, in: *Sprawy międzynarodowe*, 6/1959,
S. 1—31; *Anna Maria Cienciala*, Poland and the Western Powers 1938—1939. A Study in the Inter-
depence of Eastern and Western Europe, London/Toronto 1968; *A. M. Nekrić*, Politika anglijskogo
imperializma v Evrope (oktjabr' 1938-sentjabr' 1939), Moskau 1955; *Mieczysław Nurek*, Polska w polityce
Wielkiej Brytanii w latach 1936—1941, Warschau 1983, S. 170ff.

Reihe diplomatischer Aktivitäten entfaltet, die ihren Willen bekunden sollten, künftig der deutsch-faschistischen Expansionspolitik energisch entgegenzuwirken. Hierzu gehörten die Aufnahme von Gesprächen mit der Sowjetregierung und Maßnahmen wie die Garantie-versprechen für Polen (und Rumänien, Griechenland und die Türkei).

Davon abgesehen, daß im Frühjahr und Sommer 1939 intensive britisch-deutsche Geheimverhandlungen stattfanden, die eine Fortsetzung der appeasement-policy ermögli-chen sollten, war es keineswegs der wachsende Druck der Opposition allein, der die Regierung in London veranlaßte, spektakuläre Schritte zur vermeintlich generellen Ein-dämmung der Aggressionspolitik Hitlerdeutschlands zu unternehmen. Das Vorgehen der Chamberlain-Regierung war nicht zuletzt von der Befürchtung bestimmt, daß sich die deut-sche Kriegsmaschinerie nach Westen — also gegen Großbritannien und Frankreich — wen-den könnte. Dazu mag beigetragen haben, daß Hitlerdeutschland mit der Übergabe der Karpaten-Ukraine an Ungarn (18. März 1939) auf eine strategisch wichtige antisowjetische Ausfallbasis verzichtet hatte. Seine Führer wollten offenkundig über die künftige Stoß-richtung der Aggression völlig selbständig entscheiden.[78]

Die britische Diplomatie war deshalb fieberhaft bemüht, die deutsche Expansion nach Osten zu lenken. Um dies zu erreichen, war die Londoner Regierung bestrebt, erstens alle Fragen zwischen Deutschland und Polen möglichst unter entscheidender Mitwirkung Englands zu regeln. Um sich auf diesem Felde einen breiten Spielraum offenzuhalten, ver-pflichtete sie sich in ihrer Garantieerklärung für Polen, zwar für die unabhängige Existenz, nicht aber für die territoriale Integrität des polnischen Staates einzutreten. Zweitens wollte sie der Reichsregierung zu verstehen geben, daß ihr für den Fall eines Angriffs auf die Westmächte ein Zweifrontenkrieg drohe, während eine deutsche Expansion in Richtung Osten unter bestimmten und vereinbarten Bedingungen von England und Frankreich nicht behindert werden würde. Drittens war sie darauf aus, die „polnische Barriere" zwischen Hitlerdeutschland und der UdSSR durch ein deutsch-polnisches „Arrangement" zu ersetzen. Das knüpfte an Vorstellungen an, die der britische Imperialismus schon Ende der 20er Jahr verfolgt hatte, als er sich um die Schaffung einer einheitlichen imperialistischen Front gegen die Sowjetunion bemühte. Angesichts der friedensgefährdenden Entwick-lungen hatte die Sowjetregierung am 18. März 1939 eine Konferenz Englands, Frankreichs, Rumäniens, Polens, der Türkei und der UdSSR in Bukarest angeregt, um die als Folge der Aggressionsakte Hitlerdeutschlands entstandene Lage zu erörtern. Die britische Regierung lehnte diesen Vorschlag als „verfrüht" ab. Sie empfahl statt dessen eine Deklaration der Westmächte, der UdSSR und Polens über gemeinsame Konsultationen, falls die Unab-hängigkeit eines der genannten Staaten bedroht werden würde.[79] Wie der polnische Bot-schafter in Paris, I. Łukasiewicz, seinem dortigen amerikanischen Kollegen, J. P. Kennedy, erklärte, war die Warschauer Regierung nicht einmal zu einer solchen gemein-samen Deklaration mit der UdSSR bereit, „um Polens Beziehungen zu einem so starken Nachbarn wie Deutschland nicht zu kompromittieren".[80]

Gewiß, in Berlin wäre eine polnisch-sowjetische Annäherung alles andere als freundlich aufgenommen worden, hätte aber sicherlich nicht zum Kriege geführt, sondern zur Stärkung der Abwehrfront gegen eine deutsche Expansion. Dem polnischen Regierungs-lager fehlte diese realistische Einsicht. Die Ablehnung des englischen Deklarations-

78 Siehe *Lapter*, S. 9ff.
79 *SSSR v bor'be*, S. 242f., Dok. 157.
80 Zit. nach *Lapter*, S. 21.

projekts verband Beck darum am 24. März London gegenüber mit der Anregung, einen britisch-polnischen Geheimvertrag abzuschließen. Dies kam der Chamberlain-Regierung sehr gelegen. Sie wünschte aber keine geheimen oder vertraulichen Abmachungen mit Polen, sondern eine öffentliche Erklärung über wechselseitige britisch-polnische Hilfeleistung, weil sie damit eine Trumpfkarte in ihrem diplomatischen Spiel — nicht zuletzt auch der Reichsregierung gegenüber — in die Hände bekam.

Das Foreign Office ließ in Warschau am 30. März mitteilen, man besäße Informationen über einen unmittelbar bevorstehenden deutschen Angriff auf Polen. Da in der Unterhaussitzung am folgenden Tage eine entsprechende Interpellation zu erwarten sei, wünsche die britische Regierung die Zustimmung zu einer vor dem Parlament verkündeten Garantie Englands für Polen, die für den Fall gelten sollte, daß sich dieses einem bewaffneten Überfall widersetzen müsse.[81] Beck erteilte sein Einverständnis sofort und erklärte sich während seines Besuchs in London (Anfang April) auch bereit, die einseitige britische Garantie in ein zweiseitiges polnisch-englisches Abkommen umzuwandeln.[82]

Die Lenker der polnischen Politik waren voller Enthusiasmus über die vermeintliche Anerkennung Polens als „gleichwertige" Macht durch Großbritannien, das aber den Abschluß eines britisch-polnischen Beistandspaktes bis zum 25. August 1939 verzögerte. Zugleich setzte London seine Bemühungen fort, die Beziehungen zum faschistischen Deutschland auf Kosten Dritter — diesmal um den Preis wichtiger polnischer Interessen[83] — zu verbessern.

Am 3. April 1939 unterzeichnete Keitel den Befehl an die Wehrmacht, den „Fall Weiß" — den Plan zum Überfall auf Polen — so vorzubereiten, daß seine Durchführung vom 1. September 1939 an jederzeit möglich sei. Am 28. April kündigte Hitler öffentlich den deutsch-polnischen Nichtangriffspakt von 1934 auf, bot jedoch heuchlerisch neue Verhandlungen mit Polen an, sofern dieses bereit sei, alle deutschen Forderungen zu erfüllen und auf das Bündnis mit England zu verzichten. In ihrer Note vom 5. Mai 1939 wies die polnische Regierung diese Ansinnen zurück, bekräftigte jedoch ihren Willen, die deutsch-polnischen Beziehungen auf gutnachbarlicher Grundlage vertraglich zu regeln.[84]

Die Alternative der deutschen Imperialisten lautete jedoch: Unterwerfung oder Krieg. Während öffentlich der Eindruck erweckt werden sollte, die deutsche Regierung erstrebe lediglich eine Regelung der Danzig- und der Korridor-Frage sowie eine Sicherung der Rechte der sogenannten Volksdeutschen in Polen, nannte Hitler in einer Rede vor den Führungsspitzen der Wehrmacht am 23. Mai 1939 die tatsächlichen Ziele: „Danzig ist nicht das Objekt, um das es geht. Es handelt sich für uns um die Erweiterung des Lebensraums im Osten". Dieser Plan richtete sich zunächst noch nicht über die Ostgrenzen Polens hinaus. Seine Verwirklichung sollte den deutschen Imperialismus vor der Gefahr eines Zweifrontenkrieges schützen, ihm die Ressourcen Polens und der Baltikum-Staaten erschließen

---

81 *DBFP*, Ser. 3, Bd. IV, Dok. 566.

82 Ebenda, Ser. 3, Bd. V, Dok. 1. — Frankreich schloß sich diesem Garantieabkommen am 13. April an; am 19. Mai 1939 erfolgte die Unterzeichnung einer polnisch-französischen Militärkonvention, die freilich nur geringen praktischen Wert besaß. Ein Beistandspakt zwischen Polen und Frankreich kam erst am 4. September 1939 zustande. Siehe dazu *Kazimiera Mazurowa*, Europejska polityka Francji 1938—1939, Warschau 1974, S. 349ff.

83 Siehe *Anna Maria Cienciala*, Problem niemiecki w świetle polityki mocarstw zachodnich wobec Wolnego Miasta Gdańska w latach 1919—1939, in: *Studia Historica Slavo-Germanica*, 1972, Nr. 1, Poznań 1973.

84 *ADAP*, Serie D, Bd. VI, Dok. 334 Anlage.

und ihm so eine günstigere kriegsökonomische Ausgangssituation für den Kampf gegen Großbritannien und Frankreich verschaffen. Deshalb, so erklärte Hitler, sei er entschlossen, Polen „bei erster passender Gelegenheit anzugreifen".[85] Hierfür lagen die detaillierten Pläne spätestens im Juni 1939 bereit.

Ende Juli/Anfang August gestaltete sich die Lage an der deutsch-polnischen Grenze alarmierend. In Danzig nahmen die Spannungen und Zwischenfälle infolge der Bestrebungen der Nazis ständig zu, die polnischen Rechte in der Freien Stadt weiter zu untergraben und ihren Anschluß an das Deutsche Reich zu vollziehen. Herausfordernd schaltete sich die Reichsregierung am 9. August in die Danzig-polnischen Konflikte ein.[86] Die Warnung der polnischen Regierung an Berlin, daß sie jede weitere Einmischung in der Freien Stadt als einen Angriffsakt betrachten müsse[87], beeindruckte die faschistischen Machthaber nicht. Sie waren entschlossen, wie Ribbentrop am 11. August 1939 seinem italienischen Amtskollegen Galeazzo Graf Ciano unverblümt erklärte[88], den Krieg gegen Polen so rasch wie möglich vom Zaune zu brechen. Perfekt vorbereitete Provokationen sollten Polen dabei in die Rolle des „Störenfrieds" und „Angreifers" hineinmanövrieren. Während die Warschauer Regierung auf die Hilfe der Westmächte baute und glaubte, mit einer „Politik der Festigkeit" Hitlerdeutschland wirksam begegnen zu können, suchten die britischen und — in ihrem Gefolge — auch die französischen Imperialisten noch immer mit den deutsch-faschistischen Aggressoren auf Kosten des territorialen Bestands Polens zu einem Modus vivendi zu gelangen. Sie visierten eine Konferenz der europäischen Großmächte unter Ausschluß der UdSSR an, also ein neues München. Derartige Angebote wurden britischerseits am 7. August an Göring herangetragen.[89]

Noch im August 1939 bot sich auch für die Politiker der bürgerlichen polnischen Rzeczpospolita die Chance, durch ein Zusammengehen mit der UdSSR der drohenden Katastrophe zu entgehen. Bereits am 10. Mai 1939 hatte der stellvertretende Volkskommissar Potemkin zu Beck in Warschau geäußert, die UdSSR würde es nicht ablehnen, Polen Hilfe zu leisten, wenn die polnische Regierung dies wünsche. Doch schon am folgenden Tag erklärte Grzybowski Molotov, daß Polen es nicht für möglich halte, mit der Sowjetunion einen gegenseitigen Beistandspakt abzuschließen.[90] An dieser Linie hielt die Warschauer Regierung bis zum Schluß fest. Während der sowjetisch-britisch-französischen Militärverhandlungen in Moskau mußte der sowjetische Delegationsleiter, Marschall K. E. Vorošilov, am 13. August folglich seine Gesprächspartner fragen: „Wie stellen sich die Missionen oder Generalstäbe Frankreichs und Englands die Beteiligung der Sowjetunion am Krieg gegen den ·Aggressor vor, wenn dieser Frankreich oder England angreift oder wenn der Aggressor Polen oder Rumänien zusammen oder die Türkei angreift ... Die Sowjetunion hat bekanntlich weder mit England noch mit Frankreich eine gemeinsame Grenze. Deshalb können wir uns am Krieg nur auf dem Territorium benachbarter Staaten, insbesondere Polen und Rumänien, beteiligen."[91] Da die westlichen Delegationen hierauf

85 *IMG*, Bd. 37, S. 546 ff., Dok. 79-I; *ADAP*, Serie D, Bd. VI, Dok. 433.
86 *ADAP*, Serie D, Bd. VII, S. 3 f., Dok. 5.
87 Siehe *Weißbuch der Polnischen Regierung*, S. 129 f., Dok. Nr. 86.
88 Siehe *Galeazzo Ciano*, Journal politique 1939—1943, Bd. 1, Neuchâtel-Geneve 1946, zit. nach *H. Freund*, Geschichte des zweiten Weltkrieges, Bd. 3, Bonn 1959, S. 27.
89 Siehe *DBFP*, Ser. 3, Bd. VI, London 1953, S. 751, Anhang IV.
90 Siehe Rokowania ZSSR, W. Brytanii i Francji w 1939 r., in: *Sprawy Międzynarodowe*, 10/1969.
91 Siehe *SSSR v bor'be*, S. 549 ff., Dok. 412, Sitzung vom 13. August 1939.

keine Antwort zu geben wußten, unterbreitete Vorošilov damals notgedrungen den Vorschlag, die Verhandlungen bis zur verbindlichen Klärung dieser entscheidenden Frage nach dem Durchmarschrecht für sowjetische Truppen zu vertagen.

Bei entsprechenden Demarchen der britischen und französischen Regierung in Warschau wäre dort eine positive Stellungnahme wohl zu erwirken gewesen. Doch waren London und Paris nicht wirklich entschlossen, mit der UdSSR ein kollektives Sicherheitssystem gegen die faschistischen Aggressoren zu errichten. Die Entscheidung wurde so den Machthabern Polens im Vertrauen auf deren antisowjetische Einstellung überlassen. Die Westmächte, in Moskau weiterhin hinhaltend auftretend, verschanzten sich hinter Warschau.

Am 18. August erklärte der polnische Generalstabschef, General Stachewicz, dem französischen Botschafter in Warschau, L. Noël, die polnische Regierung „sähe keinen Gewinn darin, sich von der Sowjetregierung überreden zu lassen, Truppen der Roten Armee zu gestatten, in Polen gegen die deutschen Landstreitkräfte zu operieren"[92], was zwei Tage später auch offiziell bekräftigt wurde. Am 21. August endeten die Militärverhandlungen der UdSSR mit den Westmächten folglich ergebnislos. Der Sowjetregierung blieb unter diesen Umständen keine andere Wahl, als den von Hitlerdeutschland vorgeschlagenen Nichtangriffspakt am 23. August 1939 zu unterzeichnen.

In einem von deutscher Seite angeregten geheimen Zusatzprotokoll wurde „für den Fall territorialer Veränderungen in Polen" vereinbart, daß die im Gefolge des polnischen Aggressionskrieges gegen Sowjetrußland im Rigaer Vertrag von 1921 an Polen abgetretenen westukrainischen und westbelorussischen Gebiete wieder in den sowjetischen Staatsverband zurückkehren sollten.[93] Die dort von der polnischen Bourgeoisie und den mit ihr verbundenen Gutsbesitzern betriebene diskriminierende Minderheitenpolitik war auf den wachsenden Widerstand der ukrainischen und belorussischen Bevölkerung gestoßen. Die „Pazifizierungsaktionen" der polnischen Militärs und der Behörden hatten 1937/38 hinlänglich bewiesen, mit welchen drakonischen Mitteln die bürgerlichen Machthaber Polens ihren territorialen Besitzstand im Osten zu wahren suchten. Die Bezugnahme auf „territoriale Veränderungen in Polen" erörterte in der letzten Augustdekade 1939 keine hypothetische Möglichkeit. Es war abzusehen, daß Polen in allernächster Zeit von den faschistischen Aggressoren angegriffen und binnen kurzer Zeit überrannt werden würde, denn weder gebot es — wie erwähnt — über ausreichende eigene Abwehrkräfte, noch hatte es sich — wie ebenfalls erörtert — effektiver fremder Hilfe versichert. Hilfsangebote waren sogar ausgeschlagen worden. Der Aufmarsch der Wehrmacht war nun nahezu abgeschlossen; als Angriffstermin galt ursprünglich der 26. August. Damit entstand die akute Gefahr, daß die Landkarte Osteuropas sich in einer Weise verändern würde, die am meisten gegen die UdSSR und gegen die nördlichen Nachbarn Polens, die Baltikum-Staaten, ausschlagen mußte. Das Schicksal Polens war als Folge einer verfehlten Außenpolitik seiner Machthaber besiegelt worden, bevor noch der erste Schuß fiel. Da die herrschenden Kreise in Warschau während der Monate, die seit dem deutschen Einmarsch in Prag verstrichen waren, sich nicht zu einem Zusammengehen mit dem einzigen Staat hatten entschließen können, der Polen wirklich militärisch beistehen konnte, waren die Führer der UdSSR darauf angewiesen, den Schaden für das eigene Land und dessen Zukunft zu begrenzen, der ihm aus der bevorstehenden Katastrophe Polens erwachsen mußte.

In der letzten Woche des Friedens setzte eine fieberhafte diplomatische Aktivität ein, die seitens der Westmächte, Italiens und der USA darauf gerichtet war, ein neues

---

92 Siehe *DBFP*, Ser. 3, Bd. VII, London 1954, S. 53, Dok. 52.
93 *ADAP*, Serie D, Bd. VII., S. 206f., Dok. 229.

München herbeizuführen. Selbst der Papst drängte die polnische Regierung, den deutschen Gebietsforderungen nachzugeben. Der Hitlerregierung kam es darauf an, Polen durch eine Serie von Provokationen und ultimative Forderungen in die Rolle des Schuldigen am Ausbruch des Krieges hineinzumanövrieren.

In den Abendstunden des 29. August übermittelte Hitler dem britischen Botschafter Nevile Henderson die Bedingungen einer „Verständigung" mit Polen, die sich nur unwesentlich von den bereits am 24. Oktober 1938 unterbreiteten Grundforderungen für eine „Globallösung" des deutsch-polnischen Verhältnisses unterschieden. Sie waren nun mit dem kategorischen Verlangen verknüpft, die polnische Regierung möge unverzüglich — spätestens am 31. August — einen bevollmächtigten Vertreter zu ihrer Unterzeichnung nach Berlin entsenden. Die schriftliche Fassung dieses „Friedensangebots" sui generis erhielt Henderson erst am 31. August, also wenige Stunden vor Ablauf des deutschen Ultimatums, das der polnischen Regierung nur auf Umwegen zur Kenntnis gebracht werden konnte. Mit diesem Manöver wollten die Hitlerfaschisten lediglich das propagandistische Argument gewinnen, die Warschauer Regierung habe keine Bereitschaft zu „friedlichen Lösungen" gezeigt.

Der Entschluß der polnischen Regierung in der Nacht vom 28. zum 29. August angesichts der bedrohlichen Lage die allgemeine Mobilmachung zu verkünden, wurde von ihr unter dem Druck Großbritanniens und Frankreichs am 30. August wieder zurückgenommen. Dadurch wurde die ohnehin unzureichende Verteidigungsfähigkeit des Landes gegenüber einem Aggressor zusätzlich geschwächt, der den Überfall auf Polen nicht nur militärisch mit beispielloser Skrupellosigkeit vorbereitet hatte. Als Vorwand für die Aggression dienten ihm sorgfältig geplante Provokationen und Diversionsakte, um die Schuld an den sich im August krisenhaft zuspitzenden deutsch-polnischen Spannungen und Konflikten der polnischen Seite anzulasten und den Angriff als Antwort auf polnische Übergriffe darstellen zu können. Zu diesem Szenarium gehörte die am 31. August gegen 20 Uhr von einem Kommando des faschistischen Sicherheitsdienstes unter Leitung von Alfred Helmut Naujocks vollzogene Besetzung des Senders Gleiwitz, die tags darauf im „Völkischen Beobachter" vorgeblich als „Signal zu einem Angriff polnischer Freischärler auf deutsches Gebiet" hingestellt wurde. Eine Reihe weiterer Grenzzwischenfälle wurde nach dem gleichen Muster von deutschen Spezialkommandos ausgeführt. Deren Planung und Durchführung oblag dem späteren Amt VI des Reichssicherheitshauptamtes der SS unter Brigadeführer Heinz Jost. Lange vorbereitet, traten vor Beginn der Kriegshandlungen in Polen Diversantengruppen in Aktion, die teils vom Reich eingeschleust, teils aus Angehörigen der deutschen Minderheit gebildet worden waren. Als „Fünfte Kolonne" sollten sie der Wehrmacht den Weg ins Landesinnere bahnen.

Im Morgengrauen des 1. September 1939, um 4.45 Uhr, eröffnete das deutsche Linienschiff „Schleswig-Holstein", das am 25. August zu einem angeblichen Freundschaftsbesuch in den Danziger Hafen eingelaufen war, mit einem Feuerschlag gegen die polnische Garnison auf der Westerplatte den Angriff. Zugleich drangen 1,8 Millionen mit modernster Kriegstechnik ausgerüstete Soldaten der Wehrmacht von der Ostsee bis zu den Beskiden über die polnische Grenze vor. Die deutsche Luftwaffe begann militärische und zivile Objekte, Städte und Dörfer zu bombardieren. Die polnischen Truppen, vielerorts von der Bevölkerung unterstützt, vermochten sich der weit überlegenen Angreifer nicht lange zu erwehren.

Zwar erklärten die Bündnispartner Polens — Frankreich und Großbritannien — am 3. September Deutschland den Krieg, aber wirkliche Hilfe leisteten sie dem polnischen Volk in der Stunde der Gefahr am Beginn des zweiten Weltkrieges nicht. Erst am 9.

September, als die Aggressionsarmeen bereits weite Teile Polens erobert hatten, empfing der Chef des britischen Generalstabes, General Ironside, den am 3. September nach London entsandten polnischen General Norwid-Neugebauer, jedoch nur, um ihn mit leeren Versprechungen über die Lieferung von Flugzeugen, Waffen und Munition via Rumänien zu entlassen.[94] Auf eine Koordinierung von Kriegshandlungen gegen Hitlerdeutschland war man in London ebenso wie in Paris nicht vorbereitet. Zudem spekulierten die imperialistischen Westmächte noch immer auf ein „Arrangement" mit den Machthabern in Berlin.

Schon während der ersten Kriegstage enthüllte der Faschismus sein barbarisches Gesicht durch blutigen Terror, Massenverhaftungen, Enteignung, Verfolgungen und Austreibung. Monate vor der Aggression gegen Polen setzten in Hitlerdeutschland die Vorbereitungen zum Aufbau eines ausgeklügelten Unterdrückungsapparats und der Verwaltung der okkupierten Gebiete ein. Es entstanden Pläne, die auf eine „Germanisierung" ganzer Landstriche abzielten und die Vertreibung der polnischen Bevölkerung aus ihnen vorsahen. Die deutschen Monopolherren trafen untereinander Absprachen, wie Bergbau, Hüttenwesen und Industrie in Polen unter ihnen aufgeteilt, in welcher Weise und in welchem Umfang Polen zur Sklavenarbeit in Deutschland gezwungen werden sollten.

Bereits am 1. September 1939 wurde Danzig zum Bestandteil des Deutschen Reiches erklärt. Am 8. Oktober 1939 wurden aus polnischen Gebieten die sog. Reichsgaue Danzig-Westpreußen und Wartheland geschaffen und dem Reich „eingegliedert"; große Teile Masowiens und das Gebiet um Suwałki wurden Ostpreußen zugeschlagen, der polnische Teil Oberschlesiens wurde zusammen mit Teilen der Wojewodschaften Kielce und Krakau ebenfalls annektiert. Aus den anderen, von der Wehrmacht okkupierten, Teilen Polens entstand am 12. Oktober 1939 das „Generalgouvernement".

Die Politik, die die faschistischen Sachwalter des deutschen Monopolkapitals in Polen betrieben, war darauf gerichtet: 1. die polnische Bevölkerung biologisch auszurotten; 2. ihren ethnisch geschlossenen Raum durch Aussiedlung einzuschränken und später zu liquidieren; 3. die polnische Nation von innen her zu zerschlagen und einen Teil durch eine entsprechende „Volkstumspolitik" zu germanisieren; 4. die polnische Kultur und Kunst zu vernichten und alle Spuren der nationalen Vergangenheit Polens zu tilgen; 5. die materiellen Sachwerte zu rauben oder zu vernichten.[95] Dieser Politik fielen in Polen über 6 Millionen Menschen (22 Prozent der Bevölkerung) zum Opfer, von denen 3,5 Millionen in Vernichtungslagern und Gefängnissen oder bei Exekutionen ermordet wurden. In den auf polnischem Territorium errichteten Todesfabriken wie Auschwitz, Majdanek, Treblinka und Sobibór wurde die faschistische Genozidpolitik gegenüber den Juden vollzogen.

In keinem anderen Land, die Sowjetunion ausgenommen, trat das barbarische Wesen des deutschen Faschismus so offen zutage wie in Polen, mit dessen Zerschlagung Hitlerdeutschland den zweiten Weltkrieg entfesselte.

---

94 Siehe *Marian Staniewicz*, Klęska Wrześniowa na tle stosunków międzynarodowych 1918—1939, Warschau 1952, S. 218—220.
95 Siehe *Czesław Madajczyk*, Die Okkupationspolitik Nazideutschlands in Polen 1939—1945. Ins Deutsche übertragen und wiss. bearb. von Berthold Puchert, Berlin 1987, S. 615—623.

KLAUS MAMMACH

Widerstandsaktionen und oppositionelles Verhalten in Deutschland sowie im französischen Exil (1938/39)

Auch in dem Jahr vor dem Beginn des Krieges, seit Sommer/Herbst 1938, gab es in Deutschland — und das soll der Schwerpunkt sein — sowie im Exil Gegenkräfte, die entschlossen waren, den Kurs der herrschenden deutschen Kreise auf eine Aggression, die eine internationale bewaffnete Auseinandersetzung zur Folge haben mußte, zu durchkreuzen und den Frieden sichern zu helfen. Das soll an ausgewählten Beispielen belegt werden.

1. In Deutschland

a. Die KPD und mit ihr verbündete Hitlergegner

Ein skizzenhafter Überblick über den Organisationsstand der KPD soll beweisen, daß es die Kommunisten waren, die als Partei, geleitet von ihrem Zentralkomitee, Widerstand leisteten. Es entbehrt nämlich jeder sachlichen Grundlage, wenn bürgerliche Historiker immer wieder — so z. B. Karl Otmar v. Aretin — behaupten, 1938/39 hätten fast keine kommunistischen Gruppen (geschweige denn größere Organisationen) mehr existiert.[1] William S. Allen meint sogar, daß „es schon 1936 praktisch im ganzen Reich keine aktiven Kommunisten mehr gab, die nicht inhaftiert waren".[2] Detlev Peukert datiert noch weiter zurück und glaubt feststellen zu können: Zwischen Herbst 1934 und Frühjahr 1935 „zerbrach die KPD endgültig. Zur sogenannten Brüsseler Konferenz im Herbst 1935, die den neuen Kurs konsolidieren sollte, kamen Generale ohne Armee zusammen."[3] Hingegen konstatiert — wenn auch abschwächend — Arnold Sywottek, daß „die KPD als einzige politische Bewegung mit Parteicharakter das ‚Dritte Reich' zwar in zeitweise nur schwacher Ausprägung, doch mindestens als virtuelle Organisation ungebrochen überdauert hat".[4]

In Berlin waren bis Anfang 1938 fünf Gebietsleitungen entstanden, verantwortlich für Parteiorganisationen unterschiedlicher Größe und Struktur in verschiedenen Stadtteilen,

---

1 *Karl Otmar von Aretin*, Einleitung, in: *Ulrich Cartarius*, Opposition gegen Hitler, Berlin (West) 1984, S. 11.

2 *William Sheridan Allen*, Die sozialdemokratische Untergrundbewegung: Zur Kontinuität der subkulturellen Werte, in: *Der Widerstand gegen den Nationalsozialismus*. Die deutsche Gesellschaft und der Widerstand gegen Hitler. Hrsg. von Jürgen Schmädecke u. Peter Steinbach i. A. der Historischen Kommission zu Berlin (West) in Zusammenarbeit mit der Gedenkstätte Deutscher Widerstand, München/Zürich 1985, S. 854.

3 *Detlev Peukert*, Volksfront und Volksbewegungskonzept im kommunistischen Widerstand, in: ebenda, S. 881.

4 *Arnold Sywottek*, Revolutionäre Perspektiven des kommunistischen Widerstands, in: ebenda, S. 479f.

mit Gruppen in faschistischen Massenorganisationen, in Sportvereinen sowie Wohngebieten und mit Zellen in Betrieben. Diese Leitungen hielten mit der Abschnittsleitung Mitte des ZK der KPD (bis Herbst 1938 in Prag, dann in Malmö bzw. Göteborg) durch Instrukteure Verbindung.

Die größte dieser Gebietsorganisationen leitete Robert Uhrig gemeinsam mit Karl Frank, Erich Kurz, Kurt Lehmann, Franz Mett und Kurt Riemer. Aus ihrer Zusammenarbeit mit Sozialdemokraten und früheren Gewerkschaftern, mit parteilosen Arbeitern, mit Künstlern, Wissenschaftlern und Ingenieuren begannen sich Ansätze einer wirksamen Widerstandsorganisation zu entwickeln.[5]

Nach Verhaftungen im Ruhrgebiet im Herbst 1936, namentlich in Bochum, Essen und Gelsenkirchen, setzten kommunistische Zellen in Zechen und vor allem in Metallbetrieben sowohl in diesen Städten, aber auch — durch Festnahmen nicht dezimiert — z. B. in Duisburg, Hagen und Dortmund den antifaschistischen Kampf fort. Sie standen in Kontakt zur Abschnittsleitung West in Amsterdam. In Dortmund, wo die Mitglieder der KPD von dem Instrukteur Melchior Krämer unterstützt wurden und u. a. mit Sozialdemokraten sowie mit einer jüdischen Jugendgruppe gemeinsam gegen das Regime handelten, bildeten sich ebenfalls Keime einer größeren Widerstandsorganisation heraus.[6]

Zu Kommunisten und weiteren Antifaschisten in Düsseldorf und Duisburg unterhielt eine Widerstandsgruppe unter Leitung des Kommunisten Andreas Hoevel Verbindung, die in Wiesbaden und Koblenz wirkte. Ihre Formierung hatte nach der Freilassung Hoevels Ende 1938 aus dem KZ Buchenwald begonnen. Ihm halfen seine im April 1939 aus der Haft freigekommene Ehefrau Anneliese sowie Adolf und Margarethe Noetzel, die Beziehungen zu ehemaligen Mitgliedern bürgerlicher Parteien der Weimarer Republik knüpften.[7] In Frankfurt a. M. — hier unter besonderem Anteil von Adam Leis — und in Stuttgart entstanden nach Verhaftungen bis Kriegsbeginn wiederholt neue Parteiorganisationen in verschiedenen Stadtteilen und Betrieben, die z. T. Kontakt zur Abschnittsleitung Südwest in Brüssel bzw. zur Abschnittsleitung Süd in Zürich hatten. Die Bezirksleitung für Nordbaden und die Pfalz unter Georg Lechleiter stützte sich vor allem auf Zellen bzw. Widerstandsgruppen in Betrieben.

In Leipzig hatten sich nach Festnahmen Zellen in verschiedenen Betrieben gebildet, die — zunächst ohne Verbindung untereinander — handelten und sich z. T. auf Grund der Zusammenarbeit mit nichtkommunistischen Hitlergegnern zu Widerstandsgruppen entwickelten. Derartige Gruppen formierten sich auch in einigen Wohngebieten. Bis 1939 bildete sich eine KPD-Organisation heraus, die Mitglieder in der gesamten Stadt erfaßte und von Arthur Hoffmann, Karl Jungbluth, Kurt Kresse, Georg Schwarz und William Zipperer geleitet wurde. In Dresden führten in der zweiten Hälfte der 30er Jahre Herbert Bochow, Albert Hensel, Fritz Schulze und Karl Stein Kommunisten zusammen und veranlaßten den Aufbau von Zellen in Großbetrieben. Sie konnten ebenfalls Verbindungen zu Sozialdemokraten und bürgerlichen Regimegegnern herstellen. Sowohl in Leipzig wie in Dresden hatten Mitglieder der KPD Verbindung zur Abschnittsleitung Mitte.

---

5 *Luise Kraushaar*, Berliner Kommunisten im Kampf gegen den Faschismus 1936 bis 1942. Robert Uhrig und Genossen, Berlin 1981, S. 56ff.

6 *Detlev Peukert*, Ruhrarbeiter gegen den Faschismus. Dokumentation über den Widerstand im Ruhrgebiet 1933—1945, Frankfurt a. M. 1976, S. 187ff.

7 *Lothar Bembenek/Fritz Schumacher*, Nicht alle sind tot, die begraben sind. Widerstand und Verfolgung in Wiesbaden 1933—1945, Frankfurt a. M. 1980, S. 94f.

Im Gebiet von Chemnitz, Plauen und Zwickau gelang es nach Verhaftungen nicht mehr, größere Parteiorganisationen zu bilden. Jedoch waren in einigen Betrieben kommunistische Zellen bzw. Widerstandsgruppen illegal tätig. Um die Koordinierung ihrer Aktionen bemühten sich 1939 Ernst Enge, Albert Hähnel, Fritz Matschke und andere Funktionäre. Ähnlich gestalteten sich die Verhältnisse in Hamburg. Auch hier konnten zu dieser Zeit lediglich in Betrieben und Sportvereinen kommunistische Zellen bzw. Widerstandsgruppen neu geschaffen werden, die z. T. Kontakt zur Abschnittsleitung Nord in Kopenhagen hielten. In Stettin wirkten Parteiorganisationen bzw. Zellen in einigen Stadtteilen bzw. Betrieben. Namentlich 1938 kam es im Gebiet von Magdeburg zu zahlreichen Festnahmen. In diesem und im folgenden Jahr aus der Haft freigelassene Kommunisten, z. B. Hermann Danz, Fritz Rödel und Johann Schellheimer, knüpften neue Verbindungen und bemühten sich um organisatorische Zusammenschlüsse. Verhaftungen in der Lausitz und in Schlesien hatten KPD-Organisationen dezimiert, z. B. in Görlitz, Beuthen, Gleiwitz und Hindenburg. In einigen Betrieben formierten sich Zellen neu. Ähnliches galt auch für Ostpreußen. In Mecklenburg konnten zu dieser Zeit meist nur einzelne Kommunisten dem Regime vorsichtig Widerstand entgegensetzen.[8]

Diese bei weitem nicht vollständige Aufzählung belegt, daß vor allem in Industriegebieten auch im behandelten Zeitraum Organisationen bzw. Betriebszellen der KPD existierten, die zu einem beträchtlichen Teil von der Parteiführung, namentlich dem Auslandssekretariat in Paris, über die Abschnittsleitungen direkt Orientierung erhielten. In verschiedenen Teilen Deutschlands gelang es nach mehreren Verhaftungswellen allerdings nicht mehr, größere Organisationen mit entsprechenden Leitungen zu schaffen. Das heißt jedoch nicht, daß hier Kommunisten den Kampf einstellten. Vielmehr führten sie ihn in kleineren Gruppen — ohne Verbindung zu anderen oder zu übergeordneten Leitungen — bzw. auf sich allein gestellt, als Einzelpersonen fort. Angedeutet wurde bereits, daß zu dieser Zeit ebenfalls Widerstandsgruppen aus kommunistischen sowie nichtkommunistischen Hitlergegnern aktiv waren und daß sich in einigen Städten Ansätze für größere Widerstandsorganisationen herauszubilden begannen, die erst nach Kriegsbeginn voll wirksam wurden.

b. Antikriegspropaganda der KPD. Gemeinsame Flugblätter von Kommunisten und Sozialdemokraten

Eine wesentliche Form des antifaschistischen Kampfes war die Aufklärung der Bevölkerung über den Kriegskurs des Regimes und seine außen- und innenpolitischen Folgen, über die wachsende Gefahr eines Krieges überhaupt. Die KPD strebte danach, möglichst rasch ihre Stellung zu wichtigen Ereignissen zu verbreiten, Hintergründe und Schlußfolgerungen darzulegen, auf Methoden des Widerstandes hinzuweisen und so orientierend und auf potentielle Hitlergegner mobilisierend zu wirken, mit dem Ziel, eine Volksfront aller Regimegegner zu schaffen. Selbstredend waren ihre Möglichkeiten angesichts der illegalen Bedingungen sehr eingeschränkt, mit denen der Propagandamaschinerie der Nazis verglichen minimal. Dennoch suchten die Kommunisten unter großen Anstrengungen und Gefahren ihre Stimme hörbar zu machen. Das geschah in zahlreichen kommunistischen Zeitungen und Zeitschriften, z. B. in der „Roten Fahne", der „Jungen Garde", der „Internationale" und der „Kommunistischen Internationale", sowie in Flugblättern, die von den Abschnittsleitungen

---

8 *Klaus Mammach*, Widerstand 1933—1939. Geschichte der deutschen antifaschistischen Widerstandsbewegung im Inland und in der Emigration, Berlin 1984, S. 164ff.

illegal ins Land gebracht und hier verbreitet wurden, sowie in den Sendungen des in Spanien stationierten Deutschen Freiheitssenders 29, 8. Diese Materialien sowie Rundfunkinformationen gaben den Kommunisten im Land zugleich Orientierung für ihren Kampf und bei der Abfassung selbst hergestellter Flugblätter.

In einem Handzettel, verbreitet drei Tage nach dem Münchener Abkommen im Berliner Stadtbezirk Wedding und unterzeichnet mit „Die deutsche Volksfront", erklärten seine Verfasser: „München bedeutet nicht den Frieden, sondern einen Schritt näher zum Krieg. Das Volk will keinen Krieg. Das Volk will Frieden und so viele Rechte wie sie die ‚befreiten Bürger' in der Tschechoslowakei hatten. Abrüstung! Nützliche Produktion und Rohstoffe für das Handwerk! Mehr Lohn! Heraus mit Görings Lebensmitteln!"[9] Dieser Text entsprach der Sachlage sowie der Stimmung breiterer Kreise. In einem in Ostpreußen nach dem Münchener Abkommen hergestellten und verteilten Flugblatt setzten sich seine Verfasser mit einer auch unter Regimegegnern verbreiteten Meinung auseinander: „‚Hitler kann alles!' — So wird gerade heute mancher Pessimist sagen. Aber er kann nur alles, solange die deutsche Volksfront und vor allem die Einheitsfront der Arbeiter noch nicht geschlossen ist." Sei das erfolgt, „dann kann Hitler nur sehr wenig und bald gar nichts mehr".[10]

Nach der „Reichskristallnacht" verteilten Kommunisten in Essen und weiteren deutschen Städten das aus dem Ausland eingeschleuste Zentralorgan „Die Rote Fahne", Nr. 7/1938, in der die Erklärung des ZK der KPD vom November „Gegen die Schande der Judenpogrome" abgedruckt war. Darin wurde die Lüge der Nazipropaganda widerlegt, daß die Attacken auf Juden und ihr Eigentum „ein Ausbruch des Volkszornes gewesen seien. Sie wurden von langer Hand vorbereitet, befohlen und organisiert allein von den nationalsozialistischen Führern." Sie sollten unter dem Schlagwort „Der Jude ist schuld!" von der Ausplünderung des Volkes zugunsten der Rüstungsmillionäre ablenken. Nur diese und „die braunen Bonzen" würden sich durch den Raub jüdischen Eigentums bereichern. Der Antisemitismus und der Judenpogrom seien eines „der wichtigsten Mittel der Nazidiktatur zur Verteidigung der Ausbeuterherrschaft und zur Inszenierung der Kriegshetze gegen andere Völker geworden ... Der Kampf gegen die Judenpogrome ist deshalb ein untrennbarer Teil des deutschen Freiheits- und Friedenskampfes gegen die nationalsozialistische Diktatur." Die Führung der KPD wandte sich „an alle Kommunisten, Sozialisten, Demokraten, Katholiken und Protestanten, an alle anständigen und ehrbewußten Deutschen mit dem Appell: Helft unsern gequälten jüdischen Mitbürgern mit allen Mitteln! ... Die Befreiung Deutschlands von der Schande der Judenpogrome wird zusammenfallen mit der Stunde der Befreiung des deutschen Volkes von der braunen Tyrannei." Deshalb müßten alle jene, „die das Regiment der Unterdrückung und der Schändung des deutschen Namens ablehnen und es beseitigen wollen", sich fest in einer breiten Volksfrontbewegung zusammenschließen.

Im März 1939, nach der Zerschlagung der ČSR, die die Führung der KPD als weiteren Schritt zum Krieg verurteilte — auf Möglichkeiten und Erfordernisse zu seiner Verhinderung war sie kurz zuvor, auf der Berner Konferenz der KPD, ausführlich eingegangen —, wandten sich Hamburger Kommunisten in einem Flugblatt an die Bevölkerung der Hansestadt. In ihm erklärten sie: „Uns Hamburger gehen die letzten Ereignisse besonders an. Wir, die wir an der friedlichen Mission Hamburgs als Deutschlands Tor zur Welt mit allen Fasern unseres Lebens hängen, protestieren aufs leidenschaftlichste gegen die kriegerische Verge-

---

9 *Deutsche Volkszeitung*, Paris, 27. November 1938.
10 Ebenda.

waltigung des tschechoslowakischen Volkes. Wir bekennen offen unsere Sympathie und Solidarität mit dem Befreiungskampf des österreichischen und tschechoslowakischen Volkes gegen den Diktator Hitler." Nach der Feststellung, daß die provokatorische Politik des Regimes zu einem noch blutigeren und grausameren Weltkrieg führen könne, heißt es: „Soll das Tor Deutschlands zur Welt wieder geschlossen werden wie 1914—18? Arbeiter—Angestellte—Handwerker—Kaufleute und Bauern, Kommunisten, Sozialdemokraten und Demokraten: Es ist Eure ureigenste Aufgabe — es ist Eure nationale Pflicht: Haltet das Tor offen!"[11] Im Juli 1939 wiesen Berliner Kommunisten — ausgehend von einem Aufruf des ZK der KPD vom Juni — in einem handschriftlich vervielfältigten Flugblatt angesichts des von der Hitlerregierung erhobenen Anspruchs auf Danzig darauf hin: „Danzig wird nur vorgeschoben. Es geht nicht um Danzig. Es geht um den Bestand Polens und die unabhängigen Staaten im Südosten. Polen soll es genau so ergehen wie Österreich und der Tschechoslowakei. Das polnische Volk weiß das, deshalb ist es bereit, seine Freiheit zu verteidigen . . . Deutsches Volk! Wir dürfen nicht zulassen, daß wieder ein unabhängiger Staat vernichtet wird. Um Danzig darf es keinen Krieg geben. Danzig soll Freie Stadt bleiben. Das deutsche Volk muß für die Unabhängigkeit des polnischen Staates und aller anderen heute noch selbständigen Staaten eintreten. Polen den Polen! Danzig den Danzigern! Wir wollen in Frieden mit allen anderen Völkern leben."

Die Verfasser riefen dazu auf, die Einheit aller Regimegegner zu schaffen, um Hitler zu stürzen und den Frieden zu retten. Vor allem an die Kommunisten und Sozialdemokraten in den Betrieben erging der Appell, sich zu verständigen. „Kämpft zusammen gegen Leistungssteigerung, gegen Überstunden, gegen die Abschaffung der Tarifverträge. Für Lohnerhöhung, für den 8-Stundentag. Wer langsamer arbeitet, trägt dazu bei, daß weniger Kanonen, weniger Flugzeuge hergestellt werden."[12]

Nachdem die britisch-französisch-sowjetischen Verhandlungen über eine gemeinsame Abwehr einer faschistischen Aggression an der Haltung der Westmächte gescheitert waren und die Sowjetunion am 23. August 1939 mit Deutschland einen Nichtangriffsvertrag unterzeichnet hatte, löste das unter zahlreichen Hitlergegnern Unverständnis und Verwirrung aus, verschiedentlich selbst in den Reihen der Kommunisten, zumal die Hintergründe dieser Ereignisse zunächst unklar waren. Aus Berichten von Instrukteuren der Abschnittsleitung Mitte des ZK der KPD über erste Reaktionen in Berlin geht die breite Skala der Meinungen hervor. Einige Beispiele seien angeführt. Ein Arbeiter habe geäußert, der Vertrag zeige, daß die Sowjetunion für den Frieden eintrete und daß durch seinen Abschluß die antibolschewistische Hetze der Nazis entlarvt worden sei. Der Leiter einer kommunistischen Gruppe erklärte, der Vertrag sei richtig, er dokumentiere die Stärke der Sowjetunion. Ein Mitglied einer Leitung der KPD verwies darauf, daß es nicht leicht sei, sich sofort ein richtiges Bild von den Geschehnissen zu machen. Eines sei aber klar: Man dürfe das Vertrauen in die UdSSR nicht verlieren. Er habe allerdings mit einem Vertrag zwischen Großbritannien, Frankreich und der Sowjetunion gerechnet. Diese sei zu weit gegangen, sagte ein anderer Kommunist, obwohl er wisse, daß sie nichts täte, was dem Faschismus nützen würde. Einige mit Kommunisten in Verbindung stehende Sozialdemokraten verfochten die Ansicht, der Vertrag künde davon, daß die UdSSR nun nur noch nationale Interessen verfolge. Ein Student meinte, die Sowjetunion habe Groß-

---

11 *Der antifaschistische Widerstandskampf der KPD im Spiegel des Flugblattes 1933—1945.* Zusammengest. u. eingef. von Margot Pikarski und Günter Uebel, Berlin 1978, Dok. 120; vgl. Dok. 119.
12 Ebenda, Dok. 132; vgl. Dok. 129.

britannien und Frankreich in dem Moment im Stich gelassen, da diese Staaten einen Schlag gegen das Hitlersystem führen wollten.[13]

Um zu einer realistischen Bewertung des Vertrages beizutragen, ließen Abschnittsleitungen Flugblätter sowie eine Erklärung des Sekretariats des ZK der KPD illegal nach Deutschland bringen und verteilen. In Berlin verbreiteten Kommunisten wenige Tage nach seiner Unterzeichnung einen Aufruf, gerichtet an „Arbeiter, Mitbürger, Soldaten! An die Bevölkerung Berlins!", in dem sie feststellten: „Der Nichtangriffsvertrag zwischen der Sowjetunion und der Hitlerregierung ist ein außerordentlicher Beitrag der Sowjetunion zur Aufrechterhaltung des Friedens." Diese habe ihn wegen des Münchener Abkommens, das die UdSSR aus der europäischen Politik auszuschalten suchte, und wegen der Ablehnung der kollektiven Sicherheit durch die Westmächte abgeschlossen. „Die kluge Friedenspolitik der Sowjetunion hat die Pläne der französischen und englischen Reaktionäre vernichtet und gleichzeitig zur Sprengung des Antikominternpaktes geführt." Die Sowjetunion konnte „die deutschen Faschisten zur Kapitulation in einer entscheidenden Frage (Überfall auf die UdSSR — K. M.) zwingen, aber die Kriegsgefahr besteht weiterhin, solange es einen raublüsternen deutschen Imperialismus und eine faschistische Diktatur gibt ... Unsere Parole lautet unter allen Umständen, im Krieg wie im Frieden: Nieder mit Hitler und den Kriegsbrandstiftern in Deutschland."[14]

Aus dieser das Wesen treffenden Einschätzung ist ablesbar, daß ihre Verfasser völlig zu Recht die Auffassung vertraten, daß der Vertrag die von Deutschland ausgehende Gefahr eines Weltkrieges nicht beseitigte, daß es für die deutschen Antifaschisten darauf ankam, den Kampf um die Bewahrung des Friedens und für den Sturz des Naziregimes fortzusetzen und zu verstärken — und nicht etwa einzustellen.

In dem etwa zwei Wochen nach der Vertragsunterzeichnung von der Gebietsleitung unter Otto Nelte im Südosten Berlins ausgearbeiteten Informationsmaterial „Die Außenpolitik der Sowjetunion" wurde festgestellt, daß die UdSSR nach der Zerschlagung der ČSR durch Hitlerdeutschland der britischen und der französischen Regierung angeboten habe, „eine allgemeine Konferenz einzuberufen, um die Friedensfront aller Völker gegen die faschistischen Angreifer herzustellen. Das wurde abgelehnt. Die Chamberlains hatten ihre dunklen Pläne (die Aggressionsgelüste der in Deutschland Herrschenden gegen die UdSSR zu richten — K. M.) nicht aufgegeben. Sie sind nicht für die Schaffung einer internationalen Friedensfront gegen den Faschismus, sondern für den Krieg des Faschismus gegen die sozialistische Sowjetmacht. Sie wollen Hitler als Gendarmen gegen die Arbeiterklasse und gegen alle freiheitlichen Bewegungen in Europa ausnützen." Unter dem Druck ihrer Völker hätten die Regierungen Großbritanniens und Frankreichs Beratungen mit der UdSSR aufgenommen. Jedoch „zogen sie absichtlich die Verhandlungen fast 5 Monate hin." Deshalb sei die sowjetische Regierung auf den Vertrag mit Deutschland eingegangen.[15]

Sowohl einige in den Berichten der Instrukteure wiedergegebene Äußerungen wie das zitierte Flugblatt und Informationsmaterial zeugen davon, daß „an der Basis", in den Organisationen und Gruppen der KPD in Deutschland, vielfach zutreffende Einschätzun-

13 IML/ZPA, I 3/1/458. Zur Vorgeschichte und zum Abschluß des deutsch-sowjetischen Nichtangriffsvertrages vgl. *Valentin Falin*, Warum gerade 1939? Gedanken zum Beginn des zweiten Weltkrieges, in: *Neue Zeit*, Moskau 1987, Nr. 40, 41, jeweils S. 18ff.

14 IML/ZPA, I 3/1/312.

15 Ebenda, NJ 1622/13.

gen des Vertrages gegeben und die Gründe seines Zustandekommens richtig erkannt wurden, ohne Zweifel mit Unterstützung von Führung und Abschnittsleitungen der KPD. Die zitierten Dokumente beweisen zugleich, daß die Behauptung, „die KPD-Reste" (!) seien nach dem Vertrag „ideologisch demoralisiert"[16] gewesen, in keiner Hinsicht stichhaltig ist, das zeitweilige Unverständnis unter Kommunisten unzulässigerweise generalisiert und in „Demoralisation" umfälscht, aus der Entmutigung und Einstellung des Widerstandskampfes zu schlußfolgern sind.

Es wurde bereits erwähnt, daß kommunistische Organisationen, Gruppen und Zellen die Zusammenarbeit vor allem mit Sozialdemokraten suchten. Nach der Verständigung und der Übereinkunft über ein gemeinsames Vorgehen entstanden auch gemeinsam abgefaßte Flugblätter. Dafür seien ebenfalls einige Beispiele genannt.

Seit Beginn des Jahres 1939 gelang es — nach Unterbrechung infolge von Verhaftungen — erneut, die Kooperation der kommunistischen Zelle und der sozialdemokratischen Gruppe in einem Werk des Siemens-Konzerns in Berlin in die Wege zu leiten. Im Mai entstand aus je zwei Kommunisten und Sozialdemokraten ein Einheitsfrontkomitee, das sich in 16 Abteilungen auf Vertrauensleute stützen konnte. Es sandte am 13. Mai einen zustimmenden Brief[17] an die Verfasser des in zahlreichen Städten als Flugblatt verbreiteten Appells der KPD, der KPÖ und des Arbeitsausschusses deutscher Sozialisten und der Revolutionären Sozialisten Österreichs — gerichtet „An die Arbeiter Deutschlands und Österreichs", datiert von Ende März —, in dem die deutschen und österreichischen Kommunisten und Sozialdemokraten zum einheitlichen Vorgehen gegen die wachsende Kriegsgefahr und zum Bündnis mit allen anderen friedliebenden Kräften aufgerufen wurden.[18]

Noch im selben Monat wandte sich das Einheitsfrontkomitee in einem Flugblatt „An die Arbeiter des Siemens-Konzerns!", in dem es heißt: „Kollegen! Die Lage wird immer kritischer. Immer deutlicher wird sichtbar, daß wir einem neuen Kriege entgegengehen". Die Nazis aber würden glauben machen wollen, es werde keinen Krieg geben. „Die deutschen Imperialisten wollen die Welt beherrschen. Ihnen bringt der Krieg neue Millionen — wir aber sollen bluten. Deutschland wird von keinem anderen Land bedroht, aber Hitler bedroht die friedliebenden Staaten. Wir erklären: Hitler schändet das Ansehen des deutschen Volkes. Das deutsche Volk will keinen Krieg."[19] Das Flugblatt schloß mit dem Aufruf, die Aktionseinheit der Arbeiterklasse herzustellen und den Krieg zu verhindern.

Im Februar 1939 vereinbarten in Berlin Vertreter des Marxistischen sozialdemokratischen Arbeitskreises und der KPD, gemeinsam Flugblätter sowie die „Berliner Freiheitsbriefe" herauszugeben und regelmäßig die politische Lage sowie Fragen des Widerstandskampfes zu erörtern. Bei der ersten Aussprache im August 1938 hatte sich der Abgesandte dieses Arbeitskreises noch gegen die Volksfront sowie gegen die Schaffung einer demokratischen Republik, auf die die KPD seit 1936 orientierte, gewandt und für die sozialistische Revolution als nächstes Ziel plädiert. Das Münchener Abkommen hatte diese Sozialdemokraten jedoch zu neuen Überlegungen veranlaßt.[20] So heißt es denn in dem gemeinsam veröffentlichten „Berliner Freiheitsbrief" vom Mai 1939 nach der Fest-

---

16 *Cartarius*, S. 127.
17 *Deutschland-Information des Zentralkomitees der KPD*, Paris, 5/6/1939, S. 32f.
18 *Der antifaschistische Widerstandskampf der KPD im Spiegel des Flugblattes*, Dok. 118.
19 IML/ZPA, I 3/23/450.
20 Ebenda.

stellung, daß das neue Angriffsobjekt nun Polen sei und die imperialistische Eroberungspolitik des Regimes durchkreuzt werden müsse: „Wir wollen ein freies, demokratisches Deutschland. Wir wollen eine demokratische Volksrepublik, eine Republik, wo das Volk regiert ... Wir Arbeiter, Mittelständler Berlins sind eine Macht. Kämpfen wir gemeinsam gegen die Kriegspolitik Hitlers. Acht Stunden — genug geschunden. Gegen Leistungssteigerung — langsamer arbeiten. Schluß mit den Luxusbauten — für sofortigen Wohnungsbau. Herunter mit den Steuern ... Die Rettung der deutschen Nation vor einem abenteuerlichen, hoffnungslosen Krieg gegen die größten Länder der Welt liegt in den Händen der Hitlergegner, die sich zur Volksfront gegen Hitler vereinigen müssen."[21] In Hamburg gab die sozialdemokratische „Mahnruf"-Gruppe mit Kommunisten Flugblätter heraus, in denen die Kriegsvorbereitungen angeprangert und alle Hitlergegner zu vereintem Kampf um die Sicherung des Friedens aufgerufen wurden. Außerdem unterstützte diese Gruppe Instrukteure der Abschnittsleitung Nord der KPD bei ihrer illegalen Tätigkeit in der Stadt.[22] Kommunisten und Sozialdemokraten der Werft Blohm & Voss richteten 1939 einen Brief an die Belegschaft, in dem sie erklärten, daß die Einheit der Arbeiterklasse Voraussetzung für die Niederringung der faschistischen Herrschaft sei. Auf der Werft würden Kommunisten und Sozialdemokraten schon seit längerem gemeinsam handeln. Alle, die gegen das braune System der Kriegsbrandstifter und Volksunterdrücker seien, müßten sich ihnen anschließen.[23]

Im Saargebiet kursierte 1939 ein Flugblatt des aus Sozialdemokraten und Kommunisten bestehenden Arbeitsausschusses freigewerkschaftlicher Bergarbeiter Deutschlands in Paris, in dem die Kumpel zum einheitlichen Kampf gegen die nazistische Aggressionspolitik aufgerufen wurden. Gerade sie hätten mit ihrer Produktion „die Hand an der Gurgel der deutschen Kriegswirtschaft". Deshalb laute der Appell: „Einig und geschlossen verteidigt den Achtstundentag! — Bleibt keine Minute länger als acht Stunden in der Grube. Wo man Euch an der Ausfahrt hindert, schickt keine Schaufel Kohle mehr zu Tage als ehedem. Verlangsamt überall und auf jeder Grube das Arbeitstempo. Ihr hemmt und hindert damit die Hitlersche Kanonenproduktion. Schließt kein Gedinge ab, das nicht auf einer normalen Arbeitsleistung der achtstündigen Schicht basiert! — Verweigert in jedem Falle den Abschluß eines Generalgedinges! Bergarbeiter! — Kameraden — Deutschland hat heute nur einen einzigen Feind auf der Welt. Er steht im eigenen Land und heißt: Hitler. Das Hitlerregime muß sterben, wenn Deutschland leben will. Unser Kampf gegen die Göringverordnung (zur Arbeitszeitverlängerung — K. M.), für die Erhöhung der Löhne ist ein Bestandteil des Kampfes gegen die kriegstreiberische Hitlerdiktatur."[24]

Die antifaschistische Propaganda erreichte lediglich einen kleinen Teil der deutschen Bevölkerung und fand nur geringen Widerhall. Franz Dahlem, Leiter des Sekretariats des ZK der KPD in Paris, konstatierte in seinen Erinnerungen, daß zwar im Sommer 1939 die Zahl derjenigen in Deutschland anstieg, die erkannten oder befürchteten, daß die expansive deutsche Politik in einen Krieg mündet, daß die Kriegsangst zunahm, daß das „aber angesichts des seit Jahren ausgeübten Terrors keineswegs im gleichen Umfang

---

21 Ebenda.

22 *Otto Findeisen*, SPD und Hitlerfaschismus. Der Weg der deutschen Sozialdemokratie vom 30. Januar 1933 bis zum 21. April 1946, Kap. IV u. V (November 1935 bis August 1939), phil. Diss., Berlin 1965, S. 276f.

23 *Dokumente des Widerstandes*. Ein Beitrag zum Verständnis des illegalen Kampfes gegen die Nazidiktatur, Hamburg 1947, S. 74f.

24 *Der antifaschistische Widerstandskampf der KPD im Spiegel des Flugblattes*, Dok. 124.

zu einem Anwachsen der Bereitschaft führte, einer solchen verhängnisvollen Politik aktiven Widerstand entgegenzusetzen. Nicht wenige in Deutschland, die diese Kriegsfurcht bedrückte, hofften dennoch, daß wie im vorangegangenen Jahr sich schließlich die Gewitterwolken des Krieges noch einmal verziehen könnten, und liehen deshalb willig der Friedensdemagogie der Nazipropaganda ihr Ohr, glaubten, daß die täglich verkündete ‚übermächtige' militärische Stärke ‚Großdeutschlands' die Westmächte zum erneuten Nachgeben und Zurückweichen bewegen würde." Dahlem verweist auch darauf, daß es unter der deutschen Bevölkerung „verbreitet ein gewisses Verständnis für die gegenüber Polen erhobenen Forderungen gab und insofern die Nazipropaganda in Vorbereitung des zweiten Weltkrieges durchaus Erfolg zu erzielen vermochte: Die Anschlußforderungen hinsichtlich Danzigs und das Verlangen eines Landzuganges nach Ostpreußen durch den sogenannten polnischen Korridor erschienen häufig als legitim und selbstverständlich. Nachdem in München die Westmächte die Abtretung des Sudetengebietes an das Nazireich von der ČSR erzwungen und offensichtlich der wenige Monate danach erfolgten Liquidierung dieses Staates keinen Widerstand entgegengesetzt hatten, schien es vielen Deutschen doch glaubwürdig, was die Nazis behaupteten, daß es wegen Danzigs und der Korridorfrage nicht zum Kriege kommen würde."[25]

c. Aktionen vor allem in Betrieben und auf Baustellen

Während und nach der „Reichskristallnacht" leisteten kommunistische, sozialdemokratische und andere Arbeiter drangsalierten Juden Hilfe. Nach Berichten von Korrespondenten der Baseler „National-Zeitung" wurden etwa 150 nichtjüdische deutsche Bürger verhaftet, die während des Pogroms öffentlich ihrer Ablehnung dieser Terroraktion Ausdruck gaben. In Düsseldorf nahmen Arbeiter und andere Einwohner von SS-Leuten aus ihrem Heim auf die Straße gejagte Juden auf, verpflegten sie und statteten sie mit Kleidungsstücken aus. Als in Aachen Nazis eine ältere Jüdin auf der Straße zusammenschlugen, schritten Passanten ein. Es kam zu einem Handgemenge. In dieser Stadt brachten Einwohner ebenfalls verfolgte Juden unter und halfen ihnen bei der Flucht. In Berlin-Neukölln kamen überwiegend Arbeiter zusammen, die durch laute Rufe die Plünderung der Geschäfte von Juden durch Nazis verurteilten. Polizei löste die Ansammlungen auf. In Stuttgart und Frankfurt a. M. wurden Arbeiter und Angehörige anderer Klassen und Schichten, die gegen das Vorgehen der Nazivandalen protestierten, z. T. niedergeschlagen oder von der Polizei festgenommen.[26]

Kommunisten waren oftmals gemeinsam mit Sozialdemokraten Initiatoren von Widerstandsaktionen in Betrieben und auf Baustellen: des langsamen Arbeitens, von Streiks und Sabotageakten — weiteren Formen des antifaschistischen Kampfes. Bei ihrer Behandlung kann ebenfalls keine auch nur andeutungsweise Vollständigkeit angestrebt werden, lediglich Beispiele anzuführen, ist möglich. Nachdem die Arbeitszeit ab 1. April 1939 von acht auf achtdreiviertel Stunden erhöht worden war, arbeiteten Kumpel auf Gruben verschiedener Kohlenreviere langsamer, oftmals unter der Losung: „Weniger Kohle, weniger

25 *Franz Dahlem*, Am Vorabend des zweiten Weltkrieges 1938 bis August 1939. Erinnerungen, Bd. 2, Berlin 1977, S. 296f.

26 *Die Rote Fahne*, Paris, 7/1938; *Rundschau über Politik, Wirtschaft und Arbeiterbewegung*, Basel, 56/1938, S. 1927.

Kanonen". Die Förderung in den Ruhrzechen z. B. sank je Arbeitstag von 434 642 Tonnen im April auf 414 461 Tonnen in der ersten Juliwoche 1939, obwohl sich die Beschäftigtenzahl erhöht hatte, und blieb damit um fast 10 000 Tonnen unter der Förderleistung im Januar 1938, als noch acht Stunden gearbeitet wurde. Auf der Zeche „Rheinpreußen" fuhr die Belegschaft eines Strebs nicht ein, weil die Verwaltung es abgelehnt hatte, den Gedingesatz zu erhöhen. Nach zwei Stunden war die Forderung der 40 Bergarbeiter durchgesetzt. Auf der Zeche „Adolf" im Wurmrevier verweigerten 32 Mann die Einfahrt und verhinderten so Lohnabzug. Auf einer weiteren Zeche erzwangen 18 Bergleute durch zwei Tage Arbeitsniederlegung eine Lohnnachzahlung. Anfang Juli 1939 streikten 140 Bergarbeiter der Grube „Velsen" im Saargebiet gegen zu niedrigen Lohn.[27]

Unter Arbeitern des „Westwall"-Baus nahm seit Ende 1938 der passive Widerstand gegen Überstunden und besonders gegen die Arbeit an Sonntagen zu. Belegschaften verschiedener Baustellen kamen an diesem Tag nicht zur Schicht. Nachdem NSDAP- und DAF-Funktionäre dieses Verhalten zum „Landesverrat" erklärt hatten, stieg für einen Sonntag wieder die Beteiligung, am darauffolgenden jedoch ruhte erneut vielfach die Arbeit. In der Woche vor Pfingsten 1939 wehrten sich an mehreren Bauabschnitten Arbeiter drei Tage lang dadurch gegen verlängerte Schichten, daß sie zwei Stunden später eintrafen, längere Pausen machten und früher die Baustellen verließen. Daraufhin wurden Überstunden nicht mehr von ihnen gefordert. Am 10. Juni 1939 legten die mit dem Bau des „Westwalls" im Abschnitt Saarbrücken-Gersweiler Beschäftigten die Arbeit nieder, da ihnen für die vergangenen zwei Wochen 85 RM für Kost und Logis abgezogen worden waren. Das entsprach bei zahlreichen Arbeitern dem von ihnen in dieser Zeit verdienten Lohn. Der Streik dauerte mit mehreren Unterbrechungen einige Tage. Dann wurden die Abzüge herabgesetzt.

Schließlich erkämpften sich die 250 000 „Westwall"-Bauarbeiter im Ergebnis verschiedener Aktionen (vor allem durch langsames Arbeiten, aber auch durch Arbeitsniederlegungen) am 16. Juni 1939 u. a. eine Sonderzulage von 50 bis 75 RM sowie eine Nachzahlung der Trennungszulage, Fahrgeldzuschuß für ihre Ehefrauen und verbesserte Verpflegung — trotz vorausgegangener zahlreicher Verhaftungen und des Einsatzes von Gestapospitzeln, die „Rädelsführer" namhaft zu machen suchten.[28]

In Betrieben anderer Wirtschaftszweige kam es ebenso vielfach zu vereinzelten Aktionen gegen die mit der forcierten Aufrüstung einhergehende Arbeitszeitverlängerung und Lohndrückerei. Im Oktober 1938 wehrten sich z. B. Arbeiter bei Ludwig Loewe & Co. in Berlin durch erhöhte Ausschußproduktion gegen die Herabsetzung des Akkordlohnes. Die Direktion führte daraufhin wieder die alten Akkordsätze ein. So wurde eine Lohneinbuße von 12 bis 15 RM für qualifizierte und von etwa 8 RM für ungelernte Kräfte pro Woche abgewendet. In der Berliner R. Stock & Co. AG verhaftete die Gestapo am 28. Oktober 1938 sechs Arbeiter und drei Meister aus der Dreherei und der Montageabteilung. Schon seit längerer Zeit hatten Arbeiter, mit denen sich einige Meister solidarisierten, ihre Schichtleistungen gemindert, um gegen die Antreiberei zu protestieren. Als die Ankündigung

---

27 Ebenda; *Die Rote Fahne*, Paris, 6/1938; IML/ZPA, I 3/21/449; *Deutsche Volkszeitung*, Paris, 30. Juli 1939; vgl. *Klaus Mammach*, Die Betriebe — Hauptfeld des Widerstandes der Arbeiter. Zum antifaschistischen Kampf 1936—1941, in: *JfG*, Bd. 27, Studien zur Geschichte des Faschismus und des antifaschistischen Widerstandes. Hrsg. von Dietrich Eichholtz und Klaus Mammach, Berlin 1983, S. 221 ff.
28 *Deutsche Volkszeitung*, Paris, 11. Juni 1939; 2. Juli 1939; 13. August 1939; *Mammach*, Widerstand, S. 184.

„scharfer Maßnahmen" durch die Direktion nichts nutzte, ging die Gestapo — wie schon im Sommer jenes Jahres — zu Festnahmen über.[29]

Im Lagebericht für das erste Quartal 1939 stellte das Geheime Staatspolizeiamt fest, daß „die Kommunistische Partei ihren Hauptwert auf die Errichtung der Einheitsfront in den Betrieben legt, um die Betriebsarbeiter zu gewinnen". Und im Bericht über das zweite Quartal heißt es: „Meldungen über Festnahmen wegen Störung des Arbeitsfriedens, wegen unerlaubten Fernbleibens von den Arbeitsstellen, wegen Werkssabotage und wegen Verbreitung kommunistischer Parolen, wie ‚langsamer arbeiten' nehmen zu."[30]

Verschiedentlich wurde auch außerhalb des Bergbaus und des „Westwall"-Baus die Arbeit niedergelegt. Ging es dabei gleicherweise vornehmlich um die Durchsetzung ökonomischer Forderungen, so hatten doch auch diese Aktionen ebenfalls in gewissem Grad politischen Charakter, denn Ausstände waren verboten. So streikte ein Teil der Belegschaft in der Dampfziegelei Tilgner in Apolda am 16. Februar 1939 vier Stunden um höheren Lohn. Als „Anführer" nahm die Gestapo vier Arbeiter fest. In einer sächsischen Textilfabrik mit 600 Beschäftigten, die für die Wehrmacht produzierte, kam es am 16. März zu Teilstreiks wegen des geringen Lohnes. Weber erhielten hier bei zehn- bis zwölfstündiger Arbeitszeit 16 bis 28 RM wöchentlich, Weberinnen 14 bis 18 RM. Wenig später wurden 120 Arbeiter entlassen und zwangsweise zum Festungsbau an die Westgrenze geschickt. In den Skalley-Werken in Hindenburg/Oberschlesien streikten am 3. April 450 Mann der Teerdestillation gegen Arbeitszeitverlängerung ohne Überstundenzuschlag mehrere Stunden lang und erzielten einen Teilerfolg.

Im Werk der Adam Opel AG in Brandenburg/Havel traten Arbeiter am 30. April 1939 spontan in den Streik, nachdem bekanntgeworden war, daß der Gesamtbetrag der von der Direktion für den Verlust von Werkzeugen verhängten Geldstrafen nicht — wie ursprünglich angekündigt — nach einer bestimmten Zeit gleichmäßig pro Kopf der Belegschaft verteilt, sondern der „Adolf-Hitler-Spende" zugeführt werden sollte. Dem Ausstand schlossen sich Abteilungsleiter, Werkmeister, auch SA-Leute an. Infolge dieser Aktion wurden 30 RM (statt der vorgesehenen 40 RM) je Mann an die Belegschaft ausgezahlt. Werftarbeiter bei Blohm & Voss in Hamburg erzwangen am 25. Juli mit ihrem Streik eine Stundenlohnerhöhung von zehn Prozent.[31]

Vereinzelt erfolgten auch Sabotageakte. Im Mai 1939 z. B. kam es in der Rütgerswerke AG in Köln beim Abtransport von Chlorsäure zu drei Explosionen. Wegen Sabotageverdachts nahm die Gestapo 57 Beschäftigte fest. Zwei in einem Flugzeugmetallwerk in Hamburg tätige Kommunisten befeilten etwa zur selben Zeit eine Serie von Metallteilen in einer solchen Weise, daß sie nicht weiterverarbeitet werden konnten.[32]

Die sich in verschiedenen Orten festigende Aktionseinheit von Kommunisten, Sozialdemokraten und früheren Gewerkschaftern sowie zum Teil katholischen Arbeitern fand ihren sichtbaren Ausdruck namentlich in Widerstandsaktionen in Betrieben und auf Baustellen.

29 *Die Rote Fahne*, Paris, 7/1938; *Deutsche Volkszeitung*, Paris, 13. 11. 1938.

30 *Margot Pikarski/Elke Warning*, Über den antifaschistischen Widerstandskampf der KPD. Aus Gestapoakten, in: *BzG*, 3/1984, S. 341, 345.

31 *Dokumentation zur Geschichte der örtlichen Arbeiterbewegung in der Stadt und im Kreis Apolda*, ausgew. u. überarb. von Hans-Joachim Hußner, Karl-Heinz Bettenstädt u. a., Apolda o. J., S. 309; *Informationsblatt*. Beilage des Bulletins des Internationalen Gewerkschaftsbundes, Paris, 2. Mai 1939; Deutschland — Bericht der Sozialdemokratischen Partei Deutschlands (*Sopade*), Juni 1939; *Mammach*, Widerstand, S. 184f.

32 Deutschland — Bericht der Sopade, Paris, Juni 1939; *Pikarski/Warning*, S. 344.

Vor allem um die Durchsetzung ökonomischer Forderungen geführt, begannen diese Aktionen, lokal bzw. betrieblich begrenzt, die Rüstungsproduktion teilweise zu stören. Es gelang jedoch oftmals nicht, die ökonomischen mit politischen Forderungen zu verbinden und den Arbeitern bewußtzumachen, daß sie mit ihrem Kampf um soziale Verbesserungen zugleich in gewissem Maße die Kriegsvorbereitungen beeinträchtigten.

An diesen Aktionen beteiligte sich nur eine insgesamt geringe Anzahl von Arbeitern. Überwachung und mögliche Festnahme sowie Aburteilung, aber auch der Einfluß der faschistischen Propaganda und sozialen Demagogie sowie bestimmte tatsächliche materielle Vergünstigungen verhinderten ein Anwachsen der Teilnehmerzahl und ein Ausdehnen der Aktionen in zahlreichen Fällen auf den gesamten Betrieb sowie auf weitere Firmen und erst recht über den lokalen Rahmen hinaus. Eine gewisse Ausnahme stellten in dieser Hinsicht „Westwall"— und Bergbau dar. Große Teile der Arbeiterschaft erkannten nicht die zuneh- mende Gefahr eines von Deutschland entfesselten Krieges oder hofften wie die Masse der Bevölkerung, daß sich die Forderungen der deutschen Regierung „friedlich regeln" lassen würden. Nur ein kleiner Prozentsatz dieser objektiv konsequentesten Gegenkraft der fa- schistischen Diktatur war sich der Aufgaben in jener bedrohlichen Situation bewußt und handelte entsprechend.

d. Sozialdemokratische Kreise

Neben jenen Gruppen bzw. einzelnen Sozialdemokraten, die gemeinsam mit Kommunisten und parteilosen Arbeitern gegen das Regime handelten, existierten seit Ende 1938 nur noch vereinzelt mehr oder minder feste Kreise sozialdemokratischer Hitlergegner, die — auf sich gestellt — zumeist zu politischen Diskussionen zusammenkamen. Sie, die sich oft als Gesang- oder Skatverein zu tarnen versuchten, ergriff Resignation, da die Gestapo bis in das Jahr 1939 hinein zahlreiche Kreise von ihnen zerschlagen konnte, obwohl sie sich nicht aktiv gegen das Regime betätigten — allein der Zusammenhalt genügte den Unter- drückungsorganen als „staatsgefährdend". Viele Sozialdemokraten wurden so noch mehr in der Meinung bestärkt, daß Widerstand sinnlos, daß gegen das „allmächtige" Hitlerregime nichts auszurichten sei. Verschiedentlich wirkten einzelne Sozialdemokraten. So erhielt Günter Salomon-Salter in Berlin von emigrierten Funktionären seiner Partei aus Dänemark antifaschistische Schriften, die er verbreitete. Im März 1939 wurde er verhaftet und dann zu sechs Jahren Zuchthaus verurteilt.

Sozialdemokratische Splittergruppierungen, so die „Roten Kämpfer", „Neu beginnen" und der Internationale Sozialistische Kampfbund, waren wie auch Organisationen der SAP durch Verhaftungen so geschwächt worden, daß von der geringen Anzahl nicht betroffener Anhänger kaum noch Aktionen durchgeführt werden konnten. Lediglich kleine Zirkel von meist zwei bis drei Mitgliedern der SAP hielten weiter zusammen.[33]

Eine gewisse Ausnahme bildeten die in Opposition zum sozialdemokratischen Emigra- tionsvorstand stehenden Stützpunkte von „Neu beginnen" in München und Augsburg unter Josef Wager bzw. Hermann Frieb, die — weil sie sich bis dahin aktiver regime-

---

33 *Mammach*, Widerstand, S. 263 ff.; *Jan Foitzik*, Zwischen den Fronten. Zur Politik, Organisation und Funk-
    tion linker politischer Kleinorganisationen im Widerstand 1933 bis 1939/40 unter besonderer Berück-
    sichtigung des Exils, Bonn 1986, S. 53, 57 ff.; *Konrad Kwiet/Helmut Eschwege*, Selbstbehauptung und
    Widerstand. Deutsche Juden im Kampf um Existenz und Menschenwürde 1933—1945, Hamburg 1984,
    S. 70 f.

feindlicher Aktionen enthalten hatten — von den Verhaftungen nicht getroffen worden waren. Sie tauschten mit Gruppen der Revolutionären Sozialisten Österreichs, u. a. in Wien, Salzburg, Innsbruck, Kufstein und Wörgl, Informationen aus. Der österreichische Sozialist Johann Otto Haas leitete entsprechend einer Übereinkunft mit dem deutschen sozial-demokratischen Funktionär Waldemar v. Knoeringen, der Anfang 1939 aus seinem Exil in der ČSR nach Großbritannien übergesiedelt und bis dahin für „Neu beginnen" in Süddeutschland verantwortlich war, neben Gruppen der Revolutionären Sozialisten in Österreich die „Neu beginnen"-Stützpunkte in München und Augsburg an. Im August 1939 z. B. übergab Haas Wager und Frieb Materialien von Knoeringen, die er über einen Kurier aus Paris erhalten hatte. Haas selbst verfaßte für die österreichischen Gruppen und die deutschen Stützpunkte bestimmte Informationsberichte, gestützt u. a. auf Sendungen ausländischer Rundfunkstationen, Beobachtungen seiner Mitstreiter und Mitteilungen eines Offiziers der Wehrmacht, eines früheren Deutschnationalen, mit dem er sich in bestimmten Abständen traf. Diese Berichte gingen ebenfalls an Deckadressen in Frankreich, der Schweiz und in Großbritannien.[34]

Verschiedene Funktionäre der SPD suchten Kontakt untereinander und tauschten dann ihre Meinung über die Entwicklung in Deutschland und im internationalen Rahmen aus. Nachdem Julius Leber 1937 — nach mehr als vier Jahren Haft — aus dem KZ Sachsenhausen freigekommen war, konnte er mit Hilfe Gustav Dahrendorfs Teilhaber einer Kohlenhandlung in Berlin-Schöneberg werden. Hier traf er sich mit weiteren Sozialdemokraten zu politischen Gesprächen. Zu Lebers Freunden aus früherer Zeit ge-hörten neben Dahrendorf Ernst v. Harnack, nach dem 20. Juli 1932 amtsenthobener und 1933 von den Nazis entlassener sozialdemokratischer Regierungspräsident in Merseburg, sowie Ludwig Schwamb, einst juristischer Berater Wilhelm Leuschners in dessen Funktion als Innenminister Hessens, nun Syndikus einer Schuhfabrik.

Nach fünf Jahren KZ-Haft im Januar 1938 entlassen, nahm Carlo Mierendorff in Berlin Kontakt zu ihm bekannten Sozialdemokraten und ehemaligen Freigewerkschaftern auf.[35] Schwamb brachte 1938 Leber in Verbindung mit Mierendorff und Leuschner, der — inzwischen Besitzer einer kleinen Fabrik zur Produktion von Aluminiumartikeln — bis Kriegsbeginn weitere Kontakte zu Funktionären der SPD und des früheren ADGB knüpfte. Leuschner bezweifelte wie auch andere die Möglichkeit, einen Krieg zu verhindern. Er sah in diesem vielmehr ein Mittel zur Beseitigung des Hitlerregimes, und zwar durch Kräfte von außen, durch einen Sieg der Westalliierten.[36]

Illegaler Treffpunkt wurde auch das Büro Adolf Reichweins, der — bis 1933 Professor an der Pädagogischen Akademie in Halle — im Mai 1939 nach mehrjähriger Tätigkeit als Volksschullehrer im Dorf Tiefensee die ihm angetragene Leitung der Abteilung „Schule und Museum" im Staatlichen Museum für deutsche Volkskunde in Berlin übernahm. Er trat u. a. in Kontakt zu Mierendorff und Theodor Haubach, einem ehemaligen führenden Funktionär des Reichsbanners.[37]

---

34 Dokumentationsarchiv des österreichischen Widerstandes, Wien, Nr. 3337; 3217.

35 *Der Kreisauer Kreis*. Porträt einer Widerstandsgruppe. Begleitband zu einer Ausstellung der Stiftung Preu-ßischer Kulturbesitz. Bearb. von Wilhelm Ernst Winterhager, Berlin (West) 1985, S. 53 f., 50.

36 *Dorothea Beck*, Julius Leber, in: *Rudolf Lill/Heinrich Oberreuter* (Hrsg.), 20. Juli, Portraits des Wider-stands, Düsseldorf/Wien 1984, S. 152; *Findeisen*, S. 278 f.

37 *Der Kreisauer Kreis*, S. 43; *Kurt Finker*, Graf Moltke und der Kreisauer Kreis, Berlin 1980, S. 82.

e. Bürgerliche Hitlergegner

Die genannten und andere Sozialdemokraten suchten auch den Kontakt zu bürgerlichen Oppositionellen. Im Winter 1938/39 kamen z. B. bei Ernst v. Harnack u. a. Leber sowie Leuschner und Rechtsanwalt Klaus Bonhoeffer, Syndikus der Lufthansa, Bruder von Dietrich Bonhoeffer, sowie Legationsrat a. D. Richard Kuenzer zusammen, um eine engere Kooperation sozialdemokratischer und bürgerlicher Hitlergegner zu erörtern.[38] Reichwein machte 1939 Mierendorff und Haubach mit Rechtsanwalt Helmut James Graf v. Moltke bekannt, der in Berlin ein Anwaltsbüro besaß. Dieser stellte 1938/39 ein engeres Verhältnis zu Freunden und Bekannten her, die gleich ihm das Hitlerregime ablehnten, darunter der Volkswirtschaftler Horst v. Einsiedel, der Jurist Carl Dietrich v. Trotha, ein Vetter Moltkes, Rechtsanwalt Eduard Waetjen und Reichwein. Man erörterte die innen- und außenpolitische Situation, die Unterstützung verfolgter Regimegegner und die Gestaltung Deutschlands nach der Naziherrschaft. Moltke vertrat vor allem nach der „Reichskristallnacht" als Anwalt die Interessen von Juden und konnte es manchen von ihnen ermöglichen, in das Ausland zu gelangen. Auch Trotha, der im Reichswirtschaftsministerium arbeitete, half jüdischen Bekannten bei der Auswanderung.[39]

Zur selben Zeit brachte Peter Graf Yorck v. Wartenburg, Oberregierungsrat beim Reichspreiskommissar Josef Wager, einen Kreis von Oppositionellen zusammen, um ebenfalls über die Zukunft Deutschlands zu debattieren. Mit Yorck trafen sich u. a. Caesar v. Hofacker, Prokurist in der Verwaltungsstelle Berlin der Vereinigte Stahlwerke AG, Albrecht v. Kessel, Legationsrat im Auswärtigen Amt, der Jurist Berthold Graf Schenk v. Stauffenberg, Bruder von Claus, Oberstleutnant a. D. Nikolaus Graf Üxküll, beim Reichspreiskommissar tätig, und Fritz-Dietlof Graf v. d. Schulenburg, Polizeivizepräsident von Berlin. Dieser, Mitglied der NSDAP, lehnte das Regime nicht generell ab, kritisierte aber immer häufiger verschiedene seiner Maßnahmen und nahm mehr und mehr ihm gegenüber eine oppositionelle Haltung ein. Er ließ z. B. auf eigene Verantwortung nach der „Reichskristallnacht" verhaftete Juden frei und erarbeitete mit Yorck und Berthold v. Stauffenberg Entwürfe von Grundsätzen für eine Verfassung des künftigen Deutschlands.[40]

Albrecht v. Kessel und andere Freunde im Auswärtigen Amt verschafften dem Juristen Adam v. Trott zu Solz 1939 auf Grund seiner vielfältigen Beziehungen in Großbritannien den offiziellen Auftrag, die Haltung der britischen Regierung im Hinblick auf weitere Konzessionen an Deutschland zu sondieren. Dieser Auftrag entsprach dem Konzept einiger Diplomaten im Auswärtigen Amt, Deutschlands Vormachtstellung in Mitteleuropa durch diplomatische Verhandlungen bzw. diplomatischen oder wirtschaftlichen Druck zu erringen, aber einen Krieg zu vermeiden, der nicht lokal zu begrenzen sei. Bei Anwendung militärischer Gewalt befürchteten sie ein Eingreifen der Westmächte und damit eine deutsche Niederlage.[41]

---

38 *Beck*, S. 153.

39 *Finker*, S. 39, 59, 82; *Der Kreisauer Kreis*, S. 37.

40 *Ulrich Heinemann*, Fritz-Dietlof Graf von der Schulenburg. Das Problem von Kooperation und Opposition und der Entschluß zum Widerstand gegen das Hitlerregime, in: *Der Widerstand gegen den Nationalsozialismus*, S. 417ff.; *Der Kreisauer Kreis*, S. 96; *Finker*, S. 39, 66; *Der Widerstand im deutschen Südwesten 1933—1945*. Hrsg. von Michael Bosch und Wolfgang Niess, Stuttgart/Berlin (West)/Köln/Mainz 1984, S. 209f.

41 *Leonidas E. Hill*, Alternative Politik des Auswärtigen Amtes bis zum 1. September 1939, in: *Der Widerstand gegen den Nationalsozialismus*, S. 673ff.

Trott, der Moltke zum erstenmal 1937 in Oxford begegnet war, wo beide studierten, sah seine eigentliche Aufgabe auf dieser Reise, die er Anfang Juni 1939 antrat, darin, britische Politiker für die Unterstützung der bürgerlichen deutschen Opposition zu gewinnen. Da er jedoch in offizieller Mission gekommen war und um britische Zugeständnisse hinsichtlich deutscher territorialer Forderungen an Polen warb, stieß er weithin auf Mißtrauen und Unverständnis. In Großbritannien traf Trott den deutschen Kommunisten Hans Siebert wieder, dem er ungeachtet weltanschaulicher Meinungsunterschiede nach der Haft Mitte der 30er Jahre zur Flucht verholfen hatte.

In seinem für das Auswärtige Amt bestimmten Bericht über die Ergebnisse der Reise wies Trott auf die britische Verständigungsbereitschaft hin, zugleich aber warnend auch auf die Entschlossenheit des Empire, ein weiteres deutsches Vordringen in Europa nicht widerstandslos hinzunehmen, und sei es um den Preis des Einsatzes militärischer Mittel. Nach der Zerschlagung der ČSR war der ehemalige Legationsrat im Auswärtigen Amt Richard Kuenzer vom Solf-Kreis — in ihm trafen sich einige Angehörige des Großbürgertums und des Adels sowie höhere Beamte zu Diskussionen — nach London gefahren, um die britische Regierung zu drängen, den territorialen Forderungen der Hitlerregierung nicht mehr nachzugeben.[42]

Ähnliche Bestrebungen gingen von Angehörigen vereinzelter oppositioneller Kreise der Wirtschaft aus. Der württembergische Industrielle Robert Bosch, Chef der Bosch GmbH, beispielsweise hatte sich öffentlich gegen den „Geist von Potsdam" ausgesprochen und sich noch 1933 von Hitler abgewandt, nachdem er zunächst dessen Zielen — „Abschaffung" des Klassenkampfes und Herstellung eines Einheitsstaates — zugestimmt hatte. Der Generaldirektor und Geschäftsführer der Bosch GmbH, Hans Walz, Boschs Privatsekretär Willy Schloßstein, mit einer Jüdin verheiratet, der in diesem Konzern tätige Baurat Albrecht Fischer, Walz' wirtschaftspolitischer Berater Theodor Bäuerle und weitere sechs bis zehn ähnlich antinazistisch gesinnte Personen unterstützten nach dem Pogrom vom November 1938 jüdische Bürger. Bosch und Walz, die schon zuvor von den Nazis politisch Gemaßregelte, so Lehrer und Beamte, im Unternehmen untergebracht und sogar gegen den Einspruch von NSDAP-Funktionären in höheren Stellungen eingesetzt hatten, ließen jüdischen Bürgern als Unterstützung Geld zukommen und stellten entgegen den deutschen gesetzlichen Bestimmungen Juden, die aus Deutschland in die USA emigrierten, in New York Devisen zur Verfügung. Auch beschäftigten sie weiterhin jüdische Bürger im Konzern. Hilfe gewährten sie ebenso verfolgten Angehörigen der katholischen Kirche und der evangelischen Bekennenden Kirche.

Seit 1936 hatte der sogenannte Bosch-Kreis Kontakt zu Carl Goerdeler, einem konservativen Oppositionellen, den Robert Bosch 1937 als Finanzberater einstellte, nachdem dieser im April als Leipziger Oberbürgermeister zurückgetreten war und Hitler seine Verwendung bei der Friedrich Krupp AG untersagt hatte. Bosch und Walz wollten die Beseitigung des Regimes im Interesse einer friedlichen Verständigung mit Frankreich und Großbritannien. Jedoch äußerten sie Vorbehalte gegen eine ausschlaggebende Beteiligung hoher Militärs an einem Putsch gegen Hitler sowie an einer danach einzusetzenden Regierung, weil sie ihnen keine eigenverantwortliche Handlungsweise zutrauten.

42 *Der Kreisauer Kreis*, S. 30f., 150; *Finker*, S. 104f.; *Lothar Kettenacker*, Der nationalkonservative Widerstand aus angelsächsischer Sicht, in: *Der Widerstand gegen den Nationalsozialismus*, S. 716; *Hugo Stehkämper*, Protest, Opposition und Widerstand im Umkreis der (untergegangenen) Zentrumspartei, in: ebenda, S. 894.

Bosch sprach sich gegen den Krieg aus, weil ihn Deutschland wegen seiner unzulänglichen wirtschaftlichen Lage verlieren werde. Die mit dem Münchener Abkommen bezogene Position der Westmächte enttäuschte ihn. Die gewaltsame Zerschlagung der ČSR im März 1939 bestärkte ihn jedoch in der Hoffnung, Großbritannien und Frankreich würden die Beziehungen zu Deutschland abbrechen. Im Sommer 1939 fuhren deshalb Walz und Schloßstein nach Amsterdam bzw. London, um über Vertrauensleute die Westmächte zu entschlossenem Auftreten gegen die deutschen Kriegsvorbereitungen zu veranlassen.[43]

Unter deutschen Militärs war die Hitleropposition — ein verschwindend kleiner Bruchteil der Wehrmachtgenerale (Ende 1938 insgesamt 261) und -offiziere (insgesamt 89075 am 1. September 1939)[44] — nach dem Rücktritt des Chefs des Generalstabs des Heeres, Generaloberst Ludwig Beck, im Sommer 1938 in bestimmtem Maß geschwächt, nach dem Münchener Abkommen nahezu paralysiert. Beck, mitverantwortlich für die deutsche Aufrüstung, strebte wie andere bürgerliche konservative Politiker, etwa Goerdeler und Botschafter a. D. Ulrich v. Hassell, eine deutsche Vormachtstellung in Mitteleuropa an. Er hielt — wie auch Hitler und andere führende Nazis — die Zerschlagung der ČSR für erforderlich. Zunächst trat Beck ebenfalls für die Erreichung dieses Ziels durch Gewalt ein. Er wünschte allerdings einen späteren Termin und günstigere außenpolitische Bedingungen, d. h., er wollte die deutsche Aufrüstung noch gesteigert und Voraussetzungen geschaffen wissen, die ein Eingreifen dritter Staaten möglichst ausschlossen.[45]

Da er bei einem Überfall auf die Tschechoslowakei zu diesem vorzeitigen Zeitpunkt — Sommer 1938 — militärische Gegenmaßnahmen Frankreichs und Großbritanniens und damit eine Niederlage Deutschlands ernsthaft einkalkulierte, forderte er im Juli jenes Jahres, daß die führenden Generale des Heeres mit der Drohung ihres geschlossenen Rücktritts Hitler „die Durchführung einer kriegerischen Handlung unmöglich machen". Wenige Tage später äußerte er gegenüber dem Oberbefehlshaber des Heeres, Generaloberst Walther v. Brauchitsch, würde man sich zu einem solchen Vorgehen „mit allen seinen Folgen" entschließen, so „werde zu prüfen sein, ob man diesen Schritt nicht dahin aktivieren sollte, daß man es zu einer für die Wiederherstellung geordneter Rechtszustände unausbleiblichen Auseinandersetzung mit der SS und der Bonzokratie kommen lassen muß". Beck schlug dafür so widersprüchliche Losungen vor, wie „Für den Führer!", „Gegen den Krieg!" und betonte zugleich, es dürfe nicht die leiseste Vermutung eines Komplotts aufkommen.

Ende jenes Monats hatte Beck gegenüber Brauchitsch zu bedenken gegeben, daß bei einem geschlossenen Rücktritt der Generale „in jedem Falle mit inneren Spannungen" zu rechnen sei. Deshalb betrachte er es als notwendig, „daß das Heer sich nicht nur auf

43 *Wolfgang Schumann*, Die Industrie und der 20. Juli, in: *Historiker-Gesellschaft der DDR*, Wissenschaftliche Mitteilungen, I/II/1985, S. 83 ff.; *Wilhelm Treue*, Widerstand von Unternehmern und Nationalökonomen, in: *Der Widerstand gegen den Nationalsozialismus*, S. 928 ff.

44 *Wolfgang Schieder*, Zwei Generationen im militärischen Widerstand gegen Hitler, in: *Der Widerstand gegen den Nationalsozialismus*, S. 441, 445.

45 *Klemens von Klemperer*, Nationale oder internationale Außenpolitik des Widerstands, in: ebenda, S. 645; *Klaus-Jürgen Müller*, Nationalkonservative Eliten zwischen Kooperation und Widerstand, in: ebenda, S. 34 f.; *derselbe*, General Ludwig Beck, Studien und Dokumente zur politisch-militärischen Vorstellungswelt und Tätigkeit des Generalstabschefs des deutschen Heeres 1933 bis 1938, Boppard 1980, S. 537 ff., Dok. 47, 48.

einen möglichen Krieg, sondern auch auf eine innere Auseinandersetzung" vorbereite, die „sich nur in Berlin abzuspielen" brauche.[46]

Beck ging es also zu dieser Zeit nicht darum, Hitler zu beseitigen, sondern er war bestrebt, über verschiedene Kanäle den „Führer" von „unüberlegten Schritten" abzuhalten. Er wollte bestimmte „Auswüchse" des Regimes überwinden und beabsichtigte, die Macht der SS und der Gestapo zurückzudrängen bzw. beide Institutionen auszuschalten, da er sie als treibende Kräfte für des Reichskanzlers risikovolle Kriegspolitik sowie auch als innen-politischen „Stör"-Faktor ansah, und den Einfluß des Generalstabs des Heeres auf die Innen- wie die Außenpolitik zu stärken.

Brauchitsch und die anderen Generale des Heeres konnten sich jedoch zu dem von Beck geforderten Schritt nicht entschließen. So reichte dieser, der den nach seiner Über-zeugung zu gefahrvollen Kurs der Naziführungsspitze nicht mitvollziehen wollte, am 18. August 1938 allein sein Rücktrittsgesuch ein.

Im Sommer 1938 hatte Beck Kontakt zu Oberstleutnant Hans Oster von der Amts-gruppe Auslandsnachrichten und Abwehr (seit 1939 Amt Ausland/Abwehr) im OKW ge-knüpft, einem der wenigen antinazistisch gesinnten und zu entsprechendem Handeln be-reiten Offiziere in dieser Dienststelle mit mehreren tausend Mitarbeitern. Oster war davon überzeugt, daß ein Angriff auf die ČSR einen mehrere Staaten erfassenden Krieg auslösen würde, der zwangsläufig eine Niederlage Deutschlands einschließe. Aus dem Scheitern von Becks Plan folgerte er, daß die Hoffnung auf ein einheitliches Auftreten der Heeres-Generali-tät gegen eine Aggression und auf die Möglichkeit, Hitler beeinflussen zu können, keine reale Basis hatte.[47]

Oster trat im Herbst 1938 nicht nur für ein Vorgehen von Militärs gegen SS und Gestapo ein, sondern hielt auch die Verhaftung und — im Unterschied zu einigen anderen oppositionellen Offizieren bzw. Generalen — die Erschießung Hitlers für unabding-bar. Osters Chef, Vizeadmiral Wilhelm Canaris, zwielichtig und widerspruchsvoll, der ihn einige Zeit „deckte", lehnte ein Attentat jedoch grundsätzlich ab. Oster bereitete mit Erwin v. Witzleben, Kommandierender General im Wehrkreis III (Berlin), mit dem Oberquartiermeister I im Generalstab des Heeres, Generalleutnant Karl-Heinrich v. Stülp-nagel, und wenigen anderen Generalen und Offizieren für den Fall der Auslösung eines Angriffs auf die ČSR die Festnahme des „Führers" vor. Was danach geschehen sollte, blieb von ihnen allerdings unbeantwortet, ging jedenfalls nicht über die Vorstellung hinaus, „Recht und Ordnung" wiederherzustellen, was immer auch darunter verstanden wurde. Infolge des Münchener Abkommens gelangte dieser Plan jedoch nicht zur Ausführung. Sie waren erleichtert über den Ausgang der Krise, darüber, nicht eine Aktion beginnen zu müssen, bei der manches dem Zufall überlassen blieb, deren Ausgang nicht über-schaubar war.

Im Sommer 1939 bemühten sich Beck, Witzleben und Oster, dem Oberbefehlshaber des Heeres, Brauchitsch, und dem neuen Generalstabschef des Heeres, General der Artillerie Franz Halder, die sich zuspitzende Kriegsgefahr bewußtzumachen und sie zum Handeln zu veranlassen — allerdings vergeblich. Der im Januar 1939 aus dem Generalstab des Heeres

---

46 *Derselbe*, General Ludwig Beck, S. 554ff., Dok. 51, 52; *Helmut Krausnick*, Ludwig Beck, in: *Hill/Oberreuter*, S. 81 f.

47 *Heinz Höhne*, Canaris und die Abwehr zwischen Anpassung und Opposition, in: *Der Widerstand gegen den Nationalsozialismus*, S. 407; *Romedio Graf von Thun-Hohenstein*, Widerstand und Landesverrat am Beispiel des Generalmajors Hans Oster, in: ebenda, S. 756ff.

zum Truppendienst in Ostpreußen abkommandierte Major Henning v. Tresckow trat zu dieser Zeit dafür ein, den bevorstehenden Krieg durch ein Attentat auf Hitler zu verhindern. Jedoch hatte er in dieser Position kaum Handlungsspielraum und keinen Einfluß auf andere oppositionelle Militärs, die zumeist in Berlin bzw. dessen Umgebung tätig waren. Der Widerruf des bereits erteilten Befehls zum Überfall auf Polen am 26. August 1939 beruhigte ihn wie auch ihm Gleich- oder Ähnlichgesinnte.[48] Es erwies sich, daß sich die wenigen Generale und Offiziere, die sich gegen eine Kriegsauslösung durch Deutschland aussprachen, trotz zeitweiliger entsprechender Planungen und Vorbereitungen letztendlich nicht zum Handeln entschließen konnten. Sie sahen zu viele Unwägbarkeiten und mußten konstatieren, daß die übergroße Mehrheit der Generalität und des Offizierskorps willig, wenn nicht gar überwiegend bedingungslos dem Regime und seiner Aggressionspolitik folgte, sie unterstützte. Hinzu kam, daß auch die wenigen oppositionellen Generale und Offiziere bei allen Zweifeln und Bedenken immer wieder feststellten, daß der Reichskanzler seine Ziele auch ohne Krieg durchzusetzen vermochte. Sie waren zudem — wenn auch mit bestimmten Unterschieden — der Auffassung, erst dann einen Staatsstreich unternehmen zu können, wenn das Regime einen ernsthaften militärischen oder politischen Rückschlag erlitten hatte.

f. Christen

Führende Männer der Bekennenden Kirche (BK) hatten im Zusammenhang mit der angesichts der antitschechoslowakischen Provokation der Hitlerregierung zunehmenden Kriegsgefahr eine Gebetsliturgie, datiert vom 27. September 1938, verfaßt und sie an die Bekenntnispfarrer verschickt, damit nach ihr am 30. September in den Gottesdiensten verfahren werde. Darin wurde erklärt: „Wir bekennen vor Dir die Sünden unseres Volkes. Dein Name ist in ihm verlästert, Dein Wort bekämpft, Deine Wahrheit unterdrückt worden. Öffentlich und im geheimen ist viel Unrecht geschehen. Eltern und Herren wurden verachtet, das Leben verletzt und zerstört, die Ehe gebrochen, das Eigentum geraubt und die Ehre des Nächsten angetastet."

Weiter heißt es: „So laßt uns denn Gott darum bitten, daß er uns und unser Land gnädiglich vor Krieg bewahre (vom Krieg erlöse) und uns und unseren Kindern Frieden schenke!"[49]

Das SS-Sicherheitshauptamt stellte in einem Bericht vom 8. November 1938 fest, daß diese Gebetsliturgie „nichts weiter als versteckte Angriffe gegen die nationalsozialistische Staatsführung enthielt und in erster Linie dazu geeignet war, in der Bevölkerung Angst und Beunruhigung hervorzurufen."[50]

---

48 *Heinemann*, S. 423; *Gerd. R. Ueberschär*, Militäropposition gegen Hitlers Kriegspolitik 1939 bis 1941— Motive, Struktur und Alternativvorstellungen des entstehenden militärischen Widerstands, in: ebenda, S. 346f.; *Schieder*, S. 443f.; *Bodo Scheurig*, Henning von Tresckow, Eine Biographie, Oldenburg und Hamburg 1973, S. 62ff.; *Klaus-Jürgen Müller*, Struktur und Entwicklung der nationalkonservativen Opposition, in: *Aufstand des Gewissens*. Der militärische Widerstand gegen Hitler und das NS-Regime 1933—1945, Herford/Bonn 1985, S. 272.

49 *Ihr Gewissen gebot es*. Christen im Widerstand gegen den Hitlerfaschismus, Berlin 1980, S. 146f.

50 Ebenda, S. 151.

Die Bischöfe der evangelischen Landeskirchen August Marahrens (Hannover), Hans Meiser (München) und Theophil Wurm (Stuttgart) stellten nach der Versendung der Liturgie gegenüber Reichskirchenminister Hanns Kerrl fest, daß sie diese „aus religiösen und vaterländischen Gründen" mißbilligten, „die darin zum Ausdruck gekommene Haltung auf das Schärfste" verurteilten und daß sie sich „von den für diese Kundgebung verantwortlichen Persönlichkeiten" trennten.[51] Damit wurde die Spaltung der BK in zwei Flügel — einen gemäßigteren, dem Regime gegenüber kooperativen, und einen radikaleren — vertieft und noch offensichtlicher sowie die Wirksamkeit der BK weiter eingeschränkt, zumal diese Bischöfe Ende Mai 1939 eine Erklärung mitunterzeichneten, die die Protestanten aufforderte, sich hingebungsvoll in das „völkisch-politische Aufbauwerk des Führers" einzufügen.[52]

Kerrl sperrte ab November 1938 den für die Liturgie Verantwortlichen das Gehalt. Die Konferenz der Landesbruderräte hingegen solidarisierte sich am 2. November mit der Liturgie, in ganz Deutschland insgesamt mehr als 1000 Bekenntnispfarrer. Als Reaktion darauf eröffnete das Berliner Konsistorium gegen Verfasser der Liturgie und gegen Verantwortliche der Bruderräte, darunter gegen Friedrich Müller, Martin Albertz und Hans Böhm, Disziplinarverfahren, die 1939/40 bei einigen von ihnen zur Amtsenthebung führten.[53]

Nach der sogenannten Reichskristallnacht erklärte der Kirchentag der BK vom 10. bis 12. Dezember 1938 in Berlin-Steglitz, einberufen von der Konferenz der Landesbruderräte, seine Verbundenheit mit jüdischen Christen und prangerte die Entfernung von Geistlichen jüdischer Herkunft aus ihrem Amt an. Als die Leitungen einiger evangelischer Landeskirchen, z. B. in Thüringen, Sachsen und Anhalt, Verfügungen erließen, nach denen Juden die Kirchenzugehörigkeit und der Vollzug kirchlicher Amtshandlungen für sie untersagt wurden, forderte die Konferenz der Landesbruderräte die Pfarrer und Gemeinden der betreffenden Landeskirchen auf, diese Anordnungen zu ignorieren. Nachdem im Mai 1939 der deutsch-christliche Altpreußische Oberkirchenrat angewiesen hatte, junge Theologen müßten vor ihrer Anstellung ihre arische Abstammung nachweisen, erklärte der Preußische Bruderrat: Wer den entsprechenden Fragebogen ausfülle, helfe, nichtarische Geistliche aus dem Amt zu vertreiben.[54]

Bereits von September 1938 an half das von Propst Heinrich Grüber geleitete Büro (auch Hilfsstelle genannt) für Rassenverfolgte in Berlin, das sich auf Vertrauensleute in verschiedenen Städten stützte[55], Juden überwiegend evangelischen Glaubens bei der Auswanderung bzw. bei der Flucht oder vermochte es, zeitweilig ihre schwere Lage zu mildern.

Die Bekennende Kirche äußerte sich allerdings nicht dazu, daß auch Glaubensjuden, d. h. nicht zum Christentum übergetretene Juden, verfolgt wurden. Nur einzelne Bekenntnispfarrer taten das, z. B. Julius v. Jan in Oberlemmingen/Württemberg in einer Predigt am 16. November 1938. Er erklärte: „Ein Verbrechen ist geschehen in Paris (er meinte die Erschießung des Nazidiplomaten Ernst v. Rath durch einen 17jährigen polnischen

---

51 *Die Stunde der Versuchung.* Gemeinden im Kirchenkampf 1933—1945. Selbstzeugnisse. Hrsg. von Günther Harder und Wilhelm Niemöller, München 1963, S. 25.
52 *Mammach,* Widerstand, S. 277.
53 *Werner Oehme,* Märtyrer der evangelischen Christenheit 1933—1945. Neunundzwanzig Lebensbilder, Berlin 1980, S. 111 f.; *Widerstand aus Glauben.* Christen in der Auseinandersetzung mit dem Hitlerfaschismus, Berlin 1985, S. 180 f.
54 *Christlicher Widerstand gegen den Faschismus,* Berlin 1955, S. 15 f.
55 *Widerstand aus Glauben,* S. 182 ff.

Juden — K. M.). Der Mörder wird seine gerechte Strafe empfangen, weil er das göttliche Gesetz übertreten hat.

Wir trauern mit unserem Volk um das Opfer dieser verbrecherischen Tat. Aber wer hätte gedacht, daß dieses eine Verbrechen in Paris bei uns in Deutschland so viele Verbrechen zur Folge haben könnte? Hier haben wir die Quittung bekommen auf den großen Abfall von Gott und Christus, auf das organisierte Antichristentum. Die Leidenschaften sind entfesselt, die Gebote Gottes mißachtet, Gotteshäuser, die andern heilig waren, sind ungestraft niedergebrannt worden, das Eigentum der Fremden geraubt oder zerstört, Männer, die unsrem deutschen Volk treu gedient und ihre Pflicht gewissenhaft erfüllt haben, wurden ins KZ geworfen, bloß weil sie einer anderen Rasse angehörten! Mag das Unrecht auch von oben nicht zugegeben werden — das gesunde Volksempfinden fühlt es deutlich, auch wo man nicht darüber zu sprechen wagt. Und wir als Christen sehen, wie dieses Unrecht unser Volk vor Gott belastet und seine Strafen über Deutschland herbeiziehen muß.''[56]

Jan wurde wegen dieser Predigt, in der er auch die Gebetsliturgie vom 27. September 1938 verteidigt, ihre und ihrer Verfasser Unterdrückung bzw. Verfolgung verurteilt und die Distanzierung der Bischöfe angeprangert hatte, am 25. November 1938 verhaftet, im Frühjahr 1939 von der Gestapo aus Württemberg ausgewiesen und schließlich — im November jenes Jahres — zu 16 Monaten Gefängnis verurteilt.

Mancherorts setzten sich Gemeindemitglieder für ihren verfolgten Geistlichen ein. Im Frühjahr 1939 wurde der Pfarrer eines Dorfes bei Aschaffenburg wegen seiner Mahnung, die Kinder jeden Sonntag in den Gottesdienst zu schicken, verhaftet, weil die Behörden das als „Hetze" gegen die HJ werteten, die an diesem Tag ihren Dienst durchführte. Als mehrere Gläubige sich zu ihm bekannten, nahm man sie ebenfalls fest. Daraufhin begaben sich zahlreiche Einwohner nach Aschaffenburg, erzwangen die Anhörung einer Delegation durch den Kreisbauernführer, der sich genötigt sah, die Freilassung der Verhafteten zu veranlassen.[57]

Die Gruppe der Quäker in Berlin mit Pfarrer Emil Fuchs, die Kontakt zu Grüber, Pfarrer Werner Sylten und weiteren Mitarbeitern dieses Büros hielt, sorgte — verstärkt nach der „Reichskristallnacht" — dafür, daß Juden, die keiner Religionsgemeinschaft angehörten, und ebenso politisch Verfolgte in das Ausland gelangen konnten. Dabei halfen der Sekretär der britischen Quäker, Corder Catchpool, der Verbindungen nach Großbritannien und in die USA nutzte, und der Pfarrer der schwedischen Gesandtschaft in Berlin, Birger Forell, der vor allem die Korrespondenz der Berliner Quäker mit dem Ausland ermöglichte, aber auch sonst half, wo er konnte. Außer den Quäkern in Berlin vermochte eine Gruppe in Kassel unter August Fricke, einem Schuldirektor, zahlreiche Juden über die Grenze zu bringen.[58]

Angesichts der gegen die ČSR gerichteten deutschen Provokationen erklärte der katholische Bischof von Eichstätt, Michael Rackl: „Wir kennen die wirkliche Stimmung im Volk gut, die wir mitten im Volk drinstehen. Ich kann ihnen versichern, man kann auf die Dauer ein Volk nicht mit Kanonen, Maschinengewehren, aufgepflanzten Bajonetten und

---

56 *Ihr Gewissen gebot es*, S. 133f.
57 *Die Rote Fahne*, Paris, 4/1939.
58 *Emil Fuchs*, ... daß sie nicht Herr über uns werden, in: *Stärker als die Angst*. Den sechs Millionen, die keine Rettung fanden, Berlin 1968, S. 47ff.

Konzentrationslagern regieren. Auch die Geheime Staatspolizei wird mit der Zeit nicht mehr Herr werden können."[59]

Prälat Bernhard Lichtenberg, Dompropst von St. Hedwig in Berlin, der eine vom bischöflichen Ordinariat eingerichtete Hilfsstelle leitete, unterstützte Juden katholischen Glaubens. Er, Margarethe Sommer und andere Katholiken initiierten Geld- und Sachspenden, halfen bei der Auswanderung bzw. der Flucht, beschafften illegale Quartiere sowie Ausweise und Lebensmittel.[60]

Die katholische, monarchistisch orientierte Gruppe um den Rechtsanwalt Adolf Freiherr v. Harnier und den städtischen Bauaufseher Josef Zott mit Anhängern in München und einigen anderen bayerischen Städten, meist ehemalige Mitglieder der Bayerischen Volkspartei, betrieb mündliche Propaganda gegen das Regime. Anfang August 1939 begannen Verhaftungen, insgesamt von 125 Personen. Harnier wurde zu zehn Jahren Zuchthaus und Zott, der im Herbst 1935 zu dem kommunistischen Funktionär Hans Beimler in der Schweiz Kontakt unterhalten hatte, zum Tode verurteilt. Zu Gesprächen über die Gestaltung Deutschlands nach einem erwarteten Putsch der Militärs trafen sich zu dieser Zeit, im Sommer 1939, im Ketteler-Haus in Köln führende Vertreter der ehemaligen Katholischen Arbeiterbewegung Westdeutschlands, u. a. Präses Otto Müller, Verbandsvorsitzender Joseph Joos, Verbandssekretär Bernhard Letterhaus und Nikolaus Groß, Redakteur der „Ketteler-Wacht", sowie einige führende Zentrumspolitiker, beispielsweise Wilhelm Elfes.[61]

Am Widerstand nahmen auch einige Mitglieder der früheren Christlich-Sozialen Reichspartei teil, einer katholisch orientierten Splittergruppierung, die in Opposition zur Zentrumspartei gestanden hatte und deren Mitglieder zum Kleinbürgertum bzw. zur Arbeiterklasse gehörten. Rupert Huber, Hans Hutzelmann und seine Ehefrau Emma, Georg Jahres und Karl Zimmet fertigten und verbreiteten in München und anderen Städten Flugblätter. In einem von Ende August 1939 heißt es: „Hitler und seine kriegslüsternen Hintermänner sind dabei, Deutschland durch einen künstlich herbeigeführten Konflikt in ein neues gefährliches Abenteuer zu stürzen. Sie wollen und suchen den Krieg mit allen Mitteln. Welche schlimmen Auswirkungen und verheerenden Folgen er für Deutschland und die ganze Welt haben wird, darüber machen sich diese gewissenlosen Generalverbrecher keine Gedanken. Jeder Deutsche, der seine Heimat, sein Vaterland liebt, jeder, der seine Frau, Kinder und Eltern schützen will, jeder, der seine Brüder und Schwestern, sich selbst und seine Mitmenschen vom Schlimmsten bewahren will, muß sich gegen diesen entsetzlichen Krieg auflehnen und alles tun, was ihn noch verhüten kann.

Wer sich gegen den Kriegsbrandstifter Hitler und sein ganzes Nazisystem stellt, kämpft gegen den Krieg. Wer gegen den verbrecherischen Hitlerkrieg kämpft, kämpft für Deutschland."[62]

g. Werktätige Bauern und Landarbeiter

Nur vereinzelt gab es von Ende 1938 bis zum Kriegsbeginn oppositionelles Verhalten auf dem Lande. Einige Bauern und Landarbeiter hörten die deutschsprachigen Sendungen

---

59 Bericht des SS-Sicherheitshauptamtes vom 8. 11. 1938, in: *Ihr Gewissen gebot es*, S. 151.

60 *Mammach*, Widerstand, S. 278.

61 *Heike Bretschneider*, Der Widerstand gegen den Nationalsozialismus in München 1933 bis 1945, München 1968, S. 133ff.; *Günther Buchstab/Brigitte Kaff/Hans-Otto Kleinmann*, Verfolgung und Widerstand 1933—1945. Christliche Demokraten gegen Hitler, Düsseldorf 1986, S. 218.

62 *Hermann Schirmer*, Das andere Nürnberg. Antifaschistischer Widerstand in der Stadt der Reichsparteitage, Frankfurt a. M. 1974, S. 199.

von Radio Moskau sowie von anderen ausländischen Stationen und verbreiteten sie zum Teil. Am 4. Januar 1939 verhaftete die Gestapo in Willuhnen/Ostpreußen einen Land-arbeiter, der in Anwesenheit von Kollegen ausländische Sender gehört und sich dabei kritisch über das Regime geäußert hatte. Ein Erbhofbauer in Neuhof/Mecklenburg, der ebenfalls ausländische Nachrichten einschaltete, kritisierte in Gesprächen mit Dorfbewoh-nern den Arbeitskräftemangel auf dem Lande und die hohen Steuern. Er erklärte, die für die Aufrüstung verwendeten Gelder sollten besser der Landwirtschaft zur Verfügung gestellt werden. Er wurde verhaftet und im August 1939 zu einem Jahr Gefängnis verurteilt.

Einige Bauern und Landarbeiter, die sich in den Septembertagen 1938 ablehnend gegen-über dem provokatorischen außenpolitischen Kurs der Hitlerregierung geäußert und zum Teil erklärt hatten, Deutschland werde einen Krieg nicht gewinnen, waren ebenfalls fest-genommen und abgeurteilt worden, u. a. in Schleswig-Holstein, im Gebiet von Gera und in Mecklenburg.

Anfang 1939 widersetzten sich Bauern in Schleswig-Holstein der Milchablieferungspflicht. Im März 1939 wurde in Berichten mehrerer Kreisbauernschaften Sachsen-Anhalts festge-stellt, daß Bauern Brotgetreide — statt es an die staatlichen Erfassungsstellen abzu-liefern — trotz Verbots an das eigene Vieh verfütterten. Mehr als 50 Bauern aus der Umgebung der bayerischen Metropole kamen am 2. Februar 1939 in München vor dem Arbeitsamt zusammen, um darauf vor den Sitz des Reichsnährstands zu ziehen. Sie demonstrierten für die Behebung des Arbeitskräftemangels in der Landwirtschaft.[63] Diese wenigen Beispiele verdeutlichen, daß die Masse der Landbevölkerung trotz teilweiser Un-zufriedenheit mit bestimmten Maßnahmen der Politik fest zum Regime hielt und es stützte.

Die Gestapo vermochte es nicht, im letzten Jahr vor Beginn des Krieges die Wider-standsbewegung in Deutschland zu zerschlagen. Jedoch gelang es ihr, von September bis Dezember 1938 3184 und im April und Mai 1939 808 Hitlergegner festzunehmen.[64] Davon waren 50,1 Prozent Kommunisten, 7,6 Prozent Sozialdemokraten, 1,1 Prozent Angehörige der SAP und 41,1 Prozent andere Regimegegner. Diese Zahlen sind wohl auch als Beleg für die Aktivität der verschiedenen Kräfte der Naziopposition zu werten.

Das Bemühen der KPD-Organisationen und -gruppen in Deutschland, sich in größerem Ausmaß mit Hitlergegnern anderer politischer und weltanschaulicher Auffassung zu ge-meinsamem Vorgehen, gefördert durch die Prozesse in der Sowjetunion, zu vereinen, stieß angesichts von vielfach aktivierten antikommunistischen Vorbehalten und vor allem in An-betracht der Verfolgung und Unterdrückung durch die faschistischen Repressivorgane auf erhebliche Schwierigkeiten. Gleichartige Bestrebungen emigrierter deutscher Kommuni-sten hatten ebenfalls zahlreiche, wenn auch z. T. andersgeartete, aber ebenso durch zunehmenden Antikommunismus und Antisowjetismus verursachte Hindernisse zu über-winden, führten aber in den Vorkriegsjahren in verschiedenen Exilländern zu einem ge-wissen Erfolg. Das soll am Beispiel der Emigration in Frankreich veranschaulicht werden, wo es in dieser Zeit gelang, eines der breitesten Bündnisse deutscher Hitlergegner — wenn insgesamt auch gering an Zahl — zu schaffen.

---

63 *Marlies Coburger*, Oppositionelles Verhalten und Widerstand von werktätigen Bauern und Landarbeitern im faschistischen Deutschland 1936 bis August 1939, Diss. A, Berlin 1988, S. 35 ff., 86 ff.
64 *Mammach*, Widerstand, S. 151.

2. In Paris: Aktionsausschuß deutscher Oppositioneller

a. Vorläufer

Nach der Zerschlagung der Tschechoslowakei gründeten etwa 40 Emigranten am 25. März 1939 im Pariser Hotel „Lutetia" den Aktionsausschuß deutscher Oppositioneller. Dieser Schritt war ein Versuch, angesichts der immer drohender werdenden, von Deutschland ausgehenden Gefahr eines Krieges und in Anbetracht der Zersplitterung der deutschen Opposition die Emigranten in Frankreich ebenso wie in anderen Exilländern zusammenzuführen und damit auch das gemeinsame Handeln der Hitler- und Kriegsgegner in Deutschland zu stimulieren.

Derartiges war im französischen Exil schon vorher angestrebt worden. So hatten sich auf Initiative der KPD im September 1935 in Paris im selben Hotel unter Heinrich Manns Leitung politisch unterschiedlich orientierte und aus verschiedenen Klassen und Schichten kommende Regimegegner im „Lutetia"-Kreis zusammengefunden, der sich seit dem 9. Juni 1936 Ausschuß zur Bildung einer deutschen Volksfront nannte.

Er war im Verlauf des Jahres 1937 vornehmlich auf Betreiben bürgerlicher und sozialdemokratischer Mitglieder paralysiert worden, die nun Bündnisse deutscher Emigranten ohne Kommunisten anstrebten. Entschiedene Kriegsgegner hingegen bemühten sich, wenigstens hinsichtlich der Bekämpfung der von Deutschland ausgehenden Gefahr einer internationale militärische Auseinandersetzungen provozierenden Aggression einheitliche Stellungnahmen und Aktionen der deutschen politischen Emigration herbeizuführen. So war am 23. Juli 1938 in der französischen Hauptstadt ein Initiativkomitee deutscher Friedensfreunde entstanden, das propagandistisch aktiv wurde. Im „Vorschlag zur Einigung der deutschen Opposition" vom 8. September jenes Jahres hatte die Führung der KPD dazu aufgerufen, alle Sonderinteressen und alles Trennende zurückzustellen, damit die Antihitlerkräfte zu einem gewichtigen politischen Faktor werden und den Frieden sichern helfen können.[65]

Angeregt vom Sekretariat des ZK der KPD Paris, hatte Heinrich Mann die Initiative ergriffen, um am 20. September 1938 etwa 40 in Frankreich, meist in dessen Hauptstadt lebende deutsche Emigranten zu versammeln. Erörtert wurden die Schaffung der Volksfront und angesichts der gespannten internationalen Lage erforderliche dringende Maßnahmen. 30 Teilnehmer unterschrieben einen von Mann entworfenen Aufruf an das deutsche Volk und einen an die Völker der westlichen Länder. Im ersten verurteilten die Unterzeichner die Kriegsdrohungen der Hitlerregierung gegen die ČSR und riefen die deutschen Kommunisten, Sozialdemokraten, bürgerlichen Demokraten, Katholiken und Protestanten auf, sich zu gemeinsamen Widerstandsaktionen zu vereinen und durch die Beseitigung des Naziregimes sowie die Errichtung einer demokratischen Republik den Frieden zu bewahren. Im zweiten Aufruf wurde an die Völker der westlichen Länder appelliert, nicht vor dem provokatorischen Auftreten der Regierung in Berlin zurückzuweichen, sondern entschlossen zu handeln. Das würde die Antihitlerkräfte in Deutschland stärken und weitere potentielle Gegner des Regimes aktivieren.[66]

Die Führung der KPD bemühte sich — verstärkt nach ihrer Berner Konferenz — auch um eine Übereinkunft mit emigrierten Sozialdemokraten. Am 22. März 1939 trafen

---

65 *Die Internationale*, Paris, 7/8/1938, S. 133ff.
66 *Deutsche Information*, Paris, 24. September 1938, Nr. 398.

sich in Paris Vertreter der KPD, der KPÖ und des Arbeitsausschusses deutscher Sozialisten und der Revolutionären Sozialisten Österreichs, dem neben der Auslandsvertretung der österreichischen Sozialisten jene von „Neu beginnen", des ISK, der SAP und eine Gruppe um den inzwischen aus der KPD ausgeschlossenen Willi Münzenberg angehörten. Außer dem bereits erwähnten Aufruf von Ende März, in dem die beteiligten Parteien und Gruppen gegen die Annexion Österreichs und die Zerschlagung der ČSR sowie die Besetzung des Memelgebiets protestierten und zum einheitlichen Kampf aller gegen die faschistische Diktatur opponierenden Kräfte aufriefen, kam es zu keinerlei weiterer gemeinsamen Schritten — namentlich auf Betreiben Karl Franks von „Neu beginnen" und Münzenbergs. Ein Einheitsfrontangebot des ZK der KPD vom 3. April an den sozialdemokratischen Emigrationsvorstand wurde von diesem abgelehnt.[67]

b. Gründung, Zusammensetzung und Programm

Besonders Hermann Budzislawski und Heinrich Mann hatten sich neben kommunistischen Funktionären, vor allem Paul Merker, Mitglied des Sekretariats des ZK der KPD, und Siegfried Rädel, Leiter der Organisation emigrierter deutscher Kommunisten in Frankreich, für das Zustandekommen des Aktionsausschusses deutscher Oppositioneller eingesetzt, der ein organisatorisch festeres Gremium war als das Initiativkomitee deutscher Friedensfreunde und der im September 1938 von Heinrich Mann zusammengerufene Kreis.

In einem Brief Merkers vom 24. März 1939 an Heinrich Mann heißt es: „Um der gegenwärtigen ernsten Situation gerecht zu werden, hat der Freund F. (d. i. Hermann Budzislawski — K. M.) in Übereinstimmung mit uns für kommenden Sonnabend (25. März — K. M.) eine Zusammenkunft aller Freunde der deutschen Volksfront einberufen, um, wenn irgend möglich, durch die Bildung eines kleinen provisorischen Ausschusses doch eine gewisse einheitliche Vertretung der deutschen Opposition zur Erledigung der dringendsten Aufgaben zu sichern, wie das im September (1938 — K. M.) mit Ihrer wertvollen Unterstützung geschehen ist. Wir glauben, lieber Freund D. (d. i. Heinrich Mann — K. M.), daß der Freund F. auch in diesem Falle für seinen Schritt mit Ihrer Zustimmung rechnen kann."[68] Am 26. März 1939 antwortete Heinrich Mann: „Der kleine Ausschuß der Gesamt-Opposition, um den wir im September bemüht waren, hat sich leider nicht befestigen können. In der Sitzung bemerkte man Teilnehmer, die nur als Beobachter zugegen waren, und die größte Bereitwilligkeit der Mehrheit überzeugte sie nicht. Sie haben meine Zustimmung für jeden weiteren Versuch. Ich würde aber empfehlen, auf die Freunde der deutschen Volksfront, insofern sie sich noch zurückgehalten haben, jeden nur möglichen Druck auszuüben. Wäre es ausgeschlossen, daß die Vertreter der SPD durch dringende Zuschriften aus dem Lande (gemeint ist Deutschland — K. M.) williger gemacht werden? Auf die allenfalls aufzunehmende Verbindung mit der Freiheitspartei (einem Kreis meist antikommunistisch orientierter bürgerlicher Emigranten — K. M.) wies ich schon hin (in einem Brief vom 25. Januar — K. M.). Die englische Gruppe, die Ihre Propaganda unterstützen will, kann vielleicht gebeten werden, dahin zu wirken? Ferner die Katholiken. Sie könnten angeblich mit Kommunisten nicht zusammengehen, weil es gegen den Willen der deutschen Bischöfe wäre. Da ist nun der Cardinal Verdier, mit dem man nur zu sprechen

---

67 *Dahlem*, S. 92 ff.
68 IML/ZPA, I 3/1/453.

braucht. Er würde gewiß die Bischöfe wie auch die Katholiken im Exil darüber belehren, daß der Antikommunismus höchst unzeitmäßig ist; sogar Chamberlain begreift es nachgerade. Wollen Sie mir verzeihen, wenn meine Anregungen zu weit zu gehen scheinen. In den Bemühungen, selbst in den gewagten, kann man nie zu weit gehen. Die Lage drängt, wie noch nie; das wissen wir."[69]

Im Aktionsausschuß deutscher Oppositioneller vereinten sich Kommunisten, Sozialdemokraten und bürgerliche Demokraten, darunter Georg Bernhard, bis 1938 Chefredakteur der „Pariser Tageszeitung", der Herausgeber der in Paris erscheinenden „Neuen Weltbühne", Hermann Budzislawski (Vorsitzender), die Schriftsteller Lion Feuchtwanger, Leonhard Frank, Kurt Kersten, Rudolf Leonhard, Heinrich Mann (Ehrenpräsident) und Maximilian Scheer, die kommunistischen Politiker Paul Merker, Albert Norden (Sekretär) und Siegfried Rädel, der Kulturhistoriker Paul Westheim. Paul Merker erwähnt in seinen Erinnerungen als Ausschußmitglieder ferner Karl O. Paetel, Herausgeber der in Paris erscheinenden „Blätter der Sozialistischen Nation", und den früheren saarländischen christlichen Gewerkschaftsfunktionär Otto Pick.[70] Das waren meist Persönlichkeiten, die sich schon an der Arbeit des Ausschusses zur Bildung einer deutschen Volksfront beteiligt hatten.

Als dessen Nachfolger könne der Aktionsausschuß deutscher Oppositioneller angesehen werden, heißt es in einem Rundbrief des Sekretariats des ZK der KPD vom 20. Mai 1939 an die Abschnittsleitungen. „Er unternimmt alles Notwendige, um ungeachtet der vielen Hemmnisse, auf die er in seiner Arbeit stößt, den Prozeß der Sammlung der deutschen Opposition im Lande, in der Emigration und unter den Auslandsdeutschen zu fördern und keine Situation vorübergehen zu lassen, ohne daß die deutsche Opposition ihre Stellungnahme dazu bekanntgibt."[71]

In der auf der Gründungsversammlung angenommenen programmatischen Resolution wurde festgestellt, daß sich der Aktionsausschuß als „das überparteiliche Zentrum der deutschen Hitlergegner im Ausland und die Vertretung der im Reich um ein freies Deutschland kämpfenden Opposition" betrachte. „Er sammelt zu gemeinsamem Handeln alle Feinde der Hitlerdiktatur ohne Unterschied der sozialen Schichtung und weltanschaulichen Gruppierung, alle, die für den Frieden eintreten und sich der Rassenbarbarei und den politischen, sozialen und religiösen Verfolgungen widersetzen." Ziel des Kampfes der Opposition sei die Errichtung einer demokratischen Republik, in der Verwaltung und Armee von Faschisten gesäubert und Bedingungen geschaffen würden, die eine Wiederkehr der Nazityrannei unmöglich machten. Den Bürgern sollten demokratische Rechte und Freiheiten garantiert werden, die Wirtschaftspolitik sollte sich an den Bedürfnissen des Volkes orientieren, die Außenpolitik auf die Verständigung mit allen Völkern gerichtet sein. „In diesem Geist, mit diesen Zielen vertritt der Aktionsausschuß Deutscher Oppositioneller die Sache des deutschen Volkes, um im Herzen Europas den Frieden, den Wohlstand, den menschlichen Fortschritt zu sichern."[72]

---

69 Ebenda.
70 *Paul Merker*, Über die Bewegung „Freies Deutschland" in Lateinamerika, in: *Im Kampf bewährt.* Erinnerungen deutscher Genossen an den antifaschistischen Widerstand von 1933 bis 1945. Eingel. u. zusammengest. von Heinz Voßke, Berlin 1977, S. 421 f.; vgl. auch *Alexander Abusch*, Der Deckname. Memoiren, Berlin 1981, S. 472f.
71 IML/ZPA, I 3/1/451.
72 *Dieter Schiller/Karlheinz Pech* u. a., Exil in Frankreich, Leipzig 1981, S. 120f.

Neben Hermann Budzislawski und Heinrich Mann gehörten zur Leitung des Ausschusses Paul Merker (stellvertretender Vorsitzender), Georg Bernhard, Rudolf Leonhard, Karl O. Paetel, Siegfried Rädel und Maximilian Scheer. Es wurde beschlossen, die von Heinrich Mann seit 1936 in Paris maschinenschriftlich vervielfältigt herausgegebene Pressekorrespondenz „Deutsche Informationen" mit Bruno Frei als Redakteur und Albert Callam als Geschäftsführer zu übernehmen.[73] Die Korrespondenz, an mehr als 100 Redaktionen verschickt, erschien bis zum 2. September 1939.[74]

Der Ausschuß stützte sich in Frankreich auf die Freundeskreise der deutschen Volksfront, auf die Mitglieder des Schutzverbandes Deutscher Schriftsteller, auf die Anhänger des Koordinationsausschusses deutscher Gewerkschafter, die Abonnenten antifaschistischer Emigrationszeitungen und -zeitschriften, daneben auf die Organisationen emigrierter deutscher Kommunisten in verschiedenen Ländern.

c. Erweiterung der Kontakte

An Auslandsvertretungen von Parteien, an Gruppen und Einzelpersonen richtete der Aktionsausschuß zu Beginn seiner Tätigkeit Briefe, in denen Fragen über die Haltung der oder des Betreffenden zum Naziregime, zu Möglichkeiten seiner Bekämpfung und zum gemeinsamen Auftreten der Opposition gestellt wurden. Gestützt auf die Antworten, versuchte der Ausschuß, seine Reihen zu erweitern, entsprechend dem Vorschlag Heinrich Manns auch durch Katholiken und Anhänger der Deutschen Freiheitspartei.[75]

Der Ausschuß, schreibt Franz Dahlem in seinen Erinnerungen, wurde „sehr bald zu einem wichtigen Zentrum der politischen Emigration nicht nur in Frankreich, denn er knüpfte Verbindung zu gleichgesinnten Freunden in den anderen Emigrationsländern bis nach Übersee an".[76] Er suchte z. B. Kontakt zu deutschen Emigranten in Großbritannien, Lateinamerika, den USA, der Schweiz und in Skandinavien, um sie zur Vereinigung in Ausschüssen der deutschen Opposition zu veranlassen.

Emigrierte deutsche Kommunisten, Sozialdemokraten und andere Hitlergegner in Großbritannien trachteten danach, in ihre Zusammenarbeit weitere Oppositionelle einzubeziehen. Deshalb bat Alfred Meusel am 22. April 1939 Heinrich Mann schriftlich, „eine Art geistiger Schirmherrschaft" über diese Volksfrontbestrebungen zu übernehmen und nach England zu kommen, um mit einer Konferenz, an der auch der ehemalige Senatspräsident von Danzig, Hermann Rauschning, teilnehmen sollte, der sich Mitte der 30er Jahre von den Nazis getrennt und ihre Aggressionspolitik verurteilt hatte, einen Durchbruch zu erzielen. Jürgen Kuczynski von der Organisation deutscher Kommunisten in Großbritannien fuhr deshalb Anfang Mai 1939 nach Paris, um „Mann zu einer positiven Antwort an Meusel zu bewegen". Am 6. Mai teilte Mann Meusel seine Zustimmung mit. „Rauschning scheute aber", schreibt Kuczynski in seinen Erinnerungen, „schließlich zurück — Mann schrieb mir am 10. Juli richtig, R. habe ‚auf Anraten seiner Freunde einen Nervenzusammenbruch' erlitten. Mit unseren Volksfront-Bemühungen kamen wir nicht über Anfänge hinaus. Die Verbindung zu Heinrich Mann aber dauerte bis in die ersten Kriegsmonate hinein."[77]

---

73 *Merker*, S. 422.

74 *Lieselotte Maas*, Handbuch der deutschen Exilpresse 1933—1945. Hrsg. von Eberhard Lämmert, Bd. 1, München/Wien 1976, S. 169.

75 IML/ZPA, I 3/1/453.

76 *Dahlem*, S. 97.

77 *Jürgen Kuczynski*, Memoiren. Die Erziehung des J. K. zum Kommunisten und Wissenschaftler, Berlin/Weimar 1973, S. 302f.

Veranlaßt vom Aktionsausschuß deutscher Oppositioneller, mit dem sie brieflich Kontakt hatten und von dem sie Schriften, u. a. die „Deutschen Informationen" erhielten, gründeten in Santiago de Chile deutsche Emigranten 1939 die Liga für deutsche Kultur, die sich um den Zusammenschluß der deutschen Hitlergegner in der chilenischen Hauptstadt bemühte.[78] Mit dem im März 1939 in Montevideo gebildeten Freien Deutschen Klub, dem emigrierte Kommunisten, Sozialdemokraten und Parteilose bzw. schon vor 1933 nach Uruguay ausgewanderte Deutsche angehörten, stand der Aktionsausschuß im Briefwechsel. Der Klub machte den von Heinrich Mann verfaßten Aufruf „Einheit!", auf den wir noch eingehen werden, zur Grundlage seiner Arbeit und druckte ihn auch in seiner seit Juni 1939 in einer Auflage von 1500 Exemplaren herausgegebenen Zeitung „Deutsche Einheit gegen den Faschismus" ab.[79] Im Juli veranstaltete der Klub an drei Abenden Diskussionen über die Volksfront und die Schaffung einer neuen, demokratischen Republik. Die am zweiten Abend, am 14. Juli, Versammelten stimmten einem Brief an Heinrich Mann zu, in dem auf dessen Aufruf geantwortet wurde: „Wo heute Deutsche zusammenkommen, um über den deutschen Volksstaat und die Möglichkeiten seiner Erkämpfung zu sprechen, kann es nur auf der Grundlage Ihres Aufrufes geschehen, nur durch die Einheit der Arbeiterklasse, die führend und beispielgebend der Einheit des Volkes vorausgehen muß, kann Hitler und sein System gestürzt werden. Wir selbst sind weit, zu weit entfernt von dem Schauplatz der entscheidenden Geschehnisse, wir können nur im bescheidenen Rahmen an der Verwirklichung der Aufgaben teilnehmen. Der beste Beitrag scheint es uns, in unserer Mitte die Einheit aller Hitlergegner zu schaffen, sie immer weiter auszubauen und zu stärken. Die heutige Diskussion hat uns auf diesem Wege ein Stück weiter gebracht . . . Und wie Sie, Heinrich Mann, bitten wir, ,außerhalb der Parteien, aber zum Dienst am Volk bereit', die Arbeiterparteien: ,Verwirklicht die Einheit der Arbeiterklasse! Verwirklicht sie ungesäumt!' "[80]

Schriftlichen Kontakt hatte der Aktionsausschuß auch zu Mitgliedern der 1937 entstandenen Liga für deutsche Kultur in Mexiko.[81] Er arbeitete ebenfalls mit österreichischen, tschechischen und italienischen Exilierten in Frankreich zusammen.

„Von großer Bedeutung ist die Festigung der Beziehungen des Ausschusses zu französischen politischen Persönlichkeiten", heißt es in einem Brief Merkers vom 25. Mai 1939 an Heinrich Mann. „Von Münzenberg werden große Anstrengungen gemacht, um gegenüber dem Ausschuß sein Konkurrenzunternehmen (eine Antinationalsozialistische Front ohne Kommunisten — K. M.) auf die Beine zu stellen. Infolgedessen ist es notwendig, unsere Aktivität auf diesem Gebiete noch sehr zu steigern. Es wäre vielleicht gut, wenn Sie, lieber Freund Heinrich Mann, mit einem Schreiben an alle französischen Persönlichkeiten herantreten, die an dem letzten Kongreß des Weltkomitees gegen Krieg und Faschismus teilnahmen, und sie über die Rolle und Tätigkeit des Ausschusses informieren und um ihre wohlwollendste moralische Unterstützung ersuchen."[82]

Merker meinte mit dem Kongreß die Internationale Konferenz für Demokratie, Frieden und Verteidigung der Menschenwürde am 13./14. Mai 1939 in Paris. Rund 600 Kulturschaffende und Vertreter der Arbeiterbewegung aus zahlreichen Ländern Europas und aus Übersee forderten dort die Bekämpfung des faschistischen Terrorregimes und den Abschluß

---

78 *Wolfgang Kießling*, Exil in Lateinamerika, Leipzig 1980, S. 99.
79 Ebenda, S. 123ff.
80 Ebenda, S. 129.
81 *Wolfgang Kießling*, Alemania Libre in Mexiko, Bd. 1: Ein Beitrag zur Geschichte des antifaschistischen Exils (1941—1946), Berlin 1974, S. 41.
82 IML/ZPA, I 3/1/453.

eines Abkommens zwischen Großbritannien, Frankreich und der Sowjetunion über kollektive Sicherheit. Heinrich Mann war als Vertreter des Aktionsausschusses deutscher Oppositioneller aufgetreten. Seine in französisch gehaltene Rede „Wehrt euch!" wurde in deutscher Übersetzung als Tarnschrift in Deutschland verbreitet. Mann hatte erklärt: „Die höllenhaften Beschreibungen des Blitzkrieges — den es übrigens nicht gibt — gehören in die Rechnung des Betrügers. Lest ihr, daß der sogenannte Führer und Kriegsherr — wo der Krieg sein Ende wäre — an das englisch-russische Bündnis nicht glaubt, dann zieht ohne weiteres den Schluß, daß er allerdings daran glaubt und nichts so sehr fürchtet wie dieses Bündnis." Heinrich Mann beendete seine Ausführungen in der Gewißheit: „Die Menschheit setzt zum Schluß doch ihren Willen durch, und der heißt: leben."[83]

Zugleich suchte der Aktionsausschuß die Zusammenarbeit mit sozialdemokratischen Gruppierungen. Paul Merker teilte am 18. April 1939 Heinrich Mann mit: „Unsere Verhandlungen mit der Sozialistischen Konzentration (gemeint ist der Arbeitsausschuß deutscher Sozialisten und der Revolutionären Sozialisten Österreichs — K. M.) sind fortgesetzt worden, und wir hoffen, daß es vielleicht zu einer Vereinbarung für ein gemeinsames Wirken in dem Ausschuß deutscher Opposition(eller) kommen wird. Jedoch sind dafür noch nicht alle Schwierigkeiten behoben. Es zeigt sich leider wieder, daß in der gegenwärtigen ernsten Situation — ähnlich wie in den Septembertagen — ein gewisser Kreis von Leuten versucht, die wirklichen oppositionellen Kräfte, die sich auf die Massen der Hitlergegner in Deutschland und in der Emigration sowie unter den Auslandsdeutschen stützen, zurückzudrängen und hinter verschlossenen Türen irgendeinen sogenannten Rat zu bilden, dessen Selbständigkeit und Unabhängigkeit wir sehr stark bezweifeln müssen. Es ist deshalb sehr wichtig, daß dieser kleine Ausschuß, an dessen Spitze hier in Paris Freund Budzislawski steht, sehr energisch arbeitet und schon bald mit einer klaren Stellungnahme der deutschen Opposition zu der gegenwärtigen akuten Kriegssituation an die Öffentlichkeit tritt. Freund Budzislawski ist in dieser Frage mit uns vollkommen einverstanden, und es besteht Aussicht, daß einige wichtige Schritte erfolgreich durchgeführt werden, so u. a. eine Zusammenkunft mit Vertretern der französischen, englischen und amerikanischen Presse, die Herausgabe eines Manifests zu dem Roosevelt-Vorschlag (gemeint ist die Botschaft des amerikanischen Präsidenten vom 15. April 1939 an Hitler — K. M.) etc."[84]

Aus einem Schreiben des Sekretariats des ZK der KPD vom 19. Juli 1939 an den Askania-Kreis, eine Arbeitsgemeinschaft emigrierter deutscher Kommunisten, Sozialdemokraten und SAP-Mitglieder in Stockholm, geht hervor, daß es der Arbeitsausschuß deutscher Sozialisten und der Revolutionären Sozialisten Österreichs ablehnte, sich an der Arbeit des Aktionsausschusses deutscher Oppositioneller zu beteiligen.[85] Auch der sozialdemokratische Emigrationsvorstand, der seit Mai 1938 seinen Sitz in Paris hatte, nahm nicht teil.

d. Propagandistische Aktivitäten

Im Mai 1939 hatte der Aktionsausschuß begonnen, Kommissionen zu bilden, und zwar für Arbeiter-, Bauern- und Mittelstandsprobleme in Deutschland, für die Propaganda unter Auslandsdeutschen, für kulturelle und militärpolitische Fragen. Die Kommissionen

---

83 *Heinrich Mann*, Verteidigung der Kultur. Antifaschistische Streitschriften und Essays, Berlin/Weimar 1971, S. 350.
84 IML/ZPA, I 3/1/453.
85 Ebenda.

hatten u. a. die Aufgabe, „entsprechende Propagandamaterialien in Form von Denkschriften vor(zu)bereiten", schrieb Paul Merker am 25. Mai an Heinrich Mann. „Soweit übersehen werden kann, wird es auf diesem Wege möglich sein, eine große Anzahl bekannter und aktiver Persönlichkeiten für ein enges Verhältnis zu dem Ausschuß und für die aktive Mitarbeit an seiner Tätigkeit zu gewinnen."[86] Merker erinnert sich: „Das Schwergewicht legten wir in unserer Arbeit auf die Herstellung und Verbreitung von illegalen politischen und literarischen antifaschistischen Druckschriften. Das veranlaßte bekannte Schriftsteller, sich zur Mitarbeit zur Verfügung zu stellen. Sie lieferten Manuskripte für das Propagandamaterial und halfen bei der Aufbringung finanzieller Mittel für dessen Drucklegung."[87] Das Sekretariat des ZK der KPD half dem Aktionsausschuß, über seine Verbindungen Materialien zu verbreiten und weitere Kontakte zu knüpfen. Andererseits erhielt das Sekretariat durch ihn die Möglichkeit, seine Schriften, u. a. die Dokumente der Berner Konferenz, an bisher von ihm noch nicht erreichte Kreise der Emigranten und der Auslandsdeutschen heranzubringen.

Ein Teil der Schriften des Aktionsausschusses wurde illegal nach Deutschland geschafft oder durch die Post nach dort befördert. Eine als Sondernummer der „Schweizer Militärzeitschrift" aufgemachte Ausgabe mit einer Analyse der Kriegsvorbereitung Deutschlands z. B. gab man — adressiert an einige hundert Offiziere der Wehrmacht — bei jenem Schweizer Postamt auf, von dem regelmäßig die echten Ausgaben verschickt wurden. Diese Aktion veranlaßte das Auswärtige Amt in Berlin zu einer Intervention beim Schweizer Politischen Departement (Außenministerium). Getarnt als Liptons-Tee-Probepackung, wurde ein Heft der „Neuen Weltbühne" mit Beiträgen verbreitet, die Hermann Budzislawski ausgewählt hatte.[88] Ebenfalls gelangte ein Auszug aus Heinrich Manns 1939 in Paris erschienenem Essayband „Mut" nach Deutschland.[89]

Entsprechend einer Anregung Paul Merkers vom 3. April 1939 verfaßte Heinrich Mann den bereits im Zusammenhang mit Montevideo erwähnten Aufruf „Einheit!", der in der „Deutschen Volkszeitung" am 23. April veröffentlicht und auch als Flugschrift in Deutschland und in Exilländern verbreitet wurde. In ihm heißt es: „Die Einheit der Arbeiterklasse ist notwendig, damit Hitler stürzt. Sie ist erste Bedingung, wenn der Kampf mit voller Kraft beginnen soll, und ihn zu gewinnen wird nur möglich durch die Einheit der Arbeiterklasse. Nur die geeinte Arbeiterklasse ist eine Macht. Geeint sammelt die Arbeiterklasse alle Deutschen gegen die faschistische Diktatur. Die Befreiung Deutschlands wird einzig verbürgt durch die Einheit seiner Arbeiterklasse. Der deutsche Volksstaat der Zukunft wird hervorgehen aus der geeinten Arbeiterklasse. Geeint wird sie das Vorbild sein, das allen Werktätigen aller Schichten und Berufe den Volksstaat als erreichbar zeigt und alle für ihn reif macht . . . Das Ziel ist das einfachste, es ist einfach menschlich. Es heißt: Rettung für alle. Es heißt: den Massen und jedem einzelnen das Leben erhalten, der Nation ihren Bestand, der Zivilisation dies große Land . . . Ein Uneigennütziger außerhalb der Parteien, aber zum Dienst am Volk bereit, bittet die Arbeiterparteien: Verwirklicht die Einheit der Arbeiterklasse! Verwirklicht sie ungesäumt!"[90]

---

86 Ebenda.
87 *Merker*, S. 423.
88 Ebenda, S. 423 f.
89 IML/ZPA, I/3/1/453.
90 *Mann*, S. 329 f.

Die Botschaft des amerikanischen Präsidenten, Franklin D. Roosevelt, vom 15. April 1939 an den deutschen Reichskanzler mit der Aufforderung, sich vor der Weltöffentlichkeit zu verpflichten, in den kommenden zehn Jahren keinen Angriff auf 31 namentlich genannte Staaten zu unternehmen, beantwortete der Aktionsausschuß deutscher Oppositioneller mit einer Erklärung, veröffentlicht in der „Deutschen Volkszeitung" und verschickt in zahlreiche Länder. Darin betonte er den Friedenswillen des deutschen Volkes und die Bereitschaft der „deutschen Oppositionellen, mögen sie sich nun in Deutschland oder außerhalb Deutschlands befinden, . . . für die Befreiung ihres Volkes zu kämpfen". Weiter heißt es: „Sie verlangen, daß man zwischen dem unterdrückten deutschen Volk und den nationalsozialistischen Gewalthabern, die sich durch Rechtsbrüche die Herrschaft über Deutschland erschlichen haben, scharf unterscheide. Die deutsche Opposition ist bereit, gemeinsam mit den angegriffenen Völkern den diesen aufgezwungenen Abwehrkampf gegen die autoritären Staaten zu führen. Sie macht dadurch deutlich, daß dieser Krieg nicht gegen das unterdrückte deutsche Volk, sondern gegen seine Vergewaltiger geht."[91]

Hitler wies am 28. April in einer Rede vor dem „Reichstag" den Vorschlag Roosevelts brüsk zurück und kündigte zugleich den deutsch-polnischen Nichtangriffsvertrag vom 26. Januar 1934 sowie das deutsch-britische Flottenabkommen vom 18. Juni 1935, in dem die Quoten der Aufrüstung der deutschen Kriegsmarine im Verhältnis zur britischen Flotte festgelegt worden waren. Der Aktionsausschuß reagierte darauf mit einem von Heinrich Mann verfaßten Flugblatt „An das deutsche Volk!", dessen Text auch verschiedene Rundfunkstationen verbreiteten. Darin führte Mann aus: Hitler „müßte gegen eine Koalition von Großmächten seinen Krieg entfesseln und müßte ihn an mindestens zwei Fronten führen". Die Deutschen wurden aufgerufen: „Ertragt ihn (Hitler — K. M.) nicht länger! Macht mit ihm Schluß, bevor die furchtbarste Niederlage nicht ihn allein beseitigt: euer Ende wäre sie, das Ende Deutschlands wäre sie . . . Bleibt dieser Mensch, ist Deutschland verloren. Beseitigt den falschen Führer! Kämpft ihn nieder! Erhebt euch!"[92] Etwa im Mai verbreitete der Aktionsausschuß als Tarnschrift auf Dünndruckpapier in einem Limonadenbeutel mit der Aufschrift „Cola Citron" in Deutschland den von Heinrich Mann verfaßten Aufruf „Einig gegen Hitler!". Darin wurde erklärt: „Die große deutsche Arbeiterklasse, die mächtigste des Westens, sobald sie geeint ist, wird der innere Halt des gesamten Volkes sein. Es wird zum Kampf den Mut und Entschluß finden, wenn es die Arbeiterklasse geeint sieht." Weiter heißt es: „Ohne das Recht, die Freiheit und den Frieden können wir sowenig bestehen wie ohne Brot. Wie weit muß es nun gekommen sein, wenn diese allereinfachsten, allermildesten Forderungen neu und kühn erscheinen. Was muß geschehen sein, daß man sich selbst revolutionär nennt, um nur zu sagen: ‚Wir wollen leben. Wir wollen als Menschen leben'."

Heinrich Mann fährt fort: „Bleibt der Krieg aus und entledigt Deutschland sich Hitlers, ohne daß die ganze Erde dafür bluten und zahlen muß, dann wird der deutschen Opposition zuletzt wohl doch gedacht werden. Sie wird unter dem Druck des grauenhaften Regimentes beides erwiesen haben, Mut und Geduld. Ungeschwächt erträgt sie die Hinrichtungen. Sie erstarkt, wenn die Lager nicht mehr das Proletariat allein, sondern schon in gleichem Maße den Mittelstand aufnehmen." Der Verfasser schließt mit den Worten: „Deutschland, alle, Arbeiter, Mittelstand, Bauern und Soldaten einig gegen Hitler,

91 *Deutsche Volkszeitung*, Paris, 30. April 1939.
92 *Mann*, S. 344, 346.

das gibt die beste Aussicht, jeden, der es verdient, zu erhalten, da es die einzige gibt, alle zu befreien."[93]

Dem Aktionsausschuß deutscher Oppositioneller blieb für seine Tätigkeit und damit für sein Wirksamwerden nur wenig Zeit — von Ende März bis Ende August 1939. „Ungeachtet seiner beachtlichen politischen Ausstrahlungskraft und der damit durch ihn erwirkten politischen Orientierung der deutschen Emigration weit über die Grenzen Frankreichs hinaus," stellt Franz Dahlem in seinen Erinnerungen fest, „hatten wir damit dennoch keineswegs jenes Ziel erreicht, das den Erfordernissen der Zeit entsprochen hätte. Es gelang uns, wieder ein arbeitsfähiges überparteiliches Organ der deutschen politischen Emigration zu schaffen, aber es gelang uns auch jetzt nicht, diese Emigration in ihrer ganzen Breite fest zusammenzuschließen. Die Nichtbeteiligung einflußreicher sozialdemokratischer Emigranten bewirkte, daß auch andere Persönlichkeiten davon abgehalten wurden, sich offen zur Mitwirkung an der Arbeit des Aktionsausschusses zu bekennen. Deshalb waren von vornherein der Wirksamkeit dieses Ausschusses, ungeachtet der selbstlosen Aktivität, die seine Mitglieder entfalteten, bestimmte Grenzen gesetzt."[94]

Anfang September 1939 kam die Arbeit des Aktionsausschusses zum Erliegen. Auf einer von einigen bürgerlichen Mitgliedern geforderten Sitzung, die in der Wohnung Hermann Budzislawskis in einem Pariser Vorort stattfand und an der Albert Norden im Auftrag Franz Dahlems als Vertreter des Sekretariats des ZK der KPD teilnahm, verlangte Georg Bernhard von Norden, daß er im Namen der KPD den deutsch-sowjetischen Nichtangriffsvertrag ablehne und daß die deutsche kommunistische Partei auch öffentlich ihre Mißbilligung bekunde. Das sei die Voraussetzung der weiteren Zusammenarbeit im Ausschuß. In der Diskussion begründete Norden die zustimmende Haltung der KPD zum Nichtangriffsvertrag, ging auf die Notwendigkeit des künftigen Zusammenwirkens der verschiedenen Antihitlerkräfte im Ausschuß ein und erörterte dessen Arbeitsmöglichkeiten. Trotz mehrstündiger Debatte kam es zu keiner Einigung.[95] Fast zur selben Zeit internierten die französischen Behörden neben Mitgliedern und Mitarbeitern des Sekretariats des ZK der KPD, u. a. Franz Dahlem und Paul Merker, auch Angehörige des Ausschusses, so Hermann Budzislawski, Rudolf Leonhard, Siegfried Rädel, Maximilian Scheer und Bruno Frei.[96]

Es erwies sich, daß die Angehörigen der deutschen Widerstandsbewegung — sei es nun in Deutschland oder von den Exilländern wie hier von Frankreich aus — nicht über genügend Einfluß auf die deutsche Bevölkerung verfügten, um ihre Mehrheit zum aktiven Widerstand gegen den Kriegskurs des Regimes zu mobilisieren. Die Nazidemagogie zeitigte — je länger wirksam, desto intensiver — nicht zu unterschätzende Ergebnisse hinsichtlich der chauvinistischen, rassistischen und militaristischen Irreführung des deutschen Volkes. Hinzu kam, daß sich die deutsche Opposition, statt sich zu einer das Trennende beiseite lassenden, allein die Sicherung des Friedens anstrebenden Koalition zusammenzufinden und dadurch an Effektivität zu gewinnen, immer mehr zersplitterte. Verschiedene ihrer Gruppierungen konnten ihre Sonderinteressen auch in Anbetracht der sich zuspitzenden Kriegsgefahr nicht überwinden, antikommunistische Vorbehalte selbst angesichts der faschistischen Bedrohung der Existenz anderer Völker und der eigenen Nation nicht zurück-

93 Ebenda, S. 331, 335, 342.
94 *Dahlem*, S. 97f.
95 *Dieter Schiller/Karlheinz Pech u. a.*, S. 121f.
96 *Merker*, S. 426.

drängen, obwohl „von der anderen Seite" versucht wurde, ihnen dafür Brücken zu schlagen. Einigen dieser Gruppierungen fehlte es einfach an sogenannter Zivilcourage im Hinblick auf konsequentes Handeln. Konservative oppositionelle Kräfte mochten zudem zu dieser Zeit überhaupt nicht daran denken, sich mit kommunistischen Antifaschisten, obwohl im selben Ziel, dem Sturz Hitlers, einig, zu verbinden.

So konnte — auch infolge der inkonsequenten und mehr noch: fördernden und ermunternden Haltung der Westmächte gegenüber dem Hitlerregime — die deutsche Widerstandsbewegung, ohnehin eine kleine Minderheit des deutschen Volkes, den Weg in den Krieg nicht versperren, trotz zahlreicher Opfer und intensivster Anstrengungen ihrer entschiedensten Kräfte.

OTFRIED DANKELMANN

Die Sozialistische Arbeiter-Internationale an der Schwelle des Krieges

Die Herausforderungen, denen sich die internationale Sozialdemokratie in den 30er Jahren gegenübersah, waren vielschichtig und kompliziert; sie waren zugleich von zunehmend existentieller Bedeutung. Konfrontiert hier mit einem imperialistischen System, dessen Widersprüche durch die bis dahin tiefste globale zyklische Krise des Kapitalismus drastisch verschärft wurden, dort mit einem sozialistischen Staat, der die gesellschaftspolitischen Perspektiven der werktätigen Massen und die internationale Politik mehr und mehr mitbestimmte, in ihren nationalen Aktionsfeldern bedroht durch Faschismus und Reaktion, außenpolitisch alarmiert von wachsender Kriegsgefahr, hatte sie nach Antworten zu suchen, die dem von ihr bestimmten Anspruch[1], Kämpfer für Sozialismus und Frieden zu sein, gerecht wurden. Im Unterschied zur Kommunistischen Internationale (KI) war dies der Sozialistischen Arbeiter-Internationale (SAI), ihrer wichtigsten politischen Massenorganisation in der Zwischenkriegszeit, auch an der Schwelle des Krieges noch nicht gelungen. Die dafür erforderliche Wende zur Aktionseinheit und zum aktiven Antifaschismus auf breiter Front hatten die in ihr dominierenden Parteien aus Großbritannien, den Niederlanden, Schweden, Dänemark und der Tschechoslowakei bisher verhindert.[2] Allerdings veränderte der Vormarsch des Faschismus die objektiven Bedingungen des Klassenkampfes und die Rolle des Opportunismus im imperialistischen System je nach Staatsform und Herrschaftsmechanismus des Monopolkapitals bedeutend[3]; auch historisch, ökonomisch, politisch und geopolitisch bedingte nationale Besonderheiten sowie subjektive Faktoren beeinflußten die Antworten der Sozialdemokratie auf die Herausforderungen ihrer Zeit.

Im folgenden soll die SAI in zwei entscheidenden Situationen der unmittelbaren Vorkriegszeit gekennzeichnet werden: *Erstens* im Sommer 1937, als der Freiheitskampf der Völker Spaniens auf des Messers Schneide stand und das Treffen von SAI und KI in Annemasse Hoffnungen auf eine neue Etappe ihrer Beziehungen weckte, und *zweitens* zu

---

1 *Protokoll des Ersten Internationalen Sozialistischen Arbeiterkongresses*, Hamburg, 21. bis 25. Mai 1923, Berlin 1923, S. 58f.

2 Vgl. Dokumente, in: *Otfried Dankelmann*, Vor der deutschen Katastrophe. Zur Politik der Sozialistischen Arbeiter-Internationale vor dem 30. Januar 1933, in: *JfG*, Bd. 32, 1985, S. 377ff.; Protokoll. *Internationale Konferenz der Sozialistischen Arbeiter-Internationale*, Paris 21. bis 25. 8. 1933, o. O., o. J., Nachdruck Glashütten i. T. 1976, S. 311ff.; CA, 150-IV-32, Bl. 98ff.; *II*, 52/1934, S. 572ff.; 35/1935, S. 356.

3 Vgl. *Geschichte der SAI 1923—1940*. Von einem Autorenkollektiv unter Leitung von Werner Kowalski, Berlin 1985, S. 179ff.

Beginn des Jahres 1939, als an den Weltkriegsabsichten der faschistischen Aggressorstaaten und am Scheitern der Appeasementpolitik kaum noch Zweifel möglich waren
und wo gleichzeitig die letzte Theoriediskussion der SAI — über den „Kampf für die
Demokratie und den Frieden" — stattfand. Dabei gebot die Überlegung, inwieweit es zur
Haltung der SAI eine Alternative gab, daran zu erinnern, daß die SAI wohl die wichtigste,
nicht aber die einzige Vereinigung sozialdemokratischer Kräfte der Zwischenkriegszeit
war und Sozialdemokraten auch außerhalb jeder internationalen Organisation wirkten.

1. Chancen zur Wende? Die SAI um die Mitte des Jahres 1937

Am 18. Juni 1937 teilte Louis de Brouckère (Belgien) von Genf aus Friedrich Adler
(Österreich), der Vorsitzende dem Sekretär der SAI, mit, von seiner Funktion zurück-
treten zu wollen. Auf Details verzichtete er im Hinblick auf eine mögliche Veröffentlichung seines Schreibens, erläuterte aber, immer häufiger zu Dingen veranlaßt worden zu
sein, die der eigenen gewünschten Haltung widersprächen. Als Beispiel verwies er auf die
Politik der SAI in der Friedensfrage und behauptete, die Internationale brauche einen
Präsidenten, der an die Aktionen glaube, die sie beschließt. Nach den Regeln der
Demokratie müsse derjenige die Verantwortung tragen, der den Kurs bestimmt. Adler
pflichtete dem Vorsitzenden bei und erklärte am 20. Juni ebenfalls seinen Rücktritt.[4]

Die Motive dieses zumindest von de Brouckère wahrscheinlich längerfristig erwogenen
Entschlusses sind nicht zweifelsfrei geklärt[5], doch war der Zeitpunkt seiner Verkündung
nicht zufällig gewählt. Beide Politiker waren dabei, sich auf ein Treffen mit Vertretern der
KI vorzubereiten, das zunächst in Paris, dann am 21. Juni im französischen Annemasse
nahe Genf stattfinden sollte, um die wichtigste Aufgabe jener Tage zu beraten: gemeinsame
Hilfe für die spanische Republik.

Die Initiative zu diesem Treffen war von der Spanischen Sozialistischen Arbeiterpartei
(PSOE), der Kommunistischen Partei Spaniens (KPSp) und dem einheitlichen spanischen
Allgemeinen Gewerkschaftsbund (UGT) ausgegangen, die am 1. Juni SAI, Internationalen
Gewerkschaftsbund (IGB) und KI aufgerufen hatten, sich auf gemeinschaftliche Aktionen
zu verständigen.[6] Daraufhin schlug der Generalsekretär der KI, Georgi Dimitroff, de
Brouckère vor, ein Dreierkomitee zur Organisation entsprechender Maßnahmen zu bilden,
was der Belgier wegen fehlender Kompetenz ablehnte. Dimitroff akzeptierte diese Antwort
nicht: „Man kann auch das Fehlen einer formellen Vollmacht nicht für entscheidend
halten, wenn es sich um das Leben und die Unabhängigkeit des spanischen Volkes handelt."
Die Solidaritätsbewegung „würde die zehnfache Kraft erhalten, wenn es, ungeachtet aller
Schwierigkeiten, gelänge, die internationale Aktionseinheit herzustellen". De Brouckère
räumte am 10. Juni ein, daß das Wesentliche „einheitliche Aktionen zugunsten Spaniens"
sind und erklärte sich zu einem Meinungsaustausch bereit. Das allein genügte, um die

---

4 LPA, LSI. Die Briefe sind (in italienischer Übersetzung, de Brouckères Schreiben mit 19. Juni datiert)
   abgedruckt im Anhang zu: *Mario Mancini*, L'IOS dalla guerra di Spagna al patto tedesco — sovietico,
   in: *Enzo Colotti* (Hrsg.), L'Internazionale Operaia e Socialista tra le due guerre. Fondazione Giangiacomo
   Feltrinelli; *Annali* 1983/1984, Mailand 1985, S. 221f.
5 Vgl. *Rundschau*, 27/1937, S. 976f.; *Axel Wörner*, Der Zerfall der SAI und seine Ursachen, in: *Hallesche
   Studien zur Geschichte der Sozialdemokratie*, 8/1982, S. 37.
6 Text in *Pasaremos*. Deutsche Antifaschisten im national-revolutionären Krieg des spanischen Volkes,
   Berlin 1966, S. 218. Dort auch (S. 219ff.) der folgende Telegrammwechsel.

Gegner der internationalen Einheitsfront, repräsentiert von den Führern der in der SAI dominierenden Parteien, auf den Plan zu rufen und — wie der Vorsitzende der Parlamentsfraktion der Sozialdemokratischen Arbeiterpartei der Niederlande (SDAP), Johan Willem Albarda, im Zentralorgan seiner Partei „Het Volk" — mit der Spaltung der SAI zu drohen.

Adler, beileibe kein Vorreiter nationaler und internationaler Aktionseinheit[7], empfand es als „grotesk", daß de Brouckère und ihm als Funktionären der SAI sogar informatorische Gespräche verwehrt sein sollten, während Repräsentanten beider Hauptflügel der Arbeiterbewegung auf anderen Ebenen gleichberechtigt diskutierten und zusammenarbeiteten. Adler selbst hatte Ende April mit den Sozialisten Julius Deutsch (Österreich), Pietro Nenni (Italien) und Jean Delvigne (Belgien), IGB-Sekretär Walter Schevenels (Belgien) und den KI-Delegierten Luigi Longo (Italien), Franz Dahlem und François Billoux (Frankreich) die XI. Internationale Brigade und eine spanische Volksdivision besucht und Fragen gemeinsamer Solidaritätsaktionen beraten. Am 6. Juni hatte ein Teil der Genannten sowie der deutsche Sozialdemokrat Erich Kuttner in Valencia (wo Deutsch die Küstenverteidigung befehligte) eine Erklärung veröffentlicht, die anläßlich der Beschießung Almerías und des „Rückzug(s) der faschistischen Staaten aus der internationalen Kontrolle" konkrete Forderungen zur militärischen Unterstützung der Republik formulierte.[8]

Adler verwies auch auf die Situation im IGB, der mit der SAI eng kooperierte. Da in einer Reihe von Ländern, darunter in Spanien (Dezember 1935) und Frankreich (März 1936) die Vereinigung der sozialistischen und der kommunistischen Gewerkschaftsorganisationen vollzogen worden war, konnten revolutionär eingestellte Gewerkschaftler im IGB mitwirken, obgleich dessen Führung die Aktionseinheit ablehnte. Dadurch und infolge des Beitritts der Gewerkschaftsverbände Argentiniens, Kanadas und Mexikos 1936 und der American Federation of Labor (AFL) 1937 erreichte die Gewerkschaftsinternationale mit 19,4 Millionen Mitgliedern die seit 1921 höchste Mitgliederzahl.[9] Auch die der SAI politisch untergeordnete Sozialistische Jugendinternationale (SJI) vermochte die Zahl ihrer Organisationen (auf 63) und die Gesamtmitgliedschaft (auf ein Maximum von über 300000) zu steigern. Im April 1937 sah sich die SJI-Exekutive gezwungen, den Vereinigten Sozialistischen Jugendverband Spaniens mit 500000 jugendlichen Sozialisten und Kommunisten aufzunehmen.[10] In Paris stand für Mitte Juli die Vereinigung der Sozialistischen Studenteninternationale und der Internationalen Kommission Kommunistischer Studenten bevor. Darüber hinaus traten Kommunisten und Sozialdemokraten, nicht selten sogar führende SAI-Politiker und offizielle Vertreter der KI, gemeinsam in nationalen und internationalen Organisationen und Veranstaltungen auf.

Das Groteske, Widersprüchliche und Verwirrende dieser Lage hatte jedoch einen realen Hintergrund, der zu einem bedeutenden Teil in der Entwicklung der Sozialdemokratie der einzelnen Länder zu sehen ist. Schon eine grobe Skizzierung dieser Entwicklung zeigt, welche Bedeutung ein positiver Ausgang des Treffens der beiden politischen Internationalen für die Arbeiterbewegung hätte gewinnen können.

---

7 Vgl. Adlers Bericht über den VII. Weltkongreß der KI 1935, in: IISG, SAI-Archiv, Nr. 3043.

8 Den Text (*Pasaremos*, S. 216) unterzeichneten Adler und Schevenels allerdings nicht mit.

9 *Geschichte der SAI*, Anhang S. 343.

10 *Die Sozialistische Jugend-Internationale*. Ihre Entwicklung und ihre Tätigkeit in den Jahren 1935—1938. Arbeitsbericht des Sekretariats, Paris 1939, S. 62.

In Spanien, Gegenstand und Ausgangspunkt des „Annemasse-Konflikts", zwang die Kollaboration der einheimischen Reaktion mit dem internationalen Faschismus objektiv zur Konzentration aller antifaschistischen Kräfte, zur Stärkung der demokratischen staatlichen Zentralgewalt und zur Schaffung einer einheitlich geführten Armee, um die Verteidigung und den Ausbau der jungen spanischen Demokratie zu sichern.[11] Mit der Ablösung des Ministerpräsidenten Francisco Largo Caballero durch den im politischen Zentrum der PSOE angesiedelten Juan Negrín am 17. Mai 1937 waren dafür günstigere Voraussetzungen geschaffen worden. Zum ersten Male in der Geschichte (der bewaffnete Volksaufstand im Oktober 1934 blieb regional begrenzt, seine blutige Niederwerfung durch die Reaktion wurde allerdings in ganz Spanien zu einem mächtigen Antrieb für das — wenn auch von spezifischen Detailzielen begleitete — Einheitsstreben aller antifaschistischen Kräfte)[12] war eine sozialistische Partei im nationalen Maßstab führend an dem Versuch beteiligt, den Faschismus, auf die Volksmassen gestützt, militärisch niederzuwerfen und ihn zugleich bis in seine Wurzeln zu vernichten. Dabei näherten sich die Arbeiterparteien in prinzipiellen Fragen an, und die KP-Führung plante, angeregt vom ebenso zuversichtlichen Exekutivkomitee der KI, ihre Verschmelzung in Angriff zu nehmen. Vom 18. bis 20. Juni erörterte das 2. Kriegsplenum der KPSp die Grundlagen der organisatorischen Vereinigung mit der PSOE. Am 17. August unterzeichneten die Führer beider Parteien das Aktionsprogramm ihres Nationalen Verbindungskomitees. Das 16 Punkte umfassende „historische Dokument"[13] verstand sich als Programm zur Organisation des militärischen Sieges, des derzeit entscheidenden Ziels des Klassenkampfes. Die Festigung der Einheits- und Volksfront und die Herstellung der internationalen Aktionseinheit wurden als Voraussetzung seiner Realisierung bezeichnet. Abschließend forderte das Verbindungskomitee dazu auf, bei der „Verwirklichung der Einheitspartei" zu helfen.[14]

Ganz im Gegensatz zu Behauptungen verschiedener bürgerlicher und sozialdemokratischer Autoren, Aktionseinheit schwäche oder kompromittiere die Sozialdemokratie[15], förderte das Zusammengehen der zwei Parteien *beider* Mitgliederentwicklung, politischen Reifungsprozeß und Verständnis der gemeinsamen Kampfaufgaben. Revolutions- und vor allem (ungünstiger) Kriegsverlauf beschleunigten allerdings die Differenzierung der sozialistischen Kräfte, so daß die KI dazu riet, die organisatorische Vereinigung nicht mehr zu forcieren. Die Führung der KPSp versicherte wiederholt, daß sie keine Spaltung der PSOE wünsche, sondern „die Einheit mit der ganzen Sozialistischen Partei und nicht nur mit einem Teil von ihr".[16]

11 Vgl. *Iván Harsányi*, Einige Fragen zur Historiographie der spanischen Volksfront (70er und 80er Jahre), Referat zur 22. Linzer Konferenz, ITH, 9.—13. September 1986, MS, S. 12.

12 *Antonio Elorza* (Die Volksfront in Spanien: Bild und Bedeutung, Referat zur 22. Linzer Konferenz 1986, Ms, besonders S. 9ff.) sieht im Oktoberaufstand 1934 die entscheidende Wendemarke zur Einheits- und Volksfront in Spanien.

13 *Rundschau*, 24/1938, S. 811. Das Dokument unterzeichneten für die PSOE: Manuel Cordero (Mitglied der SAI-Exekutive), Ramón Lamoneda (Generalsekretär), Ramón Gonzales Peña (Vorsitzender der Parlamentsfraktion) und Juan S. Vidarte; für die KPSp: José Diaz, Dolores Ibárruri, Luis Giorla und Pedro Checa.

14 Zit. nach *Der Freiheitskampf des spanischen Volkes und die internationale Solidarität*, Berlin 1956, S. 226.

15 So spricht *Patrik v. zur Mühlen* (Spanien war ihre Hoffnung. Die deutsche Linke im Spanischen Bürgerkrieg 1936 bis 1939, Berlin (West)/Bonn 1985, S. 99) von einer Selbstentmachtung der PSOE.

16 Zit. nach *Rundschau*, 32/1938, S. 1071, vgl. *Harszányi*, S. 15/15 a.

Mit ihrem Aktionsprogramm hatten die Spanier einen auch international bedeutenden Erfolg errungen. Obgleich es keinen Ersatz für das noch immer fehlende Programm der gesamten Volksfront bieten konnte und auch nicht für alle Teile der Arbeiterklasse gültig war (die einflußreichen Anarchisten und Trotzkisten, um nur diese zu nennen, verfolgten nach wie vor ihre eigenen Antifaschismus-, Einheits- und Sozialismus-Konzepte), half es, den revolutionären Prozeß zur Vertiefung der Demokratie fortzuführen und die schwierigen militärischen Aufgaben besser zu lösen.

Die Haltung zu Volksfrontspanien war damals ein Maßstab für Antifaschismus in der Praxis. Die größten Erwartungen wurden in dieser Hinsicht in das Nachbarland Frankreich, die bedeutendste nicht faschistische Militärmacht des kontinentalen Westeuropas, gesetzt, das seit dem 4. Juni 1936 von einer Regierung der Volksfront geführt wurde. Doch die von Léon Blum geleitete Regierung war, bald nach dem für die französische Arbeiterklasse so erfolgreichen Juni 1936 mit einer Fülle komplizierter innerer und äußerer Probleme konfrontiert, zunehmend in eine Krise geraten.[17] Die Sozialistische Partei (SFIO) und Blum persönlich hatten politisch versagt. Besonders Blums Spanienpolitik („Nichteinmischung", völkerrechtswidrige Aufkündigung des Handelsvertrages einschließlich Verbot des Waffenexports) zeitigte katastrophale Folgen.[18] Am 21. Juni trat Blum zurück und machte dem Radikalen Camille Chautemps Platz.

Willy Brandt, damals führendes Mitglied der Sozialistischen Arbeiterpartei Deutschlands (SAPD), urteilte rückblickend, daß für die französische Regierung „keine zwingende Notwendigkeit" bestanden habe, sich von Großbritannien, den Radikalen und den Pazifisten in der SFIO das Gesetz des Handelns vorschreiben zu lassen. „Es wäre vielmehr geboten gewesen, einer Kraftprobe — auch im eigenen Land — nicht auszuweichen."[19] Freilich waren es keineswegs nur „die Furcht vor einem militärischen Konflikt", die Blum leitete, und „übergroße Vorsicht" (um bei Brandts Urteilen zu bleiben). Furcht bewies er auch im Umgang mit den vorwärtsdrängenden Massen.[20] Dies alles erschwerte die Bemühungen, das Einheitsfrontabkommen vom Juli 1934, „ein bedeutungsvoller Wendepunkt von erstrangiger internationaler Bedeutung"[21], auszubauen. Der von der KI angeregte Vorschlag der FKP vom 29. Juli, die Vereinigung von Kommunisten und Sozialisten Frankreichs auf allen Ebenen zu beschleunigen, lehnte die Permanente Verwaltungskommission (CAP) der SFIO ab; am 24. November beendete sie die Verhandlungen ganz.[22]

17 Zur innenpolitischen Seite dieser Krise äußerte sich zuletzt (auf der o. g. 22. Linzer Konferenz): *Reiner Tosstorff*, Bilanz der Volksfrontregierungen in Frankreich und Spanien, Referat-Ms, S. 7ff. Auf der gleichen Konferenz benannte Felix Kreissler die schleppende Einsetzung der Regierung durch Blum nach dem Wahlsieg am 3. Mai 1936 und die dadurch ermöglichte Schwächung der Wirtschaft und des Franc durch das Großkapital, den Nichteintritt der FKP in die Regierung sowie deren Rückzug und „Pause" auf sozialem Gebiet als wichtigste innenpolitische Faktoren der Krise und des schließlichen Zerfalls der politisch und sozial natürlicherweise heterogenen französischen Volksfront: *Felix Kreissler*, Bemerkungen über die Auflösungstendenzen der Volksfront in Frankreich (1936—1938), Ms, S. 5ff.

18 *Claude Gindin*, Le Front Populaire, la guerre d' Espagne, la sécurité collective, in: *Claude Willard u. a.*, Le Front Populaire (La France de 1934 à 1939), Paris 1972, S. 154.

19 *Willy Brandt*, Links und frei. Mein Weg 1930—1950, Hamburg 1982, S. 137.

20 Zu Blums eigener Rückschau vgl. u. a. *Leon Blum before his Judges*. At the Supreme Court of Riom March 11th and 12th, 1942. Foreword by Clement R. Attlee, London 1943, S. 25ff., 60. Vgl. auch *Jacques Droz*, Histoire de l'antifascisme en Europe 1923—1939, Paris 1985, S. 192ff.

21 *Die internationale Arbeiterbewegung*. Fragen der Geschichte und der Theorie, Bd. 5, Moskau 1985, S. 275.

22 *II*, Beilage. Dokumente und Diskussionen, 12/1937, S. 358ff.; 17/1937, S. 471ff.

Die Entwicklung in Spanien und Frankreich, an die die internationale Arbeiterbewegung große Hoffnungen knüpfte, beeinflußte Positionen und Aktionen der Arbeiterparteien anderer Länder in hohem Maße. In einigen von ihnen (Italien, Österreich, Estland, Lettland) war es bis dahin zum Abschluß von Einheitsfrontpakten gekommen. Es wurden „Nichtangriffsverträge" geschlossen (Polen) oder — wenn auch z. T. nur in Ansätzen, z. T. außerhalb der SAI-Mitgliedschaft[23] — andere Formen des Zusammenwirkens und der Solidarität praktiziert, so in Belgien, Bulgarien, Deutschland, Finnland, Griechenland, Großbritannien, Island, Luxemburg, in den Niederlanden, Rumänien und Ungarn, im antifaschistischen Exil vieler Nationen, in Argentinien, Chile, und Uruguay. Verständlicherweise verfolgte das Proletariat in den vom Faschismus unmittelbar bedrohten oder bereits beherrschten Staaten wie etwa Österreich, den baltischen und den Balkanländern resp. Deutschland und Italien und in deren Exil besonders engagiert die Vorgänge in Westeuropa. Hier (wie auch in Lateinamerika[24]) versuchten Kommunisten, Sozialdemokraten und andere Antifaschisten, die Einheits- und Volksfront zu schmieden, hier fanden sie Beispiel und Antrieb, sie unter dem Faschismus selbst zu erkämpfen bzw. zu praktizieren. Gleichzeitig erkannten viele, daß in Spanien ihr eigenes Schicksal auf dem Spiele stand.

Diese Erfahrungen, Erkenntnisse und Hoffnungen trugen dazu bei, daß die Einheits- und Volksfrontpolitik aus den Reihen der deutschen Sozialdemokratie nach wie vor bedeutende Unterstützung erhielt. „Hier in Spanien liegt der Brennpunkt aller antifaschistischen Kämpfe, auch des unseren", schrieb damals der in Spanien kämpfende ehemalige SPD-Abgeordnete des preußischen Landtages, Erich Kuttner, in einem Brief.[25] Am 10. Januar 1937 veröffentlichte der Ausschuß zur Vorbereitung einer deutschen Volksfront mit seinem Aufruf „Bildet die deutsche Volksfront! Für Frieden, Freiheit und Brot!" das bis dahin bedeutendste programmatische Dokument einer deutschen Volksfront. Es trug auch die Unterschriften von 30 Sozialdemokraten und Mitgliedern der SAPD. Im April 1937 erklärte Heinrich Mann auf einer Konferenz des Ausschusses in Paris, eine demokratische Volksrepublik sei das Ziel der deutschen Volksfront. Diese Entwicklung förderte in Deutschland und der deutschen Emigration sowie in Spanien die Bildung von Volksfrontorganisationen. Bereits am 21. Dezember 1936 hatte eine Berliner Volksfrontorganisation um den Sozialdemokraten Otto Brass ein Zehnpunkteprogramm veröffentlicht, das sich die Verstärkung des gemeinsamen Kampfes gegen Faschismus und Krieg zum Ziele setzte und von der KPD-Führung begrüßt wurde.

Die Führer der Sopade in Prag hatten im Widerspruch zu ihrem Manifest von 1934 mehrheitlich die Einheits- und Volksfrontbestrebungen praktisch von Anfang an torpediert, schon am 7. August 1936 das Angebot der KPD zu gemeinsamen Aktionen zugunsten Spaniens abgelehnt und die Formierung der Interbrigaden behindert. Sie bekämpften den Pariser Volksfrontausschuß, lehnten das Zehnpunkteprogramm ab und hintertrieben

---

23 Vgl. die Mitgliederübersicht, in: *Geschichte der SAI*, Anhang und Beilagen bzw. Anhang a des vorliegenden Beitrages.

24 *Wolfgang Kießling*, Alemania Libre in Mexiko, 2 Bde., Berlin 1974; *derselbe*, Exil in Lateinamerika (= Kunst und Literatur im antifaschistischen Exil 1933—1945, Bd. 4), Leipzig 1980.

25 *Mit dem Gesicht nach Deutschland*. Eine Dokumentation über die sozialdemokratische Emigration. Hrsg. von Erich Matthias, bearb. von Werner Link, Düsseldorf 1968, S. 294. Zum folgenden vgl. u. a. *Geschichte der deutschen Sozialdemokratie 1917—1945*. Autorenkollektiv unter Leitung von Heinz Niemann, Berlin 1982, S. 292ff.; *Peter Pistorius*, Rudolf Breitscheid 1874—1944. Ein biographischer Beitrag zur deutschen Parteien-Geschichte, Diss. Köln 1970, S. 347ff.

Ende 1937 dessen Anerkennung durch die SAI. Doch die Diskussionen um die antifaschistische Einheit erfaßten auch die Sopade. So forderte ihre Stockholmer Exilgruppe, von Rudolf Breitscheid ermutigt, am 5. Mai 1937 die Prager Führung auf, Kontakt zur Leitung der Interbrigaden aufzunehmen und mit Vertretern von KPD, SAPD und SAI einen Ausschuß zur Abstimmung aller Spanien betreffenden Maßnahmen zu bilden. „Da in Spanien um das Sein oder Nichtsein der Demokratie überhaupt und um den Bestand der europäischen Arbeiterbewegung gekämpft wird, ist die unverzügliche Unterstützung dieses Kampfes durch die deutschen Antifaschisten dringend geboten", hieß es in dem Schreiben. Dieser gemeinsame Kampf sei möglich, „weil in der Spanienfrage zwischen den einzelnen Teilen der Arbeiterbewegung keine Differenzen bestehen"[26]. Im Mai 1937 gerieten die Prager Führer in heftigen Streit über diese Fragen. Die einheitsfeindliche Vorstandsmehrheit mußte der Entsendung einer Delegation nach Spanien zustimmen, der auch die Vorstandsmitglieder Paul Hertz und Erich Ollenhauer angehörten. Vom Kampf und der Atmosphäre in Spanien beeindruckt, plädierten Hertz und selbst Ollenhauer in Reden und Artikeln für die Arbeitereinheit. Die Sopade als Ganzes blieb jedoch bei ihrer ablehnenden Haltung und mußte sogar zur Verurteilung der faschistischen militärischen Intervention in Spanien durch die Öffentlichkeit, darunter die SAI, veranlaßt werden. So war es nicht überraschend, daß die Bildung des Einheitskomitees deutscher Sozialdemokraten und Kommunisten am 8. Dezember 1937 in Albacete, dem Ausbildungszentrum der Interbrigaden, und die Einheitsfrontkonferenz am 13. März 1938 in Valencia, dem zeitweiligen Sitz der spanischen Volksfrontregierung, gegen den Willen der Sopade stattfinden mußten. Da aber auch die links von der Sopade stehenden Kräfte der deutschen Sozialdemokratie — die Gruppe Neu beginnen, die SAPD und die Revolutionären Sozialisten (letztere unterstellten sich im September 1937 wieder den Prager Führern) — sich nicht konsequent für die Einheits- und Volksfront einzusetzen vermochten, blieb allen Anstrengungen zur Bildung einer breiten deutschen antifaschistischen Front der entscheidende Erfolg letztlich versagt.

Dagegen erweiterten die Italienische Sozialistische Partei (PSI) unter Nenni und die Kommunistische Partei Italiens (KPI) ihre 1934 beschlossene Zusammenarbeit und verabschiedeten am 26. Juli 1937 einen neuen Einheitsfrontpakt.[27] Wie ihre spanischen Genossen betrachteten sie — so Punkt 1 des zwölf Punkte umfassenden neuen Abkommens — die „feste Aktionseinheit" ihrer Parteien und der Gewerkschaften „als eine der Hauptbedingungen zur Vereinigung aller antifaschistischen Kräfte" in Italien und (Punkt 8) in den Reihen des politischen Exils in Frankreich. Wie diese erblickten sie „in der Aktionseinheit den ersten Schritt zur Schaffung der einheitlichen Partei der Arbeiterklasse", die „die mächtigste Waffe des Proletariats in seinem Kampfe gegen Faschismus und Kapitalismus ist" (Punkt 7). Wie die Spanier forderten sie die Aktionseinheit der drei Internationalen und zwar „in internationalem Maßstabe und in jedem einzelnen Lande" (Punkt 6). PSI und KPI erstrebten, was die spanischen Antifaschisten bereits schufen und verteidigten, nämlich eine „Republik, die dem Volke Brot, Frieden und Freiheit sichern ... würde". Das bedeutete für sie nicht nur die Beseitigung des Faschismus und der Monarchie, sondern auch Maßnahmen zu dem Zwecke, „die wirtschaftliche Basis der Reaktion und des Faschismus vollkommen zu vernichten" und damit „den Weg zum Sozialismus frei(zu)machen" (Punkt 2). Folgerichtig gehörten „die ma-

---

26 Zit. nach *Geschichte der deutschen Sozialdemokratie*, S. 408.
27 Übersetzung des Textes in: *Die Kommunistische Internationale*, 9/1937, S. 88ff.

terielle und politische Solidarität mit der spanischen Republik, ihrer Armee, ihrem Volk und ihrer Regierung" und zugleich die Beseitigung der Einmischung des faschistischen Italiens und dessen Lösung von der „militärische(n) Achse Berlin—Rom" zu ihren ausdrücklichen Forderungen. Für beide Parteien waren dies keine leeren Worte. Wie die KPI entsandte auch die PSI ihre Kader in die Interbrigaden und den spanischen Zivildienst. Die PSI verlegte ihr Hauptquartier von Frankreich nach Spanien. PSI-Generalsekretär Nenni übernahm die Funktion des Politkommissars der Brigade „Giuseppe Garibaldi" der XII. Interbrigade.[28] Auf spanischem Boden rangen sie darum, die Chancen, das gemeinsame Programm auch in der Heimat zu verwirklichen, zu vergrößern.

Auf ein gesellschaftspolitisch so weitreichendes Programm vermochten sich andere Arbeiterparteien nicht zu verständigen. Im faschistischen Portugal spielten die Sozialisten nach Verbot und Auflösung ihrer Partei 1933 keine Rolle mehr. In den baltischen Staaten gelang es teilweise, die Einheits- und Volksfrontpolitik fortzusetzen (Estland) bzw. später sogar auszubauen (Lettland, 1939).

In Polen hatte das spanische und französische Beispiel Kommunisten und linke Sozialisten ebenfalls zu Einheits- und Volksfrontanstrengungen inspiriert[29], die auf die wichtigste SAI-Mitgliedspartei in diesem Lande, die Polnische Sozialistische Partei (PPS), nicht ohne Einfluß blieben. Doch die PPS-Führung unterbrach bald ihre zaghaften Einheitsfrontschritte, da sie befürchtete, „die Kommunisten könnten die Massen an revolutionäre Aktionen heranführen"[30], und weil sie glaubte, angesichts der zunehmenden äußeren Gefahr die Opposition zum Sanacjaregime abmildern zu müssen. Der Parteitag 1937 bestätigte diese Linie. Im gleichen Jahr verbot das Regime linkssozialistische Zeitschriften wie z. B. den in 50000 Exemplaren, d. h. in der gleichen Auflage wie das PPS-Zentralorgan „Robotnik", verbreiteten „Dziennik Popularny" und lokale Einheitsfrontpakte.[31]

In Bulgarien gelang es der Arbeiterpartei um die Jahreswende 1936/37, ein Abkommen über gemeinsame antifaschistische Aktionen mit der Bulgarischen Sozialdemokratischen Arbeiterpartei (BRSDP) und verschiedenen Gruppen der Bauernpartei, der Radikalen, der Demokraten u. a. zu schließen, so daß das ZK der Bulgarischen Kommunistischen Partei (BKP) am 25. Januar 1937 die Herstellung der Volksfront als Tatsache bekanntgab. Im gleichen Jahr vereinigten sich BKP und Arbeiterpartei sowie deren Jugendverbände.[32]

---

28 Vgl. dazu *Bruno Tobia*, Pietro Nenni e la politica dell' Internazionale Operaia e Socialista (1930—1939), in: *Collotti* (Hrsg.), S. 135ff., und den bei *Mancini* (ebenda, S. 223f.) abgedruckten Briefwechsel Nennis mit Adler zur Frage der Interbrigaden.

29 *Jan Tomicki*, Polska wobec ofensywy faszyzmu niemieckiego i powstania frontu ludowego we Francji i Hiszpanii, in: *Studia z najnowszej historii niemiec i stosunków polska-niemieckich.* Hrsg. von Stanisław Sierpowski (= Universytet im. Adama Mickiewizea w Poznaniu. Seria Historia 129), Poznań 1986, S. 472ff.; *derselbe*, Lewica socjalistyczna w Polsce 1918—1939, Warschau 1982, S. 445ff.

30 *Derselbe*, Der Kampf der Kommunisten und linken Sozialisten um die Einheits- und Volksfront in Polen nach dem VII. Kongreß der Kommunistischen Internationale 1935, in: *Die Arbeiterbewegung europäischer Länder im Kampf gegen Faschismus und Kriegsgefahr in den zwanziger und dreißiger Jahren*, Berlin 1981, S. 370.

31 Ebenda, S. 374; *Janusz Żarnowski*, Polska Partia Socjalistyczna w latach 1935—1939, Warschau 1965, S. 372ff.

32 Vgl. dazu, *Voznikvane, razvitie i zalez na oportjunizma v bălgarskoto rabotničesko dviženie 1891/1948*, Sofia 1986, S. 444ff., 474ff. *Kurze Geschichte der Bulgarischen Kommunistischen Partei*, Sofia 1977, S. 177ff.

Aus Polen kamen mehr als 5000 Kämpfer, meist Kommunisten und Sozialisten, aus Bulgarien über 400 Kommunisten und etwa zehn Sozialdemokraten nach Spanien.[33]

Im faschistischen Ungarn und in Finnland prägte Mißtrauen gegenüber den auch hier in die Illegalität verbannten Kommunisten die Haltung führender Sozialdemokraten. Für eine „Volksfront" ohne Kommunisten, wie sie der Führung der Sozialdemokratischen Partei Ungarns (MSZDP) unter Josef Büchler vorschwebte, fehlte es an Partnern.[34] Dennoch begannen kommunistische Studenten und Jungarbeiter, sozialdemokratische Jugendgruppen, linke Kreise der Universitäten und Schriftsteller auf Anregung der Kommunistischen Partei Ungarns, sich zusammenzuschließen. Ihre am 15. März 1937 an die Öffentlichkeit tretende „Märzfront" und deren zwölf Punkte umfassendes Programm antifaschistischer, demokratischer und sozialer, gegen den Großgrundbesitz und die Bedrohung durch Hitlerdeutschland gerichteter Forderungen entwickelten sich zum Kern einer umfassenden Volksfront, deren Zustandekommen allerdings durch die Okkupation Österreichs 1938 verhindert wurde.[35]

Die von Kaarlo Harvala, Aleksi Aaltonen und Väinö Tanner geführte Sozialdemokratische Partei Finnlands (SDP) trat am 12. März 1937 erstmals einer bürgerlich (von den Agrariern) dominierten Koalition bei, ohne, wie noch zu Beginn der 30er Jahre als Voraussetzung einer Regierungsbeteiligung beschlossen[36], wesentliche eigene Programmpunkte durchsetzen zu können.[37] Mit ihrer leicht ansteigenden Mitgliedschaft und einem Wähleranteil von fast 40 Prozent folgte die SDP dem auf Antikommunismus und Einheitsfrontfeindlichkeit fixierten Sozialdemokratischen Bund in Dänemark (SDF) und der Sozialdemokratischen Arbeiterpartei Schwedens (SAP), die seit 1929 bzw. 1932 regierten. Wie die führenden Politiker und Theoretiker (etwa Ernst Wigforss, SAP) dieser Parteien wären auch Tanner, der Gewerkschaftsführer Eero A. Wuori u. a. um die Ausarbeitung einer Wohlfahrtspolitik bemüht[38]; sie enthielt sowenig Sozialismus wie die dänische Politik oder das schwedische „Modell", wenngleich dort die Bedingungen für einen Aufschwung der Wirtschaft und für sozialpolitische Verbesserungen günstiger waren[39] als in Finnland. Auch die Solidarität mit dem republikanischen Spanien war dort

33 *Tomicki*, Der Kampf der Kommunisten, S. 375; *Georgi Radew*, Die Bulgarische Kommunistische Partei und die Probleme der proletarischen Einheitsfront, in: *Die Arbeiterbewegung europäischer Länder*, S. 211.

34 *Ágnes Szabó*, Einige charakteristische Züge der Sozialdemokratischen Partei Ungarns 1919—1940, in: *Hallesche Studien*, 2/1980, S. 92.

35 *Istvan Pinter*, Antifaschistische Bewegungen in der zweiten Hälfte der dreißiger Jahre und während des Krieges in Ungarn, in: *Bulletin des Arbeitskreises „Zweiter Weltkrieg"*, 1—4/1984, S. 13ff.

36 *II*, 5/1930, S. 46f.; 12/1930, S. 109ff.

37 *Dörte Putensen*, Grundzüge der Entwicklung der sozialdemokratischen Arbeiterbewegung Finnlands zwischen den beiden Weltkriegen, in: *Hallesche Studien*, 4/1980, S. 105f.

38 *Pauli Kettunen/Jussi Turtola*, Die Totalität der Arbeiterbewegung und das Selbstverständnis der Sozialdemokratie in der Zeit zwischen den Weltkriegen, in: *Helsingin Yliopiston Poliittisen historian Laitoksen Julkaisuja. Research Reports*, 1/1981, S. 97ff.

39 *G. D. H. Cole*, Socialism and Fascism 1931—1939 (= A History of Socialist Thought, Bd. 5. Hrsg. von Margret Cole), London 1960, S. 18f. Zu den schwedischen Programmen und Debatten vgl. *Från Palm till Palme*, Den svenska socialdemokratins program 1882—1960, Stockholm 1972, S. 155ff., 213ff.; *Anna-Elisabeth Moog*, Die Arbeitergewerkschaften in Schweden. Geschichte und Problematik, Diss. Bonn 1965, S. 38ff.; *Bjarne Braatoy*, The New Sweden. A Vindication of Democracy, London 1939, insbesondere S. 154ff.; Übersicht über die Regierungstätigkeit bei: *Tage Erlander*, Erinnerungen 1901—1939, Bonn/Bad Godesberg 1974, S. 236f.

stärker entwickelt.[40] Jedenfalls widersetzten sich viele Sozialdemokraten um den SDP-Generalsekretär Karl Harald Wiik diesem „Aufgeben der Selbständigkeit der Sozial-demokratie", ohne allerdings schon zur Aktionseinheit mit den Kommunisten zu finden. Die gegen Mitte der 30er Jahre vor allem von Intellektuellen und der sozialdemokratischen Studentenorganisation ASS initiierte antifaschistische Bewegung, die von der Kommunisti-schen Partei Finnlands unterstützt wurde, hatte zu diesem Zeitpunkt ihren Höhepunkt bereits überschritten, da sie gegen den Widerstand von SDP, Gewerkschaften und bürgerlichen Parteien keinen Masseneinfluß zu erlangen vermochte. Sie begrüßte und unterstützte die Koalition, in die sie ungerechtfertigte Erwartungen setzte, verlor aber schon 1937 faktisch alle Bedeutung.[41]

Die Norwegische Arbeiterpartei (DNA) hatte jahrelang mit dem linkssozialistischen Lager außerhalb der SAI Kontakt gehalten. Es gelang ihr, die Zahl ihrer Mitglieder kontinuierlich aufzustocken und ein Jahr nach Übernahme der Koalitionsregierung mit 42,5 Prozent 1936 den höchsten Wähleranteil ihrer bisherigen Geschichte zu erzielen.[42] Zwar begrüßte ihr Zentralorgan „Arbeitrbladet" die in Annemasse beabsichtigte Beratung über die spanische Frage, die „in der internationalen Politik alles andere überragt", und erhoffte ein für die internationale Aktionseinheit „günstiges und positives Resul-tat".[43] Doch die auf Vorschlag des Parteitages der Kommunistischen Partei Norwegens (KPN) vom April 1936 am 8. Juli 1937 begonnenen Verhandlungen zur Gründung einer einheitlichen marxistischen Kampfpartei und zur Unterstützung der internationalen Ein-heitsfront[44], die die kommunistische Delegation am 22. September 1937 durch eine 6-Punkte-Plattform[45] zu fördern hoffte, scheiterten. Am 14. Dezember erklärte sich die KPN-Führung sogar mit dem Beitritt der DNA zur SAI einverstanden (die 1938 erfolgte; ihr Arbeiterjugendbund schloß sich schon 1937 der SJI an), vermochte damit aber den Abbruch der Verhandlungen am 30. Dezember nicht zu verhindern. Die — von den nordischen Schwesterparteien unterstützten — Gegner der Arbeitereinheit gewannen die Oberhand.[46]

Die Integration der ihnen folgenden Mehrheit der Arbeiterklasse in das kapitalistische System förderten die nordeuropäischen Sozialdemokraten auch durch die zu Beginn der

---

40 Vgl. *Jan Peters*, Branting und die schwedische Sozialdemokratie, Berlin 1975, S. 118 ff.

41 *Lauri Haataja* u. a., Die finnische Volksfrontpolitik und ihre Aktionsvoraussetzungen in den dreißiger Jahren, Beitrag zur Linzer Konferenz 1974. Wiik-Zitat nach *Kettunen/Turtola*, S. 91. Wiik trat 1936 als Parteisekretär zurück, verblieb aber in der Exekutive der SAI. Zu seiner Biographie *Dörte Putensen*, K. H. Wiik — ein verdienstvoller und widersprüchlicher Repräsentant der finnischen Sozialdemokratie in der internationalen Arbeiterbewegung, in: *Nordeuropa*. Studien, Sonderreihe der WZ der Ernst-Moritz-Arndt-Universität Greifswald, 16/1983, S. 58 ff.

42 *Aksel Zachariassen*, Fra Marcus Thrane til Martin Tranmael, Oslo 1962, S. 354 ff., 362 ff., Statistik S. 520 f.; *Geschichte der SAI*, Beilagen.

43 Zit. nach *Rundschau*, 27/1937, S. 977.

44 *Norges Kommunistske Partis historie*, Bd. 1, Oslo 1963, S. 307 f.; *Rundschau*, 3/1938, S. 95; 4/1938, S. 135 f.; 6/1938, S. 195 f.

45 Inhalt: Ebenda, 4/1938, S. 136.

46 1939 brachten sie ein neues Grundsatzprogramm durch, das den Marxismus als Basis eliminierte, die Diktatur des Proletariats ablehnte und sich zu kapitalistischer Wirtschaftsregulierung und bürger-licher Demokratie bekannte. *Brandt*, S. 95. Demgegenüber bezahlte der rechte Flügel der Sozial-demokratischen Partei Islands seinen Weg in die Koalition mit einer weiteren Parteispaltung; 1938 ver-schmolz der linke Parteiflügel mit der KPI zur Sozialistischen Einheitspartei Islands.

30er Jahre eingeleitete Reaktivierung ihres Zusammenarbeitskomitees.[47] Es führte ihre Parteien und Gewerkschaften (seit 1935 die norwegischen eingeschlossen) zusammen, unterstützte aber auch ihre staatliche (und vor allem wirtschaftliche) Kooperation, besonders da nun alle vier Parteien Regierungsverantwortung trugen. Von der SAI wurde die ökonomische Kooperation am Rande und wohlwollend zur Kenntnis genommen, gelegentlich durch Vermittlung wichtiger Dokumente und Korrespondenz gefördert. Für die KI war sie verständlich und wichtig, soweit sie sich aktiv gegen den Faschismus wendete und nicht — worüber noch zu sprechen sein wird — in die Isolierung führte.[48]

Zu den sogenannten Oslostaaten gehörten auch Belgien und die Niederlande. Die Belgische Arbeiterpartei (POB) schuf das „klassische" Beispiel eines „Plans der Arbeit" zur Stabilisierung der kapitalistischen Wirtschaft des Landes. Mit ihrem Eintritt in die Regierung (1935) behielt sie die demagogische „Plansozialismus"-Propaganda bei, ließ den von Hendrik de Man initiierten, vom Parteitag 1933 beschlossenen „Plan" selbst aber widerspruchslos fallen. Nach dem Urteil eines wohlwollenden sozialdemokratischen Zeitgenossen von 1937 degenerierte die „Planidee" zu „nationalem Sozialismus" im Rahmen bloßer Koalitionspolitik — im Unterschied zu einer auf die Massen gestützten antifaschistischen Volksfront.[49] Sowohl diese nationalistische Richtung als auch die zunehmend francofreundliche Außenpolitik, die der Sozialist Paul-Henri Spaak als Außen-, später Premierminister verantwortete, kollidierte mit der Haltung der Parteimehrheit und der alten Parteiführer Emile Vandervelde (Vorsitzender) und van Roosbroeck (Sekretär), von de Brouckère, Henri Rolin, Max Buset, Isabelle Blume u. a. Vandervelde, „der große Bahnbrecher für den Reformismus in der belgischen Arbeiterpartei"[50], trat im Januar 1937 als Vizepremier und Gesundheitsminister zurück und wandte sich vehement gegen die Spanienpolitik der Regierung[51], ohne freilich die Abberufung der dort verbliebenen POB-Minister oder Konsequenzen für deren Parteizugehörigkeit zu verlangen — selbst nicht, als Spaak ein Jahr später die Regierung ohne Erörterung in der Parteiführung bildete und erklärte: „Klassenkampf und Marxismus sind alte Theorien, die sich selbst überlebt und heute keinen Sinn mehr haben."[52]

---

47 *Dörte Putensen*, Das internationale Wirken der sozialdemokratischen Parteien Nordeuropas in der Sozialistischen Arbeiter-Internationale und im Nordischen Zusammenarbeitskomitee und ihre Stellung zu Grundfragen des Kampfes um Frieden (1930—1940), Diss. B. Greifswald 1985, S. 61 ff.

48 Siehe u. a. CA, 150-IV-39, Bl. 70; *II*, 41/1932, S. 578; LPA, LSI, Circulars 1937—1941, C.9/38; *Rundschau*, 3/1937, S. 84 ff.

49 *Struthahn*, Wandlungen der Arbeiterbewegung, in: *Rote Revue. Sozialistische Monatsschrift*, Zürich, 2/1937, S. 67 f. Text und Genesis des „Plans": *Hendrik de Man*, Personn en Ideeën, Bd. 4: Planisme, Antwerpen/Amsterdam 1975; darin auch Eugen Vargas grundsätzliche Kritik (deutsch: *Eugen Varga*, Der „Plan" Henryk de Mans, in: *Die Kommunistische Internationale*, 10/1934, S. 839 ff.; 11/1934, S. 929 ff.). Vgl. dazu auch *Johannes Glasneck*, Hendrik de Man und die Krise reformistischer Theorie und Praxis in den dreißiger Jahren, in: BzG, 2/1982, S. 199 ff. H. de Man selbst behauptete in seinen Memoiren, daß die Koalition auf wirtschaftlichem Gebiet insgesamt erfolgreich gewesen sei: *Hendrik de Man*, Gegen den Strom, Stuttgart 1953, S. 214 ff.

50 *Rundschau*, 62/1938, S. 2133.

51 Unmittelbarer Anlaß seines Schrittes war die Ermordung des belgischen Barons de Borchgrave nahe Madrid, die Spaak zur Forcierung seiner gegenüber der Madrider Regierung feindlichen Haltung ausnutzte. Vandervelde forderte bis zu seinem Tode (27. 12. 1938) wirksame, auch militärische Hilfe für Spanien. Ebenda, 10/1938, S. 309; 16/1938, S. 510.

52 Zit. nach *M. A. Nejmark*, Bel'gijskaja socialistič eskaja partija: Ideologija i politika 1945—1975 gg., Moskau 1976, S. 53. Vgl. auch *Paul-Henri Spaak/Henri de Man*, Pour un socialisme nouveau, Paris/Brüssel 1937.

In den Niederlanden war ebenfalls ein „Plan", mit den Gewerkschaften zusammen ausgearbeitet, in seinen Arbeiterinteressen berücksichtigenden Passagen von der Kommunistischen Partei der Niederlande (KPdN) anfangs ausdrücklich unterstützt[53], zu einem Kernstück der Evolution der SDAP geworden. Zum Parteitag in Haag vom 28. Februar bis 1. März 1937 legte eine im November 1935 bestellte 18köpfige Kommission unter Vorsitz H. B. Wiardi Beckmans ein neues Grundsatzprogramm vor[54], das in Artikel 1 mit den Worten begann: „Die Partei setzt sich die Verwirklichung des demokratischen Sozialismus zum Ziel." Sie sollte „auf der Grundlage des Gemeinschaftsbesitzes an den wichtigsten Produktionsmitteln" erreicht werden und Wohlfahrt, soziale Sicherheit und Freiheit bringen. „Dieses Ziel (so Artikel 2) ist erreichbar geworden durch die Entwicklung, die sich in der kapitalistischen Wirtschaft vollzogen hat." Das Programm nahm Abschied vom historischen Materialismus und der historischen Mission der Arbeiterklasse. Sozialismus wurde jetzt als wirtschaftliches Ideal, nicht mehr als Weltanschauung interpretiert, die Arbeiterklasse den Mittelschichten hinsichtlich ihres „Platzes in der Volksgemeinschaft" gleichgestellt, Demokratie als Mittel und zugleich Ziel der Parteiarbeit angeboten und im Sinne der Totalitarismusdoktrin definiert: „Für die SDAP ist der Kampf um die wirtschaftliche Gerechtigkeit unlöslich verbunden mit der Ehrerbietung für die menschliche Persönlichkeit. Darum sind für sie Sozialismus und Demokratie nicht zu trennen (eine ‚twee-eenheid', wie Beckman sich ausdrückte — O. D.), Sozialismus und Diktatur unvereinbar." Der Haager-Parteitag, der das Programm trotz teilweise heftiger Debatten mit großer Mehrheit annahm, legte damit „die theoretischen Grundlagen für eine Entwicklung von der Arbeiter- zur Volkspartei"[55], einer Partei, die nicht mehr antinational, antimilitaristisch, antimonarchistisch und antireligiös sein, sondern den bestehenden Staat und die existierende Gesellschaftsordnung rundum bejahen und aus der Rolle der parlamentarischen Opposition herauskommen wollte.[56] Die Partei führte das trotz ihres intensiven Wahlkampfes "gegen Faschismus und Kommunismus" und für den „Plansozialismus" 1937 (noch) nicht in die Koalition (das geschah erst zwei Jahre später, am 10. August 1939), ihr Wähleranteil stagnierte bei 22 Prozent.[57] Die Bedingungen für die Herstellung der Aktionseinheit hatten sich dennoch weiter verschlechtert. Die niederländischen Kommunisten vermißten sogar jede Solidarität der SDAP mit der demokratisch gewählten spanischen Regierung und erklärten dies auch aus der Furcht der Führung um Koos Vorrink und Albarda, die landesweit größte, francofreundliche Römisch-Katholische Staatspartei (d. h. den wichtigsten künftigen Koalitionspartner) abzustoßen.[58]

---

53 Vgl. jedoch *Paul de Groot*, De dertiger jaren 1930—1935. Herinneringen en overdenkingen, Amsterdam 1965, S. 97, 183ff.

54 Im folgenden zit. nach *H. van Hulst/A. Pleysier/A. Scheffer*, Het Roode Vaandel volgen wij. Geschiedenis van de SDAP van 1880—1940, Den Haag 1969, S. 288f. und *S. W. Couwenberg*, Modern Socialisme. Achterground, ontwikkeling, perspectief, Alphen am Rhein 1972, S. 66f. Vgl. die Übersetzung des SAI-Sekretariats in: *II*, Beilage, Dokumente und Diskussionen, 5/1937, S. 63ff.

55 *Couwenberg*, S. 67.

56 Vgl. die Albarda würdigenden Beiträge in: *J. W. Albarda*, Een kwart eeuw parlementaire werkzaamheid in dienst van de bevrijding der Nederlandse arbeidersklasse. Een beeld van de groei der nederlandes volksgemeenschap (Hrsg.: SDAP), Amsterdam 1938.

57 *Social Democratic Parties in Western Europe*. Hrsg. von William E. Paterson, Alistair H. Thomas, London 1977, S. 347.

58 *Rundschau*, 27/1937, S. 977.

In Luxemburg war der Kampf um die Einheitsfront bis Mitte 1937 offen. Doch in solcher (belgisch-französisch-niederländischen) politischen Nachbarschaft setzte sich schließlich auch die rechte Führungsmehrheit der Arbeiterpartei Luxemburgs (APL) gegen die nach Einheit rufenden, um soziale Verbesserungen streikenden Arbeiter durch. Die Majorität steuerte dabei eine weitere Variante sozialdemokratischer Integrationspolitik bei. Zwar wurden die Kommunisten in die Gewerkschaft aufgenommen, am 6. Juni 1937 das ein Verbot der KPdN androhende „Maulkorbgesetz" unter maßgeblicher Beteiligung der APL zu Fall gebracht und die Regierung damit gestürzt. Aber danach gelang es nicht, die APL für eine Einheits- und Volksfront zu gewinnen. Statt dessen koalierte die Führung ab November mit der rechtsbürgerlichen Christlich-Sozialen Volkspartei, die das „Ordnungsgesetz" mit initiiert hatte.[59]

Von ursprünglich zentristischen Positionen her führte der Kurswechsel der Sozialdemokratischen Partei der Schweiz (SPS) in wesentlichen theoretischen Grundlinien und praktisch-politischen Fragen im etwa gleichen Zeitraum zu analogen Ergebnissen. Hauptzweck der in Luzern 1935 sanktionierten, aber erst vom Parteitag in Zürich 1937 komplettierten Programmrevision war und hier, „Ziel, Mittel und Weg der Sozialdemokratischen Partei als allgemeine Volksbewegung festzulegen"; ihr „Klassencharakter" sei dabei „abgestreift worden".[60]

Die gemeinsam mit der Deutschen Sozialdemokratischen Arbeiterpartei in der Tschechoslowakei (DSDAP) seit 1929 an einer bürgerlichen Koalitionsregierung beteiligte Tschechoslowakische Sozialdemokratische Arbeiterpartei bekräftigte auf ihrem Prager Parteitag vom 15. bis 17. Mai 1937 ihre antikommunistische Grundeinstellung. Die DSDAP stand bereits unter dem massiven Druck der nationalistischen Kräfte und gab sich auf ihrem Parteitag im März 1938 in Prag, zu einem Zeitpunkt, da sie als einzige nicht gleichgeschaltete deutsche Partei im deutschsprachigen Gebiet der ČSR verblieben war, mit Wenzel Jaksch eine Führung, die sich am antimarxistischen „Volkssozialismus" orientierte und dem Klassenkampf abschwor.[61] Nichtsdestoweniger schätzten die SAI-Parteien die ČSR als letzte Bastion der Demokratie östlich des Rheins.[62]

Die Labour Party, zur einflußreichsten, mitgliederstärksten und auch angesichts der politisch-militärischen Schlüsselstellung des britischen Imperialismus wichtigsten Partei der SAI avanciert, hatte nach dem Desaster von 1931 und der Bestätigung des konservativen Wahlerfolges 1935 nur bei energischer Mobilisierung der werktätigen Massen eine Chance, die Regierung zu übernehmen. Entsprechende Aufforderungen der Kommunisten und die Einheits- und Volksfrontbemühungen der Kommunistischen Partei Großbritanniens (KPGB), der Unabhängigen Arbeiterpartei (ILP), einzelner Gewerkschaften und der der Labour Party angeschlossenen Socialist League unter Stafford

---

59 *Vierzig Jahre Kommunistische Partei Luxemburgs*, Luxemburg 1960, S. 28 ff.

60 *Hans Oprecht*, Der zweite Weltkrieg und die Arbeiterschaft. Referat des Parteipräsidenten auf dem Parteitag vom 24./25. 5. 1941, o. O. und o. J., S. 7. Text des Programms von 1935: *Programm der Sozialdemokratischen Partei der Schweiz und Plan der Arbeit*. Angenommen durch den Parteitag vom 26. und 27. Januar 1935 in Luzern, o. O., 1935.

61 Vgl. auch *Rudolf Dau*, Der Anteil der deutschen Antifaschisten am nationalen Befreiungskampf des tschechischen und slowakischen Volkes, Diss. Potsdam 1966, S. 50 ff.

62 Vgl. dazu *Jiři Hájek*, La socialdemocrazia in Cecoslovacchia: la difesa della repubblica democratica, in: *Collotti* (Hrsg.), S. 933 ff.

Cripps[63], deren gemeinsame antifaschistisch-antiimperialistische Ziele im „Unity Manifesto" vom Januar 1937 konkretisiert wurden, beantwortete die Labourführung im März zwar mit „Labour's Immediate Programme", das massenwirksame sozial- und gesellschaftspolitische Forderungen enthielt.[64] Die Socialist League aber wurde aufgelöst, über das „Committee of Party Members Sympathic to Unity", das daraufhin Parteimitglieder gebildet hatten, um die Kooperation mit ILP und KPGB fortsetzen zu können, brach die Jahreskonferenz im Oktober den Stab.[65] Diese Beschneidung der organisierten Massenbasis vermochten die verdienstvollen antifaschistischen Aktivitäten des Left Book Club Victor Gollancz', John Stracheys, Harold J. Laskis u. a.[66], Journale wie „Reynold's News", „New Statesman" und „Tribune"[67] schon deshalb nicht auszugleichen, weil die von Ernest Bevin und Walter Citrine angeführte Mehrheit der dem Trades Union Congress (TUC) angehörenden Gewerkschaften, die seit Beginn der 30er Jahre die Labour Party (u. a. über den gemeinsamen National Council of Labour) auch politisch stark beeinflußte, die einheitsfrontfeindlichen Beschlüsse mittrug, wenn nicht initiierte. Diese Frontstellung wurde jedoch durch die Haltung zu Spanien und zur britischen Verteidigungspolitik variiert. Während die in die Minderheit gedrängten Pazifisten, die, soweit sie dem bis 1935 amtierenden Leader George Lansbury folgten und außerhalb der Partei dem ILP-Flügel um James Maxton angehörten, die Nichteinmischungspolitik weiter unterstützten und jede wie immer geartete Aufrüstung ablehnten[68], akzeptierten die Cripps-Anhänger bedingt den im September 1937 veröffentlichten Beschluß des National Council of Labour, der die britische Aufrüstung befürwortete. Cripps, Laski und Denis Nowell Pritt wurden in die Exekutive gewählt. Die Labourführung duldete das vorwiegend aus jugendlichen Anhängern der Partei gebildete „Attlee-Bataillon" in Spanien, schränkte aber die Tätigkeit und Organisation ihrer Labour League of Youth drastisch ein.[69] Gleichzeitig revidierte sie ihre positive Haltung zur „Nichteinmischung". In der auf diese Weise disziplinierten und dirigierten Partei brachten die mit Spanien solidarischen Kräfte auf der Jahreskonferenz 1937 eine Resolution durch, die die Exekutive verpflichtete, die Regierung zu zwingen, ihre „Nichteinmischungspolitik" aufzugeben, der Madrider Regierung die ihr völkerrechtlich zustehende Handlungsfreiheit, darunter beim

63 Vgl. *Ben Pimlott*, The Socialist League: Intellectuals and the Labour Left in the 1930's, in: *Journal of contemporary history*, London, 3/1971, S. 12 ff.; *derselbe*, Labour and the Left in the 1930s, Cambridge 1977.

64 Das nur achtseitige Programm (das Nationale Exekutivkomitee veröffentlichte es auf Beschluß der Jahreskonferenz 1936 in Edinburgh und nannte es dabei auch „Declaration") fand nach eigenen Angaben bis zum Frühherbst (die 5. Aufl. erschien im September) 1937 mit 300 000 Käufern den größten Absatz unter allen Labour-Pamphleten der letzten Jahre. Die illustrierte Ausgabe „Your Britain" erwarben schon in den ersten drei Wochen weitere 400 000: The Labour Party. Report of the 37th Annual Conference, Bournemouth, October 4th—October 8th, 1937, London o. J., S. 136. Es nahm nach Cole das Regierungsprogramm ihres Parteiführers Attlee von 1945/51 weitgehend vorweg. *Cole*, S. 85.

65 Ebenda, S. 86.

66 *Pietro Albonetti*, Impegno degli intellettuali e cultura di massa: l'esperienza inglesia del Left Book Club (1936—1939), in: *Collotti* (Hrsg.), S. 1093 ff. (mit einer Zusammenfassung der neuesten Literatur).

67 Vgl. *E. G. Blosfeld*, Anglijskaja gazeta „Tribjun" v bor'be protiv politiki fašizma (1937—1939 gg.), in: *Problemyi germanskoj istorii*, Bd. 3, Vologda 1975, S. 161 ff.

68 Vgl. u. a. *George Lansbury*, My Quest for Peace, London 1938.

69 *Geschichte der SAI*, S. 299 ff.; *Bill Alexander*, British Volunteers for Liberty: Spain 1936—1939, London 1982.

Waffenimport, wieder zu verschaffen und bei der Wiederherstellung der Autorität im Lande zu helfen.[70] In den Begründungen zur Entschließung hieß es u. a., in der Schlacht um Madrid „the Communists saved the British and modern democracy". Andererseits fiel kein Wort zugunsten der nationalen oder internationalen Aktionseinheit, und die Resolution passierte einstimmig, obgleich die Exekutive das geforderte Mittel zu ihrer Durchsetzung, „a nationwide campaign to compel the Government", unter Hinweis auf die notwendige Koordinierung im National Council of Labour, auf anderweitige Pläne und bereits laufende lokale Kampagnen nicht akzeptiert hatte.

In ihren Außenbeziehungen unterstützte die Labourführung vor allem solche Schwesterparteien, die wie sie einen militant antikommunistischen Kurs verfolgten. So war es kein Zufall, daß sie von den beiden „fraternal delegations", die bis zum Frühsommer 1937 entsandt wurden, eine zum niederländischen Programmparteitag im Februar reiste und im Mai eine repräsentative Abordnung unter Leitung des Parteiführers Attlee nach Prag fuhr.[71]

Das britische Beispiel zeigt besonders anschaulich, wie eng, aber auch in welch komplizierter, keineswegs mechanistische Weise die innen- und außenpolitischen Probleme und Haltungen der Parteien zusammenhingen. Die anschließenden Bemerkungen zu ihrer Verteidigungs- und Sicherheitspolitik werden das noch unterstreichen.

Der Mai-Aufruf der SAI 1937 erinnerte ausdrücklich an den „internationale(n) Charakter des Kampfes zwischen Demokratie und Faschismus". Den Faschismus charakterisierte er als „Staatsfeind Nr. 1 der gesamten Menschheit", versicherte, daß ihm „durch die geeinten Kräfte der Freiheit, zusammengefaßt unter der zielklaren Führung der Arbeiterklasse", begegnet werde, und betonte: „Noch kann der Friede gerettet werden."[72] Doch gab es tatsächlich die nötige Einigkeit darüber, wie man ihn retten könnte, über die Kernfrage eines Bündnisses mit der UdSSR und über die Politik, die man, falls ein Kriegsausbruch nicht zu verhindern sein sollte, zu betreiben hätte?

Die KI hatte ihre Haltung auf und nach ihrem VII. Kongreß bestimmt und bemühte sich mit außerordentlicher Energie, mit Prinzipientreue und zugleich Flexibilität und Toleranz, die am Frieden interessierten Massen für dessen Erhaltung und für die Verteidigung der Sowjetunion zu mobilisieren.[73] Die SAI-Parteien erzielten in einigen wesentlichen Fragen eine gewisse, oft jedoch nur formale und vordergründige Übereinstimmung: 1. Die faschistischen, nicht aber „totalitäre" Staaten generell (wie früher behauptet), sind die eigentlichen Kriegstreiber; 2. Abrüstung und Schiedsgerichte bleiben zwar wünschenswert, sind aber keine wirksamen Mittel zur Friedenserhaltung mehr; 3. den faschistischen Staaten muß „kollektiv" begegnet werden.

Die Aggressionspolitik des Faschismus beschleunigte die Abkehr der meisten Parteien von ihrem bisherigen Pazifismus, diente ihnen aber gleichzeitig als Vorwand für die

---

70 *The Labour Party. Report*, Bournemouth 1937, S. 212ff., Zitate S. 212, 214.

71 Ebenda, S. 55.

72 CA, 150-IV (Entwurf).

73 *Komintern und Friedenskampf*. Die Kommunistische Internationale über die Aufgaben der Kommunisten im Friedenskampf (Auswahl von Dokumenten und Materialien 1917–1939), Berlin 1985; *Maria Anders*, Die Politik der Kommunistischen Internationale zu Krieg und Frieden (1933–1943), Diss. B Leipzig 1977; *dieselbe*, Die Friedensbewegung am Vorabend des zweiten Weltkrieges (1935–1939), Diss. A Leipzig 1965; *dieselbe*, Die Sowjetunion und die Herausbildung der Weltvereinigung für den Frieden (RUP) 1932–1936, in: *Die Große Sozialistische Oktoberrevolution und Deutschland*, Bd. 2, Berlin 1967, S. 177ff.

relative Bedingungslosigkeit, mit der sie sich nun zur bürgerlichen Landesverteidigung bekannten und diese unterstützten. Diese Haltung war Bestandteil ihrer praktisch-politischen und — soweit sie sich neue Programme gaben — programmatischen Evolution und schloß die Verteidigung der Kolonialreiche, wo sie existierten, ein. Dadurch und mit der Begründung, „bittere Erfahrung" habe „gelehrt, daß die Arbeiterklasse allein aus eigener Kraft, durch internationale direkte Aktion, den Ausbruch eines Krieges nicht verhindern kann",[74] wurde der Stellenwert des Proletariats im Kampf gegen den inneren und äußeren Faschismus, für die Verteidigung der Demokratie und der nationalen Unabhängigkeit, der — wie die zurückliegenden Jahrzehnte dieses Jahrhunderts und ganz besonders Spanien bewiesen — objektiv und real gewachsen war, auch auf dem Gebiet der Landesverteidigung eingeschränkt. Indem man den für den Kampf gegen Faschismus und Krieg am besten organisierten und politisch vorbereiteten, konsequentesten und opferwilligsten Flügel der Arbeiterbewegung, die Kommunisten, auch aus der militärischen Abwehrfront auszugrenzen und ihn in nicht wenigen Fällen als „ausländischen Interessen" dienend zu diskriminieren suchte, schwächte man ebenfalls die nationale Verteidigungskraft, und zwar in einem Augenblick, da ihre Stärkung besonders dringlich wurde.

Widerstände gegen die Bewilligung der Rüstungskredite, die pazifistische und links-radikal-defätistische Kräfte, der Tradition verhaftete oder taktisch argumentierende Sozialdemokraten aufbauten, wurden unter Hinweis auf die äußere Bedrohung, durch Forderungen nach Demokratisierung der Armeen, nach Verstaatlichung der Rüstungsindustrien, nach Kontrolle der Kriegsproduktion und Abführung aller daraus erwachsenden Profite an die Staatskasse usw. überwunden. Die Labourführung erklärte, es sei unglaubwürdig, den Konservativen Rüstungsgelder zu verweigern, die man, selbst an der Regierung, verlangen werde. Die schwedische Partei verband ihre Zustimmung zu einer spürbaren Erhöhung des Verteidigungsetats mit sozialpolitischen Forderungen.[75]

Die bis 1937 ziemlich allgemein durchgesetzte Linie der Landesverteidigung — Ausnahmen stellten naturgemäß die illegalen Parteien und Linksradikale wie die Sozialisten der USA[76] dar — trug jedoch nicht zur Stärkung, sondern zur Paralyse der SAI-Politik bei, da die Parteien der militärisch entscheidenden Länder des Westens in ihren konkreten außen-, verteidigungs- und sicherheitspolitischen Zielsetzungen zunehmend auseinanderdrifteten. Während sich die Labour Party relativ geschlossen auf die Verteidigung des britischen Weltreiches konzentrierte, war die SFIO auch in den meisten Fragen der Friedenserhaltung gespalten. Die Sozialdemokratie der kleineren Staaten begann zu „deutschfreundlicher" Neutralitätspolitik (Belgien), isolationistischen Stillhaltepositionen bzw. verteidigungspolitischem Fatalismus (Dänemark) oder — ebenfalls auf sich selbst gestellter — Neutralitätsverteidigung wie in Schweden und vor allem der Schweiz umzuschwenken. Dies erklärt auch, warum die nordische Zusammenarbeit nicht zu gegenseitigen militärischen Hilfeversprechen oder Bündnissen führte und eine gemeinsame

---

74 *J. J. de Roode*, Vijf en twintig jaar internationale socialistische politiek, in: *Albarda*, Een kwart eeuw, S. 141. De Roode begründete damit aber auch das Festhalten an kollektiver Sicherheit im Rahmen des Völkerbundes. Zum Gesamtproblem *Peter Kircheisen*, Zur militär- und außenpolitischen Programmatik der Sozialistischen Arbeiter-Internationale. Kontroversen und Wandlungen zwischen 1933 und 1939, in: JfG, Bd. 21, Berlin 1980, S. 338 ff.

75 *Erlander*, S. 190. Zur DNA-Regierung vgl. *Lutz Mez*, Ziviler Widerstand in Norwegen, Frankfurt a. M. 1976, S. 116.

76 *David A. Shannon*, The Socialist Party of America. A history, New York 1955, S. 251 ff.

Verteidigung entgegen dem damals verbreiteten Eindruck tatsächlich nicht organisiert wurde.[77]

Spätestens 1935/36 war klargeworden, daß — so das theoretische Organ der Schweizer Partei — nur „das unbedingte Zusammengehen und die zu jeder äußeren Maßnahme entschlossene Haltung Frankreichs, Rußlands und Englands" der faschistischen Eroberungspolitik Einhalt gebieten könnte.[78] Weitsichtige Sozialdemokraten stellten deshalb das Bündnis mit der UdSSR in den Mittelpunkt ihrer Konzeption eines kollektiven Sicherheitssystems, wie dies die Thesen zur Kriegsfrage belegen, die der Führer der Auslandsvertretung der österreichischen Sozialisten (AVÖS) in Brünn, Otto Bauer, der Exilmenschewiki Theodor Dan und der Repräsentant des marxistischen linken Flügels der SFIO, Jean Zyromski, 1935 der SAI unterbreiteten.[79] Im Dezember 1935 veröffentlichten die Revolutionären Sozialisten Österreichs (RSÖ, d. h. die Inlandspartei) in ihrem Organ „Revolution" vorläufige Richtlinien zur Kriegsfrage. Sie beurteilten darin die Möglichkeiten, den Kriegsausbruch zu verhindern, pessimistisch, betonten jedoch: „Im Kampf um die Wiedereroberung ihrer Organisationsfreiheit ... kämpft die österreichische Arbeiterklasse auch für jenes Maß von Friedenssicherheit, das eine überlegene Koalition der Sowjetunion mit den vom deutschen Imperialismus bedrohten europäischen Staaten heute gewährt."[80] Im — erwarteten — Kriegsfall aber müsse alles zur Verteidigung der Sowjetunion getan werden, denn „das Interesse des internationalen Proletariats (erfordert) den Sieg der Sowjetunion und die Niederlage ihrer faschistisch-imperialistischen Angreifer".[81]

Die außenpolitischen Aussagen der Aktionseinheitsabkommen bzw. Basisdokumente zu Einheitsfrontverhandlungen von 1937 betonten gleichfalls die Notwendigkeit der Verteidigung der Sowjetunion gegen einen imperialistischen Angriff. So erklärten PSOE und KPSp in ihrem Programm vom August 1937, „daß die Verteidigung der Sowjetunion, des Landes des Sozialismus, die heilige Pflicht nicht nur der Sozialisten und der Kommunisten, sondern auch aller ehrlichen Antifaschisten ist".[82] Der italienische Einheitspakt vom Juli des gleichen Jahres enthielt ebenfalls die Verpflichtung, „gemeinsam für die Verteidigung der Sowjetunion zu kämpfen".[83] Die DNA und andere Parteien hoben den Beitrag der Sowjetunion zur Verteidigung der kleineren Länder hervor, wenn die Partei auch die von der KPN vorgeschlagene Einigungsplattform, die auch zur Verteidigung der Sowjetunion verpflichtet hätte, nicht akzeptierte.[84]

Die Mitgliedsparteien der SAI außerhalb Europas und die übrige nichteuropäische Sozialdemokratie spielten in dieser Situation keine bedeutende Rolle, doch unterstreicht deren Entwicklung den globalen Charakter der hier erörterten Fragen.

---

77 *Herbert Tingsten*, The debate on the foreign policy of Sweden 1918—1939, London u. a. 1949, S. 222 ff.; *Adolf Sturmthal*, The Tragedy of European Labor 1918—1939, New York 1943, S. 256. Daß man den Sicherheitssektor dennoch nicht völlig ausklammerte und bestimmte Vorkehrungen für den Kriegsfall getroffen wurden, belegt: *Erlander*, S. 215 ff.

78 *Hermann Paul*, Eine Krise des Faschismus?, in: *Rote Revue*, 4/1935/36, S. 154.

79 *Otto Bauer/Theodor Dan/Jean Zyromski*, Die Internationale und der Krieg, in: *Otto Bauer*, Werkausgabe, Bd. 4, Wien 1976, S. 27 ff.; *derselbe*, Zwischen zwei Weltkriegen?, Bratislava 1936, S. 224 ff.

80 Text in: *Dokumente der sozialistischen Bewegung. Sozialistische Hefte*. Hrsg. von der Sozialistischen Partei Österreichs, Folge 11, Wien 1946, S. 48.

81 Ebenda, S. 47.

82 Zit. nach *Der Freiheitskampf des spanischen Volkes*, S. 225.

83 *Die Kommunistische Internationale*, 9/1937, S. 89.

84 *Rundschau*, 4/1938, S. 136.

Die Socialist Party of America (USA) erholte sich von ihrer Spaltung über die Einheitsfront und der eklatanten Wahlniederlage 1936 nicht. Die „New Deal"-Politik Präsident Roosevelts, von nicht wenigen Sozialdemokraten auch in Europa teils als „sozialistische Politik",[85] teils als faschismusverdächtige Demagogie eingeschätzt, verurteilte die zersplitterten, in wesentlichen Fragen — darunter solchen von Krieg und Frieden — ultralinks und oftmals zugleich antikommunistisch diskutierenden Sozialisten vollends zur Bedeutungslosigkeit. So vermochten sie auch auf ihrem Sonderparteitag im März 1937 in Chicago ihren Antifaschismus in kein tragfähiges Gesamtkonzept zu bringen; die Rekrutierung Freiwilliger zur Bildung der „Debs Column" für Spanien blieb einer der wenigen praktischen Schritte.[86] Die Entwicklung in Argentinien und Uruguay fand kaum Echo in der SAI. Die Sozialistische Partei Chiles, die in die Herstellung einer von der revolutionären Arbeiterbewegung vielbeachteten und hoffnungsvoll begrüßten Volksfront, im Jahre 1938 einer Volksfrontregierung[87], einbezogen war, gehörte der SAI nicht an.

Sich anbahnende Kontakte zur — politisch und organisatorisch allerdings noch außerordentlich instabilen — Sozialdemokratie Japans hatte die SAI im Zusammenhang mit der mandschurischen Aggression, die diese unterstützte, abbrechen müssen.[88] Doch die von der illegalen Kommunistischen Partei Japans inspirierten Einheits- und Volksfrontbemühungen, die sich an europäischen Erfolgen orientierten, trugen dann der (1932 gegründeten) Sozialistischen Massenpartei 1937 über eine Million Stimmen (9,9 Prozent) ein. Diese Erfolge endeten in der nationalistisch-antikommunistischen Phase der Partei 1938, ohne daß diese Wende sie vor der Auflösung (1940) bewahrt hätte.[89]

Unter den Labourparteien des britischen Kolonialreiches[90] war die South African Labour Party nach ihrer Regierungsmitarbeit und bei fortbestehenden Differenzen in der Rassenfrage kein gewichtiger Partner für die erfolgreichen Einheitsbemühungen der erstarkenden Kommunistischen Partei Südafrikas, die die schwarze Mehrheit selbstverständlich einbezogen und in der zweiten Hälfte der 30er Jahre ihren Höhepunkt erreichten. In

---

85 *János Jemnitz*, Die ungarischen Beiträge von Zoltan Rónai über die internationale Arbeiterbewegung und die Weltpolitik (1920—1937), in: *Arbeiterbewegung, Faschismus, Nationalbewußtsein*. Hrsg. von Helmut Konrad, Wolfgang Neugebauer, Wien 1983, S. 41f. Zum Schicksal Rónais, Mitarbeiter des SAI-Sekretariats und Sekretär der Sozialistischen Emigrantengruppe Világosság, siehe den Bericht Adlers von 1946 in: LPA, Labour Party, International Department 1946/47, Box 10, unpaginiert. Zur Entwicklung der US-amerikanischen Arbeiterbewegung in den dreißiger Jahren: *Rüdiger Horn/Peter Schäfer*, Geschichte der USA 1914—1945, Berlin 1986, S. 192ff.

86 *Shannon*, S. 254; *Cole*, S. 14; *Rote Revue*, 6/1937, S. 203ff. Nach *Tosstorff* (Bilanz der Volksfrontregierungen, S. 29, Anm. 42) ist die Organisierung der Debs-Kolonne in Spanien nicht gelungen; die Freiwilligen kämpften deshalb teils in den Reihen der Interbrigaden, teils in den Verbänden der spanischen Arbeiterpartei der marxistischen Einigung (POUM).

87 *Rundschau*, 32/1938, S. 1079f.; 54/1938, S. 1857; 56/1938, S. 1096f.

88 Vgl. *II*, 52/1932, S. 710; CA, 150-IV-39, Bl. 125ff.

89 *George Oakley Totten*, The Social Democratic Movement in Prewar Japan (= Studies on Japan's Social Democratic Parties, Bd. 1), New Haven 1966, S. 271, 293.

90 Zum folgenden *Lexikon des Sozialismus*. Hrsg. von Thomas Meyer, Karl-Heinz Klär u. a., Köln 1986, S. 634ff.; *François Bédarida, Jean Chesneaux* u. a., Der Sozialismus in den britischen Dominions, in der Türkei, im Iran, in China, Indien und Südostasien 1919—1945 (= Geschichte des Sozialismus. Hrsg. von Jacques Droz, Bd. XV), Frankfurt a. M./Berlin (West)/Köln 1979.

Kanada orientierte sich die Cooperative Commonwealth Federation (CCF)[91] in ihrem Gründungs-„Manifest von Regina" (1933) auf eine „sozialisierte, geplante Wirtschaft" mit Nationalisierung des Transport-, Bank-, Energie- und Bergbausektors sowie Preishilfen und Kooperativen für die Farmer und mit einem umfassenden System sozialer Versicherungen. Sie blieb aber, nicht zuletzt wegen der Ablehnung der auf „beide Kanada" zielenden Einheitsfrontangebote der Kommunistischen Partei Kanadas, eine kleine, weitgehend auf den englischsprachigen Landesteil beschränkte „Labourfarmerparty". Die Australian Labour Party (ALP), am Ende der relativen Stabilisierung an die Regierung gekommen, erlitt in der Weltwirtschaftskrise auf Bundesebene ein noch schlimmeres Debakel als die britische Partei. Sie stand, gespalten und mit geschwächten Gewerkschaften im Bunde, (bis 1939) in Opposition zur Koalitionsregierung, in die ihr rechter Flügel eingetreten war, ohne daß sie selbst in ihrer Majorität zu einer wirksamen Aktionseinheit mit den Kommunisten bereit war. Die am 21./22. Oktober 1934 gegründete All India Congress Socialist Party (CSP) gewann dagegen in Aktionseinheit mit der Kommunistischen Partei Indiens politisches Profil und vor allem Masseneinfluß innerhalb der zwei Millionen zählenden Kongreßpartei, in der sie verblieb. In ihren auf der 3. Jahreskonferenz vom 23./24. Dezember 1937 in Faizpur angenommenen Thesen definierte sie neu als Tagesaufgabe „the creation of a powerful national front against Imperialism".[92] Sie betrachtete die bürgerlich geführte Kongreßpartei als ihre wichtigste, jedoch nicht als die einzige Massenbasis; außerhalb des Kongresses sollten unabhängige Organisationen der Bauern, der Arbeiter und anderer ausgebeuteter Schichten gefördert werden. Das vom Exekutivkomitee 1937 statutarisch formulierte Fernziel der Partei lautete: „Erreichung der vollständigen Unabhängigkeit im Sinne der Abtrennung vom Britischen Empire und der Errichtung einer sozialistischen Gesellschaft."[93] Mit einer so orientierten Politik gewann die CSP in der Vorkriegszeit bis zu einem Drittel der Kongreßstimmen.

Von den Sozialdemokratischen Parteien der großen Commonwealth-Länder war es allein die New Zealand Labour Party (NZLP), die mit einem Wähleranteil von fast 50 Prozent ab 1935 an der Spitze einer Koalitionsregierung eine „Wohlfahrtsstaat"-Politik zu machen suchte. Sie nahm auf gesundheits- und sozialpolitischem Sektor manche Maßnahme der britischen Schwesterpartei von 1945 vorweg und wurde von SAI-Mitgliedern gelegentlich als Muster regierender Sozialdemokratie empfohlen. Im übrigen besaßen diese Parteien, soweit bisher bekannt, nur wenig Kontakt zur SAI und wahrscheinlich geringen direkten Einfluß auf deren Beschlüsse. Die SAI ließ sich zwar auf den Konferenzen der Commonwealth-Sozialdemokratie vertreten und sandte die „Internationale Information" auf alle Kontinente.[94] Sie blieb aber eine im wesentlichen europäische Organisation; nicht zuletzt deshalb, weil wichtige Mitgliedsparteien die Kolonialpolitik ihrer Länder mittrugen.

---

91 Ebenda, S. 28ff.; *Geschichte der Kommunistischen Partei Kanadas 1921—1976*, Berlin 1984, S. 117ff.; *William Z. Foster*, Abriß der politischen Geschichte beider Amerika, Berlin 1957, S. 621f.

92 Faizpur Thesis, in: *P. L. Lakhanpal*, History of the Congress Socialist Party, Lahore o. J., S. 144.

93 Statut 1937, in: Ebenda, S. 150. Im ursprünglichen Statut war von einer Arbeiterrepublik bzw. Arbeitergesellschaft gesprochen worden: Ebenda, S. 37.

94 Nach einer Aufstellung Adlers vom März 1939 wurde die englische Ausgabe der insgesamt bereits reduzierten II außer nach Großbritannien (172 Expl.) und Kontinentaleuropa (32) noch nach Amerika (67), Australien und Neuseeland (41), Afrika (12) und Asien (7) geschickt. LPA, LSI, 24/5/9, Adler an Gillies, 17. 3. 1939. Eine detaillierte II-Verteilerliste (vom Mai 1938?) in: Ebenda, 23/2/28.

Auch unter diesem Gesichtspunkt und generell verfolgten die SAI-Parteien aufmerksam die Genese und Politik ihrer linken Flügel bzw. linkssozialistischer Gruppen und Parteien außerhalb ihrer Organisation (und damit der SAI), zumal die Differenzierung und die Erosion zahlreicher SAI-Parteien weiter anhielt.

Die ersten linken Gruppierungen nach Gründung der SAI hatten sich bereits gegen Ende der 20er Jahre herausgebildet, so z. B. die Gruppe Neu beginnen in Deutschland. In Großbritannien verstärkten sich innerhalb der ILP linke Tendenzen, die sich in deren zentristischem Parteiprogramm von 1926 „Socialism in Our Time" und in der Losung „Socialism now" niederschlugen. Die ILP war es auch, um die sich im Sommer 1930 andere, gegen den „Gradualismus" und die Koalitions- bzw. Tolerierungspolitik führender SAI-Parteien opponierende Kräfte scharten.[95] Zu ihnen gehörten der Allgemeine Jüdische Arbeiter-Bund „Bund" in Polen und die Unabhängige Sozialistische Arbeitspartei in Polen, beide wie die ILP Mitglied der SAI, sowie die DNA, die deutschen (z. T. ab 1931 in der SAPD versammelten) und die niederländischen Linken, die 1932 die Unabhängige Sozialistische Partei (OSP) und später weitere Parteien gründeten.[96] Aus dieser Kooperation entstand — mit Sitz in London — die Internationale Arbeitsgemeinschaft (IAG), die 1935 den Namen Internationales Büro der Revolutionären Sozialistischen Einheit annahm. Diese Linken waren ursprünglich angetreten, um die SAI in eine klassenkämpferische, antiimperialistische, von bürgerlicher Politik unabhängige internationale Organisation umzuwandeln, gar über die Einheit mit dem Proletariat der Sowjetunion und den antikolonialen Bewegungen eine „allumfassende Internationale" zu schaffen. Einige von ihnen waren zeitweilig auch zur Aktionseinheit mit den Kommunisten ihres Landes bereit. Doch die Politik, Zusammensetzung und Struktur der IAG bzw. des „Büros" waren wenig stabil, die politische Bilanz insgesamt nicht ermutigend. Politische und ideologische Inkonsequenz, taktische Fehler, die Dominanz der traditionellen sozialdemokratischen Parteien, ein teilweise geringes Verständnis der politischen Wirklichkeit, der tatsächlichen Aufgaben des Proletariats und des praktisch Machbaren sowie der Vormarsch des Faschismus in Europa waren dafür wichtige Gründe. Die ILP schied — sich spaltend — 1932 aus der Labour Party[97], 1933 aus der SAI aus und verlor damit ihre Massenbasis. Die DNA, von der viele Linke gehofft hatten, sie werde sich zur „Nährmutter des Linkssozialismus in anderen Ländern" entwickeln[98], wurde wegen

---

95 Zum Folgenden *Geschichte der SAI*, insbesondere S. 157ff.; z. T. sehr kritische sozialdemokratische Wertungen bei: *Peretz Merchav*, Linkssozialismus in Europa zwischen den Weltkriegen, Wien 1979 (= Ludwig Boltzmann Institut für Geschichte der Arbeiterbewegung, Materialien zur Arbeiterbewegung, Nr. 14). Hrsg. von Karl R. Stadler; *Willy Buschak*, Das Londoner Büro. Europäische Linkssozialisten in der Zwischenkriegszeit (= Sozialhistorische Quellen und Studien. Hrsg. vom IISG Amsterdam, Bd. 1), Amsterdam 1985.

96 Neben der OSP mit über 7000 Mitgliedern entstand die Revolutionär-Sozialistische Partei (RSP, etwa 1000 Mitglieder), die zusammen mit der Kommunistischen Partei Hollands fast 200000 Wählerstimmen gewannen. OSP und RSP vereinigten sich 1934 zur Revolutionär-Sozialistischen Arbeiterpartei (RSAP) von nur mehr 3000 Mitgliedern. Vgl. *Hulst u. a.*, S. 256; *Willy Buschak*, Das Londoner Büro. Linkssozialismus in der Zwischenkriegszeit, in: *Linkssozialisten in Europa — Alternativen zu Sozialdemokratie und kommunistischen Parteien*, Hamburg 1982, S. 177; *De Groot*, S. 108.

97 Archibald Fenner Brockway, einer der Führer der ILP, bezeichnete den Austritt aus der Labour Party in seiner Autobiographie (Towards Tomorrow, London 1977, S. 107) „a stupid and disastrous error".

98 *Brandt*, S. 76. Zum Ausschluß der DNA aus dem „Büro" im November 1935 *Buschak* (1985), S. 182.

ihrer Entwicklung nach rechts ausgeschlossen, der Bund, die polnischen Unabhängigen, dann französische marxistische Linke um Zyromski verließen das „Büro". Ultraradikale Forderungen und Positionen eines Teils der ILP und der SAPD, der Franzosen um Marcel Pivert, der italienischen Maximalisten, soweit sie die Vereinigung zur PSI 1930 nicht mit vollzogen hatten, u. a. verrieten kleinbürgerlich-radikalen bzw. trotzkistischen Einfluß.

Die politisch oft stark gefächerten, zahlenmäßig geschrumpften Parteien — die SAPD zählte 1936/37 noch etwa 1000—1500 von ursprünglich 25000 Mitgliedern[99], die ILP etwa 4000 (von ehemals 32000) — zerstritten sich, aus im einzelnen noch wenig erforschten Gründen, über den — auch ihre eigene Existenz — entscheidenden Fragen von Faschismus und Imperialismus, Krieg, Einheits- und Volksfront, über der Stellung zur Sowjetunion und natürlich zu Spanien. Dorthin schickte das „Büro" etwa 600—700 Genossen und Sympathisanten in den Kampf gegen Franco, ließ sich aber durch die jetzt im „Büro" dominierende spanische Arbeiterpartei der marxistischen Einigung (POUM), im Mai 1937 Beteiligte des Putsches in Barcelona, mehrheitlich auf einen letztlich volksfeindlichen Kurs festlegen (dem z. T. auch ihre Spanienkämpfer zu folgen hatten). Der Internationale Sekretär der POUM, Julian Gorkin, erklärte auf dem Kongreß des „Büros" vom 31. Oktober bis 2. November 1936 in Brüssel, Ziel müsse der — nur über die „Arbeiterfront" erreichbare — Sozialismus sein; die Volksfront hingegen führe zum Faschismus.[100]

Der (zunächst für 1937 in Barcelona vorgesehene) Kongreß im Februar 1938 in Paris bestätigte diese Position. Gleichzeitig forderte er eine neue Internationale, da SAI wie KI abgewirtschaftet hätten.[101] Die Bereitschaft des „Büros", sich gegebenenfalls sowohl mit dem „revolutionären Flügel der SAI" (wen immer es damit meinte), mit Anarchisten und den sich entwickelnden Arbeiterbewegungen in den Kolonien zu verbünden,[102] war kein Weg zur breiten proletarischen Einheitsfront, solange diese nur „oppositionelle Kommunisten"[103], nicht die KI-Parteien, einschließen sollte.

Innerhalb des „Büros" und einzelner ihm angeschlossener Organisationen blieben die Meinungen aber auch in diesen Fragen geteilt. Nicht wenige empfanden den verbohrten, oft rein persönlich motivierten Antisowjetismus und Antikommunismus einzelner Leute und Gruppen (meist Trotzkisten und Renegaten) als unsinnig, destruktiv und angesichts der faschistischen Bedrohungen selbstmörderisch. So hielt der einflußreiche ILP-Politiker Fenner Brockway zwar an der Illusion, die sozialistisch-revolutionären Kräfte könnten die Führung der internationalen Arbeiterbewegung übernehmen, fest und kritisierte die KI (deren Volksfrontpolitik er nicht voll verstand), warnte aber vor einer Selbstisolierung

---

99 *Buschak* (1982), S. 202, schätzt für 1938 2000—3000 Mitglieder.

100 Ebenda, S. 193 f.

101 Die gleiche Forderung erhob kurz vor Kriegsausbruch die Auslandsvertretung der österreichischen Sozialisten (AVÖS) in ihrer Erklärung vom 14. Juni 1939 „Die österreichischen Sozialisten und die Sozialistische Arbeiter-Internationale", in: Madyar Szocialista Munkáspárt Párttörténeti Intezet Archivuma, Budapest, 696 f. 79 ö. e., Bl. 210 ff.

102 Zu diesen unterhielt das Büro vielfältige, zumeist an Einzelpersonen, etwa Fenner Brockway, geknüpfte Kontakte. Siehe *Buschak* (1985), S. 185 ff.

103 Die 1930 gegründete sog. Internationale Vereinigung der Kommunistischen Opposition wirkte zeitweilig im Londoner Büro mit.

der Linkssozialisten von den Massen, die in KI und SAI organisiert seien. Brockway trat deshalb für die Schaffung einer internationalen „Workers's Front" ein, in der die Organisationen der Sozialdemokraten, der Kommunisten, der revolutionären Sozialisten und der Anarchisten sich auf föderativer Grundlage zusammentun sollten. Einen ersten Schritt dahin erblickte Brockway in der Herstellung der Einheit der revolutionären sozialistischen Kräfte; sie könnte unter den spezifischen Bedingungen Großbritanniens mit dem Beitritt von ILP und Kommunistischer Partei als selbständig agierende Kollektivmitglieder zur Labour Party erreicht werden, was deren Führung allerdings wiederholt ablehnte.[104]

Die Befürworter eines wirksamen antifaschistischen Konzepts hatten demnach einen schweren Stand. Die Führungen maßgeblicher Parteien nahmen theoretische Abwehrpositionen ein, die ihre politische, die staatsmonopolistische Entwicklung fördernde Praxis rechtfertigten oder vorbereiten sollten, und hielten deshalb an ihren bisherigen Faschismusauffassungen[105] fest. Dabei ist zu beachten, daß nur ein Teil der Parteien überhaupt eine ausdrückliche Revision ihres Grundsatzprogramms vornahm, während andere formell Grundprinzipien beibehielten, die vor dem ersten Weltkrieg (z. B. in Belgien 1894, in Dänemark 1913, in Finnland 1903, in Frankreich 1905, in Luxemburg 1904) oder bald danach (in Großbritannien 1918, in Schweden 1920) fixiert und in einigen Fällen durch kurzfristige Aktionsprogramme, durch die „Pläne der Arbeit" oder auf Wahlen zugeschnittene Dokumente ergänzt worden waren.[106] Damit wurde der auf die Erhaltung des Masseneinflusses zielende Eindruck verstärkt, als habe sich am Kampfziel Sozialismus grundsätzlich nichts geändert.

Nicht in jeder dieser Parteien wurde der tatsächliche Wandel mit den gleichen Kadern an der Spitze erreicht, die die Politik bis dahin bestimmt hatten, man denke etwa an den Führungs- bzw. Führerwechsel in der POB, in der Labour Party oder in der DSDAP der Tschechoslowakei. In anderen Organisationen, so z. B. in der Sopade, setzten sich einige der bisherigen Führer gegen oppositionelle, auf neue Wege orientierende, oftmals jüngere Politiker durch.

Mit Bauer und Vandervelde starben im Juli bzw. Dezember 1938 prominente Politiker, die sich in entscheidenden Situationen des antifaschistischen Kampfes als weitsichtig, flexibel und verantwortungsbewußt erwiesen hatten und die trotz ihres sinkenden Einflusses auf die SAI den antifaschistischen Kräften auch in der Internationale fehlten. Von den

---

104 *Fenner Brockway*, Workers's Front, London 1938, S. 196ff., 238ff. Die Trotzkisten, die Brockway trotz persönlicher Sympathien für einzelne ihrer Vertreter in sein Konzept nicht aufnahm, verabschiedeten 1938 ein eigenes Programm und gründeten die sog. IV. Internationale. Siehe *Fritz Keller*, Die europäische Arbeiterbewegung und der Zweite Weltkrieg. Eine kritische Darstellung der theoretischen Konzepte. 19. Linzer Konferenz (ITH) 1983, Ms, vervielfältigt.

105 Vgl. dazu *Werner Kowalski/Siglinde Thom*, Faschismusauffassungen in der Sozialistischen Arbeiterinternationale, in: *Faschismusforschung*. Positionen, Probleme, Polemik. Hrsg. von Dietrich Eichholtz und Kurt Gossweiler, Berlin 1980, S. 375ff.; *Miloš Hájeks* umfangreiche Studie (II fascismo nell' analisi dell' Internazionale Operaía e Socialista, in: *Collotti* (Hrsg.), S. 389ff.) reicht nur bis etwa 1933/34.

106 *Ralf Kessler*, Die Gesellschaftskonzeption des „demokratischen Sozialismus" in den Grundsatzprogrammen der Parteien der Sozialistischen Internationale zwischen 1951 und 1962, Diss. A Halle 1986, S. 1ff., 147f.

führenden Einheitsfrontgegnern starben — wie Bauer im Exil — im Oktober 1938 Karl Kautsky[107] und im September 1939 Otto Wels (Sopade).[108]

Die Gegner der Einheitsfrontpolitik warfen den Kommunisten einerseits vor, die Sozialdemokratie diskreditieren, unterlaufen, gar liquidieren und von einer breiten antifaschistischen Zusammenarbeit (nämlich vor allem mit der Bourgeoisie) abbringen zu wollen bzw. diese eben durch die Aktionseinheit zu gefährden. Andererseits bezichtigten sie die Kommunisten (und zwar wider besseres Wissen, wenn sie die Dokumente beispielsweise des VII. Kongresses gelesen hatten) mit der Volksfrontpolitik das sozialistische Endziel zu verraten und den Anspruch auf die führende Rolle der Arbeiterklasse aufzugeben. Grad und Verbreitung solcher (z. T. auch von linkssozialistischen und vor allem trotzkistischen Kreisen vertretener) Auffassungen und Verleumdungen hingen neben anderen, schon erwähnten Faktoren auch von den objektiven Interessen und subjektiven Einsichten und Zielen der Bourgeoisie der einzelnen Länder ab.

Die Rolle der Bauernschaft, ihrer politischen Repräsentanten und Parteien, ihrer nationalen und internationalen Organisationen ist insgesamt noch wenig untersucht. Wie die internationale Agrarkonferenz, die als Teil des Kongresses des überparteilichen Rassemblement Universel pour la Paix (RUP) 1936 in Brüssel stattfand, und das innerhalb des RUP entstehende internationale Agrarzentrum bewiesen, wuchs zeitweilig das Engagement bäuerlicher Organisationen und Vertreter im Kampf gegen Faschismus und Krieg.[109] Jedoch blieben noch viele Organisationen und Parteien inaktiv, manche verloren ihre Selbständigkeit, andere reihten sich in die antikommunistische oder gar in die faschistische Front ein.[110]

Christen aus zahlreichen Ländern beteiligten sich aktiv an der breiten Bewegung für Frieden und Demokratie und übten Solidarität mit der spanischen Republik. Aber die Kirche und christliche bürgerliche Parteien einiger Staaten spielten nicht nur keine aktiv antifaschistische, sondern eine reaktionäre Rolle in den Auseinandersetzungen jener Monate.

---

107 *Georges Haupt, János Jemnitz, Leo van Rossum* (Hrsg.), Karl Kautsky und die Sozialdemokratie Südosteuropas Korrespondenz 1883—1938, Frankfurt a. M./New York 1986 (= Quellen und Studien zur Sozialgeschichte. Hrsg. vom Internationalen Institut für Sozialgeschichte Amsterdam, Bd. 5). Emanuel Buchinger (Ungarn) bezeichnete Kautsky noch 1938 als den „größten Lehrer meiner Generation" (ebenda, S. 568; ähnlich äußerten sich die ungarische Emigrantenorganisation „Világosság" und der jugoslawische Sozialist Živko Topalović, wie Buchinger Mitglied der SAI-Exekutive).

108 Georges Haupts Urteil, die Führung der SAI habe sich durch Kontinuität und Beständigkeit ausgezeichnet; die „alte Garde" sei nicht abgetreten und habe sich den „Nachwuchs" selbst aus den Parteien gezogen, trifft, wie die personellen Wechsel in der Exekutive und an deren Spitze, vor allem aber der Wechsel der politisch führenden Parteien beweisen, nur sehr bedingt zu. Vgl. *Georges Haupt*, Internationale Führungsgruppen in der Arbeiterbewegung, in: *Herkunft und Mandat*. Beiträge zur Führungsproblematik in der Arbeiterbewegung (= Schriftenreihe der Otto-Suhr-Stiftung 5), Frankfurt a. M./Köln 1976, S. 211. Vgl. dazu auch *Otto Bauer*, Die illegale Partei, in: *derselbe*, Werksausgabe, Bd. 4, Wien 1976. Ein unvollständiger Nachdruck des unvollendeten Manuskripts erschien 1971 in Frankfurt a. M. Übersicht über die Leitungsorgane der SAI in: *Geschichte der SAI*, S. 283ff.

109 Vgl. *Erwin Lewin*, Die internationale Agrarkonferenz im Weltfriedenskongreß von Brüssel (September 1936), Konferenzbeitrag, in: *Hallesche Studien*, 17/1987.

110 Vgl. *Europäische Bauernparteien im 20. Jahrhundert*. Hrsg. von Heinz Gollwitzer (= Quellen und Forschungen zur Agrargeschichte, Bd. 29), Stuttgart/New York 1977, S. 1ff., 65ff., 603ff.; *Wolfgang Wippermann*, Europäischer Faschismus im Vergleich (1922—1982), Frankfurt a. M. 1983, S. 204f.

Erschwerend wirkte sich auch die Tatsache aus, daß die Arbeiterbewegung in den Aggressorstaaten, verfolgt und terrorisiert, nur bedingt ins Gewicht fiel, in den USA sich trotz eines gewissen Aufschwungs in den 30er Jahren nicht entscheidend etablieren konnte, in Großbritannien „rechts"-dominiert, in Frankreich zersplittert war.

Die politischen Prozesse in der Sowjetunion, die die sozialistische Gesetzlichkeit grob verletzten und international zu einer Überbewertung des Trotzkismus und zu entsprechend undifferenzierter Etikettierung selbst tatsächlicher bzw. potentieller antifaschistischer Bündnispartner verführten, begannen die Einigungsbemühungen ebenfalls zu belasten. Sie lieferten den einheitsfeindlichen Kräften neue Vorwände für ihre verhängnisvolle Spalterpolitik[111] und für die Stärkung ihres Einflusses in den Parteien, den Gewerkschaften und in anderen sozialdemokratischen Massenorganisationen, wo und soweit er sich auf Antikommunismus, auch in Gestalt totalitaristischer Faschismus-, Demokratie- und Freiheitsbewertung (sowie auf soziale Fortschritte) stützen konnte. Interessanterweise ließ sich militanter Antikommunismus oder Antisowjetismus von wenigen Ausnahmen abgesehen aus den geltenden sozialdemokratischen Grundsatzprogrammen nicht zitieren.[112]

Die von der Einheits- und Volksfrontpolitik weltweit ausgehende Mobilisierung der Massen war offensichtlich. Sie erwies sich objektiv als die einzige trag- und entwicklungsfähige Strategie der Arbeiterklasse gegen Faschismus und Krieg, bei deren Durchsetzung Spanien eine katalysatorische Funktion zufiel.

Unter den skizzierten Umständen bewiesen de Brouckère und Adler Weitsicht und Zivilcourage, als sie am 21. Juni 1937 in Annemasse mit den Repräsentanten der KI Florimond Bonte und Marcel Cachin (beide FKP), Pedro Checa (KPSp), Franz Dahlem (KPD) und Luigi Longo (KPI) zusammenkamen. Das Resultat war ermutigend und schien wenigstens einige der Erwartungen zu rechtfertigen, die von den spanischen Genossen, von Interbrigadisten, aber auch von anderen besorgten kampfwilligen Menschen in Briefen und Telegrammen an de Brouckère und weitere Teilnehmer des Treffens, auf Meetings und in der Presse geäußert worden waren. Die kommunistische und die sozialistische Parteiorganisation der Region Annemasse hatten den Konferenzdelegierten eine Resolution, betitelt „Für die Einheit", übergeben, in der sie programmatisch die Wichtigkeit der Aktionseinheit für drei Hauptziele unterstrichen: für die Sicherung der Demokratie, der proletarischen Freiheiten und des Weltfriedens.[113]

Die Konferenz beschloß erstens Hilfe für Spanien — „überall wo nur möglich, durch ein gemeinsames Abkommen und in jeder anderen Form, ohne unnütze Reibungen", zweitens Durchsetzung der übereinstimmenden Punkte ihrer Spanienpolitik, drittens detaillierte Erörterung weiterer materieller und moralischer Hilfe für Spanien.[114]

Die unter dem 22. Juni veröffentlichte Abmachung (das Treffen hatte von 20 bis 23 Uhr am Vorabend stattgefunden) wurde von den einheitsfrontwilligen und internationalistisch denkenden Kräften als Teilerfolg gewertet. Ihn galt es freilich zu sichern. Die „Deutsche Volkszeitung" schrieb denn auch, die Meinung der KPD-Führung wiedergebend: „Doch fügen wir gleich hinzu: Diese internationalen Beschlüsse müssen für jeden Sozialisten und Kommunisten bindend sein, Marschroute und Verpflichtung! Dann werden sie sich

111 *Die internationale Arbeiterbewegung.* Bd. 5, S. 301 f.; *Anders,* Die Friedensbewegung, S. 228.
112 Vgl. *Kessler,* S. 8.
113 *Rundschau,* 27/1937, S. 976.
114 Text: *Pasaremos,* S. 220.

in politische Kraft umsetzen, hinter der Massen stehen, die nicht länger ignoriert werden können."[115]

Als so verstandener Beginn einer noch möglichen Annäherung in der konkreten Zusammenarbeit und der Hilfe für das republikanische Spanien hätte Annemasse, ohne es zu überschätzen, historische Bedeutung erlangen können. Aber gerade diese Perspektiven waren auch der Grund dafür, daß die Parteien, die schon bisher Entscheidungen gegen die internationale Einheitsfront erzwungen hatten, sich auch dieses Mal durchsetzten: Die Exekutive der SAI verwarf am 25./26. Juni 1937 die Resolution von Annemasse unter Hinweis auf frühere Beschlüsse.[116]

Es charakterisiert den Zustand der SAI-Führung, daß in der gleichen Sitzung und nach einer „erschöpfenden Diskussion", wie die Labour-Exekutive versicherte[117], de Brouckère und Adler in ihren Ämtern bestätigt wurden. Mehr noch: Entgegen ihren ursprünglichen Erklärungen, die vor der Presse freilich schon abgeschwächt worden waren[118], ließen sich die beiden Funktionäre das Vertrauen aussprechen. Sie unterwarfen sich damit erneut nicht nur politischen Positionen, die nicht die ihren waren, sondern auch dem von de Brouckère ausdrücklich gerügten undemokratischen Verfahren.

Man kann die Frage aufwerfen, welche Alternativen für sie — als Sozialdemokraten — existierten. Ein offener Bruch wegen der Einheitsfrage hätte einerseits wahrscheinlich nicht nur zur Eliminierung allein der ihr feindlichen Parteiführer aus den Leitunsgremien der SAI geführt, sondern wahrscheinlich weiterreichende Konsequenzen für den Bestand der SAI und der betreffenden Parteien gehabt. Diese Politiker samt ihren Parteien auszuschließen, d. h. eine Internationale ohne einen Teil ihrer legalen, zumeist (mit-)regierenden, mitglieder- und finanzstärksten, für die sozialdemokratischen Emigranten auch persönlich wichtigen Parteien, war ebenfalls kaum denkbar. Andererseits hätte der Austritt der einheitswilligen Parteien und Kräfte nur bei deren geschlossenem Auftreten die Chance einer für den antifaschistischen Kampf positiven politischen Wirkung besessen. Er hätte aber auch die Gefahr der Spaltung dieser Parteien vergrößert.

Wäre Adler und de Brouckère eine „persönliche" Lösung der SAI-Führungskrise geblieben? De Brouckère war damals 68 Jahre alt und hätte schon aus diesem Grunde wie Vandervelde und Wiik aus einem Teil seiner Funktionen oder später Nenni aus der SAI-Exekutive „aussteigen" können, ja vielleicht müssen, um glaubwürdig zu bleiben. Daß dies zu diesem Zeitpunkt nicht geschah, hatte vermutlich mehrere Gründe: Einer dürfte die Inkonsequenz der auf den antifaschistischen Kampf orientierten Kräfte in der SAI gewesen sein, ihr Zurückweichen vor dem rechten Flügel. So verzichteten sie dieses Mal sogar auf eine echte Kraftprobe in der Exekutive, die sowohl möglich als auch sinnvoll schien, da der Exekutive, die rechten Parteien eingeschlossen, daran gelegen war, die zwei angesehenen Funktionäre nicht zu verlieren.[119] Ferner scheint es keineswegs ausgemacht, ja sogar unwahrscheinlich, daß die rechten Kräfte es sich hätten leisten können oder wollen, mit dem Odium der Spalter belastet, ihre SAI-Zugehörigkeit zu quittieren. Ein weiterer Grund könnte in der Befürchtung zu suchen sein, daß eine Neubesetzung der

115 Text: Ebenda, S. 221.
116 IISG, SAI-Archiv, Nr. 490; *II*, 25/1937, S. 259.
117 *The Labour Party. Report*, Bournemouth 1937, S. 56.
118 So durch de Brouckère gegenüber dem Genfer Korrespondenten des POB-Zentralorgans Le Peuple. Vgl. *Rundschau*, 27/1937, S. 976.
119 *The Labour Party. Report*, Bournemouth 1937, S. 56.

Funktionen zu diesem Zeitpunkt mit Sozialdemokraten, die sich mit den dominierenden Parteien identifizierten (eine Forderung de Brouckères), der SAI bzw. der internationalen Arbeiterbewegung ebensowenig gedient hätte.

Schließlich hatten Präsident und Sekretär wohl trotz allem die verständliche Hoffnung noch nicht aufgegeben, die Massen doch noch in reformistischen Bahnen antifaschistisch mobilisieren zu können. Wer aber sollte das bewerkstelligen, wenn maßgebliche Parteiführer, wenn die sozialdemokratischen Regierungen und Minister dies nicht wollten? De Brouckère setzte auf die Aufklärung der Werktätigen, von der SAI organisiert: Einem Korrespondenten von „Le Peuple" klagte er, die Politik der Regierungen „scheint die Massen nicht zu interessieren, und doch sind es die Aktionen der öffentlichen Meinung, die den stärksten Einfluß haben".[120] In seinem Brief vom 18. Juni schrieb er, die Regierungen müßten zu einer festen, mutigen Haltung gezwungen werden. Dieser Zwang müsse von der SAI ausgehen.

Der SAI gehörten 1937 immerhin noch 25 legale Parteien mit ca. 4,9 Millionen Mitgliedern und 12 oder 13 illegale Parteien (sowie 5 antisowjetische Emigrantengruppen) an[121]; in Aktionseinheit mit den anderen internationalen Organisationen eine bedeutende Macht. Die KI war deshalb an der Aktionseinheit mit einer möglichst geschlossenen SAI interessiert. Die Einheit ohne die Mehrheit der Sozialdemokratie (und ohne eine darauf aufbauende Volksfront) hätte unter den gegebenen Umständen keine wirkliche Einheit und keine wirkliche Massenbewegung bedeutet. Das aber durfte die Kommunisten nicht hindern, sich mit der opportunistischen Haltung maßgeblicher Führer des rechten Flügels, mit dem Opportunismus überhaupt auseinanderzusetzen.[122] Half er doch in nicht unerheblichem Maße, die Geschäfte des „Appeasements" nach innen und außen zu besorgen. Gleichzeitig dürften die demonstrativ einheitsfrontfeindliche Politik der Vertreter relativ weniger SAI-Parteien einerseits und der für einige Länder zu optimistisch beurteilte Grad der Annäherung der beiden Hauptflügel der Arbeiterbewegung andererseits zeitweilig zu einer Form der Auseinandersetzung beigetragen haben, die den gemeinsamen antifaschistischen Zielen nicht dienlich war.[123]

2. Den Weltkrieg vor Augen. Die SAI im Frühjahr 1939

Die Bekräftigung der ablehnenden Haltung der SAI-Exekutive hat die Entwicklung in der Internationale und in den Parteien, in der Jugend- und Gewerkschaftsbewegung und in anderen Einflußbereichen der Sozialdemokratie äußerst ungünstig beeinflußt. Sie hat jedoch das Ringen um den antifaschistischen Zusammenschluß, selbst Kontakte zur KI nicht beenden können. Dafür sorgten allein schon Spanien, das (neben den bereits faschistisch beherrschten Staaten, vor allem Deutschland, sowie China) vorerst am

---

120 *Rundschau*, 27/1937, S. 976f.

121 Eine exakte Statistik gibt es in den letzten Vorkriegsjahren weder für die SAI-Mitgliedschaft noch für alle legalen Parteien. Die genannte Zahl resultiert aus rd. 3,97 Millionen statistisch ausgewiesenen und etwa 950000 von mir geschätzten Mitgliedern. Vgl. Anhang a des Beitrages.

122 Siehe *Georgi Dimitroff*, Ausgewählte Schriften, Bd. 3, Berlin 1958, S. 65ff.; *derselbe*, Die Sowjetunion und die Arbeiterklasse der kapitalistischen Länder, in: *Die Kommunistische Internationale*, 11−12/1937, S. 1047.

123 *Harsányi*, S. 15a.

unmittelbarsten betroffene Land, und die rasch anschwellende Gefahr eines Welt-krieges.

Vom 14. bis 16. Januar 1939 trat die Exekutive der SAI zur Diskussion um den „Kampf für Frieden und Demokratie" zusammen. Dieser Kampf war, seit Bauers, Dans und Zyromskis Schrift zur Kriegsfrage[124] den Beschluß zu dieser Debatte auslöste, sowohl dringlicher als auch schwieriger geworden. Österreich annektiert, die Tschecho-slowakei zerschlagen; Krieg in Spanien und China; Vormarsch der Reaktion, Abbau der politischen, wirtschaftlichen und sozialen Errungenschaften auch in den „demokratischen" Staaten — Gründe genug, das eigene Denken und Handeln zu überprüfen. Doch wohin führte dies?

Die Führer der österreichischen Sozialisten, die, soweit sie im Inland gewirkt hatten, noch unmittelbar vor der Annexion wie die Kommunisten, wenngleich aus überwiegend taktischen Gründen, für ein unabhängiges Heimatland eingetreten waren, kehrten — nun bereits im Exil versammelt — mit Beschluß vom 1. April 1938 zu ihrem „Anschluß"-Konzept zurück.[125] Zwar verurteilten sie die „gewaltsame Annexion" (Bauer) des Landes, die sie als Pervertierung des Anschlußgedankens empfanden. Gleichzeitig apostrophierten sie aber den Kampf der Kommunisten für die Wiederherstellung eines freien und souveränen Staates einer selbständigen österreichischen Nation in Gestalt einer demokratischen Republik als reaktionär und der Aktionseinheit der Arbeiterklasse hinderlich.[126] In ihrer von Oscar Pollak entworfenen Erklärung hieß es: „Die österreichischen Arbeiter können ihre Befreiung nicht anders erkämpfen, das österreichische Volk kann von der Despotie des Dritten Reiches nicht anders befreit werden als durch die gesamtdeutsche Revolution."[127] Damit hatten sich vor allem Bauers und Adlers sowie — wenn auch mit anderer Moti-vation — Joseph Buttingers und Josef Podlipnigs Ansichten durchgesetzt, während Pollak selbst, Otto Leichter und Karl Hans Sailer ihre Zweifel an einer so einseitig groß-deutschen Orientierung vorerst zurückstellen mußten.[128]

In der Praxis erwiesen sich die Zielsetzung der KPÖ[129] als aktivierend und wegweisend, der Aprilbeschluß der Sozialisten hingegen als folgenschwere Fehlentscheidung.[130] Die Losung der „gesamtdeutschen Revolution" konnte den antifaschistischen Kampf nicht mobilisieren, sie erschwerte ihn nur. Auch aus der richtigen Erkenntnis, daß die Einver-leibung des Landes in das faschistische Deutschland einen weiteren Schritt zum Weltkrieg bedeutete und nun alles zur Verteidigung der territorialen Integrität der Tschechoslowakei unternommen werden müßte[131] — eine Einschätzung, die die KPÖ teilte — erwuchs nicht das notwendige Maß an Zusammenarbeit. Allerdings gab es sie dennoch[132] — nämlich

---

124 Siehe Anmerkung 79.

125 Vgl. *Otto Leichter*, Otto Bauer. Tragödie und Triumph, Wien/Frankfurt a. M./Zürich 1970, S. 146f.

126 Vgl. hierzu u. a. *Otto Bauer*, Werkausgabe, Bd. 8, Wien 1980, S. 834ff.; 853ff.

127 *Leichter*, S. 147.

128 Ebenda, S. 146. Außer den Genannten nahmen nach Leichter an der Sitzung teil: Kathia Adler, Manfred Ackermann und Marianne Pollak.

129 Vgl. *Die Kommunistische Partei zur nationalen Frage Österreichs 1937—1945*, Wien 1945.

130 So u. a. Josef Hindels in: *Otto Bauer und der „dritte" Weg*. Hrsg. von Detlef Albers, Josef Hindels, Lucio Lombardo Radice, Frankfurt a. M./New York 1979, S. 22. Zur Gesamtproblematik zuletzt: *Irene Etzersdorfer*, Österreichische Sozialisten in Frankreich 1938—1945, Diss. Wien 1985, S. 21ff.

131 *Bauer*, Werkausgabe, Bd. 9, S. 865f.

132 Stellvertretend für eine Vielzahl österreichischer Belege: *Hermann Mitteräcker*, Kampf und Opfer für Österreich, Wien 1963, S. 87ff.; *Österreicher im Spanischen Bürgerkrieg*. Interbrigadisten berichten über ihre Erlebnisse 1936 bis 1939, Wien 1987.

unter den mehr als 1700 österreichischen Spanienkämpfern, in den anfangs oft noch spontanen, nicht koordinierten illegalen Aktionen in Österreich sowie in jenen Exilländern, wo man, wie in Schweden unter Bruno Kreisky, dem großdeutschen, einheitsfeindlichen Kurs nicht folgte. Unter dem Eindruck des faschistischen Vormarsches in Europa fand man sich später auch — wenngleich nur sporadisch — auf „hoher Ebene" und gemeinsam mit deutschen Sozialdemokraten zu Kontakten mit Kommunisten bereit.

Für die deutschen Sozialdemokraten komplizierten sich die Kampfbedingungen ebenfalls. Faschistischer Terror, Verhaftungen, die Ausbreitung der nazistischen Ideologie dezimierten die Widerstandsaktionen in Deutschland, an Gewicht gewannen die „unpolitischen sozialdemokratischen Vereine", die zumeist auf der Linie der Sopade lagen.[133] Deren Wirkungsweise wiederum engte sich infolge ihres starren Antikommunismus ein. Ab Sommer 1937 bekam sie auch den Druck zu spüren, den Berlin auf die Regierung der ČSR ausübte. Am 2. Juni 1937 wies Prag die Landesbehörden an, die deutschen Emigranten aus den Grenzgebieten zu Deutschland umzusiedeln, was die Liquidierung der sozialdemokratischen Grenzsekretariate und der von ihnen unterhaltenen Kontakte zu Genossen im Reich nach sich zog. Im Herbst 1937 folgten Vorstöße der faschistischen Botschaft gegen den Vertrieb der Exilpresse in der ČSR.[134] Am 24. Dezember 1937 faßte der Sopade-Vorstand den Entschluß, nach Paris überzusiedeln (was im Mai 1938 geschah) und sich gleichzeitig auf vier Mitglieder zu verkleinern, wobei man Hertz auszubooten gedachte, der der Gruppe „Neu beginnen" nahestand und sich — auch im Interesse der Erhaltung sozialdemokratischen Einflusses in der deutschen Arbeiterbewegung — wiederholt für eine Zusammenarbeit mit der KPD ausgesprochen hatte. Zugleich entschied der Vorstand, die Herausgabe von Publikationen zur Unterstützung der im Land kämpfenden Genossen einzustellen. Nicht mehr vom Widerstandskampf der Arbeiterbewegung in Deutschland erwarteten die maßgeblichen Führer der Sopade den Sturz des Nazismus, sondern zunehmend, bald fast ausschließlich von der deutschen bürgerlichen Opposition und — durch den Krieg. Im Jahr 1935 soll Wels noch erklärt haben: „Das Schlimmste ist, wenn Deutschland durch einen Krieg vom Nationalsozialismus befreit werden muß. Deutschland wird dann ein Trümmerhaufen sein."[135] Bereits 1936 und später dominierte die Sorge, „die Niederlage der Diktatur" könnte mit einer „Atomisierung Deutschlands" enden.[136] In keinem seiner Dokumente, wie etwa dem Aufruf „An das deutsche Volk!", der am 14. September 1938 veröffentlicht wurde, orientierte der Restvorstand der Sopade auf die Einheit und auf Aktionen der Kriegsgegner und Antifaschisten. Im Gegenteil. Er erneuerte seinen eigenen Führungsanspruch und brachte den Versuch deutscher und österreichischer Sozialisten zur „Konzentration" ihrer Kräfte Ende August/Anfang September 1938 zum Scheitern.

In diesen „Konzentrations"-Debatten hatte es sehr verschiedenartige Auffassungen vom Inhalt und von den Aufgaben der Kooperation gegeben. So berief sich Jacob Walcher (SAPD) auf einen früheren Beschluß seiner Partei, gemeinsam mit den Kommunisten

---

133 *Geschichte der deutschen Sozialdemokratie*, S. 395.

134 *Bohumil Černý*, Der Parteivorstand der SPD im tschechoslowakischen Asyl (1933—1938), in: *Historica XIV*, Prag 1967, S. 216.

135 Zit. nach *Hans J. L. Adolph*, Otto Wels und die Politik der deutschen Sozialdemokratie 1894—1938. Eine politische Biographie, Berlin (West) 1971 (= Veröffentlichungen der Historischen Kommission zu Berlin, Bd. 33), S. 340.

136 Erich Ollenhauer an Gustav Ferl, 21. 4. 1939, zit. nach Ebenda, S. 341.

eine revolutionäre Einheitspartei zu gründen, und sah in der „sozialistischen Konzentration" einen notwendigen Schritt dahin. „Ein gemeinsamer Feind, gemeinsame Aufgaben, gemeinsame Opfer, eine alles überbrückende Solidarität, das gemeinsame Interesse am Sturz des Faschismus und schließlich der gemeinsame Wille, ein sozialistisches Deutschland zu errichten, haben im Reich ein starkes Verlangen nach Einheit hervorgerufen", schrieb er in der österreichischen Zeitschrift „Der Sozialistische Kampf", die seit dem 2. Juni 1938 in Paris erschien.[137] Austriacus (d. i. Oscar Pollak) dagegen diffamierte die Kommunisten, die „sich mit Krethi und Plethi, mit Kaiser und Papst zu verbünden und jede sozialistische Losung preiszugeben" bereit seien.[138] Friedrich Stampfer (Sopade) plädierte für eine Einheit innerhalb der alten SPD.

Die Diskussion ging — wohl zusätzlich angeregt durch die ursprünglich für den Herbst 1938 in Aussicht genommene Debatte der SAI-Exekutive über Demokratie und Frieden — mit der Erörterung der Aufgaben einher, die sich angesichts der wachsenden Kriegsgefahr stellten; in ihr kamen neben österreichischen und deutschen Emigranten (Austriacus, Victor Knapp, Hugo Redlich, Fritz Valentin) Sozialisten verschiedener Couleur aus Belgien (de Brouckère), Frankreich (Louis Levy, Zyromski) und Italien (Giuseppe Saragat) zu Wort. Hierher gehören auch jene Nachrufe auf Otto Bauer, deren Aussagen über den unmittelbaren Anlaß hinaus von Bedeutung waren, so die de Brouckères und Dans.

Die Beiträge der Zeitschrift, die bislang wohl noch nirgends komplex analysiert worden sind (was an dieser Stelle nachzuholen nicht möglich ist), unterstreichen noch einmal die außerordentliche Vielfalt der Ansichten über Faschismus und Kriegsgefahr sowie darüber, wie man ihnen begegnen sollte. So erinnerte Saragat an die im PSI-Emigrationsorgan „Nuovo Avanti!" damals laufende Artikelserie und an die Parteitagsresolutionen von 1937[139], die zeigten, daß die Mehrheit der italienischen Sozialisten nunmehr einen Krieg zur Verteidigung der Demokratie unterstützten. Während dies die Partei in Spanien einmütig bereits unter Beweis stelle, sei sie in der Frage des Weltkrieges in Tendenzen gespalten. Saragat selbst machte die Taktik ausschließlich vom Ausgang des Krieges in Spanien abhängig: ende dieser mit einer „heroischen Niederlage", „dann wird sich das Problem von Frieden und Krieg nicht stellen", denn Frankreich werde beschleunigt faschisiert, die ČSR liquidiert werden, der Faschismus mit Großbritannien zusammen die UdSSR angreifen und die Arbeiterklasse die Nachhut dieses Kreuzzuges bilden — „der Sozialismus und die Demokratie werden im kontinentalen Europa aufhören zu existieren".[140]

Zyromski hielt den Ausgang des Kampfes in Spanien ebenfalls für wesentlich. Er glaubte aber die ČSR dank ihrer Bündnisse mit Frankreich und der UdSSR in einer günstigeren Lage und empfahl deshalb den Abschluß weiterer Regionalverträge, etwa in Skandinavien.

De Brouckère konstatierte — in ersten losen Gedanken, wie er betonte[141] — eine sozialistische Gemeinsamkeit des Wollens „und in geringerem Maße eine Gemeinsamkeit

137 La Lutte Socialiste/Der Sozialistische Kampf, Paris, 2/1938, S. 39.
138 Ebenda, 6/1938, S. 125.
139 Il Partito Socialista Italiano nei suoi congressi, Bd. 4; I Congressi dell' esilio (1926—1937). A cura di Gaetano Arfè, Mailand 1963.
140 Der Sozialistische Kampf, 5/1938, S. 112.
141 Ebenda, 6/1938, S. 122ff. Danach alle folgenden Zitate. Bei Zyromski handelte es sich um Auszüge aus der Rede, die er auf dem SFIO-Parteitag in Royan 1938 gehalten hatte, in: ebenda, 5/1938, S. 108.

des Handelns". Zwar verbreitete er Optimismus: „Wir können mit Recht hoffen, daß uns das schreckliche Zerwürfnis von 1914 erspart bleibe." Gleichzeitig verwies er aber darauf, daß auch das Verhalten der Regierungen mit sozialdemokratischer Führung bzw. Beteiligung „nur höchst unzulänglich" sei. Die Lage, so de Brouckère, erfordere freilich mehr als nur Pakte. Sie verlange eine neue internationale Rechtsordnung, die alle strittigen Fragen einschließlich denen der Minderheiten, der Rohstoffe und der Kolonien in progressiver Weise löse. Mutig, die Herstellung eines Systems der kollektiven Sicherheit allerdings auch mit neuen Problemen befrachtend, erklärte der SAI-Vorsitzende in diesem Zusammenhang: „Es gibt keine Lösung außer dem Wege der Befreiung der Eingeborenen, die sodann ihre wirtschaftlichen Beziehungen mit allen Ländern frei regeln sollen." In den faschistischen Staaten, aber auch in den sog. Demokratien hielt er eine enge Verbindung von innen- und außenpolitischen Zielen für notwendig, nämlich „die Verbindung zwischen dem Kampf für den Frieden, dem Kampf für die Demokratie und dem Kampf für die Befreiung der Arbeiter". Wenn in diesem Sinne — und zwar international — gedacht und gehandelt werde, könnten die faschistischen Mächte gezwungen werden, „den Schiedsspruch der Friedenswilligen anzunehmen", denn: „Auf ihrer (der Faschisten — O. D.) Seite ist weder die überlegene Gewalt noch das Recht."

Von den österreichischen Autoren prangerte Fritz Valentin die nationalistischen und sozialpatriotischen Tendenzen in der Haltung einiger Parteien zur Landesverteidigung an. Sie wirkten nicht weniger lähmend als der Pazifismus, zumal die Bourgeoisie, mit der sich diese Parteien liierten, im Ernstfall sich lieber Hitler als einer revolutionären proletarischen Demokratie unterwerfen würde, d. h. „nationalen Verrat zu üben" bereit sei.[142] Die Westmächte dürften daher nicht bedingungslos unterstützt werden. Der Hauptaspekt seiner Einlassungen bestand jedoch in der Relativierung der von den RSÖ bisher bekräftigten Stuttgarter Losung von 1907, den Krieg, sollte er ausbrechen, in einen Bürgerkrieg zu verwandeln und zum Sturz des Kapitalismus zu nutzen. Zwar sollte man, hieß es nun, „die Revolution" nicht erst im Anschluß an den Sieg über den Faschismus durchführen (wie Pollak erklärt hatte), doch auf jeden Fall nur dann, „wenn sie möglich, Erfolg versprechend ist; sie muß den Arbeitern und den großen Volksmassen als die einzig sinnvolle Lösung ihrer Nöte und Probleme erscheinen". Doch auch das war für die faschistischen Staaten gesagt. Es sei klar, fuhr Valentin fort, „daß die soziale Revolution in den demokratischen Ländern vor dem nächsten Kriege oder im Kriege, zu einer Zeit also, in der sich die großen Volksmassen von außen her bedroht fühlen und auf diese Gefahr patriotisch reagierten, nicht möglich ist. Das ist für uns ausschlaggebend."[143] Pollak begrüßte diese Revision und machte seinerseits eine „deutsche Revolution" von einem entsprechenden Bündnis mit der englischen und französischen Arbeiterklasse — d. h. nicht, wie stets Bauer, vor allem vom Sieg der UdSSR — abhängig. Seine Haltung zur Sowjetunion im Kriegsfalle kleidete Pollak an anderer Stelle in die vielsagenden Worte: „Was immer uns vom Bolschewismus trennt — an dem Tage, an dem Rußlands Arbeiter und Bauern in ruhiger Festigkeit einem faschistischen Angriff entgegentreten und den Angreifer, so oder so, zum Zurückweichen zwingen: an diesem Tage stehen wir in entschlossener Zustimmung an ihrer Seite."[144]

Falls diese „Klarstellungen" auch dazu gedacht gewesen waren, die Sopade für die „Bildung eines Kartells der deutschen sozialistischen Organisationen" zu gewinnen, wie die

---

142 Ebenda, S. 114.
143 Ebenda, S. 115.
144 Ebenda, 6/1938, S. 122.

Auslandsvertretung der österreichischen Sozialisten (AVÖS) sie in Paris Ende August 1938 vorschlug, wäre dies also eine Fehlspekulation gewesen. Die Sopade-Führer lehnten das Kartell ab. Daraufhin gründeten die SAPD, die Auslandsleitung von „Neu beginnen" und die AVÖS am 16. September 1938 die „Arbeitsgemeinschaft für Inlandsarbeit", der später Teile des Internationalen Sozialistischen Kampfbundes (ISK) und der sozialdemokratischen Landesgruppe Frankreich beitraten. Zum Vorsitzenden wurde Julius Deutsch gewählt. Nach den Vorstellungen der AVÖS sollte sie — jeweils einstimmig — politische Stellungnahmen „gegen die Kriegspolitik des Nationalsozialimus, gegen wichtige Maßnahmen des nationalsozialistischen Regimes und gegen den Terror" ermöglichen. Sie sollte den illegalen Kampf in (Groß-)Deutschland unterstützen, die deutschsprachige Emigration einigen, eine gemeinsame „Außenpolitik" gegenüber anderen politischen Gruppen betreiben, und ein gemeinsames Studium der nationalen und internationalen Probleme fördern, zugleich aber auch den „deutschen Sozialismus" geistig erneuern.[145]

Die im Detail unterschiedlichen ideologischen und programmatischen Positionen hinderten die beteiligten Gruppen und ihre Anhänger nicht an der praktischen Kooperation, die sich wie erwähnt zeitweilig auch mit den Kommunisten anbahnte. Bereits Ende November 1938 hatten Sozialdemokraten und Kommunisten aus Deutschland und Österreich in einem katalanischen Demobilisierungslager die Annexion Österreichs verurteilt, ihre Unterstützung für den Freiheitskampf des österreichischen Volkes und — gemeinsam mit je einem deutschen Sozialdemokraten bzw. Kommunisten aus der ČSR — des tschechoslowakischen Volkes bekundet, ein paritätisches Einheitskomitee gewählt und sich in Briefen an die Vorstände ihrer Parteien sowie an das Nationale Verbindungskomitee von PSOE und KPSp gewandt, um den gemeinsamen antifaschistischen Kampf zu stimulieren.[146] Nach der Zerschlagung der ČSR, am 30. März 1939, unterzeichneten die jetzt in „Arbeitsausschuß deutscher Sozialisten und der Revolutionären Sozialisten Österreichs" umbenannte „Arbeitsgemeinschaft" sowie KPD und KPÖ (die ihrerseits ihre Zusammenarbeit institutionalisiert hatten)[147] einen gemeinsamen Aufruf an die Arbeiter Deutschlands und Österreichs. Das aus der Verantwortung der Beteiligten für das Schicksal ihrer Länder heraus erarbeitete Dokument verurteilte die Annexionen Hitlerdeutschlands und bezeichnete jede weitere Aggression als „unmittelbar über Krieg und Frieden" entscheidend. Es formulierte konkrete politische (auch bündnispolitische) Orientierungen und praktische Hinweise für den illegalen Kampf und eröffnete die Perspektive der sozialistischen Revolution; diese dürfe nicht wie nach dem ersten Weltkriege auf halbem Wege stehenbleiben.[148]

Das Dokument fand über Flugblätter sowie die Presse und Sender im Ausland weite Verbreitung. Auch wenn es keine adäquate Fortsetzung fand, blieb seine Veröffentlichung ein Verdienst namentlich der AVÖS und der SAPD, vor allem aber der KPD, die nach

145 Ebenda, 7/1938, S. 147f. Die Nummer erschien am 27. August.

146 *Rundschau*, 1/1939, S. 26f.

147 Im Mai 1938 war der KPÖ-Führer Johann Koplenig in das ZK der KPD kooptiert worden, so daß, wie Wilhelm Pieck auf der Berner Konferenz am 30. 1. 1939 erklärte, „die engste Zusammenarbeit der beiden Parteien gegen den Hitlerfaschismus gesichert ist". *Wilhelm Pieck*, Gesammelte Reden und Schriften. Bd. 5 (Februar 1933—August 1939), Berlin 1972, S. 571.

148 Nach dem Auszug in: GdA, Bd. 5 (Von Januar 1933 bis Mai 1945), Berlin 1966, S. 515f.

ihrer Berner Konferenz (die vom 30. Januar bis 1. Februar 1939 bei Paris stattfand) die Initiative dazu ergriffen hatte.[149]

Die SAI reagierte auf die Annexion Österreichs lediglich mit schwachem Protest[150] und ging zur Tagesordnung über. In Wirklichkeit bedeutete die Okkupation einen weiteren Schlag gegen die Glaubwürdigkeit und Kompetenz der Internationale, und als deren Hoffnung auf eine standhafte Haltung der Westmächte in der „Maikrise" bald danach in München endgültig zusammenbrach, geriet sie an den Rand politischer Handlungsunfähigkeit. Das Schwanken zwischen Lob für die „Friedensrettung" und Verurteilung dieses neuerlichen Schrittes zum Weltkrieg machte der SAI selbst die Abfassung einer eindeutig antifaschistischen Verlautbarung zu München unmöglich.[151]

Für viele Sozialdemokraten (so für den prominenten österreichischen Politiker Wilhelm Ellenbogen) hatte das Münchener Diktat „die Bahn für den Krieg geebnet". Nicht wenige sahen, wie er, die Schuld im „Pazifismus der besitzenden Klasse", der, den „Pazifismus der Volksmassen" mißbrauchend, „eine Allianz der Westmächte mit Rußland bewußt und systematisch verhinderte". Von „Bolschewikenfurcht" umgetrieben, habe die Bourgeoisie „lieber von Hitler besiegt als mit Sowjetrußland gegen ihn sicher sein" wollen[152] — ein Urteil, das wenigstens partiell auch auf sozialdemokratische Befürworter des Münchenpaktes zutraf.

Die meisten Parteien der kleineren nichtfaschistischen Staaten verabschiedeten sich nun endgültig von der zumindest verbal noch unterstützten Politik der kollektiven Sicherheit. Während die PSOE und die Regierung Negríns das Münchener Diktat zu Recht auch als Verrat an den kämpfenden Völkern Spaniens empfanden, erkannte der Spaak-de-Man-Flügel der POB — übrigens gegen den Willen der empörten Parteimehrheit und einen entsprechenden Beschluß des Außerordentlichen Parteitages 1938 mißachtend[153] — die Franco-Junta in Burgos diplomatisch an.

Die niederländischen Sozialdemokraten hielten zwar an dem Gedanken der auf den Völkerbund orientierten kollektiven Sicherheit fest und traten gegen die Münchenpolitik der Westmächte auf; ihr Parteivorsitzender Koos Vorrink erklärte auf Meetings: „Der Friede Chamberlains ist nicht unser Friede." Sie weigerten sich aber weiterhin, „mit der Sowjetunion und den Kommunisten im eigenen Lande zusammenzuwirken . . . Sie verschärften im Gegenteil noch ihre antikommunistische Aktivität."[154]

Die Schweizer Sozialdemokraten zogen aus „Anschluß" und Münchenpakt zwar die Lehre, daß die Demokratie nicht gegen den Kommunismus, sondern gegen die Nazis im

---

149 *Geschichte der deutschen Sozialdemokratie*, S. 430ff. Vgl. auch *Horst Schumacher*, Die internationale Solidarität mit den Antifaschisten Österreichs 1938 und das Eintreten der KPD für das Selbstbestimmungsrecht und die nationale Unabhängigkeit des österreichischen Volkes, in: *Arbeiterbewegung, Faschismus, Nationalbewußtsein*, S. 228f.

150 *II*, 11/1938, S. 118f.

151 Ebenda, 37/1938, S. 392. Vgl. auch die sozialdemokratischen Pressestimmen und Stellungnahmen in: *Rundschau*, u. a. 50/1938, S. 1677ff., 55/1938, S. 1883f., 60/1938, S. 2069f., 61/1938, S. 2087f.

152 *Wilhelm Ellenbogen*, Menschen und Prinzipien. Erinnerungen, Urteile und Reflexionen eines kritischen Sozialdemokraten. Bearb. u. eingel. von Friedrich Weissensteiner, Wien/Köln/Graz 1981, S. 158f.

153 *Rundschau*, 60/1938, S. 2069f. Vgl. dazu auch *Louis de Brouckère*, Isolement ou Association, in: *derselbe,* Œuvres choisies, Bd. 3 (Le Defenseur de la Paix), Brüssel 1953, S. 215ff. Die Werkauswahl ist leider stark vom Geist des kalten Krieges geprägt.

154 *Paul de Groot*, De dertiger Jaren 1936—1939. Herinneringen en overdenkingen, Amsterdam 1967, S. 126f. Zum Konzept der kollektiven Sicherheit vgl. auch *de Roode*, Vijf en twintig jaar, S. 142ff.

eigenen Lande, darunter in Verwaltung und Armee, verteidigt und ausgebaut, die materielle und die „geistige Landesverteidigung" vorangetrieben und die sozialen Hauptprobleme, namentlich das der Arbeitslosigkeit, angepackt werden müßten, opferten aber eigene Vorstellungen weitgehend dem Bemühen, durch „Realpolitik" zur „Verständigung" mit den bürgerlichen Parteien zu kommen. Allein auf diesem Wege wollten sie „die Tore für eine nazistische Durchdringungs- und Aushöhlungspolitik, wie sie sich in Österreich und wie sie sich im Sudetenland aufgetan" hätten, geschlossen halten. Scheitere die Verständigungspolitik, „dann scheitert die Demokratie, dann scheitert das Land".[155]

Die Zerschlagung der Tschechoslowakei beeinflußte auch die Haltung der SAI-Parteien jener Nachbarländer, die in die faschistische Eroberungspolitik einbezogen wurden, bzw. mit der Begründung, durch die Pariser Vorortverträge erlittenes Unrecht zu beseitigen, aus freien Stücken daran teilnahmen.

So geriet die Sozialdemokratische Arbeiterpartei Ungarns infolge zunehmender Faschisierung des Landes, der Einverleibung Österreichs (die sie verurteilte), durch München (das als „Friedensrettung" begrüßt wurde) und den Nationalismus, den die Beteiligung der Horthyregierung an der Aufteilung der ČSR hervorbrachte, unter starken Druck. Zwar wies sie die nationalistischen und antisemitischen Auffassungen und Forderungen, die eine Minderheit der Partei vertrat, zurück, doch die Ablehnung eines Aktionsprogramms der Linken, das Verbot der Gewerkschafts- und eines Teils der Parteipresse durch die Regierung sowie die Niederlage in den Parlamentswahlen 1939 zwangen die Partei schließlich in die „totale Defensive".[156]

An der PPS ging die nationalistische Welle, die der Territorialzuwachs Polens entfachte, ebenfalls nicht spurlos vorüber. Seit Auflösung der Kommunistischen Partei Polens 1938 einzige Arbeiterpartei von Bedeutung im Lande, entwickelte sie sich weiter nach rechts.[157]

Die akute Bedrohung der Balkanstaaten, Polens, des Baltikums, aber auch Westeuropas durch den Faschismus verstärkte in einigen Staaten die Chancen der Kommunisten zur Bildung antifaschistischer nationaler Fronten, so in Bulgarien, Jugoslawien, Rumänien (wo die PSDR am 10. 2. 1938 verboten worden war), in Lettland und Frankreich.[158] Doch in Frankreich war damals gerade die SFIO, potentieller Hauptbündnispartner, zu einer „Französischen Front" kaum noch fähig. Dicht aufeinanderfolgende Parteitage und Konferenzen, die in der sozialdemokratischen wie kommunistischen Presse des In- und Auslandes große Beachtung fanden, demonstrierten die Zerrissenheit der Partei. Ihr Zustand fand in der parlamentarischen Zustimmung zum Münchener Abkommen beredten Ausdruck.[159] Diese Entwicklung hatten nicht nur jene bornierten, zu jedem Kompromiß

155 *Robert Grimm*, Bruch oder Entwicklung?, in: *Rote Revue*, 4/1938, S. 112. Ähnlich eine Vielzahl weiterer Beiträge in diesem SPS-Organ.

156 *Szabó*, S. 95; *Geschichte der ungarischen revolutionären Arbeiterbewegung. Von den Anfängen bis 1962*, Berlin 1983, S. 356ff.; *Rundschau*, 52/1938, S. 1742f.

157 *Ebenda*; *Przemysław Hauser/Edmund Makowski*, Die Polnische Sozialistische Partei in den Jahren 1918— 1939, in: *Hallesche Studien*, 2/1978, S. 74ff.

158 Vgl. u. a. *Die internationale Arbeiterbewegung*, Bd. 5, S. 301f. und Abschnitte über die Einzelländer; *Die Arbeiterbewegung europäischer Länder im Kampf gegen Faschismus und Kriegsgefahr*, u. a. S. 145, 200ff., 264; *Pero Morača*, Der Bund der Kommunisten Jugoslawiens, Belgrad 1966, S. 24f.

159 Gegen das Abkommen votierten lediglich 75 von 610 Abgeordneten, darunter alle 73 Kommunisten und 1 Sozialist. *Maurice Vaïsse*, Der Pazifismus und die Sicherheit Frankreichs 1930—1939, in: VfZ, München, 4/1985, S. 604.

mit den faschistischen Mächten bereiten Pazifisten verschuldet, die sich um Parteisekretär Paul Faure scharten, oder die „revolutionären Defätisten", die, soweit sie Pivert folgten, im Juni 1938 aus der Partei gewiesen worden waren, sondern auch Blum und seine Anhänger. Blum, der am Tage nach der Besetzung Österreichs noch einmal (bis zum 8. April) die Regierung übernommen hatte, schwankte binnen weniger Wochen haltlos zwischen Unterstützung für das tschechische Volk, Gratulation zu Chamberlains Berchtesgaden-Reise, Revolte gegen das Godesberger Ultimatum, Befürwortung der Münchener Konferenz und ihrer Ergebnisse und der Erkenntnis ihrer verheerenden Wirkungen für den Weltfrieden.[160]

Die Führung der Tschechoslowakischen Sozialdemokratischen Arbeiterpartei charakterisierte die parlamentarische Entscheidung der SFIO-Fraktion als Gipfel des Verrats durch „ein Frankreich der sogenannten ‚Volksfront'", zumal ihr in Sondierungsgesprächen von Sozialminister Jaromír Nečas am 7./8. September mit Blum in Paris und zwischen dem 15. und 20. September in Paris und London mit den Parteiführungen von SFIO und Labour Party die volle Unterstützung gegen die drohende Okkupation zugesichert worden sei.[161] Die Prager Parteizentrale nahm dies zum Anlaß, der SAI den Rücken zu kehren. Am 8. Oktober teilte das SAI-Exekutivmitglied František Soukoup dem Sekretariat der Internationale mit, daß seine Partei an der Exekutivsitzung Mitte Oktober in Paris nicht teilnehmen werde.[162]

Dieser Schritt schien verständlich, die Empörung berechtigt. Allerdings verband die Parteiführung ihre richtige Einschätzung — daß es in München nicht um das Selbstbestimmungsrecht von Deutschen, sondern um die Existenz der gesamten ČSR und um Fragen von europäischer und weltpolitischer Dimension gegangen war — nicht mit der kritischen Analyse der Faktoren, die zu München geführt hatten, der Politik der SAI und ihrer eigenen antikommunistischen Strategie als führendes Mitglied sowohl der Internationale als auch der Prager Regierung. Soukoups Argumentation richtete sich nicht einmal prinzipiell gegen die Appeasementpolitik („Man kann die Haltung Frankreichs und Englands verstehen, daß sie sich um der Sudetendeutschen willen nicht in einen Weltkrieg einlassen wollen"), sondern dagegen, daß „unter dem Vorwand der Erhaltung des europäischen Friedens über die demokratische und kulturell hoch entwickelte Tschechoslowakische Republik im Herzen Europas verhandelt (wurde) wie über irgendeine Negerkolonie tief in Afrika". Hier gehe es, so behauptete Soukoup ohne Erwähnung bisheriger Aggressionsakte, darunter in Spanien, „um den ersten großen Konflikt zwischen dem weltweiten Faschismus und der Weltdemokratie!" Er beteuerte, daß sein Land ein Vorbild an Ruhe und Ordnung gewesen sei, in dem es keinerlei „Umstürze" gegeben habe. Alle Forderungen der Westmächte, die Minderheiten betreffend, seien erfüllt worden, die Armee sei kampfbereit gewesen. Schließlich dankte er der Labour Party, die das Abkommen ablehnte, verwies auf die angeblich „einzigartige, bewundernswerte heroische

160 *Jean Pierre Azéma*, From Munich to the Liberation, 1938—1944 (= The Cambridge History of Modern France, Bd. 6), Cambridge/London/New York 1984, S. 7.

161 Nečas verhandelte auch im Auftrag von Präsident Edvard Beneš. Vgl. die (sehr einseitige) Einordnung bei: *Friedrich Prinz*, Beneš, Jaksch und die Sudetendeutschen, Stuttgart 1975, S. 29. Zum Verbleib der Berichte Nečas über diese Unterredungen: *Tomaš Pasák*, Pomnichovské memorandum Československé strany sociálně demokratické o jejím vystupení ze Socialistické internationály, in: *Revue dějin socialismu*, Prag, 1/1969, S. 105f.

162 Text des Memorandums in: ebenda, S. 106ff. Danach die folgenden Zitate.

sudetendeutsche Sozialdemokratie", die nun mit der „parlamentarischen Sanktion" der SFIO zerstört sei, und bezeichnete alle diese Vorgänge als Tragödie auch „für die ganze Sozialistische Internationale".

Am 26. Oktober beschloß die Parteiexekutive auf Vorschlag ihres Vorsitzenden Antonín Hampl den Austritt aus der SAI, aber auch aus der SJI, aus der Studenteninternationale und aus dem Internationalen Frauenkomitee der SAI.[163] Der Bestätigung dieses Schrittes (und dem Abbruch der Beziehungen zur SFIO) durch den 19. Außerordentlichen Parteitag am 18. Dezember kam allerdings nur mehr symbolische Bedeutung zu, da die Partei sich gleichzeitig selbst auflöste.[164]

Die Verlautbarungen und Handlungen der Parteiführung verleugneten nicht die nationalistischen und opportunistischen Züge ihrer Politik. Nach begründeter Ansicht der Kommunistischen Partei der Tschechoslowakei (KPTsch) waren diese ebenso Motor des SAI-Austritts gewesen wie das Bestreben, ihre Anpassung an die neue Lage zu erleichtern. Die „Rundschau" Basel sprach von „Selbstmord und Flucht aus der Internationale in das Lager der Bourgeoisie". Sie zitierte Josef Stivín, Chefredakteur des Parteiorgans „Právo lidu" und gleichfalls Mitglied der SAI-Exekutive, der auf die „größten Opfer" hingewiesen habe, die die Partei schon früher gebracht hätte, „um den Ansturm des Bolschewismus abzuwehren".[165] Im Ständigen Ausschuß der Nationalversammlung beantragte Soukoup als dessen stellvertretender Vorsitzender am 11. Oktober die Zensur der Rede Klement Gottwalds, in der dieser die Mitschuld der Prager Regierung an München festgestellt, zugleich aber die Mitwirkung der KPTsch „sowohl bei der Verteidigung der Republik als auch beim Aufbau des Staates in seinen neuen, engeren Grenzen" angekündigt hatte.[166]

Den Prozeß der Vereinigung der zersplitterten Gewerkschaftsbewegung vermochten die einheitsfeindlichen Kräfte nicht aufzuhalten. Lokal entstanden „Vorbereitungsausschüsse zur Schaffung der Einheitspartei". In diesem Zusammenhang sah die KPTsch (die am 9. Oktober in der Slowakei, am 20. Oktober in den tschechischen Ländern verboten worden war, aber bis Ende Dezember im Parlament verblieb) in der Gründung der „Nationalen Arbeiterpartei" durch Sozialdemokraten und (meist linke) Nationale Sozialisten am 11. Dezember „ein großes Ereignis der tschechoslowakischen Arbeiterbewegung" und einen Beweis für die Erhaltung ihrer Legalität. Dabei übersah sie nicht, daß die sozialdemokratischen Führer an der Spitze der Partei (Hampl übernahm deren Vorsitz) die Einbeziehung der KPTsch verhinderten, „gegen den Marxismus und gegen die Lehre vom Klassenkampf" polemisierten und die neue Organisation als „zweite Staatspartei" anpriesen[167] — was sie für die wenigen Monate ihrer Existenz auch wurde.[168]

Die Ereignisse zeigten, daß weder nichtdemokratische Länder wie Österreich noch parlamentarische Demokratien wie die ČSR vor dem inneren und äußeren Faschismus sicher waren. München bewies abermals eindringlich, daß Antisowjetismus und Klassenzusammenarbeit keinen Schutz vor Eroberung boten, sogar möglichen militärischen Widerstand verhindern konnten, daß Unentschlossenheit und selbstmörderischer Pazifismus

---

163 *Právo lidu*, Prag, 27. 10. 1938.

164 *Večerník prava lidu*, Prag, 20. 12. 1938.

165 *Rundschau*, 52/1938, S. 1742f.; 1755.

166 *Klement Gottwald*, Ausgewählte Reden und Schriften 1925—1952, Berlin 1974, S. 281ff.

167 *Rundschau*, 52/1938, S. 1755f., 54/1938, S. 1849; 61/1938, S. 2107.

168 Vgl. *Geschichte der Kommunistischen Partei der Tschechoslowakei*, Berlin 1981, S. 168f. Die Partei bestand bis zur Zerschlagung der Resttschechoslowakei.

(wie ihn ein Teil der SFIO z. B. verkörperte) zu ungewollten Komplizen des Faschismus, der Kriegstreiber geworden waren. Zugleich wurde jedoch deutlich, daß — im Gegensatz zu anderslautenden Behauptungen in der bürgerlichen Literatur — nach wie vor Möglichkeiten der Zusammenarbeit von Sozialdemokraten und Kommunisten, aller Gegner des Faschismus und des Krieges existierten. Doch waren die der SAI affiliierten Parteien fähig oder willens, das Steuer in letzter Minute noch herumzureißen?

Die Sitzung der SAI-Exekutive im Januar 1939 in Brüssel, deren Verlauf aus dem Bericht eines österreichischen Mitarbeiters im Sekretariat der SAI bekannt[169] und in der Literatur geschildert ist[170], brachte keine gemeinsamen Standpunkte zu den Hauptfragen, geschweige denn Beschlüsse. Die SAI sollte und konnte keine Rolle mehr im aktuellen politischen Kampf gegen den Krieg und im Falle des Kriegsausbruches übernehmen und überließ nun nahezu alles, was zu tun war oder zu tun gewesen wäre, den affiliierten Parteien.

Um so aufschlußreicher waren die vorgebrachten Argumente für die Bewertung der Teilnehmer und ihrer Anhänger im Hinblick auf Friedenserhaltung, Kriegsfall, Widerstand und Nachkriegsziele. Wenn etwa Zyromski den Kampf gegen den Faschismus, für Frieden, Demokratie und Sozialismus als eine Einheit ansah[171], dann entsprach das den Alltagserfahrungen der Arbeiterklasse Frankreichs und anderer Staaten mit Demokratie- und Sozialabbau als innenpolitischem Pendant zur antisowjetischen Appeasementpolitik ebenso wie den Anforderungen der Zukunft (die Zyromski übrigens 1945 in die Reihen der FKP führte). Als de Brouckère die Notwendigkeit internationaler Aktion gegen den Krieg, kollektiver Sicherheits- und Verteidigungsanstrengungen beschwor[172], erinnerte er nicht nur an die von der SAI oft reklamierte Funktion als „Hauptinstrument in unseren Kämpfen für den Frieden"[173], sondern unterstrich damit auch sein internationalistisches Credo, dem er in Krieg und Exil treu bleiben sollte. Nenni hielt seine leidenschaftliche Verurteilung der Appeasementpolitik und die Kontakte zur KPI selbst in den schwierigen Monaten des „seltsamen Kriegs" aufrecht[174]. Dans Position[175] entwickelte sich bis zur vollen Anerkennung der Leistungen der UdSSR im sozialistischen Aufbau und in der Abwehr des Faschismus 1945. Das nahezu bedingungslose Bekenntnis zur bürgerlichen Demokratie, das die schwedische und dänische, auch die norwegische Partei, vor allem aber die SDAP der Niederlande und die Labour Party[176] ablegten, ein Bekenntnis, das

169 IISG, SAI-Archiv, Nr. 547. Der mit „O. P." gekennzeichnete Bericht stammt mit Sicherheit von Oscar Pollak.

170 *Geschichte der SAI*, S. 262ff.

171 LPA, LSI, 22/3/16.

172 Ebenda, 22/3/15. Vgl. dazu: *de Brouckère*, Œuvres choisies, Bd. 3, u. a. S. 115ff., 169ff., 177ff. Vgl. Anm. 153.

173 IISG, SAI-Archiv, Nr. 201. Vgl. auch *Zweiter Kongreß der Sozialistischen Arbeiter-Internationale*, Marseille, 22. bis 27. August 1925, Glashütten i. T. 1974, S. 6ff., 358.

174 Vgl. auch seine öffentliche Erklärung an die SAI-Exekutive in: *Nuovo Avanti!* Paris, 27. 5. 1939, in französischer Übersetzung in: CA, 150-IV-35, Bl. 57ff.; LPA, LSI, 22/4/16.

175 Ebenda, 22/3/22. Mitautoren waren Aron Jugov und S. Schwarz.

176 Vgl. die Thesen der SDAP, den Brief der DNA und die Mitteilungen der SAP-Delegation „mit Zustimmung der dänischen Delegation" zur Exekutivsitzung im Januar 1939 in: Ebenda, 22/3/18, 20, 21 bzw. CA, 150-IV-35, Bl. 30ff. Die Labour Party rekapitulierte in einem Memorandum die Resolutionen der Londoner Internationale bzw. der SAI seit 1919, soweit sie sich gegen „Diktatur" und „Kriegsherde" richteten. Eine handschriftliche Ergänzung betonte, daß Demokratie kein Mittel, zum Sozialismus zu gelangen, sondern Sozialismus selbst und von diesem nicht zu trennen sei: LPA, LSI, 22/3. Das

ihrer praktischen Politik entsprach und das sie zumeist mit einer militant antikommu-nistischen Grundhaltung verbanden, schwächte die soziale Basis und begrenzte die Ziele, Mittel und Methoden ihres antifaschistischen Engagements zumindest in den ersten Kriegsjahren.

Viele Sozialdemokraten dieser Länder haben erst später erkannt, daß das blinde Ver-trauen auf die bürgerliche Demokratie und — wie z. B. im Falle Belgiens — in deren Außenpolitik ihre Führer daran gehindert hatte, die Partei geistig, moralisch und materiell auf Krieg und Illegalität vorzubereiten.[177] Gleiches muß für die SAI als Ganzes konstatiert werden. Wollte man diese Haltungen und Versäumnisse an der von Bauer bereits Mitte der dreißiger Jahre geäußerten Ansicht messen, daß vom Friedensenga-gement der Sozialdemokratie die historische Legitimation ihres Nachkriegswirkens abhänge, für einen Teil der in Brüssel anwesenden Sozialdemokraten müßte auch dieses Urteil negativ ausfallen.

Allerdings spiegelte die Debatte keineswegs die Ansichten und Aktivitäten aller der SAI angehörenden Parteien, Kräfte und Strömungen wider, um so weniger die der gesamten Sozialdemokratie. Die 27 Anwesenden vertraten ausschließlich europäische Mitglieds-organisationen. Unter diesen fehlten nicht nur die Parteien aus der ČSR, sondern auch die des gesamten Balkans, ferner die PPS, die ungarische Partei und eine offizielle öster-reichische Vertretung.[178] Nur etwas mehr als die Hälfte der Teilnehmer ergriffen (dem österreichischen Bericht zufolge) das Wort, lediglich fünf Mitgliedsorganisationen und fünf Einzelpersonen hatten ihre Auffassungen vorher schriftlich eingereicht.[179] Hinter vielen Beiträgen standen keine geeinten Parteien. So war symptomatisch, daß de Brouckère, noch immer Präsident der SAI, mit seinen Ansichten weder die gesamte Führung der Internationale noch die der POB repräsentierte, daß Dan, Zyromski, sogar Nenni auf der — heterogenen — „Linken", Hilferding auf der ebenfalls gefächerten „Rechten" gleichfalls nur den Standpunkt von Teilen ihrer Organisation artikulierten. Führende Gegner aktiver antifaschistischer Friedenspolitik wie Faure, de Man und Spaak, die beiden Erstgenannten ein Jahr später bereits im Lager der Kollaborateure zu finden, waren in Brüssel nicht vertreten bzw. scheinen (wie de Man, seit Vanderveldes Tod Vorsitzender der POB) geschwiegen zu haben. (Anfang Juni wird de Man an Gillies schreiben, die SAI möge sich um ein Friedensprogramm bemühen, anstatt sich in „war-mongering" — gemeint war offenbar die Befürwortung der Aufrüstung und einer härteren Haltung gegenüber den Aggressorstaaten durch einige Parteien und Politiker der SAI — zu betätigen)[180].

Dokument wurde der SAI anscheinend nicht zur Verfügung gestellt, aber auf der hier vorgezeichneten Linie argumentierte Gillies in Brüssel: IISG, SAI-Archiv, Nr. 547, Bl. 4.

177 Vgl. *Nic Bal*, De illegale partij van 1940 tot 1944, in: *Geschiedenis van de socialistische Arbeiders-beweging in België*, Antwerpen 1960, S. 567.

178 Die Ursache dafür dürfte weniger in Bauers Tod am 4. Juli 1938 zu suchen sein (für Bauer rückte Adler in der AVÖS nach), sondern in der wachsenden Zahl von AVÖS-Mitgliedern, die eine Fortsetzung der Mitarbeit in der SAI ablehnten.

179 Neben den schon erwähnten Parteien und Personen waren dies die georgischen Emigranten, mensche-wistische Exilanten um Rafael A. Abramovič sowie Feliks Čielens (Lettland); LPA, LSI, 22/3/17—23.

180 Ebenda, 23/1/40, Handschreiben de Mans vom 9. 6. 1939. De Man war Ende 1938/Anfang 1939 für eine neue „Friedensmission" und für ein zweites München eingetreten. Seine und Spaaks Politik scheiterte und führte zur Einsetzung einer katholisch-liberalen Koalition unter Hubert Pierlot im April 1939. Zu de Mans Rolle 1940 vgl.: *J. Gérard-Libois/José Gotovitch*, L' An 40. La Belgique occupée, Brüssel 1971, ins-bes. S. 216—232. De Mans eigene Version u. a. in: *Henri de Man*, Cavalier Seul, Genf 1948 und *derselbe*, Une offensive pour la paix, Paris/Brüssel 1939.

Die Fortschritte, Niederlagen und Probleme des tatsächlich stattfindenden Kampfes von Sozialdemokraten und Kommunisten in der Illegalität, auf internationalen Friedens- und Solidaritätskonferenzen, in Streiks und Demonstrationen, auf Gewerkschafts- und auf anderen Ebenen spielten in der Veranstaltung der Exekutive eine sehr untergeordnete Rolle. Diese Tatsache dürfte weniger der (durch die Ereignisse überholten) Orientierung Adlers vom Juni 1938 geschuldet sein, wonach die Beratung „unabhängig von den unmittelbaren Tagesfragen" geführt werden sollte[181], sondern die Politik und den ideologischen Standort der bestimmenden Parteien zum Ausdruck bringen. Aufgebracht rief deshalb Nenni aus: „Wir diskutieren hier, während dort in Katalonien die Entscheidungsschlacht wütet." Und weiter: „Es gibt heute noch sozialistische Regierungen, es gibt noch eine sozialistische Bewegung in Europa, die die Macht haben müßte, zu erzwingen, daß Spanien Hilfe gebracht werde." Wenn man den Völkern Spaniens nicht Waffen und Munition schaffen könne, „dann reden wir nicht mehr von der Verteidigung der Demokratie!"[182]

Zwei Monate später, am 15. März 1939, zerschlug der deutsche Faschismus die ČSR vollends, in Madrid bahnte sich der Verrat einer Junta an, der auch rechte Sozialisten wie Julián Besteiro und Wenceslao Carrillo angehörten. Italien annektierte Albanien, Deutschland das Memelgebiet. Besonders die Liquidierung der Tschechoslowakischen Republik, deren Existenz und deren Grenzen Großbritannien und Frankreich garantiert hatten, erschütterte viele Sozialdemokraten. Sie widerlegte aber auch drastisch die pazifistischen Illusionen und öffnete vielen Pazifisten, die bislang auf Beschwichtigungserfolge gehofft hatten, die Augen. Gleichzeitig entmutigte die offensichtliche Nähe der Gefahr so manchen Teilnehmer der Friedensbewegung. Mit Recht stellte der streitbare britische Pazifist Norman Angell gerade ihnen vor, daß „at this stage of European development" eine Partei, die den Gebrauch der Waffen prinzipiell, selbst zur Verteidigung der Verfassung, ablehne, „would not be a factor of making for peace; it would be a factor making for Facism and war".[183]

Die SAI, die noch immer wichtige internationale Organisation der Sozialdemokratie, wurde durch die neue Lage nicht mobilisiert. Im Gegenteil: Die Versuche der Führungen der Labour Party, der skandinavischen Parteien und der niederländischen SDAP, assistiert von Parteiführern wie de Man (POB) und Hans Oprecht (SPS), die SAI auf eine neue statutarische Grundlage zu stellen, forcierten nur deren politische, organisatorische und personelle Demontage.

Die SAP hatte bereits zur Januarsitzung der SAI-Exekutive verlangt, die internationale Sicherheitspolitik statt auf den gescheiterten Sanktionsmechanismus des Völkerbundes auf solche vorbeugenden Verteidigungsmaßnahmen zu gründen, die den Einfluß der Sozialdemokratie erhöhten. Dazu gehörten ihres Erachtens die mit sozialdemokratischen Argumenten begründete Aufrüstung und die internationale Zusammenarbeit auf politischem, wirtschaftlichem und sozialpolitischem Gebiet. Die SAI müsse ihre Arbeitsmethoden dementsprechend ändern und den internen Informationsaustausch entwickeln, ihre Publizität hingegen einschränken. Zu ihren besonderen Aufgaben zähle die „Koordination von ökonomischen und sozialen Maßnahmen zwischen den Staaten, die die Möglichkeit eines Krieges auf einer gemeinsamen Interessengrundlage zusammenführt".[184] Doch selbst zur

---

181 CA, 150-IV-37, Bl. 45.
182 IISG, SAI-Archiv, Nr. 547, Bl. 7.
183 *Norman Angell*, Must it be war? London o. J. (1939), S. 109.
184 CA, 150-IV-35, Bl. 35.

Lösung dieser Aufgaben fanden sich die führenden Parteien der SAI nicht bereit. Die SAI wurde auch nicht das gewünschte interne Informationszentrum. Die von ihr — meist über Adler — geleistete Hilfe für sozialdemokratische Flüchtlinge ersetzte, so lebenswichtig sie in ungezählten Fällen auch war, nicht die fehlende Politik.

Die Labourführung forderte, die „reale Macht in der Internationale in den Händen der lebendigen und aktiven (gemeint war: der legalen — O. D.) Parteien" zu konzentrieren und engeren Kontakt namentlich zwischen den Parteien zu entwickeln, die mit „fürchterlichen Verantwortlichkeiten" konfrontiert sind.[185] In diesem Sinne betrieb sie die Wahl des Niederländers Albarda zum Vorsitzenden, des Norwegers Bjarne Braatoy zum Sekretär und Londons zum Sitz der SAI sowie die Ausschaltung des Einflusses jener Sozialdemokraten in Büro und Exekutive, die nicht unter bürgerlich-parlamentarischen Verhältnissen frei wirken konnten. Die kritische Einschätzung der „Lage der SAI" durch Adler lehnte sie ebenso ab wie den Vorschlag der SFIO und einiger anderer Parteien, eine Konferenz der affiliierten Organisationen einzuberufen.[186]

Die meisten dieser Ziele setzten die Labourführer und ihre Verbündeten durch. Albarda, dem es bereits im Vorfeld der Neuwahl des SAI-Vorsitzenden darum gegangen war, den „Einfluß der Kommunisten und Emigranten" auszuschließen[187], rechtfertigte seine Nominierung und Wahl vor den Delegierten der Labourjahreskonferenz im Mai in Southport, indem er dort die Funktion der SAI entsprechend neu bestimmte, die Labour Party ausdrücklich als Führungspartei hervorhob und sich unter dem Beifall der Labourspitze an ihr orientierte.[188]

Adler weigerte sich, die Verantwortung für diese Haltung, die einer „Demission" der SAI gleichkomme, weiter mitzutragen, und stellte sich nur mehr administrativen Aufgaben zur Verfügung. Bereits am 24. April schlug eine Kommission der SAI die abermalige Zurückstufung der im Untergrund und Exil bzw. halblegal wirkenden Parteien und ihre weitgehende Eliminierung aus den Leitungsorganen der SAI vor.[189] In ihrer Statistik erschienen zwar noch immer 41 affiliierte Organisationen aus 36 Ländern und Territorien. Doch nur wenige von ihnen gewannen damals weiter an Einfluß, so die britische, die dänische, die norwegische und die schwedische Partei, dagegen verloren die Parteien in Belgien, Frankreich, den Niederlanden und der Schweiz Mitglieder bzw. Wähler. Über die Hälfte der SAI-Mitgliedsorganisationen war inzwischen verboten worden, einige kämpften in der Illegalität, andere existierten nicht mehr. Zu den „ungeklärten" Fällen rechnete sie bereits die PSOE, eine der leidenschaftlichen Befürworterinnen aktiver SAI-Politik, interes-

---

185 LPA, LSI, 23/1/17, Gillies an Albarda, 10. 2. 1939. Vgl. dort auch die weitere persönliche Korrespondenz Gillies' zu diesen Fragen.

186 Ebenda, 22/2/72. Adlers Memorandum vom Juni 1939 in: *Rolf Steininger*, Deutschland und die Sozialistische Internationale nach dem zweiten Weltkrieg. Darstellung und Dokumentation (= Archiv für Sozialgeschichte, Beiheft 7), Bonn 1978, S. 181ff. Siehe auch: *Herbert Steiner*, L' Internationale socialiste à la veille de la Seconde Guerre mondiale, Juillet-août 1939. Documents de Friedrich Adler, in: *Le Mouvement Social*, Paris, 58/1967, S. 95ff. Dokumente S. 97ff.

187 LPA, LSI, 23/1/25, Albarda an Hugh Dalton und Gillies, 2. 5. 1939.

188 Ebenda, 22/2/72; Rede in: *The Labour Party, Report of the 38th Annual Conference of the Labour Party*, Southport, May 29th—June 2nd, 1939, London o. J., S. 264ff.

189 CA, 150-IV-35, Bl. 41ff. Die Vorschläge wurden von der SAI-Exekutive im Mai mit geringen Veränderungen angenommen.

santerweise aber auch die Parteien der ČSR, die die SAI verlassen bzw. sich aufgelöst hatten.[190]

Unter diesen hatte die von Jaksch geführte DSDAP schon vor München aufgehört, für die ČSR einzutreten.[191] Sie drückte sich um eine eindeutige Verurteilung des Münchener Diktats („Es hat keinen Sinn, über diesen Vorgang, der mit der Wucht eines gewaltigen Schicksals auf uns hereingebrochen ist, zu richten", hieß es im letzten Aufruf der Partei unmittelbar nach München)[192] und stellte ihre Tätigkeit ohne Orientierung auf den antifaschistischen Widerstand ein: „Wir ... verlassen den verlorenen Kampfposten in der Hoffnung, daß es einem glücklicheren Geschlecht gegönnt sei, unserer Idee ... zu dienen." Am 22. Februar 1939 lösten die verbliebenen Vorstandsmitglieder (die anderen waren bereits außer Landes gegangen) in Prag die Partei offiziell auf mit der Begründung, damit ihre Funktionäre und Mitglieder schützen zu wollen[193], und beschlossen die Gründung der sog. „Treuegemeinschaft sudetendeutscher Sozialdemokraten" im Ausland. Deren Mitglieder lebten hauptsächlich in Großbritannien, ferner in Skandinavien sowie in Übersee, vor allem in Kanada. Die Führung der „Treuegemeinschaft" verurteilte die völlige Zerschlagung der Tschechoslowakei nicht, sondern glaubte, sich auf ein dauerhaftes Großdeutschland, das auch nach Hitler weiterbestehen würde, einstellen zu können. Im Juni 1939 propagierte Jaksch unter Berufung auf die gesamtdeutsche Konzeption der österreichischen Sozialisten die Idee einer „Innereuropäischen Föderation", in die er seine Anpassung an die neuen Machtverhältnisse in Europa verpackte.[194]

Obgleich die Wiederbelebung der Föderationsidee nicht auf Jaksch zurückging und unter verschiedenen Vorzeichen auch in der deutschen und internationalen Sozialdemokratie diskutiert wurde[195] — mit Jakschs Konzeption identifizierte diese sich nicht. Selbst die Sopade verurteilte die Liquidation der ČSR und forderte ihre Wiederherstellung in den vormünchener Grenzen; Deutschland selbst habe das Abkommen von 1938 zerrissen, erklärte sie.[196] Nach Meinung sozialdemokratischer bzw. bürgerlicher Autoren, die in diesem Punkt von Rechtfertigungsschriften der Seligergemeinde, der 1950 in der BRD gegründeten Organisation ehemals sudetendeutscher Sozialdemokraten, die sich in hohem Maße revanchistischen Zielen verschrieben[197], abweichen, kompromittierte Jakschs Konzept die deutsche „antihitlerische Opposition" (gemeint ist damit vor allem die Sopade)

---

190 Die Polnische Sozialistische Arbeiterpartei in der ČSR, das dritte SAI-Mitglied aus diesem Lande, ging nach München in der PPS auf und schied damit als selbständige Organisation ebenfalls aus der SAI aus.

191 *Leopold Grünewald*, Sudetendeutscher Widerstand gegen Hitler. Der Kampf gegen das nationalsozialistische Regime in den sudetendeutschen Gebieten 1938—1945, Bd. 1, München 1978, S. 15. Vgl. dazu: *Wenzel Jaksch*, Europas Weg nach Potsdam, Stuttgart 1959, S. 320f.

192 Dieses und das folgende Zitat nach *Grünewald*, S. 19f.

193 *Menschen im Exil*. Eine Dokumentation der sudetendeutschen sozialdemokratischen Emigration von 1939 bis 1945, Stuttgart 1974, S. 16f., 269. Zur Gesamtemigration *Jan Křen*, Do Emigrace. Západní zahraniční odboj 1938—1939, Prag 1969.

194 *Johann Wolfgang Brügel*, Tschechen und Deutsche 1939—1946, München 1974, u. a. S. 12f.

195 *Otfried Dankelmann*, Die Genesis sozialreformistischer Integrationspolitik 1914—1951, dargestellt unter besonderer Berücksichtigung der Labour Party, Diss. B Halle 1975, S. 143ff.

196 Vgl. u. a. *Neuer Vorwärts*, Paris, 7. 4. 1939 und 16. 7. 1939; *Brügel*, S. 13ff.; *Grünewald*, S. 26ff.

197 Vgl. Anmerkung 193; *Brügel*, S. 12f. Dagegen stellt *Albert Exler* in seinem Beitrag „Deutsche Sozialdemokratische Arbeiterpartei in der Tschechoslowakei" in: *Lexikon des Sozialismus*, S. 129, die Partei ganz im Sinne der Seligergemeinde dar und verzeichnet das Bild der Partei in unakzeptabler Weise. *Prinz*, S. 29ff., rechtfertigt Jakschs Nachkriegsvorstellungen von 1939 ausdrücklich.

schwer. Tatsächlich war es mehr, nämlich Verrat an jenen deutschen und tschechischen Sozialdemokraten, die (wie die Mitglieder der KPTsch)[198] im illegalen Widerstand kämpften oder in Konzentrationslagern die Auswirkungen faschistischer „Selbstbestimmungs"-Politik und antikommunistischen Appeasements erlebten.[199]

Es gab andere Zeichen antifaschistischer Aktivität, so in der Friedens- und Solidaritätsbewegung, in der SJI und im IGB. Es verstummten nicht sozialdemokratische und kommunistische Forderungen, eine internationale Konferenz aller Flügel der Arbeiterbewegung einzuberufen.[200] Die Kommunisten und ein Teil der Sozialdemokraten verstärkten ihren Ruf nach einem Zusammengehen Frankreichs und Großbritanniens mit der UdSSR[201] bzw. aller demokratischen Länder der Welt, die, zusammenwirkend, den faschistischen Staaten weit überlegen sein würden.

Unter diesen Ländern galt die Sowjetunion vielen Sozialdemokraten wie Angell damals als das Land, mit dessen Hilfe man noch „die Verteidigung ohne Krieg sichern" könnte, aber „without whose aid their can be no salvation".[202] Er schrieb: „The question of Russian is perhaps the acid test" und warnte: „Russia is more nearly indestructible than any country of the older world"; setze man die Bedingungen für eine Verbindung („association") oder Union mit der UdSSR zu hoch an, „she will turn to that is for her a quite feasible alternative policy: an understanding with Germany on the basis of Russia's with-drawal from the West."

Für das Zustandekommen eines Paktes mit der Sowjetunion engagierte sich auch die Labour Party[203] und wußte sich darin mit realistischer denkenden Konservativen wie Winston Churchill einig. János Jemnitz sprach schon vor eineinhalb Jahrzehnten von einer „Koalition" dieser Kräfte und der von I. M. Majskij geleiteten sowjetischen Botschaft in London, die sich damals verstärkt und die britische Regierung zu Verhandlungen mit der Sowjetregierung veranlaßt habe.[204]

Auf gewerkschaftlicher Ebene vollzog sich gleichfalls ein gewisses Umdenken. Der TUC und wichtige andere Gewerkschaftsverbände setzten sich für die Aufnahme der Sowjetgewerkschaften in den IGB ein. Doch sowohl in der SAI als auch im IGB dominierte nach wie vor der Antikommunismus. Die SAI-Führungsmehrheit dachte nicht im Ernst an Aktionseinheit mit der KI. Auf dem 8. Kongreß des IGB Anfang Juli in Zürich

---

198 Zur Politik der KPTsch im Widerstand nach dem 15. März 1939 (zugleich Datum ihres Aufrufs zum nationalen Kampf „für die Wiederherstellung der vollen Freiheit und Selbständigkeit") vgl. *Geschichte der Kommunistischen Partei der Tschechoslowakei*, S. 168 ff., Zitat S. 172; *Za svobodu českého a slovenského národa.* Sbornik dokumentov, Prag 1956, u. a. S. 33.

199 Zahlen bei *Grünewald*, S. 8 f., 17, 20, 24.

200 Vgl. u. a. *Rundschau*, Mai bis August 1939.

201 *Anders*, Die Friedensbewegung, S. 304 ff.; *dieselbe*, Die Politik der Kommunistischen Internationale, S. 202.

202 *Angell*, Must it be war? S. 245 ff. Die folgenden Zitate: S. 247. Angell begann sein Buch im September 1938 und beendete es nach der Zerschlagung der ČSR im Frühjahr 1939.

203 *The Labour Party. Report*, Southport 1939, S. 242, 252; *Carl F. Brand*, The British Labor Party. A Short History, 2., revidierte Aufl., Stanford/Calif. 1974, S. 213 f.; *Hugh Dalton*, Hitlers War. Before and After, New York 1940, S. 113 ff., 123.

204 *János Jemnitz*, Zur Geschichte des Kampfes gegen den Faschismus, Ms eines Beitrages zur Linzer Konferenz 1974, S. 12 ff., das sich auf Quellen des Archives der Labour Party und auf das Tagebuch des Labourpolitikers Hugh Dalton stützt.

setzte eine — wenn auch knappe — Mehrheit von 46 Stimmen der Gewerkschaften der USA (AFL), der Benelux-Länder, Dänemarks, Schwedens, Finnlands, der Schweiz u. a. gegen die 37 Stimmen der französischen, britischen, norwegischen, mexikanischen u. a. Gewerkschaften die Ablehnung des TUC-Vorschlags durch.[205] Die SJI schloß auf ihrem 6. (und letzten) Kongreß vom 30. Juli—2. August in Lille den Vereinigten Sozialistischen Jugendverband Spaniens aus.[206]

Zu dieser tragischen Entwicklung trugen die Sozialdemokraten der beiden westeuropäischen Großmächte selbst bei. Zu gleicher Zeit nämlich wandte sich die Labourführung im eigenen Lande weiterhin gegen die Einheits- und Volksfront und selbst gegen Kooperationsversuche linker Sozialdemokraten, Liberaler und „dissident" Konservativer, obgleich sie u. a. ebenfalls für einen anglosowjetischen Pakt eintraten[207], und schloß Cripps, Laski und Pritt aus Führung und Organisation der Partei aus. Sie erreichte folglich auch innenpolitisch nicht die nötige Wirkung, um eine Chamberlainregierung, die ihre Feindschaft gegenüber der Sowjetunion teils mit deren angeblichen Hegemonialbestrebungen, teils mit zu geringem Bündniswert infolge Führungsschwäche und niedrigen Rüstungsniveaus bemäntelte[208], zu wirklich entschlossenem Handeln zu veranlassen.

Dies gelang in Frankreich ebensowenig, wenngleich der den Frieden um jeden Preis fordernde Flügel des Pazifismus an Boden verlor und die große Mehrheit der Bevölkerung die Frage, ob „eine Allianz Frankreichs und Englands mit der UdSSR sehr dazu beitragen wird, den Frieden in Europa aufrecht zu erhalten", jetzt zu bejahen schien.[209] Das von den Präfekten in den letzten Vorkriegswochen konstatierte „patriotische Fieber" wurde jedoch auch durch die SFIO-Führung letztlich weniger gegen den Faschismus als gegen die Kommunisten gelenkt.[210] Als in der zweiten Augusthälfte die Sowjetunion den — von manchen Sozialdemokraten seit längerem erwarteten[211] — Nichtangriffsvertrag mit Deutschland abschloß, nutzte das die Mehrzahl der sozialdemokratischen Führer, um jeden Gedanken an die Einheit der Arbeiterklasse, aller Antifaschisten vollends zu ersticken.

---

205 *Rundschau*, 38/1939, S. 1069; *Philip Taft*, Gewerkschaftliche Außenpolitik. Das Beispiel der amerikanischen Gewerkschaften, Köln 1975, S. 51.

206 Vgl. *Internationale Sozialistische Jugendkorrespondenz*. Hrsg. vom Sekretariat der SJI, Paris, 8/1939, S. 4.

207 Vgl. *The Left News*, London, 39/1939, S. 1327. Das Blatt stand auf dem „Index", den das Nationale Exekutivkomitee der Labour Party im November 1938 zusammenstellen ließ. LPA, WG/LBC (= William Gillies/Left Book Club), Bl. 1 ff. Bereits im Mai 1938 hatte die Labourführung ihre ablehnende Haltung zur Einheits- und Volksfront und zu den Zielen der „Democratic Peace Alliance" sozialdemokratischer, liberaler und konservativer Politiker bekräftigt: *Labour and the Popular Front*. Statement by the National Executive Committee of the Labour Party, London 1939.

208 *Gottfried Niedhart*, Zwischen Feindbild und Wunschbild: Die Sowjetunion in der britischen Urteilsbildung 1917—1945, in: *Der Westen und die Sowjetunion*. Hrsg. von Gottfried Niedhart, Paderborn 1983, S. 115.

209 *René Girault*, Wirklichkeit und Legende in den französisch-sowjetischen Beziehungen 1917—1945, in: Ebenda, S. 131.

210 *Vaïsse*, S. 606 ff.; *Georges Lefranc*, Le Mouvement Socialiste sous la Troisième République (1875—1940), Paris 1963, S. 341 ff., 374.

211 Politiker wie Angell hatten schon Wochen vor Abschluß des Vertrages gewußt, daß die Sowjetunion ungeachtet ideologischer, territorialer und anderer Fragen bald würde handeln müssen, wenn sie nicht Deutschland und Japan allein gegenüberstehen wollte. *Albert Marrin*, Sir Norman Angell, Boston 1959, S. 231.

So war die Sozialdemokratie an der Schwelle des Krieges weniger als jemals in den letzten Jahren zu jenem einheitlichen Handeln fähig, das die internationale Arbeiterbewegung stark gemacht hätte. „Denn Erfolg konnte man nur haben, wenn man gegen den gemeinsamen Todfeind, den Faschismus, ... um jeden Preis zusammenzustehen bereit war."[212]

3. Anhang

a. Die SAI-Parteien und ihre Mitglieder 1937 bis 1939

Land/Partei	Letzte verfügbare Mitgliederzahl vor 1937	1937	1938	1939
Argentinien Sozialistische Partei Partido Socialista (PS)	23 779 (1934)			
Belgien Belgische Arbeiterpartei Parti Ouvrier Belge (POB)	559 000 (1931)			
Britisch-Guyana Arbeiter-Union von Brit.-G. Labour Union of Brit.-Guiana	417 (1936)			
Bulgarien Bulgarische Sozialdemokrat. Arbeiterpartei Bălgarska Rabotničeska Social-demokratičeska Partija (Obedinena) (BRSDP)	28 000 (1931)	Ab Mai 1934 illegal		
China Sozialdemokrat. Partei Chinas [in Europa]		Seit 1925 nominell in den SAI-Listen geführt, meist Emigranten in Frankreich		
Dänemark Sozialdemokratischer Bund in D. Socialdemokratisk Forbund i Danmark (SDF)	191 424 (1936)	199 283	198 836	206 995
Danzig Sozialdemokratische Partei der Freien Stadt Danzig	7194 (1930)	Am 14. 10. 1936 verboten; seitdem als Mitglied geführt, ohne noch zu existieren.		

212 *Wolfgang Abendroth*, in: *Peter Altmann/Heinz Brüdigam* u. a., Der deutsche antifaschistische Widerstand 1933—1945 in Bildern und Dokumenten, Frankfurt a. M. 1975, S. 6.

Land/Partei	Letzte verfügbare Mitgliederzahl vor 1937	1937	1938	1939
Deutschland Sozialdemokratische Partei Deutschlands (Sopade)	971 499 (1932)	Nach ihrem Verbot am 22. 6. 1933 zerfiel die SPD in Gruppen, von denen die SAI nur die Sopade als Vertretung anerkannte.		
Estland Estnische Sozialistische Arbeiterpartei Eesti Sotsiaalistlik Tööliste Partei (ESTP)	5130 (1930)	1934 Spaltung, 5. 3. 1935 Verbot der Partei		
Finnland Sozialdemokratische Partei Finnlands Suomen Sosialidemokraattinen Puolue (SDP)	29 873 (1936)			32 897
Frankreich Sozialistische Partei Parti Socialiste. Section Française de l'Internationale Ouvrière (SFIO)	202 000 (1936)	286 604	275 377	
Griechenland Sozialistische Partei Griechenlands Sosialistikon Komma tis Ellados (SKE)	3100 (1930)	Mitgliedschaft unklar, da 1933 von der SAI gestrichen		
Großbritannien Arbeiterpartei Labour Party	2 444 357 (1936)	2 527 672	2 630 286	2 662 067
Island Sozialdemokratische Partei Islands Althýdhuflokkurinn (Afl.)	13 000 (1936)	1938 Austritt des linken Flügels und Anschluß an die KP Islands		
Italien Italienische Sozialistische Partei Partitio Socialista Italiano (PSI)	(2800) (1929)	Seit 1925/26 Verbot und Exil in Frankreich; 1930 Vereinigung mit Partito Socialista Unitario/PSU im Exil		

Land/Partei	Letzte verfügbare Mitgliederzahl vor 1937	1937	1938	1939
Jugoslawien Sozialistische Partei Jugoslawiens Socijalistička Partija Jugoslavije (SPJ)	(4000) (1927)	Nach Auflösung 1929 und Neugründung 1934 keine Angaben		
Lettland Lettische Sozialdemokratische Arbeiterpartei Latvijas Sociāldemokratiskā Stradnieku Partija (LSDSP)	12525 (1932)	Ab Mai 1934 verboten; der aktive linke Flügel gründet die illegale Lettische Sozialistische Arbeiter- und Bauernpartei, die an der Einheits- (1934) bzw. Volksfront (1939) teilnimmt		
Litauen Litauische Sozialdemokratische Partei Lietuvos Socialdemokratu Partija (LSDP)	3000 (1926)	Ab 1926 de facto, ab 1935 offiziell verboten		
Luxemburg Arbeiterpartei Luxemburgs Arbechter Partei Letzeburg (APL)	1226 (1930)			
Niederlande Sozialdemokratische Arbeiterpartei in den Niederlanden Sociaal-Democratische Arbeiderspartij in Nederland (SDAP)	87826	87312	88897	82145
Norwegen Norwegische Arbeiterpartei Det norske Arbeiderparti (DNA)	142197 (1936)	160245	170889	
Österreich Revolutionäre Sozialisten Österreichs (RSÖ) sowie Auslandsvertretungen in der ČSR (ab 1934) bzw. Frankreich (ab 1938)	(648497) (1932)	1934 in der Illegalität gegründet. (Zuvor: Sozialdemokratische Arbeiterpartei Österreichs/SDAPÖ), ab 1938 auch Exil		
Polen Polnische Sozialistische Partei Polska Partia Socjalistyczna (PPS)	(60000) (1930)			

Land/Partei	Letzte verfügbare Mitgliederzahl vor 1937	1937	1938	1939
Allgemeiner Jüdischer Arbeiterbund „Bund" in Polen Ogólny Żydowski Związek Robotniczy „Bund" w Polsce (Bund)	15 000			
Deutsche Sozialistische Arbeitspartei (DSAP) Niemiecka Socjalistyczna Partia Pracy	8406 (1927)	11 759		
Ukrainische Sozialistisch-Radikale Partei (USRP) Ukraińska Partia Socjalistyczno-Radykalna				
Portugal Portugiesische Sozialistische Partei Partido Socialista Português (PS)	Trotz Verbots (1933) und danach Selbstauflösung weiter als SAI-Mitglied geführt.			
Rumänien Sozialdemokratische Partei Rumäniens Partidul Social-democrat din România (PSDR)	6114 (1936)	Ab 1937 illegal, ab 10. 2. 1938 verboten		
Schweden Sozialdemokratische Arbeiterpartei Schwedens Sveriges Socialdemocratiska Arbetareparti (SAP)	368 158 (1936)	398 625	437 239	450 831
Schweiz Sozialdemokratische Partei der Schweiz (SPS)	50 599 (1936)	45 039	42 860	37 129
Spanien Spanische Sozialistische Arbeiterpartei Partido Socialista Obrero Español (PSOE)	90 000 (1936)	Ab März 1939 ins Exil (Frankreich/Übersee)		
Tschechoslowakei Tschechoslowakische Sozialdemokratische Arbeiterpartei Československá sociálně demokratická strana dělwicka	225 765 (1936)	163 000	Trotz Austritts (26. 10. 1938) und Selbstauflösung (18. 12. 1938) weiter als Mitglied geführt	

Land/Partei	Letzte verfügbare Mitgliederzahl vor 1937	1937	1938	1939
Deutsche Sozialdemokratische Arbeiterpartei in der ČSR (DSDAP) Ňemecká sociálně demokratiká dělnická strana v ČSR	46 243 (1934)	12 000	Trotz Selbstauflösung (Okt. 1938) weiter als Mitglied geführt Im Okt. 1938 in der PPS (s. Polen) aufgegangen	
Polnische Sozialistische Arbeiterpartei [in der ČSR] Polska socjalistyczna partia robotnicza (PSPR)	1250 (1930)	1000		
Ungarn Sozialdemokratische Partei Ungarns Magyarországi Szociáldemokrata Párt (MSZDP)	150 156 (1930)			
Sozialistische Emigrantengruppe Világosság (Klarheit) Világosság, Emigrans Szocialista Czoport	2600 (1930)	bis 1934 in Österreich, dann in Frankreich und Übersee wirkend.		
Uruguay Sozialistische Partei Uruguays Partido Socialista del Uruguay (PSU)	480 (1931)	Ab 1933 illegal, 1938 wieder legalisiert		
USA Sozialistische Partei Socialist Party (SP)	11 922 (1936)	6500		6000 (1940)

Antisowjetische Emigrantengruppen:
Armenische Revolutionäre Föderation „Dašnakcutjun";
Sozialdemokratische Arbeiterpartei Georgiens;
Sozialdemokratische Arbeiterpartei Rußlands (SDAPR/Menschewiki);
Partei der Sozialisten-Revolutionäre (SR);
nicht bis 1939: Ukrainische Sozialdemokratische Arbeiterpartei (USDAP)

Quelle: Geschichte der SAI, S. 285 ff. (Anhang) und Anlagen.

b. Regierungsbeteiligung von SAI-Parteien 1937 bis 1939 (Ministerposten: Auswahl)

Belgien: Koalition der POB mit Katholischer Partei (Block der Katholiken) und Liberaler Partei
(18. 4.—2. 9. 1939 ohne POB-Beteiligung)

Regierungschefs: 26. 3. 1935—26. 5. 1936 $\Big\}$ Paul van Zeeland (Kathol.)
13. 6. 1936—25. 10. 1937

24. 11. 1937—13. 5. 1938   Paul Émile Janson (Lib.)
15. 5. 1938— 9. 2. 1939   Paul-Henri Spaak (POB)

21. 2. 1939—12. 4. 1939 $\Big\}$ Hubert Pierlot (Kathol.)
18. 4. 1939— 5. 1. 1940

POB-Minister:

Stellvertr. Ministerpräsident: Émile Vandervelde 26. 3. 1935—Ende Januar 1937

Äußeres: Spaak 13. 6. 1936—15. 1. 1939, 3. 9. 1939—28. 6. 1949; Eugéne Soudan 21. 2.—12. 4. 1939

Inneres: Joseph Merlot 15. 5. 1939—9. 2. 1939; W. Eckelers 21. 2.—12. 4. 1939

Justiz: Soudan 26. 3. 1935—26. 5. 1936, 3. 9. 1939—5. 1. 1940

Finanzen: Merlot 13. 6. 1936—25. 10. 1937; Hendrik de Man 24. 9. 1937—9. 3. 1938; Soudan 11. 3.—13. 5. 1938

Transport u. a.: Spaak 26. 3. 1935—26. 5. 1936

Gesundheit: Vandervelde 26. 3. 1935—Ende Januar 1937; Arthur Wauters 29. 1. 1937—13. 5. 1938; Merlot 15. 5. 1938—15. 1. 1939; Eckelers 21. 2. 1939—

Arbeit (u. Soziales): Achille Dellattre 26. 3. 1935—26. 5. 1936; 24. 11. 1937—13. 5. 1938, 20. 1.—9. 2. 1939; Wauters 21. 2.—12. 4. 1939

Öffentliche Arbeiten u. a.: de Man 26. 3. 1935—26. 5. 1936, 13. 6. 1936—25. 10. 1937; Merlot 24. 11. 1937—13. 5. 1938, Balthasar 15. 5. 1938—9. 2. 1939

Ohne Geschäftsbereich: de Man 3. 9. 1939—5. 1. 1940

Dänemark: Koalition des SDF mit der Radikalen Linken bzw. der Linken/Liberale Partei, ab 1940 „Sammlungsregierung"

Regierungschef: 30. 4. 1929—5. 7. 1940 Thorvald Stauning (SDF)

SDF-Minister:

Finanzen: H. C. Hansen bis 29. 6. 1937, Vilhelm Buhl ab 1. 7. 1937

Landwirtschaft: Kr. Bording

Verteidigung: Alsing Andersen

Handel, Industrie, Schiffahrt: Johannes Kjaerboel

Finnland: Koalition der SDP mit der liberalen Nationalen Fortschrittspartei, den Agrariern und (ab 13. 9. 1939) der Schwedischen Volkspartei.

Regierungschefs: 12. 3. 1937—1. 12. 1939 Aimo Karl Cajander (Nationale Fortschrittspartei)
ab 1. 12. 1939   Risto Ryti (bisher Direktor der Finnischen Bank)

SDP-Minister:

Äußeres: Väinö Voionmaa 17. 11. 1938—Dez. 1938; Eljar Erkko 12. 12. 1938—1. 12. 1939; Väinö Tanner 1. 12. 1939—27. 3. 1940

Finanzen: Tanner 12. 3. 1937—1. 12. 1939; danach Vpekkala

Verkehr: Ryömä 12. 3. 1937—2. 9. 1938; danach V. Salovaara

Handel: Voionmaa 12. 3. 1937—

Soziales: Keto 12. 3. 1937—   ; später Karl August Fagerholm

Frankreich: (Volksfront-)Regierungen von SFIO und Radikalsozialisten (eigtl. „Republikanische Radikale und Radikalsozialistische Partei"), Januar—März 1938 und ab April 1938 (bis 21. 3. 1940) ohne SFIO

Regierungschefs: 4. 6. 1936—21. 6. 1937
und $\Big\}$ Léon Blum (SFIO)
13. 3. 1938— 8. 4. 1938

22. 6. 1937—14. 1. 1938 $\Big\}$ Camille Chautemps (Radikalsozialist)
18. 1. 1938—10. 3. 1938

SFIO-Minister:

Stellvertr. Ministerpräsident: Blum 22. 6. 1937—14. 1. 1938

Koordinator des Ministerpräsidenten: Vincent Auriol 13. 3. 1938—8. 4. 1938

Staatsminister: Paul Faure 4. 6. 1936—14. 1. 1938, 13. 3.—8. 4. 1938
Äußeres: Joseph Paul-Boncour 13. 3.—8. 4. 1938
Inneres: Roger Salengro 4. 6.—24. 11. 1936; Marc Dormoy 24. 11. 1936—14. 1. 1938
Finanzen: Auriol 4. 6. 1936—21. 6. 1937; Blum 13. 3.—8. 4. 1938
Justiz: Auriol 22. 6. 1937—14. 1. 1938

Island: Bis 1938 Koalition von Afl. und bäuerlich-liberaler Fortschrittspartei, ab 1939 Mehr-
              parteienregierung
Regierungschef: (zugleich Minister für Justiz, Landwirtschaft, Kirche)
              29. 3./Juni 1934—5. 5. 1942 Hermann Jonasson (Fortschrittspartei)
Äußeres, Unterricht, Arbeit: Haraldur Gudmundsson (Afl.)

Luxemburg: Koalition der APL mit der katholischen Christlich-Sozialen Volkspartei (CSV) (vom
              10. 5. 1940—September 1944 im Exil)
Regierungschef: 6. 11. 1937—November 1945 Pierre Dupong (CSV)
APL-Minister:
Justiz, öffentliche Bauten: René Blum ab 6. 11. 1937
Soziale Fürsorge, Arbeit: Pierre Krier ab 6. 11. 1937

Niederlande: Koalition der SDAP mit Christlich-Historischer Union (CHU), Römisch-Katholischer
              Staatspartei und Anti-Revolutionärer Partei (ab Mai 1940 im Exil)
Regierungschef: 10. 8. 1939—3. 9. 1940 Dirk Jan de Geer (CHU)
SDAP-Minister:
Landwirtschaft, Fischerei: Arie Adriaan van Rhijn ab 9. 5. 1940
Wasserbauverwaltung, Verkehr: Johann Willem Albarda ab 10. 8. 1939
Volkswohlfahrt: Jan van den Tempel ab 10. 8. 1939

Norwegen: DNA-Minderheits-Regierungen, toleriert von der Bauernpartei 1935/36 bzw. der Linken
              (liberale Partei) 1936—1940, ab 9. 4. 1940 „Sammlungsregierung" im Exil
Regierungschef: 19. 3. 1935—9. 4. 1940 Johan Nygardsvold (DNA)
DNA-Minister:
Äußeres: Halvdan Koht
Finanzen: Indreboe ab 19. 3. 1935; danach Bergsvik; Oscar Torp ab 3. 7. 1939
Justiz: Trygve Lie 19. 3. 1935—3. 7. 1939
Verteidigung: Torp 19. 3. 1935—
Soziales: Bergsvik 19. 3. 1935—
Arbeit: Nygardsvold 19. 3. 1935; danach
Arbeit und Soziales: Torp 13. 11. 1936—3. 7. 1939
Handel: Madsen 19. 3. 1935—Juli 1939, Lie 4. 7. 1939—

Schweden: Nach SAP-Minderheitsregierung (1932—1936) Bauernbundsregierung (Juni—September
              1936), danach Koalition beider Parteien, ab Dezember 1939 „Sammlungsregierung"
Regierungschef: 28. 9. 1936—13. 12. 1939 ⎫
              14. 12. 1939—31. 7. 1945 ⎭ Per Albin Hansson (SAP)

SAP-Minister:
Äußeres: Rickard Sandler (24. 9. 1932—15. 6. 1936), 28. 9. 1936—13. 12. 1939
(Inneres: Gustav Moeller 24. 9. 1932—15. 6. 1936)
Finanzen: Ernst Wigforss 24. 9. 1932—15. 6. 1936, ab 28. 9. 1936
Soziales: Moeller 28. 9. 1936—16. 12. 1938, ab 14. 12. 1939; Albert Forslund 16. 12. 1938—13. 12. 1939
Kultus: Arthur Engberg 24. 9. 1932—13. 12. 1939
Verkehr: Forslund 28. 9. 1936—16. 12. 1938
Verteidigung: Per Edwin Skoeld ab 6. 12. 1938
Versorgung: H. Eriksson ab 14. 12. 1939

Spanien: Volksfrontregierungen von PSOE, KPSp und anderen Parteien und Organisationen in
              wechselnder Zusammensetzung

Regierungschefs: 7. 9. 1936— 2. 11. 1936 } Francisco Largo Caballero (PSOE)
2. 11. 1936—15. 5. 1937

17. 5. 1937— 5. 4. 1938
5. 4. 1938—15. 8. 1938
Aug. 1938— 5. 2. 1939 } Juan Negrín (PSOE)
12. 2. 1939— 5. 3. 1939

PSOE-Minister:

Äußeres: Julio Alvarez del Vayo 7. 9. 1936—15. 5. 1937, 5. 4. 1938—28. 3. 1939

Inneres: Galarza 7. 9. 1936—15. 5. 1937; Julian Zugazagoitia 17. 5. 1937—5. 4. 1938; Paulino Gomez Sainz 5. 4. 1938—Frühjahr 1939

Finanzen (und ab Mai 1937 Wirtschaft): Negrín 7. 9. 1936—5. 4. 1938

Justiz: Ramon Gonzales Peña 5. 4. 1938—Frühjahr 1939

Krieg bzw. Verteidigung: Largo Caballero 7. 9. 1936—15. 5. 1937; Indalecio Prieto 17. 5. 1937—5. 4. 1938; Negrín 5. 4. 1938—5. 2. bzw. 5. 3. 1939

Marine und Luftfahrt: Prieto 7. 9. 1936—15. 5. 1937

Tschechoslowakei: Seit 1929 Koalition der Tschechoslowakischen Sozialdemokratischen Arbeiterpartei und der DSDAP mit der Tschechischen und der Slowakischen Bauernpartei, den Nationalen Sozialisten und Nationalen Demokraten, seit 1935 unter Hodža

Regierungschef: 9. 9. 1935—18. 12. 1935
18. 12. 1935—16. 7. 1937 } Milan Hodža (Tschechische Bauernpartei)
21. 7. 1937—22. 9. 1938

Minister der beiden sozialdemokratischen Parteien:

(Telegraphenwesen: Emil Franke 7. 12. 1929—23. 1. 1936)

Eisenbahnen: Rudolf Bechyně 31. 10. 1932—22. 9. 1938 (zuvor seit 7. 12. 1929 Minister für Ernährung)

Soziale Fürsorge: Jaromír Nečas 14. 6. 1935—22. 9. 1938

Unterricht: Franke 23. 1. 1936—22. 9. 1938

Gesundheit: Ludwig Czech/DSDAP 14. 6. 1935—11. 4. 1938 (zuvor Minister für Fürsorge 7. 12. 1929—14. 2. 1934)

URSULA ADAM

Zur politischen Kontroverse in der deutschen Exilpresse am Vorabend des zweiten Weltkrieges*

Am Morgen des 24. August 1939 ging eine Meldung um die Welt, die die Nachrichten-agenturen europäischer Länder und in Übersee noch in den folgenden Tagen beherrschte. Sie betraf den auf den 23. August 1939 datierten, in der zweiten Stunde des 24. August zwischen dem faschistischen Deutschland und der sozialistischen Sowjetunion in Moskau unterzeichneten Nichtangriffsvertrag. Schon am 21. August 1939 war über die bevor-stehende Unterzeichnung eines solchen Vertrages berichtet worden.

Zu den Presseorganen, die die Meldung verbreiteten, gehörten auch zahlreiche von deutschen Emigranten herausgegebene Tageszeitungen, Wochen- und Monatsschriften. In Frankreich, das vor Kriegsausbruch ein politisches und kulturelles Zentrum der Emigration war, kommentierte die Exilpresse das Ereignis ebenso wie in geographisch weit entlegenen außereuropäischen Staaten. So erhielten auch Antifaschisten und Hitler-gegner, die sich vor dem Zugriff der Nazis in die USA oder nach Argentinien hatten retten können, aktuelle Informationen sowohl über die Medien der Exilländer selbst wie durch die deutschsprachige Presse.

Nach 1933 hatte sich in der deutschen Emigration eine reichhaltige, vielgegliederte Exilpresse entwickelt.[1] Sie umfaßte politische Periodika, politisch-kulturelle, literarische und wissenschaftliche Literatur. Nach Umfang und Ausstattung sehr verschiedene Exilzeitungen erschienen in nahezu allen Ländern, in denen deutsche Antifaschisten Asyl gefunden hatten. Zahlenmäßig am stärksten und breitgefächert war die Exilpresse naturgemäß in den Hauptländern der Emigration.

Diese Presse spiegelte die innere Struktur der deutschen Emigration wider, deren Hauptmerkmal ihre ausgesprochen heterogene Zusammensetzung in sozialer, politischer und weltanschaulicher Hinsicht war. Da gab es die Parteienpresse, die Gewerkschaftspresse, die Presse von Jugendverbänden, gesellschaftlichen Einrichtungen, wissenschaftlichen, künst-lerischen und literarischen Vereinigungen und Zusammenschlüssen. Kommunistische und sozialdemokratische Periodika standen neben solchen von sozialistischen und trotzkisti-schen Gruppierungen. Die Exilpresse bestand ferner aus Organen, die eine liberale, konser-vative oder konfessionelle Tendenz bzw. entsprechenden Inhalt zeigten. Es erschienen Exilblätter der jüdischen Emigration. Alle Anstrengungen der Kommunisten und anderer

---

* Die Untersuchung stützt sich vorrangig auf politische und politisch-kulturelle Presseorgane, die 1939 und vor allem im August/September 1939 in Exilländern wie Frankreich, USA, Schweiz und Argentinien er-schienen.

1 Siehe *Hans Albert Walter*, Deutsche Exilliteratur 1933—1950, Bd. 4, Exilpresse, Stuttgart 1978; *Presse im Exil*. Beiträge zur Kommunikationsgeschichte des deutschen Exils 1933—1945. Hrsg. von Hanno Hardt, Elke Hilscher, Winfried B. Lang, München/New York/London/Paris 1979.

Hitlergegner hatten bis 1939 nicht dazu geführt, eine die deutsche Emigration zusammenfassende und über die Ländergrenzen hinwegreichende Volksfrontpresse zu schaffen.

Bei aller Unterschiedlichkeit der politischen Standorte war die Exilpresse doch durch ein gemeinsames Anliegen verbunden: den Kampf gegen den Faschismus. Sie war eine Antihitler-Presse, informierte die Weltöffentlichkeit über das faschistische Regime in Deutschland, warnte vor der von Hitlerdeutschland ausgehenden Kriegsgefahr.

Gründungsdaten und Erscheinungsdauer der Exilblätter waren vor allem von ökonomischen und politischen Faktoren bestimmt. Während manche Blätter nur einige Nummern herausgaben, konnten andere über Jahre hinweg täglich, wöchentlich bzw. monatlich erscheinen. Einschneidende Veränderungen brachte vor allem das Fortschreiten des Faschismus in Europa. Infolge des Münchener Abkommens kam es zu einer spürbaren Amputation der Exilpresse, denn wenige der in der ČSR herausgegebenen Blätter konnten ihren Erscheinungsort in andere europäische Staaten verlegen.[2]

Für diese Untersuchung konnte aus einer Anzahl von Zeitungen und Zeitschriften, die 1939 zum Zeitpunkt der Vertragsunterzeichnung zwischen Deutschland und der Sowjetunion erschienen, nur eine Reihe vor allem repräsentativer Blätter politischen und politisch-kulturellen Inhalts herangezogen werden. Das sind die damals in Paris erscheinenden „Deutschen Mitteilungen"[3], die „Pariser Tageszeitung"[4], der „Neue Vorwärts"[5], die „Neue Front"[6], die „Deutsche Volks-Zeitung"[7], die Wochenschrift „Die Zukunft"[8]; ferner die

2 Am 10. November 1938 war im Verzeichnis der Verlagsorte der *Neuen Weltbühne* (Prag/Zürich/Paris) Prag gelöscht und durch London ersetzt worden.

3 Die erste Nummer des Nachrichtenblattes erschien am 10. Februar 1938 unter den Herausgebern: Heinrich Mann, Georg Bernhard, Prof. Liebl. Die *Deutschen Mitteilungen* waren aus den *Deutschen Informationen* (Paris) hervorgegangen, die von Heinrich Mann, Rudolf Breitscheid, Max Braun, Bruno Frei ab März 1936 herausgegeben worden waren.

4 Nachfolgeorgan des *Pariser Tageblatts*. Erschien ab 12. Juni 1936 und war in der Folgezeit einziges täglich erscheinendes Blatt deutscher Exilierter in Frankreich. Bis 1937 Georg Bernhard Chefredakteur, dann Carl Misch. Zum politischen Standort schrieb Karlheinz Pech: „Insgesamt nahm die Zeitung auch eine befürwortende Haltung zur Schaffung einer deutschen Volksfront ein, ging jedoch seit 1937 auf eine Position ähnlich der anderer bürgerlicher Hitlergegner über, die eine Einigung der Opposition gegen Hitler ohne Teilnahme der Kommunisten anstrebten." (siehe *Karlheinz Pech*, Die gesellschaftliche Situation in Frankreich und die Bedingungen für die antifaschistischen Emigranten, in: *Kunst und Literatur im antifaschistischen Exil 1933—1945 in sieben Bänden*. Exil in Frankreich, Band 7, Leipzig 1981, S. 78.)

5 Ab 1938 in Paris vom sozialdemokratischen Emigrationsvorstand publiziertes Wochenblatt.

6 Organ der Sozialistischen Arbeiterpartei (SAP). Erschien ab Juli 1933, zunächst vierzehntägig, 1939 monatlich. Hrsg. Auslandszentrale der SAP bzw. Parteileitung der SAP.

7 Weiterführung des *Gegenangriff* (von der KPD initiierte Ausgaben erschienen in Prag seit April 1933, in Paris vom 1. Oktober 1933 bis März 1936). Chefredakteur der *Deutschen Volks-Zeitung* waren Lex Ende (Lex Breuer) sowie für den politischen Inhalt mitverantwortlich Paul Merker und Gerhart Eisler. Die Wochenzeitung wurde in einer Auflage von 45000 Stück je Nummer in nahezu allen europäischen Ländern und den USA verbreitet. Nach Karlheinz Pech war diese Zeitung „auf die Probleme der Emigration ausgerichtet, war zugleich das wichtigste publizistische Instrument der Auslandsleitung beziehungsweise später des Sekretariats des ZK der KPD für die Orientierung der Abschnittsleitungen der Partei in den Grenzländern zu Deutschland". (siehe *Pech*, S. 79). Letzte Nummer der *Deutschen Volks-Zeitung*, 27. August 1939.

8 Gründer Willi Münzenberg. Erschien ab 12. Oktober 1938. Erster Chefredakteur war Arthur Koestler, ab 1938/39 bis zur Einstellung des Blattes Werner Thormann. Weitere Angehörige des redaktionellen Komitees: Manés Sperber, Paul Sering (Richard Löwenthal), Julius Steinberg.

„Neue Weltbühne"[9] und „Das neue Tage-Buch"[10], deren Erscheinungsort u. a. auch Paris war. Außerdem wurden in die Untersuchung der in New York erscheinende „Aufbau"[11] sowie drei deutsch-amerikanische Periodika einbezogen, die im strengen Sinne keine Exilgründungen waren bzw. sich nicht nur als Emigrantenblätter verstanden, aber redaktionell vor allem von deutschen Emigranten geführt wurden: die „Volksfront"[12] (Chicago), das „Deutsche Volksecho"[13] und die „Neue Volks-Zeitung"[14] (beide New York). Weitere untersuchte Zeitungen waren „Das andere Deutschland"[15] (Buenos Aires) sowie die „Rundschau"[16], die in Basel als ein Organ der internationalen kommunistischen Arbeiterbewegung herauskam.

Die Zeitungen und Mitteilungsblätter existierten schon vor dem August 1939 nicht einfach nebeneinander. Aus ihren unterschiedlichen Standorten ergaben sich bei der Diskussion der Möglichkeiten zur Rettung des Friedens mehr oder minder zugespitzte Kontroversen.

9 Fortsetzung der *Weltbühne* (Hrsg. von Jacobsohn, Tucholsky, Ossietzky) im Exil. Erste Nummer am 14. April 1933 unter dem Titel *Die Neue Weltbühne* unter Willi Schlamm bis zum 8. März 1934, dann als *Die Neue Weltbühne* unter Leitung von Hermann Budzislawski bis zum 31. August 1939.

10 Nachfolgeorgan des *Berliner Tagebuchs*. 1920 von Stefan Grossmann gegründet, ab 1927 von dem Wirtschaftsjournalisten Leopold Schwarzschild übernommen, der das Blatt im Exil als *Das neue Tage-Buch* unter der Chefredaktion von Josef Bornstein herausbringt. Erscheinungsdauer 1. Juli 1933—11. Mai 1940 (Auslieferung zwei Tage vorher). Die in der Woche nach Beginn des zweiten Weltkrieges fällige Nummer ist nicht erschienen. — Das Blatt veröffentlichte Beiträge von Vertretern verschiedenster politischer Richtungen — mit Ausnahme der Kommunisten. Pech schrieb: „Mit der zunehmenden antikommunistischen Tendenz des Neuen Tage-Buch trat besonders seit 1937 die antihitlerische immer weiter in den Hintergrund, was die Pariser Tageszeitung veranlaßte, das Neue Tage-Buch als geradezu ein Zentralorgan aller Zersetzer und Spalter der antifaschistischen Front zu bezeichnen." (Siehe *Pech*, S. 80).

11 Nachrichtenblatt des Deutsch-Jüdischen Klubs. Erscheinungsdauer 1. Dezember 1934 bis heute (seit 1941 unter dem Titel *Aufbau — Reconstruction*). Manfred Georg (später Manfred George), ehemaliger Journalist der Zeitungshäuser Ullstein und Mosse und Sekretär des *German American Writers Association* übernahm am 1. April 1939 die Redaktion.

12 Offizielles Organ des Deutsch-Amerikanischen Kulturbundes, in dem u. a. Heinrich Mann publizierte.

13 Kommunistische Wochenzeitung (Nachfolgeorgan von *Der Arbeiter*, einem Publikationsorgan des deutschen Büros der KP in den USA). Erscheinungsdauer: 20. Februar—16. September 1939. Chefredakteur Stefan Heym (Hellmuth Fliegel), Stellvertreter war Walter Kraus.

14 Nachfolgeorgan der *New Yorker Volks-Zeitung*. Erscheinungsdauer: 17. Dezember 1932 bis 6. August 1949. Chefredakteur Gerhart H. Seger, ehemaliger Generalsekretär der Deutschen Friedensgesellschaft, war nach der Flucht aus dem Konzentrationslager Oranienburg (1933) via Prag 1934 in das USA-Exil gekommen und arbeitete seit 1935 in der Redaktion des Wochenblattes. Seine Mitarbeiter waren u. a. Rudolf Katz, Friedrich Stampfer, zeitweilig auch William S. Schlamm. Die Autoren des Blattes wurden von Eike Middell in ihrer Haltung als ausgesprochen „rechtssozialdemokratische, revisionistische, in manchem zwar antihitlerische, aber nicht generell antifaschistische" Vertreter charakterisiert; zum Programm der *Neuen Volks-Zeitung* gehörte „eine radikale Ablehnung der Volksfront und ein dezidierter Antikommunismus". (Siehe *Eike Middell*, Politisches Engagement deutscher Emigranten in den USA, in: *Kunst und Literatur im antifaschistischen Exil 1933—1945*, Bd. 3, Exil in den USA mit einem Bericht „Shanghai — Eine Emigration am Rande", Leipzig 1977, S. 89).

15 Monatsschrift des unter gleichem Namen arbeitenden Komitees *Das Andere Deutschland*, die in Buenos Aires von August Siemsen als verantwortlicher Redakteur unter Mitarbeit von Heinrich und Ilse Gronewald, Hans Lehmann, Hans Karl, Ernst Lakenbacher herausgegeben und in vielen lateinamerikanischen Ländern verbreitet wurde. Druck und Vertrieb der Zeitschrift erfolgten durch das *Argentinische Tageblatt*.

16 Wochenschrift *Über Politik, Wirtschaft und Arbeiterbewegung*.

Immer wieder hatten sich Periodika und andere Publikationen des Exils mit der sich unausgesetzt beschleunigenden Aufrüstung des faschistischen Regimes befaßt, auf die aus ihr erwachsenden Gefahren für den europäischen Frieden hingewiesen und zugleich die Konstellationen erörtert, die es dem deutschen Imperialismus ermöglichen oder verbieten würden, den Frieden zu brechen. Naturgemäß richtete sich der Blick, wenn es um die Verhinderung des Krieges ging, vor allem auf die Haltung der Großmächte, in erster Linie auf Großbritannien und Frankreich einerseits, auf die UdSSR andererseits. Viele Publizisten des Exils, Kommunisten und Nichtkommunisten, richteten ihre Hoffnungen darauf, daß es zu einer systemübergreifenden Abwehrfront gegen den deutschen Faschismus kommen würde. Und viele Hoffnungen knüpften sich an die UdSSR und an die Tatsache, daß die sozialistische Gesellschaft, wie immer die Autoren auch zu ihr standen, doch die schärfste Entgegensetzung zum faschistischen Regime bedeutete. Sorgfältig wurden die Initiativen beobachtet, welche die Regierung in Moskau seit 1933 unternahm, um Voraussetzungen eines neuen, der veränderten Situation angemessenen Verhältnisses zu Frankreich zu schaffen. Der Eintritt der UdSSR in den Völkerbund wurde als eine Bestätigung für eine sich anbahnende Änderung des sowjetisch-französischen und sowjetisch-britischen Verhältnisses gesehen. Höher gespannt wurden die Erwartungen auf einen Zusammenschluß der nichtfaschistischen Staaten besonders durch die im Mai 1935 abgeschlossenen Verträge zwischen der UdSSR und Frankreich und der UdSSR und der Tschechoslowakei, deren eindeutige Tendenz darin bestand, die drei über erhebliche Landstreitkräfte verfügenden Staaten zu einer den Faschismus abschreckenden Kraft zusammenzuführen.

Doch dann folgte das Komplott von München, das bestätigte, daß sich in Großbritannien und Frankreich die Gegner einer Politik der kollektiven Sicherheit zunächst durchgesetzt hatten. Ihnen war es gelungen, die UdSSR aus der europäischen Diplomatie auszuschalten und auf ihre Kosten eine Verständigung mit dem faschistischen Rivalen anzubahnen.

Auf diese schwere Ernüchterung erfolgte jedoch im März 1939 die Erweckung neuer Hoffnungen, hatte sich doch das faschistische Deutschland über den Münchener Pakt hinweggesetzt und auf eigene Faust die Resttschechoslowakei liquidiert. Die sowjetische Initiative, die daraufhin die Fäden nach Paris und London neu zu knüpfen suchte, um eine „Einheitsfront der gegenseitigen Hilfe" gegen die faschistischen Aggressoren in Europa zu schaffen,[17] fand im deutschen Exil viele Befürworter, so daß die hartgesottensten Verfechter des Antisowjetismus nicht offen gegen die Gespräche und die sich anschließenden Verhandlungen zwischen der britisch-französischen und der sowjetischen Seite Front machen konnten. Mitunter übertrafen die an die Verhandlungen geknüpften positiven Erwartungen deren tatsächlichen Stand bei weitem.

Als die Anstrengungen, in letzter Minute und nach so vielen durch die Westmächte vertanen Jahren doch noch eine die kollektive Sicherheit gewährleistende Abwehrfront zustande zu bringen, scheiterten und sich die UdSSR zum Abschluß des Vertrages mit Deutschland gezwungen sah, bedeutete dies für Tausende von Nazigegnern, darunter denen des deutschen Exils, eine bittere Enttäuschung. Augenblicksreaktionen konnten, begünstigt durch die Unübersichtlichkeit der Situation und durch verbreitete Unwissenheit über die Handlungsmotive der UdSSR, nicht ausbleiben. Im ganzen aber setzten sich in den Reaktionen auf den deutsch-sowjetischen Vertrag die Auseinandersetzungen fort, offenbarten sich in ihnen die Fronten, die im deutschen Exil bei der Erörterung der Krieg-Frieden-Frage seit 1933 hervorgetreten waren. Jetzt erreichte der Streit eine bei außenpolitischen Anlässen

---

17 Die Sowjetregierung zur Lage, in: *Deutsche Volks-Zeitung*, Paris, 21. Mai 1939, Nr. 21, S. 6.

bisher nicht erlebte Zuspitzung. Noch einmal meldete sich die deutsche Emigration in ihrer politischen und weltanschaulichen Breite zu Wort. Kommunisten, Sozialdemokraten, Demokraten, Humanisten, Pazifisten und Konservative äußerten sich zum Inhalt des Vertrags und zum Für und Wider seiner Unterzeichnung. Sie erörterten die Motive der Signatarstaaten und die Wirkungen und Folgen des Abkommens.

Alexander Abusch nannte den Vertrag in seinen Memoiren einen „Paukenschlag aus Moskau"[18]. Anders als beim Abschluß des Münchener Abkommens, nach dem sich — wenn auch nur für kurze Zeit — die gemeinsamen Friedensanstrengungen der unterschiedlichen Gruppierungen deutscher Kriegsgegner neu belebt hatten und die Volksfrontpolitik der KPD partiell wieder an Anhängern gewann, brachte die Diskussion zum deutsch-sowjetischen Vertrag eine äußerste Konfrontation der Standpunkte. Die ideologisch-politische Auseinandersetzung, die zeitlich über den Kriegsbeginn hinausführte, gewann extreme Schärfe und gipfelte in stärksten antikommunistischen und antisowjetischen Angriffen.

Dieser Beitrag analysiert die in der Exilpresse geführte Debatte, an der Einzelpersonen und Sprecher parteipolitischer Organisationen und anderer Zusammenschlüsse beteiligt waren. Auf diese Weise wird sich auch der politische und geistige Zustand der deutschen Emigration am Vorabend und zu Beginn des zweiten Weltkrieges genauer bestimmen lassen. Der Beitrag gilt einem Thema, mit dem sich bis heute in der bürgerlichen Journalistik und Geschichtsschreibung weithin die Propaganda von Antikommunismus und Antisowjetismus verbinden und das insbesondere von Vertretern der Totalitarismus-Doktrin benutzt wird. Wie sich zeigen wird, besitzen manche Formulierungen, die als heutige Schreibweisen ausgegeben werden, ihre Wurzeln in bürgerlichen und sozialdemokratischen Bewertungen, die in der Exilpresse vor nahezu 50 Jahren publiziert wurden.

Aus dem Anliegen des Beitrages folgt, daß in ihm die verstreuten und zum Teil schwer zugänglichen Quellen in stärkerem Umfange zitiert werden, als das bei einem weniger kontroversen Thema notwendig wäre.

In der deutschen Exilpresse beschäftigte man sich mit dem deutsch-sowjetischen Verhältnis nicht erst im Augenblick, da die Mitteilung über den Nichtangriffsvertrag und das wenige Tage zuvor am 19. August in Berlin unterzeichnete Handels- und Kreditabkommen zwischen Deutschland und der UdSSR veröffentlicht wurden.

Für manche bürgerlichen Autoren war charakteristisch, daß an diese Beziehungen nicht nur ein besonderer, sondern zugleich ein realitätsferner Maßstab angelegt wurde. Die schwierige außenpolitische Situation, welche die UdSSR dazu zwang, die eigene industrielle Basis nicht nur unter Aufbringung größter Opfer der eigenen Bevölkerung beschleunigt aufzubauen, sondern auch dazu führte, daß sich die Außenpolitik der Arbeiter-und-Bauern-Macht mitunter durch die Klippen kapitalistischer Widersprüche manövrieren mußte, war im Denken dieser Autoren zumeist nicht oder nur bruchstückhaft präsent. Während es manche von ihnen für durchaus normal hielten, daß die kapitalistischen Rivalen über den 30. Januar 1933 hinaus politische, wirtschaftliche und andere Beziehungen mit dem Deutschen Reich unterhielten, wurde der UdSSR eine Haltung abverlangt, die eine Art Projektion der faschismusfeindlichen Ideologie dieses Staates auf seine Außenpolitik darstellte. Daraus ergaben sich dann praktische Forderungen, die bis zum alleinigen Wirtschaftsboykott der UdSSR gegen den deutsch-faschistischen Staat reichten.

---

18 *Alexander Abusch*, Der Deckname. Memoiren, Berlin 1981, S. 478.

Diese Denkweise propagierte 1935 die in New York erscheinende „Neue Volks-Zeitung" anläßlich des zwischen der UdSSR und Deutschland abgeschlossenen Handelsvertrages. Das seit 1932 unter der deutsch-amerikanischen Bevölkerung verbreitete Blatt war ein einflußreiches Sprachrohr der Sozialdemokraten, das „völlig unter Emigranteneinfluß kam und sich scharf antikommunistisch entwickelte".[19] Die „Neue Volks-Zeitung" berichtete, daß am 10. April 1935 „zwischen dem ‚dritten Reich' und der ‚Union der Sowjetrepubliken' ein neuer Handelsvertrag" abgeschlossen wurde und nahm die Nachricht zum Anlaß, um den außenpolitischen Schritt der Sowjetunion auf das schärfste zu verurteilen. Die Zeitung berief sich darauf, „daß nicht nur Sozialisten, sondern auch Kommunisten" zu Hunderten sich bei der Redaktion gemeldet und „ihre Verwunderung über die Stalinsche Handelspolitik ausgesprochen hätten". Diese Politik würde die Wirtschaft des Staates stärken, der ansonsten von „den gegenwärtigen Machthabern in Rußland" als „gefährlicher Feind" ausgegeben würde. Über die politische Haltung des faschistischen Deutschland zur Sowjetunion schrieb die Redaktion in diesem Zusammenhang: „Hört man Adolf Hitler, dann muß man glauben, daß es keinen gefährlicheren Menschen gibt als die Bolschewiken, die Rußland beherrschen!"[20] Es liegt zutage, daß, welche politischen Motive den sozialdemokratischen Autor auch geleitet haben mögen, der UdSSR ein Rigorismus außenpolitischen Handelns und mehr noch eine herausfordernde Konfrontation zum faschistischen Regime abgefordert wurden, die an der tatsächlichen äußeren Situation der UdSSR und den Erfordernissen des Wirtschaftsaufbaus souverän vorbeisahen. Praktisch wurde der Regierung in Moskau eine Haltung anempfohlen, die jenen Kräften direkt zugearbeitet hätte, die das faschistische Deutschland und den sozialistischen Staat gegeneinander hetzen wollten.

Diesem bereits auf antikommunistischen Positionen beruhenden Rigorismus waren Erörterungen fremd, die sich im April 1937 in zwei anderen Exilblättern fanden. Ihre Autoren waren die damaligen Chefredakteure der bürgerlichen und antihitlerischen „Pariser Tageszeitung" Georg Bernhard und der „Neuen Weltbühne" Hermann Budzislawski, dem Organ, das den Gedanken einer antifaschistischen Volksfront propagierte. Beide hatten unabhängig voneinander die Möglichkeit eines Paktes zwischen Deutschland und der Sowjetunion behandelt.

Der ehemalige Reichstagsabgeordnete Bernhard schrieb seinen Beitrag „Moskau und Berlin" vor dem Hintergrund sich „häufender Schwierigkeiten des Hitlerregimes" und mit dem Blick auf die wieder ins Gespräch gekommenen deutschen „Anhänger einer östlich orientierten Politik". Gestützt auf damals umlaufende Nachrichten, schloß er nicht aus, daß „gewisse Berliner Kreise einen Ausweg in einer Verständigung mit Rußland suchen" könnten.[21] Er stellte in diesem Zusammenhang fest, daß diese Ideen „noch von altersher in der Reichswehr geblieben" seien und es „sicher auch in nationalsozialistischen Kreisen noch viele Anhänger der früheren Ostorientierung" gäbe. Nach Meinung von Bernhard war diese Orientierung „für viele einst ein Glied jener Kontinentalpolitik, die die beste Sicherung für eine ruhige deutsche Entwicklung in der Kooperation mit Frankreich sah", so daß „ihre organische Verlängerung . . . sehr gut das durch Deutschland vermittelte Bündnis zwischen Frankreich und Rußland sein" könnte. Konkret berief sich Bernhard auf die angeblich „kürzlich vollzogene Aussöhnung zwischen Ludendorff und dem obersten Führer

---

19 *Middell*, S. 89.

20 *Neue Volks-Zeitung*, 20. April 1935, Nr. 16, S. 1.

21 *Georg Bernhard*, Moskau und Berlin, in: *Pariser Tageszeitung*, 9. April 1937, Nr. 302, S. 1. — Die nachfolgenden Zitate entstammen dieser Quelle.

aller Hakenkreuzler" (Adolf Hitler — U. A.). Er schrieb: „. . . manche wollen in dieser Verständigung eine Folge des gewachsenen, militärischen Einflusses sehen, durch die die Möglichkeit gegeben scheint, die alten Fäden nach Rußland wieder anzuspinnen. Es wird sogar behauptet, daß Ludendorff persönlich Anhänger einer militärischen Kooperation mit Sowjetrußland sei." Der Chefredakteur der „Pariser Tageszeitung" ließ die Gerüchte ungeprüft, denn es schien ihm ohnehin ausgeschlossen, „daß die Sowjetregierung geneigt (wäre), ihrerseits solche Pläne auch nur zu erwägen." Er beleuchtete vielmehr diese Kräftekonstellation aus dem Blickwinkel Frankreichs: „Das ganze Intermezzo ist nur deshalb interessant, weil es den Franzosen zeigt, wie gefährlich es gewesen wäre, wenn sich jene früheren außenpolitischen Strömungen durchgesetzt hätten, die die Nichtunterzeichnung oder gar das Aufgeben des Paktes mit der Sowjetunion (vom 2. Mai 1933 — U. A.) verlangten." Und für das Paktverhalten der Sowjetunion schlußfolgerte Bernhard: „Für jedes Rußland, wie es auch regiert sein mag, kann es immer nur eine Alternative geben, mit Deutschland oder mit Frankreich im Bündnisverhältnis zu stehen, solange es nicht drittes Glied eines deutschfranzösischen Bündnisabkommens sein kann. Aber ohne jeden Schutz für seine Westgrenzen kann es politisch gar nicht existieren."

Mit Blick auf die Gegner des sowjetisch-französischen Abkommens in Frankreich warnte Bernhard vor dem Gedanken, daß dessen Aufkündigung folgenlos bleiben würde, und trat der nach seiner Meinung irrtümlichen Auffassung entgegen, „daß das Hitlerregime, zu dessen agitatorischen Kernpunkten der Kampf gegen den Bolschewismus gehöre, sich unmöglich mit einer Bolschewistenregierung verbinden könne". Bernhard schrieb: „Das Hitlerregime kann jedes Bündnis eingehen, das es ihm gestattet, seinen Revanche- und Expansionsplänen etappenweise Genüge zu tun. Ihm ist es gleichgültig, ob es sich zunächst mit Rußland verträgt, um Frankreich anzugreifen oder ob es sich vorerst mit Frankreich freundlich stellt, um in Ost- und Mitteleuropa freie Hand zu haben. Es bindet sich mit keinem Bündnis für eine weitere Zukunft."

An diesem Aufsatz ist weniger interessant, daß die Informationsbasis, von welcher der Autor ausging, tatsächlich — wie aus heutiger Sicht bestimmt festgestellt werden kann — der Gerüchteküche entstammte. Bemerkenswert erscheint vielmehr, daß Bernhard richtig sah, daß es die französische Politik in der Hand hatte, ein festes militärisches Bündnis mit der UdSSR herzustellen, und daß er aussprach, daß — in welcher Reihenfolge auch immer — der faschistische deutsche Imperialismus sich sowohl nach Osten gegen die UdSSR wie nach Westen gegen Frankreich wenden werde. Insofern müssen die Auffassungen des damaligen Chefredakteurs der einzigen deutschsprachigen Tageszeitung im Exil in Frankreich als Stellungnahme gegen die extrem reaktionären Kräfte gewertet werden, die sich perspektivlos mit Deutschland verständigen wollten, anstatt der objektiven Interessenidentität Frankreichs mit der UdSSR Rechnung zu tragen, die 1935 geschlossenen Verträge zu verteidigen und die in ihnen liegenden Möglichkeiten endlich auszubauen.

Auch Budzislawski hielt im Frühjahr 1937 einen Pakt zwischen Deutschland und der Sowjetunion theoretisch für denkbar, praktisch aber vor allem wegen der Haltung der Sowjetunion nicht für akut. Er war davon überzeugt, daß die Sowjetunion den mit Frankreich geschlossenen Vertrag, der die Garantie der ČSR einschloß, nicht zugunsten eines Abkommens mit Deutschland, auf das wenig Verlaß wäre, preisgeben würde.[22]

Beide Stellungnahmen waren vor allem deshalb bemerkenswert, weil die „Pariser Tageszeitung" wie die „Neue Weltbühne" bei ganz unterschiedlichem Herangehen an das Thema

22 *Neue Weltbühne*, 22. April 1937.

der internationalen Beziehungen in Europa doch ein Problembewußtsein verbreiteten und zugleich darin übereinstimmten, daß die UdSSR eine ihre Sicherheit gewährleistende Verbindung mit Frankreich bevorzugen würde.

Auf dem Höhepunkt der Vorkriegskrise[23] befragte die Exilpresse das internationale Geschehen unter einem Gesichtspunkt: Besteht noch eine Chance, den Frieden zu bewahren, oder wird der zweite Weltkrieg alsbald ausbrechen? Und wenn er beginnt, wird der deutsche Faschismus sich zuerst gegen Osten oder gegen Westen wenden? Von diesen Fragen und Besorgnissen geleitet, wurden die Verhandlungen über einen Dreimächtevertrag UdSSR-Großbritannien-Frankreich zum beherrschenden Thema der Exilpresse.

Seit der sowjetische Außenminister Maxim M. Litvinov im März 1939 angeregt hatte, „sofort eine Konferenz sämtlicher östlicher Anliegerstaaten Deutschlands und der drei Großmächte der Anti-Achse"[24] einzuberufen, um einen Beistandsvertrag abzuschließen, verfolgten alle Exilzeitungen das Schicksal und die Folgen dieses Vorschlages in umfänglichen außenpolitischen Pressebeiträgen. Sie verbreiteten Informationen über den Verlauf der Verhandlungen, die auf Bündnisvorschläge der Sowjetunion an England und Frankreich folgten.

Die in Paris erscheinende Wochenzeitung der KPD, die „Deutsche Volks-Zeitung", war bestrebt, Sachkenntnisse über den Inhalt der sowjetischen Vertragsvorschläge an Großbritannien und Frankreich sowie über deren Reaktionen zu vermitteln. Dem diente der Beitrag „Die Sowjetregierung zur Lage", der in der Ausgabe vom 21. Mai 1939 veröffentlicht wurde. Darin erfuhr der Leser in ausführlichen Zitaten von einem Leitartikel der „Izvestija", der zu der verbreiteten Behauptung Stellung bezog, wonach die Sowjetunion „ein direktes Militärbündnis mit England und Frankreich und ‚geradezu den Beginn von militärischen Aktionen gegen die Aggressoren' "[25] verlangt haben sollte. Die „Izvestija" schrieb, daß die sowjetische Initiative, mit England und Frankreich „einen gegenseitigen Hilfspakt auf der Grundlage der Gegenseitigkeit" abzuschließen, dem Zweck verschrieben sei, „anderen Staaten in Ost- und Mitteleuropa, die der Gefahr einer Aggression ausgesetzt" würden, Hilfe zu garantieren. Weiter hieß es in der wörtlich von der „Deutschen Volks-Zeitung" übernommenen sowjetischen Stellungnahme: „Es muß festgestellt werden, daß diese klare und im Wesen auf die Verteidigung und Friedensliebe gerichtete Haltung der Sowjetunion, die dazu noch auf dem Prinzip der Gegenseitigkeit und gleicher Pflichten beruht, bei England und Frankreich keine Sympathie gefunden hat."

Damit war ausgesprochen, daß die UdSSR in komplizierten Verhandlungen stand. „Bekanntlich hatte England mit Zustimmung Frankreichs Gegenvorschläge aufgestellt", die die Sowjetunion im Falle eines Bündnisses mit diesen Staaten „in eine ungleiche Lage" versetzten und die Sicherheit des sowjetischen Staates nicht mehr garantierten.

Auch die Redaktionen anderer Exilblätter und deren Autoren versuchten, ihren Lesern die Hintergründe des diplomatischen Geschehens darzulegen, was infolge unzureichender Kenntnisse vielfach zu Vermutungen und Prophezeiungen führte. Das betraf auch die Kommentare zum Wechsel im Amt des sowjetischen Außenministers am 3. Mai 1939, die Ablösung M. M. Litvinovs durch V. M. Molotov.

---

23 Zum Begriff der Vorkriegskrise siehe *Geschichte des Zweiten Weltkrieges 1939—1945*, 2. Bd.: Am Vorabend des Krieges, Moskau 1974, S. 9f.

24 *Leopold Schwarzschild*, Verhandlungen mit Moskau, in: *Das neue Tage-Buch*, Paris/Amsterdam, 10. Juni 1939, H. 24, S. 561.

25 *Deutsche Volks-Zeitung*, 21. Mai 1939, Nr. 21, S. 6. — Die nachfolgenden Zitate entstammen dieser Quelle.

Die „Volksfront" (Chicago), das offizielle Organ des Deutsch-Amerikanischen Kulturbundes, schrieb unter der Schlagzeile „Nutzloses Rätselraten um Rußland" am 13. Mai
darüber: „Wenige Stunden nachdem bekannt wurde, daß England den russischen Vorschlag
eines festen militärischen Bündnisses zwischen Rußland, England und Frankreich ablehnen
würde, ist der russische Außenminister Litvinov von seinem Posten zurückgetreten ... So
schwierig es ist, sich ein klares Bild über die Vorgänge zu machen, eines scheint uns doch
festzustehen: Der Rücktritt Litvinovs kann nur zwei Ursachen haben: Entweder ist die
russische Regierung über das endlose Hinziehen der Verhandlungen mit England und
Frankreich verschnupft und wünschte durch die Annahme des Rücktritts Litvinovs den
Westmächten eindeutig verstehen zu geben, daß Rußland eine sofortige klare Stellungnahme so oder so zu seinen Vorschlägen erwartet. Oder der Rücktritt Litvinovs, der durch
die Jahre hindurch die Mitarbeiter Rußlands im Völkerbund vertrat, bedeutet, daß Rußland
unter den gegenwärtigen Umständen und angesichts der klaren Sabotage jeder Zusammenarbeit mit Rußland durch das Chamberlain-Kabinett sich für einige Zeit zurückzuziehen
wünschte. Rußland kann sicher sein, daß im Augenblick eines wirklich größeren Konflikts
in Europa die russische Hilfe für die Opfer des Hitlerschen Angriffs so wertvoll sein
wird, daß es dann die Bedingungen diktieren kann, und daß es jedenfalls nicht nötig haben
wird, um für Herrn Chamberlain die Kastanien aus dem Feuer zu holen[26], eine einseitige
Verpflichtung einzugehen, die für Rußland selbst keine Vorteile bringt."[27]

Zum gleichen Thema erklärte am 15. Mai das jüdische Wochenblatt „Aufbau" (New
York): „Mit dem Rücktritt Litvinovs hat sich die europäische Lage insofern geklärt,
als der russische Standpunkt damit klar zum Ausdruck kam: entweder echtes Bündnis
mit den Westmächten oder Isolation." Anders als die „Volksfront" (Chicago) folgerte dann
der „Aufbau": „ebensowenig wie Chamberlain sich einbilden kann, daß es noch isolierte
Ostkriege geben könnte, ebenso sehr weiß man im Kreml, daß eine Isolierung auf die Dauer
nicht ohne die schwersten Konsequenzen für die Sowjetunion bleiben könnte."[28]

Auch die von der Parteileitung der Sozialistischen Arbeiterpartei Deutschlands (SAP)
herausgegebene „Neue Front" (Paris) beleuchtete und kommentierte das Ereignis: „Am
2. Mai hatte die britische Regierung die allzu weitgehenden Bündnisvorschläge der
Russen abgelehnt, am 4. Mai (richtig: 3. Mai — U. A.) wurde Litvinov zurückgezogen.
So sehr diese, für das Stalinregime kennzeichnende bürokratische Beseitigung des führenden
Mannes der russischen Außenpolitik zu verurteilen ist, so sehr erreichte die Maßnahme
die offenbar beabsichtigte Wirkung: England bekam einen Schreck und ging einen Schritt
weiter. Die Sowjetunion, so wurde erklärt, braucht nicht zu befürchten, isoliert zu bleiben;
sie solle erst angreifen, wenn England und Frankreich eingegriffen haben. Aber die

---

26 Bezugnahme auf eine Methapher Stalins in seinem Tätigkeitsbericht über die Arbeit des ZK der KPdSU
  (B) an den XVIII. Parteitag (März 1939). Stalin hatte die damaligen Aufgaben der Partei auf dem Gebiete
  der Außenpolitik in vier Punkten zusammengefaßt: „1. Auch in Zukunft eine Politik des Friedens und der
  Festigung sachlicher Beziehungen mit allen Ländern durchzuführen; 2. Vorsicht zu beachten und den
  Kriegsprovokateuren, die es gewohnt sind, *sich von anderen die Kastanien aus dem Feuer holen zu lassen*
  (Meine Hervorh. — U. A.), nicht die Möglichkeit zu geben, unser Land in Konflikte hineinzuziehen; 3.
  Die Kampfkraft unserer Roten Armee und unserer Roten Marine mit allen Mitteln zu stärken; 4. Die
  internationalen Freundschaftsbedingungen mit den Werktätigen aller Länder, die am Frieden und an der
  Freundschaft zwischen den Völkern interessiert sind, zu festigen." (*Rundschau*, 13. März 1939, Nr. 12,
  S. 354).
27 *Volksfront. The Peoples Front*, Chicago, 13. Mai 1939, Nr. 19, S. 4.
28 *Aufbau. Blätter für das deutsche Judentum*, New York, 15. Mai 1939, Nr. 9, S. 2.

Russen wollen, daß die Chamberlains ernsthaft mit Münchener Ideen brechen, sie wollen nicht, daß in letzter Minute irgendwelche Friedenskonferenzen auf ihrem Rücken und ohne ihre Beteiligung ausgetragen werden."[29]

So unterschiedlich die Kommentare zum Wechsel an der Spitze der sowjetischen Außenpolitik auch waren, sie stimmten darin überein, daß er eine Reaktion auf den unbefriedigenden Verlauf der Verhandlungen zwischen der UdSSR und den Westmächten und daß dieser Verlauf wiederum durch die Regierung Chamberlain verursacht worden sei. Richtig sah auch der Autor der „Neuen Front", daß diese Verhandlungen aufgrund ihrer Vorgeschichte einen außerordentlichen Schwierigkeitsgrad besaßen und die UdSSR einfach Garantien verlangen mußte, die sie gegen ein „zweites" München sichern würden. „Das Andere Deutschland", das unter Leitung des ehemaligen sozialdemokratischen Reichstagsabgeordneten August Siemsen erschien und die Interessen eines Komitees[30] gleichen Namens in Buenos Aires vertrat, charakterisierte in seiner Mai-Ausgabe die Haltungen Großbritanniens und Frankreichs sowie der Sowjetunion wie folgt: „Die frühere Politik der englischen und französischen Regierung hat ihren völligen Zusammenbruch erlebt. Die kaum getarnte Förderung der Diktatoren, die im schmachvollen Verrat von München und in der ebenso schändlichen Preisgabe der spanischen Republik ihre Gipfelpunkte erreichte, hat die von Herrn Chamberlain und Daladier nicht gewollte, aber vorauszusehende Wirkung gehabt. Diese verblendete Politik hat die Achsenmächte so gestärkt, daß sich heute England und Frankreich selbst ernstlich bedroht sehen. Sie hat Europa an den Rand der Kriegskatastrophe gebracht. Sie hat endlich das Schwergewicht Rußlands sehr erheblich gesteigert . . . Rußland begegnet den beiden Westmächten bei den Bündnisverhandlungen mit einem durch die Erfahrungen nur allzu berechtigten Mißtrauen. Es ist, wie bisher immer, durchaus bereit, am Abwehrkampf gegen den Angreifer teilzunehmen, betont aber, daß London und Paris bisher alle von Rußland ausgegangenen Vorschläge zur Sicherung des Friedens durch kollektive Sicherheit sabotiert haben, und verlangt Garantien, daß es nicht einseitige Verpflichtungen eingeht, und daß es nicht betrogen wird."[31]

Auch der Kommentar des „Anderen Deutschland" weist darauf hin, daß die Regierungen Chamberlain und Daladier nach der Liquidierung der Tschechoslowakei keineswegs mit den „Münchener Ideen" vollständig gebrochen hatten, sondern sich erst im Gang der Verhandlungen die Bereitschaft erweisen mußte, einen grundlegend neuen Kurs gemeinsam mit der UdSSR einzuschlagen.

Wie diese und weitere Belege zeigen, zerfiel die Exilpresse insgesamt aber in zwei Lager: das eine sah richtig die Ursachen für das Nichtzustandekommen einer Vereinbarung in der Haltung Großbritanniens und insbesondere der des Premierministers Chamberlain. Das andere, der UdSSR distanzierend begegnende bzw. antisowjetisch gesonnene Lager behauptete, „daß man sich in Moskau entschlossen hat, die ‚Front' überhaupt nicht zustande kommen zu lassen und sich vielmehr aus der Affäre hinausspielen, die Schuld aber agitatorisch auf die andere Seite (Großbritannien und Frankreich — U. A.) schieben will."[32]

Die erste Position vertrat zum Beispiel in der kommunistischen Wochenzeitung „Deutsches Volksecho" (New York) Alfred Langer am 6. Mai 1939: „Für die Tatsache des

---

29 *Neue Front*, Paris, o. D., 7. Jg., Nr. 6, S. 121.
30 Das Andere Deutschland-Komitee hatte sich in Buenos Aires auf der Basis der Einheits- und Volksfrontpolitik gebildet und bestand in seinem Kern aus einem heterogenen Kreis von Antinazis mit unterschiedlichen und teilweise gegensätzlichen politischen Auffassungen.
31 *Das Andere Deutschland (La Otra Alemania)*, Buenos Aires, 1. Mai 1939, Nr. 13, S. 6.
32 *Schwarzschild*, S. 565.

mangelnden Willens zur kollektiven Sicherung des Friedens, zum Aufbau einer festen Front gegen die faschistischen Angreifer, spricht auch, daß Chamberlain sich noch immer weigert, ein wirkliches Bündnis mit der Sowjetunion zu schließen."[33] Der entgegengesetzte Standpunkt wurde vor allem in Schwarzschild's „Neuem Tage-Buch" (Paris) und im „Neuen Vorwärts" (Paris) vorgetragen. In diesem sozialdemokratischen Wochenblatt hatte Dr. Richard Kern (Pseudonym für Rudolf Hilferding), ohne sich auf Tatsachen über den Gang der diplomatischen Verhandlungen berufen zu können, wie folgt geäußert: „Nach wie vor haben die Achsenmächte volle Handlungsfreiheit, während die Abwehr der Westmächte durch die Moskauer Verschleppung behindert ist . . . Das Ende der russischen Verhandlungen muß endlich kommen. Für das Ergebnis fällt in vollem Maße Stalin die Verantwortung zu."[34]

Im Umkreis dieser beiden Lager in der Exilpresse rissen während der gesamten Zeit der Beratungen über den „Abschluß oder Nichtabschluß der englisch-französisch-sowjetischen-russischen Tripleallianz"[35] die kritischen, teilweise schwankenden, mehr oder minder pessimistischen und auch optimistischen Kommentare nicht ab. „Das Andere Deutschland" (Buenos Aires) begann in seiner Ausgabe vom 1. Juli 1939 die „Politische Monatsübersicht" mit den Worten: „Trotz des absichtlich zur Schau getragenen Optimismus in London und Paris, ist der englisch-französische Pakt (mit der UdSSR — U. A.) bisher nicht zustande gekommen. Chamberlain sucht weiterhin, den von Rußland geforderten, absolut bindenden Verpflichtungen im Baltikum und in der Ostsee auszuweichen, während Moskau, voll tiefstem Mißtrauen gegen die Chamberlainsche Politik, mit kühler Ruhe auf der Erfüllung seiner Forderungen besteht."[36]

Auch der Journalist und Rechtsanwalt Rudolf Olden, der seit 1934 im britischen Exil lebte, beschäftigte sich Mitte Juli in der „Pariser Tageszeitung" mit der Frage, „ob von Seiten der britischen Regierung alles geschieht, um Rußland als Verbündeten zu gewinnen?"[37] Er glaubte an eine günstigere Wendung der Moskauer Verhandlungen, wenn Churchill den Platz von Chamberlain einnehmen würde. Olden schrieb: „Das sind Fragen, schwer zu beantworten. Aber klar ist es auch und leicht zu verstehen, daß, wenn Moskau nicht gewonnen wird, wenn Herr Hitler losschlägt, ohne daß vorher Churchill Minister geworden ist, daß dann der Vorwurf niemals schweigen wird: ‚Ihr habt nicht alles getan, um den Ernst des britischen Willens zu beweisen'." Zum gleichen Thema erklärte auch der Chefredakteur des „Aufbau" (New York) Manfred Georg(e), im Juli 1939: „Offenbar ist das russische Mißtrauen gegen England weiter sehr groß. Es wäre denkbar, daß man in Moskau rascher gehandelt hätte, wenn England sich hätte entschließen können, einen so belasteten Mann wie Chamberlain gegen einen anderen konservativen, aber schärfer umrissenen Kopf wie Churchill auszutauschen."[38] Im August schrieb „Das Andere Deutschland": „Es bleibt auch unklar, wieweit Chamberlain und die City ernstlich auf der Basis absoluter Gleichberechtigung das russische Bündnis erstreben oder wieweit sie durch Verhandlungen in Moskau und optimistische Zweckmeldungen nur die öffentliche Meinung

---

33 *Alfred Langer*, Von London nach Moskau, in: *Deutsches Volksecho*, New York, 6. Mai 1939, Nr. 18, S. 2.

34 *Richard Kern*, Stalins Verantwortung. Der Gang der englisch-russischen Verhandlungen, in: *Neuer Vorwärts*, 16. Juli 1939, Nr. 317.

35 *Das Andere Deutschland*, 1. August 1939, Nr. 16, S. 2.

36 Ebenda, 1. Juli 1939, Nr. 15, S. 3.

37 *Rudolf Olden*, Vor Toresschluß, in: *Pariser Tageszeitung*, 16./17. Juli 1939, S. 1.

38 *Aufbau. Blätter für das deutsche Judentum*, 1. Juli 1939, Nr. 12, S. 1.

in England und Frankreich irreführen wollen."[39] Noch deutlicher wurde ein Rezensent von Klaus Bühlers Buch „Englands Schatten über Europa", der im gleichen Blatt anmerkte: „Denn England haßt den Sozialismus der UdSSR. Das zweite Kennzeichen der englischen Politik, das sie zum Feind der Sowjetunion und zum Förderer des Faschismus gemacht hat, ist ihre Angst vor der sozialen Revolution." Der Autor bezeichnete die Aufgabe der Zeit, „England die Möglichkeit zu nehmen, seine verhängnisvolle Politik weiter fortzusetzen".[40]

Das SAP-Blatt „Neue Front" (Paris) schätzte die Verhandlungssituation hingegen folgendermaßen ein: „Chamberlain will kein Bündnis — die Russen aber sind jetzt in der angenehmen Lage, warten und Forderungen stellen zu können. Jetzt können die Münchener Herren mal antichambrieren. Ihren Willen, an einem festen, auf Gegenseitigkeit beruhenden Bündnis teilzunehmen, hat die SU erklärt, sie hat ebenso den türkisch-britischen Pakt[41] erleichtert und begrüßt. Aber sie kann — deutlich hat sie es mehrfach betont (in der Stalinrede auf dem XVIII. Parteitag, in der Rede Woroschilows zum 1. Mai)[42] — auch neutral bleiben, sie hat es nicht nötig, sich in den Kampf der imperialistischen Räuber hineinziehen zu lassen."[43] Die hier geäußerte Idee, die variiert auch beispielsweise im „Aufbau" (New York) anklingt, daß die UdSSR sich sozusagen selbst aus der politisch-diplomatischen Konstellation ausschalten könne, übersah vor allem, welche Konsequenzen sich ergeben würden, wenn der deutsche Faschismus seine Militärmaschine konzentriert gegen den polnischen Nachbarn einsetzen und womöglich die Grenzen der UdSSR erreichen könnte.

Den möglichen Ausgang der Verhandlungen und deren Folgen hatte „Das Andere Deutschland" (Buenos Aires) im Juli 1939 so vorausgesehen: „Der Verlust des englischen Prestige in der ganzen Welt, die wachsende Bedrohung Englands durch die Achsenmächte, sowie die gesamte politische Lage lassen es als fast sicher erscheinen, daß schließlich das Bündnis zwischen den Westmächten und Rußland zustande kommt, vielleicht morgen, vielleicht erst nach dem Sturz des unheilvollen Greises (Chamberlain — U. A.) in London, vielleicht erst während des Krieges."[44]

In keinem der hier untersuchten Exilblätter existiert ein Hinweis, der für die Erwartung einer abrupten Wendung sprechen würde, wie sie sich mit der Entscheidung der Sowjetunion ergab, das deutsche Angebot für einen Vertragsabschluß anzunehmen. Allerdings waren verschiedentlich, z. B. im Zusammenhang mit Litvinovs Verabschiedung, Vermutungen über einen angeblich vor dem Abschluß stehenden Vertrag zwischen Stalin und Hitler[45] ausgesprochen worden. Die „Volksfront" (Chicago), die Mitte Mai darauf Bezug nahm, wies solche Vermutungen zurück: „Was das Verhältnis zu Deutschland betrifft, so ist die russische Regierung viel zu klug, um nicht zu wissen, daß auch nur der Gedanke eines Bündnisses mit Hitler die unvergleichlich günstige Position Rußlands in einem kommenden Krieg zerstören würde, die darin besteht, daß das sozialistische Rußland auf die Sympathien

---

39 *Das Andere Deutschland*, 1. August 1939, Nr. 16, S. 2.

40 Ebenda, 1. Juni 1939, Nr. 14, S. 5.

41 Gemeint ist die am 12. Mai 1939 abgegebene gegenseitige Beistandserklärung.

42 Siehe Anm. 26.

43 *Neue Front*, o. D., Jg. 7, Nr. 6, S. 121.

44 *Das Andere Deutschland*, 1. Juli 1939, Nr. 15, S. 3.

45 *Volksfront*, 13. Mai 1939, Nr. 19, S. 4. — Siehe auch Franz Dahlem über das Auftreten „von den Nazis selbst lancierter Gerüchte über die sowjetische Politik und eine bevorstehende Kursänderung". (in: *Franz Dahlem*, Am Vorabend des zweiten Weltkrieges 1938 bis August 1939. Erinnerungen, Bd. 2, Berlin 1977, S. 302).

großer Teile der arbeitenden Klasse aller Länder rechnen kann, die in einem solchen Krieg einbezogen würden."[46]

Hingegen sah die „Neue Front" (Paris) in ihrer Analyse, daß es für die Sowjetunion eine Alternative des Handelns gab. Sie könnte gegen eine „Zusage" der eigenen Neutralität, also unter der Gewißheit, aus dem Krieg herausbleiben zu können, auch zu einem Vertragsabschluß mit dem faschistischen Staat gelangen, wenn das „Bündnis mit den Westmächten" nicht zustande käme, dessen Ziel nicht die Neutralität, sondern die Absicht sei, gemeinsam „Hitler zu schlagen". Diese Konstellation, meinte der Autor des Blattes der SAP, böte der UdSSR auch taktischen Spielraum in den Verhandlungen mit der einen oder anderen Seite. Jedoch hielt er ein „ernsthaftes Bündnis" der UdSSR mit Deutschland für unmöglich: „nicht wegen Stalin, sondern wegen Hitler, nicht weil Deutschland faschistisch, sondern es imperialistisch ist. Es ist nicht die Ideologie, die die Realität bestimmt, sondern umgekehrt."[47] Damit war einerseits die Einsicht ausgedrückt, daß es zu einem „ernsthaften" — er meinte einem grundsätzlichen und dauerhaften — Vertrag zwischen Deutschland und der UdSSR nicht kommen könne, zugleich aber gesagt, daß die Möglichkeit einer taktischen Vereinbarung unwahrscheinlich, aber gedanklich nicht völlig auszuschließen sei.

Aus Verlautbarungen wird deutlich, wie schwer es zahlreichen Beobachtern der internationalen Lage fiel — und das galt nicht nur für deutsche Emigranten — sich vorzustellen, welche Haltung die Sowjetunion beziehen könnte und würde, wenn die Gespräche mit den von ihr seit 1933 gesuchten Partnern in Großbritannien und Frankreich nicht zu einem durchschlagenden Ergebnis führten. Damit im Zusammenhang standen falsche Bewertungen bzw. Einschätzungen der gefährlichen Situation und des begrenzten Entscheidungsspielraumes, in dem sich die Sowjetunion im Sommer 1939 bewegte.

Daß in der deutschen Exilpresse die Möglichkeit einer diplomatischen Annäherung und Vereinbarung zwischen Deutschland und der Sowjetunion weitgehend ausgeschlossen wurde, rührte vor allem aus den Hoffnungen her, daß die am 12. August 1939 aufgenommenen Besprechungen zwischen den Militärabordnungen der UdSSR, Großbritanniens und Frankreichs in Moskau[48] zu einem positiven Ergebnis führen und — wie Franz Dahlem in seinen Erinnerungen schrieb — „noch eine feste Friedensfront jener am Weltkrieg nicht interessierten Staaten zustande kommen könnte".[49] Diese Hoffnungen waren um so stärker, als auch sie sich bis zu einem gewissen Grad auf die Uninformiertheit über den tatsächlichen Gang der Verhandlungen gründen konnten. Zwar hatte die Sowjetunion, deren Ziel darin bestand, diese Verhandlungen ergebnisreich voranzubringen, gelegentlich über ihren zögernden Fortgang berichtet,[50] doch von dem größten Teil der deutschen Emigration war dies nicht als ernstes Vorzeichen dafür gelesen worden, daß die Verhandlungen vollends scheitern könnten. Um so vollständiger war die Überraschung über den Vertragsabschluß vom 23. August 1939 bei der überwiegenden Mehrheit der deutschen Emigranten.

Daß deutsche Kommunisten im Exil sich von der Reaktion dieser Mehrheit abhoben, resultiert daraus, daß sie den antisowjetischen Grundkurs der herrschenden und regierenden Kreise in Großbritannien und Frankreich schärfer analysiert und versucht hatten, die im

---

46 *Volksfront*, Nr. 19, 13. Mai 1933, S. 4.

47 *Neue Front*, o. D., 7. Jg., Nr. 6, S. 123 — Die nachfolgenden Zitate entstammen dieser Quelle.

48 *DzW*, Bd. 1, S. 154 ff.

49 *Dahlem*, Bd. 2, S. 251.

50 Siehe *A. Shdanow*, Die englische und französische Regierung wollen keinen gleichen Vertrag mit der Sowjetunion. Nachdruck eines Pravda-Artikels in: *Rundschau*, 29. Juni 1939, Nr. 36, S. 1012.

höchsten Maße gefährdete Lage der UdSSR und die Begrenztheit ihrer Handlungsmöglich-
keiten genauer zu bestimmen. Alexander Abusch schrieb, auf seine eigene Situation zurück-
blickend, ihm sei bewußt gewesen, daß „eine schwerwiegende Entscheidung in der Luft
lag"[51]. Im Gegensatz zu anderen antifaschistischen Kräften hatten die marxistisch geschulten
und mit der Geschichte der UdSSR seit deren Gründung eng verbundenen Funktionäre der
KPD sich auch nicht völlig mit dem Gedanken vertraut machen können, daß Zurückgezogen-
heit und Isolation eine Position sein könnte, die von der UdSSR als Alternative zum
Sicherheitspakt bevorzugt werden würde. Der marxistischen Analyse war eine politische
Entscheidung näher, die sich aus der Notwendigkeit der Ausnutzung der imperialistischen
Widersprüche ergab.[52]

Die Debatte über den Nichtangriffsvertrag in der Exilpresse wurde durch die in den Abendstunden des 21. August vom Deutschen Nachrichtenbüro (DNB) in Berlin verbreitete
Meldung ausgelöst, daß „die Reichsregierung und die Sowjetregierung" beschlossen hätten,
„einen Nichtangriffsvertrag zu schließen" und daß Außenminister Joachim v. Ribbentrop
zum Abschluß der Verhandlungen am 23. August in Moskau eintreffen würde.[53]

Die „Pariser Tageszeitung" hatte die Nachricht noch vor Redaktionsschluß ihrer Ausgabe
für den 22. August erhalten. So veröffentlichte sie als erste Exilzeitung deren Wortlaut
und sprach in einem Kommentar davon, daß die Kunde über den bevorstehenden Vertrag „doch überraschend" kam und ihre Sanktionierung durch die Sowjetunion noch aus-
stehe.[54] Als die Ausgabe zum Leser gelangt war, lag eine bestätigende sowjetische Meldung
bereits vor.[55] Von nun an standen alle weiteren Schritte bis zur Unterzeichnung des
Vertrages und vor allem dessen Inhalt im Mittelpunkt der Berichterstattung der gesamten
Exilpresse. Das Tempo der Ereignisse brachte es mit sich, daß in den Wochenblättern
die Kommentare den Tatsachen nachhinkten und mitunter bei Auslieferung der Publikationen schon überholt waren. Während beispielsweise die „Neue Weltbühne" in ihrem
am 24. August erscheinenden Heft noch vom bevorstehenden Vertragsabschluß berichtete, war seine Unterzeichnung inzwischen erfolgt und von den Agenturen gemeldet worden.
Nicht anders erging es der Redaktion des „Deutschen Volksechos" (New York). In der Ausgabe vom 26. August hatte Alfred Langer in seinem Artikel „Was bedeutet ein Nichtangriffspakt Moskau-Berlin" einschränkend erklären müssen: „Die Bedeutung dieser
Nachricht (über den bevorstehenden Abschluß des Vertrages — U. A.) kann in ihrer
ganzen Breite zu der Zeit, wo das ‚Volksecho' zur Presse geht, noch nicht völlig eingeschätzt werden. Ribbentrop ist zur Zeit noch nicht in Moskau eingetroffen, der Nicht-

---

51 *Abusch*, S. 478.
52 Siehe zum Aspekt der Ausnutzung imperialistischer Widersprüche bei *Dahlem*, Bd. 2, S. 347.
53 *Pariser Tageszeitung*, 22. August 1939, S. 1 (Abdruck der DNB-Mitteilung).
54 Ebenda.
55 Diese veröffentlichte u. a. Das *Deutsche Volksecho*. Das Blatt teilte am 26. August mit: „United Press mel-
    det die offizielle Erklärung aus Moskau: ‚Nach dem Abschluß des Handels- und Kreditvertrages zwischen
    der Sowjetunion und Deutschland entstand das Problem der Verbesserung der politischen Beziehungen
    zwischen Deutschland und der Sowjetunion.
    Ein Austausch von Ansichten über dieses Subjekt, der zwischen den Regierungen Deutschlands und der
    Sowjetunion stattfand, ergab, daß beide Parteien die Spannung in ihren politischen Beziehungen erleich-
    tern, die Kriegsdrohung auszuschalten, und einen Nichtangriffs-Pakt abzuschließen wünschen.
    Infolgedessen wird der deutsche Außenminister Ribbentrop in einigen Tagen in Moskau zu ent-
    sprechenden Verhandlungen eintreffen.'" in: *Deutsches Volksecho*, 26. August 1939, Nr. 34, S. 1.

angriffs-Vertrag ist noch nicht abgeschlossen, und man weiß noch nicht, welchen Inhalt dieser Vertrag haben wird."[56]

„Der Moskauer Nichtangriffspakt ist ein direkter Schlag gegen die Aggression", „Der Hitler-Stalin-Pakt. Völliger Umsturz der internationalen Situation", „Hitler und Stalin: Bundesgenossen", „Das zweite Brest-Litowsk" — so lauteten Schlagzeilen in der Exilpresse unmittelbar nach Bekanntwerden der Unterzeichnung. In den folgenden Tagen waren die Spalten der Exilblätter mit Beiträgen angefüllt, die mit ganz unterschiedlichen journalistischen Mitteln zum Ereignis Stellung nahmen. Die Haltung der Redaktionen kamen in den veröffentlichten Leitartikeln ebenso zum Ausdruck wie in „Kalendarien", „Chroniken der Woche" usw., die den Verlauf der Verhandlungen samt ihrem historischen Umfeld aufzeigten. Einige Zeitungen druckten den Vertragstext vollständig ab: die „Rundschau" (Basel)[57], die „Pariser Tageszeitung"[58], die „Neue Volks-Zeitung" (New York)[59] und „Die Zukunft" (Paris)[60]. Sofern die Kommentare nicht unsigniert erschienen, meldeten sich mit ihnen führende Journalisten zu Wort. Das waren vom „Neuen Tage-Buch" Leopold Schwarzschild, vom New Yorker „Aufbau" Manfred Georg(e) (Observer) und für „Die Zukunft" gleich eine Reihe Autoren, wie Willi Münzenberg, Max Beer, Paul Sering (Richard Löwenthal), Manès Sperber u. a. In der „Neuen Volks-Zeitung" (Paris) vom 23. August publizierte Max Seydewitz den Beitrag „Die Friedenspolitik der Sowjetunion", den die „Rundschau" (Basel) am 24. August nachdruckte. Erich Schroetter schrieb in der „Volksfront" (Chicago) zum Paktabschluß und im „Neuen Vorwärts" (Paris) Rudolf Hilferding, der seinen Artikel — wie andere zuvor — mit Dr. Richard Kern gezeichnet hatte. Es erschienen auch Stellungnahmen und Erklärungen von Organisationen und anderen Zusammenschlüssen des deutschen politischen Exils, die nach der Unterzeichnung des Vertrages zur Orientierung ihrer Mitglieder, Freunde und Sympathisanten abgegeben worden waren. Dazu gehörten Erklärungen der KPD[61], der SPD[62], der Gruppe „Neu beginnen"[63], der in den USA wirkenden „Friends of German Democracy (Reichsbanner Schwarz-Rot-Gold)"[64] und vom „Auslandskomitee der Freunde der sozialistischen Einheit Deutschlands"[65], wie sich eine Gruppe um Münzenberg bezeichnete.

Stellungnahmen aus der internationalen Arbeiterbewegung und vor allem von kommunistischen Parteien druckte die „Rundschau" in großer Vollständigkeit aus den verschiedenen europäischen und außereuropäischen Ländern.

Vielfach informierten Exilzeitungen auch darüber, wie der Vertrag auf die öffentliche Meinung in Frankreich, England, den USA und in anderen Ländern gewirkt hatte bzw.

56 Ebenda.

57 *Rundschau*, 31. August 1939, Nr. 46, S. 1822.

58 *Pariser Tageszeitung*, 25. August 1939, S. 7.

59 *Neue Volks-Zeitung*, 26. August 1939, S. 1.

60 *Die Zukunft*, 28. August 1939.

61 „Erklärung des Zentralkomitees der Kommunistischen Partei Deutschlands zum Abschluß des Nichtangriffspaktes zwischen der Sowjetunion und Deutschland", in: *Rundschau*, 31. August 1939, Nr. 46, S. 1323.

62 Zum Hitler-Stalin-Pakt. Die Sozialdemokratische Partei Deutschlands und der deutsch-russische Nichtangriffspakt, in: *Neuer Vorwärts*, 10. September 1939, Nr. 325.

63 „Vor welcher Entscheidung stand Rußland?" — Stellungnahme der Gruppe „Neu beginnen", in: *Das Andere Deutschland*, 15. Februar 1940, Nr. 23, S. 18ff.

64 Aufruf der Friends of German Democracy (Reichsbanner Schwarz-Rot-Gold), in: *Neue Volks-Zeitung*, 2. September 1939, Nr. 35, S. 6.

65 „Ein offener Brief" (Paris, den 28. August 1939), in: *Die Zukunft*, 28. August 1939.

sich in der Tagespresse dieser Länder widerspiegelte. Die „Pariser Tageszeitung" hatte sich schon in ihrer Ausgabe vom 23. August damit beschäftigt, welche Verbreitung bzw. Kommentierung die Nachricht über die bevorstehende Vertragsunterzeichnung in den großen politischen Blättern Frankreichs („Temps", „Journal des Debats", „La Croix" und „Ce Soir") gefunden hatte. In der gleichen Ausgabe berichtete die „Pariser Tageszeitung" über englische Stimmen: „Während der diplomatische Redakteur der ‚Times', ebenso wie der ‚News Chronicle' und der ‚Daily Herald', entschieden die Ansicht vertraten, daß sich in der englischen Haltung nichts ändern könne, sprachen die Blätter von der ‚Daily Sketch' und die ‚Financial Times' schon von der Möglichkeit einer Konferenz und einer ‚Revision der englischen Politik'".[66] Auf diese Weise wurden in den Exilzeitungen Meinungen vorgetragen, die in noch zu erörternde Einschätzungen der deutschen Exilpresse zum deutsch-sowjetischen Nichtangriffsvertrag einflossen.

Während die bürgerlichen und sozialdemokratisch orientierten Exilblätter ihre Leser mit den Stellungnahmen der Presse Frankreichs, Englands und der USA bekannt machten, wurden die Erläuterungen aus der Presse der Sowjetunion nicht in gleichem Maße wiedergegeben. Das bei Kriegsbeginn verhängte Verbot der kommunistischen „Deutschen Volks-Zeitung" (Paris) trug dazu bei, die Möglichkeiten einzuschränken, die deutschen Kommunisten und anderen Hitlergegner über den Standpunkt der UdSSR zu informieren. Das in New York erscheinende „Deutsche Volksecho", das von Stefan Heym redaktionell betreut und von Alfons Goldschmidt herausgegeben wurde, brachte auszugsweise die Rede, die Außenminister Molotov vor dem Obersten Sowjet der UdSSR am 31. August 1939 gehalten hatte.[67] Einzig die „Rundschau" (Basel), die im eigentlichen Sinne keine deutsche Exilzeitung war, veröffentlichte umfängliche Berichte aus der „Pravda" und regierungsoffizielle sowjetische Erklärungen, darunter die erwähnte Rede Molotovs.[68]

Das Ereignis selbst, wie die Situation in der der Vertragsabschluß angekündigt wurde und erfolgte, ließen keine Möglichkeit zu, der direktesten Parteinahme auszuweichen. Noch deutlicher als bei der Beurteilung der Rolle, die die Sowjetunion in den über fünf Monate andauernden Verhandlungen für die Errichtung einer „Sicherheitsfront" gegen das faschistische Deutschland eingenommen hatte, teilten sich nun die Exilzeitungen in das Lager der Befürworter und der Gegner des außenpolitischen Schrittes der UdSSR.

In der Ausgabe des unter kommunistischer Redaktion stehenden „Deutschen Volksechos" (New York) am 26. August, die die bevorstehende Vertragsunterzeichnung ihren Lesern noch ankündigte, lautete der Kommentar Alfred Langers bereits so: „Aber man weiß eines: das alles, was die Sowjetunion tut, den Interessen des Friedens und der endgültigen Niederlage der faschistischen Aggressoren dient."[69] Die Bedeutung des geplanten Nichtangriffsvertrages sah Langer vor allem darin, daß „Hitler, der sich den reaktionären Kapi-

66 *Pariser Tageszeitung*, 23. August 1939, S. 7.
67 Die Friedenspolitik der Sowjetunion. Molotows Rede vor dem Obersten Sowjet der Union der Sozialistischen Sowjetrepubliken, in: *Deutsches Volksecho*, 9. September 1939, S. 2. — Die Redaktion stellte die Anmerkung voran: „Wir veröffentlichen im Folgenden die wichtigsten Teile der Rede Molotows, des Premier- und Außenministers der Sowjetunion. Dies ist um so notwendiger, als, mit einer einzigen Ausnahme, die amerikanischen Tageszeitungen die Rede nur verstümmelt, mit wenigen Zitaten, und an schlecht auffindbaren Stellen veröffentlicht haben. Wir glauben, daß die Rede Vieles, was in den letzten Tagen und Wochen diskutiert wurde, aufklären wird."
68 *Rundschau*, 7. September 1939, Nr. 47.
69 *Alfred Langer*, Was bedeutet ein Nichtangriffspakt Moskau—Berlin?, in: *Deutsches Volksecho*, 26. August 1939, Nr. 34, S. 1. — Die nachfolgenden Zitate entstammen dieser Quelle.

talisten Englands und Frankreichs als ‚Gendarm' gegen den Bolschewismus, gegen die Sowjetunion angeboten hat" und dem Chamberlain und Daladier „aus diesem Grunde die Münchener Zugeständnisse machten", nun knapp ein Jahr nach München zugeben müsse, „daß er die Gendarmenrolle nicht ausführen kann". Langer schlußfolgerte: „Damit ist ein neues München unwahrscheinlich geworden." Zugleich erwog er zu diesem Zeitpunkt noch die Möglichkeit, daß durch die Verhandlungen über einen Nichtangriffsvertrag mit Deutschland auf Chamberlain und Bonnet, die sich „immer noch weigern, den Vertrag der ‚Friedensfront' zu unterzeichnen", Druck ausgeübt werden solle. Langer richtete auch schon einen Blick auf die Folgen des Vertrages und stellte fest: „Die Eröffnung der Verhandlungen über einen Nichtangriffspakt Deutschlands mit der Sowjetunion stärkt nicht Hitler . . ., sondern die Sowjetunion." Damit zugleich aber würden alle Kräfte des Friedens gestärkt.

Auch Hermann Budzislawski stützte sich nur auf die Ankündigung des Vertragsabschlusses, als er in dem Beitrag „Neue Situation", der in der Ausgabe der „Neuen Weltbühne" vom 24. August erschien, schrieb: „Der Kern ist: Liegt eine Neuorientierung der Sowjetpolitik vor? Will sich Rußland an Europa desinteressieren? Oder will man in Moskau gerade das Umgekehrte: den Druck auf die Westmächte, nämlich die Drohung mit der Neuorientierung, um die endlosen Bündnisverhandlungen endlich zum Abschluß zu bringen?"[70]

Anders als Langer und ohne bereits ein Urteil fällen zu wollen, hieß es in der „Neuen Weltbühne" weiter: „Es ist zu früh, diese Fragen zu beantworten; in der kommenden Woche werden wir versuchen, die Sowjetpolitik in ihren vielfältigen Aspekten zu durchleuchten. Heute sei nur gesagt, daß die Sowjetunion mit ihrem groben und unschönen Schachzug einen großen taktischen Erfolg errungen hat. Sie ist umworben, kann ihre Bedingungen stellen, hat die Verlogenheit der Anti-Komintern-Politik entlarvt und ist — als Staat, nicht ideologisch — ein größerer Machtfaktor als zuvor. Dabei hat sie sich die Freiheit bewahrt, nach ihrem Belieben und je nach Einschätzung der Situation zu agieren. Hitlers Spekulation, die Sowjetunion auszuschalten, ist also vorläufig nicht gelungen."[71]

Obwohl diese erste Stellungnahme der „Neuen Weltbühne" ihren Lesern einige Motive der Sowjetunion benannte und richtig erklärte, war dennoch ein kritischer Unterton unüberhörbar, der eine gewisse Distanzierung von diesem Schritt der UdSSR signalisierte.

Die politischen Zusammenhänge am Vorabend des zweiten Weltkrieges waren nicht leicht zu durchschauen. Deshalb bedeutete es für die geistige Auseinandersetzung einen wesentlichen politischen Gewinn, daß die „Deutsche Volks-Zeitung" (Paris) mit ihrer letzten Nummer vom 27. August 1939 — die am 24. August ausgeliefert wurde — noch in die Debatte um den Nichtangriffsvertrag eingreifen konnte, auch wenn die darin enthaltene Orientierung der KPD zur veränderten Lage noch vor der Vertragsunterzeichnung formuliert worden war.

Wie Franz Dahlem in seinen schon erwähnten Erinnerungen berichtete, hatte das Sekretariat des ZK der KPD unmittelbar nach Bekanntwerden der TASS-Mitteilung vom 21. August die bereits für den Druck fertiggestellte Nummer der „Deutschen Volks-Zeitung" noch einmal gründlich verändert. In ihr wollten die deutschen Kommunisten den am 19. August erfolgten Abschluß der Verhandlungen über ein deutsch-sowjetisches Handels- und Kreditabkommen[72] werten sowie die in der Sowjetpresse dazu erschienenen Kom-

---

70 *Hermann Budzislawski*, Neue Situation, in: *Neue Weltbühne*, 24. August 1939, S. 1051.
71 Ebenda.
72 *DzW*, Bd. 1, S. 157.

mentare verwenden. Aus ihnen hatten die deutschen Kommunisten in Paris — wie Dahlem schrieb — bereits das „Entstehen einer neuen außenpolitischen Konstellation"[73] herausgelesen, zumal in den Pravda-Veröffentlichungen die Möglichkeit angedeutet wurde, daß die Verbesserung der Beziehungen zwischen Deutschland und der UdSSR nicht auf das wirtschaftliche Gebiet beschränkt bleiben, sondern auch auf das politische ausgedehnt werden könnte. So sei, nach Dahlems Zeugnis, ihnen bewußt geworden, daß die Sowjetunion den „Ausweg aus der Kriegsfalle" gefunden habe, „die die Chamberlain, unterstützt von Paris und Washington", ihr gestellt hätten.

Mit den Meldungen vom 21. August, die den Nichtangriffsvertrag und seine Unterzeichnung offiziell ankündigten, hatten sich diese Überlegungen bestätigt. Deshalb wurden in die „Deutsche Volks-Zeitung" (Paris) neben dem ursprünglich vorgesehenen Artikel zum Handels- und Kreditabkommen, weitere Beiträge aufgenommen, die direkt zu dem politischen Vertrag Stellung nahmen.

Die Zeitung vom 27. August wurde auf der ersten Seite von der über vier Spalten hinweg gedruckten Überschrift „Die Sowjetunion ist mehr denn je die stärkste Friedensmacht" beherrscht. Die veränderte außenpolitische Situation wurde den Lesern in dem „im Sekretariat kollektiv erarbeitete(n) Leitartikel"[74] dargestellt, der die Überschrift „Ribbentrops Gang nach Moskau" trug. Darin wurde eingeschätzt, daß die Fahrt des Außenministers des faschistischen Deutschlands zur Unterzeichnung eines Vertrages mit der Sowjetunion nach Moskau das „unfreiwillige Eingeständnis des Bankrotts der Antikominternpolitik der braunen Machthaber und des gewaltigen Respektes des Hitlerregimes vor der stärksten Militärmacht der Welt, vor der großen sozialistischen Friedensmacht" sein würde. Noch einmal wurden zur näheren Erläuterung für den Leser — hervorgehoben durch einen Kasten — die vier Prinzipien der sozialistischen Außenpolitik der Sowjetunion, wie sie auf dem XVIII. Parteitag der KPdSU beschlossen worden waren,[75] von der „Deutschen Volks-Zeitung" nachgedruckt. An ihre Aussage anknüpfend, stellte der Leitartikel zum Nichtangriffsvertrag fest, daß die Sowjetunion „ihre beharrlichen Bemühungen zur Herstellung eines festen, ehrlichen Friedenspaktes auf der Basis der Gleichberechtigung" fortsetzen und zur gleichen Zeit bestrebt sein würde, „mit *allen* Ländern, die es wollen, friedliche, sachliche Beziehungen zu unterhalten und aufzunehmen, unabhängig davon, welche Regierungen in diesen Ländern zeitweilig an der Macht sind".[76] Weiter hieß es: „Diese klare Friedenspolitik gegenüber allen Ländern bedeutet nicht die geringste Konzession an die faschistischen Aggressoren, gegen die die Sowjetunion die Vorkämpferin einer wirklichen und allumfassenden Friedensfront stets war und bleiben wird."

Der Leitartikel und weitere Beiträge der Ausgabe der „Deutschen Volks-Zeitung" vom 27. August enthielten wichtige Argumente für die geistige Auseinandersetzung mit den Gegnern des Vertrages, die zur richtigen Orientierung der Antifaschisten in Deutschland und im Exil bestimmt waren.[77]

Mit einer um die Tatsachen gänzlich unbekümmerten Verfälschung des sowjetischen Schrittes wartete Leopold Schwarzschild bereits auf, nachdem die Presseagenturen am 21.

73 Zit. in *Dahlem*, Bd. 2, S. 347. — Die nachfolgenden Zitate entstammen dieser Quelle.
74 Ebenda, S. 349. — Die nachfolgenden Zitate entstammen dieser Quelle.
75 Siehe Anm. 26.
76 Zit. in *Dahlem*, Bd. 2, S. 350. — Das nachfolgende Zitat entstammt dieser Quelle.
77 In einem Nachdruck veröffentlichte die *Rundschau* in ihrer Ausgabe vom 24. August Auszüge aus dem Leitartikel. *Rundschau*, 24. August 1939, Nr. 45, S. 1292.

August den Vertragsabschluß angekündigt hatten. Die politischen Wünsche des Leiters des „Neuen Tage-Buchs", der sich schon in den Jahren zuvor als einer der unwandelbarsten Antisowjetisten des deutschen Exils profiliert hatte, schienen sich erfüllt zu haben, als die Verhandlungen zwischen der UdSSR und den Westmächten mit einem Mißerfolg endeten; war für ihn doch die Sowjetmacht aller Übel historische Wurzel.[78] Die Überschrift zu Schwarzschilds Kommentar, der in der Ausgabe des „Neuen Tage-Buch's" vom 26. August veröffentlicht wurde, lautete: „Das zweite Brest-Litowsk". Da das Blatt bekanntlich zwei Tage vor dem Erscheinungsdatum ausgeliefert wurde, konnten die Leser bereits am 24. August seine antisowjetischen Ausführungen zur Kenntnis nehmen, denn Schwarzschild schrieb: „Das Thema ist weit; ein weltgeschichtlicher Kriminal-Prozeß. In den knappen Minuten, da ich eilig diese Zeilen zu Papier bringen muß, ist es unerschöpfbar; es muß verschoben werden. Aber in Wahrheit wird der Prozeß, um den es sich handelt, in diesen Blättern ja schon seit Jahren geführt, und wenn irgend etwas die Leser des NTB (Neues Tage-Buch — U. A.) wohlvorbereitet getroffen haben muß, so dieses Platzen der Sowjet-Blase. Seit Jahren haben wir nicht zurückgehalten mit unserer Meinung, daß die Bolsche-wisterei der europäische Primär-Affekt ist, — die Ur-Syphilis, ohne die es nie und nimmer zur Folge-Syphilis des Faschismus und Nazismus gekommen wäre. Seit Jahren bestehen wir darauf, daß es keinen irgenwie wesentlichen Unterschied zwischen den Systemen der Röte und Bräune gibt, beide verrucht und verderbt von Grund auf."[79] Schwarzschilds haßerfüllter Kommentar schlug zugleich den Grundton an, nach dem 1939 und während der folgenden Jahre und Jahrzehnte alle Autoren seiner Coleur den Vertrag abhandelten. Er wurde als Beweis für die Richtigkeit der von bürgerlichen und rechtssozialdemokratischen Theoretikern verfochtenen Totalitarismus-Doktrin gewertet, die eine innere Wesensgleich-heit von Kommunismus und Faschismus behauptet und in den nichtfaschistischen imperia-listischen Staaten zum ideologischen Hauptinstrument antisowjetischer Politik und Propa-ganda geworden war.[80] Schwarzschilds Argumentation gipfelte in dem Versuch, die faschistische Konterrevolution der proletarischen Revolution anzulasten und aus der schlich-ten Tatsache, daß der Faschismus international vor allem eine Reaktion auf die wachsende Stärke der Arbeiterklasse war, eine Anklage gegen sie zu konstruieren.

Doch waren bei weitem nicht alle den Vertrag kritisierenden Stellungnahmen die Ausgeburt von Antikommunismus und Antisowjetismus — die sich nach Monaten der An-stauung — wieder ungehindert daherwälzen konnten. In den Stellungnahmen zum Vertrag wirkten Kenntnis und Unkenntnis des wirklichen außenpolitisch-diplomatischen Ge-schehens hinein, wie es sich seit dem Münchener Abkommen von 1938 gestaltet hatte. Denn die den Pakt ablehnenden Äußerungen waren mitunter nicht von manifestem Anti-kommunismus bestimmt, sondern durch eine mangelnde Informiertheit über die Hand-lungsmöglichkeiten der Sowjetunion. Bei vielen bürgerlichen Antifaschisten, die gesehen hatten, daß die Sowjetunion bisher der einzige Staat war, der gegen den Faschismus

---

78 Schwarzschild hatte in einem Artikel zum 20. Jahrestag der Oktoberrevolution die Frage nach dem Ein-fluß erörtert, den „die Entstehung Sowjetrußlands auf die Entwicklung der Verhältnisse in der *übrigen* Welt" (Hervorheb. — U. A.) ausgeübt hätte. Er kam zu dem Schluß, „daß für die *übrige* Welt aus der Existenz der Sowjetunion bisher nur Nachteil, sogar Schlimmeres, erwachsen ist". — *Leopold Schwarz-schild*, Die Pandorabüchse Sowjetrußland, in: *Das Neue Tage-Buch*, 13. November 1937, S. 285.

79 *Derselbe*, Das zweite Brest-Litowsk, in: *Das Neue Tage-Buch*, 26. August 1939, H. 35, S. 825.

80 Zur marxistischen Auseinandersetzung mit der Totalitarismus-Doktrin siehe *Gerhard Lozek*, Die anti-kommunistische „Totalitarismus"-Doktrin, in: *Unbewältigte Vergangenheit*. Hrsg. von Gerhard Lozek, Berlin 1975, S. 38 f.

und das faschistische Regime in Deutschland „Front machte", rief der deutsch-sowjetische Nichtangriffsvertrag Unverständnis und Enttäuschung bis zur Resignation hervor.

Auch in der „Neuen Weltbühne" erschien am 31. August der Beitrag „Die europäische Tragödie", in dem Hermann Budzislawski nun von einer „brutalen Umkehrung der Sowjetpolitik" sprach und in dem es weiter hieß: „der russische Staat hat unter den außenpolitischen Möglichkeiten, die ihm in der gegenwärtigen Situation zur Verfügung standen, nicht etwa jene Variante ausgewählt, in der sich die Interessen der europäischen Proletariate mit denen der Sowjetunion vereinigten, also das Bündnis mit dem Westen sondern gerade jene Variante, in der die Interessen sowohl der französischen wie auch der deutschen Arbeiter mit denen Rußlands divergierten."[81] In dieser Bewertung zeigte sich deutlich, daß der Autor von der falschen Voraussetzung ausging, die sowjetische Außenpolitik habe sich noch zwei gleichermaßen ausgeprägten Entscheidungsmöglichkeiten gegenübergesehen, was nicht der Fall war. Die Variante einer Option für ein „Bündnis mit dem Westen", das von der UdSSR seit 1933 beharrlich angestrebt war, existierte zum Zeitpunkt des Vertragsabschlußes nicht mehr. Die Wirklichkeit der letzten Tage und Wochen war durch sich hinziehende, von Großbritannien und Frankreich absichtsvoll unverbindlich gestaltete Verhandlungen einerseits und durch das bestimmte deutsche Angebot für den Nichtangriffsvertrag andererseits gekennzeichnet gewesen. Ob sich die Redaktion der „Neuen Weltbühne" später unter den Bedingungen des Komischen Krieges zu einer Überprüfung ihres Urteils entschlossen hätte, kann nicht entschieden werden. Die Zeitschrift gehörte zu den Presseorganen, die nach Ausbruch des Krieges verboten wurden.

Wie sich in der „Neuen Weltbühne" und in anderen Exilblättern zeigte, fiel es bürgerlichen Hitlergegnern am schwersten, sich in die gefährdete Situation der Sowjetunion im August 1939 hineinzuversetzen. Die sowjetische Regierung mußte nicht einfach nur mit einem Krieg in Europa rechnen. Sie hatte auch darauf gefaßt zu sein, daß Polen in den nächsten Wochen und Monaten von militärisch überlegenen Kräften des deutschen Faschismus überrannt würde. Es war eine Situation entstanden, in der sich die sowjetische Politik um die Zukunft und Existenz des eigenen Landes sorgen mußte.

Aus mehreren Memoiren geht hervor, daß es auch für Kommunisten nicht einfach war, den Schritt der Sowjetunion vom 23. August zu verstehen.[82] Wie Lin Jaldati in ihren Erinnerungen schrieb, galt es klarzumachen, daß „der Sowjetunion bei der geradezu selbstmörderischen Nachgiebigkeit der Westmächte gegenüber Hitler gar nichts anderes übrigblieb"[83], wollte sie den Krieg so lange wie möglich vom eigenen Lande fernhalten. Für ihre Urteilsbildung standen den Kommunisten, deren Exilorganisationen und -gruppen oft zahlenmäßig klein waren und die teilweise unter illegalen oder halblegalen Bedingungen arbeiteten, die gleichen Informationsquellen zur Verfügung, die auch die anderen politischen Kräfte besaßen. Wie die gesamte politische Emigration in den westlichen Ländern, waren sie dem Einfluß der bürgerlichen Massenmedien ausgesetzt, die eine antikommunistische Kampagne zu entfachen begannen. Auch für Kommunisten blieben die in Großaufmachung

---

81 *Neue Weltbühne*, 31. August 1939, Nr. 35, S. 1085.
82 *Kurt Seibt*, Illegaler Widerstandskampf in Berlin, in: *Im Kampf bewährt*. Erinnerungen deutscher Genossen an den antifaschistischen Widerstand von 1933 bis 1945. Hrsg. von Heinz Voßke, Berlin 1969, S. 65f.; *Abusch*, Der Deckname, S. 475ff., *Gerhard Kegel*, In den Stürmen unseres Jahrhunderts. Ein deutscher Kommunist über sein ungewöhnliches Leben, Berlin 1983, S. 130; *Heinz Willmann*, Steine klopft man mit dem Kopf. Lebenserinnerungen, Berlin 1977, S. 188f.
83 *Lin Jaldati/Eberhard Rebling*, Sag nie, du gehst den letzten Weg, Berlin 1986, S. 301f.

veröffentlichten Bilder vom Zusammentreffen des deutschen Außenministers mit den sowjetischen Repräsentanten nicht ohne emotionale Wirkung.[84] Doch waren sie nicht bereit, an einen grundlegenden Prinzipienwechsel zu glauben. Deshalb konnten sie auch im Augenblick dieser höchst überraschenden und unübersichtlichen Situation ihr „Vertrauen zum ersten und einzigen Arbeiter-Staat bewahren",[85] wie es Lin Jaldati unter deutschen und holländischen Kommunisten im August 1939 bekundet hatte. „Wir können im Augenblick zwar noch nicht die Hintergründe durchschauen", sagte sie, „aber ich bin davon überzeugt, daß sich einmal herausstellen wird, wie richtig dieser Schritt war."

In der geistigen Auseinandersetzung über den deutsch-sowjetischen Nichtangriffsvertrag spielte alsbald das Verständnis seiner Vorgeschichte eine wesentliche Rolle. Die Aufklärung darüber gewann um so größere Bedeutung, als die Blätter, die gegen den Vertrag — auch vor seiner Unterzeichnung — Partei ergriffen, sich ihre Anklagen und Schuldzumessungen an die UdSSR dadurch erleichterten, daß sie ihren Schritt aus den historischen Bezügen ganz oder weitgehend herauslösten. Um die These vom „Verrat an der Friedensfront" zu begründen, schrieb die „Neue Volks-Zeitung" (New York) am 26. August: „Der Vertrag bindet Nazi-Deutschland und Sowjetrußland viel enger zusammen, als von den schwärzesten Pessimisten erwartet wurde. — Japan wird von Deutschland, und die demokratischen Westmächte werden von Rußland fallen gelassen."[86] Weder das eine noch das andere war richtig. Der faschistisch-deutsche Staat trennte sich nicht von Japan, und die UdSSR konnte Großbritannien und Frankreich nicht „fallenlassen", denn ein entscheidendes verbindendes Verhältnis war in den Monaten vorher ja gerade nicht zustande gekommen.

Nach dem Kommentar des „Neuen Vorwärts" hätte sich die UdSSR ganz in eine Position begeben sollen, in der sie von Entschlüssen in London und in Frankreich hätte abhängig bleiben und weiter um die Gunst eines polnischen Regimes werben sollen, dessen Machthaber doch zu erkennen gegeben hatten, daß sie jedwede gemeinsam mit der UdSSR getroffenen Sicherheitsvorkehrungen ablehnten. Im sozialdemokratischen Wochenblatt vom 27. August wurde geschrieben: „Hitler geht nach Moskau! Der Mann, der die Welt vor dem Bolschewismus schützen wollte, der das bolschewistische Schreckgespenst zur Deckung seiner Eroberungsabsichten benutzt hat wie kaum ein anderer, sucht und findet die diplomatische Unterstützung der bolschewistischen Regierung Sowjetrußlands im Nervenkrieg. Ein ungeheurer Coup, ein Streich des teuflischsten Machiavellismus? Und Stalin, der Führer des sogenannten Vaterlandes der Arbeiter, gibt Hitler seine Unterstützung! Er fällt Polen, er fällt den demokratischen Westmächten im kritischen Augenblick in den Rücken. Er verhandelt gleichzeitig mit den Vertretern des französischen und englischen Generalstabs und mit Ribbentrop!"[87] Über die Erfahrung von München, die vertragswidrige Untätigkeit der Westmächte am 15. März und die vertanen Monate nach dem Einmarsch der deutschen Faschisten in Prag war auch hier kein Wort mehr zu finden.

Die vorletzte Wochenausgabe der „Deutschen Volks-Zeitung" (Paris) trug das Datum des Tages der Unterzeichnung des Vertrages. Die bereits vor dem 23. August ausgelieferte Zeitung enthielt den Beitrag „Die Friedenspolitik der Sowjetunion", den der linke Sozialdemokrat Max Seydewitz noch in Unkenntnis des Vertragsabschlusses verfaßt hatte. Dessen

---

84 Siehe ebenda.
85 Ebenda.
86 *Neue Volks-Zeitung*, 26. August 1939, S. 1.
87 *Neuer Vorwärts*, 27. August 1939, Nr. 323.

Vollzug erledigte indessen die Ausführungen von Seydewitz nicht, welche sich mit den Hindernissen befaßten, die bis dahin Fortschritte der Verhandlungen zwischen der Sowjetunion und den Delegationen der Westmächte verhindert hatten. Seine Auseinandersetzungen mit den „Kritikern der UdSSR"[88], denen — wie er schrieb — „die langwierigen Moskauer Vertragsverhandlungen ... Gelegenheit zu neuen Angriffen gegen die Sowjetunion gegeben" hatten und die an der „aufrichtigen Friedenspolitik der Sowjetunion Zweifel hegten", blieben auch nach Abschluß des Nichtangriffsvertrages von aktueller Bedeutung. Das gab der „Rundschau" (Basel) den Grund, den Beitrag schon am 24. August nachzudrucken, gerade zu einem Zeitpunkt, da die ersten kontroversen Reaktionen auf den Vertrag vorlagen.

Seydewitz ging davon aus, daß die Sowjetunion „im Jahre 1939 genau wie in den vorangegangenen Jahren einen festen Friedensblock gegen die faschistischen Angreifer schaffen" und „ihre unveränderte Absicht mit Mitteln erreichen" wollte, „die in der durch das Verhalten der demokratischen Westmächte in München veränderten Situation geboten sind". Die UdSSR wollte nach wie vor „einen Friedensblock der nichtfaschistischen Staaten, aber einen zuverlässigen", der „bei jedem Vorstoß der faschistischen Angreifer funktioniert."

Seydewitz erinnerte daran, daß Chamberlain 1938 „das eindeutige Angebot der Sowjetunion, durch gemeinsames Auftreten die Tschechoslowakei und den Frieden zu retten, abgelehnt" hatte. Der britische Premier sei unter „absichtlicher Ausschaltung der Sowjetunion" nach München gegangen, „um sich mit den faschistischen Diktatoren zu einigen" und damit „den faschistischen Imperialismus zum direkten Angriff auf die UdSSR von sich selbst abzulenken". Diese Münchener Spekulation habe sich — so Seydewitz — als Fehlrechnung erwiesen, denn: „Mit dem Machtzuwachs, der dem deutschen faschistischen Imperialismus in München zugeschanzt wurde, fühlte sich das faschistische Deutschland stark genug, den direkten Vorstoß für die Hegemonie in Europa einzuleiten." Es habe sich erwiesen, daß Hitler, „an welcher Front er nach München auch vorstößt, die Position Englands in Europa direkt angreifen muß."

Mit diesem Gedankengang legte der Autor treffend die Beweggründe bloß, die Politiker in Großbritannien überhaupt dazu gebracht hatten, die UdSSR, die sie 1938 aus der europäischen Diplomatie herausgedrängt hatten, wieder in sie einzubeziehen und mit ihr zu verhandeln. Zugleich schloß Seydewitz aber nicht aus, daß noch einmal ein Wechsel der britischen Diplomatie zugunsten eines erneuten Verständigungsversuchs mit Deutschland eintreten könne, dessen Möglichkeit prinzipiell dadurch gegeben wäre, daß Hitler „seinen schlimmsten Feind, aber auch seinen stärksten und gefährlichsten Gegner" nach wie vor in der Sowjetunion sehen würde. Sollte es aber gelingen — so führte Seydewitz weiter aus — die Situation erneut zu verändern, so daß sie der von München gleiche würde, dann müsse man erwarten, daß London wieder genauso handeln werde, wie in den Septembertagen 1938.

Hier lag nach Seydewitz der entscheidende und, wie sich zeigte, neuralgische Punkt in den Verhandlungen der Sowjetunion mit Frankreich und Großbritannien. Er schrieb: „Hätte die Sowjetunion bei den Verhandlungen auf alle Sicherungen verzichtet, hätte sie den Pakt so akzeptiert, wie er von den Kapitulanten gewünscht wurde, so wären damit einseitig nur die Westmächte gegen Angriffe gesichert worden ... Wäre die Sowjetregierung bereit

---

88 *Max Seydewitz*, Die Friedenspolitik der Sowjetunion, in: *Rundschau*, 24. August 1939, Nr. 45, S. 1294. — Die nachfolgenden Zitate entstammen dieser Quelle.

gewesen einen Pakt abzuschließen, der einseitig die Westmächte gegen Angriffe sichert, so hätte sie damit die faschistischen Imperialisten zu einem Angriff gegen die Sowjetunion geradezu ermuntert." Aus allem zog Seydewitz zum Zeitpunkt noch im Gange befindlicher Verhandlungen zwischen der UdSSR und den Westmächten den Schluß: „Sie ziehen sich nicht darum so lange hin, weil die Sowjetunion den Pakt nicht will oder ihre Friedenspolitik aufgegeben hat, sondern weil die regierenden Kräfte in England die von der Sowjetregierung geforderten selbstverständlichen Garantien nicht geben wollen." Diese Kritik habe auch Churchill wiederholt klar ausgesprochen.

Seydewitz Bewertung der Vorgeschichte des Vertrages teilte in ihren wesentlichen Aussagen auch die „Volksfront" (Chicago), in der Erich Schroetter am 26. August schrieb: „Durch den Nichtangriffspakt wurde der Westen Europas — England und Frankreich — in die große Bestürzung versetzt. Fanden doch die Verhandlungen mit Rußland statt, die auf ein Bündnis zwischen dem Westen und dem Osten, zwischen England, Frankreich und Rußland abzielten. Seit dem 16. April schleppten sich diese Verhandlungen hin. Eine militärische Allianz war geplant, und die Militärpersonen verhandelten in Moskau. Die russische Bedingung, daß auch gegen Angriffe der Faschisten auf Rußlands kleine Nachbarstaaten, geschähen sie direkt oder ‚indirekt', Garantien gegeben werden müssen, war das Haupthindernis für den Abschluß des Bündnisses. Außerdem sah es so aus, als ob Chamberlain das Ganze nur als Spielerei betrachten würde, der jeglicher Ernst und jede ehrliche Absicht fehlte."[89] Während Seydewitz in seinem vor Abschluß des Nichtangriffsvertrages geschriebenen Beitrag begründete, warum die UdSSR den Politikern der Westmächte keinen besonderen Vertrauensvorschuß geben konnte, entwickelte Schroetter, daß die Westmächte tatsächlich nichts getan hätten, um das durch München aufs äußerste gesteigerte Mißtrauen gegen die Diplomatie Chamberlains abzubauen.

Ganz anders legte die „Pariser Tageszeitung" in ihrer Ausgabe vom 23. August ihren Lesern die Vorgeschichte des Vertrages, die Motive und Ziele der Partner zurecht. Während die Westmächte in München gemeinsam mit Deutschland und Italien versucht hatten, die UdSSR zu isolieren, zieh das Blatt die Regierung der UdSSR, in ihrer Politik sei seit der Abdankung Litvinovs „die Tendenz zum Isolationismus vorherrschend"[90] geworden. Gleichfalls im Widerspruch zu den damals bereits erkennbaren Tatsachen warf die „Pariser Tageszeitung" der UdSSR vor, sie hätte die Verhandlungen mit den Westmächten verschleppt. Auf die Motive der UdSSR eingehend, konzedierte das Blatt der Regierung in Moskau, daß sie gewiß keine Sympathie für den „Nationalsozialismus" empfinde, und kam in ihren weiteren — wenn auch von bösartigen Unterstellungen nicht freien — Überlegungen und Beweggründen sowjetischer Politik partiell nahe: „Vielleicht wurde es von den Machiavellis des Kremls als besonders genialen Schachzug betrachtet, den Hitlerischen Antibolschewismus zu ‚entlarven' und zugleich einen Keil zwischen Berlin und Tokio zu schieben; vielleicht empfand man auch das Bedürfnis, sich zeitweise und provisorisch — denn über die Langlebigkeit von Pakten mit Hitler macht sich auch Stalin schwerlich Illusionen — für den Fall eines japanischen Angriffs den Rücken zu decken."

Im übrigen gestand der Autor, die Motive der sowjetischen Seite nicht klarer sehen zu können, wohl aber die der deutschen: „Die Nazis selber, sicher ihres Triumphes, schreien die Antwort in die Welt hinaus. Sie haben, glauben sie, die ‚Einkreisung' durchbrochen

89 *Volksfront*, 26. August 1939, Nr. 34, S. 5.
90 *Pariser Tageszeitung*, 23. August 1939, S. 1. — Die nachfolgenden Zitate entstammen dieser Quelle.

und Widerstand gegen den geplanten Angriff gegen Polen unmöglich gemacht."[91] Die „Pariser Tageszeitung" glaubte den Motiven der deutschen Faschisten dadurch weiter auf die Spur kommen zu können, daß sie die Frage stellte, warum Hitler, wenn es ihm nur um die Verbesserung seiner strategischen Positionen für den militärischen Kampf gegangen wäre, seinen Pakt mit Moskau in so demonstrativer Weise herausgestellt hätte. Das Blatt meinte, daß geheime Verhandlungen und ein geheimgehaltener Vertrag mit Deutschland „für den Kriegsfall die gleichen Dienste geleistet" hätte. Die Begründung für diese „Berliner Scheinwerferbeleuchtung des Paktes mit Moskau" deutete die Zeitung mit Hitlers „heißem Wunsch, auch jetzt noch um Danzigs Willen keinen Krieg zu riskieren!" Hitler würde — nach Meinung des Blattes — auch jetzt noch den Krieg fürchten und einen Sieg in der Art ersehnen, „wie er bisher alle Siege errungen hat, unblutig, risikolos, gesichert durch den freiwilligen Rückzug der feindlichen Truppen". Das war nach Ansicht der „Pariser Tageszeitung" der Grund, warum Hitler aus allen deutschen Lautsprechern brüllen würde, daß er „mit Stalin einig geworden" sei.

Diese Darstellung erfaßte indessen die Absichten der faschistischen Auslandspropaganda nur zum Teil. Die Ausnutzung des Vertrages war nicht von dem Willen diktiert, den Krieg zu vermeiden, sondern ihn zunächst auf eine militärische Auseinandersetzung mit Polen zu begrenzen und Großbritannien und Frankreich am Eingreifen zu hindern.

In dem Wochenblatt des German Jewish Club in New York, dem „Aufbau", irrte sich zwar der Autor nicht über die unmittelbaren Ziele, welche die Nazis mit dem Vertragsabschluß verfolgten, glaubte aber, diese wären verfehlt worden: „Der Vertrag mit Rußland, der die Stimmung in Deutschland heben sollte, der England, Frankreich erschrecken und Polen erzittern lassen sollte, hat seine Wirkung absolut verfehlt. Vielleicht wird einmal die Geschichte zeigen, daß der große Spieler Hitler in seinem Spiel mit Stalin ‚seine Hand überspielt' hat".[92] In diesem Urteil mischten sich Richtiges und Falsches kunterbunt. Richtig gesehen wurde, daß der von Hitler und der faschistischen Führung unter mittelfristigem Kalkül abgeschlossene Vertrag den Aggressor nicht näher an sein Hauptziel führen konnte, in Osteuropa auf Kosten Polens und vor allem der UdSSR ein riesiges direkt an „Großdeutschland" angrenzendes Kolonialterritorium zu errichten. Falsch war aber, eine absolut verfehlte Wirkung des Vertrages für die faschistische Seite zu konstatieren. In Deutschland selbst konnte mit ihm die im Volke weitverbreitete, z. T. durch die Nazipropaganda selbst genährte Furcht vor einem erneuten Krieg gegen die europäischen Großmächte an zwei Fronten weitgehend zurückgedrängt werden.

Die Auseinandersetzung um die Bewertung des Vertrages, den Deutschland und die Sowjetunion abgeschlossen hatten, erhitzte sich in den letzten Augusttagen um so mehr, als sich die Anzeichen häuften, daß das faschistische Regime im Begriff stand, Polen militärisch zu überfallen. Obwohl in diesen Tagen noch nicht bekannt war, daß Hitler

---

91 Zur demgagogischen These der „Einkreisung" siehe Erklärung des ZK der KPD zum Abschluß des Nichtangriffsvertrages zwischen Deutschland und der Sowjetunion, in der es hieß: „Der Nichtangriffspakt entlarvt die Hetze des Naziregimes über die angebliche Einkreisung Deutschlands. Weder die Sowjetvölker, weder das französische und das englische Volk noch andere Völker wollen Deutschland angreifen oder einkreisen. Ebenso wie das bisherige Geschrei über eine Gefährdung der Existenz Deutschlands durch die Sowjetunion sich als allgemeine Lüge erwiesen hat, ist auch das Geschrei über die Einkreisung nichts als Lüge zur Tarnung der imperialistischen Angriffspläne des Naziregimes." *Rundschau*, 31. August 1939, Nr. 46, S. 1323.

92 *Aufbau*, 1. September 1939, Nr. 16, S. 2.

den Angriffsbefehl bereits gegeben hatte, bevor die UdSSR sich zum Abkommen entschloß, und obwohl ebenso unbekannt war, daß Hitler nach Abschluß des Vertrages noch einmal einen kurzfristigen Aufschub des Datums des Angriffs befohlen hatte, glaubten viele antisowjetische Autoren die Politik der sowjetischen Regierung für den alsbald zu erwartenden Krieg nun mitverantwortlich machen zu können. Praktisch begann eine Diskussion über die Kriegsschuldfrage, bevor noch der erste Schuß gefallen war. In ihr reflektierte sich, soweit diese Diskussion in Großbritannien und Frankreich ausgetragen wurde, vor allem das Bedürfnis der herrschenden Kreise dieser beiden Staaten, von den eigenen Versäumnissen und mehr noch: von der vieljährigen Begünstigung der Aufrüstungspolitik des faschistischen deutschen Imperialismus wegzulenken. Die Konzentration der Propaganda auf den deutsch-sowjetischen Vertrag bedeutete die Inszenierung eines Manövers, mit dem die Öffentlichkeit in den Ländern, die auch durch die Mitschuld ihrer Regierungen vor einem Krieg standen, in die Irre geführt werden und gegen die heimischen Kritiker der Regierungspolitik, insbesondere gegen die Kommunisten, aufgeputscht werden sollte.[93] Es entflammte eine antikommunistische und speziell antisowjetische Hysterie[94], die auch auf das deutsche Exil in diesen Ländern nicht ohne Wirkungen bleiben konnte — sei es, daß die einen quasi mit den Wölfen heulten, sei es, daß die anderen sich der die Köpfe verwirrenden Propagandaflut entgegenzustemmen versuchten, sei es, daß die dritten aus opportunistischen Gründen mit ihrer Meinung zurückhielten oder sie nur bruchstückhaft bekanntgaben.

Einige Stellungnahmen bürgerlicher und auch rechtssozialdemokratischer Autoren, die Ende August publiziert wurden, machen den Eindruck eines befreiten Aufatmens. Ihnen schienen die politische Welt seit dem 23. August 1939 wieder heil und die Fronten wieder klar zu sein.[95] Davon zeugte ein am 26. August in der rechtssozialdemokratischen „Neuen Volks-Zeitung" (New York) publizierter Kommentar zum Vertragstext, der in Rechnung stellte, daß der Krieg schon begonnen haben könnte, wenn das Manuskript in Druck gegeben würde.[96] Nun ließ sich — freilich nur, wenn man die Tatsachen und Zusammenhänge nicht analysierte, sondern allein ihre Oberflächenerscheinungen nahm — die Welt wieder nach der Totalitarismus-Doktrin interpretieren und die Gemeinsamkeit der Interessen der „diktatorischen" Staaten, gemeint waren die UdSSR und das faschistische Deutschland, behaupten. Von der These, der Nichtangriffsvertrag habe die Kriegsgefahr gesteigert, wie sie in der Zeitschrift „Die Zukunft" (Paris) in einem „Offenen Brief"[97] vertreten wurde, bis zu der Anklage, die UdSSR habe mit Hitler einen ihn zum Kriege ermunternden Vertrag geschlossen, wie in der „Neuen Volks-Zeitung" (New York) behauptet wurde,[98] reichten die antisowjetischen Wendungen. Der „Neue Vorwärts"-Mitarbeiter Rudolf Hilferding (Dr. Richard Kern) erklärte nun, Stalin sei „zum Bundes-

---

93 *Dahlem*, Bd. 2, S. 362 ff.

94 *Franz Dahlem*, Über die Auswirkungen der antikommunistischen Hysterie auf die Lage der Politemigranten und die Tätigkeit des Sekretariats des ZK der KPD, in: Ebenda, S. 376 ff.

95 Diesen Umstand konstatierte Franz Dahlem insbesondere für den Emigrationsvorstand der SPD. — Siehe ebenda, S. 368 f.

96 Text und Bedeutung des Moskauer Vertrages, in: *Neue Volks-Zeitung*, 26. August 1939, Nr. 34, S. 1.

97 Erklärung des Auslandskomitees der Freunde der sozialistischen Einheit Deutschlands in Paris vom 28. August 1939, in: *Die Zukunft*, August 1939.

98 Wie Anm. 96.

genossen Hitlers geworden"[99]. Überhaupt — so Hilferding — habe die „auswärtige Politik Sowjetrußlands stets nur ein Ziel gehabt: den Krieg der anderen". Angeblich sei es „schon zu Zeiten Lenins, als dieser den Frieden in Brest-Litowsk schloß" darum gegangen, „den Krieg Deutschlands und Österreichs gegen England und Frankreich zu verlängern und sich selbst den Frieden zu sichern". Ohne Skrupel sah Hilferding nicht nur an dem von den imperialistischen kriegführenden Staaten ignorierten ersten Wort der Sowjetmacht, dem Friedensruf *an alle*, vorbei. Nicht weniger skrupellos überging er die seit 1933 unternommenen Anstrengungen der sowjetischen Diplomatie, der UdSSR gemeinsam mit „den anderen" den Frieden durch vereinbarte politische und militärische Schritte zu bewahren. In diesem Punkt handelten die antisowjetischen Verfasser übereinstimmend: sie umgingen die grundlegenden Fakten der Diplomatiegeschichte und isolierten den Schritt, der Schluß-, aber nicht Anfangspunkt der sowjetischen Vorkriegsdiplomatie gewesen war. Die Ursache dieses Vorgehens ist offensichtlich: die Methode erleichterte nicht nur die Verschiebung von Verantwortlichkeit, sondern ermöglichte sie erst.

Inzwischen ist durch die historiographischen Forschungen[100] längst klar, daß die faschistische Führung und namentlich Hitler selbst die Entscheidung über den Beginn des Krieges und seinen Aufschub nicht von dem Abschluß eines Vertrages mit der UdSSR abhängig machte, wiewohl ihm dieser Vertrag aus mehreren politisch-taktischen und auch aus ökonomischen Gründen willkommen war und er in seinem Zustandekommen nichts als seinen eigenen gelungenen Coup sah. Der deutsche Faschismus wurde nicht durch den Vertrag zum Krieg ermutigt, aber sein oberster Führer leitete aus ihm seine Hoffnung her, daß Großbritannien womöglich aus dem Krieg herausbleiben und den Angriff auf Polen hinnehmen würde wie die Liquidierung der Resttschechoslowakei. Diese Möglichkeit konnte auch die Regierung der UdSSR nicht ausschließen. Es war eine für die Zukunft der Sowjetunion aufs äußerste bedrohliche Situation entstanden. Denn die Möglichkeit, daß das faschistische Deutschland auf der einen, Japan auf der anderen Seite in die UdSSR einfielen, und daß diese imperialistischen Staaten ökonomisch und auf andere Weise von anderen, nicht am Kriege beteiligten kapitalistischen Staaten unterstützt würden, war nicht auszuschließen. Die sowjetische Diplomatie hatte diese ungünstigste aller denkbaren Konstellationen zu verhindern. Solche Überlegungen lagen freilich denen fern, die in der UdSSR nichts als ein ihrer Ideologie und Politik entgegengesetztes System erblickten und den Kommunismus für ein Weltübel hielten. Diese Kräfte aber bestimmten, auf mächtige Apparate und Instrumente der Massenbeeinflussung gestützt, die Stimmung in den kapitalistischen Staaten Westeuropas.

Unter diesen Bedingungen war es für die deutschen Kommunisten und andere antifaschistische Kräfte, die sich ein abwägendes Urteil bewahrt hatten, außerordentlich schwer, sich überhaupt Gehör zu verschaffen. Am 24. August 1939 beriet das Sekretariat des ZK der KPD in Paris unter dem Vorsitz von Franz Dahlem die eigene Stellungnahme zum Vertrag.[101] Sie wurde tags darauf als „Erklärung des Zentralkomitees der Kommunistischen Partei Deutschlands zum Abschluß des Nichtangriffspaktes zwischen der Sowjetunion und Deutschland"[102] verabschiedet. Der Text, der eine erste Bewertung der

---

99 *Richard Kern*, Neuer Kurs der russischen Außenpolitik. Pg. Stalin und Towaritsch Hitler, in: *Neuer Vorwärts*, 2. September 1939, Nr. 324. — Die nachfolgenden Zitate entstammen dieser Quelle.

100 *DzW*, Bd. 1, S. 159f.

101 *Dahlem*, Bd. 2, S. 353ff.

102 Siehe Textabdruck in *Rundschau*, 31. August 1939, Nr. 46, S. 1323. — Die nachfolgenden Zitate entstammen dieser Quelle.

neuen außenpolitischen Situation gab, wandte sich strikt dagegen, in diesem Abkommen ein Kriegsinstrument zu erblicken. Was beschlossen worden sei, diene „der Wahrung des Friedens zwischen Deutschland und der Sowjetunion". Diese Charakteristik machte deutlich, daß es in diesem Augenblick schon außerhalb der Macht der UdSSR stand, für die Wahrung des europäischen Friedens als Ganzes einzutreten. Gleichzeitig warnte die KPD-Erklärung vor Illusionen über die Bereitschaft der faschistischen Seite, die eingegangenen Verpflichtungen zum Frieden auch einzuhalten. Hitler habe den Vertrag, so wurde ausgeführt, „nur in der Notlage einer schwierigen Situation abgeschlossen". Nicht das Naziregime, sondern nur das deutsche Volk könne daher „der Garant für die Einhaltung des Nichtangriffspaktes zwischen der Sowjetunion und Deutschland sein". Ausdrücklich machte das Pariser Sekretariat des ZK der KPD deutlich, daß der Nichtangriffsvertrag zwischen der UdSSR und Deutschland nicht mit einem inneren Nichtangriffsvertrag zwischen den deutschen Antifaschisten und dem Regime gleichzusetzen sei, sondern daß „im verstärkten Kampf gegen die Nazidiktatur" der Weg bestehe, den „alle friedens- und freiheitsliebenden Deutschen" zu beschreiten hätten.

Wie schwer es war, diese Auffassung am Vorabend des Krieges auch nur außerhalb der Grenzen Deutschlands zu verbreiten, offenbarte sich am Teilabdruck der Erklärung der KPD vom 25. August, der am 31. August 1939 in der in Basel erscheinenden „Rundschau" erschien. Es waren diejenigen Passagen ausgelassen worden, die sich mit der Haltung Großbritanniens und Frankreichs kritisch auseinandersetzten. Das war eine Konzession an die Pressezensur der Schweiz, deren Neutralitätspolitik auch in den späteren Jahren in aller Regel gegen die Interessen der Antifaschisten und gerade ihrer konsequentesten Kräfte ausschlug.

Zu den kommunistischen Zeitschriften, die ihren Lesern die komplizierten Zusammenhänge, die zum Vertrag geführt hatten, und die Wirkung des Abkommens zu erklären suchten, gehörte auch das New Yorker „Deutsche Volksecho", das sich dabei auf eine „Unmenge" von eingegangenen Zeitschriften bezog. In der Art eines Katechismus faßte die Redaktion Fragen und Meinungen der Leser zu den prinzipiellen Fragestellungen zusammen, die weithin die deutschen Antifaschisten und Hitlergegner bewegten.[103] Zuerst wandte sich die redaktionelle Stellungnahme der Frage zu, ob der Vertrag „Hitler" stärke und ob er ein „zweites München" auf Kosten Polens erleichtere. Die Antwort lautete, daß mit dem Abkommen die Politik, die vor allem durch Chamberlain repräsentiert werde und die darin bestand, das faschistische Deutschland immer näher an die UdSSR heranzuschieben, einen Bankrott erlitten habe. Es sei klar geworden, daß Hitler die ihm „zugedachte Gendarmenrolle gegen die Sowjetunion nicht ausführen kann". Dies, so argumentierte das Blatt, zwinge aber die Regierungen in Großbritannien und Frankreich dazu, ihre eigene Lage neu zu überdenken. Polen könne von den westeuropäischen Mächten jetzt nicht einfach geopfert werden, denn es sei klar geworden, daß Hitler sich alsbald gegen Westen wenden wolle. Die kapitalistischen Mächte, das war die Konsequenz der Ausführungen, die nicht gleichberechtigt und gleichverpflichtet mit der UdSSR gegen Hitlerdeutschland kämpfen wollten, würden es jetzt in ihrem eigenen Interesse tun müssen. Hitlers Absicht, sich Polen ohne Dazwischentreten der Westmächte einzuverleiben, sei jedenfalls dahin und dies — so meinte die Zeitung — habe ihn tatsächlich geschwächt. Auch wer den Zugzwang der Westmächte im Falle eines

---

103 Diskussion zum Nichtangriffspakt Moskau—Berlin, in: *Deutsches Volksecho*, 2. September 1939, Nr. 35, S. 4. — Die nachfolgenden Zitate entstammen dieser Quelle.

Überfalls auf Polen nicht so strikt sehen wollte, wie die Redaktion es tat, sie hatte jedenfalls mit der Feststellung völlig recht, daß die in München 1938 aufgemachte und auch später nicht aufgegangene Rechnung sich als eine Fehlkalkulation erwiesen hatte.

Die Redaktion antwortete — zweitens — auf die Frage, welche Wirkung das deutsch-sowjetische Handelsabkommen haben könnte und setzte sich dabei besonders mit der Behauptung auseinander, es mache den wirtschaftlichen Boykott gegen Deutschland unwirksam. Sie bewies zunächst — auch anhand von Zahlen —, daß es einen wirksamen Boykott gegen die faschistischen Staaten in Wahrheit nie gegeben habe, weil die kapitalistischen Großunternehmen an der Aufrüstung Deutschlands mitprofitieren wollten und dies auch schon reichlich getan hatten. Mehr noch: die britische Regierung habe u. a. auch die Gelder, die der ČSR gehörten, und sich auf englischen Bankkonten befanden, der Reichsregierung zugespielt, so deren finanzpolitische Rüstungsprobleme erleichtert. Sich gegen eine Bewertung mit zweierlei Maßstäben wendend, verwies das Blatt darauf, daß auch Großbritannien seit langem und bis auf den Tag erhebliche Mengen von Kohle an Deutschland liefere.

Schließlich ging das „Volksecho" auf die Frage ein, welches Verhältnis sich im Abschluß dieses Vertrages seitens der UdSSR zu den „fortschrittlichen Massen in der ganzen Welt" ausdrückt und ob diese sich nun im Stiche gelassen fühlen müßten. Die Sowjetunion habe seit Jahren bewiesen, daß sie an der Seite derjenigen Kräfte in aller Welt stehe, die sich gegen den Faschismus wenden und ihre Freiheit verteidigten. Dies sei in Spanien wie in China deutlich geworden. Doch habe die UdSSR nur dort kämpfen können, wo Widerstand wirklich geleistet worden sei, wie sich 1938 im Falle der ČSR gezeigt habe, als deren Regierung sich entschied, politisch und militärisch zu kapitulieren. Wenn, so legte der Gedankengang nahe, die Regierungen Polens und der baltischen Staaten jetzt nicht mit den antifaschistischen Kräften kämpfen wollten, wie sollte es die UdSSR tun, die keine Grenze mit dem faschistischen Staat besaß.

In den scharfen Auseinandersetzungen im deutschen Exil trat noch im August 1939 auch das Bedürfnis der Gegner der antifaschistischen Volksfront und der Einheitsfront von Kommunisten und Sozialdemokraten hervor, ihre Obstruktionspolitik gegen den Zusammenschluß der Hitlergegner nachträglich zusätzlich zu rechtfertigen. Mehr noch: es ging darum, ihre Politik der Isolierung der Kommunisten im Exil wie im deutschen Untergrund zu einem durchbruchartigen Sieg zu führen. Das ist ihnen — um es vorweg-zunehmen — nicht gelungen.[104] Nachhaltigen Schaden vermochten sie aber in einem entscheidenden Moment den Bestrebungen zuzufügen, die sich darauf richteten, daß das Exil mit *einer* antifaschistischen Stimme sprach und gemeinsam oder vereint gegen das Naziregime agierte.

Sichtlich erleichtert erinnerte sich Gerhart Seger[105] in einem Artikel, in dem er zum antikommunistischen „Farbebekennen"[106] aufforderte und den die „Neue Volks-Zeitung" (New York) am zweiten Kriegstag, dem 2. September, veröffentlichte, an die Zeiten,

---

104 Siehe hierzu *Heinz Kühnrich*, Die KPD im Kampf gegen die faschistische Diktatur 1933—1945, Berlin 1983, S. 137ff.

105 Zur Person Segers siehe Anm. 15. — Sein 1934 im Sopade-Verlag veröffentlichtes Buch „Oranienburg. Erster authentischer Bericht eines aus dem Konzentrationslager Geflüchteten" hatte international Aufsehen erregt.

106 *Gerhart H. Seger*, Farbe bekennen!, in: *Neue Volks-Zeitung*, 2. September 1939, Nr. 35, S. 1. — Das nachfolgende Zitat entstammt dieser Quelle.

da er und andere rechte sozialdemokratische Politiker seines Schlages „einen schweren Stand" hatten, um zu begründen, warum sie mit den Kommunisten nicht zusammenarbeiten wollten. Seger, der im Januar 1936 die Meinung vertreten hatte, daß die „sozialistische Bewegung" nur dann erfolgreich sein wird, „wenn sie jedes Schielen nach der kommunistischen Seite unterläßt"[107], sah die Situation für die antikommunistische Agitation grundlegend geändert, weil der Vorwurf parteipolitischer Engstirnigkeit nun nicht mehr erhoben werden könnte. Kurzum: er sah die Linie, die er und andere verfochten hatten, als vollständig gerechtfertigt an. Seger glaubte die Situation obendrein ausnutzen zu können, die offizielle Politik der rechten Führer in Deutschland vor dem 30. Januar 1933 in toto reinwaschen zu können. Rundheraus forderte der Autor Gerhart Seger, der mit Rudolf Katz die rechtssozialdemokratische Redaktion der „Neuen Volks-Zeitung" (New York) führte, von den Mitgliedern der Sozialdemokratie, sich fortan nicht mehr mit einem Kommunisten „an einen Tisch zu setzen". Wer es dennoch tue, sei „ein Schädling der Arbeiterbewegung".[108]

Daß es Seger nicht bei diesem „Appell" beließ, sondern auch danach handelte, davon zeugt sein Austritt aus der „German American Writers Association", von der er behauptete, sie stehe unter kommunistischem Einfluß. Dieser, am 7. Oktober 1938 in New York auf einem Meeting gegründete Verband von Schriftstellern und Journalisten — angeführt von dem Ehrenpräsidenten Thomas Mann, den Präsidenten Oskar Maria Graf und Ferdinand Bruckner sowie Manfred Georg als Sekretär — war gerade nicht auf ein politisches Programm festgelegt. Der Verband vereinigte im Sinne der Volksfrontpolitik Hitler- und Faschismusgegner verschiedenster Auffassungen. Als Seger in den Auseinandersetzungen über den Nichtangriffsvertrag von allen Verbandsmitgliedern verlangte, den Vertrag öffentlich zu verurteilen, hatten sich „die besonnenen, liberalen, dem Antikommunismus widerstrebenden Mitglieder"[109] nicht beeinflussen lassen. Die meisten folgten der Parole ihrer rechtssozialdemokratischen Verbandsmitglieder nicht, und so blieb die „German American Writers Association" weiter bestehen.

Am 10. September veröffentlichte der „Neue Vorwärts" eine Verlautbarung der Sozialdemokratischen Partei zum Nichtangriffsvertrag.[110] In ihr wurde festgestellt, daß „der Vorstand der Sozialdemokratischen Partei Deutschlands . . . in Übereinstimmung mit den Vertrauensleuten der Partei in Deutschland die Zusammenarbeit mit den Kommunisten in den zurückliegenden Jahren stets abgelehnt"[111] habe. Dieser Standpunkt wurde nun ausdrücklich bekräftigt und von den Mitgliedern in Deutschland wie im Exil verlangt, weder mit der Kommunistischen Partei Deutschlands in eine Verbindung zu treten, noch auch nur in überparteilichen Organisationen mitzuarbeiten, denen auch Kommunisten angehören würden. Die rechten Führer der SPD hoben die Schützenlöcher

---

107 Zit. in *Exil in den USA mit einem Bericht „Shanghai — Eine Emigration am Rande"*, Leipzig 1979, S. 148.

108 *Seger*, Farbe bekennen!, S. 1.

109 Zit. in *Exil in den USA*, S. 112.

110 Zum Hitler-Stalin-Pakt. Die Sozialdemokratische Partei Deutschlands und der deutsch-russische Nichtangriffspakt, in: *Neuer Vorwärts*, 10. September 1939, Nr. 325.

111 Ebenda. — Heinz Kühnrich verweist auf einen weiteren Artikel des *Neuen Vorwärts* vom 2. September, der gegen die KPD gerichtet war und mit dem sich das Sekretariat des ZK der KPD in seiner Erklärung zum Krieg auseinandergesetzt hat. (*Kühnrich*, Die KPD im Kampf, S. 154).

an ihrer antikommunistischen Front tiefer aus.[112] Doch gelang es weder in Deutschland noch im Exil vollends, dieses Vorgehen unter der gesamten Parteimitgliedschaft durchzusetzen.

Der Sozialdemokrat August Siemsen zeichnete als Chefredakteur des „Anderen Deutschland" (Buenos Aires) auch für jene Ausgabe der Zeitung verantwortlich, in der noch im Oktober 1939 eine Vielzahl von Argumenten zur Verteidigung der Sowjetunion vorgetragen wurden. Das Blatt sah die Tatsache des deutsch-russischen Nichtangriffsvertrages auch als „wenig erfreulich" an, meinte aber, daß die Gerechtigkeit die Feststellung erfordere, „daß England die Hauptschuld an seinem Abschluß trägt"[113]. Die Redaktion, für die „erstes und wichtigstes Ziel die Vernichtung der Hitlerdiktatur und des Nationalsozialismus" war, stellte fest, daß der Vertrag bis dahin „für Hitler nur negative Folgen gehabt" hätte, weil es mit dem „geplanten Ritt nach Osten, mit der Vernichtung des bolschewistischen Todfeindes und der Eroberung weiter russischer Siedlungsgebiete" vorbei wäre. Zunächst hatte der Autor mit dieser Aussage recht, der — und darin liegt ihr hoher Stellenwert — damit keinesfalls den Führern der SPD folgte. August Siemsen wurde für seine Position auch innerhalb des Komitees „Das andere Deutschland" heftig kritisiert und sah sich „mit Ausnahme der Kommunisten"[114] bald einer geschlossenen Front gegenüber. Schließlich wurde auch die Zeitschrift antikommunistischen und antisowjetischen Autoren geöffnet, die, solange „Das Andere Deutschland" „auf der Grundlage der antifaschistischen Einheits- und Volksfrontpolitik arbeitete, keine Veröffentlichungschancen hatten".

Die „Neue Volks-Zeitung" (New York), die von Anfang an antikommunistische Positionen zum Nichtangriffsvertrag verbreitet hatte, wandte sich aber auch an im Exil lebende deutsche Schriftsteller, und bat sie um ihre Meinung zum Vertragsabschluß zwischen Deutschland und der UdSSR. Es charakterisierte wohl auch die Menge der Rücksichten, die im Ausland lebende Flüchtlinge nehmen mußten, daß von den Befragten nur drei — die SPD-Politikerin Tony Sender, die in der Weise wie Gerhart Seger reagierte, Oskar Maria Graf, der eine ausweichende Antwort übersandte, und Manfred Georg — antworteten. Manfred Georg schrieb: „Ihr Brief stellt mich vor eine unlösbare Aufgabe. Ohne Kenntnisse der diplomatischen Akten und ohne die geringste Information über die wahren Kulissenvorgänge der letzten Zeit soll ich die Frage mit ‚Ja oder Nein' beantworten."[115] Dann faßte er seine Ansicht in ein abwägendes Urteil zusammen: „Bis zum heutigen Tage sehe ich nur vorerst eines: der Vertrag hat die Hälfte Polens vor der endgültigen Zerstörung gerettet. Richtig ist auch, daß er einen

---

112 Davon legt das Rundschreiben des Gruppenvorstandes an die „Mitglieder der Sopadeemigrantengruppe" in Stockholm Zeugnis ab. In dem Schreiben vom 4. September hieß es: „Der Vorstand der Gruppe hat — in Übereinstimmung mit der Auffassung des Parteivorstandes — beschlossen, gegen alle Gruppenmitglieder, die künftig noch an Organisationen, Zirkeln oder Veranstaltungen teilnehmen, an denen die kommunistische Partei offiziell oder getarnt beteiligt ist, den Ausschluß aus der Partei zu beantragen. Dieser Beschluß trifft auch diejenigen Gruppen/Mitglieder, die die kommunistische Auffassung in der Beurteilung des deutsch-russischen Paktes teilen." (Archiv der Arbeiterbewegung Stockholm, Bestand: SPD-Schweden).

113 *Das Andere Deutschland*, 15. Oktober 1939, S. 2/3. Das nachfolgende Zitat entstammt dieser Quelle.

114 *Wolfgang Kießling*, Exil in Lateinamerika, Leipzig 1980, S. 242. — Das nachfolgende Zitat entstammt dieser Quelle.

115 Manfred Georg, in: *Neue Volks-Zeitung*, 7. Oktober 1939, Nr. 40, S. 2. — Das nachfolgende Zitat entstammt dieser Quelle.

nicht mehr haltbaren Frieden in seinem letzten faulsten Stadium abgekürzt hat. Das sind Fakten. Mehr zu deuten dürfte Sache des Affekts oder der Spekulation sein. Wenn sich herausstellt, daß der Vertrag in irgendeiner Weise dem Sieg der Demokraten über Hitlerdeutschland genutzt hat, werde ich ihn vom demokratischen Standpunkt aus sanktionieren, wenn das Gegenteil der Fall ist, verurteilen. Vorläufig bleibt mir nichts übrig, als ihn zur Kenntnis zu nehmen und ihn sachlich nach allen — nach den besten und nach den scheußlichsten — Möglichkeiten zu analysieren. Wissen ist in diesem Fall Gewissen."

Bemerkenswert ist, daß Manfred Georg die europäische Konstellation mit dem deutsch-sowjetischen Vertrag nicht als abgeschlossen ansah und den Vertrag daran messen wollte, wie er sich im Hinblick auf den von ihm herbeigewünschten Sieg über Hitlerdeutschland auswirken und den Interessen der Demokraten dienen werde.

Diese Frage konnte neu gestellt und beantwortet werden, als 20 Monate später sich eine völlig neue geschichtliche Konstellation entwickelt hatte. Das faschistische Deutschland war in die Sowjetunion eingefallen. Sie wurde der wichtigste und standhafteste Kriegsgegner des deutschen Imperialismus, dessen politische und militärische Führer in maßloser Überschätzung geglaubt hatten, sich nach ihrem Sieg über die UdSSR wiederum mit allen Kräften gegen Großbritannien wenden und triumphieren zu können. Es entstand die Antihitlerkoalition.

Unter Historikern ist es verpönt, Geschichte im Konjunktiv zu schreiben. Dennoch erhebt sich die Frage, was geschehen wäre, wenn das *erste* Debakel der Münchener Politik im Frühjahr 1939 zum Sturz der Regierung Chamberlain geführt und Churchill an die Spitze des Kabinetts in London getreten wäre. Sowenig sich die Entwicklung nach einem solchen gedachten Ereignis mit Sicherheit weiterdenken läßt, so sicher ist, daß eine geschlossene, tatbereite und ehrliche Partnerschaft früh- und rechtzeitig jene breite antifaschistische Front der Staaten und Völker hätte heraufführen können, die erst nach dem 22. Juni 1941 etappenweise hergestellt wurde.

Heinz Kühnrich

Der deutsch-sowjetische Nichtangriffsvertrag vom 23. August 1939 aus der zeitgenössischen Sicht der KPD*

Zu den internationalen Ereignissen, die aus unterschiedlichsten Gründen sogar nach nunmehr fünfzig Jahren immer noch Gegenstand großer Aufmerksamkeit und erbitterter Auseinandersetzungen auch außerhalb der Geschichtsschreibung sind, gehört der deutsch-sowjetische Nichtangriffsvertrag. Die damit verbundenen Probleme, insbesondere die Entwicklung der außenpolitischen Beziehungen zwischen Deutschland und der Sowjetunion vor und nach Abschluß des Nichtangriffsvertrages, nahmen und nehmen bei Historikern und Journalisten, bei Politikern und Politikastern, in anspruchsvollen monographischen Darstellungen wie in den Massenmedien einen vorrangigen Platz ein.

Die marxistisch-leninistische Geschichtsschreibung weist an der Vorgeschichte dieser Beziehungen, dieses Vertrages und seinen Wirkungen einerseits die konsequente Friedenspolitik und den Kampf der Sowjetunion gegen die faschistischen Aggressoren nach, andererseits die vom Antikommunismus und Antisowjetismus geprägte, teils selbstmörderische Politik westlicher imperialistischer Länder, die zum zweiten Weltkrieg führte und die die faschistischen Aggressoren begünstigte. In nicht wenigen Werken der bürgerlichen Geschichtsschreibung werden bewußt oder unbewußt gerade diese Fragen beiseite gedrängt, Ursachen und Auswirkungen des deutsch-sowjetischen Nichtangriffsvertrages und die Haltung der kommunistischen Parteien verfälscht. Vor allem soll damit von der Schuld des Imperialismus als Ganzes an der Entfesselung des Krieges abgelenkt und diese Schuld der Sowjetunion zugeschoben werden.

Der deutsch-sowjetische Nichtangriffsvertrag wurde in einer komplizierten und zugespitzten internationalen Lage unterzeichnet, in einer „besonderen Situation", als unmittelbar vor dem Beginn eines schon unvermeidbar gewordenen Krieges[1] „die Kräfteverteilung noch nicht abgeschlossen war und sich der politische und diplomatische Kampf auf eine Frage zuspitzte: Würde sich die Aggression gegen die Sowjetunion oder gegen kapitalistische Länder richten"[2]. Kaum ein außenpolitischer Schritt der Sowjetunion stand so im Mittelpunkt der internationalen Politik, wurde aber auch bewußt so verfälscht

---

* Erweiterte Fassung eines in der Zeitschrift „Militärgeschichte", 6/1987, veröffentlichten Beitrages.

1 Für das Verständnis der in diesem Beitrag behandelten Problematik ist die Kenntnis, wie sich die Auffassung der KPD und der Komintern über die Ursachen des zweiten Weltkrieges und dessen Charakter in seiner Anfangsperiode entwickelten, unerläßlich, doch kann hier auf diese Fragen nur knapp eingegangen werden; ausführlich siehe dazu *Heinz Kühnrich*, Die Entfesselung des zweiten Weltkrieges und der „Seltsame Krieg" im zeitgenössischen Urteil der KPD (September 1939 bis April/Mai 1940), in: *BzG*, 4/1987, S. 435ff.

2 *Geschichte des Zweiten Weltkrieges 1939—1945* in zwölf Bänden. Hrsg. von einer Hauptredaktionskommission unter dem Vorsitz von A. A. Gretschko, Bd. 12, Berlin 1985, S. 27.

und zur Rechtfertigung reaktionärer und antikommunistischer Ziele mißbraucht und selbst von sonst den Faschismus ablehnenden, teils sogar der Sowjetunion wohlgesinnten Kräften — wenn auch meist nur zeitweilig — so mißverstanden wie der Abschluß dieses Vertrages.

Da die Unterzeichnung nur wenige Tage vor der Entfesselung des zweiten Weltkrieges erfolgte, nutzt ein Großteil der rechtsorientierten bürgerlichen Geschichtsschreibung diese chronologische Nähe, um aus ihr die Behauptung abzuleiten, daß der Abschluß des Nichtangriffsvertrages Ursache und auslösendes Moment des zweiten Weltkrieges gewesen sei. Damit verbunden ist der Versuch, der UdSSR zumindest einen gewichtigen Teil der Verantwortung für die Entstehung des zweiten Weltkrieges anzulasten, sie auch in dieser Frage im Sinne der Totalitarismusdoktrin mit dem faschistischen Deutschland auf eine Stufe zu stellen und gleichzeitig die Vorkriegspolitik der imperialistischen Hauptländer vergessen zu machen.

Die Auseinandersetzungen um den Nichtangriffsvertrag beziehen sich auch darauf, wie die Kommunisten diesen Vertrag seinerzeit einschätzten, wie sie ihn in die Vorkriegspolitik insgesamt einordneten und wie sie die Motive der Unterzeichnerländer bewerteten. In der Historiographie der DDR ist auf den deutsch-sowjetischen Nichtangriffsvertrag wiederholt eingegangen worden; auch Stellungnahmen der KPD zum Vertrag fanden dabei Berücksichtigung. Kommunisten und Widerstandskämpfer berichteten in Erinnerungen, welche Auswirkungen der Abschluß des Vertrages hatte, welche Überraschung, teils auch Verwirrung er auslöste, welche Antwort Kommunisten darauf nach oft heftigen Diskussionen gaben.[3] Dennoch blieben Fragen offen. Eine umfassende Untersuchung steht noch aus, zumal bisherige Darstellungen chronologisch meist mit Beginn des zweiten Weltkrieges enden. Kaum erforscht ist, wie sich dieser Vertrag in der Politik der KPD nach Kriegsbeginn widerspiegelte, welchen Platz in ihr die Berücksichtigung der deutsch-sowjetischen außenpolitischen Beziehungen und speziell das Verhältnis zur Sowjetunion einnahmen.

Die erste Stellungnahme der Führung der KPD zum Nichtangriffsvertrag erfolgte am 25. August 1939:[4] Verfaßt wurde sie vom Auslandssekretariat des Zentralkomitees in Paris, das berechtigt war, Erklärungen im Namen des Zentralkomitees abzugeben. Die KPD stand dabei vor der komplizierten Aufgabe, eine Position zu einem Nichtangriffsvertrag zu beziehen, den die faschistische Regierung, ihr erbarmungsloser Gegner, mit der Sowjetunion abgeschlossen hatte, mit der sie sich zutiefst verbunden fühlte. Sie mußte diesen Vertrag aus der Sicht einer Entwicklung einschätzen, die von ihr als am Rande eines Krieges befindlich angesehen wurde. Das berührte entscheidende Fragen der Zeit, die Frage nach Krieg und Frieden ebenso wie die nach dem Wirken des Grundwiderspruchs der Epoche, des Widerspruchs zwischen Sozialismus und Imperialismus. Es schloß von vornherein ein, die Ursachen für den Abschluß des Vertrages aus länger-

---

3 Siehe dazu u. a. *DzW Bd. 1*, Berlin 1974, S. 140ff.; *Gerhard Kegel*, In den Stürmen unseres Jahrhunderts. Ein deutscher Kommunist über sein ungewöhnliches Leben, Berlin 1983, S. 107ff.; *Franz Dahlem*, Am Vorabend des zweiten Weltkrieges. Erinnerungen, Bd. 2, Berlin 1977, S. 104ff.; *Hans Teubner*, Exilland Schweiz. Dokumentarischer Bericht über den Kampf emigrierter deutscher Kommunisten 1933—1945, Berlin 1975, S. 55ff.; *Fritz Selbmann*, Alternative, Bilanz, Credo. Versuch einer Selbstdarstellung, Halle 1969, S. 291ff.

4 Im folgenden zit. nach *Rundschau*, 31. August 1939, Nr. 46, S. 1323f.

fristigen außenpolitischen Entwicklungsprozessen abzuleiten. Diese Faktoren prägten die Erklärung vom 25. August.

Erstens ging die KPD bei ihren Einschätzungen von einer generellen Zustimmung zum Abschluß des deutsch-sowjetischen Nichtangriffsvertrages aus, da gegenseitige Verpflichtungen, sich nicht anzugreifen, in der entstandenen Situation eine friedensstiftende Funktion erfüllen, den geographischen Rahmen möglicher Kriegshandlungen zumindest zeitweilig einengen konnten und — in diesem Fall — bei Einhaltung des Vertrages einen deutsch-sowjetischen Krieg verhinderten. Eine solche Politik entsprach den Interessen der Völker Deutschlands und der Sowjetunion; sie befand sich nicht im Widerspruch zum Klassenstandpunkt der deutschen Kommunisten gegenüber der Sowjetunion und zum gesellschaftlichen Fortschritt in Deutschland.

Die Sowjetunion bahnte als erster Staat der Welt der ganzen Menschheit den Weg in eine neue Gesellschaftsordnung; in ihr war die Sehnsucht der Völker nach einem Dasein in Frieden, Freiheit und sozialer Geborgenheit Wirklichkeit geworden. Für diese Ziele kämpften auch die deutschen Kommunisten. In der KPD war die Erkenntnis tief verwurzelt, daß das Gedeihen der Sowjetunion, daß die politische, ökonomische und nicht zuletzt militärische Stärke des ersten sozialistischen Staates wesentlichen Einfluß darauf hatten, wie die Möglichkeiten wuchsen, Kriege verhindern und im eigenen Land den gesellschaftlichen Fortschritt auf dem Wege zum Sozialismus vorantreiben zu können. Insofern waren der Schutz der Sowjetunion, die Unterstützung der Friedenspolitik der UdSSR, die Abwehr antisowjetischer Aggressionen immer ein Teil des Ringens der KPD gegen Krieg und Faschismus; in der erfolgreichen Lösung dieser Aufgaben sahen die deutschen Kommunisten eine wesentliche Voraussetzung für den Sieg über den Faschismus und für die Errichtung eines antifaschistisch-demokratischen und schließlich sozialistischen Deutschlands. Die KPD ließ sich von der auf dem VII. Kongreß der Kommunistischen Internationale vertretenen Auffassung leiten, daß jeder Tag, an dem es gelinge, den Frieden zu erhalten, ein Gewinn für die Menschheit sei. „Das deutsche Volk begrüßt den Nichtangriffspakt[5] zwischen der Sowjetunion und Deutschland", hieß es in der Erklärung, „weil es den Frieden will und in diesem Pakt eine erfolgreiche Friedenstat von seiten der Sowjetunion sieht".

Zweitens machte die KPD in der Erklärung deutlich, daß dieser Vertrag die Kriegsgefahr nicht beseitigte, die Aggressivität des faschistischen Deutschlands nicht aufhob. Die Stellungnahme enthielt deshalb auch eine Entlarvung der faschistischen Kriegspläne, in ihr wurde vom „Kampf um die Rettung der deutschen Nation vor der Katastrophenpolitik der Nazis" gesprochen und dazu aufgerufen, „in der Stunde höchster Gefahr den Frieden zu retten". Die zustimmende Äußerung der KPD zum Abschluß des Nichtangriffsvertrages schloß demnach die Aufforderung ein, weiterhin die aggressive Außenpolitik des faschistischen Regimes zu bekämpfen. Das Sekretariat des Zentralkomitees der KPD wies auch auf das nächste Ziel der faschistischen Eroberungspläne hin: Es betonte, daß vor allem das polnische Volk „auf das äußerste bedroht" sei, und stellte die Losungen auf: „Hände weg von Danzig!" und „Friedliche Verständigung mit Polen!", forderte aber auch „Frieden und Verständigung mit Frankreich und England!"

---

5 Damals wurde für den deutsch-sowjetischen Nichtangriffsvertrag verschiedentlich auch der Begriff Pakt verwandt. Im Beitrag wird die exakte, im offiziellen Text des Dokuments enthaltene Bezeichnung Vertrag benutzt, die auch unserem heutigen Sprachverständnis entspricht. Bei der Wiedergabe zeitgenössischer Zitate folgt die Benennung dem jeweiligen Originaltext.

Die KPD knüpfte damit an ihre zuvor wiederholt bekundete Überzeugung an, daß der Krieg seitens Hitlerdeutschlands eine beschlossene Sache war und auch die Reihenfolge der Kriegsziele bereits weitgehend feststand. Wir kennen bisher nicht im Detail, auf welche Angaben sich die politische und militärische Führung der Sowjetunion im Frühjahr und Sommer 1939 bei der Analyse der internationalen Lage stützen konnte. Aber jede realistische Wertung der zugespitzten Situation mußte die Sowjetunion zu der Feststellung führen, daß die Entfesselung eines neuen Krieges schon unvermeidbar geworden war. Das lehrte nicht zuletzt die unverhohlene Weigerung der Regierungen in Paris und London, irgendwelche konkreten Vereinbarungen mit der Sowjetunion über ein Verteidigungsbündnis gegen Aggressionen abzuschließen. Heute wissen wir, daß Hitler im April 1939 die Weisung erteilte, die Vorbereitung des Krieges so zu gestalten, daß dessen „Durchführung ab 1. 9. 1939 jederzeit möglich ist". Dieser Weisung lag schon der Angriffsplan gegen Polen bei.[6] Der Krieg war also nicht nur fest programmiert, auch sein Termin war bereits beschlossen. Die im Sommer enorm angewachsene antipolnische Kampagne der faschistischen Propaganda ließ keinen Zweifel daran, daß nach Österreich und der Tschechoslowakei nun Polen im Visier des faschistischen Angriffs war.

Die Sowjetunion ließ sich jedenfalls von diesen Tatsachen in ihren außenpolitischen Aktivitäten leiten, kam auch ohne Kenntnis der Weisung Hitlers zu dieser Einsicht. Das zwang sie zum Handeln im Interesse der eigenen Sicherheit. Sie war allein nicht mehr in der Lage, den Krieg zu verhindern und stand — bedingt durch die Politik der imperialistischen Hauptmächte — faktisch außenpolitisch isoliert einem Feind gegenüber, der den nächsten Stoß seiner militärischen Aggression gegen Polen und damit in Richtung der sowjetischen Staatsgrenze zu führen bereit war.

Stellungnahmen der KPD aus dieser Zeit widerspiegeln einen gleichen Ausgangspunkt in der Einschätzung der Lage. So veröffentlichte die „Rundschau über Politik, Wirtschaft und Arbeiterbewegung" am 10. August die Einschätzung des Sekretariats des ZK der KPD mit den Worten: „Heute, Ende Juli 1939, steht die Welt dicht vor dem Hineinstürzen in den Abgrund des zweiten imperialistischen Krieges . . ." Hitler verlange Danzig. „Alle Welt weiß, daß es nicht um Danzig geht, sondern daß Danzig nur der Vorwand ist zur Erdrosselung und Vernichtung Polens, zur Schaffung noch günstigerer strategischer Punkte, zur Eroberung des Balkans und zum entscheidenden Angriff auf Frankreich und auf das englische Weltreich." Die Mitte August erarbeitete Nummer der „Roten Fahne" erschien unter den Schlagzeilen: „Hitler treibt zum neuen Weltkrieg! Unsere höchste nationale Pflicht ist, Hitlers Kriegsvorbereitungen zu hemmen, zu durchkreuzen und zu verhindern!" Und warnend hieß es weiter, daß die faschistische Propaganda um das Schicksal von Danzig keine nur die Deutschen betreffende Angelegenheit, sondern eine Frage „von europäischer und Weltbedeutung, von Frieden oder Krieg" sei.[7]

Drittens zog die KPD einen scharfen Trennungsstrich zwischen der sowjetischen Außenpolitik, die vorbehaltlos unterstützt, und der faschistischen Kriegs- und Eroberungspolitik, der der Kampf angesagt wurde. Der Vertrag, zu dessen Unterzeichnung sich die UdSSR nach einem vorausgegangenen Angebot Hitlerdeutschlands bereit erklärt hatte, wurde als eine Friedenstat der Sowjetunion gekennzeichnet. Eine analoge Wertung unterblieb jedoch gegenüber dem anderen Vertragspartner. Die faschistische Außenpolitik wurde in der

---

6 Zit. nach *Geschichte des Zweiten Weltkrieges*, Bd. 2, Berlin 1975, S. 156.
7 Zit. nach *Dahlem*, Bd. 2, S. 226, 328/329.

Erklärung der KPD vielmehr in mehreren Absätzen massiv als friedensgefährdend, die eigene Nation bedrohend und räuberisch angeprangert, und es wurde kein Hehl aus ihrer antisowjetischen Orientierung gemacht. Das faschistische Deutschland galt weiterhin als der Hauptverantwortliche für den drohenden Krieg. Seine Politik wurde als die der „tollsten Kriegsrüstungen" gekennzeichnet und seine Propaganda von einer „Einkreisung des Reiches" und von der Notwendigkeit, sich mehr „Lebensraum" anzueignen, als Teil der systematischen Vorbereitung zum Überfall auf andere Länder charakterisiert. An das werktätige deutsche Volk, insbesondere an die Arbeiter, wandten sich die deutschen Kommunisten mit der Aufforderung, die Friedenspolitik der Sowjetunion zu unterstützen. Die KPD bezog also ihre Position zum Vertrag in klarer Abgrenzung vom faschistischen deutschen Imperialismus, bei Beibehaltung ihres Klassenstandpunktes zur Sowjetunion einerseits und gegenüber dem faschistischen Deutschland andererseits. Sie wandte sich damit gegen jegliche Verdächtigung, daß sie die faschistische Außenpolitik in irgendeiner Weise unterstützen würde.

Viertens legte die KPD Wert darauf zu erläutern, daß es sich um einen Nichtangriffsvertrag und nicht um einen Bündnis- oder Beistandspakt handelte. Diese Feststellung hatte u. a. deshalb erhebliche Bedeutung, weil in den kapitalistischen Ländern sofort nach der Vertragsunterzeichnung eine wüste antisowjetische Kampagne eingesetzt hatte. Unter Berufung auf den Abschluß des Vertrages versuchten Politiker und Ideologen der Westmächte, zwischen der sowjetischen und der faschistischen deutschen Außenpolitik ein Gleichheitszeichen zu setzen und den Nichtangriffsvertrag als militärischen Beistandspakt auszugeben. Diese Verleumdung zwang auch die KPD, genauer und tiefer über den Inhalt von Verträgen, über die Beziehungen zwischen der Außenpolitik und dem Charakter eines Staates und über die möglicherweise zeitliche Begrenztheit von Vereinbarungen nachzudenken sowie deutlich zwischen einem Bündnis und einer Nichtangriffsverpflichtung zu unterscheiden.

Vor welche Schwierigkeiten sich die deutschen Kommunisten dabei in diesen Monaten gestellt sahen, schilderte Anton Ackermann, Mitglied des Zentralkomitees der KPD, Anfang Mai 1940. Das faschistische Regime habe im Frühjahr und Sommer 1939 eine gezielte Flüsterpropaganda zur Vorbereitung der Massen auf einen solchen deutsch-sowjetischen Vertrag betrieben und dabei stets von einem „aktiven Bündnis" und nicht von einem Nichtangriffsvertrag zur Sicherung des Friedens zwischen beiden Ländern gesprochen. „Dieses Manöver erschwerte unseren Genossen das Verständnis der Frage."[8]

Angesichts dessen ist ein Schreiben des ZK der KPD vom 27. Juni 1939 an das Auslandssekretariat in Paris aufschlußreich. Es widerspiegelt die Dramatik dieser Tage. Das Zentralkomitee orientierte darauf, sorgsam die internationale Entwicklung zu verfolgen und sich keinen voreiligen Spekulationen hinzugeben. Damit war beabsichtigt, die Kommunisten zu noch mehr Realismus in der Beurteilung möglicher Entwicklungen zu führen, in die Überlegungen auch das Scheitern der laufenden sowjetisch-französisch-britischen Verhandlungen über ein kollektives Sicherheitsbündnis einzubeziehen. Die Erfahrungen mit der Politik der Begünstigung der faschistischen Aggressionen durch die Regierungen Frankreichs und Großbritanniens lehrten, die Tatsache des Stattfindens der Verhandlungen nicht bereits mit einem erfolgreichen Abschluß gleichzusetzen. Das ZK der KPD empfahl: „In bezug auf die außenpolitischen Kombinationen, wie sie in der bürgerlichen Presse veröffentlicht werden, raten wir zur Vorsicht, damit nicht von unserer

8 IML/ZPA, I 2/3/20.

Seite Möglichkeiten außenpolitischer Vereinbarungen schon als vollendete Tatsache hingestellt werden." Wichtig sei es, systematisch die Grundlinien der sowjetischen Außenpolitik zu propagieren, dafür Verständnis zu wecken.[9]

Die KPD, konfrontiert mit der auch für sie neuen Situation, Stellung zu einem Nichtangriffsvertrag zwischen einem faschistischen und einem sozialistischen Staat zu beziehen, verdeutlichte den Unterschied zwischen Bündnispakt und Nichtangriffsverpflichtung in ihrer Stellungnahme vom 25. August durch einen Vergleich. Unter direkter Bezugnahme auf den zwischen Deutschland, Italien und Japan abgeschlossenen konterrevolutionären Antikominternpakt erklärte sie, daß das deutsche Volk den Nichtangriffsvertrag begrüße, „weil er nicht wie das Bündnis Hitlers mit Mussolini und den japanischen Militaristen ein Instrument des Krieges und der imperialistischen Vergewaltigung anderer Völker, sondern ein Pakt zur Wahrung des Friedens zwischen Deutschland und der Sowjetunion ist".[10]

Die KPD ordnete den Nichtangriffsvertrag in die von der Sowjetunion verfolgte Politik der friedlichen Koexistenz ein. Sie verstand, daß die Durchsetzung dieses außenpolitischen Prinzips gerade in der Konfrontation mit dem Faschismus neue Anforderungen an die Beziehungen der Staaten untereinander, aber auch an die politische Aufklärungsarbeit stellte. Eine dieser Anforderungen war, aus außenpolitischen Vereinbarungen von Staaten nicht auf gleiche außenpolitische Ziele dieser Staaten zu schließen, vielmehr die Motive jedes dieser Staaten zu untersuchen und für begriffliche Klarheit zu sorgen.

Dieses Anliegen hatte auch die Abschnittsleitung Süd der KPD, die ihren Sitz in der Schweiz hatte, in ihrer von Hans Teubner verfaßten und gleichfalls noch vor Kriegsbeginn abgegebenen Stellungnahme in den Vordergrund gerückt. Sie betonte, man müsse exakt den Inhalt von Verträgen beachten, und stellte fest: „Der Nichtangriffspakt ist kein Bündnis und kein Beistandspakt!" Weiter hieß es erläuternd dazu: „Die faschistischen Lügenmeister stellen das Wesen des Nichtangriffspaktes vollkommen falsch dar. Sie stellen die Tatsachen auf den Kopf. Sie wollen Euch jetzt einreden, der Nichtangriffspakt bedeute ein Zusammengehen des Bolschewismus mit dem Faschismus, sie unterschieben propagandistisch dem Nichtangriffspakt gerade das, was er nicht ist und nie sein kann und nie sein wird, nämlich eine Art Beistandspakt."[11]

In dieser Erklärung wurde auch deutlich gesagt, daß die Unterzeichnung des Nichtangriffsvertrages, selbst wenn er zeitweiligen Charakter trage, im Interesse der Völker beider Länder liege. Den zustimmenden Standpunkt der KPD mit der Bemerkung abzuqualifizieren, sie habe sich damit den politischen Zielsetzungen der sowjetischen Staats- und Parteiführung restlos unterworfen[12], verfälscht bzw. negiert bewußt geschichtliche Zusammenhänge und ignoriert den Nutzen, den der Vertrag für das deutsche Volk hätte haben können, wenn er eingehalten worden wäre.

Fünftens entwickelte die KPD auch Gedanken für eine außenpolitische Konzeption, die eine Alternative zur faschistischen Kriegspolitik bilden sollte. Mit ihren Vorschlägen, wie man die bedrohliche internationale Situation entspannen, den Frieden erhalten und weitere aggressive Akte verhindern könne, knüpfte sie an laufende Verhandlungen zwi-

---

9 Ebenda, 3/1/304.

10 *Rundschau*, 31. August 1939, Nr. 46, S. 1323f.

11 *Der antifaschistische Widerstandskampf der KPD im Spiegel des Flugblattes*. 1933—1945. Zusammengest. u. eingel. von Margot Pikarski und Günter Uebel, Berlin 1978, Dok. 133.

12 Siehe dazu *Ossip Kurt Flechtheim*, Weltkommunismus im Wandel, Köln 1965, S. 12.

schen europäischen Staaten und der Sowjetunion an. Sie gab eine Antwort darauf, welchen Einfluß der Nichtangriffsvertrag auf die britisch-französisch-sowjetischen Verhandlungen habe. Die KPD erklärte am 25. August, der Vertrag zeige, daß allein die friedliche Verständigung mit anderen Völkern im Interesse des deutschen Volkes liege, während am Ende von militärischer Rüstung und Krieg der Ruin stehen werde. Es gelte daher, jetzt für den Abschluß von Nichtangriffsverträgen auch mit anderen Ländern einzutreten und Hitler zu zwingen, sich mit Polen, Frankreich und Großbritannien zu verständigen und seine imperialistische Kriegspolitik aufzugeben.

Dieser Vorschlag lief darauf hinaus, dem faschistischen Block nicht einfach einen anderen militärischen Block entgegenzustellen, sondern das faschistische Deutschland in ein ganzes System derartiger Verträge einzubinden. Das Sekretariat des Zentralkomitees der KPD stellte ergänzend dazu Forderungen auf, die langfristig zum Abbau der Konfrontation und zur Friedenssicherung beitragen konnten; dazu gehörten: „Sofortige Demobilisierung der Armee bis auf den Friedensstand!" und „Verständigung mit den anderen Völkern über eine allgemeine Abrüstung".[13]

In diesen Vorstellungen spiegelten sich entsprechende außenpolitische Aktivitäten der Sowjetunion wider, über die in den Periodika der KPD regelmäßig berichtet worden war. Bereits im Frühjahr 1939 hatte die Sowjetunion angesichts der vielfältigen Offensiven der faschistischen Mächte — Zerschlagung der Tschechoslowakei, offizielle Kündigung des polnisch-deutschen Nichtangriffsvertrages von 1934 und des britisch-deutschen Flottenabkommens von 1935, Sieg über Volksfrontspanien, italienischer Überfall auf Albanien, immer offenkundiger werdender Kriegskurs Nazideutschlands — erneut die Initiative ergriffen, um eine zuverlässige Front des Friedens gegen die faschistischen Aggressionen zu schmieden. Am 17. April 1939 übermittelte die Sowjetregierung den Kabinetten in Paris und London den Entwurf eines Paktes zwischen der UdSSR, Großbritannien und Frankreich über gegenseitigen Beistand; dieser Vorschlag zielte u. a. darauf ab, das vermutlich nächste Opfer der faschistischen Aggression, Polen, wirksam zu schützen.[14] Am 2. Juni erhielten die Regierungen Frankreichs und Großbritanniens einen neuen sowjetischen Entwurf eines Vertrages über gegenseitigen Beistand. Mitte Juni 1939 begannen britisch-französisch-sowjetische Verhandlungen. Vom 12. bis zum 21. August verhandelten in Moskau Militärdelegationen der drei Länder. Die Sowjetunion war bereit, ein politisches und militärisches Abkommen gegen die faschistischen Aggressoren abzuschließen; die Verhandlungstaktik der Regierungen Frankreichs und Großbritanniens war dagegen auf hinhaltende Gespräche, auf die Abgabe unverbindlicher Äußerungen, auf das Ausklammern militärischer Vereinbarungen, auf Täuschung orientiert.

Die Sowjetregierung war sich der Gefahren bewußt, die aus dieser Haltung der imperialistischen Mächte für die UdSSR wie für den Weltfrieden entstanden. Die faschistische Aggression rückte immer näher an die sowjetische Westgrenze heran und gleichzeitig verstärkte sich die Gefahr im Fernen Osten. Nachdem es zwischen Japan und der Sowjetunion schon Mitte 1938 zu einem militärischen Konflikt am Chassan-See gekommen war, griffen japanische Truppen Anfang Mai 1939 die mongolischen und sowjetischen Streitkräfte am Chalchyn-Gol an. Der UdSSR drohte ein Mehrfrontenkrieg. Unter diesen Umständen mußte die Sowjetregierung alles versuchen, die feindliche

---

13 *Rundschau*, 31. August 1939, Nr. 46, S. 1323f.
14 Siehe dazu *Geschichte des Zweiten Weltkrieges*, Bd. 2, S. 163, 165f.

Einkreisung ihres Landes zu vereiteln. Die Sowjetunion erfuhr zudem, daß die West-mächte während der französisch-britisch-sowjetischen Verhandlungen gleichzeitig insge-heim mit Nazideutschland in Verbindung standen.

Die Informationen, die die Sowjetunion darüber erhielt, signalisierten, daß die Gefahr des Krieges rasch wuchs. Am 29. Juli 1939 berichtete die deutsche Botschaft in London nach Berlin über ein britisches Sondierungsangebot. Danach habe Großbritannien seine Bereitschaft erklärt, „mit Deutschland ein Abkommen über die Abgrenzung der Interessen-sphären zu schließen". Großbritannien schlug Deutschland am 3. August 1939 vertraulich den Abschluß eines „Non-Aggression"-Vertrages vor, der mit einer „Nichteinmischungs-erklärung" Großbritanniens gegenüber Deutschland und mit der Aufkündigung der britischerseits gegenüber Polen eingegangenen Verpflichtungen verbunden sein sollte.[15] Das war der Freibrief für die faschistische Eroberungspolitik gegenüber Polen und anderen Ländern Ost- und Südosteuropas und — im historischen Rückblick — das diplomatische Vorspiel für den „seltsamen Krieg".

Die Sowjetunion hatte, wenn wir die Jahre des Bürgerkrieges und der Abwehr der auslän-dischen Intervention nach der Großen Sozialistischen Oktoberrevolution berücksichtigen, nicht einmal zwei Jahrzehnte Zeit, um das Erbe des rückständigen zaristischen Rußlands zu überwinden und einen politisch-ökonomisch starken und verteidigungsfähigen sozia-listischen Staat zu schaffen. Jeder Tag, der der UdSSR half, den Frieden zu sichern, die So-wjetunion ökonomisch und militärisch zu stärken, so hatte Palmiro Togliatti auf dem VII. Kongreß der Komintern dargelegt, vergrößerte die Möglichkeiten, die faschistisch-imperialistische Aggression erfolgreich abzuwehren.[16] Diesen Zusammenhang von Friedens-kampf und Verteidigung der UdSSR berücksichtigte auch die KPD. Zeitgewinn im Ringen um die Erhaltung des Friedens war also für die Sowjetunion nicht nur eine Frage, wer mit wem Vereinbarungen, Bündnisse, Beistandspakte oder Nichtangriffsverträge abschloß. Davon hing in dieser Situation das Schicksal des ersten sozialistischen Staates der Welt, der Fortschritt der Menschheit überhaupt, ab, angesichts der gefährlichen Krise, die durch die Politik des Imperialismus entstanden war.

Das Verhalten der französischen und der britischen Regierung offenbarte den sowjeti-schen Diplomaten und Militärs, daß die Verhandlungstaktik der Kabinette in Paris und London im Zusammenhang mit geheimen antisowjetischen Absprachen zwischen den faschistischen Staaten und bestimmten monopolistischen Kreisen der Westmächte zu sehen war. Diese Entwicklung zwang die Sowjetunion, außenpolitisch in der Erkenntnis zu handeln, daß sie in der Auseinandersetzung mit dem Faschismus offenbar allein stand. Von der Sowjetregierung verlangte diese Situation, Nazideutschland gegenüber eine offensive Außenpolitik mit dem Ziel zu betreiben, den Krieg mit dem faschistischen Block wenigstens hinauszuschieben und ein weltweites imperialistisches Bündnis bürgerlich-demokratisch und faschistisch regierter imperialistischer Staaten zu verhindern. In erstaun-licher Klarheit schilderte diese Situation die in Berlin im Herbst 1939 von der KPD verfaßte und verbreitete Informationsschrift „Die Außenpolitik der Sowjetunion". Sie führte detailliert die Ereignisse an, die zum Krieg hintrieben, bezeichnete die von der Sowjetunion verfolgte „Politik der kollektiven Abwehr der nichtaggressiven Länder gegen die Aggressoren" als eine wirksame Waffe zur Erhaltung des Friedens und schrieb

---

15 *Dokumente und Materialien aus der Vorgeschichte des zweiten Weltkrieges, Bd. 2*: Das Archiv Dirksens (1938—1939), Moskau 1949, S. 112f., 118ff.

16 *VII. Kongreß der Kommunistischen Internationale*. Referate und Resolutionen, Berlin 1975, S. 205.

dazu: „Dieses System wurde durch die Aggressoren abgelehnt und vor allem durch die Chamberlain-Regierung zerschlagen." Die Schrift verwies weiter auf die Unehrlichkeit der englischen und französischen Regierung bei den Verhandlungen mit der UdSSR. Die Sowjetunion habe berücksichtigen müssen, daß vor allem Großbritannien bereit war, in Fortsetzung der Politik der Hinlenkung der faschistischen Aggression gegen die UdSSR „Polen zu opfern". Daraus hätte sich für die UdSSR die Aufgabe ergeben, „einmal Chamberlains Münchenpolitik zu durchkreuzen. Und sollte es trotzdem zum Kriege kommen, Hitler zu isolieren", schlußfolgerte die KPD.[17] Die Funktionäre der KPD, die in Berlin illegal arbeiteten, erkannten, daß die Sowjetunion alle Möglichkeiten ausgeschöpft hatte, mit Frankreich und Großbritannien wirksame Sicherungsmaßnahmen gegen die faschistische Aggressions- und Kriegspolitik zu vereinbaren; diese zeigten jedoch ebensowenig wie die polnische Regierung Bereitschaft, mit der Sowjetunion zusammenzuarbeiten, die daraufhin Maßnahmen im Interesse ihrer eigenen Sicherheit treffen mußte. Anders zu handeln, weiter abzuwarten wäre unverantwortlich, wäre schlechthin selbstmörderisch gewesen. Deshalb nahm die Sowjetunion das Angebot Deutschlands an, einen Nichtangriffsvertrag zwischen beiden Ländern zu unterzeichnen.

Diese Entwicklungen berücksichtigte die KPD in ihren außenpolitischen Vorschlägen für eine gesamteuropäische Friedensregelung. Sie wertete den Abschluß des deutsch-sowjetischen Nichtangriffsvertrages nicht als Absage der Sowjetunion an die Zusammenarbeit mit Frankreich und Großbritannien und äußerte sogar die Hoffnung — in ihr dürften sich auch außenpolitische Erwartungen der Sowjetunion reflektiert haben —, daß die britische und die französische Regierung einem Abkommen mit der Sowjetunion vielleicht doch nicht länger ausweichen würden. Wie das Sekretariat des Zentralkomitees der KPD am 27. August 1939 in der in Paris herausgegebenen „Deutschen Volks-Zeitung" erläuterte, berühre der Nichtangriffsvertrag zwischen der Sowjetunion und Deutschland nicht die Verhandlungen zwischen der Sowjetunion, Frankreich und Großbritannien. Vom Vertrag wurde vielmehr ein „zusätzlicher Beitrag für die Erhaltung des europäischen Friedens" erhofft, diese Erwartung allerdings auch nur gesehen, wenn alle Mächte — und hier waren Frankreich und Großbritannien angesprochen — entschlossen wären, so wie die Sowjetunion zu handeln, einen „Friedenspakt auf Gegenseitigkeit" abzuschließen und jeder Aggression sofort entgegenzutreten. Die Sowjetunion jedenfalls strebe weiter eine umfassende Friedensfront an. Die KPD war zu diesem Zeitpunkt allerdings realistisch genug, um einer solchen Entwicklung nur noch wenig Chancen zu geben. Nachdem auf die weitläufigen Kriegsziele Hitlerdeutschlands verwiesen worden war, hieß es in der Stellungnahme weiter: „Die Lage ist sehr ernst, und Polen ist in größter Gefahr."[18]

Mit diesen Einschätzungen folgte die KPD auch einer Empfehlung des Exekutivkomitees der Kommunistischen Internationale. Schon am 22. August 1939, also einen Tag vor dem Abschluß des deutsch-sowjetischen Nichtangriffsvertrages, hatte das EKKI darauf orientiert, in der politischen Aufklärungsarbeit hervorzuheben, daß dieser Vertrag nicht die Möglichkeit ausschließe, eine Vereinbarung zwischen Großbritannien, Frankreich und der UdSSR zur gemeinsamen Abwehr einer Aggression zu erreichen; der Hauptstoß müsse

17 IML/ZPA, NJ — 1622.
18 Zit. nach *Dahlem*, Bd. 2, S. 350f.

weiter gegen den deutschen Faschismus geführt werden.[19] Im Oktober kam die illegal herausgegebene „Berliner Volkszeitung" noch einmal darauf zurück. Über den deutsch-sowjetischen Nichtangriffsvertrag hieß es: Er „war kein Hindernis für einen Pakt gegen Aggressionsakte mit den Westmächten. Die SU erklärte, daß der Nichtangriffspakt die weiteren Verhandlungen mit den Westmächten nicht ausschließe. Das ist nicht etwa ein Widerspruch. Denn die SU wollte Deutschland niemals angreifen, sondern nur Hitlers Aggression zum Stillstand bringen und die Versklavung weiterer Völker verhindern".[20]

Die Parteiführung und die Funktionäre im Lande polemisierten mit ihren Feststellungen bereits damals gegen eine in der bürgerlichen Historiographie bis heute angewandte Methode, die britisch-französisch-sowjetischen Verhandlungen und das mit ihnen zumindest von der Sowjetunion angestrebte Ergebnis, den Frieden zu erhalten und die Aggression des Faschismus zu zügeln, dem von der Sowjetunion mit dem Nichtangriffsvertrag verfolgten Ziel formal gegenüberzustellen.

Sechstens warnte das Sekretariat des Zentralkomitees der KPD in seiner Stellungnahme vom 25. August 1939 das deutsche Volk davor, „sich Illusionen hinzugeben, daß das Hitlerregime eine solche Politik, die allein im Interesse des deutschen Volkes liegen würde, durchführen wird. Hitler hat den Nichtangriffspakt mit der Sowjetunion in der Notlage einer schwierigen Situation abgeschlossen. Das ganze deutsche Volk muß der Garant für die Einhaltung des Nichtangriffspaktes zwischen der Sowjetunion und Deutschland sein. Nur wenn das deutsche Volk selbst das Schicksal der deutschen Nation in seine Hände nimmt, wird der Friede gesichert sein". Die KPD machte somit ganz gezielt darauf aufmerksam, daß nicht ein Wandel in der antisowjetischen Zielstellung den Nazistaat bewogen hatte, den Vertrag abzuschließen, und daß gegenüber dem faschistischen Regime auch weiterhin höchste Wachsamkeit geboten war; die Einhaltung des Nichtangriffsvertrages müsse eine Sache des ganzen Volkes sein. Das Eintreten für die Unverletzlichkeit des Vertrages bildete deshalb in der Folgezeit in der KPD den Ausgangspunkt vieler Überlegungen.

Siebentens formulierte die KPD eindeutig, daß die Zustimmung zum Nichtangriffsvertrag nicht das Ziel aufhebe, die faschistische Diktatur zu stürzen. Das Sekretariat des Zentralkomitees entwickelte in der Stellungnahme vom 25. August ein Programm, „wie die Macht der Kriegstreiber gebrochen und das Naziregime durch die Volksrevolution hinweggefegt werden kann". Sollte es Hitler gelingen, das deutsche Volk in den Krieg zu stürzen, dann sei der Faschismus der Schuldige am Krieg, dann komme es darauf an, für die Niederlage des Naziregimes im Krieg zu kämpfen. Freiheit und Frieden könnten nur hergestellt und gesichert werden, wenn die Naziregierung gestürzt und eine freie deutsche Republik geschaffen werde.[21]

Bisher war nicht bekannt, daß sich auch die in Moskau weilenden Mitglieder des Zentralkomitees der KPD noch vor dem Beginn des zweiten Weltkrieges schriftlich zum deutsch-sowjetischen Nichtangriffsvertrag geäußert haben. Unlängst konnte nun ein zwischen dem 23. August und dem 1. September ausgearbeiteter „Beschluß zur Veränderung der internationalen Lage" gefunden werden[22]; doch kann gegenwärtig noch

19 Siehe dazu *K. K. Žirinja*, Strategija i taktika Kominterna v bor'be protiv fašizma i vojny (1934—1939 gg.), Moskau 1979, S. 362 ff.
20 IML/ZPA, NJ — 1622.
21 *Rundschau*, 31. August 1939, Nr. 46, S. 1323 f.
22 IML/ZPA, I 2/3/27.

nicht belegt werden, ob dieses Schriftstück vom Zentralkomitee als Beschluß angenommen wurde oder ob es ein Entwurf, eine Diskussionsgrundlage blieb. Zumindest spiegelt das Dokument aber Gedanken der damaligen Diskussion wider.

Der „Beschluß" verwies auf den „Verrat von München", mit dem die reaktionärsten Teile der britischen und der französischen Bourgeoisie die Tschechoslowakei opferten, um, wie es treffend hieß, „Hitler den Krieg abzukaufen und die Richtung der faschistischen Aggression gegen die Sowjetunion zu lenken". Weiter wurde das gefährliche, den Frieden bedrohende Doppelspiel der reaktionärsten Kreise Großbritanniens, Frankreichs und der USA angeprangert, Verhandlungen über die Sicherung des Friedens und ein kollektives Bündnis mit der Sowjetunion gegen die faschistischen Aggressoren zu führen, gleichzeitig jedoch mit der Hitlerregierung zu konspirieren, um sie zum Krieg gegen ihren Verhandlungspartner, die UdSSR, zu ermuntern. Der Sowjetunion komme dagegen das Verdienst zu, unter diesem außenpolitischen Druck wachsam geblieben und im Interesse des Friedens eine eigenständige Außenpolitik durchgesetzt zu haben. Mit ihrem Hinweis, daß die gemeinsamen antisowjetischen Bestrebungen imperialistischer Hauptmächte mit den zwischen diesen Staaten bestehenden Widersprüchen verflochten waren, schätzten die Autoren des „Beschlusses" das Typische der unmittelbaren Vorgeschichte des zweiten Weltkrieges durchaus richtig ein.

Bei diesen Wertungen griff die Führung der KPD auf Einschätzungen zum Münchener Abkommen und auf Voraussagen zu dessen Folgen zurück, die sie in den Monaten zuvor getroffen hatte und die sich als richtig erwiesen. Das erleichterte der KPD trotz des Überraschungseffekts, den der Vertrag brachte, ihn von vornherein in langfristig wirkende Kontinuitätslinien einzuordnen. So sah die KPD mit Sorge die ernsthaften Veränderungen, die sich vor allem seit der Mitte der dreißiger Jahre in der internationalen Arena vollzogen. Jener Prozeß, den Palmiro Togliatti 1935 auf dem VII. Kongreß der Kommunistischen Internationale als bewußt betriebenes „Hineinschlittern" des Imperialismus in einen neuen Weltkrieg bezeichnet hatte[23], wurde von den herrschenden Kreisen der imperialistischen Hauptmächte immer mehr beschleunigt. Diese Politik, die das Risiko eines neuen Weltkrieges in Kauf nahm, wurde von den damals tonangebenden Kräften innerhalb der herrschenden Kreise Großbritanniens, Frankreichs und der USA begünstigt und gefördert. Nach Auffassung der KPD war sie darauf gerichtet, einen europäischen Krieg zu provozieren und andere Staaten zu erobern, sie zu einem Ausfalltor gegen die Sowjetunion zu machen.[24] Eine solche Politik unterstützte nach Auffassung der KPD Hitlers Vorhaben.

Aus dieser realistischen Sicht heraus beurteilte die KPD das Münchener Abkommen vom September 1938 als Verhöhnung des Selbstbestimmungsrechtes der Völker, als imperialistischen Kuhhandel. Es werde nicht den Frieden, sondern neue Kriegsgefahren bringen; Hitlers Politik sei und bleibe provokatorische Raub- und Eroberungspolitik. Gemeinsam mit zehn anderen kommunistischen Parteien ordnete die KPD in einem Appell an die Völker der Welt das Diktat von München in die Politik der Kapitulation vor dem Faschismus ein, in deren Ergebnis die französische und die britische Regierung zu Mittätern an den faschistischen Aggressionen wurden. Der Verrat von München richte sich gegen die friedliebenden Kräfte aller Länder, bedrohe die kleinen Länder und die Sowjetunion.[25]

23 *VII. Kongreß der Kommunistischen Internationale*, S. 183.
24 *Der antifaschistische Widerstandskampf der KPD*, Dok. 99, 100, 103.
25 Ebenda, Dok. 106, 108.

Die KPD wertete in ihren Stellungnahmen zu außenpolitischen Entwicklungen auch die grundsätzlichen Einschätzungen des XVIII. Parteitages der KPdSU(B) vom März 1939 aus. J. V. Stalin hatte im Rechenschaftsbericht an den Parteitag die mit dem Münchener Abkommen, der sogenannten Nichteinmischung in Spanien, der Duldung aggressiver Akte gegen andere Länder betriebene Politik der imperialistischen Mächte angeklagt; sie bedeute „eine Begünstigung der Aggression, die Entfesselung des Krieges und folglich seine Umwandlung in einen neuen Weltkrieg". Dies sei ein gefährliches politisches Spiel, das mit einem Fiasko enden werde.[26] In ihrer politischen Aufklärungsarbeit und in außenpolitischen Stellungnahmen (u. a. auch auf ihrer Berner Konferenz 1939[27]) lenkte die KPD ebenfalls immer wieder die Aufmerksamkeit auf die wachsende Kriegsgefahr und die bedrohliche Nähe eines neuen Weltkrieges; sie nannte die Schuldigen für diese Entwicklung, prangerte die Aggressivität des Faschismus an und verurteilte gleichzeitig die Begünstigungs- und Beschwichtigungspolitik gegenüber dem Faschismus. Dabei wurde schon damals diese Politik als Münchener Politik und wurden deren Repräsentanten als Münchener Politiker bezeichnet.

An diese Festlegungen knüpfte die Führung der KPD in dem vor Kriegsbeginn verfaßten „Beschluß" an, da sie kausale Zusammenhänge zwischen der Münchener Politik und dem Abschluß des Nichtangriffsvertrages erkannte. Im „Beschluß" hieß es deshalb folgerichtig, daß sich durch den Nichtangriffsvertrag die Münchener Politik des britischen und französischen Imperialismus als Fehlspekulation erwiesen habe. Diese Feststellung entsprach den Tatsachen, denn durch den Abschluß des Nichtangriffsvertrages vereitelte die UdSSR den Versuch der imperialistischen Reaktion, die faschistische konterrevolutionäre Aggression zu einem Zeitpunkt gegen die Sowjetunion zu lenken, an dem der erste sozialistische Staat außenpolitisch immer mehr in die Isolierung gedrängt wurde, bei all seinen Bündnis-, Beistands- und Sicherheitsvorschlägen auf Ablehnung stieß und sich in den zu diesem Thema noch laufenden Verhandlungen mit Großbritannien und Frankreich mit einer schon fast provokatorisch unverhüllten Nutzung jener Gespräche als Täuschungsmanöver konfrontiert sah.

Am 27. August 1939 erläuterte K. J. Vorošilov in einem Interview die historische Situation, in der die Unterzeichnung des Nichtangriffsvertrages stattfand. Er sagte: „Die militärischen Verhandlungen mit England und Frankreich sind nicht deshalb abgebrochen worden, weil die UdSSR einen Nichtangriffspakt mit Deutschland geschlossen hat, sondern im Gegenteil, die UdSSR hat einen Nichtangriffspakt mit Deutschland unter anderem deshalb abgeschlossen, weil die militärischen Verhandlungen mit England und Frankreich infolge unüberwindlicher Meinungsverschiedenheiten in die Sackgasse geraten waren."[28] Dieser Gedankengang ist ein wesentlicher Schlüssel zum Verständnis der Motive der Sowjetunion. Ihm folgt auch die Argumentation im „Beschluß" der KPD-Führung.

Ihr Hauptziel, die Entfesselung eines neuen Krieges weltweiten Ausmaßes überhaupt zu verhindern, konnte die sowjetische Außenpolitik nicht erreichen. Die Sabotage eines Verteidigungsbündnisses mit der Sowjetunion durch Großbritannien und Frankreich

---

26 *J. W. Stalin*, Fragen des Leninismus, Berlin 1951, S. 687, 690f.

27 *Die Berner Konferenz der KPD* (30. Januar—1. Februar 1939). Hrsg. und eingel. von Klaus Mammach, Berlin 1974.

28 Zit. nach *Geschichte des Zweiten Weltkrieges*, Bd. 2, S. 346.

machte die Entfesselung eines neuen Weltkrieges faktisch unvermeidlich und begünstigte den Aggressor. Die UdSSR konnte jedoch, wie wir heute wissen, eine Frist von 22 Monaten für die Stärkung ihrer Verteidigungskraft gewinnen. Der Überfall auf die Sowjetunion am 22. Juni 1941 fand so unter anderen Bedingungen statt, als die imperialistische Reaktion es ursprünglich geplant hatte. Auch der Block der „Münchener", bestehend aus nichtfaschistischen und faschistischen Staaten Europas, wurde gespalten.

Die von der Führung der KPD im „Beschluß" getroffene Feststellung, der Nichtangriffsvertrag zeige augenfällig, daß der Hitlerfaschismus „Furcht vor einer entscheidenden Auseinandersetzung mit der Sowjetunion" habe — ein Argument, das wir in einigen späteren Stellungnahmen wiederfinden — traf allerdings nur einen Teil der Wahrheit. Denn in dieser Einschätzung beachtete die KPD zuwenig, daß auch die faschistische Führung mit dem Vertrag Wirkungen verfolgte, ihn in ihre strategische Kriegsplanung und selbst in die zeitliche Planung eines Überfalls auf die Sowjetunion einordnete und daß sie mit ihm ihren Handlungsspielraum für die geplante Aggression gegen Polen vergrößern konnte, den ihr die Westmächte durch die Ablehnung eines Militärbündnisses mit der UdSSR eingeräumt hatten.

Die Sicht, den Vertrag fast ausschließlich als außenpolitischen Erfolg der Sowjetunion, damit auch der kommunistischen Weltbewegung, aller fortschrittlichen und Friedenskräfte zu betrachten, war in diesem „Beschluß" bestimmend. Die KPD stellte auf diese Weise die von der UdSSR mit dem Vertrag beabsichtigte, ihr den Frieden erhaltende, die revolutionären, fortschrittlichen und Friedenskräfte letztlich stärkende Funktion des Vertrages in den Vordergrund. Gleichzeitig berücksichtigte sie jedoch zuwenig, daß sich der Sowjetstaat zu diesem Vertragsabschluß eben aufgrund der konkreten Verhältnisse gezwungen sah, und sie versperrte sich damit den Blick auf die entgegenwirkenden Faktoren.

Im „Beschluß" wurde festgestellt, der Nichtangriffsvertrag beweise die folgerichtige Friedenspolitik der Sowjetunion; er sei geeignet, zur Entspannung der internationalen Lage beizutragen. Mit dem Nichtangriffsvertrag sei der Antikominternpakt „faktisch außer Kraft gesetzt", und die mit dem Vertragsabschluß verbundene gegenseitige Neutralität beseitige „im wesentlichen" die Gefahr, daß die Sowjetunion in einen Krieg imperialistischer Staaten um die Neuaufteilung der Welt einbezogen werde. Aus diesen Gründen reduziere sich die Gefahr, daß sich der imperialistische Krieg zu einem allgemeinen Weltkrieg ausweiten werde.

Manches in diesen Einschätzungen mag vom heutigen Standpunkt aus unrealistisch erscheinen. Der Nichtangriffsvertrag hat den Antikominternpakt nicht außer Kraft gesetzt; hier wurde ein zeitspezifischer außenpolitischer Akt eines faschistischen Staates zu sehr mit der Hoffnung verknüpft, eine Bresche in den faschistischen Block geschlagen zu haben. Der Nichtangriffsvertrag war, wie V. M. Molotov am 31. August 1939 zum Ausdruck brachte, lediglich eine gegenseitige Verpflichtung, sich nicht anzugreifen.[29] Die Argumentation der KPD war jedoch nicht abwegig; denn gewisse destabilisierende Auswirkungen auf den Antikominternpakt hatte der Nichtangriffsvertrag schon. Unter anderem führte der Vertragsabschluß zu Differenzen zwischen Japan und Deutschland. P. P. Sevostjanov macht in seinem Buch über die sowjetische Außenpolitik gegenüber dem Faschismus auf die wichtige Tatsache aufmerksam, daß die Antikominternpaktmächte eben auch aufgrund des Nichtangriffsvertrages nicht geschlossen in den Krieg

---

29 *Internationale Literatur. Deutsche Blätter*, Moskau 1939, H. 9/10, S. 155 ff.; *Rundschau*, 7. September 1939, Nr. 47, S. 1349 ff.

eintraten. Er schrieb: „Die militärische Konsolidierung der faschistischen Koalition verzögerte sich annähernd um ein Jahr.“[30]

Im „Beschluß“ des Zentralkomitees der KPD von Ende August 1939 wurde auch berücksichtigt, daß mit dem Nichtangriffsvertrag die vom Faschismus ausgehende Kriegsgefahr nicht gebannt worden war, der deutsche Imperialismus nicht plötzlich sein aggressives Wesen verloren hatte. Auf diese Erkenntnis deuten die Feststellungen hin, daß weiter mit einem Krieg der imperialistischen Staaten untereinander gerechnet werden müsse. Es war auch zutreffend, wenn das Zentralkomitee der KPD meinte, der Vertrag reduziere, falls er eingehalten werden sollte, die Gefahr der Ausweitung eines möglichen künftigen Krieges zu einem allgemeinen Weltkrieg.

Gleichzeitig wurde in dem „Beschluß“ untersucht, in welchem Maße der Vertrag genutzt werden könne, den Sturz der faschistischen Diktatur zu beschleunigen, die werktätigen Massen vom Faschismus zu lösen und gegen ihn in Bewegung zu bringen. Als grundlegende Schlußfolgerung stellte das Zentralkomitee der KPD fest: „Unsere dringendste Aufgabe besteht jetzt darin, alle Kräfte für die Verhinderung des Krieges einzusetzen. Hitler ist und bleibt der Hauptkriegstreiber. Gegen seine Kriegspläne muß das Hauptfeuer konzentriert werden. Im Zusammenhang damit schärfster Kampf gegen die ‚München-Politiker‘, die ein neues Kompromiß vorbereiten.“ Die Aufforderung zum „Kampf gegen die ‚München-Politiker‘“ zielte darauf ab, alle Kräfte gegen die Gefahr zu mobilisieren, daß auch Polen — wie zuvor die Tschechoslowakei — durch ein neues „München“ an Nazideutschland ausgeliefert und die Aggressionspolitik des deutschen Imperialismus damit noch stärker gegen die Sowjetunion gelenkt würde. Der später geführte „Seltsame Krieg“, der gerade auf dieses Ziel gerichtet war, bestätigte die historische Weitsicht einer solchen Überlegung.

Ebenso wie viele andere Materialien widerlegt somit auch dieser interne „Beschluß“ die in der bürgerlich-imperialistischen Geschichtsschreibung seit Jahrzehnten kolportierte Behauptung, die KPD habe aus dem deutsch-sowjetischen Nichtangriffsvertrag die Schlußfolgerung gezogen, nun den Kampf gegen die faschistische Diktatur einzustellen, und eine Abwarteposition, einen „Gewehr-bei-Fuß“-Standpunkt eingenommen, und entlarvt sie als Verleumdungen. Die Grundorientierung der KPD lief stets darauf hinaus, einen Krieg zu verhindern. Ebendeshalb trat sie in diesem Dokument energisch auch allen Spekulationen entgegen, der Faschismus könne lediglich „von außen“, durch einen Krieg gestürzt werden. Walter Ulbricht schrieb später, daß die KPD immer gegen die Kriegsvorbereitung kämpfte und sich dabei oft auch gegen jene „Hitlergegner“ wenden mußte, „die den Krieg als den kürzesten Weg zum Sturz des Hitlerregimes betrachteten und nicht erkannten, daß der englische Imperialismus ein Interesse an einem Krieg zwischen Deutschland und der Sowjetunion hatte“.[31] Das Zentralkomitee der KPD betonte daher auch in diesem „Beschluß“: „Die SU ist der stärkste Helfer im Kampf gegen die faschistischen Kriegstreiber — die Aufgabe, den Krieg zu verhindern, den Kriegstreibern in den Arm zu fallen, müssen die Volksmassen in Deutschland lösen.“

Abschließend sei noch eine im „Beschluß“ enthaltene selbstkritische Stellungnahme erwähnt. Das Zentralkomitee der KPD schrieb, daß die Partei in ihrer Propaganda die Möglichkeit eines solchen Vertragsabschlusses nicht in Betracht gezogen habe, obwohl im Volke seit Wochen Gerüchte darüber umgelaufen seien und obwohl J. V. Stalin auf dem

---

30 *P. P. Sewostjanow*, Sowjetdiplomatie gegen faschistische Bedrohung 1939—1941, Berlin 1984, S. 32.
31 IML/ZPA, I 2/3/27.

XVIII. Parteitag der KPdSU(B) gesagt habe, die Sowjetunion wolle *mit allen Ländern* (meine Hervorh. — H. K.) sachliche Beziehungen herstellen.[32] Infolge dieser Unterlassung seien die Kader im Lande durch den Vertragsabschluß überrascht worden, und es habe auch Verwirrung gegeben.

Mit der veröffentlichten Erklärung des Sekretariats und dem in Moskau wahrscheinlich nur für die interne Verständigung abgefaßten „Beschluß" gab die KPD unverzüglich ihre Zustimmung zum Nichtangriffsvertrag. Sie zog aus dem Vertragsabschluß konkrete Schlußfolgerungen für die Strategie und Taktik ihres Kampfes, für ihre Massenpolitik, und leitete aus der bedrohlich zugespitzten internationalen Lage die Verpflichtung aller Kommunisten ab, den Kampf gegen den Faschismus und gegen den drohenden Krieg zu verstärken. Die damaligen Kampfbedingungen erschwerten es der Partei jedoch, diese Auffassungen der Führung umfassend und rasch in den illegalen Organisationen im Lande wie im Exil zu verbreiten. In den erhalten gebliebenen Schriften der KPD vom Herbst 1939 wurden dennoch gleiche Auffassungen vertreten, die teils selbst erarbeitet waren, teils auf der von der Parteiführung gegebenen Stellungnahme basierten. Aus Erinnerungen wissen wir, daß derartigen schriftlichen Äußerungen oft, den jeweiligen Möglichkeiten angepaßt, nicht ohne Meinungsstreit verlaufende Aussprachen vorangingen.

In der Politik der KPD bildete der Nichtangriffsvertrag zwischen Deutschland und der Sowjetunion auch nach dem 1. September 1939 einen zentralen Bezugspunkt. Die Beratungen des Zentralkomitees der KPD sowie des EKKI und der von ihm eingesetzten Kommissionen, schriftliche Ausarbeitungen, die programmatischen Dokumente und die Artikel von Mitgliedern der Parteiführung[33], aber auch die im Lande von Funktionären der KPD hergestellten Materialien (vor allem die Flugblätter und Schulungsmaterialien der Gebietsleitung um Willi Gall, Otto Nelte und Kurt Seibt in Berlin, der Bezirksleitung Berlin um Robert Uhrig und der 1940/41 tätigen Landesleitung der KPD[34]) weisen aus, daß das Thema Nichtangriffsvertrag mit Beginn des Kriegs nicht abgeschlossen war.

Der Vertrag stand in Deutschland schon deshalb im Mittelpunkt von Diskussionen, weil er durch den Kriegsausbruch in neue weltpolitische Zusammenhänge oder zumindest neue gesamteuropäische Bezüge gestellt wurde, als die Diskussion und Verständigung über ihn gerade erst begonnen hatte. Der Nichtangriffsvertrag wirkte als Kristallisationspunkt der politischen Auseinandersetzungen; die Haltung ihm gegenüber berührte Grundfragen des Klassenkampfes und ging weit über die Wertung eines außenpolitischen Ereignisses hinaus. Die imperialistische Ideologie bezog den Nichtangriffsvertrag in die Kette ihrer antisowjetischen Verleumdungen ein. Der deutsch-sowjetische Vertrag wurde damit zu einem Schlüsselproblem, mit dessen Hilfe entscheidende Aussagen über Wahrheit und Lüge, letztlich über den Klassenstandpunkt in der Frage von Krieg und Frieden getroffen wurden.

Eine dieser Aussagen betraf die Frage nach den Ursachen und nach den Hauptschuldigen des Krieges. Da die KPD sich in ihrer politischen Aufklärungsarbeit davon

---

32 *Stalin*, Fragen des Leninismus, S. 691.

33 *Wilhelm Florin*, Kampf den Kriegsverbrechern in Berlin wie in London und Paris, in: *Die Kommunistische Internationale*, Stockholm, Oktober 1939, S. 1085 ff.; *Wilhelm Pieck*, Um was geht es in diesem Krieg?, in: Ebenda, Dezember 1939, S. 1260 ff.

34 Siehe dazu vor allem IML/ZPA, NJ — 1622, NJ — 1601; *Luise Kraushaar*, Berliner Kommunisten im Kampf gegen den Faschismus 1936 bis 1942. Robert Uhrig und Genossen, Berlin 1981.

leiten ließ, daß die Erläuterung der Vorgeschichte des Nichtangriffsvertrages Möglichkeiten zur Beantwortung dieser Frage bot, behandelte sie in mehreren Schriften relativ ausführlich die Entwicklung der internationalen Beziehungen am Vorabend des Krieges. Ein Beispiel dafür ist die Schrift „Die Außenpolitik der Sowjet-Union"[35]. In ihr wie auch in anderen im Herbst 1939 von Berliner Kommunisten herausgegebenen Schriften („Politische Informationen. Warum begann Hitler den Krieg gegen Polen?"; „Der Einmarsch der Roten Armee in Polen"; „Berliner Volkszeitung"[36]) wurde der deutschsowjetische Nichtangriffsvertrag letztlich als das Ergebnis einer langfristigen außenpolitischen Entwicklung, als Folge jener imperialistischen Vorkriegspolitik dargestellt, mit der die kollektive Sicherheit abgelehnt und das Ziel verfolgt worden sei, „Polen zu opfern"[37], um die faschistische Aggression gegen die UdSSR zu lenken. Die Sowjetunion habe den Vertrag unterschrieben, weil sie ihre Politik der Friedenssicherung und der Verteidigung des sozialistischen Vaterlandes nicht aufgeben wollte.

Gleichzeitig erläuterte die KPD, daß der Schritt der Sowjetunion keineswegs von einer „Wende" in der sowjetischen Außenpolitik zeuge. Die Faschisten beteuerten in ihrer Propaganda allerdings zeitweilig, daß mit dem Vertragsabschluß eine grundsätzliche „Wende" in der Außenpolitik beider Vertragsstaaten eingetreten sei. Diese Legende wird in Publikationen der BRD-Geschichtsschreibung auch heute noch verbreitet, um der UdSSR das Scheitern kollektiver Abwehrmaßnahmen gegen den Faschismus anzulasten. Die Abschnittsleitung Süd der KPD stellte jedoch schon damals fest, daß die Außenpolitik der Sowjetunion immer konsequente Friedenspolitik sei; an dieser Politik habe auch der Nichtangriffsvertrag nichts geändert. „Dieser Politik blieb und bleibt die SU treu. Sie setzt sich mit allen Mitteln für den Frieden ein, denn der Friede ist der schlimmste Feind für die faschistischen Kriegstreiber."[38] Unter Hinweis auf die Haltung der Sowjetunion im Völkerbund, beim Abschluß von Verträgen — darunter auch von Nichtangriffsverträgen — mit kapitalistischen Staaten, bei der Verteidigung Volksfrontspaniens, bei der Verurteilung der faschistischen Aggressionspolitik gegenüber der Tschechoslowakei und Österreich, vor allem aber auf die wiederholt bekundete Bereitschaft der UdSSR zum Abschluß eines kollektiven Sicherheitspaktes gegen den Faschismus wurde von der KPD herausgearbeitet, daß die Unterzeichnung des Nichtangriffsvertrages durch die Sowjetunion eine Fortsetzung der bisherigen sowjetischen Politik, ein Akt des Friedens, der Selbstverteidigung, der Zerschlagung eines imperialistischen Komplotts war.[39] Die Abschnittsleitung West verwies in einer Erklärung vom September 1939 darauf, daß nicht der Abschluß des Nichtangriffsvertrages, sondern die vorausgegangene „Ablehnung des von der Sowjetunion angestrebten Friedenspaktes mit den ‚demokratischen' Ländern gegen die Aggressoren" die Lage „grundlegend veränderte"[40]. Mit dieser Einschätzung knüpfte die KPD an offizielle Aussagen der sowjetischen Außenpolitik von Ende August 1939 über die Beweggründe der Sowjetunion für die Unterzeichnung des Nichtangriffsvertrages an, unter denen die Einordnung des Vertrages in die Kontinuität der Friedenspolitik der UdSSR, in die Politik der Zügelung faschistischer Aggressoren eine wesentliche Rolle spielte.

---

35 IML/ZPA, NJ — 1622.
36 Ebenda.
37 Ebenda.
38 *Der antifaschistische Widerstandskampf der KPD*, Dok. 133.
39 IML/ZPA, NJ — 1622.
40 Ebenda, I 2/3/334.

In diesem Zusammenhang verdient die Rede V. M. Molotovs vom 31. August vor dem Obersten Sowjet Beachtung. Molotov machte in ihr sehr offen auf den entscheidenden Unterschied zwischen dem Vertrag, der sowjetischerseits mit Großbritannien und Frankreich angestrebt wurde, und dem Nichtangriffsvertrag mit Deutschland aufmerksam. Beim Vertrag mit den Westmächten handele es sich um einen von der Sowjetunion angestrebten Pakt der gegenseitigen politischen und vor allem militärischen Hilfe, der sich gegen die „Aggression" in Europa richten sollte; auch wenn Nazideutschland nicht direkt genannt wurde, wußte doch jeder, wer damit gemeint war. Dieser Pakt, sagte Molotov, sei durch den Betrug der französischen und britischen Verhandlungspartner, durch deren „maskierte Prellerei" gescheitert. Erst danach habe man sich in der sowjetischen Regierung entschlossen, den Nichtangriffsvertrag abzuschließen, weil keine andere Möglichkeit blieb, um den Frieden zwischen Deutschland und der Sowjetunion aufrechtzuerhalten. „Allerdings", so meinte Molotov, „handelt es sich im vorliegenden Fall nicht um einen Pakt zu gegenseitiger Hilfe, wie in den Verhandlungen zwischen England, Frankreich und der Sowjetunion, sondern nur um einen Nichtangriffsvertrag."[41] Diese Ausführungen bezeugen eindeutig die antifaschistische, die antiimperialistische Stoßrichtung der sowjetischen Außenpolitik. In ihnen wird die Gegensätzlichkeit im politischen Charakter beider Vertragsstaaten markiert. Zugleich wurde sehr offen dargelegt, mit wem die Sowjetunion Bündnis- und Verteidigungspakte abzuschließen gewillt war, und mit wem „nur" Nichtangriffsverträge.

Aus diesen Darlegungen ist auch das tiefe Bedauern der Sowjetunion darüber zu erkennen, daß sie zu einem derartigen Schritt gezwungen war. Der Nichtangriffsvertrag bedeutete nicht eine Tolerierung der faschistischen Politik oder gar eine Gegnerschaft zur französisch-britischen Koalition, aber er beinhaltete immerhin die Erklärung, in einen Krieg der beiden imperialistischen Blöcke militärisch nicht einzugreifen. Insofern widerspiegelte der deutsch-sowjetische Nichtangriffsvertrag — das geht aus der Erklärung Molotovs deutlich hervor — sowohl den Mißerfolg der Bemühungen der UdSSR für ein kollektives Sicherheitsbündnis gegen einen Aggressor als auch das Scheitern einer weltweiten imperialistischen Koalition, eines von ihr geführten Krieges gegen die Sowjetunion. Die UdSSR war gezwungen, mit dem Staat eine Nichtangriffsverpflichtung einzugehen, gegen dessen aggressive, friedensbedrohende Außenpolitik sie vorher bereit war, ein militärisches Bündnis mit Großbritannien, Frankreich und auch Polen zu vereinbaren. Analysiert man diese Aussagen der sowjetischen Außenpolitik aus dem Blickwinkel des weiteren Verlaufs des zweiten Weltkrieges, so ist unbestreitbar, daß mit der von Molotov erläuterten außenpolitischen Grundhaltung der Sowjetunion die Voraussetzungen für die spätere Bildung der Antihitlerkoalition erhalten blieben.

Diese Haltung der UdSSR half den deutschen Kommunisten, tiefer in das Wesen der außenpolitischen Beziehungen einzudringen. Solche Schriften der Berliner Organisation der KPD vom Herbst 1939 wie „Aus der Praxis, für die Praxis. Zu einigen Fragen des täglichen Kleinkampfes"[42] und „Die Außenpolitik der Sowjet-Union"[43] zeigen, daß die Funktionäre der Partei es auch unter den schwierigen Verhältnissen der Illegalität vermochten, aus den außenpolitischen Erklärungen der Sowjetunion Argumentationen zu entwickeln. In „Aus der Praxis, für die Praxis" wurde die Kontinuität der Außenpolitik,

---

41 *Internationale Literatur, Deutsche Blätter*, 9/10/1939, S. 155f.
42 IML/ZPA, NJ — 1622.
43 Ebenda.

der Friedenspolitik und der eindeutig antifaschistischen Position der UdSSR in der Vorkriegszeit und seit der Entfesselung des Krieges ausführlich dargelegt; in diese Politik ordne
sich trotz seines spezifischen Charakters der Nichtangriffsvertrag ein. Die Autoren von „Die
Außenpolitik der Sowjet-Union" betonten das unermüdliche Streben der UdSSR, die
nationale Unabhängigkeit anderer Länder zu verteidigen, ihnen bei der Abwehr faschistischer Gewaltakte und Aggressionen beizustehen. Vor allem Großbritannien und Frankreich
seien dagegen „nicht für die Schaffung einer internationalen Friedensfront gegen den
Faschismus, sondern für den Krieg des Faschismus gegen die sozialistische Sowjetmacht";
sie wollten Hitler als „Gendarmen gegen die Arbeiterklasse und gegen alle freiheitlichen
Bewegungen in Europa ausnützen". Dennoch blieb die KPD bei einer differenzierten Wertung der Schuldigen am Krieg, wenn sie weiter feststellte: „Die Schuld am Krieg trifft Hitler.
Aber mitschuldig haben sich die Chamberlains gemacht, die Hitler durch ihre Politik
geradezu ermunterten loszuschlagen."[44]

Die KPD machte in diesen Schriften wie auch in Grundsatzartikeln von Mitgliedern der
Parteiführung[45] auf die wesentlichen Zusammenhänge aufmerksam: Einerseits waren die
Möglichkeiten der sowjetischen Außenpolitik durch die abenteuerliche faschistische Aggres-
sionspolitik und das hinterhältige Spiel des britischen und französischen Imperialismus
stark eingeengt; andererseits handelte die Sowjetunion in ihrer Außenpolitik offensiv im
Interesse des Friedens und der Verteidigung des ersten sozialistischen Staates.

Die Schriften der KPD lassen die durchaus realistische Auffassung der Kommunisten
erkennen, daß trotz des Nichtangriffsvertrages die deutsch-sowjetischen außenpolitischen
Beziehungen gespannt waren und brisant blieben. Sie wurden immer als die Beziehungen
zwischen zwei Staaten entgegengesetzter Gesellschaftsordnungen gesehen, mehr noch: als
die zwischen dem Staat des siegreichen Roten Oktobers und dem Hort der Weltreaktion,
der eine Gefahr für alle Länder und Völker, unabhängig von ihrer Gesellschaftsordnung,
war. In dieser Frage ließ die KPD in ihren Argumentationen keine Unklarheiten.

Aus der damaligen Sicht war es durchaus noch keine Selbstverständlichkeit, diese kausalen
Zusammenhänge zu erkennen und in der antifaschistischen Propaganda umzusetzen. Die
Funktionäre der KPD, auf deren Schriften wir uns bei der Auswertung der zeitgenössischen
Analysen stützen können, hatten jedoch einen wesentlichen Aspekt der Dialektik des
Nichtangriffsvertrages zwischen Deutschland und der Sowjetunion verstanden: Die Unterzeichnung dieses Vertrages war eine der UdSSR von den konkret-historischen Bedingungen
aufgezwungene Maßnahme, letztlich eine Notlösung, deren Vorentscheid im Münchener
Abkommen und in der Beibehaltung dieses Kurses durch die Westmächte wurzelte, und
zugleich ein Erfolg sowjetischer Außenpolitik. Das Scheitern der britisch-französisch-sowjetischen Verhandlungen im Sommer 1939 entsprach folgerichtig einer politischen Linie,
die einen Ausdruck in der sogenannten Nichteinmischungspolitik im Zusammenhang mit
den Ereignissen in Spanien seit 1936 fand und die im Abschluß des Münchener Abkommens einen Höhepunkt erlebte. Horst Schumachers Feststellung, daß dieses Abkommen
„zum Scheidepunkt im Kampf gegen Faschismus und Krieg" wurde[46], richtet den Blick
gleichsam auch auf die Ursachen des späteren deutsch-sowjetischen Nichtangriffsvertrages:
Das Münchener Abkommen stellte gewissermaßen die Weichen für den Vertrag, gegen die

---

44 Ebenda.
45 *Florin*, Kampf den Kriegsverbrechern; *Pieck*, Um was geht es in diesem Krieg?
46 *Horst Schumacher*, Die Kommunistische Internationale (1919—1943). Grundzüge ihres Kampfes für Frieden, Demokratie, nationale Befreiung und Sozialismus, Berlin 1979, S. 178.

kollektive Sicherheit. Mit ihm wurden zumindest wichtige Vorentscheidungen dazu getroffen.

Diese Zusammenhänge sah die KPD und schrieb darüber. Die marxistisch-leninistische Historiographie kommt heute zu gleichen Feststellungen. I. M. Majskij, der damalige Botschafter der UdSSR in London, wertete den Nichtangriffsvertrag als bittere Notwendigkeit und als der Sowjetunion durch die Politik der französischen und der britischen Regierung aufgezwungen.[47] V. Sipols schrieb, dieser Vertrag sei seitens der UdSSR „natürlich notgedrungen" abgeschlossen worden.[48] Gleiches sagt die Einschätzung aus, der Nichtangriffsvertrag sei „in dieser für die Sowjetunion außerordentlich schwierigen Lage eine Notmaßnahme" gewesen.[49]

Außerhalb der KPD haben seinerzeit nur wenige Menschen diesen Zusammenhang erkannt. Einer von ihnen war der progressive Schriftsteller Klaus Mann, Sohn Thomas Manns, der damals mit bemerkenswertem Weitblick notierte, daß nach „München" der Abgrund eines Krieges komme. Zum Nichtangriffsvertrag meinte er: „Die Neuigkeit vom deutsch-russischen Nichtangriffspakt war am schwersten zu fassen. Unvermeidliche Folge der westlichen Politik, die in ihrer Wirkung und wohl auch in ihrer Absicht immer moskaufeindlich, immer profaschistisch gewesen war? Die logische Konsequenz von ‚appeasement' und ‚München'? Gewiß."[50]

In der Erläuterung dieses Vertrages und seiner Vorgeschichte sah die KPD eine Möglichkeit, verstärkt die Friedenspolitik der Sowjetunion zu propagieren, sie der imperialistischen Kriegspolitik gegenüberzustellen. In ihren Schriften und in der mündlichen Agitation betonte sie, daß die friedliche Koexistenz Grundprinzip der sowjetischen Außenpolitik sei. Der Rundbrief Nr. 1 der Abschnittsleitung Nord von Anfang September machte darauf aufmerksam, daß es zum völligen Verständnis des Wesens des Nichtangriffsvertrages notwendig sei, vom „Gegensatz zwischen der kapitalistischen Welt und der Welt des Sozialismus" als dem weiterhin „tiefste(n) Gegensatz des gegenwärtigen geschichtlichen Zeitabschnittes" auszugehen.[51] Mit dieser Aussage wurden in die Erläuterung des Nichtangriffsvertrages die grundsätzlichen Entwicklungsbedingungen der Übergangsepoche einbezogen, was den Blick für die tieferen historischen Zusammenhänge schärfte.

Da die KPD die Einhaltung des Nichtangriffsvertrages als wesentliche Voraussetzung dafür betrachtete, die weitere Ausdehnung des Krieges zu verhindern bzw. den Frieden wiederherzustellen, bildete die Erläuterung von Sinn und Bedeutung dieses Vertrages für sie zugleich einen Teil ihres Eintretens gegen den Krieg und für die Verteidigung der Sowjetunion. Fast alle einschlägigen Schriften, Flugblätter und Schulungsmaterialien betonten, daß der Nichtangriffsvertrag den Lebensinteressen des deutschen Volkes und der Völker der Sowjetunion entspreche. Die Abschnittsleitung West würdigte in ihrem Aufruf an das „Volk von Rhein und Ruhr" vom November 1939 die Bedeutung des Vertrages für das deutsche Volk; es gelte nun zu verhindern, daß Hitler den Nichtangriffsvertrag „bei passender Gelegenheit genau so ... zerreißen (wird), wie er andere Verträge auch zerrissen hat".[52]

---

47 *I. M. Maiski*, Memoiren eines sowjetischen Botschafters, Berlin 1967, S. 499.

48 *V. Sipols*, Für die kollektive Abwehr der faschistischen Aggression im Jahr 1939, in: *Sowjetische Friedenspolitik in Europa 1917 bis Ende der siebziger Jahre*, Berlin 1982, S. 138.

49 *Geschichte des Zweiten Weltkrieges*, Bd. 12, S. 509; siehe dazu auch *Žirinja*, S. 389.

50 *Klaus Mann*, Der Wendepunkt. Ein Lebensbericht, Berlin/Weimar 1974, S. 507.

51 IML/ZPA, I 2/3/339.

52 Ebenda, I 6/3/305.

Die Erörterung des deutsch-sowjetischen Nichtangriffsvertrages stellte für die KPD stets mehr dar als die bloße Kommentierung eines außenpolitischen Aktes zwischen zwei Staaten, mit der lediglich dem Bedürfnis entsprochen werden sollte, die überraschende Wirkung dieses 23. August im nachhinein abzubauen und durch Wissen über die Hintergründe zu ersetzen. Die Verbreitung von Kenntnissen über die politischen Zusammenhänge dieses Vertrages erwies sich vielmehr als wichtige Form des Kampfes gegen den faschistischen deutschen Imperialismus und den Krieg, als eine Hauptfrage der ideologischen Auseinandersetzung mit dem Faschismus und darüber hinaus mit dem Weltimperialismus; denn gerade an diesem Beispiel konnte die KPD die Mitverantwortung anderer imperialistischer Mächte für die Entfesselung des Krieges und für das Scheitern eines kollektiven Sicherheitsbündnisses mit der Sowjetunion verdeutlichen. Hier ging es also um die kausalen Zusammenhänge von Imperialismus und Krieg einerseits und Sozialismus und Frieden andererseits.

Die KPD griff das für den weiteren Verlauf des Krieges und die Wiederherstellung des Friedens bedeutsame Thema des deutsch-sowjetischen Nichtangriffsvertrages und der deutsch-sowjetischen außenpolitischen Beziehungen auch deshalb immer wieder auf, weil sie im Bestehen des Vertrages — zumindest zeitweilig — günstige Ansatzpunkte für die antifaschistische Aufklärungsarbeit, für die Diskussion auch mit Nazianhängern — vor allem über den Charakter und die Ziele des sozialistischen Staates — sah. Wilhelm Florin bezeichnete es in der Sitzung des Zentralkomitees der KPD am 2. September 1939 als Aufgabe der Partei, um die Verwirklichung der Möglichkeiten zu kämpfen, die dieser Nichtangriffsvertrag der antifaschistischen Aufklärungsarbeit bot. Bei gleicher Gelegenheit sprach Herbert Wehner davon, den Nichtangriffsvertrag in eine Waffe gegen Hitler zu verwandeln.[53]

Das Zentralkomitee sah später aber auch die Gefahr, daß die Nazis die deutsch-sowjetischen Vereinbarungen ausnutzen könnten, um durch die veränderten außenpolitischen Beziehungen zur Sowjetunion die Glaubwürdigkeit der faschistischen Sozialismus-Demagogie zu erhöhen. Es schrieb darüber am 23. März 1940: „Wir sind überzeugt, daß die ‚sozialistische‘ Demagogie der nationalsozialistischen Presse auf breite Massen wirkt und daß auf diesem Wege der Nationalsozialismus den sowjetisch-deutschen Pakt zur Stärkung seiner Autorität ausnutzt." Um dieser Gefahr entgegenzuwirken, sollte die prinzipielle Propaganda über den wahren Sozialismus in der Sowjetunion verstärkt werden.[54]

Die KPD-Führung wandte sich dem Nichtangriffsvertrag auch deshalb immer wieder zu, weil die Erklärung des Zentralkomitees vom 25. August bei den illegal kämpfenden Mitgliedern der Partei während der ersten Kriegstage noch weitgehend unbekannt war. Andere Stellungnahmen, so die der Abschnittsleitung Süd oder die von Berliner Kommunisten[55], erreichten nur eine begrenzte Zahl von Genossen. „Bevor es möglich war, alle Ursachen und Konsequenzen des Vertrages zu analysieren", schrieb Karl Mewis, „begann Hitlerdeutschlands Überfall auf Polen. Es wurde noch schwerer, den Genossen ‚im Lande‘ die Besonderheiten dieses Paktes mit dem Teufel zu erklären."[56]

---

53 Ebenda, NL 36/496.
54 Ebenda, I 2/3/293.
55 *Der antifaschistische Widerstandskampf der KPD*, Dok. 133; IML/ZPA, 3/1/312.
56 *Karl Mewis*, Im Auftrag der Partei. Erlebnisse im Kampf gegen die faschistische Diktatur, Berlin 1971, S. 214.

Der Abschluß des Vertrages führte unter den Kommunisten verständlicherweise zu heftigen Diskussionen. Im Rundbrief Nr. 1 stellte die Abschnittsleitung Nord fest, daß sich die Parteiorganisation nach dem Abschluß des Vertrages im allgemeinen richtig orientierte, daß es grenzenloses Vertrauen zur Sowjetunion, daneben aber auch Unklarheiten und Überraschung gab.[57] Abgeschnitten von gründlichen Informationen über die internationale Entwicklung, der Möglichkeit beraubt, mit Gleichgesinnten in größerem Kreis ausführlich beraten zu können, mitunter nur auf die faschistischen Nachrichten, ein Gespräch unter vier Augen, einen knappen Hinweis oder ein illegales Schriftstück angewiesen, fehlte den deutschen Kommunisten anfangs nicht selten das nötige Verständnis für die Motive der Sowjetunion. Dennoch prägte das Vertrauen in die KPdSU und in die Politik der Sowjetunion, prägte die Überzeugung, daß die UdSSR immer im Interesse des Friedens, des Sozialismus, der internationalen revolutionären Arbeiterbewegung und aller anderen fortschrittlichen und demokratischen Kräfte handelte, bei den meisten Parteimitgliedern die Einstellung zur Sowjetunion und half ihnen, Klarheit zu erlangen. In der grundsätzlichen Klassenposition zur Sowjetunion gab es bei den deutschen Kommunisten — von wenigen Ausnahmen abgesehen — kein Schwanken, und die Geschichte hat diese Haltung bestätigt.

Es sei weiter auf eine Fragestellung verwiesen, die an Aktualität nicht eingebüßt, sondern — angesichts der globalen Bedeutung von Krieg und Frieden — eher noch gewonnen hat. Bei der Auseinandersetzung um den deutsch-sowjetischen Nichtangriffsvertrag sollte das Argument, daß der Abschluß von Nichtangriffsverträgen zwischen Staaten ein normaler außenpolitischer Vorgang ist, nicht aus dem Blickfeld geraten. Auf diese Normalität wies V. M. Molotov bereits am 31. August 1939 hin, und J. V. Stalin ging nach dem heimtückischen Bruch des Vertrages durch den faschistischen Überfall auf die Sowjetunion ebenfalls auf dieses Thema ein. In seiner Rundfunkrede vom 3. Juli 1941 beantwortete er die Frage, ob die Sowjetunion nicht einen Fehler begangen habe, als sie den Vertrag unterzeichnete, mit der Einschätzung: „Natürlich nicht! Ein Nichtangriffspakt ist ein Friedenspakt zwischen zwei Staaten. Eben einen solchen Pakt hat Deutschland uns im Jahre 1939 angeboten." Kein einziger friedliebender Staat könne ein solches Angebot ablehnen.[58]

Der Seltsame Krieg, der für die Anfangsphase des Weltkrieges in weitgehendem Maße bestimmend war, belebte immer wieder die Diskussion auch um die Bedeutung des Nichtangriffsvertrages. Die Kommunisten erkannten den Seltsamen Krieg bald als Versuch, die gescheiterte antisowjetische Münchener Politik der Vorkriegsjahre neu zu beleben. Nach den Erfahrungen, die die Welt 1938/39 mit der Auslieferung der Tschechoslowakei gemacht hatte, lag der Schluß nahe, daß der Seltsame Krieg ein neues „München", diesmal unter Preisgabe Polens, bedeutete. Der britische und der französische Imperialismus hofften — dessen waren sich die Kommunisten, wie aus den Schriften hervorgeht, sicher —, der Krieg Nazideutschlands werde sich auf diese Weise nach der Niederlage Polens fast automatisch zu einem Krieg gegen die Sowjetunion ausweiten Der Seltsame Krieg wurde demnach als ein Angebot der Westmächte an das faschistische Deutschland verstanden, ihm freie Hand für seine Aggression in Richtung Osten zu geben. Ihren Niederschlag fanden diese Wertungen beispielsweise in Schriften der KPD wie „Die Außenpolitik der Sowjet-Union" und „Warum begann Hitler den Krieg gegen Polen?"[59]

In diesem Zusammenhang mußten die Kommunisten ihre Aufmerksamkeit noch anderen außenpolitischen Entwicklungen zuwenden, die direkt oder indirekt auch das Verhältnis

57 IML/ZPA, I 2/3/339.
58 *J. W. Stalin*, Über den Großen Vaterländischen Krieg der Sowjetunion, Berlin 1952, S. 7.
59 IML/ZPA, NJ — 1622.

Deutschlands zur Sowjetunion betrafen. Nachdem die Wehrmacht große Teile des polnischen Territoriums okkuppiert hatte und für die polnische Armee weiterer Widerstand angesichts des Ausbleibens erwarteter und versprochener militärischer Maßnahmen Großbritanniens und Frankreichs aussichtslos geworden war, was zur Folge hatte, daß sich der polnische Staat auflöste, überschritten sowjetische Truppen am 17. September 1939 die Westgrenze der UdSSR und marschierten in die Westukraine und in Westbelorußland ein. Sie handelten damit im Sinne des Zusatzabkommens zum deutsch-sowjetischen Nichtangriffsvertrage. Mit dieser Operation bewahrten sie Millionen Menschen in den von Polen 1920 nach seinem antisowjetischen Interventionsfeldzug annektierten Gebieten davor, in die faschistische Knechtschaft zu geraten; der Vormarsch der Streitkräfte Nazideutschlands nach Osten wurde gestoppt. Eine am 18. September veröffentlichte gemeinsame deutsch-sowjetische Erklärung besagte, daß die Handlungen der deutschen und der sowjetischen Truppen in Polen nicht dem Geiste des deutsch-sowjetischen Nichtangriffsvertrages widersprächen.[60] Beide Seiten beriefen sich im diplomatischen Text auf die Einhaltung des Nichtangriffsvertrages, vertraten dabei aber unterschiedliche, ja entgegengesetzte Klassenpositionen und Interessen.

Mit dem Zerfall des bürgerlichen polnischen Staates und dem Vormarsch der Wehrmacht in Richtung Osten trat Mitte September 1939 jene Situation ein, die die UdSSR beim Abschluß des Nichtangriffsvertrages als mögliche Entwicklung vorausgesehen hatte und von der das Zusatzabkommen ausging. Nach Auffassung der UdSSR mußte die faschistische Aggression an die sowjetischen Grenzen heranführen. „Die Sowjetregierung weigerte sich aber entschieden", heißt es in einem sowjetischen Dokumentarbericht in bezug auf die damaligen deutsch-sowjetischen Verhandlungen, „die zeitweilige Sicherheit ihres Landes damit zu bezahlen, daß sie dem faschistischen Terror gegen die baltischen Völker, die Westukrainer und die Westbelorussen zustimmt. Darüber hinaus würde die Annäherung des deutschen Reichs an die sowjetischen Grenzen infolge der weitangelegten Kampfhandlungen gegen die Baltischen Staaten zu einer außerordentlich gefährlichen Situation führen, die gerade jenen Konflikt in sich bergen würde, den die UdSSR durch den Abschluß des Nichtangriffspaktes verhindern wollte. Die Sowjetregierung, die diese Erwägungen in Betracht zog, aber nicht imstande war, allein die deutsche Aggression in Europa zu verhindern, traf Maßnahmen, um die Vorbereitungssphäre dieser Aggression wenigstens einzuschränken. Mit diesem Ziel forderte sie von der deutschen Regierung als unerläßliche Bedingung für den Abschluß des Vertrages, daß keinerlei deutsche Einmischung in die Angelegenheiten der Baltischen Länder und der von Ukrainern und Belorussen bewohnten ehemaligen sowjetischen Gebiete, die infolge der Intervention von 1920 von Polen besetzt worden waren, zugelassen wird."[61]

Die deutschen Kommunisten im Lande konnten von diesen auf diplomatischer Bühne ausgetragenen Auseinandersetzungen nichts wissen, aber sie sahen die entstandene Lage unter gleichen Aspekten. „Hitlers Weg nach dem Osten ist gesperrt, auch nach Südosten ist ein Riegel vorgeschoben", hieß es in der Berliner Schrift der KPD „Politische Informationen. Wohin geht der Weg?"[62] Gleichzeitig wurde die Erklärung vom 18. September

60 *Rundschau*, 21. September 1939 (Nr. 39), S. 1400.
61 *Litauen. Der Weg zur Unabhängigkeit 1917—1940.* Dokumentarischer Bericht, Moskau 1987, S. 43f.; siehe auch *V. Falin*, Warum gerade 1939? — Gedanken zum Beginn des zweiten Weltkrieges, in: *Neue Zeit.* Moskauer Hefte für Politik (Moskau), Oktober 1987, Nr. 41, S. 18/19.
62 IML/ZPA, NJ — 1622.

auch als Zeichen für die Niederlage der reaktionärsten Kräfte des britischen und des französischen Imperialismus aufgefaßt, die auf die Ausweitung des Krieges über die Grenzen der UdSSR hinweg spekuliert hatten. Faktisch signalisierte diese Erklärung erneut den eindeutigen Bankrott der Politik des Seltsamen Krieges, deren Betreiber auf einer zurückhaltenden militärischen Kriegsführung gegenüber Deutschland beharrten und es dem deutschen Faschismus dadurch ermöglichten, in Blitzkriegen ein Land nach dem anderen, darunter auch Frankreich, zu okkupieren. Diese Politik, für die die Völker schließlich mit Millionen Menschenleben zahlen mußten, bezeichnete der Generalsekretär des Zentralkomitees der KPdSU, Michail Gorbatschow, als „zynische Spekulation" und als „Gipfel von politischer Verantwortungslosigkeit."[63]

Am 28. September 1939 wurde zwischen Deutschland und der Sowjetunion ein Grenzvertrag abgeschlossen. Seine offizielle Bezeichnung als Grenz- und Freundschaftsvertrag wirkte allerdings, auch wenn diese „Freundschaft" ausdrücklich auf die Völker bezogen wurde[64], hinsichtlich des tatsächlichen Charakters der deutsch-sowjetischen Beziehungen irritierend und ermöglichte es der faschistischen Propaganda, die Außenpolitik der UdSSR in ein falsches Licht zu rücken. Die Bedeutung des Vertrages lag vor allem darin, daß er die Demarkationslinie zwischen den Truppen beider Staaten fixierte und damit gleichzeitig den Nichtangriffsvertrag bekräftigte.

Der Abschluß des Grenzvertrages stellte nicht mehr jene Überraschung dar wie fünf Wochen zuvor die Unterzeichnung des Nichtangriffsvertrages. Dennoch mußte auch dieses Ereignis vor dem Hintergrund des imperialistischen Krieges aufgenommen und gewertet werden, und dazu war es notwendig, die Sprache der Diplomatie in diesen sehr diffizilen außenpolitischen Fragen in politisches Wissen über deren Hintergründe zu „übersetzen". Der Vertrag vom 28. September 1939 und die Vereinbarung über die Demarkationslinie waren keine Geheimdokumente. Sowohl der Vertrag als auch die Karte mit der Grenzmarkierung wurden in der damaligen sowjetischen und der kommunistischen Presse — so, gestützt auf die zentralen Organe „Pravda" und „Izvestija", in der Nr. 51 (vom 5. Oktober 1939) der auch nach Deutschland gelangenden „Rundschau über Politik, Wirtschaft und Arbeiterbewegung" —, aber auch in den faschistischen Zeitungen veröffentlicht und kommentiert. Die KPD erarbeitete spezielle Argumentationen zum Grenzvertrag, darunter die Schrift „Informationen. Der Einmarsch der Roten Armee in Polen", die wahrscheinlich unmittelbar nach Bekanntwerden des Vertrages in Berlin verfaßt wurde.[65] Die Erklärungen zu den Verträgen, die der sowjetische Außenminister V. M. Molotov vor dem Obersten Sowjet der UdSSR abgab, erschienen gedruckt in der „Rundschau über Politik, Wirtschaft und Arbeiterbewegung" sowie in der Zeitung „Die Welt". Die Moskauer Zeitschrift „Internationale Literatur. Deutsche Blätter" veröffentlichte in ihren Nummern 9/10 und 12 in einer speziell eingerichteten Rubrik „Politische Dokumente" ebenfalls die Reden Molotovs über die deutsch-sowjetischen Verträge.[66]

63 *Michail Gorbatschow*, Sowjetische Heldentat bewies: Sozialismus ist unbesiegbar, Berlin 1985, S. 27, 29.

64 *Rundschau*, 5. Oktober 1939, Nr. 51, S. 1446f., siehe dazu die TASS-Meldung: Westmächte trieben falsches Spiel. Kommentar zum 45. Jahrestag des deutsch-sowjetischen Grenzvertrages (in: *Berliner Zeitung*, 17. September 1984) und Vor 45 Jahren. Von TASS-Kommentator Anatoli Krassikow (in: *Neues Deutschland*, Berlin, 17. September 1984).

65 IML/ZPA, NJ — 1622.

66 *Rundschau*, 7. September 1939, Nr. 47, S. 1350ff.; *Die Welt*, Stockholm, 18.—24. September 1939, Nr. 1, S. 11ff., 2. November 1939, Nr. 8, S. 125ff.; *Internationale Literatur*, 9/10/1939, S. 155ff., 12/1939, S. 128ff.

Beide Verträge haben die gleiche Vorgeschichte, entstanden unter ähnlichen Voraussetzungen, und der Grenzvertrag ist ohne den vorher abgeschlossenen Nichtangriffsvertrag und den Zusatzvertrag kaum denkbar. Dennoch trug der Grenzvertrag spezifische Züge. Er wurde nach dem Ausbruch des zweiten Weltkrieges abgeschlossen und war bereits die — wiederum erzwungene — Antwort der UdSSR auf eine neue militärische und politische Lage, auf die imperialistische Strategie des Seltsamen Krieges und auf die Aggressionspolitik des faschistischen Deutschlands.

Alle Überlegungen und Einschätzungen mußten zwangsläufig von der militärpolitischen Lage ausgehen. Sie war in der zweiten Septemberhälfte, nach dem militärischen Zusammenbruch Polens, durch zwei Grundlinien charakterisiert: Einerseits gab es den seit dem 3. September 1939 erklärten Krieg zwischen dem faschistischen Deutschland und der britisch-französischen Koalition. Die Streitkräfte Frankreichs und Großbritanniens blieben jedoch untätig, führten an der deutschen Westfront eben den „seltsamen" oder „Sitzkrieg", obwohl sich beide Staaten vertraglich verpflichtet hatten, Polen sofort Hilfe zu leisten. Diese Untätigkeit dauerte auch nach der Niederlage Polens fort. Die Hintergründe dieses Seltsamen Krieges zwangen dazu, vor allem dessen mögliche Auswirkungen auf die Entwicklung der deutsch-sowjetischen außenpolitischen Beziehungen zu untersuchen. Andererseits standen nunmehr die Streitkräfte der UdSSR und des faschistischen Deutschlands, die bewaffneten Kräfte zweier entgegengesetzter sozialer und politischer Systeme einander direkt gegenüber. Die deutsch-sowjetische Demarkationslinie erhielt als Trennlinie zwischen Sozialismus und Imperialismus — zudem während des ausgebrochenen Krieges — eine besondere Brisanz. Die „Münchener" Politik der imperialistischen Hauptmächte war für die KPD nicht nur ein Thema der Rückbesinnung auf geschichtliche Vorgänge, sondern eben auch mit der Erkenntnis verbunden, daß die Urheber und Vollstrecker dieser Politik auf deren Wiederbelebung setzten. So heißt es in einer Ausarbeitung der Berliner Kommunisten vom Herbst 1939: „Jedem Laien mußte die englische Kriegführung verdächtig erscheinen. Dahinter verbarg sich in Wahrheit die Absicht Chamberlains, der deutschen Armee nicht hinderlich zu sein, ganz Polen zu erobern. Damit sollte Hitler die Möglichkeit gegeben werden, auch die baltischen Staaten, Ungarn und Rumänien und (die) Türkei zu erobern und somit die SU zu umschließen. Das sollte die Basis für Hitlers Angriff auf die SU abgeben." Darauf hätte die Sowjetunion im Interesse ihrer Sicherheit reagiert.[67]

Aus diesem Grunde blieb es für die KPD bei ihren Überlegungen, wie der Krieg eingedämmt und eine militärische Auseinandersetzung zwischen der Sowjetunion und den faschistischen Stoßkräften des Weltimperialismus verhütet werden könne, weiterhin aktuell, alles für die Einhaltung des Nichtangriffsvertrages zu tun. Für die deutschen Kommunisten ging es dabei um Lebensinteressen des deutschen Volkes, um das weitere Schicksal aller Völker Europas und nicht, wie zahlreiche Vertreter der bürgerlichen Geschichtsschreibung zu behaupten pflegen, um ein „Einschwenken" auf die sowjetische Außenpolitik.

Die außenpolitischen Stellungnahmen der Komintern wie auch der KPD betonten das Gewicht der Verträge in einer Situation, die bereits vom Krieg geprägt war. Jede Stellungnahme zum Nichtangriffsvertrag und zum Grenzvertrag war gleichbedeutend mit einem Entscheid für oder gegen einen deutsch-sowjetischen Krieg, für oder gegen die weitere Ausdehnung des bereits entfesselten imperialistischen Krieges, für oder gegen das Nutzen der Chance, diesen Krieg zu beenden, bevor er zu einem Gesamteuropa erfassenden Krieg, ja zu einem Weltkrieg werden würde. Die Verträge abzulehnen, lief faktisch darauf hinaus,

---

67 IML/ZPA, NJ — 1622.

für einen Krieg zwischen dem faschistischen Deutschland und der sozialistischen Sowjetunion einzutreten. Das wäre jener Krieg gewesen, den die Akteure des Seltsamen Krieges erhofften und der von ihnen als Krieg einer imperialistischen Koalition gegen den Sozialismus, gegen den menschlichen Fortschritt vorprogrammiert war. Die Zustimmung zu den Verträgen und das Eintreten für deren Unverletzlichkeit aber richtete sich gegen diese Pläne und half somit, der Sowjetunion wenigstens zeitweilig den Frieden zu sichern und ihr einen Zeitgewinn zu bringen, den sie für die Stärkung des Sozialismus und ihrer Verteidigungsfähigkeit nutzen konnte. Deshalb kam die Abschnittsleitung Süd der KPD in einer Entschließung von Anfang Dezember 1939 zu der Feststellung, die Friedenspolitik der Sowjetunion sei der „einzige Lichtblick" in der gegenwärtigen Kriegslage. Diese Politik habe zum Nichtangriffsvertrag und zur „Beendigung des Krieges wenigstens an einer Front geführt"[68]. Die Abschnittsleitung Nord stellte in ihrem Organ „Nachrichten der Norddeutschen Volkszeitung" (Nr. 1, Anfang Oktober 1939) den Satz an die Spitze: „Das deutsche Volk grüßt die sozialistische Friedensmacht". Der Sowjetunion sei es zu verdanken, hieß es weiter, daß durch den Nichtangriffsvertrag der „Schauplatz kriegerischer Verwicklungen erheblich eingeengt" worden sei.

In der Erkenntnis dieser Faktoren lagen wesentliche Gründe dafür, warum die KPD den Nichtangriffs- und den Grenzvertrag in ihren wechselseitigen Zusammenhängen betrachtete, die außenpolitischen Vorgänge in ihrer Verflechtung mit der militärischen Lage sah und später solche Ereignisse wie den militärischen Konflikt zwischen der Sowjetunion und Finnland oder den Eintritt Lettlands, Litauens und Estlands in die UdSSR in ihre Überlegungen einbezog, in denen sie auch darlegte, welche Auswirkungen sich aus jenen Entwicklungen für eine Zuspitzung der deutsch-sowjetischen außenpolitischen Beziehungen ergeben konnten.

Es ist heute, fünf Jahrzehnte danach, außerordentlich beeindruckend, wie beispielsweise die im Lande unter den schwierigen Verhältnissen der Illegalität ausgearbeiteten Schriften „Informationen. Der Einmarsch der Roten Armee in Polen", „Politische Informationen. Warum begann Hitler den Krieg gegen Polen?", „Informationen. Folge III", „Die Außenpolitik der Sowjet-Union", „Aus der Praxis, für die Praxis. Zu einigen Fragen des täglichen Kleinkampfes", „Politische Informationen. Wohin geht der Weg?" und „Berliner Volkszeitung"[69] detailliert und mit überzeugenden Argumentationen auf diese Ereignisse eingingen. In diesen Schriften belegte die KPD, daß die Sowjetunion mit dem Grenzvertrag die bereits durch den Nichtangriffsvertrag dokumentierte Politik, den Krieg einzudämmen und vom Sowjetland fernzuhalten, entschlossen fortsetzte. Der Grenzvertrag war eine konstruktive und offensive Antwort der Sowjetunion auf beide Varianten imperialistischer Aggressionspolitik gegenüber der UdSSR: auf die des faschistischen Deutschlands wie auf die des französisch-britischen Blocks. Wie es in „Informationen. Der Einmarsch der Roten Armee in Polen" und „Die Außenpolitik der Sowjet-Union" weiter hieß, demonstrierte die Sowjetunion mit diesem Vertrag, daß sie nicht bereit war, sich auf den vom britischen und vom französischen Imperialismus mit der Preisgabe Polens gebahnten Weg einer unmittelbaren militärischen Konfrontation mit Deutschland zerren zu lassen. In der letztgenannten Schrift wird erläutert, daß die Sowjetunion sowohl die Unehrlichkeit der Imperialisten Englands und Frankreichs, deren Ziel, „Hitler im Osten freie Hand" zu lassen, berücksichtigen als auch das Funktionieren der faschistischen Kriegsachse Berlin—

68 Im Besitz des Verf.
69 IML/ZPA, NJ — 1622.

Rom und des Kriegsdreiecks Deutschland—Italien—Japan verhindern mußte. „Daraus ergab sich für die SU die Aufgabe", stellte die KPD weiter fest, „einmal Chamberlains Münchenpolitik zu durchkreuzen. Und sollte es trotzdem zum Krieg kommen, Hitler zu isolieren." Dieses Ziel sei mit dem Nichtangriffsvertrag erreicht worden. Hitler sei isoliert und das Kriegsdreieck „vorläufig außer Funktion gesetzt". Man dürfte den Nichtangriffs-vertrag eben nicht aus seinen Zusammenhängen reißen, man müsse ihn als das „Ergebnis einer bestimmten Entwicklung in der Friedenspolitik" der Sowjetunion betrachten.[70]

In der Schrift „Wohin geht der Weg?" wurde unter Hinweis auf Ausführungen der „Izvestija" vom 1. Oktober geschrieben, die Sowjetunion zeige mit der Unterzeichnung des Grenzvertrages, daß sie eine eigene unabhängige Klassenpolitik betreibe; sie werde niemals die imperialistischen Bestrebungen Hitlers unterstützen.[71] Sevostjanov stellt aus heutiger Sicht fest, die Eigenart der deutsch-sowjetischen außenpolitischen Auseinandersetzungen sei nicht immer offen sichtbar gewesen. Die Sowjetunion habe sich bei der Gestal-tung des Verhältnisses zwischen beiden Ländern davon leiten lassen, einerseits die sowjetisch-deutschen Beziehungen nicht unnötig zu verschlechtern, andererseits aber alle faschistischen Intrigen zu durchkreuzen. „Die Außenpolitik der UdSSR setzte dem Schaden, den Deutsch-land den Sicherheitsinteressen der UdSSR zuzufügen trachtete, strikt proportionierte Maß-nahmen entgegen, ohne dabei eine scharfe Konfrontation herbeizuführen."[72]

Die in den Schriften der KPD vorgetragenen Argumentationen machen deutlich, daß die deutschen Kommunisten den Zusammenhang zwischen der antisowjetischen Politik des deutschen Faschismus und den ihr entgegenwirkenden adäquaten Schritten der Sowjetunion zur Sicherung des Friedens und zur Verteidigung des sozialistischen Staates erkannten und richtig einschätzten. Diese Aussagen finden sich sowohl in den Schriften der Berliner Organisation der KPD als auch in den Artikeln Wilhelm Florins und Wilhelm Piecks vom Oktober und Dezember 1939 in „Die Kommunistische Internationale" und Walter Ulbrichts vom Februar 1940 in „Die Welt". Eine solche Sicht ermöglichte der KPD die Erkenntnis, daß die Sowjetunion damals der einzige Staat war, der ernsthaft und erfolgreich die fa-schistische Aggression eindämmte, sich als „eine reale Macht" ihr entgegenstellte.[73]

Der weitere Kriegsverlauf bestätigte diese Einschätzung. Der Nichtangriffs- und der Grenzvertrag waren Teil der Auseinandersetzung zwischen der Sowjetunion und dem Hitler-faschismus, gehören in das Vorfeld des Großen Vaterländischen Krieges, in dem dieser Ge-gensatz seinen Höhepunkt und seine Entscheidung erlebte. Sie erwiesen sich als Beiträge im Kampf gegen den Faschismus zu einer Zeit, als die anderen europäischen Großmächte durch ihre Strategie des Seltsamen Krieges die faschistische Führung zu neuen Aggressionen ermunterten und der Wehrmacht dadurch die Gelegenheit gaben, ihr Konzept des Blitz-krieges Schritt für Schritt durchzusetzen.

Die Sowjetunion wurde somit nach Maßgabe ihrer Möglichkeiten auch in dieser Kriegs-phase ihrer Verantwortung als Hauptkraft des Antifaschismus gerecht. Jene mächtigen Potenzen aber, die im gemeinsamen Kampf der Völker und Staaten, die UdSSR einge-schlossen, gegen den Faschismus vorhanden waren, wurden dagegen noch nicht als geschichtsbildende Kraft wirksam, weil die Politik der herrschenden Kreise Großbritan-niens und Frankreichs eine derartige Entwicklung verhinderte.

70 Ebenda.
71 Ebenda.
72 *Sewostjanow*, S. 37 f.
73 Ebenda, S. 235.

In den zeitgenössischen Materialien der KPD und der Komintern sind wiederholt Wertungen anzutreffen, in denen die Frontstellung der UdSSR gegen den Faschismus Ausdruck findet. In Nr. 1 der Zeitung „Die Welt" trägt der Artikel von M. H. über den Einmarsch der Roten Armee in die westbelorussischen und westukrainischen Territorien die Überschrift „Die Befreiungsaktion der Roten Armee schafft klar umrissene Fronten. Sieg über den Faschismus im Osten — Sieg des Faschismus im Westen", und der Autor betonte, daß Hitler hier eine schwere Niederlage erlitten habe. Der Satz, daß die Barrikade damit näher an den Feind herangeschoben worden sei, machte auf die unüberbrückbaren Klassenfronten zwischen dem faschistischen Deutschland und der Sowjetunion aufmerksam.[74] Ein wenig später veröffentlichter Artikel zum Thema „Ein Monat imperialistischer Krieg" war in der Aussage noch schärfer. Sein Verfasser stellte die „Zweideutigkeit" und die als „ungeheuerlich" bezeichnete „Passivität", die von Großbritannien und Frankreich im Krieg bislang gezeigt wurden, der aktiven antifaschistischen Tat der Sowjetunion gegenüber. Auf der einen Seite belege die Haltung des britisch-französischen Blocks, daß der Geist von München noch immer lebendig sei, was sich im „Verrat an Polen" zeige und faktisch einen Sieg des Faschismus bedeute. Auf der anderen Seite seien „Deutschlands Drang nach dem Osten ... durch eine von der sozialistischen Sowjetunion gebildete Eisensperre gestoppt", der Weg des Faschismus nach dem Balkan gesperrt und insgesamt die Grenzen des sozialistischen Staates dem imperialistischen Zentrum Europas näher gerückt.[75] Die von Sevostjanov getroffene Einschätzung, daß die sowjetische Außenpolitik damals „einen realen Beitrag zum Kampf gegen den Faschismus im Weltmaßstab" leistete[76], findet sich im Herbst 1939 auch schon in der Zeitung „Die Welt", wenn dort die Vertragstreue der Sowjetunion hervorgehoben und die Unerschütterlichkeit der sowjetischen Friedenspolitik, die sich nicht in Deklarationen erschöpfe, gewürdigt werden; die UdSSR leiste, wie es dort u. a. hieß, „praktische Beiträge zur Organisation und Stärkung des Friedens", weil sie die faschistischen Aggressionen eindämme.[77]

Die KPD verwies in ihren zeitgenössischen Veröffentlichungen und in anderen Ausarbeitungen immer wieder auf die einfache Logik, daß es zum Grenzvertrag nur zwei Alternativen gegeben habe: Entweder Krieg zwischen der Sowjetunion und Deutschland oder Bändigung des Aggressors und Errichtung eines Systems der friedlichen Koexistenz.

Die Sowjetunion aber habe in ihrer Außen- und Verteidigungspolitik stets die Gefahr eines Krieges berücksichtigt und sich gerade deshalb für den Nichtangriffsvertrag und für den Grenzvertrag entschieden. Beim Grenzvertrag handelte es sich, wie die KPD mit Sorgfalt erläuterte, um einen Vertrag zwischen zwei Ländern und zwischen Völkern. Im Vertragstext werde ausdrücklich davon gesprochen, daß beide Seiten mit ihrem Vertrag „ein sicheres Fundament für eine fortschreitende Entwicklung der freundschaftlichen Beziehungen zwischen *ihren Völkern*" (meine Hervorh. — H. K.) legen; keinesfalls aber bedeute der Vertrag Freundschaft zwischen Faschismus und Sozialismus oder zwischen Hitler und Stalin. Die von V. M. Molotov schon zum deutsch-sowjetischen Nichtangriffsvertrag ausgesprochene Feststellung, daß dessen Unterzeichnung nichts mit der Einstellung der UdSSR „zu den inneren Verhältnissen eines anderen Landes" zu tun habe, traf voll und

---

74 *Die Welt*, Stockholm, 18.—24. September 1939, Nr. 1, S. 3 ff.
75 Ebenda, 4. Oktober 1939, Nr. 4, S. 55 f.
76 *Sewostjanow*, S. 32.
77 *Die Welt*, 8. November 1939, Nr. 10, S. 163.

ganz auch auf den Vertrag vom 28. September zu. Molotov unterstrich denn auch, „daß wir auf dem Standpunkt der Nichteinmischung in die inneren Angelegenheiten anderer Länder stehen und daß wir dementsprechend für die Nichtzulassung irgendeiner Einmischung in unsere inneren Angelegenheiten sind."[78]

Diese zeitgenössischen Einschätzungen wurden auf diplomatischer Ebene getroffen und sind daher in der Diktion zurückhaltend. Dennoch verdeutlichen sie, daß der Grenzvertrag die nun mit anderen Mitteln, wie sie von den Umständen erzwungen und geboten wurden, geführte Fortsetzung der Klassenkonfrontation zwischen dem Sozialismus und dem Stoßkeil des Weltimperialismus war.

Es ist nicht möglich, hier ausführlich auf die außenpolitischen Initiativen der Sowjetunion einzugehen. Erwähnt sei lediglich der Standpunkt, den die Sowjetunion auf diplomatischem Wege den Kriegsgegnern Hitlerdeutschlands, Großbritannien und Frankreich, also ihren Verhandlungspartnern aus der Zeit unmittelbar vor Kriegsbeginn, auf von ihnen gestellte Fragen zum Zeitpunkt des Abschlusses des Grenzvertrages zukommen ließ.

Auf die Frage, ob solche Prinzipien der sowjetischen Außenpolitik wie der Kampf gegen die Aggression, Unterstützung der Opfer der Aggression weiterhin Gültigkeit behalten oder ob es wesentliche Veränderungen im Wesen der sowjetischen Außenpolitik gebe, antwortete die sowjetische Regierung: „Die Grundsätze der Außenpolitik der UdSSR bleiben unverändert die gleichen. Was die sowjetisch-deutschen Beziehungen angeht, so werden diese vom Nichtangriffspakt bestimmt". Die Haltung der Sowjetunion zur Demarkationslinie mit Deutschland und gegenüber Polen wurde mit deutlichem Verweis darauf erläutert, daß die mit dem faschistischen Deutschland getroffenen Vereinbarungen als Provisorium, als unter dem Zwang konkreter Umstände zustande gekommene Regelung betrachtet würden. Die Frage der britischen Regierung, ob die Demarkationslinie eine zeitweilige militärische Maßnahme oder Dauerzustand sei, beantwortete die sowjetische Regierung mit folgender Erklärung: „Die gegenwärtige Demarkationslinie bildet selbstverständlich nicht die Staatsgrenze zwischen Deutschland und der UdSSR. Das Schicksal des künftigen Polen hängt von vielen Faktoren und widerstreitenden Kräften ab, deren Berücksichtigung im gegenwärtigen Augenblick nicht möglich ist."[79]

Diese Stellungnahme der Sowjetunion macht deutlich, daß sie keine Zugeständnisse an faschistische Gewaltakte gegenüber anderen Völkern machte. Deshalb sprach die Sowjetunion von „Demarkationslinie" und — nach dem Vertragstext — von einer Grenze zwischen „beiderseitigen Staatsinteressen". Sie vermied bewußt den Terminus Staatsgrenze. Das entsprach in diesem konkreten Fall der Achtung der Sowjetunion gegenüber dem Selbstbestimmungsrecht der Völker und der nationalen Unabhängigkeit anderer Länder, aber auch ihrer Frontstellung gegenüber den aggressiven Gewaltakten des faschistischen Blocks.

Die heute allgemein zugänglichen Fakten besagen, daß die Monate nach dem Abschluß des Grenzvertrages die Zeit einerseits der Vorbereitung des Faschismus zum Überfall auf die Sowjetunion und andererseits der Vorbereitung der Sowjetunion auf die Verteidigung gegen die faschistische Aggression waren. Wer nachträglich die Periode zwischen September

78 *Internationale Literatur*, 12/1939, S. 128 ff.
79 Zit. in *Sewostjanow*, S. 102.

1939 und Juni 1941 in eine „Phase der deutsch-sowjetischen Freundschaft" deuten möchte,[80] ignoriert diese Tatsachen.

In einer Ausarbeitung von Ende Dezember 1939, die sich in Wilhelm Piecks Nachlaß befindet und deren Autorschaft noch ungeklärt ist, hieß es zutreffend: „Für das heute herrschende Hitlerregime bedeutet die Freundschaft mit der Sowjetunion zweifellos nur eine Konjunkturpolitik, darauf berechnet, während des Krieges im Westen den Rücken im Osten frei zu haben." Bestimmte Kreise der deutschen Bourgeoisie würden danach streben, das Regime „wieder auf die Bahn der antisowjetischen Aggression zu treiben".[81] Dieser Standpunkt, für die Einhaltung des Nichtangriffsvertrages einzutreten, gleichzeitig aber gegenüber dem aggressiven Wesen und der antisowjetischen Grundposition des Faschismus wachsam zu bleiben und auch mit der Möglichkeit eines Vertragsbruches seitens der Hitlerregierung zu rechnen, wurde von der KPD in mehreren Schriften vertreten. „Letzter Sinn" der außenpolitischen Stoßrichtung der Nazidiktatur sei es, die imperialistischen Weltherrschaftspläne des deutschen Monopolkapitals durchzusetzen; daran habe sich auch nach Abschluß der Verträge nichts geändert, erklärte die Abschnittsleitung West. Dieser Umstand müsse auch bei der Einschätzung der künftigen außenpolitischen Beziehungen Nazideutschlands zur Sowjetunion beachtet werden, doch habe der Kampf für die Einhaltung der Verträge, da dieses Ziel den Interessen der Völker beider Staaten entspreche, allen Überlegungen als Ausgangspunkt zu dienen.[82]

Die Illusionslosigkeit gegenüber den Beteuerungen der Faschisten, den Frieden mit der Sowjetunion wahren und die Verträge einhalten zu wollen, wurde auch im Leitartikel Nr. 1 der Zeitung „Die Welt" im Hinweis auf eine möglicherweise nur kurze Gültigkeitsdauer des Nichtangriffsvertrages sichtbar: Mit diesem Nichtangriffspakt habe die Sowjetunion „die Hochburg des Sozialismus *wenigstens zeitweilig* (meine Hervorh. — H. K.) vor dem Krieg gesichert."[83] Darauf verwies Wilhelm Pieck am 2. September 1939.[84]

In aller Deutlichkeit wurde eine solche Aussage öffentlich auch von Philipp Dengel in einem Artikel in der Zeitung „Die Welt" wiederholt. Im Oktober 1939 stellte Dengel fest, die sozialistische Sowjetunion habe ein Abkommen mit Deutschland geschlossen, „als es sich gezeigt hat, daß die jetzigen Machthaber in Deutschland *gegenwärtig wenigstens nicht beabsichtigen, die UdSSR anzugreifen* (meine Hervorh. — H. K.)"[85]. Diese Einschätzung würdigte die realistischen Aspekte der sowjetischen Außenpolitik, indem sie zum Ausdruck brachte, daß die Chancen genutzt wurden, einen Krieg Deutschlands gegen die UdSSR zu verhindern oder wenigstens so lange wie möglich hinauszuschieben, daß eine solche Haltung aber nicht mit Blindheit gegenüber dem unverändert aggressiven Wesen des Faschismus zu verwechseln war; sie zeigt zugleich den politischen Realismus der Autoren

80 Siehe u. a. die gleichlautende Untergliederung in: *Anton Sywottek*, Deutsche Volksdemokratie. Studien zur politischen Konzeption der KPD 1935—1946, Düsseldorf 1971; *Detlev Peukert*, Volksfront und Volksbewegungskonzept im Kommunistischen Widerstand — Thesen, in: *Der Widerstand gegen den Nationalsozialismus*. Die deutsche Gesellschaft und der Widerstand gegen Hitler. Hrsg. von J. Schmädeke, P. Steinbach, München/Zürich 1986, S. 885.

81 IML/ZPA, I 6/3/86.

82 Ebenda, I 2/3/334.

83 M. H., Der zweite imperialistische Weltkrieg breitet sich über Europa aus, in: *Die Welt*, 18.—24. September 1939, Nr. 1, S. 3.

84 IML/ZPA, NL 36/540.

85 *Ph. Dengel*, Die reaktionären sozialdemokratischen Führer Deutschlands im zweiten Weltkrieg, in: *Die Welt*, 18. Oktober 1939, Nr. 6, S. 107.

im Erkennen außenpolitischer Zusammenhänge sowie das Vermögen, sich des Spielraumes zu bedienen, den die kommunistische Presse im Vergleich zur diplomatischen Sprache der sowjetischen Außenpolitik hatte.

Die KPD sah keinen Widerspruch darin, für die Einhaltung des Nichtangriffsvertrages einzutreten und gleichzeitig den Kampf gegen das faschistische Regime zu führen. Für sie bildete die Nichtangriffsverpflichtung eine ernst zu nehmende außenpolitische Orientierung Deutschlands, die nicht an die Existenz der Hitlerregierung gebunden war. Da die Kommunisten erkannt hatten, daß die faschistische Regierung und ihre aggressive Außenpolitik keine Gewähr für den Bestand des Nichtangriffs- und des Grenzvertrages boten, betonten sie immer wieder, daß der Entscheid über die Einhaltung des Vertrages nicht allein der faschistischen Regierung überlassen bleiben dürfe; das deutsche Volk müsse die Regierung vielmehr mit Nachdruck dazu zwingen.

Folgerichtig stellte die KPD weiter fest, daß die Einhaltung des deutsch-sowjetischen Nichtangriffsvertrages erst dann dauerhaft gesichert sei, wenn das Volk den Sturz des faschistischen Regimes und die Entmachtung seiner imperialistischen, monopolkapitalistischen Auftraggeber erkämpft haben werde. Diese Schlußfolgerung wurde vor allem unter dem Eindruck der Anfangsperiode des Krieges propagiert, als die Hitlerregierung das deutsche Volk in immer neue Kriegsabenteuer hetzte, einen immer unberechenbareren Kurs der Kriegsausdehnung und maßloser Eroberungen betrieb. Auch darin lag begründet, warum die KPD aus der Existenz der Verträge nicht die Schlußfolgerung ziehen konnte, den Kampf gegen das Naziregime einzustellen und zeitweilig einen abwartenden Standpunkt einzunehmen.

Diese Position spiegelte sich auch im Beschluß der Parteiführung „Politische Plattform der KPD" wider, der — entgegen bisherigen Annahmen, die die Abfassung auf einen früheren Zeitpunkt datierten —, mit großer Wahrscheinlichkeit zwischen dem 7. und dem 12. Dezember 1939 verfaßt und am 16. Dezember als Entwurf an Georgi Dimitroff übermittelt wurde. Das Sekretariat des EKKI beriet den Entwurf der Plattform am 20. Dezember; nach der Beratung wurde eine Überarbeitung vorgenommen. Das Sekretariat bestätigte die Plattform dann am 30. Dezember.[86] Wilhelm Pieck informierte am 20. Dezember vor dem EKKI darüber, es sei entschieden worden, in der gegenwärtigen Situation eine Plattform vorzulegen, die „in gedrängter Form der Partei die Orientierung für ihre Politik gibt und die die dieser Orientierung entsprechenden wichtigsten Aufgaben enthält".[87]

Das Zentralkomitee der KPD ging von der ungewissen Lage des Seltsamen Krieges aus, die vielfältige innen- und außenpolitische Entwicklungen auslösen konnte, und wollte der illegal kämpfenden Partei deshalb mit der Plattform, die von vornherein ausdrücklich als „taktische Orientierung in der gegenwärtigen Situation" gedacht war, für diese Phase des Krieges eine Anleitung geben. Mehr war nicht beabsichtigt, und mehr konnte es auch nicht sein, wie aus der Diktion vor allem der einleitenden Passagen eindeutig hervorgeht. Aus diesem Grunde ist die bisherige Wertung der Politischen Plattform der KPD als „das richtungsweisende Dokument der Führung der KPD in der Anfangsperiode des zweiten Weltkrieges"[88], die ihr Gültigkeit bis zum faschistischen Überfall auf die Sowjetunion zuspricht, offensichtlich nicht zutreffend. Die Plattform wurde in wichtigen Passagen in dem Maße von der Wirklichkeit überholt, wie der Seltsame Krieg endete, auf den sie sich

---

86 IML/ZPA, NL 36/496; I 6/3/279.
87 Ebenda, NL 36/496.
88 Siehe dazu u. a. *DzW*, Bd. 1, S. 279.

bezog. Für die danach entstehende Lage gab die Partei Stellungnahmen ab, die diesen Veränderungen entsprachen.

Im Mittelpunkt der Politischen Plattform stand ein Aktionsprogramm. Es formulierte als zentrale Aufgabe, eine breite Volksbewegung, eine Volksfront der werktätigen Massen zu schaffen, in die man auch die den faschistischen Massenorganisationen angehörenden Werktätigen einbeziehen müsse. Bei der Darlegung der Hauptaufgaben der Volksfront bezeichnete das Zentralkomitee es als besonders wichtig, den Kampf zur Beendigung des Krieges neu zu organisieren und die Freundschaft des deutschen Volkes mit der Sowjetunion zu festigen und zu vertiefen. Beide Aufgaben wurden in ihrer Wechselwirkung gesehen. Zentraler Bezugspunkt war dabei das Ringen um die Einhaltung des deutsch-sowjetischen Nichtangriffs- und des Grenzvertrages als Voraussetzung dafür, einen imperialistischen Überfall auf die Sowjetunion und damit die weitere Ausdehnung des Krieges zu verhindern.

Das Zentralkomitee der KPD machte in der Plattform darauf aufmerksam, daß innerhalb der herrschenden Kreise in Deutschland die Absicht zunehme, den Nichtangriffsvertrag zu brechen und sich mit Großbritannien und Frankreich zu verständigen; es liege deshalb im Interesse der Arbeiterklasse, der nationalen Unabhängigkeit und der Freiheit des deutschen Volkes, gegen die antisowjetischen Kriegsplanungen des deutschen Imperialismus und gegen parallele Kriegsziele der französischen und der britischen Imperialisten gleichermaßen zu kämpfen. In diesem Zusammenhang betonte die Parteiführung die „volle Selbständigkeit der Politik der KPD zur Wahrung der Interessen des werktätigen Volkes". Mit aller Entschiedenheit wurde erklärt, daß die Orientierung der KPD nicht bedeute, den faschistischen Krieg zu unterstützen, und es dürfe „auf keinen Fall eine Abschwächung des Kampfes gegen die Unterdrückungspolitik des gegenwärtigen Regimes in Deutschland" zugelassen werden. Mit ihrer Feststellung, daß der Hauptstoß sich immer gegen das herrschende Regime im eigenen Land richten müsse, wies die Parteiführung Verleumdungen zurück, daß die deutsch-sowjetischen Verträge zum Stillhalten der KPD gegenüber dem Naziregime geführt hätten.

Die Politische Plattform vom Dezember 1939 weist ebenso wie andere Schriften, Artikel und Flugblätter der KPD aus, daß der Seltsame Krieg mehr Konsequenzen bei der Beantwortung innen- und außenpolitischer Fragen nach sich zog, als in der Historiographie bisher beachtet wurde. Die von den Kommunisten in jener Zeit gegebenen Einschätzungen gingen von den teils typischen, teils ungewöhnlichen Umständen und Handlungen aus und hatten deshalb in wichtigen Aspekten auch nur für diese Phase des Krieges Gültigkeit. Der Kampf der KPD, der antifaschistische Widerstandskampf in der Zeit der Gültigkeit des deutsch-sowjetischen Nichtangriffs- und des Grenzvertrages stellt daher keine chronologisch in sich geschlossene Etappe dar, die durch unveränderliche Auffassungen über die deutsch-sowjetischen außenpolitischen Beziehungen gekennzeichnet war; auch hier bildete das Ende des Seltsamen Krieges eine Zäsur.

Wenig beachtet wird bisher, daß der Nichtangriffsvertrag und der Grenzvertrag nicht wenige Probleme politisch-ideologischer Art auch für die faschistische Führung brachten. Diese Verträge und die damit einhergehende faschistische Zweckpropaganda über eine „Wende" in den deutsch-sowjetischen Beziehungen mußten zwangsläufig die antisowjetische Nazipropaganda, vor allem diejenige über die „Gefahr aus dem Osten", erschüttern. Unsicherheit unter den Nazianhängern in der Haltung gegenüber der Sowjetunion trat auf, eine Tatsache, die von der bürgerlichen Geschichtsschreibung unterbewertet wird, um Unsicherheiten innerhalb der kommunistischen Parteien als das angeblich Bestimmende in der Auswirkung der Verträge in den Vordergrund rücken zu können.

Die Naziregierung war gezwungen, sich in der Hetze gegen die Sowjetunion zeitweilig zurückzuhalten. Deshalb befürchtete sie auch, ideologisch in der politischen Auseinandersetzung mit der UdSSR in die Defensive zu kommen. Sorgen bereitete ihr angesichts der vorher betriebenen massiven Antisowjethetze, daß die abgeschlossenen Verträge als politisch-diplomatische Niederlage Hitlerdeutschlands gewertet und weitere außenpolitische Erfolge der UdSSR dann als Folge dessen bzw. als erneute Zugeständnisse an die UdSSR eingeschätzt werden könnten. Über ihre Spitzel ließ die Gestapo beispielsweise prüfen, wie die Annäherung Estlands, Lettlands und Litauens an die Sowjetunion im Herbst 1939 in der deutschen Bevölkerung wirkte. Der V-Mann „Walden" meldete am 21. Oktober befriedigt, es herrsche nicht die Ansicht vor, daß Deutschland diese drei Staaten an die UdSSR überlassen habe als Preis für den Vertrag mit Deutschland. Im November berichtete derselbe V-Mann jedoch über die aufkommende Meinung, die von der Sowjetunion in den baltischen Staaten geschaffenen militärischen Stützpunkte seien gegen Deutschland gerichtet. Die Politik der Komintern gegenüber Nazideutschland werde von vielen Menschen genauso wie vor dem Abschluß der Verträge beurteilt.

Enttäuscht mußten die Nazis feststellen, daß ihre Spekulation nicht aufgegangen war, durch die Verträge mit der Sowjetunion die deutschen Kommunisten gegen die UdSSR auszuspielen oder zumindest für einen längeren Zeitraum zu verwirren. Über die Stimmung in Essen berichtete die Gestapo am 13. Dezember, unter Kommunisten sei die Überzeugung vorhanden, Stalin halte sich weiter „an Marx und Engels". Die KPD würde auf die Hilfe der UdSSR rechnen und ihre revolutionären Ziele weiter verfolgen. Ein anderer Spitzel („Gi 22") informierte am 18. Dezember 1939, daß die Kommunisten durchaus zustimmend die Haltung der Sowjetunion bewerten würden. Einheitliche Auffassung gebe es darüber, sich nicht von der Nazipropaganda verwirren zu lassen, daß „Deutschland und Rußland ein Block mit gegenseitiger Hilfe ist". Die Kommunisten würden auch jetzt ihre Pflicht darin sehen, gegen den Krieg der Nazis zu kämpfen. Die außenpolitischen Maßnahmen der Sowjetunion würden als eine Form des Kampfes gegen „die drohende kapitalistische Einschnürung" angesehen.[89]

Meldungen der Gestapo aus dem Jahre 1940 widerspiegeln gleiche Wahrnehmungen. Die Gestapo Dortmund berichtete am 19. Februar, daß die Anhänger der früheren KPD und SPD, die sich zu Beginn des Krieges in ihren Auffassungen zurückhielten, jetzt aus „ihrer Reserve herausgehen, große Hoffnungen auf die Politik der Sowjetunion und der Komintern" setzen. Die Gestapo Essen informierte im Februar über Stimmungen, „durch den Pakt mit seinen politischen Auswirkungen (sei) die Verwirklichung der Weltrevolution näher gerückt". Im März schätzte sie ein: „Die Kommunisten schöpfen Mut und Zuversicht und glauben in keiner Minute daran, daß sich Stalin verkauft hätte." Der Spitzel „Balduin" berichtete aus Halle, die Kommunisten würden die Meinung vertreten, durch den Abschluß des deutsch-sowjetischen Nichtangriffsvertrages und die anderen Vereinbarungen habe die Sowjetunion ein „geschicktes diplomatisches Manöver" durchgeführt, mit dem „eine Konzentration der antikommunistischen Kräfte und ein zentralistischer Angriff einer antibolschewistischen Liga" vereitelt wurden. Dies wäre seitens der UdSSR eine nüchtern erwogene Zweckmäßigkeitsfrage gewesen. Aus dem Bereich Stuttgart meldete die Gestapo, daß kommunistische und sozialdemokratische Funktionäre auch „heute noch an einen Sieg des revolutionären Marxismus glauben". Sie würden „sich weigern, das nationalsozialistische Gedankengut auch nur einer Prüfung zu unterziehen"[90].

---

89 IML/ZPA, St. 3/66.
90 Ebenda, St. 3/186.

Diese Aussagen belegen trotz ihres begrenzten Quellenwertes, daß die Kommunisten und ihre Kampfgefährten durch den Nichtangriffs- und den Grenzvertrag in ihrem Verhältnis zur Sowjetunion insgesamt nicht erschüttert werden konnten.

Die Analysen und Stellungnahmen der KPD nach dem Sommer 1940 berücksichtigten die Veränderungen, die im Kräfteverhältnis in Europa eingetreten waren und mehr oder weniger auch die deutsch-sowjetischen außenpolitischen Beziehungen betrafen. Bereits Anfang Juni 1940 stellte die Führung der KPD in einer Erklärung fest: „Der imperialistische Krieg ist in eine neue Etappe eingetreten."[91] Das Wesen dieser Etappe sah die KPD

erstens im Scheitern und im Ende der Militärdoktrin antisowjetischer Stoßrichtung, die im Seltsamen Krieg ihren Ausdruck gefunden hatte, in der überraschend schnellen Niederlage des französischen Imperialismus sowie in der damit verbundenen enormen Ausdehnung des Machtbereichs des deutschen Imperialismus in West- und Nordeuropa durch die Okkupation Dänemarks, Norwegens, Belgiens, der Niederlande, Luxemburgs und Frankreichs;

zweitens in der weiteren Ausdehnung der faschistischen Aggressionspolitik auf die Länder Ost- und Südosteuropas durch die Stationierung deutscher Truppen in Rumänien und Bulgarien sowie durch den Überfall auf Jugoslawien und Griechenland am 6. April 1941 und durch die Okkupation dieser Länder;

drittens im wachsenden Willen erheblicher Volksteile in den von der Okkupation betroffenen oder durch neue Aggressionen bedrohten Ländern, für Freiheit und nationale Unabhängigkeit zu kämpfen. Mit dieser Entwicklung rückte die Verflechtung von sozialen und nationalen Aufgaben im Kampf der Werktätigen objektiv stärker als bisher in den Mittelpunkt politischer und ideologischer Überlegungen:[92]

viertens in der Veränderung des Platzes, den Großbritannien immer deutlicher in den militärstrategischen Überlegungen als Kriegsgegner Nazideutschlands einnahm. Bis Mitte 1941 wurde zwar die allgemeine Einschätzung beibehalten, daß der britische Imperialismus einen imperialistischen Krieg führte, hinsichtlich der konkreten Formen dieses Krieges erfolgten teilweise jedoch bereits erheblich andere Wertungen. In ihnen berücksichtigte die Partei die Auswirkungen des Zusammenbruchs Frankreichs und das Scheitern der Strategie des Seltsamen Krieges. Die Einsetzung Winston Churchills als neuer britischer Premierminister geschah nicht zufällig am Tage des Angriffs Nazideutschlands auf Frankreich und mußte als Absage an die „Münchener" Politik gewertet werden. Die Volksmassen in Großbritannien durchschauten nun deutlicher als zuvor, daß sie von den „Münchener" Politikern betrogen worden waren, und machten den Krieg gegen das faschistische Deutschland immer mehr zu ihrem Krieg für Freiheit und nationale Unabhängigkeit.

In einer von Wilhelm Florin im Frühjahr 1941 gehaltenen Rede „Über die Neuordnung Europas und der Welt"[93] und in einem Artikel „Pläne und Wirklichkeit" vom April 1941[94] (beide stimmen im wesentlichen überein) sowie in der Erklärung des Zentralkomitees der KPD vom 12. April 1941[95] wurde vom gerechten Charakter des Kampfes Griechenlands und Jugoslawiens gegen die faschistischen Truppen gesprochen und dabei der britische

---

91 Unter dem Banner des proletarischen Internationalismus, in: *Die Welt*, 7. Juni 1940, Nr. 24, S. 680f.
92 Siehe dazu *D. E. Kunina/V. M. Endakowa*, Das Wirken der KI für die Schaffung nationaler Fronten gegen den Faschismus, in: *BzG*, 5/1973, S. 775ff.
93 IML/ZPA, NL 9/12.
94 *P. Ries* (d. i. W. Florin), Pläne und Wirklichkeit, in: *Die Welt*, 18. April 1941, Nr. 16, S. 439f.
95 IML/ZPA, I 2/3/27.

Imperialismus als Bündnispartner in ihrem Kampf angesehen. In dieser Einschätzung spiegelte sich die Auffassung wider, daß sich die nationalen und antifaschistischen Interessen der griechischen und jugoslawischen Volksmassen mit den Interessen Großbritanniens berührten. Gleichzeitig verdeutlichte Florin sehr massiv die Maßlosigkeit und die enorm gewachsene Abenteuerlichkeit der Kriegsführung und Kriegsplanung des deutschen Faschismus, die auch einen deutsch-sowjetischen Krieg immer wahrscheinlicher machten: Der monopolkapitalistische Staat führe Annexionen „*nach allen Seiten*" und wolle die Grenzen „*aller anderen Staaten*" (meine Hervorh. — H. K.) neu festsetzen. Die deutschen Kriegsziele seien „ein Annexionsprogramm größten Ausmaßes. Eine solche Räuberei hat die Geschichte des Kapitalismus noch nicht aufzuweisen".[96]

fünftens im Hervortreten von Überlegungen über die Möglichkeit eines deutsch-sowjetischen Krieges. Die militärischen Fronten und Aufmarschräume rückten immer näher, immer provokatorischer an die Grenzen der Sowjetunion heran. Die Frontstellung Nazideutschlands zur Sowjetunion wurde offenkundiger, auch wenn diplomatische Manöver und gezielte Falschmeldungen der Nazipropaganda dies zu vertuschen suchten. Bestätigungen für diese Entwicklungen brachten auch die Verhandlungen zum Abschluß eines deutsch-sowjetischen Wirtschaftsabkommens Ende 1939/Anfang 1940[97] sowie noch deutlicher der Verlauf der Unterredungen zwischen der Naziführung und Außenminister Molotov im November 1940 in Berlin[98]. Die Stellungnahme der KPD zum Nichtangriffsvertrag war daher in den Monaten vor dem 22. Juni 1941 vor allem von zwei Schwerpunkten geprägt: Einerseits unternahm die Partei alles, um die Bedeutung der Einhaltung des deutsch-sowjetischen Nichtangriffsvertrages bewußt zu machen, andererseits warnte sie vor den Folgen des Bruches dieses Vertrages und deckte auf, in welchem Maße und mit welchen Mitteln die faschistische Führung den Überfall auf die Sowjetunion vorbereitete.[99]

Die KPD kann für sich verbuchen, daß sie zu einem bis heute viel diskutierten außenpolitischen Ereignis unter komplizierten Bedingungen einen klaren und einheitlichen Standpunkt bezog, daraus auch eine entsprechende Strategie und Taktik ableitete. Sie wertete aus zeitgenössischer Sicht die Folgen der faschistischen Politik richtig und stellte deshalb das Ringen um die Erhaltung des Friedens, den Kampf gegen den Krieg in den Mittelpunkt ihrer Strategie und Taktik; sie forderte immer den Sturz des Naziregimes, kämpfte für grundlegende gesellschaftliche Veränderungen in Deutschland und prangerte stets die Kontinuität der Revanche- und Kriegspolitik des deutschen Imperialismus an. Die faschistische Herrschaft als Regime des Terrors und des Vertragsbruches anklagend, machte die KPD an ihren Forderungen nach Freiheit und nationaler Unabhängigkeit für die Völker Österreichs, der Tschechoslowakei und Polens nie irgendwelche Abstriche, deckte sie die weiterhin vorhandenen antisowjetischen Grundpositionen der Nazidiktatur sowie die daraus resultierende Gefahr eines Überfalls auf die Sowjetunion auf. An diesen Grundauffassungen hielt die KPD auch in jener Zeit fest, als die durch die Nichtangriffs- und den Grenzvertrag markierten außenpolitischen Beziehungen zwischen Deutschland und der Sowjetunion sehr spezifische Anforderungen an die Politik der Partei stellten.

---

96 *Ries*, S. 493f.
97 Siehe dazu *Kegel*, In den Stürmen unseres Jahrhunderts, S. 136ff.
98 Siehe dazu ebenda, S. 185ff.; *Walentin M. Bereshkow*, Jahre im diplomatischen Dienst, Berlin 1975, S. 32ff.
99 Siehe dazu *Heinz Kühnrich*, Die Sowjetunion in der Politik der KPD in der Anfangsperiode des zweiten Weltkrieges, in: *BzG*, 6/1983, S. 821ff.

Die KPD urteilte aufgrund ihres Verständnisses für die zwei Seiten der von der UdSSR betriebenen Politik der Friedenssicherung und der Eindämmung der faschistischen Aggression: Einerseits erfolgte die Auseinandersetzung zwischen dem faschistischen Deutschland und der sozialistischen Sowjetunion damals in Form der vertraglichen Fixierung der Grenze — exakter: der Demarkationslinie — und der Bekundung, zukünftig „Freundschaft" zwischen den Völkern beider Staaten zu halten. Andererseits antwortete die Sowjetregierung auf die Entfesselung des Krieges und auf die Tatsache, daß ihr die hochgerüstete und mobilisierte faschistische Armee gegenüberstand, mit dem Erlaß des Obersten Sowjets über die allgemeine Wehrpflicht vom 1. September, mit dem Abschluß von Beistandsverträgen mit Lettland, Litauen und Estland im September und im Oktober 1939 sowie dem nachfolgenden Aufbau von Militärstützpunkten in diesen Ländern.

Die zeitgenössischen Dokumente der KPD und der Komintern sagen aus, wie hoch die enormen Anstrengungen der Sowjetunion eingeschätzt wurden, die Entstehung des zweiten Weltkrieges zu verhindern, die Herausbildung einer weltweiten imperialistischen Verschwörung gegen das sozialistische Land zum Scheitern zu bringen und die vom Imperialismus insgesamt und vor allem vom Faschismus ausgehende Gefahr für die Völker einzudämmen und zu beseitigen. Deshalb helfen uns die damaligen Aussagen, das Verständnis dafür zu vertiefen, daß die Bedrohung für den Frieden immer von den reaktionärsten Kräften des Imperialismus ausgeht und daß diese Bedrohung stets nicht nur gegen den Sozialismus, sondern gegen die Lebensinteressen aller Völker gerichtet ist. Die Sowjetunion ist dagegen stets der Urheber von Initiativen zur Sicherung des Friedens gewesen und ist es auch heute. Immer wieder haben damals die Kommunisten aus der Vorkriegsgeschichte und aus den Ereignissen der Anfangsphase des Krieges abgeleitet, daß Vernunft und Realität in der Politik unumgänglich sind, um den Frieden zu sichern, und daß 1939 alle Voraussetzungen vorhanden gewesen wären, den Weltkrieg überhaupt zu verhindern, wenn bestimmte Kräfte der herrschenden Klasse in den imperialistischen Ländern mehr Realitätssinn und Vernunft besessen und weniger aggressiven Antikommunismus und Antisowjetismus an den Tag gelegt hätten. Alles lenkt auf die Haupterfahrung der Geschichte, den Kriegstreibern in den Arm zu fallen, bevor sie Kriege entfesseln können, auf die Notwendigkeit, sich der gemeinsamen Verantwortung gegenüber der Menschheit bewußt zu sein, bevor militärische, rüstungswirtschaftliche und politische Entwicklungen unkontrollierbar geworden und nicht mehr rückgängig zu machen sind. Diese Lehre ist angesichts der Möglichkeiten einer nuklearen Selbstvernichtung der Menschheit aktueller denn je.

Personenregister (von Eckhard Kruggel)

Autorenverzeichnis

URSULA ADAM, Dr.
Akademie der Wissenschaften der DDR, Zentralinstitut für Geschichte, Berlin
OTFRIED DANKELMANN, Prof. Dr. sc.
Martin-Luther-Universität Halle-Wittenberg, Sektion Geschichte/Staatsbürgerkunde
KLAUS DROBISCH, Dr. sc.
Akademie der Wissenschaften der DDR, Zentralinstitut für Geschichte, Berlin
DIETRICH EICHHOLTZ, Prof. Dr. habil.
Akademie der Wissenschaften der DDR, Zentralinstitut für Geschichte, Berlin
ERNST GOTTSCHLING, Prof. em. Dr. sc.
Ernst-Moritz-Arndt-Universität Greifswald
OLAF GROEHLER, Prof. Dr. sc.
Akademie der Wissenschaften der DDR, Zentralinstitut für Geschichte, Berlin
GERHART HASS, Dr. sc.
Akademie der Wissenschaften der DDR, Zentralinstitut für Geschichte, Berlin
JOHANNES KALISCH, Prof. Dr. sc.
Wilhelm-Pieck-Universität Rostock, Sektion Geschichte
MIROSLAV KÁRNÝ
Prag
HEINZ KÜHNRICH, Prof. Dr. sc.
Institut für Marxismus-Leninismus beim ZK der SED, Berlin
RICHARD LAKOWSKI, Dr. sc.
Militärgeschichtliches Institut der DDR, Potsdam
KLAUS MAMMACH, Prof. Dr. sc.
Akademie der Wissenschaften der DDR, Zentralinstitut für Geschichte, Berlin
GERT NOACK
Friedrich-Schiller-Universität Jena, Sektion Geschichte
KURT PÄTZOLD, Prof. Dr. sc.
Humboldt-Universität zu Berlin, Sektion Geschichte
WERNER RÖHR, Dr. sc.
Akademie der Wissenschaften der DDR, Zentralinstitut für Geschichte, Berlin
GÜNTER ROSENFELD, Prof. Dr. sc.
Humboldt-Universität zu Berlin, Sektion Geschichte
MANFRED WEISSBECKER, Prof. Dr. sc.
Friedrich-Schiller-Universität Jena, Sektion Geschichte